JN389110

江陵 全州李氏
船橋莊 古文書 I

고문서집성 129

江陵 全州李氏 船橋莊 古文書 I

한국학중앙연구원

범례

1. 『江陵 全州李氏 船橋莊 古文書 I』(고문서집성 129)은 강원도 강릉에 세거해 온 전주이씨 선교장의 고문서를 영인한 것이다. 이 집안에 소장된 고문서의 양이 방대하여 본서에서는 교령류부터 명문문기류까지의 고문서를 수록하였다.
2. 수록 자료는 한국학중앙연구원에서 간행한 『韓國古文書整理法』(尹炳泰 外, 1994)에 의거하여 분류하고 연도순으로 배열하였다. 각 자료는 도판과 서지사항을 함께 배치하여 열람의 편의를 도왔다.
3. 서지사항은 자료명, 작성년도, 크기(세로×가로cm)의 순서로 기술하였다.
4. 작성년도는 서기를 먼저 쓰고 해당 왕의 재위년도를 괄호 안에 기입하는 것을 원칙으로 하였다. 간지만 파악할 수 있는 경우 해당 간지를 쓰고, 추정한 연도와 내용은 '[ ]'로 표시하였다.
5. 1910년대 이후에 작성된 문서는 목록에 수록하였으나 도판 이미지는 본서에 수록하지 않았다. 1910년대 이후의 문서 이미지는 한국고문서자료관에서 확인 가능하다.

白牌 2

1827년(순조 27), 84.3×45.7

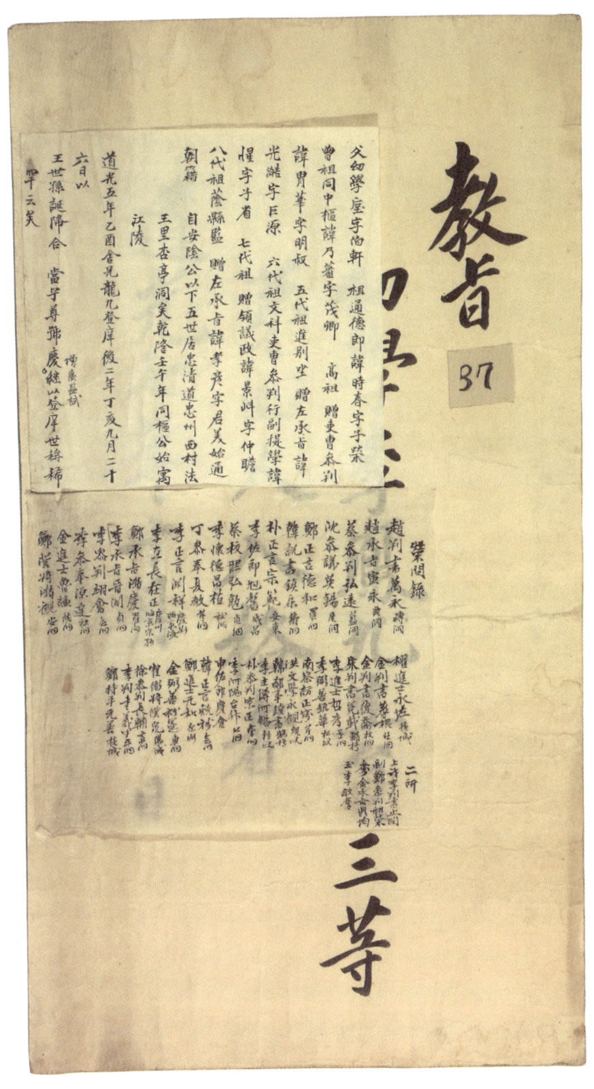

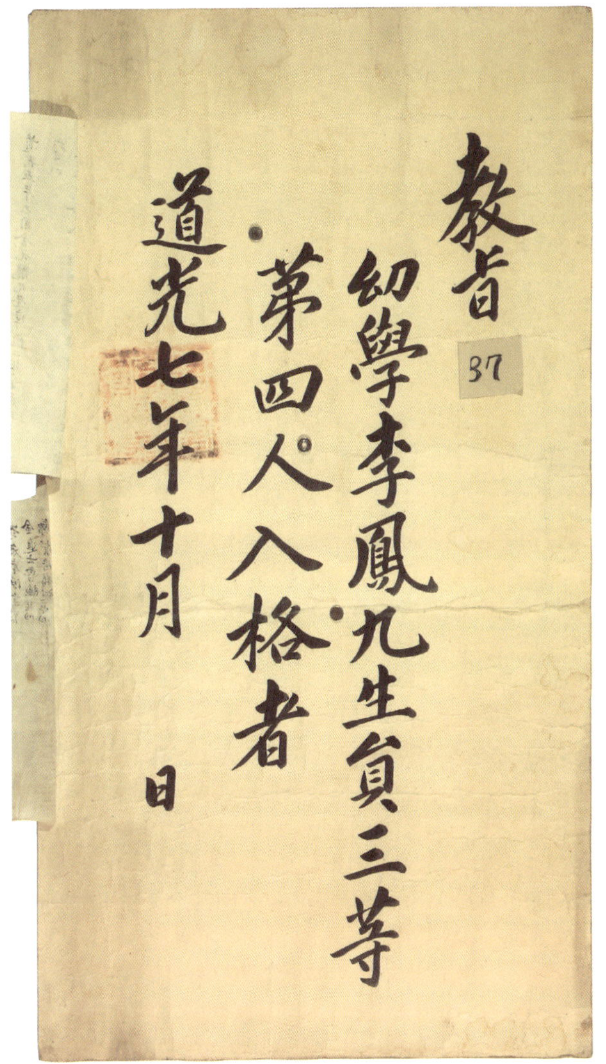

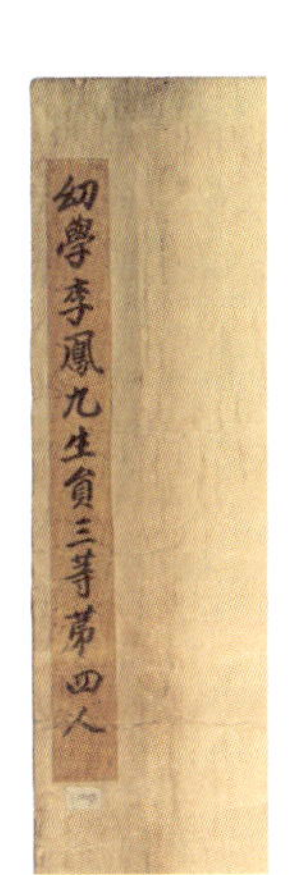

幼學 李鳳九가 生員試에 入格하고 받은 白牌

告身 2

1773년(영조 49), 53.2×75.2

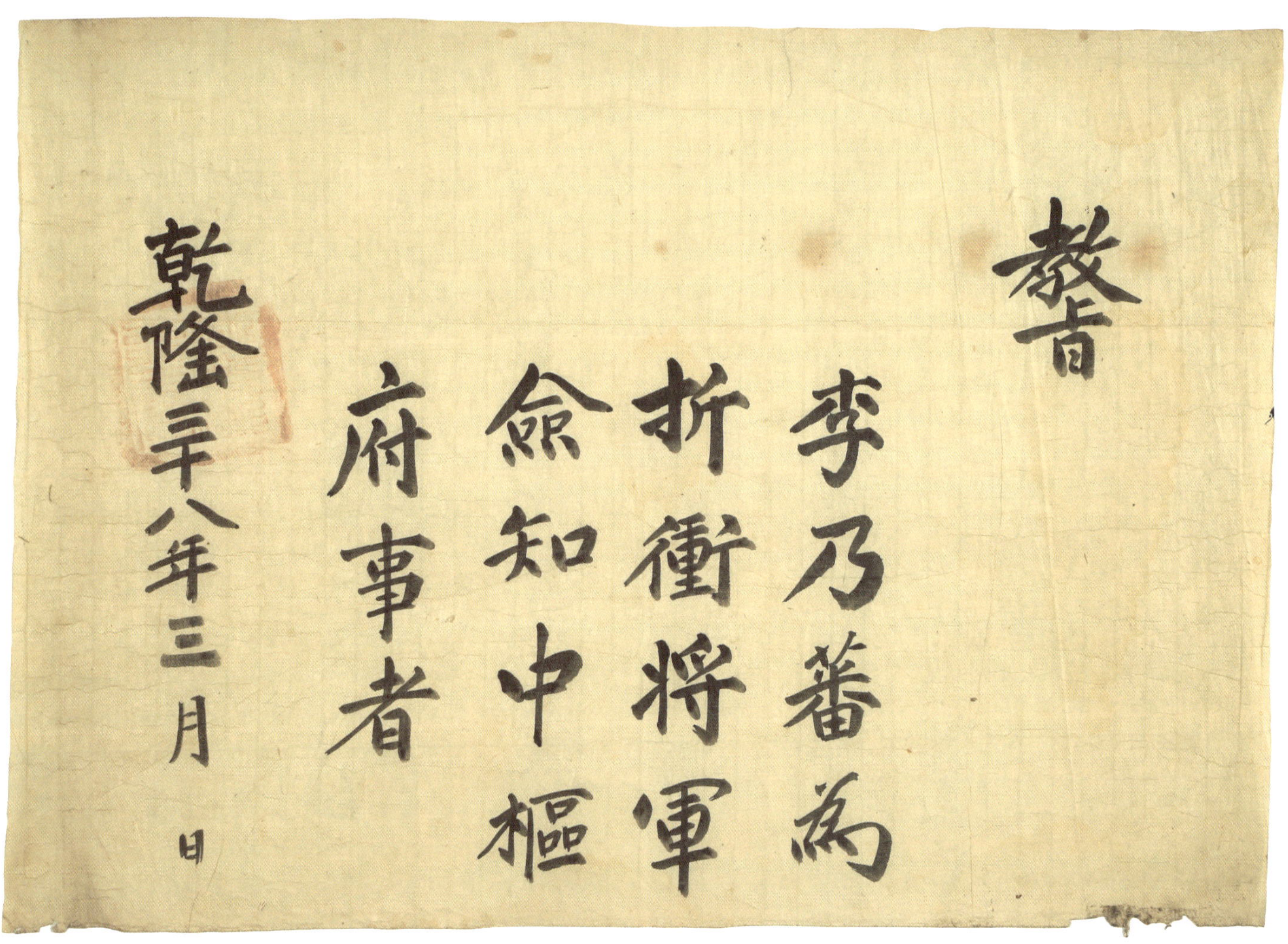

教旨

李乃蕃爲
折衝將軍
僉知中樞
府事者

乾隆三十八年三月 日

1773년 3월에 李乃蕃을 折衝將軍 僉知中樞府事로 임명하는 문서

告身 9

1835년(헌종 원년), 52.7×74.7

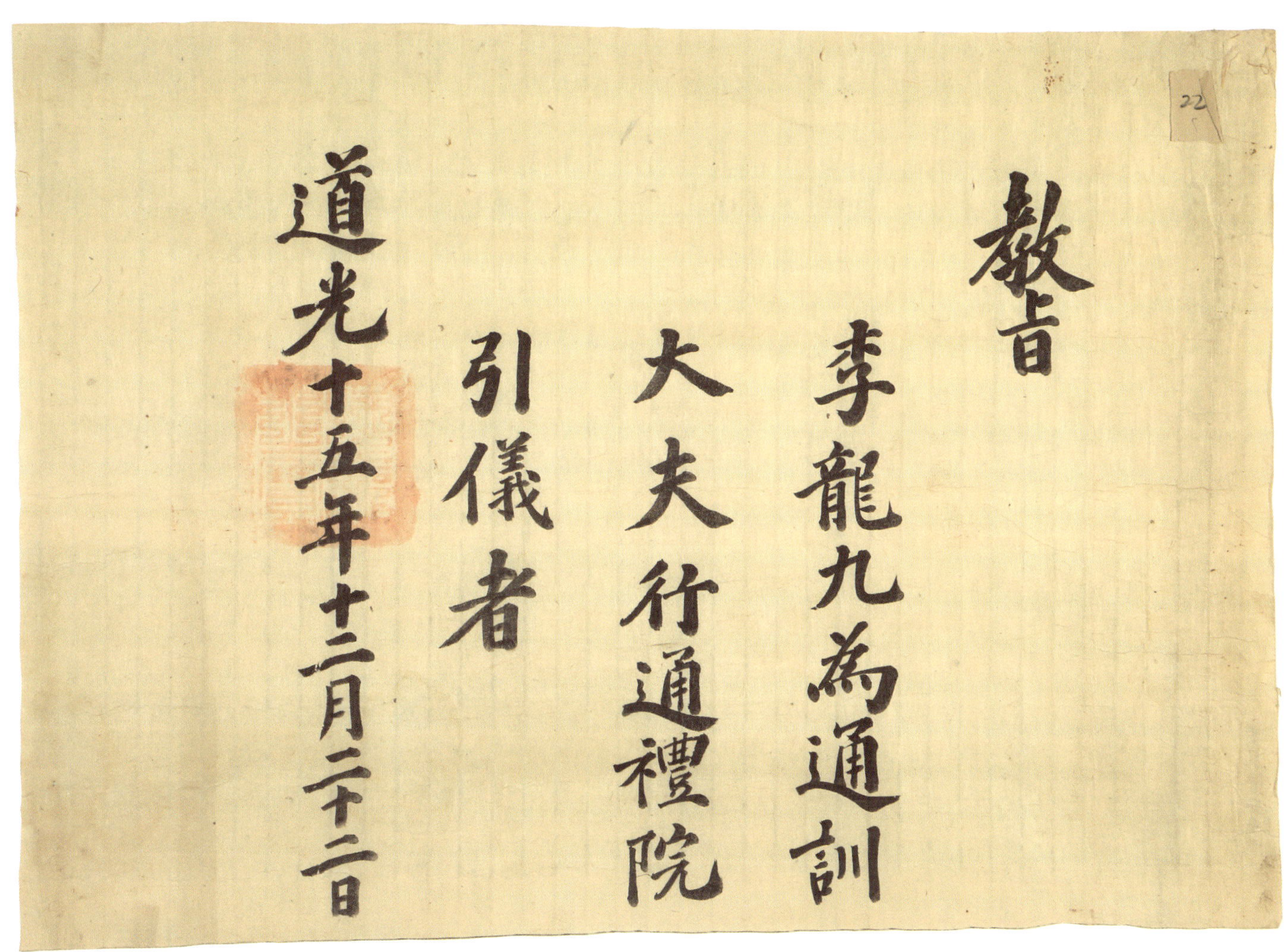

敎旨

李龍九爲通訓

大夫行通禮院

引儀者

道光十五年十二月二十二日

1835년 12월 22일 李龍九를 通訓大夫 行 通禮院 引儀로 임명하는 문서

告身 17

1850년(철종 원년), 54.8×75

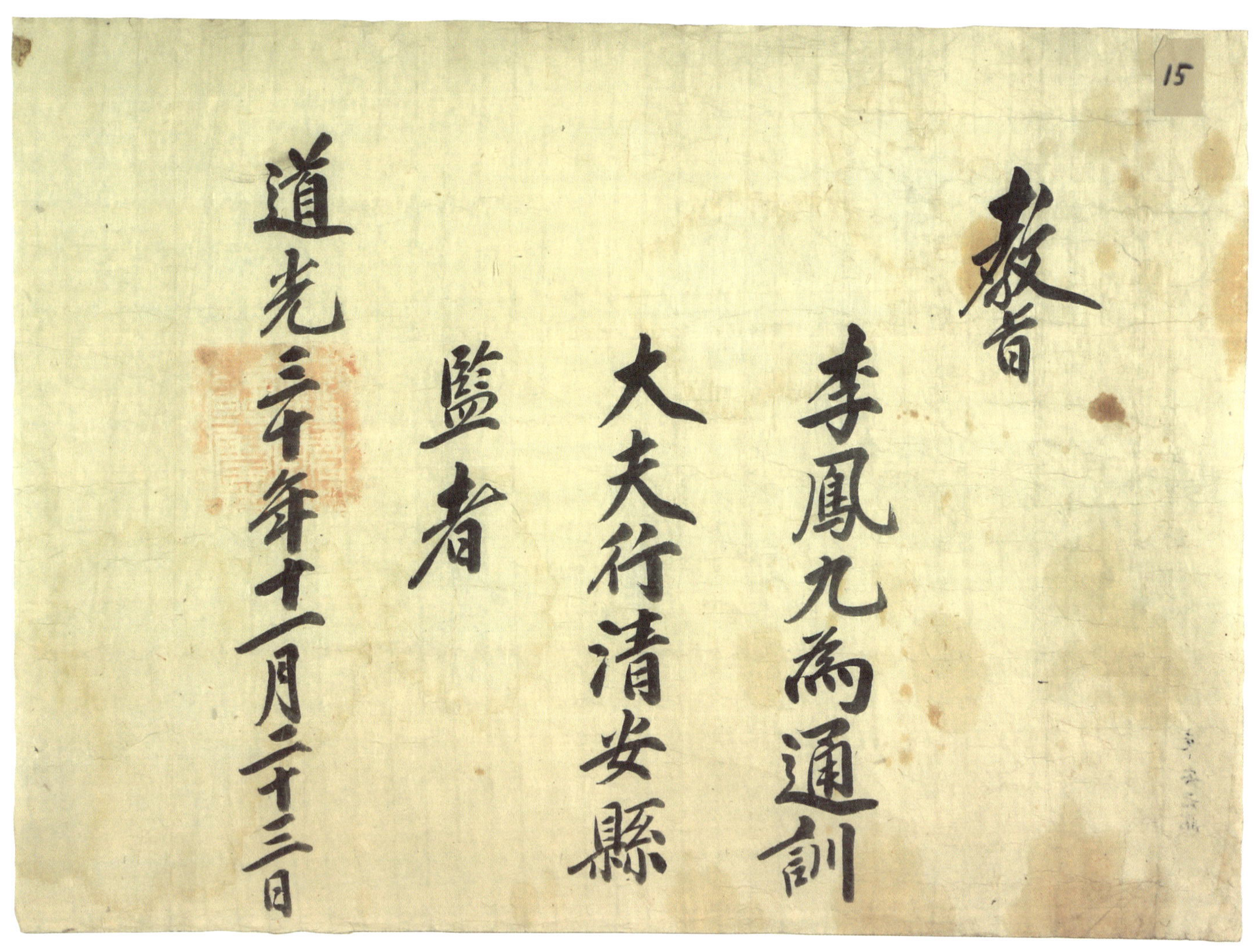

教旨

李鳳九爲通訓

大夫行清安縣

監者

道光三十年十一月二十三日

1850년 11월 23일에 李鳳九를 通訓大夫 行 清安縣監으로 임명하는 문서

告身 19

1853년(철종 4), 51.9×74.5

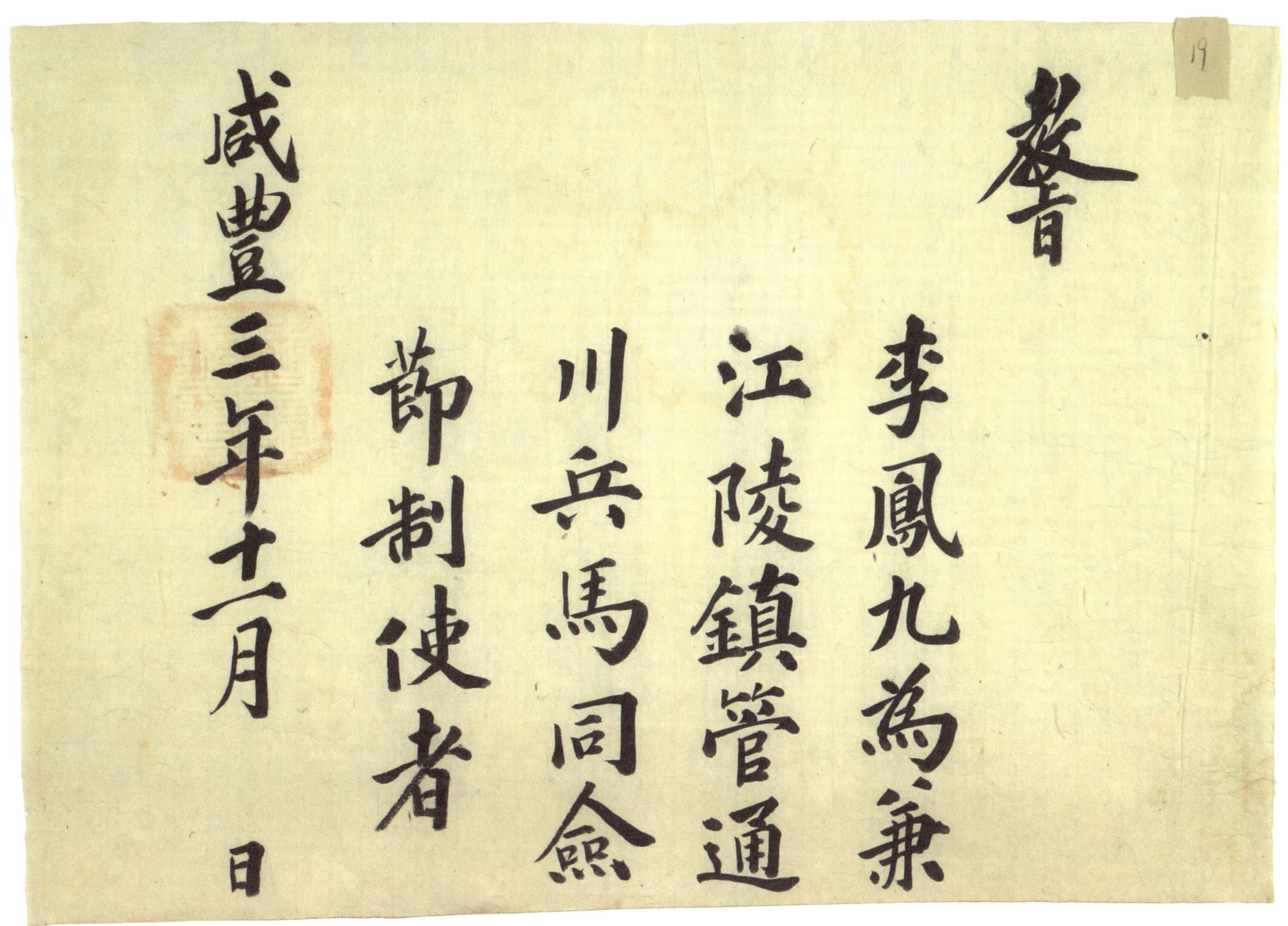

19

敎旨

李鳳九爲兼
江陵鎭管通
川兵馬同僉
節制使者

咸豐三年十一月　日

1853년 11월에 李鳳九를 兼 江陵鎭管 通川 兵馬同僉節制使로 임명하는 문서

告身 42

1869년(고종 6), 57.6 X 79.5

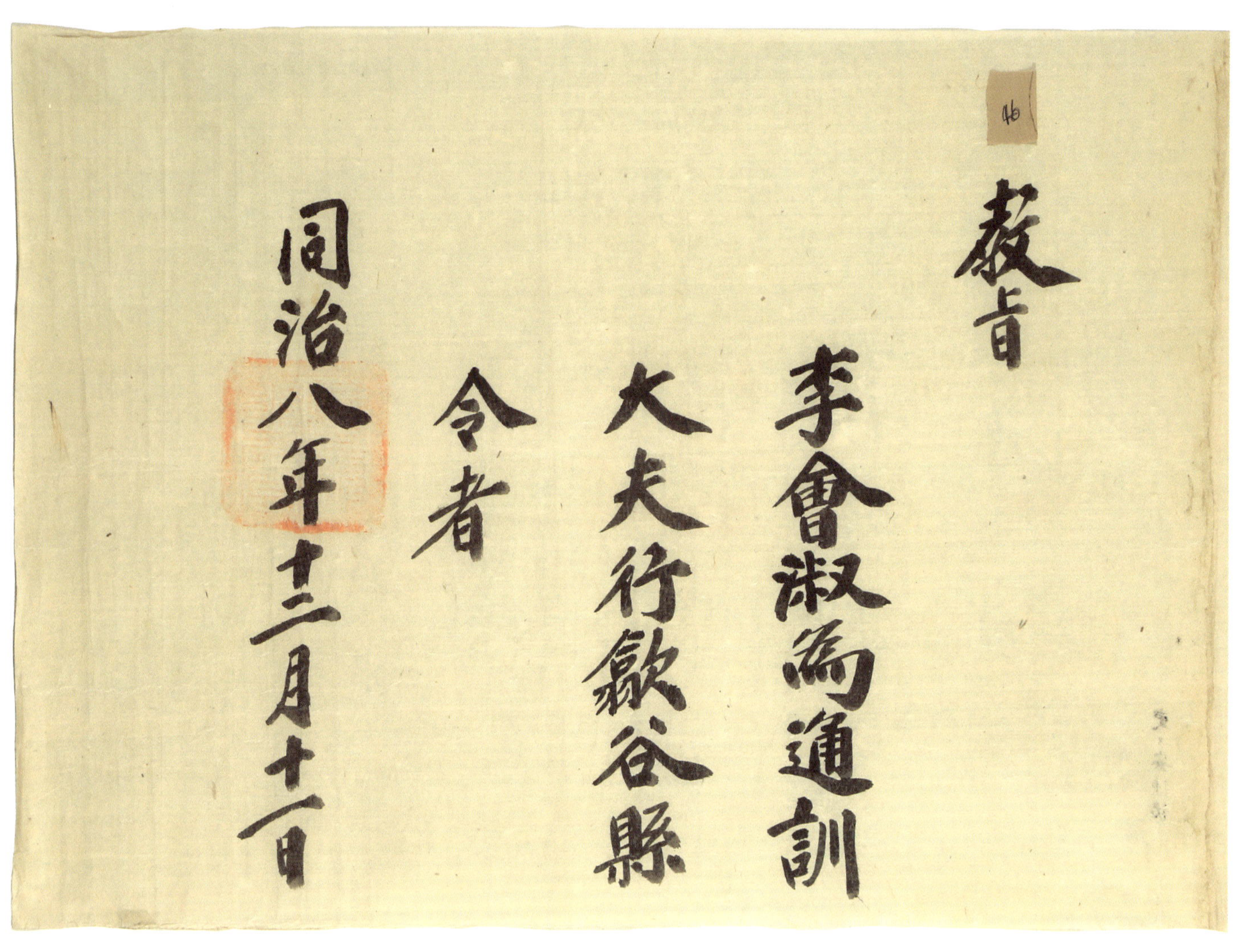

敎旨

李會淑爲通訓

大夫行歙谷縣

令者

同治八年十二月十一日

1869년 12월 11일에 李會淑을 通訓大夫 行 歙谷縣令으로 임명하는 문서

告身 43

1869년(고종 6), 57.6 X 79.5

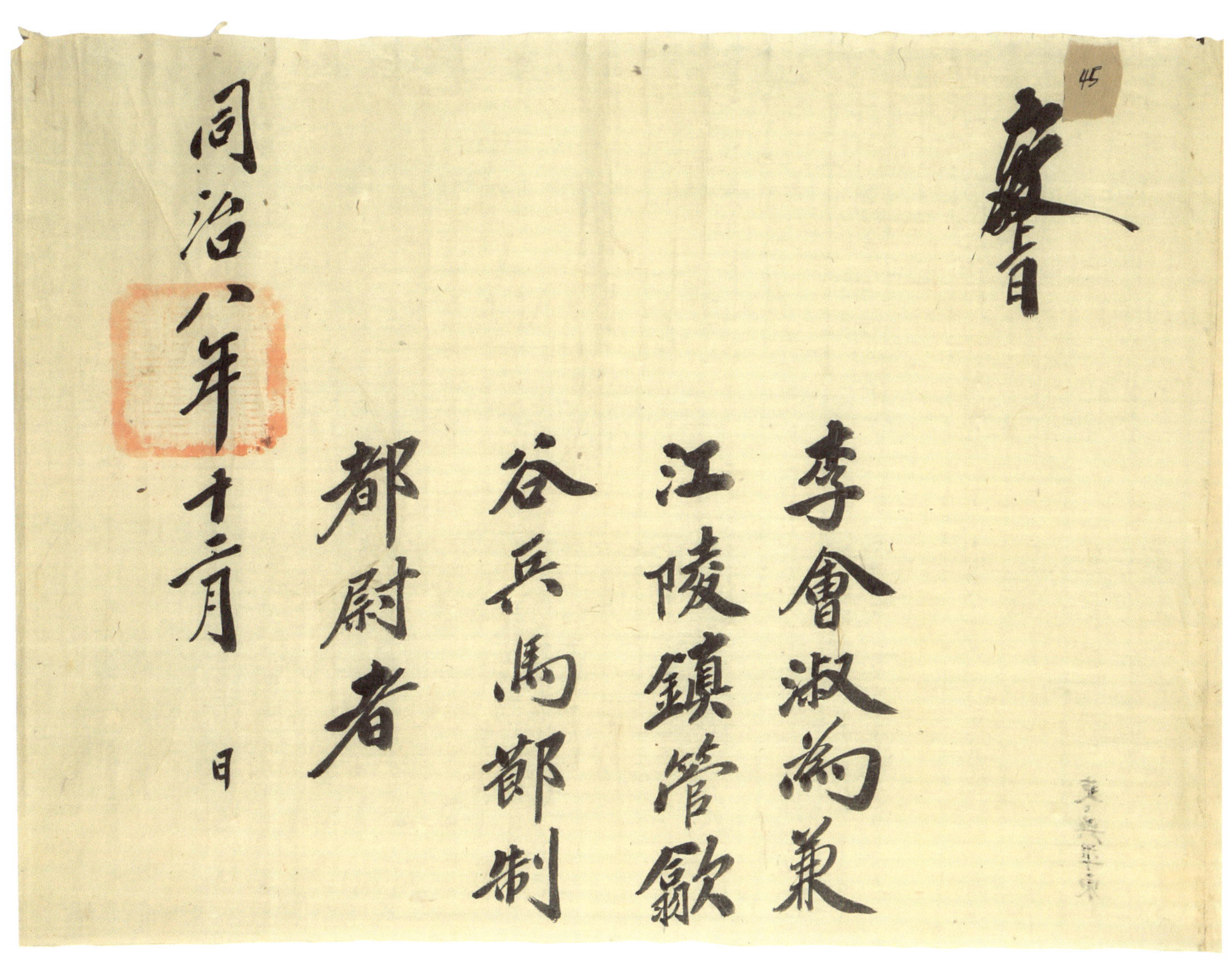

敎旨

李會淑爲兼

江陵鎭管歙

谷兵馬節制

都尉者

同治八年十二月 日

1869년 12월에 李會淑을 兼 江陵鎭管 歙谷兵馬節制都尉로 임명하는 문서

狀啓 4

1868년(고종 5), 38.4×83.1

正憲大夫行平安道觀察使兼兵馬水軍節度使都巡察使管餉使平壤府尹臣 朴

異樣三棹大船一隻移泊於三和府元塘坊麻山浦前洋之由已爲馳　啓爲白有在果

卽接淸南水軍防禦使李基祖本月二十六日午時成貼狀　啓騰報內本月二十三日

巳時量臣書出問情記一張高揭竿上立於彼船近岸處是白加尼從船一隻延到持去

其問情記二十六日寅時量出掛其回文封故拆見是白乎則回文內昨接來札均已閱

悉原籍來由緣問直陳吾本西方大美國人去此五十萬里之遙船經廣東上海至

烟台矣三月十五日又由烟台 行駛至貴國焉非爲貿易而來欽奉君主簡 派差來爲

前二年本國之商船在此河口滅沒今特備妥文書願貴地方官報知以上者將文書

1868년 3월 27일 午時에 平安道觀察使 朴珪壽가 高宗에게 올린 狀啓

君主案前吾此来甚欲敦友愛之情誼且指望貴國
君主與諸大人善為辦理使两國長久和睦再者願向貴國民人公平買取禽獸食用之
物維此奉復専俟回音如有復文直可在上流等候今早此船已将上提大美國欽命
督理選安多火輪兵船水師副将官云云原本段堅封上送于議政府是如為白卧乎所
覩此洋船文字則情偽有難測度而彼船之銃砲相加雖難冒入揭旗問情終涉踈忽
該防禦使李基祖不可無警是白遣彼人文字中所謂備要文書願層層上達者未
知別有何文字是白乎喻亦為疑晦連為另飭各邑鎮備禦戒嚴是白遣嗣後形止
陸續馳報之意申飭題送為白乎旀緣由馳　啓為白卧乎事是良尓詮次
善啓向教是事
同治七年三月二十七日午時

同治七年三月三十日
啓下議政府

所志 4

1763년(영조 39), 48×44.8

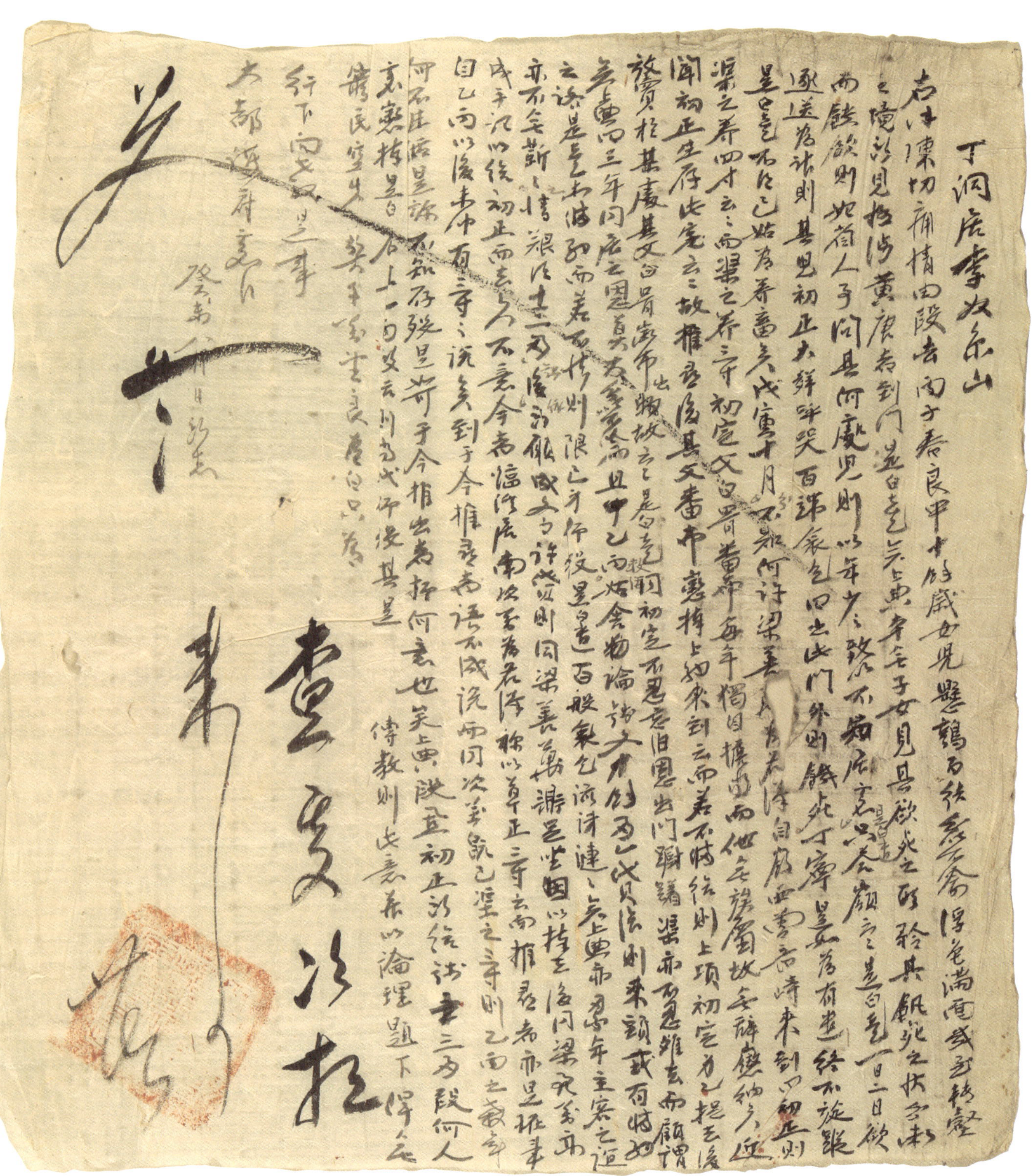

李氏의 奴 京山이 강릉대도호부사에게 올린 所志

關 1

1894년(고종 31), 26.1×55.5

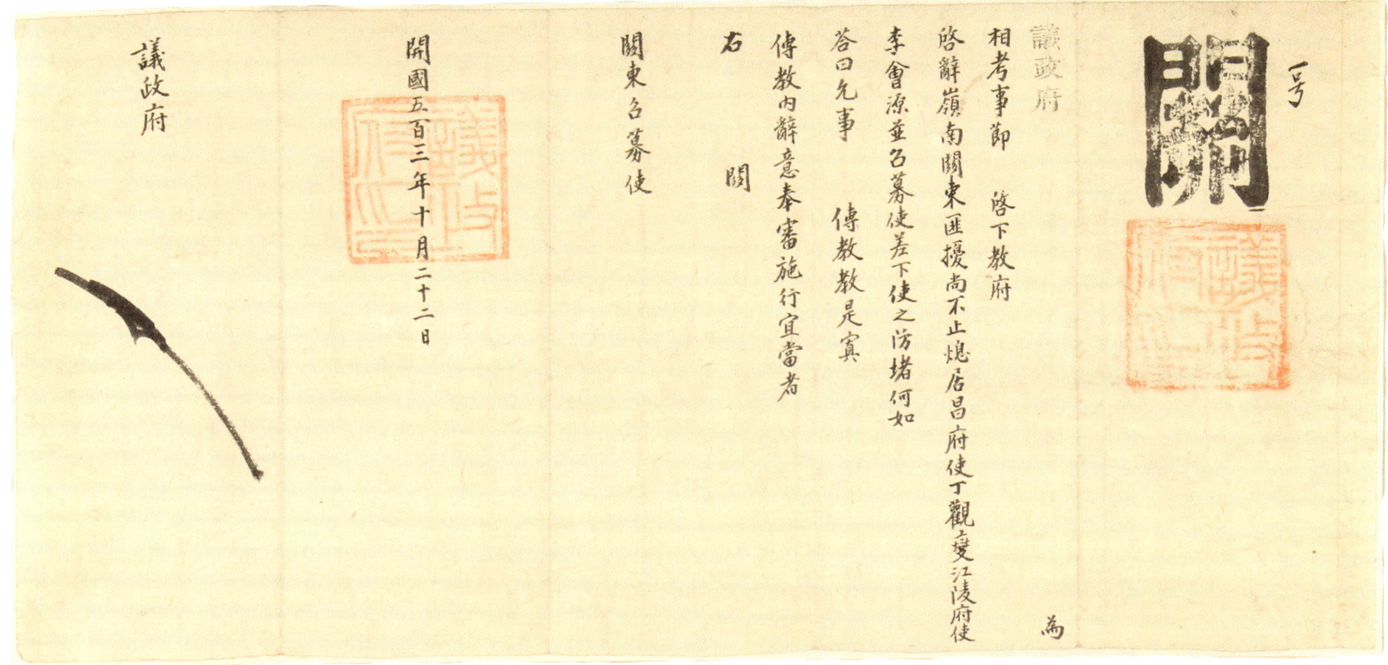

關

議政府 爲

相考事節 啓下敎府

啓辭嶺南關東匪擾尚不止熄居昌府使丁觀燮江陵府使

李會源並召募使差下使之防堵何如

答曰允事 傳敎敎是寘

傳敎內辭意奉審施行宜當者

右 關

關東召募使

開國五百三年十月二十二日

議政府

議政府에서 關東召募使에게 보낸 關

1804년(순조 4), 62.8×56.1

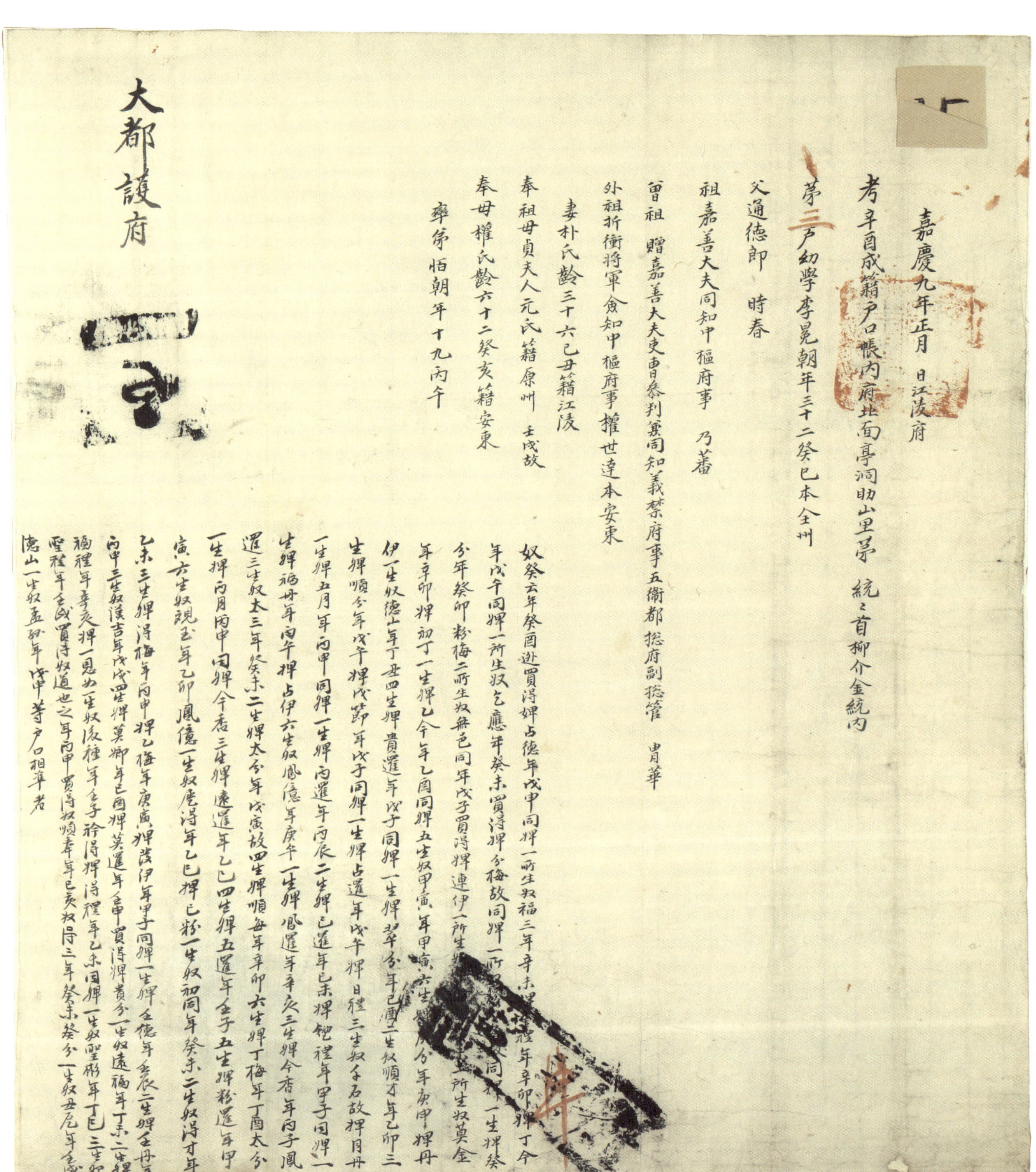

嘉慶九年正月 日江陵府
考辛酉成籍戶口帳內府北面亭洞助山里 統一首柳介金統內
第三戶幼學李冕朝年三十二癸巳本全州
父通德郎 時春
祖嘉善大夫同知中樞府事 乃蕃
曾祖 贈嘉善大夫吏曹參判兼同知義禁府事五衛都摠府副摠管 胄華
外祖折衝將軍僉知中樞府事權世達本安東
妻朴氏齡三十六己丑籍江陵
奉祖母貞夫人元氏籍原州 壬戌故
奉母權氏齡六十二癸亥籍安東
率弟恒朝年十九丙午

大都護府

李冕朝가 江陵大都護府使에게 올린 戶口單子

準戶口 2

1816년(순조 16), 104.1×60.2

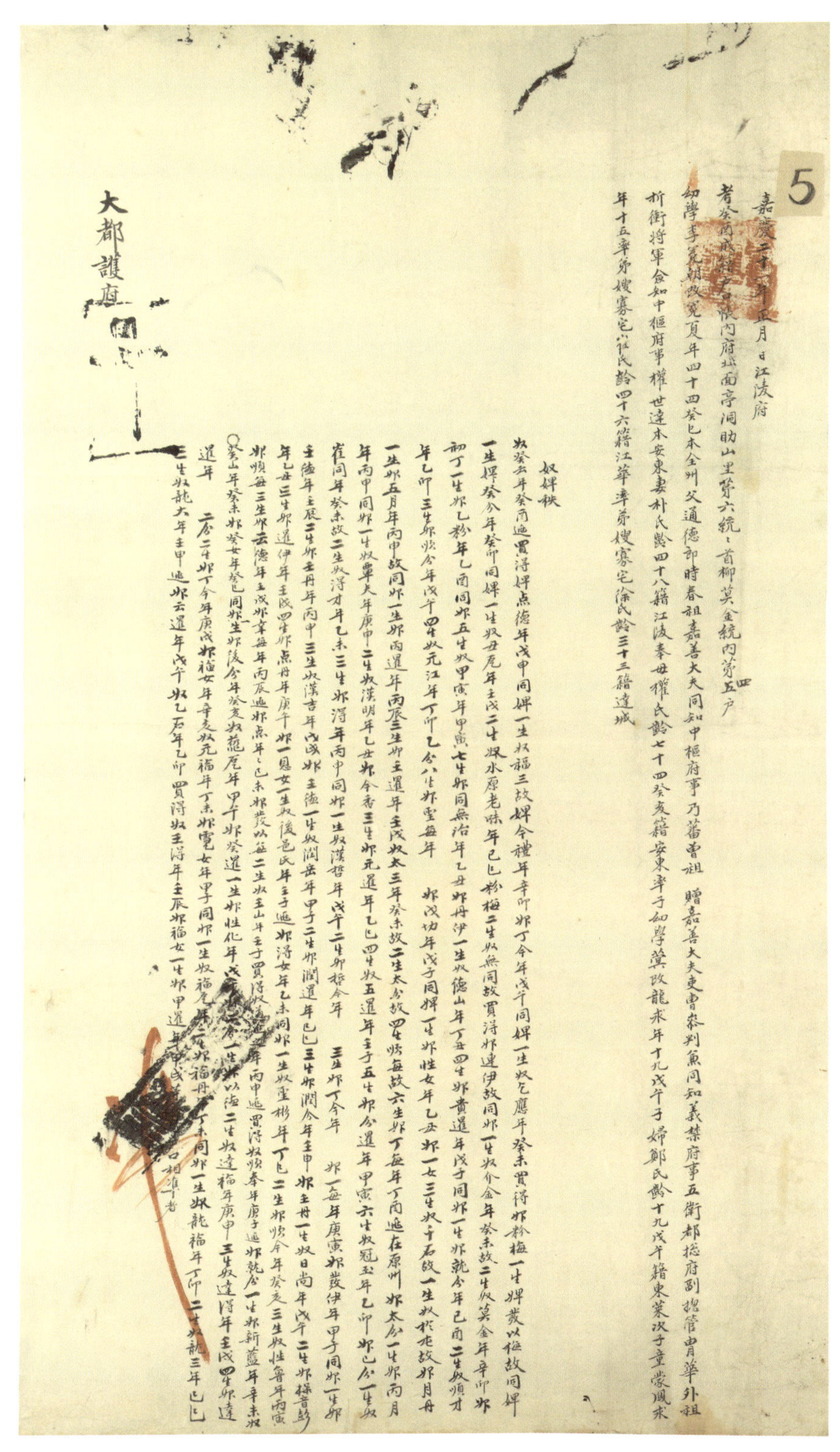

江陵大都護府에서 李冕夏에게 발급한 準戶口

立案 3

1757년(영조 33), 59.8×124.8

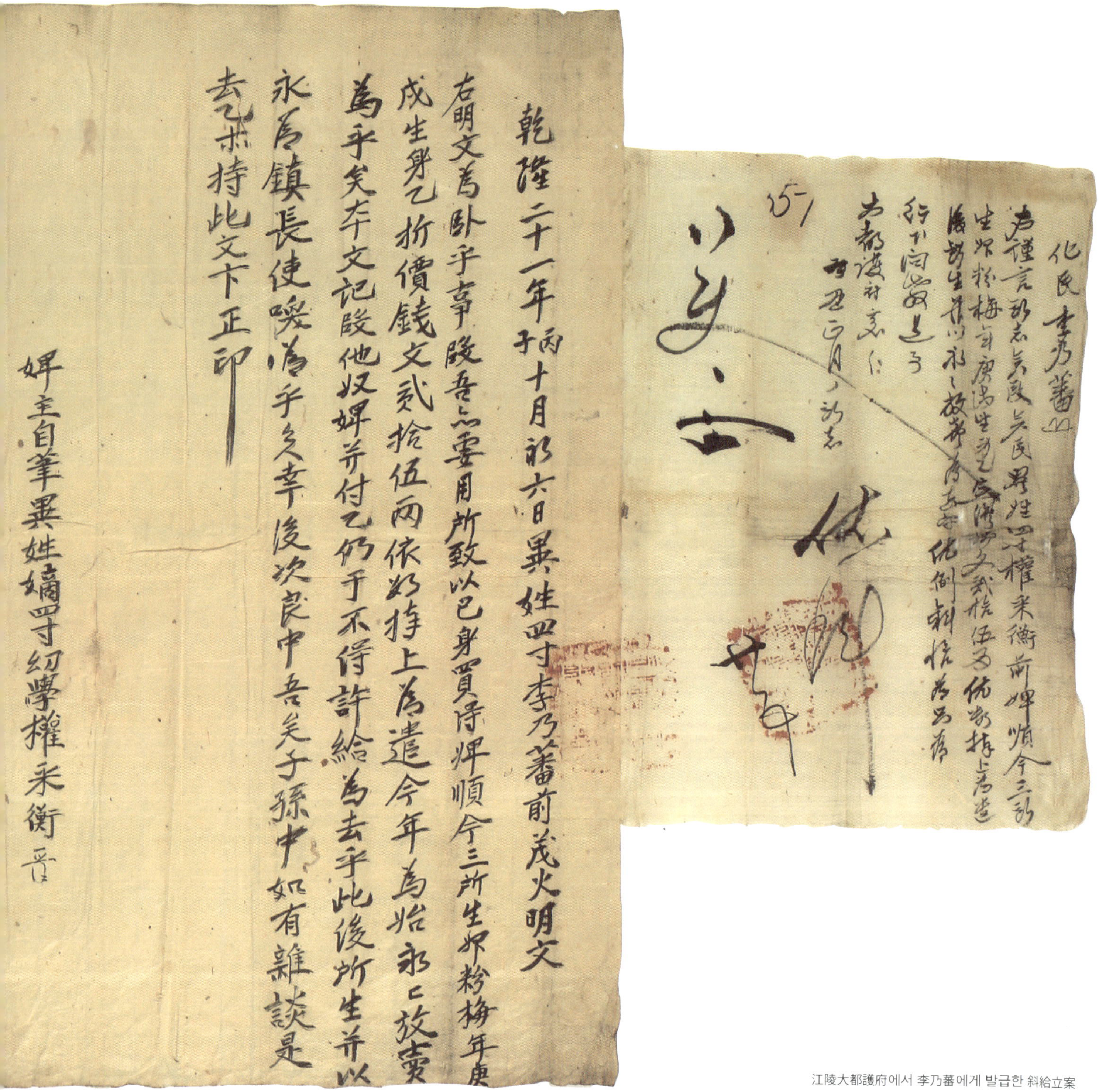

江陵大都護府에서 李乃蕃에게 발급한 斜給立案

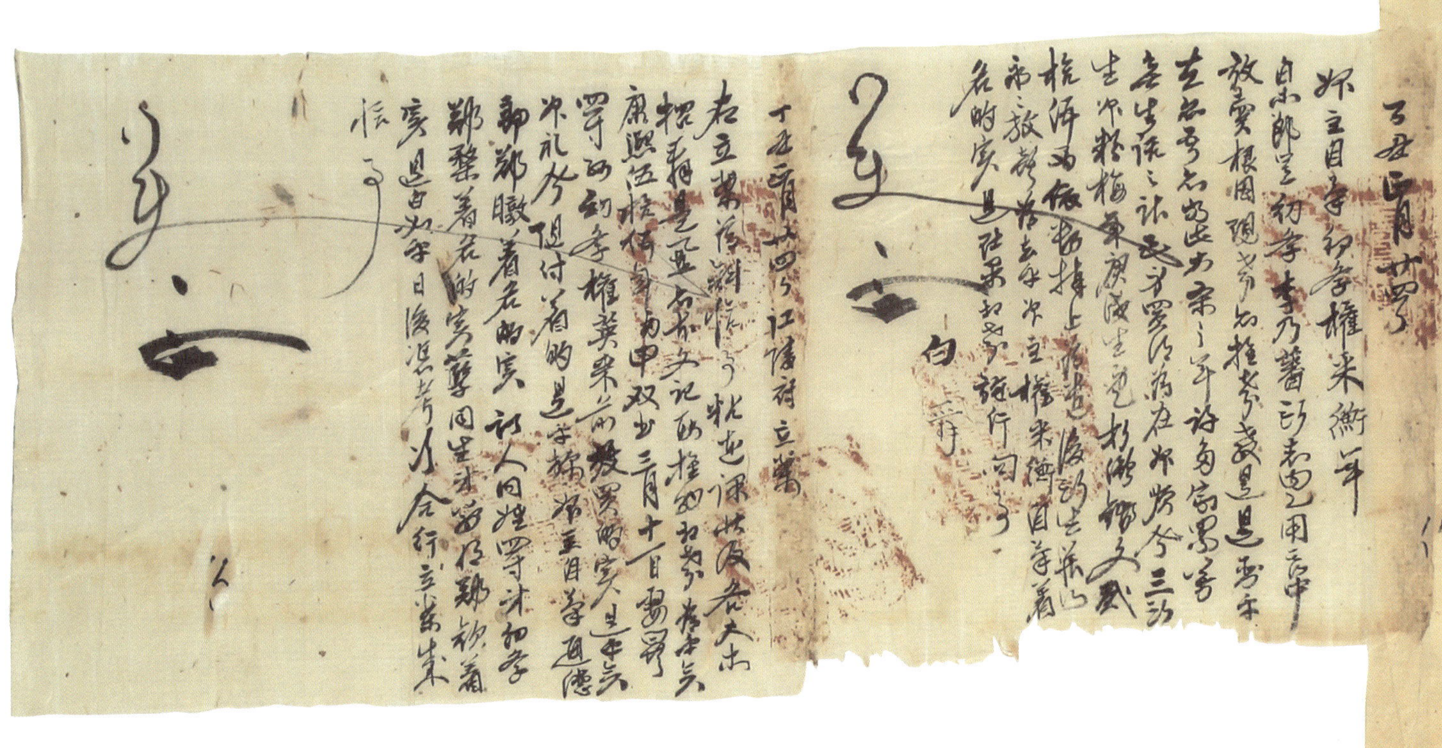

明文 140

1782년(정조 6), 67.2×44.9

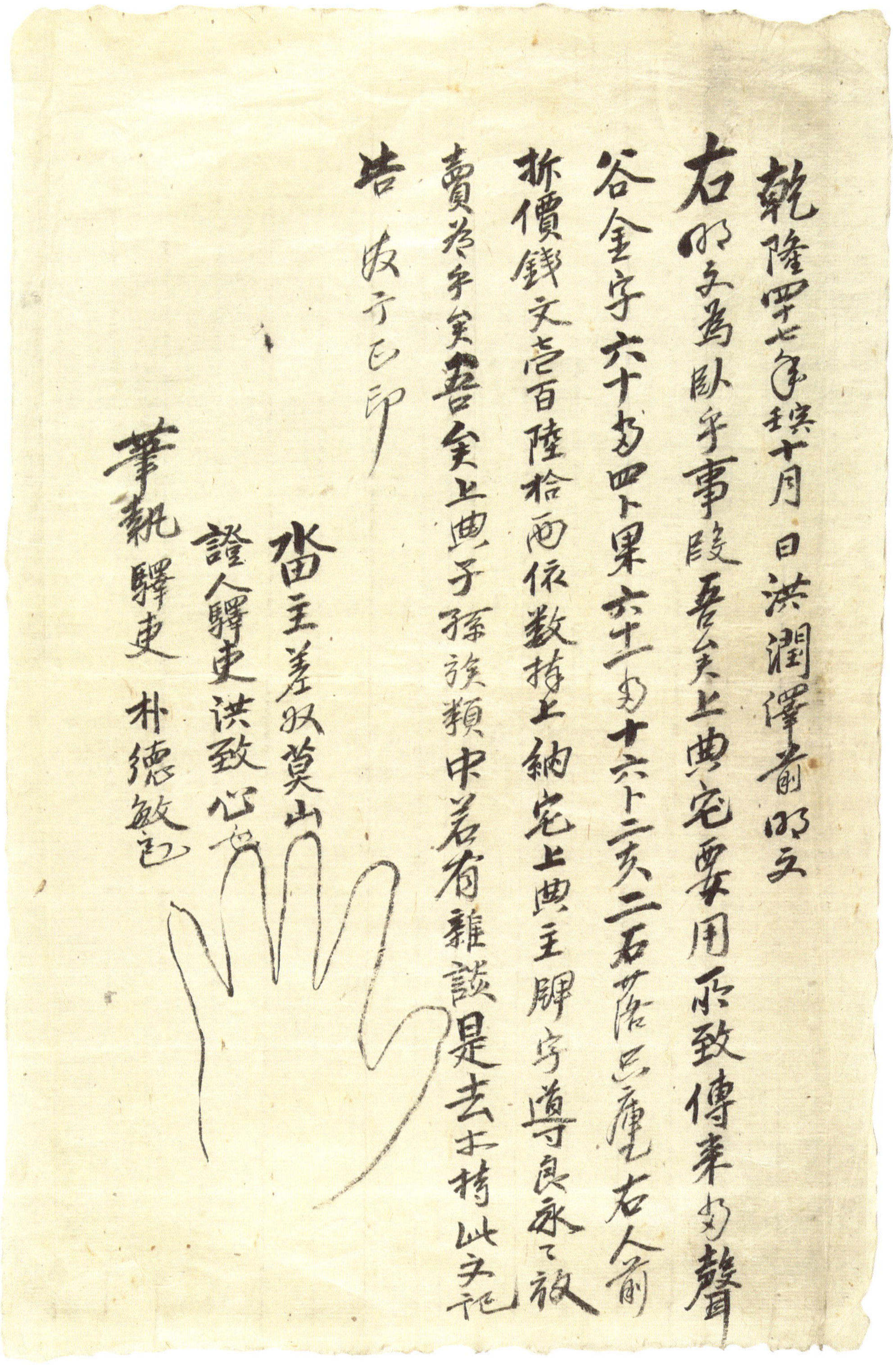

1782년 10월에 差奴 莫山이 洪潤澤에게 논을 팔면서 발급한 明文

明文 149

1784년(정조 8), 53.4×35.8

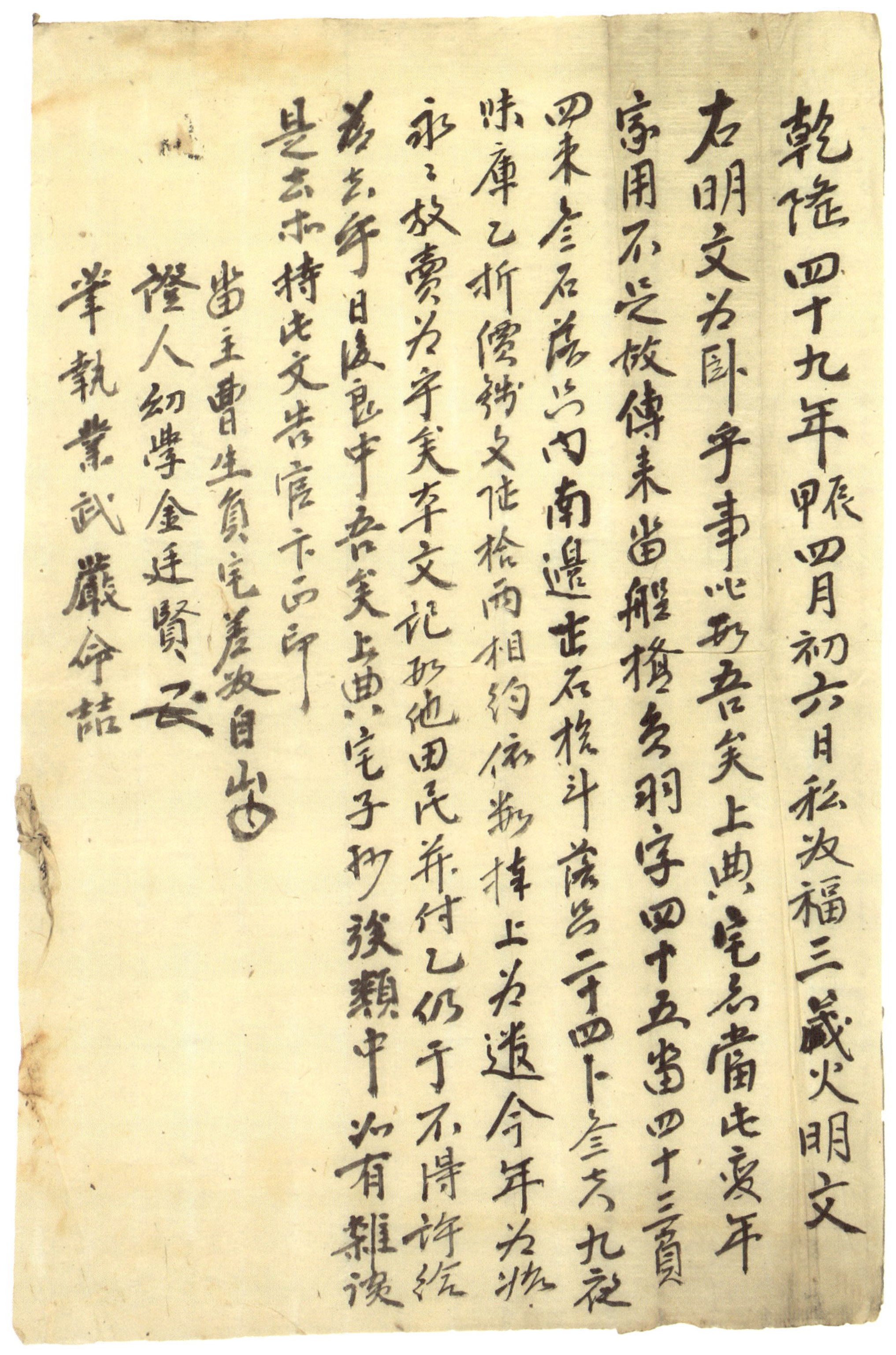
乾隆四十九年甲辰四月初六日私奴福三處明文
右明文爲臥乎事叱段吾矣上典宅亦當此窮年
家用不足故傳來畓船橋員羽字四十五畓四十三負
四束參石落只內南邊壹石拾斗落只二十四卜參束九夜
味庫乙折價錢文伍拾兩相約依數捧上爲遣今年爲始
永永放賣爲乎矣本文記段他田民並付乙仍于不得許給
爲去乎日後良中吾矣上典宅子孫族類中如有雜談
是去等持此文告官卞正事
畓主 曺生員宅 差奴 自山
證人 幼學 金廷賢
筆執 業武 嚴命喆

1784년 4월 초6일에 曺生員 宅 差奴 自山이 私奴 福三에게 논을 팔면서 발급한 明文

牌旨 25

1784년(정조 8), 27.1×35.6

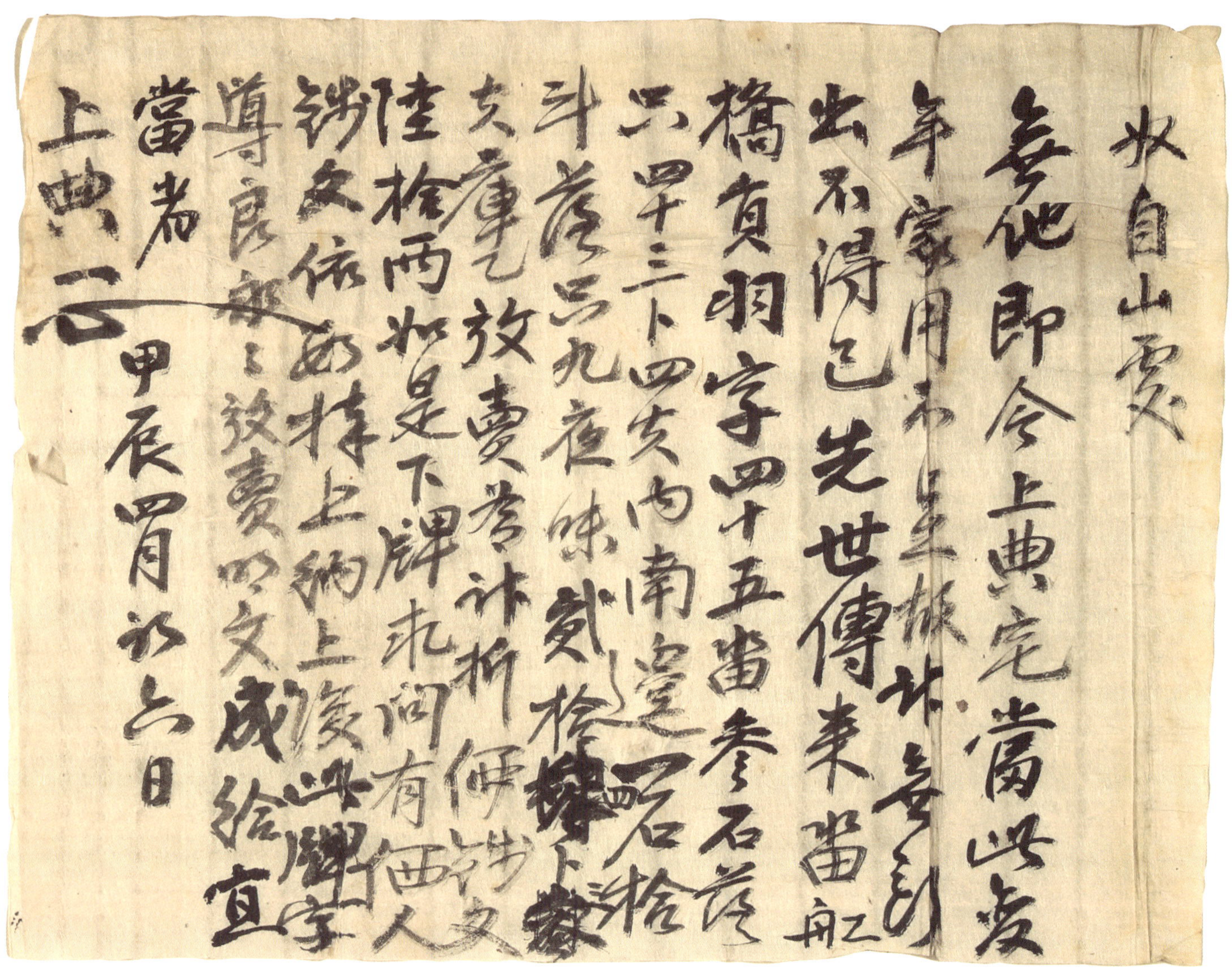

1784년 4월 초6일에 上典이 奴 自山에게 매매를 위임한 牌旨

목차

강릉 전주이씨 선교장 고문서의 현황과 특징

권이선_한국학중앙연구원 장서각 연구원

1. 머리말

강릉 전주이씨 선교장(船橋莊) 고문서는 강원도 강릉시에 세거하였던 전주이씨 선교장 가문에서 대대로 소장한 자료이다. 이 가문의 '선교장'이라는 당호는 일반적인 조선시대 양반 가문의 당호와 차이를 보인다. 주로 조선시대 상류주택의 택호에는 당(堂), 헌(軒), 각(閣)이 붙었다. 반면 선교장의 당호에 '장(莊)'이라는 글자가 붙은 것은 장원(莊園)이라는 의미가 내포된 것이었다. 즉, 당시 일반 상류 주택이 가족만을 위한 공간이었다면 선교장은 가족, 친족을 포함하여 손님을 위한 접객 공간, 집안일을 돌보는 이들이 거주하는 농막 등의 부속 공간까지 갖춘 대규모 장원을 형성했음을 의미하였다.[1]

선교장을 세운 자는 효령대군(孝寧大君)의 11대손인 이내번(李乃蕃, 1703~1781, 字 茂卿)이다. 이내번은 본래 충주 법왕(法王)에 거주했으나 어려서 아버지를 잃은 뒤에 어머니 권씨를 모시고 외향(外鄕)인 강릉으로 왔다고 한다. 처음에 이내번은 외가인 강릉의 오죽(烏竹) 권씨(權氏)의 둔포촌(遯浦村) 묘막에 의탁하여 거주하였다.[2] 그러나 이후 가업을 이룬 이내번은 1756년(영조 32) 6월에 선교장의 집터를 구입하였고, 1762년(영조 38)에 선교장을 완성하였다. 선교장이 있는 배다리골은 창녕조씨의 세거지로 이내번은 조하행(曺夏行)에게 집과 집터를 매득할 뿐 아니라 배다리골 근방의 전답을 집중적으로 구입하였다.[3] 이러한 선교장의 터는 명당으로도 알려졌는데 이내번이 이곳에 터를 잡게 된 유래와 관련하여 족제비 전설이 전해지고 있다. 어느 날 이내번이 족제비 한 무리가 이동하는 것을 보고 기이하게 여겨 따라가 보니 지금의 선교장 자리였고, 이를 길지라고 판단하여 자리 잡았다는 것이다.[4] 초기에 터를 잡은 이후로 선교장은 6대

1 차장섭, 「강릉 선교장의 형성과 발전」, 『선교장과 관동 사대부가의 삶』, 한국학중앙연구원 출판부, 2019, 17-18쪽.

2 『家乘』-辛巳7月 更加衣(강릉 전주이씨 선교장 소장).

3 차장섭, 『선교장: 아름다운 사람 아름다운 집 이야기』, 열화당, 2011, 25-26쪽; 차장섭, 앞의 논문, 23쪽; 정수환, 「18세기 강릉 전주이씨 선교장의 전답매매활동과 전략」, 『선교장과 관동 사대부가의 삶』, 한국학중앙연구원 출판부, 2019, 89~91쪽.

4 서병패, 「19세기 강릉지방 토지소유에 대하여: 선교장을 중심으로」, 『백산학보』 46, 백산학회, 1996, 354쪽; 임호민, 「18-

에 걸쳐 오랜 시간 증축과 확장을 통해 건물을 조성하고 운영하였다. 이러한 이력은 높은 평가를 받아 일찍부터 전통 건축과 정원 양식 면에서 주목받아 왔다.[5] 또한 전주이씨 선교장은 강원도에서 보기 드문 만석꾼 집안으로 강릉을 대표하는 사족가문 가운데 하나였기에 이 가문의 지주경영에 대한 연구도 활발히 이루어졌다.[6] 한국학 중앙연구원 장서각에서는 선교장의 자료적 가치에 주목하여 2013년 2월부터 5월까지 세 차례에 걸쳐 현지를 방문하여 가전 전적을 수집하였다. 이후 연구원에서는 2017년에 선교장의 300년 역사를 조망하는 학술대회를 개최하였고, 연구 성과물로 2019년에 『선교장과 관동 사대부가의 삶』이라는 연구서를 발간하였다. 이 연구서는 선교장의 소장 유물 4,000여 점을 바탕으로 역사학, 서지학, 음악학, 미술사, 철학사, 복식사 연구자 9명이 모여 일구어 낸 연구 성과물이다. 사료적 가치가 높은 선교장 자료는 2023년에 율곡연구원으로 이관되어 보관되고 있으며, 현재 소유자는 이강릉이다. 본 해제에서는 여러 방면에서 연구가 진행된 강릉 전주이씨 선교장 가문의 선행 연구를 참조하여 이 가문의 소장 고문서 현황과 특징을 살펴보고자 한다.

2. 선교장의 가계와 주요 인물

강릉 전주이씨 선교장 가문은 태종(太宗)의 차남 효령대군 이보(李補, 1396~1486)의 11대손이자 강릉 입향조(入鄕祖)인 이내번부터 시작된다. 이내번은 이주화(李冑華, 1647~1718, 字 明叔)의 다섯째 아들로 본래 이내번의 선조는 이주화 대까지 150여 년 동안 충청도 충주 서촌 법왕(현 음성군 금왕읍 본대리)에 선영을 마련하여 거주하였다.[7]

이주화는 총 세 번의 장가를 들었는데 첫 번째 부인인 의령남씨와의 사이에서 장남 이복번(李福蕃)과 차남 이재번(李再蕃)을 두었다. 두 번째 부인인 경주정씨와의 사이에서는 삼남 이중번(李重蕃)과 사남 이경번(李慶蕃)이 있었다. 마지막 부인은 안동권씨로 안동권씨와의 사이에서 이내번과 이태번(李台蕃)을 낳았다. 기존 연구를 통해 밝혀졌듯이 이내번의 강릉 입향은 어머니 안동권씨의 영향이었다. 아버지 이주화가 사망한 뒤 당시 관습에 따라 재산의 대부분은 아버지의 첫 번째 부인 의령남씨가 낳은 형 이재번(李再蕃)에게 상속됐고, 충분한 재산을 상속받지 못한 안동권씨와 그녀의 소생 이내번·이태번은 어렸기에 어머니를 따라

19세기 선교장의 지역적 위상 변화의 추이: 강릉 향촌사회를 중심으로」, 『선교장과 관동 사대부가의 삶』, 한국학중앙연구원 출판부, 2019, 39쪽.

5 이희봉·김태식, 「강릉 선교장 가족성원의 역할을 통해 본 전통 주거공간의 재조명」, 『대한건축학회 학술발표대회 논문집』 17권 2호, 1997; 이창훈·김재웅·김동현·이원호, 「강릉 선교장 일원 경관변화과정에 관한 연구」, 『한국전통조경학회지』, 한국전통조경학회, 2015.

6 허원영, 「조선후기 강릉 선교장의 지주경영」, 『선교장과 관동 사대부가의 삶』, 한국학중앙연구원 출판부, 2019, 109-141쪽.

7 정수환, 앞의 논문, 82쪽.

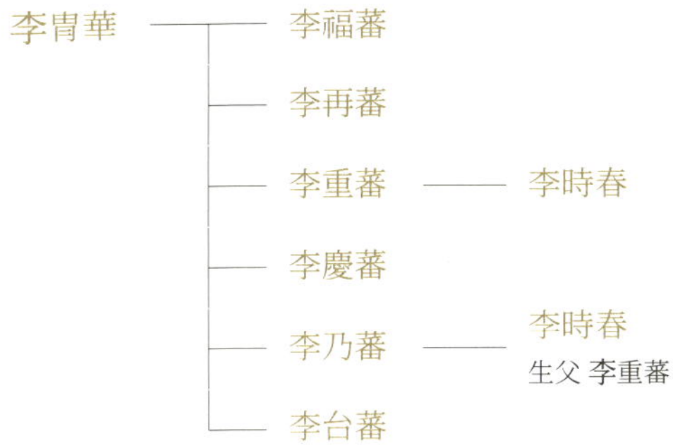

[이주화(李胄華)의 가계도]

외가인 강릉으로 거주지를 옮겼다.[8] 이내번의 동생 이태번은 1735년(영조 11)부터 1753년(영조 29)까지 이내번의 호구단자에서 솔제(率弟)로서 아내 권씨와 함께 등장하나 자손 없이 사망하였다. 이내번 또한 자손이 없었다. 그래서 셋째 형 이중번의 아들 이시춘(李時春)을 계후하였다. 현재 이와 관련한 계후입안(繼後立案)이 존재하지 않으나 호구단자를 통해 1762년(영조 38)을 전후한 시점에 이내번이 이시춘을 계후한 것으로 추정된다.[9] 그러나 이시춘은 선교장을 물려받은 지 5년 만에 3남 1녀의 어린아이들만을 둔 채 사망한다. 선교장을 물려받은 3대는 이시춘의 맏아들 이후(李垕)였다. 이후 대에 와서 이후의 뛰어난 경영으로 이 가문은 만석꾼으로 거듭나며, 이때부터 관직에 진출하기 위해 과거에 응시하는 노력을 기울인다. 현전하는 시권에 따르면 이후는 네 차례 과거에 응시하였으나 뜻한 바를 이루지 못하였다. 다만 그의 아들 이용구(李龍九)와 이봉구(李鳳九)가 생원시(生員試)에 입격함으로써 벌열(閥閱) 가문으로의 도약을 마련한다. 선교장의 4대는 이용구로 그에게는 이회숙(李會淑)과 이회원(李會源)의 두 아들이 있었다. 그러나 이봉구에게는 자손이 없었으므로 이봉구는 조카 이회원을 계후하여 자신의 뒤를 잇도록 하였다. 선교장의 5대 이회숙과 동생 이회원은 조부와 부친과 달리 서울에 거주하면서 과거를 준비하고 유력 가문들과 통혼(通婚)을 맺었다. 두 형제는 모두 생원시에 입격하여 각기 벼슬에 나아가거나 선교장을 운영하였다. 선교장의 6대는 이근우(李根宇)이다. 이회숙에게는 친자가 없어 이회원의 장남 이근우를 계후하여 대를 이었다. 본래 이근우는 서울에 머물면서 과거를 준비했으나 20세에 음사로 장릉참봉이 되어 첫 벼슬길을 나아가게 되면서 장릉이 있는 강원도 영월로 내려왔다. 이 시점을 계기로 이근우는 강릉으로 내려와 선교장을 장원으로 발전시켰다.[10]

이상 이내번, 이시춘, 이후, 이용구 및 이봉구 형제, 이회숙 및 이회원 형제, 이근우의 가계를 살펴봤다. 이들은 강릉 전주이씨 선교장을 건립하고 조성하며 운영한 주역들이다. 이들이 선교장을 운영하면서 작성하거나 수취한 문서에 대해서는 유형별로 3장에서 살펴보도록 하겠다.

8 차장섭, 앞의 논문, 19-20쪽.
9 정수환, 앞의 논문, 98쪽.
10 차장섭, 앞의 논문, 24-31쪽.

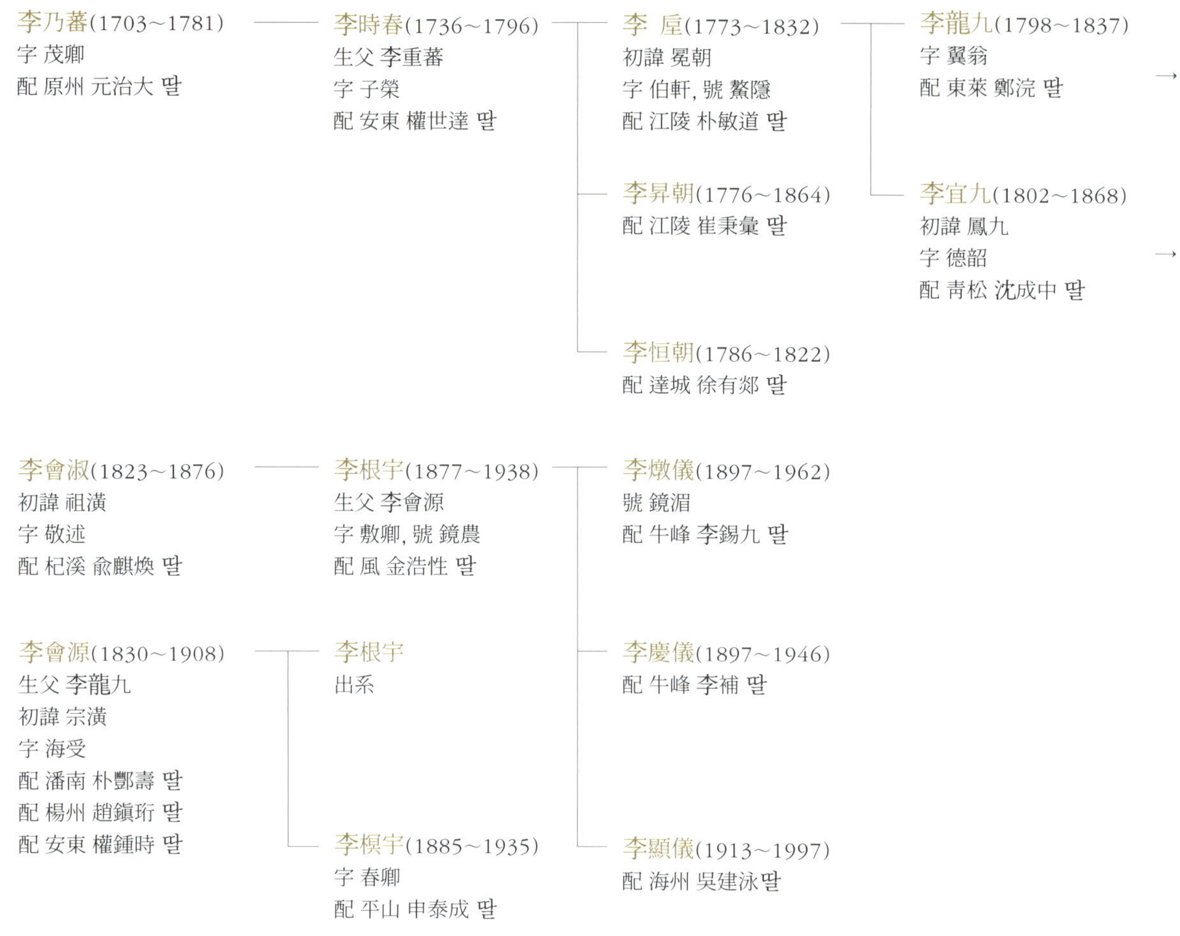

[이내번(李內蕃) 가계도]

3. 유형별 고문서의 현황과 특징

강릉 전주이씨 선교장에는 교령류(教領類)를 포함한 서간통간류(書簡通告類), 치부기록류(置簿記錄類), 시문류(詩文類) 등 다양한 고문서가 있다. 본서에서는 지면의 제한상 교령류, 소·차·계·장류(疏·箚·啓·狀類), 첩·관·통보류(牒·關·通報類), 증빙류(證憑類), 명문·문기류(明文·文記類)를 대상으로 목록을 작성했고 도판을 수록하였다.

1) 교령류

교령류(教領類)는 백패(白牌) 4점, 고신(告身) 67점, 추증교지(追贈教旨) 7점, 관고(官誥) 3점, 차첩(差帖) 1점으로 총 5종 82점이 있다.

백패는 이용구(李龍九) 및 이봉구(李鳳九) 형제, 이회숙(李會淑=李祖瀵) 및 이회원(李會源=李宗瀵) 형제가 받았다. 이용구는 1825년(순조 25)의 생원시(生員試)에 3등 제36인으로 입격했고, 동생 이봉구는 1827년(순조 27)의 생원시에서 3등 제4인으로 입격하였다. 이회숙과 이회원은 이용구의 아들로 형 이회숙은 1840년(헌종 6)의 생원시에서 1등 제5인으로 입격했고, 동생 이회원은 1844년(헌종 10)의 생원시에서 3등 제27인으로 입격하였다.

교령류 중 가장 많은 점수를 차지하는 것은 고신이다. 선교장 가문에서 가장 이른 시기에 발급된 고신은 1773년(영조 49)에 이내번이 받은 고신으로 이내번의 나이가 81세이므로 특별히 통정대부(通政大夫)로 가자(加資) 한다는 문서이다. 고신 중 가장 많은 점수를 차지하는 인물은 이회원(李會源)이다. 이회원의 고신은 24점이 현전하여 그의 1853년(철종 4)부터 1894년(고종 31)까지의 관력을 확인할 수 있다. 이회원 다음으로 이회숙의 고신이 23점 남아 있어 1858년(철종 9)부터 1869년(고종 6)까지 관력이 확인된다. 현전하는 고신을 통해서 전주이씨 선교장 가문의 단골리(丹骨吏)도 확인된다. 19세기 전반기에 발급된 이봉구의 고신에서는 단골리가 안원묵(安元默)으로 안씨 집안이었다. 19세기 중반 이후로 이회숙 고신에서는 단골리 안규명(安奎明) 외에도 오준동(吳準東), 오기정(吳基正)과 같은 오씨 집안이 확인된다.

추증교지는 7점이 전하는데 5점이 이내번의 돌아가신 조부·부·조모·모(孺人李氏,[11] 孺人鄭氏)가 추증 받았고, 2점은 이회원의 아내 2명이 각기 받았다. 1774년 12월에 이내번이 가선대부 동지중추부사(嘉善大夫同知中樞府事)가 되자 법전에 의거하여 돌아가신 조부 이광호(李光澔), 조모 숙인(淑人) 임씨(任氏), 부 이주화(李冑華), 두 명의 어머니가 추증 받았다. 1894년(고종 31)에 이회원이 통정대부 돈녕부 도정(通政大夫 敦寧府都正)에 임명되자 이회원의 죽은 아내 숙인 박씨(朴氏)와 숙인 조씨(趙氏)가 숙부인(淑夫人)으로 추증되었다.

관고는 이회원과 이근우(李根宇)가 받았다. 1897년(고종 34)에는 궁내부에서 이회원을 시종원 분시종(侍從院 分侍從)으로 임명하였다. 1896년(고종 33)에는 이근우를 장릉참봉 판임관(莊陵參奉 判任官) 8등에 서임하는 관고를 시작으로 1900년(고종 37)에 9품 종사랑(從仕郎) 이근우를 6품 승훈랑(承訓郎)으로 임명하였다. 이근우는 격동기를 살아갔던 선교장의 6대 주인으로 1907년(고종 44)에 강릉군수 이재화(李在華)가 이근우를 정동면(丁洞面) 면장(面長)으로 임명한 차첩이 현전한다. 이근우는 초년에 서울에 거주하며 과거를 준비하다가 20세가 되는 1896년에 음사로 장릉참봉이 되었다.[12] 관고, 차첩을 통해 강릉에서 활동한 이근우의 삶에 대해 파악해 볼 수 있다.

11 『가승(家乘)』과 『선원속보(璿源續譜)』에 따르면 이주화에게는 의령남씨, 경주정씨, 안동권씨 3명의 부인이 있었다. 그러나 이주화의 아들 이내번이 장수하여 가자(加資)를 받고, 이에 근거하여 부모와 조부모의 추증이 이루어질 때에는 의령남씨 대신에 유인(孺人) 이씨(李氏)가 추증교지를 받았다.

12 차장섭, 앞의 논문, 30쪽.

2) 소 · 차 · 계 · 장류

소 · 차 · 계 · 장류(疏 · 箚 · 啓 · 狀類)에는 상소抄 · 상언草 · 상서 각 1점, 장계 16점, 소지 11점, 원정 1점, 발괄 4점, 제음(題音) 1점, 청서(請書) 2점 9종 38점이 전한다.

상소와 상언은 초본으로 상소는 최익현(崔益鉉)이 황묘 및 만동묘의 복구와 서원의 흥기에 대해 고종에게 요청하는 상소를 한글로 베낀 문서이다. 상언은 강릉에 거주하는 김영구(金榮九) 등이 효령대군 12세손에게 포장(褒奬)의 은전과 대직(臺職) 추증을 요청하는 내용이다. 상서는 신명집(辛明集)이 논을 매득한 뒤에 경작자에게 복조(卜租)를 받지 못하자 이를 해결해 줄 것을 강릉대도호부사(江陵大都護府使)에게 요청하며 올린 문서이다.

장계는 1865년(고종 2)부터 1875년(고종 12)까지 평안도 관찰사, 의주부윤이 고종(高宗)에게 올린 문서이다. 장계에는 표류된 청나라 사람의 송환 과정과 이양선의 출몰에 대한 보고, 당시 변경의 시찰에 대한 내용이 담겨 있어 19세기 중엽 평안도의 주요 현안에 대해 파악해 볼 수 있는 자료이다.

소지는 빼앗긴 분재(分財) 문권의 추급 요청, 입지(立旨)의 발급 요청, 자매(自賣) 관련 추심, 탈하(頉下) 요청 등의 내용으로 이루어져 있다. 주로 18세기 중반부터 19세기 전반까지 작성된 소지로 당시 강릉 지역 안에서 어떤 갈등 상황이 있어 관을 통해 해결하고자 했는지를 일부 살펴볼 수 있다. 원정은 자매 관련 소지와 관련된 내용이다. 본래 양인이었던 초정(草正)이라는 여성이 자신의 부모가 죽고 흉년을 만나자 선교장의 이 생원 댁에 의탁했고, 돌아가신 아버지의 번포(番布) 때문에 스스로 자신의 몸을 이 생원 댁에 팔았다. 그런데 느닷없이 나가(羅哥)가 초정을 침책하려고 하자, 초정은 나가를 붙잡아 와 처벌해 줄 것을 요청하는 내용을 대감(大監)에게 작성하여 올렸다.

발괄은 경제적인 내용의 2점, 사환(仕宦)과 관련된 내용의 2점이 있다. 경제적인 내용의 발괄은 선교장 사내종들의 이름이 중첩되어 기록됨으로써 이중 징세(徵稅) 되는 폐단을 막아 줄 것을 요청하는 것과 안씨 집안의 문중에서 문중답(門中畓)을 방매하려고 하나 본문기(本文記)가 분실되어 없으니 제하(題下)를 내려 빙고(憑考)할 수 있게 해달라고 요청하는 내용이다. 안씨 집안의 발괄이 선교장에 전해진 것은 구문기(舊文記)였기 때문이다. 1844년(헌종 10)에 안처상(安處祥) 등은 전주이씨 선교장의 이 생원에게 문중답을 방매하였고, 현재 해당 명문도 전하고 있다. 사환 관련 내용의 발괄은 강릉군수 이회원이 내부서리대신 유길준(內府署理大臣 兪吉濬)에게 올린 발괄이다. 이회원은 자신에게 병이 있어 더 이상 직무를 수행하기 어려우니 체개(遞改)해 줄 것을 요청하였다.

제음은 강릉대도호부사가 사문(查問)하여 장자(狀者)에게 준 것으로 유학 최주운(崔柱雲)을 빨리 잡아 오라는 내용이다. 청서는 1953년에 작성된 근현대문서로 이근우가 단기 4286년 4월 4일자로 부기된 강원도 고시(告示) 제123호로 보안림(保安林)에 편입한 영림방법(營林方法) 지령서(指令書)를 아울러 받은 후에 통달(通達)의 주의사항을 엄수(嚴守)하겠다며 강릉군수에게 제출한 문서이다.

3) 첩·관·통보류

첩·관·통보류(牒·關·通報類)는 8종 10점으로 관(關) 1점, 전령 1점, 서목 2점, 고목 1점, 절목 1점, 보고 1점, 명령서 2점, 관보 1점이 소장되어 있다.

관문은 의정부에서 관동소모사(關東召募使)에게 보낸 문서로 영남과 관동에서 비적(匪賊)의 소요가 그치지 않고 있으니 거창부사 정관섭(丁觀燮)과 강릉 부사 이회원을 소모사(召募使)로 차하(差下)한다는 내용이다.

절목 또한 이회원과 관련된 내용이다. 양호도순무사(兩湖都巡撫使)가 강릉부사 이회원에게 보낸 전령으로 이회원이 소모사로 계하(啓下)됐으니 전령이 도착하는 대로 임무를 살피라는 내용이다.

서목은 이회원이 강릉대도호부사를 역임하던 중에 작성한 문서이다. 이회원은 1895년(고종 32) 3월과 4월에 동학을 토벌하면서 사용한 군수(軍需)의 공전(公錢)에 대한 내용을 보고하였다.

고목은 주문진(注文津)의 동민(洞民) 김용운(金龍雲) 등이 올린 문서로 흉년에 동민들이 굶주리고 있으니 동민들에게 분매(分賣)하여 자신들을 구원하여 살려달라는 내용이다.

절목은 청안현감(淸安縣監) 이봉구가 환폐(還弊)의 보충 방법에 관해 작성한 내용이다. 이봉구는 1852년(철종 3)에 청안현의 환폐가 고질적으로 굳어져 폐단이 심하다며 이에 대한 해결책을 첩정(牒呈)으로 작성하여 영문(營門)에 보냈다.

보고는 1896년(고종 33)에 질서를 어지럽히는 무리가 재실(齋室)에 갑자기 들어와 참봉을 축출한 일에 대해서 헌릉령(獻陵令)이 보고한 문서이다. 관보와 명령서는 근현대문서로 관보는 1920년 10월 8일에 조선총독부에서 발행하였다. 명령서는 강원도지사가 이돈의(李燉儀)에게 발급한 도량형기, 계량기 수검 명령서와 이근우에게 발급한 벌목(伐木)과 조림(造林) 등에 관한 명령서이다.

4) 증빙류

증빙류(證憑類)는 호구단자 25점, 준호구 9점, 시권 23점, 사급입안 4점, 결송입안 1점, 불망기 6점, 수기 4점, 수표 2점, 요표(料標) 2점, 자문 1점, 영수증 4점, 차용증 2점, 저당권 포기증 1점, 증서 5점, 인감증명원 1점으로 총 15종 90점이 있다.

선교장 집안의 호적류 중 다수는 문서 양식상 호구단자나 준호구로 분류하기에 애매한 것들이 상당하다. 예를 들어 본서에 수록된 호구단자 22는 호구단자와 준호구의 양식을 모두 보여준다. 열서(列書)의 방식으로 기재됐고 호수(戶數)는 나중에 붉은 글씨로 작성된 면은 전형적인 호구단자의 양식이다. 반면, 기두어는 '考辛酉成籍戶口帳內…'로 시작하여 전형적인 준호구의 투식을 보여준다. 이는 기존 연구에서 짚었듯이 호구단자 초단의 정단화 현상이다.[13] 본서에서는 기존의 논의를 참고하여 우선 열서의 방식으로 작성된 것

13 최승희, 「호구단자·준호구에 대하여」, 『규장각』 7, 서울대학교 규장각한국학연구원, 1983; 심재우, 「국립중앙박물관 소장 호구단자·준호구 자료 소개」, 『고문서-호적류』, 국립중앙박물관, 2005; 문현주, 「조선후기 戶口單子와 準戶口의 작성과정

은 호구단자로, 연서(連書)의 방식으로 작성된 것은 준호구로 분류하였다.

호구단자는 이내번의 호구단자가 13점, 이내번의 아들 이시춘(李時春)의 호구단자가 1점, 이시춘의 아들 이익조(李益朝=李冕朝=李廈朝=㕔)의 호구단자가 8점, 이시춘의 아들 이승조(李昇朝)의 호구단자 2점, 이근우의 호구단자 1점이 있다. 이익조가 이면조, 이하조로 이름을 개명하는 과정을 호구단자를 통해 파악할 수 있다. 또한 1789년(정조 13)에 작성된 이익조의 호구단자는 다른 호구단자와 달리 수취자가 강릉현감인데, 이는 1782년(정조 6)에 이택징(李澤徵)이 이유백(李有白)의 대역부도죄 사건에 연루되어 처형되자, 이택징의 고향인 강릉대도호부가 강릉현으로 강등됐기 때문이다. 준호구는 이익조[李冕夏=李冕朝=李㕔]의 준호구가 7점, 이면조의 아들 이용구와 이봉구 준호구는 각각 1점씩 있다. 호구단자와 준호구를 통해 18~19세기 전주이씨 선교장 가문의 인적 구성원에 대해 파악해 볼 수 있다.

시권은 이익조 4점, 이봉구 4점, 이용구 2점, 이회숙 2점, 이회원 3점, 이상우 4점, 이근우 1점, 이경우(李檠宇) 1점, 이용우(李榕宇) 2점이 있다. 이익조는 19세, 29세, 33세, 50세에 과거에 응시하여 평생을 걸쳐 응시했음을 알 수 있다. 생원시에 입격하였던 이용구와 이봉구의 시권도 현전하고 있다. 이용구 형제의 시권에 따르면 이들이 생원에 입격할 당시의 거주지는 강릉이었다. 반면, 이용구의 아들 이회숙과 이회원이 과거에 응시할 당시의 거주지는 한성이었다. 시권을 통해서 전주이씨 선교장 가문 구성원들의 과거 준비의 동향도 살펴볼 수 있다.

사급입안 4점은 모두 노비를 매득하면서 발급받은 문서이다. 가장 이른 시기의 사급입안은 1745년(영조 21)에 유학 이지무(李枝茂)가 계집종을 매득하면서 강릉대도호부사에게 발급받은 사급입안이다. 이지무의 사급입안에는 입안신청 소지, 방매자 김언중(金彦重)과 증인의 초사, 강릉대도호부의 입안이 점련되어 있다. 이 사급입안에는 이지무가 김언중에게 매득한 계집종의 명문은 점련되어 있지 않다. 실제 매득일과 사급입안을 발급받은 날도 상당한 시간 차이를 보인다. 매매는 1742년(영조 18)에 이루어졌으나 사급입안의 발급은 1745년에 이루어져『경국대전(經國大典)』의 규정과 달리 매매 이후 100일이 지나 뒤늦게 사급입안이 발급된 사례이다. 사급입안은 1745년(영조 21), 1748년(영조 24), 1757년(영조 33), 1765년(영조 41)에 강릉대도호부에서 발급된 것으로 18세기 중엽 강릉 지역의 노비 매매 양상의 일면을 살필 수 있는 자료이다.

결송입안은 전면부의 결락으로 발급 시기를 알 수 없으나 강릉대도호부에서 조 생원의 사내종 업산(曺生員奴業山)에게 발급해준 문서이다. 노 업산의 상전이 권 생원(權生員)에게 속전(續田) 3복(卜)을 매득한 뒤에 임봉록(林奉祿)·한명운(韓明云)의 무고로 인해 발생한 토지소송이다.

불망기 6점은 갈등, 자매, 미납된 부세, 채무 등의 사항에 대해 앞으로 다시는 문제 삼지 않겠다거나 기한을 정해 갚겠다는 취지로 작성된 문서이다. 수기 4점은 갚지 못한 채무에 대해 기한을 정해 갚겠다고 맹세하는 내용이며, 수표 2점은 대동색(大同色)과 복호 결복(復戶結卜)과 같은 부세 문제에 대해 비납(備納)을

연구 -慶州府의 호구단자와 준호구를 중심으로-」,『고문서연구』38, 한국고문서학회, 2011.

하거나 뒷날에 빙고하기 위해 작성된 수표이다.

요표는 규장각에서 각동(閣童)에게 발급한 것으로 초하루 전례에 의거하여 각동에게 요미(料米) 쌀 5두와 전미(田米) 1두를 치러준다는 내용이다. 자문은 무술년 12월 29일에 선교(仙橋)에서 정 주사(鄭主事)에게 경환승전(京換乘錢) 420냥을 받았다는 내용의 증서이다. 영수증은 4점이 있는데 모두 근현대문서로 대부의 기한 연장, 납세고지서 등을 받았음을 증명하는 내용이다. 차용증은 채무인 이근우와 오태환(吳台煥)이 돈을 빌린 뒤에 매달 갚을 이자와 채무금에 대한 내용이 기록된 문서이다. 이외에도 주식회사 조선식산은행(株式會社朝鮮殖産銀行)에서 발행한 저당권 일부 포기증서, 이돈의(李燉儀)의 인감증명원의 문서가 있다.

또 다른 근현대 증빙류 문서로 증서가 있다. 증서는 사립 동진학교의 교장이 이돈의에게 발급해준 졸업 및 수료증서와 채무 변제, 매수 계약 관련 상속과 이전 등기의 비용에 관한 내용 등의 문서가 있다.

5) 명문 · 문기류

명문 · 문기류(明文 · 文記類)는 명문(明文) 480점, 매도계약서 1점, 패지(牌旨) 55점, 위임장 1점으로 총 4종 537점이 있다.

전주이씨 선교장 가문은 노비와 전답을 꾸준히 매득했는데 이 중 전답의 매득에 큰 비중을 두었다. 현전하는 명문 중 노비매매명문은 13점에 불과하고, 나머지는 모두 토지매매명문이다. 남아 있는 노비매매명문에 따르면 전주이씨 선교장 가문에서 노비를 활발하게 매득한 이는 이시춘이다. 이시춘은 1772년(영조 48), 1778년(정조 2), 1785년(정조 9)에 계집종 어등개(於等介), 사내종 계산(癸山)과 막산(莫山)을 매득하였다. 이내번의 노비 매매와 관련해서는 초정의 자매명문(自賣明文) 3건이 전하고 있다.

가장 이른 시기에 작성된 토지매매명문은 1607년(선조 40)에 사내종 운년(運年)이 사노 운성(私奴 雲成)에게 방매한 검물리원(檢勿里員) 논 14마지기이다. 1633년(인조 11)에 운성은 다시 이를 최경득(崔景得)에게 방매한다. 이 검물리원 14마지기의 매매명문은 전주이씨 선교장 가문과 직접적으로 관련이 없다. 해당 문서는 매득하는 과정 중에 전주이씨 선교장이 받은 구문기로 추정된다. 전주이씨 선교장 가문은 이내번이 강릉에 입향한 이후 이내번과 그의 손자 이익조 때 활발하게 토지를 매득하였다.[14]

전주이씨 선교장 가문의 노비 및 토지 매득에서 눈에 띄는 점은 대노(代奴)를 통한 매득이었다. 당시 거래 문화에 있어 양반들은 직접적으로 자신의 이름을 내걸고 매매명문을 작성하기보다 호노(戶奴)와 같은 사내종을 대신하여 매매하는 경향이 있었다. 1843년(헌종 9)에 이 진사 댁 사내종 성노(李進士 宅 奴 性魯)는 이가(李哥)의 사내종 천석(千石)에게 계집종 상절(相節)을 매득했는데, 성노는 전주이씨 집안의 사내종이었다. 전답에서도 대노를 통한 매득이 이루어졌다. 이내번 시절에는 사내종 경산(京山=丁山)과[15] 사내종 계운(癸云), 이회숙 시절에는 사내종 성노(性魯=性老=聖老=聖魯), 이회원에게는 사내종 신득(辛得=新得)을

14 정수환, 앞의 논문, 413쪽.

15 정수환, 앞의 논문, 403-404쪽.

대표적으로 꼽을 수 있다.

패지 55점은 전답 매매에서 전주이씨 선교장 가문이 본래 주인이었던 방매자들에게서 받은 구문기였다. 예를 들어 1714년(숙종 40) 11월에 상전 김이 자신의 사내종 장립(長立)에게 강릉 경포답(鏡浦畓) 30마지기를 사고자 하는 사람에게 팔 것을 위임하는 내용의 패지를 작성해 주었다. 사내종 장립은 동년 12월 20일에 원매인(願買人) 전험동(全驗同)에게 전문(錢文) 60냥에 팔았다. 전험동은 1733년(영조 9)에 안중태(安重泰)에게 해당 논 30마지기를 팔았고, 안중태는 1750년(영조 26)에 이내번에게 해당 논을 방매하였다. 이처럼 패지를 받은 사내종들은 거의 수개월 이내로 해당 토지를 팔았고, 몇 차례의 매매를 통해서 최종적으로 매득자였던 선교장 집안에 패지가 전달되었다. 전주이씨 선교장 가문에는 구문기를 포함한 노비, 전답 매매명문이 17세기부터 20세기까지 현전하고 있으므로 조선후기 강릉지역의 경제활동을 분석할 수 있는 좋은 자료이다.

매도계약서는 근현대문서로 1959년 3월 19일에 이돈의가 강릉시 운정리 471두 2번지의 논을 권영복(權寧福)에게 80만원에 판 문서이다. 위임장 또한 근현대문서로 1951년에 한국신탁은행이 주주총회에 출석하여 의결권 행사에 필요한 일체의 건을 대리인에게 권한을 위임한다는 내용이다.

4. 맺음말

이상으로 강릉 전주이씨 선교장 가문의 입향 과정과 입향 이후 주요 인물에 대해 살펴 봄으로써 이들을 중심으로 생산된 문서의 유형별 특징을 살펴보았다. 전주이씨 선교장 가문의 고문서는 17세기 전반부터 시작하여 20세기까지 주로 강릉을 중심으로 선교장 인근뿐 아니라 북쪽으로는 주문진, 남쪽으로는 묵호 일대의 사회·경제적 활동을 파악할 수 있는 자료가 다수 존재한다. 이외에도 장계는 의주부윤과 평안도 관찰사가 작성한 문서로 19세기 평안도 일대의 현안을 확인할 수 있는 내용이 확인된다. 특히, 이 가문에는 가문의 경제적 활동을 살펴볼 수 있는 토지매매명문과 관련 패지, 불망기가 대량으로 잘 남아 있다. 이외에도 1758년(영조 34)에 양인 초정(草正=初定=初正)이 이내번에게 의탁한 뒤에 스스로를 파는 자매(自賣)와 관련된 소지, 원정, 불망기, 명문 또한 남아 있어 주목된다. 이 문서에서 당시의 자매 배경에 대한 구체적인 사실 확인이 가능하고, 이를 통해 18세기의 흉년과 친족의 번포(番布)가 개인에게 미친 사회·경제적인 모습을 확인할 수 있다. 이번 『고문서집성』에는 1910년을 기준으로 하여 1910년 이전의 문서만 이미지를 수록하였다. 다만, 교령류부터 명문·문기류에 해당하는 근현대 문서의 경우에는 목록에 수록하였다. 강릉 전주이씨 선교장 가문의 문서는 이내번을 중심으로 한 개인 가문의 역사를 넘어 강릉을 중심으로 한 강원도 일대의 지역사까지 확장할 수 있는 좋은 자료이다. 『고문서집성』의 출간을 계기로 강릉 전주이씨 선교장 자료를 활용한 연구가 활발해지기를 기대한다.

참고문헌

- 『家乘』-辛巳7月 更加衣.
- 문현주, 「조선후기 戶口單子와 準戶口의 작성과정 연구 -慶州府의 호구단자와 준호구를 중심으로」, 『고문서연구』 38, 한국고문서학회, 2011.
- 서병패, 「19세기 강릉지방 토지소유에 대하여: 선교장을 중심으로」, 『백산학보』 46, 백산학회, 1996.
- 심재우, 「국립중앙박물관 소장 호구단자 · 준호구 자료 소개」, 『고문서-호적류』, 국립중앙박물관, 2005
- 이창훈·김재웅·김동현·이원호, 「강릉 선교장 일원 경관변화과정에 관한 연구」, 『한국전통조경학회지』, 한국전통조경학회, 2015.
- 이희봉·김태식, 「강릉 선교장 가족성원의 역할을 통해 본 전통 주거공간의 재조명」, 『대한건축학회 학술발표대회 논문집』 17권 2호, 1997.
- 임호민, 「18~19세기 선교장의 지역적 위상 변화의 추이: 강릉 향촌사회를 중심으로」, 『선교장과 관동 사대부가의 삶』, 한국학중앙연구원 출판부, 2019.
- 정수환, 「18세기 강릉 전주이씨 선교장의 전답매매활동과 전략」, 『선교장과 관동 사대부가의 삶』, 한국학중앙연구원 출판부, 2019.
- 차장섭, 『선교장: 아름다운 사람 아름다운 집 이야기』, 열화당, 2011.
- 차장섭, 「강릉 선교장의 형성과 발전」, 『선교장과 관동 사대부가의 삶』, 한국학중앙연구원 출판부, 2019.
- 최승희, 「호구단자 · 준호구에 대하여」, 『규장각』 7, 서울대학교 규장각한국학연구원, 1983.
- 허원영, 「조선후기 강릉 선교장의 지주경영」, 『선교장과 광동 사대부가의 삶』, 한국학중앙연구원 출판부, 2019.

강릉 전주이씨 선교장 고문서

1. 敎令類

순번	자료명	번호	작성년도	발급자	수취자	내용	크기	수록면
1	白牌	1	1825년 (순조 25)	純祖	李龍九	• 幼學 李龍九가 生員試에 入格하고 받은 白牌 • 生員 3等 第36인 入格	85×48.5	136
		2	1827년 (순조 27)	純祖	李鳳九	• 幼學 李鳳九가 生員試에 入格하고 받은 白牌 • 生員 3等 第4인 入格	84.3×45.7	137
		3	1840년 (헌종 6)	憲宗	李祖漢	• 幼學 李祖漢이 生員試에 入格하고 받은 白牌 • 生員 1等 第5인 入格	84.7×47.3	138
		4	1844년 (헌종 10)	憲宗	李宗漢	• 童蒙 李宗漢이 生員試에 入格하고 받은 白牌 • 生員 3等 第27인 入格	87×45.8	139
2	告身	1	1773년 (영조 49)	英祖	李乃蕃	• 1773년 2월에 李乃蕃을 通政大夫로 임명하는 문서 • 左傍書: 年八十一 特爲加資事 承傳	50.7×75.5	140
		2	1773년 (영조 49)	英祖	李乃蕃	• 1773년 3월에 李乃蕃을 折衝將軍 僉知中樞府事로 임명하는 문서	53.2×75.2	140
		3	1773년 (영조 49)	英祖	李乃蕃	• 1773년 4월에 李乃蕃을 折衝將軍 行 龍驤衛 副護軍으로 임명하는 문서	52.7×75.6	141
		4	1774년 (영조 50)	英祖	李乃蕃	• 1774년 9월에 李乃蕃을 嘉善大夫로 임명하는 문서 • 左傍書: 年八十二 特爲加資事 承傳	54.7×74.7	141
		5	1774년 (영조 50)	英祖	李乃蕃	• 1774년에 李乃蕃을 嘉善大夫 行 龍驤衛 副護軍으로 임명하는 문서	54.3×71.3	142
		6	1774년 (영조 50)	英祖	孺人 元氏	• 1774년 12월 18일에 孺人 元氏를 貞夫人으로 임명하는 문서 • 左傍書: 嘉善大夫 同知中樞府事 李乃蕃妻 依法典 從夫職	65.2×95.9	142
		7	1813년 (순조 13)	吏曹	李蓂	• 1813년 1월 초3일에 왕명을 받들어 學生 李蓂을 將仕郎으로 임명하는 문서 • 左傍書: 妻父鄭淙 前任祥雲道察訪時 壬十別代加 • 背面: 吏吏 李基默	59.4×80.3	143
		8	1834년 (순조 34)	吏曹	李龍九	• 1834년 9월 21일에 왕명을 받들어 進士 李龍九를 啓功郎 內資寺 直長으로 임명하는 문서 • 背面: 吏曹 丹骨 安元默	51.6×75.3	143
		9	1835년 (헌종 원년)	憲宗	李龍九	• 1835년 12월 22일 李龍九를 通訓大夫 行 通禮院 引儀로 임명하는 문서 • 背面: 吏曹 丹骨 安元默	52.7×74.7	144
		10	1839년 (헌종 5)	吏曹	李鳳九	• 1839년 4월 초3일에 왕명을 받들어 進士 李鳳九를 將仕郎 禮賓寺 參奉으로 임명하는 문서 • 背面: 吏吏 安元默	52.1×75.4	144

순번	자료명	번호	작성년도	발급자	수취자	내용	크기	수록면
2	告身	11	1841년 (헌종 7)	憲宗	李鳳九	• 1841년 12월 25일에 李鳳九를 朝奉大夫 行 內贍寺 奉事로 임명하는 문서 • 背面: 吏吏 安元默	52.7×76.3	145
		12	1843년 (헌종 9)	憲宗	李鳳九	• 1843년 6월 25일에 李鳳九를 中訓大夫 行 典牲署 直長으로 임명하는 문서 • 背面: 吏吏 安元默	55×75.9	145
		13	1845년 (헌종 11)	憲宗	李鳳九	• 1845년 1월 초8일에 李鳳九를 通訓大夫 行 氷庫 別提로 임명하는 문서 • 背面: 吏吏 安元默	53.1×74.9	146
		14	1845년 (헌종 11)	憲宗	李鳳九	• 1845년 1월 초8일에 李鳳九를 通訓大夫 行 司憲府 監察로 임명하는 문서 • 背面: 吏吏 安元默	52.8×75.4	146
		15	1846년 (헌종 12)	憲宗	李鳳九	• 1846년 8월 28일에 李鳳九를 通訓大夫 行 東部令으로 임명하는 문서 • 背面: 吏吏 安元默	54.7×72.1	147
		16	1849년 (헌종 15)	憲宗	李鳳九	• 1849년 3월 29일에 李鳳九를 通訓大夫 行 中部令으로 임명하는 문서 • 背面: 吏吏 安元默	54.8×75	147
		17	1850년 (철종 원년)	哲宗	李鳳九	• 1850년 11월 23일에 李鳳九를 通訓大夫 行 淸安縣監으로 임명하는 문서 • 背面: 安元默	54.8×75	148
		18	1853년 (철종 4)	哲宗	李鳳九	• 1853년 11월 15일에 李鳳九를 通訓大夫 行 通川郡守로 임명하는 문서	67.7×85.8	148
		19	1853년 (철종 4)	哲宗	李鳳九	• 1853년 11월에 李鳳九를 兼 江陵鎭管 通川 兵馬同僉節制使로 임명하는 문서	51.9×74.5	149
		20	1853년 (철종 4)	吏曹	李宗潢	• 1853년 10월 초9일에 왕명을 받들어 通善郎 李宗潢을 通德郎으로 임명하는 문서 • 左傍書: 父通訓大夫 行 淸安縣監 李鳳九 癸十別代加 • 背面: 吏曹 丹骨 吳準東	54.7×74.1	149
		21	1858년 (철종 9)	吏曹	李祖潢	• 1858년 12월 20일에 왕명을 받들어 進士 李祖潢을 通仕郎 行 典獄署 參奉으로 임명하는 문서 • 背面: 吏吏 吳準東	54 X 73	150
		22	1858년 (철종 9)	吏曹	李祖潢	• 1858년 12월 20일에 왕명을 받들어 進士 李祖潢을 通仕郎 行 典獄署 參奉으로 임명하는 문서 • 背面: 吏吏 安奎明	54 X 73.5	150
		23	1860년 (철종 11)	哲宗	李祖潢	• 1860년 12월에 李祖潢을 朝奉大夫 行 義禁府 都事로 임명하는 문서 • 背面: 吏吏 安奎明	57.6 X 79.5	151
		24	1862년 (철종 13)	哲宗	李祖潢	• 1862년 1월 초4일에 李祖潢을 朝奉大夫 行 平市署 直長으로 임명하는 문서 • 背面: 吏吏 安奎明	57.6 X 79.5	151
		25	1863년 (철종 14)	哲宗	李祖潢	• 1863년 7월 초3일에 李祖潢을 通訓大夫 行 濟用監 主簿로 임명하는 문서 • 背面: 吏吏 安奎明	57.6 X 79.5	152

순번	자료명	번호	작성년도	발급자	수취자	내용	크기	수록면
2	告身	26	1864년 (고종 원년)	高宗	李祖漢	• 1864년 1월 20일에 李祖漢을 通訓大夫 行 義盈庫 主簿로 임명하는 문서 • 背面: 吏吏 吳準東	57.6 X 79.5	152
		27	1865년 (고종 2)	高宗	李祖漢	• 1865년 11월에 李祖漢을 通訓大夫 行 通禮院 引儀로 임명하는 문서 • 背面: 吏吏 安奎明	57.6 X 79.5	153
		28	1865년 (고종 2)	高宗	李祖漢	• 1865년 12월 초6일에 李祖漢을 通訓大夫 行 繕工監 主簿로 임명하는 문서 • 背面: 吏吏 安奎明	57.6 X 79.5	153
		29	1865년 (고종 2)	高宗	李祖漢	• 1865년 12월에 李祖漢을 通訓大夫 行 繕工監 主簿로 임명하는 문서 • 背面: 吏吏 吳準東	57.6 X 79.5	154
		30	1865년 (고종 2)	高宗	李祖漢	• 1865년 12월 22일에 李祖漢을 通訓大夫 行 內資寺 主簿로 임명하는 문서 • 背面: 吏吏 安奎明	57.6 X 79.5	154
		31	1865년 (고종 2)	高宗	李祖漢	• 1865년 12월 22일에 李祖漢을 通訓大夫 行 內資寺 主簿로 임명하는 문서 • 背面: 吏吏 吳準東	57.6 X 79.5	155
		32	1866년 (고종 3)	高宗	李祖漢	• 1866년 9월에 李祖漢을 通訓大夫 行 義禁府 都事로 임명하는 문서 • 背面: 吏吏 吳準東	57.6 X 79.5	155
		33	1866년 (고종 3)	高宗	李祖漢	• 1866년 9월에 李祖漢을 通訓大夫 行 義禁府 都事로 임명하는 문서 • 背面: 吏吏 安奎明	57.6 X 79.5	156
		34	1867년 (고종 4)	高宗	李祖漢	• 1867년 8월에 李祖漢을 通訓大夫 行 造紙署 別提로 임명하는 문서 • 背面: 吏吏 安奎明	57.6 X 79.5	156
		35	1867년 (고종 4)	高宗	李祖漢	• 1867년 12월에 李祖漢을 通訓大夫 行 義禁府 都事로 임명하는 문서 • 背面: 吏吏 安奎明	57.6 X 79.5	157
		36	1868년 (고종 5)	高宗	李會淑	• 1868년 4월에 李會淑을 通訓大夫 行 義禁府 都事로 임명하는 문서 • 背面: 吳準東	54.7×75.2	157
		37	1868년 (고종 5)	高宗	李會淑	• 1868년 12월에 李會淑을 通訓大夫 行 掌樂院 主簿로 임명하는 문서 • 背面: 吏吏 安奎明	57.6 X 79.5	158
		38	1868년 (고종 5)	高宗	李會淑	• 1868년 12월에 李會淑을 通訓大夫 行 通禮院 引儀로 임명하는 문서 • 背面: 吏吏 吳準東	57.6 X 79.5	158
		39	1868년 (고종 5)	高宗	李會淑	• 1868년 12월에 李會淑을 通訓大夫 行 內資寺 主簿로 임명하는 문서 • 背面: 吏吏 吳準東	57.6 X 79.5	159
		40	1869년 (고종 6)	高宗	李會淑	• 1869년 6월 13일에 李會淑을 通訓大夫 行 義禁府 都事로 임명하는 문서 • 背面: 吏吏 吳準東	57.6 X 79.5	159

순번	자료명	번호	작성년도	발급자	수취자	내용	크기	수록면
2	告身	41	1869년 (고종 6)	高宗	李會淑	• 1869년 12월에 李會淑을 通訓大夫 行 歙谷縣令으로 임명하는 문서 • 背面: 吏吏 吳準東	57.6 X 79.5	160
		42	1869년 (고종 6)	高宗	李會淑	• 1869년 12월 21일에 李會淑을 通訓大夫 行 歙谷縣令으로 임명하는 문서	57.6 X 79.5	160
		43	1869년 (고종 6)	高宗	李會淑	• 1869년 12월에 李會淑을 兼 江陵鎭管 歙谷兵馬節制都尉로 임명하는 문서 • 背面: 吏吏 吳準東	57.6 X 79.5	161
		44	1883년 (고종 20)	吏曹	李會源	• 1883년 4월 20일에 왕명을 받들어 進士 李會源을 承仕郎 行 順昌園 守奉官으로 임명하는 문서 • 背面: 吏吏 吳基正	56.3×78.2	161
		45	1886년 (고종 23)	高宗	李會源	• 1886년 12월에 李會源을 宣略將軍 行 龍驤衛 副司果로 임명하는 문서 • 左傍書: 丙戌十二月二十八日 除拜 • 背面: 吏吏 吳基正	57.1×77.2	162
		46	1886년 (고종 23)	高宗	李會源	• 1886년 12월에 李會源을 通訓大夫 行 司憲府 監察로 임명하는 문서 • 左傍書: 丙戌十二月二十九日 除拜 • 背面: 吏吏 吳基正	57×77.1	162
		47	1887년 (고종 24)	高宗	李會源	• 1887년 5월에 李會源을 通訓大夫 行 義禁府 都事로 임명하는 문서 • 左傍書: 丁亥五月初四日 除拜 • 背面: 吏吏 吳基正	57.4×77	163
		48	1887년 (고종 24)	高宗	李會源	• 1887년 5월에 李會源을 通訓大夫 行 司憲府 監察로 임명하는 문서 • 左傍書: 丁亥五月初七日 除拜 • 背面: 吏吏 吳基正	57.3×76.8	163
		49	1887년 (고종 24)	高宗	李會源	• 1887년 6월에 李會源을 通訓大夫 行 工曹佐郎으로 임명하는 문서 • 背面: 丁亥六月晦日 都政/ 吏吏 吳基正	53.1×69.3	164
		50	1888년 (고종 25)	高宗	李會源	• 1888년 6월에 李會源을 通訓大夫 行 司饔院 判官으로 임명하는 문서 • 背面: 戊子六月初八日 政 工佐移拜/ 吏吏 吳基正	51.7×74	164
		51	1889년 (고종 26)	高宗	李會源	• 1889년 4월에 李會源을 通訓大夫 行 中部令으로 임명하는 문서 • 左傍書: 十九日 政 自司饔判官 移拜是職 • 背面: 吏吏 吳基正	55.6×74.2	165
		52	1890년 (고종 27)	高宗	李會源	• 1890년 1월에 李會源을 通訓大夫 行 社稷署令으로 임명하는 문서 • 背面: 庚寅正月二十九日 都政 中部令移拜/ 吏吏 吳基正	52.4×75.6	165
		53	1892년 (고종 29)	高宗	李會源	• 1892년 1월에 李會源을 通訓大夫 行 機器局 司事로 임명하는 문서 • 背面: 壬辰正月二十七日 都目政事 以社令移是職/ 吏吏 吳基正	53×69.6	166
		54	1893년 (고종 30)	高宗	李會源	• 1893년 1월에 李會源을 通訓大夫 行 尙瑞院 別提로 임명하는 문서 • 背面: 正月十三日 政/ 吏吏 吳基正	53.1×69	166

순번	자료명	번호	작성년도	발급자	수취자	내용	크기	수록면
2	告身	55	1893년 (고종 30)	高宗	李會源	• 1893년 1월에 李會源을 通訓大夫 行 典設司 別提로 임명하는 문서 • 背面: 正月二十一日 政/ 吏吏 吳基正	52.7×69.1	167
		56	1893년 (고종 30)	高宗	李會源	• 1893년 1월에 李會源을 通訓大夫 行 統理交涉通商事務衙門 主事로 임명하는 문서 • 背面: 正月二十七日 政/ 吏吏 吳基正	53×69.7	167
		57	1893년 (고종 30)	高宗	李會源	• 1893년 7월에 李會源을 通訓大夫 行 典設司 別提로 임명하는 문서 • 左傍書: 初二日 交涉主事 來 • 背面: 吏吏 吳基正	52.7×70.8	168
		58	1893년 (고종 30)	高宗	李會源	• 1893년 7월에 李會源을 通訓大夫 行 通禮院 引儀로 임명하는 문서 • 左傍書: 初二十日 典設別提 來 • 背面: 吏吏 吳基正	53.2×70.6	168
		59	1893년 (고종 30)	高宗	李會源	• 1893년 7월에 李會源을 通訓大夫 行 司憲府 監察로 임명하는 문서 • 左傍書: 二十八日 引儀 來 • 背面: 吏吏 吳基正	52.6×70.4	169
		60	1893년 (고종 30)	高宗	李會源	• 1893년 9월 초9일에 李會源을 通訓大夫 行 機器局 委員으로 임명하는 문서 • 背面: 吏吏 吳基正	53.5×70.5	169
		61	1893년 (고종 30)	高宗	李會源	• 1893년 9월에 李會源을 通訓大夫 行 北部令으로 임명하는 문서 • 背面: 癸巳九月二十八日 器機局 委員 來/ 吏吏 吳基正	53.7×70.7	170
		62	1893년 (고종 30)	高宗	李會源	• 1893년 9월에 李會源을 通訓大夫 行 義禁府 都事로 임명하는 문서 • 背面: 癸巳九月二十九日 禁都 來/ 吏吏 吳基正	52.7×70.8	170
		63	1893년 (고종 30)	高宗	李會源	• 1893년 10월에 李會源을 通訓大夫 行 統理交涉通商事務衙門 主事로 임명하는 문서 • 背面: 吏吏 吳基正	53.4×68.8	171
		64	1894년 (고종 31)	高宗	李會源	• 1894년 7월에 李會源을 折衝將軍 行 龍驤衛 副護軍으로 임명하는 문서	53.1×69	171
		65	1894년 (고종 31)	高宗	李會源	• 1894년 7월에 李會源을 通政大夫 敦寧府 都正으로 임명하는 문서 • 左傍書: 除授事 承傳 • 背面: 甲午七月初八日/ 吏吏 吳基正	53.1×69	172
		66	1894년 (고종 31)	高宗	淑人 權氏	• 1894년 7월에 淑人 權氏를 淑夫人으로 임명하는 문서 • 左傍書: 通政大夫 敦寧府都正 李會源妻 依法典 從夫職	55×68.3	172
		67	1894년 (고종 31)	高宗	李會源	• 1894년 7월에 李會源을 通政大夫 承政院 同副承旨 兼 經筵參贊官 春秋館 修撰官으로 임명하는 문서 • 背面: 甲午七月十三日, 吏吏 吳基正	53.1×68.8	173
3	追贈敎旨	1	1774년 (영조 50)	英祖	李光澔	• 1774년 12월 18일에 通訓大夫 行 典設司 別座 李光澔를 通政大夫 承政院 左承旨 兼 經筵 參贊官으로 추증하는 문서 • 左傍書: 嘉善大夫 同知中樞府事 李乃蕃祖考 依法典 追贈	65.7×95	173

순번	자료명	번호	작성년도	발급자	수취자	내용	크기	수록면
3	追贈敎旨	2	1774년 (영조 50)	英祖	李胄華	• 1774년 12월 18일에 學生 李胄華를 嘉善大夫 吏曹參判 兼 同知義禁府事 五衛都摠府 副摠管으로 추증하는 문서 • 左傍書: 嘉善大夫 同知中樞府事 李乃蕃考 依法典 追贈	65.7×96.7	174
		3	1774년 (영조 50)	英祖	淑人 任氏	• 1774년 12월 18일에 淑人 任氏를 淑夫人으로 추증하는 문서 • 左傍書: 嘉善大夫 同知中樞府事 李乃蕃祖妣 依法典 追贈	65.3×95	174
		4	1774년 (영조 50)	英祖	孺人 李氏	• 1774년 12월 18일에 孺人 李氏를 貞夫人으로 추증하는 문서 • 左傍書: 嘉善大夫 同知中樞府事 李乃蕃妣 依法典 追贈	65.6×95.3	175
		5	1774년 (영조 50)	英祖	孺人 鄭氏	• 1774년 12월 18일에 孺人 鄭氏를 貞夫人으로 추증하는 문서 • 左傍書: 嘉善大夫 同知中樞府事 李乃蕃妣 依法典 追贈	65.7×95.2	175
		6	1894년 (고종 31)	高宗	淑人 朴氏	• 1894년 7월에 淑人 朴氏를 淑夫人으로 추증하는 문서 • 左傍書: 通政大夫 敦寧府都正 李會源妻 依法典 從夫職	55.4×68	176
		7	1894년 (고종 31)	高宗	淑人 趙氏	• 1894년 7월에 淑人 趙氏를 淑夫人으로 추증하는 문서 • 左傍書: 通政大夫 敦寧府都正 李會源妻 依法典 從夫職	55.3×68.5	176
4	官誥	1	1896년 (고종 33)	宮內府	李根宇	• 1896년 2월 9일에 李根宇를 莊陵參奉 判任官 8등에 敍任하는 문서 • 左傍書: 開國五百四年乙未十二月二十六日 • 『승정원일기』 3066책, 고종 32년(1895) 12월 27일(계사)에 李根宇를 장릉참봉에 敍任함 • 임명 주관자는 宮內府大臣 李載冕	38.6×46.9	177
		2	1897년 (고종 34)	宮內府	李會源	• 1897년 6월 20일에 3품 通政大夫 李會源을 侍從院 分侍從에 임명하는 문서 • 임명 주관자는 宮內府大臣 李載純	41.2×54.8	177
		3	1900년 (고종 37)	高宗	李根宇	• 1900년 1월 13일에 9품 從仕郎 李根宇를 6품 承訓郎에 올리라는 내용의 문서	38.7×58	178
5	差帖	1	1907년 (고종 44)	江陵郡守	李根宇	• 강릉군수 李在華가 前 參奉 李根宇를 丁洞面 面長으로 임명하는 문서와 皮封	42.5×53.4 40.7×9(皮封)	178

2. 疏·箚·啓·狀類

순번	자료명	번호	작성년도	발급자	수취자	내용	크기	수록면
1	上疏 抄	1	[1873년] (고종 10)	최익현	고종	• 최익현이 고종에게 올린 上疏를 한글로 베낀 문서 • 황묘 및 만동묘의 복구와 서원의 흥기를 요청하는 내용의 상소	25.1×944	180
2	上言 草	1		金榮九 등	高宗	• 강원도 강릉에 거주하는 金榮九 등이 올린 上言 草本 • 사림에서 추숭하는 효령대군 12세손에게 褒奬의 은전과 臺職을 추증해 줄 것을 요청하는 내용	118×71.8	186

순번	자료명	번호	작성년도	발급자	수취자	내용	크기	수록면
3	上書	1	乙酉	辛明集	江陵大都護府使	• 城山面 渭村里에 거주하는 化民 辛明集이 강릉대도호부사에게 올린 上書 • 신명집이 금년 4월에 錢文 400냥을 주고 논을 매득했는데 추수할 때에 논의 경작자 邊聖道가 卜租를 잡아떼며 끝내 와서 납부하지 않았다. 또한 옛 畓主에게 7石을 越給하였다. 이에 변성도를 법정으로 잡아들여 자신이 받아야 하는 卜定 13石13斗를 전부 捧給하게 해달라는 내용 • 題辭: 畓主가 절로 있는데 卜租를 어찌 畓主에게 주지 않을 수가 있으며, 옛 畓主에게 주는 것은 이 무슨 경계인가? 遐鄕의 인심에 비록 근거 없다 할지라도 邊哥의 하는 짓이 매우 교활하고 간사하니 엄히 다스려 懲給하기 위해 즉시 잡아 대령하라	46.2×60.9	187
4	狀啓	1	1865년 (고종 2)	洪祐吉	高宗	• 1865년 6월 11일 卯時에 平安道觀察使 洪祐吉이 高宗에게 올린 狀啓 • 義州府尹 李建弼이 6월 초9일 巳時에 成貼한 장계의 謄報를 받아 보니, "大國人 5명이 都京 禮部의 咨文 1度와 鳳凰城 將의 馳通을 가지고 나온 연유를 馳啓" 하니 잘 아뢰어 달라는 내용	39×51.3	188
		2	1865년 (고종 2)	洪祐吉	高宗	• 1865년 10월 28일 辰時에 平安道觀察使 洪祐吉이 高宗에게 올린 狀啓 • 義州府尹 李建弼이 10월 26일 午時에 成貼한 장계의 謄報를 받아 보니, "都京 禮部의 咨文을 가져온 大國人이 還歸한 연유를 馳啓" 하니 잘 아뢰어 달라는 내용	38.3×44.2	189
		3	1868년 (고종 5)	李容象	高宗	• 1868년 1월 초3일에 平安道兵馬節度使 李容象이 高宗에게 올린 狀啓 • 평안도는 군대를 정비하는 정무가 다른 道와 달라 매년 순찰하고 操鍊하여 봄에는 남쪽에서, 가을에는 북쪽에서 거행하는 것이 節目이다. 그러므로 이번 봄에 청천강 이남의 巡操를 전례대로 거행할 것을 馳啓하니 묘당으로 하여금 稟旨하여 분부하기를 청하는 내용	42.9×42.2	190
		4	1868년 (고종 5)	朴珪壽	高宗	• 1868년 3월 27일 午時에 平安道觀察使 朴珪壽가 高宗에게 올린 狀啓 • 세 돛짜리 큰 이양선 1척이 三和府 元塘坊 麻山浦 앞바다에 옮겨 정박한 연유를 馳啓 했거니와, 淸南 水軍防禦使 李基祖가 3월 26일 午時에 成貼한 장계의 謄報를 받아보니, "이달 23일 巳時 경에 이기조가 작성한 問情記 1장을 장대 위에 높이 걸어 저들의 배에서 가까운 물가에 세워 두었더니 從船 한 척이 쫓아와서 가져갔고, 저들이 내건 회답의 내용" 등에 대해서 보고한다는 내용	38.4×83.1	191
		5	1868년 (고종 5)	朴珪壽	高宗	• 1868년 5월 22일 午時에 平安道觀察使 朴珪壽가 高宗에게 올린 狀啓 • 義州府尹 尹滋承이 5월 20일 申時에 成貼한 장계의 謄報를 받아 보니, "通官 慶煜을 호송하는 將卒과 小通事 등이 당일 未時 경에 다시 강을 건너 나온 연유를 馳啓" 하니 잘 아뢰어 달라는 내용	38.1×43.2	192

순번	자료명	번호	작성년도	발급자	수취자	내용	크기	수록면
4	狀啓	6	1868년 (고종 5)	李容象	高宗	• 1868년 7월 17일 亥時에 平安道兵馬節度使 李容象이 高宗에게 올린 狀啓 • 鐵山府 善里浦에 표류한 大國人 5명이 의주부에 도착한 연유를 馳啓한 바 있고, 義州府尹 尹滋承이 7월 16일 未時에 成貼한 장계의 謄報를 받아 보니, “표류한 漢人을 들여보내는 일로 盛京 禮部의 咨文과 預備咨文 2道가 당일 午時 경에 내려왔기 때문에 작성한 馳通을 譯學 李泰增에게 주어 표류인 5명을 데리고 봉황성으로 들여 보낸 상황”을 잘 아뢰어 달라는 내용	42.8×50.2	193
		7	1868년 (고종 5)	尹滋承	高宗	• 1868년 7월 21일 酉時에 義州府尹 尹滋承이 高宗에게 올린 狀啓 • 鐵山에 표류해 온 漢人 5명을 봉황성으로 들여보낸 건은 이미 馳啓한 바 있고, 譯學 李泰增이 咨文을 봉황성 將에게 전달했으며, 표류인 또한 인도하였다. 그 후에 答通을 받아 이로 인해 正本한 咨文을 받들어 將卒과 小通事 등을 거느려 당일 申時경에 다시 강을 건너 나왔다. 이때 譯學이 보고하길 표류인 중 한 사람이 중간에 병을 얻어 책문 밖에 하루 머물렀다 하고, 答通은 관례에 따른 것에 불과하므로 전례대로 이곳에 그대로 두며, 정본한 자문은 도로 봉하여 승문원에 올려 보내는 상황 등을 잘 아뢰어 달라는 내용	42.9×54.3	194
		8	1868년 (고종 5)	李建弼	高宗	• 1868년 12월 초2일 未時에 義州府尹 李建弼이 高宗에게 올린 狀啓 • 時憲書 賫咨官 鄭在昕의 手本 내용에, “11월 30일 酉時 경에 책문으로 돌아왔으나 수레에 실은 짐이 미처 도착하지 못했기 때문에 우선 책문에 머물러 있는 바, 卜物을 받아오기 위해서 本府의 首將校 崔學倫과 訓導 高在益 등을 즉시 책문 밖으로 入送” 했으니 이를 잘 아뢰어 달라는 내용	43×55.9	195
		9	1871년 (고종 8)	韓啓源	高宗	• 1871년 5월 초9일 亥時에 平安道觀察使 韓啓源이 高宗에게 올린 狀啓 • 統巡 會哨를 위해 慈城郡守가 강을 건넌 일은 이미 馳啓한 바 있고, 지금 접수된 江界前府使 李奎顏이 慈城郡守 李秉國의 첩정을 일일이 들어 이달 초3일 酉時에 成貼한 馳報를 받아보니, “초1일 巳時 경에 군수와 역학이 將吏와 通事 등을 거느리고 강을 건너 카룬(卡倫)에 들어가 統巡官 蒙古의 右翼協領 德泰를 만나 먼저 달려 온 노고를 묻고 또 변경 시찰 여부를 물으니, 그가 답하기를 ‘강의 상, 하류에 이미 匪民이 없으나 변경의 안팎으로 查辦할 곳이 많다’고 하여 이로 인해 즉시 철수시켰으니 이러한 상황 등”을 잘 아뢰어 달라는 내용	37.7×67	196
		10	1871년 (고종 8)	閔致庠	高宗	• 1871년 11월 27일 辰時에 冬至兼謝恩正使 閔致庠과 副使 李建弼이 高宗에게 올린 狀啓 • 자신들 일행이 의주부에서 추가로 온 表文과 咨文을 査對한 연유를 이미 馳啓한 바 있고, 당일 辰時 경에 行具를 정돈하였다가 강을 건너 들어갔으며 歲幣 125駄 1隻, 方物 10駄를 고쳐 싸서 묶고, 그 가운데 공용으로 사용하는 不虞備 管餉丁銀 500냥과 運餉天銀 416냥 6전 7푼을 전례대로 받들고 가며, 夫馬差使員 玉江萬戶 胡致達이 人馬를 거느리고 책문에 도착하면 수레를 세낸 뒤에 돌려보낼 예정이라는 내용	42×55.7	197

순번	자료명	번호	작성년도	발급자	수취자	내용	크기	수록면
4	狀啓	11	1871년 (고종 8)	韓啓源	高宗	• 1871년 12월 초1일 午時에 平安道觀察使 韓啓源이 高宗에게 올린 狀啓 • 의주부윤 宋熙正이 지난달 27일 巳時 경에 成貼한 장계의 謄報를 받아 보니, "冬至兼謝恩使 일행이 당일 辰時 경에 강을 건너 들어갔으며, 책문 밖 夫馬差使員은 玉江萬戶 胡致達로 정하여 보내는 연유를 馳啓" 하니 이러한 상황을 잘 아뢰어 달라는 내용	37.2×44	198
		12	1875년 (고종 12)	趙成夏	高宗	• 1875년 4월 18일에 平安道觀察使 趙成夏가 高宗에게 올린 狀啓 • 평안도관찰사 조성하가 勅使를 따라 당일 中和府를 향해 출발한 연유를 馳啓 하니 이러한 내용을 잘 아뢰어 달라는 내용	38.9×40.2	199
		13	1875년 (고종 12)	黃鍾顯	高宗	• 1875년 4월 22일 未時에 義州府尹 黃鍾顯이 高宗에게 올린 狀啓 • 勅使가 이달 25일에 강을 건널 때 필요한 跟役과 轎馬 등을 정해 中江에서 기다리는 일로 馳通 1度와 回牌 1面을 봉황성으로 入送한 이유를 전에 이미 馳啓한 바 있고, 訓導 李鍾岷이 위의 치통과 회패를 봉황성에 전달하여 장차 答通을 받으면 당일 午時 경에는 도로 나오도록 하되, 답통은 관례를 따른 것에 불과하므로 전례대로 이곳에 그대로 두게 할 것을 馳啓하는 내용	42.1×55.2	200
		14	1875년 (고종 12)	趙成夏	高宗	• 1875년 9월 22일 辰時에 平安道觀察使 趙成夏가 高宗에게 올린 狀啓 • 지금 접수된 의주부윤 黃鍾顯이 이달 19일 午時 경에 成貼한 장계의 謄報를 받아 보니, "本年 여름철에 統巡의 會哨에 대해 상주하여 재가를 받았음을 알린다"고 하니, 盛京 禮部에 회답 자문을 작성하여 馳通을 訓導에게 주어 鳳凰城으로 들여보냈으므로 이에 대해 보고한다는 내용	38.2×47.2	201
		15	1875년 (고종 12)	趙成夏	高宗	• 1875년 11월 19일 午時에 平安道觀察使 趙成夏가 高宗에게 올린 狀啓 • 평안도관찰사 조성하가 의주부윤 黃鍾顯이 11월 16일 午時에 成貼한 장계의 謄報를 받아 본 뒤에 고종에게 올린 장계. 本年 겨울철에 統巡官을 바꾸어 파견하는 일로 盛京 禮部에 회답 자문을 작성하여 鳳凰城에 전달했고 이 후에 答通을 받아 왔다고 한다. 이외에도 동시에 도착한 의주부윤이 같은 날 未時에 성첩한 장계의 등보에 따르면 이번달 望後에 巡檢하는 大國人 10명이 나왔다고 하므로 이를 馳啓하니 이러한 상황을 잘 아뢰어 달라는 내용	37.8×45.7	202
		16	1875년 (고종 12)	趙成夏	高宗	• 1875년 12월 22일에 平安道觀察使 趙成夏가 高宗에게 올린 狀啓 • 의정부에서 啓下한 定式에 따라 도내 수령 중 교체된 수령이 있는 지역인 泰川縣 倉穀의 경우 反庫差使員으로 龜城府使 具然相을 差定하여, 새로운 현감 李晩綏와 함께 거행하도록 하였다. 그 후에 번고차사원과 새로운 현감이 갖가지 창곡 중에 분급된 것과 留庫된 것에 대한 실제 수량을 기록한 성책을 보고하여 왔다. 이에 평안도관찰사 조성하 본인이 감영에 보관된 會案과 憑準해 보니 별도로 어긋난 것이 없으므로 성책을 의정부와 호조로 上送한다는 내용	37.1×58.9	203

순번	자료명	번호	작성년도	발급자	수취자	내용	크기	수록면
5	所志	1	1745년 (영조 21)	崔致東	江陵大都護府使	• 化民 崔致東이 강릉대도호부사에게 올린 所志 • 최치동 從祖父에게 딸만 있어 자신의 아버지가 어릴 때 繼後되었다. 그런데 최치동의 三寸叔父가 혼인도 하기 전에 요절하자 최치동의 조부가 다시 최치동의 아버지를 데려왔다. 이후 종조부가 조부에게 班祔를 요청했고 돌아가실 때에는 약간의 田民 일부를 祭位條로써 최치동의 아버지에게 주고 나머지는 세 사위에게 평균분급 해 주었다. 그런데 막냇사위 金虞澤이 최치동의 家廟에 난입하여 분재문권을 추출해서 지니고 갔으니 김우택을 잡아 벌해 달라는 내용 • 題辭: 推卞하기 위해 잡아 올 것 • 背題: 문서의 筆執을 잡아 와서 보니 그의 필적이 的實하여 의심할 것이 없고, 崔時運의 살아 생전에 분재한 문권이 분명한데 그의 사위 김우택이 의심하여 다퉈 橫奪의 계책을 내니, 최치동에게 전부 決給하고 차후에 만일 다시 침탈이 있다면 이것을 가지고 呈官하여 卞別할 것	50.8×30.6	204
		2	1750년 (영조 26)	私奴 丁山	江陵大都護府	• 私奴 丁山이 江陵大都護府에 올린 所志 • 사노 정산의 상전이 利川에 거주하는 宋生員에게 田畓을 매득했는데, 매득지가 멀리 다른 관에 있어 혹 雜談이 있을까 염려돼서 明文과 牌字를 점련하여 호소하니 뒷날을 고찰하기 위해 立旨를 성급해 줄 것을 요청하는 내용 • 題辭: 後考하기 위해 立旨를 成給하라	48.6×40.2	206
		3	1758년 (영조 34)	私婢 草正	江陵大都護府使	• 私婢 草正이 강릉대도호부사에게 올린 所志 • 草正이 매우 가난하고 의지할 곳이 없어 鏡湖에 사는 生員 댁에 의탁하였는데 지난 3월에 초정의 侍養 四寸이라는 梁善萬이 나타나 초정의 죽은 아버지 番布를 독촉하였다. 그러나 초정이 준비하여 납부할 길이 없어 李生員 댁에 自賣하고 양선만에게 받은 不忘記를 帖連하니 뒷날을 고찰하기 위해 立旨를 발급해 달라는 내용 • 題辭: 없음	52.6×27.6	207
		4	1763년 (영조 39)	李 奴 京山	江陵大都護府使	• 李氏의 奴 京山이 강릉대도호부사에게 올린 所志 • 노 경산의 상전이 행색이 남루한 떠돌던 10여 세 정도 되는 女兒 初正[=初定=草正]을 구활한 적이 있었는데, 초정의 養四寸이 나타나 침탈한 바가 있었고, 뒤늦게 三寸이란 사람도 나타나 초정을 추심하려고 하니 이를 막아달라고 요청하는 내용 • 題辭: 조사하여 처결하기 위해 잡아올 것	48×44.8	208
		5	1773년 (영조 49)	戶奴 癸云	江陵大都護府使	• 戶奴 癸云이 강릉대도호부사에게 올린 所志 • 노 계운의 상전 댁에서 주문진에 있는 밭을 洞內 양반가에서 매득했는데, 新里에 거주하는 孟生員이 그 중 한 곳은 자신이 매득한 곳이라고 주장하니 이에 대해 尺量하여서 虛實을 밝혀달라는 내용 • 題辭: 尺量하여 줄 것	54.4×42.8	209
		6	1819년 (순조 19)	李生員 宅 奴 癸云	兼官	• 李生員 宅 奴 癸云이 兼官에게 올린 所志 • 이 생원 댁이 曺氏 댁의 奴 時云에게서 매득한 續田은 續陳으로 頉下된 곳이었는데 시운 측에서 이를 속여 사적으로 王稅와 卜價를 징수한 문제가 있었다. 이에 이 생원 댁의 노 계운이 관에서 근거할 수 있는 中草와 應稅案을 살피고 시운을 잡아 엄하게 다스린 뒤에 자신의 댁에서 사적으로 징수당한 卜價를 받아낼 수 있게 해달라고 요청하는 내용 • 題辭: 참고할 수 있는 中草로 사실을 조사하여 移給해줄 것	51.5×30.6	210

순번	자료명	번호	작성년도	발급자	수취자	내용	크기	수록면
5	所志	7	1821년 (순조 21)	李 奴 元福	江陵大都護府	• 李氏의 奴 元福이 江陵大都護府에 올린 所志 • 노 원복의 상전이 阿橋의 貞字 57 幕入田을 유학 李泰膺에게 매득했는데, 이 중 2卜 내 2束을 海尺 申昌根에게 移錄하였다. 그런데 문기는 營題에 의거하여 이미 官庭에서 燒火 됐으니 뒷날에 고찰하기 위해 立旨를 성급해 달라는 내용 • 題辭: 憑考하기 위해 立旨를 成給하라	53.5×33.4	211
		8	1821년 (순조 21)	李生員 宅 奴 元福	江陵大都護府使	• 李生員 宅 奴 元福이 강릉대도호부사에게 올린 所志 • 北面 檢勿里(牛巖津의 基垈)는 陳荒地로 본래 세금이 없는 곳인데, 曺生員 宅에서 海戶에 세금을 거두어들여 이득을 취하며 오래도록 폐단을 일으켰다. 그러다가 呈訴者의 宅에 해당 토지를 轉賣 하고 사적으로 王賦를 만들어 문기에 쓰인 대로 虛卜價를 받았다. 그러나 이는 법 밖의 일이고 매년 조 생원 댁에서 징수해 간 虛卜價가 탄로 났으니 매매 값 錢文 60兩 중 4분의 3과 지금까지 징수해 간 卜價의 4분의 3만큼을 花利대로 계산하여 환급해 줄 것을 요청하는 내용 • 題辭: 소지의 사연을 보니 조씨 양반의 일은 營門에서도 알겠으니 마땅히 重律로 다스릴 것이며, 부당하게 받아온 값과 虛卜 값은 備給하도록 하여 죄에 저촉되지 않도록 할 것	73.8×64.1	212
		9	1821년 (순조 21)	李生員 宅 奴 元福	江陵大都護府使	• 李生員 宅 奴 元福이 강릉대도호부사에게 올린 所志 • 주인 댁의 논 1石落只가 이웃에게 빼앗길 지경이므로 年分監色에게 분부를 내려 尺量을 한 뒤 釐正해 달라고 요청하는 내용 • 題辭: 호소한 대로 해줄 것	60.9×43	213
		10	1826년 (순조 26)	僧 妙仁	江陵大都護府使	• 羽溪面 淨土寺의 승려 妙仁이 강릉대도호부사에게 올린 所志 • 승려 묘인의 암자에 화재가 나서 전답 문권이 모두 소실됐으므로 관에 있는 大帳과 中草를 考見 하여 立旨를 성급해 달라는 요청 • 題辭: 호소한대로 詳考한 후에 입지를 성급해 줄 것	57.5×44.9	214
		11	己卯	曺 奴 業山	江陵大都護府使	• 曺氏의 奴 業山이 강릉대도호부사에게 올린 所志 • 노 업산의 상전이 權生員에게서 牛岩津에 소재한 밭을 매득하였는데, 지난 해에 각 津에서 陳續을 摘奸할 때에 裵玉山이란 사람에게로 혼입됐으니 이를 頉下해 달라는 내용 • 題辭: 주인이 있는 밭이 續田에 혼입된 것이 매우 괴상하니, 금년에 踏驗할 때에 尺量하여 출급할 것	52×32.8	215
6	原情	1	1761년 (영조 37)	私婢 草正	大監	• 私婢 草正이 大監에게 올린 原情 • 사비 초정과 같은 마을에 거주하는 羅哥가 초정의 아버지에게 와서 4~5년 뒤에는 사위가 되겠다고 말 해놓고 갑자기 도망가서 끝내 돌아오지 않았다. 그 후에 전에 없던 흉년을 만났고 부모님은 모두 돌아가셨다. 살아갈 길이 없던 초정은 丁洞에 사는 李生員 댁에서 겨우 목숨을 부지할 수 있었고, 그 후 돌아가신 아버지의 番布 문제로 이 생원 댁에 自賣하였다. 그런데 갑자기 羅哥가 無狀한 계책을 내서 자신을 侵漬 하려고 하니 나가를 법정으로 잡아들여 각별히 엄하게 다스려 달라고 요청하는 내용 • 題辭: 과연 호소한 바와 같다면 羅哥가 한 짓은 매우 놀라우니 조사한 후에 엄히 다스려 懲勵하기 위해 잡아 올 것이고, 草正은 와서 對卞하라	49.1×44.5	216

순번	자료명	번호	작성년도	발급자	수취자	내용	크기	수록면
7	白活	1	壬午	李通川 宅 奴 在哲	江陵大都護府使	• 李通川 宅 奴 在哲이 강릉대도호부사에게 올린 白活 • 자신의 상전 댁의 結卜 중 耆結은 99卜 8支인데 근래 釗老味의 이름으로 91복 5지, 癸云의 이름으로 1결에 16복 9지, 在哲의 이름으로 耆結錢의 세금을 내고 있었다. 이렇게 세금이 중첩되어 기록됨에 따라 이중 徵稅되고 있으니 이러한 폐단을 막아 줄 것을 요청하는 내용 • 題辭: 賦稅는 모두 大同田稅와 砲糧과 關涉되니, 지금 이 狀辭는 이전부터 알던 바이다. 그러나 도리어 매우 의혹되는 부분도 있으니 상세히 조사하여 보고할 것. • 追題1: 이는 필시 몇십 년 이래로 시행한 전례가 있을 텐데 지금 이 狀辭가 도리어 어수선하니 상세히 조사하여 바르게 귀결되도록 하라 • 追題2: 한결같이 大同結을 시행하기 위해 大同田稅의 耆結成冊을 자세히 고찰하니 大同은 在哲의 이름으로 99卜 8束이 적혔고, 田稅는 1結에 16卜 9束이며, 加錄으로 17卜 1束이 기록됐다. 그러므로 加錄條는 頉給하니 田稅量錄은 논하지말라.	58×41.2	217
		2	1844년 (헌종 10)	安處祥 등	兼官	• 강릉 北二里에 거주하는 安處祥, 安英喜, 安正敎, 安龍信 등이 兼官에게 올린 白活 • 안씨 집안에 불행한 일이 생겨 그동안 지출된 비용에 부족한 바가 있었다. 그래서 河南에 있는 문중畓인 二加南吊字員 152畓 5卜 10마지기를 영원히 방매하나, 本文記는 이미 불에타 없으니 특별히 題下를 내려 憑考할 수 있게 해 달라는 내용 • 題辭: 後考하기 위해 立旨를 성급할 것	50.8×30.4	219
		3	1895년 (고종 32)	李會源	內府大臣	• 강릉군수 李會源이 內府署理大臣 兪吉濬에게 올린 白活 • 강릉군수 이회원이 갑자기 병을 얻어 몸을 일으켜 움직이기 어려워 供仕 할 길이 없으니 자신이 맡은 본직을 遞改 해 달라는 요청 • 題辭: 누워서라도 다스려라	36.7×36	220
		4	1895년 (고종 32)	李會源	兪吉濬	• 강릉군수 李會源이 內府署理大臣 兪吉濬에게 올린 白活 • 강릉군수 이회원이 身病이 있어 일전에도 사직을 호소했으나 누워서 다스리라는 명령을 받았다. 그러나 병이 점점 심해져 허다한 읍의 업무를 처리하기 어려우니 자신이 맡은 본직을 遞改 해 달라는 요청 • 題辭: 청한 대로 시행하라	36.9×51.8	221
8	題音	1	乙丑	江陵大都護府使	狀者	• 강릉대도호부사가 査問하여 狀者에게 준 題音 • 幼學 崔柱雲을 星火 같이 잡아 오라는 내용	19.4×13.9	222
9	請書	1	1953년	清浦完係	江陵郡守	• 단기 4286년 4월 4일자로 부기된 강원도 告示 제 123호로 保安林에 편입한 營林方法 指令書를 아울러 받은 후에 通達의 주의사항을 嚴守 하겠다며 제출한 문서	26.7×19.5	미수록
	請書	2	1953년	李根宇	江陵郡守	• 단기 4286년 4월 4일자로 부기된 강원도 告示 제 123호로 保安林에 편입한 營林方法 指令書를 아울러 받은 후에 通達의 주의사항을 嚴守 하겠다며 제출한 문서	26.7×19.5	미수록

3. 牒·關·通報類

순번	자료명	번호	작성년도	발급자	수취자	내용	크기	수록면
1	關	1	1894년 (고종 31)	議政府	關東召募使	• 議政府에서 關東召募使에게 보낸 關과 皮封 • 嶺南과 關東에서 匪賊의 소요가 아직도 그치지 않고 있어 거창부사 丁觀燮과 강릉 부사 李會源을 召募使로 差下하니 방어하라는 내용	26.1×55.5 32×13.6(皮封)	224
2	傳令	1	1894년 (고종 31)	兩湖都巡撫使	江陵府使 李會源	• 兩湖都巡撫使가 江陵府使 李會源에게 보낸 傳令 • 강릉부사 이회원을 召募使로 啓下하였으니 전령이 도착하면 즉시 와서 임무를 살피라는 내용	35.1×73.7	225
3	書目	1	1895년 (고종 32)	江陵大都護府使 李會源	江原監司	• 江陵大都護府使 李會源이 1895년 3월 초2일 辰時에 작성한 書目 • 작년 가을 本府에서 匪徒를 물리칠 때에 사용한 軍需가 錢文 9300냥으로 시급한 公錢이며 또 민간에서 빌려온 것과 관련되니 참작해서 措劃하여 공적이나 사적으로 편안하게 해 달라는 내용	52×61.8	226
		2	1895년 (고종 32)	江陵大都護府使 李會源	江原監司	• 江陵大都護府使 李會源이 1895년 4월 21일 辰時에 작성한 書目 • 작년 9월에 무리를 이루어서 강릉부에 머물렀던 匪徒는 10월 보름에 부사가 부임한 후에 봉평, 내면, 임계, 정선 등지에 군사를 보내 토벌했으나 軍需에 들어간 비용이 9030兩으로 많았다. 이와 관련하여 4000兩은 結還錢 중에 이미 '劃下하라는 처분'을 받았고, 600兩은 각 饒戶에게 分排하여 쌀값으로 계산해서 덜어냈고, 나머지 4430兩은 부사가 관에 지급해 補用하도록 했으므로 用下成冊 2건을 수정하여 첩보하고, 1건은 反貼하여 내려 보낸다는 내용	48×33.2	227
4	告目	1	丙寅	注文津洞民 金龍雲 외 7인	進賜主	• 注文津의 洞民 金龍雲, 韓東岳 등이 작성한 告目 • 흉년이 들어 김용운 등이 굶주리고 있고 유독 本洞의 面內 곡식도 이미 남은 것이 없어 다 죽게 생겼으니 洞民에게 分賣하여 衆民을 구원하여 살려달라는 내용	52.9×34.6	228
5	節目	1	1852년 (철종 3)	淸安縣監	兼 巡察使	• 淸安縣監 李鳳九가 還弊의 補充 방법에 관해 작성한 節目 • 청하현의 還弊는 이미 고질적으로 굳어져 1847년(헌종 13)에 폐해를 바로잡기 위해 營門에 보고해 절목이 만들어졌다. 그러나 환곡을 타가는 백성에게 每石에 長利 2戔 외에도 耗條 1戔 3分 5利식을 徵納하는 경우가 거의 갑절이었다. 그래서 民弊가 많아 이번 가을부터 甲邊과 加徵의 폐단을 제하고 단지 長利例로써 징수한 것을 골자로 하는 牒呈을 청하현감 이봉구가 營門에 보냈다. 영문에서는 첩정과 후록을 참고하여 고질적인 환폐를 바로잡기 위해서 더욱 유념하여 이자를 감해주고 取殖하여 기한 안에 糴穀의 수량을 맞추라고 하였다.	32.7×29.1	229
6	報告	1	1896년 (고종 33)	獻陵令		• 獻陵令이 작성한 報告 • 광서 22년 병신(1896) 정월 초3일 밤에 이름을 알 수 없는 亂類輩가 齋室에 突入하여 參奉을 축출한 일에 대해 헌릉령이 보고한 글. 헌릉령은 조선 3대 왕 태종과 비 원경왕후의 능묘인 헌릉을 지키며 관장하는 직위이다.	35.8×39.2	232
7	명령서	1	1949년	강원도지사	李燉儀	• 단기 4292년 5월 30일에 강원도지사가 雲亭里에 거주하는 李燉儀에게 발급한 도량형기, 계량기 수검 명령서 • 도량형기 또는 계량기의 제1종 단속을 집행하니 검사를 받을 기물을 5월 28일 오전 9시부터 오후 4시까지 동사무소로 제출하라는 내용	19.2×26.2	미수록

순번	자료명	번호	작성년도	발급자	수취자	내용	크기	수록면
7	명령서	2	1953년	江原道知事 崔圭鈺	李根宇	• 伐木과 造林 등에 관한 명령서 • 강원도 강릉군 경포읍면 난곡리 山 24번지 등의 林野를 森林令 제1조 및 제4조의 규정에 의하여 단기 4286년 4월 4일자 강원도 告示 제123호로 保安林에 편입하고 營林方法을 指定한다는 내용	25.2×35.7	미수록
8	官報	1	1920년	조선총독부		• 1920년 10월 8일에 조선총독부에서 발행한 관보	30.1×22.3	미수록

4. 證憑類

순번	자료명	번호	작성년도	발급자	수취자	내용	크기	수록면
1	戶口單子	1	1735년 (영조 11)	李乃蕃	江陵大都護府使	• 李乃蕃이 江陵大都護府使에게 올린 戶口單子 • 1735년 閏四月에 강릉부 嘉南 鏡湖里에 거주하는 유학 李乃蕃(43세, 본관 완산)의 거주지, 본인과 妻의 四祖, 率母 권씨, 率弟 유학 台蕃, 태번의 아내 권씨, 奴婢를 기록	69.2×54.8	234
		2	1746년 (영조 22)	李乃蕃	江陵大都護府使	• 李乃蕃이 江陵大都護府使에게 올린 戶口單子 • 1746년 四月에 강릉부 嘉南 鏡湖里에 거주하는 유학 李乃蕃(55세, 본관 완산)의 거주지, 본인과 妻의 四祖, 率弟 유학 台蕃, 태번의 아내 권씨, 奴婢를 기록	69.5×45.5	235
		3	1750년 (영조 26)	李乃蕃	江陵大都護府使	• 李乃蕃이 江陵大都護府使에게 올린 戶口單子 • 1750년 正月에 강릉부 嘉南 鏡湖里에 거주하는 유학 李乃蕃(58세, 본관 완산)의 거주지, 본인과 妻의 四祖, 率弟 유학 台蕃, 태번의 아내 권씨, 奴婢를 기록	72.5×45	236
		4	1753년 (영조 29)	李乃蕃	江陵大都護府使	• 李乃蕃이 江陵大都護府使에게 올린 戶口單子 • 1753년 正月에 강릉부 嘉南 鏡湖里에 거주하는 유학 李乃蕃(61세, 본관 완산)의 거주지, 본인과 妻의 四祖, 奴婢를 기록	85.2×52.3	237
		5	1756년 (영조 32)	李乃蕃	江陵大都護府使	• 李乃蕃이 江陵大都護府使에게 올린 戶口單子 • 1756년 正月에 강릉부 嘉南 鏡湖里에 거주하는 유학 李乃蕃(64세, 본관 완산)의 거주지, 본인과 妻의 四祖, 奴婢를 기록	74.5×45.4	238
		6	1759년 (영조 35)	李乃蕃	江陵大都護府使	• 李乃蕃이 江陵大都護府使에게 올린 戶口單子 • 1759년 正月에 강릉부 北面 嘉南 鏡湖里에 거주하는 유학 李乃蕃(67세, 본관 완산)의 거주지, 본인과 妻의 四祖, 率四寸孫 李達朝, 四寸孫婦 朴氏, 奴婢를 기록	75×48	239
		7	1762년 (영조 38)	李乃蕃	江陵大都護府使	• 李乃蕃이 江陵大都護府使에게 올린 戶口單子 • 준호구의 특징을 보임 • 1762년 正月에 강릉부 北面 丁洞에 거주하는 유학 李乃蕃(70세, 본관 완산)의 거주지, 본인과 妻의 四祖, 率子 유학 逢春, 四寸孫 유학 李達朝, 四寸孫婦 朴氏, 奴婢를 기록	74.4×54.9	240
		8	1765년 (영조 41)	李乃蕃	江陵大都護府使	• 李乃蕃이 江陵大都護府使에게 올린 戶口單子 • 준호구의 특징을 보임 • 1765년 正月에 강릉부 北面 丁洞에 거주하는 유학 李乃蕃(73세, 본관 완산)의 거주지, 본인과 妻의 四祖, 率子 유학 時春(逢春 개명), 며느리 권씨, 四寸孫 유학 達朝, 四寸孫婦 朴氏, 奴婢를 기록	74.1×80.9	241

순번	자료명	번호	작성년도	발급자	수취자	내용	크기	수록면
1	戶口單子	9	1768년 (영조 44)	李乃蕃	江陵大都護府使	• 李乃蕃이 江陵大都護府使에게 올린 戶口單子 • 준호구의 특징을 보임 • 1768년 正月에 강릉부 北面 亭洞에 거주하는 유학 李乃蕃(76세, 본관 완산)의 거주지, 본인과 妻의 四祖, 率子 유학 時春, 며느리 권씨, 四寸孫 유학 達朝의 立戶, 奴婢를 기록	98.7×54.2	242
		10	1771년 (영조 47)	李乃蕃	江陵大都護府使	• 李乃蕃이 江陵大都護府使에게 올린 戶口單子 • 준호구의 특징을 보임 • 1771년 正月에 강릉부 北面 亭洞에 거주하는 유학 李乃蕃(79세, 본관 완산)의 거주지, 본인과 妻의 四祖, 率子 유학 時春과 며느리 권씨, 奴婢를 기록	105×55.2	243
		11	1774년 (영조 50)	李乃蕃	江陵大都護府使	• 李乃蕃이 江陵大都護府使에게 올린 戶口單子 • 준호구의 특징을 보임 • 1774년 正月에 강릉부 北面 亭洞에 거주하는 老職 折衝將軍 僉知 中樞府事 李乃蕃(82세, 본관 완산)의 거주지, 본인과 妻의 四祖, 率子 유학 時春과 며느리 권씨, 奴婢를 기록	90.3×65.8	244
		12	1778년 (정조 2)	李乃蕃	江陵大都護府使	• 李乃蕃이 江陵大都護府使에게 올린 戶口單子 • 준호구의 특징을 보임 • 1778년 正月에 강릉부 北面 亭洞에 거주하는 老職 嘉善大夫 同知中樞府事 李乃蕃(85세, 본관 전주)의 거주지, 본인과 妻의 四祖, 率子 통덕랑 時春과 며느리 권씨, 奴婢를 기록	58.5×82.3	245
		13	1780년 (정조 4)	李乃蕃	江陵大都護府使	• 李乃蕃이 江陵大都護府使에게 올린 戶口單子 • 준호구의 특징을 보임 • 1780년 正月에 강릉부 北面 丁洞에 거주하는 老職 嘉善大夫 同知中樞府事 李乃蕃(88세, 본관 전주)의 거주지, 본인과 妻의 四祖, 率子 통덕랑 時春과 며느리 권씨, 奴婢를 기록	78.1×65.6	246
		14	1783년 (정조 7)	李時春	江陵縣監	• 李時春이 江陵縣監에게 올린 戶口單子 • 준호구의 특징을 보임 • 1782년에 李澤徵이 李有白의 대역부도죄 사건에 연루되어 처형되자, 이택징의 고향인 강릉대도호부가 강릉현으로 강등됨. 그러나 그 호구단자에는 여전히 대도호부사로 쓰여 있음 • 1783년 正月에 강릉부 北面 丁洞에 거주하는 유학 李時春(48세, 본관 전주)의 거주지, 본인과 妻의 四祖, 奴婢를 기록	91.2×65.2	247
		15	1786년 (정조 10)	李益朝	江陵縣監	• 李益朝가 江陵縣監에게 올린 戶口單子 • 준호구의 특징을 보임 • 1782년에 李澤徵이 李有白의 대역부도죄 사건에 연루되어 처형되자, 이택징의 고향인 강릉대도호부가 강릉현으로 강등됨 • 1786년 正月에 강릉현 北面 丁洞에 거주하는 通德郎 李時春이 사망하자 代子 童蒙 李益朝(14세, 본관 전주)가 거주지, 본인의 四祖, 奉祖母, 奉母, 奴婢를 기록	94.5×82.5	248
		16	1789년 (정조 13)	李益朝	江陵縣監	• 李益朝가 江陵縣監에게 올린 戶口單子 • 준호구의 특징을 보임 • 1782년에 李澤徵이 李有白의 대역부도죄 사건에 연루되어 처형되자, 이택징의 고향인 강릉대도호부가 강릉현으로 강등됨 • 1789년 正月에 강릉현 北面 丁洞에 거주하는 通德郎 李時春이 사망하자 代子 童蒙 李益朝(17세, 본관 전주)가 거주지, 본인의 四祖, 奉祖母, 奉母, 奴婢를 기록	92.8×68	249

순번	자료명	번호	작성년도	발급자	수취자	내용	크기	수록면
		17	1792년 (정조 16)	李益朝	江陵大都護府使	• 李益朝가 江陵大都護府使에게 올린 戶口單子 • 준호구의 특징을 보임 • 1792년 正月에 강릉부 北面 丁洞에 거주하는 유학 李益朝(20세, 본관 전주)의 거주지, 본인과 妻의 四祖, 奉祖母, 奉母, 率弟 昇朝, 승조의 아내, 奴婢를 기록	96.3×63.8	250
		18	1795년 (정조 19)	李益朝	江陵大都護府使	• 李益朝가 江陵大都護府使에게 올린 戶口單子 • 준호구의 특징을 보임 • 1795년 正月에 강릉부 丁洞에 거주하는 유학 李益朝(23세, 본관 전주)의 거주지, 본인과 妻의 四祖, 奉祖母 貞夫人 元氏, 奉母 權氏, 奴婢를 기록	43×51.1	251
		19	1795년 (정조 19)	李昇朝	江陵大都護府使	• 李昇朝가 江陵大都護府使에게 올린 戶口單子 • 1795년 正月에 강릉부 丁洞에 거주하는 유학 李昇朝(20세, 본관 전주)의 거주지와 四祖, 妻 崔氏, 奴婢를 기록	42.5×38.4	252
		20	1798년 (정조 22)	李昇朝	江陵大都護府使	• 李昇朝가 江陵大都護府使에게 올린 戶口單子 • 준호구의 특징을 보임 • 1798년 正月에 강릉부 丁洞에 거주하는 유학 李昇朝(23세, 본관 전주)의 거주지와 四祖, 妻 崔氏, 奴婢를 기록	41.3×32.7	253
1	戶口單子	21	1798년 (정조 22)	李冕朝	江陵大都護府使	• 李冕朝가 江陵大都護府使에게 올린 戶口單子 • 준호구의 특징을 보임 • 1798년 正月에 강릉부 丁洞에 거주하는 유학 李冕朝(益朝 개명, 26세, 본관 전주)의 거주지와 四祖, 妻 朴氏 , 奉祖母 貞夫人 元氏, 奉母 權氏, 奴婢를 기록	40.8×50.1	254
		22	1801년 (순조 원년)	李冕朝	江陵大都護府使	• 李冕朝가 江陵大都護府使에게 올린 戶口單子 • 준호구의 특징을 보임 • 1801년 正月에 강릉부의 北面 亭洞에 거주하는 유학 李冕朝(29세, 본관 전주)의 거주지, 본인과 妻의 四祖, 奉率母 貞夫人 元氏, 奉母 權氏, 率弟 恒朝, 奴婢를 기록	68.3×51.9	255
		23	1804년 (순조 4년)	李冕朝	江陵大都護府使	• 李冕朝가 江陵大都護府使에게 올린 戶口單子 • 준호구의 특징을 보임 • 1804년 正月에 강릉부의 北面 亭洞에 거주하는 유학 李冕朝(32세, 본관 전주)의 거주지, 본인과 妻의 四祖, 奉率母 貞夫人 元氏, 奉母 權氏, 率弟 恒朝, 奴婢를 기록	62.8×56.1	256
		24	1807년 (순조 7년)	李廈朝	江陵大都護府使	• 李廈朝가 江陵大都護府使에게 올린 戶口單子 • 준호구의 특징을 보임 • 1807년 正月에 강릉부의 北面 亭洞에 거주하는 유학 李廈朝(冕朝 개명, 35세, 본관 전주)의 거주지, 본인과 妻의 四祖, 奉母 權氏, 率弟 유학 恒朝, 항조의 아내 徐氏, 弟嫂 崔氏, 奴婢를 기록	89.7×64.7	257
		25		李壯宇	行牧使	• 李壯宇가 牧使에게 올린 戶口單子 • 法旺面 鷹垈里 제3통에 거주하는 유학 李壯宇(34세, 본관 전주)의 거주지와 四祖, 妻 申氏, 동생 유학 泰宇와 제수 趙氏, 奴를 기록	57.3×53.7	258
2	準戶口	1	1810년 (순조 10)	江陵大都護府使	李廈朝	• 江陵大都護府에서 李廈朝에게 발급한 準戶口 • 연서식 호구단자의 특징을 보임 • 1810년 正月에 강릉부의 北面 亭洞에 거주하는 유학 李廈朝(冕朝 개명, 38세, 본관 전주)의 거주지와 四祖, 妻 朴氏, 奉母 權氏, 率子 童蒙 皓晩, 率弟嫂 崔氏, 奴婢를 기록	59.1×82.5	259

순번	자료명	번호	작성년도	발급자	수취자	내용	크기	수록면
2	準戶口	2	1816년 (순조 16)	江陵大都護府	李冕夏	• 江陵大都護府에서 李冕夏에게 발급한 準戶口 • 1816년 正月에 강릉부의 北面 亭洞에 거주하는 유학 李冕夏(冕朝 개명, 44세, 본관 전주)의 거주지와 四祖, 妻 朴氏, 奉母 權氏, 率子 유학 龍求(蓂 개명), 며느리 鄭氏, 次子 童蒙 鳳求, 率弟嫂 寡宅 崔氏, 率弟嫂 寡宅 徐氏, 奴婢를 기록	104.1×60.2	260
2	準戶口	3	1819년 (순조 19)	江陵大都護府	李冕夏	• 江陵大都護府에서 李冕夏에게 발급한 準戶口 • 연서식 호구단자의 특징을 보임 • 1819년 正月에 강릉부의 北面 亭洞에 거주하는 유학 李冕夏(47세, 본관 전주)의 거주지와 四祖, 妻 朴氏, 奉母 權氏, 率子 유학 龍求, 며느리 鄭氏, 次子 童蒙 鳳求, 率弟嫂 寡宅 崔氏, 率弟嫂 寡宅 徐氏, 率侄 鶴求, 率侄 象求, 奴婢를 기록	109.6×70.7	261
2	準戶口	4	1822년 (순조 22)	江陵大都護府	李冕朝	• 江陵大都護府에서 李冕朝에게 발급한 準戶口 • 연서식 호구단자의 특징을 보임 • 1822년 正月에 강릉부의 北面 亭洞에 거주하는 유학 李冕朝(冕夏 개명, 50세, 본관 전주)의 거주지와 四祖, 妻 朴氏, 奉母 權氏, 率子 유학 龍九(龍求 개명), 큰며느리 鄭氏, 次子 童蒙 鳳九(鳳求 개명), 작은며느리 沈氏, 率弟嫂 寡宅 崔氏, 率弟嫂 寡宅 徐氏, 率侄 鶴九(鶴求 개명), 侄婦 李氏, 率侄 象九(象求 개명), 奴婢를 기록	107.3×69.3	262
2	準戶口	5	1828년 (순조 28)	江陵大都護府	李𡶀	• 江陵大都護府에서 李𡶀에게 발급한 準戶口 • 연서식 호구단자의 특징을 보임 • 1828년 正月에 강릉부의 北面 亭洞에 거주하는 유학 李𡶀(56세, 본관 전주)의 거주지와 四祖, 妻 朴氏, 率子 生員 龍九, 큰며느리 鄭氏, 次子 生員 鳳九, 작은며느리 沈氏, 奴婢를 기록	110.9×82.2	263
2	準戶口	6	1831년 (순조 31)	江陵大都護府	李𡶀	• 江陵大都護府에서 李𡶀에게 발급한 準戶口 草 • 연서식 호구단자의 특징을 보임 • 1831년 正月에 강릉부의 北面 亭洞에 거주하는 유학 李𡶀(59세, 본관 전주)의 거주지와 四祖, 妻 朴氏, 率子 生員 龍九, 큰며느리 鄭氏, 次子 鳳九, 작은며느리 沈氏, 奴婢를 기록	115×81.9	264
2	準戶口	7	1831년 (순조 31)	江陵大都護府	李𡶀	• 江陵大都護府에서 李𡶀에게 발급한 準戶口 • 연서식 호구단자의 특징을 보임 • 1831년 正月에 강릉부의 北面 亭洞에 거주하는 유학 李𡶀(59세, 본관 전주)의 거주지와 四祖, 妻 朴氏, 率子 生員 龍九, 큰며느리 鄭氏, 次子 生員 鳳九, 작은며느리 沈氏, 奴婢를 기록	115.8×82	265
2	準戶口	8	1834년 (순조 34)	江陵大都護府	李龍九	• 江陵大都護府에서 李龍九에게 발급한 準戶口 • 연서식 호구단자의 특징을 보임 • 1834년 正月에 강릉부의 北面 亭洞에 거주하는 生員 李龍九(37세, 본관 전주)의 거주지와 四祖, 奉母 朴氏, 妻 鄭氏, 率弟 生員 鳳九, 弟嫂 沈氏, 奴婢를 기록	118.5×66.3	266
2	準戶口	9	1843년 (헌종 9)	江陵大都護府	李鳳九	• 江陵大都護府에서 李鳳九에게 발급한 準戶口 • 연서식 호구단자의 특징을 보임 • 1843년 正月에 강릉부의 北面 亭洞에 거주하는 通政大夫 內贍寺 李鳳九(42세, 본관 전주)의 거주지와 四祖, 率兄嫂 鄭氏, 率長侄 生員 祖漢, 侄婦 金氏, 次侄 宗漢, 從弟 駿九, 從侄 文漢, 從侄 德漢, 侄婿 李在兢, 從侄 奎漢, 奴婢를 기록	95.4×61.1	267

순번	자료명	번호	작성년도	발급자	수취자	내용	크기	수록면
3	試券	1	1791년 (정조 15)	李益朝		• 李益朝가 19세에 작성한 試券 • 試題: 入周界 見耕者遜畔 乃不見西伯而還 詩 • 字號: 七黃 • 科次: 次下	69.3×158.5	268
		2	1801년 (순조 원년)	李冕朝		• 李冕朝가 29세에 작성한 試券 • 試題: 書義 疇若予上下草木鳥獸(『書經』虞書 舜典) • 字號: 二月, 七收 • 科次: 次下	72.2×176.2	268
		3	1805년 (순조 5)	李冕朝		• 李冕朝가 33세에 작성한 試券 • 試題: 易義 憂悔吝者存乎介(『周易』繫辭傳 上) • 字號: 二月, 七收 • 科次: 次下	72.9×164.8	270
		4	1822년 (순조 22)	李冕朝		• 李冕朝가 50세에 작성한 試券 • 試題: 於子房何如 賦(『漢書』卷40 張陳王周傳) • 字號: 七日 • 科次: 次中	77.9×173.2	270
		5	1822년 (순조 22)	李鳳九		• 李鳳九가 21세에 작성한 試券 • 試題: 牛山之木嘗美矣 賦(『孟子』告子上) • 字號: 八地 • 科次: 次中	115.8×81.9	272
		6	1822년 (순조 22)	李鳳九		• 李鳳九가 21세에 작성한 試券 • 試題: 琦一郡守 賦 • 字號: 七天 • 科次: 三中	115.6×81.9	273
		7	1825년 (순조 25)	李龍九		• 李龍九가 28세에 작성한 試券 • 과목: 四書疑 • 字號:四天 • 科次: 次下	77.7×177.3	274
		8	1827년 (순조 27)	李鳳九		• 李鳳九가 26세에 작성한 試券 • 試題: 禮義 三五而盈(『禮記』禮運) • 字號: 二玄 • 科次: 次下	73.7×168.4	274
		9	1827년 (순조 27)	李鳳九		• 李鳳九가 26세에 작성한 試券 • 試題: 易義 曲成萬物而不遺(『周易』繫辭傳 上) • 字號: 一日 • 科次: 次下	74×179.9	276
		10	1835년 (헌종 원년)	李龍九		• 李龍九가 38세에 작성한 試券 • 試題: 擬漢群臣賀董仲舒 有儒者氣像 表 • 字號:八暑 • 科次: 次下	54×185.2	276
		11	1839년 (헌종 5)	李祖漢		• 李祖漢이 17세에 작성한 試券 • 과목: 四書疑 • 字號: 五雨 • 科次: 次下	72.1×150	278
		12	1840년 (헌종 6)	李祖漢		• 李祖漢이 18세에 작성한 試券 • 과목: 四書疑 • 字號: 四地 • 科次: 次上	75.5×160.4	278
		13	1844년 (헌종 10)	李宗漢		• 李宗漢이 15세에 작성한 試券 • 과목: 四書疑 • 字號: 八宇 • 科次: 次下	77.1×169	280
		14	1844년 (헌종 10)	李宗漢		• 李宗漢이 15세에 작성한 試券 • 과목: 四書疑 • 字號: 七宇 • 科次: 次下	72.3×165.3	280
		15	1864년 (고종 원년)	李宗漢		• 李宗漢이 35세에 작성한 試券 • 과목: 四書疑 • 字號: 九盈 • 科次: 次上, 外	47.3×394	282

순번	자료명	번호	작성년도	발급자	수취자	내용	크기	수록면
3	試券	16	1881년 (고종 18)	李相宇		• 李相宇가 15세에 작성한 試券 • 試題: 光風霽月 善形容有道者氣像 詩(『近思錄集解』卷14 觀聖賢) • 字號: 없음 • 科次: 次下	66.7×160.1	286
		17	1887년 (고종 24)	李檠宇		• 李檠宇가 36세에 작성한 試券 • 試題: 易義 大有 • 字號: 없음 • 科次: 次下, 外	66.5×155.9	286
		18	1891년 (고종 28)	李根宇		• 李根宇가 15세에 작성한 試券 • 과목: 四書疑 • 字號: 二昃 • 科次: 次下, 外	76.2×143	288
		19	1891년 (고종 28)	李相宇		• 李相宇가 23세에 작성한 試券 • 과목: 四書疑 • 字號: 없음 • 科次: 次下	65.5×154.4	288
		20	1893년 (고종 30)	李榕宇		• 李榕宇가 17세에 작성한 試券 • 과목: 四書疑 • 字號: 없음 • 科次: 次上	65.7×154.1	290
		21	1893년 (고종 30)	李榕宇		• 李榕宇가 17세에 작성한 試券 • 試題: 歐陽子方夜讀書 賦(歐陽脩「秋聲賦」) • 字號: 없음 • 科次: 次上	65.6×153.7	290
		22	1893년 (고종 30)	李相宇		• 李相宇가 25세에 작성한 試券 • 試題: 詩義 克廣德心(『詩經』魯頌 泮水) • 科次: 三下	65.8×154.1	292
		23	1894년 (고종 31)	李相宇		• 李相宇가 26세에 작성한 試券 • 과목: 四書疑 • 字號: 없음 • 科次: 次上, 外	79.6×159	292
4	立案 (所志)	1	1745년 (영조 21)	李枝茂	江陵大都護府	• 幼學 李枝茂가 江陵大都護府에 올린 斜給立案 신청 所志 • 婢를 매득한 문기를 점련하여 우러러 호소하니 例에 의거하여 사급해달라는 내용 • 題辭: 依例斜給向事. 廿五日. 刑	51.6×30.4	294
	立案 (招辭)		1745년 (영조 21)	幼學 金彦重	江陵大都護府	• 婢 방매와 관련하여 幼學 金彦重이 江陵大都護府에 진술한 招辭 • 흉년으로 살아갈 길이 없어서 祖先에게 전래받은 婢 莫禮의 5소생 婢 二女를 放賣했음이 확실하다는 내용	39.3×98.5	
	立案 (招辭)		1745년 (영조 21)	李仁昌	江陵大都護府	• 婢 방매와 관련하여 증인 幼學 李仁昌이 江陵大都護府에 진술한 招辭 • 幼學 金彦重이 李枝茂에게 婢 二女를 放賣할 때 증인으로 참석함이 확실하다는 내용		
	立案 (斜給)		1745년 (영조 21)	江陵大都護府	李枝茂	• 江陵大都護府에서 李枝茂에게 발급한 斜給立案 • 점련된 課狀과 각 사람들의 招辭, 本文記를 取納하여 相考해보니 後所生 아울러 영영 買得 한 것이 분명하므로 幼學 李枝茂에게 斜給한다는 내용		
	立案 (所志)	2	1748년 (영조 24)	崔生員 宅 奴 於叱山	江陵大都護府	• 崔生員 宅 奴 於叱山이 江陵大都護府에 올린 斜給立案 신청 所志 • 자신의 상전이 買得한 노비에 대해 사급을 요청하는 내용 • 題辭: 依斜向事. 廿日. 刑	49.8×279	296

순번	자료명	번호	작성년도	발급자	수취자	내용	크기	수록면
4	立案(牌旨)	2	1748년(영조 24)	上典 鄭	差奴 杜忠	• 上典 鄭이 差奴 杜忠에게 작성해준 牌旨 • 긴히 쓸 곳이 있어 강릉 婢 情今, 婢 命禮, 奴 貴太 등 9口의 奴婢를 願買人에게 값에 준해 받아 納宅한 후에 이 패자(牌子)에 따라서 문서를 작성해 주라는 내용	49.8×279	296
	立案(明文)		1748년(영조 24)	鄭延安 宅 奴 杜忠	崔生員 宅 奴 於叱山	• 奴婢主 鄭延安 宅 奴 杜忠이 崔生員 宅 奴 於叱山에게 노비를 放賣하면서 작성한 明文 • 소유경위: 상전 댁의 外邊에서 別給으로 받은 것 • 대상: 노비 9口(婢 丁今(=情今), 婢 命禮, 婢 貴太, 婢 初分, 奴 乭屎, 奴 老味, 婢 己分, 奴 元才, 婢 古邑丹) • 가격: 錢文 80냥 • 참여자 : 증인 業武 金泰三, 業武 姜甲信, 筆執 書員 權一泰		
	立案(招辭)		1748년(영조 24)	鄭延安 宅 奴 杜忠	江陵大都護府	• 노비 방매와 관련하여 鄭延安 宅 奴 杜忠이 江陵大都護府에 진술한 招辭 • 南二里에 거주하는 崔生員 宅 奴 於叱山에게 상전 댁의 노비를 방매한 것이 확실하다는 내용		
	立案(招辭)		1748년(영조 24)	書員 權一泰, 業武 金泰三, 業武 姜甲信	江陵大都護府	• 노비 방매와 관련하여 筆執 書員 權一泰과 증인 業武 金泰三, 業武 姜甲信이 江陵大都護府에 진술한 招辭 • 노비를 방매할 때에 자신들이 증인과 필집으로 참여한 것이 확실하다는 내용		
	立案(斜給)		1748년(영조 24)	江陵大都護府	崔生員 宅 奴 於叱山	• 江陵大都護府에서 崔生員 宅 奴 於叱山에게 발급한 斜給立案 • 점련된 課狀에 의거하여 각 사람들의 招辭, 本文記를 取納하여 상고한 후에 狀者 崔生員 宅 奴 於叱山에게 斜給한다는 내용		
	立案(所志)	3	1757년(영조 33)	化民 李乃蕃	江陵大都護府	• 化民 李乃蕃이 江陵大都護府에 올린 斜給立案 신청 所志 • 자신의 異姓 四寸인 權采衡의 婢 順今의 3소생 婢 粉梅를 買得 했으니 例에 의거하여 사급해달라는 내용 • 題辭: 依斜向事. 卄五日.	59.8×124.8	300
	立案(明文)		1756년(영조 32)	幼學 權采衡	李乃蕃	• 婢主 幼學 權采衡이 異姓 四寸 李乃蕃에게 婢를 放賣하면서 작성한 明文 • 소유경위: 己身買得 • 대상 : 婢 1口(婢 粉梅) • 가격: 錢文 25냥 • 참여자: 自筆 異姓 嫡四寸 權采衡		
	立案(招辭)		1757년(영조 33)	幼學 權采衡	江陵大都護府	• 婢 방매와 관련하여 幼學 權采衡이 江陵大都護府에 진술한 招辭 • 흉년으로 살아갈 길이 없어서 자신이 매득한 婢 順今의 3소생 婢 粉梅를 放賣했음이 확실하다는 내용		
	立案(斜給)		1757년(영조 33)	江陵大都護府	李乃蕃	• 江陵大都護府에서 李乃蕃에게 발급한 斜給立案 • 점련된 課狀과 각 사람들의 招辭, 本文記를 推納하여 相考하니 뒷날에 憑考하기 위해 斜給한다는 내용		
	立案(所志)	4	1765년(영조 41)	李 奴 丁山	江陵大都護府	• 李 奴 丁山이 江陵大都護府에 올린 斜給立案 신청 所志 • 자신의 상전 댁에서 買得한 노비문기를 점련하여 우러러 호소하니 例에 의거하여 사급해달라는 내용 • 題辭: 依例斜給向事. 十二日. 刑	58.2×155.2	302

순번	자료명	번호	작성년도	발급자	수취자	내용	크기	수록면
4	立案 (明文)	4	1765년 (영조 41)	驛吏 金武戊	李生員 宅 奴 丁山	• 婢主 驛吏 金武戊이 李生員 宅 奴 丁山에게 婢를 放賣하면서 작성한 明文 • 소유경위: 己身買得 • 대상 : 婢 1口(婢 所乙禮) • 가격: 錢文 30냥 • 참여자: 증인 良人 安尙奉, 驛吏 柳太望, 筆執 幼學 金復還	58.2×155.2	302
	立案 (招辭)		1765년 (영조 41)	驛吏 金武戊	江陵大都護府	• 婢 방매와 관련하여 驛吏 金武戊이 江陵大都護府에 진술한 招辭 • 丁洞에 거주하는 李生員 宅 奴 丁山에게 婢를 방매한 것이 확실하다는 내용		
	立案 (招辭)		1765년 (영조 41)	良人 安尙奉, 驛吏 柳太望, 幼學 金復還	江陵大都護府	• 婢 방매와 관련하여 筆執 幼學 金復還, 증인 良人 安尙奉, 驛吏 柳太望이 江陵大都護府에 진술한 招辭 • 婢를 방매할 때에 자신들이 증인과 필집으로 참여한 것이 확실하다는 내용		
	立案 (斜給)		1765년 (영조 41)	江陵大都護府	李 奴 丁山	• 江陵大都護府에서 李 奴 丁山에게 발급한 斜給立案 • 점련된 課狀과 각 사람들의 招辭에 근거하여 牛岩津에 사는 婢 六月今의 1소생 婢 所乙禮를 狀者 李 奴 丁山에게 斜給한다는 내용		
	立案	5		江陵大都護府	曺生員 奴 業山	• 강릉대도호부사가 曺生員 宅의 奴 業山에게 발급해준 決訟立案 • 奴 業山의 상전 曺生員이 續田 3卜 곳을 權生員에게서 매득하여 해마다 收稅를 받았는데, 무진년 즈음에 林奉祿·韓明云이 무고하게 呈訴하여 매득한 밭을 공연히 빼앗겼다. 이에 분쟁이 발생하여 강릉대도호부에서 부에 보관된 양안과 四標를 상고해보니 노 업산의 상전 조 생원의 밭이 분명하므로, 임봉녹 등이 전후 무고하게 올린 소지는 불태워버리고, 조 생원에게 해당 계쟁 밭을 출급해 준다는 내용	262×78.5	304
5	不忘記	1	[1756년 (영조 32)]	金業山	李書房宅 京山	• 金業山이 李書房宅 京山에게 작성해준 不忘記 • 김업산이 어려서 아버지를 잃고 1751년(영조 27)에 경산의 상전에게 香湖에 있는 논 25두락지를 錢文 50냥에 받아 문서를 작성해 납부했는데, 그때 김업산의 나이가 어려 同姓 3촌 숙부의 말만을 따라서 영원히 방매해버렸다. 그런제 지금 생각해 보니 위 논값의 사용처가 분명하지 않았으므로 삼촌이 몰래 먹은 것은 아닌가 의심이 되어 다시 해당 논을 還推할 생각으로 所志를 올려 사실을 상세히 조사했다. 그 결과 김업산의 아버지가 살아 있을 때 尹已男에게 빚을 졌고, 윤이남은 蔘商인 尹岳岩에게 빚을 져서 위 논값 50냥으로 蔘錢 50냥을 갚은 바가 있었다. 이에 이 뒤로 다시는 거론하지 않을 뜻으로 김업산이 불망기를 작성한다는 내용	53.3×35.9	306
		2	[1758년 (영조 34)]	梁善萬	[初正]	• 梁善萬이 혼자서 지고 있던 白骨番布의 납부와 관련하여 미상자에게 작성해준 不忘記 • 수취자는 미상이나 수취자의 아버지가 죽은 뒤로 양선만이 수취자 아버지의 번포를 자신이 혼자서 담당하고 있었다. 이에 원통한 양선만이 수취자를 전문(錢文) 10냥에 팔고, 수취자 아버지의 번포를 자신이 담당하겠다는 내용. 여타 문서를 참고하면 수취자는 초정으로 추정됨	26.6×20.3	307

순번	자료명	번호	작성년도	발급자	수취자	내용	크기	수록면
5	不忘記	3	[1758년 (영조 34)]	梁先萬, 金三龍	養四寸妹 初正	• 養四寸 梁先萬과 外五寸叔 金三龍이 初正에게 작성해준 不忘記 • 初正 亡父의 白骨番布를 해마다 梁先萬이 혼자서 담당하고 있었다. 이에 초정을 錢文 15냥에 판 후에 이중 10냥 5전은 양선만이 지니며, 초정 아버지의 백골번포는 고쳐 充定하고, 1냥은 초정의 외 5촌 숙부 金三龍이 지니고, 그 나머지 4냥은 초정 부모의 掩土 때에 耗軍하기 위해 남겨 둔다는 내용	26.8×32.4	308
		4	[1761년 (영조 37)]	羅七奉	李生員 宅 奴 正山	• 辛巳년 4월 초7일에 本夫 羅七奉이 李生員 宅 奴 正山에게 작성해준 不忘記 • 을해, 병자년에 흉년이 있어 구걸을 하고 다니면서 부부가 흩어졌는데 깜깜무소식인지 오래되었음. 그러던 중에 아내가 친정 부모님의 喪이 있었으나 장례를 치를 길이 없자 이 생원 댁에 스스로를 팔아 부모의 상례를 치렀으니, 자신이 本夫이나 推尋하지 않고 私和하겠다는 내용	52.7×33.6	309
		5	[1769년 (영조 45)]	婢夫 權龍采	妻 上典	• 婢夫 權龍采가 妻의 上典에게 작성해준 不忘記 • 권용채가 몇 해 전에 상전댁에서 利錢 40여 냥을 出用했다가 논 2石落只로 값을 쳐서 許納했고, 납부하지 못한 錢 10냥은 가을을 기다렸다가 갖추어 납부할 뜻으로 불망기를 작성하여 바친다는 내용	27.5×24.8	310
		6	1778년 (정조 2)	洪永太, 洪小夫里, 洪聖敏	朴 奴 德金	• 安仁驛의 三長 洪永太, 洪小夫里, 洪聖敏가 朴 奴 德金 宅에 작성해준 不忘記 • 安仁驛에서 차지한 船橋 羽字는 원래 馬籍에 없는 私畓이 분명하고, 박가(朴哥)의 노 덕금(德金) 댁에서 매득한 詩洞畓 문기를 取考해도 相換한 것이 분명하기 때문에 마적에 기록된 시동답을 고치고 역에서 차지한 北坪 선교답을 박가의 노 덕금 댁에 허급한다는 내용	53.6×33	311
6	手記	1	[1848년 (헌종 14)]	張永吉		• 張永吉이 債錢 관련하여 작성해준 手記 • 장영길이 오래도록 병석에 있어 通涉하지 못해 마음이 미칠듯 했는데, 宅에 갚아야 할 錢220냥은 어제 밤 東門 밖 吳彭石의 집에서 즉시 推尋을 했고, 모자르는 돈 13푼은 우러러 보고하니 만일 뒷날에 다른 말을 한다면 이로써 憑告해 달라는 내용 • 告目의 양식으로 작성됨	28.1×16.2	312
		2	1885년 (고종 22)	崔燉奎	辛 奴 元得 宅	• 1885년에 崔燉奎가 辛哥의 奴 元得 宅에게 작성해준 完意手記 • 최돈규가 긴히 쓸 것이 있어 辛哥의 노 원득 댁에서 錢文 620냥을 빌려 사용했으나 갚을 길이 없었다. 그래서 法界의 地字畓 3石落只의 값을 전문 624냥으로 쳐서 방매하였고 本文記 4장을 주어야 했으나 최돈규의 老母가 붙들고 말려 본문기를 주지 못했다. 이에 手標를 작성해서 納上하니, 뒷날에 家內와 作者 중에 혹시라도 서로 어긋나 잡담이 있다면 宅에 전문을 매 보름마다 每兩 1전式 植利로 납상할 것이며 그 죄에 대해 죄를 받고, 刑配에 이르더라도 원망하지 않겠다는 내용	61.2×41.2	313
		3	丁酉	錫彬		• 정유년 3월 27일에 錫彬이 발급한 手記 • 석빈이 三亥酒를 빚기 위해 右宅으로부터 錢文 1000냥을 邊利 없이 出用했고, 기한은 10월 내로 정해 納上하겠다는 내용	19.5×15.3	314

순번	자료명	번호	작성년도	발급자	수취자	내용	크기	수록면
6	手記	4	癸亥	校奴 朴云伊, 云甲	李通川宅	• 校奴 朴云伊와 云甲이 李 通川 댁에게 작성해준 手記 • 박운이와 운갑이 긴요하게 쓸 것이 있어서 이 통천 댁에게 錢文 27냥을 빌려 사용했고, 每兩을 매월 3分의 이자를 내고 기한은 3월 내로 한정해서 전부 갖추어 납부하겠다는 내용	22.3×23.3	315
7	手標	1	1895년 (고종 32)	保主 李種仁, 元世重	江陵大都護府使	• 1895년 3월 30일에 大同色에 李根載가 差出되어 上納해야 하는데 만약 뒷날에 欠逋의 조짐이 있으면 保主 두 사람이 備納하겠다고 제출한 標記	52×61.8	316
		2	甲子	崔允甫	李通川宅	• 崔允甫가 連谷驛의 復戶 結卜과 관련하여 李通川宅에게 작성해준 手標 • 李通川宅에서 連谷驛의 復戶 結卜價 18냥을 전부 받아 갔으니 뒷날에 憑考하기 위해 標를 작성한다는 내용	20.3×17.4	317
8	料標	1		奎章閣	閣童	• 규장각에서 閣童에게 발급한 料標 • 지금 초하루에 例에 의거하여 각동에게 料米 쌀 5두와 田米 1두를 치러준다는 내용	27.3×31.3	318
		2		奎章閣	閣童	• 규장각에서 閣童에게 발급한 料標 • 지금 초하루에 例에 의거하여 각동에게 料米 쌀 5두와 田米 1두를 치러준다는 내용	27.3×31.3	318
9	尺文	1	戊戌	仙橋	鄭主事	• 무술년 12월 29일에 仙橋 댁에서 鄭主事에게 京換乘錢 420兩을 받았다는 내용의 증서	22.5×9.8	319
10	영수증	1	1921년	連谷面長	李根宇	• 1921년 12월 3일에 連谷面長이 丁洞面에 거주하는 李根宇에게 國有未墾地 貸付의 기한에 대해 연장을 허가해 주면서 발급해 준 문서	26.5×9.4	미수록
		2	1939년	崔漳集	李燉儀	• 1939년 8월 12일에 경성일보사(매일신보사) 강릉지국장인 崔漳集이 李燉儀으로부터 金2원 30전을 받았음을 증명하는 영수증	13.2×13.6	미수록
		3	1955년	江陵市長, 江陵金融組合	李燉儀	• 1955년 11월에 강릉시장 崔燉瑛이 李燉儀에게 正租 3石 1斗 2升(5叺 42kg), 粟 4升을 강릉금융조합에 납부할 일로 고지한 납세고지서와 강릉금융조합의 통지서와 영수증서	25.6×17.6	미수록
		4	1958년	崔斗吉	崔容根	• 1958년 3월 31일에 崔斗吉이 崔容根에게 貸付條 원금 30萬圓을 받았음을 증명하는 영수증	19.3×13.1	미수록
11	차용증	1	1916년	李根宇	金奎燮	• 1916년 9월 초1일에 채무인 李根宇가 金奎燮에게 金 7703円을 빌리면서 이자는 매달 매 엔당 1錢 5里로 하여 갚기로 한 차용 증서	23.3×48.5	미수록
		2	1920년	吳台煥	金龍起	• 1920년 2월 23일에 차용인 吳台煥이 金1천円을 金龍起에게 빌리면서 이자는 매달 매 엔당 1錢 5里로 하여 6월 晦日내로 還償하기로 한 차용 증서	18.7×22.3	미수록
12	저당권 일부포기 증서	1	1937년	株式會社朝鮮殖産銀行	李慶儀	• 1937년 2월 8일에 受附한 제1402호로 등기에 관련된 저당 물건 중에서 강릉군 강릉읍 교동리 161번지 등의 부동산에 대해 저당권을 포기한다는 내용의 증서	27.6×39.7	미수록
13	証書	1	1911년	私立 東進學敎	李燉儀	• 1911년 4월 30일에 사립 동진학교의 교장 崔燉性이 본교 中學科 제1년級의 각 과정 시험을 완료한 李燉儀(강원도 강릉군 정동면 선교 거주, 15세)에게 수여한 수료 증서	33.5×40.5	미수록

순번	자료명	번호	작성년도	발급자	수취자	내용	크기	수록면
13	証書	2	1912년	私立 東進學校	李燉儀	• 1912년 4월 30일에 사립 동진학교의 교장 崔燉性이 본교 보통과의 교과를 졸업한 李燉儀(강원도 강릉군 정동면 선교 거주, 16세)에게 수여한 졸업 증서	33.5×40.5	미수록
		3	1918년	李根宇	金奎燮	• 1918년 3월 5일에 約証人 李根宇가 金奎燮에게 작성해준 約証書 • 李根宇가 강원도 강릉군 정동면, 주문진, 南一里의 세 곳에서 소유한 2천石의 추수를 전당잡아 1916년(병진) 음력 9월 1일에 金奎燮에게 차용한 7703원 35전 2리의 채무를 청산하겠다는 내용의 約証書 • 관련문서로 차용증1 있음 • 문서에 爻자 처리된 것으로 보아 이근우가 채무를 갚아 문서 효력이 상실된 것으로 보임	23.3×46.8	미수록
		4	1947년	金貞默	李燉儀	• 1947년 4월 14일에 金貞默이 양양군 縣南面 昌里 34번 1168평을 본인과 鄭桂根 이름으로 매수계약했으나 實地 매수인은 鄭二澈으로 직접 移轉 登記 수속함을 수락하고 상속과 이전 등기 비용은 모두 매수인이 부담하기로 成證하는 문서	20.3×16	미수록
		5	1958년			• 1958년 5월 9일에 강릉시 운정리에 거주하는 채무인이 30萬圓을 빌리고 이를 1959년 4월 30일까지 변제하기로 약속한 借用金證書	25.2×17.5	미수록
14	印鑑證明願	1	1959년	李燉儀	江陵市長	• 1959년 3월 9일에 강릉시 운정리 431번지에 거주하는 李燉儀가 자신이 사용하는 印鑑에 無違함을 증명해 줄 것을 요청하는 문서. 같은 날에 강릉시장 崔燉瑛이 이돈의의 인감에 문제가 없음을 인증해 주었다.	25.3×17.5	미수록

5. 明文·文記類

순번	자료명	번호	작성년도	발급자	수취자	내용	크기	수록면
1	明文	1	1607년 (선조 40)	奴 運年	私奴 雲成	• 1607년 9월 20일에 奴 運年이 私奴 雲成에게 논을 팔면서 발급한 明文 • 방매사유: 가난해서 • 소유경위: 妻邊 衿得 • 대상: 檢勿里員 畓 14마지기 9卜 3支 • 가격: 雌牛 1마리, 木 8필, 正租 6섬, 목면 6필 • 참여자: 訂人 私奴 古邑石, 筆執 啓功郎 河應清	49.3×35.9	322
		2	1633년 (인조 11)	私奴 崔雲成	崔景得	• 1633년 3월 초3일에 私奴 崔雲成이 嫡四寸 僉知 崔景得에게 논을 팔면서 발급한 明文 • 방매사유: 필요한 일이 있어서 • 소유경위: 己身買得 • 대상: 檢勿員 畓 1섬 4마지기 6卜 • 가격: 正租 40섬 • 참여자: 證人 유학 高漢雄, 筆執 將仕郎 伊川訓導 崔景良	47.5×47.5	323

순번	자료명	번호	작성년도	발급자	수취자	내용	크기	수록면
1	明文	3	1697년 (숙종 23)	於世擢	咸舜昌	• 1697년 2월 29일에 유학 於世擢이 妻姪 유학 咸舜昌에게 논을 팔면서 발급한 明文 • 방매사유: 가난해서 • 소유경위: 妻邊 衿得 • 대상: 新里員 35分畓 8負 25마지기 • 가격: 錢文 120兩 • 畓主 自筆 유학 於世擢	55.1×35.1	324
		4	1714년 (숙종 40)	金生員 宅 奴 長立	全驗同	• 1714년에 金生員 宅 奴 長立, 1733년에 全驗同, 1742년에 유학 沈尙遠이 논을 팔면서 발급한 3건의 明文이 점련되어 있다 • 1714년 12월 20일에 金生員 宅 奴 長立이 全驗同에게 논을 팔면서 발급한 明文 • 방매사유: 자신의 상전에게 필요한 일이 있어서 • 대상: 江陵 鏡浦 小臺員 淡字 139畓 5卜, 丁洞員 鱗字 1畓 10卜 3支, 4畓 4支 30마지기 • 가격: 錢文 60兩 • 참여자: 證人 유학 權萬世, 保人 鞠太萬/筆執 校生 金慮達	63.2×109.3	325
		5	1715년 (숙종 41)	朴連立	李生主 奴 香奉	• 1715년 10월 초3일에 朴連立이 李生主 奴 香奉에게 논을 팔면서 발급한 明文 • 방매사유: 가난해서 • 소유경위: 己身買得 • 대상: 牛岩 毁字 35畓 5負 8束 20마지기 • 가격: 錢文 45兩 • 참여자: 證人 金小先, 金信龍/筆執 유학 金明徵	50.1×33.3	326
		6	1716년 (숙종 42)	崔泰建	貴也	• 1716년 3월 12일에 崔泰建이 貴也에게 밭을 팔면서 발급한 明文 • 방매사유: 필요한 일이 있어서 • 소유경위: 衿得 • 대상: 一加南 虞字 14田 5卜 6束 春牟 1섬지기 • 가격: 錢文 12兩 • 田主 自筆 崔泰建	50.9×31.7	327
		7	1717년 (숙종 43)	嚴永吉	安戒民	• 1717년에 嚴永吉과 1735년에 姜晩齊 등이 논을 팔면서 발급한 2건의 明文이 점련되어 있다 • 1717년 1월 22일에 嚴永吉이 사위 安戒民에게 논을 팔면서 발급한 明文 • 방매사유: 필요한 일이 있어서 • 소유경위: 己身 買得 • 대상: ■■(二加)南員 139畓 13負 6束 25마지기 등 • 가격: 錢文 10兩 • 참여자: 證人 朴仁尙, 筆執 書員 金世亂	69.2×63.2	328
		8	1717년 (숙종 43)	金渭明	洪萬渭	• 1717년 12월 29일에 驛吏 金渭明이 驛吏 洪萬渭에게 논을 팔면서 발급한 明文 • 방매사유: 필요한 일이 있어서 • 소유경위: 己身買得 • 대상: 小臺員 淡字 81畓 3卜 6束 10마지기, 急走位畓 • 가격: 錢文 40兩 • 참여자: 證人 驛吏 金重鼎	50.9×30.7	329

순번	자료명	번호	작성년도	발급자	수취자	내용	크기	수록면
1	明文	9	1718년 (숙종 44)	裵萬仲	咸同知	• 1718년 3월 14일에 業武 裵萬仲이 咸同知에게 논을 팔면서 발급한 明文 • 방매사유: 아내 喪을 만나 棺板 값을 준비할 길이 없어서 • 소유경위: 祖先傳來 • 대상: 新里員 過字 48畓 8負 5支 10마지기 • 가격: 錢文 23兩 • 참여자: 證人 유학 安重碩, 業武 崔夢岩/筆執 유학 崔尙淵	53.3×45.7	330
		10	1721년 (경종 원년)	李晩畩	李夏徵	• 1721년 6월 초4일에 유학 李晩畩이 유학 李夏徵에게 논을 팔면서 발급한 明文 • 방매사유: 필요한 일이 있어서 • 소유경위: 衿得 • 대상: 渭村 李字 10畓 13負 3支 20마지기 • 가격: 錢文 80兩 • 참여자: 筆執 유학 李厦	50.9×36.3	331
		11	1721년 (경종 원년)	嚴戒俊	介龍	• 1721년 11월 20일에 田主 嚴戒俊이 介龍에게 밭을 팔면서 발급한 明文 • 방매사유: 長子의 身貢을 준비할 길이 없어서 • 소유경위: 買得田 • 대상: 一加南員 虞字 15田 10마지기 • 가격: 錢文 10兩 • 참여자: 證人 同生 愛俊, 全斗萬/筆執 유학 崔鎭瀛	40.9×34.3	332
		12	1722년 (경종 2)	嚴戒俊	曺生員 宅 奴 介俊	• 1722년 6월 14일에 嚴戒俊이 曺生員 宅 奴 介俊에게 밭을 팔면서 발급한 明文 • 방매사유: 가난해서 자녀와 內奴의 身貢을 준비할 길이 없어서 • 소유경위: 衿得 • 대상: 一加南 虞字 8田 4卜 1束 秋牟 12마지기 • 가격: 錢文 17兩 • 참여자: 證人 同生弟 愛俊, 業武 柳謹忠/筆執 貢生 崔文頤	48.7×34.6	333
		13	1732년 (영조 8)	李梃宗	金尙白	• 1732년 6월 초6일에 유학 李梃宗이 유학 金尙白에게 논을 팔면서 발급한 明文 • 방매사유: 홀로된 어버이와 형수, 여러 조카를 돌보며 살아가고, 負債를 갚기 위해서 • 대상: 江湖坪 耆老所畓 20마지기 6卜 • 가격: 錢文 30兩 • 참여자: 證人 同姓四寸 李梃達	52.5×31.9	334
		14	1732년 (영조 8)	崔有瑞	沈世灝	• 1732년 11월 초2일에 유학 崔有瑞가 유학 沈世灝에게 논을 팔면서 발급한 明文 • 방매사유: 흉년을 만나 형세가 부득이해서 • 소유경위: 養邊奉祀 • 대상: 獐項員 得字 82畓 3負 6束, 83畓 2負 7束 1섬지기 • 가격: 錢文 40兩 • 참여자: 證人 유학 洪國礎, 筆執 유학 崔尙澂	52.2×34.6	335
		15	1733년 (영조 9)	全驗同	安重泰	• 1733년 10월 초7일에 全驗同이 保人 安重泰에게 논을 팔면서 발급한 明文 • 방매사유: 필요한 일이 있어서 • 소유경위: 己身 買得 • 대상: 丁洞員 鱗字 1畓 11負 3束, 小臺員 淡字 5負 30마지기 • 가격: 錢文 55兩 • 참여자: 證人 通政 沈渭得, 保人 安善伊/筆執 保人 姜義宗	63.2×109.3	336

순번	자료명	번호	작성년도	발급자	수취자	내용	크기	수록면
1	明文	16	1733년 (영조 9)	金氏	姜聖齊	• 1733년 11월 11일에 金氏가 유학 姜聖齊에게 논을 팔면서 발급한 明文 • 방매사유: 연달아 흉년을 만났는데, 家翁이 살아계실 때 지난해와 올해에 걸쳐 먹은 還上가 20여섬에 이르렀으나 다시 典賣할 물건도 없어서 • 대상: 牛岩員 毁字 96畓 5負 10마지기 • 가격: 錢文 21兩 5戔 • 참여자: 證人 유학 張天九, 張龍翼/筆執 유학 金世泰	53.2×29.8	337
		17	1733년 (영조 9)	張胤祚	姜聖齊	• 1733년 11월 11일에 유학 張胤祚가 異姓六寸 유학 姜聖齊에게 논을 팔면서 발급한 明文 • 방매사유: 연달아 큰 흉년을 만나 지난해와 올해에 걸쳐 먹은 還上의 수가 적지 않으나 달리 갖춰 납부할 계책이 없어서 • 소유경위: 衿得 • 대상: 牛岩 毁字 96畓 5負 10마지기 • 가격: 錢文 30兩 • 참여자: 證人 同姓四寸 유학 張鳳翼, 筆執 유학 金世泰	52.7×30.5	338
		18	1734년 (영조 10)	姜晩齊, 姜晩尙	韓士春	• 1734년 12월 초10일에 喪人 姜晩齊, 姜晩尙이 良人 韓士春에게 논을 팔면서 발급한 明文 • 방매사유: 흉년을 만나 관에 납부할 길이 없어서 • 소유경위: 朴進龍에게서 ■■한 곳 • 대상: 二加南員 139畓 13卜 6束 25마지기 • 가격: 租官斗 18섬 • 참여자: 證人 通政大夫 崔汝慄, 筆執 유학 四寸 權興澤	69.2×63.2	339
		19	1735년 (영조 11)	崔萬雄	金重權	• 1735년 2월 25일에 유학 崔萬雄이 유학 金重權에게 밭을 팔면서 발급한 明文 • 방매사유: 필요한 일이 있어서 • 소유경위: 祖先傳來 • 대상: 一南 虞字 11分田 下邊 7卜 5束 1섬지기 • 가격: 巾川員 周字 58分畓 5卜 5束 10마지기, 添價錢 8兩, 畓價 아울러 23兩 • 참여자: 證 筆執 展力副尉 朴萬宗	51.2×30.2	340
		20	1735년 (영조 11)	辛弼東	金重權	• 1735년 5월 20일에 유학 辛弼東이 유학 金重權에게 논을 팔면서 발급한 明文 • 방매사유: 金重權 宅과 서로 代換하기 위해서 • 소유경위: 己身買得 • 대상: 一加南員 虞字 17畓 5負 1束 5마지기 • 가격: 換賣 • 畓主 自筆 유학 辛弼東	62.2×24.7	341
		21	1736년 (영조 12)	崔仁吉	崔泰東	• 1736년 5월 16일에 喪人 崔仁吉이 유학 崔泰東에게 논을 팔면서 발급한 明文 • 방매사유: 참혹한 喪變을 만났으나 초상과 장례를 준비하여 마무리할 수 없어서 • 소유경위: 世傳 • 대상: 連谷 馬谷員 髮字 第81 6등 畓 7卜 2束 25마지기 • 가격: 錢文 55兩 • 畓主 自筆 喪人 崔仁吉	52.1×34.2	342

순번	자료명	번호	작성년도	발급자	수취자	내용	크기	수록면
1	明文	22	1737년 (영조 13)	朴昌煜	金重權	• 1737년 1월 30일에 유학 朴昌煜이 유학 金重權에게 논을 팔면서 발급한 明文 • 방매사유: 필요한 일이 있어서 • 소유경위: 선조 傳來 • 대상: 一嘉南 虞字 18分畓 3卜 5束 東邊 5마지기 • 가격: 錢文 14兩 • 畓主 自筆 유학 朴昌煜	51.5×33	343
		23	1737년 (영조 13)	崔道泰, 金仁澤, 閔彭昌	沈贇武	• 1737년 3월 26일에 유학 崔道泰, 金仁澤, 閔彭昌가 유학 沈贇武에게 논을 팔면서 발급한 明文 • 방매사유: 동서인 세 사람의 각 집에 긴요하게 사용할 일이 있어서 • 소유경위: 妻邊衿得 • 대상: 一加南 虞字 19畓 7負 7束 1섬지기 • 가격: 錢文 21兩 • 참여자: 畓主 自筆 유학 崔道泰, 同婿 金仁澤, 同婿 閔彭昌	45.3×43.3	344
		24	1740년 (영조 16)	洪旺天	金尙白	• 1740년 1월 초8일에 驛吏 洪旺天이 유학 金尙白에게 논을 팔면서 발급한 明文 • 방매사유: 필요한 일이 있어서 • 소유경위: 유학 李柱秀에게 買得 • 대상: 仇味 王字 耆所畓 1夜味 3마지기 1卜 • 가격: 錢文 3兩 5戔 • 참여자: 證人 驛吏 洪同伊, 筆執 유학 李梃震	52.7×36.9	345
		25	1740년 (영조 16)	金重權	沈贇武	• 1740년 11월 초8일에 유학 金重權이 유학 沈贇武에게 논을 팔면서 발급한 明文 • 방매사유: 移寓한 이후에 연달아 전에 없던 흉한 일을 만나 거듭 자식을 잃었으며 家産이 날로 점점 탕진돼서 자생할 길이 없을 뿐만 아니라 70세 노인의 고질병이 심해져서 미음과 약재도 判用할 계책이 없어서 • 소유경위: 買得 • 대상: 一加南 虞字 18分畓 東邊 5마지기 3負 5束 • 가격: 錢文 14兩 • 참여자: 證人 유학 崔萬雄	65.9×44.3	346
		26	1740년 (영조 16)	金重權	沈贇武	• 1740년 12월 27일에 유학 金重權이 유학 沈贇武에게 논을 팔면서 발급한 明文 • 방매사유: 금년에 전에 없던 흉년을 만났고, 오래전부터 앓던 병이 날로 심해졌으나 미음이라도 구해 자생할 계책이 없어서 • 소유경위: 己身買得 • 대상: 一加南 虞字 17畓 5負 1束 5마지기 • 가격: 錢文 23兩 • 참여자: 筆執 子 廷徽, 證人 유학 李台蕃	45.6×46.1	347
		27	1741년 (영조 17)	辛 喪人 奴 戒彭	金德尙	• 1741년 12월에 辛哥의 奴 戒彭이 金德尙에게 논을 팔면서 발급한 明文 • 방매사유: 상전 댁에서 크게 필요한 곳이 있어서 • 대상: 香湖 浦郊員 豈字 103畓 15負 6束 25마지기 • 가격: 錢文 65兩 • 참여자: 證人 禹貴奉, 金三先/筆執 嘉善 釋 行敏	50.8×52	348

순번	자료명	번호	작성년도	발급자	수취자	내용	크기	수록면
1	明文	28	1742년 (영조 18)	沈尙遠	安萬善	• 1742년 1월 22일에 유학 沈尙遠이 通政 安萬善에게 논을 팔면서 발급한 明文 • 방매사유: 필요한 일이 있어서 • 대상: 小臺員 淡字 138畓 2卜 8束 5마지기 • 가격: 錢文 8兩 • 畓主 自筆 유학 沈尙遠	57.2×96.3	349
		29	1742년 (영조 18)	金彦重	李枝茂	• 1742년 1월 28일에 유학 金彦重이 四寸孫 유학 李枝茂에게 계집종을 팔면서 발급한 明文 • 立案 1과 관련문서 • 방매사유: 큰 흉년을 당해서 많은 가족들이 살아갈 계책이 없어서 • 소유경위: 祖先傳來 • 대상: 婢 二女(나이 경술생) • 가격: 錢文 25兩 • 참여자: 自筆 婢主 유학 김언중, 證人 二姓姪 유학 李仁昌	72.1×54.5	350
		30	1742년 (영조 18)	曺命達	결락	• 1742년 5월 28일에 曺命達이 밭을 팔면서 발급한 明文 • 방매사유: 필요한 일이 있어서 • 대상: 一加南 虞字 8田 4負 1束 등 • 가격: 錢文 18兩 • 田主 自筆 曺命達	56.2×36.3	351
		31	1742년 (영조 18)	辛始復	결락	• 1742년 9월 초4일에 喪人 辛始復이 밭을 팔면서 발급한 明文 • 방매사유: 필요한 일이 있어서 • 소유경위: 衿得 • 대상: 一葛南員 虞字 66田 1섬지기 10卜 • 가격: 錢文 20兩 • 田主 自筆 喪人 辛始復	51.5×32.6	352
		32	1743년 (영조 19)	崔命東	鄭乭孫	• 1743년 3월 14일에 喪人 崔命東이 鄭乭孫에게 논을 팔면서 발급한 明文 • 방매사유: 필요한 일이 있어서 • 대상: 一加南員 虞字 12畓 5束 1마지기 • 가격: 錢文 1兩 5戔 • 참여자: 證人 6촌 弟 崔永采, 妹夫 沈德徽/筆執 유학 金廷徽	48.7×32.3	353
		33	1744년 (영조 20)	崔致東	李乃蕃	• 1774년 1월 23일에 田主 喪人 崔致東이 유학 李乃蕃에게 밭을 팔면서 발급한 明文 • 방매사유: 필요한 일이 있어서 • 소유경위: 祖先傳來 • 대상: 一加南 虞字 11分畓 7卜 5束 1섬지기 • 가격: 錢文 17兩 • 참여자: 證筆 유학 金廷徽	52.9×32	354
		34	1746년 (영조 22)	崔永吉	崔泰東	• 1746년 2월 24일에 유학 崔永吉이 유학 崔泰東에게 논을 팔면서 발급한 明文 • 방매사유: 필요한 일이 있어서 • 소유경위: 祖先傳來 • 대상: 馬谷員 髮字 78畓 9卜 3束 1섬 10마지기 • 가격: 錢文 53兩 • 畓主 自筆 유학 崔永吉	53.6×35.1	355

순번	자료명	번호	작성년도	발급자	수취자	내용	크기	수록면
1	明文	35	1746년 (영조 22)	張次萬	沈生員 宅 奴 夢治	• 1746년 閏3월 22일에 通政 張次萬이 沈生員 宅 奴 夢治에게 밭을 팔면서 발급한 明文 • 방매사유: 흉년을 만나 많은 가족을 救活할 길이 없어서 • 소유경위: 己身買得 • 대상: 注文津員 秋牟田 阿橋 貞字 28田 2卜 4支, 29田 9支, 30田 1卜 4支, 53田 1卜 6支 등 • 가격: 錢文 28兩 • 참여자: 訂人 崔俊萬, 筆執 業武 車運萬	53.5×30.1	356
		36	1746년 (영조 22)	崔昌益	崔泰東	• 1746년 6월 초 8일에 유학 崔昌益이 折衝 崔泰東에게 논을 팔면서 발급한 明文 • 방매사유: 집 근처의 논을 移買하기 위해서 • 소유경위: 妻邊 衿得 • 대상: 連谷 馬谷員 髮字 79畓 8負 6束 1섬 10마지기 • 가격: 錢文 57兩 • 참여자: 證人 유학 姜灝, 校生 沈彬/筆執 유학 李世傑	47×48.8	357
		37	1748년 (영조 24)	정돌산	결락	• 1784년에 정돌산이 논을 팔면서 발급한 한글 明文 • 방매사유: 필요한 일이 있어서 • 대상: 일가람 우자 12답 5뭇 한말(一加南員 虞字 12畓 5束 1마지기) • 가격: 전문 1냥 5돈(錢文 1兩 5戔) • 답듀 돌손 형 정돌산 자필딥	53×32.6	358
		38	1749년 (영조 25)	曺命達	金甲基	• 1749년 10월 22일에 유학 曺命達이 유학 金甲基에게 논을 팔면서 발급한 明文 • 방매사유: 필요한 일이 있어서 • 대상: 丁洞 潛字 2負 8支 5마지기 • 가격: 錢文 15兩 • 畓主 自筆 유학 曺命達	56.6×36.5	359
		39	1749년 (영조 25)	安重泰	李乃蕃	• 1750년 11월 20일에 畓主 安重泰가 유학 李乃蕃에게 논을 팔면서 발급한 明文 • 방매사유: 필요한 일이 있어서 • 소유경위: 본인 買得 • 대상: 丁洞員 鱗字 壹畓 11負 3束, 小臺員 談字 5負 등 • 가격: 錢文 55兩 • 自筆 안중태	49.8×31	360
		40	1749년 (영조 25)	安致復	金就玉	• 1749년 12월 초4일에 安致復이 유학 金就玉에게 밭을 팔면서 발급한 明文 • 방매사유: 필요한 일이 있어서 • 대상: 春牟 10마지기, 新里 必字 5卜 5束, 山上加田 3마지기 • 가격: 錢文 5兩 5戔 • 참여자: 訂人 金昌澤, 金道三/筆執 沈弼文	51.7×34.3	361
		41	1750년 (영조 24)	江陵 奴 李守鳳	李奴 丁山	• 1750년 4월 15일에 江陵 奴 李守鳳이 李哥의 奴 丁山에게 전답을 팔면서 발급한 明文 • 방매사유: 자신의 상전 댁이 利川에 거주했는데 亂歲에 절박해 필요한 일이 있어서 • 소유경위: 妻邊으로부터 물려 받음 • 대상: 강릉 香湖 浦坪員 豈字 164畓 7卜 1束, 192畓 7卜 3束과 古馬谷 養字 63畓 3卜 등 • 가격: 錢文 130兩 • 참여자: 證人 私奴 金參孫, 筆執 유학 金廷徽	71.6×43	362

순번	자료명	번호	작성년도	발급자	수취자	내용	크기	수록면
1	明文	42	1751년 (영조 27)	金業山	李 奴 丁山	• 1751년 1월 20일에 金業山이 李哥의 奴 丁山에게 논을 팔면서 발급한 明文 • 방매사유: 필요한 일이 있어서 • 대상: 香湖 浦郊員 豈字 103畓 15負 6束 25마지기 • 가격: 錢文 50兩 • 참여자: 證人 金德起, 金守奉, 尹己男/筆執 喪人 金甲碩	51.1×42.9	363
		43	1751년 (영조 27)	金甲基	金衡萬	• 1751년 3월 24일에 유학 金甲基가 喪人 金衡萬에게 논을 팔면서 발급한 明文 • 방매사유: 필요한 일이 있어서 • 소유경위: 自己買得 • 대상: 丁洞 潛字 2負 8束 5마지기 • 가격: 錢文 15兩 • 참여자: 證人 유학 朴泰近	52.5×33.5	364
		44	1753년 (영조 29)	曺生員 宅 奴 海金	僧 思惠	• 1753년 2월 21일에 曺生員 宅 奴 海金이 普賢寺 僧 思惠에게 논을 팔면서 발급한 明文 • 방매사유: 상전 댁에서 窮春을 당해 필요한 일이 있어서 • 대상: 丁洞 潛字 72畓 1섬지기 4卜 4支 • 가격: 錢文 29兩 • 참여자: 筆執 上典 自筆	50.3×58.4	365
		45	1753년 (영조 29)	貴得 上典 崔	僧 思慧	• 1753년 2월 22일에 貴得의 上典 崔가 普賢寺 僧 思慧에게 논을 팔면서 발급한 明文 • 방매사유: 상전 댁에서 즉시 긴급히 쓸 곳이 있어서 • 소유경위: 買得 • 대상: 丁洞 潛字 108畓 7卜 5支 20마지기 • 가격: 錢文 27兩 • 참여자: 自筆 貴得 上典 崔, 證人 郭世龍	50.6×59.9	366
		46	1753년 (영조 29)	金介龍 妻 李召史	결락	• 1753년 5월 19일에 故 通政 金介龍의 妻 李召史가 喪人에게 밭을 팔면서 발급한 明文 • 방매사유: 필요한 일이 있어서 • 소유경위: 家翁生時 買得 • 대상: 一加南 虞字 14田 5負 6束 春牟 1섬지기 등 • 가격: 錢文 25兩 • 참여자: 證人 女婿 保人 李聖業, 家翁甥侄 尹壬山/筆執 保人 朴乙命	58.6×44.5	367
		47	1754년 (영조 30)	僧 思惠	崔東健	• 1754년 1월 17일에 僧 思惠가 司果 崔東健에게 논을 팔면서 발급한 明文 • 방매사유: 필요한 일이 있어서 • 소유경위: 自己買得 • 대상: 丁洞 潛字 72畓 1섬지기 4負 4束, 同字 108畓 7負 5束 20마지기 • 가격: 錢文 50兩 • 참여자: 證人 良人 安尙奉, 筆執 司果 崔東謹	45.8×52.4	368
		48	1754년 (영조 30)	辛 奴 点金	僧 念欣	• 1754년 5월 초4일에 辛哥의 奴 点金이 僧 念欣에게 논을 팔면서 발급한 明文 • 방매사유: 상전 댁에서 긴히 사용할 일이 있어서 • 대상: 檢勿里員 傷字 49畓 2負 8束, 51畓 2負 8束, 52畓 6負 1束 25마지기 • 가격: 錢文 40兩 • 참여자: 證人 金三先, 金德吉/筆執 金甲碩	53.2×47.2	369

순번	자료명	번호	작성년도	발급자	수취자	내용	크기	수록면
1	明文	49	1754년 (영조 30)	金時遇	辛聚東	• 1754년 10월 15일에 유학 金時遇가 유학 辛聚東에게 논을 팔면서 발급한 明文 • 방매사유: 필요한 일이 있어서 • 소유경위: 自己買得 • 대상: 丁洞 潛字 2負 8束 5마지기 • 가격: 錢文 15兩 • 참여자: 證人 유학 閔百通	56.7×36.4	370
		50	1756년 (영조 32)	致東	李乃蕃	• 1756년 1월 20일에 유학 致東이 유학 李乃蕃에게 밭을 팔면서 발급한 明文 • 방매사유: 필요한 일이 있고 흉년에 생활이 어려워서 • 소유경위: 從祖父 分財 • 대상: 조상 奉祀條 一加南 虞字 26田 4卜 8支, 秋牟田 1섬지기 • 가격: 錢文 17兩 • 참여자: 證人 妹夫 유학 沈澤潤, 筆執 유학 朴宗義	73.5×43.7	371
		51	1756년 (영조 32)	辛聚東	辛陽復	• 1756년 3월 13일에 유학 辛聚同이 유학 辛陽復에게 논을 팔면서 발급한 明文 • 방매사유: 흉년에 살아갈 길이 없어서 • 소유경위: 自己買得 • 대상: 丁洞 潛字 2負 8支 5마지기 • 가격: 錢文 15兩 • 畓主 自筆 유학 辛聚東	52×33.7	372
		52	1756년 (영조 32)	曺夏行	李乃蕃	• 1756년 6월 21일에 家基田主 유학 曺夏行이 李乃蕃에게 가사와 家垈田을 팔면서 발급한 明文 • 대상 및 가격: 父兄이 거주한 가사와 가대전, 李書房에게 매득한 金座首의 舊家, 貸田을 相換하고 추가로 錢文 130兩, 이외 船橋 羽字 40畓 3卜 5支, 50田 10卜 4支, 51田 1卜 3支 곳을 卜數 아울러 상의하여 相送하기로 함 • 自筆 曺夏行	74.1×46	373
		53	1756년 (영조 32)	奴 片孝東	李 奴 京山	• 1756년 8월 초4일에 奴 片孝東이 李哥의 奴 京山에게 밭을 팔면서 발급한 明文 • 방매사유: 필요한 일이 있어서 상전의 牌字에 따라 방매하며 이와 같은 亂歲에 절박해서 • 소유경위: 傳來 • 대상: 壹加南 虞字 28田 4卜 6束 12마지기 • 가격: 錢文 12兩 • 참여자: 證人 林天尙, 筆執 유학 權沃東	52.2×34.3	374
		54	1756년 (영조 32)	金	이자쳐	• 1756년 9월 15일에 金이 이자쳐에게 논을 팔면서 발급한 한글 明文 • 방매사유: 요용소치(필요한 일이 있어서) • 대상: 자긔답 구미 구자 신가답 엿짐 20마직기(仇味員 駒字) • 답쥬 자필 부의 金	52.9×33.4	375
		55	1756년 (영조 32)	曺 奴 丑伊	李 奴 正山	• 1756년 11월 11일에 曺哥의 奴 丑伊가 李哥의 奴 正山에게 밭을 팔면서 발급한 明文 • 방매사유: 상전 댁에서 필요한 일이 있어서 • 대상: 船橋員 57田 5支, 59田 4卜 4支 1섬 10마지기 • 가격: 錢文 26兩 • 참여자: 筆執 上典 七寸 庶叔 曺命達	52.6×35.2	376

순번	자료명	번호	작성년도	발급자	수취자	내용	크기	수록면
1	明文	56	1756년 (영조 32)	私奴 壬尙	全丁白	• 1756년 12월 初10일에 私奴 壬尙이 全丁白에게 논을 팔면서 발급한 明文 • 방매사유: 상전 댁에서 필요한 일이 있어서 • 대상: 檢勿里 傷字 64畓 1負 4束 7마지기 • 가격: 錢文 18兩 • 참여자: 證人 良人 金成爲, 筆執 良人 金甲石	52.8×34.8	377
		57	1757년 (영조 33)	李宅祚	李乃蕃	• 1757년 1월 14일에 유학 李宅祚가 유학 李乃蕃에게 논을 팔면서 발급한 明文 • 방매사유: 필요한 일이 있어서 • 소유경위: 傳來 • 대상: 二加南 處字 79畓 10마지기 7負 • 가격: 錢文 15兩 • 참여자: 自筆 유학 李宅祚	54.2×34.5	378
		58	1757년 (영조 33)	門丈 曺	李乃蕃	• 1757년 4월 초4일에 曺氏 문중에서 유학 李乃蕃에게 전답을 팔면서 발급한 明文 • 방매사유: 선조의 山所을 移葬하기 위해서 • 소유경위: 祭位 • 대상: 船橋 羽字 58田 3卜 4支 10마지기, 丁洞 潛字 115畓 2卜 7支 5마지기 • 가격: 錢文 25兩 • 참여자: 有司 曺命達, 筆執 喪人 曺允百, 유학 曺命夔	50.6×34.4	379
		59	1757년 (영조 33)	咸致復	李乃蕃	• 1757년 4월 17일에 유학 咸致復이 유학 李乃蕃에게 논을 팔면서 발급한 明文 • 방매사유: 연달아 흉년을 만나 목숨을 잇기에도 부족해서 • 소유경위: 祖上傳來 • 대상: 新里員 過字 57畓 11卜 2束, 同員 58畓 8卜 5束 合 2섬 5마지기 • 가격: 錢文 70兩 • 自筆 유학 함치복	54.7×34	380
		60	1757년 (영조 33)	辛生員主 一家宅 奴 斗世	崔乬屎	• 1757년 4월 그믐에 辛生員 一家宅의 奴 斗世가 崔乬屎에게 밭을 팔면서 발급한 明文 • 방매사유: 상전이 戶奴 玉立의 이름으로 방매하도록 함 • 대상: 龍淵 男字田 3卜, 續田 1卜 • 가격: 錢文 10兩 • 참여자: 證筆 良人 羅斗險, 筆執 良人 徐鳳翼	48.2×44.4	381
		61	1757년 (영조 33)	崔益宗	李乃蕃	• 1757년 12월 14일에 유학 崔益宗이 유학 李乃蕃에게 논을 팔면서 발급한 明文 • 방매사유: 필요한 일이 있어서 • 소유경위: 傳來 • 대상: 香湖里 巨勿里 傷字 63畓 2섬지기 14負 2束 • 가격: 錢文 60兩 • 自筆執 유학 최익종	56.5×44.5	382
		62	1758년 (영조 34)	全丁白	李 奴 丁山	• 1758년 2월 12일에 全丁白이 李哥의 奴 丁山에게 논을 팔면서 발급한 明文 • 방매사유: 필요한 일이 있어서 • 대상: 檢加里員 傷字 64畓 1卜 4束 7마지기 • 가격: 錢文 15兩 • 참여자: 訂人 同生 三白, 筆執 유학 金尙彩	53.5×34.3	383

순번	자료명	번호	작성년도	발급자	수취자	내용	크기	수록면
1	明文	63	1758년 (영조 34)	金起伯	李生員	• 1758년 3월 18일에 驛吏 金起伯이 李生員에게 논을 팔면서 발급한 明文 • 방매사유: 필요한 일이 있어서 • 소유경위: 自己買得 • 대상: 仇味員 駒字 34畓 6卜 1섬 5마지기 • 가격: 錢文 37兩 • 참여자: 訂人 林天尙, 鄭乭屎/筆執 유학 崔泰建	54.7×33.7	384
		64	1758년 (영조 34)	草正	李生員 宅 奴 丁山	• 1758년 3월 27일에 自賣主 草正이 李生員 宅 奴 丁山에게 스스로를 팔면서 발급한 明文 • 방매사유: 매우 가난하여 의지할 곳 없는 사람인데 작년과 재작년에 큰 흉년을 만났고, 부모님이 모두 돌아가셔서 이 생원 댁에 의탁했음. 또 자신 부모님의 시신도 제대로 거두지 못했는데 星火 같이 亡父의 白骨番布를 독촉하니 납부할 길이 없어서 • 대상: 草正(나이 20세) • 가격: 錢文 15貫 • 참여자: 證人 侍養四寸 梁善萬, 高月若/筆執 校生 權沃東	52.9×32.2	385
		65	1758년 (영조 34)	草正	李生員 宅 奴 丁山	• 1758년 10월 16일에 自賣主 草正이 李生員 宅 奴 丁山에게 스스로를 팔면서 발급한 明文 • 방매사유: 을해, 병자년에 흉년을 만나 걸식을 하고 있고 부모님도 모두 돌아가셨으며, 養四寸 梁先萬이 홀로 초정의 아버지 백골번포를 담당하고 있었는데, 앞으로 초정에게 담당하라고 해서 • 대상: 草正 • 가격: 錢文 15兩 • 참여자: 證人 養四寸 梁先萬, 五寸 金三龍/ 筆執 유학 權沃東	49.1×44.3	386
		66	1758년 (영조 34)	草正	李生員 宅 奴 丁山	• 1758년 10월 16일에 自賣主 草正이 李生員 宅 奴 丁山에게 스스로를 팔면서 발급한 明文 • 방매사유: 을해, 병자년에 흉년을 만나 걸식을 하고 있고 부모님도 모두 돌아가셨으며, 養四寸 梁先萬이 홀로 초정의 아버지 백골번포를 담당하고 있었는데, 앞으로 초정에게 담당하라고 해서 • 대상: 草正 • 가격: 錢文 15兩 • 참여자: 證人 養四寸 梁先萬, 五寸 金三龍/ 筆執 校生 權沃東	51.9×32.5	387
		67	1758년 (영조 34)	金莫孫	李乃蕃	• 1758년 11월 초10일에 金莫孫이 유학 李乃蕃에게 논을 팔면서 발급한 明文 • 방매사유: 필요한 일이 있어서 • 대상: 江湖坪 耆老所畓 23마지기 13卜 5束 • 가격: 錢文 33兩 • 참여자: 證人 유학 金閏輝, 유학 趙命綠/筆執 李鳳傑	52.6×33.8	388
		68	1759년 (영조 35)	金致璧	李乃蕃	• 1759년 3월 18일에 유학 金致璧이 유학 李乃蕃에게 논을 팔면서 발급한 明文 • 방매사유: 필요한 일이 있어서 • 소유경위: 妻邊으로부터 물려 받음 • 대상: 臥川員 才字 37畓 8卜 4束, 38畓 2卜 3束 1섬 5마지기 • 가격: 錢文 35兩 • 自筆 畓主 유학 김치벽	58.2×44.7	389

순번	자료명	번호	작성년도	발급자	수취자	내용	크기	수록면
1	明文	69	1759년 (영조 35)	金就玉	金璹	• 1759년 4월 12일에 유학 金就玉이 유학 金璹에게 전답을 팔면서 발급한 明文 • 방매사유: 필요한 일이 있어서 • 소유경위: 買得 • 대상: 新里 必字 104分田 春牟 1섬지기 5卜 5支, 堰上加田 春牟 3마지기, 同員 104分畓 5마지기 2卜 • 가격: 錢文 17兩 • 참여자: 證人 유학 金道祺, 유학 金道萬/筆執 유학 金遠聲	54.5×35.1	390
		70	1759년 (영조 35)	沈宅文	李乃蕃	• 1759년 12월 29일에 沈宅文이 유학 李乃蕃에게 논을 팔면서 발급한 明文 • 방매사유: 필요한 일이 있어서 • 소유경위: 奉祠 • 대상: 獐項員 得字 82畓 3負 6束, 83畓 2負 7束 1섬지기 • 가격: 錢文 27兩 • 畓主 自筆 심택문	54×33.9	391
		71	1760년 (영조 36)	辛陽復	李乃蕃	• 1760년 2월 초1일에 유학 辛陽復이 李乃蕃에게 논을 팔면서 발급한 明文 • 방매사유: 필요한 일이 있어서 • 소유경위: 自己買得 • 대상: 丁洞 潛字畓 2卜 8束 5마지기 • 가격: 錢文 7兩 • 畓主 自筆 유학 신양복	55×39.1	392
		72	1761년 (영조 37)	曺命煃	李乃蕃	• 1761년 1월 22일에 유학 曺命煃가 유학 李乃蕃에게 밭을 팔면서 발급한 明文 • 방매사유: 필요한 일이 있어서 • 소유경위: 傳來 • 대상: 船橋 羽字 58田 3負 4支 10마지기 • 가격: 錢文 12兩 • 참여자: 證人 유학 曺命耇, 筆執 유학 曺允五	52.8×34.2	393
		73	1761년 (영조 37)	沈實, 沈尙坤	李乃蕃	• 1761년 3월 초9일에 祠宇 有司 유학 沈實, 沈尙坤이 유학 李乃蕃에게 논을 팔면서 발급한 明文 • 방매사유: 漁村大監의 시호를 청하는 일로 上京하는데 浮費가 많이 들어서 • 소유경위: 位畓 • 대상: 一加南 虞字 60畓 7負 6束 1마지기 • 가격: 錢文 16兩 • 참여자: 筆執 유학 沈槁	51×45.8	394
		74	1762년 (영조 38)	全生員 宅 奴 甲辰	李生員 宅 奴 己萬	• 1762년 2월 28일에 全生員 宅 奴 甲辰이 李生員 宅 奴 己萬에게 논을 팔면서 발급한 明文 • 방매사유: 자신의 댁에서 필요한 일이 있어서 • 대상: 南面 周餘味員 垂字 29畓 4卜 4束 2夜味 5마지기 • 가격: 錢文 18兩 • 참여자: 訂人 鄭東乞, 筆執 李再膺	47.2×56.8	395
		75	1762년 (영조 38)	沈生員 宅 奴 貴賢	李 奴 丁山	• 1762년 4월 초10일에 沈生員 宅 奴 貴賢이 李哥의 奴 丁山에게 논을 팔면서 발급한 明文 • 방매사유: 노 정산의 상전 댁에서 필요한 일이 있어서 • 소유경위: 祖先傳來 • 대상: 船橋員 羽字 61畓 3卜 8支, 62畓 1卜 2支, 65畓 13卜 7支 2섬지기 • 가격: 錢文 105兩 • 참여자: 證人 良人 安尙奉, 私奴 松阿之/筆執 유학 金胤喜	54.9×41.9	396

순번	자료명	번호	작성년도	발급자	수취자	내용	크기	수록면
1	明文	76	1763년 (영조 39)	金生員 宅 奴 德峯	權龍楺	• 1763년 12월 초6일에 金生員 宅 奴 德峯이 權龍楺에게 논을 팔면서 발급한 明文 • 방매사유: 상전이 移買하기 위해서 • 소유경위: 衿得傳來 • 대상: 臥川 才字 21畓 1負 8束, 22畓 3負 6束, 25畓 6負 3作 2섬지기 • 가격: 錢文 41兩 • 참여자: 證人 金德吉, 證保 金德山, 筆執 全碩峯	53.9×52.2	397
		77	1764년 (영조 40)	洪萬渭	결락	• 1764년 9월 초8일에 通政大夫 洪萬渭가 논을 팔면서 발급한 明文 • 방매사유: 필요한 일이 있어서 • 소유경위: 己身買得 • 대상: 小臺 淡字 81畓 3卜 6支 急走位 10마지기 • 가격: 錢文 37兩 • 畓主 自筆 通政大夫 洪萬渭	52.7×31.9	398
		78	1764년 (영조 40)	金龍一	李乃蕃	• 1764년 11월 초4일에 유학 金龍一이 유학 李乃蕃에게 전답을 팔면서 발급한 明文 • 방매사유: 필요한 일이 있어서 • 대상: 新里 必字 80畓 9負, 81畓 1負 7支 1섬 10마지기, 同員 同字 83田 1負 9支 1섬지기 • 가격: 錢文 63兩 • 自筆 田畓主 유학 김용일	50.8×57.5	399
		79	1764년 (영조 40)	金璹	李乃蕃	• 1764년 11월 20일에 유학 金璹이 유학 李乃蕃에게 전답을 팔면서 발급한 明文 • 방매사유: 필요한 일이 있어서 • 소유경위: 買得 • 대상: 新里 必字 104分田 春牟 1섬지기 5卜 5支, 堰上加田 春牟 3마지기, 同員 104分畓 5마지기 2卜 • 가격: 錢文 17兩 • 自筆 畓田主 유학 김숙	57×35.1	400
		80	1764년 (영조 40)	黃元采	李乃蕃	• 1764년 12월 19일에 유학 黃元采가 유학 李乃蕃에게 논을 팔면서 발급한 明文 • 방매사유: 필요한 일이 있어서 • 소유경위: 曾祖父 買得 • 대상: 江湖坪員 一仇羅味 王字 耆老所 第28裁 直畓 2夜味 2卜, 29方畓 1夜味 1卜 5束 1섬 • 가격: 錢文 16兩 • 自筆 유학 황원채	52.9×33.6	401
		81	1765년 (영조 41)	崔貞甲	李達朝	• 1765년 1월 초8일에 유학 崔貞甲이 유학 李達朝에게 논을 팔면서 발급한 明文 • 방매사유: 필요한 일이 있어서 • 소유경위: 己身買得 • 대상: 乾川 罪字 56畓 4卜 7束 1섬지기 • 가격: 錢文 25兩 • 참여자: 證人 良人 朴世泰, 筆執 유학 金復還	54.7×33.8	402
		82	1765년 (영조 41)	差奴 甲先	朴有朴	• 1765년 2월 21일에 差奴 喪人 甲先이 朴有朴에게 논을 팔면서 발급한 明文 • 방매사유: 상전 댁에서 긴히 필요한 일이 있어서 • 소유경위: 己身買得 • 대상: 丁洞 潛字 25畓 12마지기 7卜 9束 • 가격: 錢文 25兩 • 참여자: 證人 李元世, 張占龍/筆執 유학 金日新	51.6×31.2	403

순번	자료명	번호	작성년도	발급자	수취자	내용	크기	수록면
1	明文	83	1766년 (영조 42)	曺生員 宅 奴 丁奉	李生員 宅 奴 正山	• 1766년 2월 21일에 曺生員 宅 奴 丁奉이 李生員 宅 奴 正山에게 논을 팔면서 발급한 明文 • 방매사유: 상전 댁에서 긴요하게 사용할 데가 있어서 • 대상: 檢勿里 53 傷字畓 20마지기 8負 6束 • 가격: 錢文 45兩 • 참여자: 證人 崔頿不里, 證保 崔四月金, 筆執 金碩峯	52.4×43	404
		84	1766년 (영조 42)	李心沃	李乃蕃	• 1766년 4월 初8일에 유학 李心沃이 유학 李乃蕃에게 논을 팔면서 발급한 明文 • 방매사유: 필요한 일이 있어서 • 소유경위: 傳來畓 • 대상: 牛岩 毁字 35畓 5負 8束 1섬 5마지기, 同員 52畓 4負 4束 10마지기 • 가격: 錢文 42兩 • 畓主 自筆 유학 이심옥	55×35.1	405
		85	1766년 (영조 42)	李墠	李乃蕃	• 1766년 6월 29일에 유학 李墠이 유학 李乃蕃에게 논을 팔면서 발급한 明文 • 방매사유: 필요한 일이 있어서 • 소유경위: 傳來畓 • 대상: 一未老里 道字 45分畓 9負 6束 1섬 5마지기 • 가격: 錢文 55兩 • 畓主 自筆 이선	56.1×46.9	406
		86	1766년 (영조 42)	奴 驗石	金有采	• 1766년 11월 初9일에 奴 驗石이 金有采에게 논을 팔면서 발급한 明文 • 방매사유: 상전 댁에서 필요한 일이 있어서 • 소유경위: 買得 • 대상: 牛岩員 毁字 107畓 4卜 2支 10마지기 • 가격: 錢文 20兩 • 참여자: 證人 羅斗驗, 筆執 驛吏 金厚光	54.1×32.9	407
		87	1766년 (영조 42)	金坵	大門中 僉座	• 1766년 11월 17일에 유학 金坵가 大門中 僉座에게 논을 팔면서 발급한 明文 • 방매사유: 필요한 일이 있어서 • 소유경위: 傳來 • 대상: 丁洞 潛字 149畓 6負 9束 1섬 5마지기 • 가격: 錢文 50兩 • 畓主 自筆 유학 金坵	52.1×33.5	408
		88	1767년 (영조 43)	金有采	李 奴 京山	• 1767년 1월 18일에 金有采가 李哥의 奴 京山에게 논을 팔면서 발급한 明文 • 방매사유: 다른 것을 매득하기 위해서 • 소유경위: 買得 • 대상: 牛岩員 毁字 107畓 4卜 2支 10마지기 • 가격: 錢文 20兩 5戔 • 畓主 自筆執 金有采	71.6×44.2	409
		89	1767년 (영조 43)	崔光揆	李時春	• 1767년 7월에 貢生 崔光揆가 유학 李時春에게 논을 팔면서 발급한 明文 • 방매사유: 필요한 일이 있어서 • 소유경위: 傳來畓 • 대상: 丁洞 潛字 72畓 1섬지기 4卜 4束, 同字 108畓 7卜 5束 20마지기 • 가격: 錢文 65兩 • 畓主 自筆 공생 최광규	59.6×45.2	410

순번	자료명	번호	작성년도	발급자	수취자	내용	크기	수록면
1	明文	90	1767년 (영조 43)	李最欽	李乃蕃	• 1767년 11월 25일에 유학 李最欽이 유학 李乃蕃에게 논을 팔면서 발급한 明文 • 방매사유: 필요한 일이 있어서 • 소유경위: 祖上傳來 • 대상: 一味老里 途字 60分畓 1섬 5마지기 9負 6束 • 가격: 錢文 66兩 • 畓主 自筆 유학 이최흠	55.8×44	411
		91	1768년 (영조 44)	韓漢天	李 奴 丁山	• 1768년 1월 12일에 韓漢天이 李哥의 奴 丁山에게 밭을 팔면서 발급한 明文 • 방매사유: 필요한 일이 있어서 • 소유경위: 傳來 • 대상: 浦郊 豈字 15田 秋牟 10마지기 4卜 6支 • 가격: 錢文 18兩 • 참여자: 證 金德吉, 金萬采/筆執 金甲碩	51.5×34.4	412
		92	1768년 (영조 44)	高生員 宅 差奴 仁先	洪柱	• 1768년 1월 15일에 高生員 宅 差奴 仁先이 驛吏 洪柱에게 논을 팔면서 발급한 明文 • 방매사유: 상전 댁에서 필요한 일이 있어서 • 소유경위: 買得 • 대상: 山北員 歲字 25畓 21負, 27畓 4負 1束 2섬지기 2作 • 가격: 錢文 165兩 • 참여자: 證人 嘉善大夫 洪尙弼/筆執 折衝將軍 僉知中樞府事 洪大亨	71.7×45.3	413
		93	1768년 (영조 44)	崔四月金	李生員 宅 奴 丁山	• 1768년 10월 13일에 田主 崔四月金이 李生員 宅 奴 丁山에게 밭을 팔면서 발급한 明文 • 방매사유: 필요한 일이 있어서 • 소유경위: 傳來 • 대상: 龍淵.男字 元田 3卜, 續田 1卜 • 가격: 錢文 18兩 • 참여자: 證人 柳泰望, 私奴 松牙之/筆執 유학 金日新	50.9×37.5	414
		94	1769년 (영조 45)	洪柱	洪奉三	• 1769년 2월 15일에 驛吏 洪柱가 洪奉三에게 논을 팔면서 발급한 明文 • 방매사유: 필요한 일이 있어서 • 소유경위: 上年에 自己買得 • 대상: 山北員 歲字 25畓 21負, 27畓 4負 1支 2섬지기 2作 • 가격: 錢文 165兩 • 참여자: 證人 李日奉, 筆執 異姓四寸兄 洪大亨	64.1×54.8	415
		95	1769년 (영조 45)	權龍采	班奴 丁山	• 1769년 6월 15일에 權龍采가 班奴 丁山에게 논을 팔면서 발급한 明文 • 방매사유: 긴요하게 필요한 일이 있어서 • 소유경위: 己身買得 • 대상: 臥川員 才字 21畓 1卜 8束, 22畓 3卜 6束, 25畓 6卜 2섬지기 • 가격: 錢文 57兩 • 참여자: 證人 柳泰望, 禹松牙之/筆執 유학 金日新	54.2×33.7	416
		96	1769년 (영조 45)	奴 崔小天	지업쏭	• 1769년 10월 11일에 노 崔小天이 지업쏭에게 밭을 팔면서 발급한 한글 明文 • 방매사유: 상전 댁에서 필요한 일이 있어서 • 소유경위: 자기매득 • 대상: 위촌 이자 11분전(渭村 李字 11分田) • 가격: 전문 7냥 • 전주 필집 노의 崔小天	48×36.3	417

순번	자료명	번호	작성년도	발급자	수취자	내용	크기	수록면
1	明文	97	1769년 (영조 45)	李墠	李乃蕃	• 1769년 11월 초2일에 유학 李墠이 유학 李乃蕃에게 논을 팔면서 발급한 明文 • 방매사유: 移買하기 위해서 • 소유경위: 傳來衿得 • 대상: 乾川 罪字 67畓 6負 9支 1섬지기 • 가격: 錢文 30兩 • 自筆 畓主 유학 이선	54×33.4	418
		98	1770년 (영조 46)	僧 海淨	李 奴 丁山	• 1770년 11월 초2일에 僧 海淨이 李哥의 奴 丁山에게 논을 팔면서 발급한 明文 • 방매사유: 필요한 일이 있어서 • 소유경위: 師僧傳來 • 대상: 檢勿里員 傷字 49畓 2負 8束, 51畓 2負 8束, 52畓 6負 1束 1섬 11마지기 • 가격: 錢文 60兩 • 自筆執 승 해정	47×37.4	419
		99	1771년 (영조 47)	閔泰元	결락	• 1771년 3월에 유학 閔泰元이 전답을 팔면서 발급한 明文 • 방매사유: 필요한 일이 있어서 • 소유경위: 買得 • 대상: 服字 95畓 6卜 7束, 96畓 3卜 3束, 同員田 3卜 7束 • 가격: 錢文 65兩 • 참여자: 筆執 유학 曺允五	55.5×35.3	420
		100	1771년 (영조 47)	曺允愼	李乃蕃	• 1771년 7월 초8일에 유학 曺允愼이 유학 李乃蕃에게 논을 팔면서 발급한 明文 • 방매사유: 필요한 일이 있어서 • 소유경위: 買得 • 대상: 船橋 羽字 44畓 7負 5束 1섬지기 • 가격: 錢文 40兩 • 畓主 自筆 유학 조윤신	54×35.3	421
		101	1771년 (영조 47)	됴우	정경술의 쳐	• 1771년 8월 22일에 승려 됴우가 정경술의 아내에게 논을 팔면서 발급한 한글 明文 • 대상: 우암 허자 96畓 2卜 5斗(牛岩 毁字) • 가격: 전문 10냥 • 참여자: 승족의 도스이, 승족의 도색이, 승 행년이, 필집의 李成	54.6×33.8	422
		102	1771년 (영조 47)	崔鳳翼	崔日彙	• 1771년 11월 25일에 유학 崔鳳翼이 유학 崔日彙에게 논을 팔면서 발급한 明文 • 방매사유: 필요한 일이 있어서 • 소유경위: 己身買得 • 대상: 馬谷 髮字 82分畓 5負 1束 1섬지기 • 가격: 錢文 35兩 • 畓主 自筆 유학 崔鳳翼	52.3×34.4	423
		103	1772년 (영조 48)	朴有朴	私奴 副三	• 1772년 1월 20일에 朴有朴이 私奴 副三에게 논을 팔면서 발급한 明文 • 방매사유: 필요한 일이 있어서 • 소유경위: 己身買得 • 대상: 丁洞 潛字 25畓 12마지기 7卜 9束 • 가격: 錢文 20兩 • 참여자: 證人 保人 安善, 筆執 유학 朴道成	34.4×44.8	424

순번	자료명	번호	작성년도	발급자	수취자	내용	크기	수록면
		104	1772년 (영조 48)	沈默	李乃蕃	• 1772년 2월 20일에 유학 沈默이 유학 李乃蕃에게 밭을 팔면서 발급한 明文 • 방매사유: 필요한 일이 있어서 • 소유경위: 買得 • 대상: 阿橋員 貞字 28田 2卜 4支, 29田 9支 등, 龍淵員 男字 59田 1卜 8支, 60田 1卜 8支 5섬지기 • 가격: 錢文 60兩 • 田主 自筆 유학 심묵	56.1×69	425
		105	1772년 (영조 48)	文德明	李時春	• 1772년 5월 20일에 유학 文德明이 유학 李時春에게 논을 팔면서 발급한 明文 • 방매사유: 필요한 일이 있어서 • 대상: 檢勿里 傷字 48畓 5支 3마지기 • 가격: 錢文 4兩 • 自筆 畓主 유학 문덕명	47.3×44.9	426
		106	1772년 (영조 48)	李漢芳	李時春	• 1772년 7월 11일에 婢主 李漢芳이 유학 李時春에게 계집종을 팔면서 발급한 明文 • 방매사유: 필요한 일이 있어서 • 소유경위: 전래받은 婢 • 대상: 婢 於等卩介(나이 병자생) 1口 • 가격: 錢文 20兩 • 自筆 婢主 喪人 이한방	55.1×30.6	427
1	明文	107	1772년 (영조 48)	差奴 德奉	權龍采	• 1772년 9월 30일에 差奴 德奉이 良人 權龍采에게 밭을 팔면서 발급한 明文 • 방매사유: 상전 댁에서 필요한 일이 있어서 • 대상: 阿橋 貞字 14田 4負 1섬지기 • 가격: 錢文 11兩 • 참여자: 證人 驛奴 沈奉金, 筆執 軍官 金甲碩	53.1×33.3	428
		108	1772년 (영조 48)	金生員 宅 奴 乭男	李世必	• 1772년 11월 13일에 金生員 宅 奴 乭男이 良人 李世必에게 밭을 팔면서 발급한 明文 • 방매사유: 상전 댁에서 필요한 일이 있어서 • 대상: 阿橋 貞字 6分田 1負 5支 등 • 가격: 錢文 13兩 2戔 • 참여자: 證人 良人 沈奉金, 筆執 業武 金甲碩	51.8×32.9	429
		109	1772년 (영조 48)	李	張守漢	• 1772년 12월 15일에 유학 李가 張守漢에게 논을 팔면서 발급한 明文 • 방매사유: 필요한 일이 있어서 • 소유경위: 傳來 • 대상: 渭村 李字 10畓 13負 3束, 11畓 1卜 3束 25마지기 • 가격: 錢文 115兩 • 畓主 自筆 유학 李	60.8×39.9	430
		110	1773년 (영조 49)	崔仁範	李時春	• 1773년 8월 15일에 유학 崔仁範이 융학 李時春에게 논을 팔면서 발급한 明文 • 방매사유: 필요한 일이 있어서 • 소유경위: 買得畓 • 대상: 山幕 慕字 77畓 10負 1束 1섬 5마지기 • 가격: 錢文 40兩 • 畓主 自筆 유학 최인범	57.9×35.5	431

순번	자료명	번호	작성년도	발급자	수취자	내용	크기	수록면
1	明文	111	1774년 (영조 50)	蔡光福	李乃蕃	• 1774년 3월 20일에 유학 蔡光福이 通政大夫 李乃蕃에게 논을 팔면서 발급한 明文 • 방매사유: 필요한 일이 있어서 • 소유경위: 妻邊 傳來 • 대상: 蕁浦 殷字 一畓 2卜 3支 5마지기 • 가격: 錢文 10兩 • 畓主 自筆 유학 채광복	53×35.8	432
		112	1774년 (영조 50)	金龍錫	趙命綠	• 1774년 12월 初10일에 金龍錫이 유학 趙命綠에게 논을 팔면서 발급한 明文 • 방매사유: 代土 • 소유경위: 養父買得 • 대상: 仇乙羅味 王字 73畓 2卜 4束, 同字 74畓 6卜 3束 2作 25마지기 • 가격: 錢文 60兩 • 畓主 自筆執 유학 金龍錫	57.5×43.9	433
		113	1774년 (영조 50)	沈生員 宅 奴 德萬	私奴 昔福三	• 1774년 12월 15일에 沈生員 宅 奴 德萬이 私奴 昔福三에게 논을 팔면서 발급한 明文 • 방매사유: 상전 댁에서 필요한 일이 있어서 • 소유경위: 傳來 • 대상: 丁洞 潛字 117畓 10마지기 3卜 4支 • 가격: 錢文 23兩 • 참여자: 證人 柳太望, 良人 金后山/筆輯 유학 朴道成	57.3×40.3	434
		114	1775년 (영조 51)	崔遇昌	金鎭國	• 1775년 2월 初7일에 유학 崔遇昌이 유학 金鎭國에게 논을 팔면서 발급한 明文 • 방매사유: 흉년을 당해 家用이 부족해서 • 소유경위: 傳來 • 대상: 家前畓 丁洞 潛字 299畓 7卜 2支, 90畓 3支 등 2섬 5마지기 • 가격: 錢文 105兩 • 畓主 自筆 유학 崔遇昌	54.4×41.1	435
		115	1775년 (영조 51)	李非叱乭	李生員 奴 丁山	• 1775년 10월 12일에 李非叱乭이 李生員 奴 丁山에게 밭을 팔면서 발급한 明文 • 방매사유: 필요한 일이 있어서 • 대상: 阿橋 貞字 貞加田 1卜 5支 5마지기 • 가격: 錢文 5兩 • 田主 自筆 이빗돌	52.8×30	436
		116	1775년 (영조 51)	趙命祿	李時春	• 1775년 11월 15일에 趙命祿이 유학 李時春에게 논을 팔면서 발급한 明文 • 방매사유: 필요한 일이 있어서 • 소유경위: 작년에 買得畓 • 대상: 一仇羅味 王字 73畓 2卜 4支, 同員 74畓 6卜 3支 2作 아울러 25마지기 • 가격: 錢文 65兩 • 畓主 自筆 조명록	53.5×35.2	437
		117	1775년 (영조 51)	曺允愼	李時春	• 1775년 12월 26일에 유학 曺允愼이 유학 李時春에게 논을 팔면서 발급한 明文 • 방매사유: 흉년을 당해 필요한 곳이 있어서 • 소유경위: 선조로부터 傳來 • 대상: 二加南員 吊字 175分畓 1섬 10마지기 19卜 5支 • 가격: 錢文 60兩 • 畓主 自筆 유학 조윤신	58.2×31.8	438

순번	자료명	번호	작성년도	발급자	수취자	내용	크기	수록면
1	明文	118	1776년 (영조 52)	曺命通	李達朝	• 1776년 2월 28일에 유학 曺命通이 유학 李達朝에게 밭을 팔면서 발급한 明文 • 방매사유: 필요한 일이 있어서 • 소유경위: 傳來 • 대상: 墓 앞에 있는 밭인 一加南 虞字 10分田 3卜 8支 10마지기 • 가격: 錢文 25兩 • 참여자: 證人 유학 金啓達, 유학 金一采/筆執 유학 朴道成	56.6×38.5	439
		119	1776년 (영조 52)	曺命通	李時春	• 1776년 6월 24일에 유학 曺命通이 유학 李時春에게 밭을 팔면서 발급한 明文 • 방매사유: 필요한 일이 있어서 • 대상: 丁洞 潛字 1卜 2支 5마지기 • 가격: 錢文 7兩 • 참여자: 證人 유학 朴順采, 筆執 유학 朴道成	53.2×36	440
		120	1776년 (영조 52)	金坵	李時春	• 1776년 11월 17일에 유학 金坵가 유학 李時春에게 논을 팔면서 발급한 明文 • 방매사유: 필요한 일이 있어서 • 소유경위: 傳來 • 대상: 石回員 翔字 3畓 11負 8束 1섬 5마지기 • 가격: 錢文 60兩 • 畓主 自筆 유학 김구	56.5×32.4	441
		121	1776년 (영조 52년)	曺生員 宅 奴 太先	李同知 宅 奴 丁山	• 1776년 12월 12일에 曺生員 宅 奴 太先이 李同知 宅 奴 丁山에게 밭을 팔면서 발급한 明文 • 방매사유: 상전 댁에서 필요한 일이 있어서 • 소유경위: 買得 • 대상: 檢勿里員 必字 牛岩津基 續田 3田 12卜 • 가격: 錢文 60兩 • 참여자: 證人 良人 金後山, 良人 金連三/筆執 유학 朴道成	49.9×32	442
		122	1777년 (정조 원년)	李東茂	李時春	• 1777년 2월 초5일에 유학 李東茂가 유학 李時春에게 논을 팔면서 발급한 明文 • 방매사유: 필요한 일이 있어서 • 소유경위: 己身買得 • 대상: 乾川 罪字 79畓 4負 9束 10마지기 • 가격: 錢文 22兩 • 畓主 自筆 유학 이동무	35.8×54.1	443
		123	1777년 (정조 원년)	曺允愼	李時春	• 1777년 5월 초3일에 유학 曺允愼이 유학 李時春에게 논을 팔면서 발급한 明文 • 방매사유: 형세가 절박해서 • 대상: 船橋員 羽字 47畓 5마지기 4卜 4支 • 가격: 錢文 17兩 • 畓主 自筆 유학 조윤신	55.2×33.9	444
		124	1777년 (정조 원년)	曺奴 悳奉	金汝巖	• 1777년 12월 26일에 曺哥의 奴 悳奉이 良人 金汝巖에게 논을 팔면서 발급한 明文 • 방매사유: 상전 댁에서 마침 喪變을 만나 부채가 허다하나 갚을 길이 없어서 • 대상: 草畓 賴字 110畓 6負 7束, 111畓 2負 1섬 5마지기 • 가격: 錢文 27兩 • 참여자: 證人 良人 崔士徵, 筆執 張永泰	54.2×33.3	445

순번	자료명	번호	작성년도	발급자	수취자	내용	크기	수록면
1	明文	125	1778년 (정조 2)	上典 金	張德寬	• 1778년 1월 20일에 上典 金이 張德寬에게 논을 팔면서 발급한 明文 • 방매사유: 上典의 牌字에 의거하여 • 대상: 渭村 李字 13畓 13卜 4支 1섬 5마지기 • 가격: 錢文 90兩 • 畓主 上典主 自筆 金	53.6×53.1	446
		126	1778년 (정조 2)	沈默	李時春	• 1778년 10월 15일에 유학 沈默이 유학 李時春에게 논을 팔면서 발급한 明文 • 방매사유: 집 근처에서 代土를 買得했기 때문에 • 대상: 一加南 虞字 18畓 14卜, 17畓 5卜 1支, 19畓 7卜 7支 아울러 2섬 12마지기 • 가격: 錢文 130兩 • 畓主 自筆 유학 심묵	57×64.4	447
		127	1778년 (정조 2)	金 奴 太山	洪命潤	• 1778년 11월에 金哥의 奴 太山이 洪命潤에게 논을 팔면서 발급한 明文 • 방매사유: 상전 댁에서 필요한 일이 있어서 • 소유경위: 傳來 • 대상: 北谷 被字 158畓 4卜 9支, 同員 159畓 4卜 3支 25마지기 • 가격: 錢文 65兩 • 참여자: 訂人 洪允光, 筆執 洪就光	64.5×45.4	448
		128	1778년 (정조 2)	曺允愼	權世集	• 1778년 11월 29일에 유학 曺允愼이 유학 權世集에게 밭을 팔면서 발급한 明文 • 방매사유: 흉년을 당해 필요한 일이 있고, 형세가 부득이해서 • 소유경위: 선조 傳來 • 대상: 牟田 城谷員 金字 150田 5束, 151田 4卜 2束, 152田 6卜 4束, 153田 2卜 1束 2섬 5마지기 • 가격: 錢文 45兩 • 田主 自筆 유학 曺允愼	53.4×33.8	449
		129	1778년 (정조 2)	金師玉	李時春	• 1778년 12월 18일에 유학 金師玉이 유학 李時春에게 사내종을 팔면서 발급한 明文 • 방매사유: 흉년을 만나 많은 가족들이 살아갈 계책이 없어서 • 소유경위: 자기매득 奴 • 대상: 奴 癸山(나이 계미생) 1口 • 가격: 錢文 37兩 • 참여자: 證人 유학 金斑顯	53.5×33.8	450
		130	1779년 (정조 3)	朴生員 奴 德金	李 洪川 宅 奴	• 1779년 1월 27일에 江陵에 사는 朴生員 宅 奴 德金이 서울에 사는 李 洪川 宅의 奴에게 논을 팔면서 발급한 明文 • 방매사유: 작은 상전의 논이 北坪 船橋員에 있는데 길이 멀어서 경작하기 어렵기 때문에 移買하기 위해서 • 대상: 船橋 羽字 64畓 8卜 3束 1섬 5마지기 • 가격: 錢文 60兩 • 참여자: 證人 班奴 有福, 筆執 通仕郞 全忠翰	44.8×43.2	451
		131	1779년 (정조 3)	金垸	李時春	• 1779년 4월 22일에 有司 金垸이 유학 李時春에게 논을 팔면서 발급한 明文 • 방매사유: 世譜를 중간하는 일로 다급해서 부득이하게 • 대상: 丁洞 潛字 149畓 6負 9束 1섬 5마지기 • 가격: 錢文 45兩 • 自筆 畓主 門中 유사 김완	55×33.6	452

순번	자료명	번호	작성년도	발급자	수취자	내용	크기	수록면
1	明文	132	1779년 (정조 4년)	曺允愼	李時春	• 1779년 5월 27일에 유학 曺允愼이 유학 李時春에게 밭을 팔면서 발급한 明文 • 방매사유: 필요한 일이 있어서 • 소유경위: 선조로부터 傳來 • 대상: 一加南 陶字 秋牟 10마지기 5田 5卜 1束 • 가격: 錢文 15兩 • 田主 自筆 유학 조윤신	54.4×34.6	453
		133	1779년 (정조 3)	崔宇昌	李時春	• 1779년 10월 24일에 유학 崔宇昌이 유학 李時春에게 밭과 家岱를 팔면서 발급한 明文 • 방매사유: 移徙하고자 해서 • 대상: 丁洞 潛字 293田 2卜 9支, 94田 5支, 96田 2卜 2支, 97田 4支 秋牟 2섬지기, 浮柱 草屋 12칸 등 • 가격: 錢文 230兩 • 自筆執 家岱主 유학 崔宇昌	60.8×75.2	454
		134	1780년 (정조 4)	崔光彙	趙命祿	• 1780년 1월 17일에 유학 崔光彙가 유학 趙命祿에게 논을 팔면서 발급한 明文 • 방매사유: 필요한 일이 있어서 • 소유경위: 傳來 • 대상: 一仇羅味員 王字 71畓 1負 3束, 73畓 5負 4束 1섬 5마지기 • 가격: 錢文 45兩 • 畓主 自筆 유학 최광휘	54.8×50.8	455
		135	1780년 (정조 4)	金生員 宅 奴 日夫	崔光淑	• 1780년 2월 26일에 金生員 宅 奴 日夫가 崔光淑에게 논을 팔면서 발급한 明文 • 방매사유: 상전 댁에서 필요한 일이 있어서 • 소유경위: 買得 • 대상: 巨文里 朔字 67畓 10마지기, 二鋤味 3卜, 加畓 5마지기, 一鋤味 1卜 7支 合 1섬지기 • 가격: 錢文 35兩 • 참여자: 證人 李重宅, 筆執 金甲碩	54.6×34.3	456
		136	1780년 (정조 4)	趙命祿	李時春	• 1780년 4월 초10일에 유학 趙命祿이 유학 李時春에게 논을 팔면서 발급한 明文 • 방매사유: 필요한 일이 있어서 • 소유경위: 自己買得 • 대상: 一仇羅味 王字 71畓 1卜 3支, 73畓 5負 4支 合 1섬 5마지기 • 가격: 錢文 50兩 • 畓主 유학 조명록 • 참여자: 筆執 同生弟 유학 鶴得	55.5×35.4	457
		137	1780년 (정조 4)	崔震郁	李時春	• 1780년 11월 15일에 유학 崔震郁이 유학 李時春에게 밭을 팔면서 발급한 明文 • 방매사유: 필요한 일이 있어서 • 소유경위: 傳來田 • 대상: 丁洞員 55分田 8束, 雜木, 春牟 5마지기 • 가격: 錢文 4兩 • 財主 自筆執 유학 최진욱	53.1×33.6	458
		138	1780년 (정조 4)	沈生員 宅 奴 壬乭	李同知 宅 奴 癸云	• 1780년 12월 20일에 沈生員 宅 奴 壬乭이 李同知 宅 奴 癸云에게 논을 팔면서 발급한 明文 • 방매사유: 상전 댁에서 부득이한 일로 • 소유경위: 自己買得 • 대상: 石回 翔字 2畓 1섬지기 9卜 5支 • 가격: 錢文 37兩 • 참여자: 證人 柳泰望, 筆執 業儒 沈栢	57.3×37	459

순번	자료명	번호	작성년도	발급자	수취자	내용	크기	수록면
1	明文	139	1782년 (정조 6)	金壽泰	金	• 1782년 12월에 金壽泰가 金에게 논을 팔면서 발급한 明文 • 방매사유: 필요한 일이 있어서 • 소유경위: 自己買得 • 대상: 草畓員 109畓 4負 1束 7마지기 • 가격: 錢文 16兩 • 畓主 自筆 金壽泰	51.2×33.6	460
		140	1782년 (정조 6)	差奴 莫山	洪潤澤	• 1782년 10월에 差奴 莫山이 洪潤澤에게 논을 팔면서 발급한 明文 • 방매사유: 상전 댁에서 필요한 일이 있어서 • 소유경위: 傳來 • 대상: 聲谷 金字 60畓 4卜, 61畓 16卜 2支 2섬지기 • 가격: 錢文 160兩 • 참여자: 證人 驛吏 洪致心, 筆執 驛吏 朴德敏	67.2×44.9	461
		141	1782년 (정조 6)	沈勳	李時春	• 1782년 12월 11일에 喪人 沈勳이 喪人 李時春에게 논을 팔면서 발급한 明文 • 방매사유: 필요한 일이 있어서 • 소유경위: 傳來 • 대상: 一加南 虞字 18畓 14負 1섬 5마지기 • 가격: 錢文 60兩 • 畓主 自筆 상인 심훈	57.5×59.3	462
		142	1782년 (정조 6)	尹東弼	李時春	• 1782년 12월 12일에 유학 尹東弼이 喪人 李時春에게 논을 팔면서 발급한 明文 • 방매사유: 필요한 일이 있어서 • 소유경위: 傳來 • 대상: 上沙火 賓字 147畓 5마지기 9支 • 가격: 錢文 10兩 • 畓主 自筆 유학 윤동필	55.8×35	463
		143	1783년 (정조 7)	僧 瑞漢, 頭僧 浪根	金生員 宅 奴 仁乭	• 1783년 2월 27일에 僧 瑞漢과 頭僧 浪根이 金生員 宅 奴 仁乭에게 논을 팔면서 발급한 明文 • 방매사유: 필요한 일이 있어서 • 대상: 古馬谷 養字 61畓 2卜 7束 7마지기, 加畓 2卜 8束 11마지기 • 가격: 錢文 40兩 • 참여자: 財主 自筆 僧 瑞漢, 頭僧 浪根	49.9×52.8	464
		144	1783년 (정조 7)	崔光淑	權生員 宅 奴 福得	• 1783년 5월 11일에 崔光淑이 洪忠道 延豊에 사는 權生員 宅 奴 福得에게 논을 팔면서 발급한 明文 • 방매사유: 가난해서 官家의 大同廳의 貿布錢을 出用했는데, 上納할 때에 이를 갚을 길이 없어서 • 소유경위: 自己買得 • 대상: 檢勿里 朔字 67畓 10마지기, 二鋤味 3卜, 加畓 5마지기 등 • 가격: 錢文 27兩 • 참여자: 證人 柳泰望, 張敬相/筆執 嚴命喆	54.4×34.1	465
		145	1783년 (정조 7)	김츄삼	니셰필	• 1783년 8월 20일에 김츄삼이 니셰필에게 논을 팔면서 발급한 한글 明文 • 방매사유: 형세가 부득이해서 • 대상: 우암 회자 2마지기 5뭇(牛岩 毁字) • 가격: 전문 4냥 • 참여자: 증인 강도리, 권농쳐/필집 한슈필	45.6×55.7	466

순번	자료명	번호	작성년도	발급자	수취자	내용	크기	수록면
1	明文	146	1783년 (정조 7)	金夏珹	李時春	• 1783년 9월에 유학 金夏珹이 유학 李時春에게 논을 팔면서 발급한 明文 • 방매사유: 필요한 일이 있어서 • 소유경위: 買得 • 대상: 丁洞 潛字 150畓 6卜 8束 1섬지기 • 가격: 錢文 30兩 • 自筆執 유학 김하성	59.5×37.5	467
		147	1783년 (정조 7)	지엽동	댱덕관 (=장덕관)	• 1783년 12월 초9일에 지엽동이 댱덕관(=장덕관)에게 밭을 팔면서 발급한 한글 明文 • 방매사유: 필요한 일이 있어서 • 소유경위: 매득 자기전 • 대상: 위쵸 이자 11분전(渭村 李字 11分田) • 가격: 전문 13냥 • 참여자: 증인 김원샹	51.5×33	468
		148	1784년 (정조 8)	權奴 占福	李生員 宅 福衫	• 1784년 1월 15일에 權哥의 奴 占福이 李生員 宅 福衫에게 논을 팔면서 발급한 明文 • 방매사유: 상전 댁에서 흉년을 만나 살아갈 계책이 없어 지금 고향으로 移去하기 위해서 • 대상: 檢勿里 傷字 18畓 8卜 1섬 5마지기 등 • 가격: 錢文 474兩 • 참여자: 證人 私奴 梁占乭, 良人 柳泰望/筆執 유학 嚴命喆	54.5×93.3	469
		149	1784년 (정조 8)	曺生員 宅 差奴 自山	私奴 福三	• 1784년 4월 초6일에 曺生員 宅 差奴 自山이 私奴 福三에게 논을 팔면서 발급한 明文 • 방매사유: 상전 댁에서 變年을 당해 家用이 부족해서 • 소유경위: 傳來 • 대상: 船橋員 羽字 45畓 43負 4束 3섬지기 內 南邊 1섬 10마지기 24卜 3支 9夜味 • 가격: 錢文 60兩 • 참여자: 證人 유학 金廷賢, 筆執 業武 嚴命喆	53.4×35.8	470
		150	1784년 (정조 8)	權奴 占卜	李奴 癸云	• 1784년 6월 15일에 權哥의 奴 占卜이 李哥의 奴 癸云이 밭을 팔면서 발급한 明文 • 방매사유: 상전이 필요한 일이 있어서 • 소유경위: 買得 • 대상: 阿橋 貞字 14田 4卜 1섬지기, 阿橋 貞字 6分田 1卜 5束 등 • 가격: 錢文 34兩 2戔 • 참여자: 證人 良人 林漢周, 筆執 유학 嚴明哲	55.1×34.7	471
		151	1784년 (정조 8)	曺允愼	李時春	• 1784년 12월 초10일에 유학 曺允愼이 유학 李時春에게 논을 팔면서 발급한 明文 • 방매사유: 흉년을 당해 필요한 일이 있어서 • 소유경위: 선조로부터 傳來 • 대상: 船橋員 45畓 1섬 5마지기 19卜 2支 • 가격: 錢文 37兩 • 畓主 自筆 유학 조윤신	47.3×34.2	472
		152	1785년 (정조 9)	金師玉	李時春	• 1785년 1월 23일에 유학 金師玉이 유학 李時春에게 사내종을 팔면서 발급한 明文 • 방매사유: 필요한 일이 있어서 • 대상: 奴 莫山(나이 8세) 1口 • 가격: 錢文 10兩 • 奴主 自筆 유학 김사옥	54.1×34	473

순번	자료명	번호	작성년도	발급자	수취자	내용	크기	수록면
1	明文	153	1785년 (정조 9)	金 奴 仁乭	金泰更	• 1785년 8월 초6일에 金哥의 奴 仁乭이 良人 金泰更에게 논을 팔면서 발급한 明文 • 방매사유: 상전 댁에서 필요한 일이 있어서 • 소유경위: 買得 • 대상: 古馬谷 養字 61畓 2卜 7束 7마지기, 加畓 2卜 8束 11마지기 • 가격: 錢文 49兩 • 참여자: 證人 金道奉, 李光山/筆執 業武 金甲碩	64.6×40.5	474
		154	1788년 (정조 12)	李 洪川 宅 必寬	李 同知 宅 奴 福三	• 1788년 4월 17일에 서울에 사는 李 洪川 宅 必寬이 李 同知 宅 奴 福三에게 논을 팔면서 발급한 明文 • 방매사유: 상전 댁에서 필요한 일이 있어서 • 소유경위: 買得 • 대상: 船橋 羽字 64畓 8卜 3束 1섬 5마지기 • 가격: 錢文 45兩 • 참여자: 訂人 金大得, 曺允宣/筆執 유학 朴賢希	53.7×34.1	475
		155	1788년 (정조 12)	朴之興	張之漢	• 1788년 12월 15일에 業儒 朴之興이 良人 張之漢에게 논을 팔면서 발급한 明文 • 방매사유: 필요한 일이 있어서 • 소유경위: 買得 • 대상: 直畝 鳥字 9畓 22卜 2支 1섬 10마지기, 15畓 12卜 5支 1섬 5마지기 등 • 가격: 錢文 390兩 • 참여자: 畓主 自筆 業儒 朴之興	56.4×44	476
		156	1789년 (정조 13)	申尙鳳	李益朝	• 1789년 4월 초1일에 유학 申尙鳳이 유학 李益朝에게 산을 팔면서 발급한 明文 • 방매사유: 窮春을 당해 93세의 어미니가 오래도록 굶주렸으나 봉양할 길이 없어서 • 소유경위: 先塋 山所 • 대상: 先塋 山所 元麓 30步內 丁坐癸向 • 가격: 錢文 30兩 • 참여자: 證筆執 유학 閔養元	55.2×34.8	477
		157	1789년 (정조 13)	吳生員 宅 奴 卧 卩岩回	李同知 宅 奴 癸云	• 1789년 9월 24일에 吳生員 宅 奴 卧 卩岩回가 李同知 宅 奴 癸云에게 계집종을 팔면서 발급한 明文 • 방매사유: 필요한 일이 있어서 • 소유경위: 使喚婢 莅每의 1소생 • 대상: 婢 一思禮(나이 26세, 갑신생) 1口 • 가격: 錢文 32兩 • 참여자: 證人 良人 鄭貴乭, 筆 金廷賢	66.1×58.7	478
		158	1789년 (정조 13)	金泰更	曺末宗	• 1789년 11월 13일에 良人 金泰更이 曺末宗에게 논을 팔면서 발급한 明文 • 방매사유: 필요한 일이 있어서 • 소유경위: 買得한 自己畓 • 대상: 古馬谷 養字 61畓 2卜 7束 7마지기, 加畓 2卜 8束 11마지기 • 가격: 錢文 40兩 • 참여자: 證人 業武 金甲碩, 仲兄 泰萬, 金加族/筆執 良人 金世春	69.1×41	479

순번	자료명	번호	작성년도	발급자	수취자	내용	크기	수록면
1	明文	159	1792년 (정조 16)	韓日辰	李大福	• 1792년 1월 15일에 韓日辰이 李大福에게 논을 팔면서 발급한 明文 • 방매사유: 필요한 일이 있어서 • 소유경위: 自己買得 • 대상: 二仇味 鳴字 6畓 5卜 6支, 7畓 2卜 9支 25마지기 • 가격: 錢文 85兩 • 참여자: 筆執 洪性俊	53.7×32.2	480
		160	1792년 (정조 16)	金鎭國	沈生員 宅 奴 介老味	• 1792년 2월 18일에 유학 金鎭國이 沈生員 宅 奴 介老味에게 논을 팔면서 발급한 明文 • 방매사유: 필요한 일이 있어서 • 소유경위: 自己買得 • 대상: 丁洞 潛字 299畓 7卜 2支, 90畓 3支 등 2섬 5마지기 • 가격: 錢文 105兩 • 畓主 自筆 유학 金鎭國	57×47.3	481
		161	1792년 (정조 16)	洪潤澤	辛生員	• 1792년 4월 초2일에 洪潤澤이 辛生員에게 家垈를 팔면서 발급한 明文 • 방매사유: 필요한 일이 있어서 • 소유경위: 自己買得 • 대상: 大田 龍字 165田 16卜 25마지기, 155田 8卜 25마지기, 154田 5卜 7束 20마지기, 瓦家 8칸, 草家 2칸 등, 雜木 • 가격: 錢文 390兩 • 家垈主 閑良 自筆 洪潤澤	56.5×71.8	482
		162	1792년 (정조 16)	權樀	辛錫潾	• 1792년 7월 18일에 權樀이 유학 辛錫潾에게 밭을 팔면서 발급한 明文 • 방매사유: 필요한 일이 있어서 • 대상: 大田 龍字 156田 2卜 2支, 164田 5卜 1支, 162分田 3卜 1支 1섬 10마지기 • 가격: 錢文 55兩 • 田主 自筆 權樀	54.6×34	483
		163	1793년 (정조 17)	金振聲	辛生員	• 1793년 2월 16일에 金振聲이 辛生員에게 논을 팔면서 발급한 明文 • 방매사유: 필요한 일이 있어서 • 소유경위: 自己買得 • 대상: 大田 龍字 2分畓 4卜 3支, 3畓 4卜 8支, 7畓 2卜 3支 등 6섬 10마지기 • 가격: 錢文 300兩 • 참여자: 筆執 朴天亨, 證人 유학 金聲基	56.5×72.2	484
		164	1793년 (정조 17)	姜載璜	崔守玉	• 1793년 8월 초6일에 유학 姜載璜이 유학 崔守玉에게 전답을 相換하면서 발급한 明文 • 방매사유: 家基를 새로 잡는 일로 相換하기 위해서 • 대상: 馬谷 四字 32分田 5負 7束 1섬 5마지기 등 • 가격: 松林 方字 85畓 7負 1束 1섬지기, 馬谷 髮字 5負 6束 57畓 1섬지기 등 • 主 自筆 유학 姜載璜	53.9×69.7	485
		165	1794년 (정조 18)	姜履璜	崔守玉	• 1794년 1월 25일에 유학 姜履璜이 유학 崔守玉에게 밭을 팔면서 발급한 明文 • 대상: 新基 西田 馬谷 四字 23田 2卜 1支, 加田 3支 秋牟 1섬 3마지기 • 가격: 錢文 35兩 대신 松林 方字 23田 3卜 6支, 24田 1卜 4支, 同員 21田 2卜 1支, 22田 1支 1섬 10마지기 • 主 自筆 유학 姜履璜	51.9×33.8	486

순번	자료명	번호	작성년도	발급자	수취자	내용	크기	수록면
1	明文	166	1794년 (정조 18)	朴履源	李益朝	• 1794년 10월에 喪人 朴履源이 유학 李益朝에게 논을 팔면서 발급한 明文 • 방매사유: 필요한 곳이 있어서 • 소유경위: 傳來 • 대상: 檢勿里 傷字 83畓 9負 7束, 89畓 9負 2섬 5마지기 • 가격: 錢文 90兩 • 畓主 自筆 喪人 朴履源	56.4×48.3	487
		167	1794년 (정조 18)	金采星	李書房	• 1794년 10월 16일에 金采星이 李書房에게 소나무를 팔면서 발급한 明文 • 방매사유: 필요한 일이 있어서 • 대상: 丁洞 㐂虎尾地에 있는 先山에서 기른 소나무 • 가격: 錢文 4兩 • 松主自筆 金采星	42.2×26.5	488
		168	1794년 (정조 18)	崔召史	從契員 李復榮 등	• 1794년 12월 12일에 崔召史가 從契員 李復榮 등에게 논을 팔면서 발급한 明文 • 방매사유: 갑자기 지아비의 喪을 만났는데, 掩土할 계책이 없어서 • 소유경위: 買得 • 대상: 一加南 虞字 40畓 7卜 2束 1섬지기 • 가격: 錢文 38兩 • 참여자: 證人 良人 吳貴金, 筆執 業儒 嚴明哲	59.6×37.1	489
		169	1796년 (정조 20)	李 奴 福伊	金龍彬	• 1796년 2월 13일에 李哥의 奴 福伊가 連谷驛 金龍彬에게 논을 팔면서 발급한 明文 • 방매사유: 필요한 일이 있어서 • 대상: 上沙火 率字 37畓 5負 1섬지기 • 가격: 錢文 40兩 • 참여자: 筆執 洪聖俊	55.2×32.4	490
		170	1796년 (정조 20)	辛生員 宅 奴 元太	張之漢	• 1796년 3월 15일에 北坪에 거주하는 辛生員 宅 奴 元太가 良人 張之漢에게 논을 팔면서 발급한 明文 • 방매사유: 상전 댁에서 필요한 일이 있어서 • 대상: 直畝 鳥字 10畓 13卜 4支, 同員 14畓 20卜 • 가격: 錢文 125兩 • 참여자: 證人 良人 吳茸金, 筆執 校生 林得良	58.2×66.4	491
		171	1797년 (정조 21)	崔好璉	李益朝	• 1797년 1월 초10일에 유학 崔好璉이 유학 李益朝에게 논을 팔면서 발급한 明文 • 방매사유: 필요한 일이 있어서 • 소유경위: 傳來 • 대상: 新里 過字 13畓 6負 7束 10마지기 卜定 2石 5斗 • 가격: 錢文 25兩 • 畓主 自筆 유학 崔好璉	53.7×66.4	492
		172	1797년 (정조 21)	曺貴乭	李生員 宅 福三	• 1797년 1월 30일에 良人 曺貴乭이 李生員 宅 福三에게 논을 팔면서 발급한 明文 • 방매사유: 필요한 일이 있어서 • 소유경위: 買得 • 대상: 古馬谷 登字 61畓 2負 7束 7마지기, 加畓 2負 8束 11마지기 • 가격: 錢文 40兩 • 참여자: 證筆 業儒 張願赤	56.1×25.7	493

순번	자료명	번호	작성년도	발급자	수취자	내용	크기	수록면
1	明文	173	1797년 (정조 21)	姜元千	李貴同	• 1797년 8월 18일에 姜元千이 李貴同에게 塩田을 팔면서 발급한 明文 • 방매사유: 自起塩田 • 대상: 見召 荒字 第5分 塩田 2釜落只 • 가격: 錢文 45兩 • 참여자: 證人 韓順宅, 筆執 方明範	54.4×43.1	494
		174	1799년 (정조 23)	沈熻	金宗鉉	• 1799년 12월 28일에 유학 沈熻이 유학 金宗鉉에게 논을 팔면서 발급한 明文 • 방매사유: 필요한 일이 있어서 • 소유경위: 傳來 • 대상: 一河南員(一可南의 오기) 陶字 51畓 7卜 9束 20마지기 • 가격: 錢文 68兩 • 畓主 自筆 유학 沈熻	59.7×51.3	495
		175	1800년 (정조 24)	李宗仁	崔德昌	• 1800년 2월 27일에 喪人 李宗仁이 유학 崔德昌에게 논을 팔면서 발급한 明文 • 방매사유: 필요한 일이 있어서 • 소유경위: 買得 • 대상: 丁洞員 潛字 214畓 12卜 7支 1섬지기 • 가격: 錢文 40兩 • 自筆 喪人 李宗仁	54.7×34.1	496
		176	1800년 (정조 24)	李進士 宅 奴 大發	全書房 宅 奴 庚金	• 1800년 11월 22일에 李進士 宅 奴 大發이 全書房 宅 奴 庚金에게 논을 팔면서 발급한 明文 • 방매사유: 상전 댁에서 移買하기 위해서 • 대상: 江陵 沙火面 德實에 있는 章字 52畓 12卜 5支 1섬 5마지기 • 가격: 錢文 60兩 • 참여자: 證筆 通政 嚴鳳奎	56.9×44.7	497
		177	1801년 (순조 원년)	全書房 奴 庚金	李生員 宅 奴 卜三	• 1801년 1월 22일에 全書房 奴 庚金가 李生員 宅 奴 卜三에게 논을 팔면서 발급한 明文 • 방매사유: 상전 댁에서 移買하기 위해서 • 대상: 沙火面 德實 章字 52畓 12負 5束 1섬 5마지기 • 가격: 錢文 60兩 • 참여자: 自筆 全書房 奴 庚金	57.5×52.7	498
		178	1801년 (순조 원년)	婢 春梅	奴 日孫	• 1801년 12월 10일에 婢 春梅가 奴 日孫에게 논을 팔면서 발급한 明文 • 방매사유: 상전 댁에서 필요한 일이 있어서 • 소유경위: 自己畓 • 대상: 城谷 金字 60畓 4卜, 61畓 16卜 2束 2섬지기 • 가격: 錢文 220兩 • 참여자: 證筆 洪仁範	56.4×39.8	499
		179	1802년 (순조 2)	嚴蕃才	李生員 宅 奴 福三	• 1802년 1월 13일에 業武 嚴蕃才가 李生員 宅 奴 福三에게 논을 팔면서 발급한 明文 • 방매사유: 필요한 일이 있어서 • 대상: 二味老里 拱字 160分畓 6負 4束 1섬지기 • 가격: 錢文 53兩 • 참여자: 證筆 業儒 張願赤	54.4×32.7	500

순번	자료명	번호	작성년도	발급자	수취자	내용	크기	수록면
1	明文	180	1802년 (순조 2)	崔允奎	曺允仁	• 1802년 1월 16일에 유학 崔允奎가 曺允仁에게 밭을 팔면서 발급한 明文 • 방매사유: 부득이하게 • 소유경위: 傳來 • 대상: 丁洞 潛字 219田 1負 3束 • 가격: 錢文 10兩 • 財主 自筆執 유학 崔允奎	59.2×33	501
		181	1802년 (순조 2)	趙深	李周陽	• 1802년 9월 17일에 趙深이 李周陽에게 논을 팔면서 발급한 明文 • 방매사유: 필요한 일이 있어서 • 대상: 法旺 齋宮洞 李字 8畓 5마지기 8夜味 11卜 2束 • 가격: 錢文 40兩 • 참여자: 訂筆 유학 李{沃/土}	47.8×32.5	502
		182	1803년 (순조 3)	金老味	洪啓東	• 1803년 1월 초4일에 金老味가 洪啓東에게 논을 팔면서 발급한 明文 • 방매사유: 필요한 일이 있어서 • 소유경위: 祖先傳來 • 대상: 草畓 賴字 110畓 6負 7支, 同員 111畓 2卜 등 1섬 12마지기 • 가격: 錢文 90兩 • 참여자: 證人 元得伊, 筆執 洪就光	57.4×35.1	503
		183	1803년 (순조 3년)	辛宇寧	金秉文	• 1803년 1월 24일에 유학 辛宇寧이 유학 金秉文에게 밭을 팔면서 발급한 明文 • 방매사유: 필요한 일이 있어서 • 소유경위: 傳來 • 대상: 服字 96田 3卜 7束 등 • 가격: 錢文 14兩	55.1×34.6	504
		184	1804년 (순조 4년)	金 奴 日金	朴春英	• 1804년 10월 17일에 金哥의 奴 日金이 朴春英에게 밭을 팔면서 발급한 明文 • 방매사유: 상전 댁에서 필요한 일이 있어서 • 대상: 龍淵 男字 62田 4卜 7束 12마지기 • 가격: 錢文 13兩 • 참여자: 證筆 崔林景	54.5×33.5	505
		185	1804년 (순조 4년)	辛錫獜	李冕朝	• 1804년 12월 15일에 유학 辛錫獜이 유학 李冕朝에게 밭과 가대를 팔면서 발급한 明文 • 방매사유: 필요한 일이 있어서 • 소유경위: 自己買得 • 대상: 大田 龍字 165田 16負 25마지기, 155田 8負 25마지기 등 • 가격: 錢文 845兩 • 참여자: 證人 유학 辛尙鳳, 유학 權漢軫/筆 유학 權泳	104.7×67.5	506
		186	1805년 (순조 5)	洪秀範	李生員 宅 奴 得才	• 1805년 12월 28일에 洪秀範이 李生員 宅 奴 得才에게 논을 팔면서 발급한 明文 • 방매사유: 필요한 일이 있어서 • 소유경위: 買得 • 대상: 聲谷 金字 60畓 4卜, 61畓 11卜 2支, 芳林 公須 2섬지기, 山北 歲字 25畓 21卜 등 • 가격: 錢文 350兩 • 自筆 畓主 洪秀範	58.5×75.3	507

순번	자료명	번호	작성년도	발급자	수취자	내용	크기	수록면
1	明文	187	1806년 (순조 6)	金奴甲戌	朴春英	• 1806년 2월 24일에 金哥의 奴 甲戌가 朴春英에게 논을 팔면서 발급한 明文 • 방매사유: 상전 댁에서 필요한 일이 있어서 • 대상: 牛岩 毁字員 2畓 8負, 3畓 9束, 4畓 5卜 3支 2섬지기 • 가격: 錢文 90兩 • 참여자: 證筆 全禮永	59.6×47.9	508
		188	1806년 (순조 6)	任鎭東	李冕朝	• 1806년 10월 11일에 유학 任鎭東이 李冕朝에게 논을 팔면서 발급한 明文 • 방매사유: 필요한 일이 있어서 • 소유경위: 買得 • 대상: 丁洞 潛字 214畓 12卜 7束 1섬지기 • 가격: 錢文 30兩 • 自筆 畓主 유학 任鎭東	59.1×37.4	509
		189	1809년 (순조 9)	金龍彬	李生員 宅 奴 福三	• 1809년 1월 17일에 驛吏 金龍彬이 李生員 宅 奴 福三에게 논을 팔면서 발급한 明文 • 방매사유: 필요한 일이 있어서 • 소유경위: 買得 • 대상: 上沙火 率字 37畓 5負 1섬지기 • 가격: 錢文 40兩 • 참여자: 證人 業武 金載聲	52.5×33.9	510
		190	1809년 (순조 9)	朴晩芝	李源朝	• 1809년 1월 20일에 유학 朴晩芝가 유학 李源朝에게 논을 팔면서 발급한 明文 • 방매사유: 필요한 일이 있어서 • 소유경위: 傳來 • 대상: 城谷員 金字 22畓 10負 5束 1섬 5마지기, 23畓 4負 3束 5마지기, 24畓 5負 3束 10마지기 • 가격: 錢文 200兩 • 畓主 自筆 유학 朴晩芝	49.1×82.1	511
		191	1809년 (순조 9)	金柱參	李秋成	• 1809년 2월 초6일에 金柱參이 李秋成에게 논을 팔면서 발급한 明文 • 방매사유: 필요한 일이 있어서 • 대상: 府南面 羽溪 麻畓 歸字 63分畓 3卜 5束 5마지기 • 가격: 錢文 20兩 • 참여자: 筆執 유학 權振弘	53.3×33.6	512
		192	1809년 (순조 9)	朴春赫	李生員 宅 奴 福三	• 1809년 2월 15일에 朴春永 대신 그의 동생 朴春赫이 李生員 宅 奴 福三에게 전답을 팔면서 발급한 明文 • 방매사유: 필요한 일이 있어서 • 대상: 檢勿里 傷字 1畓 8負, 2畓 9束, 3畓 5負 3束 2섬지기 등 • 가격: 錢文 103兩(畓價 90兩, 田價 13兩) • 畓主 自筆 朴春永 代弟 春赫	52.7×34.8	513
		193	1809년 (순조 9)	李貴同	李生員 奴 福三	• 1809년 5월 19일에 良人 李貴同이 李生員 奴 福三에게 鹽田을 팔면서 발급한 明文 • 소유경위: 買得塩田 • 대상: 見召 荒字 5分地 2釜落只 • 가격: 錢文 46兩 • 참여자: 證人 方智範, 金秋文/筆執 業儒 張周哲	52.5×34.1	514

순번	자료명	번호	작성년도	발급자	수취자	내용	크기	수록면
1	明文	194	1809년 (순조 9)	洪貴澤	李監山	• 1809년 12월 12일에 洪貴澤이 李監山에게 논을 팔면서 발급한 明文 • 방매사유: 필요한 일이 있어서 • 소유경위: 自起買得 • 대상: 158畓 4卜 9束, 同員 159畓 4卜 3束 1섬 10마지기 • 가격: 錢文 50兩 • 참여자: 證人 洪龍得, 吳宗■/筆執 李春成	62.1×53.7	515
		195	1809년 (순조 9)	方險尙	昔志厚	• 1809년 12월 22일에 業儒 方險尙이 유학 昔志厚에게 논을 팔면서 발급한 明文 • 방매사유: 필요한 일이 있어서 • 소유경위: 自起買得 • 대상: 河南 方洞 民字 100畓 1섬 5마지기 13負 1束 • 가격: 錢文 60兩 • 참여자: 筆執 校生 尹相殷	55.2×34.1	516
		196	1810년 (순조 10)	朴趾赫	朴溟赫	• 1810년 11월 13일에 유학 朴趾赫이 同姓四寸 유학 朴溟赫에게 논을 팔면서 발급한 明文 • 방매사유: 필요한 일이 있어서 • 소유경위: 買得 • 대상: 上沙火 体字 170畓 4負 1束 1섬지기 • 가격: 錢文 60兩 • 참여자: 證人 유학 崔志恒, 筆執 유학 朴敦赫	65.2×35.4	517
		197	1810년 (순조 10)	沈樂秀	權生員 奴 元天	• 1810년 12월 24일에 畓主 沈樂秀가 權生員 奴 元天에게 논을 팔면서 발급한 明文 • 방매사유: 필요한 일이 있어서 • 소유경위: 自己買得 • 대상: 沙火 尊池 壹字 204畓, 205畓 3負, 240畓 4束 등 • 가격: 錢文 110兩 • 참여자: 自筆 畓主 沈樂秀, 證人 崔弼世, 金信得	58×54.4	518
		198	1811년 (순조 11)	權生員 宅 奴 白云	李生員 宅 奴 福三	• 1811년에 權生員 宅 奴 白云이 李生員 宅 奴 福三에게 논을 팔면서 발급한 明文 • 방매사유: 자신의 댁에서 필요한 일이 있어서 • 소유경위: 買得 • 대상: 丁洞 潛字 299畓 7卜 2束, 90畓 3束, 91畓 7束, 182畓 6束, 189畓 3卜 2束 2섬 5마지기 • 가격: 錢文 85兩 • 畓主 自筆 權生員 宅 奴 白云	54.2×34.8	519
		199	1811년 (순조 11)	崔孟九	昔志厚	• 1811년 12월 30일에 良人 崔孟九가 유학 昔志厚에게 논을 팔면서 발급한 明文 • 방매사유: 필요한 일이 있어서 • 소유경위: 傳來 • 대상: 大田 師字 115畓 8負 8束 1섬 5마지기 • 가격: 錢文 60兩 • 참여자: 筆執 校生 尹相殷	54.4×34.1	520
		200	1812년 (순조 12)	崔 奴 介山	權生員 宅 奴 元天	• 1812년 2월 초4일에 崔哥의 奴 介山이 權生員 宅 奴 元天에게 논을 팔면서 발급한 明文 • 방매사유: 필요한 일이 있어서 • 소유경위: 自己買得 • 대상: 尊池 壹字 143分畓 5卜 3束, 44畓 3卜 4束 1섬 5마지기 • 가격: 錢文 45兩 • 참여자: 畓主 自筆 崔 奴 介山, 證人 金國樑	61.5×49.7	521

순번	자료명	번호	작성년도	발급자	수취자	내용	크기	수록면
1	明文	201	1812년 (순조 12)	崔漢翼	李秉元	• 1812년 5월 20일에 嘉善 崔漢翼이 嘉善 李秉元에게 전답을 팔면서 발급한 明文 • 방매사유: 흥정하기 위해서 李秉元에게 錢文 1200兩을 빌렸으나 준비하여 마련할 길이 없어서 • 소유경위: 買得 • 대상: 連谷 21섬 5마지기 1結 23負 8束 • 참여자: 證筆 閑良 全宗謩	55.6×55.7	522
		202	1813년 (순조 13)	辛錫運	李冕朝	• 1813년 1월 26일에 유학 辛錫運이 유학 李冕朝에게 家垈를 팔면서 발급한 明文 • 방매사유: 移接하기 위해서 • 대상: 大田 龍資 家垈 秋字 185分田 6束, 184分田 7束, 27田 6束 25마지기, 집 뒤 산에서 기른 소나무, 감나무 2그루, 뽕나무 8그루 • 가격: 錢文 80兩 • 참여자: 證人 유학 權漢軫, 筆執 유학 金偈	77×56.5	523
		203	1813년 (순조 13)	奴 貴萬	沈 奴 愛奉	• 1813년 12월 24일에 奴 貴萬이 沈哥의 奴 愛奉에게 전답을 팔면서 발급한 明文 • 방매사유: 상전 댁에서 필요한 일이 있어서 • 소유경위: 買得 • 대상: 阿橋 列字 續反畓 6負, 續田 2負 7束 등 2섬지기 • 가격: 錢文 65兩 • 참여자: 筆執 奴 貴奉, 證人 奴 連孫	54.8×33.6	524
		204	1813년 (순조 13)	辛生員 宅 奴 萬興	李生員 宅 奴 得才	• 1813년 19일에 辛生員 宅 奴 萬興이 李生員 宅 奴 得才에게 논을 팔면서 발급한 明文 • 방매사유: 댁에서 필요한 일이 있어서 • 소유경위: 傳來 • 대상: 直畝 官字 3畓 18負 2束 1섬지기 • 가격: 錢文 110兩 • 참여자: 證筆 業儒 張周哲, 良人 李卜立	59.8×37.7	525
		205	1814년 (순조 14)	沈熺	李冕朝	• 1814년 1월 초7일에 유학 沈熺가 유학 李冕朝에게 전답을 팔면서 발급한 明文 • 방매사유: 필요한 일이 있어서 • 소유경위: 지난해에 새로 買得 • 대상: 二助山 帝字 134田 3負 9束, 181畓 5負 1섬지기 등 • 가격: 錢文 75兩 • 田主 自筆 유학 沈熺	39.7×38	526
		206	1814년 (순조 14)	李生員 宅 奴 己山	李生員 宅 奴 得才	• 1814년 1월 12일에 沙火에 거주하는 李生員 宅 奴 己山이 李生員 宅 奴 得才에게 논을 팔면서 발급한 明文 • 방매사유: 상전 댁에서 필요한 일이 있어서 • 대상: 一仇羅味 歸字 42畓 6負 2束 20마지기 • 가격: 錢文 45兩 • 참여자: 證筆 業儒 張周哲	53.1×33.8	527
		207	1814년 (순조 14)	李光彬	李冕朝	• 1814년 1월 17일에 유학 李光彬이 유학 李冕朝에게 논을 팔면서 발급한 明文 • 방매사유: 필요한 일이 있어서 • 소유경위: 買得 • 대상: 法旺面 花堤 아래 國字 11畓 5夜味 8마지기 31負 1束 • 가격: 錢文 90兩 • 참여자: 證人 유학 李道陽, 유학 安一源/筆執 유학 沈鼎祖	57.9×81	528

순번	자료명	번호	작성년도	발급자	수취자	내용	크기	수록면
1	明文	208	1814년 (순조 14)	張周哲	李生員 宅 奴 得才	• 1814년 2월 11일에 業儒 張周哲이 李生員 宅 奴 得才에게 논을 팔면서 발급한 明文 • 방매사유: 필요한 일이 있어서 • 소유경위: 買得 • 대상: 直畝 鳥字 10畓 13負 4支 10마지기, 14畓 20負 20마지기 • 가격: 錢文 200兩 • 畓主 自筆 業儒 張周哲	53.3×33.4	529
		209	1814년 (순조 14)	崔錫斌	全寬福	• 1814년 2월 25일에 유학 崔錫斌이 全寬福에게 논을 팔면서 발급한 明文 • 방매사유: 家基를 移買하기 위해서 • 소유경위: 買得 • 대상: 松林 方字 41畓 7卜 3束, 42畓 19卜 8束, 42分畓 1卜 6束 3섬지기 등 • 가격: 錢文 550兩 • 참여자: 筆執 유학 金學緊/證人 유학 金鍾協, 유학 金夏績	101×60.2	530
		210	1814년 (순조 14)	崔光顯	曺源振	• 1814년 7월 초2일에 유학 崔光顯이 유학 曺源振에게 밭을 팔면서 발급한 明文 • 방매사유: 필요한 일이 있어서 • 소유경위: 妻家 衿得 • 대상: 馬井 皇字 18田 2卜 3支, 19田 2卜 6支 20마지기 • 가격: 錢文 30兩 • 참여자: 證人 自筆 유학 金始珩	53.2×33.8	531
		211	1814년 (순조 14)	張之漢	金彛顯	• 1814년 12월 22일에 嘉善大夫 張之漢이 金彛顯에게 논을 팔면서 발급한 明文 • 방매사유: 필요한 일이 있어서 • 소유경위: 自己買得 • 대상: 直畝 鳥字 9畓 22負 2束 1섬 10마지기 등 • 가격: 錢文 430兩 • 참여자: 證筆 喪人 李國臣, 筆執 유학 金鎭厚	59.2×52.6	532
		212	1815년 (순조 15)	奴 卜金	金龍澤	• 1815년 5월 초2일에 奴 卜金이 金龍澤에게 논을 팔면서 발급한 明文 • 방매사유: 댁에서 필요한 일이 있어서 • 대상: 上沙火 賓字 27畓 10卜 4束 1섬지기 • 가격: 錢文 70兩 • 畓主 奴 卜金	54×32.7	533
		213	1815년 (순조 15)	權 奴 日乭	金 奴 白山	• 1815년 12월 27일에 權哥의 奴 日乭이 金哥의 奴 白山에게 논을 팔면서 발급한 明文 • 방매사유: 필요한 일이 있어서 • 소유경위: 傳來 • 대상: 直畝 鳥字 41畓 17卜 6束 1섬지기 • 가격: 錢文 130兩 • 참여자: 證人 鄭水敬, 筆執 李正華	56.3×35.8	534
		214	1817년 (순조 17)	李秋成	朴春晩	• 1816년 2월 초10일에 李秋成이 朴春晩에게 논을 팔면서 발급한 明文 • 방매사유: 필요한 일이 있어서 • 소유경위: 自起買得 • 대상: 麻畓 歸字 63分畓 3卜 5束 5마지기 • 가격: 錢文 20兩 • 참여자: 證人 朴春寬, 筆執 朴得成	55.8×33.6	535

순번	자료명	번호	작성년도	발급자	수취자	내용	크기	수록면
1	明文	215	1816년 (순조 16)	洪致春	洪龍淡	• 1816년 12월 24일에 洪致春이 洪龍淡에게 논을 팔면서 발급한 明文 • 방매사유: 필요한 일이 있어서 • 소유경위: 自己畓 • 대상: 仇味 食字 100畓 8卜, 94畓 3卜 8支 1섬 10마지기 • 가격: 錢文 90兩 • 참여자: 證人 金先奉, 筆執 金漢宗	54.4×33.8	536
		216	1817년 (순조 17)	金啓澄	李冕朝	• 1817년 12월 24일에 유학 金啓澄이 喪人 李冕朝에게 논을 팔면서 발급한 明文 • 방매사유: 代土하기 위해서 • 소유경위: 傳來 • 대상: 城谷 金字 5畓 5負 1束 15마지기 • 가격: 錢文 170兩 • 畓主 自筆 유학 金啓澄	66.4×39.2	537
		217	1818년 (순조 18)	金生員 宅 奴 得尙	李生員 宅 奴 願福	• 1818년 11월 12일에 金生員 宅 奴 得尙이 李生員 宅 奴 願福에게 논을 팔면서 발급한 明文 • 방매사유: 상전 댁에서 필요한 일이 있어서 • 소유경위: 買得 • 대상: 一可南 陶字 51畓 7負 9束 20마지기 • 가격: 錢文 60兩 • 참여자: 證人 張之澤, 李幸伯/筆執 業儒 昔冠玉	54.3×34.4	538
		218	1818년 (순조 18)	全昌胄	李秉元	• 1818년 12월에 유학 全昌胄가 嘉善 李秉元에게 논을 팔면서 발급한 明文 • 방매사유: 필요한 일이 있어서 • 소유경위: 自己買得 • 대상: 丁洞面 石回 翔字 51畓 7負 6束 芳林 公須畓 10마지기 등 • 가격: 錢文 400兩 • 畓主 自筆 유학 全昌胄	60.6×37.8	539
		219	1818년 (순조 18)	金 奴 白山	李生員 宅 奴 福伊	• 1818년 12월에 金哥의 奴 白山이 李生員 宅 奴 福伊에게 논을 팔면서 발급한 明文 • 방매사유: 상전 댁에서 필요한 일이 있어서 • 소유경위: 買得 • 대상: 直畝 鳥字 41畓 17卜 6束 1섬지기 • 가격: 錢文 100兩 • 참여자: 證筆執 金始調	59.2×36.4	540
		220	1819년 (순조 19)	奴 愛奉	李生員 宅 奴 元卜	• 1819년 1월 初6일에 奴 愛奉이 李生員 宅 奴 元卜에게 전답을 팔면서 발급한 明文 • 방매사유: 상전 댁에서 필요한 일이 있어서 • 소유경위: 買得 • 대상: 阿橋 列字 續反畓 6負, 續田 2負 7支 등 2섬지기 • 가격: 錢文 60兩 • 참여자: 筆執 婢 申暹, 證人 奴 有山	57.7×35.6	541
		221	1819년 (순조 19)	張海運	李生員 宅 奴 願福	• 1819년 2월 16일에 良人 張海運이 李生員 宅 奴 願福에게 논을 팔면서 발급한 明文 • 방매사유: 필요한 일이 있어서 • 소유경위: 傳來 • 대상: 渭村 李字 10畓 13負 3束, 11畓 1負 25마지기, 13畓 13負 4束 20마지기 등 • 가격: 錢文 205兩 • 참여자: 證人 良人 金在雲, 良人 李福立/筆執 業儒 昔寬玉	59×72.4	542

순번	자료명	번호	작성년도	발급자	수취자	내용	크기	수록면
1	明文	222	1820년 (순조 20)	李 奴 衆德	金 奴 乭石 上典宅	• 1820년 2월 11일에 李哥의 奴 衆德이 金哥의 奴 乭石 상전댁에게 논을 팔면서 발급한 明文 • 방매사유: 상전댁에서 필요한 일이 있어서 • 소유경위: 買得 • 대상: 未老里 拱字 78畓 2卜 6支, 79畓 3卜 2支 10마지기 등 • 가격: 錢文 32兩 • 畓主 自筆 李 奴 衆德	53.8×32.1	543
		223	1820년 (순조 20)	上典 宅 奴 丁秋	宋聖學	• 1820년 10월 초4일에 上典 宅 奴 丁秋가 宋聖學에게 전답을 팔면서 발급한 明文 • 방매사유: 필요한 일이 있어서 • 대상: 大田 龍字 50畓 14卜 7束 20마지기 • 가격: 錢文 80兩 • 참여자: 證筆 유학 崔志大	61×52.7	544
		224	1820년 (순조 20)	朴敦游	朴希德	• 1820년 11월 16일에 유학 朴敦游가 유학 朴希德에게 논을 팔면서 발급한 明文 • 방매사유: 필요한 일이 있어서 • 소유경위: 傳來 • 대상: 二未老里 拱字 175畓 3負 1섬지기 • 가격: 錢文 39兩 • 畓主 自筆 유학 朴敦游	56.3×35.2	545
		225	1820년 (순조 20)	金 奴 白山	李生員 宅 奴 福伊	• 1820년 12월 12일에 金哥의 奴 白山이 李生員 宅 奴 福伊에게 논을 팔면서 발급한 明文 • 방매사유: 필요한 일이 있어서 • 소유경위: 買得 • 대상: 直畝 鳥字 9畓 22負 2束 1섬 10마지기 등 • 가격: 錢文 360兩 • 自筆 畓主 金 奴 白山	55.4×35	546
		226	1822년 (순조 22)	李秉元	邊益中	• 1822년 1월에 喪人 李秉元이 유학 邊益中에게 논을 팔면서 발급한 明文 • 방매사유: 필요한 일이 있어서 • 소유경위: 自己買得 • 대상: 丁洞面 石回 翔字 40畓 2負, 41畓17負 2束, 2作 1섬 10마지기 • 가격: 錢文 170兩 • 畓主 自筆 喪人 이병원	60.1×37.2	547
		227	1822년 (순조 22)	洪守良	全夢弼	• 1822년 11월 21일에 洪守良이 全夢弼에게 논을 팔면서 발급한 明文 • 방매사유: 필요한 일이 있어서 • 소유경위: 傳來 • 대상: 北谷 被字 14畓 4束, 15畓 6卜 8束, 16畓 6卜 2束 25마지기 • 가격: 錢文 125兩 • 참여자: 證人 洪中眞, 筆執 金守澤	59.9×39	548
		228	1822년 (순조 22)	崔著範	李冕朝	• 1822년 12월 22일에 유학 崔著範이 유학 李冕朝에게 전답을 팔면서 발급한 明文 • 방매사유: 부득이한 일로 • 소유경위: 今年買得 • 대상: 連谷, 馬谷里 髮字 81畓 7負 2束, 四字 26反畓 7束, 丁加田 5束 등 • 가격: 錢文 360兩 • 참여자: 證人 유학 李泰根, 曺錫周/筆執 유학 金佖	60×38.9	549

순번	자료명	번호	작성년도	발급자	수취자	내용	크기	수록면
1	明文	229	1822년 (순조 22)	金龍澤	李生員 宅 奴 願福	• 1822년 12월 27일에 金龍澤이 李生員 宅 奴 願福에게 논을 팔면서 발급한 明文 • 소유경위: 買得 • 대상: 上沙火 賓字 27畓 10負 4束 1섬지기 • 가격: 錢文 70兩 • 참여자: 證人 全漢壽, 李福立/筆執 業儒 昔冠玉	73.9×41.5	550
		230	1822년 (순조 22)	沈生員 宅 奴 分三	李生員 宅 奴 願福	• 1822년 12월 27일에 沈生員 宅 奴 分三이 李生員 宅 奴 願福에게 논을 팔면서 발급한 明文 • 방매사유: 상전 댁에서 필요한 일이 있어서 • 대상: 船橋 羽字 37畓 12負 3束 1섬 10마지기 • 가격: 錢文 110兩 • 참여자: 證人 閑良 全漢壽, 李福立/筆執 業儒 昔冠玉	73.5×41.9	551
		231	1822년 (순조 22)	洪仁默	李生員 宅 奴 願福	• 1822년 12월 29일에 洪仁默이 李生員 宅 奴 願福에게 논을 팔면서 발급한 明文 • 방매사유: 필요한 일이 있어서 • 소유경위: 傳來 • 대상: 城谷 金字 59畓 6卜 3束 10마지기 • 가격: 錢文 80兩 • 畓主 自筆 洪仁默	56.2×34.8	552
		232	1823년 (순조 23)	辛生員 宅 奴 萬興	李生員 宅 奴 願福	• 1823년 1월 24일에 辛生員 宅 奴 萬興이 李生員 宅 奴 願福에게 논을 팔면서 발급한 明文 • 방매사유: 상전 댁에서 移買하기 위해서 • 소유경위: 傳來 • 대상: 直畝 鳥字 36分畓 12負 1섬지기 • 가격: 錢文 90兩 • 참여자: 證人 良人 林大奉, 李福立/筆執 業儒 昔冠玉	58.5×35	553
		233	1823년 (순조 23)	崔生員 奴 連愛	曺生員 宅 奴 愛分	• 1823년 1월 29일에 崔生員 宅 奴 連愛가 曺生員 宅 奴 愛分에게 松田을 팔면서 발급한 明文 • 방매사유: 자신의 댁에서 필요한 일이 있어서 • 소유경위: 傳來 • 대상: 德大洞 墓所의 家山 稺松田, 自起田 3마지기 • 가격: 錢文 12兩 • 松田主 自筆 최생원 노 연애	50.7×32.8	554
		234	1823년 (순조 23)	崔 奴 壬奉	李生員 奴 願福	• 1823년 3월 19일에 崔哥의 奴 壬奉이 李生員 奴 願福에게 밭을 팔면서 발급한 明文 • 방매사유: 필요한 일이 있어서 • 소유경위: 買得 • 대상: 連谷, 馬谷里 四字 14田 3負 4束, 15田 3負 4束 20마지기, 밭쪽에 있는 밤나무 • 가격: 錢文 20兩 • 참여자: 證人 李奉立, 柳大業/筆執 業有 昔冠玉	55.1×33.3	555
		235	1824년 (순조 24)	金用和	咸有熙	• 1824년 12월 28일에 유학 金用和가 유학 咸有熙에게 家岱를 팔면서 발급한 明文 • 대상: 大田 龍字 11畓 7束, 12田 3負 2束, 13田 1負, 14田 2負 2束 20섬 10마지기 등 草家 6칸, 還起畓 5支 • 가격: 錢文 1005兩 • 참여자: 筆執 유학 金用采, 證人 유학 金應孝	57.2×35.5	556

순번	자료명	번호	작성년도	발급자	수취자	내용	크기	수록면
1	明文	236	1825년 (순조 25)	沈 奴 乙得	沈 奴 春伯	• 1825년 12월 17일에 沈哥의 奴 乙得이 沈哥의 奴 春伯에게 논을 팔면서 발급한 明文 • 방매사유: 상전 댁에서 필요한 일이 있어서 • 대상: 一加南 唐字 108畓 6負 9束 20마지기 • 가격: 錢文 60兩 • 참여자: 證筆 卞五山	47.3×30.9	557
		237	1825년 (순조 25)	張宅宗	安致樂	• 1825년 12월 19일에 校生 張宅宗이 業武 安致樂에게 논을 팔면서 발급한 明文 • 방매사유: 필요한 일이 있어서 • 소유경위: 傳來 • 대상: 一加南 虞字 35畓 20마지기 7卜 3束 • 가격: 錢文 40兩 • 참여자: 證人 朴乙民	57.5×35.7	558
		238	1827년 (순조 27)	沈承祖	金宗海	• 1827년 2월 12일에 出身 沈承祖가 金宗海에게 논을 팔면서 발급한 明文 • 방매사유: 필요한 일이 있어서 • 소유경위: 買得傳來畓 • 대상: 一美老里 道字 79畓 6卜 9束 1섬 5마지기 • 가격: 錢文 40兩 • 참여자: 證筆 閑良 李晉哲	57.3×34.6	559
		239	1827년 (순조 27)	沈 奴 甘德	李元衫	• 1827년 2월 12일에 沈哥의 奴 甘德이 李元衫에게 논을 팔면서 발급한 明文 • 방매사유: 필요한 일이 있어서 • 소유경위: 買得傳來畓 • 대상: 一美老 道字 79畓 6卜 9束 1섬 5마지기 • 가격: 錢文 40兩 • 畓主 自筆 沈 奴 甘德	58×25.9	560
		240	1829년 (순조 29)	沈進士 宅 奴 哲伊	李進士 宅 奴 元福	• 1829년 2월 11일에 沈進士 宅 奴 哲伊가 李進士 宅 奴 元福에게 논을 팔면서 발급한 明文 • 방매사유: 상전 댁에서 필요한 일이 있어서 • 소유경위: 傳來 • 대상: 一加南 唐字 108畓 6負 9束 20마지기 • 가격: 錢文 65兩 • 참여자: 證人 良人 崔正得/筆執 昔弼奎	53×34.9	561
		241	1829년 (순조 29)	河生員 宅 奴 忠福	李進士 宅 奴 京金	• 1829년 11월 15일에 河生員 宅 奴 忠福이 李進士 宅 奴 京金에게 논을 팔면서 발급한 明文 • 방매사유: 자신의 상전 댁에서 移賣하여 換土하기 위해서 • 대상: 上沙 賓字 95分畓 5負 8束 1섬지기 • 가격: 錢文 60兩 • 참여자: 證人 良人 金新澤, 李福立/筆執 業儒 昔弼奎	58.8×62.3	562
		242	1829년 (순조 29)	李生員 宅 奴 乙石	李進士 宅 奴 京釗	• 1829년 12월 12일에 李生員 宅 奴 乙石이 李進士 宅 奴 京釗에게 논을 팔면서 발급한 明文 • 방매사유: 상전 댁에서 換買하기 위해서 • 소유경위: 買得畓 • 대상: 直畝 官字 2畓 53負 6束 3마지기, 9分畓 7負, 11畓 9負 1섬지기, 鳥字 19分畓 10負, 19畓 5負 8束 1섬지기 • 가격: 錢文 420兩 • 참여자: 證筆 業儒 昔弼奎	60×68.5	563

순번	자료명	번호	작성년도	발급자	수취자	내용	크기	수록면
1	明文	243	1830년 (순조 30)	金光律	李道宗	• 1830년 1월 23일에 良人 金光律이 李道宗에게 논을 팔면서 발급한 明文 • 방매사유: 필요한 일이 있어서 • 소유경위: 傳來 • 대상: 保葉屎 食字 107畓 10마지기 3負 5束 • 가격: 錢文 25兩 • 참여자: 證人 自筆 喪人 金元壽	53×32.9	564
		244	1830년 (순조 30)	安致樂	張履奎	• 1830년 1월 26일에 유학 安致樂이 유학 張履奎에게 논을 팔면서 발급한 明文 • 대상: 一加南 處字 35畓 20마지기 7卜 3束 • 가격: 錢文 60兩 • 참여자: 證人 柳永元, 筆執 張益哲	57.2×31.9	565
		245	1830년 (순조 30)	朴元大	朴 奴 小卜三	• 1830년 11월 29일에 유학 朴元大가 朴哥의 奴 小卜三에게 논을 팔면서 발급한 明文 • 방매사유: 필요한 일이 있어서 • 소유경위: 傳來 • 대상: 直畝 鳥字 3畓 2負 3束 10마지기 • 가격: 錢文 30兩 • 참여자: 證人 朴遠俊	55.4×36.4	566
		246	1831년 (순조 31)	全 奴 申彔	李進士 宅 奴 元福	• 1831년 11월 12일에 全哥의 奴 申彔이 李進士 宅 奴 元福에게 전답을 팔면서 발급한 明文 • 방매사유: 移買하기 위해서 • 소유경위: 分衿 • 대상: 松林 方字 41畓 7負 3束, 42畓 19負 8束, 42分畓 1負 6束 3섬지기 등 • 가격: 錢文 600兩 • 自筆 畓主 全 喪人 奴 申彔	96.6×59.7	567
		247	1831년 (순조 31)	崔生員 宅 奴 太奉	安順伊	• 1831년 11월 24일에 崔生員 宅 奴 太奉이 安順伊에게 논을 팔면서 발급한 明文 • 방매사유: 상전 댁에서 필요한 일이 있어서 • 소유경위: 傳來 • 대상: 柱樹 白字 53分畓 2負 9味, 食字 177畓 3負 6束 등 합 7負 1섬지기 • 가격: 錢文 45兩 • 畓主 自筆 崔生員 宅 奴 太奉	57.8×35.5	568
		248	1832년 (순조 32)	權 奴 後種	宋書房	• 1832년 2월 15일에 權哥의 奴 後種이 유학 宋書房에게 家垈를 팔면서 발급한 明文 • 방매사유: 상전 댁에서 필요한 일이 있어서 • 소유경위: 買得 • 대상: 大田 龍字 153分田 2卜9束, 153分田 2卜 5束, 166田 1卜 1束 등 전후 家山, 桑果木, 楮田, 초가 행랑 3칸 • 가격: 190兩 • 참여자: 筆執 유학 權檈, 證人 良人 沈士俊	93.6×59.1	569
		249	1832년 (순조 32)	金仁喆	李 奴 大成	• 1832년 6월 초2일에 良人 金仁喆이 李哥의 奴 大成에게 논을 팔면서 발급한 明文 • 방매사유: 필요한 일이 있어서 • 소유경위: 買得 • 대상: 一美老里 道字 79畓 6卜 9束 1섬 5마지기 • 가격: 錢文 40兩 • 참여자: 證筆執 良人 李三乭	58.4×39.5	570

순번	자료명	번호	작성년도	발급자	수취자	내용	크기	수록면
1	明文	250	1832년 (순조 32)	沈生員 宅 奴 星奉	沈 奴 戊乭	• 1832년 12월 16일에 沈生員 宅 奴 星奉이 沈哥의 奴 戊乭에게 밭을 팔면서 발급한 明文 • 방매사유: 댁에서 필요한 일이 있어서 • 소유경위: 傳來 • 대상: 大田 龍字 2卜 3束 1섬지기 • 가격: 錢文 18兩 • 田主 沈生員 宅 奴 星奉	67.5×42.7	571
		251	1833년 (순조 33)	李進士 宅 奴 京釗	洪雲喆	• 1833년 1월 16일에 李進士 宅 奴 京釗가 洪雲喆에게 논을 팔면서 발급한 明文 • 방매사유: 移買하기 위해서 • 소유경위: 買得 • 대상: 直畝 官字 2畓 53負 6束 3섬지기 등 • 가격: 錢文 510兩 • 참여자: 證筆 業儒 昔弼奎	94.8×57.2	572
		252	1833년 (순조 33)	咸有熈	孫幸明	• 1833년 1월 20일에 유학 咸有熈가 유학 孫幸明에게 밭과 초가 등을 팔면서 발급한 明文 • 방매사유: 필요한 일이 있어서 • 소유경위: 買得 家垈田 • 대상: 大田 龍字 13田 1負, 14田 2負 2束, 秋牟 1섬지기, 草家 3칸, 桑子木 • 가격: 錢文 30兩 • 참여자: 證筆 유학 崔學洙	60.9×36.6	573
		253	1833년 (순조 33)	李生員 宅 奴 達得	李進士 宅 奴 京釗	• 1833년 1월 21일에 李生員 宅 奴 達得이 李進士 宅 奴 京釗에게 논을 팔면서 발급한 明文 • 방매사유: 자신의 댁에서 필요한 일이 있어서 • 소유경위: 買得 • 대상: 一加南 陶字 25畓 15負 4束 2섬지기, 26畓 2負 2束 5마지기 • 가격: 錢文 150兩 • 참여자: 證筆 業儒 昔弼奎	60×73.2	574
		254	1833년 (순조 33)	李生員 宅 奴 乙石	李進士 宅 奴 京釗	• 1833년 1월 21일에 李生元 宅 乙石이 李進士 宅 奴 京釗에게 논을 팔면서 발급한 明文 • 방매사유: 자신의 댁에서 필요한 일이 있어서 • 소유경위: 買得 • 대상: 直畝 官字 8畓 12負 4束 1섬 5마지기 • 가격: 錢文 82兩 • 참여자: 證筆 業儒 昔弼奎	58.5×73	575
		255	1833년 (순조 33)	沈生員 宅 奴 戊乭	沈 奴 太順	• 1833년 1월 21일에 沈生員 宅 奴 戊乭이 沈哥의 奴 太順에게 밭을 팔면서 발급한 明文 • 방매사유: 댁에서 필요한 일이 있어서 • 소유경위: 買得 • 대상: 大田 龍字 2負 3束 1섬지기 • 가격: 錢文 18兩 • 田主 沈生員 宅 奴 戊乭	60×38	576
		256	1833년 (순조 33)	青生員 宅 奴 莀三	崔 奴 光暹	• 1833년 1월 25일 青生員 宅 奴 莀三이 崔哥의 奴 光暹에게 논을 팔면서 발급한 明文 • 방매사유: 자신의 댁에서 필요한 일이 있어서 • 소유경위: 傳來 • 대상: 檢勿里 傷字 20畓 4負 5束, 同員 21畓 6負 3束 1섬 5마지기 • 가격: 錢文 120兩 • 참여자: 證人 姜漢春, 筆執 車再喆	58.3×73.1	577

순번	자료명	번호	작성년도	발급자	수취자	내용	크기	수록면
1	明文	257	1833년 (순조 33)	李進士 宅 奴 金老味	洪元康	• 1833년 2월 초6일에 李進士 宅 奴 金老味가 洪元康에게 논을 팔면서 발급한 明文 • 방매사유: 자신의 댁에서 필요한 일이 있어서 • 대상: 直畝 鳥字 10畓 13負 4束, 14畓 20負, 9分畓 22負 2束 內 17負 2束 등 합 50負 9束 5섬지기 • 가격: 錢文 470兩 • 참여자: 筆執 喪人 昔弼奎/證人 良人 李福立, 柳大業	58×78.8	578
		258	1833년 (순조 33)	權 奴 先男	李進士 宅 奴 元福	• 1833년 4월 24일에 權哥의 奴 先男이 李進士 宅 奴 元福에게 논을 팔면서 발급한 明文 • 방매사유: 상전 댁에서 급박해서 부득이하게 • 소유경위: 傳來 • 대상: 二加南 吊字 94畓 7負 7束 20마지기 • 가격: 錢文 75兩 • 참여자: 證筆 喪人 昔弼奎	60.7×38.9	579
		259	1833년 (순조 33)	全 奴 申彔	李進士 宅 奴 元福	• 1833년 11월 29일에 全哥의 奴 申彔이 李進士 宅 奴 元福에게 논을 팔면서 발급한 明文 • 방매사유: 상전댁에서 필요한 일이 있어서 • 소유경위: 傳來 • 대상: 江湖坪 仇味 食字 29分畓 6卜 7束, 126畓 4卜, 同員 65畓 6卜 9束, 63畓 5卜 1支 합 5섬지기 • 가격: 錢文 220兩 • 自筆 畓主 全 奴 申彔	61×74.8	580
		260	1833년 (순조 33)	昔志厚	李進士 宅 奴 京得	• 1833년 12월 19일에 유학 昔志厚가 李進士 宅 奴 京得에게 전답을 팔면서 발급한 明文 • 방매사유: 필요한 일이 있어서 • 소유경위: 買得 • 대상: 河南 方洞 民字 100畓 13負 1束 1섬 5마지기, 大田 師字 115畓 8負 8束 1섬 5마지기 • 가격: 錢文 105兩 • 畓主 自筆 유학 昔志厚	60.5×40.4	581
		261	1833년 (순조 33)	僧 妙仁	李進士 宅 奴 元福	• 1833년 12월 20일에 僧 妙仁이 李進士 宅 奴 元福에게 전답을 팔면서 발급한 明文 • 방매사유: 필요한 일이 있어서 • 소유경위: 買得 • 대상: 狐邱城 駒字 37畓 5負 3束, 柯坪 壹字 55畓 3負 5束, 61田 3負 1束 합 2섬지기 • 가격: 錢文 130兩 • 참여자: 證筆 喪人 昔弼奎	57.6×73.4	582
		262	1833년 (순조 33)	嚴日福	李生員 宅 奴 千石	• 1833년 12월 21일에 嚴日福이 李生員 宅 奴 千石에게 계집종을 팔면서 발급한 明文 • 방매사유: 필요한 일이 있어서 • 소유경위: 매득 • 대상: 婢 相節(나이 갑신생) • 가격: 錢文 52兩 • 참여자: 證筆 李生員 宅 奴 小甲生	96.5×61.9	583
		263	1834년 (순조 34)	朴生員 宅 奴 得奉	李進士 宅 奴 元福	• 1834년 1월 20일에 朴生員 宅 奴 得奉이 李進士 宅 奴 元福에게 논을 팔면서 발급한 明文 • 방매사유: 자신의 댁에서 흉년으로 생활할 길이 없어서 • 소유경위: 買得 • 대상: 上沙火 體字 170畓 4負 1束 3夜味 1섬지기 • 가격: 錢文 65兩 • 참여자: 證筆 業儒 昔弼奎	59.2×38.2	584

순번	자료명	번호	작성년도	발급자	수취자	내용	크기	수록면
1	明文	264	1834년 (순조 34)	全夢弼	李進士 宅 奴 元福	• 1834년 6월 30일에 全夢弼이 李進士 宅 奴 元福에게 논을 팔면서 발급한 明文 • 방매사유: 釜洞 反畓 1섬지기를 相換하기 위해서 • 대상: 北谷 被字 14畓 4束, 15畓 6負 8束, 16畓 6負 2束 25마지기 • 가격: 錢文 110兩 • 畓主 自筆 全夢弼	62.6×40.3	585
		265	1834년 (순조 34)	孫幸明, 孫驗尙	李進士 宅 奴 元福	• 1834년 8월 初8일에 門中 宗孫 業儒 孫幸明과 有司 孫驗尙이 李進士 宅 奴 元福에게 밭을 팔면서 발급한 明文 • 방매사유: 문중에서 換買하기 위해서 • 소유경위: 買得家垈田 • 대상: 大田 龍字 13田 1負, 14田 2負 2束, 秋牟 1섬지기, 草家 3칸, 桑雜木 • 가격: 錢文 20兩 • 참여자: 證筆 業儒 昔弼奎	60.2×40.7	586
		266	1834년 (순조 34)	朴楷芳	朴春權	• 1834년 10월 30일에 유학 朴楷芳이 유학 朴春權에게 논을 팔면서 발급한 明文 • 방매사유: 필요한 일이 있어서 • 소유경위: 傳來 • 대상: 外峰 麗字 154畓 15卜 2支 20마지기 • 가격: 錢文 90兩 • 참여자: 證筆 弟 朴楷植	52.6×34.8	587
		267	1834년 (순조 34)	崔禹鉉	曺重振	• 1834년 12월 20일에 崔禹鉉이 유학 曺重振에게 밭을 팔면서 발급한 明文 • 방매사유: 필요한 일이 있어서 • 소유경위: 傳來 • 대상: 丁洞 潛字 215田 4支, 楮田, 감나무 한 그루 • 가격: 7兩 • 田主 自筆 崔禹鉉	30.6×34.5	588
		268	1835년 (헌종 원년)	閔 奴 大卜	朴日甲	• 1835년 2월 初9일에 閔哥의 奴 大卜이 朴日甲에게 논을 팔면서 발급한 明文 • 방매사유: 필요한 일이 있어서 • 소유경위: 傳來 • 대상: 加南 吊字 62畓 5卜 4支, 72畓 7卜 2섬지기 • 가격: 錢文 60兩 • 참여자: 證人 崔道也遲	60.9×39	589
		269	1835년 (헌종 원년)	洪有九	鄭生員 宅 奴 得喆	• 1835년 11월 22일에 喪人 洪有九가 鄭生員 宅 奴 得喆에게 논을 팔면서 발급한 明文 • 방매사유: 喪 때문에 빚을 갚을 길이 없어서 • 소유경위: 傳來 • 대상: 草畓 頗字 109畓 4卜 1支, 110畓 6卜 7支, 111畓 2卜 등 5섬지기 • 가격: 錢文 225兩 • 참여자: 訂筆 喪人 洪昌臣	49.9×59.2	590
		270	1835년 (헌종 원년)	朴兩玉	吳驗乭	• 1835년 12월 初6일에 유학 朴兩玉이 吳驗乭에게 논을 팔면서 발급한 明文 • 방매사유: 필요한 일이 있어서 • 소유경위: 傳來 • 대상: 二味老里 拱字 175畓 3負, 76畓 9束 1섬지기 • 가격: 錢文 39兩 • 畓主 自筆 유학 박양옥	56.1×36.7	591

순번	자료명	번호	작성년도	발급자	수취자	내용	크기	수록면
1	明文	271	1835년 (헌종 원년)	沈生員 宅 奴 太順	李進士 宅 奴 元福	• 1835년 12월 초6일에 沈生員 宅 奴 太順이 李進士 宅 奴 元福에게 밭을 팔면서 발급한 明文 • 방매사유: 댁에서 移買하기 위해서 • 대상: 大田 龍字 162分田 2負 3束 1섬지기 • 가격: 錢文 15兩 • 田主 自筆 沈生員 宅 奴 太順	62×38.1	592
		272	1835년 (헌종 원년)	李種般	李進士	• 1835년 12월 29일에 校洞에 거주하는 李種般이 北坪에 거주하는 李進士에게 논을 팔면서 발급한 明文 • 방매사유: 필요한 일이 있어서 • 소유경위: 傳來 • 대상: 石回 翔字 51畓 7負 6束, 44畓 8負 6束, 45分畓 6負 4束 등 • 가격: 錢文 140兩 • 참여자: 證人 連谷 金九漢	64.2×37.1	593
		273	1836년 (헌종 2)	沈生員 宅 奴 千得		• 1836년 2월에 沈生員 宅 奴 千得이 논을 팔면서 발급한 明文 • 방매사유: 필요한 일이 있어서 • 대상: 江陵 北亭洞面 沙田里 馬井 人字 1分畓 18負 3束 1섬지기 • 가격: 錢文 120兩 • 畓主 沈生員 宅 奴 千得	66.2×36	594
		274	1836년 (헌종 2)	朴秋成	李進士 宅 奴 鐵漢	• 1836년 3월 초1일에 朴秋成이 李進士 宅 奴 鐵漢에게 논을 팔면서 발급한 明文 • 방매사유: 필요한 일이 있어서 • 소유경위: 自起畓 • 대상: 麻田 歸字 63分畓 3負 5束 5마지기 • 가격: 錢文 24兩 • 참여자: 證筆 昔弼奎	50.8×30.4	595
		275	1836년 (헌종 2)	曺生員 宅 奴 愛分	李進士 宅 奴 性老	• 1836년 3월 29일에 曺生員 宅 奴 愛分이 李進士 宅 奴 性老에게 밭을 팔면서 발급한 明文 • 방매사유: 자신의 댁에서 필요한 일이 있어서 • 소유경위: 傳來 • 대상: 丁洞 潛字 225田 2負, 192田 7束 5마지기 • 가격: 錢文 15兩 • 참여자: 證人 李福立	71.5×43.7	596
		276	1836년 (헌종 2년)	夫人 崔氏, 子 童蒙 黃順	權奎榮	• 1836년 5월 초7일에 과부 夫人 崔氏와 그녀의 아들 黃順이 유학 權奎榮에게 밭을 팔면서 발급한 明文 • 방매사유: 과부로 지내던 중에 재앙을 당해 목숨을 구하기 위해서 • 소유경위: 傳來 • 대상: 馬井 皇字 18田 2卜 3束, 19田 2卜 6束 20마지기 • 가격: 錢文 15兩 • 참여자: 證人 喪人 黃之璣	47×38.7	597
		277	1836년 (헌종 2)	曺 奴 光助里	李 奴 元卜	• 1836년 8월 29일에 曺哥의 奴 光助里가 李哥의 奴 元卜에게 밭을 팔면서 발급한 明文 • 방매사유: 상전이 필요한 일이 있어서 • 소유경위: 買得 • 대상: 丁洞 潛字 215田 3束, 楮田, 감나무 한 그루 • 가격: 錢文 4兩 5戔 • 田主 曺 奴 光助里	56.5×37.8	598

순번	자료명	번호	작성년도	발급자	수취자	내용	크기	수록면
1	明文	278	1836년 (헌종 2)	金用楫	李鳳九	• 1836년 11월 20일에 金用楫이 李鳳九에게 전답 등을 팔면서 발급한 明文 • 방매사유: 잦은 흉년으로 빚이 쌓여서 • 소유경위: 分衿畓, 自己買得 家垈 • 대상: 石回 翔字 121畓 8負 4束 1섬지기, 同員 128畓 4負 4束 7마지기, 馬井 皇字 97畓 2負 6束, 98畓 2負 7束, 99分田 5負 9束 등 • 가격: 錢文 128兩 • 참여자: 證筆 李駿九	66×41.8	599
		279	1837년 (헌종 3)	李種德	金九漢	• 1837년 2월 12일에 畓主 自筆 李種德이 金九漢에게 논을 팔면서 발급한 明文 • 방매사유: 필요한 일이 있어서 • 소유경위: 傳來 • 대상: 仇味 食字 6分畓 4卜 10마지기 • 가격: 錢文 15兩 • 참여자: 證人 金漢宗	56.1×34.2	600
		280	1837년 (헌종 3)	金九漢	洪秋先	• 1837년 2월 15일에 畓主 自筆 金九漢이 洪秋先에게 논을 팔면서 발급한 明文 • 소유경위: 買得 • 대상: 食字 6分畓 4卜 10마지기 • 가격: 錢文 16兩 • 참여자: 訂 洪景大, 洪大哲	52.7×32.7	601
		281	1837년 (헌종 3)	申大坤	李義祚	• 1837년 4월 초1일에 申大坤이 李義祚에게 논을 팔면서 발급한 明文 • 소유경위: 買得 • 대상: 一伐列 月字 5畓 15負 8束 1섬 5마지기 • 가격: 錢文 80兩 • 참여자: 筆證 孫壽英	62.3×59.4	602
		282	1837년 (헌종 3)	李 奴 達得	李進士 宅 奴 釗老味	• 1837년 10월 15일에 李哥의 奴 達得이 李進士 宅 奴 釗老味에게 논을 팔면서 발급한 明文 • 방매사유: 상전 댁에서 필요한 일이 있어서 • 소유경위: 傳來 • 대상: 注樹 白字 88畓 7卜 1섬지기, 二仇羅味 鳴字 124畓 2卜, 132畓 5束 등 • 가격: 錢文 300兩 • 참여자: 證筆 李卜立	68.4×33.3	603
		283	1837년 (헌종 3)	金 奴 乭石	吳欽乭	• 1837년 12월 초9일에 金 奴 乭石이 吳欽乭에게 논을 팔면서 발급한 明文 • 방매사유: 자신의 댁에서 필요한 일이 있어서 • 소유경위: 買得 • 대상: 一味老里 拱字 78畓 1卜 6束, 79畓 3卜 2束 10마지기, 上沙火 體字 18畓 1卜 5마지기 • 가격: 錢文 32兩 • 畓主 自筆 金 奴 乭石	51.5×32.6	604
		284	1838년 (헌종 4)	孫繼榮	李義祚	• 1838년 12월 초 10일에 孫繼榮이 李義祚에게 논을 팔면서 발급한 明文 • 방매사유: 필요한 일이 있어서 • 소유경위: 買得 • 대상: 一伐列 月字 5畓 15負 8束 1섬 5마지기 • 가격: 錢文 35兩 • 畓主 孫繼榮	58.3×35.7	605

순번	자료명	번호	작성년도	발급자	수취자	내용	크기	수록면
1	明文	285	1839년 (헌종 5)	崔變	金	• 1839년 1월 13일에 유학 崔變이 金에게 논을 팔면서 발급한 明文 • 방매사유: 필요한 일이 있어서 • 소유경위: 傳來 • 대상: 筐只員 推字 86畓 8卜 7束 1섬 5마지기 • 가격: 錢文 50兩 • 畓主 自筆 유학 崔變	53.6×33.8	606
		286	1839년 (헌종 5)	李義祚	洪召史	• 1839년 1월 29일에 李義祚가 洪召史에게 논을 팔면서 발급한 明文 • 방매사유: 필요한 일이 있어서 • 소유경위: 自己買得 • 대상: 一伐列 月字 5畓 15負 8束 1섬 5마지기 • 가격: 錢文 45兩 • 참여자: 證人 侄 李鍾悳	62.3×59.4	607
		287	1839년 (헌종 5)	李道宗	李進士 宅 聖老	• 1839년 3월 晦日에 良人 李道宗이 李進士 宅 奴 聖老에게 논을 팔면서 발급한 明文 • 방매사유: 필요한 일이 있어서 • 소유경위: 自己買得 • 대상: 仇味 食字 107畓 3負 5束 10마지기 • 가격: 錢文 12兩 • 畓主 自筆 良人 李道宗	57.6×32.6	608
		288	1840년 (헌종 6)	朴生員 宅 奴 在明	李生員 宅 奴 順才	• 1840년 1월 20일에 朴生員 宅 奴 在明이 李生員 宅 奴 順才에게 논을 팔면서 발급한 明文 • 방매사유: 상전 댁에서 필요한 일이 있어서 • 소유경위: 買得 • 대상: 小臺 淡字 14畓 5負 1束 1섬지기 • 가격: 錢文 45兩 • 참여자: 證筆 柳生員 宅 奴 甲申	59×37.5	609
		289	1841년 (헌종 7)	曺生員 宅 奴 命天	權生員 宅 奴 尙玉	• 1841년 2월 초 8일에 曺生員 宅 奴 命天이 權生員 宅 奴 尙玉에게 전답을 팔면서 발급한 明文 • 방매사유: 상전 댁에서 필요한 일이 있어서 • 대상: 馬井 皇字 86田 5卜 5支, 88畓 8支, 90畓 1卜 5支 • 가격: 錢文 80兩 • 참여자: 證筆 喪人 嚴順玉	55.9×37	610
		290	1841년 (헌종 7)	金生員 宅 奴 喜得	沈生員 宅 奴 學守	• 1841년 11월 초10일에 金生員 宅 奴 喜得이 沈生員 宅 奴 學守에게 논을 팔면서 발급한 明文 • 방매사유: 상전 댁에서 換土하기 위해서 • 소유경위: 買得 • 대상: 二加南 吊字 92分畓 8負 4支 1섬지기 • 가격: 錢文 50兩 • 참여자: 證人 良人 鄭喆伊	53.2×33.1	611
		291	1841년 (헌종 7)	文夢大	金明叔	• 1841년 11월 24일에 文夢大가 金明叔에게 논을 팔면서 발급한 明文 • 방매사유: 필요한 일이 있어 빌려 쓴 50兩에 지금 이자까지 65兩을 갚을 길이 없어서 • 대상: 白字 74畓 1섬 5마지기 10卜 5支 • 가격: 65兩 • 참여자: 證筆 金昌祐	48.8×36	612

순번	자료명	번호	작성년도	발급자	수취자	내용	크기	수록면
1	明文	292	1841년 (헌종 7)	上典 沈	金龍夫	• 1841년 12월 15일에 上典 沈이 良人 金龍夫에게 논을 팔면서 발급한 明文 • 방매사유: 상전 댁에서 移賣하기 위해서 • 소유경위: 買得 • 대상: 小臺 河字 9分畓 5卜 4支 20마지기 • 가격: 錢文 60兩 • 참여자: 使喚奴 已萬	57.6×37	613
		293	1842년 (헌종 8)	崔 奴 光暹	崔先達	• 1842년 1월 17일에 崔哥의 奴 光暹이 崔先達에게 논을 팔면서 발급한 明文 • 방매사유: 필요한 일이 있어서 • 소유경위: 傳來 • 대상: 檢勿里 傷字 20畓 4負 5束, 同員 21畓 6卜 3束 1섬 10마지기 • 가격: 錢文 150兩 • 참여자: 證人 筆執 洪君澤	58.5×37.4	614
		294	1843년 (헌종 9)	朴宗華	朴文華	• 1843년 3월 초2일에 朴宗華가 朴文華에게 논을 팔면서 발급한 明文 • 방매사유: 필요한 일이 있어서 • 소유경위: 買得 • 대상: 直畝 鳥字 1畓 5卜 2束 20斗 • 가격: 錢文 65兩 • 참여자: 證筆 安宗云	60.7×37.2	615
		295	1843년 (헌종 9)	朴潤和	李進士 宅 奴 成魯	• 1843년 10월 14일에 朴潤和가 李進士 宅 奴 成魯에게 논을 팔면서 발급한 明文 • 방매사유: 畓主댁에서 零錢의 이자와 원금 아울러 90兩을 미납해서 • 대상: 外峰 麗字 154畓 15負 2束 20마지기 • 가격: 錢文 90兩 • 참여자: 證筆 朴喜和	55.9×36.4	616
		296	1843년 (헌종 9)	金進士 宅 奴 寬興	吳在春	• 1843년 10월 19일에 金進士 宅 奴 寬興이 吳在春에게 논을 팔면서 발급한 明文 • 방매사유: 자신의 댁에서 필요한 일이 있어서 • 대상: 沙火 一仇羅味 歸字 32畓 3負 2支, 51畓 3負 5支 1섬 5마지기 • 가격: 錢文 50兩 • 참여자: 證人 河生員 宅 奴 乭同	38×58.2	617
		297	1843년 (헌종 9)	洪山春	李進士 宅 奴 性魯	• 1843년 11월 초2일에 洪山春이 李進士 宅 奴 性魯에게 논을 팔면서 발급한 明文 • 방매사유: 필요한 일이 있어서 • 대상: 直畝 鳥字 10畓 13負 4束, 14畓 20負, 9分畓 22負 2束 內 17負 2束 등 합 50負 9束 5섬지기 • 가격: 錢文 300兩 • 참여자: 執筆 安致衡/證人 良人 朴取大	61.2×73.6	618
		298	1843년 (헌종 9)	李 奴 千石	李進士 宅 奴 性魯	• 1843년 11월 16일에 李哥의 奴 千石이 李進士 宅 奴 性魯에게 계집종을 팔면서 발급한 明文 • 방매사유: 필요한 일이 있어서 • 소유경위: 매득 • 대상: 婢 相節(나이 갑신생) • 가격: 錢文 50兩 • 참여자: 證筆 李 奴 甲生, 李 奴 達得	56.1×36.5	619

순번	자료명	번호	작성년도	발급자	수취자	내용	크기	수록면
1	明文	299	1844년 (헌종 10)	黃 奴 壬哲	金 奴 尙得	• 1844년 1월 17일에 黃哥의 奴 壬哲이 金哥의 奴 尙得에게 논을 팔면서 발급한 明文 • 방매사유: 宗中 논을 代土하기 위해서 • 소유경위: 宗中畓 • 대상: 丁洞 潛字 200畓 2負 4束, 分田 2負 10마지기 • 가격: 錢文 28兩 • 참여자: 證筆 黃 奴 守奉	58.5×31.6	620
		300	1844년 (헌종 10)	奴 仁哲	李進士 宅 奴 性魯	• 1844년 5월 9일에 奴 仁哲이 奴 性魯에게 사내종을 팔면서 발급한 明文 • 방매사유: 필요한 일이 있어서 • 소유경위: 傳來 • 대상: 奴 仁玉(나이 신사생), 노 인옥의 몸만 한정해서 방매 • 가격: 錢文 25兩	55.6×37.3	621
		301	1844년 (헌종 10)	安處祥 외 4인	李生員	• 1844년 9월 29일에 門中人 安處祥 등이 李生員에게 논을 팔면서 발급한 明文 • 방매사유: 문중에 불행한 일이 있어서 • 소유경위: 門中畓 • 대상: 河南面 二加南 吊字 152畓 5卜 10마지기 • 가격: 錢文 35兩 • 참여자: 門中人 安英喜, 安正敎, 安龍信, 安龍吉	55.7×36.5	622
		302	1844년 (헌종 10)	李甲三	河 奴 乭同	• 1844년 10월 26일에 連谷에 사는 李甲三이 沙火面에 사는 河哥의 奴 乭同에게 논을 팔면서 발급한 明文 • 방매사유: 필요한 일이 있어서 • 소유경위: 買得 • 대상: 二仇羅 鳴字 6畓 5卜 6支, 7畓 2卜 9支 正租 25마지기 • 가격: 錢文 55兩 • 참여자: 證人 金昌祐, 筆執 金鴻燮	56.2×47.2	623
		303	1844년 (헌종 10)	吳在春	李進士 宅 奴 性魯	• 1844년 10월 27일에 吳在春이 李進士 宅 奴 性魯에게 논을 팔면서 발급한 明文 • 방매사유: 필요한 일이 있어서 • 소유경위: 買得 • 대상: 二味老里 拱字 175畓 3卜, 76畓 9束 1섬지기, 78畓 1卜 6支, 79畓 3卜 2支 10마지기 등 • 가격: 錢文 110兩 • 참여자: 證人 河 奴 乭同, 筆執 李 奴 雲岳	60.5×66	624
		304	1844년 (헌종 10)	李甲三	李進士 宅 奴 性魯	• 1844년 10월 27일에 李甲三이 李進士 宅 奴 性魯에게 논을 팔면서 발급한 明文 • 방매사유: 필요한 일이 있어서 • 소유경위: 買得 • 대상: 二仇羅味 鳴字 6畓 5卜 6支, 7畓 2卜 9支 25마지기 • 가격: 錢文 55兩 • 참여자: 證筆 河 奴 乭同	54.7×34	625
		305	1844년 (헌종 10)	洪山春	李進士 宅 奴 性魯	• 1844년 11월 17일에 洪山春이 李進士 宅 奴 性魯에게 논을 팔면서 발급한 明文 • 방매사유: 필요한 일이 있어서 • 소유경위: 自己買得 • 대상: 直畝 官字 2畓 53負 6束 3섬지기, 9分畓 7負, 11畓 9負 1섬지기, 鳥字 19分畓 10負, 19畓 5負 8束 1섬지기 • 가격: 錢文 500兩 • 참여자: 證筆 李 奴 千石	61.1×74.4	626

순번	자료명	번호	작성년도	발급자	수취자	내용	크기	수록면
1	明文	306	1844년 (헌종 10)	沈生員 宅 奴 成局	李進士 宅 奴 成老	• 1844년 11월 18일에 沈生員 宅 奴 成局이 李進士 宅 奴 成老에게 전답을 팔면서 발급한 明文 • 방매사유: 자신의 댁에서 필요한 일이 있어서 • 소유경위: 傳來 • 대상: 船橋 羽字 41分畓 7束, 42田 9束, 44田 1卜 9束 10마지기 • 가격: 錢文 40兩 • 참여자: 證筆 金生員 奴 貴男	54.7×34.3	627
		307	1844년 (헌종 10)	金生員 宅 奴 雄財	李進士 宅 奴 性魯	• 1844년 11월 24일에 金生員 宅 奴 雄財가 李進士 宅 奴 性魯에게 논을 팔면서 발급한 明文 • 방매사유: 자신의 댁에서 필요한 일이 있어서 • 소유경위: 買得 • 대상: 筐只員 推字 86畓 8卜 7束 1섬 5마지기 • 가격: 錢文 90兩 • 참여자: 證人 韓 奴 春福	56.8×36.6	628
		308	1844년 (헌종 10)	金進士 宅 盛得	洪 奴 己釗	• 1844년 11월 29일에 金進士 宅 盛得이 洪哥의 奴 己釗에게 논을 팔면서 발급한 明文 • 방매사유: 搬移하여 代土하기 위해서 • 대상: 草枝 張字 6畓 5卜 7束, 93畓 5卜 6束 2섬지기 • 가격: 錢文 110兩 • 참여자: 證人 金壬福	52.2×36.1	629
		309	1844년 (헌종 10)	權生員 宅 奴 元千	李進士 宅 奴 福伊	• 1844년 12월 초7일에 權生員 宅 奴 元千이 李進士 宅 奴 福伊에게 논을 팔면서 발급한 明文 • 방매사유: 필요한 일이 있어서 • 소유경위: 傳來 • 대상: 蓴池 壹字 250畓 7束, 204畓 1卜 8束, 243畓 3束, 252畓 2束, 240畓 4束, 251畓 3束, 253畓 3束 등 • 가격: 錢文 210兩 • 참여자: 證筆 崔永玉	55×34.7	630
		310	1844년 (헌종 10)	李種德	李進士 宅 奴 性魯	• 1844년 12월 초9일에 田畓主 李種德이 船橋 李進士 宅 奴 性魯에게 전답을 팔면서 발급한 明文 • 방매사유: 필요한 일이 있어서 • 소유경위: 傳來田畓 • 대상: 仇味 駒字 5畓 5負 5束 등 • 가격: 錢文 540兩	109.4×60.1	631
		311	1844년 (헌종 10)	金 奴 尙得	李進士 宅 奴 性魯	• 1844년 12월 20일에 金哥의 奴 尙得이 李進士 宅 奴 性魯에게 전답을 팔면서 발급한 明文 • 방매사유: 필요한 일이 있어서 • 소유경위: 買得 • 대상: 丁洞 潛字 200畓 2負 4束, 分田 2負 10마지기 • 가격: 錢文 26兩 • 참여자: 證筆 黃 奴 守奉	54.8×34.4	632
		312	1844년 (헌종 10)	李 奴 宗衫	李 奴 順才	• 1844년 12월 21일에 李哥의 奴 宗衫이 李哥의 奴 順才에게 논을 팔면서 발급한 明文 • 방매사유: 상전 댁에서 代土하기 위해서 • 대상: 小臺 淡字 106畓 4負, 丁加畓 2支 1섬지기 • 가격: 錢文 70兩 • 畓主 自筆 李 奴 宗衫	51.8×32.6	633

순번	자료명	번호	작성년도	발급자	수취자	내용	크기	수록면
1	明文	313	1844년 (헌종 10)	金明叔	李進士 宅 奴 聖魯	• 1844년 12월 27일에 金明叔이 李進士 宅 奴 聖魯에게 논을 팔면서 발급한 明文 • 방매사유: 필요한 일이 있어서 • 소유경위: 買得 • 대상: 注樹 白字 74畓 10卜 5束 20마지기 • 가격: 錢文 30兩 • 참여자: 訂筆 金昌祐	54.5×34.7	634
		314	1844년 (헌종 10)	族祖 崔	族孫 崔	• 1844년 12월 28일에 族祖 崔가 族孫 崔에게 논을 팔면서 발급한 明文 • 방매사유: 필요한 일이 있어서 • 소유경위: 傳來 • 대상: 猪島 盈字 25畓 5卜 7支, 26畓 4卜 2支 1섬 10마지기 • 가격: 錢文 105兩 • 참여자: 證筆 金宗珏	49.3×29.1	635
		315	1845년 (헌종 11)	嚴道恒	李生員 宅 奴 鐵大	• 1845년 10월 20일에 嚴道恒이 李生員 宅 奴 鐵大에게 논을 팔면서 발급한 明文 • 방매사유: 필요한 일이 있어서 • 소유경위: 自己買得 • 대상: 小臺 淡字 37畓 5卜 4束 20마지기 • 가격: 錢文 80兩 • 畓主 自筆 엄도항	51.2×33.5	636
		316	1845년 (헌종 11)	金次彔	李進士 宅 奴 性魯	• 1845년 11월 26일에 金次彔이 李進士 宅 奴 性魯에게 논을 팔면서 발급한 明文 • 방매사유: 필요한 일이 있어서 • 대상: 一仇羅味 歸字 33畓 3負 4束, 34畓 5負 20마지기 • 가격: 錢文 80兩 • 참여자: 證筆 河 奴 忠福	53.3×34.1	637
		317	1845년 (헌종 11)	洪夢濟	李進士 宅 奴 成老	• 1845년 11월 26일에 洪夢濟가 李進士 宅 奴 成老에게 논을 팔면서 발급한 明文 • 방매사유: 필요한 일이 있어서 • 소유경위: 自己畓 • 대상: 仇味 食字 100畓 8卜, 94畓 3卜 8支 25마지기 • 가격: 錢文 80兩 • 참여자: 證人 河 奴 忠福, 洪有九/筆執 崔鳳朝	53.3×33.7	638
		318	1845년 (헌종 11)	金學璡	李進士 宅 奴 成魯	• 1845년 12월 초7일에 金學璡이 李進士 宅 奴 成魯에게 논을 팔면서 발급한 明文 • 방매사유: 필요한 일이 있어서 • 소유경위: 自己買得 • 대상: 後多日亭子 及字 77畓 10負 8支 2섬지기 • 가격: 錢文 130兩 • 참여자: 證人 朴貞玉	62.7×60.8	639
		319	1845년 (헌종 11)	金鉉五	金志彔	• 1845년 12월 초9일에 金鉉五가 金志彔에게 논을 팔면서 발급한 明文 • 방매사유: 필요한 일이 있어 移賣하기 위해서 • 소유경위: 買得 • 대상: 小臺 河字 9分畓 5卜 4支 20마지기 • 가격: 錢文 70兩 • 참여자: 證人 卞得和, 自筆 金鉉九	56.5×35.1	640

순번	자료명	번호	작성년도	발급자	수취자	내용	크기	수록면
1	明文	320	1845년 (헌종 11)	邊斗集	李 奴 盛老	• 1845년 12월 15일에 邊斗集이 李哥의 奴 盛老에게 논을 팔면서 발급한 明文 • 방매사유: 필요한 일이 있어서 • 소유경위: 買得, 傳來 • 대상: 丁洞面 石回 翔字 40畓 2負, 41畓 17負 2束, 2作 1섬 10마지기 • 가격: 錢文 210兩 • 참여자: 畓主 自筆 邊斗集, 證人 閔 奴 莫德	53.4×34	641
		321	1845년 (헌종 11)	崔 奴 戊山	李進士 宅 奴 性魯	• 1845년 12월 26일에 崔哥의 奴 戊山에게 李進士 宅 奴 性魯에게 논을 팔면서 발급한 明文 • 방매사유: 필요한 일이 있어서 • 소유경위: 買得 • 대상: 猪島 盈字 25畓 5負 7支, 26畓 4負 2支 25마지기 • 가격: 錢文 120兩 • 참여자: 證人 金仁守	53.3×33.8	642
		322	1845년 (헌종 11)	黃 奴 守奉	李 奴 時男	• 1845년 12월에 黃哥의 奴 守奉이 李哥의 奴 時男에게 밭을 팔면서 발급한 明文 • 방매사유: 자신의 댁에서 필요한 일이 있어서 • 소유경위: 傳來 • 대상: 船橋 羽字 91田 5負 1束, 雜種 감나무 1그루, 兒桑 3그루 • 가격: 錢文 35兩 • 田主 自筆 黃 奴 守奉	52.3×31.5	643
		323	1846년 (헌종 12)	權生員 宅 奴 {加/口}{礻+弗}釗	李進士 宅	• 1846년 1월 18일에 權生員 宅 奴 {加/口}{礻+弗}釗가 李進士 宅에 논을 팔면서 발급한 明文 • 방매사유: 상전 댁에서 필요한 일이 있어서 • 소유경위: 傳來 • 대상: 無限樹 始字 5分畓 10卜 4束 20마지기 • 가격: 錢文 130兩 • 참여자: 證人 金松伊	52.8×32.9	644
		324	1846년 (헌종 12)	洪 奴 吉釗	金鉉五	• 1846년 2월 초7일에 洪哥의 奴 吉釗가 金鉉五에게 논을 팔면서 발급한 明文 • 방매사유: 상전 댁에서 긴요하게 사용할 데가 있어서 • 소유경위: 傳來 • 대상: 禾里洞 來字 2畓 13負 4束, 5畓 8束 등 1섬 10마지기 • 가격: 錢文 145兩 • 참여자: 證筆 洪 奴 乙申, 洪仲瞻, 朴 奴 萬大	54.7×34.6	645
		325	1847년 (헌종 13)	金 奴 貴先	李 奴 聖老	• 1847년 1월 20일에 金哥의 奴 貴先이 李哥의 奴 聖老에게 논을 팔면서 발급한 明文 • 방매사유: 댁에서 換土하기 위해서 • 소유경위: 買得 • 대상: 翔字 29畓 7負 5束, 30畓 6負 3束 2섬지기 • 가격: 錢文 155兩 • 참여자: 證人 曺 奴 業龍	53.5×36.3	646
		326	1847년 (헌종 13)	權 奴 丁得	李 奴 己得	• 1847년 1월 21일에 權哥의 奴 丁得이 李哥의 奴 己得에게 논을 팔면서 발급한 明文 • 방매사유: 댁에서 필요한 일이 있어서 • 소유경위: 傳來 • 대상: 一加南 虞字 91畓 13卜 3束 2섬지기 • 가격: 錢文 190兩 • 畓主 權 奴 丁得	51.5×34.1	647

순번	자료명	번호	작성년도	발급자	수취자	내용	크기	수록면
1	明文	327	1847년 (헌종 13)	金奴喜得	李奴先男	• 1847년 1월 29일에 金哥의 奴 喜得이 李哥의 奴 先男에게 논을 팔면서 발급한 明文 • 방매사유: 상전 댁에서 代土하기 위해서 • 소유경위: 買得 • 대상: 石回 翔字 29畓 7負 5束, 30畓 6負 3支 2섬지기 • 가격: 錢文 155兩 • 참여자: 證筆 私奴 金舜男	55×36.5	648
		328	1847년 (헌종 13)	洪秋先	李進士 宅 奴 性老	• 1847년 2월 초6일에 洪秋先이 李進士 宅 奴 性老에게 논을 팔면서 발급한 明文 • 방매사유: 잘못 사서 • 대상: 仇味 食字 6分畓 4卜 10마지기 • 가격: 錢文 60兩(潛賣人 金光律에게서 推覓) • 참여자: 潛賣人 金光律	47.2×61.1	649
		329	1847년 (헌종 13)	大宅 鶴守	小宅 奴 鳳守	• 1847년 12월 초4일에 大宅 鶴守가 小宅 奴 鳳守에게 논을 팔면서 발급한 明文 • 소유경위: 상전 댁의 外宅에서 물려 받은 논 • 대상: 二加南 唐字 104畓 5負 2束 • 가격: 錢文 40兩 • 畓主 筆證 大宅 鶴守	50.7×33.4	650
		330	1847년 (헌종 13)	金奴貴先	李進士 宅 奴 性老	• 1847년 12월 초8일에 金哥의 奴 貴先이 李進士 宅 奴 性老에게 논을 팔면서 발급한 明文 • 방매사유: 자신의 댁에서 換土하기 위해서 • 소유경위: 買得 • 대상: 石回員 翔字 29畓 7負 5束, 30畓 6負 3束 2섬지기 • 가격: 錢文 155兩 • 참여자: 證人 私奴 順男	54×26.9	651
		331	1848년 (헌종 14)	金龍甫	洪 奴 己釗	• 1848년 1월 26일에 金龍甫가 洪哥의 奴 己釗에게 논을 팔면서 발급한 明文 • 방매사유: 필요한 일이 있어서 • 소유경위: 買得 • 대상: 禾里洞 來字 2畓 13負 4束, 5畓 8束, 6畓 2負 8束 등 • 가격: 錢文 155兩 • 참여자: 證筆 金鉉九, 證人 高明如	47.3×60.1	652
		332	1848년 (헌종 14)	金先達 秀英	李進士 宅 奴 性魯	• 1848년 5월 초6일에 金秀英 先達이 李進士 宅 奴 性魯에게 鹽田을 팔면서 발급한 明文 • 방매사유: 필요한 일이 있어서 • 소유경위: 傳來 • 대상: 見召 荒字 大鹽田 1곳 • 가격: 錢文 110兩 • 참여자: 證筆 薛啓相	57.9×33.3	653
		333	1848년 (헌종 14)	張永吉	李進士 宅	• 1848년 7월 19일에 유학 張永吉이 李進士 宅에게 계집종을 팔면서 발급한 明文 • 방매사유: 가난하기 때문에 • 소유경위: 전래받은 婢 • 대상: 婢 路今(나이 기축생), 婢 路古(나이 임진생) • 가격: 錢文 220兩 • 婢主 白筆 유학 장영길	61×40.4	654

순번	자료명	번호	작성년도	발급자	수취자	내용	크기	수록면
1	明文	334	1848년 (헌종 14)	朴生員 宅 奴 八男	李進士 宅 奴 性魯	• 1848년 12월 15일에 朴生員 宅 奴 八男이 李進士 宅 奴 性魯에게 논을 팔면서 발급한 明文 • 소유경위: 自己買得 • 대상: 上沙火 體字 142畓 2負 1支, 143畓 1負, 143分畓 1負 5支 등 합 4섬 10마지기 24負 2束 • 가격: 錢文 320兩 • 참여자: 證人 崔永玉	74.9×58.8	655
		335	1849년 (헌종 15)	全 奴 伊孫		• 1849년 2월 16일에 全哥의 奴 伊孫이 논을 팔면서 발급한 明文 • 방매사유: 상전 댁에서 필요한 일이 있어서 • 소유경위: 傳來 • 대상: 尊池 邇字 70畓 10負 3束, 67畓 3負 3束, 69畓 1負 7束 2섬지기 • 가격: 錢文 135兩 • 참여자: 證筆 崔 奴 小德男	58.5×29.5	656
		336	1849년 (헌종 15)	李 奴 奉得	李進士 宅 奴 聖魯	• 1849년 5월 초8일에 李哥의 奴 奉得이 李進士 宅 奴 聖魯에게 논을 팔면서 발급한 明文 • 방매사유: 댁에서 필요한 일이 있어서 • 소유경위: 衿得 • 대상: 直畝 官字 4畓 6卜 1支, 5畓 6卜 1支 1섬지기 • 가격: 錢文 105兩 • 참여자: 證人 閔 奴 莫德	52.4×33.5	657
		337	1849년 (헌종 15)	沈生元 宅 庚立	李進士 宅奴	• 1849년 11월 28일에 沈生員 宅 庚立이 李進士 宅 奴에게 논을 팔면서 발급한 明文 • 방매사유: 필요한 일이 있어서 • 소유경위: 買得 • 대상: 小臺 河字 9分畓 5負 4支 20마지기 • 가격: 錢文 69兩 • 참여자: 證人 林壬春	50.9×35.5	658
		338	1849년 (헌종 15)	權 奴 就萬	李 奴 春奉	• 1849년 12월 초3일에 權哥의 奴 就萬이 李哥의 奴 春奉에게 논을 팔면서 발급한 明文 • 방매사유: 상전 댁에서 필요한 일이 있어서 • 대상: 石回 朔字 124畓 13卜 7支 20마지기 • 가격: 錢文 96兩 • 참여자: 證人 林仁倍, 薛允祚	53.5×36.7	659
		339	1849년 (헌종 15)	李 奴 順才	崔 婢 桂月	• 1849년 12월 초 9일에 李哥의 奴 順才가 崔哥의 婢 桂月에게 논을 팔면서 발급한 明文 • 방매사유: 필요한 일이 있어서 • 소유경위: 買得 • 대상: 丁洞 鱗字 32分畓 5卜 3束 1섬 5마지기 • 가격: 錢文 110兩 • 참여자: 證人 權處瑞	51.1×32.7	660
		340	1849년 (헌종 15)	朴 奴 戌釗	李 奴 聖賚	• 1849년 12월 초10일에 朴哥의 奴 戌釗가 李哥의 奴 聖賚에게 논을 팔면서 발급한 明文 • 방매사유: 상전 댁에서 필요한 일이 있어서 • 소유경위: 傳來 • 대상: 直畝 鳥字 6畓 9卜 8束 1섬 5마지기 • 가격: 錢文 85兩 • 참여자: 證人 崔 奴 禮辰	51.7×35.4	661

순번	자료명	번호	작성년도	발급자	수취자	내용	크기	수록면
1	明文	341	1850년 (철종 원년)	舍兄	舍弟 云伊	• 1850년 11월 16일에 舍兄이 舍弟 云伊에게 草家를 팔면서 발급한 明文 • 방매사유: 搬移하기 위해서 • 대상: 거주하던 草家 11칸 • 가격: 錢文 40兩 • 참여자: 證人 筆執 李哲得	49.3×33.5	662
		342	1850년 (철종 원년)	曺 奴 愛分	李進士 宅 奴 性老	• 1850년 12월 13일에 曺哥의 奴 愛分이 李進士 宅 奴 性老에게 밭을 팔면서 발급한 明文 • 방매사유: 상전 댁에서 필요한 일이 있어서 • 소유경위: 買得 • 대상: 德臺洞 松田의 소나무와 산, 丁洞 潛字 219田 1負 3束 • 가격: 錢文 30兩 • 참여자: 證筆 權 奴 大興	51.3×31.1	663
		343	1850년 (철종 원년)	奴 乙石	大宅 奴 性老	• 1850년 12월 20일에 奴 乙石이 大宅 奴 性老에게 사내종을 팔면서 발급한 明文 • 방매사유: 필요한 일이 있어서 • 소유경위: 전래받은 婢 福禮의 4소생 • 대상: 奴 仁哲(나이 을유생) • 가격: 錢文 25兩	54.6×38.1	664
		344	1851년 (철종 2)	洪明完	李進士 宅 奴 成老	• 1851년 11월 30일에 洪明完이 李進士 宅 奴 成老에게 논을 팔면서 발급한 明文 • 방매사유: 필요한 일이 있어서 • 소유경위: 衿得 • 대상: 一伐列 月字 5畓 15負 8束 20마지기 • 가격: 錢文 105兩 • 참여자: 證筆 李潤治	54.7×57.8	665
		345	1851년 (철종 2)	全孟玉, 叔 夢喜	李進士 宅 奴 性魯	• 1851년 12월 初8일에 全孟玉과 숙부 夢喜가 李進士 宅 奴 性魯에게 논을 팔면서 발급한 明文 • 방매사유: 垈土하기 위해서 • 소유경위: 傳來 • 대상: 江湖坪 耆老所 2섬지기 • 가격: 錢文 150兩 • 참여자: 證人 河 奴 充福	57.7×55	666
		346	1851년 (철종 2)	金生員 宅 奴 興甲	李進士 宅 奴 順才	• 1851년 12월 16일에 金生員 宅 奴 興甲이 李進士 宅 奴 順才에게 논을 팔면서 발급한 明文 • 방매사유: 댁에서 필요한 일이 있어서 • 소유경위: 買得 • 대상: 上沙火 率字 56畓 2卜 6支, 175畓 4卜 8支, 100分畓 7卜 5支 2섬지기 • 가격: 錢文 180兩 • 참여자: 證筆 河生員 奴 忠卜	54.4×37	667
		347	1852년 (철종 3)	姜 奴 卜立	沈 奴 業丹	• 1852년 1월 20일에 姜哥의 奴 卜立이 沈哥의 奴 業丹에게 논을 팔면서 발급한 明文 • 소유경위: 상전의 외조모 傳來 • 대상: 沙器 伏字 67畓 3卜 9束 10마지기 • 가격: 錢文 62兩 • 참여자: 證人 崔 奴 順男, 筆執 金 奴 龍丹	53.1×36.2	668

순번	자료명	번호	작성년도	발급자	수취자	내용	크기	수록면
1	明文	348	1852년 (철종 3)	李晉溥	李祖漢	• 1852년 11월 초7일에 畓主 自筆 李晉溥가 李祖漢에게 논을 팔면서 발급한 明文 • 방매사유: 필요한 일이 있어서 • 소유경위: 衿得 傳來 • 대상: 船橋 羽字 34畓 13負 2束, 小臺 談字 23畓 10負 4束 1섬 10마지기 • 가격: 錢文 150兩 • 畓主 自筆 李晉溥	52.8×36.9	669
		349	1852년 (철종 3)	權生員 宅 奴 世傑	金生員 宅 奴 石	• 1852년 11월 초10일에 權生員 宅 奴 世傑이 金生員 宅 奴 石에게 전답을 팔면서 발급한 明文 • 방매사유: 상전 댁에서 필요한 일이 있어서 • 소유경위: 買得 • 대상: 馬井 皇字 86田 5卜 5支, 88畓 8支, 90畓 1卜 5支 • 가격: 錢文 120兩 • 참여자: 證筆 崔生員 宅 奴 丁先	53.5×35.8	670
		350	1852년 (철종 3)	朴文華	洪 奴 己釗	• 1852년 11월 16일에 朴文華가 洪哥의 奴 己釗에게 논을 팔면서 발급한 明文 • 방매사유: 필요한 일이 있어서 • 대상: 一加南 吊字 171畓 7卜, 同員 62畓 5卜 4支 2섬지기 • 가격: 錢文 120兩 • 참여자: 證筆 金日奉	51.7×35.8	671
		351	1852년 (철종 3)	閔氏門中俱會 閔國斌, 閔宗秀, 閔晋秀	進士 李祖漢	• 1852년 11월 27일에 閔氏문중에서 진사 李祖漢에게 논을 팔면서 발급한 明文 • 방매사유: 문중에서 필요한 일이 있어서 • 소유경위: 傳來 • 대상: 二加南 吊字 96畓 9負 2束 2섬지기 • 가격: 錢文 60兩 • 閔氏門中俱會 閔國斌, 閔宗秀, 閔晋秀	52.1×36.7	672
		352	1852년 (철종 3)	金生員 宅 奴 小封當釗	李進士 宅 奴 盛賚	• 1852년 12월 22일에 金生員 宅 奴 小封當釗가 李進士 宅 奴 盛賚에게 논을 팔면서 발급한 明文 • 방매사유: 자신의 댁에서 換土하기 위해서 • 대상: 船橋 羽字 38分畓 5卜 6支 10마지기 • 가격: 錢文 72兩 • 참여자: 證筆 黃生員宅 奴 壽奉	52×37	673
		353	1853년 (철종 4)	金 奴 莚石	李進士 宅 奴 性魯	• 1853년 1월 22일에 金哥의 奴 莚石이 李進士 宅 奴 性魯에게 전답을 팔면서 발급한 明文 • 방매사유: 상전 댁에서 代土하기 위해서 • 소유경위: 買得 • 대상: 馬井 皇字 86田 5卜 5支, 88畓 8支, 90畓 1卜 5支 20마지기 • 가격: 錢文 125兩 • 참여자: 證筆 金 奴 癸石, 朴 奴 後奉	61.2×37.3	674
		354	1853년 (철종 4)	崔 奴 千德	李進士 宅 奴 聖老	• 1853년 2월 초10일에 崔哥의 奴 千德이 李進士 宅 奴 聖老에게 논을 팔면서 발급한 明文 • 방매사유: 자신의 댁에서 필요한 일이 있어서 • 대상: 公所乃 知字 耆老所畓 1섬 5마지기 8卜 8支 • 가격: 錢文 70兩 • 畓主 自筆 崔 奴 千德	37×53	675

순번	자료명	번호	작성년도	발급자	수취자	내용	크기	수록면
1	明文	355	1853년 (철종 4)	李 奴 得每, 德立	李進士 宅 奴 性魯	• 1853년 4월 27일에 羽溪에 사는 李哥의 奴 得每와 德立이 李進士 宅 奴 性魯에게 논을 팔면서 발급한 明文 • 방매사유: 문중에서 필요한 일이 있어서 • 소유경위: 傳來 • 대상: 護根松 食字 39畓 6負 9束, 39分畓 1負 5束 1섬지기 • 가격: 錢文 75兩 • 참여자: 證筆 李 奴 奉男	53.3×36.1	676
		356	1853년 (철종 4)	崔 奴 日每	李 奴 壬得	• 1853년 11월 13일에 崔哥의 奴 日每가 李哥의 奴 壬得에게 논을 팔면서 발급한 明文 • 방매사유: 자신의 댁에서 필요한 일이 있어서 • 소유경위: 買得 • 대상: 船橋 羽字 37畓 3卜 2束, 38畓 5卜 9束, 38分畓 2卜 7束 1섬 5마지기 • 가격: 錢文 108兩 • 畓主 崔 奴 日每	52.5×34.2	677
		357	1854년 (철종 5)	金進士 宅 奴 官興	李進士 宅 奴 聖魯	• 1854년 7월 초4일에 金進士 宅 奴 官興이 李進士 宅 奴 聖魯에게 밭을 팔면서 발급한 明文 • 방매사유: 자신의 상전 댁에서 필요한 일이 있어서 • 대상: 上沙火員 率字 196分田 9束, 185田 1負 5束 1섬지기 • 가격: 錢文 37兩 • 참여자: 證人 河 奴 乭同	52.6×34	678
		358	1854년 (철종 5)	李 奴 己得	李進士 宅	• 1854년 10월 13일에 李哥의 奴 己得이 李進士 宅에 논을 팔면서 발급한 明文 • 방매사유: 자신의 댁에서 필요한 일이 있어서 • 대상: 一加南 處字 91畓 13卜 3束 2섬지기 • 가격: 錢文 210兩 • 畓主 李 奴 己得	47.3×60.3	679
		359	1854년 (철종 5)	崔仲秀	洪 奴 己釗	• 1854년 12월 17일에 崔仲秀가 洪哥의 奴 己釗에게 논을 팔면서 발급한 明文 • 방매사유: 필요한 일이 있어서 • 소유경위: 買得 • 대상: 丁洞 鱗字 32分畓 5卜 3束 1섬 5마지기 • 가격: 錢文 140兩 • 참여자: 證人 張少章	49.5×34.4	680
		360	1854년 (철종 5)	朴生員 宅 奴 忠男	李生員 宅 奴 哲大	• 1854년 12월 24일에 朴生員 宅 奴 忠男이 李生員 宅 奴 哲大에게 전답을 팔면서 발급한 明文 • 방매사유: 상전 댁에서 필요한 일이 있어서 • 소유경위: 傳來 • 대상: 直畝 鳥字 2畓 7負 8束 20마지기, 3畓 2負 3束, 4田 4束 10마지기 • 가격: 錢文 260兩 • 참여자: 證筆 辛生員 宅 奴 擔夫, 證人 孫元明	66.9×62	681
		361	1854년 (철종 5)	崔漢鳳	李進士 宅	• 1854년 12월 24일에 崔漢鳳이 李進士 宅에게 전답을 팔면서 발급한 明文 • 방매사유: 필요한 일이 있어서 • 소유경위: 買得 • 대상: 巨勿里 場字 20畓 4卜 5束, 同員 21畓 6卜 3束 1섬 10마지기, 阿橋 貞字 67田 2卜 7束 1섬지기 • 가격: 錢文 180兩	52.3×36.7	682

순번	자료명	번호	작성년도	발급자	수취자	내용	크기	수록면
1	明文	362	1855년 (철종 6)	崔生員 宅 奴 貴卜	金生員 宅 奴 己云	• 1855년 1월 초10일에 崔生員 宅 奴 貴卜이 金生員 宅 奴 己云에게 논을 팔면서 발급한 明文 • 방매사유: 상전 댁에서 代土하기 위해서 • 대상: 山北 成字 138畓 20卜 5支, 27畓 4卜, 37畓 2支, 36畓 4卜 7支 正租 3섬 5마지기 • 가격: 錢文 530兩 • 참여자: 畓主 自筆 崔生員 宅 奴 貴卜, 證人 申有成	51.4×35	683
		363	1855년 (철종 6)	金進士 宅 奴 再得	李進士 宅 奴 聖魯	• 1855년 4월 27일에 金進士 宅 奴 再得이 李進士 宅 奴 聖魯에게 밭을 팔면서 발급한 明文 • 방매사유: 댁에서 필요한 일이 있어서 • 소유경위: 傳來 • 대상: 上沙火 率字 196分田 9束 5마지기, 집 뒤 산길의 동쪽 松田(青龍부터 軟分 宅의 뒤 松田 경계까지) • 가격: 錢文 20兩 • 참여자: 證筆 河生員 宅 奴 乭洞	52.5×36.7	684
		364	1855년 (철종 6)	沈 奴 鳳守	洪 奴 己釗	• 1855년 10월 초10일에 沈哥의 奴 鳳守가 洪哥의 奴 己釗에게 논을 팔면서 발급한 明文 • 소유경위: 상전 댁에서 買得 • 대상: 二加南 唐字 104畓 5負 2束 1섬지기 • 가격: 錢文 90兩 • 畓主 沈 奴 鳳守	57.3×35.5	685
		365	1855년 (철종 6)	崔大鉉	金佶	• 1855년 12월 24일에 崔大鉉이 金佶에게 전답을 팔면서 발급한 明文 • 방매사유: 搬移하기 위해서 • 소유경위: 買得 • 대상: 乾川 罪字 4畓 1卜 9支, 5畓 5卜 4支 2섬지기와 26田 2卜 9支 5마지기 등 • 가격: 錢文 270兩 • 참여자: 證筆 유학 姜聖雲	63.9×37.3	686
		366	1856년 (철종 7)	崔 奴 奉伊	金華瑞	• 1856년 3월 13일에 崔哥의 奴 奉伊가 金華瑞에게 밭을 팔면서 발급한 明文 • 방매사유: 자신의 댁에서 필요한 일이 있어서 • 소유경위: 自起買得 • 대상: 一加南 虞字 1分田 2負, 2田 5負 3束, 加田 1負 2섬지기 • 가격: 錢文 50兩 • 참여자: 證人 全明甫, 筆執 崔元實	54×36.7	687
		367	1856년 (철종 7)	仁英	霜錄	• 1856년 3월 26일에 族 仁英이 族弟 霜錄에게 陳荒地를 팔면서 발급한 明文 • 방매사유: 필요한 일이 있어서 • 대상: 沙器幕 安息洞員 陳荒 臣字 127畓 續結 1負, 128畓 2負 5束 • 가격: 기재되지 않음 • 陳慶主 族 仁英	49.6×34.4	688
		368	1856년 (철종 7)	張箕鉉	全明七	• 1856년 9월 초4일에 張箕鉉이 全明七에게 논을 팔면서 발급한 明文 • 방매사유: 필요한 일이 있어서 • 소유경위: 買得 • 대상: 一加南 虞字 35畓 20마지기 7負 3支 • 가격: 錢文 190兩 • 참여자: 證筆 全成斗	53.9×35.4	689

순번	자료명	번호	작성년도	발급자	수취자	내용	크기	수록면
1	明文	369	1857년 (철종 8)	沈 奴 鳳守	李生員 宅 奴 時男	• 1857년 3월 초3일에 沈生員 宅 奴 鳳守가 李生員 宅 奴 時男에게 논을 팔면서 발급한 明文 • 방매사유: 자신의 댁에서 필요한 일이 있어서 • 소유경위: 買得 • 대상: 二加南 吊字 92分畓 8負 4支 1섬지기 • 가격: 錢文 100兩 • 畓主 自筆 沈生員 宅 奴 鳳守	41.1×54.3	690
		370	1857년 (철종 8)	崔 奴 壬丹	宋明華	• 1857년 12월 28일에 崔哥의 奴 壬丹이 宋明華에게 논을 팔면서 발급한 明文 • 방매사유: 자신의 댁에서 필요한 일이 있어서 • 대상: 小臺 淡字 16畓 5卜 4束, 19畓 1卜 3支, 20畓 3卜 9束, 21畓 7束 2섬 5마지기 • 가격: 錢文 280兩 • 참여자: 證人 朴夢俊	56.9×34.2	691
		371	1858년 (철종 9)	金 奴 貴立	安吉源	• 1858년 3월 26일에 金哥의 奴 貴立이 書堂의 稧有司 安吉源에게 草家를 팔면서 발급한 明文 • 방매사유: 필요한 일이 있어서 • 대상: 草家 6칸 • 가격: 錢文 23兩 5戔 • 참여자: 筆執 林英源	54.4×37.3	692
		372	1858년 (철종 9)	德潢	通川 堂叔	• 1858년 5월 20일에 堂侄 德潢이 通川에 거주하는 堂叔에게 草家를 팔면서 발급한 明文 • 방매사유: 移居하기 위해서 • 대상: 草家 8칸 • 가격: 錢文 30兩 • 참여자: 證筆 安致衡	63.4×59.1	693
		373	1858년 (철종 9)	金乙男	沈生員 宅 三忠	• 1858년 11월 20일에 金乙男이 沈生員 宅 三忠에게 논을 팔면서 발급한 明文 • 방매사유: 필요한 일이 있어서 • 소유경위: 傳來 • 대상: 船橋 羽字 8畓 5負 20마지기 • 가격: 錢文 185兩 • 참여자: 畓主 證筆 金乙男, 證人 沈 奴 雲奉	44.9×42.4	694
		374	1858년 (철종 9)	書堂 契首 宅 奴 俊萬	李通川 宅 奴 丁大	• 1858년 12월 21일에 書堂 契首 宅 奴 俊萬이 李通川 宅 의 奴 丁大에게 草家를 팔면서 발급한 明文 • 방매사유: 필요한 일이 있어서 • 소유경위: 買得 • 대상: 草家 6칸 • 가격: 錢文 20兩 • 참여자: 筆執 林英芝	55×34.7	695
		375	1859년 (철종 10)	沈 奴 取同	李通川 宅	• 1859년 2월 초9일에 沈哥의 奴 取同이 李通川 宅에게 논을 팔면서 발급한 明文 • 방매사유: 필요한 일이 있어서 • 대상: 放海亭 앞 湖邊 新起畓 1마지기 • 가격: 錢文 2兩 5戔 • 참여자: 證人 安致衡	34.8×41.3	696

순번	자료명	번호	작성년도	발급자	수취자	내용	크기	수록면
1	明文	376	1859년 (철종 10)	宋明華	洪 奴 己釗	• 1859년 11월 20일에 宋明華가 洪哥의 奴 己釗에게 논을 팔면서 발급한 明文 • 방매사유: 필요한 일이 있어서 • 대상: 小坮 淡字 16畓 5負 4束, 19畓 1負 3束, 20畓 3負 9束, 21畓 7束 2섬 5마지기 • 가격: 錢文 290兩 • 참여자: 畓主 自筆 宋明華, 證人 崔允憲	54.8×36.2	697
1	明文	377	1859년 (철종 10)	金 奴 癸奉	金 奴 己云	• 1859년 12월 15일에 金哥의 奴 癸奉이 金哥의 奴 己云에게 논을 팔면서 발급한 明文 • 방매사유: 상전 댁에서 필요한 일이 있어서 • 소유경위: 買得 • 대상: 山北 成字 116畓 4負 6支 10마지기 • 가격: 錢文 115兩 • 참여자: 證筆 咸 奴 丁梅	53.1×36.5	698
1	明文	378	1860년 (철종 11)	李 奴 己得	辛 奴 癸立	• 1860년 閏3월 초6일에 李哥의 奴 己得이 辛哥의 奴 癸立에게 논을 팔면서 발급한 明文 • 방매사유: 자신의 댁에서 필요한 일이 있어서 • 소유경위: 買得 • 대상: 船橋 羽字 38畓 5負 9束, 37畓 3負 2束, 38分畓 2負 7束 20마지기 • 가격: 錢文 220兩 • 참여자: 證筆 曺 奴 貴孫	32.5×27.9	699
1	明文	379	1861년 (철종 12)	李 奴 小俊萬	李通川 宅 奴	• 1861년 2월 초7일에 畓主 自筆 李哥의 奴 小俊萬이 李通川 宅 奴에게 논을 팔면서 발급한 明文 • 방매사유: 자신의 댁에서 필요한 일이 있어서 • 소유경위: 自己冒耕 • 대상: 鏡湖邊 畓 2마지기 • 가격: 錢文 6兩 • 참여자: 證人 崔幸孫	65.2×37	700
1	明文	380	1862년 (철종 13)	李生員 宅 奴 鐵大	洪 奴 己釗	• 1862년 11월 13일에 李生員 宅 奴 鐵大가 洪哥의 奴 己釗에게 논을 팔면서 발급한 明文 • 방매사유: 자신의 댁에서 필요한 일이 있어서 • 소유경위: 買得 • 대상: 小臺 淡字 137畓 5卜 4支 1섬 5마지기 • 가격: 錢文 185兩 • 참여자: 證筆 沈生員 奴 應萬	53.5×34.3	701
1	明文	381	1862년 (철종 13)	李 奴 丁云	李 奴 丁今	• 1862년 12월20일에 李哥의 奴 丁云이 李哥의 奴 丁今에게 논을 팔면서 발급한 明文 • 방매사유: 필요한 일이 있어서 • 소유경위: 傳來 • 대상: 方洞 民字 110畓 7卜 7束, 111畓 1卜 6束 2作 40마지기 • 가격: 錢文 270兩 • 自筆 畓主 李 奴 丁云	72.6×42	702
1	明文	382	1862년 (철종 13)	李 奴 丁云	尹 奴 春分	• 1862년 12월 20일에 李哥의 奴 丁云이 尹哥의 奴 春分에게 논을 팔면서 발급한 明文 • 방매사유: 필요한 일이 있어서 • 소유경위: 傳來 • 대상: 方洞 民字 115畓 10卜 2束 20마지기 • 가격: 錢文 130兩 • 自筆 畓主 李 奴 丁云	55.3×34.4	703

순번	자료명	번호	작성년도	발급자	수취자	내용	크기	수록면
1	明文	383	1863년 (철종 14)	崔生員 宅 奴 小業伊	洪 奴 己釗	• 1863년 2월 17일에 崔生員 宅 奴 小業伊가 洪 奴 己釗에게 논을 팔면서 발급한 明文 • 방매사유: 필요한 일이 있어서 • 소유경위: 買得 • 대상: 直畝 官字 45分畓 10마지기 7負 • 가격: 錢文 95兩 • 참여자: 訂人 全國彛	56×35.2	704
		384	1863년 (철종 14)	沈生員 宅 奴 雪奉	洪 奴 己釗	• 1863년 4월 초3일에 沈生員 宅 奴 雪奉이 洪哥의 奴 己釗에게 밭을 팔면서 발급한 明文 • 방매사유: 필요한 일이 있어서 • 소유경위: 傳來 • 대상: 禾里 來字 4田 5束 5마지기 • 가격: 錢文 10兩 • 참여자: 證筆 李生員 宅 奴 庚得	33.2×36.6	705
		385	1863년 (철종 14)	金生員 宅 奴 順白	李生員 宅 奴 時男	• 1863년 12월 29일에 金生員 宅 奴 順白이 李生員 宅 奴 時男에게 전답을 팔면서 발급한 明文 • 방매사유: 搬移, 換土하기 위해서 • 소유경위: 買得 • 대상: 乾川 罪字 4畓 1卜 9支, 5畓 5卜 4支 2섬지기와 26田 2卜 9支 5마지기, 감나무 1그루, 밤나무 2그루, 뽕나무 3그루 • 가격: 錢文 250兩 • 참여자: 證筆 金生員 宅 奴 花春	56.2×36.2	706
		386	1865년 (고종 2)	權召史	權仲西	• 1865년 1월 20일에 畓主 權召史가 權仲西에게 논을 팔면서 발급한 明文 • 방매사유: 필요한 일이 있어서 • 소유경위: 傳來畓 • 대상: 楡木亭 禿山 罔字 2섬지기 4卜 5支 • 가격: 錢文 115兩 • 참여자: 證人 朴云先, 筆執 李性宗	63.1×40.9	707
		387	1865년 (고종 2)	李 奴 捧孫	劉 奴 丁大	• 1865년 11월 16일에 李哥의 奴 捧孫이 劉哥의 奴 丁大에게 논을 팔면서 발급한 明文 • 방매사유: 봉손의 댁에서 필요한 일이 있어서 • 소유경위: 傳來 • 대상: 聲谷 金字 201畓 5負 2束, 愁里洞 來字 20畓 4卜 8支 合 2섬지기, 直畝 鳥字 1畓 5卜 2支 등 • 가격: 錢文 850兩 • 참여자: 證人 筆執 權 奴 占得/ 證人 崔 奴 明大	70.8×46.1	708
		388	1866년 (고종 3)	金 奴 壬得	張 奴 一萬	• 1866년 1월 16일에 金哥의 奴 壬得이 張哥의 奴 一萬에게 논을 팔면서 발급한 明文 • 방매사유: 상전 댁에서 필요한 일이 있어서 • 소유경위: 買得 • 대상: 內谷 結字 96畓 5負 3束 20마지기 • 가격: 錢文 103兩 • 참여자: 證人筆 李 奴 甲福	51.9×37.2	709
		389	1867년 (고종 4)	李召史	元兵房 元瑞	• 1867년 3월 15일에 李召史가 元兵房의 元瑞에게 家舍를 팔면서 발급한 明文 • 대상: 李班首가 거주하는 家舍 8칸 • 가격: 錢文 65兩 • 참여자: 員商 接長人 金淳澤, 證人 全敬八	53×34.7	710

순번	자료명	번호	작성년도	발급자	수취자	내용	크기	수록면
1	明文	390	1868년 (고종 5)	門長 宅 李 奴 俊萬, 奴 戊知, 奴 分今	沈進士 宅 奴 得孫	• 1868년 1월 22일에 門長 宅 李哥의 奴 俊萬 등이 沈進士 宅 奴 得孫에게 논을 팔면서 발급한 明文 • 소유경위: 상전 댁의 문중에서 買得 • 대상: 一加南 處字 40畓 7卜 2束 1섬지기 • 가격: 錢文 250兩	50×33.2	711
		391	1868년 (고종 5)	徐明淑	崔惠文	• 1868년 2월 21일에 徐明淑이 崔惠文에게 草家를 팔면서 발급한 明文 • 방매사유: 移去하기 위해서 • 대상: 새롭게 成造한 草家 6칸 • 가격: 錢文 160兩 • 참여자: 證筆 金文宗	56.2×37.3	712
		392	1868년 (고종 5)	朴 婢 用禮	李 奴 石分	• 1868년 11월 18일에 朴哥의 婢 用禮가 李哥의 奴 石分에게 논을 팔면서 발급한 明文 • 방매사유: 자신의 댁에서 필요한 일이 있어서 • 소유경위: 傳來 • 대상: 蘆洞 遐字 78畓 4負 10마지기 • 가격: 錢文 85兩 • 참여자: 證筆 李 奴 小㖯妹	52.4×35.3	713
		393	1868년 (고종 5)	崔 奴 己同	崔 奴 小北龍	• 1868년 12월 20일에 崔哥의 奴 己同이 崔哥의 奴 小北龍에게 논을 팔면서 발급한 明文 • 방매사유: 상전 댁에서 필요한 일이 있어서 • 소유경위: 傳來 • 대상: 松岩 鹹字 41畓 19負 4支 2섬지기 • 가격: 錢文 330兩 • 참여자: 證筆 金 奴 仁釗	53.1×35	714
		394	1869년 (고종 6)	金 奴 元大	金 奴 今得	• 1869년 4월 25일에 金哥의 奴 元大가 金哥의 奴 今得에게 전답을 팔면서 발급한 明文 • 방매사유: 자신의 댁에서 필요한 일이 있어서 • 소유경위: 傳來 • 대상: 詩洞 道字 81畓 4負 2束, 82畓 3負 5束, 85田 1負 6束, 83畓 20負 1束 3섬지기 등 • 가격: 錢文 1760兩 • 참여자: 畓主 自筆 金 奴 元大, 證人 崔 奴 占孫	90.8×58.7	715
		395	1869년 (고종 6)	朴 奴 龍禮	金 奴 今得	• 1869년 5월 12일에 江陵에 사는 朴哥의 奴 龍禮가 館井洞에 거주하는 金哥의 奴 今得에게 논을 팔면서 발급한 明文 • 소유경위: 상전 댁에서 傳來 • 대상: 魯澗 列字 58畓 21負 4束 1섬 10마지기, 申石 周字 69畓 12負 2束 1섬지기 • 가격: 錢文 520兩 • 참여자: 執筆 江陵 李 奴 百萬, 證人 江陵 李 奴 萬乭, 崔 奴 萬今	99.7×58.2	716
		396	1869년 (고종 6)	李 奴 時男	金 奴 今得	• 1869년 5월 21일에 河南面 雁峴에 거주하는 李哥의 奴 時男이 서울 館井洞에 거주하는 金哥의 奴 今得에게 논을 팔면서 발급한 明文 • 소유경위: 買得, 傳來 • 대상: 二加南 吊字 92分畓 8負 4束 1섬지기, 乾川 罪字 4畓 1負 9束, 5畓 5負 4束 등 • 가격: 錢文 500兩 • 참여자: 證人 李 奴 萬乭, 證筆 李 奴 萬守	63.9×36.4	717

순번	자료명	번호	작성년도	발급자	수취자	내용	크기	수록면
1	明文	397	1870년 (고종 7)	崔 奴 北龍	金 奴 乙乭	• 1870년 10월 초4일에 崔哥의 奴 北龍이 金哥의 奴 乙乭에게 논을 팔면서 발급한 明文 • 방매사유: 상전 댁에서 필요한 일이 있어서 • 소유경위: 買得 • 대상: 松岩 醎字 41畓 19卜 4支 2섬지기 • 가격: 錢文 315兩 • 참여자: 自筆 崔 奴 雪梅, 證人 李 奴 逢鐵	51.3×35.1	718
		398	1872년 (고종 9)	金 奴 乙乭	洪 奴 己釗	• 1872년 1월 24일에 金哥의 奴 乙乭이 洪哥의 奴 己釗에게 논을 팔면서 발급한 明文 • 방매사유: 상전 댁에서 필요한 일이 있어서 • 소유경위: 買得 • 대상: 松巖 醎字 41畓 2섬지기 19負 4支 • 가격: 錢文 320兩 • 대상자: 證人 閔 奴 龍奉	47.4×57.7	719
		399	1872년 (고종 9)	金 奴 乙乭	洪 奴 己釗	• 1872년 11월 14일에 金哥의 奴 乙乭이 洪哥의 奴 己釗가 논을 팔면서 발급한 明文 • 방매사유: 필요한 일이 있어서 • 소유경위: 買得 • 대상: 松巖 醎字 41畓 19負 4束 2섬지기 • 가격: 錢文 320兩 • 참여자: 證筆 閔 奴 龍成	56.4×39.1	720
		400	1872년 (고종 9)	沈 奴 貴萬	崔 奴 吉奉	• 1872년 12월 29일에 沈哥의 奴 貴萬이 崔哥의 奴 吉奉에게 논을 팔면서 발급한 明文 • 방매사유: 필요한 일이 있어서 • 소유경위: 傳來 • 대상: 小坮 阿字 39分畓 3負, 淡字 91畓 6負 5束 등 • 가격: 錢文 290兩 • 참여자: 證人 朴宗漢, 筆執 沈 奴 三得	70×63.6	721
		401	1873년 (고종 10)	崔 奴 萬卜	高 奴 庚寅	• 1873년 11월 28일에 崔哥의 奴 萬卜이 高哥의 奴 庚寅에게 논을 팔면서 발급한 明文 • 방매사유: 자신의 댁에서 필요한 일이 있어서 • 소유경위: 買得 • 대상: 蘆洞 遐字 118畓 7卜 3束 1섬 5마지기 • 가격: 錢文 200兩 • 畓主 崔 奴 萬卜 自筆	55×34.4	722
		402	1873년 (고종 10)	李附卿	全岱五	• 1873년 12월 초10일에 유학 李附卿이 全岱五에게 논을 팔면서 발급한 明文 • 방매사유: 필요한 일이 있어서 • 소유경위: 傳來 • 대상: 瓦店 垂字 29畓 6卜 5束, 同員 25畓 3卜 등 • 가격: 錢文 470兩 • 참여자: 證筆 유학 全在義	56.1×61.6	723
		403	1874년 (고종 11)	金喜模	尹載莘	• 1874년 10월 16일에 金喜模가 尹載莘에게 家垈를 팔면서 발급한 明文 • 방매사유: 필요한 일이 있어서 • 소유경위: 買得 • 대상: 上巨文里 量字 麻田 3마지기, 同員 二日耕 結卜 6負 8束 등, 草家 6칸 • 가격: 錢文 120兩 • 참여자: 證人 李元甫, 筆執 崔士文	58.2×38.2	724

순번	자료명	번호	작성년도	발급자	수취자	내용	크기	수록면
1	明文	404	1874년 (고종 11)	黃 奴 小壬哲	洪 奴 己釗	• 1874년 11월에 黃哥의 奴 小壬哲이 洪哥의 奴 己釗에게 전답을 팔면서 발급한 明文 • 방매사유: 상전이 換土하기 위해서 • 소유경위: 買得田畓 • 대상: 船橋 羽字 91田 5負 1支, 감나무 5그루, 直畝 官字 45分畓 7負 • 가격: 錢文 240兩 • 참여자: 訂筆 黃 奴 守奉	53.5×33.8	725
		405	1876년 (고종 13)	李 奴 石丹	李通川 宅 奴 萬俊	• 1876년 2월 21일에 李哥의 奴 石丹이 李通川 宅의 奴 萬俊에게 草家를 팔면서 발급한 明文 • 방매사유: 필요한 일이 있어서 • 대상: 草家 6칸 • 가격: 錢文 28兩 • 家主 李 奴 石丹	51.8×34.8	726
		406	1876년 (고종 13)	金 奴 順男, 金 奴 春福	金 奴 今得	• 1876년 11월 20일에 金哥의 奴 順男과 春福이 金哥의 奴 今得에게 논을 팔면서 발급한 明文 • 방매사유: 필요한 일이 있어서 • 소유경위: 買得 • 대상: 瓦店 垂字 29畓 6負 5束, 同員 25畓 3負 등 • 가격: 錢文 1350兩 • 참여자: 證人 吳 奴 順得, 筆執 朴 奴 小甲福	70.4×46.7	727
		407	1876년 (고종 13)	宋 奴 得伊	白 奴 十月釗	• 1876년 12월 초7일에 宋哥의 奴 得伊가 白哥의 奴 十月釗에게 家垈田畓을 팔면서 발급한 明文 • 방매사유: 상전 댁에서 필요한 일이 있어서 • 소유경위: 買得 • 대상: 大田 龍字 153分田 2卜 9束, 同員田 2卜 5束, 166田 1卜 1束, 167田 2卜 등, 家山, 桑果木, 楮田 등 • 가격: 錢文 550兩 • 참여자: 證筆 沈 奴 莫大	97.6×60.2	728
		408	1877년 (고종 14)	李禹吉	全士德	• 1877년 4월 13일에 李禹吉이 全士德에게 草家를 팔면서 발급한 明文 • 방매사유: 移去하기 위해서 • 소유경위: 買得 • 대상: 草家 7間 • 가격: 錢文 150兩 • 참여자: 證人 朴德守, 筆執 金元吉	55.7×37.3	729
		409	1877년 (고종 14)	辛仁默	權應洙	• 1877년 11월 21일에 유학 辛仁默이 유학 權應洙에게 家垈 등을 팔면서 발급한 明文 • 방매사유: 移居하기 위해서 • 소유경위: 買得 • 대상: 瓦家 10間, 垈田 無限樹員 始字 30田 9負 8束, 35田 5負 4束 등 • 가격: 錢文 650兩 • 참여자: 證筆 유학 權星洙	97.9×61.2	730
		410	1877년 (고종 14)	沈 奴 道成	李通川 宅 奴 釗老	• 1877년 11월 23일에 沈哥의 奴 道成이 李通川 宅 奴 釗老에게 논을 팔면서 발급한 明文 • 소유경위: 傳來 • 대상: 二加南 吊字 58畓 4卜 5支, 69畓 2卜 8支, 52畓 6卜 1섬 10마지기 • 가격: 錢文 250兩 • 참여자: 證筆 沈 奴 應萬	48.7×35.1	731

순번	자료명	번호	작성년도	발급자	수취자	내용	크기	수록면
1	明文	411	1878년 (고종 15)	門長 欽元, 宗孫 宅洙, 有司 欽坤	宋氏門中	• 1878년 3월에 門長 欽元 등이 宋氏門中에게 전답을 팔면서 발급한 明文 • 방매사유: 필요한 일이 있어서 • 소유경위: 古來 • 대상: 大田 龍字 61畓 1負, 62畓 3負 6束, 61分田 2負 20마지기 • 가격: 錢文 200兩	54.5×33.9	732
		412	1878년 (고종 15)	宋化澤	金先達	• 1878년 4월 14일에 宋化澤이 金先達에게 전답을 팔면서 발급한 明文 • 방매사유: 필요한 일이 있어서 • 소유경위: 傳來 • 대상: 大田 龍字 61畓 1卜, 62畓 3卜 6束, 61分田 2卜 20마지기 • 가격: 錢文 200兩 • 참여자: 證筆 崔乃彦	54.8×32.6	733
		413	1878년 (고종 15)	金生員 宅 奴 岳釗	金 奴 今得	• 1878년 4월 14일에 金生員 宅 奴 岳釗가 金哥의 奴 今得에게 논을 팔면서 발급한 明文 • 방매사유: 자신의 댁에서 필요한 일이 있어서 • 소유경위: 傳來 • 대상: 德實 章字 30畓 1섬 10마지기 10負 8束 • 가격: 錢文 240兩 • 畓主 玉街 金生員 宅 奴 岳釗	68×44	734
		414	1878년 (고종 15)	金商基	京主人	• 1878년 12월 초7일에 金商基가 京主人에게 논을 팔면서 발급한 明文 • 방매사유: 경주인의 錢을 出用한지 오래됐는데 준비하여 갚을 길이 없었는데 마침 大宅에서 허급해 주어서 • 대상: 注樹 白字 63畓 1卜 9支, 加畓 2卜, 庚加畓 4卜 2섬지기 • 가격: 錢文 250兩 • 참여자: 證筆 崔乃星	53.4×33.9	735
		415	1879년 (고종 16)	崔 奴 吉奉	崔 奴 忠得	• 1879년 2월 27일에 崔哥의 奴 吉奉이 崔哥의 奴 忠得에게 논을 팔면서 발급한 明文과 치부 기록 • 방매사유: 자신의 댁에서 필요한 일이 있어서 • 소유경위: 買得 • 대상: 小坮 阿字 39分畓 3負, 淡字 91畓 6負 5束 등 • 가격: 錢文 450兩 • 畓主 崔 奴 吉奉 • 치부 문서는 기묘년 2월에 작성된 것으로 舊畓主 崔 奴 吉奉의 성명과 結卜數가 기록됨	53×35.7(明文) 14.2×8.2(치부)	736
		416	1879년 (고종 16)	李 奴 忠福	金 奴 今得	• 1879년 12월 초2일에 李哥의 奴 忠福이 金哥의 奴 今得에게 전답 및 가대를 팔면서 발급한 明文 • 방매사유: 필요한 일이 있어서 • 소유경위: 買得 • 대상: 林塘 冬字 33分田 3卜 5束, 3分田 3卜, 同字 36田 2卜, 加田 7束, 同字 加田 1卜 6束 등, 기와집 11칸, 행랑 초가 5칸 등 • 가격: 錢文 2800兩 • 田畓及家岱主 江陵 盤谷 李 奴 忠福	98.3×62.4	737

순번	자료명	번호	작성년도	발급자	수취자	내용	크기	수록면
1	明文	417	1879년 (고종 16)	尹 奴 春剡	李 奴 丁今	• 1879년 12월 24일에 尹哥의 奴 春剡이 李哥의 奴 丁今에게 논을 팔면서 발급한 明文 • 방매사유: 필요한 일이 있어서 • 소유경위: 買得 • 대상: 方洞 民字 115畓 10卜 2支 20마지기 • 가격: 錢文 180兩 • 참여자: 證筆 昔 奴 戊男	52×35.8	738
		418	1880년 (고종 17)	白 奴 十月釗	沈 奴 尙奉	• 1880년 2월 초6일에 白哥의 奴 十月釗가 沈哥의 奴 尙奉에게 家垈田畓 등을 팔면서 발급한 明文 • 방매사유: 필요한 일이 있어서 • 소유경위: 買得 • 대상: 大田 龍字員 53田 5卜 4支, 144田 2卜 7支, 133田 2支, 166田 1卜 1支, 167田 2卜, 168田 6支, 28畓 8支, 29畓 1卜 7支, 師字員 1田 1卜 7支 등 • 가격: 錢文 550兩 • 참여자: 證筆 權 奴 德釗	97.8×60.7	739
		419	1880년 (고종 17)	金鍾九	李進士 宅 奴 正萬	• 1880년 12월 20일에 賣畓主 金鍾九가 李進士 宅 奴 正萬에게 논을 팔면서 발급한 明文 • 방매사유: 移買하기 위해서 • 소유경위: 買得畓 • 대상: 丁洞 潛字 17畓 9束 등 • 가격: 錢文 9910兩 • 참여자: 證筆 李淸瑞	126.3×77.3	740
		420	1881년 (고종 18)	洪在璿	李進士 宅 奴 正萬	• 1881년 6월 16일에 洪在璿이 李進士 宅 奴 正萬에게 논을 팔면서 발급한 明文 • 방매사유: 필요한 일이 있어서 • 소유경위: 買得 • 대상: 丁洞 潛字 105畓 2負 7支 등 • 가격: 錢文 2900兩 • 참여자: 證筆 崔先達 宅 奴 春乭	74×46.7	741
		421	1881년 (고종 18)	洪在璿		• 1881년 6월 16일에 洪在璿이 논을 팔면서 발급한 明文 • 방매사유: 필요한 일이 있어서 • 소유경위: 買得 • 대상: 禾里洞 來字 24畓 11負 9支, 小坮 淡字 31分畓 3負 1支 2섬 2마지기 • 가격: 錢文 280兩 • 참여자: 證筆 崔先達 宅 奴 春乭	71.8×45.5	742
		422	1881년 (고종 18)	沈生員 宅 奴 尙奉	李通川 宅 奴 正萬	• 1881년 6월 22일에 沈生員 宅 奴 尙奉이 李通川 宅 奴 正萬에게 家垈田畓 등을 팔면서 발급한 明文 • 방매사유: 자신의 상전 댁에서 移買하기 위해서 • 소유경위: 買得 • 대상: 大田 龍字員 53田 5負 4束, 144田 2負 7束, 133田 2束, 166田 1負 1束, 167田 2負, 168田 6束, 28畓 8束, 29畓 1負 7束, 師字員 1田 1負 7束 등 • 가격: 錢文 550兩 • 참여자: 證人 曺生員 宅 奴 貴孫, 筆執 沈生員 宅 奴 石乭	100.1×63.8	743

순번	자료명	번호	작성년도	발급자	수취자	내용	크기	수록면
1	明文	423	1882년 (고종 19)	朴 奴 丁山	李 奴 三石乭	• 1882년 3월 초7일에 朴哥의 奴 丁山이 李哥의 奴 三石乭에게 논을 팔면서 발급한 明文 • 방매사유: 필요한 일이 있어서 • 소유경위: 買得 • 대상: 狐孔 乃字 51畓 10卜 8束 1섬지기 • 가격: 錢文 170兩 • 참여자: 證人 金 奴 萬乭	38.6×43.8	744
		424	1883년 (고종 20)	崔 婢 桂月	崔 奴 允孫	• 1883년 2월 초10일에 崔哥의 婢 桂月이 崔哥의 奴 允孫에게 논을 팔면서 발급한 明文 • 방매사유: 자신의 댁에서 代土하기 위해서 • 소유경위: 傳來 • 대상: 直畝 官字 15分畓 1섬 5마지기 12卜 4束 • 가격: 錢文 95兩 • 畓主 崔 婢 桂月	56.5×36.1	745
		425	1883년 (고종 20)	大宅	新宅	• 1883년 4월 초5일에 大宅이 新宅에게 논을 팔면서 발급한 明文 • 방매사유: 자신의 댁에서 移賣하기 위해서 • 소유경위: 傳來 • 대상: 禾里洞 來字 55畓 4負 5束, 56畓 4負 9束 1섬 10마지기 • 가격: 錢文 270兩 • 畓主 大宅	72.9×45.5	746
		426	1883년 (고종 20)	尹載莘	金象瑜	• 1883년 9월 초9일에 尹載莘이 金象瑜에게 家垈를 팔면서 발급한 明文 • 방매사유: 필요한 일이 있어서 • 소유경위: 買得 • 대상: 上巨文里 量字員 草家 6間, 麻田 3마지기, 同員 2日耕 結卜 6負 8束 등 • 가격: 錢文 120兩 • 참여자: 證人 金泰溶, 尹廣莘/筆執 金象鉉	54.4×36.3	747
		427	1884년 (고종 21)	權仲西	崔百淳	• 1884년 10월 16일에 畓主 權仲西가 崔百淳에게 논을 팔면서 발급한 明文 • 방매사유: 필요한 일이 있어서 • 소유경위: 買得畓 • 대상: 楡木亭 禿山 罔字員 2섬지기 4卜 5支 • 가격: 錢文 200兩 • 참여자: 證人 金明和, 筆執 李性彦	64.6×42.9	748
		428	1884년 (고종 21)	高 奴 三德	李 奴 順男	• 1884년 11월 3일에 高哥의 奴 三德이 李哥의 奴 順男에게 논을 팔면서 발급한 明文 • 방매사유: 자신의 댁에서 필요한 일이 있어서 • 소유경위: 買得 • 대상: 芦洞 遐字 118畓 10마지기 3負 6束 • 가격: 錢文 75兩 • 참여자: 證筆 尹 奴 五男	48.3×31.5	749
		429	1884년 (고종 21)	宋華深	宋秉斗	• 1884년 11월 16일에 宋華深이 宋秉斗에게 논을 팔면서 발급한 明文 • 방매사유: 필요한 일이 있어서 • 대상: 大田 龍字 50畓 14卜 7束 20마지기 • 가격: 錢文 350兩 • 참여자: 證筆 朴表人	34.6×35.9	750

순번	자료명	번호	작성년도	발급자	수취자	내용	크기	수록면
1	明文	430	1885년 (고종 22)	崔燉奎	辛 奴 元得	• 1885년 4월 초7일에 崔燉奎가 辛哥의 奴 元得에게 논을 팔면서 발급한 明文 • 방매사유: 상전이 필요한 일이 있어서 • 소유경위: 昨年 12월에 還退한 畓 • 대상: 法界 地字 37畓 1負 8束, 43畓 3負 2束, 51分畓 3負, 55畓 4負, 41分畓 5束 등 2섬지기 • 가격: 錢文 400兩 • 畓主 自筆 崔燉奎	69×44.9	751
		431	1885년 (고종 22)	崔潤珏	李通川 宅 奴	• 1885년 4월 초9일에 崔潤珏이 李通川 宅의 奴에게 논을 팔면서 발급한 明文 • 소유경위: 傳來 • 대상: 一味老里 道字 45畓 1負 8束, 46分畓 9負 6束 20마지기 • 가격: 錢文 180兩 • 畓主 崔潤珏	33.5×35.2	752
		432	1885년 (고종 22)	沈 奴 道成	李 奴 再哲	• 1885년 12월 초2일에 沈哥의 奴 道成이 李哥의 奴 再哲에게 논을 팔면서 발급한 明文 • 방매사유: 자신의 댁에서 필요한 일이 있어서 • 소유경위: 傳來 • 대상: 船橋 羽字 8畓 5負 20마지기 • 가격: 錢文 130兩 • 참여자: 證筆 崔 奴 性寬	50.7×37.5	753
		433	1885년 (고종 22)	金進士 宅 奴 大福	吳召史	• 1885년 12월 21일에 金進士 宅 奴 大福이 吳召史에게 전답을 팔면서 발급한 明文 • 방매사유: 자신의 댁에서 移買하기 위해서 • 소유경위: 傳來 • 대상: 禾里洞 來字 69畓 9負 4束, 92田 1負 1束 1섬 10마지기 • 가격: 錢文 430兩 • 畓主 金進士 宅 奴 大福	51.1×37.1	754
		434	1886년 (고종 23)	柳 婢 順愛	李 奴 德男	• 1886년 1월 20일에 柳哥의 婢 順愛가 李哥의 奴 德男에게 논을 팔면서 발급한 明文 • 방매사유: 자신의 댁에서 필요한 일이 있어서 • 소유경위: 買得 • 대상: 小坮 河字 30畓 5卜 1束 20마지기 • 가격: 錢文 80兩 • 참여자: 證筆 宋 奴 朴暹	64×42	755
		435	1886년 (고종 23)	全士德	崔百淳	• 1886년 2월 초8일에 全士德이 崔百淳에게 草家를 팔면서 발급한 明文 • 방매사유: 移去하기 위해서 • 소유경위: 買得 • 대상: 草家 7칸 • 가격: 錢文 162兩 • 참여자: 證人 金善汝, 筆執 趙必善	65.3×42.6	756
		436	1887년 (고종 24)	陳岩伊	李 奴 德男	• 1887년 1월 12일에 陳岩伊가 李哥의 奴 德男에게 논을 팔면서 발급한 明文 • 방매사유: 필요한 일이 있어서 • 소유경위: 買得 • 대상: 船橋 羽字 1分畓 3負 5支, 小坮 河字 39畓 4負 7支 20마지기 • 가격: 錢文 240兩 • 참여자: 證筆 沈 奴 乙山	52.1×33.8	757

순번	자료명	번호	작성년도	발급자	수취자	내용	크기	수록면
1	明文	437	1887년 (고종 24)	李 奴 順男	朴 奴 貴乭	• 1887년 1월 18일에 李哥의 奴 順男이 朴哥의 奴 貴乭에게 논을 팔면서 발급한 明文 • 방매사유: 자신의 댁에서 필요한 일이 있어서 • 소유경위: 買得 • 대상: 芦洞 退字 118畓 10마지기 3負 6束 • 가격: 錢文 70兩 • 참여자: 證筆 李 奴 千石	50.2×30.1	758
		438	1887년 (고종 24)	金 奴 乙孫	宋 奴 得伊	• 1887년 12월 초2일에 金哥의 奴 乙孫이 宋哥의 奴 得伊에게 논을 팔면서 발급한 明文 • 방매사유: 필요한 일이 있어서 • 소유경위: 買得 • 대상: 一助山 火字 40分畓 20마지기 8負 8支 • 가격: 錢文 340兩 • 참여자: 證人 朴 奴 乭用	60.9×62.3	759
		439	1887년 (고종 24)	金 奴 乭孫	宋 奴 得伊	• 1887년 12월 20일에 金哥의 奴 乭孫이 宋哥의 奴 得伊에게 논을 팔면서 발급한 明文 • 방매사유: 상전 댁에서 代土하기 위해서 • 소유경위: 買得 • 대상: 大田 師字 88畓 12卜 8支 2섬지기 • 가격: 錢文 430兩 • 畓主 自筆 金 奴 乭孫	51×57.3	760
		440	1888년 (고종 25)	崔門釗	金門釗	• 1888년 12월 16일에 崔門釗가 金門釗에게 논을 팔면서 발급한 明文 • 방매사유: 宗中에서 필요한 일이 있어서 • 소유경위: 買得 • 대상: 蘆洞 戒字 150畓 1卜 7支, 還起畓 5支 10마지기 • 가격: 錢文 100兩 • 證筆 金 奴 丁乭	46×35.9	761
		441	1889년 (고종 26)	金象瑜	崔百淳	• 1889년 3월 15일에 金象瑜가 崔百淳에게 家垈 등을 팔면서 발급한 明文 • 방매사유: 필요한 일이 있어서 • 소유경위: 買得 • 대상: 上巨文里 量字員 草家 6間, 麻種子 3마지기, 同員 2日耕 結卜 6負 8束 등 • 가격: 錢文 165兩 • 참여자: 證人 崔應吉, 金思明/筆執 尹子益	56.2×37.4	762
		442	1889년 (고종 26)	全在鳳	李佐郎 宅	• 1889년 11월 14일에 全在鳳이 李佐郎 宅에게 논을 팔면서 발급한 明文 • 소유경위: 傳來 • 대상: 一加南 虞字 35畓 20마지기 7負 3束 • 가격: 錢文 350兩 • 참여자: 證人 車完孫	58×37.1	763
		443	1889년 (고종 26)	張 奴 壹萬	洪 奴 小己釗	• 1889년 12월 19일에 張哥의 奴 壹萬이 洪哥의 奴 小己釗에게 논을 팔면서 발급한 明文 • 방매사유: 자신의 댁에서 換土하기 위해서 • 소유경위: 買得 • 대상: 內谷 結字 96畓 5負 3束 20마지기 • 가격: 錢文 400兩 • 참여자: 證筆 金 奴 順祚	53.3×37.5	764

순번	자료명	번호	작성년도	발급자	수취자	내용	크기	수록면
1	明文	444	1890년 (고종 27)	洪禹成	金 奴 貴男	• 1890년 1월에 洪禹成이 金哥의 奴 貴男에게 논을 팔면서 발급한 明文 • 방매사유: 필요한 일이 있어서 • 소유경위: 買得 • 대상: 松巖 鹹字 41畓 19負 4束 2섬지기 • 가격: 錢文 550兩 • 참여자: 畓主 自筆 洪禹成, 證人 鄭 奴 丁卜	42.9×19.9	765
		445	1890년 (고종 27)	洪禹成		• 1890년 1월 초4일에 洪禹成이 논을 팔면서 발급한 明文 • 방매사유: 필요한 일이 있어서 • 소유경위: 傳來 • 대상: 草枝 張字 6畓 5卜 7束, 同員 93畓 5卜 6束 2섬지기 • 가격: 錢文 350兩 • 참여자: 證筆 沈 奴 石乭	55.7×36.7	766
		446	1890년 (고종 27)	南星熙	閔輔國 宅 奴 福伊	• 1890년 9월에 畓主 南星熙가 閔輔國 宅 奴 福伊에게 논을 팔면서 발급한 明文 • 방매사유: 필요한 일이 있어서 • 대상: 강릉 진부면 하진부에 있는 信字 5畓 1섬지기 5負, 同字 23畓 5마지기 1負, 同字 24畓 10마지기 2負, 直洞 使字 53畓 1섬 5마지기 10負, 同字 51畓 1섬지기 5負 등 • 가격: 錢文 16600兩 • 참여자: 證人 任源鎬, 筆執 朴聖進	98.9×61.7	767
		447	1890년 (고종 27)	郭 奴 小乙暹	辛 奴 春每	• 1890년 11월 14일에 郭哥의 奴 小乙暹이 辛哥의 奴 春每에게 논을 팔면서 발급한 明文 • 방매사유: 필요한 일이 있어서 • 소유경위: 買得 • 대상: 沙器幕 安息洞 臣字 127畓 續結 1負, 128畓 2負 5支 • 가격: 錢文 185兩 • 筆執 辛 奴 春每	37.6×29.9	768
		448	1890년 (고종 27)	崔 奴 巖釗	李佐郎 宅 奴	• 1890년 11월 27일에 崔哥의 奴 巖釗가 李佐郎 宅의 奴에게 논을 팔면서 발급한 明文 • 방매사유: 자신의 댁에서 필요한 일이 있어서 • 소유경위: 買得 • 대상: 直畝 官字 15分畓 1섬 5마지기 12卜 4支 • 가격: 錢文 300兩 • 참여자: 證人 崔 奴 季乭	66.5×62.4	769
		449	1890년 (고종 27)	沈進士 宅 奴 得孫	李佐郎 宅	• 1890년 12월 초9일에 沈進士 宅 奴 得孫이 李佐郎 宅에게 논을 팔면서 발급한 明文 • 방매사유: 상전 댁에서 필요한 일이 있어서 • 소유경위: 買得 • 대상: 一加南 虞字 40畓 7卜 2支 1섬지기 • 가격: 錢文 300兩 • 참여자: 證筆 李 奴 乙石	54.9×38.6	770
		450	1890년 (고종 27)	宋在元	李佐郎 宅 奴 申得	• 1890년 12월 17일에 宋在元이 李佐郎 宅 奴 申得에게 논을 팔면서 발급한 明文 • 소유경위: 買得 • 대상: 大田 龍字 50畓 14卜 7束 20마지기, 大田 師字 88畓 12卜 8束 2섬지기 등 • 가격: 錢文 1350兩 • 참여자: 證筆 沈 奴 石乭	61.8×62.3	771

순번	자료명	번호	작성년도	발급자	수취자	내용	크기	수록면
1	明文	451	1891년 (고종 28)	閔輔國 宅 奴 福伊	閔判書 宅 奴 允福	• 1891년 4월에 畓主 閔輔國 宅 奴 福伊가 閔判書 宅 奴 允福에게 논을 팔면서 발급한 明文 • 방매사유: 필요한 일이 있어서 • 대상: 강릉 진부면 하진부에 있는 信字 五畓 1섬지기 5負, 同字 23畓 5마지기 1負 5束, 同字 24畓 10마지기 2負, 直洞 使字 53畓 1섬 5마지기 10負, 同字 51畓 1섬지기 5負 등 • 가격: 錢文 16600兩 • 참여자: 證人 任元敬, 筆執 孫雲翼	98.7×61.8	772
		452	1891년 (고종 28)	閔判書 宅 奴 允福	閔判書 宅 奴 巖回	• 1891년 8월에 畓主 閔判書 宅 奴 允福이 閔判書 宅 奴 巖回에게 논을 팔면서 발급한 明文 • 방매사유: 필요한 일이 있어서 • 대상: 강릉 진부면 하진부에 있는 信字 5畓 1섬지기 5負, 同字 23畓 5마지기 1負 5束, 同字 24畓 10마지기 2負, 直洞 使字 53畓 1섬 5마지기 10負, 同字 51畓 1섬지기 5負 등 • 가격: 錢文 16600兩 • 참여자: 證人 任元敬, 筆執 朴聖進	98.9×61.8	773
		453	1891년 (고종 28)	朴 奴 貴乭		• 1891년 10월 17일에 朴哥의 奴 貴乭이 논을 팔면서 발급한 明文 • 방매사유: 자신의 댁에서 필요한 일이 있어서 • 소유경위: 買得 • 대상: 芦洞 遐字 118畓 10마지기 3負 6束 • 가격: 錢文 100兩 • 참여자: 證筆 李 奴 庚得	47.4×32.4	774
		454	1891년 (고종 28)	權相洙	盧益秀	• 1891년 12월 초1일에 喪人 權相洙가 盧益秀에게 밭을 팔면서 발급한 明文 • 방매사유: 필요한 일이 있어서 • 소유경위: 買得 • 대상: 馬井 皇字 18田 2負 3束, 19田 2負 6束, 24田 1負 1束 20마지기, 松田 續 5束 • 가격: 錢文 200兩 • 참여자: 證筆 李源弼	53.7×35.4	775
		455	1891년 (고종 18)	金門釗		• 1891년 12월 26일에 金門釗가 논을 팔면서 발급한 明文 • 방매사유: 자신의 댁에서 필요한 일이 있어서 • 소유경위: 買得 • 대상: 上沙火 芦洞 戎字 150畓 1卜 7支, 還起畓 5支 10마지기 • 가격: 錢文 150兩 • 참여자: 證人 李 奴 連比	52.1×36.6	776
		456	1892년 (고종 29)	李順濟	李在朋	• 1892년 11월 29일에 유학 李順濟가 유학 李在朋에게 논을 팔면서 발급한 明文 • 방매사유: 필요한 일이 있어서 • 소유경위: 買得 • 대상: 丁洞面 船橋 羽字 37畓 3負 2束, 38畓 5負 9束, 38分畓 2負 7束 20마지기 卜租 120斗 • 가격: 錢文 350兩 • 참여자: 證筆 유학 鄭顯設	43.8×33.1	777
		457	1892년 (고종 29)	沈 奴 業丹		• 1892년 12월 29일에 沈哥의 奴 業丹이 논을 팔면서 발급한 明文 • 방매사유: 자신의 댁에서 필요한 일이 있어서 • 소유경위: 傳來 • 대상: 沙器 伏字 67畓 3負 9束 10마지기 • 가격: 錢文 130兩 • 참여자: 證筆 李 奴 千石	60.1×36.3	778

순번	자료명	번호	작성년도	발급자	수취자	내용	크기	수록면
1	明文	458	1893년 (고종 30)	李光穆	李佐郎 宅	• 1893년 1월 19일에 李光穆이 李佐郎 宅에게 산을 팔면서 발급한 明文 • 방매사유: 필요한 일이 있어서 • 소유경위: 傳來 • 대상: 河南面 突美의 傳來山 埋表의 땅과 松田 한모퉁이의 땅 • 가격: 錢文 30兩 • 참여자: 證筆 李泰儀	60×36.4	779
		459	1893년 (고종 30)	辛 奴 春每	李佐郎 宅	• 1893년 1월 25일에 辛哥의 奴 春每가 李佐郎 宅에게 논을 팔면서 발급한 明文 • 방매사유: 필요한 일이 있어서 • 소유경위: 買得 • 대상: 沙器 臣字 127畓 1卜, 128畓 2卜 5支 1섬지기 • 가격: 錢文 180兩 • 참여자: 證人 李 奴 千石, 筆執 郭 奴 乙暹	71.5×49.1	780
		460	1893년 (고종 30)	李 奴 丁今	李	• 1893년 1월 28일에 李哥의 奴 丁今이 李에게 논을 팔면서 발급한 明文 • 방매사유: 필요한 일이 있어서 • 소유경위: 傳來 • 대상: 方洞 民字 115畓 10卜 2支, 112畓 1卜 6支, 110畓 7卜 7支 60마지기 • 가격: 錢文 900兩 • 畓主 李 奴 丁今	63.7×37.5	781
		461	1893년 (고종 30)	全 奴 小乭夢		• 1893년 2월 초9일에 全哥의 奴 小乭夢이 논을 팔면서 발급한 明文 • 방매사유: 자신의 댁에서 필요한 일이 있어서 • 소유경위: 買得 • 대상: 向邑 洪字 13畓 3負 6束, 14畓 1負 7束 등 20마지기 • 가격: 錢文 545兩 • 참여자: 證筆 洪 奴 乙釗	49.7×35	782
		462	1893년 (고종 30)	權瑞山 宅 奴 庚彔	盧奏書 宅 奴 乭太	• 1893년 7월 26일에 權瑞山 宅의 奴 庚彔이 盧奏書 宅의 奴 乭太에게 家垈 등을 팔면서 발급한 明文 • 방매사유: 자신의 상전댁에서 搬移하기 위해서 • 대상: 無限樹 始字 30田 9負 8束, 35田 5負 4束, 36田 11負 8束, 38分田 7負 8束, 秋牟 50斗落種 등, 瓦家 10間, 草家 7間, 廟宇 1間 등 • 가격: 錢文 2500兩 • 참여자: 證筆 沈生員 宅 奴 性得	94.2×64.4	783
		463	1893년 (고종 30)	沈敎官 宅 奴 庚立	奴 應萬	• 1893년 8월 17일에 沈敎官 宅 奴 庚立이 同族 奴 應萬에게 松田을 팔면서 발급한 明文 • 방매사유: 상전 댁에서 필요한 일이 있어서 • 소유경위: 傳來 • 대상: 甑山(四標: 東路, 南北 沈 奴 守萬 松田) • 가격: 錢文 100兩 • 참여자: 證人 沈 奴 守興, 筆執 沈 奴 奉今	61.6×57	784
		464	1893년 (고종 30)	李 奴 巳還	李佐郎 宅	• 1893년 12월 29일에 李哥의 奴 巳還이 李佐郎 宅에게 논을 팔면서 발급한 明文 • 방매사유: 필요한 일이 있어서 • 소유경위: 買得 • 대상: 船橋 羽字 11負 8支 • 가격: 錢文 600兩 • 참여자: 證人 曺 奴 貴孫	55×35.3	785

순번	자료명	번호	작성년도	발급자	수취자	내용	크기	수록면
1	明文	465	1894년 (고종 31)	吳召史	金 奴 甲得	• 1894년 24일에 吳召史가 金哥의 奴 甲得에게 전답을 팔면서 발급한 明文 • 방매사유: 필요한 일이 있어서 • 소유경위: 買得 • 대상: 禾里洞 來字 69畓 9負 4束, 92田 1負 1束 1섬 10마지기 • 가격: 錢文 585兩 • 참여자: 證人 朴 奴 乙男	57.5×31.9	786
		466	1894년 (고종 31)	新宅	金 奴 甲得	• 1894년 2월 24일에 新宅에서 金哥의 奴 甲得에게 논을 팔면서 발급한 明文 • 방매사유: 필요한 일이 있어서 • 소유경위: 買得 • 대상: 禾里洞 來字 55畓 4負 5束, 56畓 4負 9束 1섬 10마지기 • 가격: 錢文 650兩 • 참여자: 證人 朴 奴 乙男	57.2×32.6	787
		467	1894년 (고종 31)	盧注書 宅 奴 乭太	李承旨 宅 奴	• 1894년 11월 28일에 盧注書 宅 奴 乭太가 李承旨 宅 奴에게 松田을 팔면서 발급한 明文 • 방매사유: 자신의 댁에서 搬移하기 위해서 • 소유경위: 買得 • 대상: 松田 續 5束, 馬井 皇字 18田 2負 3束, 19田 2負 6束, 24田 1負 1束 20마지기 • 가격: 錢文 200兩 • 참여자: 證筆 宋再碩	53.6×35	788
		468	1894년 (고종 31)	盧注書 宅 奴 乭太	李承旨 宅 奴 辛得	• 1894년 12월 초6일에 盧注書 宅의 奴 乭太가 李承旨 宅의 奴 辛得에게 家垈를 팔면서 발급한 明文 • 방매사유: 상전 댁에서 搬移하기 위해서 • 대상: 無限樹 始字員 30田 9卜 8束, 35田 5卜 4束, 36田 11卜 8束, 38分田 7卜 8束, 秋牟 50마지기 등, 瓦家 10間, 草家 7間, 廟宇 1間 등 • 가격: 錢文 1050兩 • 참여자: 證筆 李生員 宅 奴 萬興	94.4×62.2	789
		469	1894년 (고종 31)	劉 奴 丁大	李承旨 宅 奴 辛得	• 1894년 12월 14일에 劉哥의 奴 丁大가 李承旨 宅 奴 辛得에게 전답을 팔면서 발급한 明文 • 방매사유: 자신의 댁에서 필요한 일이 있어서 • 소유경위: 傳來 • 대상: 直畝 鳥字 1畓 5卜 2束, 2畓 7卜 8束, 3畓 2卜 3束, 4田 4束 3섬 5마지기 • 가격: 錢文 900兩 • 참여자: 證筆 金 奴 乭釗	94.6×62.7	790
		470	1894년 (고종 31)	李 奴 壬卜	李承旨 宅 奴 申得	• 1894년 12월 20일에 李哥의 奴 壬卜이 李承旨 宅 奴 申得에게 家垈 및 田 등을 팔면서 발급한 明文 • 방매사유: 자신의 댁에서 필요한 일이 있어서 • 소유경위: 傳來 • 대상: 馬井 人字 34田 13卜 6束, 37田 4卜, 32田 2卜 1束, 31田 3卜 8束, 30田 3卜 8束, 草家 內間 6間 등 • 가격: 錢文 590兩 • 참여자: 證人 李 奴 完得	56×36.6	791

순번	자료명	번호	작성년도	발급자	수취자	내용	크기	수록면
1	明文	471	1894년 (고종 31)	洪在明	李承旨 宅 奴 新得	• 1894년 12월 22일에 洪在明이 李承旨 宅 奴 新得에게 논을 팔면서 발급한 明文 • 방매사유: 자신의 債用 때문에 • 소유경위: 買得 • 대상: 內谷 結字 96畓 5負 3束 20마지기 • 가격: 錢文 400兩 • 참여자: 證筆 崔 奴 萬泰	67.3×43	792
		472	1894년 (고종 31)	沈 奴 應萬	李佐郎 宅 辛得	• 1894년 12월 27일에 沈哥의 奴 應萬이 李佐郎 宅의 奴 辛得에게 松田을 팔면서 발급한 明文 • 방매사유: 상전 댁에서 필요한 일이 있어서 • 소유경위: 買得 • 대상: 甑山(四標: 東路, 南北 沈 奴 守萬 松田) • 가격: 錢文 120兩 • 참여자: 證人 李 奴 完得	67.5×43.5	793
		473	1898년 (고종 35)	崔永澤	李承旨 宅	• 1898년 4월 27일에 北二里面 林塘里에 거주하는 崔永澤이 李承旨 宅에게 논을 팔면서 발급한 明文 • 방매사유: 換畓하기 위해서 • 대상: 丁洞面 小台 阿字 39分畓 3負, 淡字 91畓 6負 5束, 75畓 1負 2束 20마지기 • 가격: 錢文 720兩 • 참여자: 證筆 崔善勃	52.7×35.3	794
		474	1898년 (고종 35)	權 奴 萬釗	李承旨 宅	• 1898년 5월 13일에 權哥의 奴 萬釗가 李承旨 宅에게 전답과 가대 등을 팔면서 발급한 明文 • 방매사유: 자신의 댁에서 필요한 일이 있어서 • 소유경위: 傳來 • 대상: 匡只 服字 96分畓 8卜, 95畓 6卜 8支, 衣字 6畓 7卜 2支 3섬지기, 기와집 15칸 등 • 가격: 錢文 1720兩 • 참여자: 證人 金 奴 元乭	91.8×62.7	795
		475	1898년 (고종 35)	奴 奉俊		• 1898년 12월에 奴 奉俊이 논을 팔면서 발급한 明文 • 방매사유: 자신의 댁에서 필요한 일이 있어서 • 소유경위: 買得 • 대상: 向邑 洪字 13畓 3負 6束, 14畓 1負 7束, 15畓 1負 5束, 16畓 5束, 22畓 5束 20마지기 • 가격: 錢文 640兩 • 참여자: 筆 張珍玉	51.1×35	796
		476	1900년 (고종 37)	李敦秀	李參奉 宅	• 1900년 3월 초7일에 李敦秀가 李參奉 宅에게 논을 팔면서 발급한 明文 • 방매사유: 舊債 때문에 • 소유경위: 仲兄 買得 • 대상: 船橋 羽字 1分畓 3卜 5支, 小台 河字 39畓 4卜 7支 20마지기, 同員 30畓 5卜 1支 20마지기 • 가격: 錢文 1600兩 • 畓主 李敦秀	65×44.7	797
		477	결락(道光)	金與孟	결락	• 1800년대 작성된 매매 明文 • 소유경위: 매득 • 대상: 楡木亭 禿山 罔字 2섬지기 • 가격: 錢文 80兩 • 참여자: 筆執 柳生員, 證人 柳奠位	50.2×39.5	798

순번	자료명	번호	작성년도	발급자	수취자	내용	크기	수록면
1	明文	478	庚午	完喆	完得	• 경오년 12월 초9일에 從兄 完喆이 從弟 完得에게 논을 팔면서 발급한 明文 • 방매사유: 필요한 일이 있어서 • 소유경위: 傳來 • 대상: 仇味 食字 107畓 10마지기 3卜 5束 • 가격: 錢文 25兩 • 참여자: 筆執 李春成	52×33	799
		479	결락	유학	유학 權	• 12월 27일에 田主 유학이 유학 權에게 밭을 팔면서 발급한 明文 • 방매사유: 필요한 일이 있어서 • 소유경위: 買得 • 대상: 服字 96田 3卜 7束, 還起 1卜 1섬지기 • 가격: 錢文 17兩 • 참여자: 筆執 유학 閔國華	50.5×41.9	800
		480	결락	寡女 崔件里伊	결락	• 寡女 崔件里伊가 牛岩 7마지기를 팔면서 발급한 明文 • 방매사유: 남편이 染病으로 죽었으나 달리 掩身할 계책이 없어서 • 소유경위: 남편이 살아 있을 때 매득한 自起畓 • 대상: 牛岩 2卜 7마지기 • 가격: 錢文 10兩 • 참여자: 同財主 朴甫老味, 證人 海文正月金/筆執 書員 權日泰	49.3×43	801
2	賣渡契約書	1	1959년 (단기 4292년)	李燉儀	權寧福	• 1959년 3월 19일에 賣主 李燉儀가 買主 權寧福에게 논을 팔면서 발급한 賣渡契約書 • 대상: 江陵市 雲亭里 471과 2番地 논 6215평 내 약 2500평 • 賣渡代金: 80만원 • 분할 측량해서 坪數에 차이가 있을 때에는 서로 매도 때의 坪價로서 청산하기로 했으며, 몇 가지 조항을 이행하기 위해 본 계약을 2통 작성해서 각자 1통 식 소지하기로 함	25.3×17.3	미수록
3	牌旨	1	1714년 (숙종 40)	上典 金	奴 長立	• 1714년 11월에 上典 金이 奴 長立에게 江陵 鏡浦畓 30마지기를 사고자 하는 사람에게 팔 것을 위임하는 내용의 牌旨	25.1×24	802
		2	1741년 (영조 17)	上典 辛	奴 戒彭	• 1741년 12월 초5일에 上典 辛이 자신의 奴 戒彭에게 香湖 浦郊畓 豈字 103畓의 매매를 위임하는 내용의 牌旨	31.4×24.8	802
		3	1753년 (영조 29)	上典 曺	差奴 海金	• 1753년 1월에 上典 曺哥가 差奴 海金에게 丁洞 潛字 72畓 1섬지기 4卜 4支를 斥賣하고자 하니 값을 치를 사람을 물어 구해서 팔 것을 위임하는 내용의 牌旨	25.8×37.7	803
		4	1753년 (영조 29)	上典	奴 貴得	• 1753년 2월 초1일에 上典이 奴 貴得에게 丁洞 潛字 108畓 7卜 5支를 아무개에게 값에 준해 팔 것을 위임하는 내용의 牌旨	26.01×38.6	803
		5	1754년 (영조 30)	上典 辛	奴 点金	• 1754년 5월 초3일에 上典 辛이 奴 点金에게 香湖 檢勿里員 傷字 49畓 등을 僧人 念欣에게 斥賣하기로 서로 약속하여 錢文 45兩으로 값을 쳤는데 5兩은 삭감해주고 40兩에 판다는 내용의 牌旨	30.6×45.1	804
		6	1756년 (영조 32)	上典 辛	奴 孝東	• 1756년 7월 29일에 上典 辛이 奴 孝東에게 一加南 虞字 28田을 錢文 12兩에 팔도록 위임하는 내용의 牌旨	16.7×21.5	804
		7	1756년 (영조 32)	上典 曺	奴 丑伊	• 1756년 11월에 上典 曺가 奴 丑伊에게 船橋 羽字 57田 등을 사고자 하는 사람에게 팔도록 위임하는 내용의 牌旨	26.2×35.6	805

순번	자료명	번호	작성년도	발급자	수취자	내용	크기	수록면
3	牌旨	8	1756년 (영조 32)	上典	奴 壬尙	• 1756년 12월에 上典이 奴 壬尙에게 檢勿里員 畓 7마지기에 대해 사고자 하는 사람을 널리 구해서 팔도록 위임하는 내용의 牌旨	21.3×33.3	805
		9	1757년 (영조 33)	上典 辛	奴 玉立	• 1757년 4월 26일에 上典 辛이 奴 玉立에게 龍淵 男字 陳田을 팔도록 위임하는 내용의 牌旨	26.5×31.7	806
		10	1762년 (영조 38)	上典 沈	奴 貴賢	• 1762년 4월에 上典 沈이 奴 貴賢에게 船橋 羽字 61畓, 62畓, 65畓을 아무개에 팔도록 위임하는 내용의 牌旨	32.4×36	806
		11	1763년 (영조 39)	上典 金	差奴 德奉	• 1763년 12월 초4일에 上典 金이 差奴 德奉에게 臥川員 才字 21畓 등을 사고자 하는 사람에게 팔도록 위임하는 내용의 牌旨	25.6×33.8	807
		12	1766년 (영조 42)	上典 曺	奴 丁奉	• 1766년 2월 21일에 上典 曺가 奴 丁奉에게 檢勿里 傷字 53畓을 사고자 하는 사람에게 45兩에 팔 것을 위임하는 내용의 牌旨	27.7×33.1	807
		13	1766년 (영조 42)	上典 李	差奴 驗石	• 1766년 10월 25일에 上典 李가 差奴 驗石에게 江陵府 北牛岩員 毀字 107畓을 錢文 20兩에 팔도록 위임하는 내용의 牌旨	32.3×45.8	808
		14	1768년 (영조 44)	上典 高	差奴 仁先	• 1768년 1월 초9일에 上典 高哥가 差奴 仁先에게 山北畓 2섬지기를 사고자 하는 사람에게 錢文 165兩에 팔 것을 위임하는 내용의 牌旨	22.4×30.7	808
		15	1772년 (영조 48)	上典 金	奴 德奉	• 1772년 9월 20일에 上典 金이 奴 德奉에게 阿橋 貞字 14田을 아무개에게 값에 준해 받아 팔도록 위임하는 내용의 牌旨	26.9×48.4	809
		16	1772년 (영조 48)	上典 金	奴 乭男	• 1772년 11월 13일에 上典 金이 奴 乭男에게 阿橋 貞字 秋牟田 11마지기를 사고자 하는 사람에게 팔도록 위임하는 내용의 牌旨	23.7×33.3	809
		17	1774년 (영조 50)	上典 沈	奴 德萬	• 1774년 12월 13일에 上典 沈이 奴 德萬에게 丁洞 潛字 117畓을 사고자 하는 사람에게 錢文 25兩에 팔도록 위임하는 내용의 牌旨	32×29.5	810
		18	1776년 (영조 52년)	上典 曺	奴 太先	• 1776년 12월 초8일에 上典 曺가 奴 太先에게 연달아 큰 흉년을 만나 살아갈 계책이 없으므로 부득이하게 檢勿里 必字 牛岩津基에서 매득한 續田을 錢文 60兩에 팔도록 위임하는 내용의 牌旨	27.4×32.1	810
		19	1777년 (정조 원년)	上典 曺	差奴 㐎奉	• 1777년 12월 24일에 上典 曺가 差奴 㐎奉에게 草畓 賴字 110畓 등을 사고자 하는 사람을 찾아 팔도록 위임하는 내용의 牌旨	28×33.1	811
		20	1779년 (정조 3)	上典 金	奴 墓里	• 1779년에 上典 金이 奴 墓里에게 필요한 일이 있다며 渭村 李字 13畓 13卜 4支 곳을 사고자 하는 사람에게 팔도록 위임하는 내용의 牌旨	30×24	811
		21	1779년 (정조 3)	上典 朴	大宅奴 德金	• 1779년 1월 26일에 上典 朴이 大宅의 使喚 奴 德金에게 船橋 羽字 64畓을 아무개에게 錢文 60兩에 팔도록 위임하는 내용의 牌旨. 上典 朴은 詩洞에 논이 있어서 일찍이 安仁驛의 놈들과 相換했다가 지금 驛漢무리가 還推했기 때문에 각각 本畓을 차지하게 되면서, 船橋員 羽字 64畓을 잡아가지게 됐으나 거리가 멀어 경작할 수가 없어 大宅의 奴에게 팔도록 분부하였음	18.3×44.7	812

순번	자료명	번호	작성년도	발급자	수취자	내용	크기	수록면
3	牌旨	22	1780년 (정조 4)	上典 金	差奴 日夫	• 1780년 2월 15일에 上典 金이 差奴 日夫에게 巨文里 朔字 67畓 등을 사고자 하는 사람에게 팔도록 위임하는 내용의 牌旨	33.1×23.3	812
		23	1780년 (정조 4)	上典 沈	奴 壬乭	• 1780년 12월 초10일에 上典 沈이 奴 壬乭에게 石回 翔字 畓을 錢文 40兩에 팔도록 위임하는 내용의 牌旨	28.7×37.1	813
		24	1782년 (정조 6)	上典 辛	差奴 莫山	• 1782년 10월 13일에 上典 辛이 差奴 莫山에게 聲谷 金字 60畓과 61畓을 아무개에게 錢文 160兩에 팔도록 위임하는 내용의 牌旨	28.1×33.5	813
		25	1784년 (정조 8)	上典	奴 自山	• 1784년 4월 초6일에 上典이 奴 自山에게 變年을 당해 家用이 부족하므로 先世에서 전래받은 船橋員 羽字 45畓 内 南邊 1섬 10마지기를 錢文 60兩에 팔도록 위임하는 내용의 牌旨	27.1×35.6	814
		26	1784년 (정조 8)	上典	差奴 占卜	• 1784년 5월 27일에 上典이 差奴 占卜에게 阿橋 貞字 14田 등을 사고자 하는 사람을 구해 팔도록 위임하는 내용의 牌旨	27.3×84.8	814
		27	1785년 (정조 9)	上典 金	奴 仁乭	• 1785년 8월 초6일에 上典 金이 奴 仁乭에게 古馬洞員 養字 61畓과 加畓을 팔도록 위임하는 내용의 牌旨	24.4×41.5	815
		28	1788년 (정조 12)	上典 李	奴 必寬	• 1788년 4월에 上典 李가 奴 必寬에게 北坪 丁洞의 船橋 羽字 64畓을 아무개에게 팔도록 위임하는 내용의 牌旨	28.8×35	815
		29	1789년 (정조 13)	上典 吳	奴 臥卩巖回	• 1789년 9월 22일에 上典 吳가 奴 臥卩巖回에게 使喚하던 婢 莻每의 1소생 婢 一思禮를 팔도록 위임하는 내용의 牌旨	28.5×30.5	816
		30	1796년 (정조 20)	上典	差奴 福伊	• 1796년 2월 초10일에 上典이 差奴 福伊에게 上沙火 率字 37畓을 아무개에게 錢文 40兩에 팔도록 위임하는 내용의 牌旨	28.8×33.2	816
		31	1796년 (정조 20)	上典 北坪 辛生員	差奴 元太	• 1796년 초4일에 北坪에 거주하는 上典 辛生員이 差奴 元太에게 直畝 鳥字 10畓과 14畓을 錢文 125兩에 팔도록 위임하는 내용의 牌旨	27.3×34.4	817
		32	1800년 (정조 24)	上典 李	差奴 大發	• 1800년 10월 초2일에 上典 李가 差奴 大發에게 江陵 沙火面 德實에 있는 章字 52畓을 사고자 하는 사람에게 팔도록 위임하는 내용의 牌旨	28.2×39	817
		33	1801년 (순조 원년)	上典 全	差奴 庚金	• 1801년 1월에 上典 全이 差奴 庚金에게 沙火面 德實에 있는 章字 52畓을 사고자 하는 사람에게 팔도록 위임하는 내용의 牌旨	25.7×16.6	818
		34	1806년 (순조 6)	奴 甲戌	奴 甲戌	• 1806년에 上典 奴 甲戌가 奴 甲戌에게 牛岩 毁字 2畓 8負, 3畓 9束, 4畓 5卜 3束 6섬지기를 錢文 90兩에 팔 것을 위임하는 내용의 牌旨. 해당 논을 매득한 자는 朴春英	16.9×29.7	818
		35	1813년 (순조 13)	上典 金	差使	• 上典 金이 差使에게 阿橋 列字의 續反畓 6負, 續田 2負 7支 등을 사고자 하는 사람에게 65兩에 팔 것을 위임하는 내용의 牌旨	32.5×28.6	819
		36	1813년 (순조 13)	上典 宅 辛	差奴 萬興	• 1813년 12월 19일에 上典 辛이 差奴 萬興에게 直畝 官字 3畓을 錢文 110兩에 팔도록 위임하는 내용의 牌旨	22.7×36.5	820
		37	1814년 (순조 14)	上典 李	差奴 己山	• 1814년에 上典 李가 差奴 己山에게 一仇羅味에 있는 歸字 42畓 6負 2束 20마지기를 사고자 하는 사람에게 45兩에 팔 것을 위임하는 내용의 牌旨	30.1×22.2	820

순번	자료명	번호	작성년도	발급자	수취자	내용	크기	수록면
3	牌旨	38	1815년 (순조 15)	上典 李	奴 卜金	• 1815년에 上典 李가 差奴 卜金에게 傳來畓인 上沙火 賓字 27畓을 사고자 하는 사람에게 70兩에 팔 것을 위임하는 내용의 牌旨	29.5×27.4	821
3	牌旨	39	1815년 (순조 15)	上典 宅	差奴 日乭	• 1815년 12월 25일에 上典 宅에서 差奴 日乭에게 直畝 鳥字 41畓을 사고자 하는 사람에게 팔도록 위임하는 내용의 牌旨	28×24	822
3	牌旨	40	1818년 (순조 18)	畓主 金	奴 得尙	• 1818년 11월 초6일에 畓主 金이 奴 得尙에게 一加南 陶字 51畓을 사고자 하는 사람에게 錢文 61兩에 팔도록 위임하는 내용의 牌旨. 근래 畓主 金의 家計가 가난하고 부채가 많아서 전래받은 논을 판다고 함	27.2×22.5	822
3	牌旨	41	1822년 (순조 22)	上典 沈	差奴 分三	• 1822년 12월 21일에 上典 沈이 差奴 分三에게 船橋 羽字 37畓을 錢文 110兩에 팔도록 위임하는 내용의 牌旨	27.5×37.3	823
3	牌旨	42	1823년 (순조 23)	上典 宅 辛	差奴 萬興	• 1823년 1월 24일에 上典 辛이 이사할 계책으로 差奴 萬興에게 直畝 鳥字 36分畓을 錢文 90兩에 팔도록 위임하는 내용의 牌旨	22.2×29.6	823
3	牌旨	43	1829년 (순조 29)	上典 沈	差奴 哲伊	• 1829년 2월 초10일에 上典 沈이 差奴 哲伊에게 一加南 唐字 108畓을 錢文 65兩에 팔도록 위임하는 내용의 牌旨	23.8×33.5	824
3	牌旨	44	1829년 (순조 29)	上典 宅	差奴 忠福	• 1829년 11월 15일에 上典 宅에서 差奴 忠福에게 上沙火 賓字 95分畓을 아무개에게 錢文 60兩에 팔도록 위임하는 내용의 牌旨	34.2×42	824
3	牌旨	45	1831년 (순조 31)	上典 崔	差奴 太奉	• 1831년 11월 24일에 上典 崔가 差奴 太奉에게 柱樹 白字 53分畓 등을 사고자 하는 사람에게 錢文 45兩에 팔도록 위임하는 내용의 牌旨	28.3×35.2	825
3	牌旨	46	1832년 (순조 32)	上典 沈	差奴 星奉	• 1832년 12월에 上典 沈이 差奴 星奉에게 大田 龍字 田을 사고자 하는 사람에게 팔도록 위임하는 내용의 牌旨	22.4×45.5	825
3	牌旨	47	1833년 (순조 33)	上典 宅	奴 京釗	• 1833년 1월 16일에 上典 宅에서 奴 京釗에게 直畝 官字 2畓 등을 사고자 하는 사람에게 錢文 510兩에 팔도록 위임하는 내용의 牌旨	34×39.1	826
3	牌旨	48	1833년 (순조 33)	上典 宅	差奴 金老味	• 1833년 2월 초6일에 上典 宅에서 差奴 金老味에게 直畝 鳥字 10畓 등을 錢文 470兩에 팔도록 위임하는 내용의 牌旨	29.1×32.1	826
3	牌旨	49	1834년 (순조 34)	上典 朴	奴 得奉	• 1834년 1월에 上典 朴이 奴 得奉에게 上沙火 體字 170畓을 사고자 하는 사람에게 팔도록 위임하는 내용의 牌旨	22.6×36.2	827
3	牌旨	50	1836년 (헌종 2)	上典 沈	差奴 千得	• 1836년 2월에 上典 沈이 자신의 差奴 千得에게 亭洞面 沙田里 馬井의 人字 1分畓의 매매를 위임하기 위해 발급한 牌旨	29.9×40.4	827
3	牌旨	51	1844년 (헌종 10)	上典 沈	差奴 成局	• 1844년 11월 19일에 上典 沈이 差奴 成局에게 船橋 羽字 41分畓 등을 錢文 40兩에 팔도록 위임하는 내용의 牌旨	20.6×30.4	828
3	牌旨	52	1846년 (헌종 12)	上典 權	私奴 {加/口}{礻+弗}釗	• 1846년 1월 17일에 上典 權이 私奴 {加/口}{礻+弗}釗에게 無限樹 始字 5分畓을 사고자 하는 사람에게 錢文 135兩에 팔도록 위임하는 내용의 牌旨	19.3×33.4	828
3	牌旨	53	1855년 (철종 6)	上典 崔	奴 貴卜	• 1855년 1월 초10일에 上典 崔가 奴 貴卜에게 山北 成字에 있는 138畓 20卜 5支, 127畓 4卜, 137畓 2支, 136畓 4卜 7支 3섬 5마지기를 사고자 하는 사람을 구해 팔도록 위임하는 내용의 牌旨	26.5×30.1	829

순번	자료명	번호	작성년도	발급자	수취자	내용	크기	수록면
3	牌旨	54	辛未	上典 金	奴 順孫	• 신미년 6월에 上典 金이 奴 順孫에게 江陵 海南과 伐列 두 곳의 堰畓을 錢文 3500兩에 팔도록 위임하는 내용의 牌旨	35.6×51.5	829
		55	己丑	上典 李	奴 金天	• 기축년 10월 초9일에 上典 李가 奴 金天에게 渭村 李字 11 分田을 팔도록 위임하는 내용의 牌旨	24×15.2	830
4	위임장	1	1951년	한국 신탁은행		• 1951년 4월 30일에 주식회사 한국신탁은행의 주주총회에 출석하여 의결권 행사에 필요한 일체의 건을 대리인에게 권한을 위임한다는 내용	24×15.2	미수록

1

教令類

白牌 1

1825년(순조 25), 85×48.5

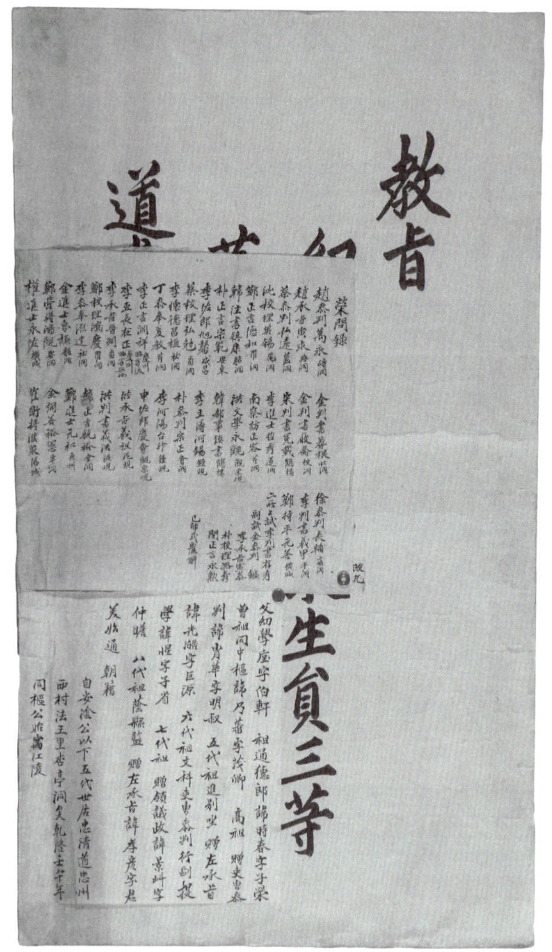

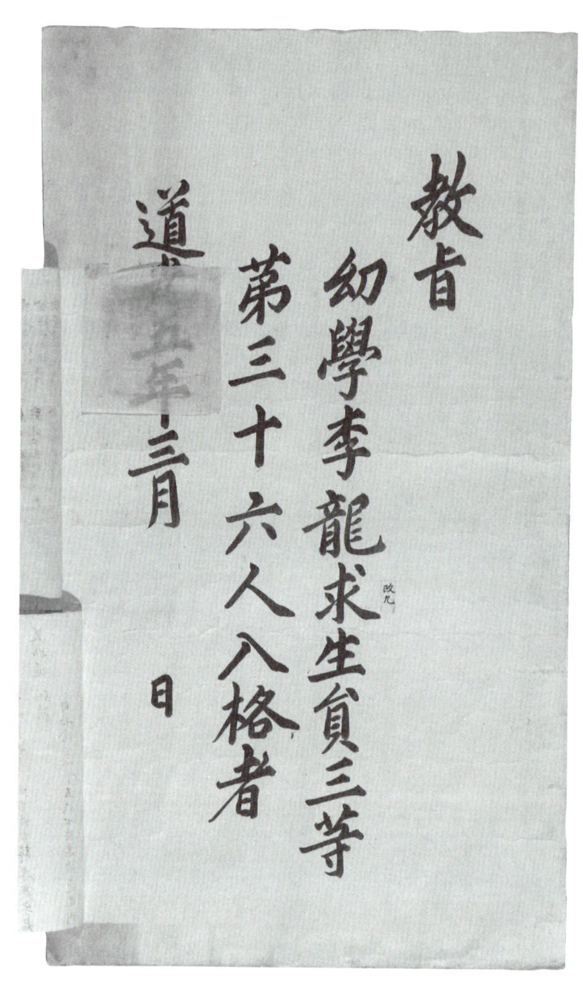

教旨

幼學李龍求生員三等

第三十六人入格者

道[illegible]五年三月 日

幼學 李龍九가 生員試에 入格하고 받은 白牌

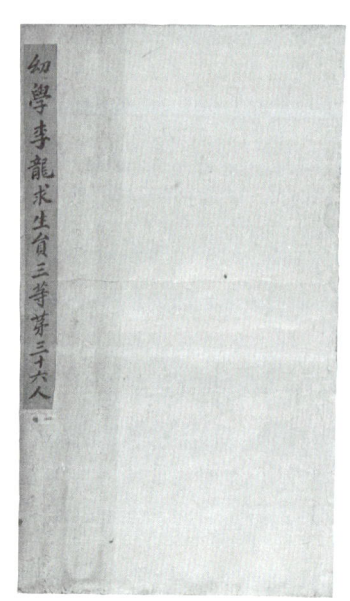

幼學李龍求生員三等第三十六人

白牌 2

1827년(순조 27), 84.3×45.7

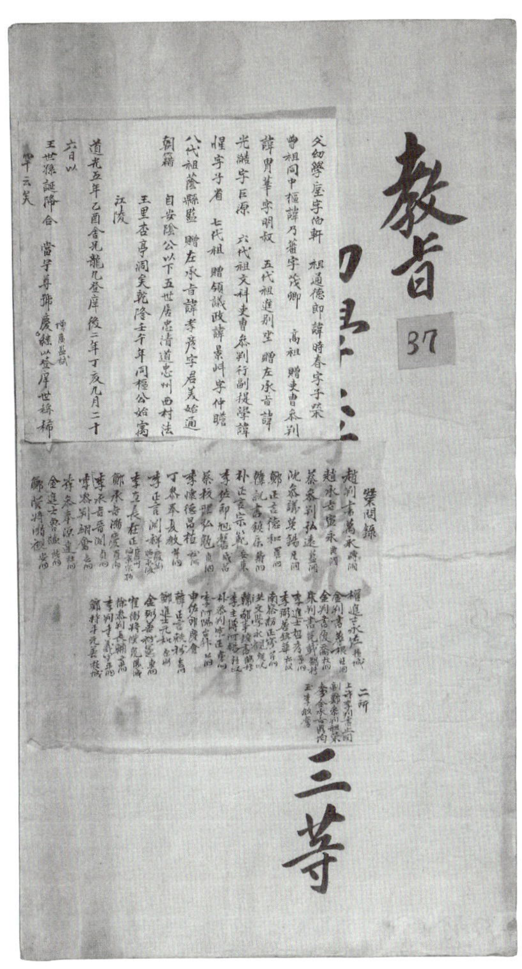

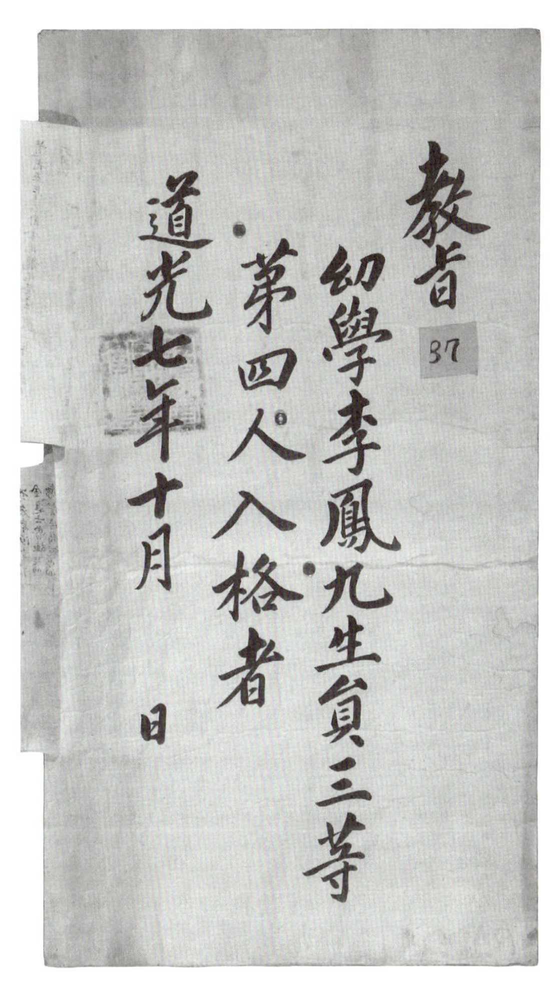

敎旨

幼學李鳳九生員三等

第四人入格者

道光七年十月 日

幼學 李鳳九가 生員試에 入格하고 받은 白牌

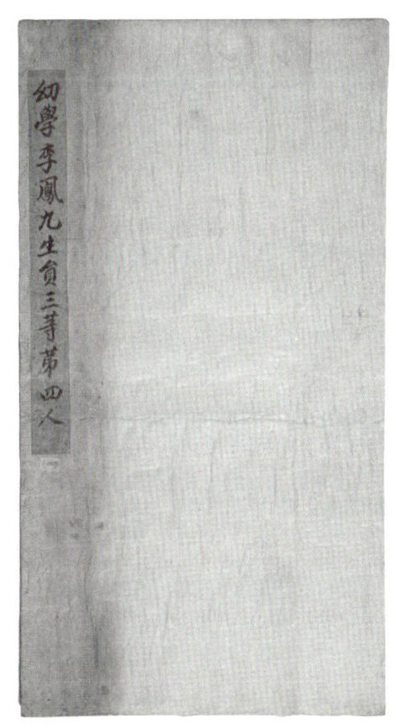

幼學李鳳九生員三等第四人

白牌 3

1840년(헌종 6), 84.7×47.3

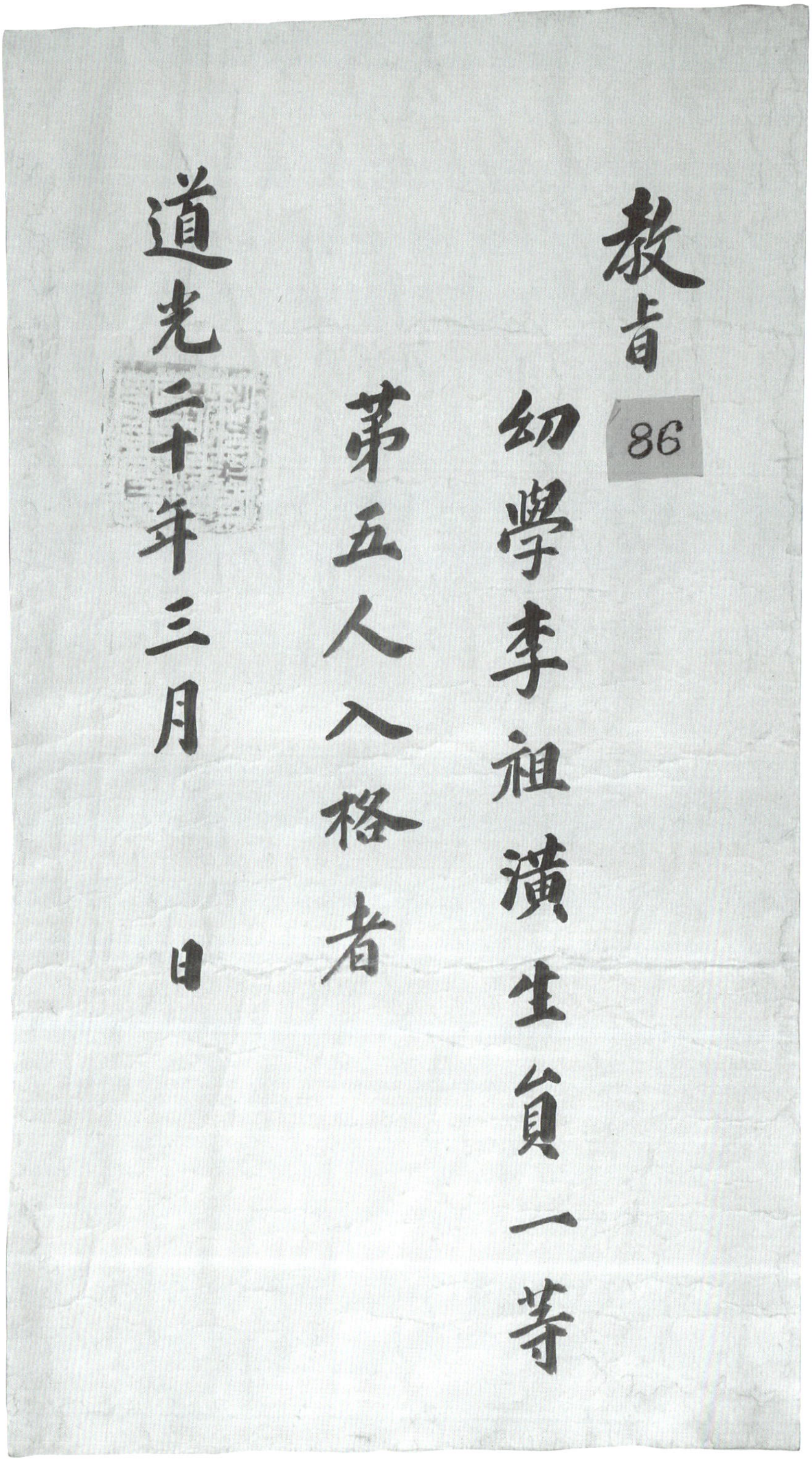

敎旨

86

幼學李祖漢生員一等

第五人入格者

道光二十年三月 日

幼學李祖漢生員一等第五人入格

幼學 李祖漢이 生員試에 入格하고 받은 白牌

白牌 4

1844년(헌종 10), 87×45.8

童蒙李宗潢生員三等第二十七人

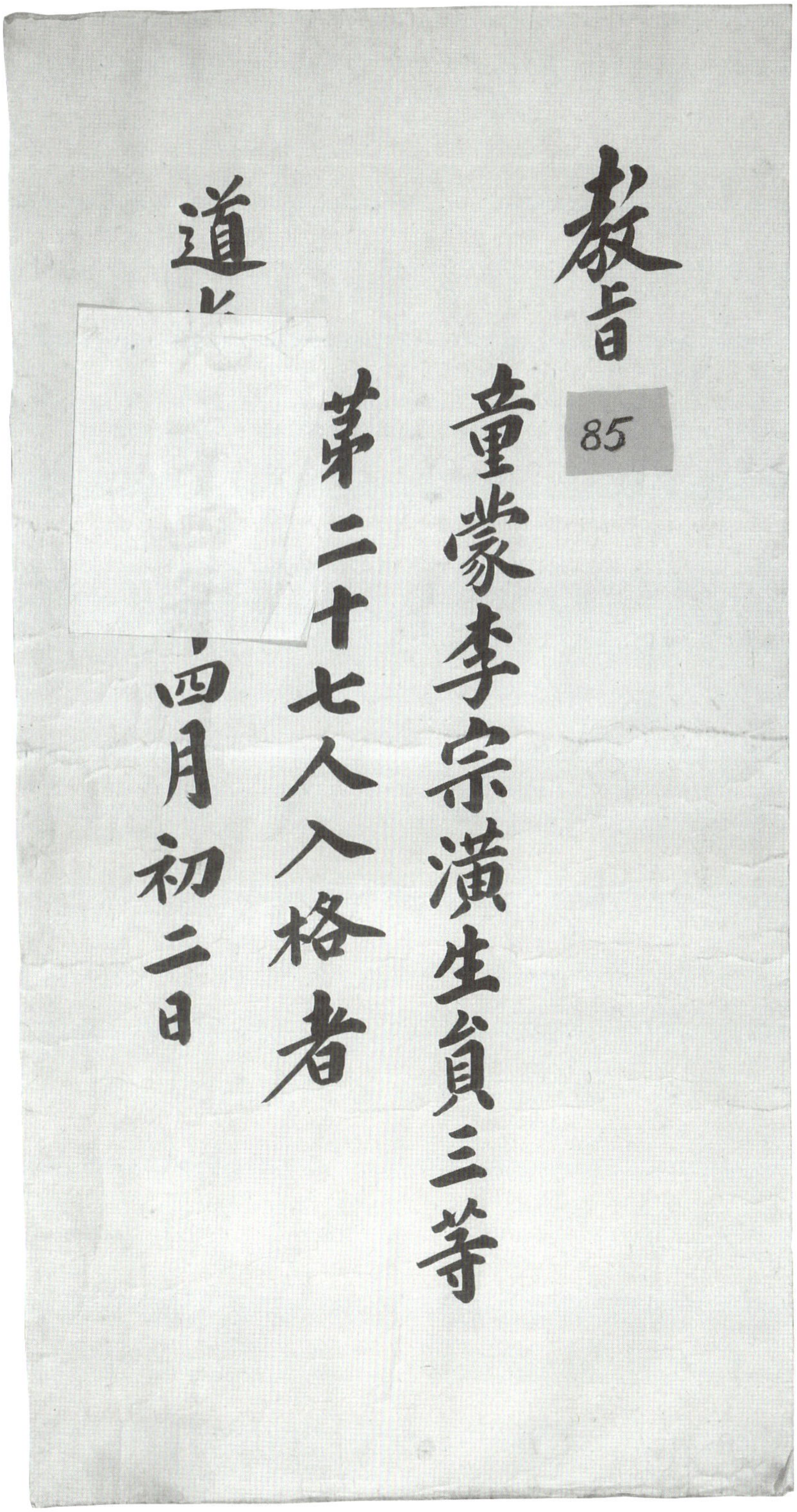

敎旨

童蒙李宗潢生員三等

第二十七人入格者

道光

四月初二日

童蒙 李宗潢이 生員試에 入格하고 받은 白牌

告身 1

1773년(영조 49), 50.7×75.5

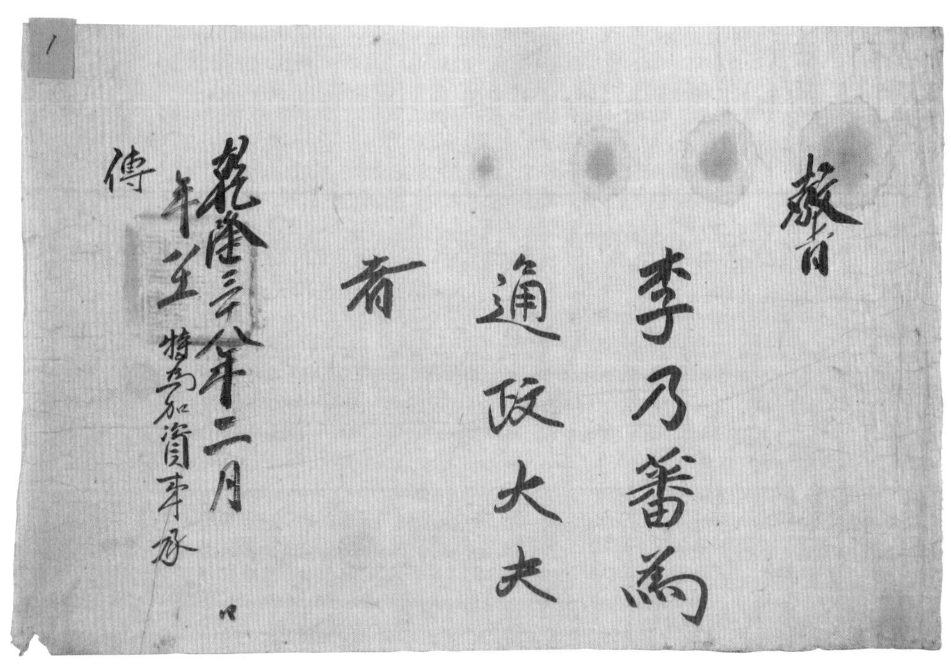

教旨
李乃蕃爲
通政大夫
者
乾隆三十八年二月 日
年至 特爲加資事承
傳

1773년 2월에 李乃蕃을 通政大夫로 임명하는 문서

告身 2

1773년(영조 49), 53.2×75.2

教旨
李乃蕃爲
折衝將軍
僉知中樞
府事者
乾隆三十八年三月 日

1773년 3월에 李乃蕃을 折衝將軍 僉知中樞府事로 임명하는 문서

告身 3

1773년(영조 49), 52.7×75.6

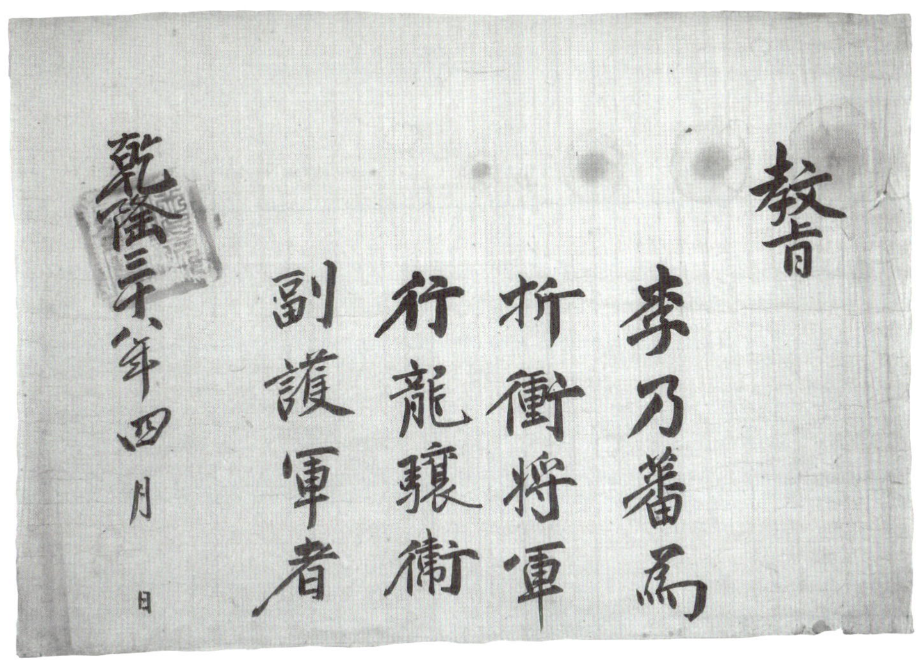

敎旨

李乃蕃爲

折衝將軍

行龍驤衛

副護軍者

乾隆三十八年四月 日

1773년 4월에 李乃蕃을 折衝將軍 行 龍驤衛 副護軍으로 임명하는 문서

告身 4

1774년(영조 50), 54.7×74.7

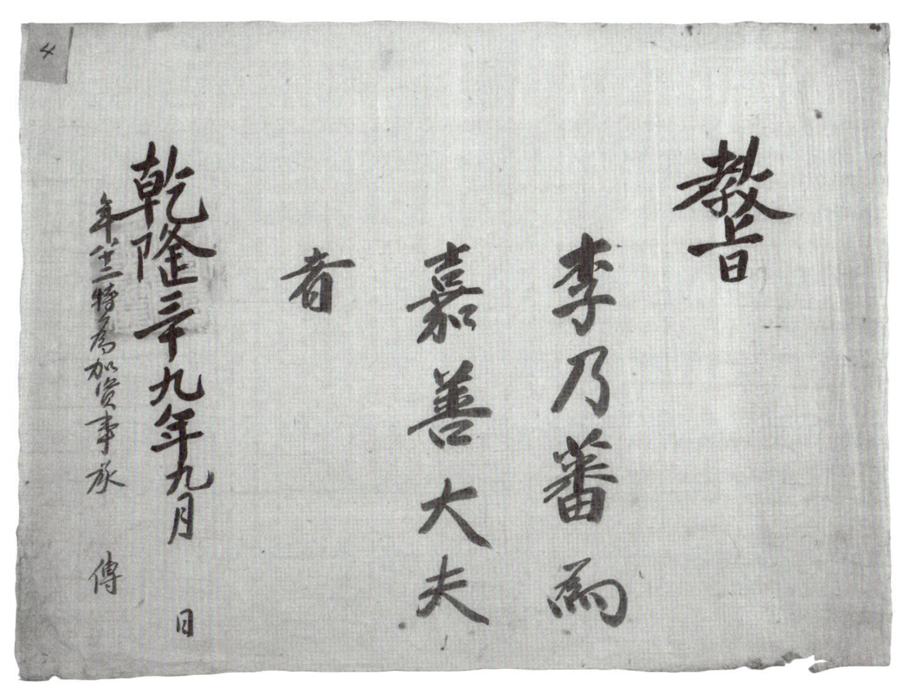

敎旨

李乃蕃爲

嘉善大夫

者

乾隆三十九年九月 日

年八十三特爲加資事承傳

1774년 9월에 李乃蕃을 嘉善大夫로 임명하는 문서

告身 5

1774년(영조 50), 54.3×71.3

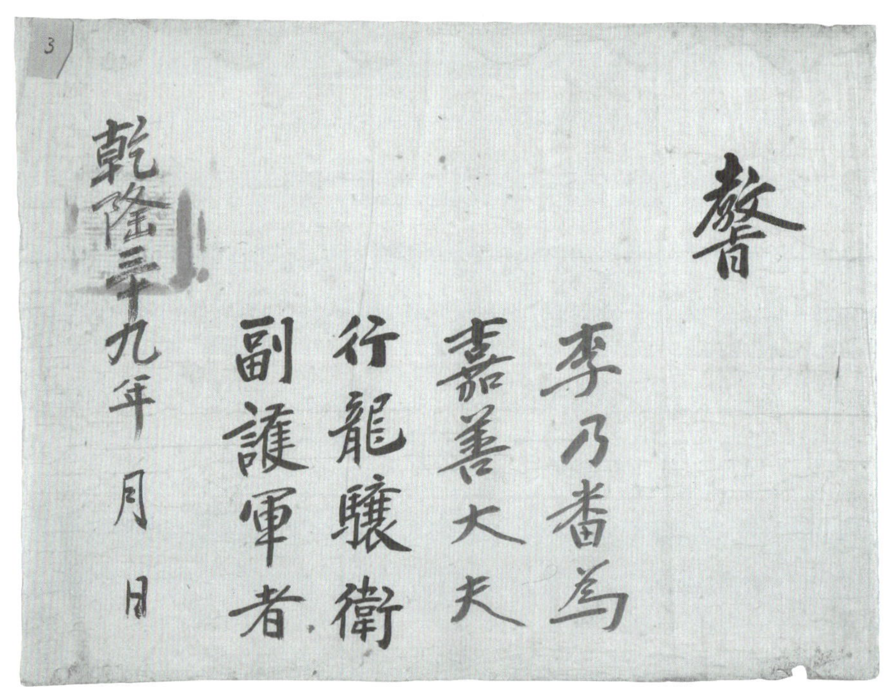

敎旨

李乃蕃爲

嘉善大夫

行龍驤衛

副護軍者

乾隆三十九年 月 日

1774년에 李乃蕃을 嘉善大夫 行 龍驤衛 副護軍으로 임명하는 문서

告身 6

1774년(영조 50), 65.2×95.9

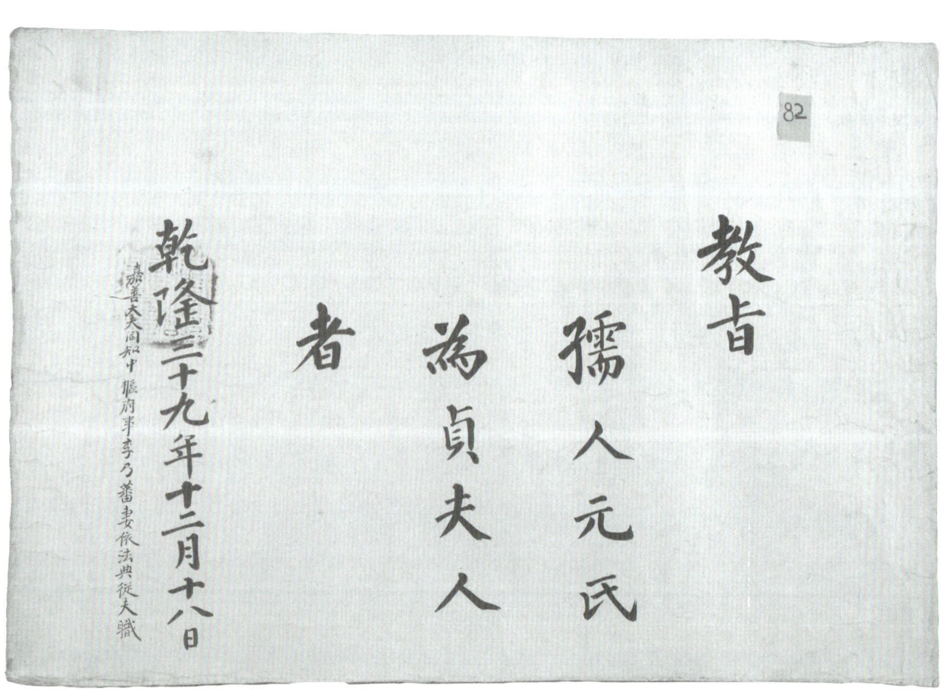

敎旨

孺人元氏

爲貞夫人

者

乾隆三十九年十二月十八日

嘉善大夫同知中樞府事李乃蕃妻依法典從夫職

1774년 12월 18일에 孺人 元氏를 貞夫人으로 임명하는 문서

告身 7

1813년(순조 13), 59.4×80.3

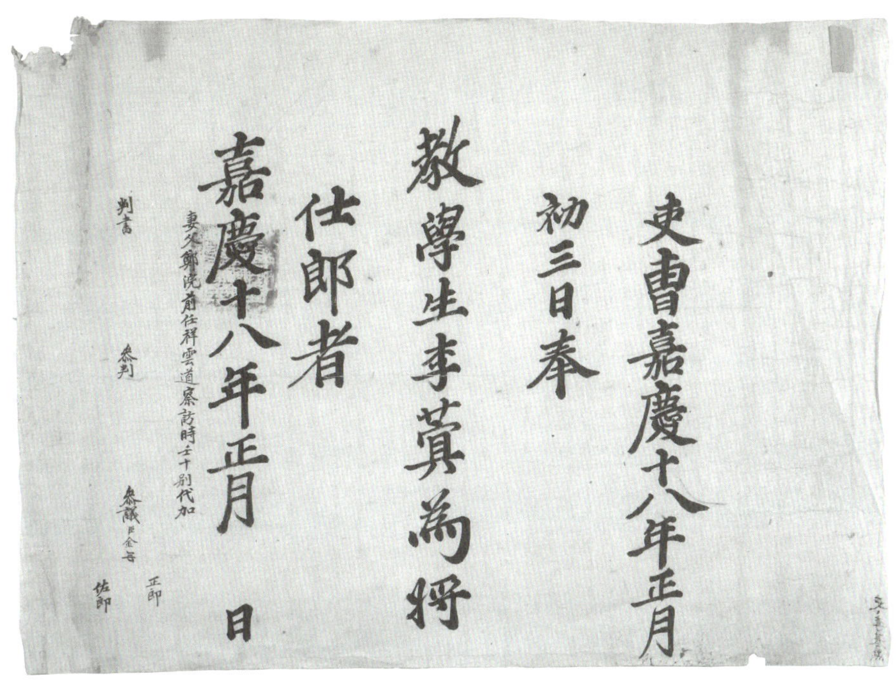

吏曹嘉慶十八年正月
初三日奉
敎學生李蓂爲將
仕郞者
嘉慶十八年正月 日

判書
參判
參議
正郞
佐郞

1813년 1월 초3일에 왕명을 받들어 學生 李蓂을 將仕郞으로 임명하는 문서

告身 8

1834년(순조 34), 51.6×75.3

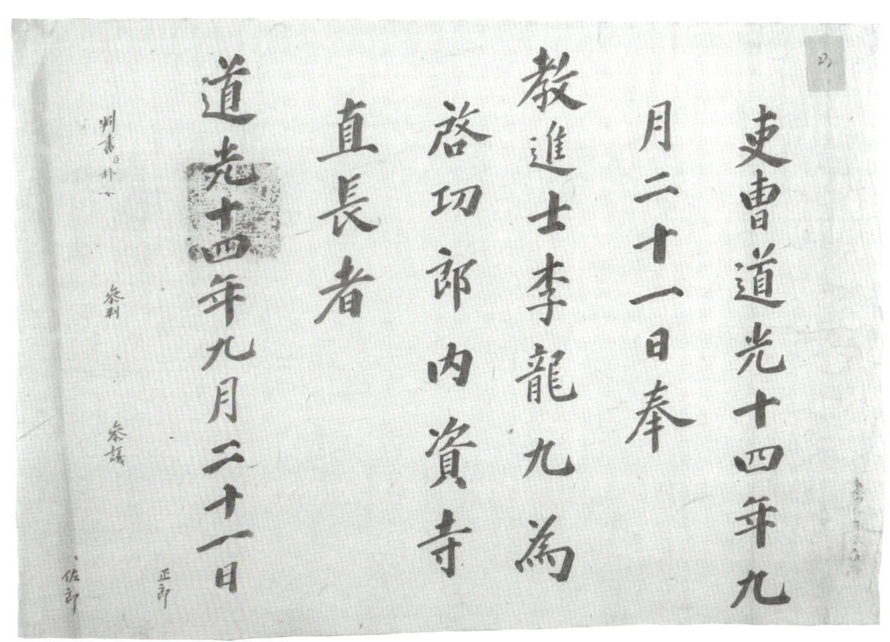

吏曹道光十四年九
月二十一日奉
敎進士李龍九爲
啓功郞內資寺
直長者
道光十四年九月二十一日

判書
參判
參議
正郞
佐郞

1834년 9월 21일에 왕명을 받들어 進士 李龍九를 啓功郞 內資寺 直長으로 임명하는 문서

告身 9

1835년(헌종 원년), 52.7×74.7

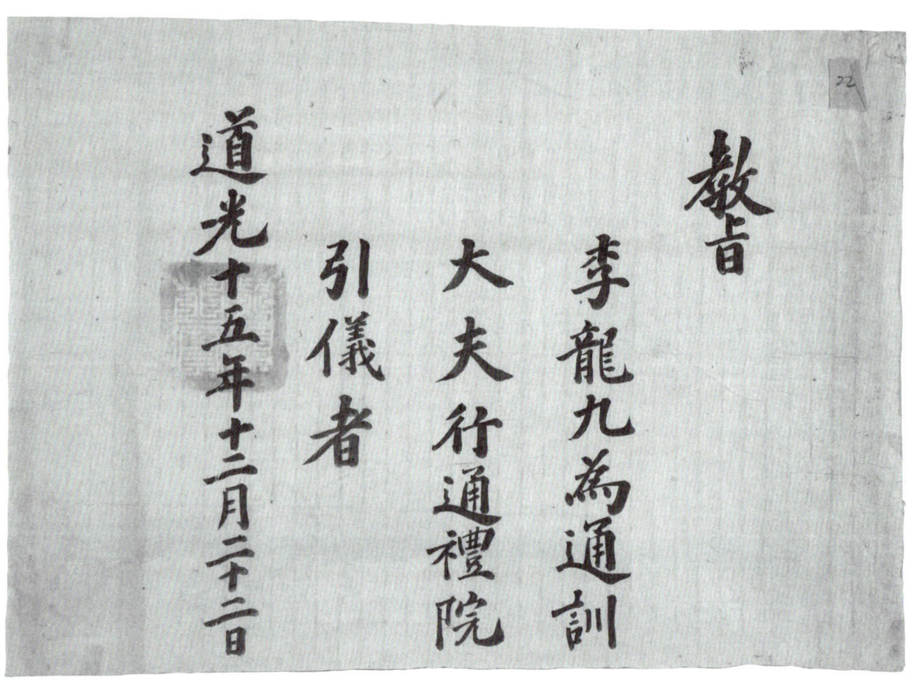

敎旨

李龍九爲通訓

大夫行通禮院

引儀者

道光十五年十二月二十二日

1835년 12월 22일 李龍九를 通訓大夫 行 通禮院 引儀로 임명하는 문서

告身 10

1839년(헌종 5), 52.1×75.4

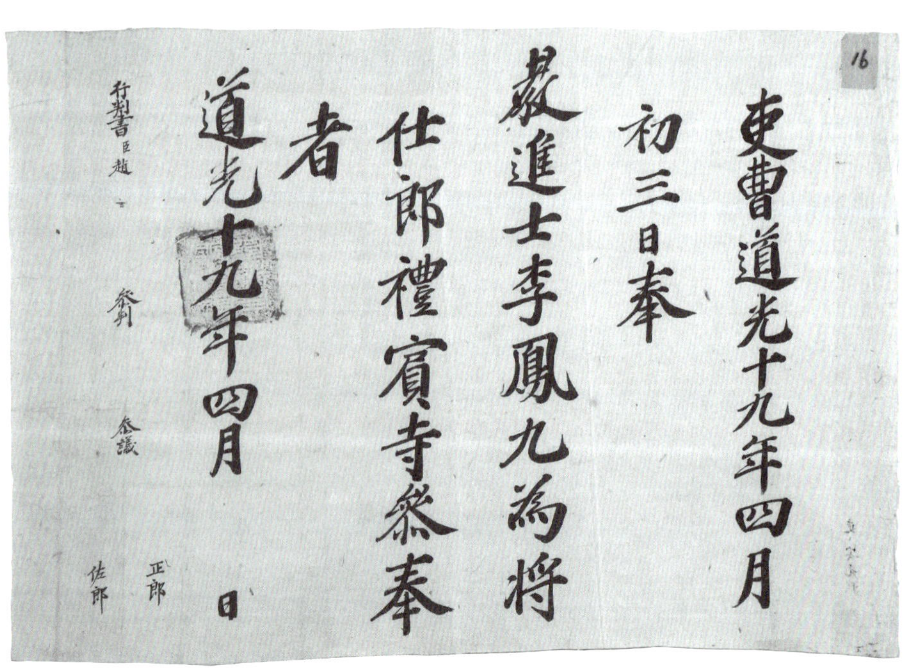

吏曹道光十九年四月

初三日奉

敎進士李鳳九爲將

仕郎禮賓寺參奉

者

道光十九年四月 日

行判書臣趙

參判

參議

正郎

佐郎

1839년 4월 초3일에 왕명을 받들어 進士 李鳳九를 將仕郎 禮賓寺 參奉으로 임명하는 문서

告身 11

1841년(헌종 7), 52.7×76.3

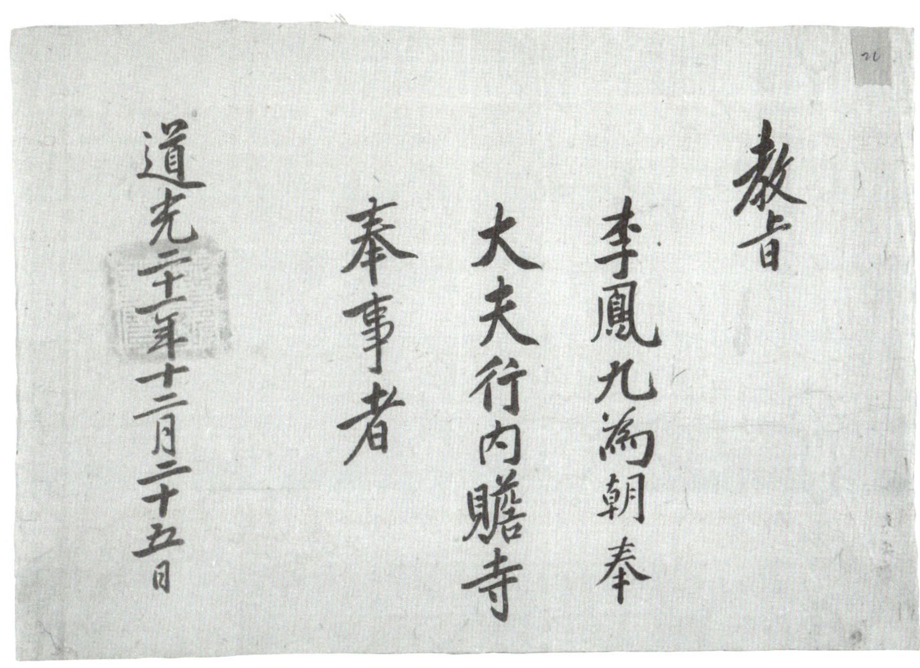

敎旨

李鳳九爲朝奉

大夫行內贍寺

奉事者

道光二十一年十二月二十五日

1841년 12월 25일에 李鳳九를 朝奉大夫 行 內贍寺 奉事로 임명하는 문서

告身 12

1843년(헌종 9), 55×75.9

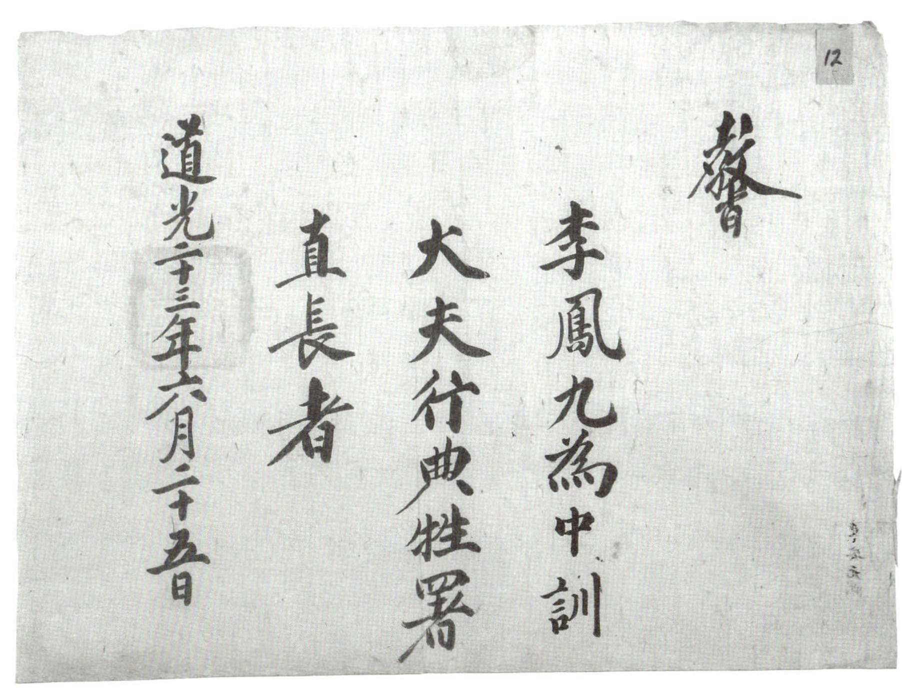

敎旨

李鳳九爲中訓

大夫行典牲署

直長者

道光二十三年六月二十五日

1843년 6월 25일에 李鳳九를 中訓大夫 行 典牲署 直長으로 임명하는 문서

告身 13

1845년(헌종 11), 53.1×74.9

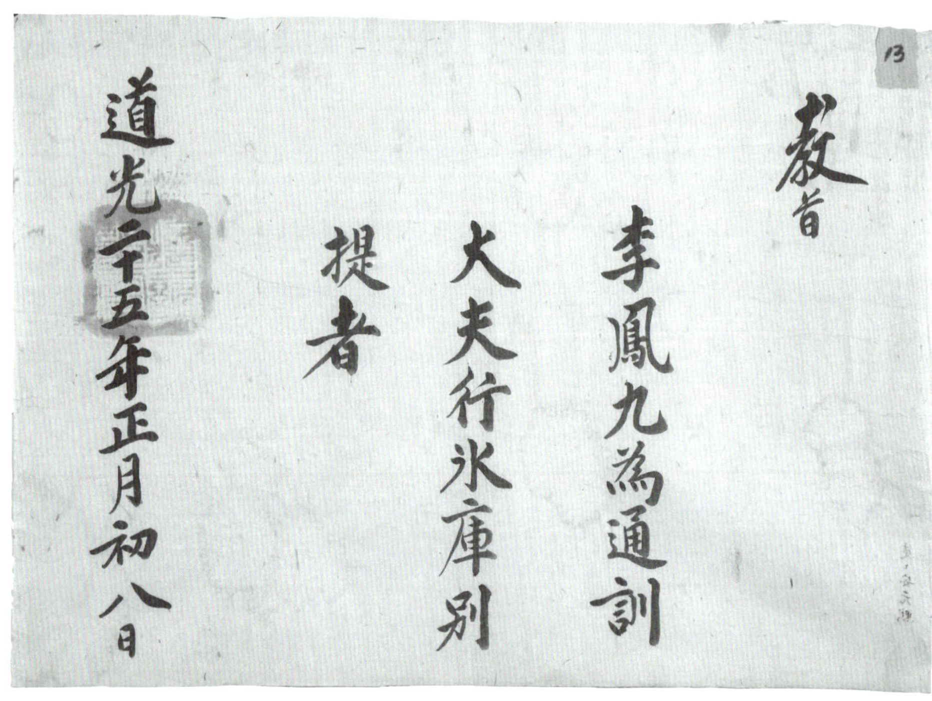

敎旨

李鳳九爲通訓

大夫行氷庫別

提者

道光二十五年正月初八日

1845년 1월 초8일에 李鳳九를 通訓大夫 行 氷庫別提로 임명하는 문서

告身 14

1845년(헌종 11), 52.8×75.4

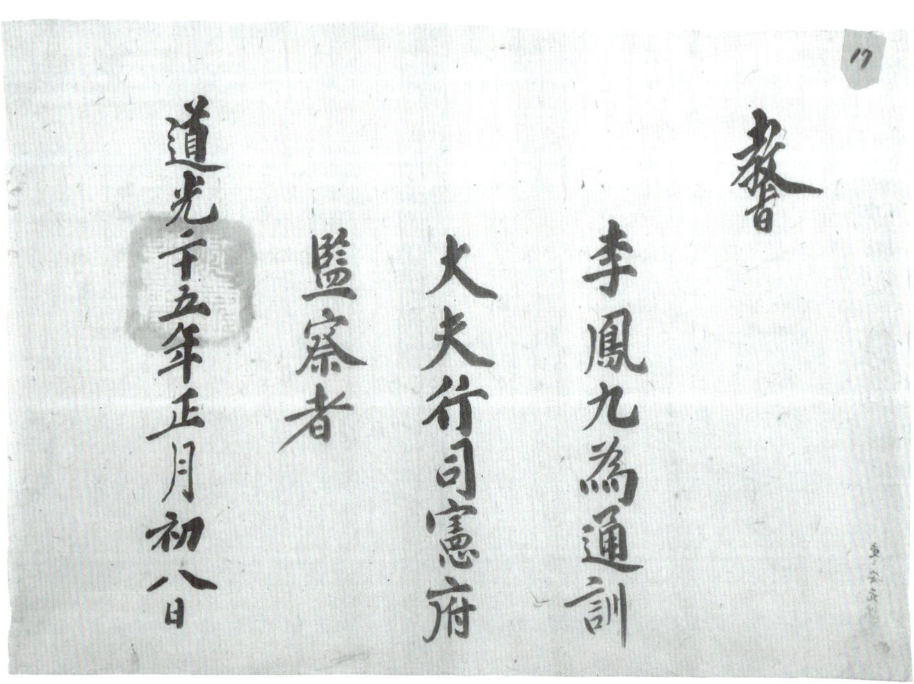

敎旨

李鳳九爲通訓

大夫行司憲府

監察者

道光二十五年正月初八日

1845년 1월 초8일에 李鳳九를 通訓大夫 行 司憲府 監察로 임명하는 문서

告身 15

1846년(헌종 12), 54.7×72.1

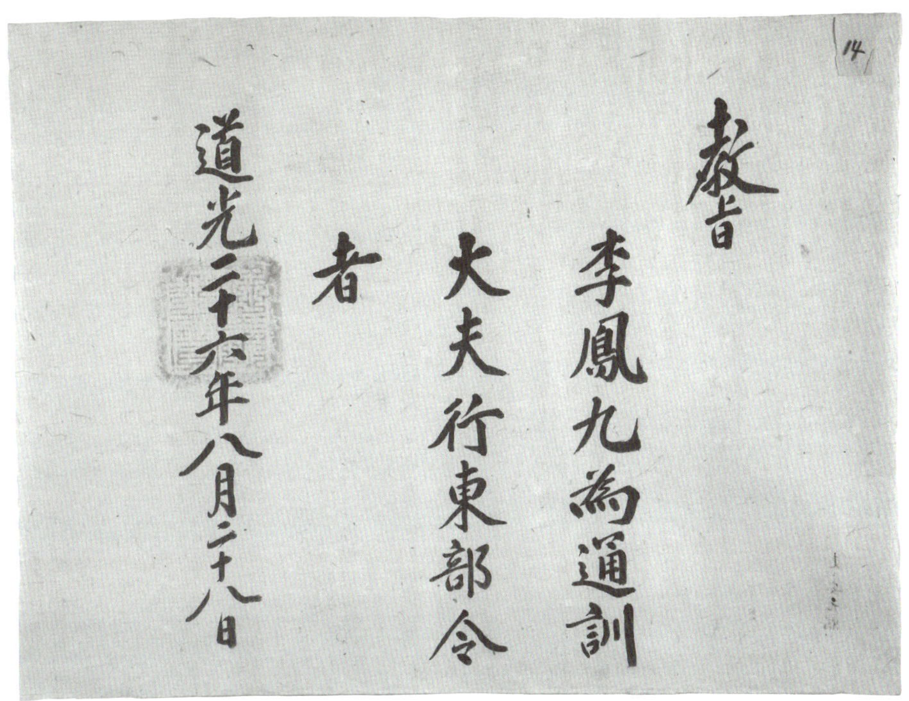

教旨

李鳳九爲通訓

大夫行東部令

者

道光二十六年八月二十八日

1846년 8월 28일에 李鳳九를 通訓大夫 行 東部令으로 임명하는 문서

告身 16

1849년(헌종 15), 54.8×75

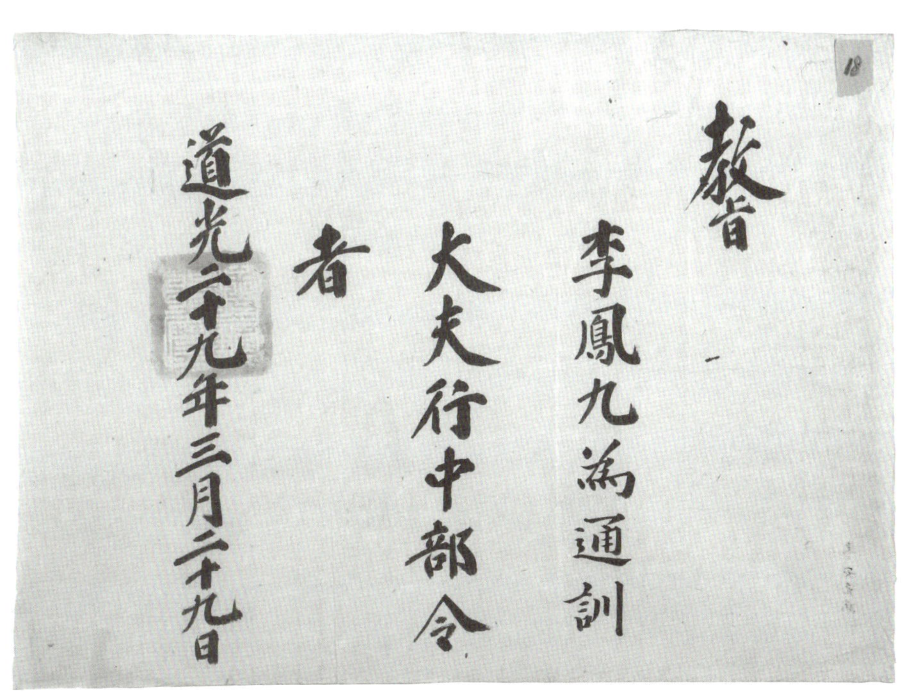

教旨

李鳳九爲通訓

大夫行中部令

者

道光二十九年三月二十九日

1849년 3월 29일에 李鳳九를 通訓大夫 行 中部令으로 임명하는 문서

告身 17

1850년(철종 원년), 54.8×75

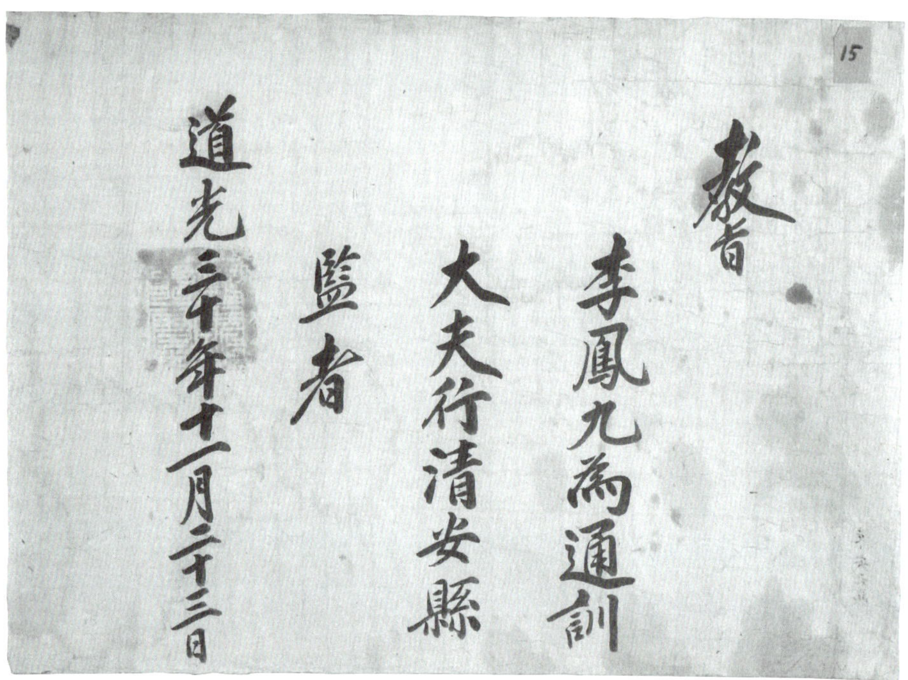

15

教旨

李鳳九爲通訓

大夫行淸安縣

監者

道光三十年十一月二十三日

1850년 11월 23일에 李鳳九를 通訓大夫 行 淸安縣監으로 임명하는 문서

告身 18

1853년(철종 4), 67.7×85.8

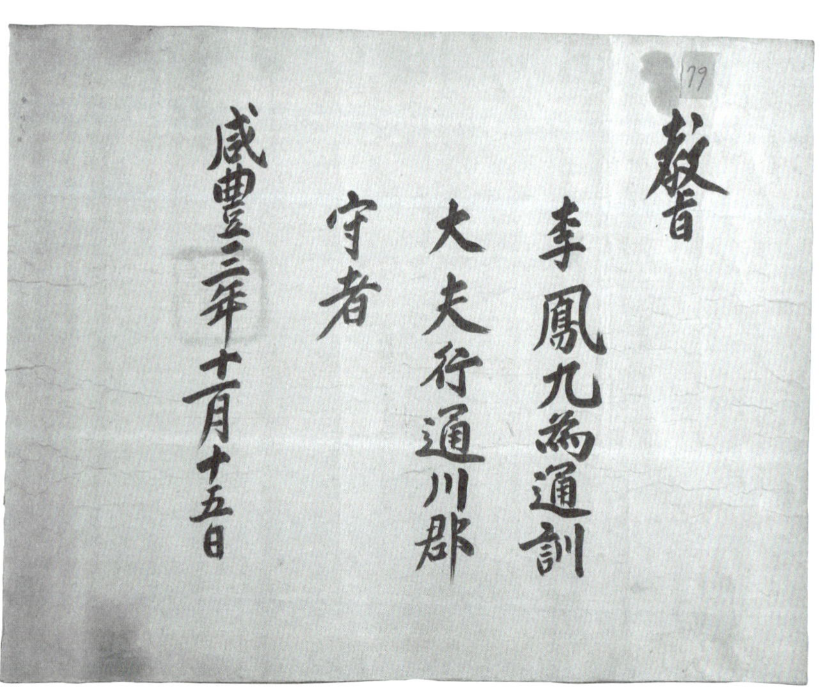

179

教旨

李鳳九爲通訓

大夫行通川郡

守者

咸豐三年十一月十五日

1853년 11월 15일에 李鳳九를 通訓大夫 行 通川郡守로 임명하는 문서

告身 19

1853년(철종 4), 51.9×74.5

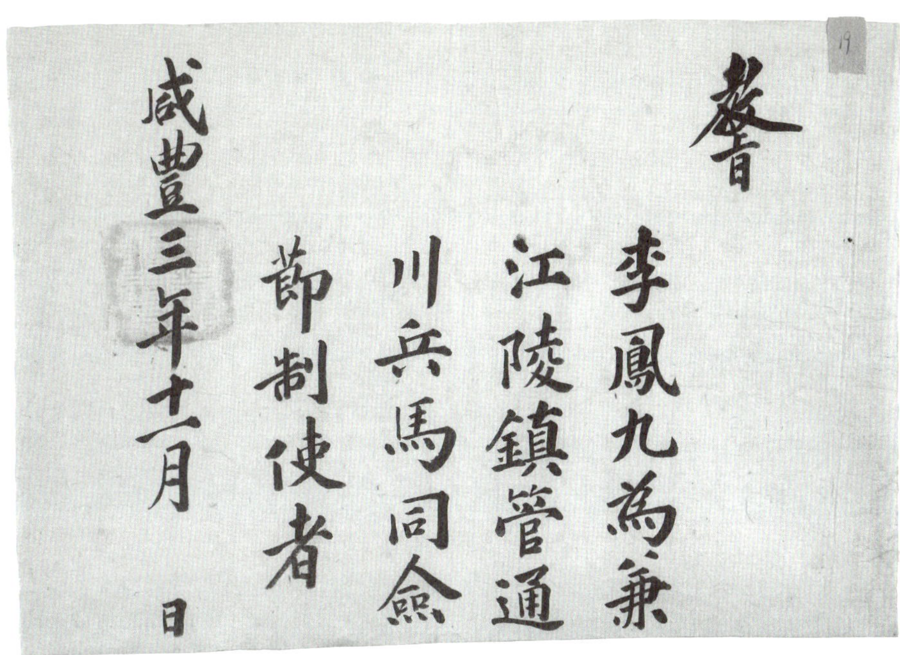

敎旨

李鳳九爲兼
江陵鎭管通
川兵馬同僉
節制使者

咸豐三年十一月 日

1853년 11월에 李鳳九를 兼 江陵鎭管 通川 兵馬同僉節制使로 임명하는 문서

告身 20

1853년(철종 4), 54.7×74.1

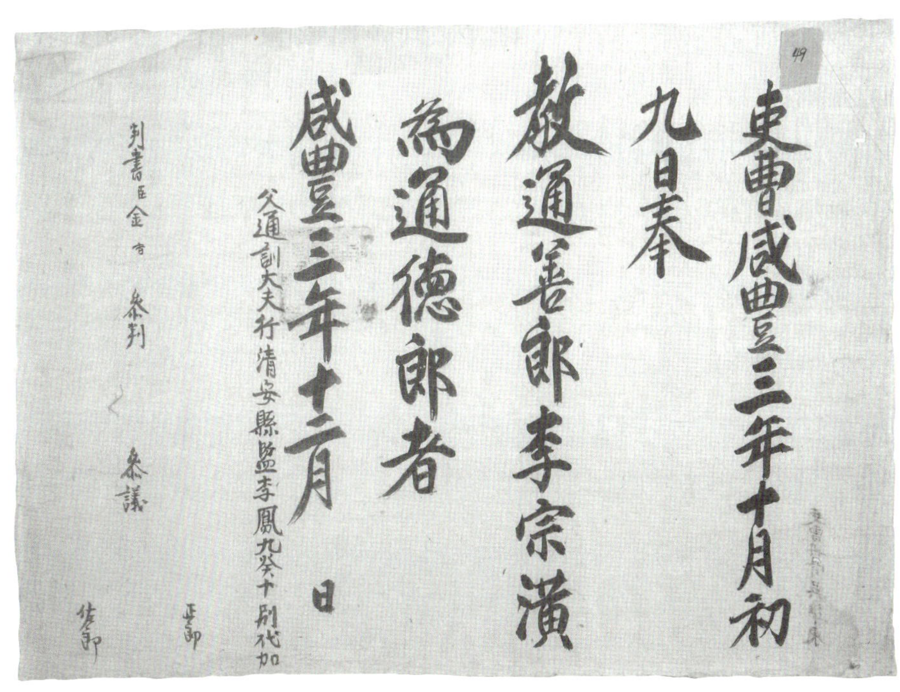

吏曹咸豐三年十月初
九日奉
敎通善郎李宗潢
爲通德郎者

咸豐三年十二月 日

父通訓大夫行淸安縣監李鳳九癸十別代加

判書臣金
參判
參議
正郎
佐郎

1853년 10월 초9일에 왕명을 받들어 通善郎 李宗潢을 通德郎으로 임명하는 문서

告身 21

1858년(철종 9), 54 X 73

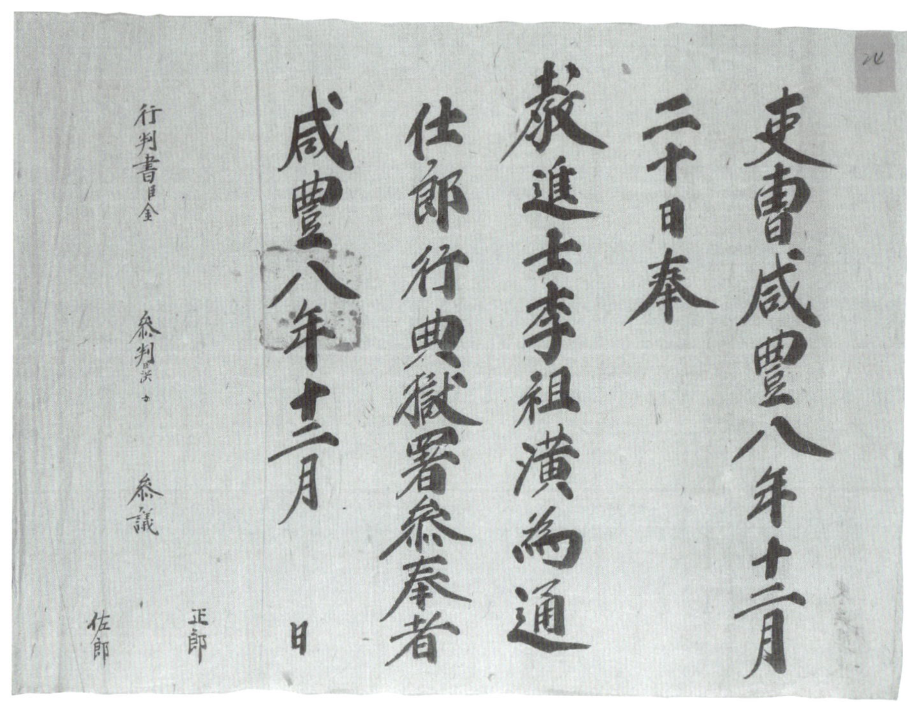

吏曹咸豐八年十二月
二十日奉
教進士李祖漢為通
仕郎行典獄署參奉者
咸豐八年十二月 日
行判書臣金
參判臣洪
參議
正郎
佐郎

1858년 12월 20일에 왕명을 받들어 進士 李祖漢을 通仕郎 行 典獄署 參奉으로 임명하는 문서

告身 22

1858년(철종 9), 54 X 73.5

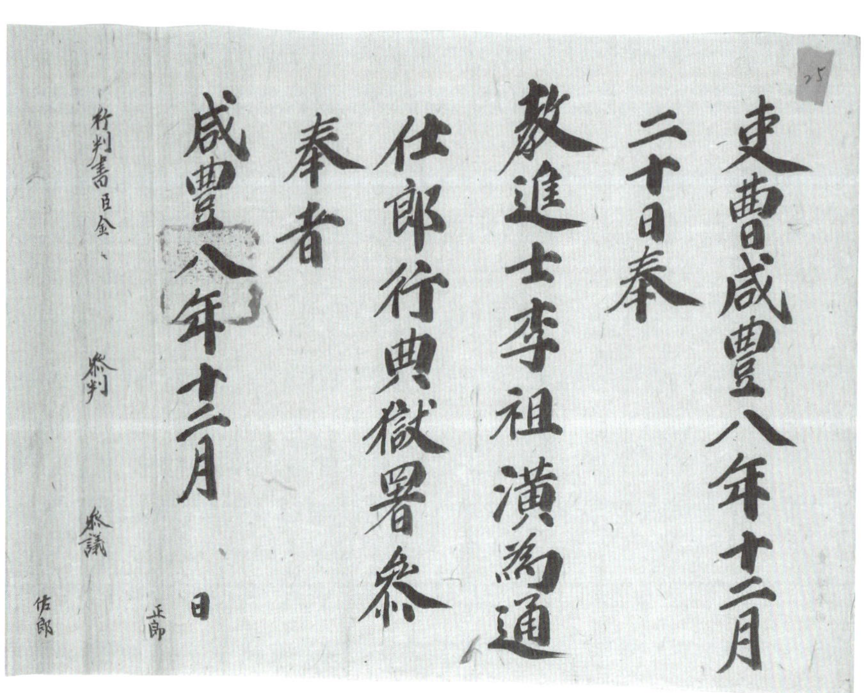

吏曹咸豐八年十二月
二十日奉
教進士李祖漢為通
仕郎行典獄署參
奉者
咸豐八年十二月 日
行判書臣金
參判
參議
正郎
佐郎

1858년 12월 20일에 왕명을 받들어 進士 李祖漢을 通仕郎 行 典獄署 參奉으로 임명하는 문서

告身 23

1860년(철종 11), 57.6 X 79.5

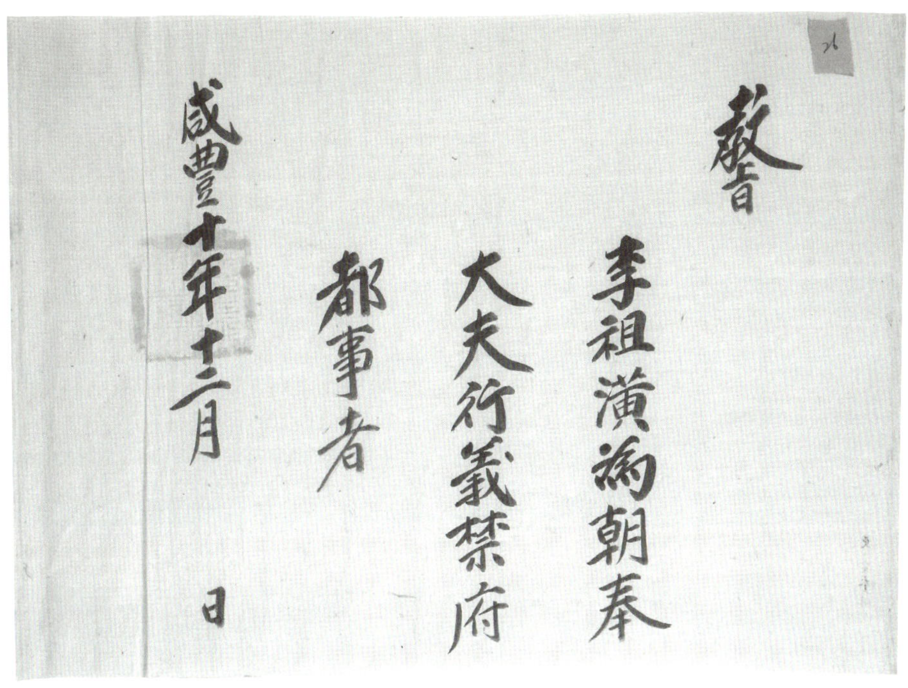

敎旨

李祖漢爲朝奉

大夫行義禁府

都事者

咸豐十年十二月　日

1860년 12월에 李祖漢을 朝奉大夫 行 義禁府 都事로 임명하는 문서

告身 24

1862년(철종 13), 57.6 X 79.5

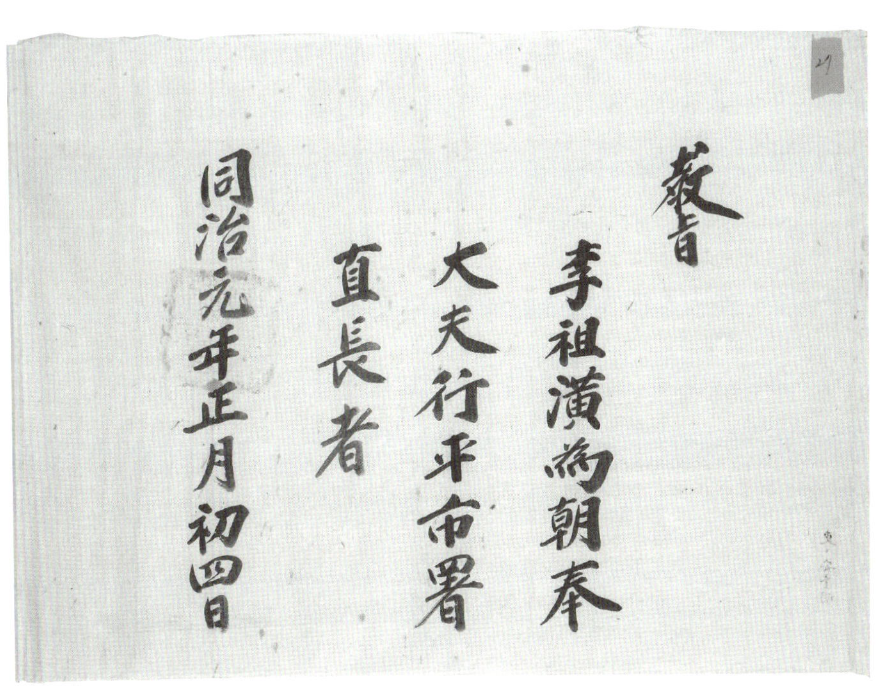

敎旨

李祖漢爲朝奉

大夫行平市署

直長者

同治元年正月初四日

1862년 1월 초4일에 李祖漢을 朝奉大夫 行 平市署 直長으로 임명하는 문서

告身 25

1863년(철종 14), 57.6 X 79.5

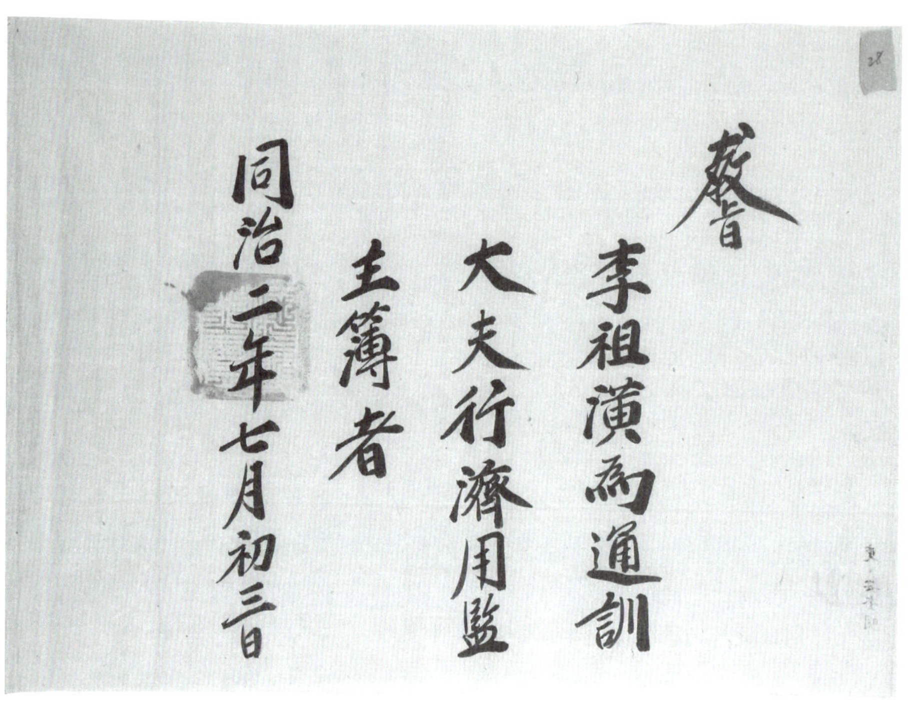
敎旨

李祖漢爲通訓

大夫行濟用監

主簿者

同治二年七月初三日

1863년 7월 초3일에 李祖漢을 通訓大夫 行 濟用監 主簿로 임명하는 문서

告身 26

1864년(고종 원년), 57.6 X 79.5

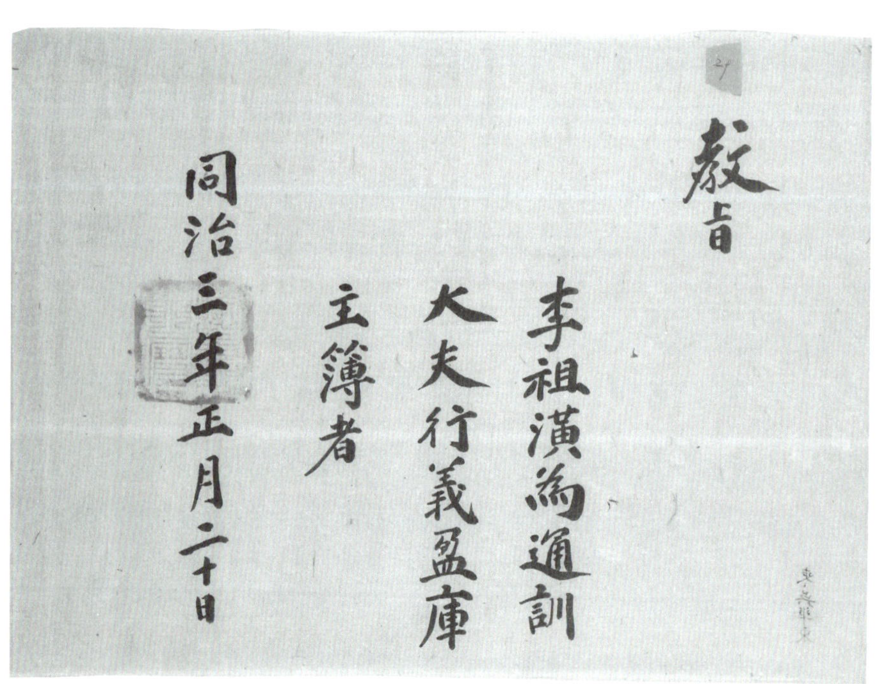
敎旨

李祖漢爲通訓

大夫行義盈庫

主簿者

同治三年正月二十日

1864년 1월 20일에 李祖漢을 通訓大夫 行 義盈庫 主簿로 임명하는 문서

告身 27

1865년(고종 2), 57.6 X 79.5

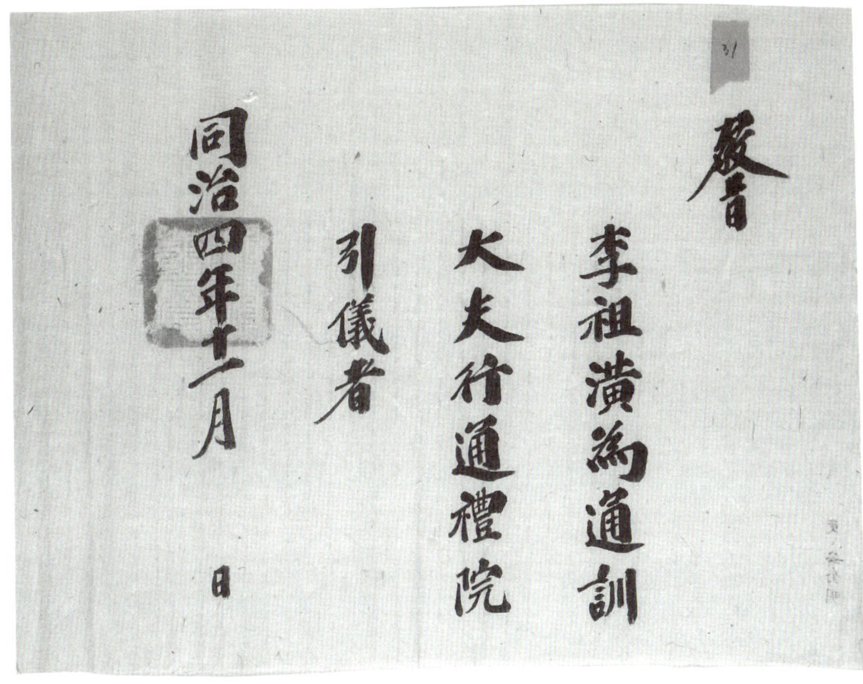

敎旨

李祖漢爲通訓
大夫行通禮院
引儀者

同治四年十一月 日

1865년 11월에 李祖漢을 通訓大夫 行 通禮院 引儀로 임명하는 문서

告身 28

1865년(고종 2), 57.6 X 79.5

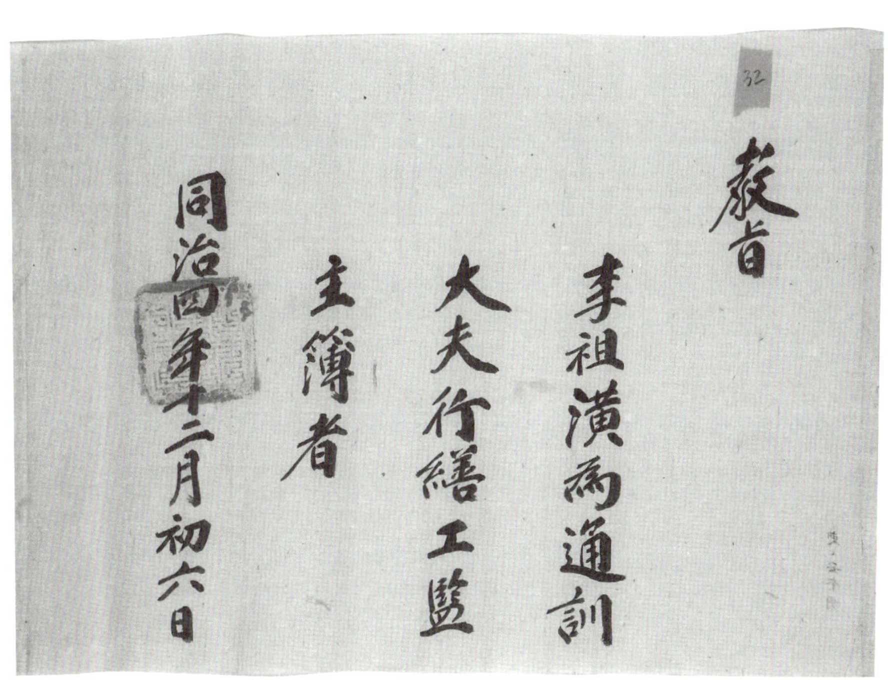

敎旨

李祖漢爲通訓
大夫行繕工監
主簿者

同治四年十二月初六日

1865년 12월 초6일에 李祖漢을 通訓大夫 行 繕工監 主簿로 임명하는 문서

告身 29

1865년(고종 2), 57.6 X 79.5

教旨
李祖漢爲通訓
大夫行繕工監
主簿者
同治四年十二月 日

1865년 12월에 李祖漢을 通訓大夫 行 繕工監 主簿로 임명하는 문서

告身 30

1865년(고종 2), 57.6 X 79.5

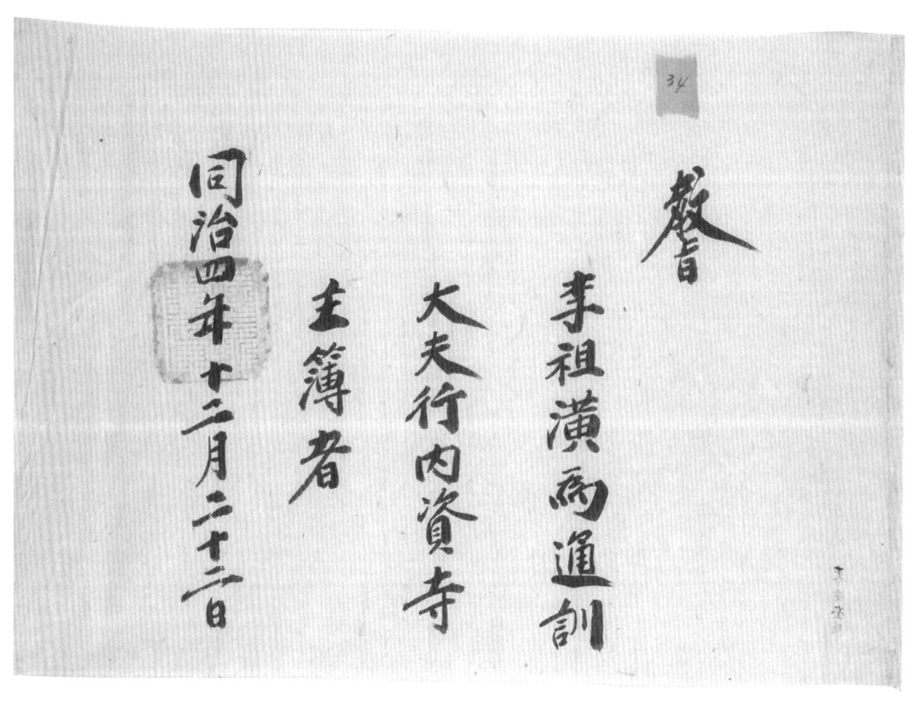
教旨
李祖漢爲通訓
大夫行内資寺
主簿者
同治四年十二月二十二日

1865년 12월 22일에 李祖漢을 通訓大夫 行 內資寺 主簿로 임명하는 문서

告身 31

1865년(고종 2), 57.6 X 79.5

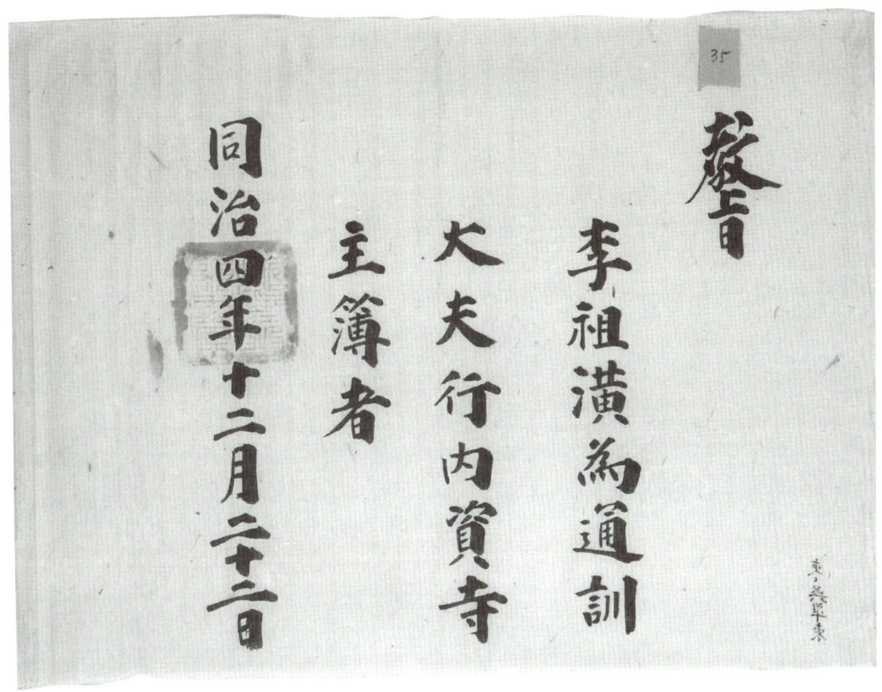

教旨

李祖漢爲通訓
大夫行內資寺
主簿者

同治四年十二月二十二日

1865년 12월 22일에 李祖漢을 通訓大夫 行 內資寺 主簿로 임명하는 문서

告身 32

1866년(고종 3), 57.6 X 79.5

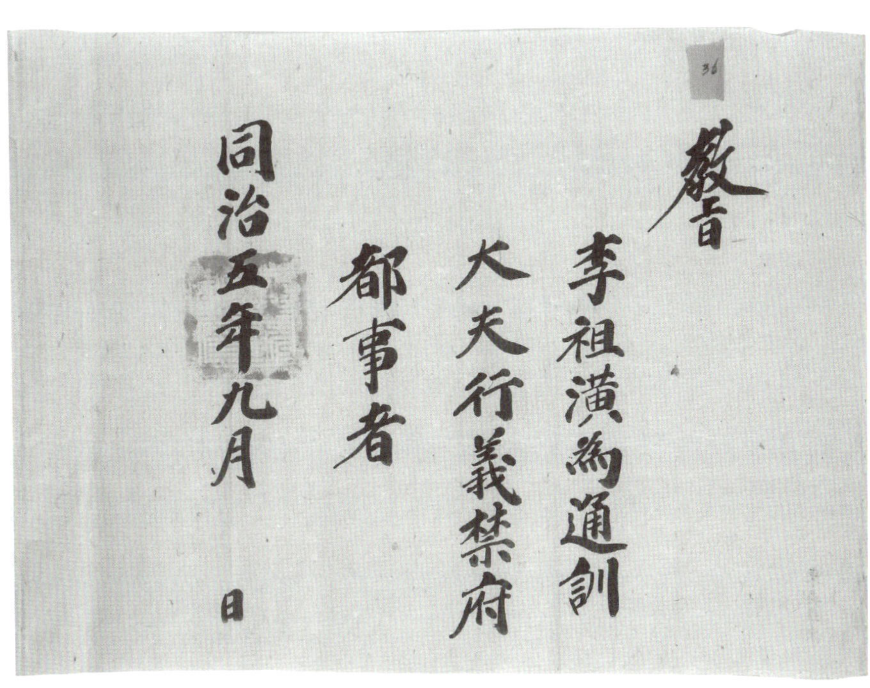

教旨

李祖漢爲通訓
大夫行義禁府
都事者

同治五年九月 日

1866년 9월에 李祖漢을 通訓大夫 行 義禁府 都事로 임명하는 문서

告身 33

1866년(고종 3), 57.6 X 79.5

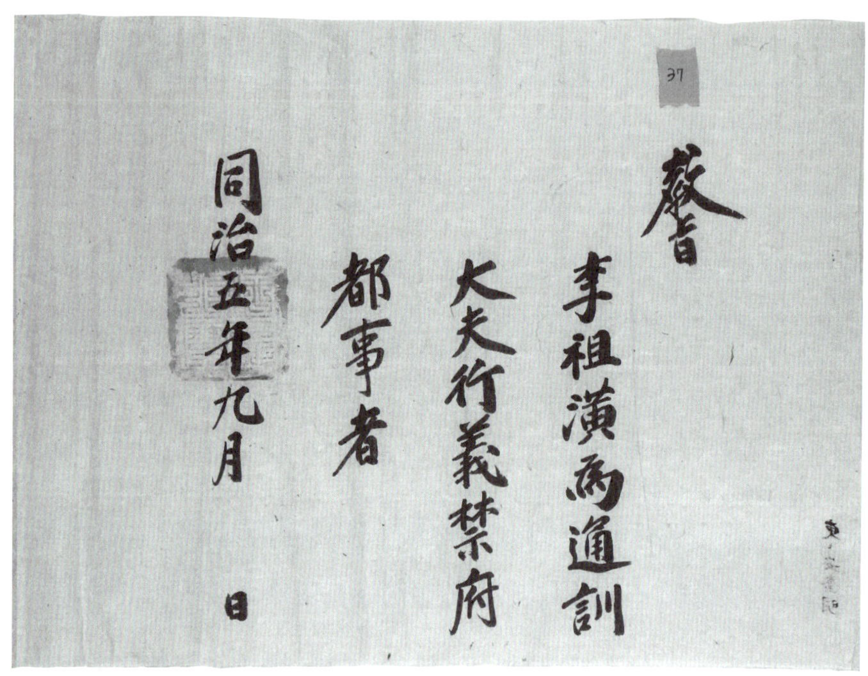

敎旨
李祖漢爲通訓
大夫行義禁府
都事者
同治五年九月 日

1866년 9월에 李祖漢을 通訓大夫 行 義禁府 都事로 임명하는 문서

告身 34

1867년(고종 4), 57.6 X 79.5

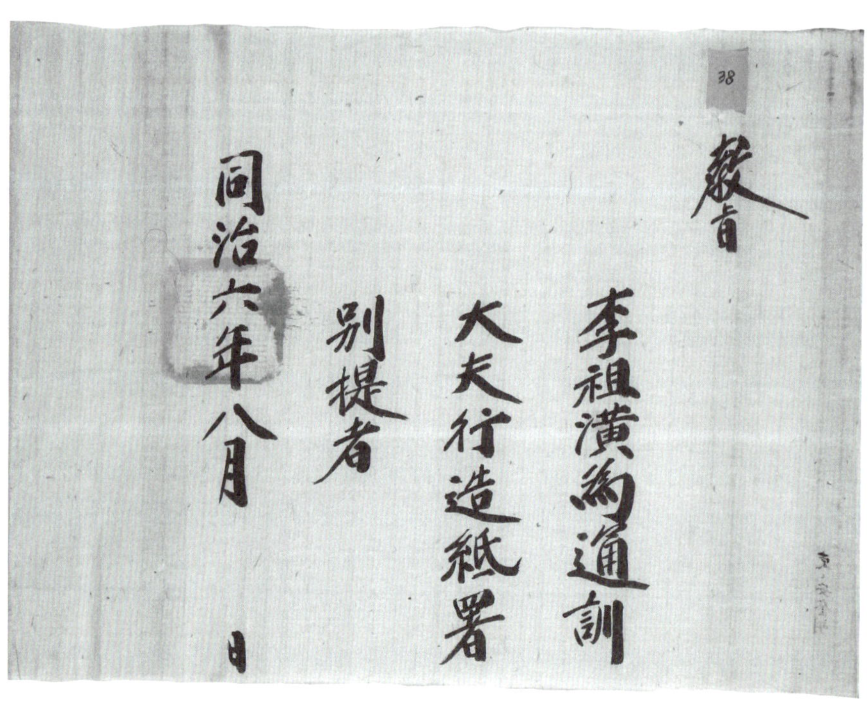

敎旨
李祖漢爲通訓
大夫行造紙署
別提者
同治六年八月 日

1867년 8월에 李祖漢을 通訓大夫 行 造紙署 別提로 임명하는 문서

告身 35

1867년(고종 4), 57.6 X 79.5

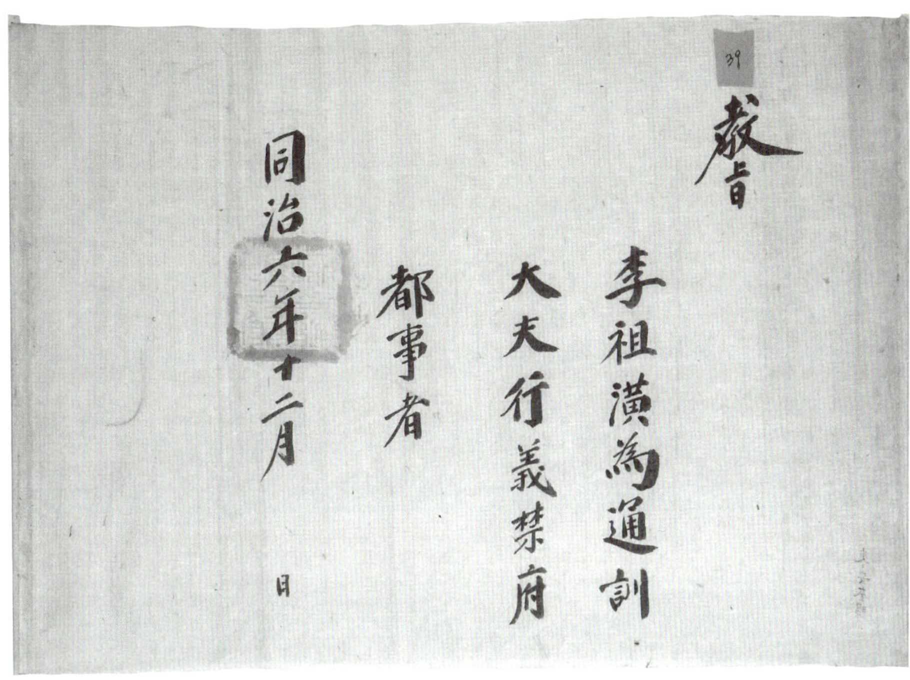

敎旨

李祖漢爲通訓

大夫行義禁府

都事者

同治六年十二月 日

1867년 12월에 李祖漢을 通訓大夫 行 義禁府 都事로 임명하는 문서

告身 36

1868년(고종 5), 54.7×75.2

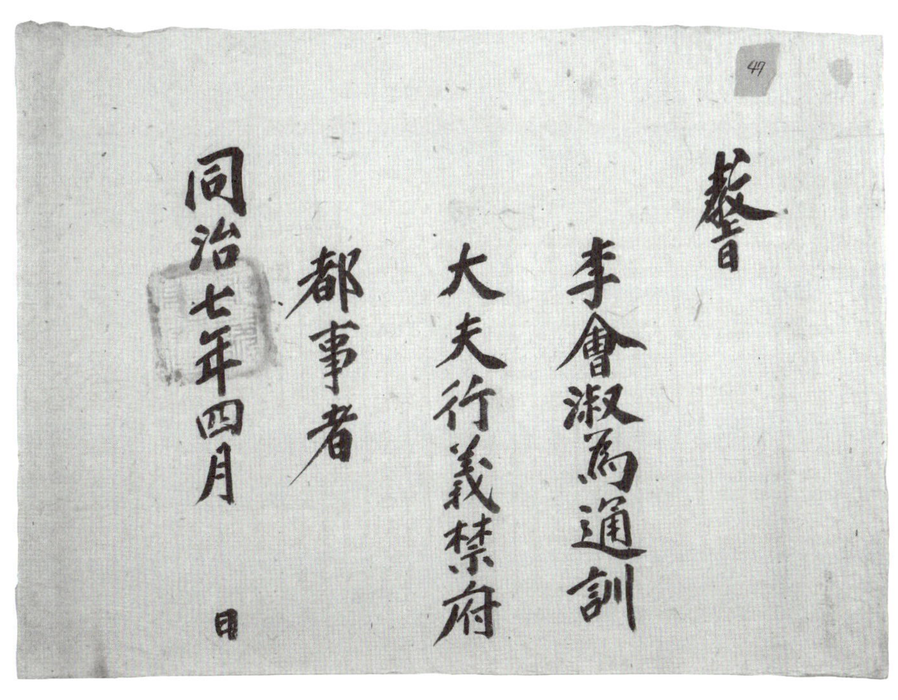

敎旨

李會淑爲通訓

大夫行義禁府

都事者

同治七年四月 日

1868년 4월에 李會淑을 通訓大夫 行 義禁府 都事로 임명하는 문서

告身 37

1868년(고종 5), 57.6 X 79.5

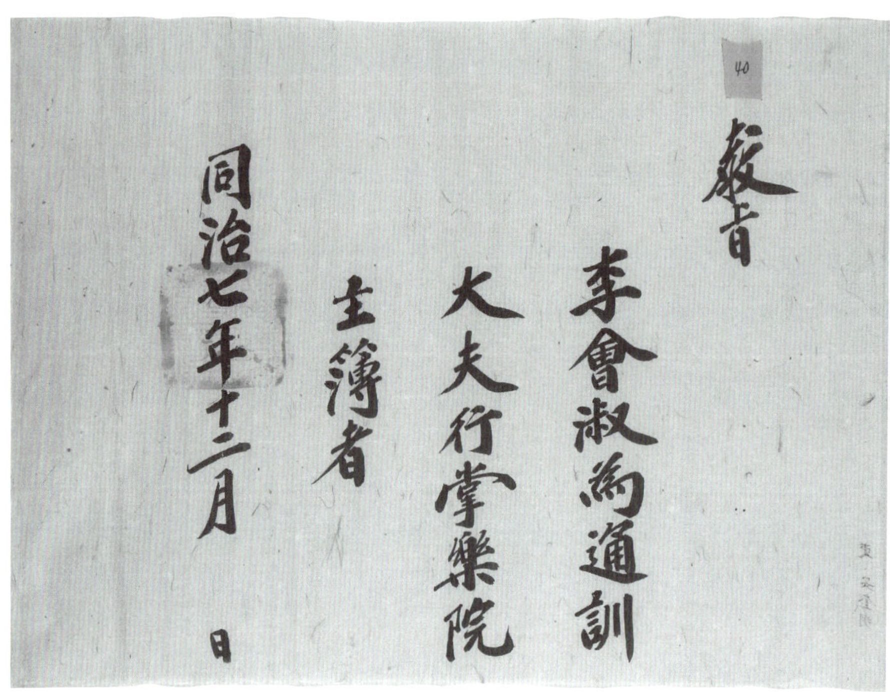

敎旨

李會淑爲通訓

大夫行掌樂院

主簿者

同治七年十二月 日

1868년 12월에 李會淑을 通訓大夫 行 掌樂院 主簿로 임명하는 문서

告身 38

1868년(고종 5), 57.6 X 79.5

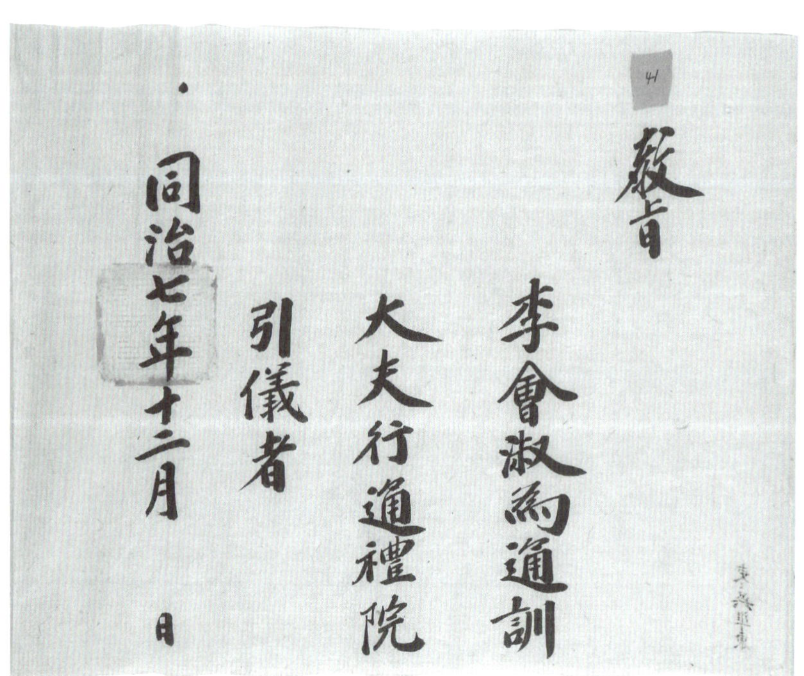

敎旨

李會淑爲通訓

大夫行通禮院

引儀者

同治七年十二月 日

1868년 12월에 李會淑을 通訓大夫 行 通禮院 引儀로 임명하는 문서

告身 39

1868년(고종 5), 57.6 X 79.5

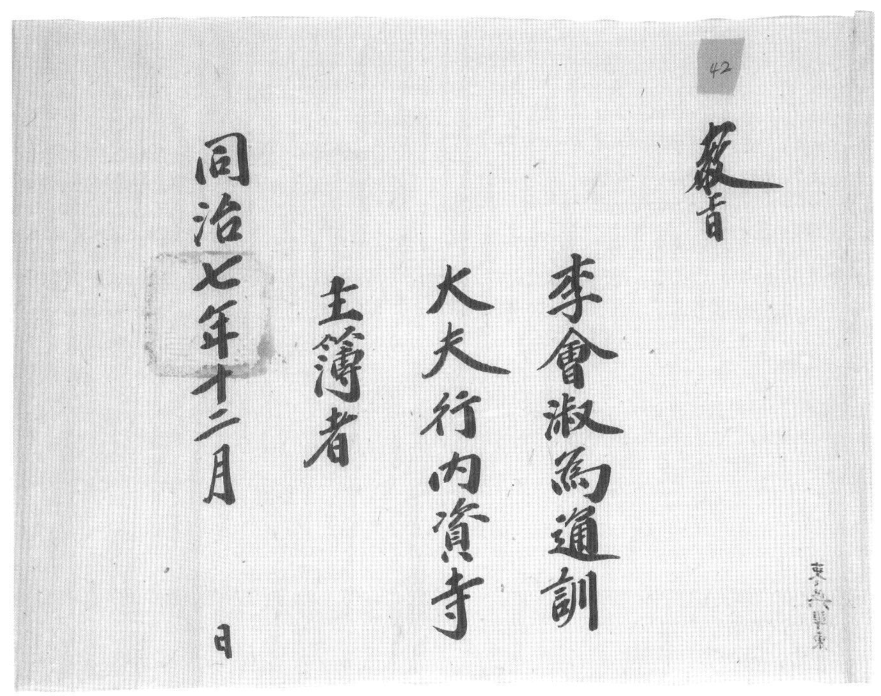

敎旨

李會淑爲通訓
大夫行內資寺
主簿者

同治七年十二月 日

1868년 12월에 李會淑을 通訓大夫 行 內資寺
主簿로 임명하는 문서

告身 40

1869년(고종 6), 57.6 X 79.5

敎旨

李會淑爲通訓
大夫行義禁府
都事者

同治八年六月十三日

1869년 6월 13일에 李會淑을 通訓大夫 行 義禁府
都事로 임명하는 문서

告身 41

1869년(고종 6), 57.6 X 79.5

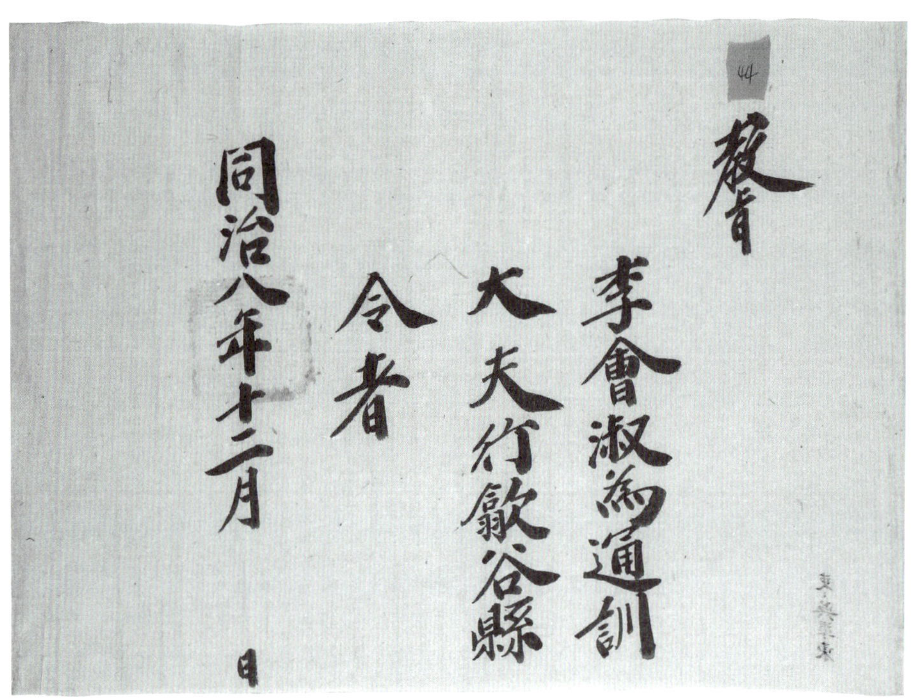

敎旨

李會淑爲通訓

大夫行歙谷縣

令者

同治八年十二月日

1869년 12월에 李會淑을 通訓大夫 行 歙谷縣令으로 임명하는 문서

告身 42

1869년(고종 6), 57.6 X 79.5

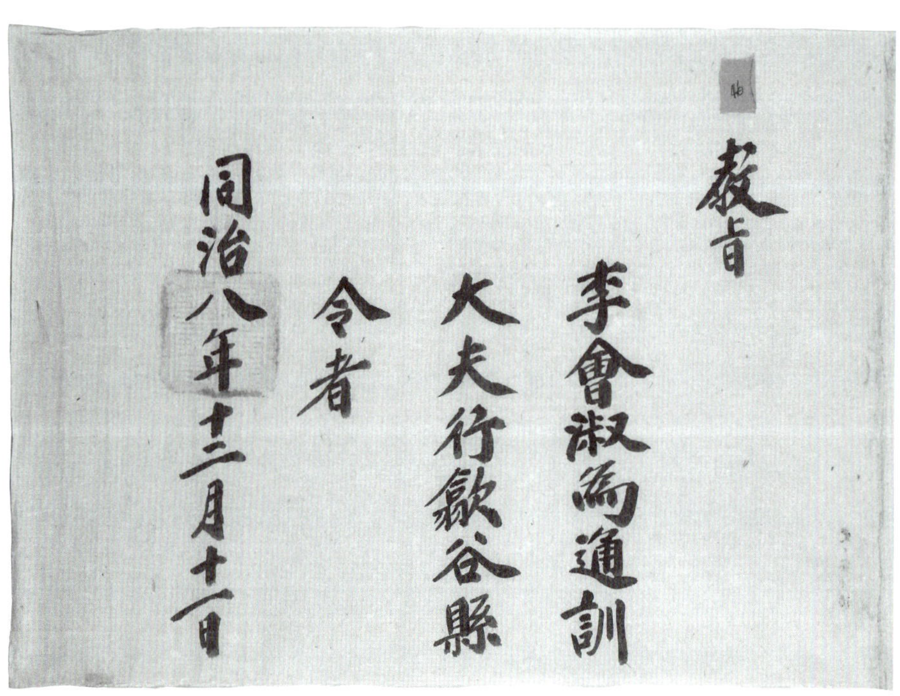

敎旨

李會淑爲通訓

大夫行歙谷縣

令者

同治八年十二月十一日

1869년 12월 21일에 李會淑을 通訓大夫 行 歙谷縣令으로 임명하는 문서

告身 43

1869년(고종 6), 57.6 X 79.5

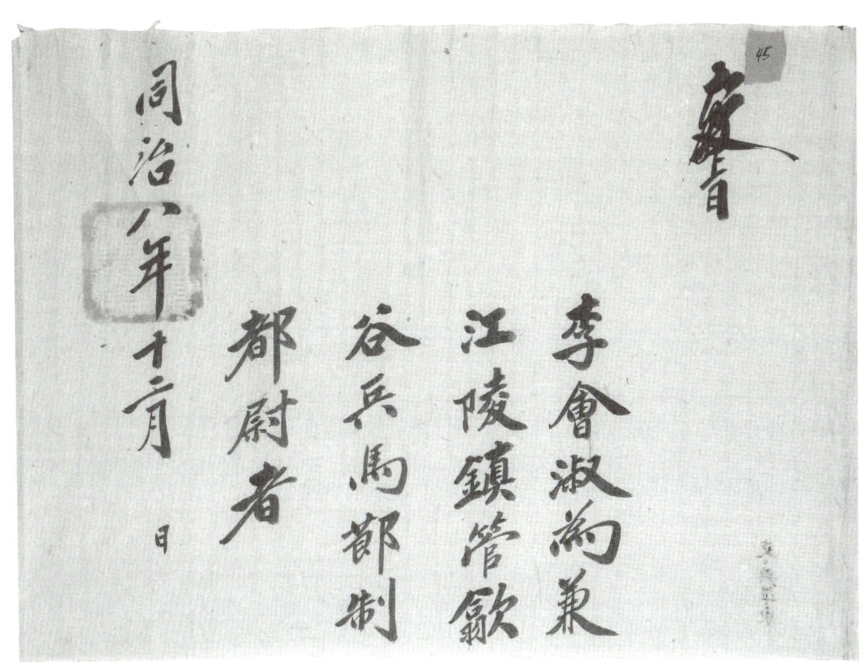

敎旨

李會淑爲兼
江陵鎭管歙
谷兵馬節制
都尉者

同治八年十二月 日

1869년 12월에 李會淑을 兼 江陵鎭管歙谷兵馬節制都尉로 임명하는 문서

告身 44

1883년(고종 20), 56.3×78.2

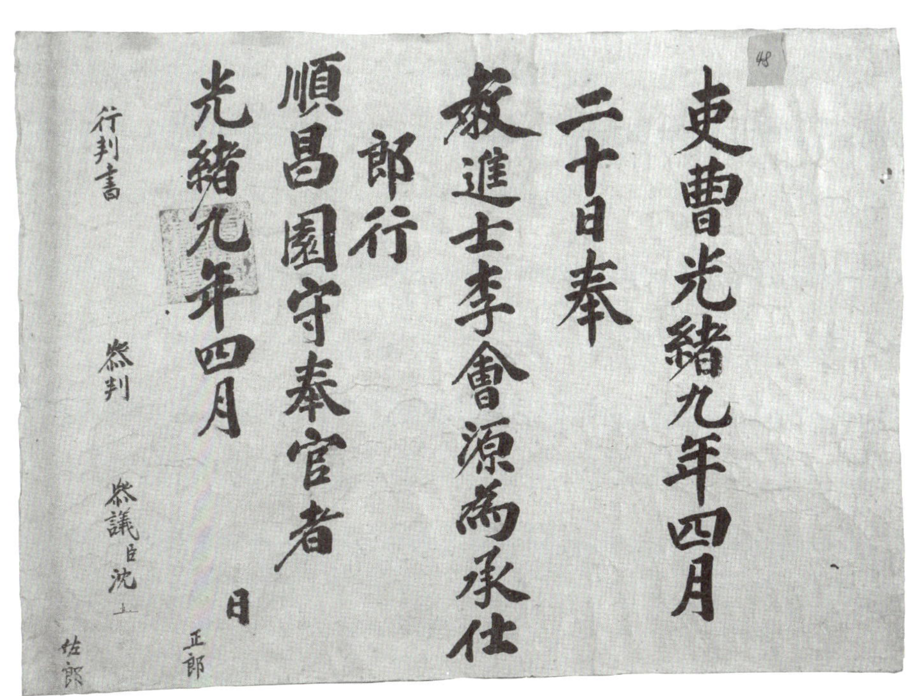

吏曹光緒九年四月
二十日奉
敎進士李會源爲承仕
郎行
順昌園守奉官者
光緒九年四月 日

行判書
參判
參議臣沈
正郎
佐郎

1883년 4월 20일에 왕명을 받들어 進士 李會源을 承仕郎 行 順昌園 守奉官으로 임명하는 문서

告身 45

1886년(고종 23), 57.1×77.2

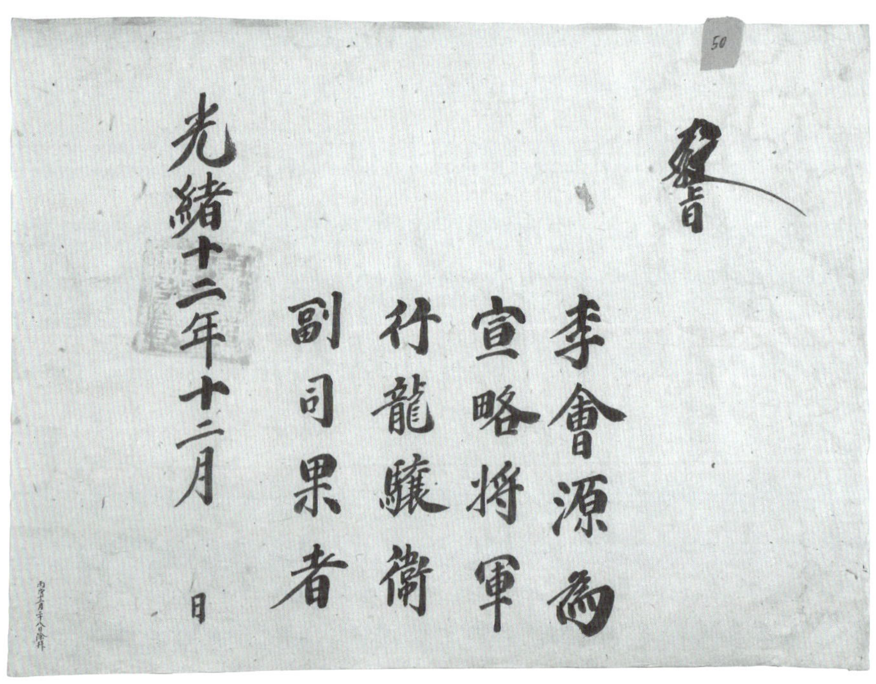

敎旨

李會源爲

宣略將軍

行龍驤衛

副司果者

光緒十二年十二月 日

1886년 12월에 李會源을 宣略將軍 行 龍驤衛 副司果로 임명하는 문서

告身 46

1886년(고종 23), 57×77.1

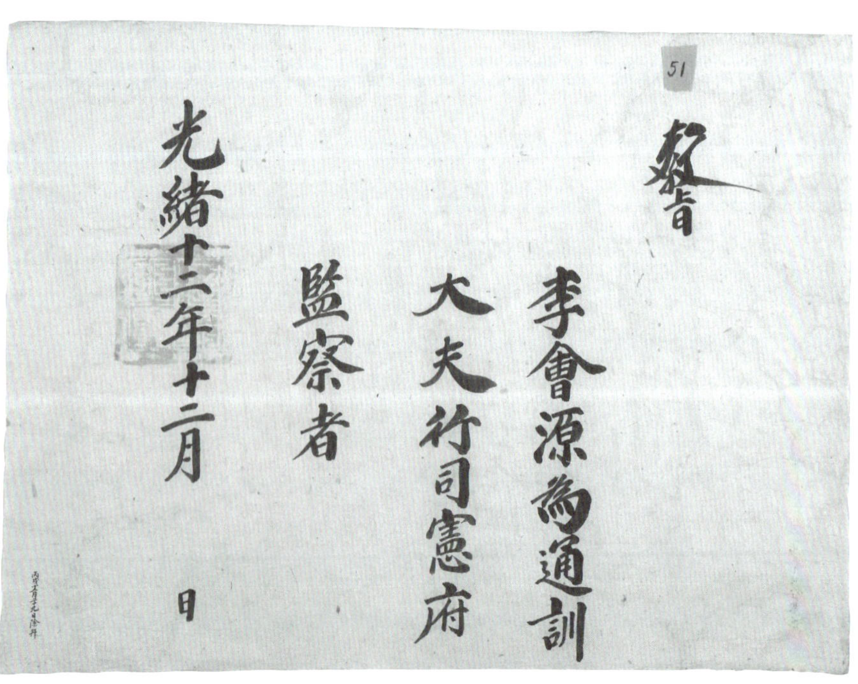

敎旨

李會源爲通訓

大夫行司憲府

監察者

光緒十二年十二月 日

1886년 12월에 李會源을 通訓大夫 行 司憲府 監察로 임명하는 문서

告身 47

1887년(고종 24), 57.4×77

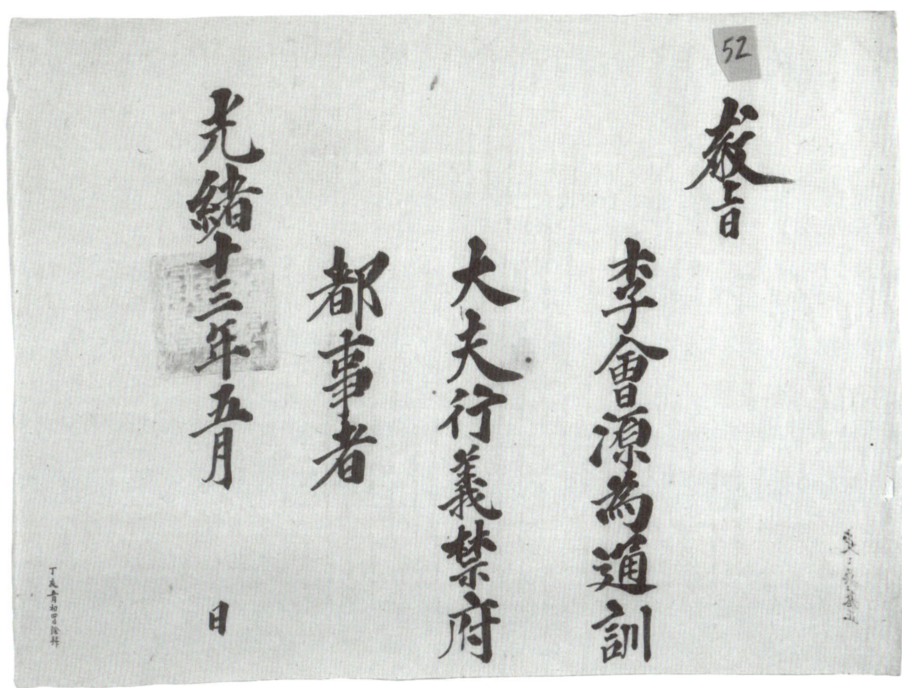

教旨

李會源爲通訓

大夫行義禁府

都事者

光緒十三年五月 日

1887년 5월에 李會源을 通訓大夫 行 義禁府 都事로 임명하는 문서

告身 48

1887년(고종 24), 57.3×76.8

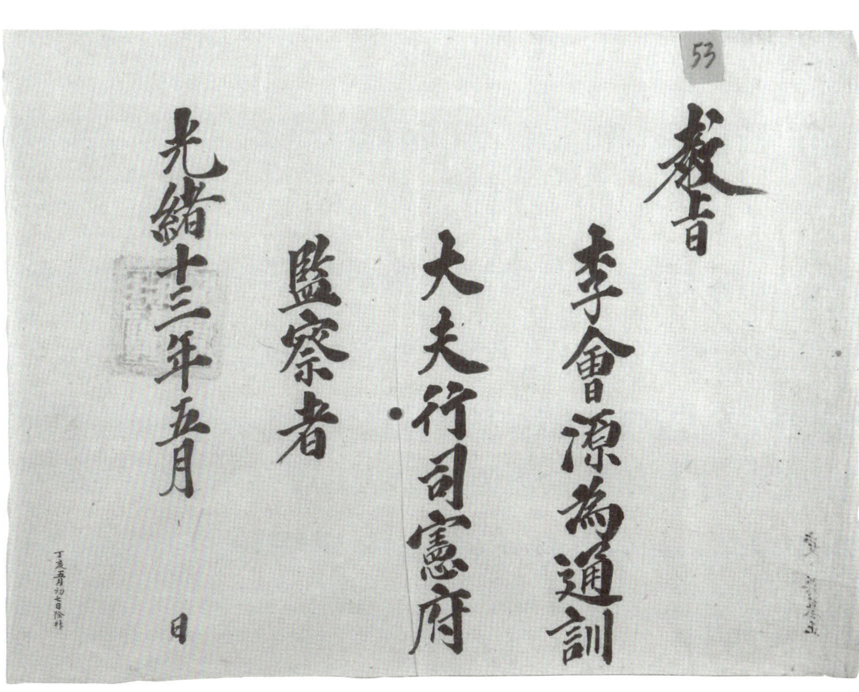

教旨

李會源爲通訓

大夫行司憲府

監察者

光緒十三年五月 日

1887년 5월에 李會源을 通訓大夫 行 司憲府 監察로 임명하는 문서

告身 49

1887년(고종 24), 53.1×69.3

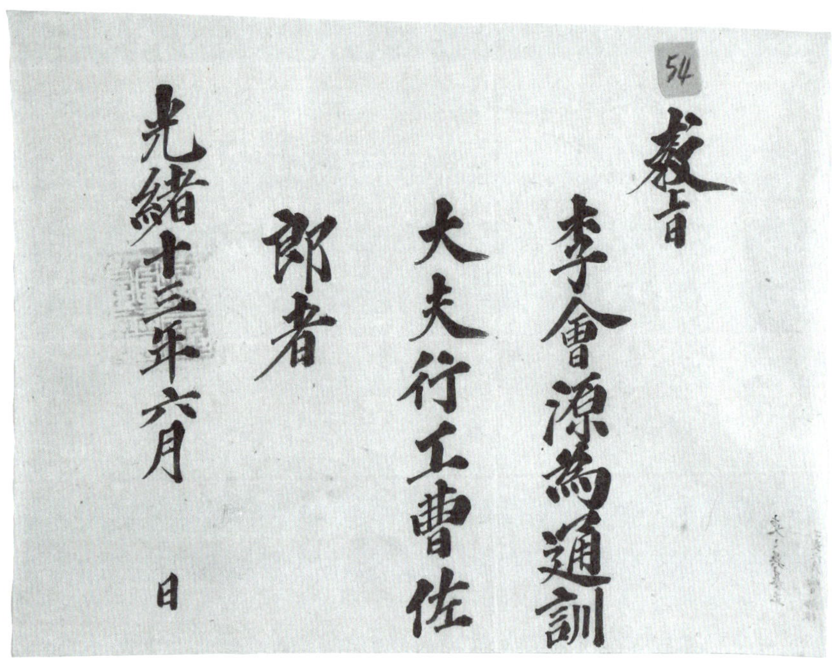
54

教旨

李會源爲通訓

大夫行工曹佐

郎者

光緒十三年六月　日

1887년 6월에 李會源을 通訓大夫 行 工曹佐郞으로 임명하는 문서

告身 50

1888년(고종 25), 51.7×74

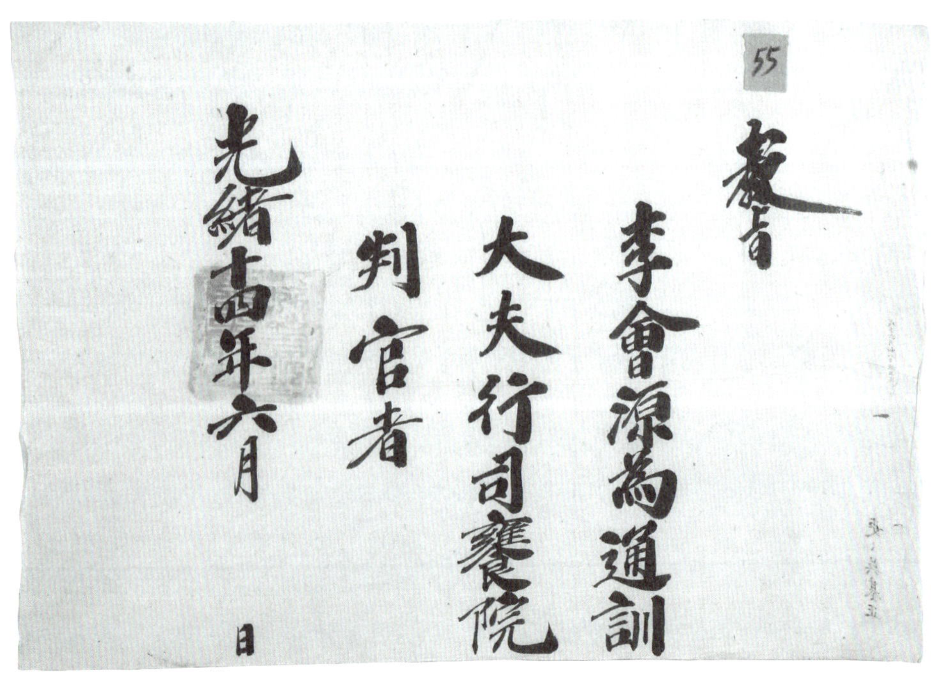
55

教旨

李會源爲通訓

大夫行司饔院

判官者

光緒十四年六月　日

1888년 6월에 李會源을 通訓大夫 行 司饔院 判官으로 임명하는 문서

告身 51

1889년(고종 26), 55.6×74.2

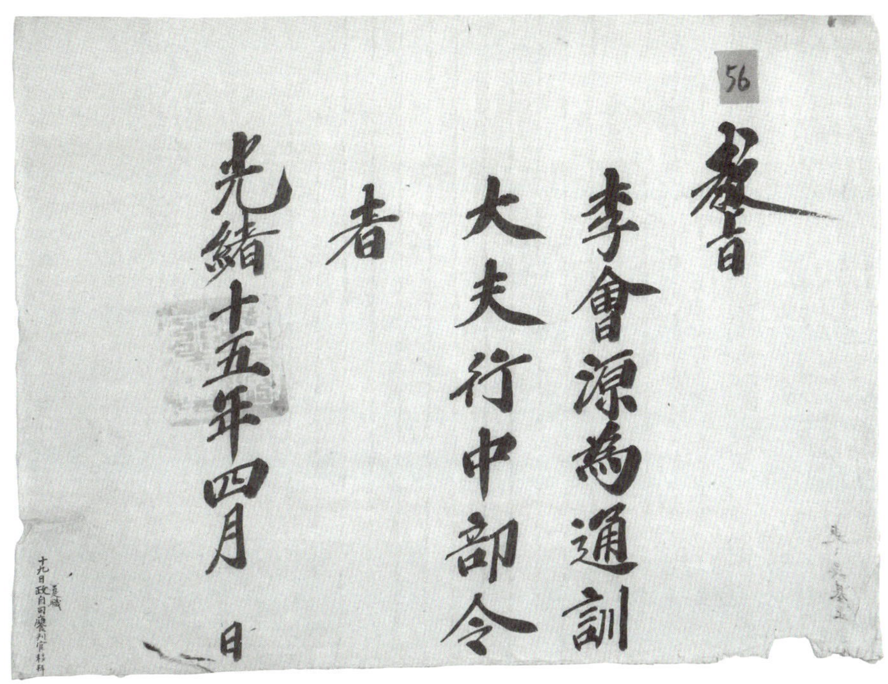
教旨
李會源爲通訓
大夫行中部令
者
光緒十五年四月 日

1889년 4월에 李會源을 通訓大夫 行 中部令으로 임명하는 문서

告身 52

1890년(고종 27), 52.4×75.6

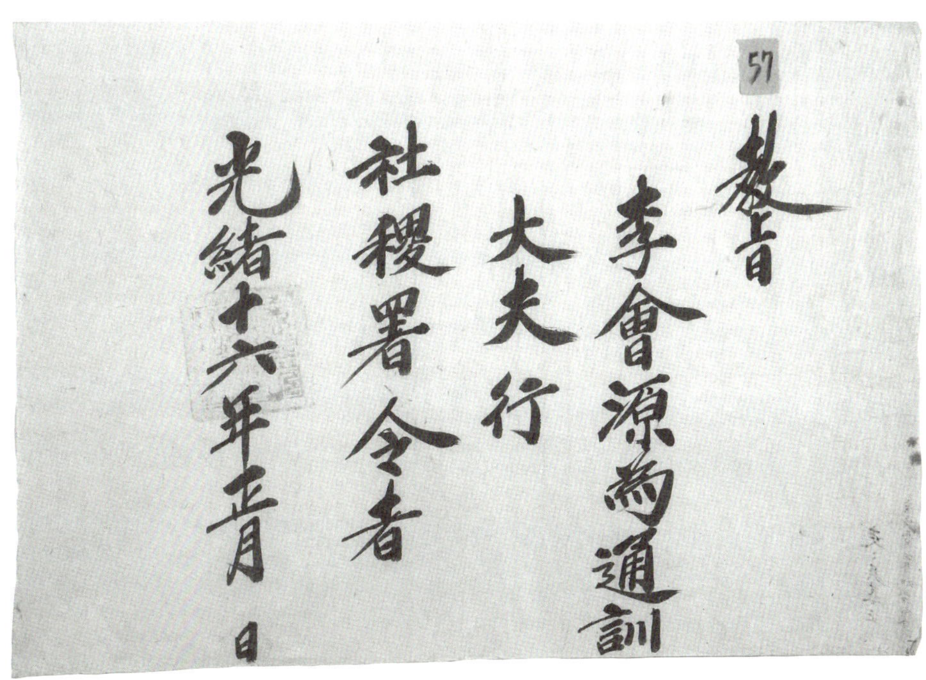
教旨
李會源爲通訓
大夫行
社稷署令者
光緒十六年正月 日

1890년 1월에 李會源을 通訓大夫 行 社稷署令으로 임명하는 문서

告身 53

1892년(고종 29), 53×69.6

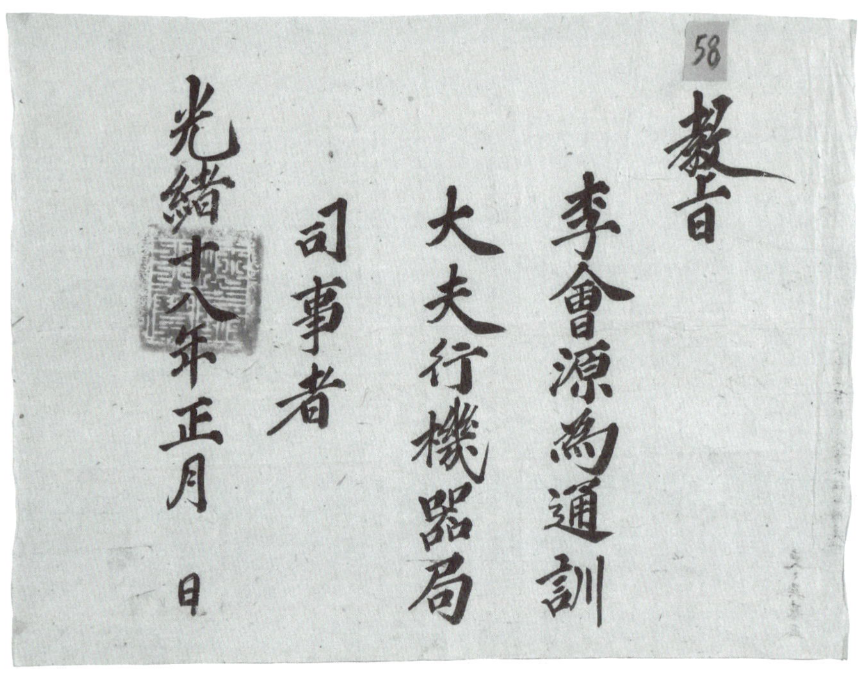

58

敎旨

李會源爲通訓

大夫行機器局

司事者

光緒十八年正月 日

1892년 1월에 李會源을 通訓大夫 行 機器局 司事로 임명하는 문서

告身 54

1893년(고종 30), 53.1×69

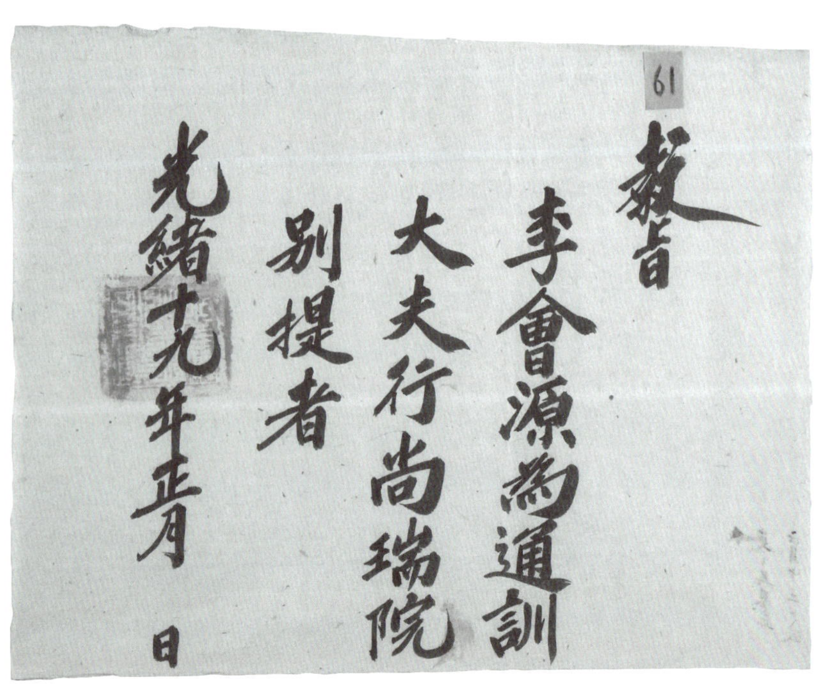

61

敎旨

李會源爲通訓

大夫行尙瑞院

別提者

光緒十九年正月 日

1893년 1월에 李會源을 通訓大夫 行 尙瑞院 別提로 임명하는 문서

告身 55

1893년(고종 30), 52.7×69.1

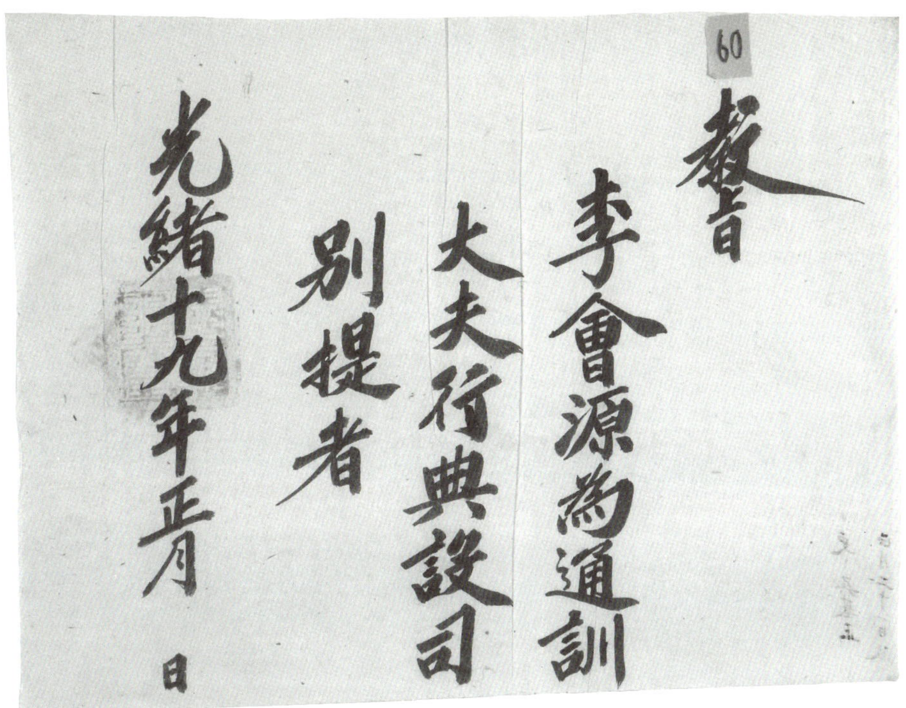
60

教旨

李會源爲通訓

大夫行典設司

別提者

光緒十九年正月 日

1893년 1월에 李會源을 通訓大夫 行 典設司 別提로 임명하는 문서

告身 56

1893년(고종 30), 53×69.7

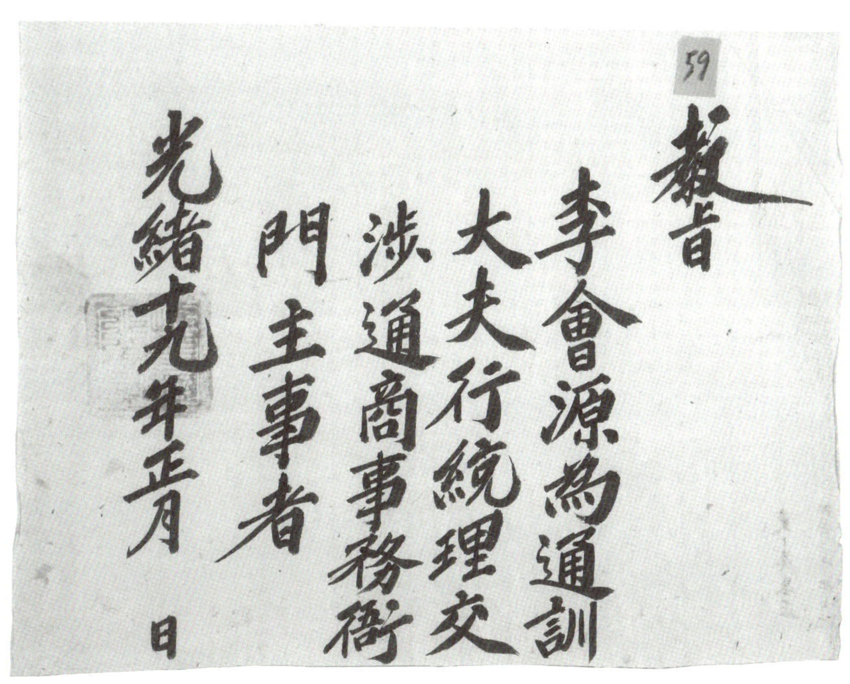
59

教旨

李會源爲通訓

大夫行統理交

涉通商事務衙

門主事者

光緒十九年正月 日

1893년 1월에 李會源을 通訓大夫 行 統理交涉通商事務衙門 主事로 임명하는 문서

告身 57

1893년(고종 30), 52.7×70.8

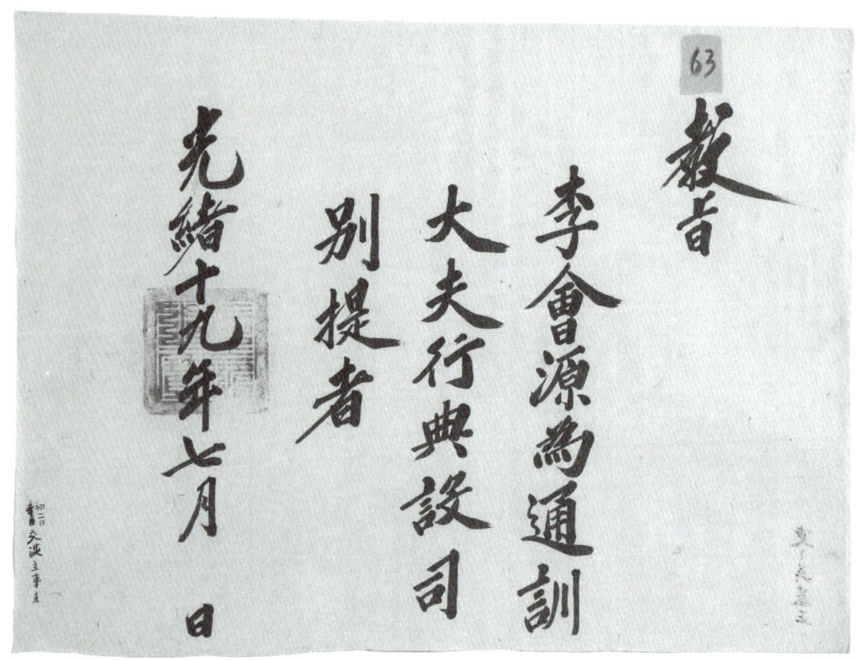

63

敎旨

李會源爲通訓

大夫行典設司

別提者

光緖十九年七月 日

1893년 7월에 李會源을 通訓大夫 行 典設司 別提로 임명하는 문서

告身 58

1893년(고종 30), 53.2×70.6

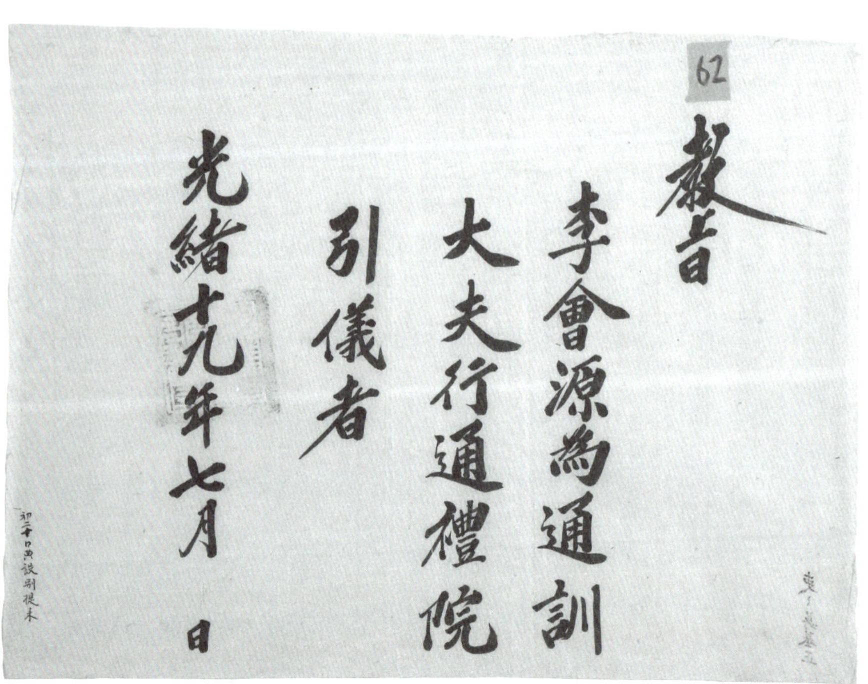

62

敎旨

李會源爲通訓

大夫行通禮院

引儀者

光緖十九年七月 日

1893년 7월에 李會源을 通訓大夫 行 通禮院 引儀로 임명하는 문서

告身 59

1893년(고종 30), 52.6×70.4

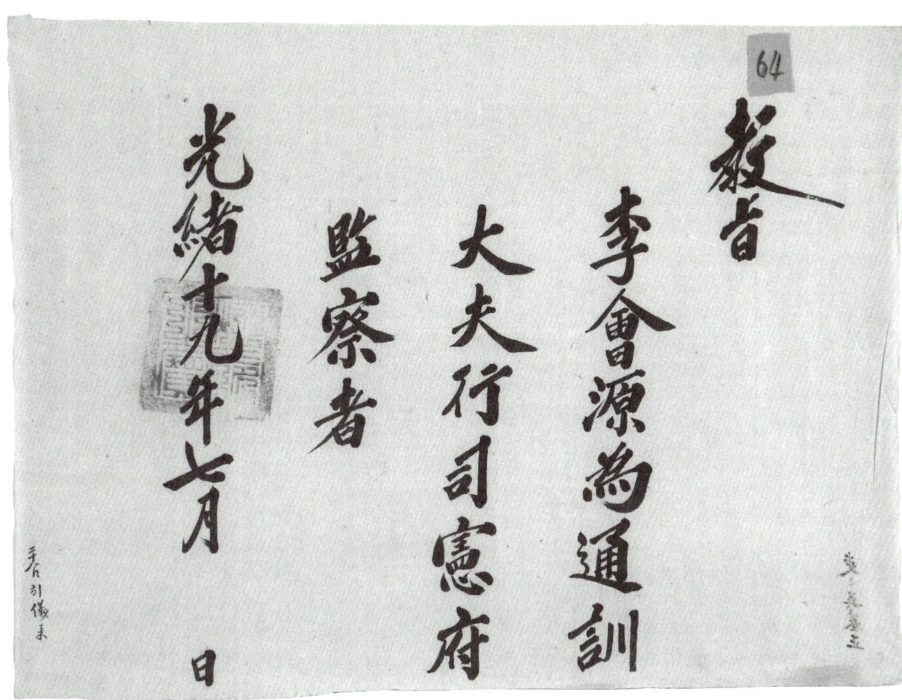

64

敎旨

李會源爲通訓

大夫行司憲府

監察者

光緒十九年七月 日

1893년 7월에 李會源을 通訓大夫 行 司憲府 監察로 임명하는 문서

告身 60

1893년(고종 30), 53.5×70.5

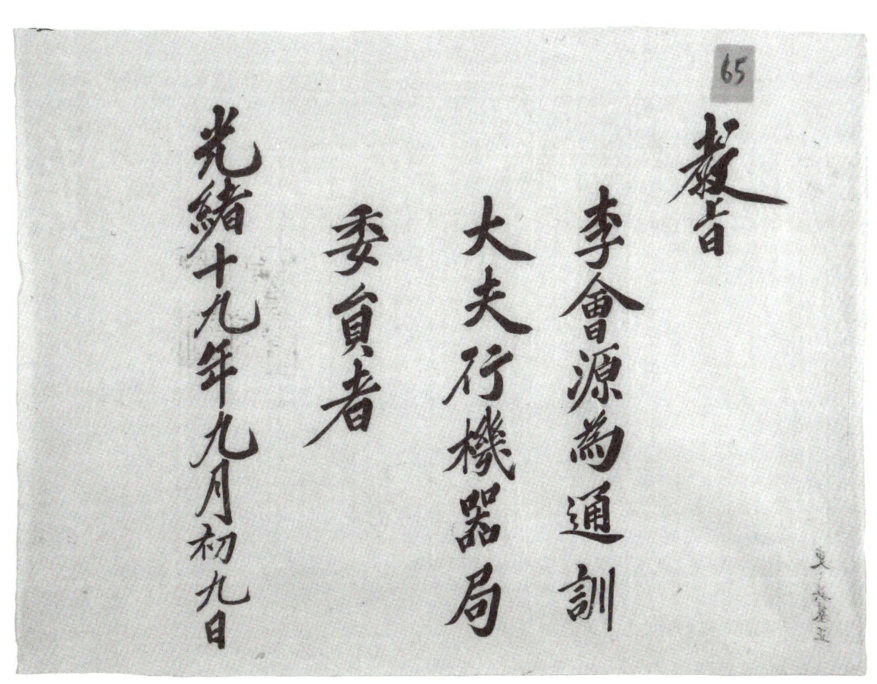

65

敎旨

李會源爲通訓

大夫行機器局

委員者

光緒十九年九月初九日

1893년 9월 초9일에 李會源을 通訓大夫 行 機器局 委員으로 임명하는 문서

告身 61

1893년(고종 30), 53.7×70.7

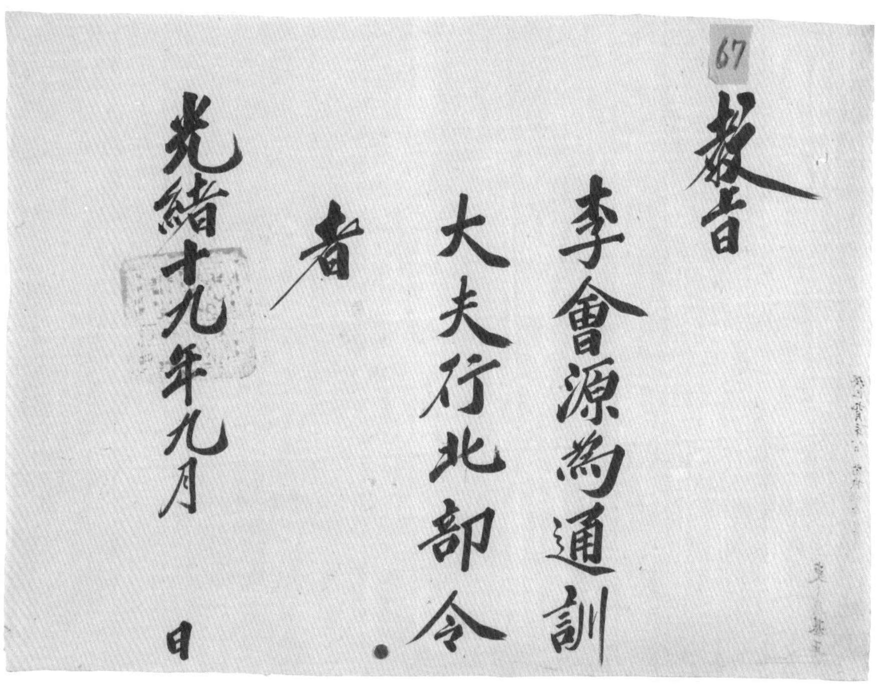

67

敎旨

李會源爲通訓

大夫行北部令

者

光緒十九年九月 日

1893년 9월에 李會源을 通訓大夫 行 北部令으로 임명하는 문서

告身 62

1893년(고종 30), 52.7×70.8

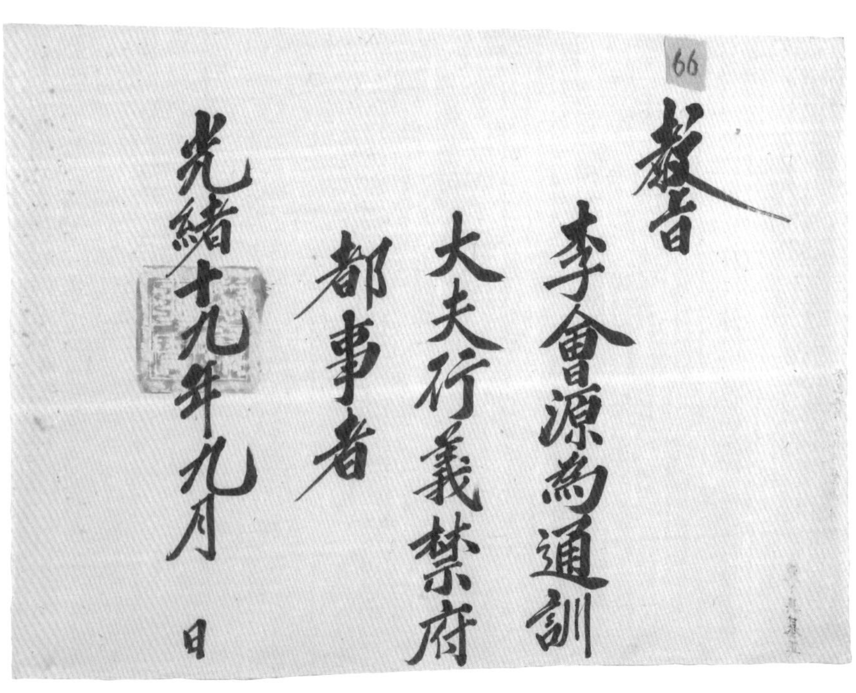

66

敎旨

李會源爲通訓

大夫行義禁府

都事者

光緒十九年九月 日

1893년 9월에 李會源을 通訓大夫 行 義禁府 都事로 임명하는 문서

告身 63

1893년(고종 30), 53.4×68.8

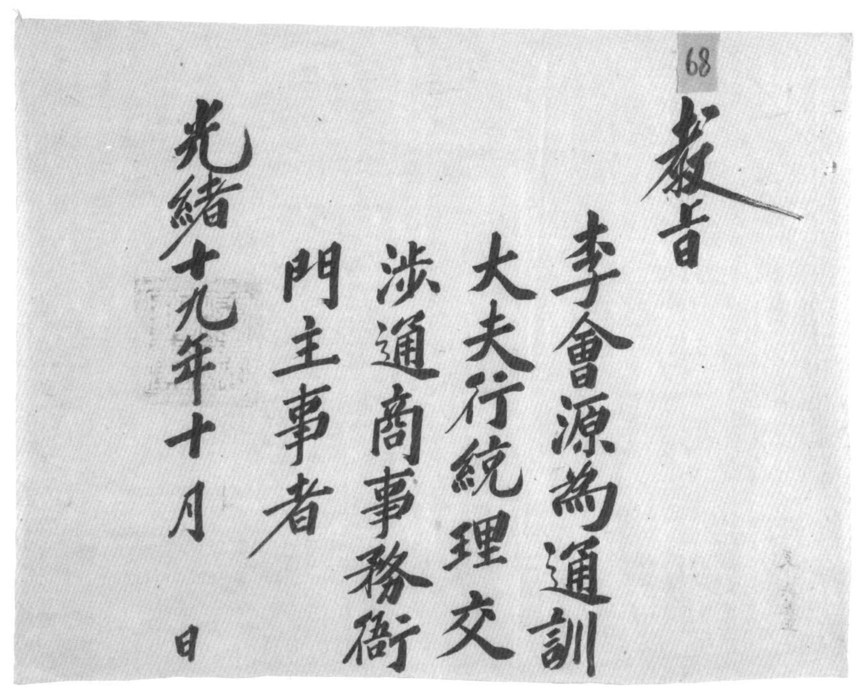
68

敎旨

李會源爲通訓
大夫行統理交
涉通商事務衙
門主事者

光緖十九年十月 日

1893년 10월에 李會源을 通訓大夫 行 統理交涉通商事務衙門 主事로 임명하는 문서

告身 64

1894년(고종 31), 53.1×69

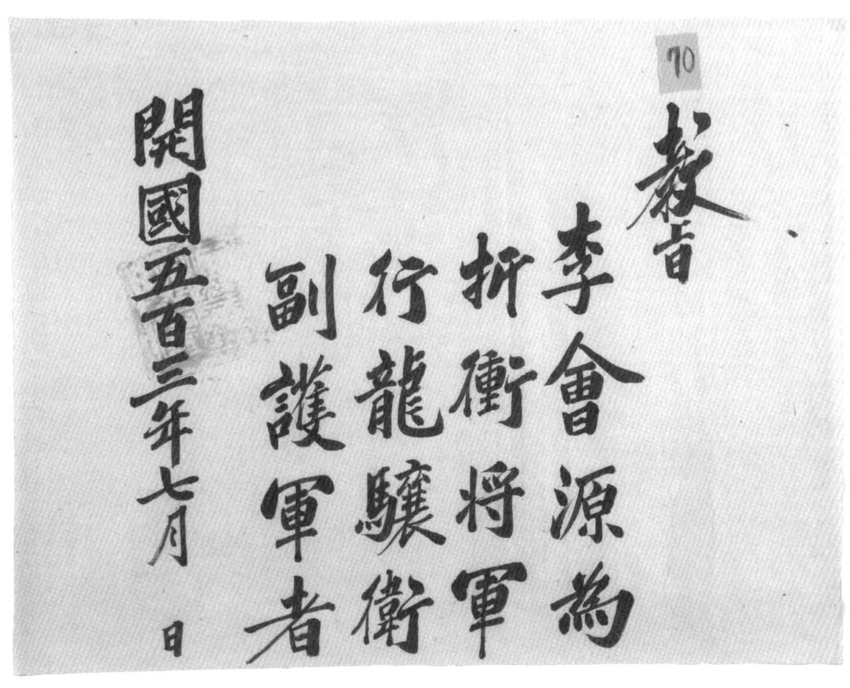
70

敎旨

李會源爲
折衝將軍
行龍驤衛
副護軍者

開國五百三年七月 日

1894년 7월에 李會源을 折衝將軍 行 龍驤衛 副護軍으로 임명하는 문서

告身 65

1894년(고종 31), 53.1×69

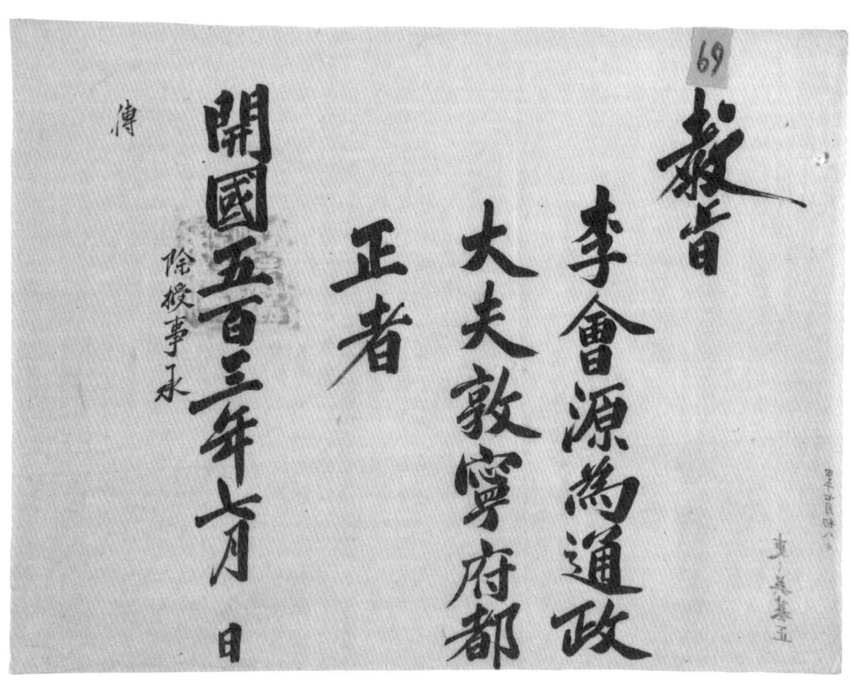

敎旨

李會源爲通政

大夫敦寧府都

正者

開國五百三年七月 日

除授事承

傳

1894년 7월에 李會源을 通政大夫 敦寧府 都正으로 임명하는 문서

告身 66

1894년(고종 31), 55×68.3

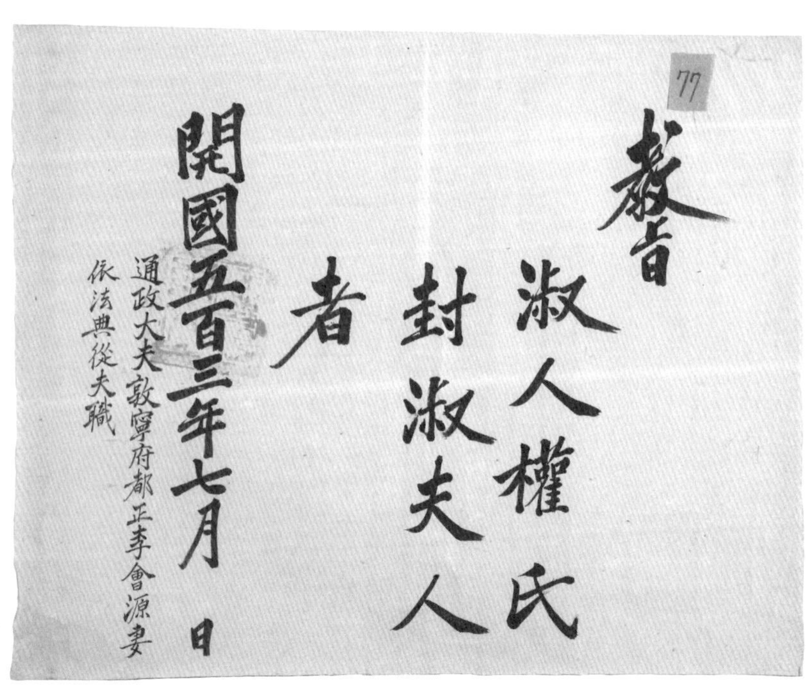

敎旨

淑人權氏

封淑夫人

者

開國五百三年七月 日

通政大夫敦寧府都正李會源妻

依法典從夫職

1894년 7월에 淑人 權氏를 淑夫人으로 임명하는 문서

告身 67

1894년(고종 31), 53.1×68.8

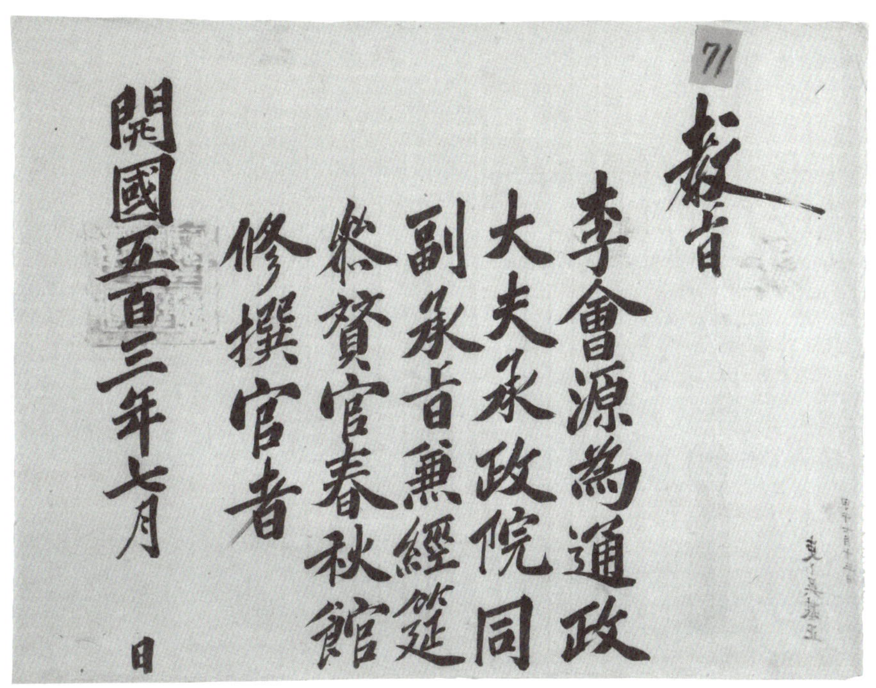

教旨
李會源爲通政
大夫承政院同
副承旨兼經筵
參贊官春秋館
修撰官者
開國五百三年七月 日

1894년 7월에 李會源을 通政大夫 承政院 同副承旨 兼 經筵 參贊官 春秋館 修撰官으로 임명하는 문서

追贈教旨 1

1774년(영조 50), 65.7×95

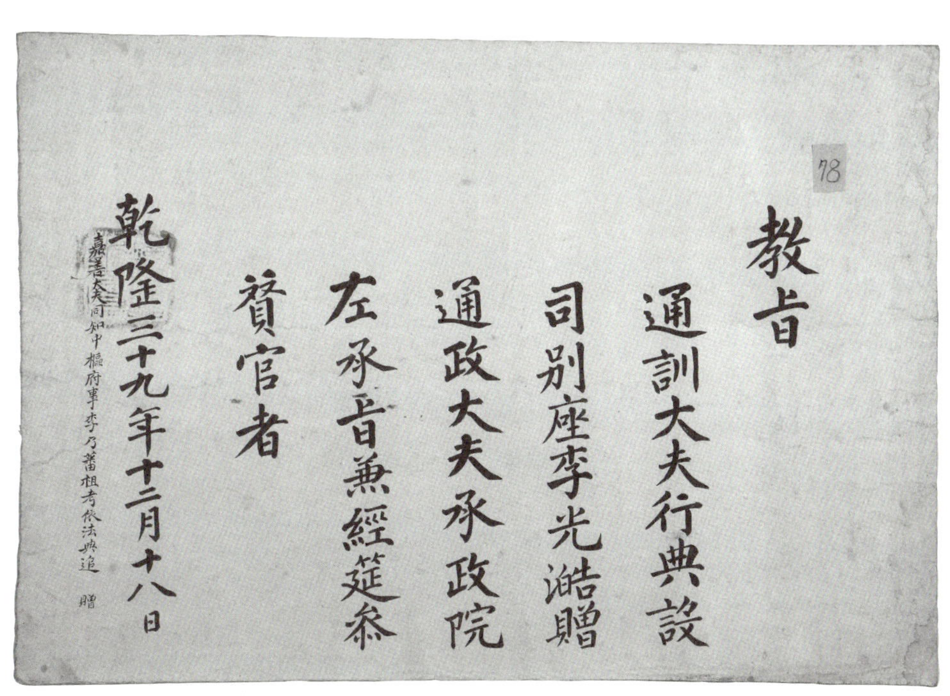

教旨
通訓大夫行典設
司別座李光澔贈
通政大夫承政院
左承旨兼經筵參
贊官者
乾隆三十九年十二月十八日
嘉善大夫同知中樞府事李乃蕃祖考依法典追贈

1774년 12월 18일에 通訓大夫 行 典設司 別座 李光澔를 通政大夫 承政院 左承旨 兼 經筵 參贊官으로 추증하는 문서

追贈敎旨 2

1774년(영조 50), 65.7×96.7

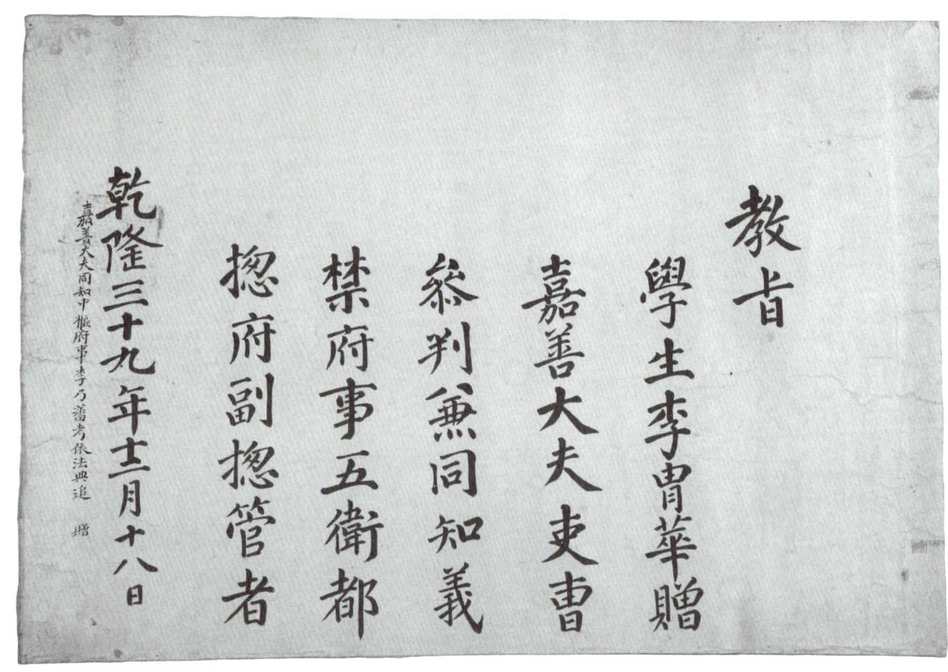

敎旨

學生李胄華贈

嘉善大夫吏曹

參判兼同知義

禁府事五衛都

摠府副摠管者

乾隆三十九年十二月十八日

嘉善大夫同知中樞府事李乃蕃考依法典追 贈

1774년 12월 18일에 學生 李胄華를 嘉善大夫 吏曹參判 兼 同知義禁府事 五衛都摠府 副摠管으로 추증하는 문서

追贈敎旨 3

1774년(영조 50), 65.3×95

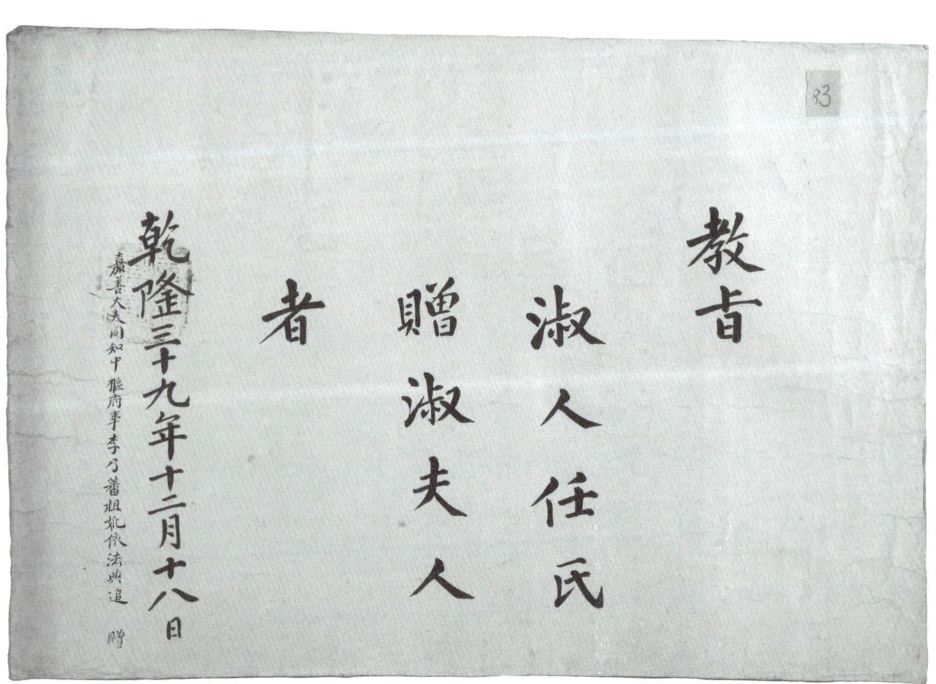

敎旨

淑人任氏

贈淑夫人

者

乾隆三十九年十二月十八日

嘉善大夫同知中樞府事李乃蕃祖妣依法典追 贈

1774년 12월 18일에 淑人 任氏를 淑夫人으로 추증하는 문서

追贈敎旨 4

1774년(영조 50), 65.6×95.3

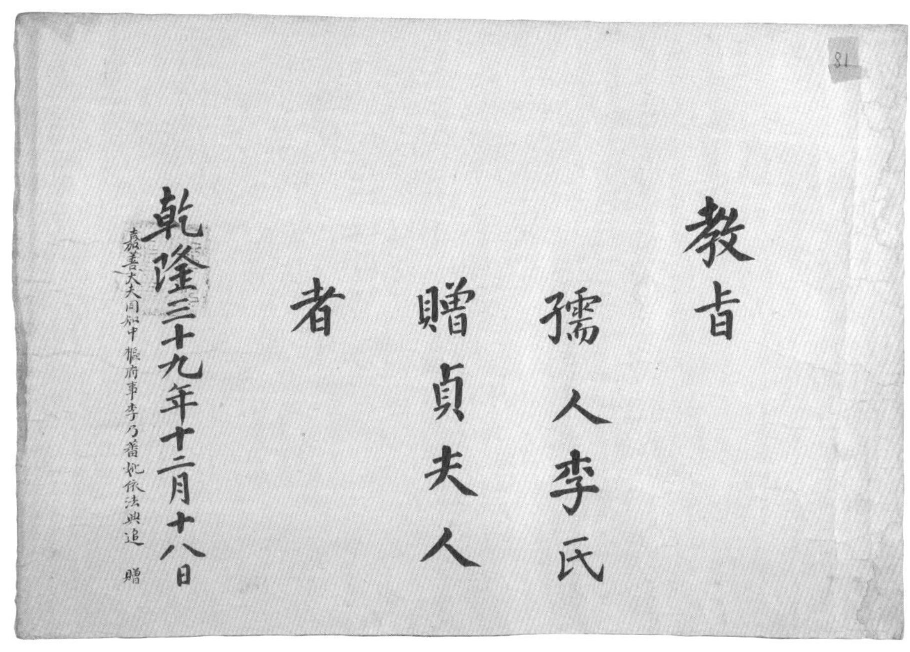

1774년 12월 18일에 孺人 李氏를 貞夫人으로 추증하는 문서

追贈敎旨 5

1774년(영조 50), 65.7×95.2

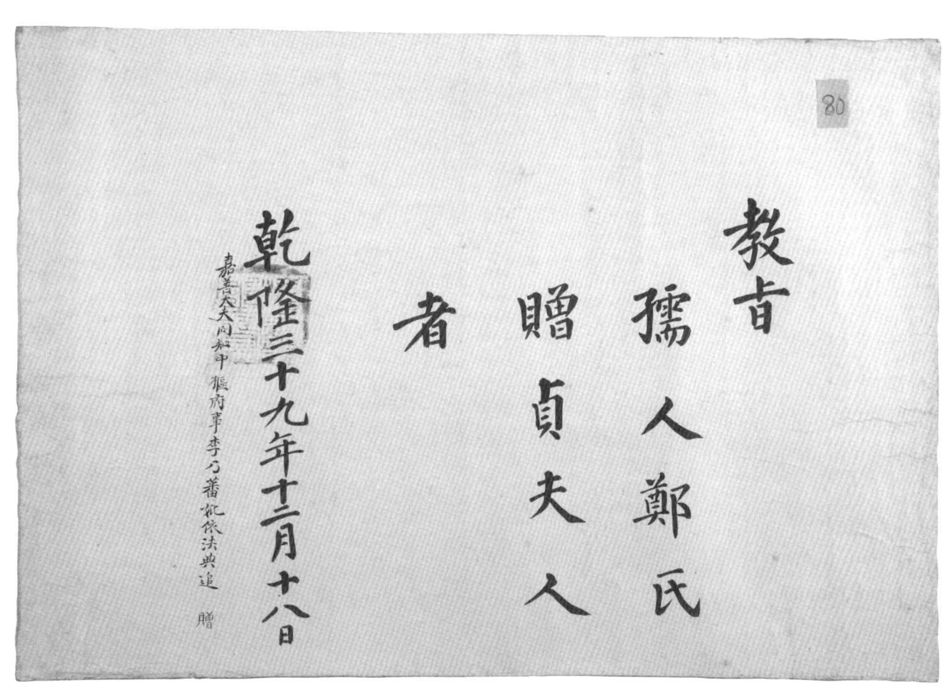

1774년 12월 18일에 孺人 鄭氏를 貞夫人으로 추증하는 문서

追贈敎旨 6

1894년(고종 31), 55.4×68

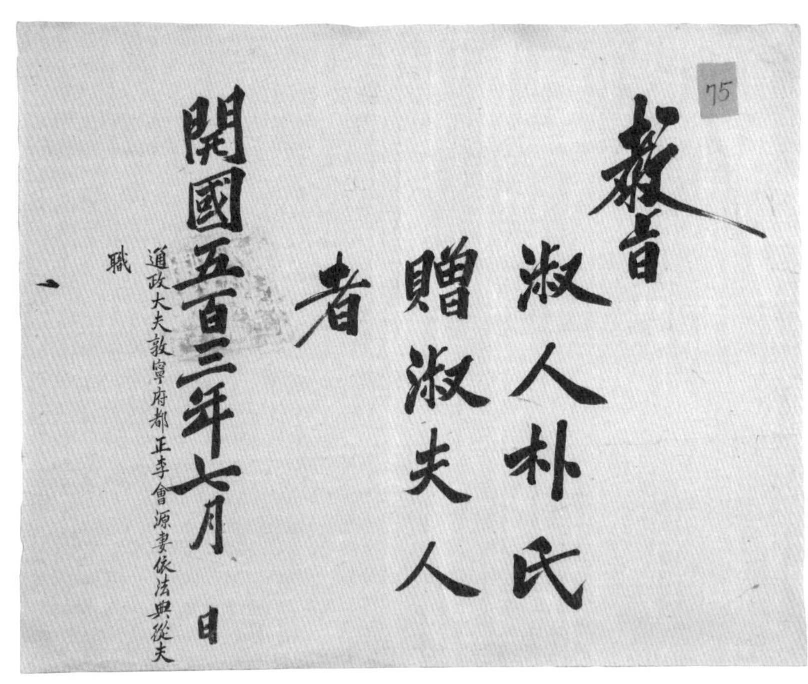
75

敎旨

淑人朴氏

贈淑夫人

者

開國五百三年七月 日

道政大夫敦寧府都正李會源妻依法典從夫職

1894년 7월에 淑人 朴氏를 淑夫人으로 추증하는 문서

追贈敎旨 7

1894년(고종 31), 55.3×68.5

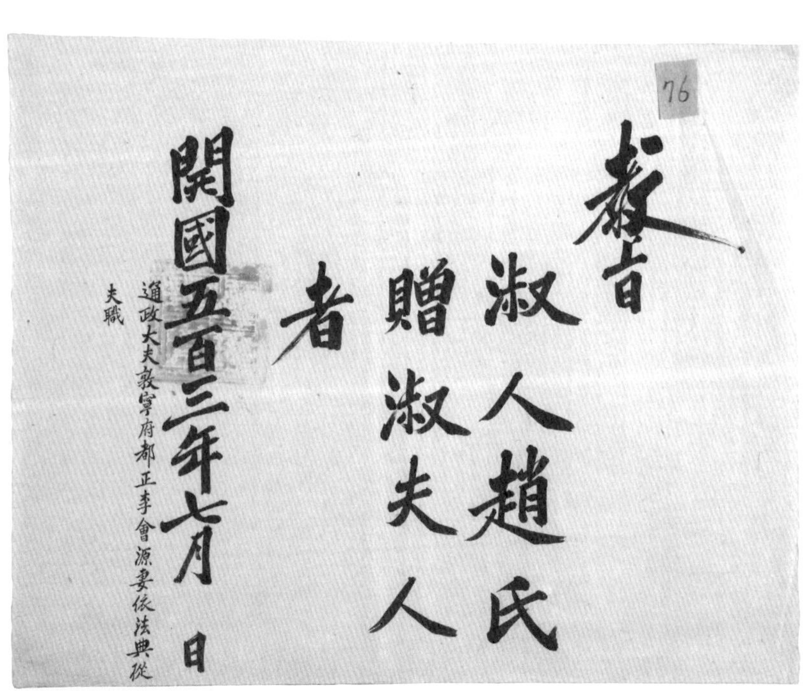
76

敎旨

淑人趙氏

贈淑夫人

者

開國五百三年七月 日

道政大夫敦寧府都正李會源妻依法典從夫職

1894년 7월에 淑人 趙氏를 淑夫人으로 추증하는 문서

官誥 1

1896년(고종 33), 38.6×46.9

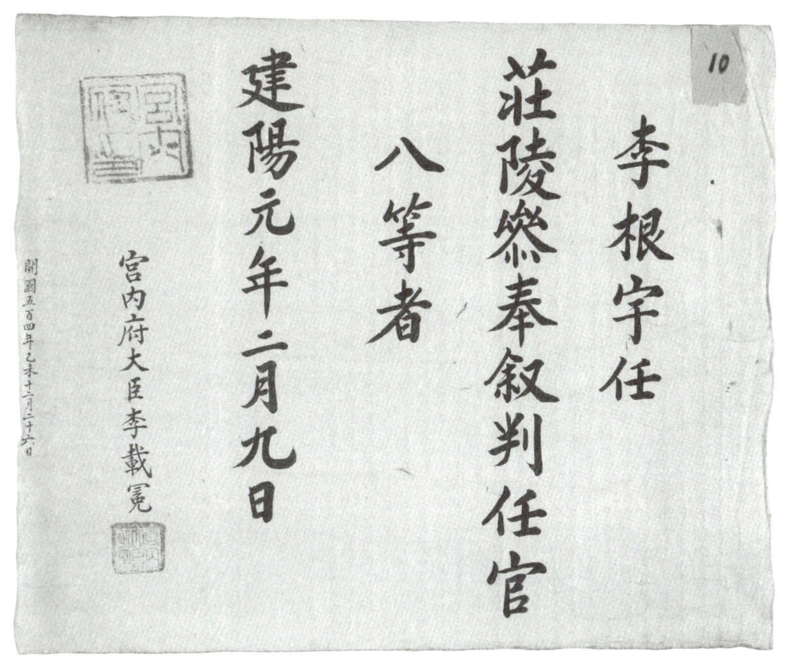
李根宇任
莊陵參奉叙判任官
八等者
建陽元年二月九日
宮內府大臣李載冕
開國五百四年乙未十二月二十六日

1896년 2월 9일에 李根宇를 莊陵參奉 判任官 8등에 敍任하는 문서

官誥 2

1897년(고종 34), 41.2×54.8

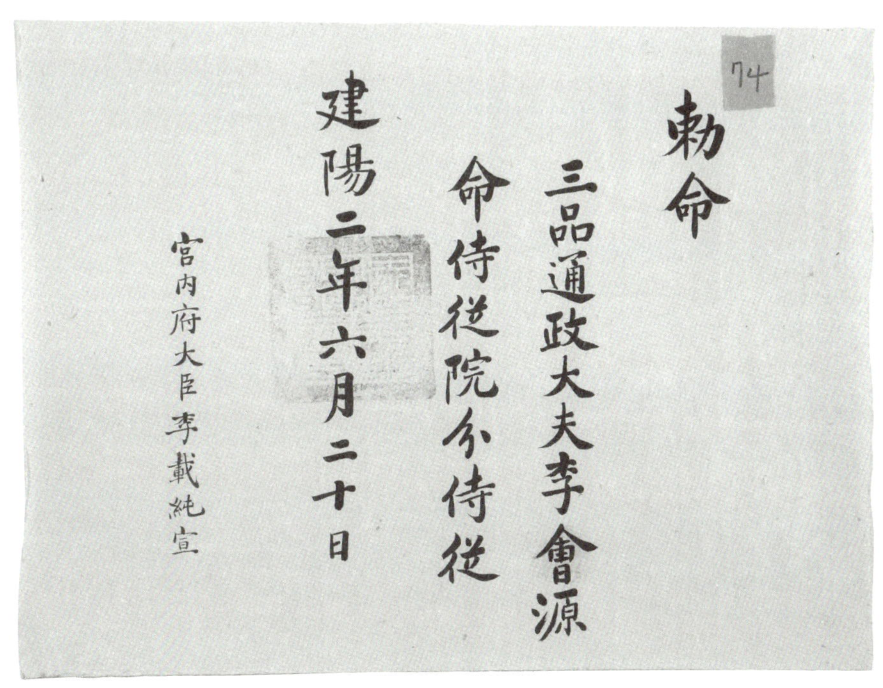
勅命
三品通政大夫李會源
命侍從院分侍從
建陽二年六月二十日
宮內府大臣李載純宣

1897년 6월 20일에 3품 通政大夫 李會源을 侍從院 分侍從에 임명하는 문서

官誥 3

1900년(고종 37), 38.7×58

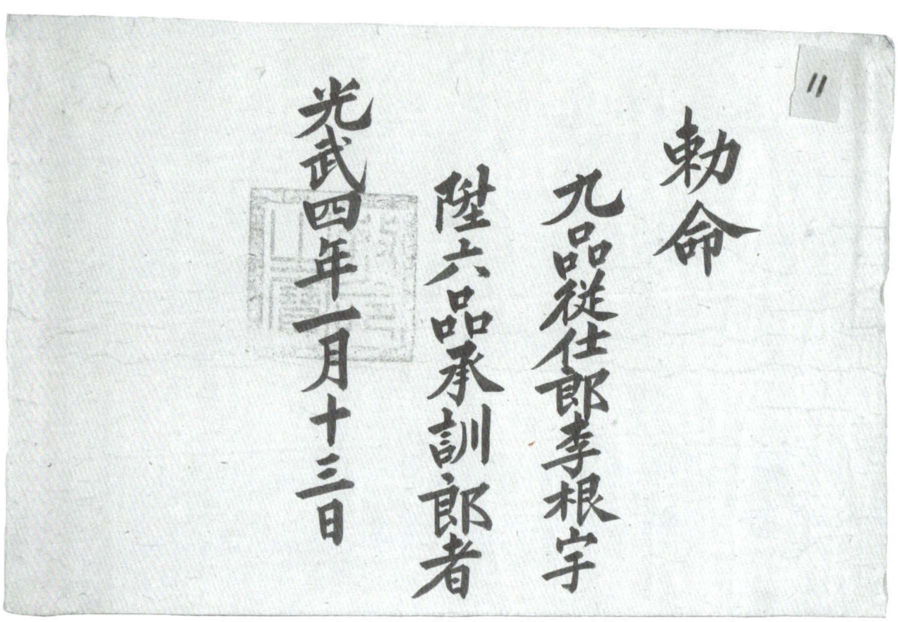

勅命
九品從仕郎李根宇
陞六品承訓郎者
光武四年一月十三日

1900년 1월 13일에 9품 從仕郎 李根宇를 6품 承訓郎에 올리라는 내용의 문서

差帖 1

1907년(고종 44), 42.5×53.4, 40.7×9(皮封)

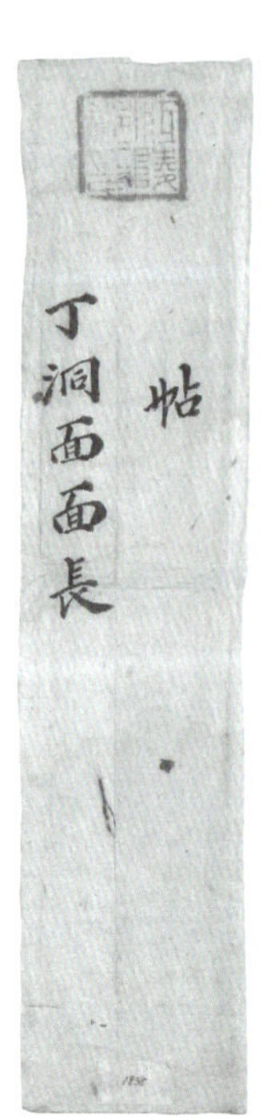

帖
丁洞面面長

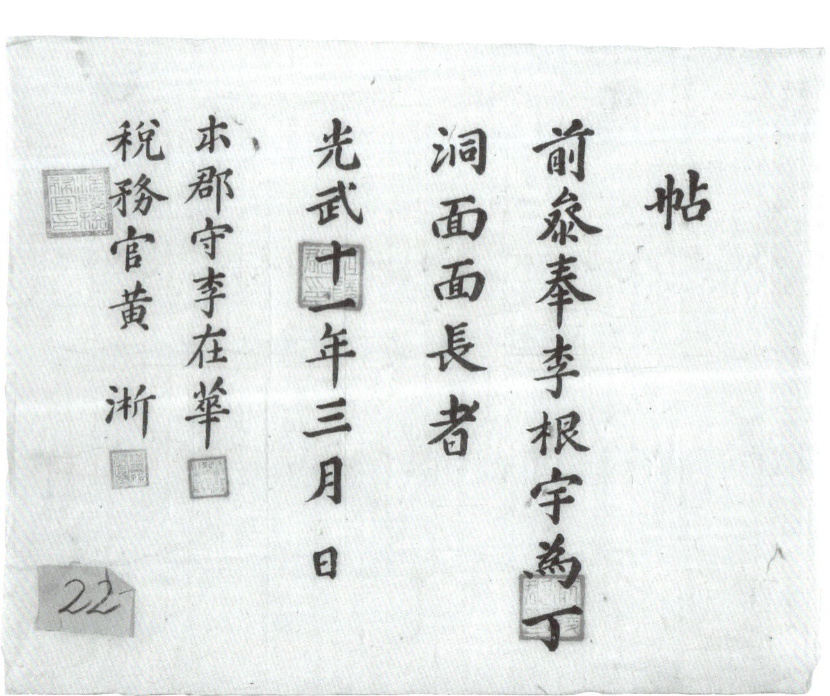

帖
前參奉李根宇爲丁
洞面面長者
光武十一年三月 日
本郡守李在華
稅務官黃 淅

강릉군수 李在華가 前 參奉 李根宇를 丁洞面 面長으로 임명하는 문서와 皮封

2

疏·劄·啓·狀類

上疏 抄 1

[1873년](고종 10), 25.1×944

최익현이 고종에게 올린 上疏를 한글로 베낀 문서

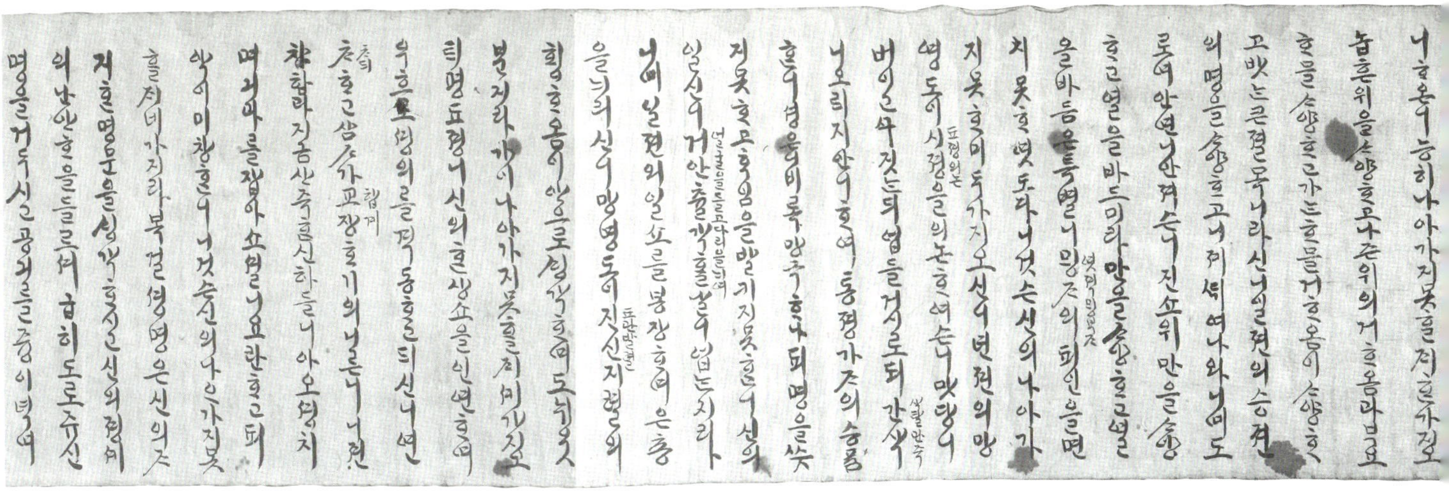

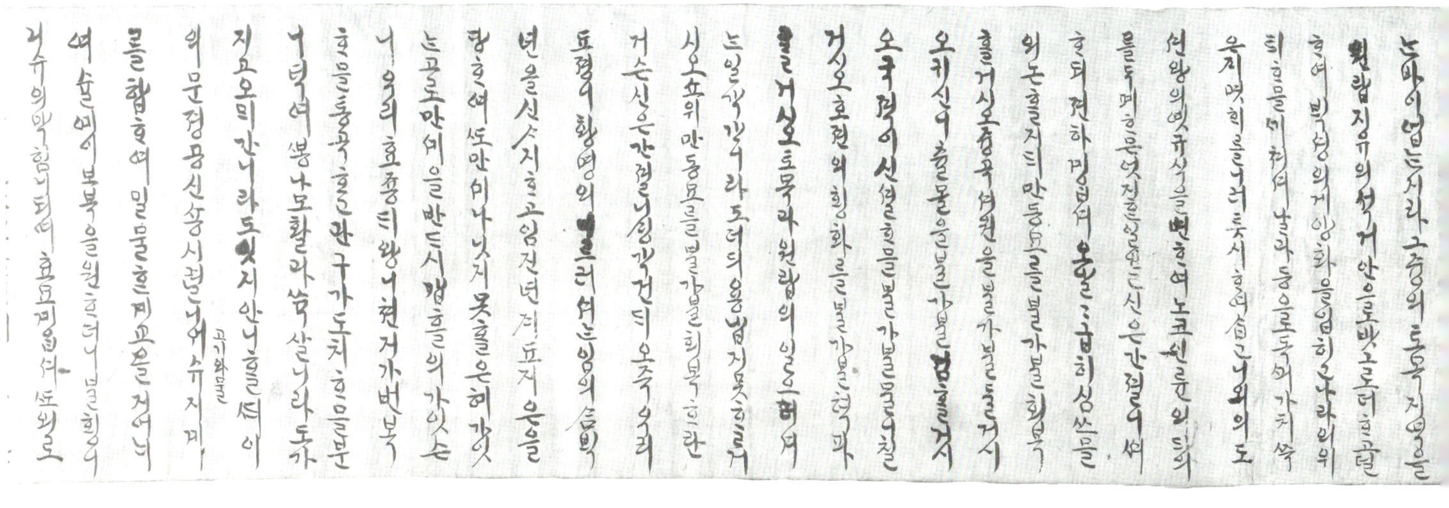

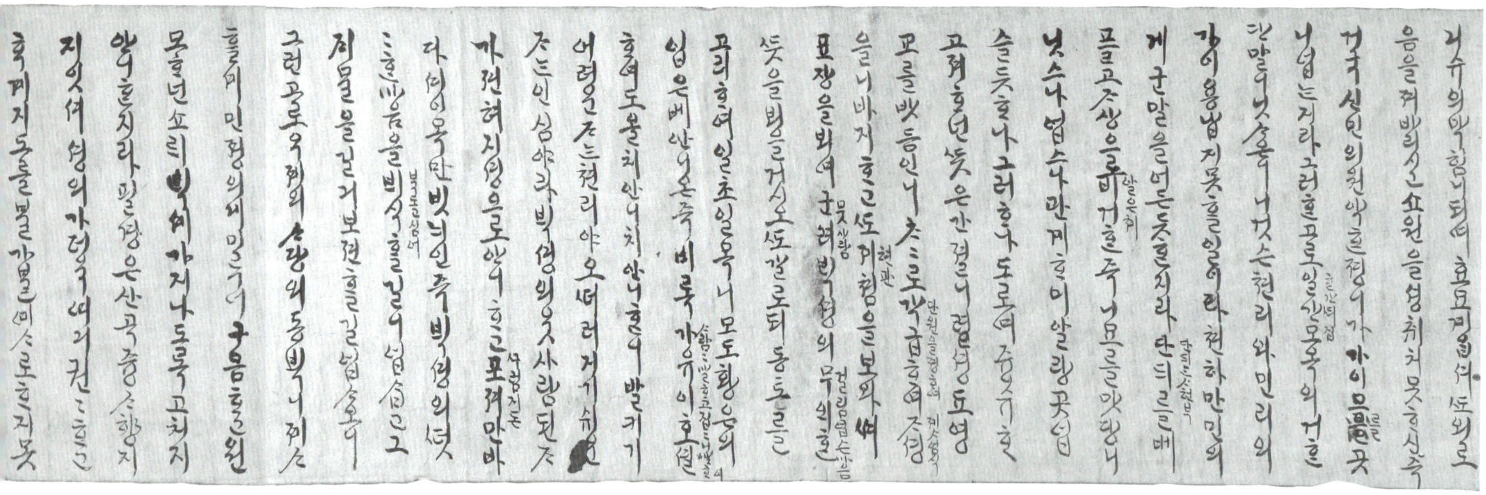

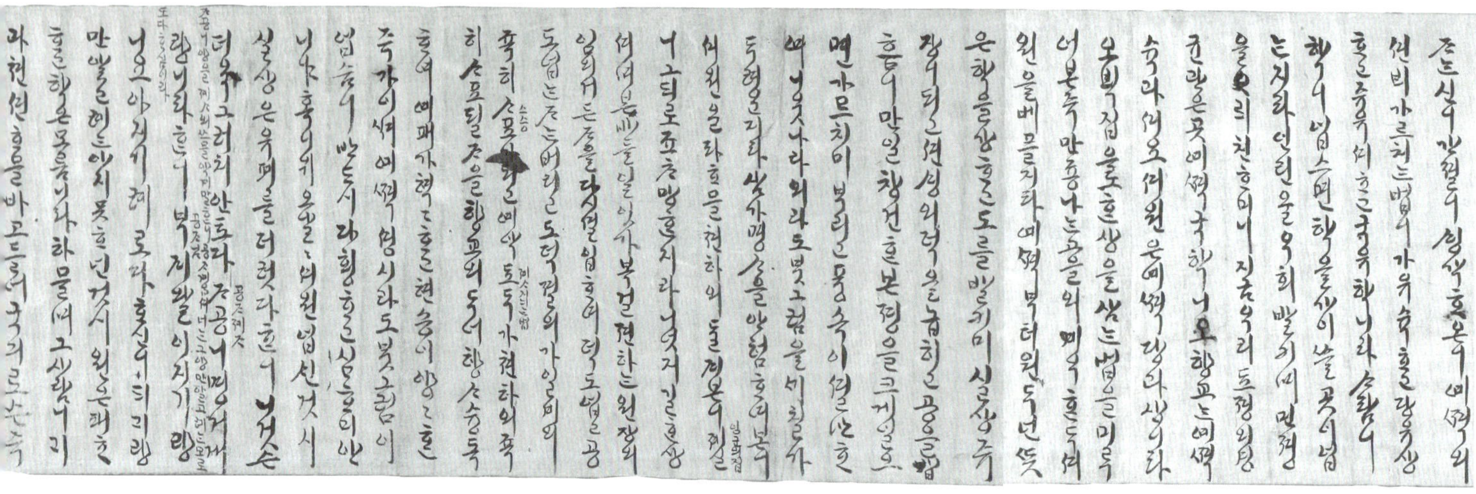

감ᄋᆞ멀거ᄂᆞᆫ날나묵유의건ᄂᆞ림을
펴러 듯서 빗나고 나르나셔 지평안의
싱령들니 됨ᄋᆞᆫ 츙회의 가르침을
물드러셔 심지어 살의 빈이ᄒᆞ며 의
셕신지라 연젼의 쳘향ᄒᆞᆫ 일은 영
의가 젼심치평ᄒᆞᆫ 줄 으로 ᄒᆞᆫ거시 아니
로되 오쟉 나 칭황 비읍ᄒᆞᆫ 거슨 츙의
(여러가음) 여령니 별 모이 동이라 삼되 신나 봉장
ᄒᆞᆫ 장보가 진의 ᄒᆞ며 셔로 복합을 의
논ᄒᆞᆫ 본심과 가셔 맛ᄀᆞ가 등인나 펀셩
비방ᄒᆞᆫ 공덕을 강히 허무치 못ᄒᆞ리라 ᄉᆞ도
하물며 쳔하의 일니 착ᄒᆞᆫ 사람니 어진 말
을 나오거 아니라 엄ᄉᆞ니 보루 ᄉᆞ리를 갓 (원앙)
치ᄒᆞᆫ 거국이 의원나 업ᄂᆞᆫ지 공논ᄒᆞ야 ᄒᆞ며 (원나라)
도덕도용ᄒᆞᆫ 지라 젼하는 친히 큰 령ᄉᆞ를 잡
으ᄉᆞ 장츳 고환롱ᄒᆞᆫ 결 고치ᄂᆞᆫ 고 그릇ᄒᆞᆫ
결변ᄒᆞ며 곱히 다시 봉횡ᄒᆞᆫ 번현
을 허락ᄒᆞ며 우호로 됴즁(조정)의 도를
ᄌᆞᆫ횡ᄒᆞᆫ 아리로 ᄉᆞ인의 졍을 마
ᄌᆞᆫ즉 만일 혹 어렵ᄂᆞᆫ 일니 낫셔
도막 즁ᄒᆞᆫ 법을 ᄌᆞ례로 졍횡ᄒᆞᆯ
거시오 셔의 ᄌᆞ부ᄌᆞ의 논의 ᄒᆞ며
ᄉᆞ되 됴료를 곳쳐 졍ᄒᆞ면 죵묘의 예
가지엄ᄒᆞᆫ ᄌᆞ죵ᄒᆞᆫ다 ᄒᆞ나 ᄒᆞᆫ가지라
도그릇ᄒᆞ미 잇스면 곳치지 아니ᄒᆞᆯ을 용
납지 못ᄒᆞ리라 ᄉᆞᆯ오ᄂᆞᆫ 황묘의 다시
향ᄉᆞᄒᆞ미 더옥 젼하의 셩덕니 빗날
고흠의 잇슨 어저 죡히 민신의 회가
되며 관원의 폐가 될니오 복원 젼하
ᄂᆞᆫ 령신을 머믈너 쥬미ᄒᆞᆫ 살피쇼셔
쇼위셔 원을 가이 베풀지 아니치 못ᄒᆞᆯ

귀신니 ᄎᆞᆫ 물을 검치 아니치 못ᄒᆞᆯ
ᄌᆞᄂᆞᆫ 선ᄋᆞ가 졀니 심삭ᄒᆞᆫ 운니 벽ᄌᆞ
ᄂᆞᆫ 큰 인뢴니라 그 ᄉᆞ셩을 노코 ᄉᆞ의계
인륜을 평ᄒᆞᆫ 은 인가의 큰 변니
라 (여색) 예ᄉᆡᆨ의 ᄒᆞᆼ가의 목ᄒᆞ며 니
졀혜가 잇ᄉᆞᆸ던니 후세ᄂᆞᆫ 즁 가지
가을 못 지아니고 계졀ᄒᆞᆫ 망은 ᄒᆞᆫ 젼
디 ᄒᆞᆫ가 ᄉᆞᆷ니 너ᄂᆞᆫ니 ᄒᆞᆨ죵을 밋
ᄂᆞᆫ의 ᄂᆞᆫ 폐지ᄒᆞᆯ의 ᄉᆞ ᄌᆞ식으로 ᄉᆞ외
ᄌᆞ식을 ᄡᅳᆫ 듯은 오히려 가ᄒᆞ미 잇ᄂᆞᆫ
ᄒᆞᆫ로 졍ᄌᆞ (명현) 계ᄉᆞᆸ셔 도ᄒᆞᆫ 그르다 말ᄉᆞᆷ
ᄒᆞ니 ᄒᆞᆫ 믈은 쳔하 고금의 ᄒᆞᆼ외라
지ᄎᆞᆫ은 남의 무상신쥬를 배셔 입ᄒᆞ
ᄒᆞᆫ 년 졀례ᄂᆞᆫ 고례의 도의 거ᄒᆞᆫ 배셥
ᄀᆞ (정주) 졍쥬의 말ᄉᆞᆷ ᄒᆞ지 아니ᄒᆞᆫ 신배니
귀신의 이지르ᄅᆞᆯ 구ᄒᆞ여 션ᄌᆞ의 도리
을 잇ᄂᆞᆫ 거시 지극히 ᄉᆞᆫ치 못ᄒᆞ미라
니계 젼하가 친ᄒᆞ니ᄅᆞᆯ 친히 ᄒᆞᄂᆞᆫ 착
ᄒᆞ니ᄅᆞᆯ 놉히 ᄒᆞ며 계졀존ᄉᆞᆼᄒᆞ던
거시 단평니 젼지의 ᄉᆡᆼᄀᆞᆫ ᄒᆞᆫ 본질 (바탕)
의 (화로 기르단 맛) 화흡ᄒᆞᆫ 뎐의로 나미라 진실로
쳐ᄒᆞ미라 가ᄀᆞ 도ᄌᆞ가 잇슨니 우리 졍
묘도큰 법 일너 ᄉᆞ되 선하의 유몽인 (선유 요명ᄒᆞᆫ)
온 ᄉᆞ손을 잇ᄂᆞᆫ 졀례 가 망미의 범졍니
텰뫼로 아ᄒᆞ셔니 실혼 모로어도 갈르
칠배 넙슨 ᄒᆞᆫ 평도ᄂᆞᆫ 노코 ᄉᆞ사 ᄡᅡᆫ ᄎᆞᆺᄎᆞ
우려워 ᄎᆞᆺ츨 거횡 ᄡᅳᆫ ᄒᆞ니 너ᄂᆞᆫ 복
몽울 잇고 지리 ᄡᅳᆫ 탁ᄒᆞ며 몰명 잇ᄂᆞᆫ
도상의 즁 도고도를 소어 되여 구되
십되 거지 밋쳐 도상 나라 위 명ᄒᆞ고
기갈의 되ᄉᆔ가 혹 모ᄌᆞ란 즉 가과의 키
셩을 구ᄎᆞ로니 흉슈 ᄡᅳᆫ ᄒᆞ며 그 도상을 ᄉᆞᆷ
은니 니것서 현리의 각가 ᄆᆞᄋᆞ 아니ᄒᆞ

인졍의 편안ᄒᆞᆫ가 아니냐 뎐하의 현화
와 우악으로 ᄭᅵ쳘을 힘쓰라 ᄒᆞ시되
봉힝ᄒᆞᆫ 신하들이 능히 좃지
못ᄒᆞ여 드듸여 금지 옥엽의 후ᄆᆡ
ᄒᆞ여금 너를 본외를 잇게 ᄒᆞ여 ᄆᆞᆨ
효복도ᄒᆞ여 쳔만희셔 각ᄀᆞᆫ 뉴형 갈와
실어 슈년 지통 ᄆᆞᆨ지 아니ᄒᆞᆯ ᄉᆞᆫ가
복원 뎐하ᄂᆞᆫ 졍신을 머믈너 즁미ᄒᆞᆫ
살피소셔 오뉘국젹 율뵈ᄉᆞ보ᄆᆞᆯ너
치라 ᄒᆞ던 거ᄉᆞ 신은 ᄀᆞᆺ보니 셩각ᄒᆞ옵니
군신 산복 ᄌᆞ산은 뎐하의 큰 륜니라 복
지져간의 갓사니 ᄒᆞᆯ배 아니여ᄂᆞᆯ 쳔명을
쳔ᄒᆞ고 ᄒᆞᄂᆞᆫ 만ᄃᆡ의 공의여ᄂᆞᆯ 일번 인의
ᄉᆞ외로 이졸ᄒᆞᆯ배 아니라 뎐하 등극ᄒᆞ신
든 쳐음의 사의를 ᄆᆞᆨ지 못ᄒᆞᆫ ᄉᆞ실이
셩횡ᄒᆞ던니 ᄉᆞ뎡을 못지 아니ᄒᆞ고 충
역을 살피지 아니ᄒᆞᆫ 므로 ᄀᆡ명을 ᄆᆡ블
리일 병신 실흔ᄒᆞ여 너르되 화지ᄅᆞᆯ 인
도ᄒᆞᆫ 맛ᄃᆞ라 ᄒᆞᆫ니 화지로 말ᄒᆞ옴은 하ᄂᆞᆯ
니오 평동의와 현하로 말ᄒᆞᆯ진듸 미
오 근리인ᄃᆞᆫ 차 ᄀᆞ덕ᄒᆞᆫ 거시 각ᄒᆞᆫ 그디로 맛
즌 연후의 방가 위지화라 ᄒᆞᆫ니 비옵
긔 ᄇᆞᆷ이 셩ᄉᆞᆨ을 업고 깃거ᄒᆞᆫ 셩님
니 맛당ᄒᆞ믈 일어 ᄒᆞᆨ 향상 비ᄉᆡᆼ 옴ᄒᆞᆨ
향샹 기거 ᄉᆡᆼ ᄒᆞᆷ ᄌᆞᆨ리에 ᄒᆞᆫ 어긔여 지미심
ᄒᆞᆫ지라 그ᄂᆞᆺ지 ᄒᆞᄂᆞᆫ니 바ᄅᆞ다 ᄒᆞ리ᄂᆞᆫ냐
니졈을로 당변이 별ᄒᆞᆫ라 복당셜
어셜지 가 도모지 화긔를 도연ᄒᆞᆫ다
ᄒᆞ되 니 것ᄉᆞᆫ 화긔를 멸ᄉᆡᆼᄒᆞᆫ 미라
니졈을로 국젹이라 ᄒᆞᆫ니 국젹의
러ᄒᆞ믈은 군신 벅ᄌᆞ의 큰 리윤을 못
ᄒᆞᆫ 쳔명 쳔토의 공의를 모ᄅᆞᆫ니 쳔ᄌᆞ리
샹ᄒᆞᆫ 역니ᄒᆞ미 막ᄎᆞ오심니라 뎔
핑은 화긔를 인도ᄒᆞᆫ 마ᄌᆞ야 복을
셩궁의 돌녀 보닐진져 니ᄂᆞᆫ 결단고
셩명의 흘도 일 ᄒᆞᆯ 거시 아니라 다만 ᄉᆡ벽
을지어 ᄉᆞ뉴가 희ᄅᆞᆷ과 ᄒᆞ던 거ᄉᆞ니

불임을 가ᄎᆞ와 돌녀 니미 옴ᄂᆞᆯ ᄀᆞ
큰 병폐 이라 복원 뎐하ᄂᆞᆫ 셩ᄌᆞᆷ
을오ᄂᆞᆯ부터 오미 간ᄂᆞ라 도궁 방

ᄒᆞ고 우옴ᄒᆞ여 능히 셩각ᄒᆞᄂᆞᆫ
쥬 부ᄌᆞ 권ᄒᆞ여 졀례의 논나라 니
로ᄌᆞ 쁘ᄂᆞᆫ 사셜의 오란 바를 키션
의게 저질러 ᄀᆞᆺ가이 ᄡᅢᆺ들 저 말고
날사다 경연을 어거 ᄒᆞ여 자모착
헌연 비를 되ᄒᆞ여 셩인의 학업
을 닛ᄂᆞᆫ 빗나게 ᄒᆞ고 올흔 외와 착
현덕을 샴가ᄂᆞᆫ 단졍니 ᄒᆞ여 마음의
효스치ᄂᆞᆫ 덕의 진퇴ᄒᆞ면 본심이 말
고귀ᄒᆞ고 친ᄒᆞᆫ 사람의 슈가 쳔진ᄒᆞ여 현
리로 더부러 ᄒᆞᆯ너 횡ᄒᆞ여 평영과
위도 ᄉᆞᆼ의 외도의로 일ᄋᆞ러 도우리쳐
럽 거스르ᄂᆞᆫ 바람 ᄀᆞᆺ처 망련ᄒᆞᆫ 형미을
삼고 큰 일인 ᄌᆞᆨ 독의 쳐렴 버여ᄂᆞᆫ 환도
갓치 쏜ᄂᆞᆫ 용망 잇ᄉᆞᆫ 연후의 크게 솔
리ᄅᆞᆯ 발ᄒᆞ여 묘령을 경동ᄒᆞᆫ가 다
듬 선ᄎᆡᆨ의 날ᄂᆞ여ᄂᆞᆫ 덕라 신을 삼
가 문ᄎᆡᆨ 현 스승의게 ᄎᆡᆨ망ᄒᆞᆫ 박관
을 진퇴ᄒᆞ고 음양을 셥니 ᄒᆞ믄 듸선
의게 ᄎᆡᆨ망ᄒᆞᆫ 들인 졀ᄌᆞ여 권ᄒᆞᆷ
걸 깁ᄂᆞᆫ 거ᄉᆞᆫ 빅신의게 ᄎᆡᆨ망ᄒᆞ고
군ᄉᆞ를 달년ᄒᆞ여 호반을 경졔ᄒᆞᆫ
춍도를 먹ᄂᆞᆫ 오를 막음은 장슈
를 ᄎᆡᆨ망ᄒᆞᆫ 젼곡을 츌납ᄒᆞ여 군
국의 슈용ᄒᆞᆫ 은 유ᄉᆞ를 ᄎᆡᆨ망ᄒᆞᆫ
효령을 ᄲᅡ여 들ᄂᆞᆫ ᄉᆞ유를 슈습ᄒᆞ믄 도
신을 ᄎᆡᆨ망ᄒᆞᆯ진니 니 갓ᄐᆞᆫ 요임은 다 친
ᄒᆞᆫ 되 복치지 안니 ᄒᆞᆯ 거시라 친ᄒᆞᆫ 의
ᄂᆞ흔 맛당이 그위 나놉히 ᄀᆞ 녹이 ᄉᆞ 즁
니 ᄇᆞᆨ여 ᄯᅩ 코 연 ᄯᅩᄂᆞᆫ 거시니 갓치 ᄒᆞ여
나라 졍ᄉᆞ의 간여 ᄒᆞ지 못ᄒᆞ게 ᄒᆞᆯ 져
션니 즁용 구경의 ᄒᆞ여 쓰되 강의
ᄒᆞ믈 경계ᄒᆞ면 허믈 ᄒᆞᆯ게 업ᄉᆞᆫ 즁

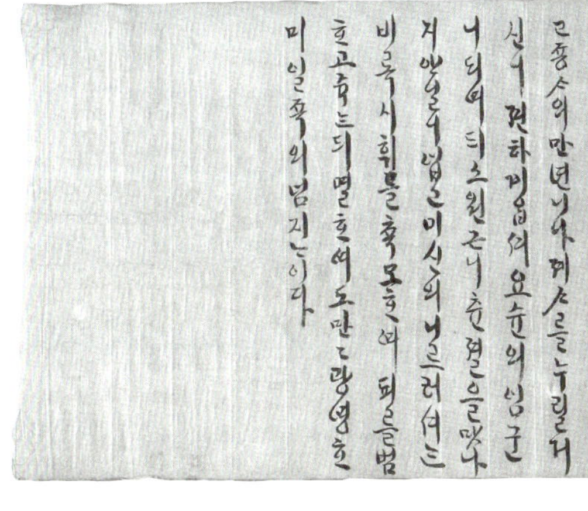

上言 草 1

118×71.8

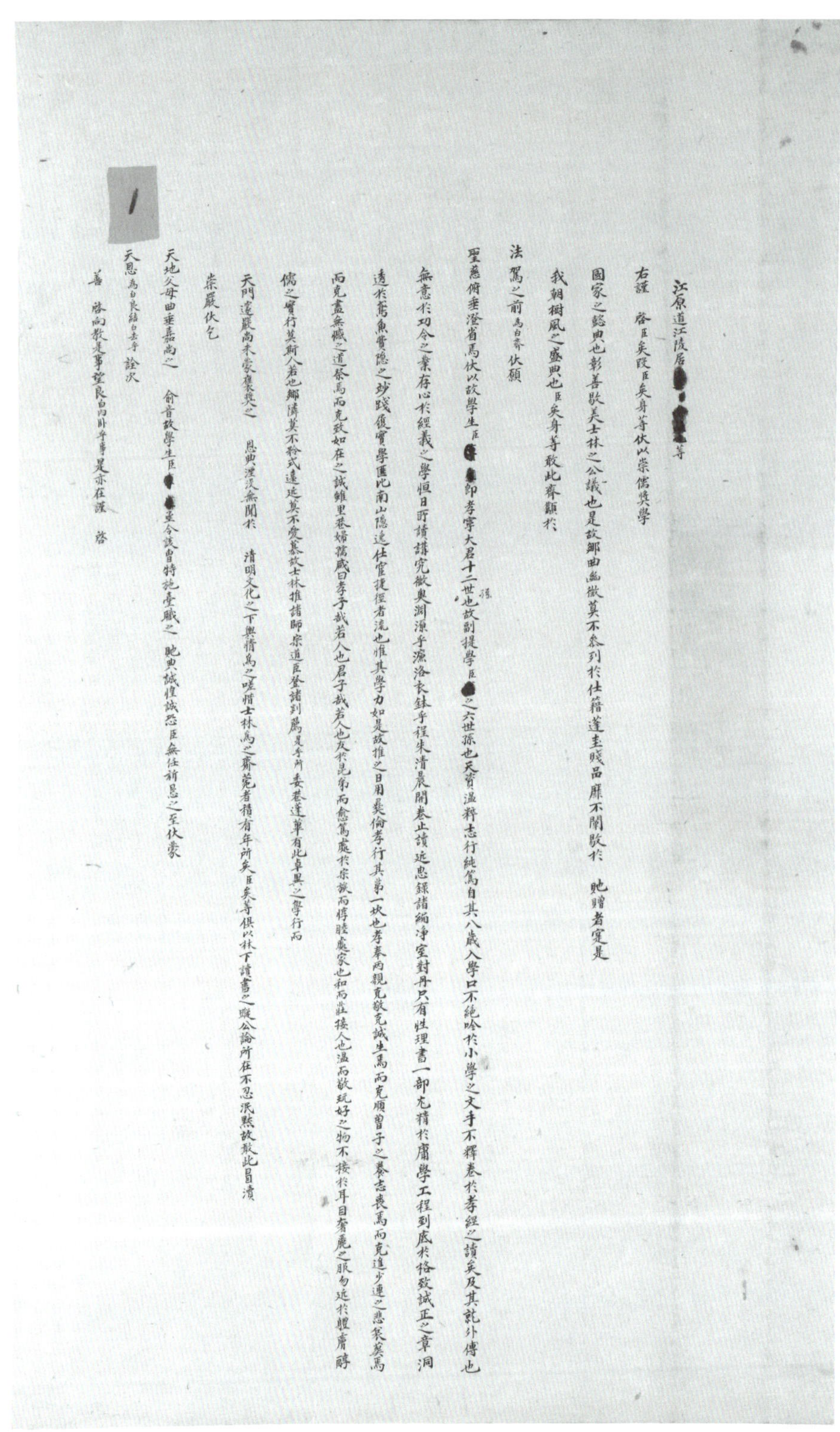

강원도 강릉에 거주하는 金榮九 등이 올린 上言 草本

上書 1

乙酉, 46.2×60.9

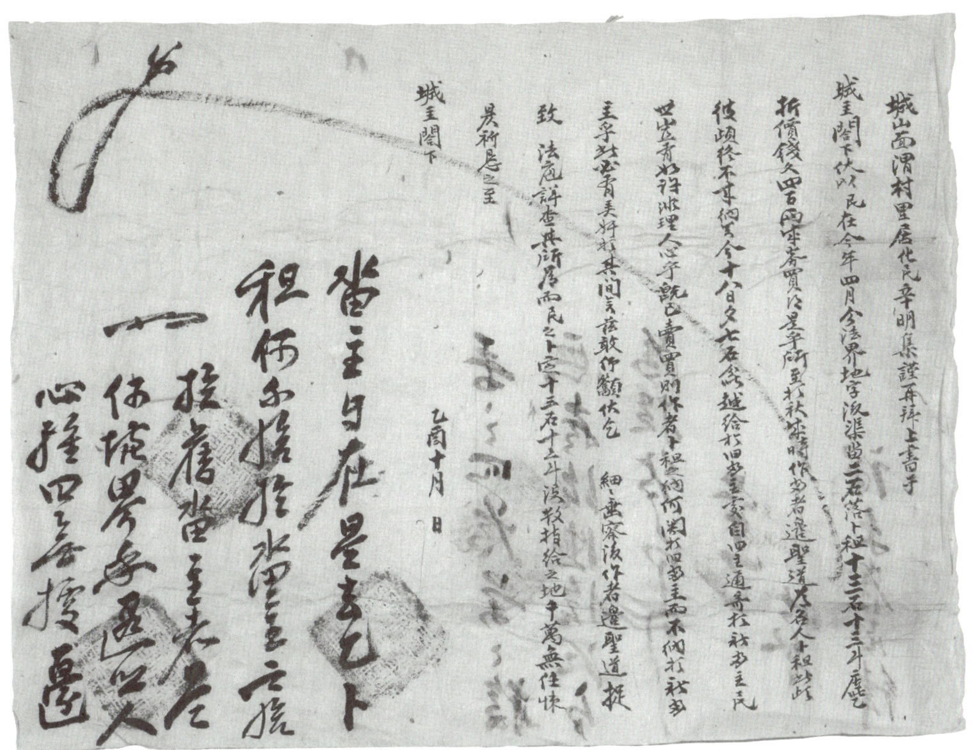

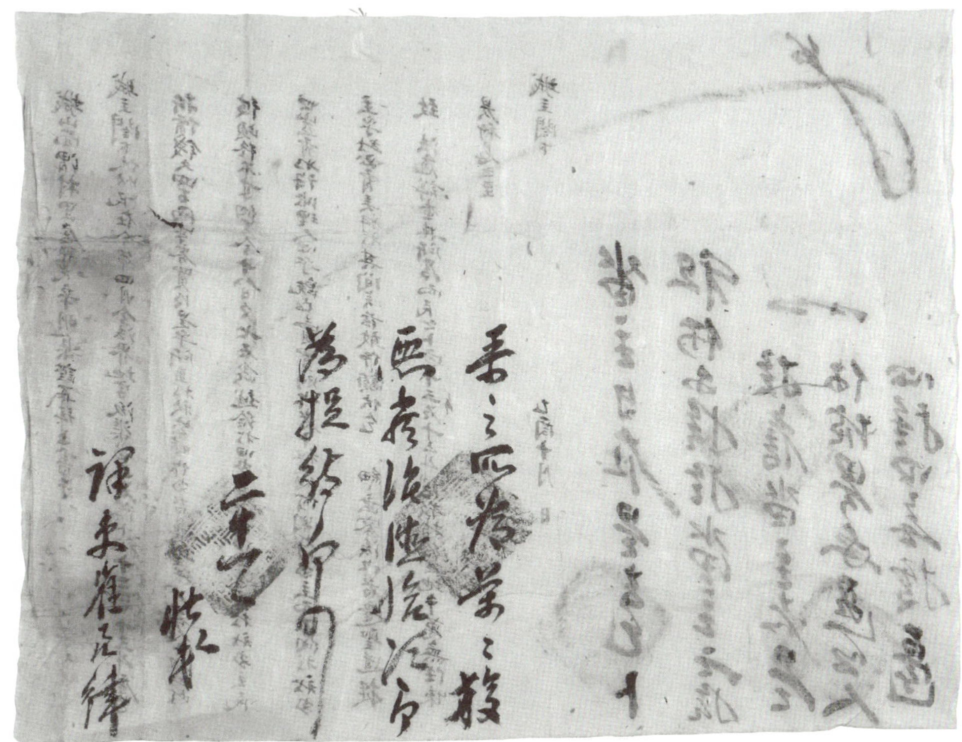

城山面 渭村里에 거주하는 化民 辛明集이
강릉대도호부사에게 올린 上書

狀啓 1

1865년(고종 2), 39×51.3

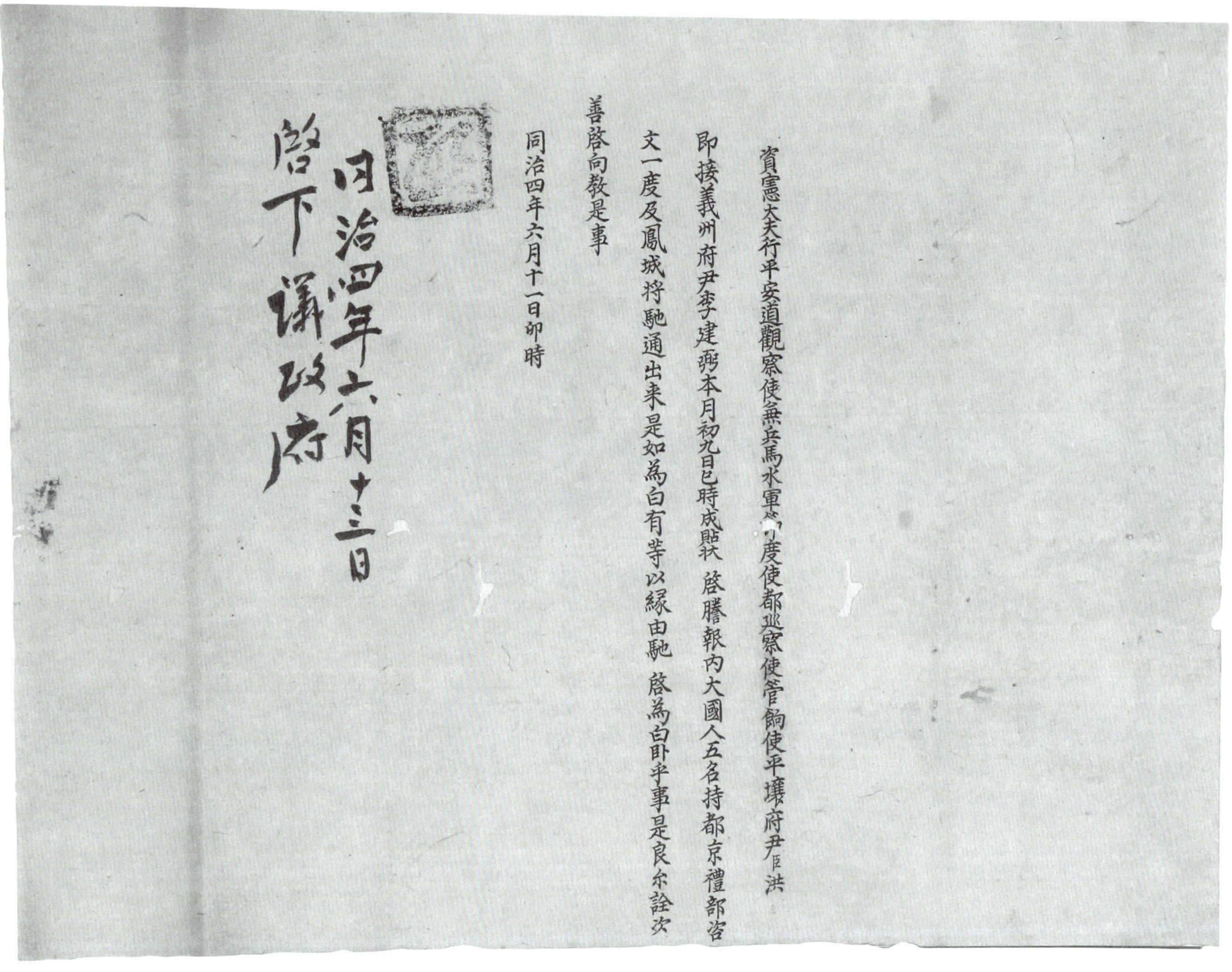

資憲大夫行平安道觀察使兼兵馬水軍節度使都巡察使管餉使平壤府尹臣洪
即接義州府尹李建弼本月初九日巳時成貼狀 啓謄報內大國人五名持都京禮部咨
文一度及鳳城将馳通出来是如爲白有等以緣由馳 啓爲白卧乎事是良尓詮次
善啓向教是事
同治四年六月十一日卯時

同治四年六月十三日
啓下 議政府

1865년 6월 11일 卯時에 平安道觀察使 洪祐吉이 高宗에게 올린 狀啓

狀啓 2

1865년(고종 2), 38.3×44.2

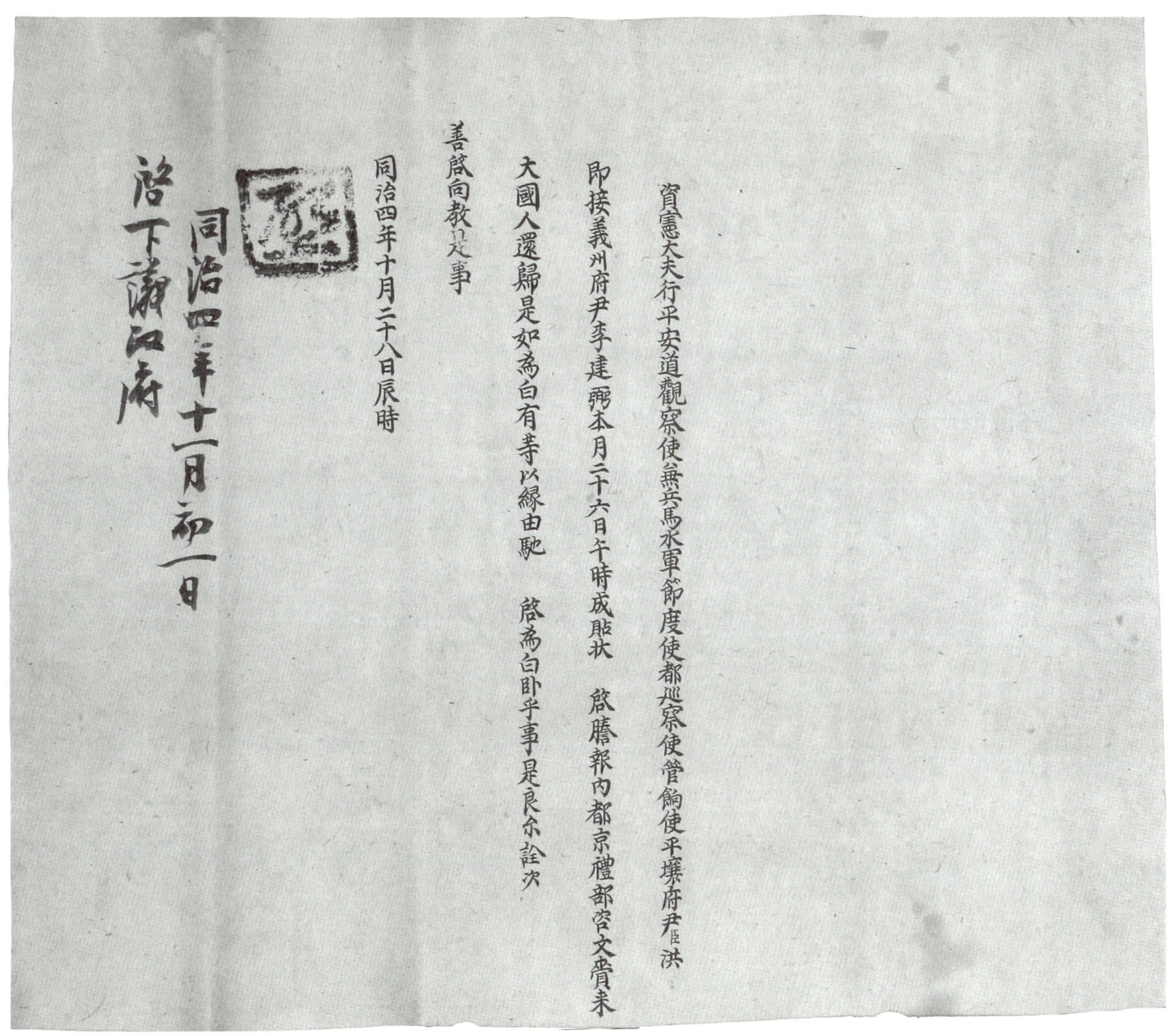
資憲大夫行平安道觀察使兼兵馬水軍節度使都巡察使管餉使平壤府尹臣洪

即接義州府尹李建弼本月二十六日午時成貼狀 啓據報內都京禮部咨文賫來

大國人還歸是如爲白有等以緣由馳 啓爲白卧乎事是良尒詮次

善啓向教是事

同治四年十月二十八日辰時

同治四年十一月初一日

啓下議政府

1865년 10월 28일 辰時에 平安道觀察使 洪祐吉이 高宗에게 올린 狀啓

狀啓 3

1868년(고종 5), 42.9×42.2

嘉義大夫平安道兵馬節度使臣李

本道詰戎之政異於他道每年巡操旣有春南秋北擧行之節目是白如乎今春

清南巡操依例擧行是白乎喩敢此馳 啓爲白去乎 令廟堂 稟旨分付爲白

只爲詮次

善啓向教是事

同治七年正月初三日

同治七年正月初九日

啓下議政府

1868년 1월 초3일에 平安道兵馬節度使 李容象이 高宗에게 올린 狀啓

狀啓 4

1868년(고종 5), 38.4×83.1

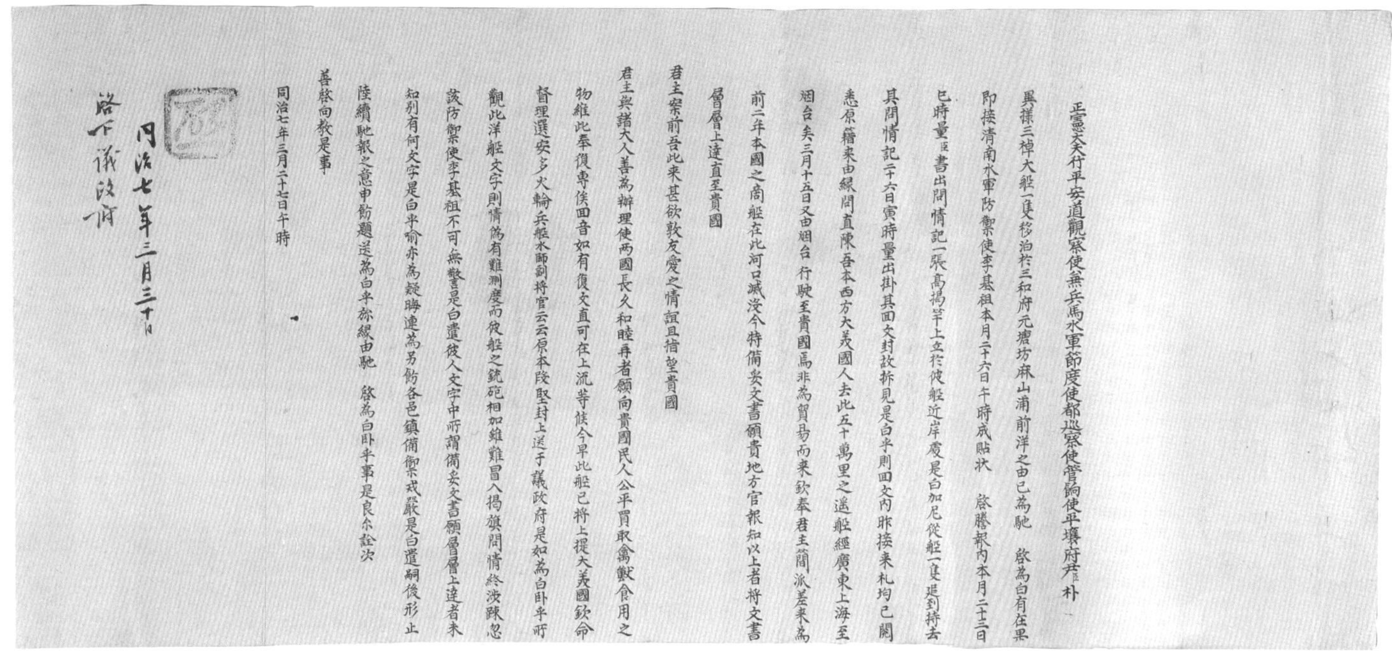

正憲大夫行平安道觀察使兼兵馬水軍節度使都巡察使管餉使平壤府尹臣朴
異樣三桅大船一隻移泊於三和府元壤坊麻山浦前洋之由已爲馳 啓爲白有在果
卽接淸南水軍防禦使李基祖本月二十六日午時成貼狀 啓謄報內本月二十三日
巳時量臣書出問情記一張高揭竿上立於彼船近岸處是白加尼從船一隻追到持去
其問情記二十六日寅時量出掛其回文封故拆見是白乎則回文內昨接來札均已閱
悉原籍來由緣問直陳吾本西方大美國人去此五十萬里之遙船經廣東上海至
烟台矣三月十五日又由烟台 行駛至貴國焉非爲貿易而來欽奉君主簡派差來爲
前二年本國之商船在此河口滅沒今特備妥文書願貴地方官報知以上者將文書
層層上達直至貴國
君主案前吾此來甚欲敦友愛之情誼且指望貴國
君主與諸大人善爲辦理使兩國長久和睦再者願向貴國民人公平買取禽獸食用之
物維此奉復專候回音如有復文直可在上流等候今早此船已將上提大美國欽命
督理選安多火輪兵船水師副將官云云原本段堅封上送于議政府是如爲白卧乎所
觀此洋船文字則情僞有難測度而彼船之銃砲相加雖難冒入揭旗問情終涉踈忽
該防禦使李基祖不可無警是白遣彼人文字中所謂備妥文書願層層上達者未
知別有何文字是白乎喻亦爲疑晦連爲另飭各邑鎭備禦戒嚴是白遣嗣後形止
陸續馳報之意申飭題送爲白乎旀緣由馳 啓爲白卧乎事是良尒詮次
善啓向敎是事
同治七年三月二十七日午時

同治七年三月三十日
啓下議政府

1868년 3월 27일 午時에 平安道觀察使 朴珪壽가 高宗에게 올린 狀啓

狀啓 5

1868년(고종 5), 38.1×43.2

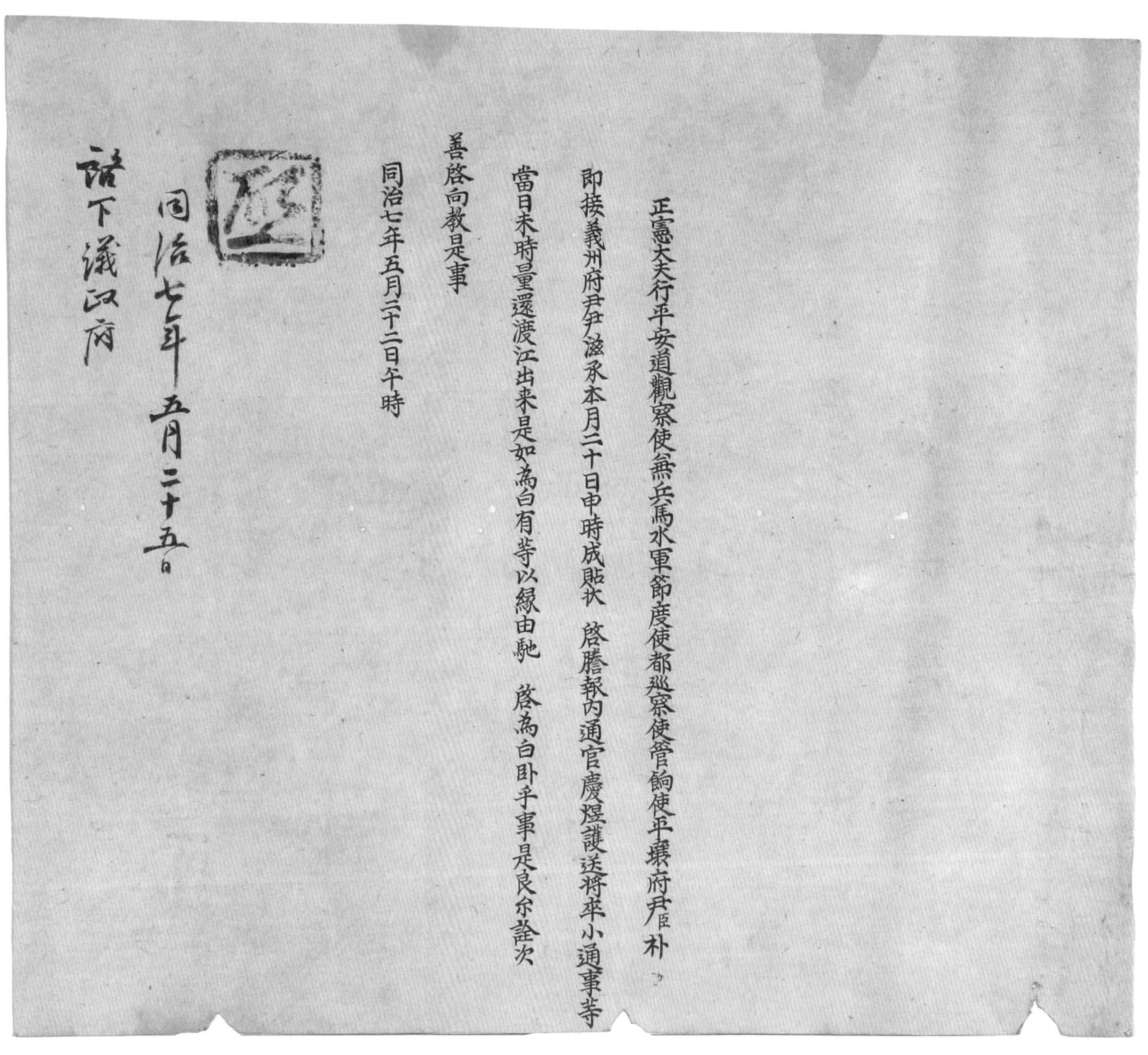

正憲大夫行平安道觀察使兼兵馬水軍節度使都巡察使管餉使平壤府尹臣朴

即接義州府尹尹滋承本月二十日申時成貼狀 啓謄報內通官慶煜護送將卒小通事等

當日未時量還渡江出來是如爲白有等以緣由馳 啓爲白臥乎事是良尒詮次

善啓向教是事

同治七年五月二十二日午時

同治七年五月二十五日

諸下議政府

1868년 5월 22일 午時에 平安道觀察使 朴珪壽가 高宗에게 올린 狀啓

狀啓 6

1868년(고종 5), 42.8×50.2

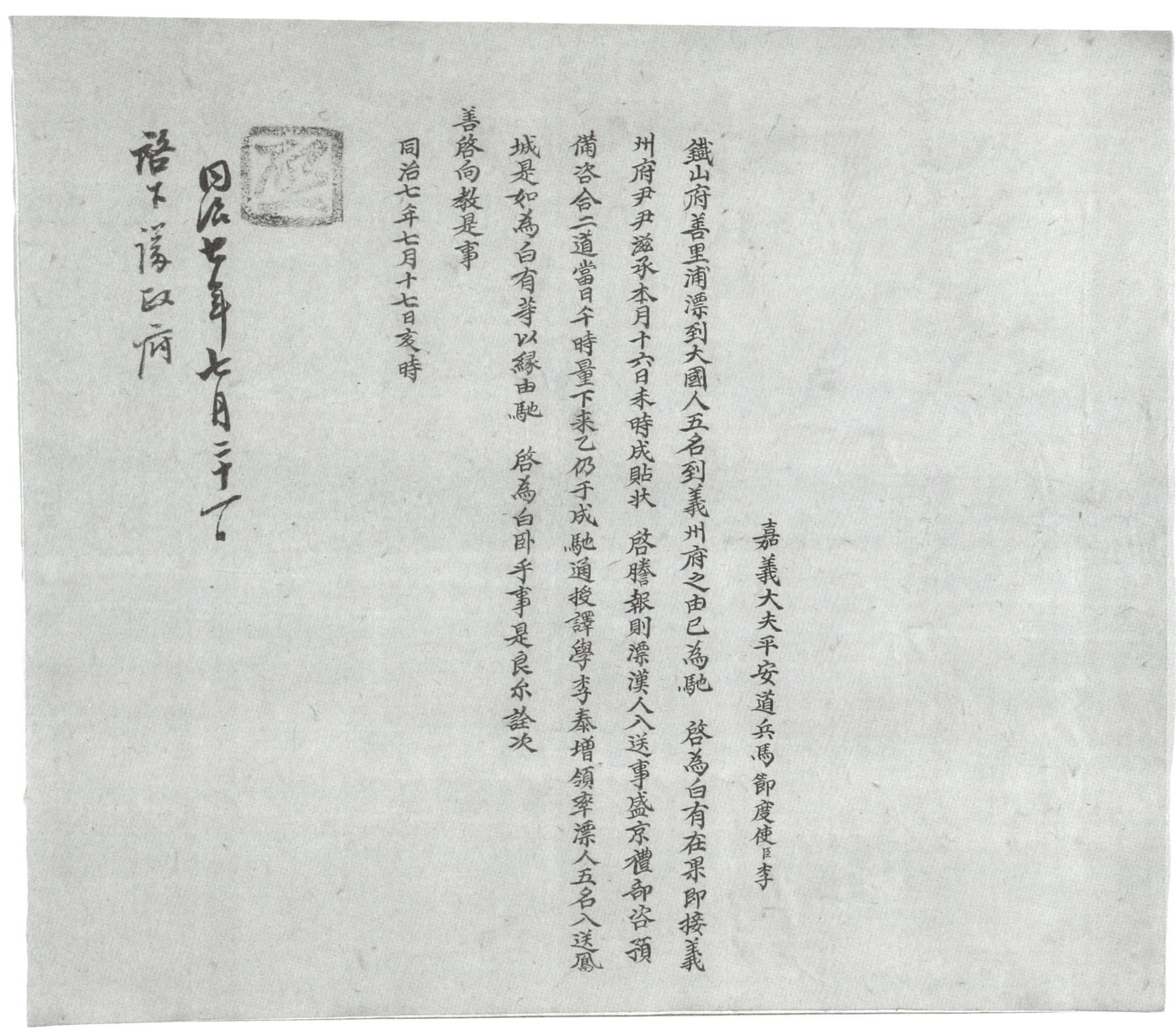

嘉義大夫平安道兵馬節度使臣李

鐵山府善里浦漂到大國人五名到義州府之由已為馳 啓為白有在果卽接義州府尹尹滋承本月十六日未時成貼狀 啓謄報則漂漢人入送事盛京禮部咨領備咨合二道當日午時量下來乙仍于成馳通投譯學李泰增領率漂人五名入送鳳城是如為白有等以緣由馳 啓為白卧乎事是良尔詮次

善啓向教是事

同治七年七月十七日亥時

同治七年七月二十日

啓下議政府

1868년 7월 17일 亥時에 平安道兵馬節度使 李容象이 高宗에게 올린 狀啓

狀啓 7

1868년(고종 5), 42.9×54.3

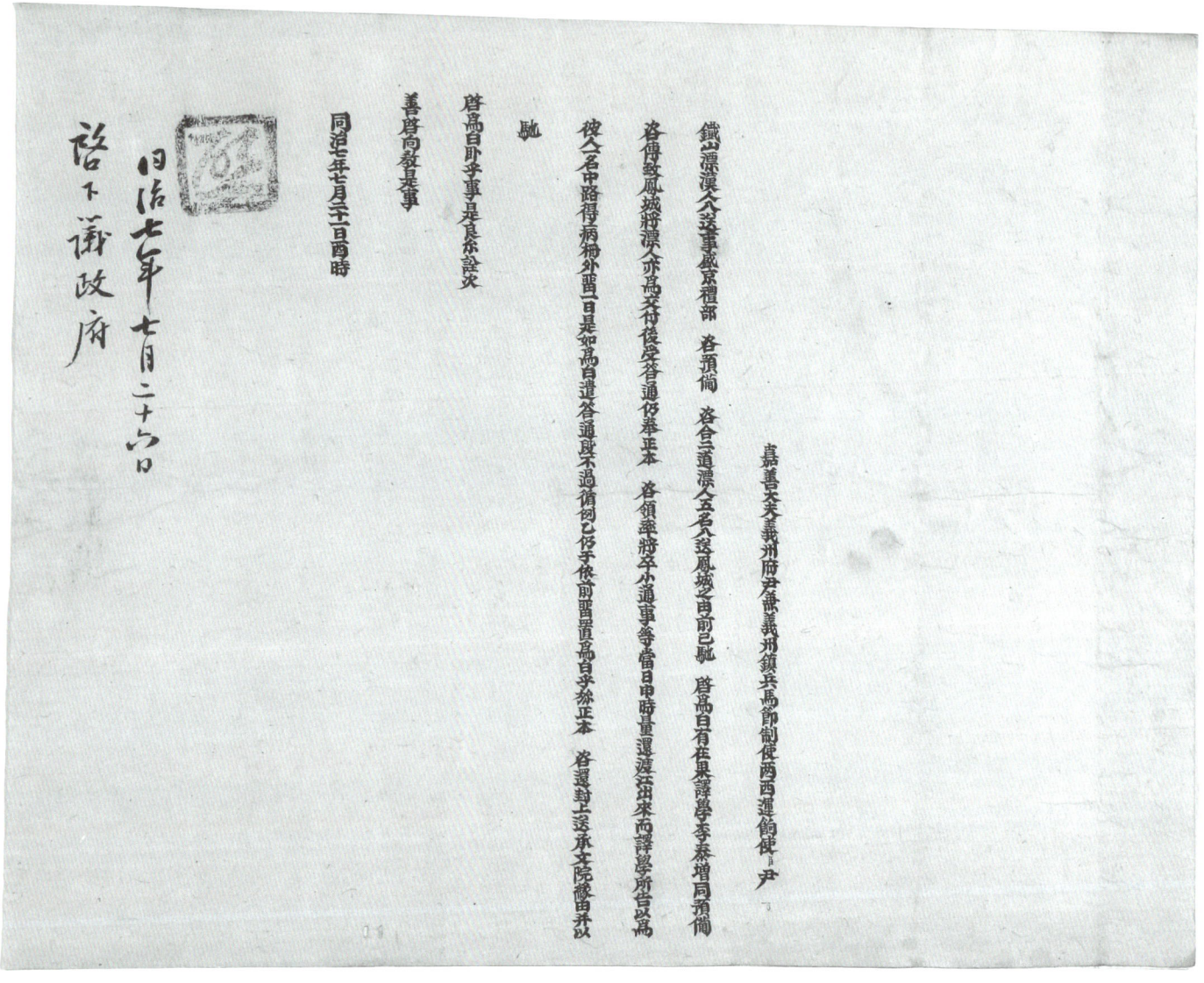

嘉善大夫義州府尹兼義州鎭兵馬節制使西西運餉使臣尹

鐵山漂漢人八名事咸京禮部　咨預備　咨合二道漂人五名入送鳳城之由前已馳　啓爲白有在果譯學李泰增同預備

咨傳致鳳城將漂人亦爲交付後受答通仍奉正本　咨領率將卒小通事等當日申時量還渡江出來而譯學所告以爲

彼人一名中路得病柵外留一日是如爲白遣答通段不過循例乙仍于依前留置爲白乎旀正本　咨還封上送承文院謄出幷以

馳

啓爲白卧乎事是良尒詮次

善啓向敎是事

同治七年七月二十一日酉時

同治七年七月二十一日

啓下議政府

1868년 7월 21일 酉時에 義州府尹 尹滋承이 高宗에게 올린 狀啓

狀啓 8

1868년(고종 5), 43×55.9

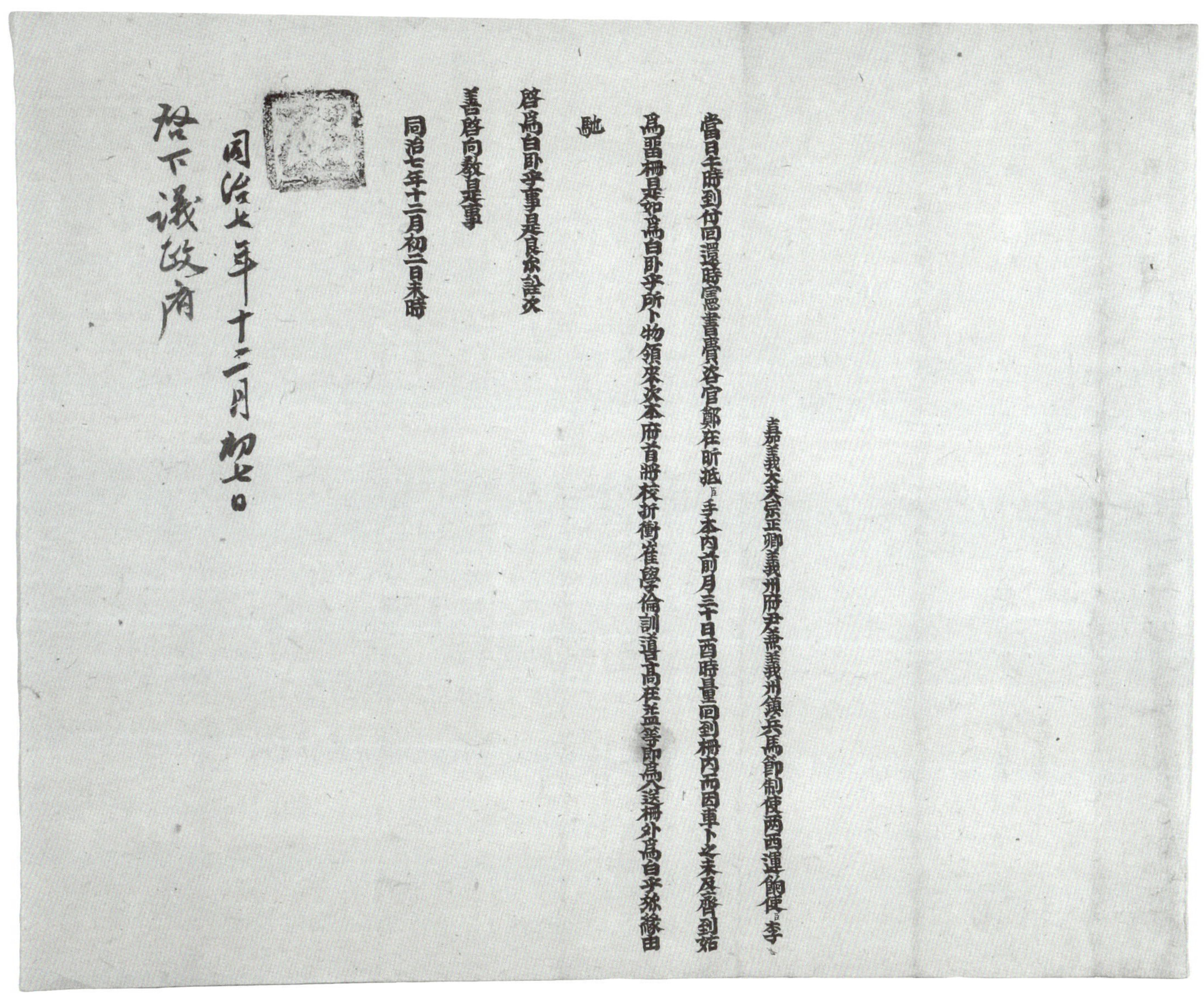
嘉義大夫宗正卿義州府尹兼義州鎭兵馬節制使西西運餉使臣李
當日午時到付回還時憲書賫咨官鄭在昕抵臣手本內前月三十日酉時量回到柵內而因車下之未及齊到姑
爲留柵是如爲白卧乎所卜物領來次本府首將校折衝崔學倫訓導高在益等卽爲入送柵外爲白乎旀緣由
馳
啓爲白卧乎事是良厼詮次
善啓向敎是事
同治七年十二月初二日未時
同治七年十二月初七日
啓下議政府

1868년 12월 초2일 未時에 義州府尹 李建弼이 高宗에게 올린 狀啓

1871년(고종 8), 37.7×67

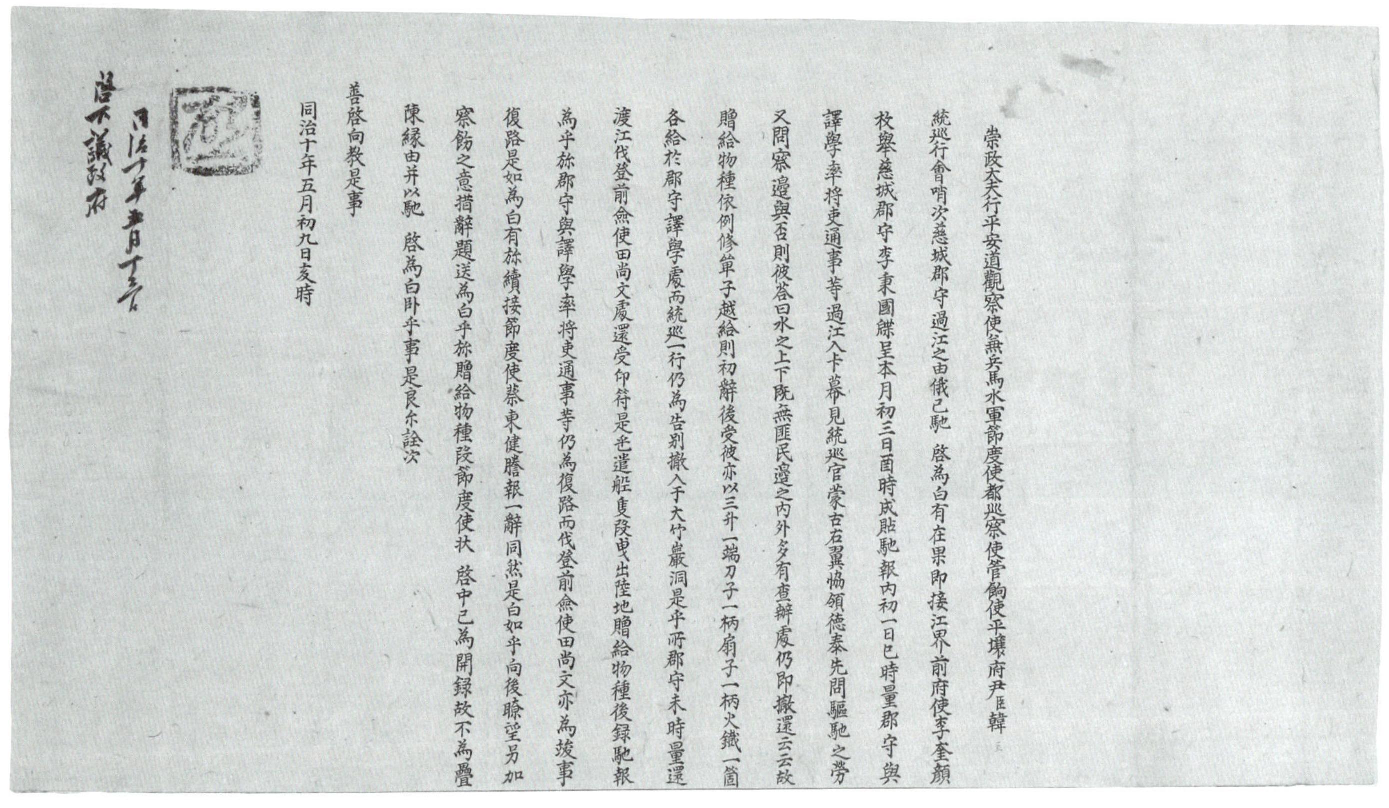

崇政大夫行平安道觀察使兼兵馬水軍節度使都巡察使管餉使平壤府尹臣韓
統巡行會哨次慈城郡守過江之由俄已馳 啓為白有在果即接江界前府使李奎顏
枚擧慈城郡守李東國牒呈本月初三日酉時成貼馳報內初一日巳時量郡守與
譯學率將吏通事等過江入卡幕見統巡官蒙古右翼協領德泰先問驅馳之勞
又問察邊與否則彼答曰水之上下既無匪民邊之內外多有查辦處仍即撤還云云故
贈給物種依例修單子越給則初辭後受彼亦以三升一端刀子一柄扇子一柄火鐵一箇
各給於郡守譯學處而統巡一行仍為告別撤入于大竹巖洞是乎所郡守未時量還
渡江伐登前僉使田尚文處還受印符是乎遣船隻段曳出陸地贈給物種後録馳報
為乎旀郡守與譯學率將吏通事等仍為復路而伐登前僉使田尚文亦為撥事
復路是如為白有旀續接節度使蔡東健謄報一辭同然是白如乎向後瞭望另加
察飭之意措辭題送為白乎旀贈給物種段節度使狀 啓中已為開録故不為疊
陳緣由并以馳 啓為白卧乎事是良尒詮次
善啓向教是事
同治十年五月初九日亥時

同治十年五月十二日
啓下議政府

1871년 5월 초9일 亥時에 平安道觀察使 韓啓源이 高宗에게 올린 狀啓

狀啓 10

1871년(고종 8), 42×55.7

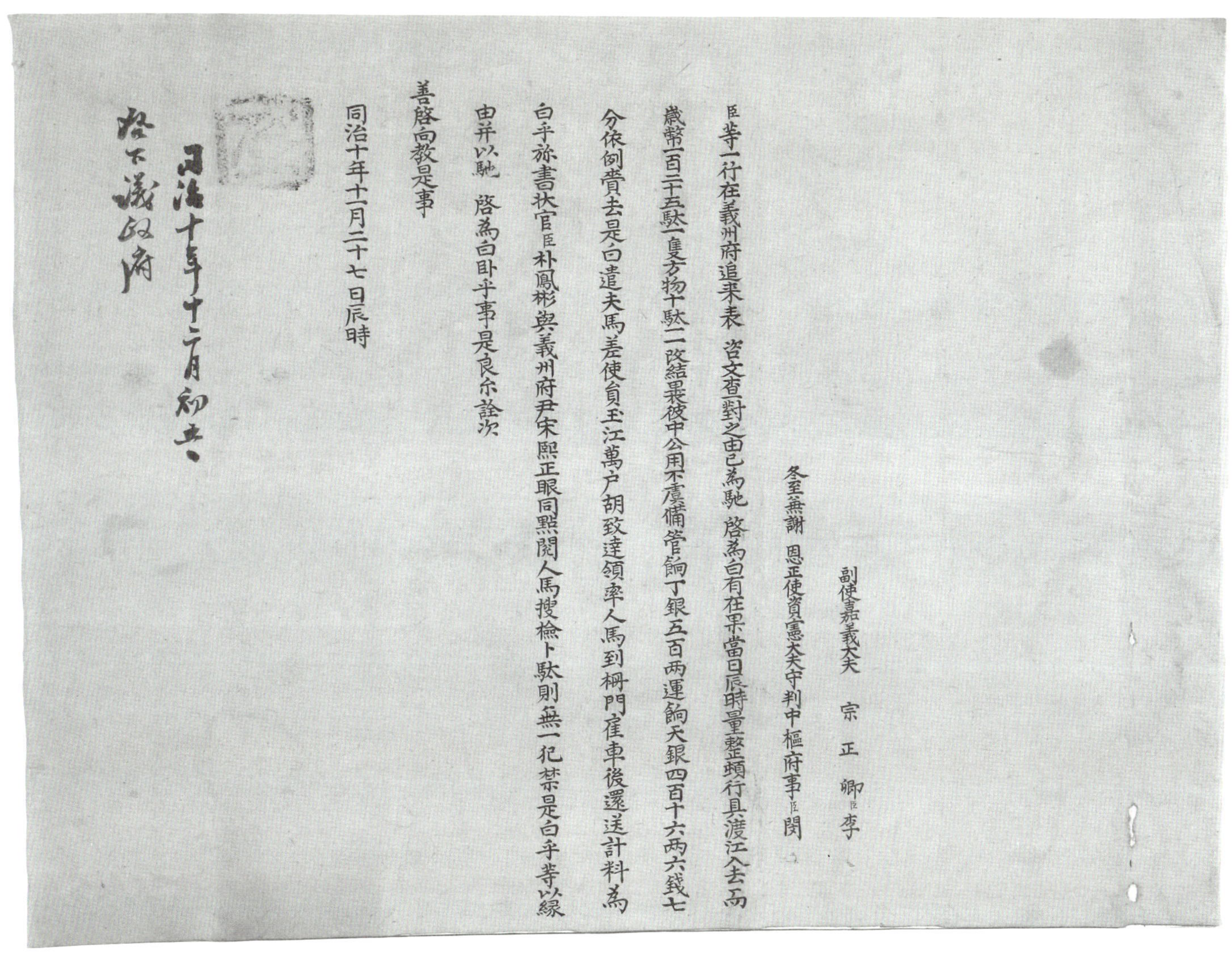

副使嘉義大夫 宗 正 卿臣李

冬至兼謝 恩正使資憲大夫守判中樞府事臣閔

臣等一行在義州府追來表 咨文査對之由已爲馳 啓爲白有在果當日辰時量整頓行具渡江入去而

歲幣一百二十五駄一隻方物十駄二段結裹彼中公用不虞備 管餉丁銀五百两運餉天銀四百十六两六錢七

分依例賫去是白遣夫馬差使員玉江萬户胡致達領率人馬到柵門僱車後還送計料爲

白乎旀書狀官臣朴鳳彬與義州府尹宋熙正眼同點閱人馬搜檢卜駄則無一犯禁是白乎等以緣

由幷以馳 啓爲白卧乎事是良尒詮次

善啓向敎是事

同治十年十一月二十七日辰時

同治十年十二月初六

啓下 議政府

1871년 11월 27일 辰時에 冬至兼謝恩正使 閔致庠과 副使 李建弼이 高宗에게 올린 狀啓

狀啓 11

1871년(고종 8), 37.2×44

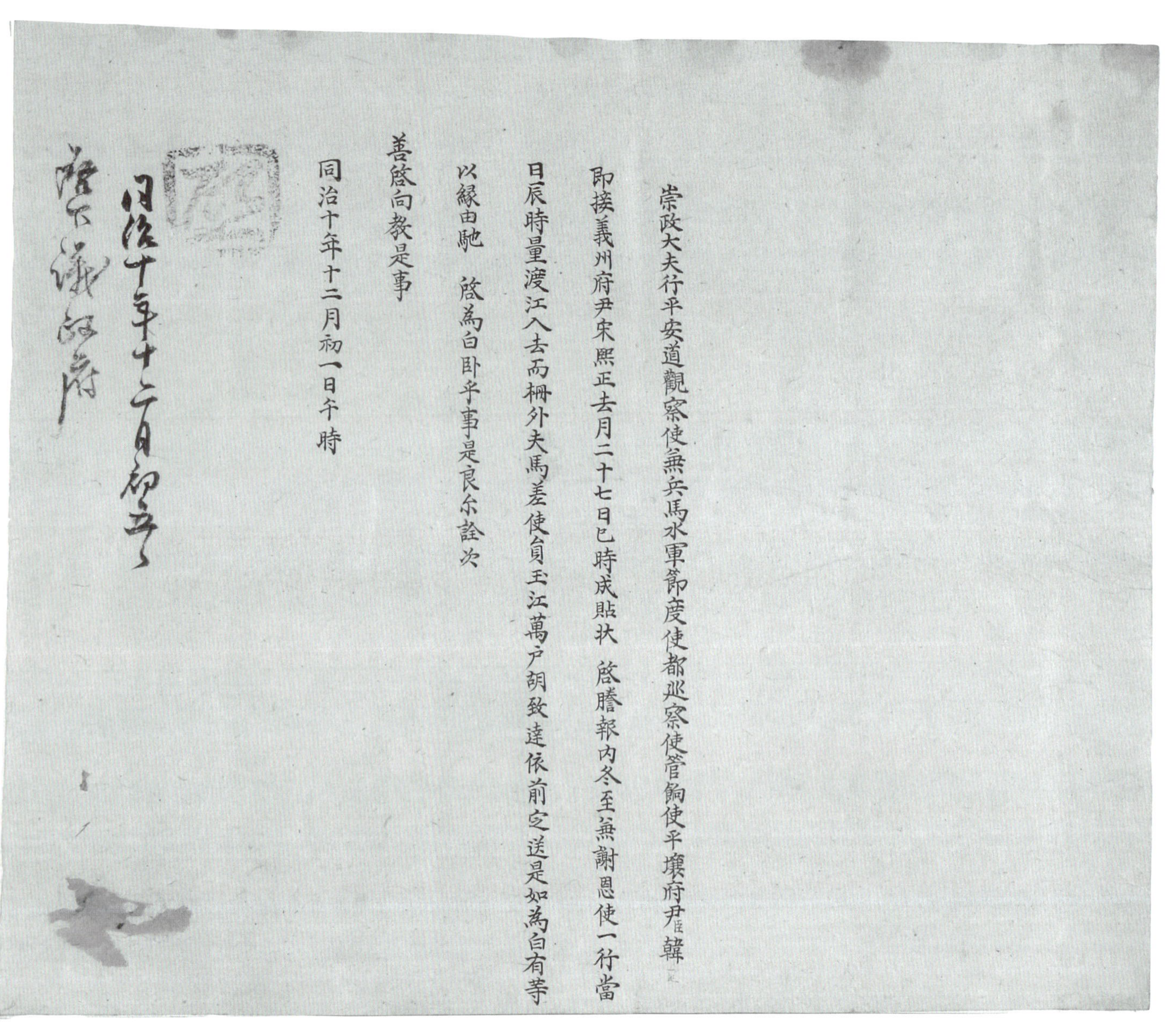
崇政大夫行平安道觀察使兼兵馬水軍節度使都巡察使管餉使平壤府尹臣韓

卽接義州府尹宋熙正去月二十七日巳時成貼狀 啓謄報內冬至兼謝恩使一行當

日辰時量渡江入去而柵外夫馬差使員玉江萬戶朗致達依前定送是如爲白有等

以緣由馳 啓爲白臥乎事是良尒詮次

善啓向敎是事

同治十年十二月初一日午時

同治十年十二月初二日

啓下議政府

1871년 12월 초1일 午時에 平安道觀察使 韓啓源이 高宗에게 올린 狀啓

狀啓 12

1875년(고종 12), 38.9×40.2

嘉善大夫平安道觀察使兼兵馬水軍節度使巡察使管餉使平壤府尹 奎章閣檢校直提學臣趙

臣以隨勅事當日發向中和府緣由馳 啓爲白卧乎事是良尒詮次

善啓向敎是事

光緖元年四月十八日

光緖元年四月二十

[illegible]府

1875년 4월 18일에 平安道觀察使 趙成夏가 高宗에게 올린 狀啓

狀啓 13

1875년(고종 12), 42.1×55.2

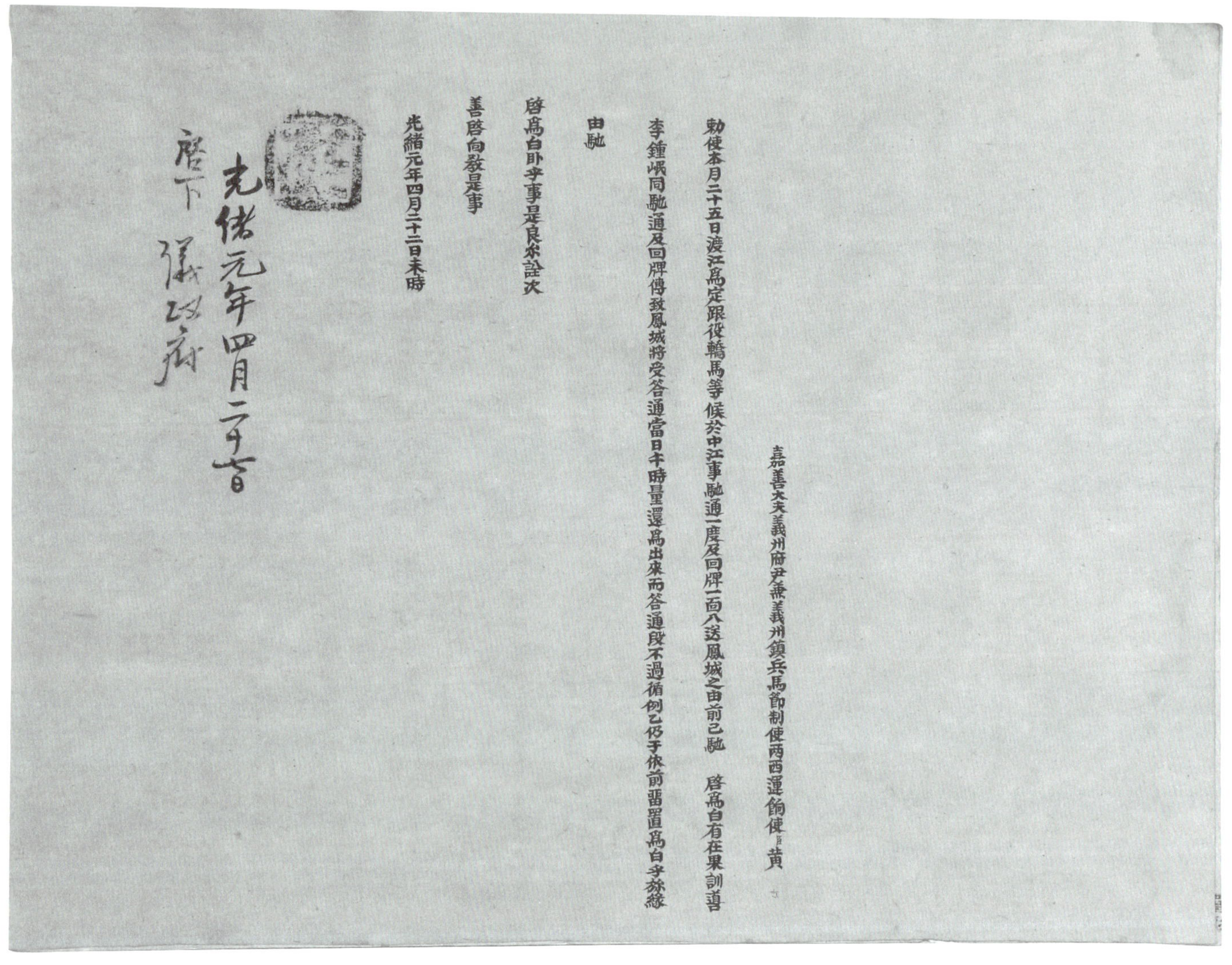
嘉善大夫義州府尹兼義州鎭兵馬節制使兩西運餉使臣黃
勅使本月二十五日渡江爲定跟役轎馬等候於中江事馳通一度及回牌一面入送鳳城之由前已馳 啓爲白有在果訓導
李鍾峨同馳通及回牌傳致鳳城將受答通當日未時量還爲出來而答通段不過循例乙仍于依前留置爲白乎旀緣
由馳
啓爲白卧乎事是良尔詮次
善啓向教是事
光緖元年四月二十二日未時
光緖元年四月二十二日
啓下 議政府

1875년 4월 22일 未時에 義州府尹 黃鍾顯이 高宗에게 올린 狀啓

狀啓 14

1875년(고종 12), 38.2×47.2

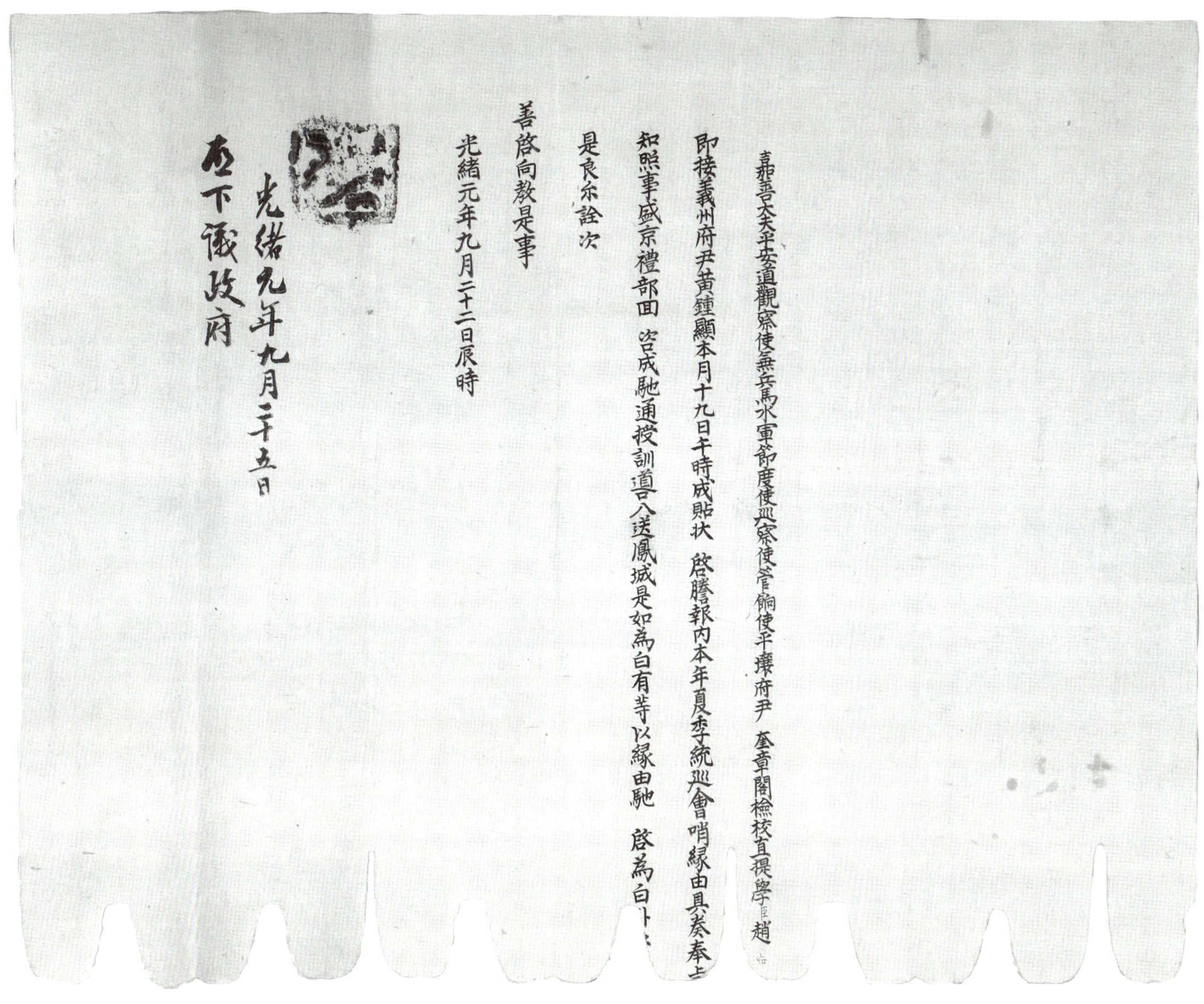

嘉善大夫平安道觀察使兼兵馬水軍節度使巡察使管餉使平壤府尹 奎章閣檢校直提學臣趙
即接義州府尹黃鍾顯本月十九日午時成貼狀 啓謄報內本年夏季統巡會哨緣由具奏奉上
知照事盛京禮部回 咨成馳通投訓導八送鳳城是如爲白有等以緣由馳 啓爲白卜[illegible]
是良尔詮次
善啓向敎是事
光緖元年九月二十二日辰時
光緖元年九月二十五日
啓下議政府

1875년 9월 22일 辰時에 平安道觀察使 趙成夏가 高宗에게 올린 狀啓

狀啓 15

1875년(고종 12), 37.8×45.7

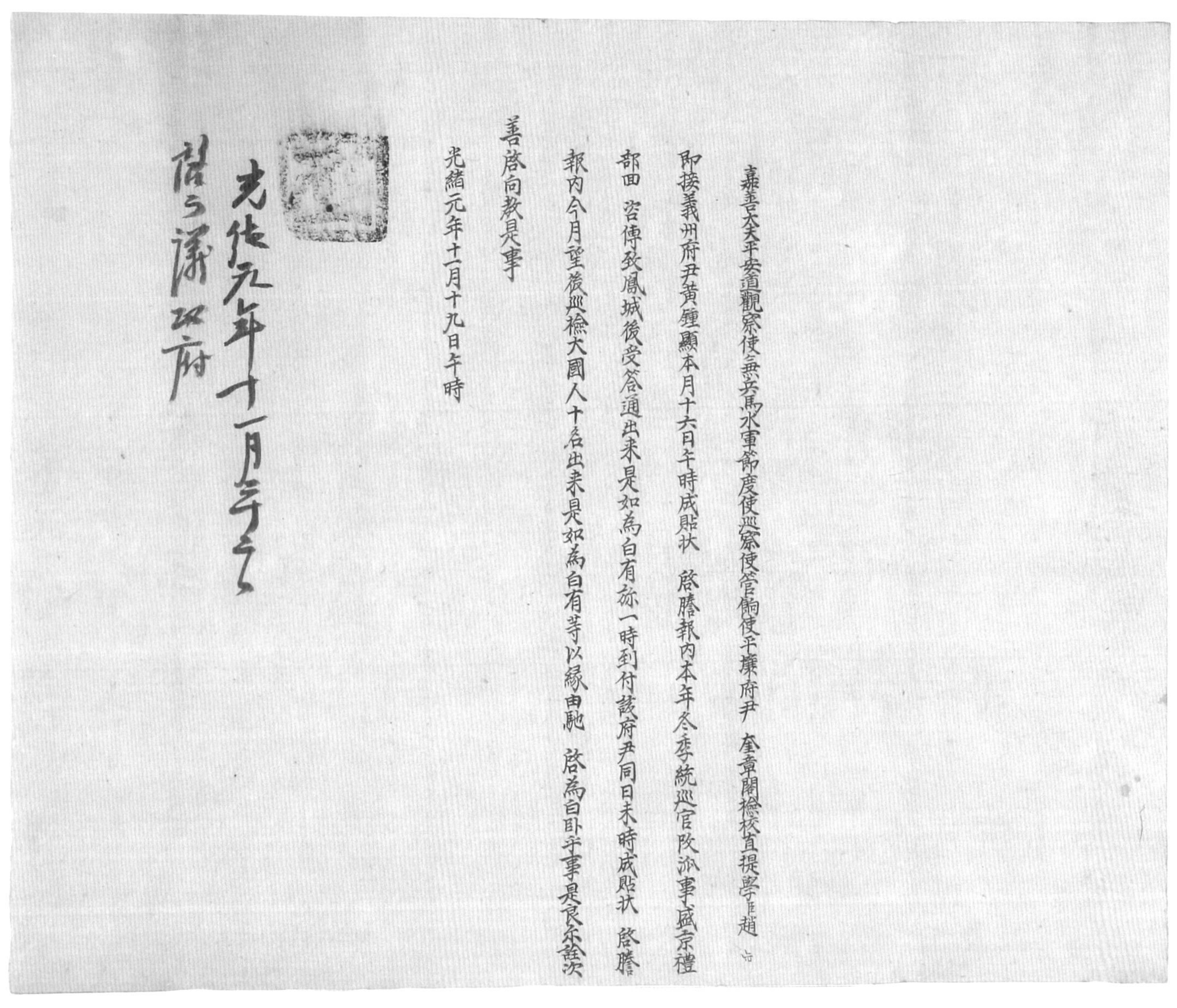

嘉善大夫平安道觀察使兼兵馬水軍節度使巡察使管餉使平壤府尹 奎章閣檢校直提學臣趙

即接義州府尹黃鍾顯本月十六日午時成貼狀 啓謄報內本年冬季統巡官陜派事盛京禮

部回 咨傳致鳳城後受咨通出來是如爲白有旀一時到付該府尹同日未時成貼狀 啓謄

報內今月望後與檢大國人十名出來是如爲白有等以緣由馳 啓爲白臥乎事是良尓詮次

善啓向教是事

光緒元年十一月十九日午時

光緒元年十一月二十二日

啓下議政府

1875년 11월 19일 午時에 平安道觀察使 趙成夏가 高宗에게 올린 狀啓

狀啓 16

1875년(고종 12), 37.1×58.9

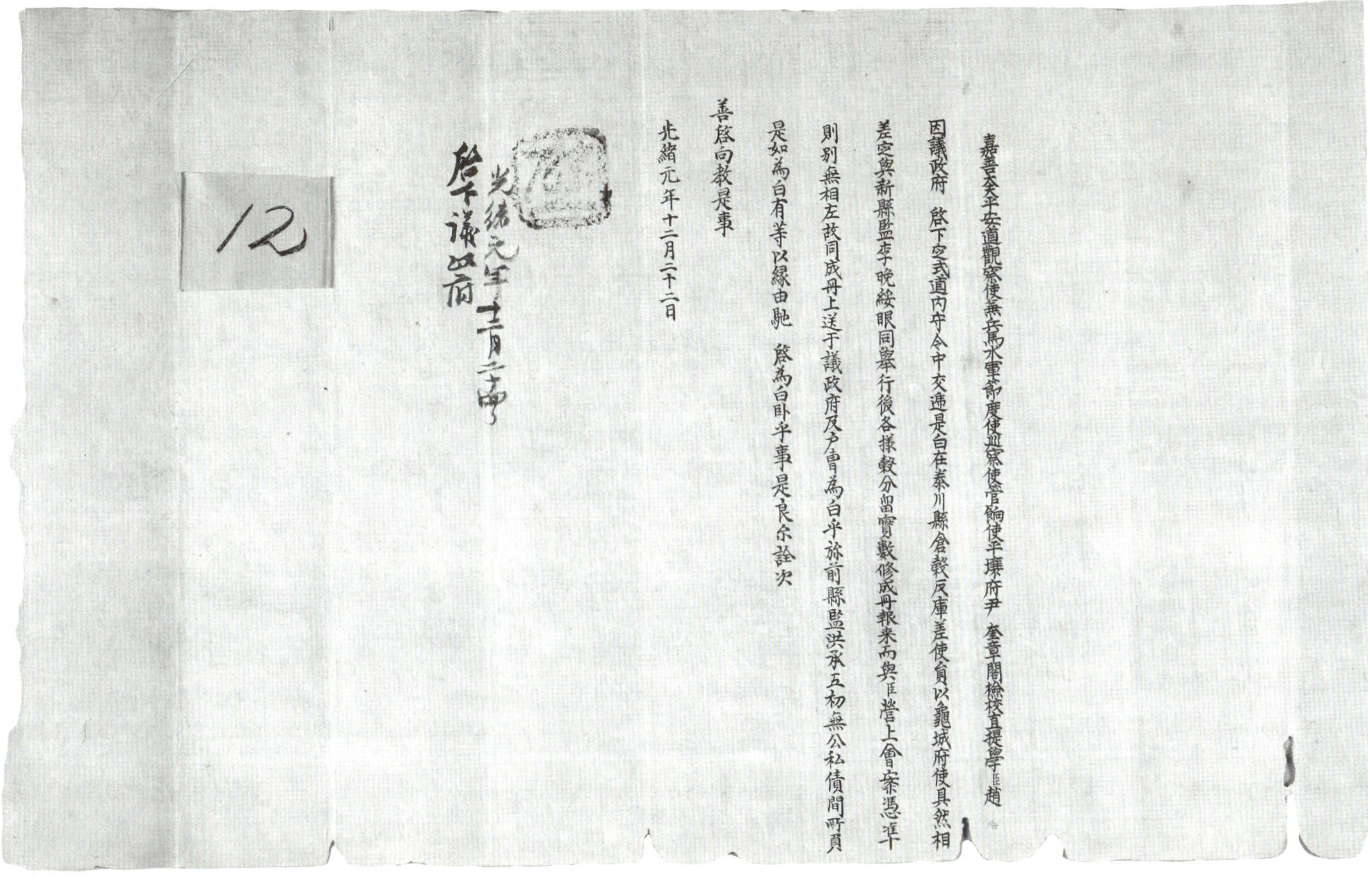

嘉善大夫平安道觀察使兼兵馬水軍節度使巡察使管餉使平壤府尹 奎章閣檢校直提學臣趙
因議政府 啓下定式道內守令中交遞是白在泰川縣倉穀反庫差使員以龜城府使具然相
差定與新縣監李晩綏眼同擧行後各樣穀分留實數修成冊報來而與臣營上會案憑準
則別無相左故同成冊上送于議政府及戶曹爲白乎旀前縣監洪承五初無公私債間所負
是如爲白有等以緣由馳 啓爲白臥乎事是良尒詮次
善啓向敎是事
光緖元年十二月二十二日

光緖元年十二月二十四日
啓下議政府

12

十六
承政院 開折
乙亥十二月二十四日平監

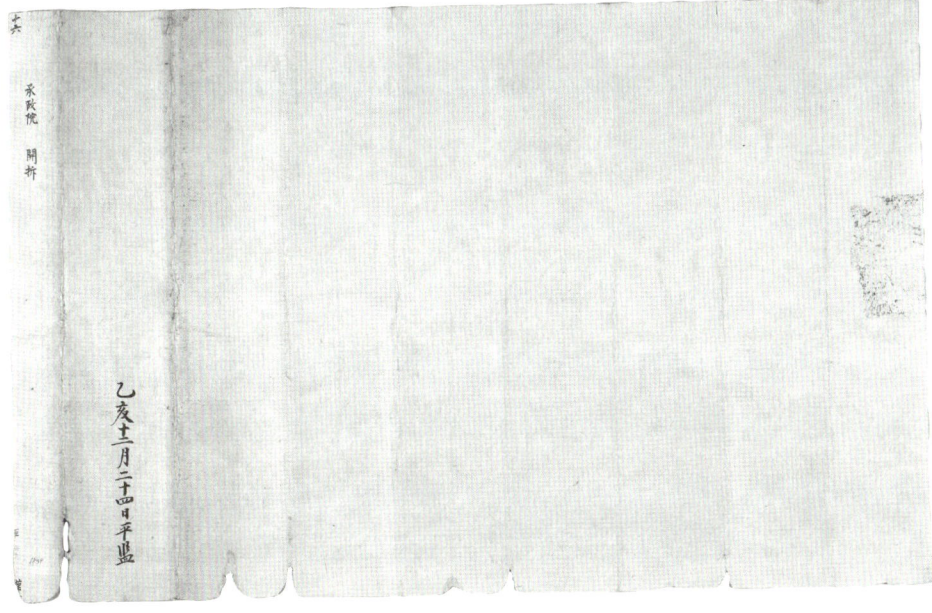

1875년 12월 22일에 平安道觀察使 趙成夏가 高宗에게 올린 狀啓

所志 1

1745년(영조 21), 50.8×30.6

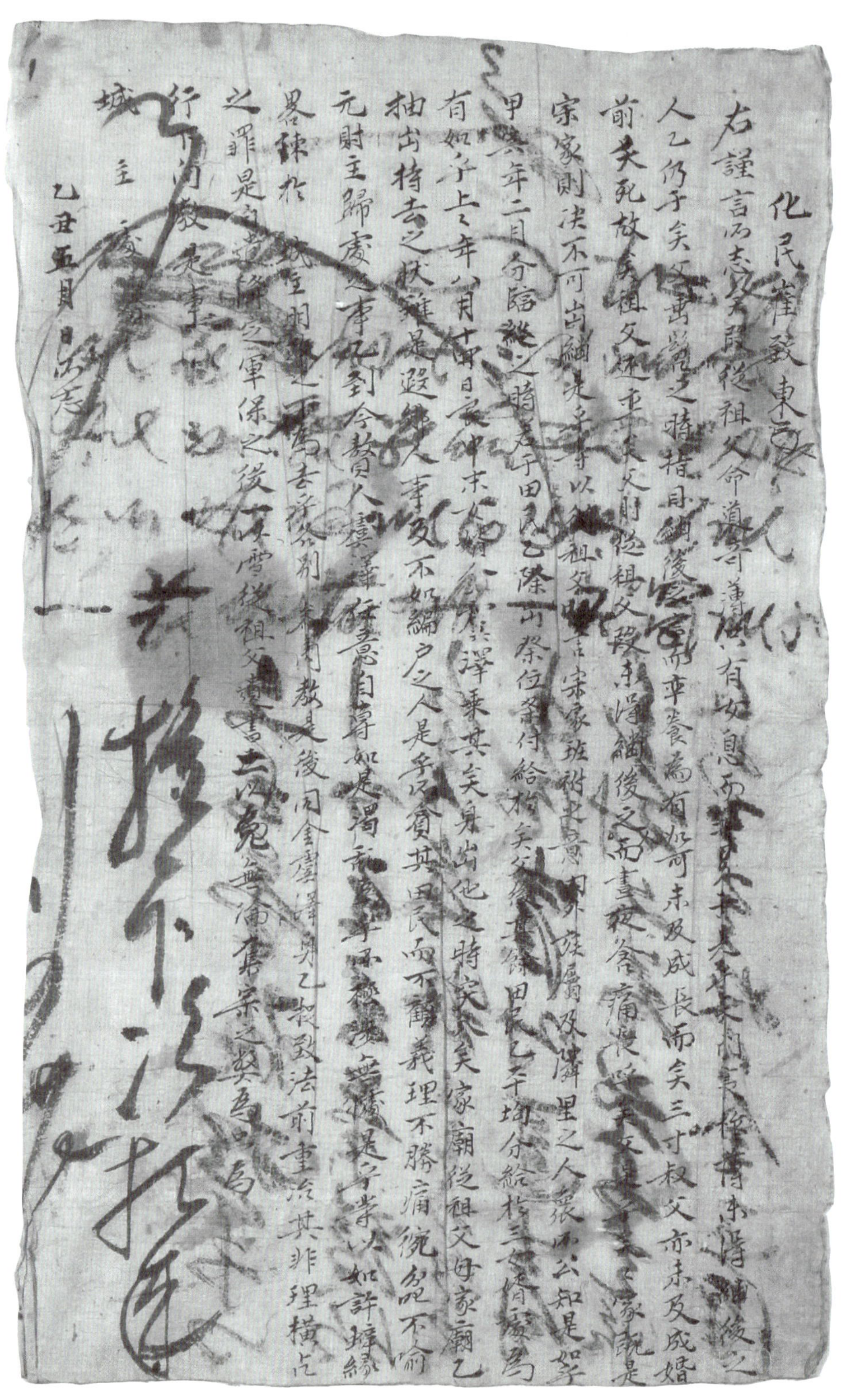

化民 崔致東이 강릉대도호부사에게 올린 所志

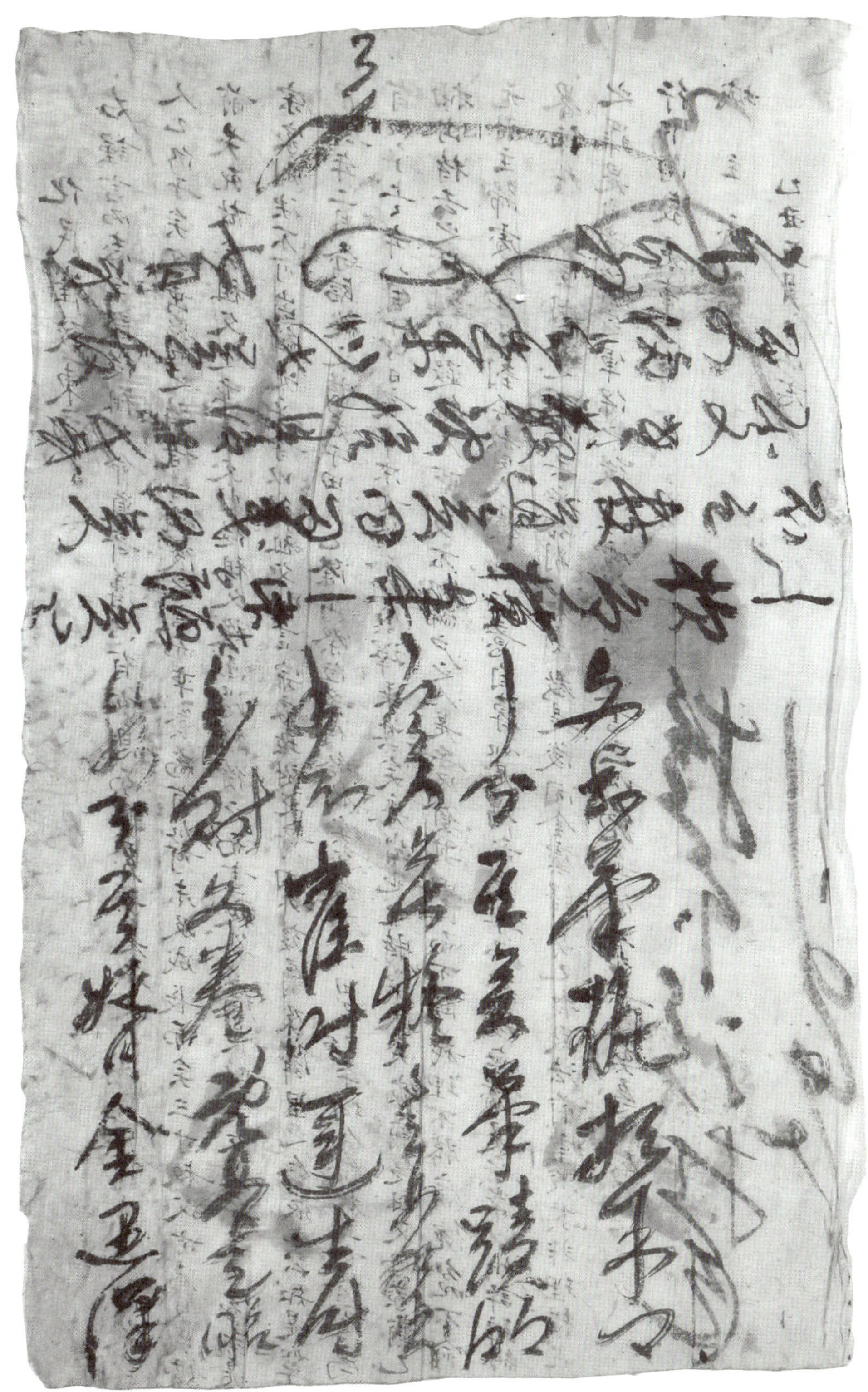

1750년(영조 26), 48.6×40.2

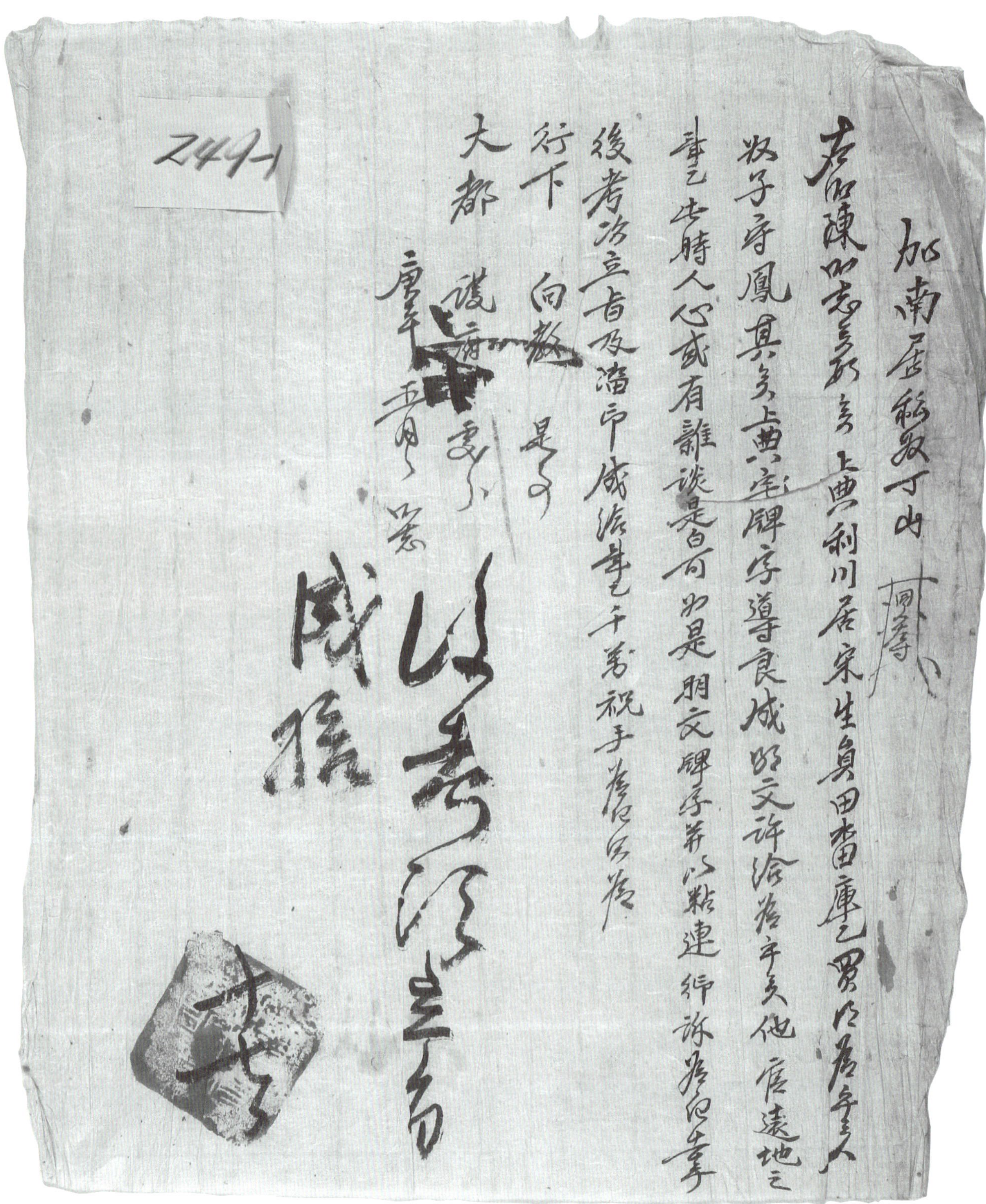

私奴 丁山이 江陵大都護府에 올린 所志

所志 3

1758년(영조 34), 52.6×27.6

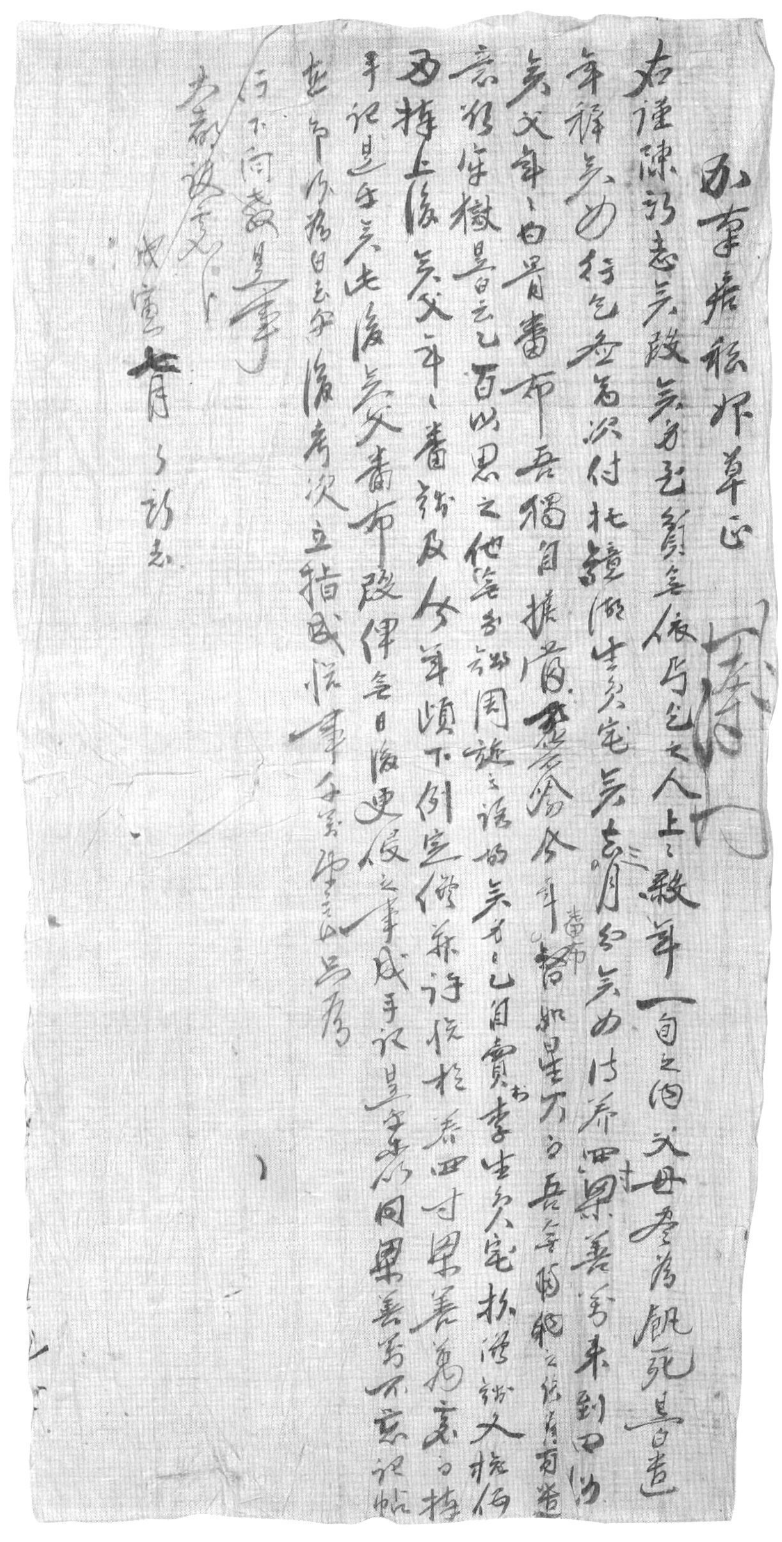

私婢 草正이 강릉대도호부사에게 올린 所志

所志 4

1763년(영조 39), 48×44.8

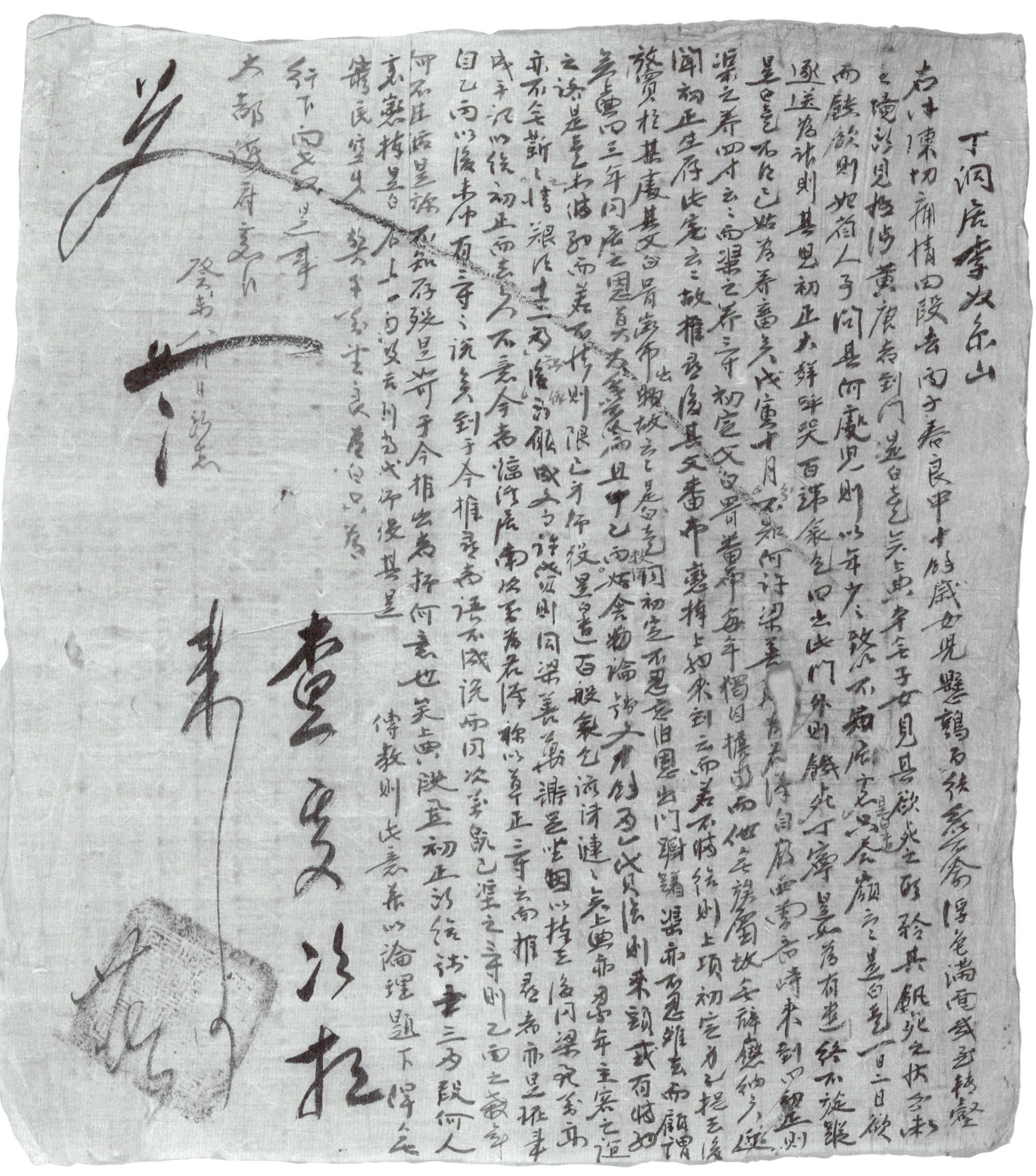

李氏의 奴 京山이 강릉대도호부사에게 올린 所志

所志 5

1773년(영조 49), 54.4×42.8

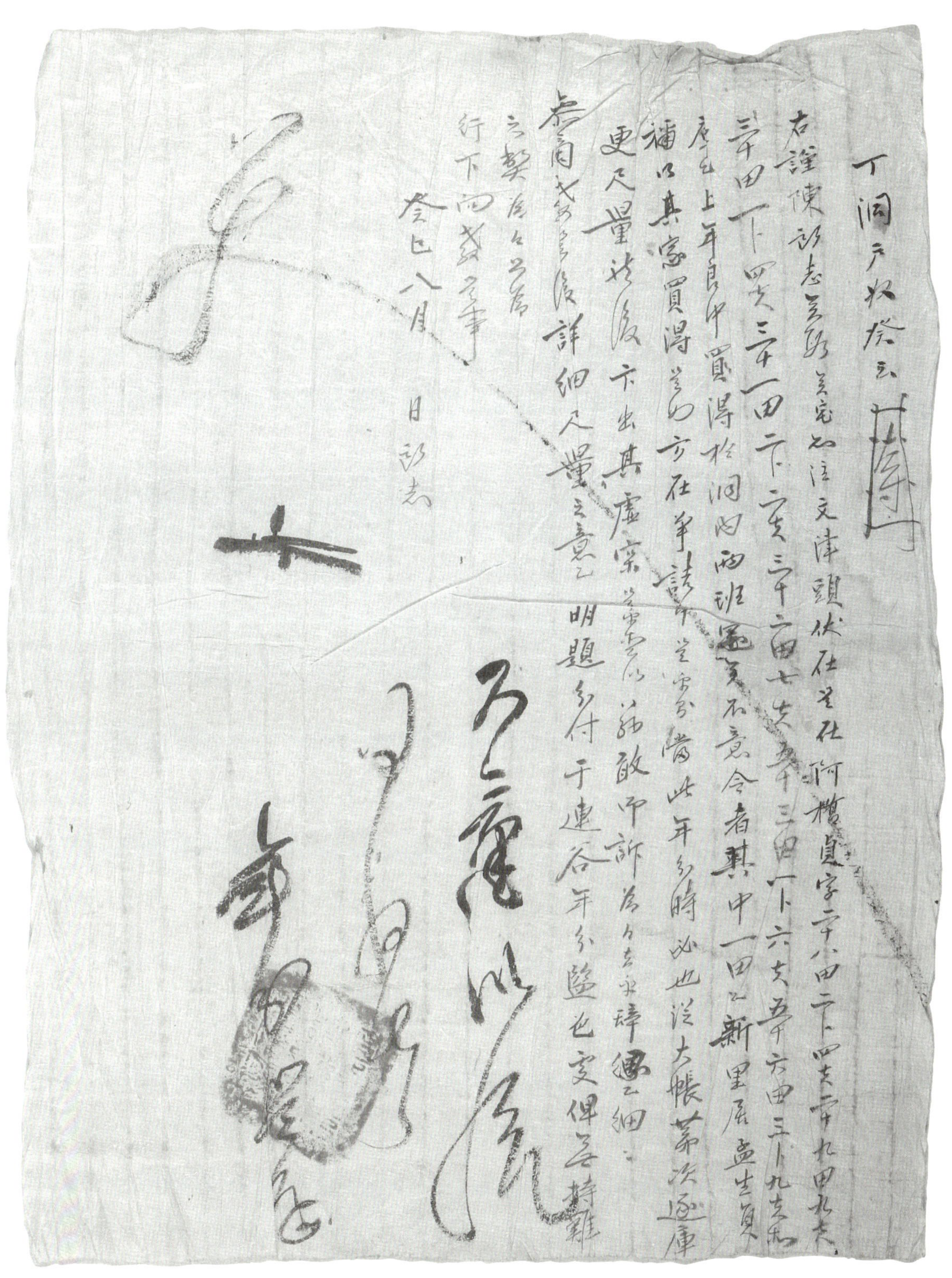

戶奴 癸云이 강릉대도호부사에게 올린 所志

所志 6

1819년(순조 19), 51.5×30.6

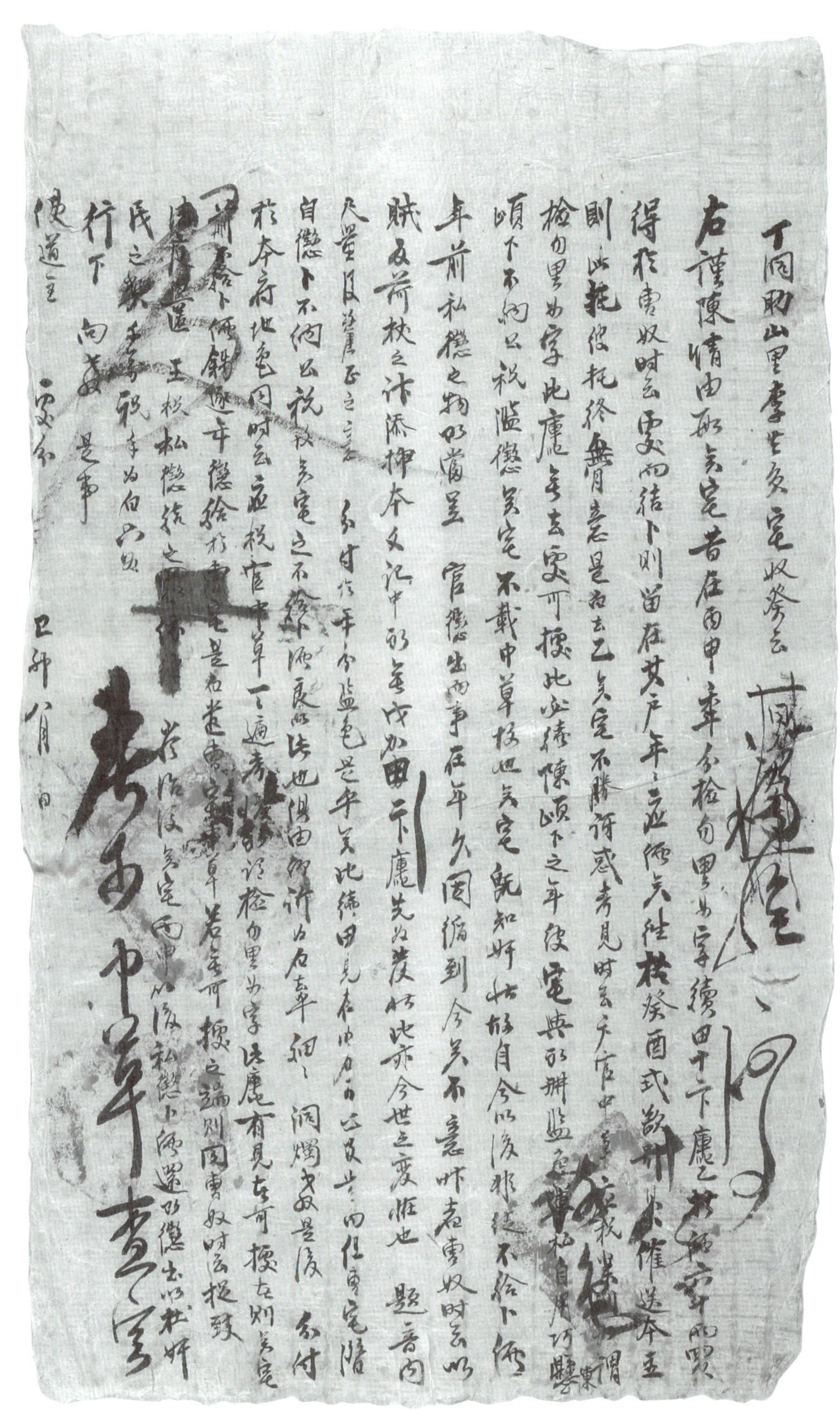

李生員 宅 奴 癸云이 兼官에게 올린 所志

所志 7

1821년(순조 21), 53.5×33.4

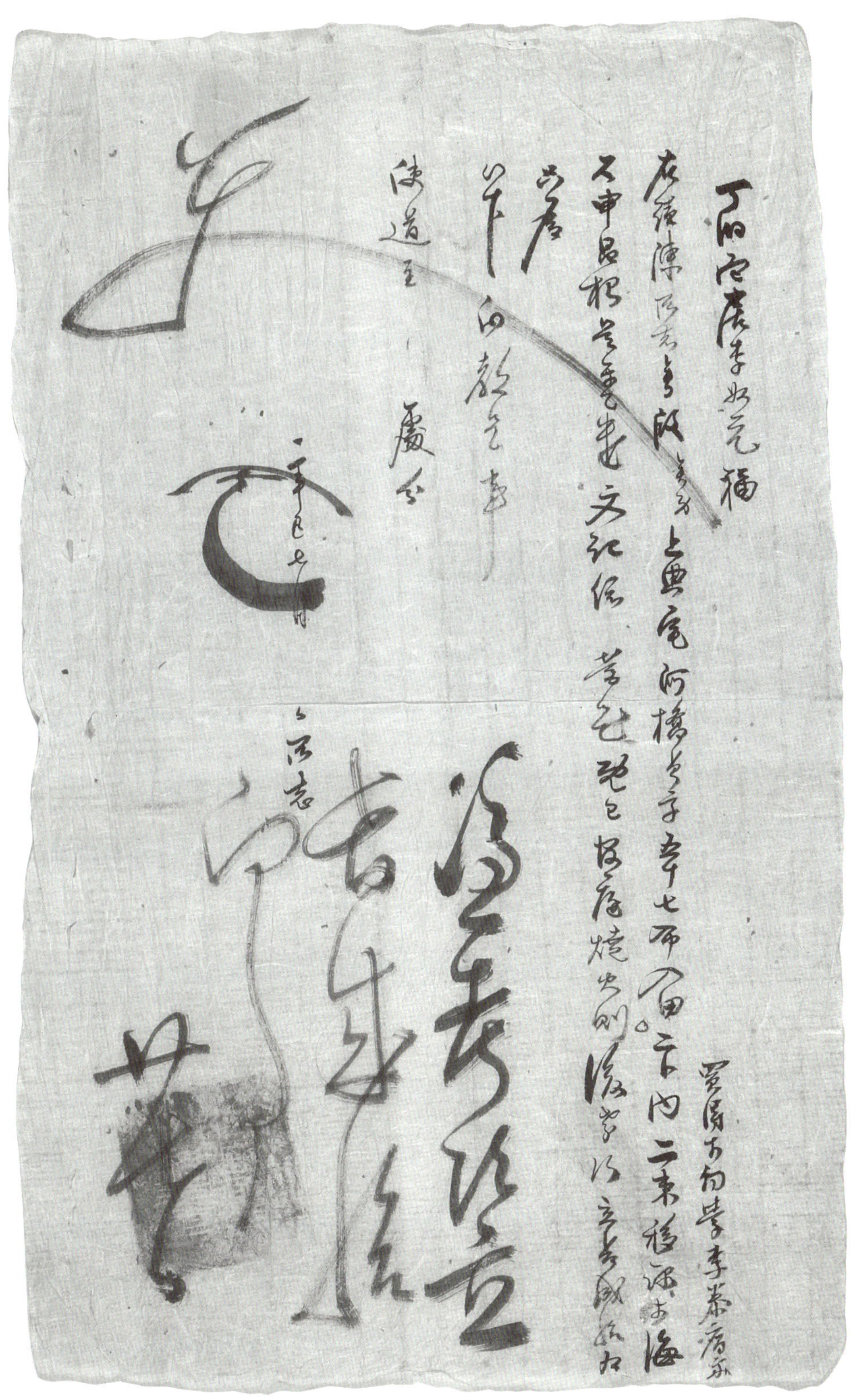

李氏의 奴 元福이 江陵大都護府에 올린 所志

所志 8

1821년(순조 21), 73.8×64.1

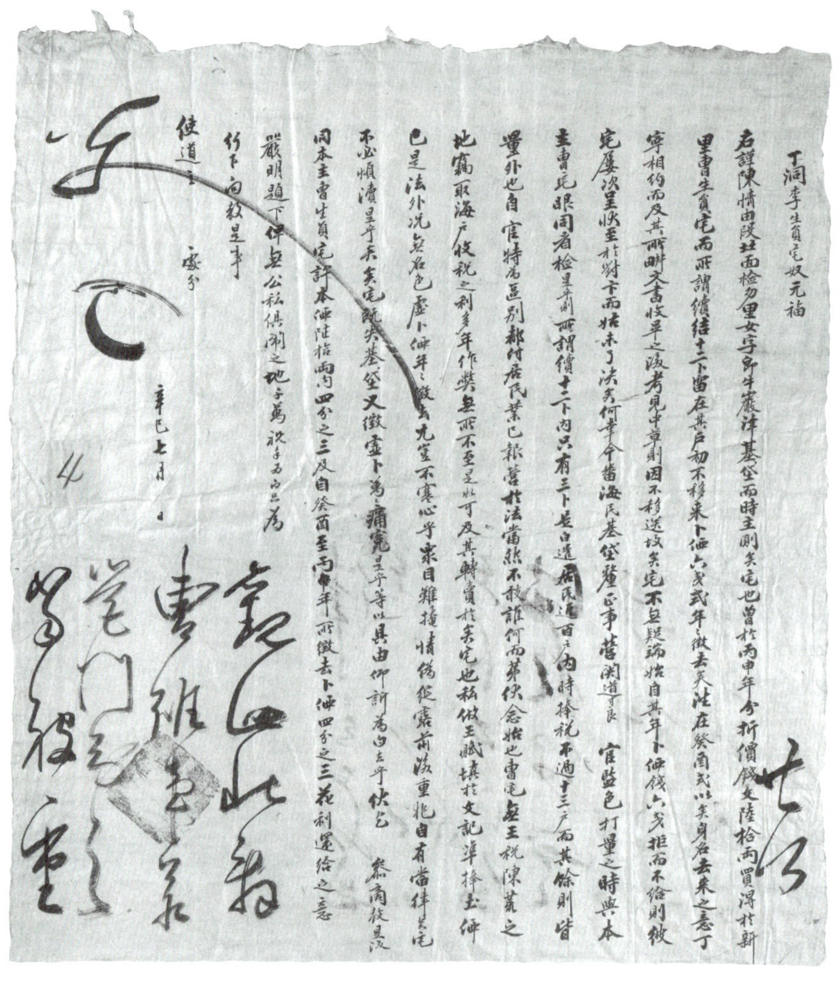

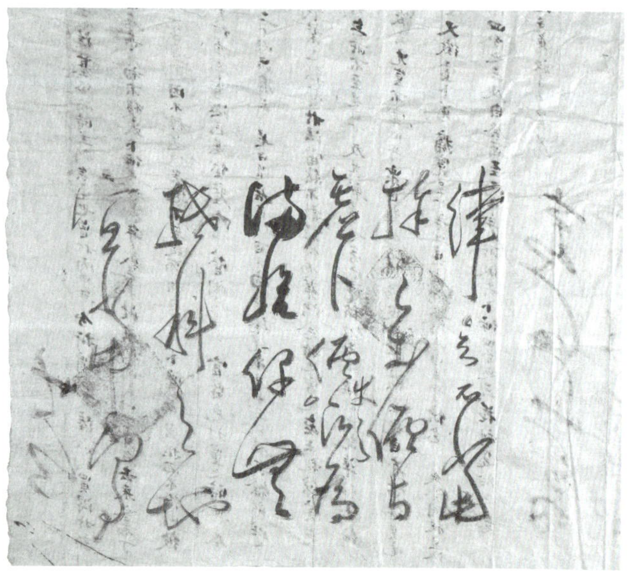

李生員 宅 奴 元福이 강릉대도호부사에게 올린 所志

所志 9

1821년(순조 21), 60.9×43

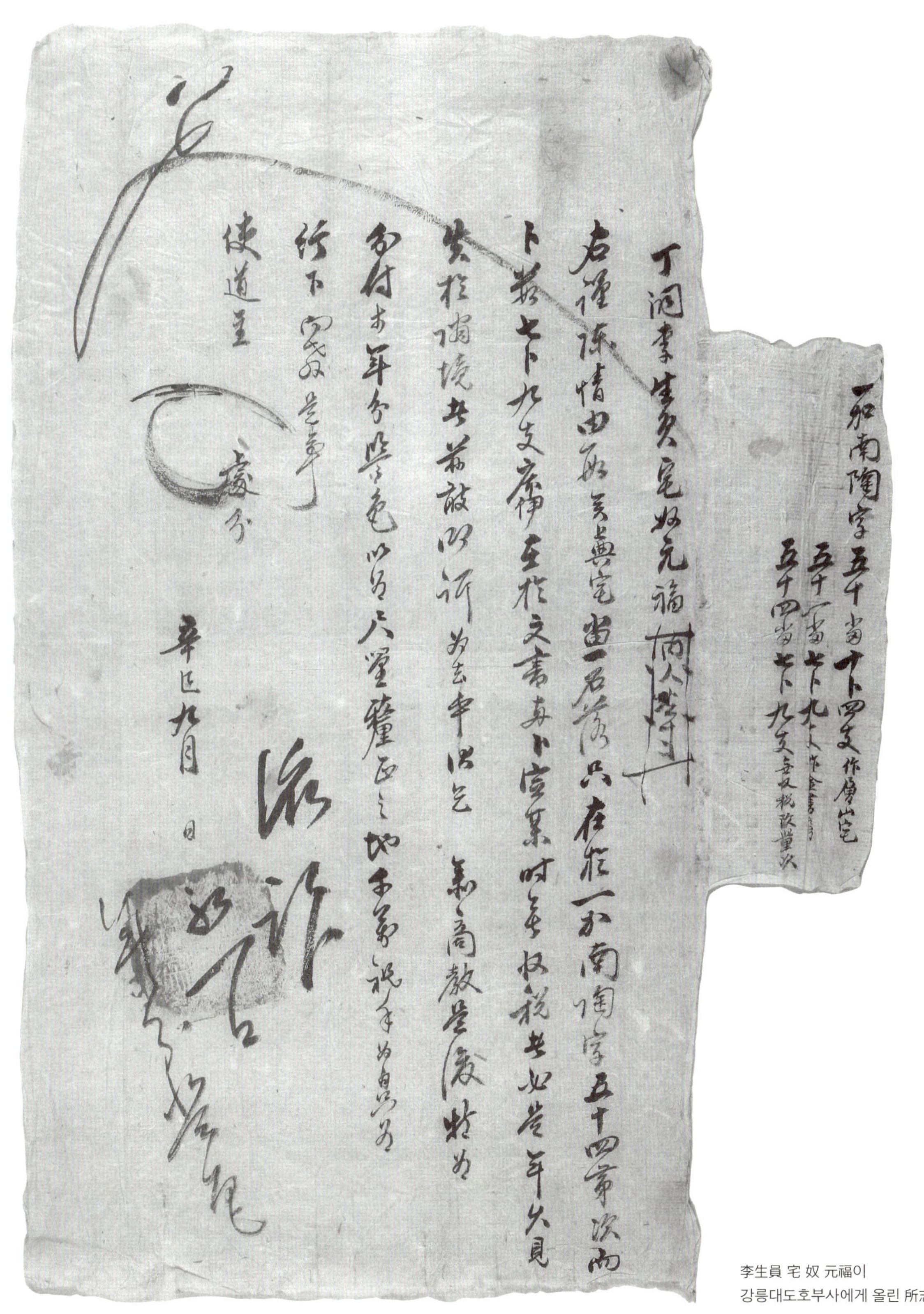

李生員 宅 奴 元福이
강릉대도호부사에게 올린 所志

所志 10

1826년(순조 26), 57.5×44.9

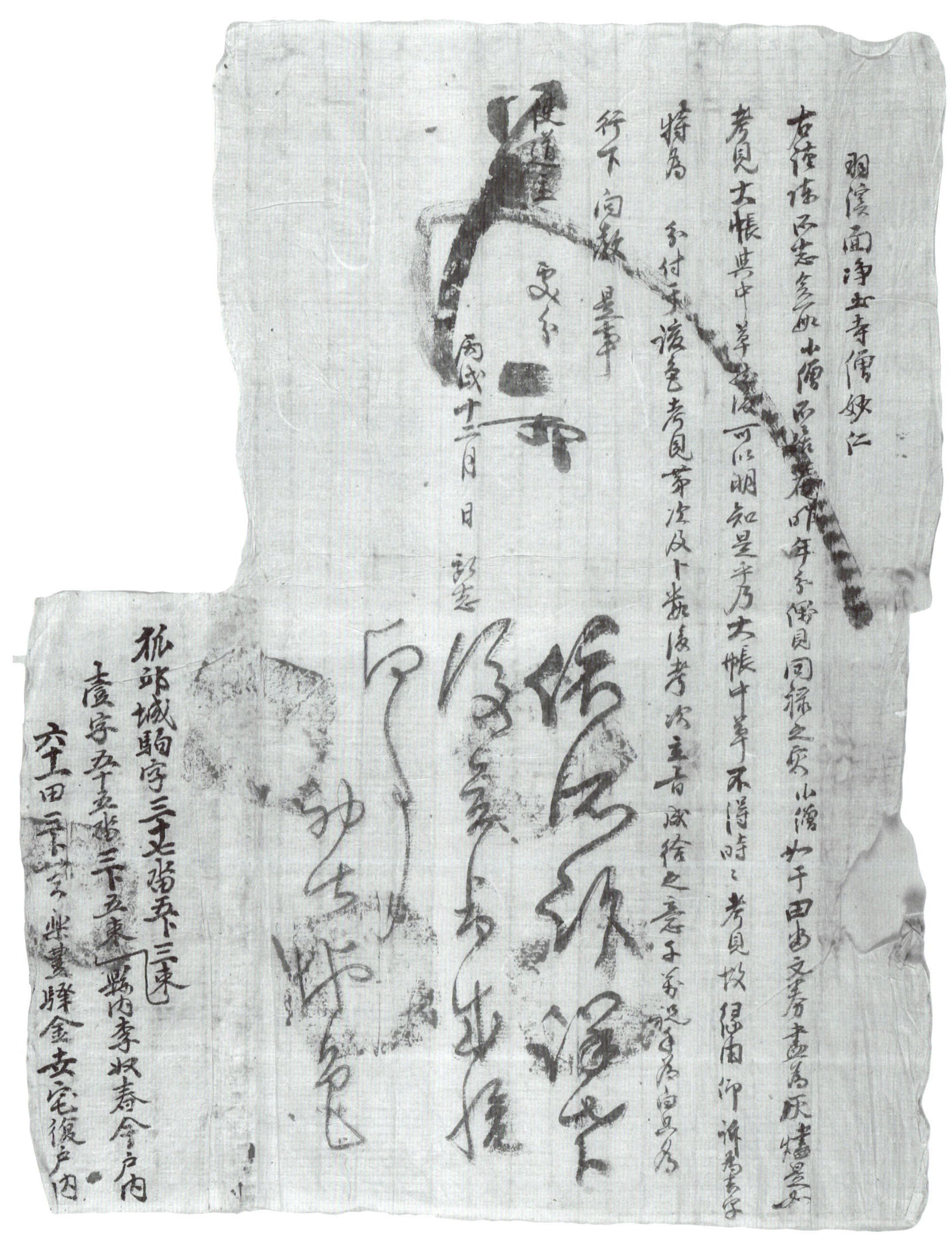

羽溪面淨土寺僧妙仁

右謹陳所志矣段 小僧所居庵 昨年分 得見同派之宗 小僧 以于田畓文券 盡爲燒燼是如

考見大帳 其中 [illegible] 可以明知是乎乃 大帳中草 不得時時考見 故 得由仰訴爲去乎

特爲 分付 于該色 考見 第次及下 後考次立旨 成給之意 千萬巴望 爲只爲

行下向教是事

使道主 處分

丙戌十二月 日 所志

[illegible]城駒字二十七畓五卜三束

壹字五十五畓二卜五束 縣內李[illegible]春今戶內

六十二田[illegible] [illegible]金[illegible]宅復戶內

羽溪面 淨土寺의 승려 妙仁이 강릉대도호부사에게 올린 所志

所志 11

己卯, 52×32.8

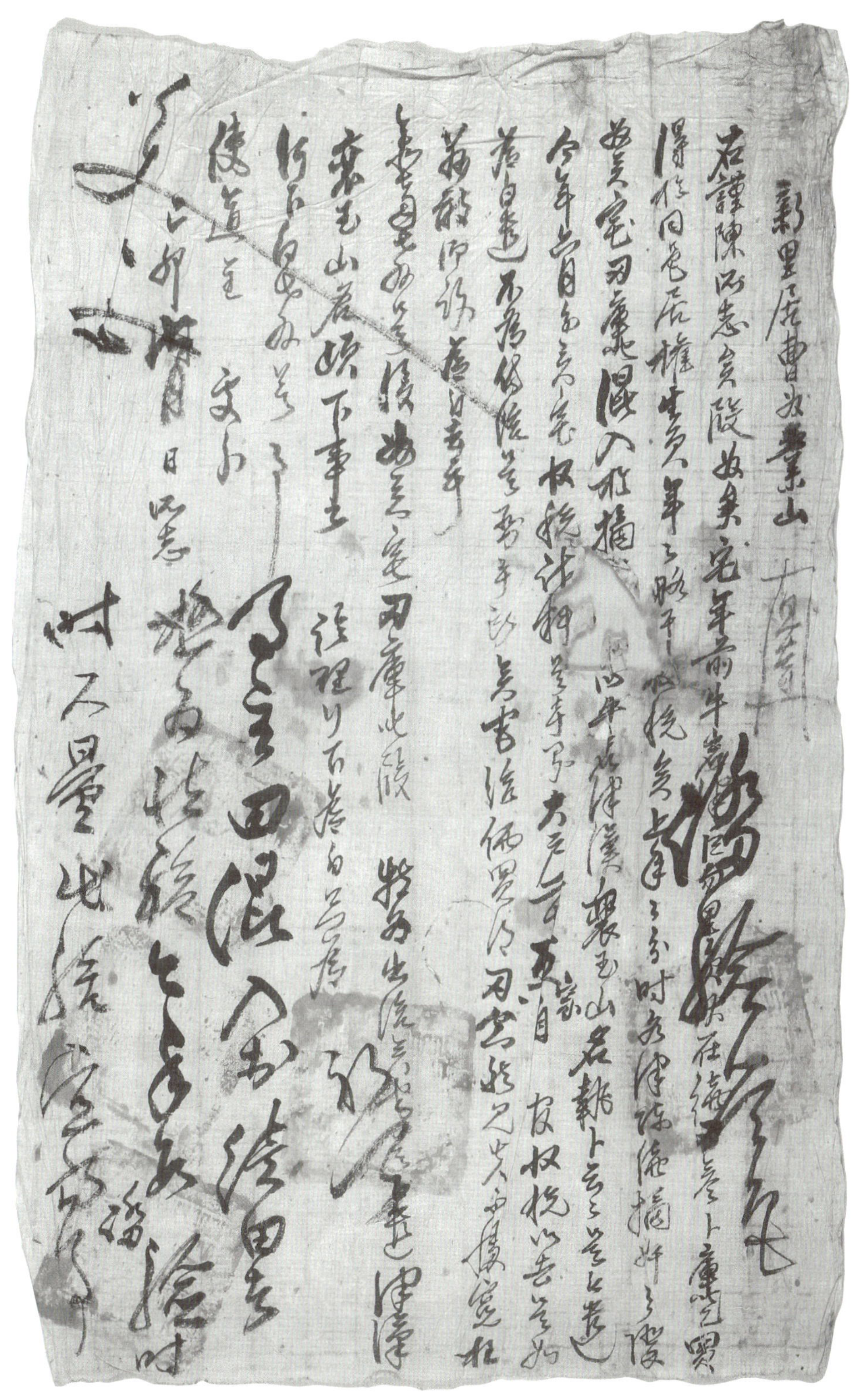

曺氏의 奴 業山이 강릉대도호부사에게 올린 所志

原情 1

1761년(영조 37), 49.1×44.5

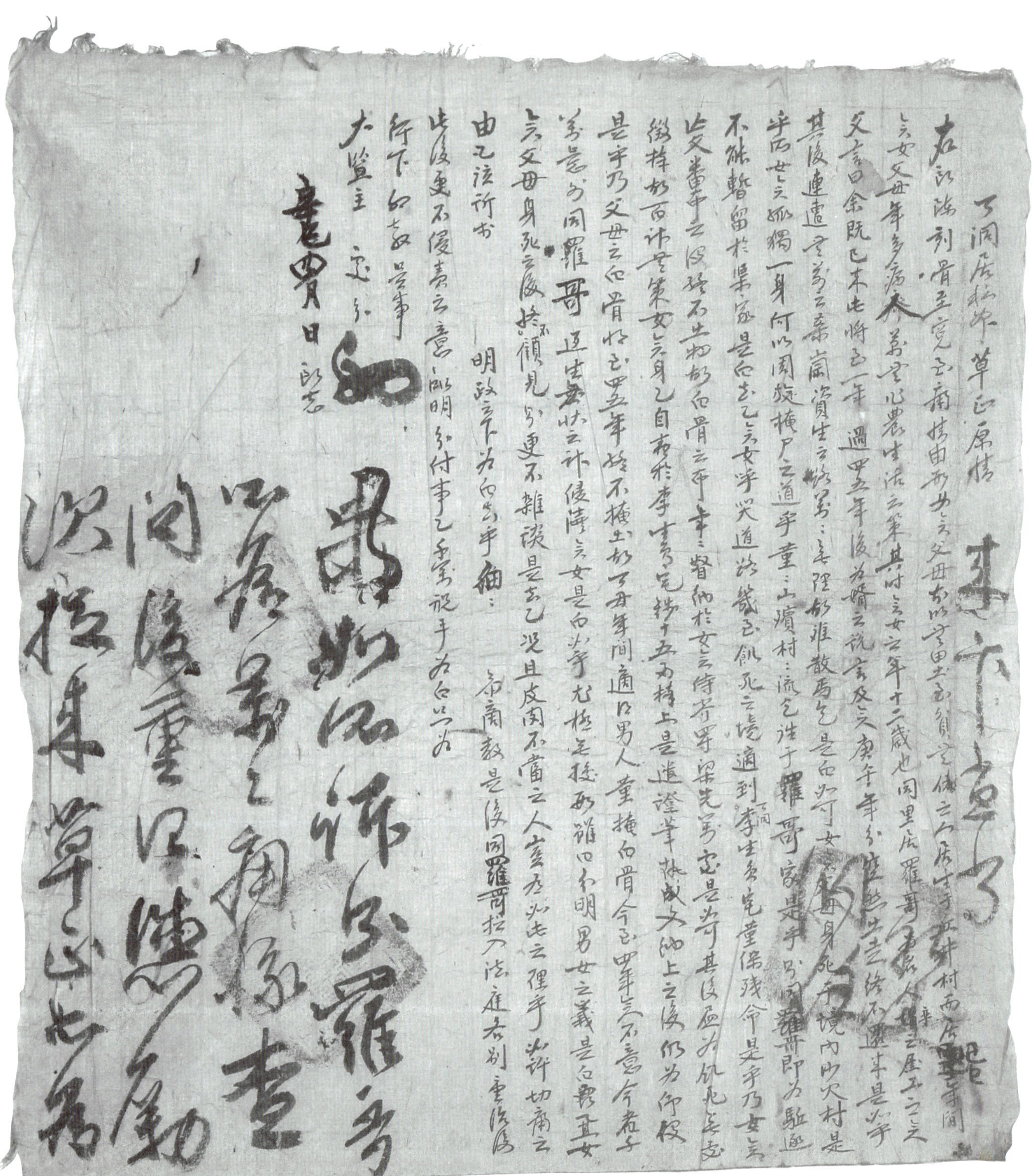

私婢 草正이 大監에게 올린 原情

白活 1

壬午, 58×41.2

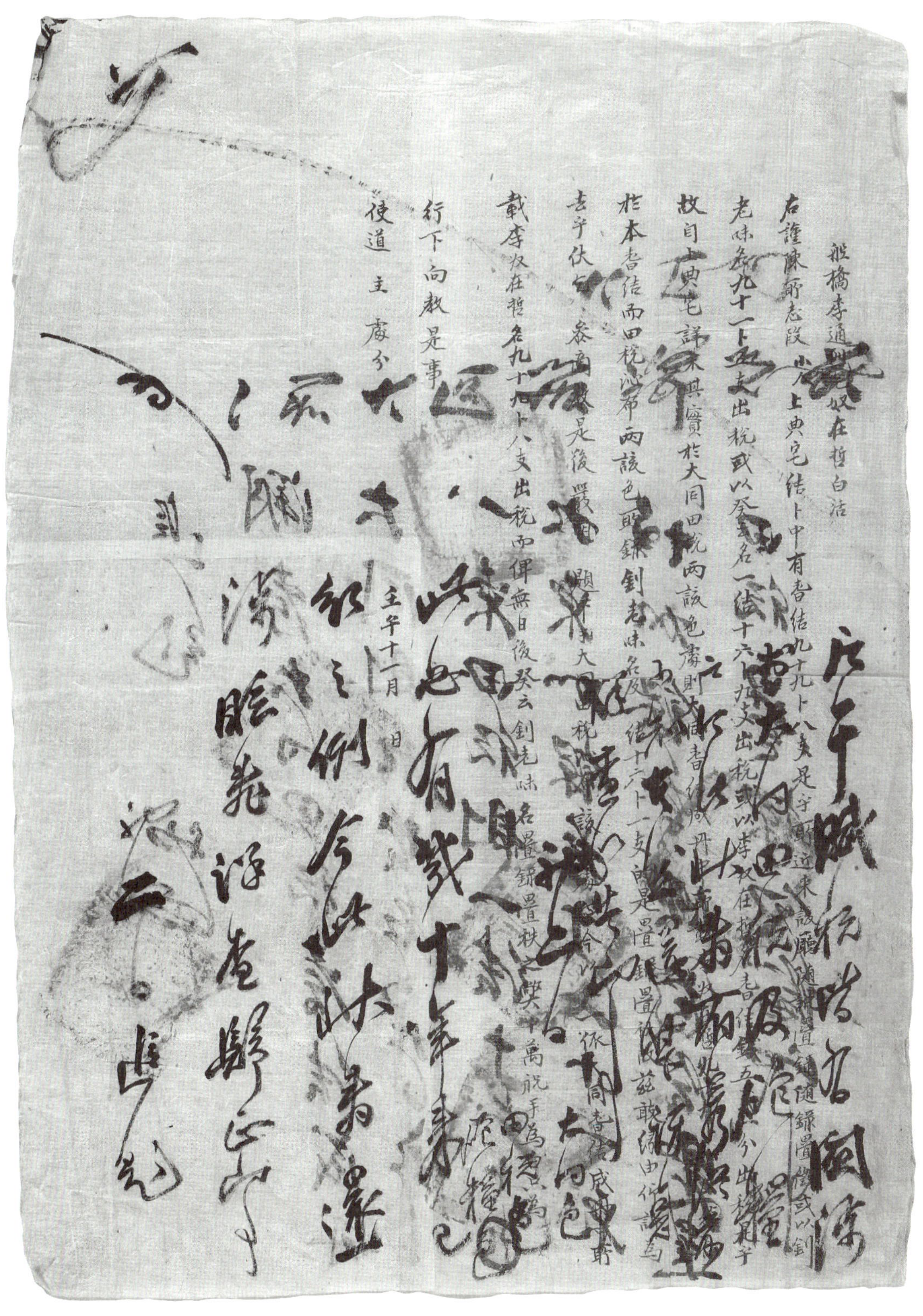

李通川 宅 奴 在哲이 강릉대도호부사에게 올린 白活

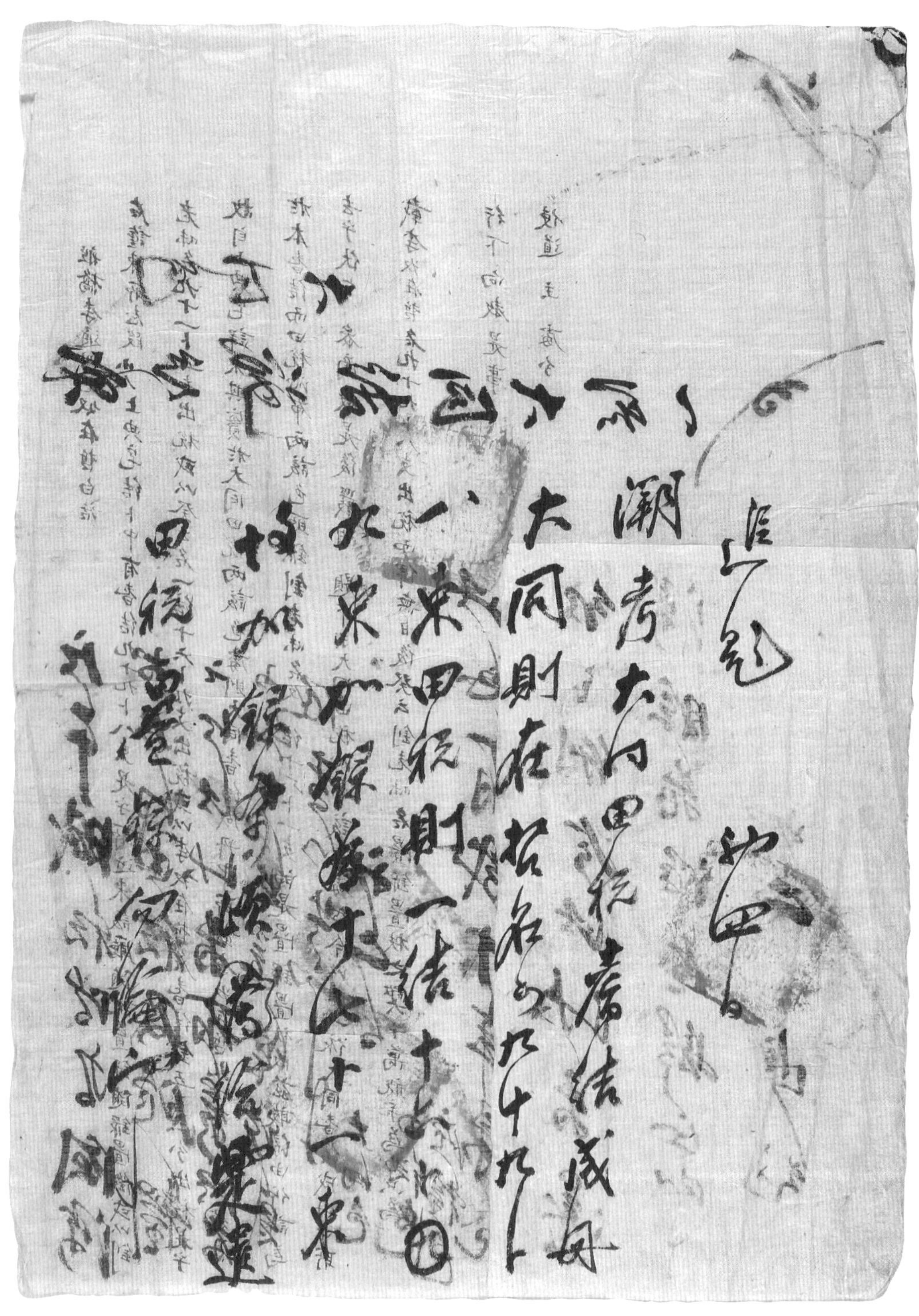

白活 2

1844년(헌종 10), 50.8×30.4

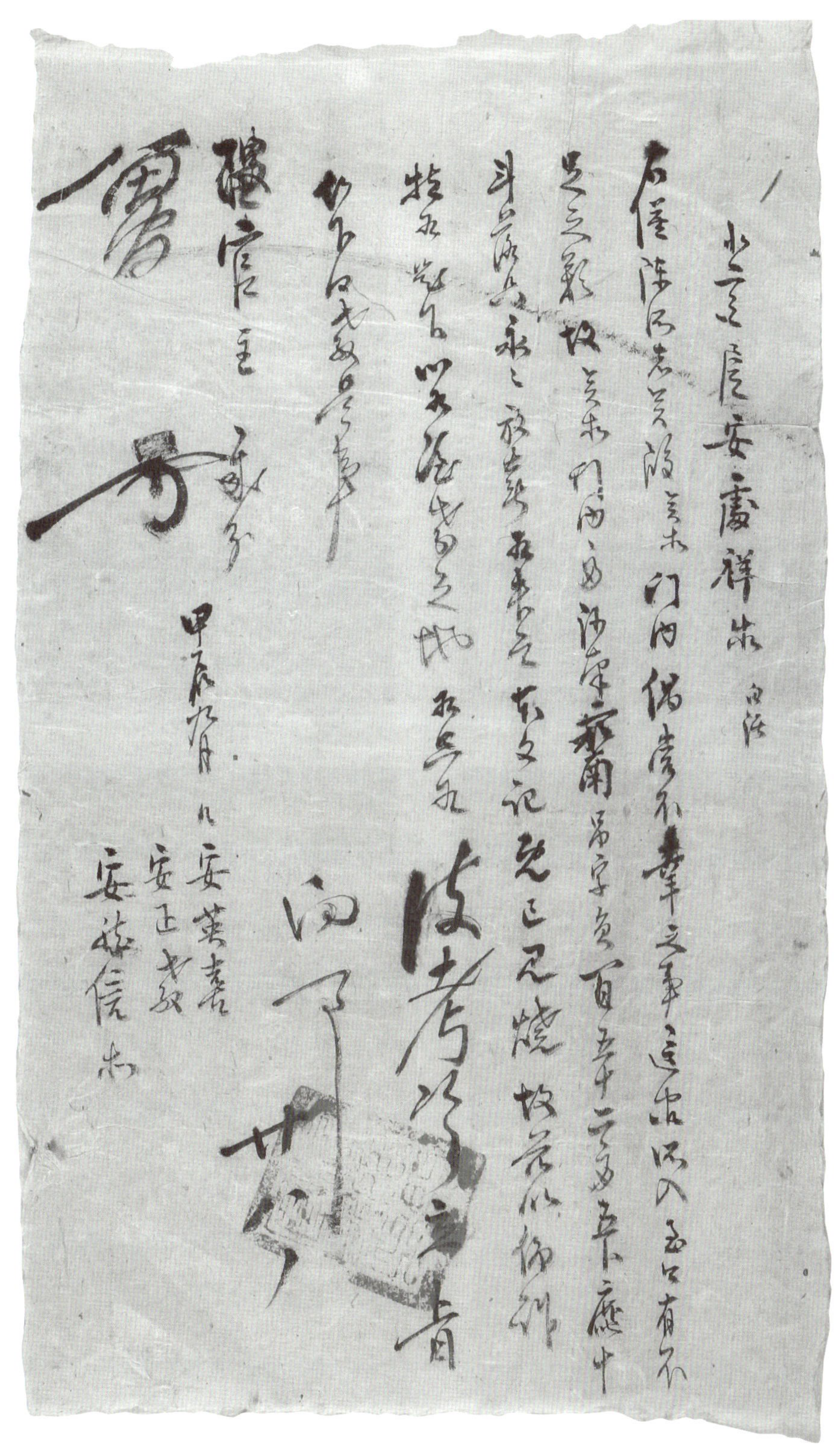

강릉 北二里에 거주하는 安處祥, 安英喜, 安正敎, 安龍信 등이 兼官에게 올린 白活

1895년(고종 32), 36.7×36

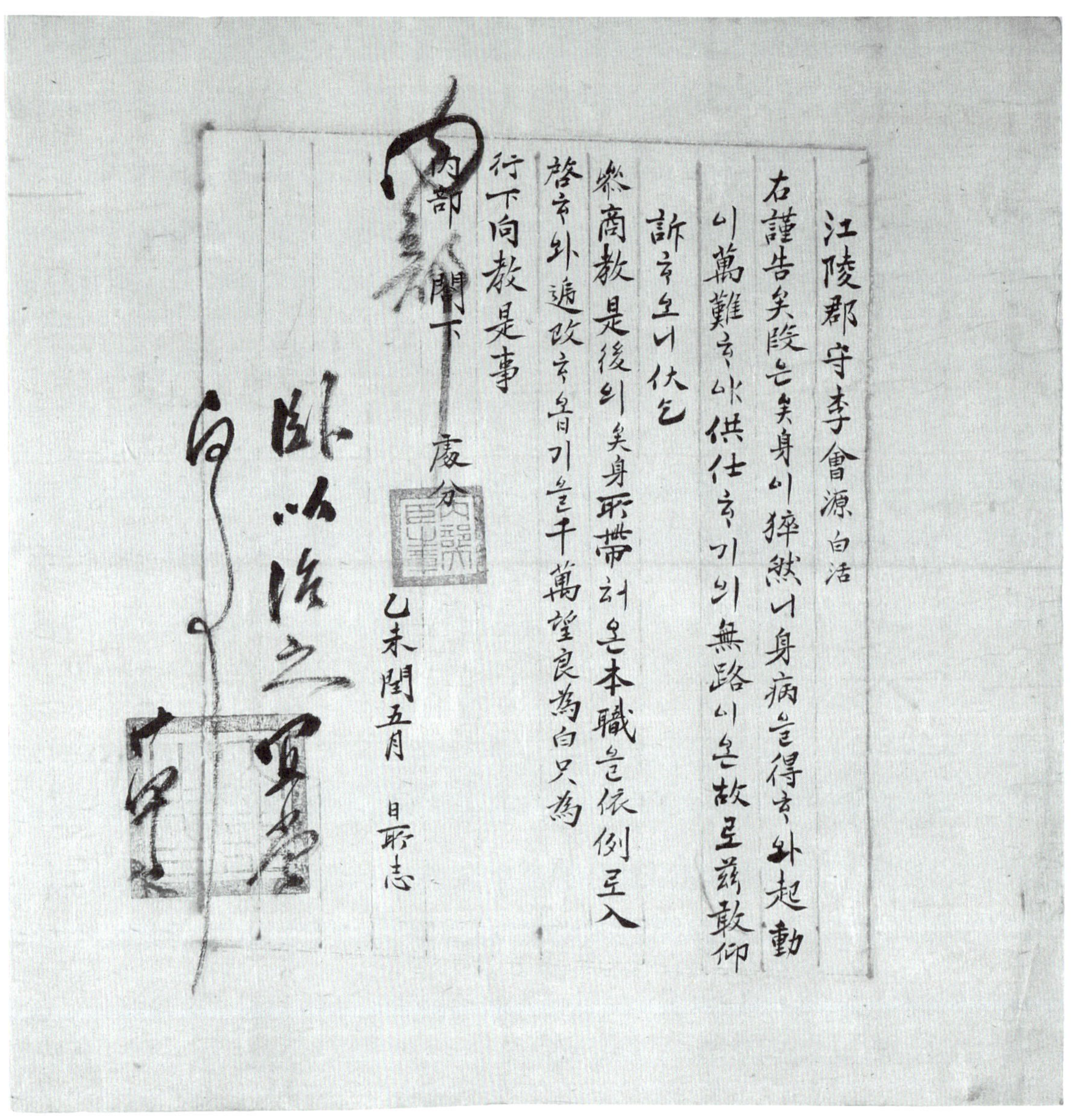

江陵郡守李會源白活
右謹告矣段은矣身이猝然이身病을得ᄒᆞ와起動
이萬難ᄒᆞ와供仕ᄒᆞ기의無路이온故로玆敢仰
訴ᄒᆞ오니伏乞
參商教是後의矣身所帶ᄒᆞ온本職을依例로入
啓ᄒᆞ와遞改ᄒᆞ옵기을千萬望良為白只為
行下向教是事
內部
閣下　處分
乙未閏五月　日所志

臥以治之可也

강릉군수 李會源이 內府署理大臣 兪吉濬에게 올린 白活

白活 4

1895년(고종 32), 36.9×51.8

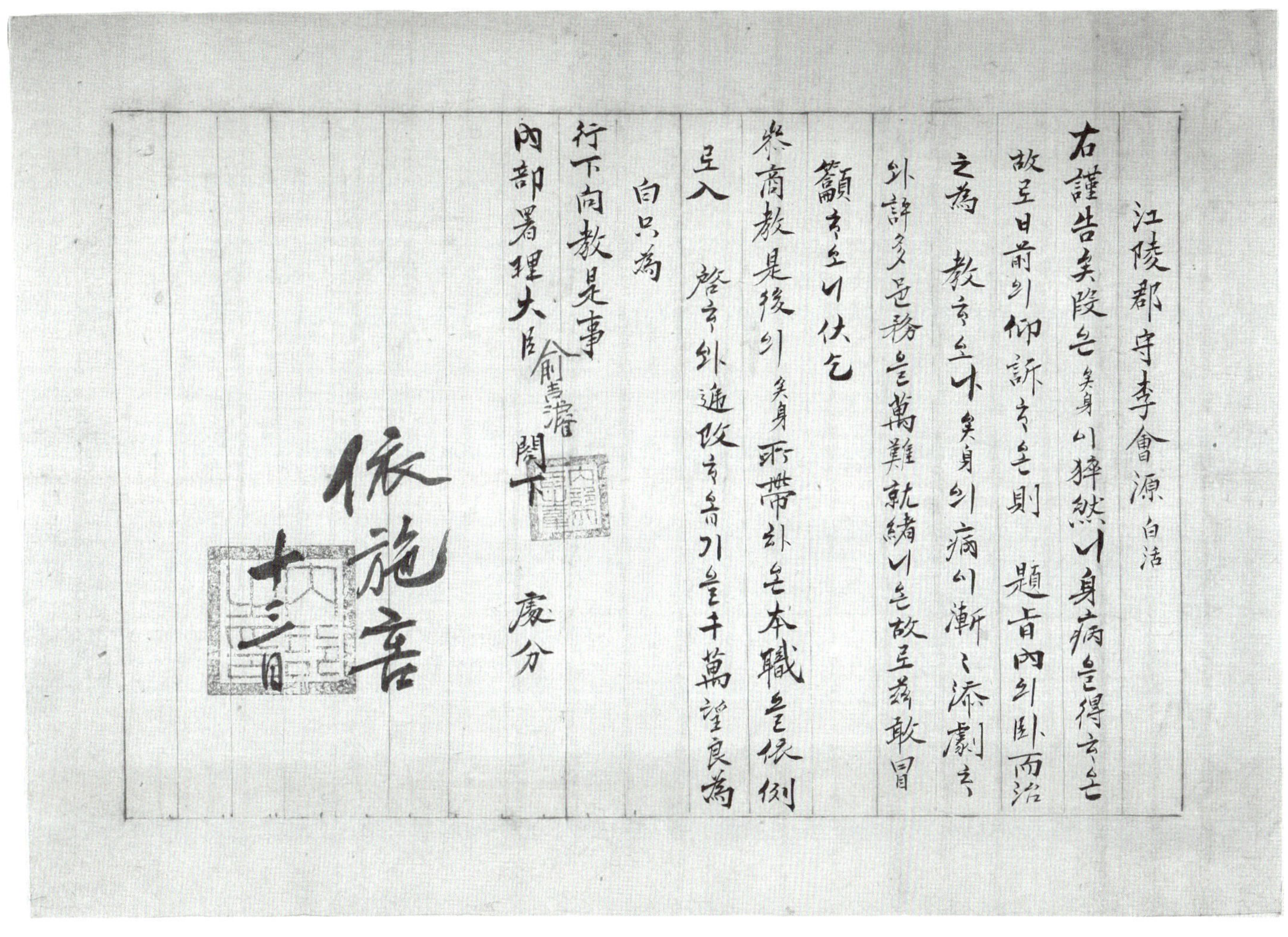

江陵郡守李會源 白活

右謹告矣段은 矣身이 猝然니 身病을 得ᄒᆞ온
故로 日前의 仰訴ᄒᆞ온則 題旨內의 臥而治
之爲 敎ᄒᆞ오나 矣身의 病이 漸漸添劇ᄒᆞ
外許多邑務을 萬難就緖이온 故로 玆敢冒
籲ᄒᆞ오니 伏乞
參商敎是後의 矣身 所帶ᄒᆞ온 本職을 依例
로入 啓ᄒᆞ와 遞改ᄒᆞ옵기을 千萬望良爲
白只爲
行下向敎是事
內部署理大臣 兪吉濬 閣下 處分

依施喜

十三日

강릉군수 李會源이 內府署理大臣 兪吉濬에게 올린 白活

題音 1

乙丑, 19.4×13.9

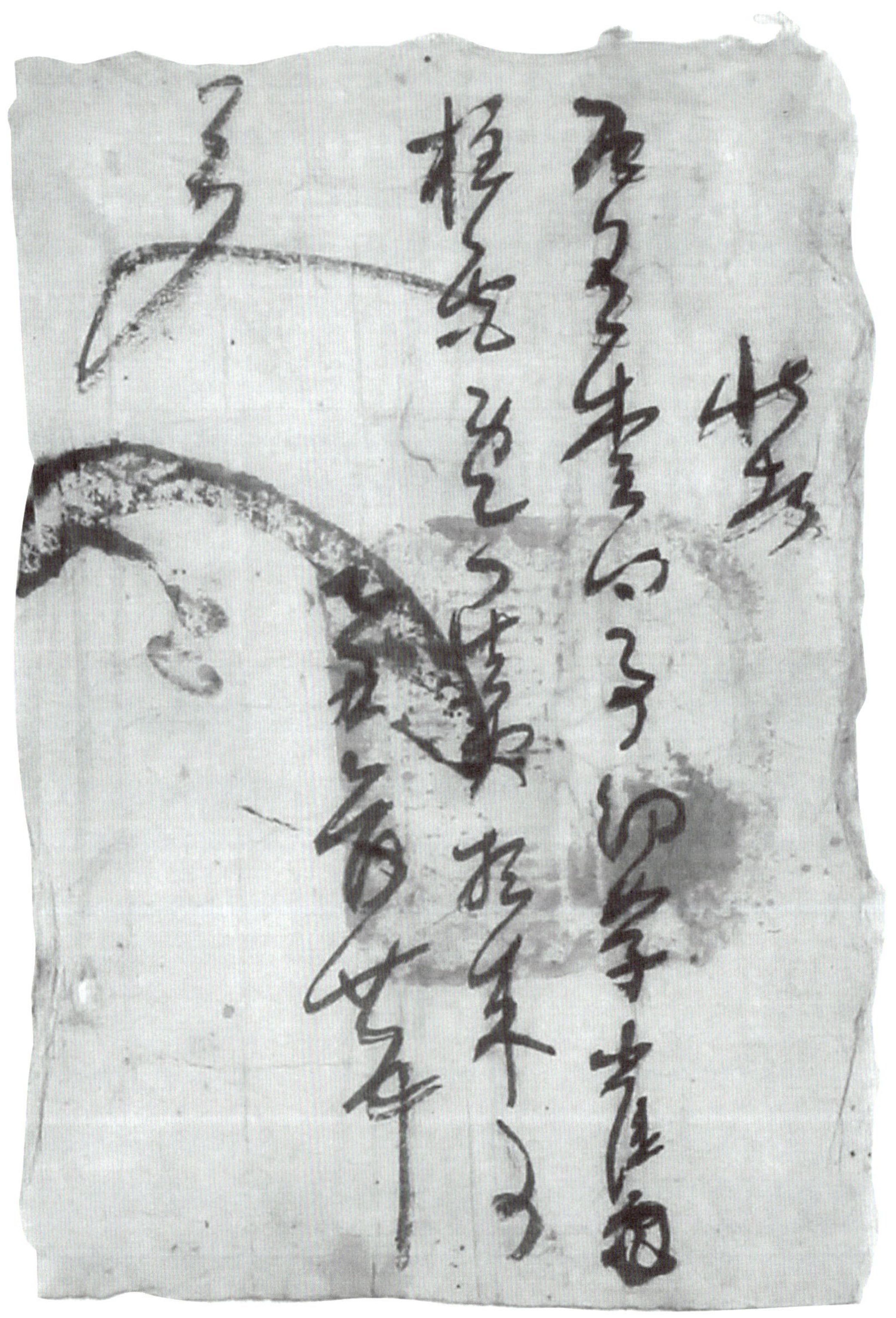

강릉대도호부사가 査問하여 狀者에게 준 題音

3

牒·關·通報類

關 1

1894년(고종 31), 26.1×55.5, 32×13.6(皮封)

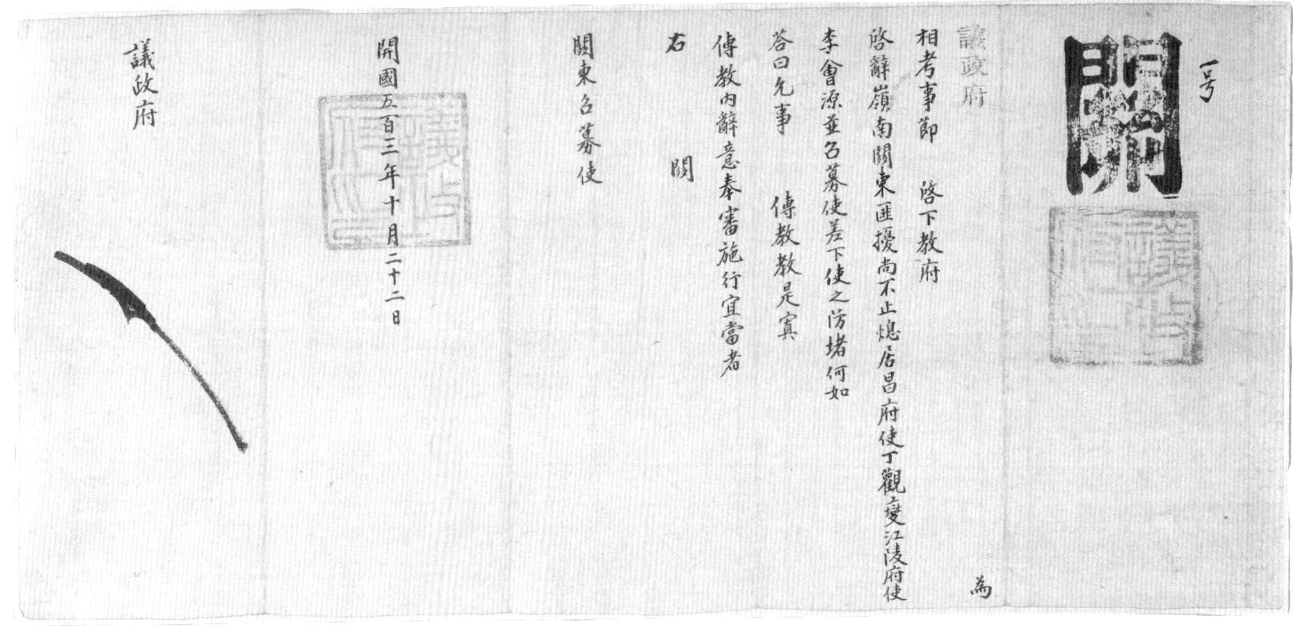
相考事節 啓下教府
啓辭嶺南關東匪擾尙不止熄居昌府使丁觀燮江陵府使
李會源並召募使差下使之防堵何如
答曰允事 傳教敎是寅
傳教內辭意奉審施行宜當者
右 關
關東召募使
開國五百三年十月二十二日
議政府

議政府에서 關東召募使에게 보낸 關과 皮封

傳令 1

1894년(고종 31), 35.1×73.7

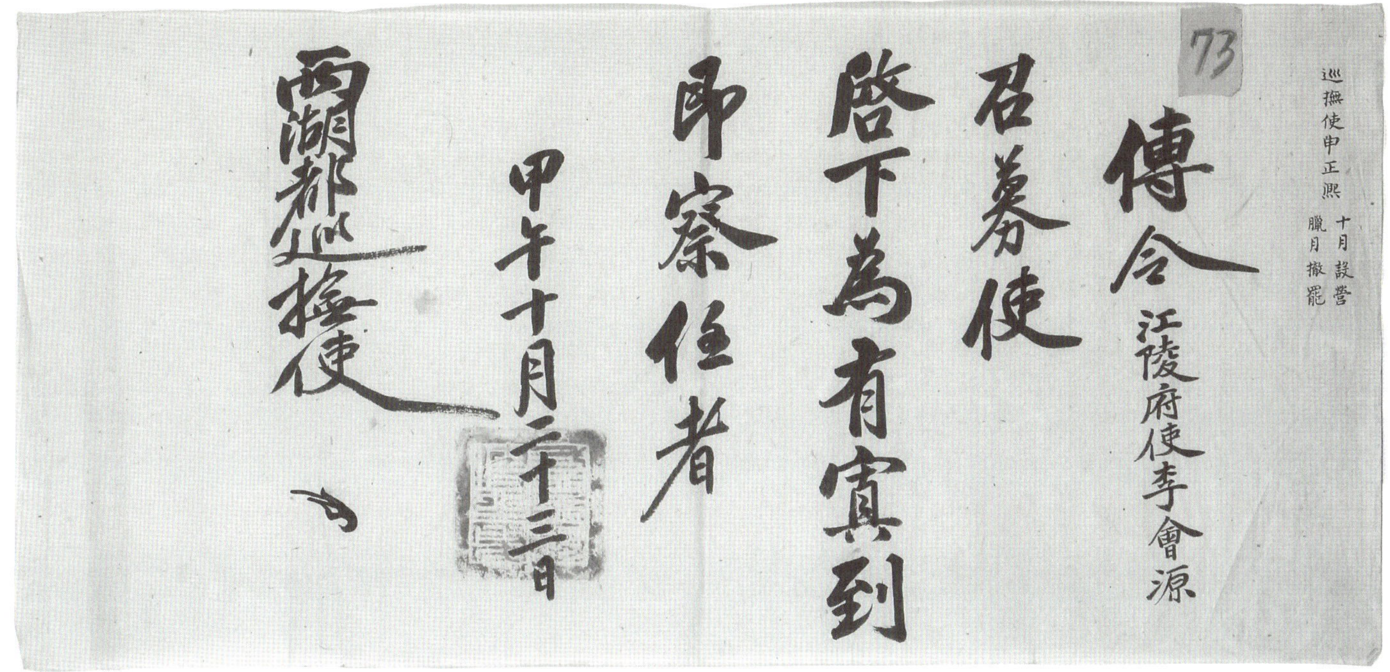

73

巡撫使申正熙 十月設營 臘月撤罷

傳令 江陵府使李會源

召募使

啓下爲有實到

即察任者

甲午十月二十三日

兩湖都巡撫使

兩湖都巡撫使가 江陵府使 李會源에게 보낸 傳令

書目 1

1895년(고종 32), 52×61.8

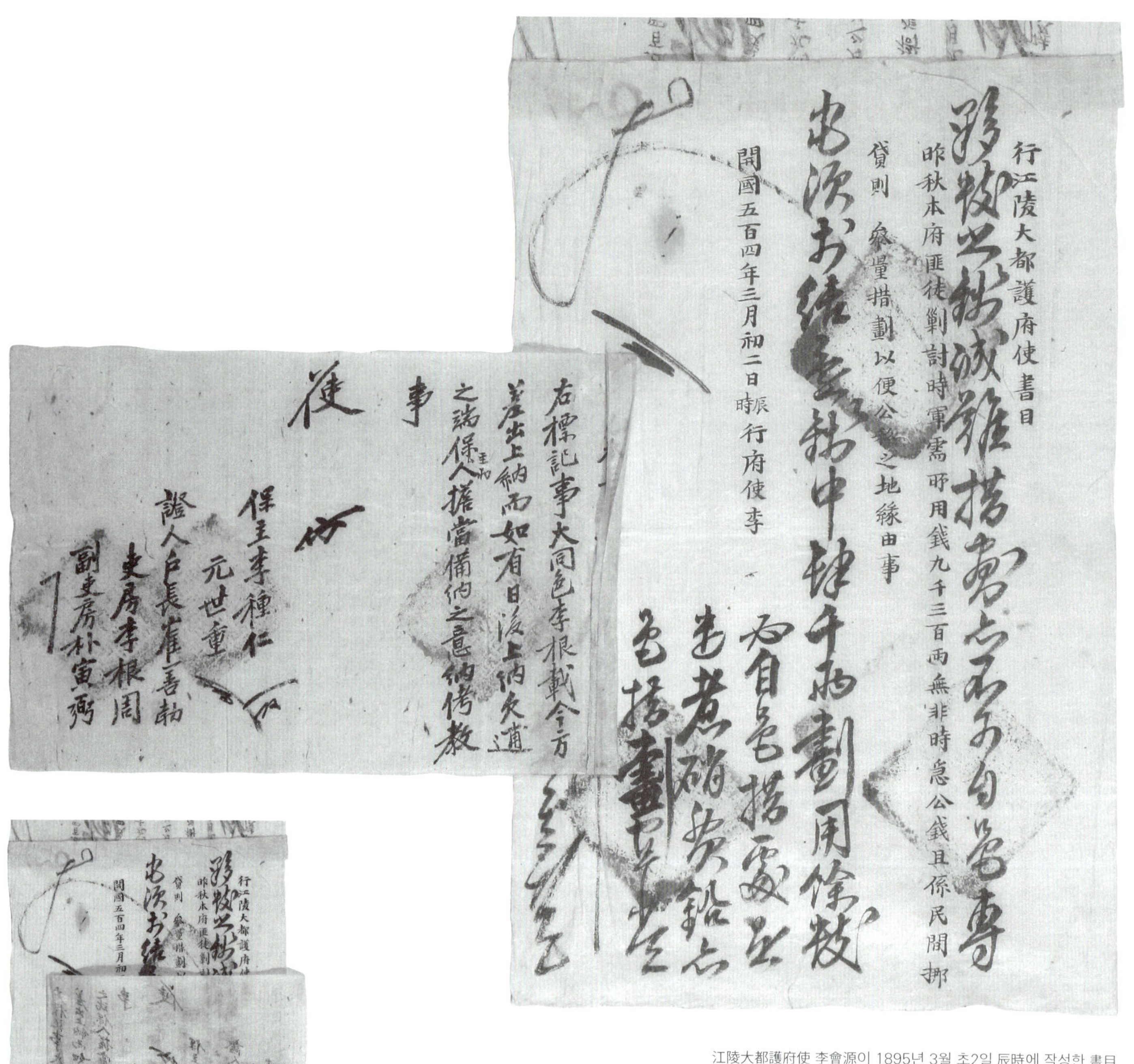

行江陵大都護府使書目
昨秋本府匪徒剿討時軍需所用錢九千三百兩無非時急公錢且係民間挪貸則參量措劃以便公納之地緣由事

開國五百四年三月初二日辰時行府使李

右標記事大同色李根載今方差出上納而如有日後上納欠逋之端保人擔當備納之意納侤敎事

保主李種仁
元世重
證人戶長崔善勑
吏房李根周
副吏房朴寅弼

江陵大都護府使 李會源이 1895년 3월 초2일 辰時에 작성한 書目

書目 2

1895년(고종 32), 48×33.2

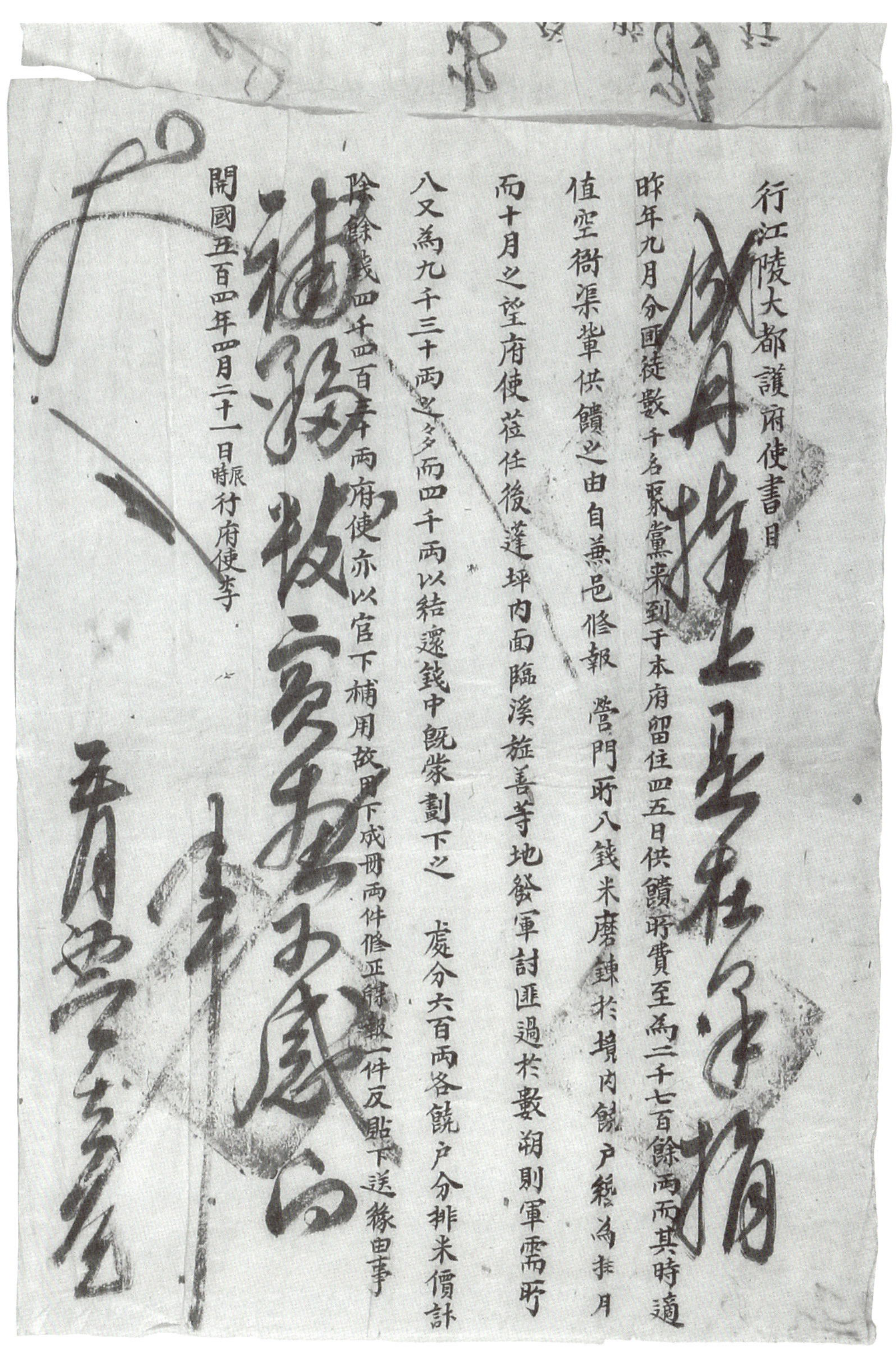

行江陵大都護府使書目

昨年九月分匪徒數千名聚黨來到于本府留住四五日供饋所費至爲二千七百餘兩而其時適

値空衙渠輩供饋之由自兼邑修報 營門所八錢米磨鍊於境內饒户排斂爲乎月

而十月之望府使莅任後蓬坪內面臨溪旌善等地發軍討匪過於數朔則軍需所

八又爲九千三十兩之多而四千兩以結還錢中旣蒙劃下之 處分六百兩各饒户分排米價計

除餘錢四千四百三十兩府使亦以官下補用故用下成冊兩件修正牒報一件反貼下送緣由事

開國五百四年四月二十一日辰時 行府使李

江陵大都護府使 李會源이 1895년 4월 21일 辰時에 작성한 書目

丙寅, 52.9×34.6

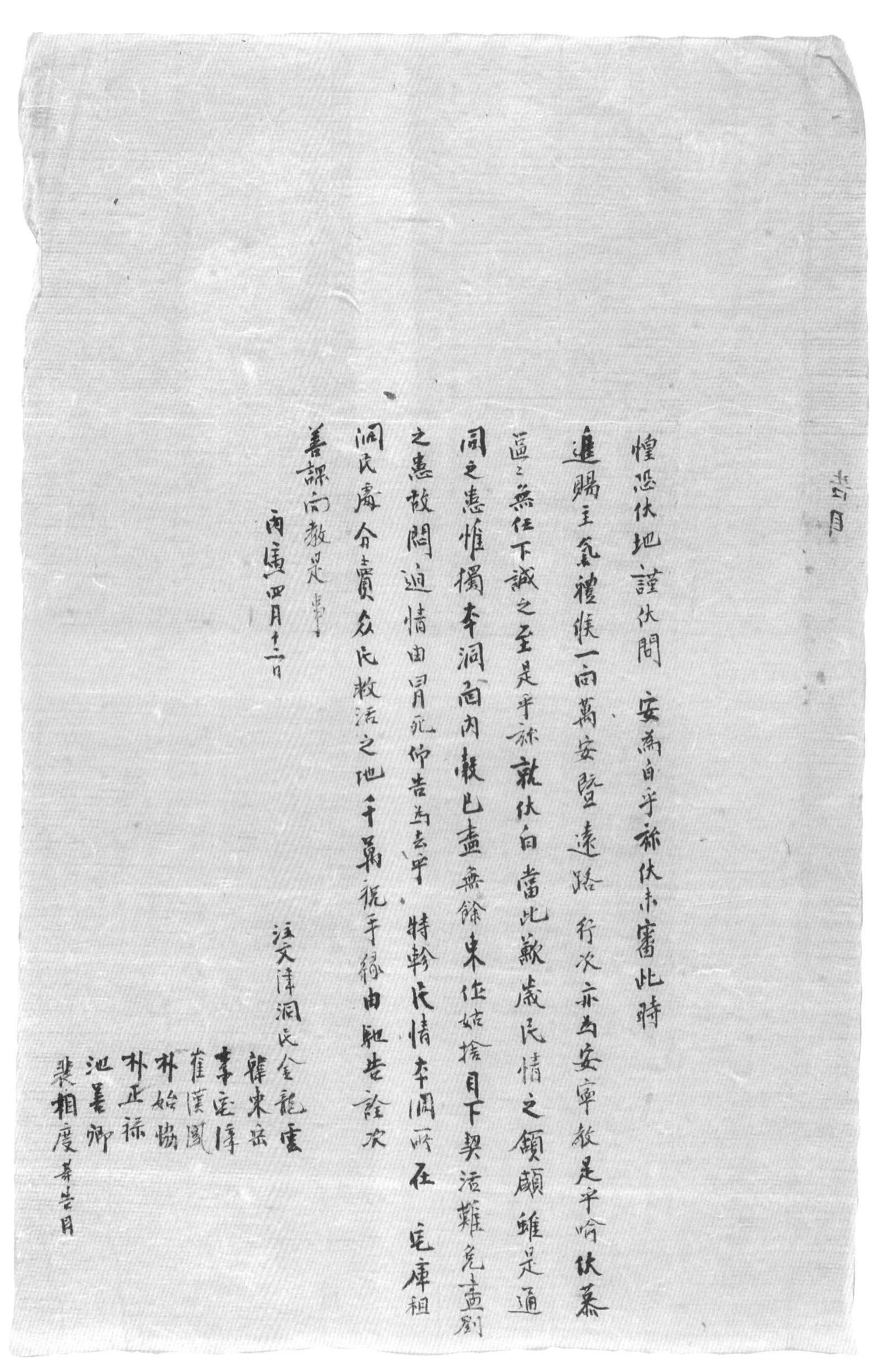

告目

惶恐伏地 謹伏問 安爲白乎旀 伏未審此時
進賜主氣體候一向萬安 暨 遠路 行次亦爲安寧 敎是乎喩 伏慕
區區無任下誠之至是乎旀 就伏白 當此歉歲 民情之顉顑 雖是通
同之患 惟獨本洞 面內 最已盡無餘 東作始擡 目下契活 難免盡劉
之患 故悶迫情由 冒死仰告爲去乎 特軫民情 本洞所在 宅庫租
洞民處分賣 衆民救活之地 千萬祝手 緣由馳告 詮次
善諒 向敎是事

丙寅四月十二日

注文津洞民 金龍雲
韓東岳
李宅俸
崔漢鳳
朴始協
朴正祿
池善卿
裵相度 等告目

注文津의 洞民 金龍雲, 韓東岳 등이 작성한 告目

節目 1

1852년(철종 3), 32.7×29.1

清安縣監 李鳳九가 還弊의 補充 방법에 관해 작성한 節目

淸安縣監爲牒報事本縣還弊已成膠
痼是如去丁未年分爲其矯捄報 營成
節目還租每石以小許定四戔式從權收
捧分糶民間而還民則每石長利二戔外
耗條一戔三分五利式徵納者幾爲甲倍
故行之五年就多民弊自今秋除其甲還
加徵之弊而只以長利例收捧以其所捧
長利條中每年耗作及倉色庫子筆應

下除之後取其零條每年每石添價分給
則至于丁未節目十年之年限當準原穀還價
會付還穀爲乎矣是乎旀還民可無加徵
國穀乙爲淸帳而不可無永成節目乙仍于
玆以牒報 使教是旀前後節目反貼下送
以爲憑遵捄弊之地爲只爲合行牒呈伏請
照驗施行須至牒呈者
右 牒 呈
兼巡察使
咸豐 年 月 日行縣監李[signature]
牒報
壬子春會付都摠
米四千四百八十三石四斗三合八夕九利
太一千九百九十四石七斗五升五合四夕六利
豆九石九斗一升八合六夕三利

租四千七百三十石七斗八升七合三利
牟九百六十五石十三斗八升三夕六利
木麥一百九十八石四升三合八夕五利
稷八百九十五石六斗四升五合四夕七利
粟八十二石四斗三升四合九夕一利
合各穀一萬三千三百五十九石八斗六升九合六夕
折租合二萬五百八十六石五斗六升九合五夕一利
壬子春分給都摠
五百四石十斗七合 牟本色分給
三百四十一石六斗四升三合五夕 租本色分給
十九石七斗三升八合 木麥本色分給
一萬九千七百二十石十一斗八升一合一利 錢還錢七千八百八十八兩三戔
二分以每石四戔式長利例分給
合分給二萬五百八十六石五斗六升九合五夕一利 準摠

一自丁未以後每年還租每石以四戔式分給及其收
捧并長利及耗條合以七戔三分五利式收捧者
自今年爲始只以每石六戔式捧上是遣耗條一
戔三分五利段特爲除減不捧以除還民加徵之
弊是齊
一本邑還摠二萬五百八十六石五斗六升九合五夕一
利今旣完摠而自今爲始官廳則勿給一色穀抄
其各里頭民分給民間以防官廳犯逋之弊是齊
一每年元會摠耗條當爲二千五十八石九斗五升六合九
夕五利內八十六石八斗三升八合八夕五利以穀還八百六十
五石八斗八升八合五夕之耗條除之則實耗條爲一千
九百七十二石一斗一升八合一夕詳定價錢二千三百六十
六兩四戔九分是遣令此分給是在錢還長利條每
年當爲三千九百四十四兩一戔六分則取其中耗條錢二
千三百六十六兩四戔九分上下一千兩色吏及庫子應下條
除餘錢五百七十七兩六戔七分乙良元錢還一萬

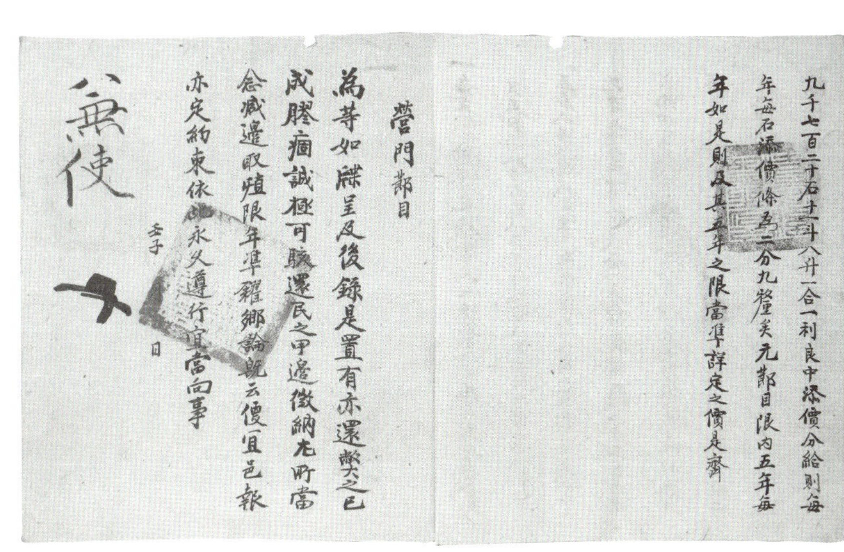
九千七百二十石十一斗八升一合一利良中添價分給則每
年每石添價條爲二分九釐式元節目限內五年每
年如是則及其五年之限當準詳定之價是齊

營門節目
爲等如牒呈及後錄是置有亦還弊之已
成膠痼誠極可駭還民之甲邊徵納尤所當
念減邊取殖限年準糴鄉論旣云便宜邑報
亦定約束依此永久遵行宜當向事
壬子　日
兼使

報告 1

1896년(고종 33), 35.8×39.2

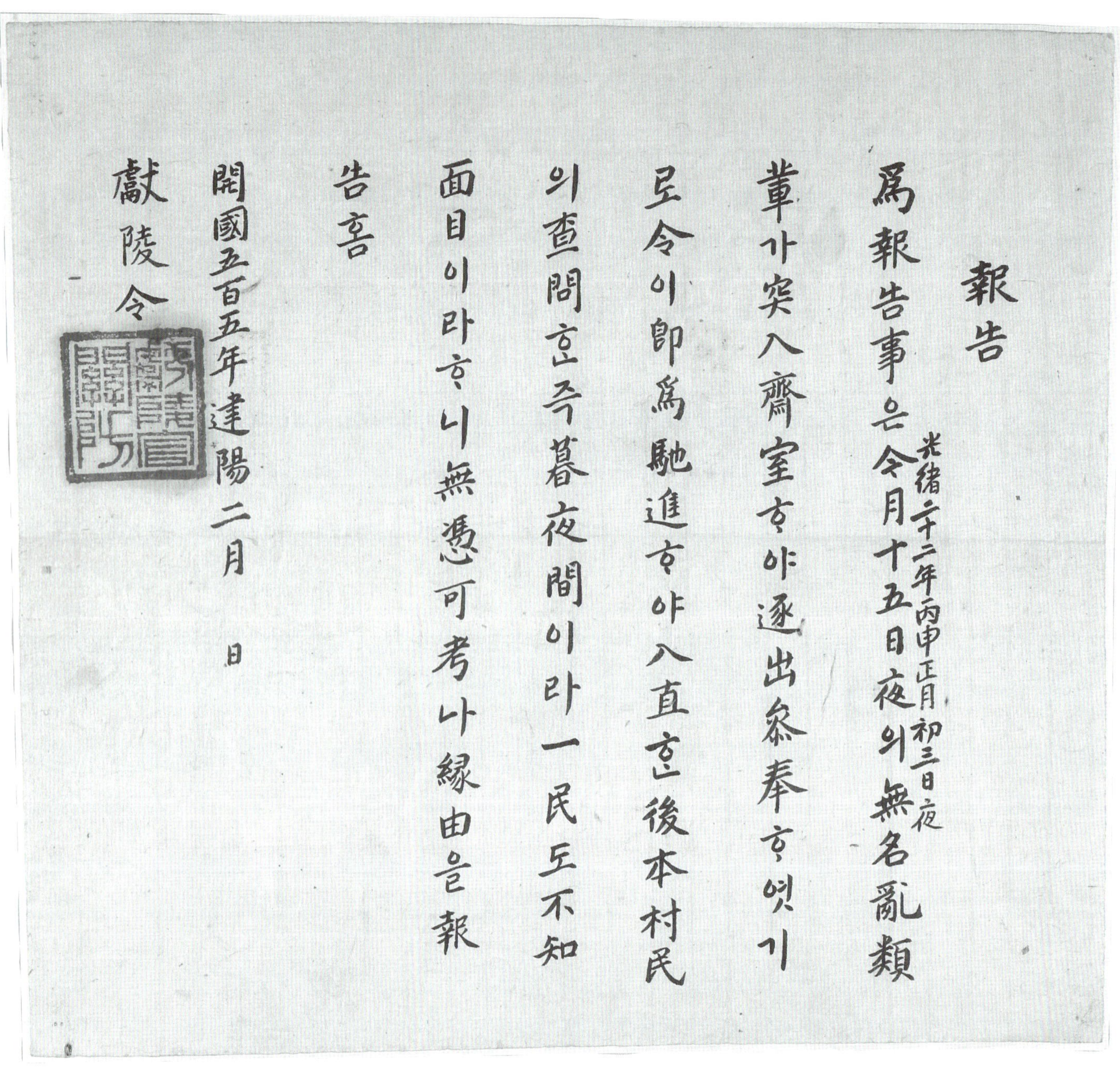

報告

爲報告事은 今月十五日夜의 無名亂類

光緖二十二年丙申正月初三日夜

輩가 突入齋室ᄒᆞ야 逐出叅奉ᄒᆞ엿기

로 令이 卽爲馳進ᄒᆞ야 入直ᄒᆞᆫ 後 本村民

의 査問ᄒᆞᆫ즉 暮夜間이라 一民도 不知

面目이라ᄒᆞ니 無憑可考나 緣由을 報

告홈

開國五百五年 建陽 二月 日

獻陵令

獻陵令이 작성한 報告

4

證憑類

1735년(영조 11), 69.2×54.8

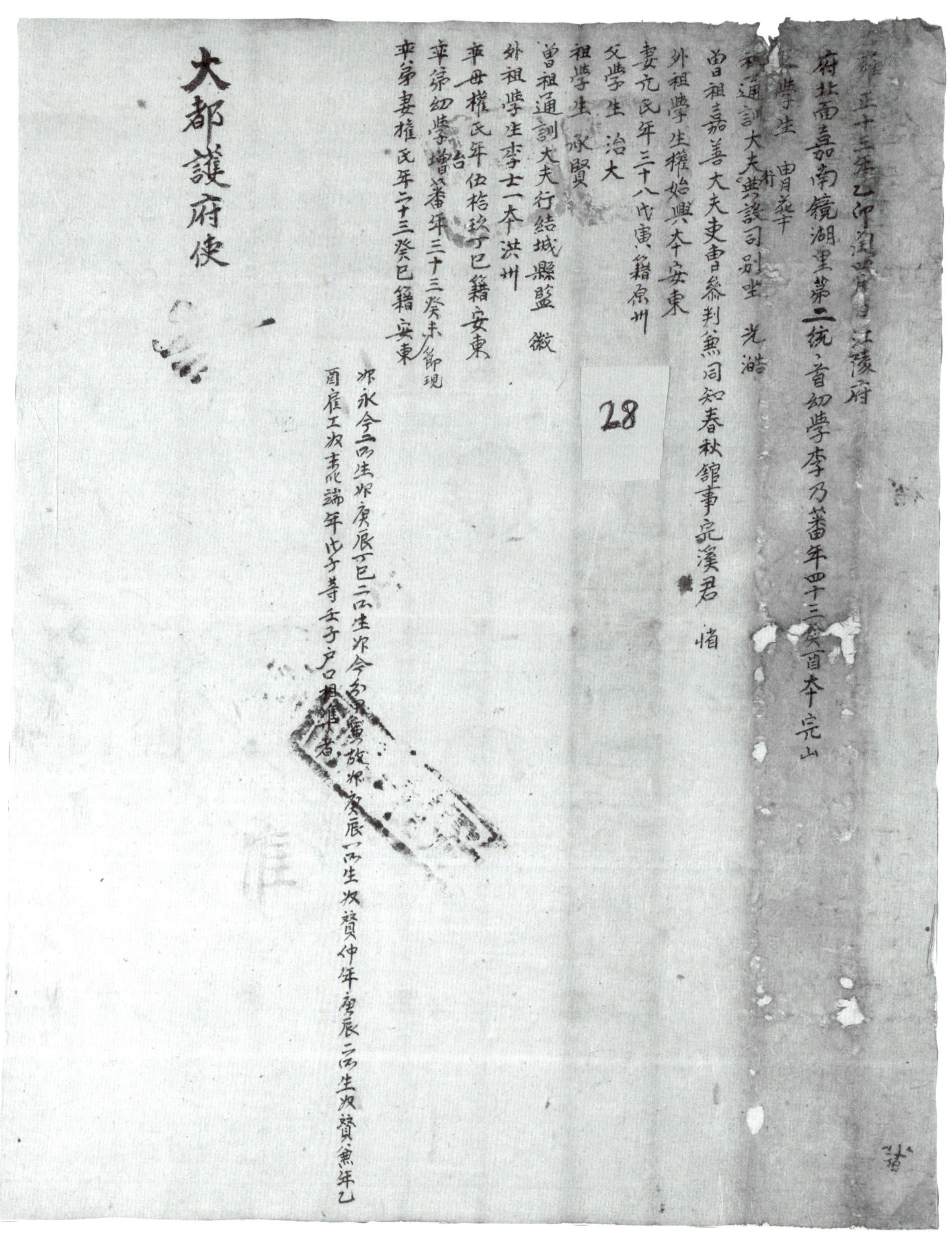

雍正十三年乙卯閏四月日江陵府

府北面嘉南鏡湖里第二統首幼學李乃蕃年四十三癸酉本完山

父學生 光澔

祖通訓大夫行典設司別坐

曾祖嘉善大夫吏曹參判兼同知春秋館事完溪君 愔

外祖學生權始興本安東

妻尤氏年三十八丙寅籍原州

父學生 治大

祖學生 承賢

曾祖通訓大夫行結城縣監 徽

外祖學生李士一本洪州

率母權氏年伍拾玖丁巳籍安東

率弟幼學增蕃年三十三癸未 節現

率弟妻權氏年二十三癸巳籍安東

奴永今二所生奴庚辰丁巳二所生奴今…故奴…戊辰一所生奴贊仲年庚辰二所生奴贊…兼年乙

酉准…年…壬子戶口相准者

大都護府使

李乃蕃이 江陵大都護府使에게 올린 戶口單子

戶口單子 2

1746년(영조 22), 69.5×45.5

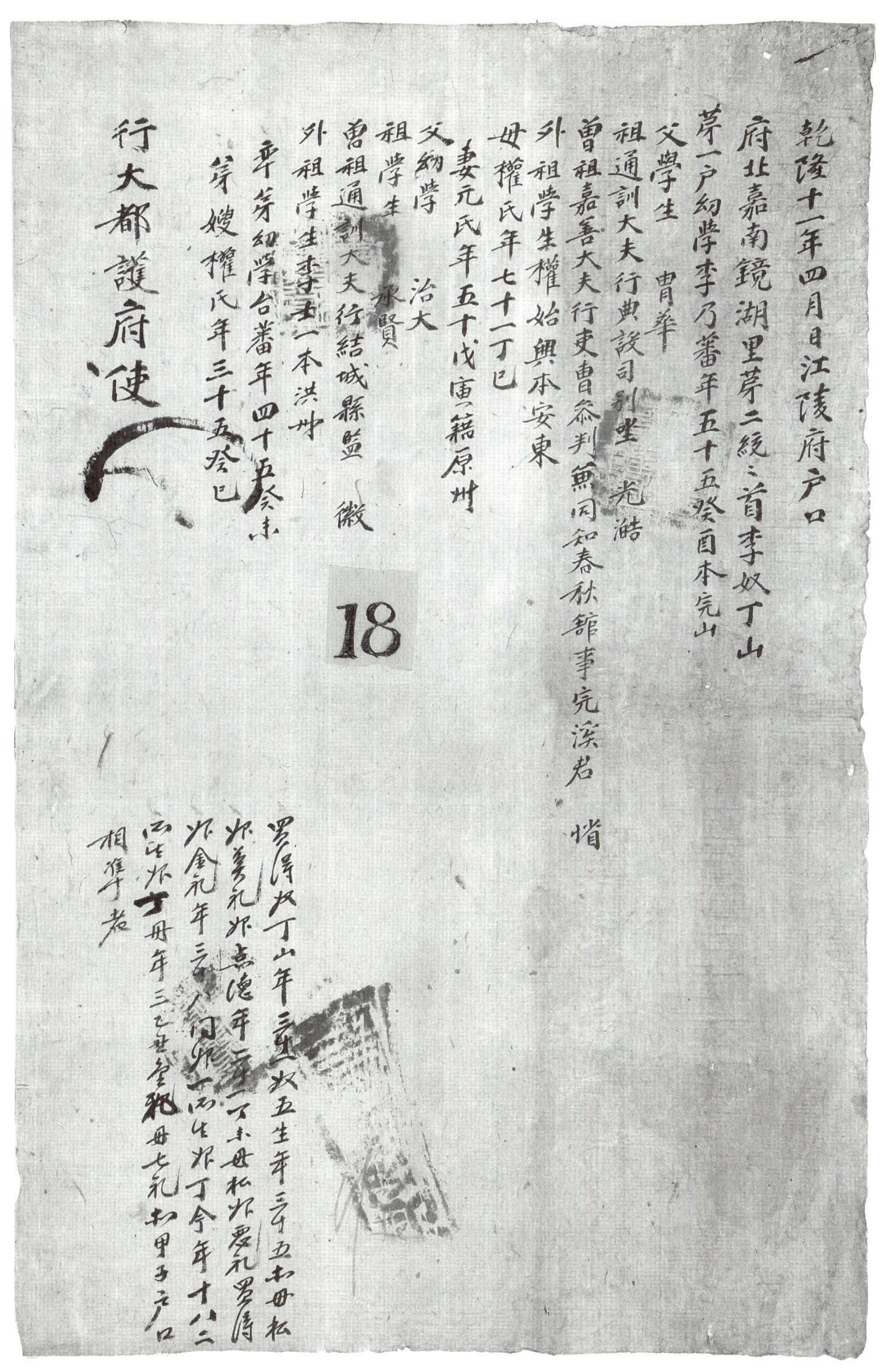

乾隆十一年四月日江陵府戶口
府北嘉南鏡湖里第二統三首李奴丁山
第一戶幼學李乃蕃年五十五癸酉本完山
父學生 胄華
祖通訓大夫行典設司別坐 光澔
曾祖嘉善大夫行吏曹參判兼同知春秋館事完溪君 愷
外祖學生權始興本安東
母權氏年七十一丁巳
妻元氏年五十戊寅籍原州
父幼學 治大
祖學生 承賢
曾祖通訓大夫行結城縣監 徵
外祖學生李士一本洪州
率第幼學台蕃年四十五癸未
第嫂權氏年三十五癸巳

行大都護府使

相准者

18

李乃蕃이 江陵大都護府使에게 올린 戶口單子

戶口單子 3

1750년(영조 26), 72.5×45

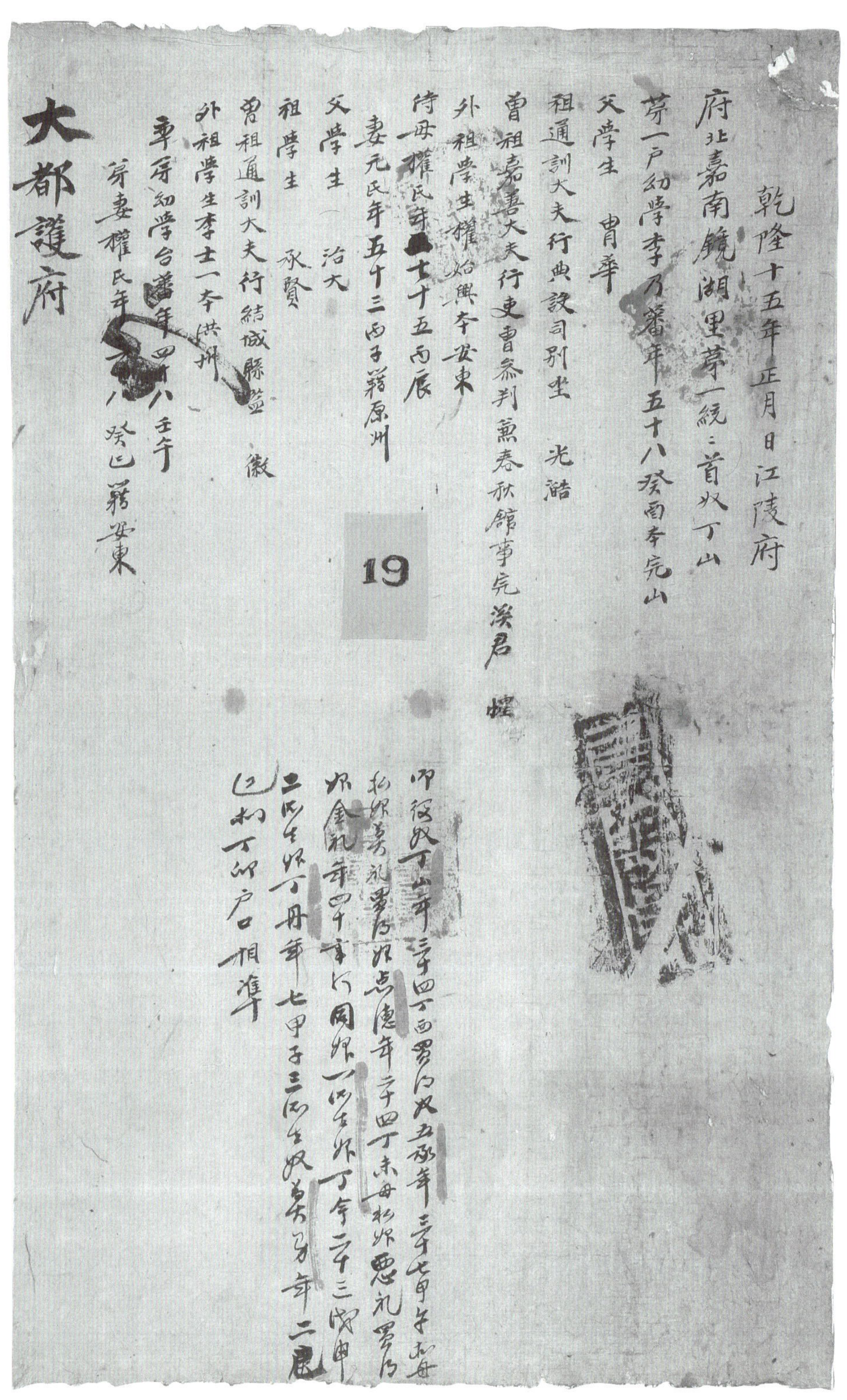

乾隆十五年正月 日江陵府
府北嘉南鏡湖里第一統三首奴丁山
第一戶幼學李乃蕃年五十八癸酉本完山
父學生 胄華
祖通訓大夫行典設司別坐 光諧
曾祖嘉善大夫行吏曹參判兼春秋館事完溪君 [illegible]
外祖學生權始興本安東
侍母權氏年七十五丙辰
妻元氏年五十三丙子籍原州
父學生 治大
祖學生 承賢
曾祖通訓大夫行結城縣監 徽
外祖學生李士一本洪州
率子幼學台蕃年[illegible]八壬午
子妻權氏年[illegible]八癸巳籍安東

大都護府

李乃蕃이 江陵大都護府使에게 올린 戶口單子

戶口單子 4

1753년(영조 29), 85.2×52.3

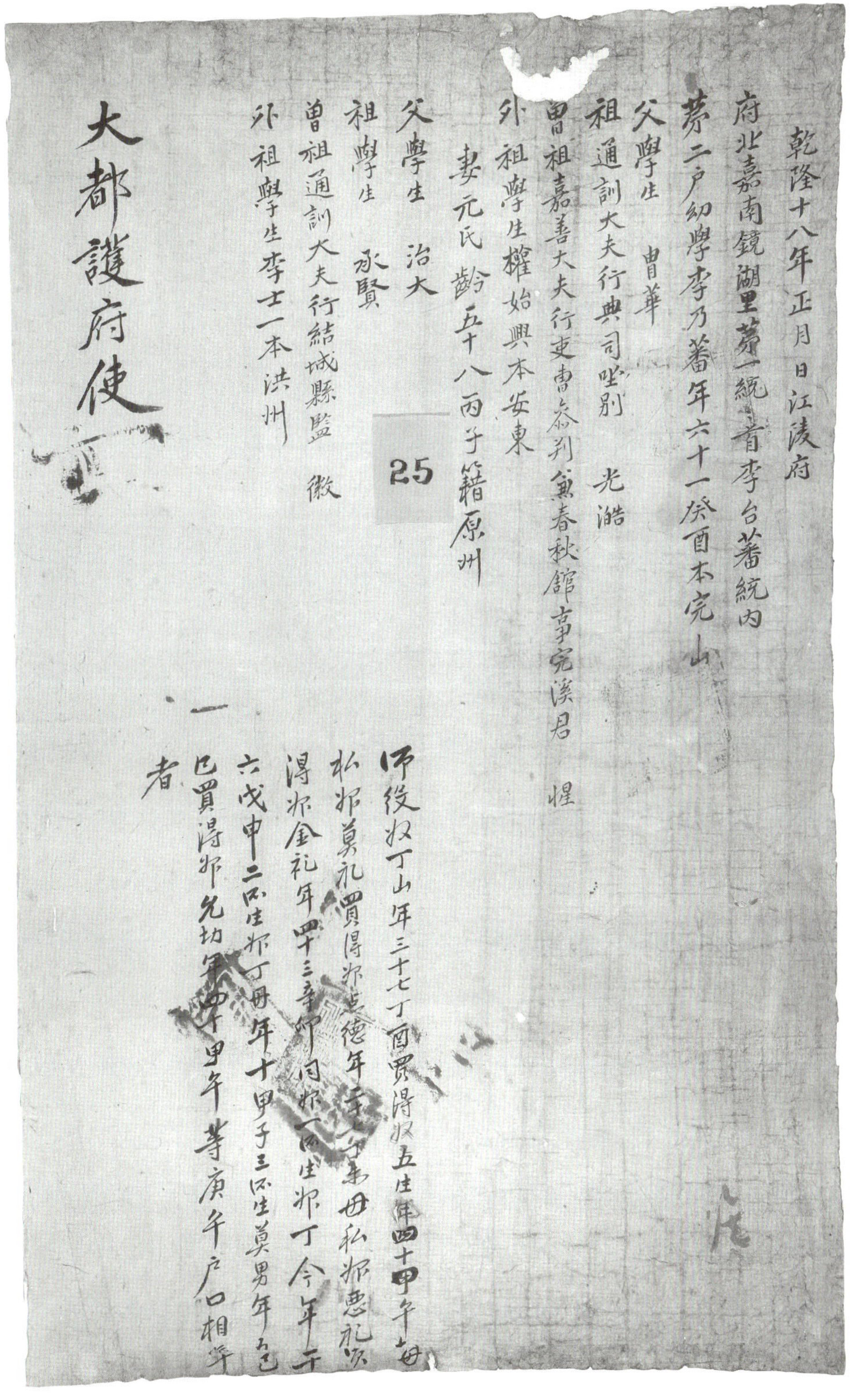

乾隆十八年正月　日江陵府
府北嘉南鏡湖里第一統首李台蕃統內
第二戶幼學李乃蕃年六十一癸酉本完山
父學生　曾華
祖通訓大夫行典司坐別　光澔
曾祖嘉善大夫行吏曹參判兼春秋館事完溪君　惺
外祖學生權始興本安東
妻元氏齡五十八丙子籍原州
父學生　治大
祖學生　承賢
曾祖通訓大夫行結城縣監　徵
外祖學生李士一本洪州

大都護府使

25

所後奴丁山年三十七丁酉買得奴五生年四十甲午母
私婢莫礼買得婢占德年[illegible]母私婢惠礼次
得婢金礼年四十三辛卯同婢一所生婢丁今年二十
六戊申二所生婢丁丑年十甲子三所生莫男年五己
巳買得婢允切年四十甲午等庚午戶口相準
一
者

李乃蕃이 江陵大都護府使에게 올린 戶口單子

戶口單子 5

1756년(영조 32), 74.5×45.4

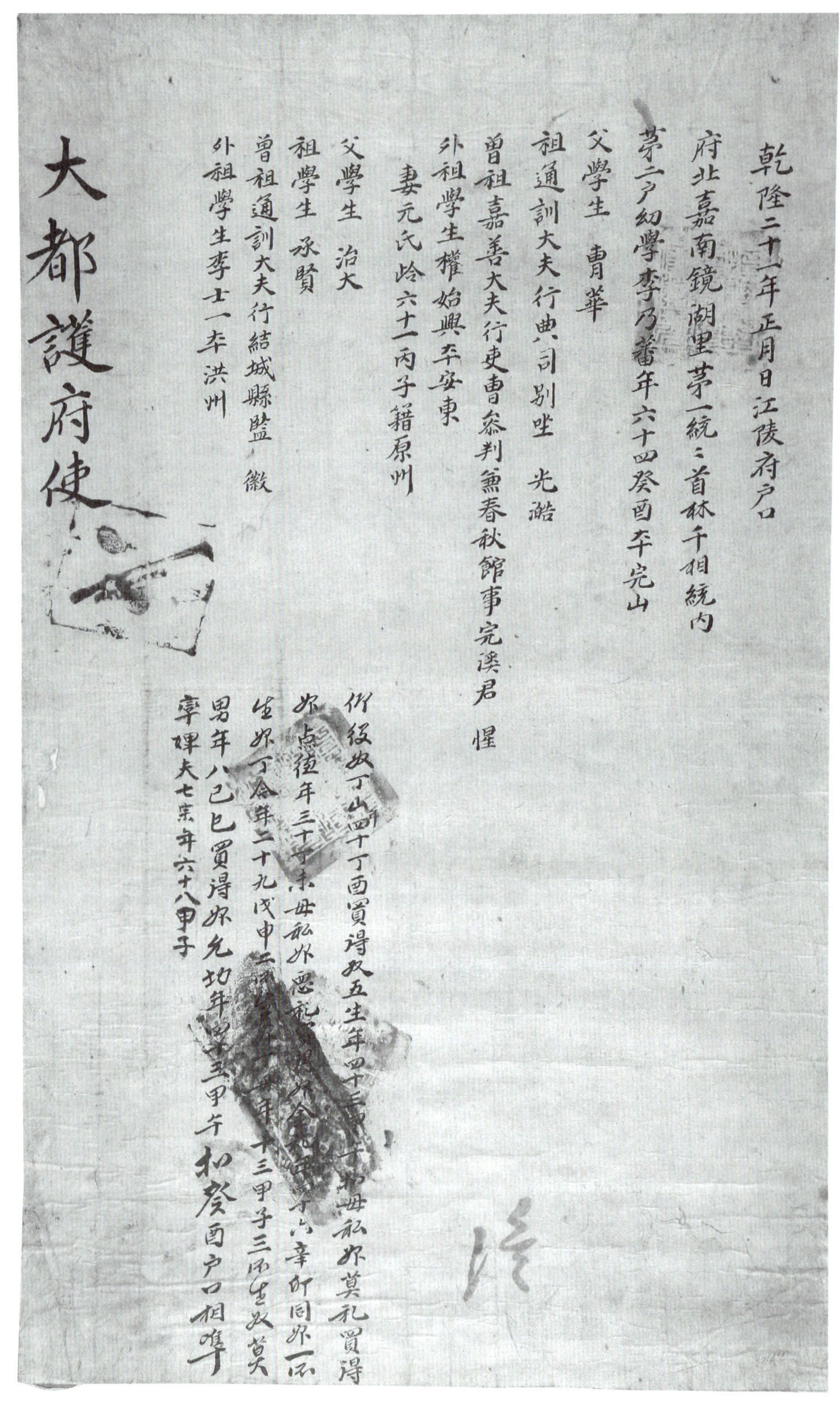

乾隆二十一年正月日江陵府戶口
府北嘉南鏡湖里第一統ㄷ首林千相統內
第二戶幼學李乃蕃年六十四癸酉本完山
父學生 胄華
祖通訓大夫行典司別坐 光游
曾祖嘉善大夫行吏曹參判兼春秋館事完溪君 惺
外祖學生權始興本安東
妻元氏齡六十一丙子籍原州
父學生 治大
祖學生 承賢
曾祖通訓大夫行結城縣監 徽
外祖學生李士一本洪州
伻役奴丁山年四十丁酉買得奴五生年四十[illegible]甲子[illegible]母私婢莫礼買得
婢点德年三十丁未母私婢惡礼[illegible]婢今[illegible]年[illegible]六辛亥同婢一所
生婢丁今年二十九戊申二所[illegible]年十三甲子三所生奴莫大
男年八己巳買得婢允也年四十三甲午
率婢夫七宗年六十八甲子
相考癸酉戶口相準

大都護府使

李乃蕃이 江陵大都護府使에게 올린 戶口單子

戶口單子 6

1759년(영조 35), 75×48

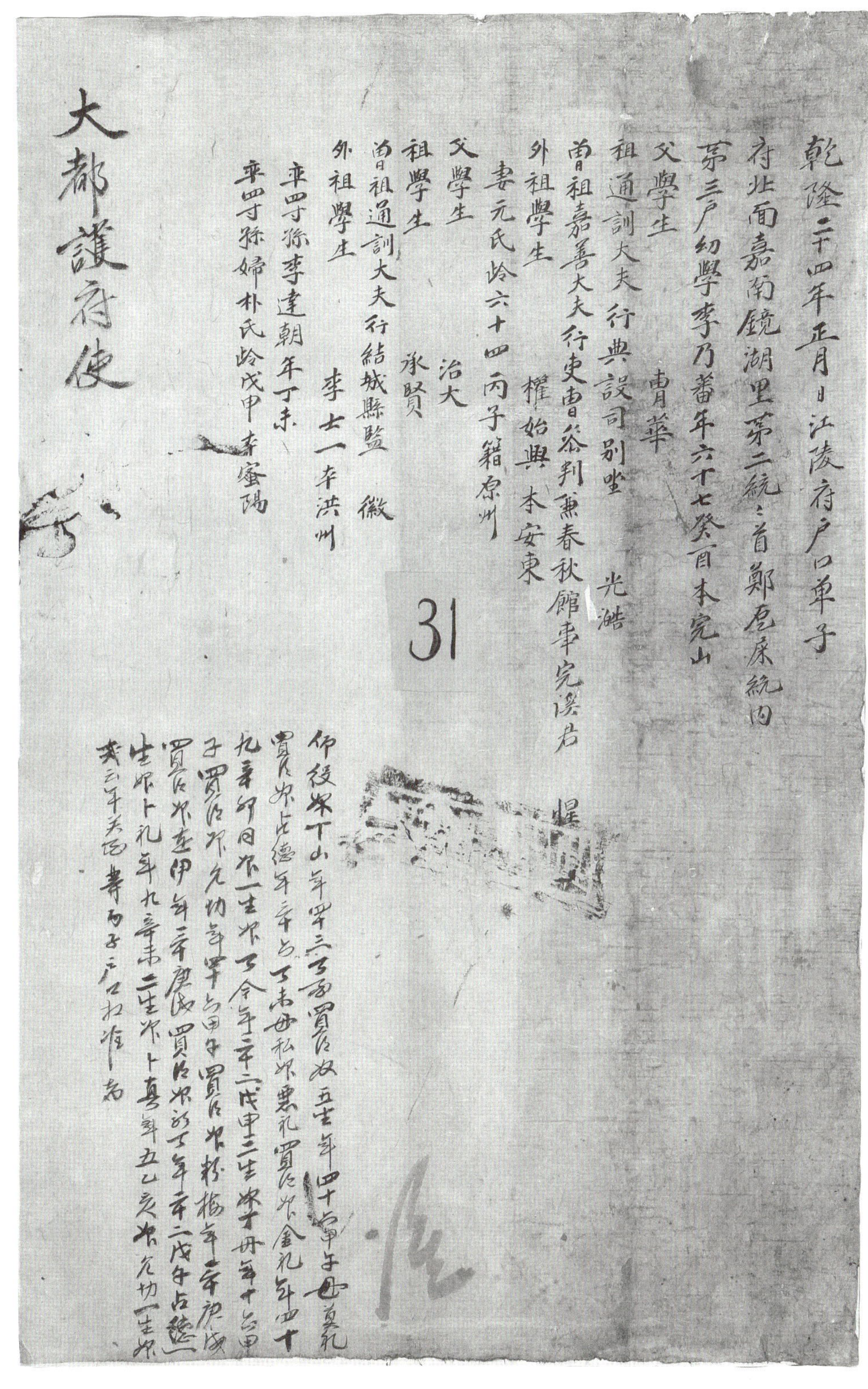

李乃蕃이 江陵大都護府使에게 올린 戶口單子

戶口單子 7

1762년(영조 38), 74.4×54.9

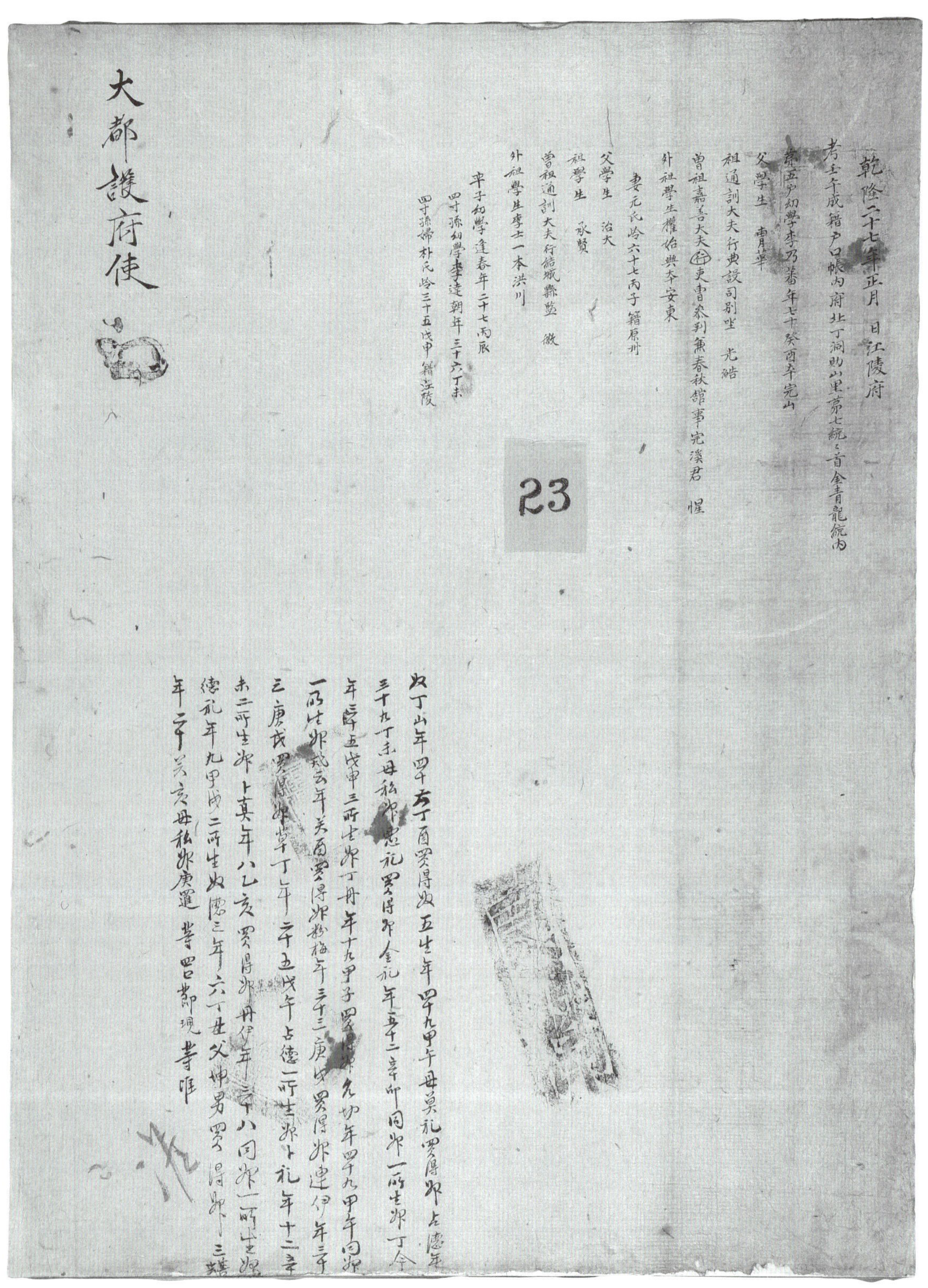

乾隆二十七年正月　日江陵府

考壬午成籍戶口帳內府北丁洞助山里第七統〻首金青龍統內

第五戶幼學李乃蕃年七十癸酉本完山

父學生　胄華

祖通訓大夫行典設司別坐　光皓

曾祖嘉善大夫行吏曹參判兼春秋館事完溪君　惺

外祖學生權始興本安東

妻元氏年六十七丙子籍原州

父學生　治大

祖學生　承賢

曾祖通訓大夫行結城縣監　徵

外祖學生李士一本洪川

率子幼學達春年二十七丙辰

四寸孫幼學李達朝年三十六丁未

四寸孫婦朴氏年三十五戊申籍江陵

奴丁山年四十五丁酉買得奴五生年四十九甲午母莫礼買得婢占德年

三十九丁未母私婢忠礼買得婢金礼年五十二辛卯同婢一所生婢丁今

年二十五戊申三所生婢丁丹年十九甲子買得婢名切年四十九甲午同婢

一所生婢戒玄年　癸酉買得婢粉梅年三十三庚戌買得婢連伊年三十

三庚戌買得婢莫丁年二十五戊午占德一所生婢卜礼年十二辛

未二所生婢卜莫年八乙亥買得婢丹伊年二十八同婢一所生婢

德礼年九甲戌二所生奴德三年六丁丑父坤男買得婢　三蟾

年二十　癸亥母私婢庚還　等四口都現　等准

大都護府使

李乃蕃이 江陵大都護府使에게 올린 戶口單子

戶口單子 8

1765년(영조 41), 74.1×80.9

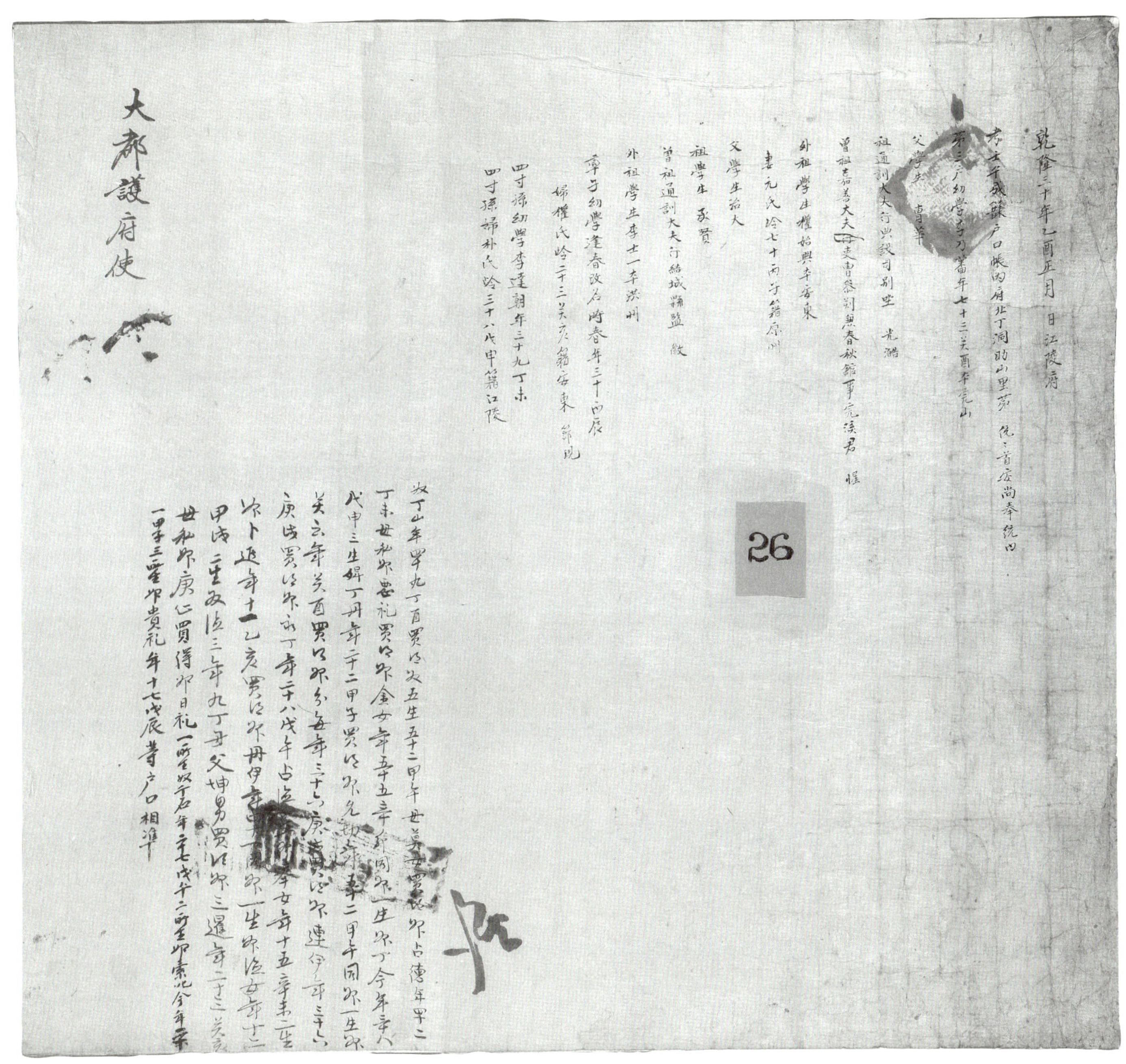

李乃蕃이 江陵大都護府使에게 올린 戶口單子

1768년(영조 44), 98.7×54.2

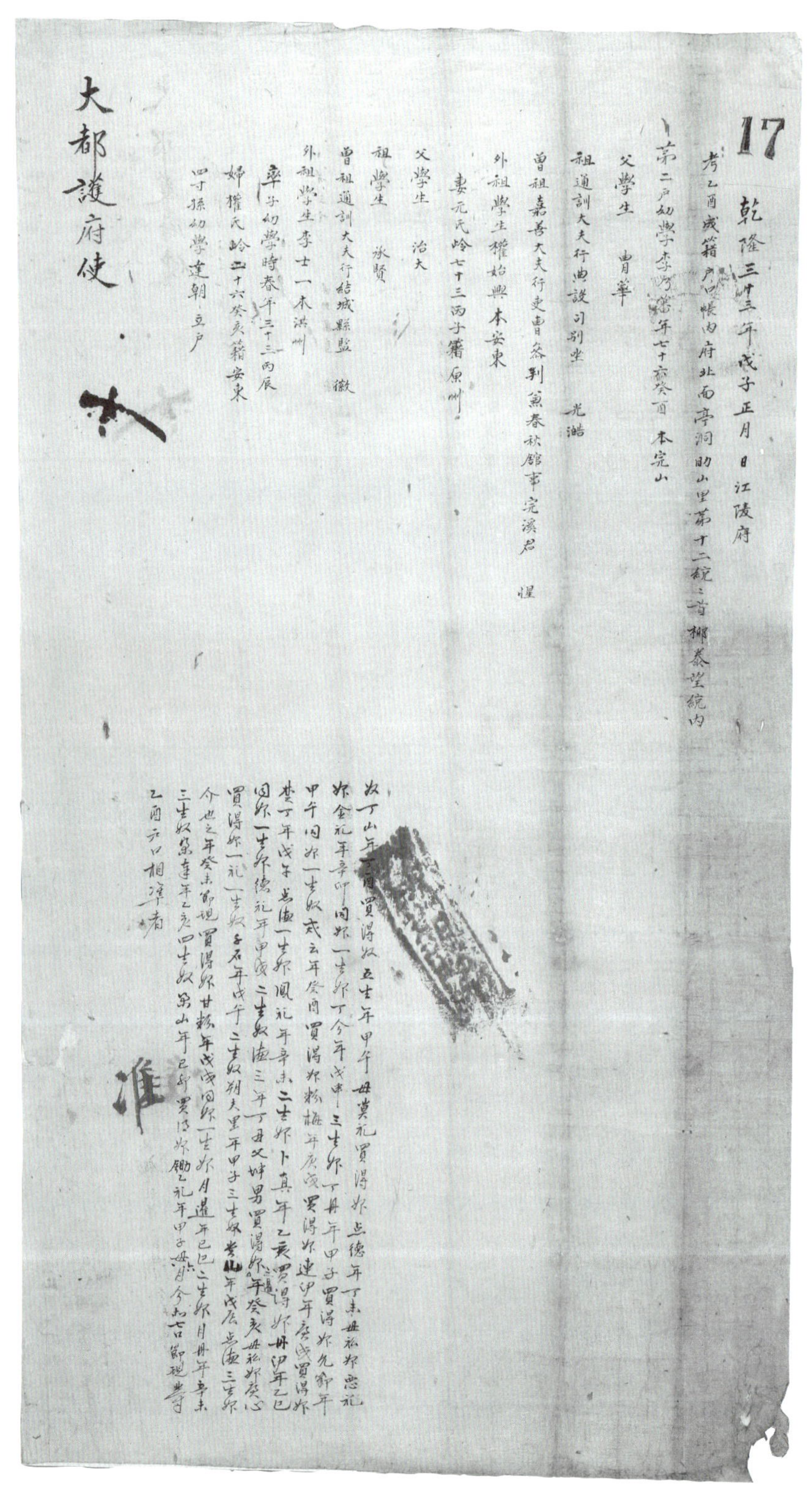

17

乾隆三十三年戊子正月 日江陵府

考乙酉成籍戶口帳內府北面亭洞助山里第十二統二[illegible] 柳黍堂統內

第二戶幼學李乃蕃年七十五癸酉 本完山

父學生 胄華

祖通訓大夫行典設司別坐 [illegible]

曾祖嘉善大夫行吏曹參判兼春秋館事完溪君 [illegible]

外祖學生權始興 本安東

妻元氏年七十三丙子 籍原州

父學生 治大

祖學生 泳賢

曾祖通訓大夫行結城縣監 徽

外祖學生李士一 本洪州

率子幼學時蕃年三十三丙辰

婦權氏年二十六癸亥 籍安東

四寸孫幼學達朝立戶

[illegible]

乙酉戶口相準者

准

大都護府使

李乃蕃이 江陵大都護府使에게 올린 戶口單子

戶口單子 10

1771년(영조 47), 105×55.2

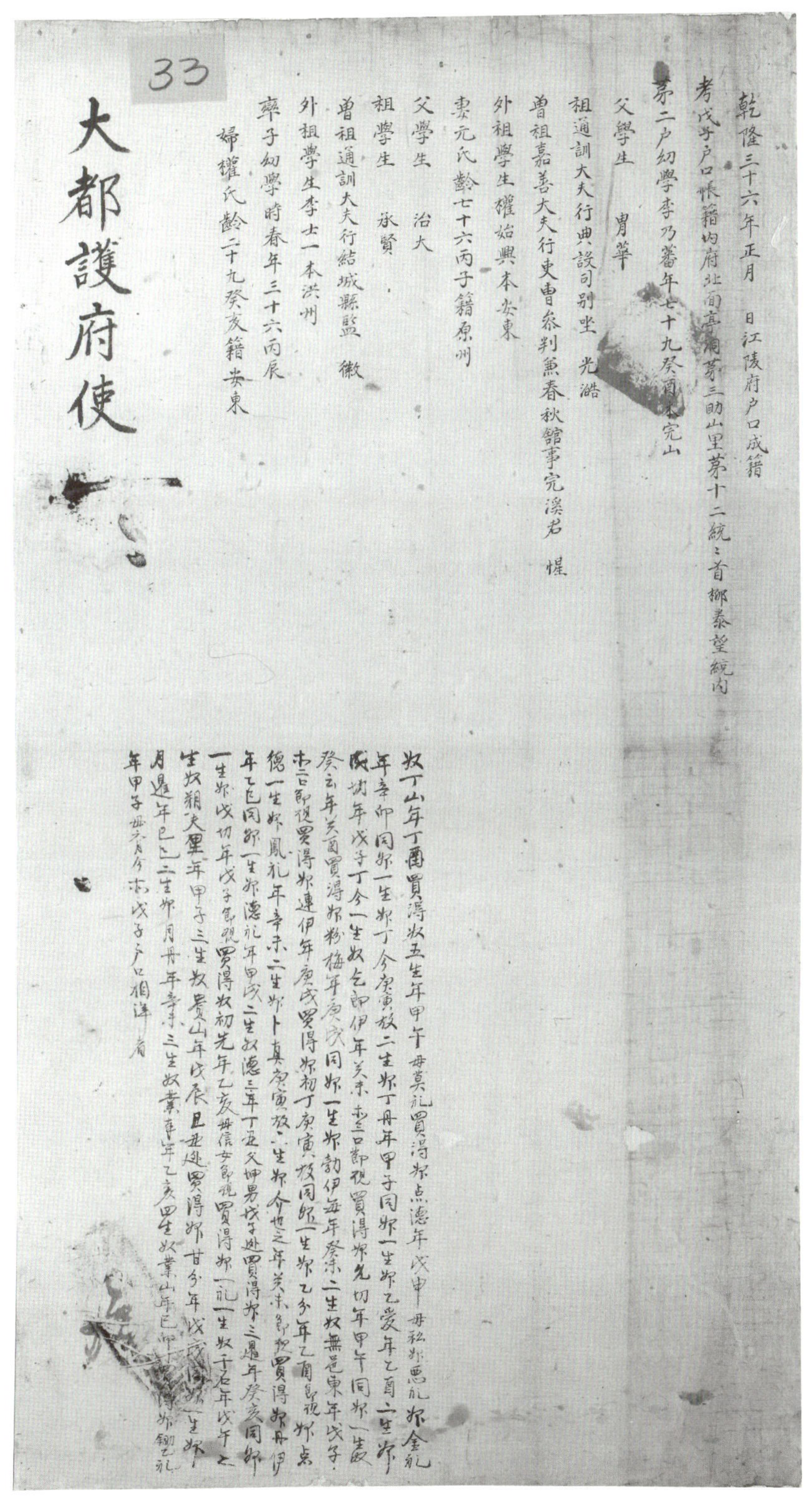

乾隆三十六年正月　日江陵府戶口成籍
考戊子戶口帳籍內府北面高洞第三助山里第十二統三首 鄕秦堂統內
第二戶幼學李乃蕃年七十九癸酉本完山
父學生　胄華
祖通訓大夫行典設司別坐　光澔
曾祖嘉善大夫行吏曹參判兼春秋館事完溪君　[illegible]
外祖學生權始興本安東
妻元氏齡七十六丙子籍原州
父學生　治大
祖學生　永賢
曾祖通訓大夫行結城縣監　徽
外祖學生李士一本洪州
率子幼學時春年三十六丙辰
婦權氏齡二十九癸亥籍安東

大都護府使

奴丁山年丁酉買得奴五生年甲午 母莫礼買得婢点德年戊申 母私婢悪礼 婢金礼
年辛卯同婢一生婢丁今庚寅 故二生婢丁丹年甲子同婢一生婢乙愛年乙酉 二生婢
[illegible]切年戊子丁今一生奴乞郞伊年癸未 本三口節視買得婢先切年甲午同婢一生婢
癸亥年癸酉買得婢粉梅年庚戌同婢一生婢勳伊每年癸未二生奴無邑東年戊子
本三口節視買得婢連伊年庚戌買得婢初丁庚寅 故同婢一生婢乙分年乙酉 節視婢点
德一生婢鳳礼年辛未二生婢卜眞庚寅故 一生婢今世之年癸未 節視買得婢丹伊
年乙巳同婢一生婢德礼年甲戌二生奴德三年丁丑 父坤男 戊子逃 買得婢三還年癸亥同婢
一生婢戊切年戊子節視買得奴初先年乙亥 母信女節視 買得婢一礼一生奴千石年戊午 之
生奴朔夫里年甲子三生奴貴山年戊辰 丑逃 買得婢甘分年戊戌 同婢一生婢
月還年己巳 二生婢月丹年辛未 三生奴業辛年乙亥 四生奴業山年己卯 買得婢釗乙礼
年甲子 母六月分 本戊子戶口相準者

李乃蕃이 江陵大都護府使에게 올린 戶口單子

1774년(영조 50), 90.3×65.8

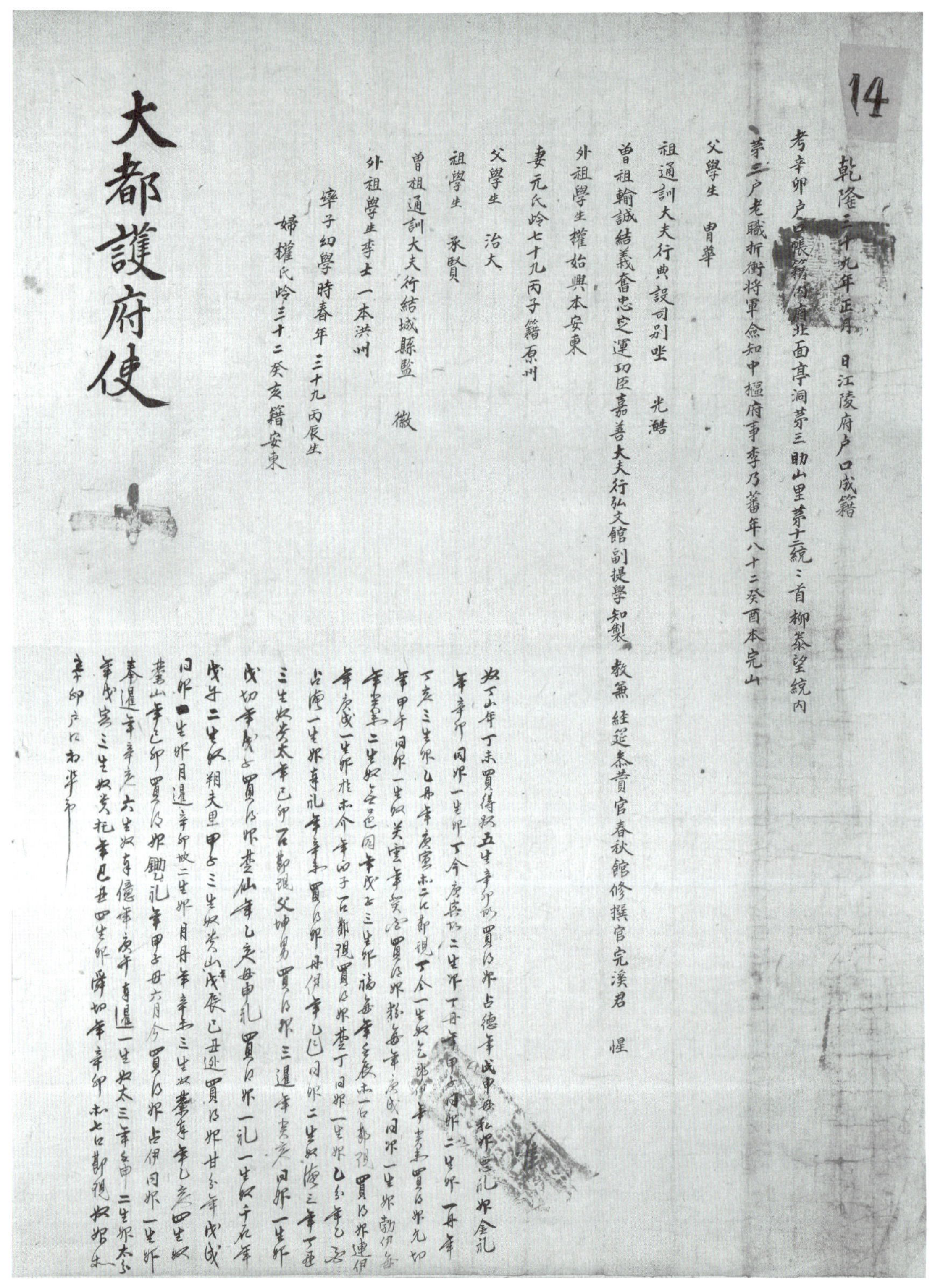

乾隆三十九年正月 日江陵府戶口成籍

考辛卯戶口帳籍府北面亭洞第三助山里第十統三首柳㭍望統內

第二戶老職折衝將軍僉知中樞府事李乃蕃年八十二癸酉本完山

父學生 胄華

祖通訓大夫行典設司別坐 光潞

曾祖輸誠結義奮忠定運功臣嘉善大夫行弘文館副提學知製 教兼 經筵參贊官春秋館修撰官完溪君 惺

外祖學生權始興本安東

妻元氏年七十九丙子籍原州

父學生 治大

祖學生 承賢

曾祖通訓大夫行結城縣監 徽

外祖學生李士一本洪州

率子幼學時春年三十九丙辰生

婦權氏年三十二癸亥籍安東

大都護府使

李乃蕃이 江陵大都護府使에게 올린 戶口單子

戶口單子 12

1778년(정조 2), 58.5×82.3

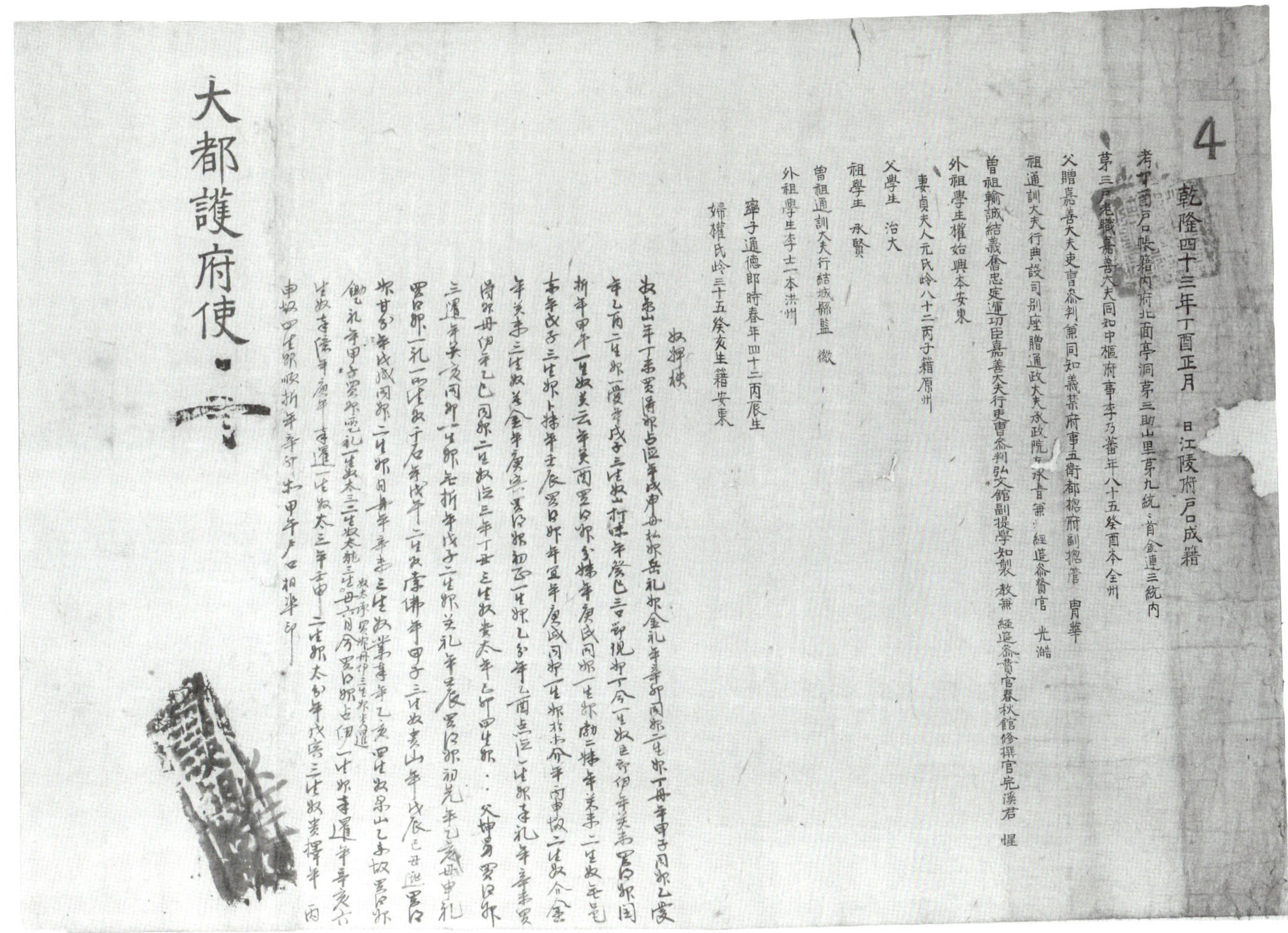

4

乾隆四十三年丁酉正月　日江陵府戶口成籍

考丁酉戶口帳籍內府北面亭洞第三助山里第九統統首金連三統內

第三戶老職嘉善大夫同知中樞府事李乃蕃年八十五癸酉本全州

父贈嘉善大夫吏曹叅判兼同知義禁府事五衛都摠府副摠管　胄華

祖通訓大夫行典設司別座贈通政大夫承政院左承旨兼經筵叅賛官　光㴑

曾祖輸誠結義奮忠定運功臣嘉善大夫行吏曹叅判弘文館副提學知製敎兼經筵叅賛官春秋館修撰官完溪君　惺

外祖學生權始興本安東

妻貞夫人元氏年八十二丙子籍原州

父學生　治大

祖學生　承賢

曾祖通訓大夫行結城縣監　徵

外祖學生李士一本洪州

率子通德郎時春年四十二丙辰生

婦權氏年三十五癸亥生籍安東

奴婢秩

[illegible]

大都護府使

李乃蕃이 江陵大都護府使에게 올린 戶口單子

1780년(정조 4), 78.1×65.6

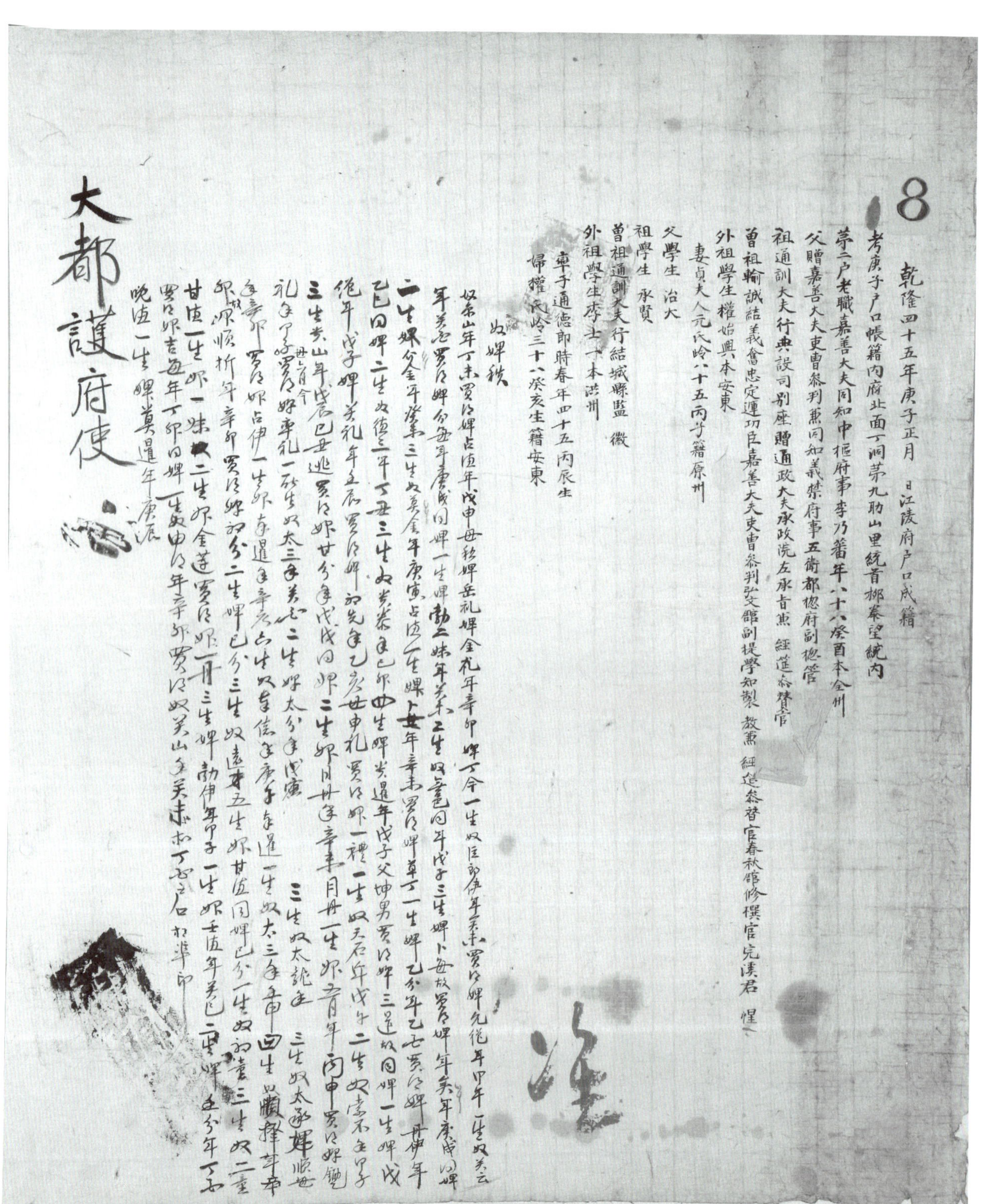

李乃蕃이 江陵大都護府使에게 올린 戶口單子

戶口單子 14

1783년(정조 7), 91.2×65.2

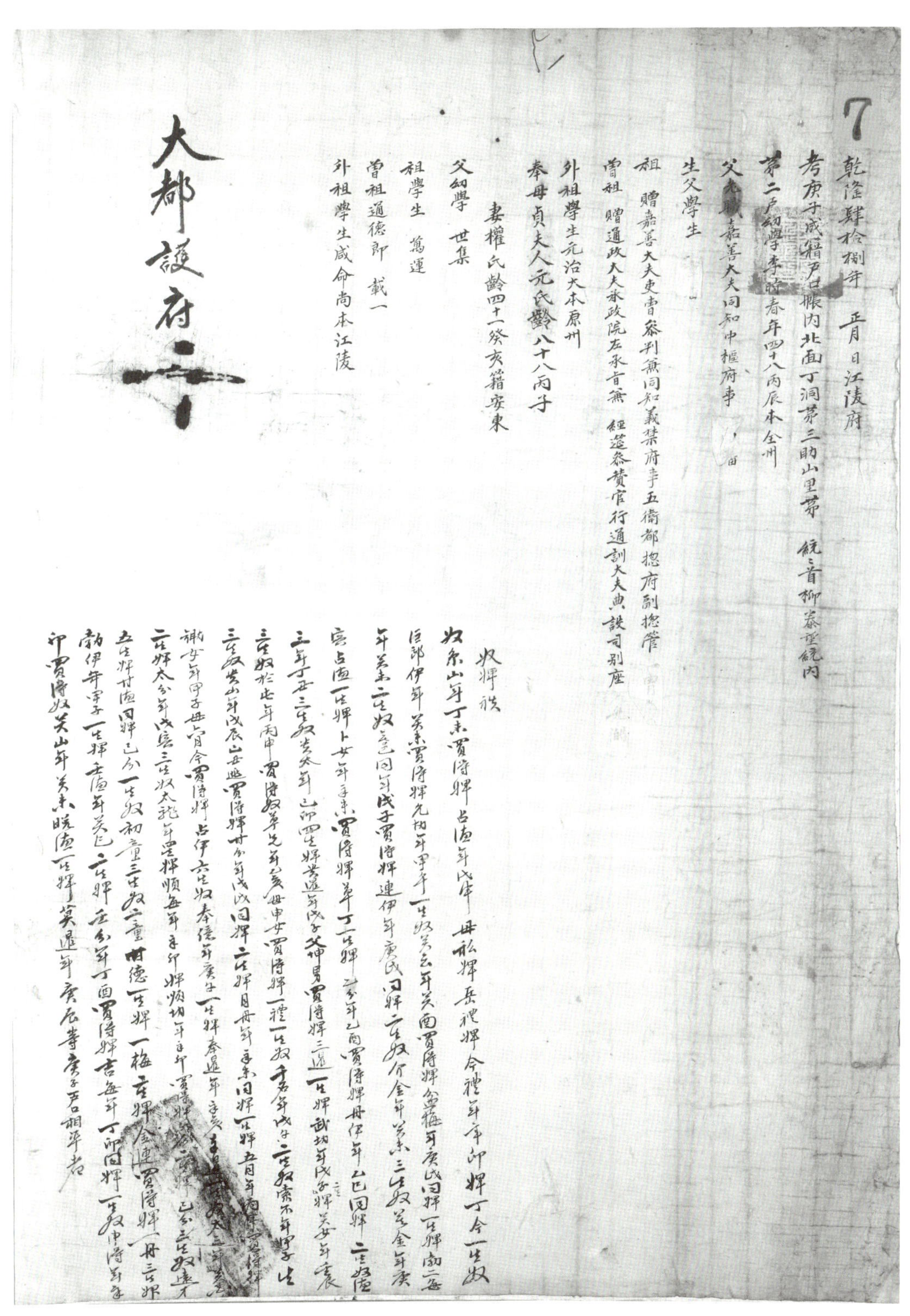

乾隆肆拾捌年 正月 日 江陵府

考庚子成籍戶口帳內北面丁洞第三助山里第 統首柳春望統內

第二戶幼學李時春年四十八丙辰本全州

父 嘉善大夫同知中樞府事

生父學生

祖 贈嘉善大夫吏曹參判兼同知義禁府事五衛都摠府副摠管

曾祖 贈通政大夫承政院左承旨兼 經筵參贊官行通訓大夫典設司別座

外祖學生元治大本原州

奉母貞夫人元氏年八十八丙子

妻權氏齡四十一癸亥籍安東

父幼學 世集

祖學生 篤運

曾祖通德郎 載一

外祖學生咸命尙本江陵

大都護府

奴婢秩

李時春이 江陵縣監에게 올린 戶口單子

1786년(정조 10), 94.5×82.5

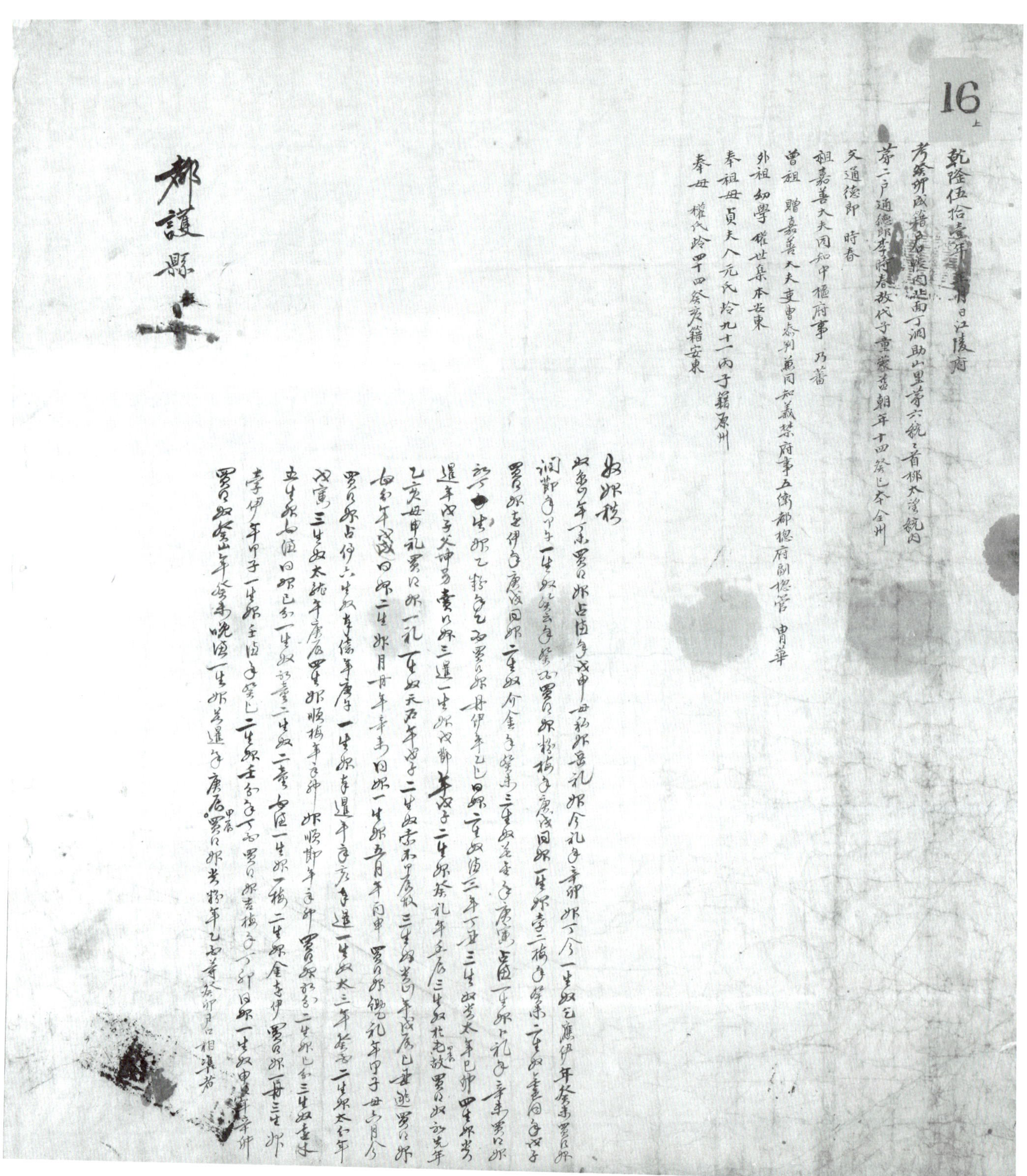

李益朝가 江陵縣監에게 올린 戶口單子

戶口單子 16

1789년(정조 13), 92.8×68

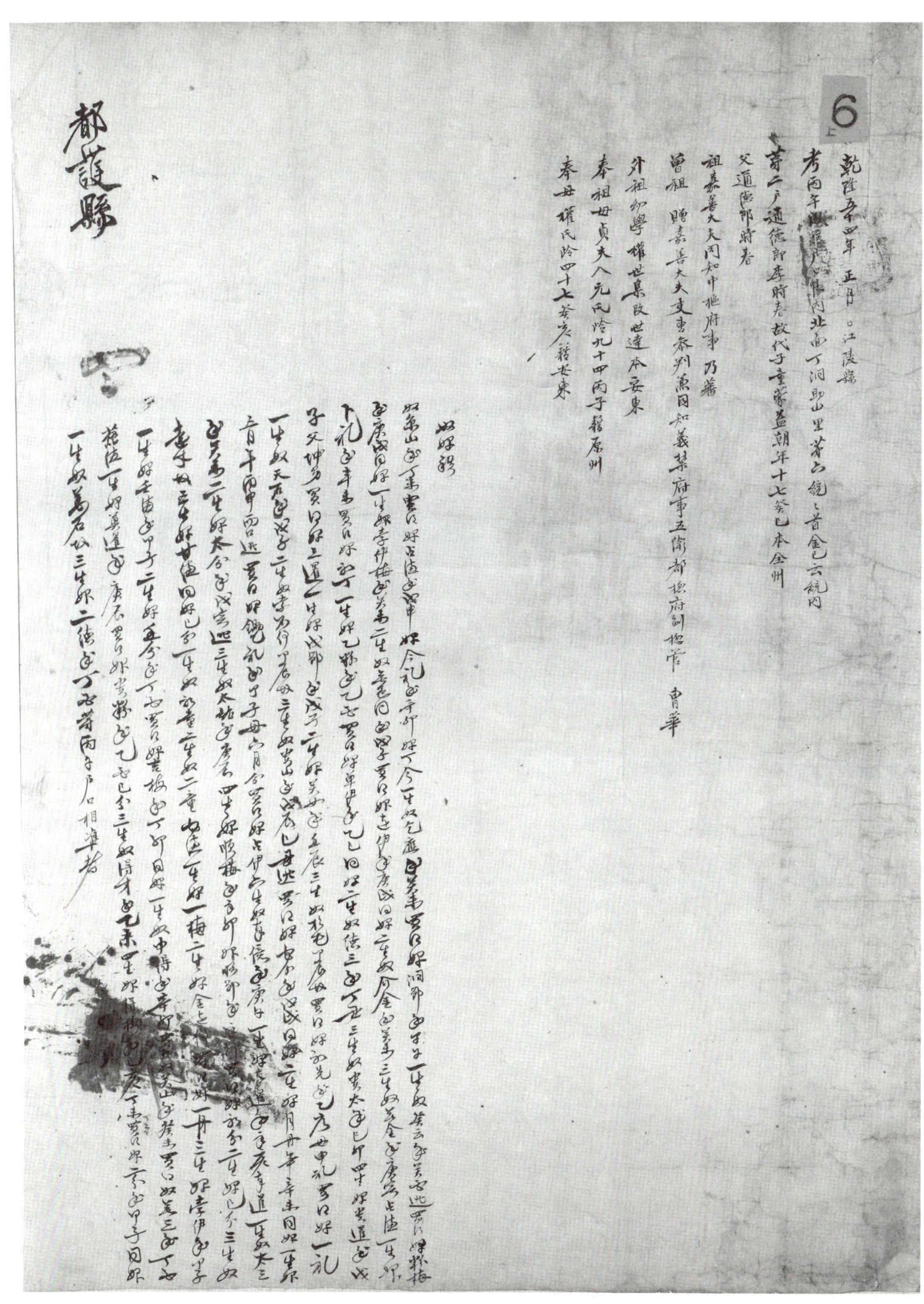

乾隆五十四年正月 日江陵縣

考丙午成籍戶口帳內北面丁洞助山里第六統〻首金己云統內

第二戶通德郎李時春故代子童蒙益朝年十七癸巳本金州

父通德郎時春

祖嘉善大夫同知中樞府事 乃蕃

曾祖 贈嘉善大夫吏曹參判兼同知義禁府事五衛都摠府副摠管 曾華

外祖幼學權世泉改世達本安東

率祖母貞夫人元氏年九十四丙子籍原州

率母權氏年四十七癸亥籍安東

奴婢秩

李益朝가 江陵縣監에게 올린 戶口單子

戶口單子 17

1792년(정조 16), 96.3×63.8

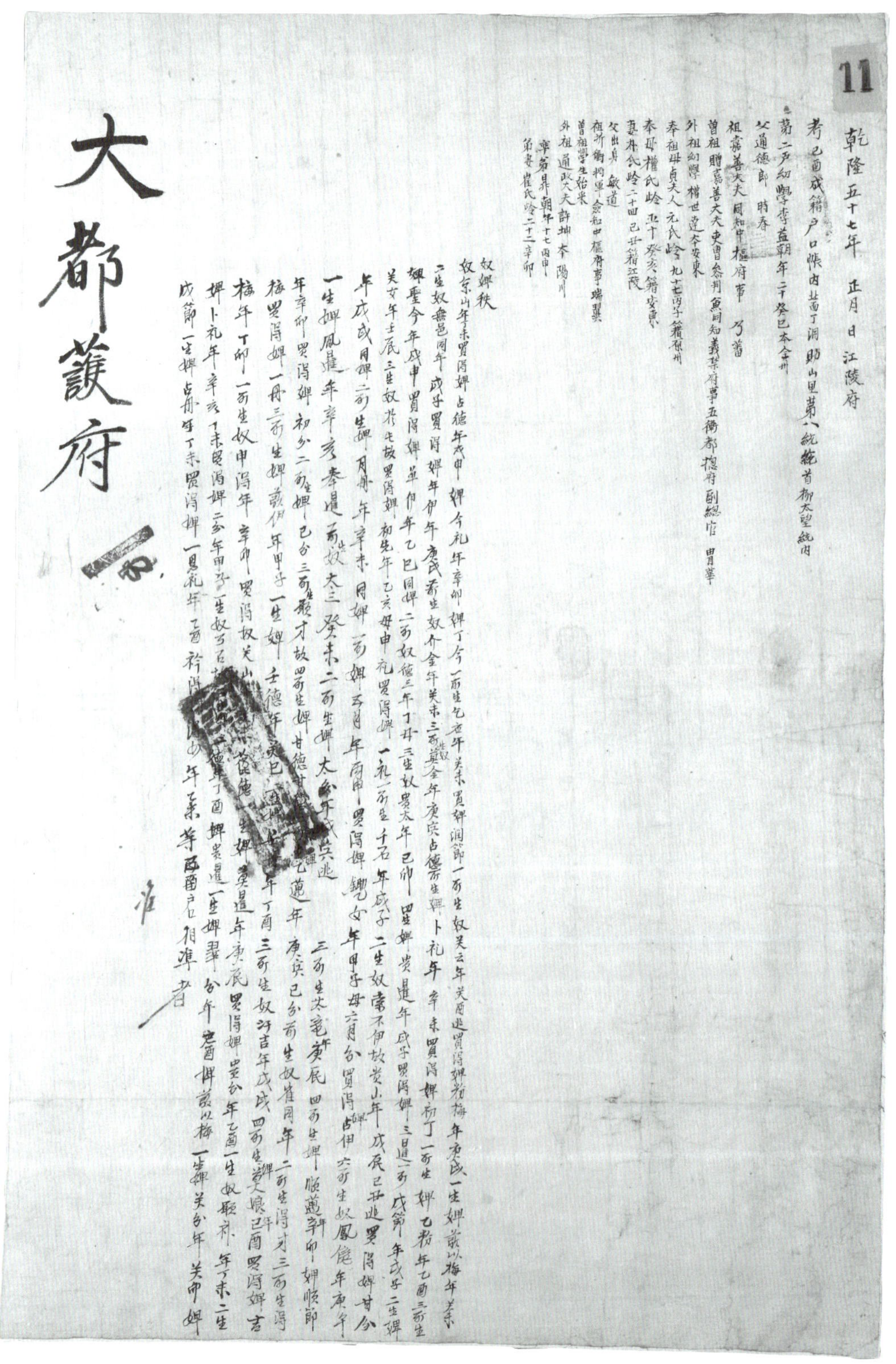

李益朝가 江陵大都護府使에게 올린 戶口單子

戶口單子 18

1795년(정조 19), 43×51.1

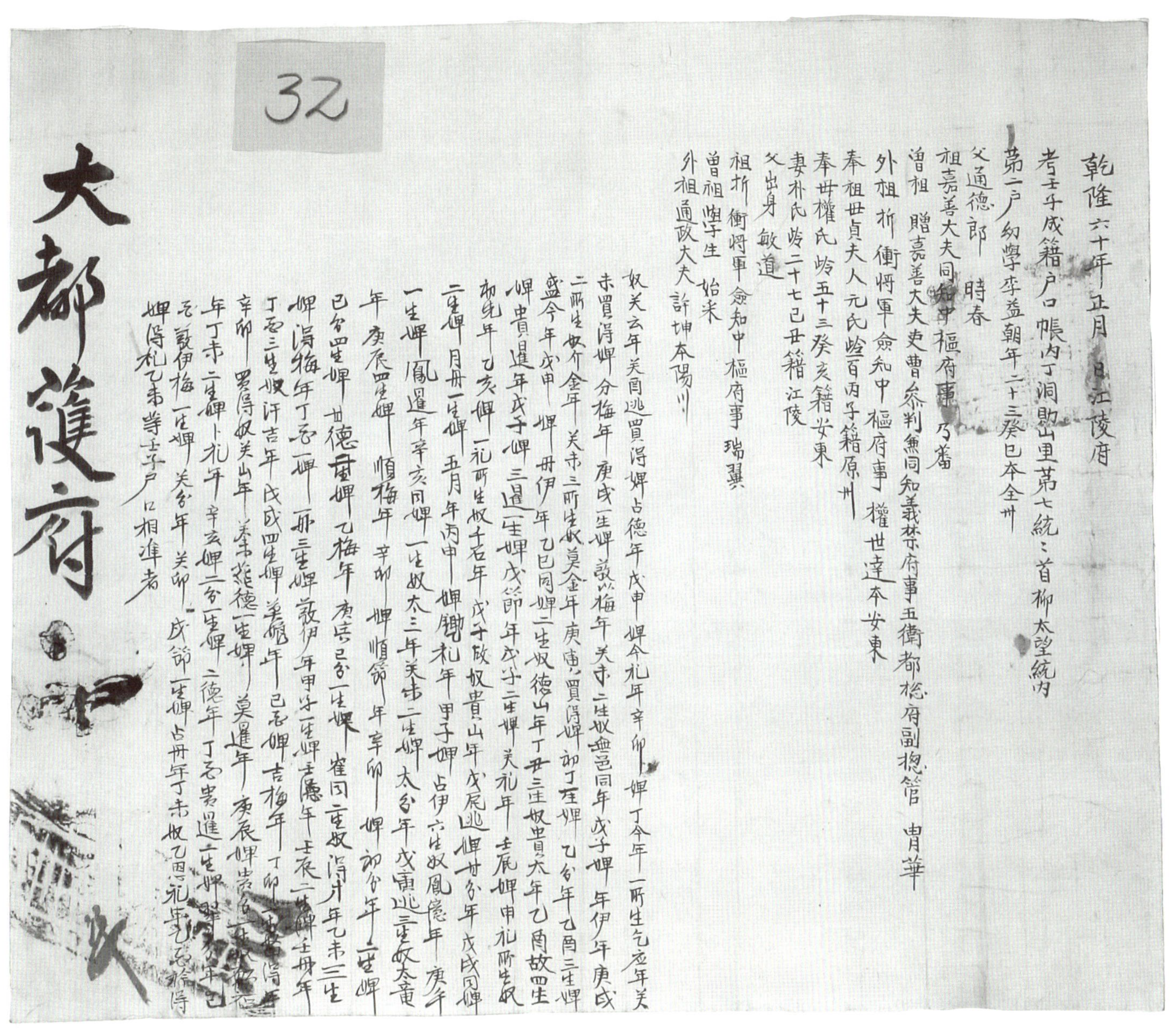

乾隆六十年正月 日江陵府
考壬子成籍戶口帳內丁洞[illegible]山里第七統三首柳太望統內
第二戶幼學李益朝年二十三癸巳本全州
父通德郎 時春
祖嘉善大夫同知中樞府事 乃蕃
曾祖 贈嘉善大夫吏曹參判兼同知義禁府事五衛都摠府副摠管 胄華
外祖折衝將軍僉知中樞府事 權世達本安東
奉母權氏年五十三癸亥籍安東
妻朴氏年二十七己丑籍江陵
父出身 敏道
祖折衝將軍僉知中樞府事 瑞翼
曾祖學生 始來
外祖通政大夫 許坤本陽川

李益朝가 江陵大都護府使에게 올린 戶口單子

1795년(정조 19), 42.5×38.4

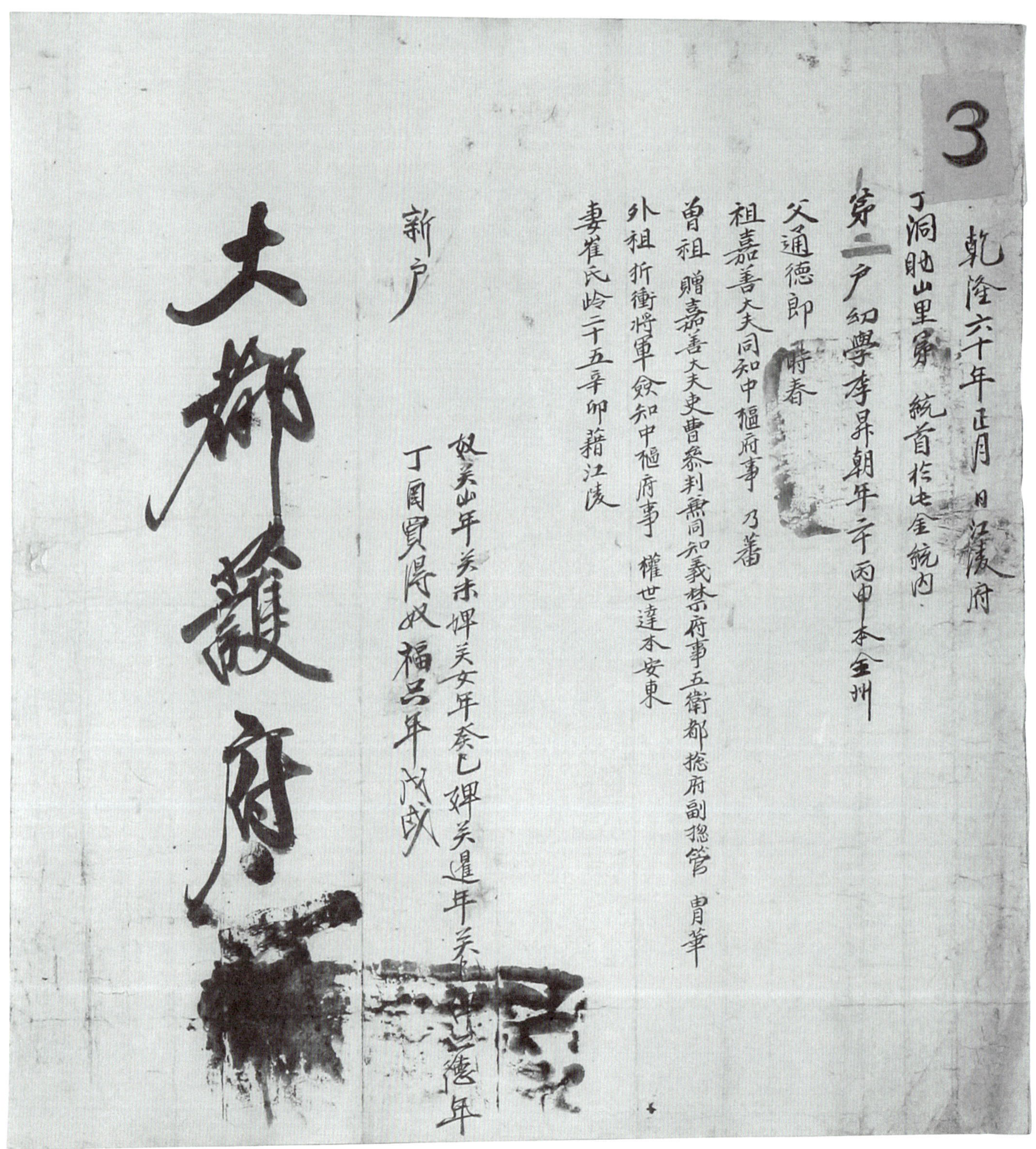
3

乾隆六十年正月 日江陵府
丁洞叱山里第 統首於屯金統內
第二戶幼學李昇朝年廿丙申本全州
父通德郞 時春
祖嘉善大夫同知中樞府事 乃蕃
曾祖贈嘉善大夫吏曹參判兼同知義禁府事五衛都摠府副摠管 胄華
外祖折衝將軍僉知中樞府事 權世達本安東
妻崔氏齡二十五辛卯籍江陵
新戶
奴美山年癸未婢美女年癸巳婢美還年美[illegible]德年
丁酉買得奴福只年戊戌

大都護府

李昇朝가 江陵大都護府使에게 올린 戶口單子

戶口單子 20

1798년(정조 22), 41.3×32.7

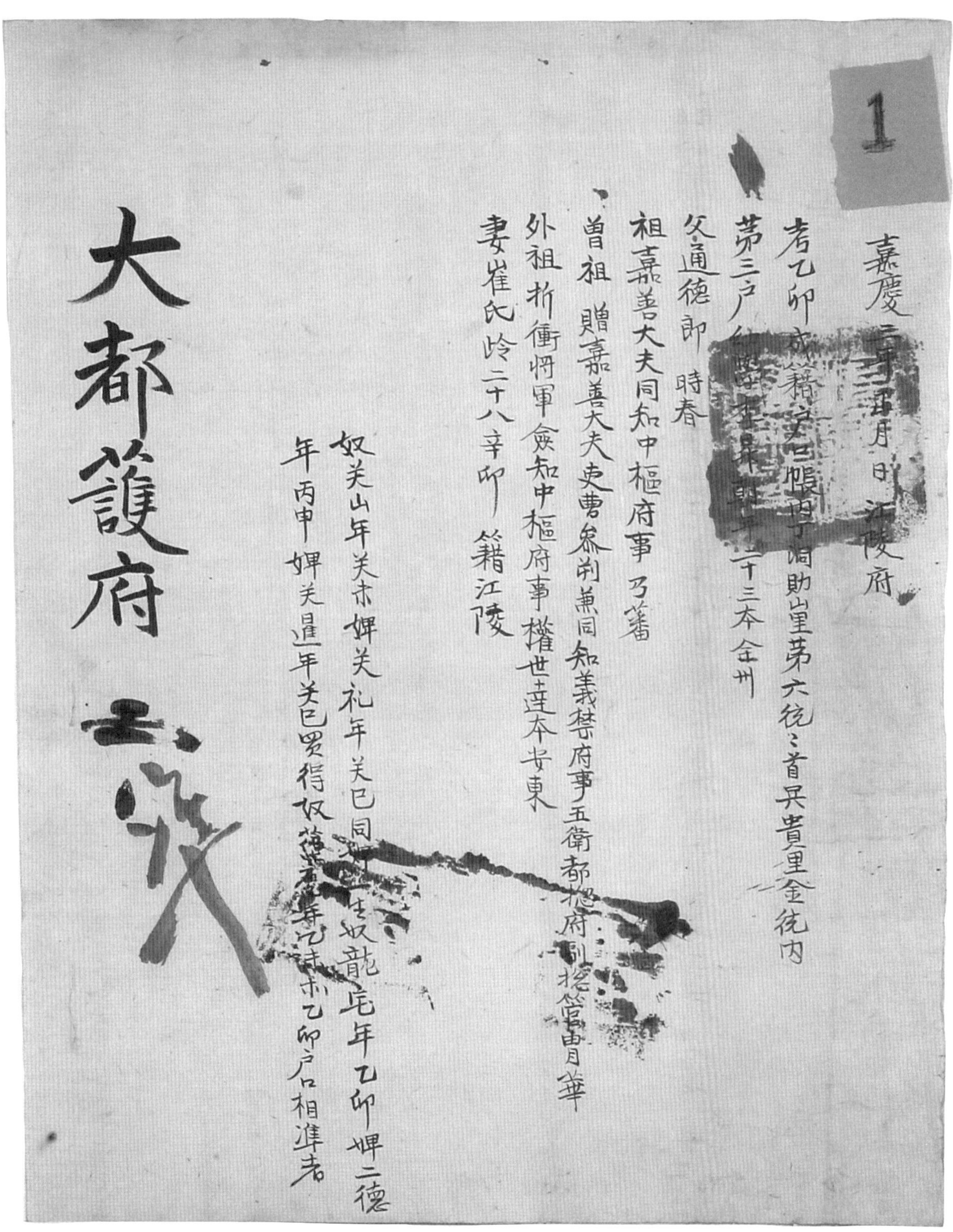

1

嘉慶三年五月 日 江陵府

考乙卯成籍戶口帳內[illegible]洞助山里第六統三首吳貴里金德內

第三戶幼學李昇朝年二十三本全州

父通德郎 時春

祖嘉善大夫同知中樞府事 弓蕃

曾祖 贈嘉善大夫吏曹參判兼同知義禁府事五衛都摠府副摠管胄華

外祖折衝將軍僉知中樞府事權世達本安東

妻崔氏齡二十八辛卯 籍江陵

奴癸山年癸未 婢癸禮年癸巳 同[illegible]生奴龍宅年乙卯 婢二德

年丙申 婢癸逢年癸巳 買得奴[illegible]年乙未 乙卯戶口相準者

大都護府

李昇朝가 江陵大都護府使에게 올린 戶口單子

1798년(정조 22), 40.8×50.1

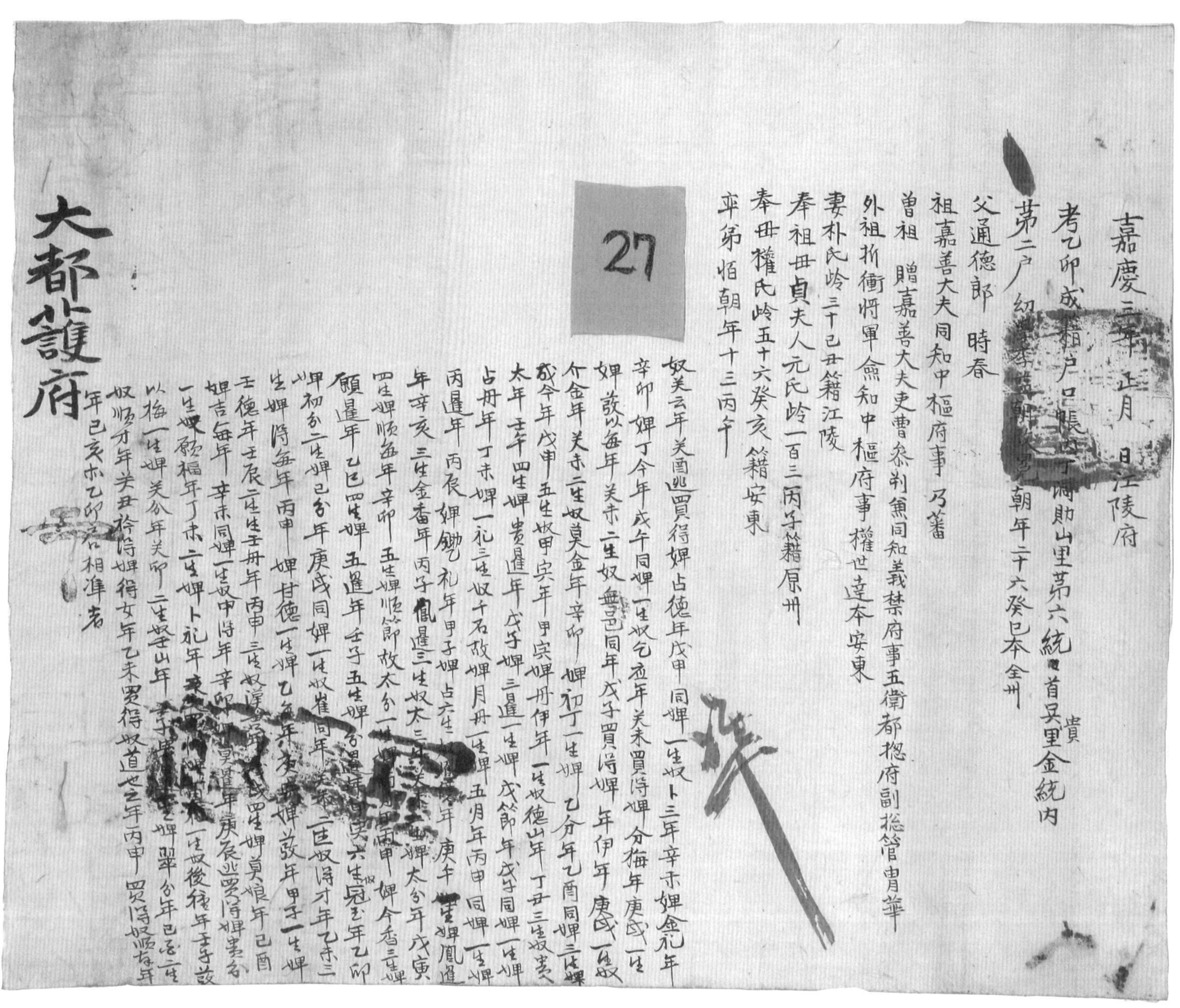

嘉慶三年正月 日江陵府

考乙卯成籍戶口帳內丁洞肋山里第六統統首吳里金貴統內

第二戶幼學李冕朝年二十六癸巳本全州

父通德郞 時春

祖嘉善大夫同知中樞府事 乃蕃

曾祖 贈嘉善大夫吏曹叅判兼同知義禁府事五衛都摠府副摠管 胄華

外祖折衝將軍僉知中樞府事 權世達本安東

妻朴氏齡三十己丑籍江陵

奉祖母貞夫人元氏齡一百三丙子籍原州

奉母權氏齡五十六癸亥籍安東

率弟恒朝年十三丙午

大都護府

李冕朝가 江陵大都護府使에게 올린 戶口單子

戶口單子 22

1801년(순조 원년), 68.3×51.9

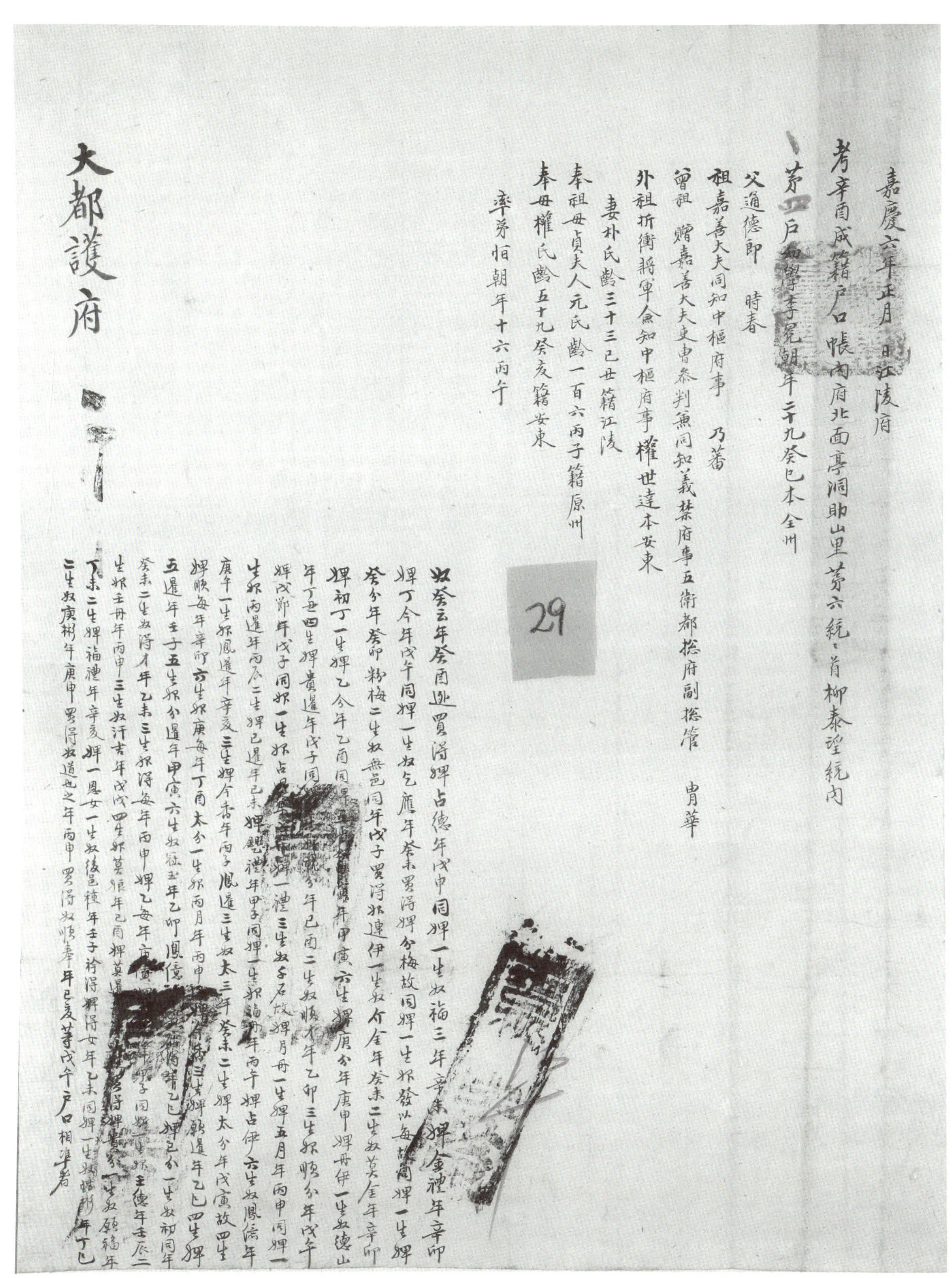

嘉慶六年正月 日江陵府

考辛酉成籍戶口帳內府北面亭洞助山里第六統統首柳泰望統內

第四戶幼學李冕朝年二十九癸巳本全州

父通德郎 時春

祖嘉善大夫同知中樞府事 乃蕃

曾祖 贈嘉善大夫吏曹參判兼同知義禁府事五衛都摠府副摠管 胄華

外祖折衝將軍僉知中樞府事權世達本安東

妻朴氏齡三十三己丑籍江陵

奉祖母貞夫人元氏齡一百六丙子籍原州

奉母權氏齡五十九癸亥籍安東

率弟恒朝年十六丙午

大都護府

李冕朝가 江陵大都護府使에게 올린 戶口單子

戶口單子 23

1804년(순조 4), 62.8×56.1

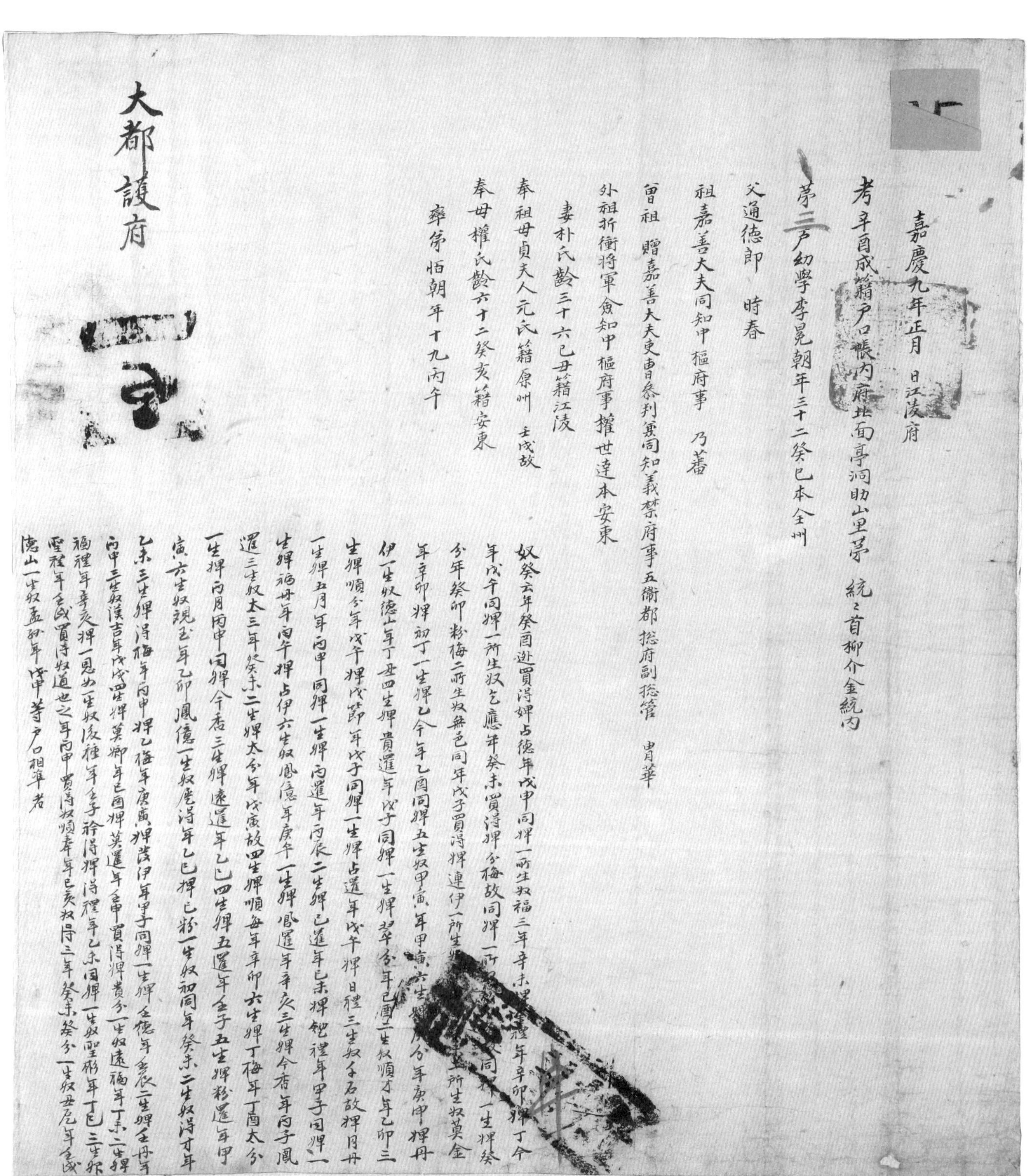

嘉慶九年正月 日江陵府
考辛酉成籍戶口帳內府北面亭洞助山里第 統之首柳介金統內
第三戶幼學李冕朝年三十二癸巳本全州
父通德郎 時春
祖嘉善大夫同知中樞府事 乃蕃
曾祖 贈嘉善大夫吏曹參判兼同知義禁府事五衛都摠府副摠管 胄華
外祖折衝將軍僉知中樞府事權世達本安東
妻朴氏齡三十六己丑籍江陵
奉祖母貞夫人元氏籍原州 壬戌故
奉母權氏齡六十二癸亥籍安東
率弟恒朝年十九丙午

大都護府

李冕朝가 江陵大都護府使에게 올린 戶口單子

戶口單子 24

1807년(순조 7), 89.7×64.7

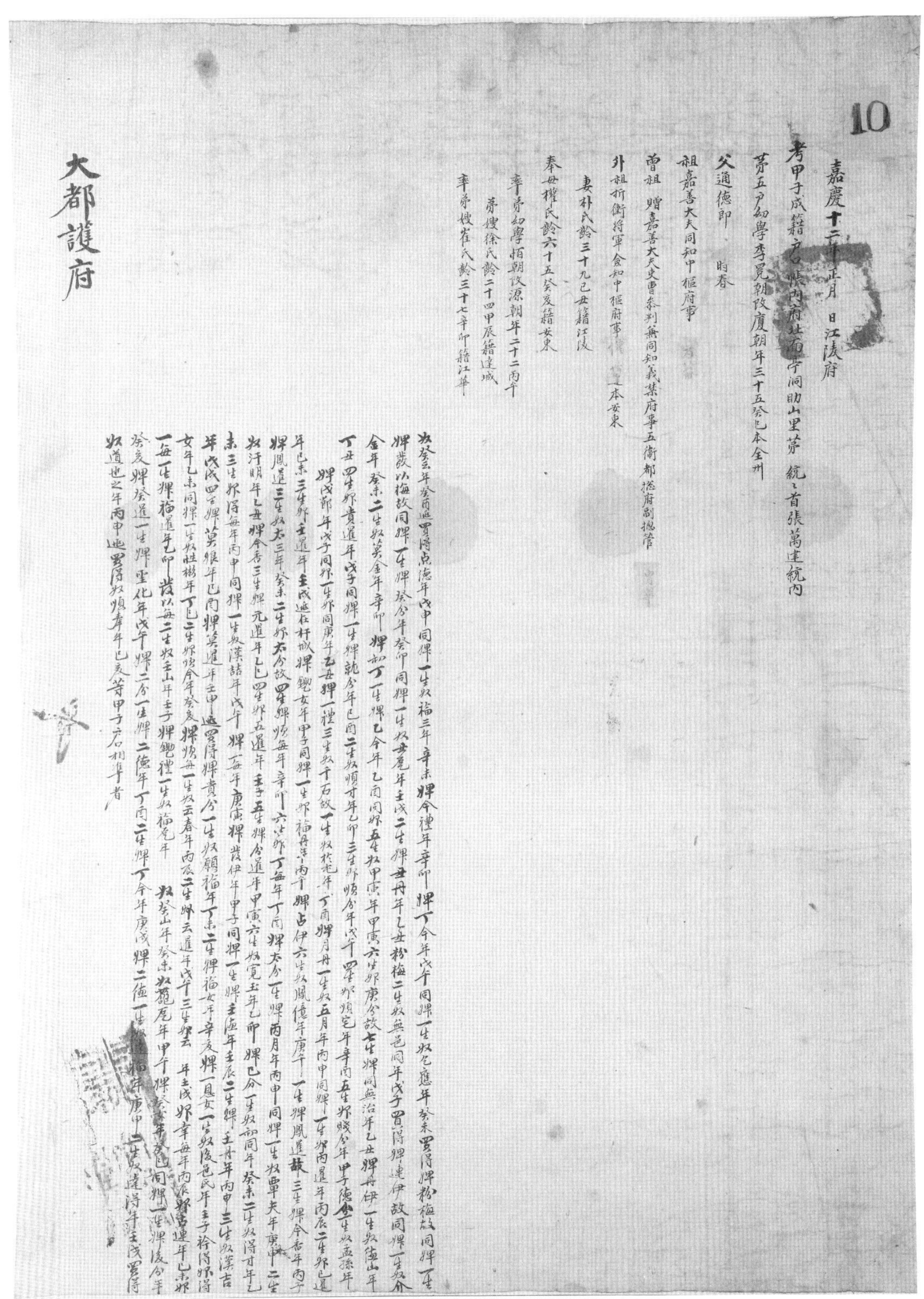

10

嘉慶十二年正月 日江陵府

考甲子成籍戶口[illegible]府北面[illegible]洞助山里第 統 首張萬建統內

第五戶幼學李覓朝改廣朝年三十五癸巳本全州

父通德郎 明春

祖嘉善大夫同知中樞府事

曾祖 贈嘉善大夫吏曹參判兼同知義禁府事五衛都摠府副摠管

外祖折衝將軍僉知中樞府事 本安東

妻朴氏齡三十九己丑籍江陵

率母權氏齡六十五癸亥籍安東

率弟幼學栢朝改源朝年二十二丙午

弟嫂徐氏齡二十四甲辰籍達城

率弟嫂崔氏齡三十七辛卯籍江華

大都護府

李廣朝가 江陵大都護府使에게 올린 戶口單子

57.3×53.7

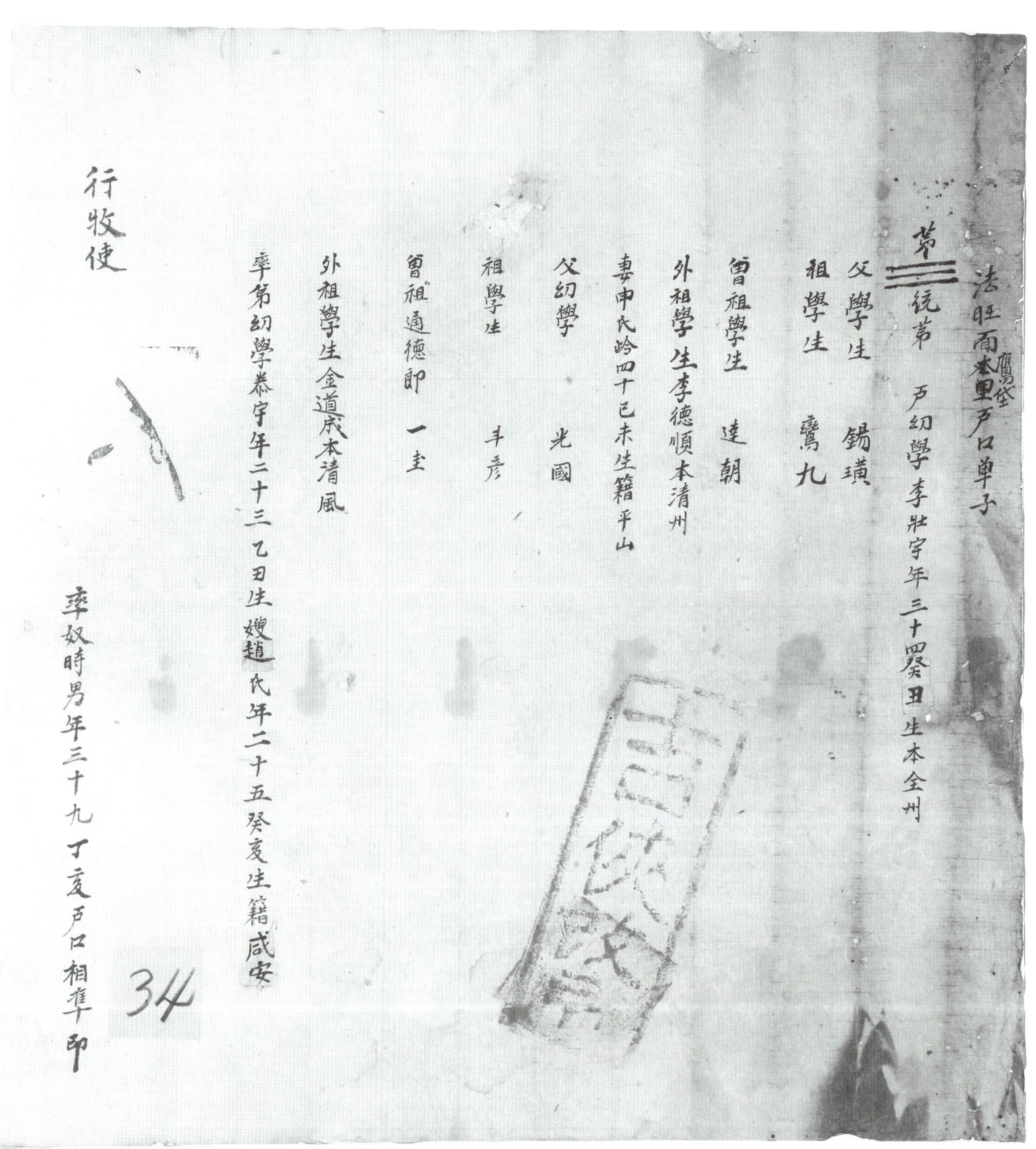

法旺面鷹岱本里戶口單子
第三統第 戶幼學李壯宇年三十四癸丑生本全州
父學生 錫璜
祖學生 鸞九
曾祖學生 達朝
外祖學生李德順本淸州
妻申氏齡四十己未生籍平山
父幼學 光國
祖學生 斗彥
曾祖通德郞 一圭
外祖學生金道成本淸風
率弟幼學恭宇年二十三乙丑生 嫂趙氏年二十五癸亥生籍咸安
率奴時男年三十九丁亥
戶口相準印
行牧使

李壯宇가 牧使에게 올린 戶口單子

準戶口 1

1810년(순조 10), 591×82.5

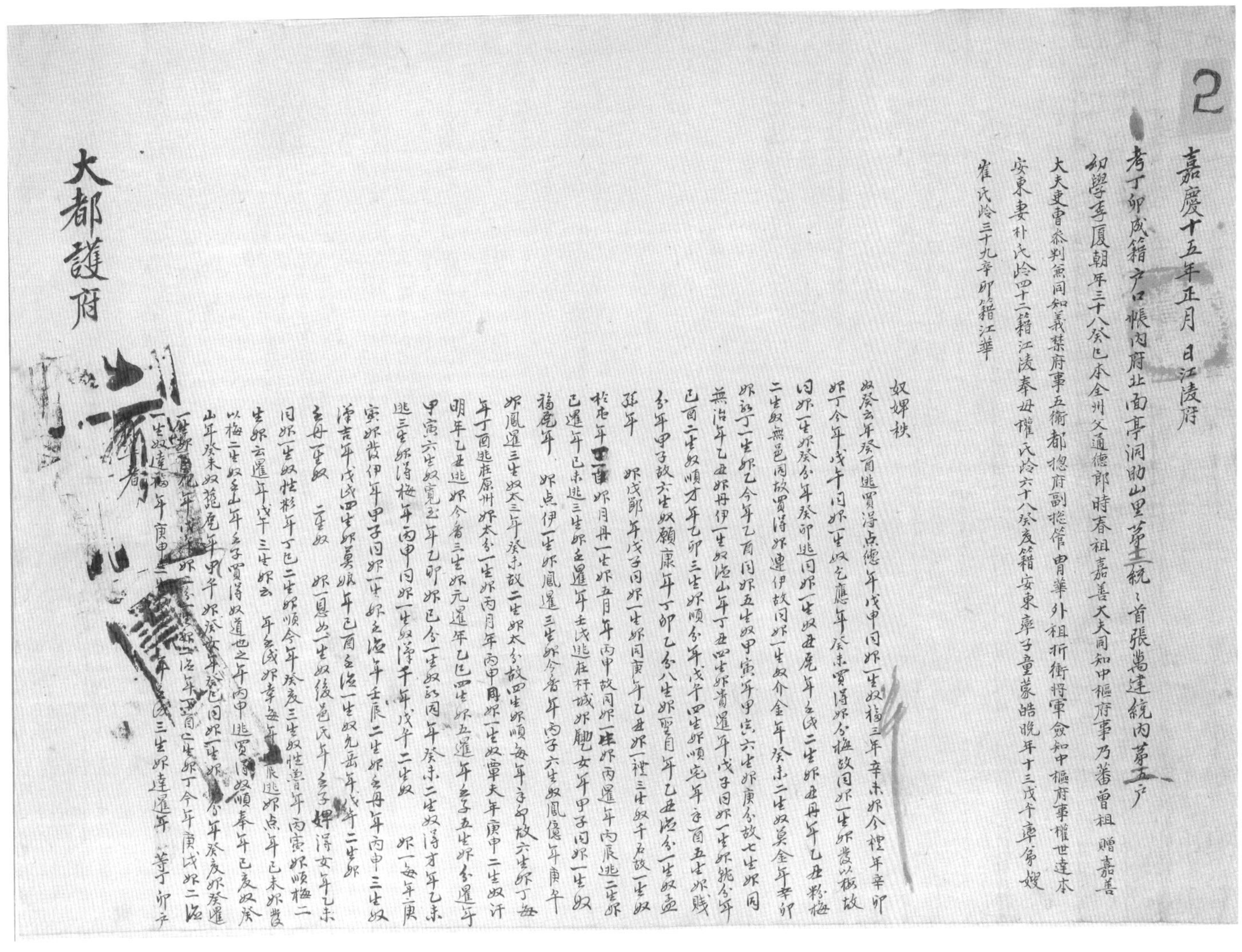

江陵大都護府使가 李廈朝에게 발급한 準戶口

準戶口 2

1816년(순조 16), 104.1×60.2

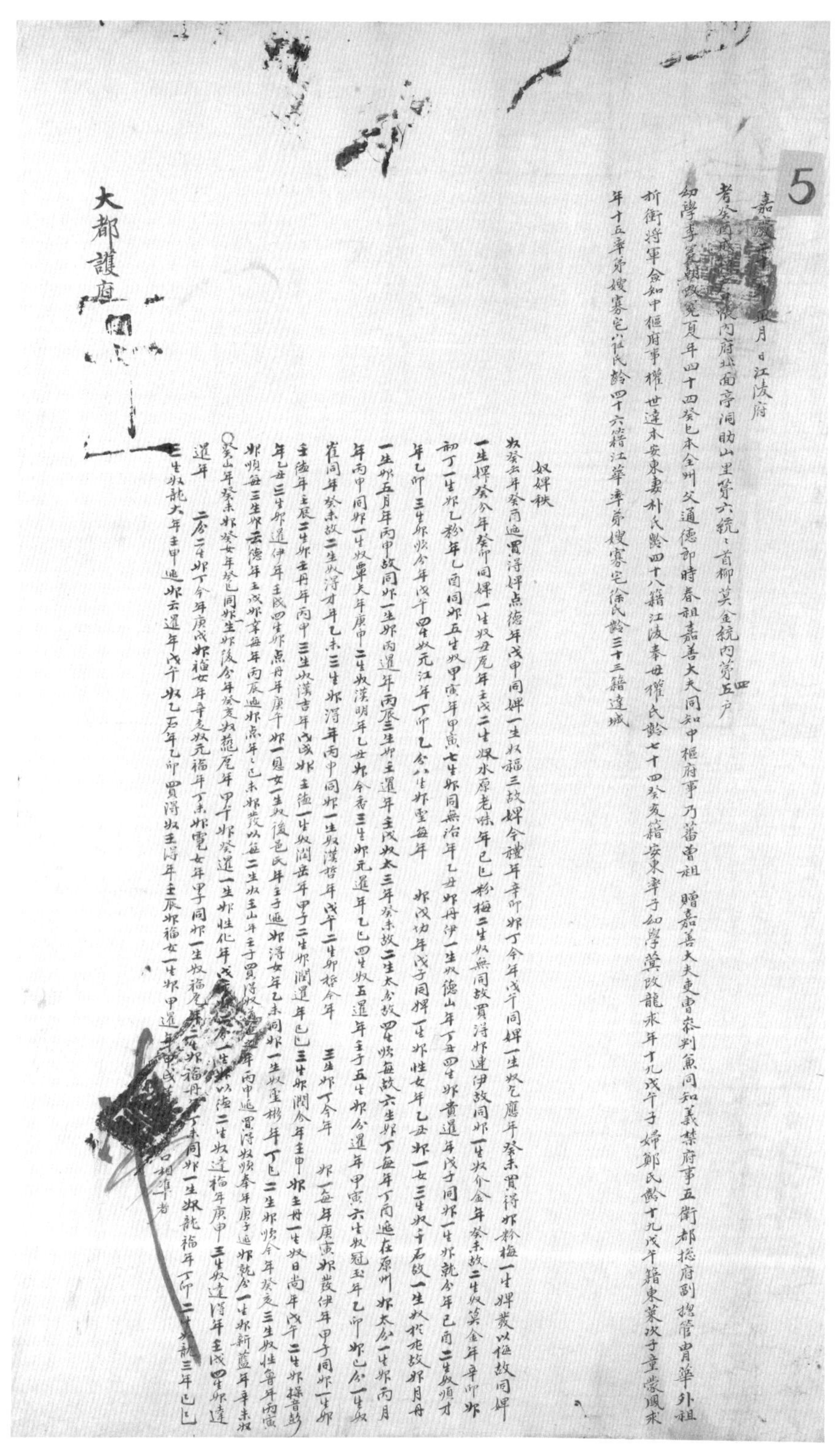

江陵大都護府에서 李冕夏에게 발급한 準戶口

準戶口 3

1819년(순조 19), 109.6×70.7

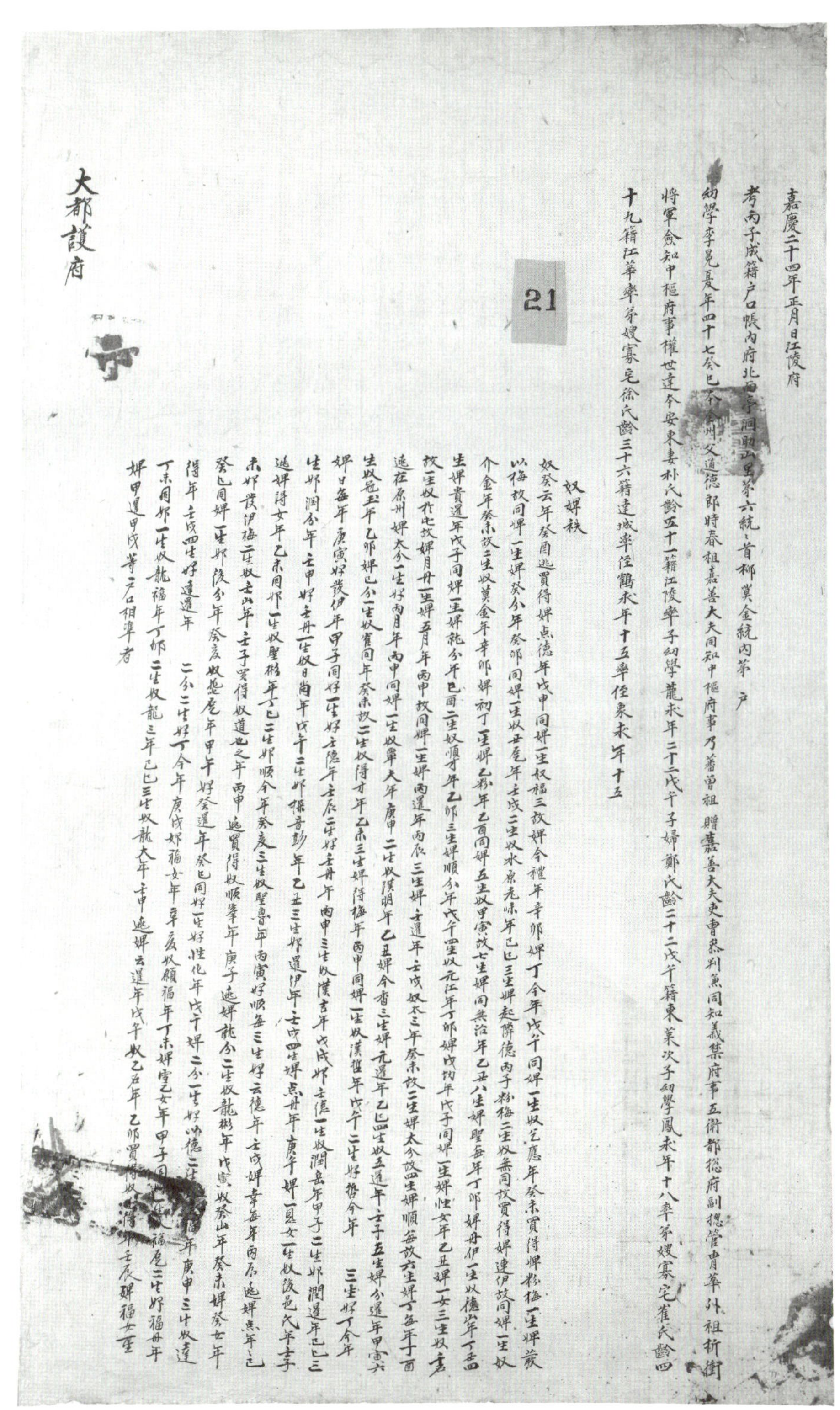

嘉慶二十四年正月日江陵府

考丙子成籍戶口帳內府北面亭洞助山里第六統統首柳冀金統內第 戶

幼學李冕夏年四十七癸巳本全州父通德郎時春祖嘉善大夫同知中樞府事乃蕃曾祖 贈嘉善大夫吏曹參判兼同知義禁府事五衛都摠府副摠管胄華外祖折衝

將軍僉知中樞府事權世達本安東妻朴氏齡五十一籍江陵率子幼學龍求年二十二戊午子婦鄭氏齡二十二戊午籍東萊次子幼學鳳求年十八率弟嫂寡宅崔氏齡四

十九籍江華率弟嫂寡宅徐氏齡三十六籍達城率侄鶴求年十五率侄象求年十五

奴婢秩

婢甲還甲戌 等戶口相準者

大都護府

江陵大都護府에서 李冕夏에게 발급한 準戶口

1822년(순조 22), 107.3×69.3

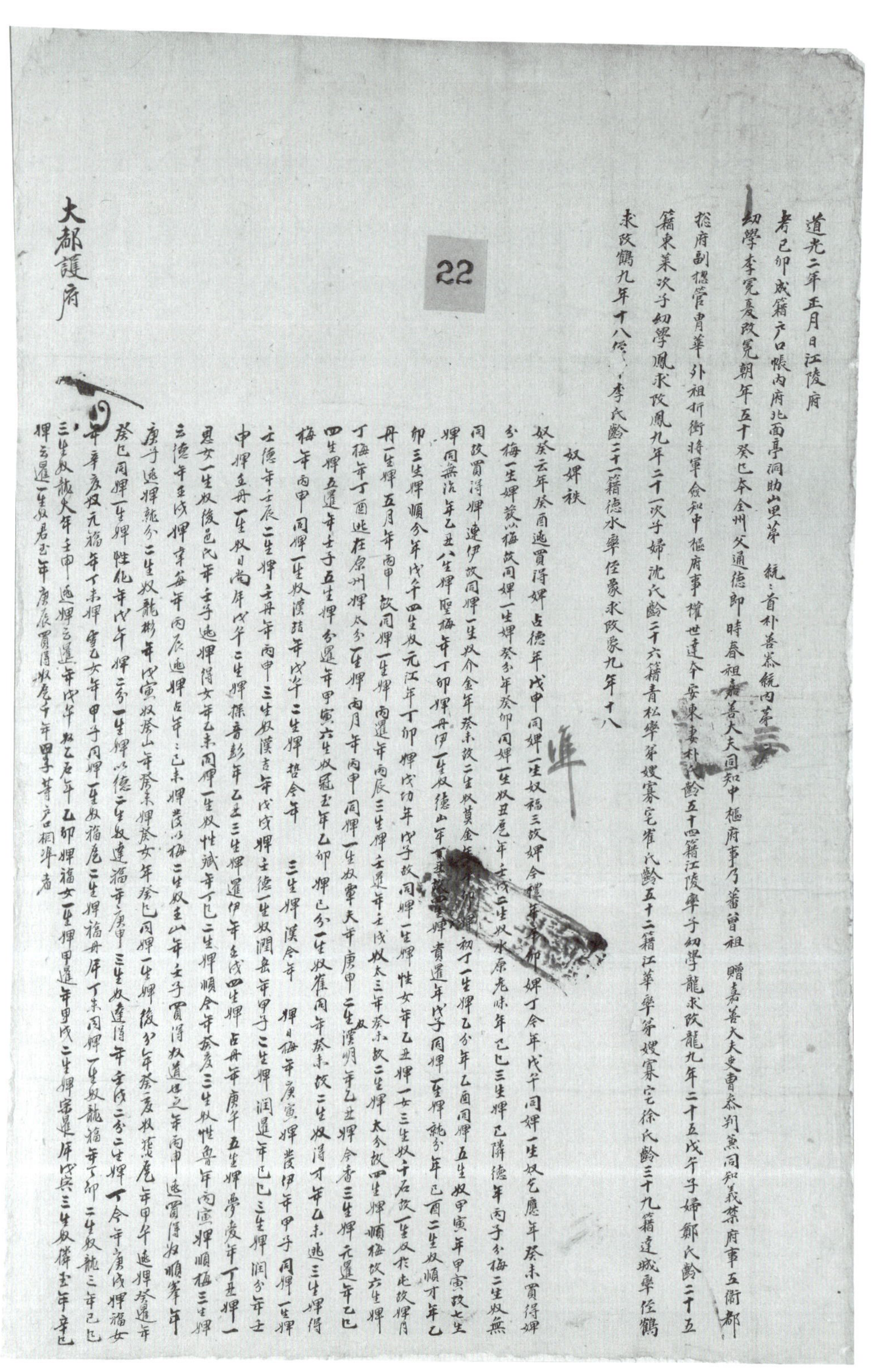

道光二年正月日江陵府

考己卯成籍戶口帳內府北面亭洞助山里第 統首朴善奉統內第 戶

幼學李冕夏改冕朝年五十癸巳本全州 父通德郎 時春 祖嘉善大夫同知中樞府事 乃蕃 曾祖 贈嘉善大夫吏曹參判兼同知義禁府事五衛都

摠府副摠管 胄華 外祖折衝將軍僉知中樞府事 權世達 本安東 妻朴氏齡五十四籍江陵 率子幼學龍求改龍九年二十五戊午 子婦鄭氏齡二十五

籍東萊 次子幼學鳳求改鳳九年二十一 次子婦沈氏齡二十六籍青松 率弟嫂寡宅崔氏齡五十二籍江華 率弟嫂寡宅徐氏齡三十九籍達城 率侄鶴

求改鶴九年十八 侄婦李氏齡二十一籍德水 率侄豪求改豪九年十八

奴婢秩

大都護府

江陵大都護府에서 李冕朝에게 발급한 準戶口

準戶口 5

1828년(순조 28), 110.9×82.2

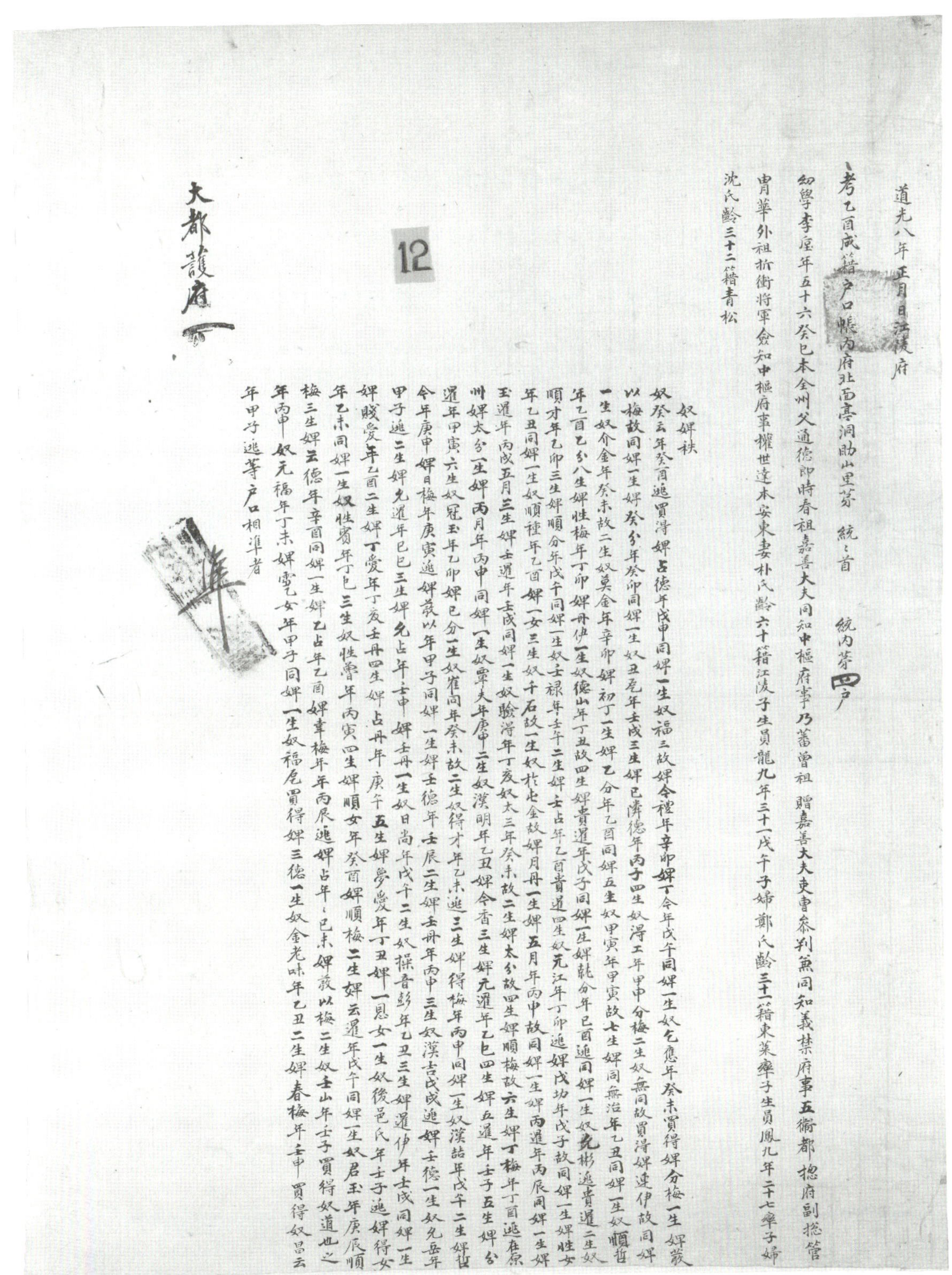

江陵大都護府에서 李庢에게 발급한 準戶口

1831년(순조 31), 115×81.9

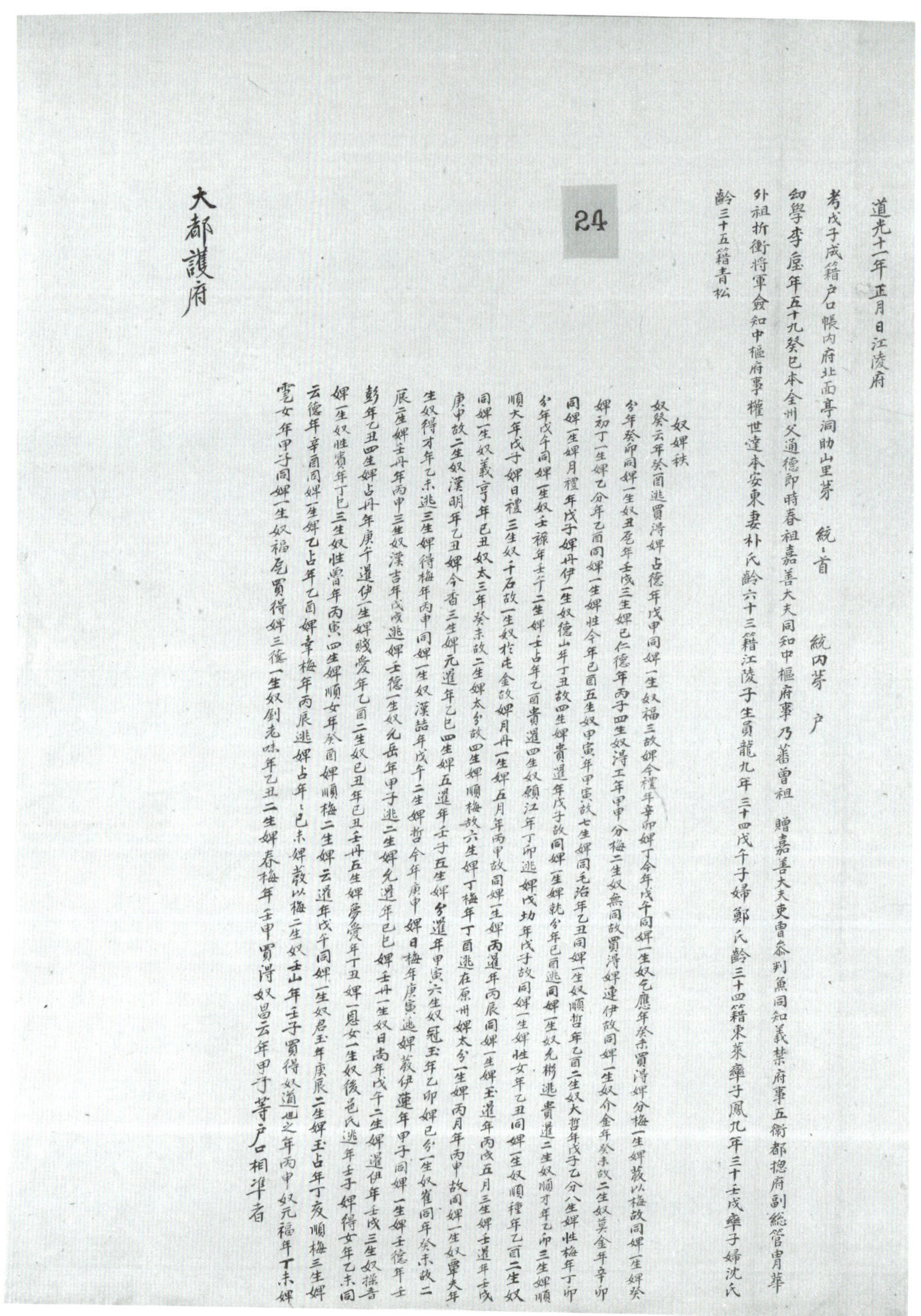

24

道光十一年正月日江陵府
考戊子成籍戶口帳內府北面亭洞助山里第 統 首 統內第 戶
幼學李㢕年五十九癸巳本全州父通德郎時春祖嘉善大夫同知中樞府事乃蕃曾祖 贈嘉善大夫吏曹叅判兼同知義禁府事五衛都摠府副摠管胄華
外祖折衝將軍僉知中樞府事權世達本安東妻朴氏齡六十三籍江陵子生員龍九年三十四戊午子婦鄭氏齡三十四籍東萊率子鳳九年三十壬戌率子婦沈氏
齡三十五籍青松

奴婢秩
奴癸云年癸酉逃買得婢占德年戊申同婢一生奴福三故婢今禮年辛卯婢丁今年戊午同婢一生奴乞應年癸未買得婢分梅一生婢莪以梅故同婢一生婢癸
分年癸卯同婢一生奴丑乭年壬戌三生婢已仁德年丙子四生奴得工年甲申分梅二生奴無同故買得婢達伊故同婢一生奴介金年癸未故二生奴莫金年辛卯
婢初丁一生婢乙分年乙酉同婢一生婢性今年己酉五生奴甲寅年甲寅故七生婢同毛治年乙丑同婢一生奴順哲年乙酉二生奴大哲年戊子乙分八生婢性梅年丁卯
同婢一生婢月禮年戊子婢丹伊一生奴德山年丁丑故四生婢貴還年戊子故同婢一生婢就分年己酉逃同婢一生奴允彬逃貴還二生奴順才年乙卯三生婢順
分年戊午同婢一生奴壬祿年壬午二生婢壬占年乙酉貴還四生奴願江年丁卯逃婢戊功年戊子故同婢一生婢性女年乙丑同婢一生奴順種年乙酉二生奴
順大年戊子婢日禮三生奴千石故一生奴於屯金故婢月丹一生婢五月年丙申故同婢一生婢丙還年丙辰同婢一生婢玉還年丙戌五月三生婢壬還年壬戌
同婢一生奴義亨年己丑奴太三年癸未故二生婢太分故四生婢順梅故六生婢丁梅年丁酉逃在原州婢太分一生婢丙月年丙申故同婢一生奴覃夫年
庚申故二生奴漢明年乙丑婢今香三生婢元還年乙巳四生婢五還年壬子五生婢分還年甲寅六生奴冠玉年乙卯婢已分一生奴崔同年癸未故二
生奴得才年乙未逃三生婢得梅年丙申同婢一生奴漢喆年戊午二生婢哲今年庚申婢日梅年庚寅逃婢莪伊蓮年甲子同婢一生婢壬德年壬
辰二生婢壬丹年丙申三生奴漢吉年戊戌逃婢壬德一生奴允岳年甲子逃二生婢允還年己巳婢壬丹一生奴日尚年戊午二生婢還伊年壬戌三生奴採音
彭年乙丑四生婢占丹年庚午還伊一生婢賤愛年乙酉二生奴已丑年己丑壬丹五生婢夢愛年丁丑婢一恩女一生奴後邑氏逃年壬子婢得女年乙未同
婢一生奴性貴年丁巳三生奴性曾年丙寅四生婢順女年癸酉婢順梅二生婢云還年戊午同婢一生奴君玉年庚辰二生婢玉占年丁亥順梅三生婢
云德年辛酉同婢一生婢乙占年乙酉婢幸梅年丙辰逃婢占年〻己未婢莪以梅二生奴壬山年壬子買得奴道迴之年丙申奴元福年丁未婢
雹女年甲子同婢一生奴福乭買得婢三德一生奴劍老味年乙丑二生婢春梅年壬申買得奴昌云年甲子等戶口相準者

大都護府

江陵大都護府에서 李㢕에게 발급한 準戶口 草

準戶口 7

1831년(순조 31), 115.8×82

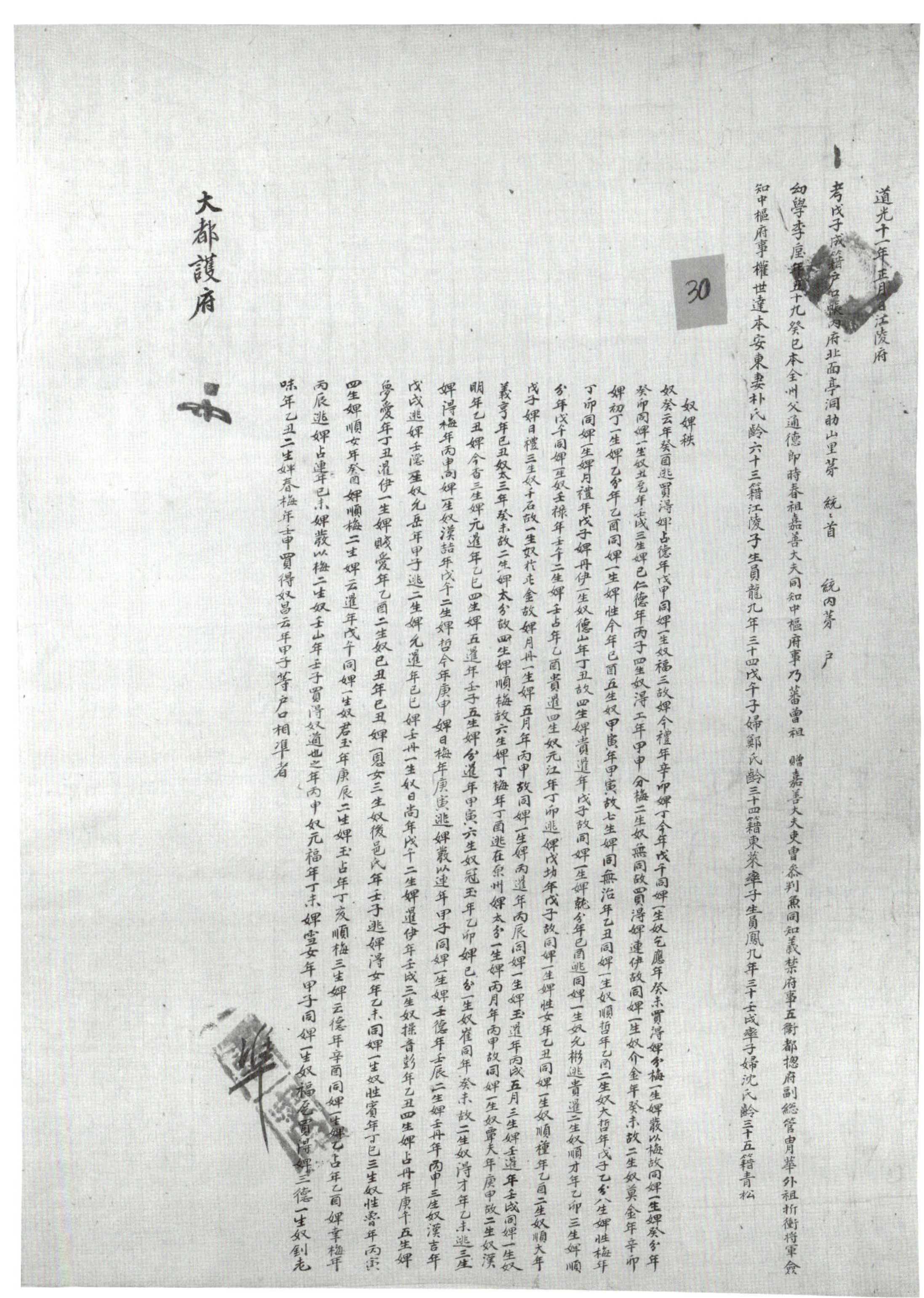

道光十一年正月 日江陵府

考戊子成籍戶口帳內府北面亭洞助山里茅 統首 統內茅 戶

幼學李㢓年五十九癸巳本全州父通德郞時春祖嘉善大夫同知中樞府事乃蕃曾祖 贈嘉善大夫吏曹參判兼同知義禁府事五衛都摠府副摠管冑華外祖折衝將軍僉

知中樞府事權世達本安東妻朴氏齡六十三籍江陵子生員龍九年三十四戊午子婦鄭氏齡三十四籍東萊率子生員鳳九年三十壬戌率子婦沈氏齡三十五籍青松

奴婢秩

奴癸云年癸酉逃買得婢占德年戊申同婢一生奴福三故婢令禮年辛卯婢丁今年戊午同婢一生奴乞應年癸未買得婢分梅一生婢叢以梅故同婢一生婢癸分年

癸卯同婢一生奴丑乭年壬戌三生婢巳仁德年丙子四生奴得工年甲申分梅二生奴無同故買得婢連伊故同婢一生奴介金年癸未故二生奴莫金年辛卯

婢初丁一生婢乙分年乙酉同婢一生婢性今年己酉五生奴甲寅年甲寅故七生婢同無治年乙丑同婢一生奴順哲年乙酉二生奴大哲年戊子乙分八生婢性梅年

丁卯同婢一生婢月禮年戊子婢丹伊一生奴德山年丁丑故四生婢貴進年戊子故同婢一生婢就分年己酉逃同婢一生奴允彬逃貴進二生奴順才年乙卯三生婢順

分年戊午同婢巫奴壬祿年壬午二生婢壬占年乙酉貴進四生奴元江年丁卯逃婢戊功年戊子故同婢一生婢性女年乙丑同婢一生奴順種年乙酉二生奴順大年

戊子婢日禮三生奴千石故一生奴於屯金故婢月丹一生婢五月年丙申故同婢一生婢丙進年丙辰同婢一生婢玉進年丙戌五月三生婢壬進年壬戌同婢一生奴

義亨年己丑奴太三年癸未故二生婢太分故四生婢順梅故六生婢丁梅年丁酉逃在原州婢太分一生婢丙月年丙申故同婢一生奴覃夫年庚申故二生奴漢

明年乙丑婢令香三生婢元進年乙巳四生婢五進年壬子五生婢分進年甲寅六生奴冠玉年乙卯婢巳分一生奴崔同年癸未故二生奴得才年乙未逃三生

婢得梅年丙申同婢巫奴漢喆年戊午二生婢哲今年庚申婢日梅年庚寅逃婢叢以連年甲子同婢一生婢壬德年壬辰二生婢壬丹年丙申三生奴漢吉年

戊戌逃婢壬隱巫奴允岳年甲子逃二生婢允進年己巳婢壬丹一生奴日尚年戊午二生婢進伊年壬戌三生奴採音彭年乙丑四生婢占丹年庚午五生婢

㝷愛年丁丑進伊一生婢賤愛年乙酉二生奴巳丑年己丑婢㥿女三生奴後邑氏年壬子逃婢得女年乙未同婢一生奴壯賓年丁巳三生奴性㞯年丙寅

四生婢順女年癸酉婢順梅二生婢云進年戊午同婢一生奴君玉年庚辰二生婢玉占年丁亥順梅三生婢云德年辛酉同婢一生婢乙占年乙酉婢章梅年

丙辰逃婢占連年己未婢叢以梅二生奴壬山年壬子買得奴道也之年丙申奴元福年丁未婢雪女年甲子同婢一生奴福乭買得婢三德一生奴釗乞

味年乙丑二生婢春梅年壬申買得奴昌云年甲子等戶口相準者

大都護府

江陵大都護府에서 李㢓에게 발급한 準戶口

1834년(순조 34), 118.5×66.3

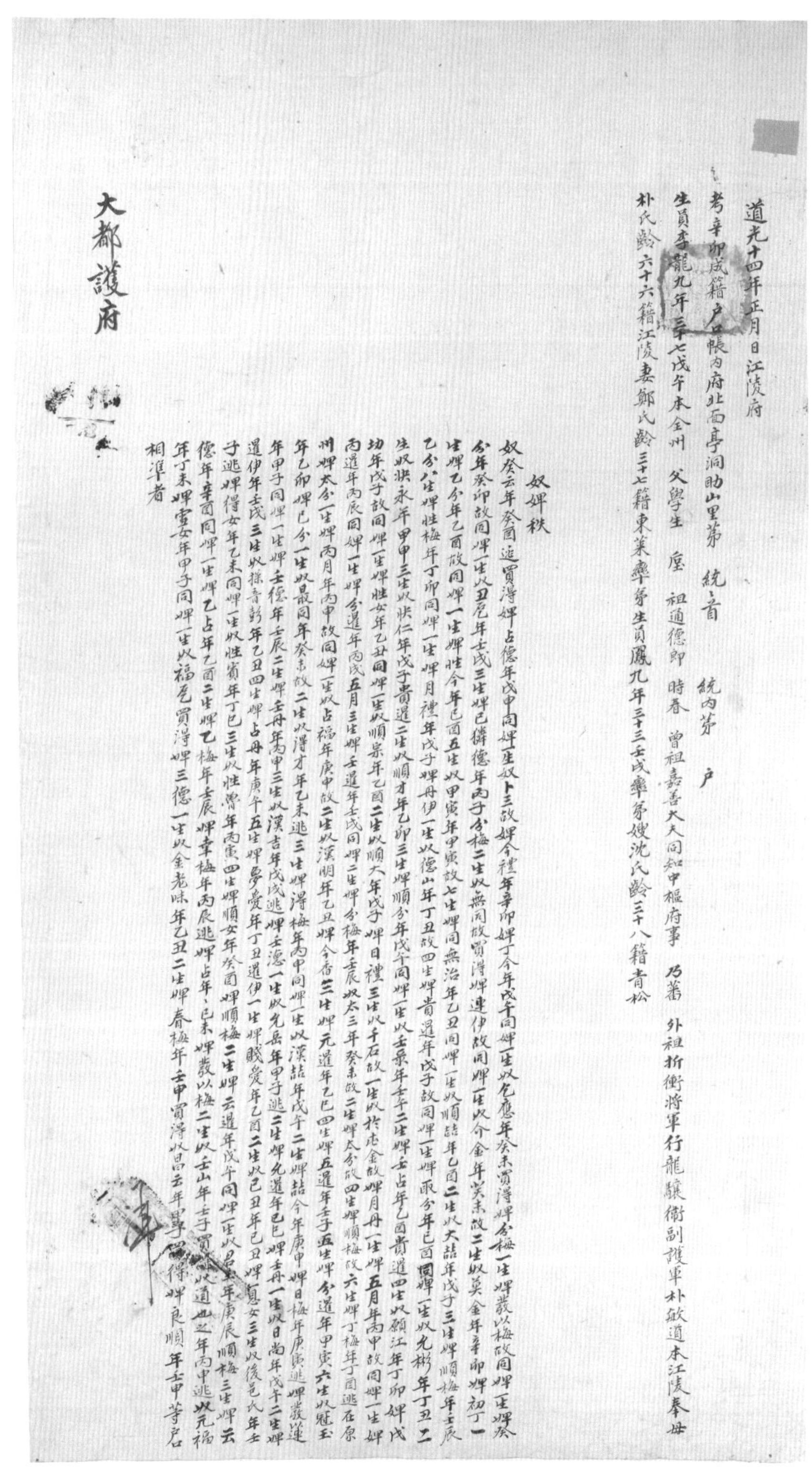

道光十四年正月日江陵府

考辛卯成籍戶口帳內府北面亭洞助山里第 統首 統內第 戶

生員李龍九年三十七戊午本全州 父學生 座 祖通德郎 時春 曾祖嘉善大夫同知中樞府事 乃蕃 外祖折衝將軍行龍驤衛副護軍朴敏道本江陵 奉母

朴氏齡六十六籍江陵 妻鄭氏齡三十七籍東萊 率弟生員龐九年三十三壬戌 率弟嫂沈氏齡三十八籍青松

奴婢秩

奴癸云年癸酉逃買得婢占德年戊申同婢一生奴卜三故婢今禮年辛卯婢丁今年戊午同婢一生奴乞應年癸未買得婢分梅一生婢叢以梅故同婢一生婢癸

分年癸卯故同婢一生奴丑乭年壬戌三生婢已𡚸德年丙子分梅二生奴無同故買得婢連伊故同婢一生奴介金年癸未故二生奴莫金年辛卯婢初丁一

生婢乙分年乙酉故同婢一生婢性今年己酉五生奴甲寅年甲寅故七生婢同無治年乙丑同婢一生奴順喆年乙酉二生奴大喆年戊子三生婢順梅年壬辰

乙分八生婢性梅年丁卯同婢一生婢月禮年戊子婢丹伊一生奴德山年丁丑故四生婢貴還年戊子故同婢一生婢取分年己酉同婢一生奴允彬年丁丑二

生奴洪永年甲申三生奴洪仁年戊子貴還二生奴順才年乙卯三生婢順分年戊午同婢一生奴壬乘年壬午二生婢壬占年乙酉貴還四生奴願江年丁卯婢戊

功年戊子故同婢一生婢性女年乙丑同婢一生奴順宗年乙酉二生奴順大年戊子婢日禮三生奴千石故一生奴於屯金故婢月丹一生婢五月年丙申故同婢一生婢

丙還年丙辰同婢一生婢分還年丙戌五月三生婢壬還年壬戌同婢二生婢分梅年壬辰奴太三年癸未故二生婢太分故四生婢順梅故六生婢丁梅年丁酉逃在原

州婢太分一生婢丙月年丙申故同婢一生奴占福年庚申故二生奴漢明年乙丑婢今香三生婢元還年乙巳四生婢五還年壬子五生婢分還年甲寅六生奴冠玉

年乙卯婢巳分一生奴最同年癸未故二生奴得才年乙未逃三生婢得梅年丙申同婢一生奴漢喆年戊午二生婢喆今年庚申婢日梅年庚寅逃婢叢蓮

年甲子同婢一生婢壬德年壬辰二生婢壬丹年丙申三生奴漢吉年戊戌逃婢壬德一生奴允岳年甲子逃二生婢允還年己巳婢壬丹一生奴日尚年戊午二生婢

還伊年壬戌三生奴採音彭年乙丑四生婢占丹年庚午五生婢夢愛年丁丑還伊一生婢賤愛年乙酉二生奴己丑年己丑婢息女三生奴後邑氏年壬

子逃婢得女年乙未同婢一生奴性賓年丁巳三生奴性贊年丙寅四生婢順女年癸酉婢順梅二生婢云還年戊午同婢一生奴[illegible]年庚辰順梅三生婢云

德年辛酉同婢一生婢乙占年乙酉二生婢乙梅年壬辰婢幸梅年丙辰逃婢占年己未婢叢以梅二生奴壬山年壬子買得奴道也之年丙申逃奴元福

年丁未婢雪女年甲子同婢一生奴福乭買得婢三德一生奴金老味年乙丑二生婢春梅年壬申買得奴昌云年[illegible]買得婢良順年壬申等戶

口準者

大都護府

江陵大都護府에서 李龍九에게 발급한 準戶口

準戶口 9

1843년(헌종 9), 95.4×61.1

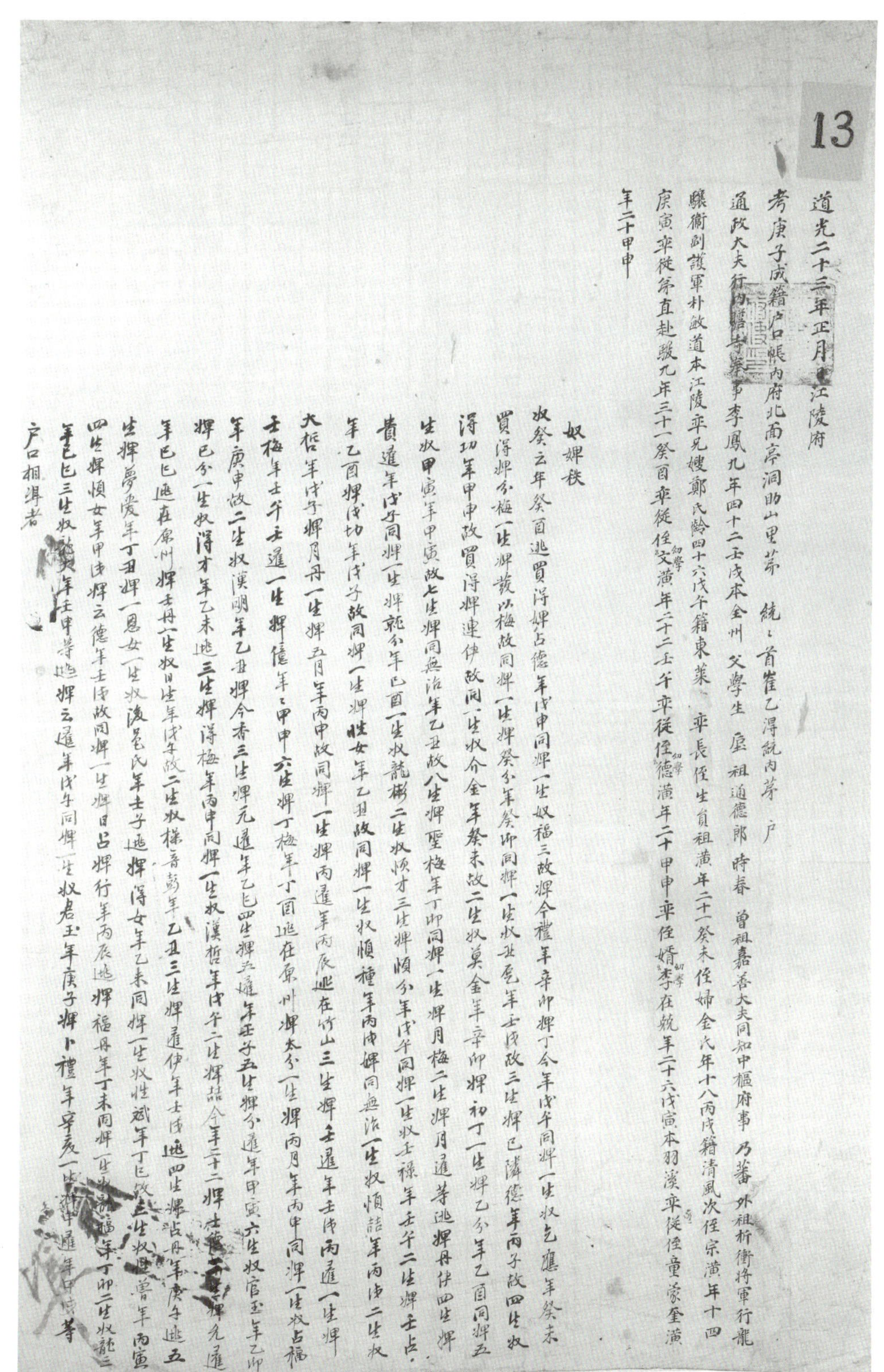

13

道光二十三年正月 日江陵府

考庚子成籍戶口帳內府北面亭洞助山里第 統 統首崔乙得統內第 戶

通政大夫行內贍寺[illegible]事李鳳九年四十二壬戌本全州 父學生 垕 祖通德郎 時春 曾祖嘉善大夫同知中樞府事 乃蕃 外祖折衝將軍行龍

驤衛副護軍朴敵道本江陵 率兄嫂鄭氏齡四十六戊午籍東萊 率長侄生員祖漢年二十一癸未 侄婦金氏年十八丙戌籍清風 次侄宗漢年十四

庚寅 率從弟直赴擬九年三十一癸酉 率從侄幼學文漢年二十二壬午 率從侄幼學德漢年二十甲申 率侄婿幼學李在烋年二十六戊寅本羽溪 率從侄童蒙奎漢

年二十甲申

奴婢秩

奴癸云年癸酉逃 買得婢占德年戊申同婢一生奴福三故 婢今禮年辛卯 婢丁今年戊午同婢一生奴乞應年癸未

買得婢分梅一生婢趙以梅故同婢一生婢癸分年癸卯同婢一生奴丑乭年壬戌故三生婢巳隣德年丙子故四生奴

得功年甲申故 買得婢連伊故同一生奴介金年癸未故二生奴莫金年辛卯 婢初丁一生婢乙分年乙酉同婢五

生奴甲寅年甲寅故七生婢同無治年乙丑故八生婢聖梅年丁卯同婢一生婢月梅二生婢月暹等逃 婢丹伊四生婢

貴暹年戊子同婢一生婢就分年己酉一生奴龍彬二生奴順才三生婢順分年戊午同婢一生奴壬祿年壬午二生婢壬占

年乙酉 婢戊切年戊子故同婢一生婢姓女年乙丑故同婢一生奴順種年丙申 婢同無治一生奴順喆年丙申二生奴

大哲年戊子 婢月丹一生婢五月年丙申故同婢一生婢丙暹年丙辰逃在竹山三生婢壬暹年壬申 丙暹一生婢

壬梅年壬午 壬暹一生婢億年甲申 六生婢丁梅年丁酉逃在原州 婢太分一生婢丙月年丙申同婢一生奴占福

年庚申故二生奴漢明年乙丑 婢今香三生婢元暹年乙巳四生婢丑暹年壬子五生婢分暹年甲寅六生奴官玉年乙卯

婢巳分一生奴得才年乙未逃三生婢得梅年丙申同婢一生奴漢哲年戊午二生婢喆今年二十二 婢[illegible]婢元暹

年巳巳逃在原州 婢壬丹一生奴日生年戊午故二生奴樣音彭年乙丑三生婢暹伊年壬辰逃四生婢占丹年庚午逃五

生婢夢愛年丁丑 婢一恩女一生奴後乭氏年壬子逃 婢得女年乙未同婢一生奴性斌年丁巳故五生奴[illegible]曾年丙寅

四生婢順女年甲申 婢云德年壬申故同婢一生婢日占 婢行年丙辰逃 婢福丹年丁未同婢一生[illegible]福年丁卯二生奴龍三

年巳巳三生奴[illegible]年壬申等逃 婢云暹年戊午同婢一生奴君玉年庚子 婢卜禮年辛亥一生婢[illegible]暹年甲戌等

戶口相準者

江陵大都護府에서 李鳳九에게 발급한 準戶口

試券 1

1791년(정조 15), 69.3×158.5

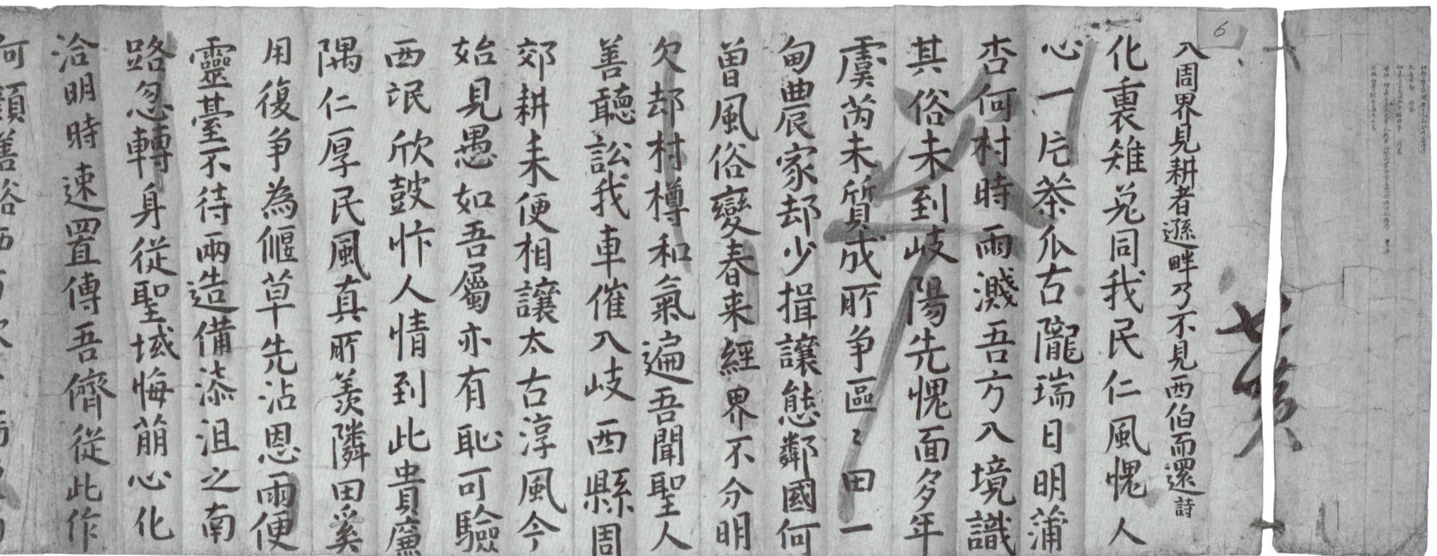

李益朝가 19세에 작성한 試券

試券 2

1801년(순조 원년), 72.2×176.2

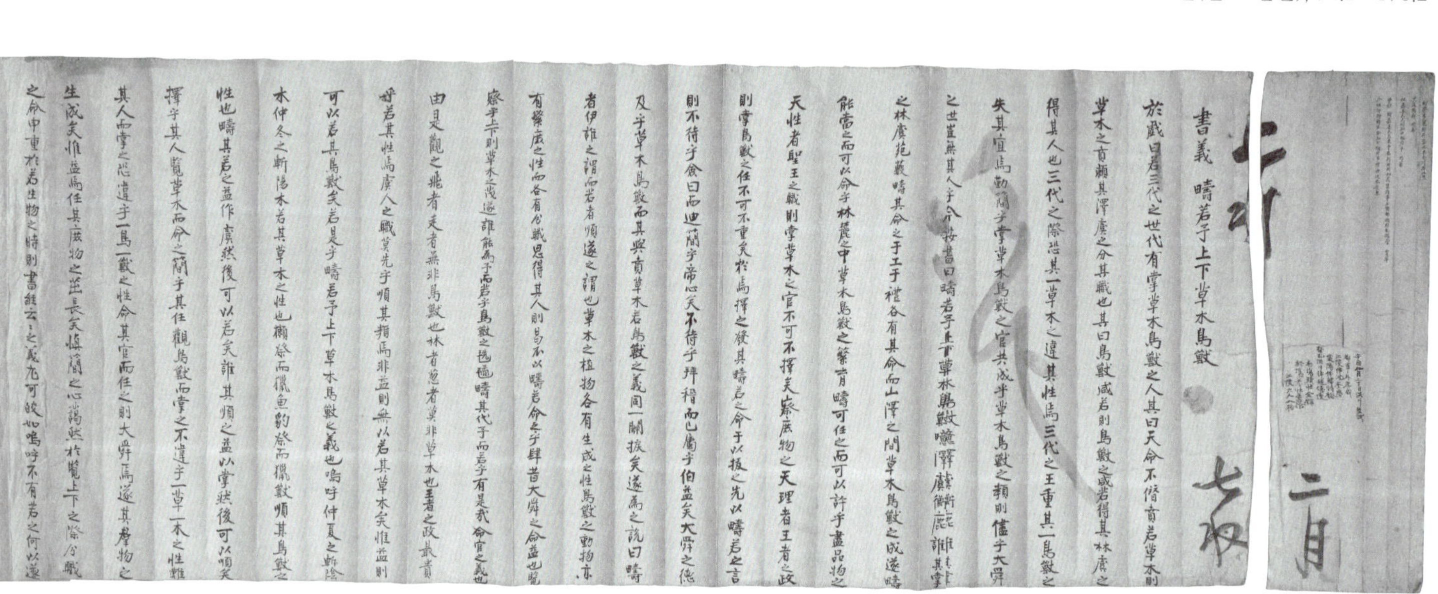

李冕朝가 29세에 작성한 試券

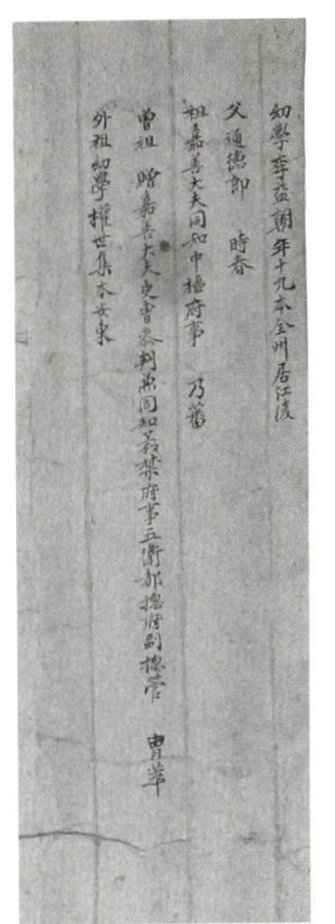

幼學李益朝 年十九 本全州 居江陵
父 通德郎 時春
祖 嘉善大夫同知中樞府事 乃蕃
曾祖 贈嘉善大夫吏曹參判兼同知義禁府事五衛都摠府副摠管 曺華
外祖 幼學 權世集 本安東

爭未敢擅西天日月送餘輝
同被明廷仁化煽俄然兩國相
禮讓頌化朋樽野老醼

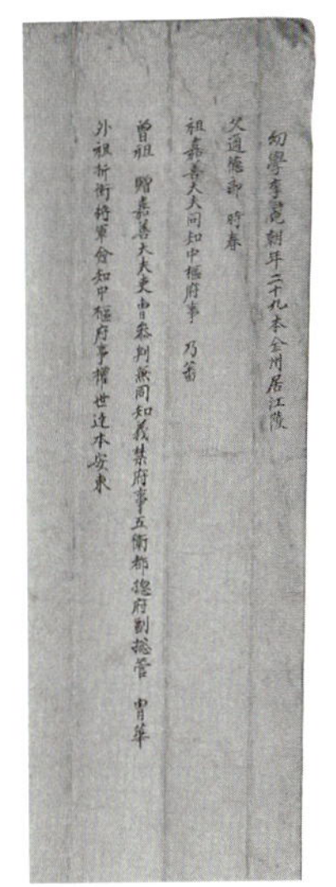

幼學李寬朝 年二十九 本全州 居江陵
父 通德郎 時春
祖 嘉善大夫同知中樞府事 乃蕃
曾祖 贈嘉善大夫吏曹參判兼同知義禁府事五衛都摠府副摠管 曺華
外祖 折衝將軍僉知中樞府事 權世達 本安東

試券 3

1805년(순조 5), 72.9×164.8

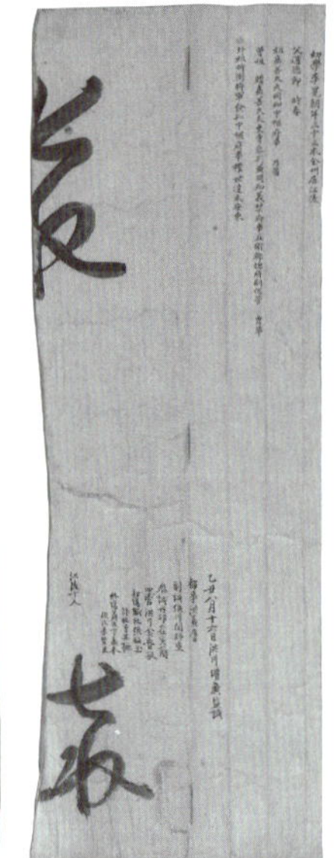

李冕朝가 33세에 작성한 試券

試券 4

1822년(순조 22), 77.9×173.2

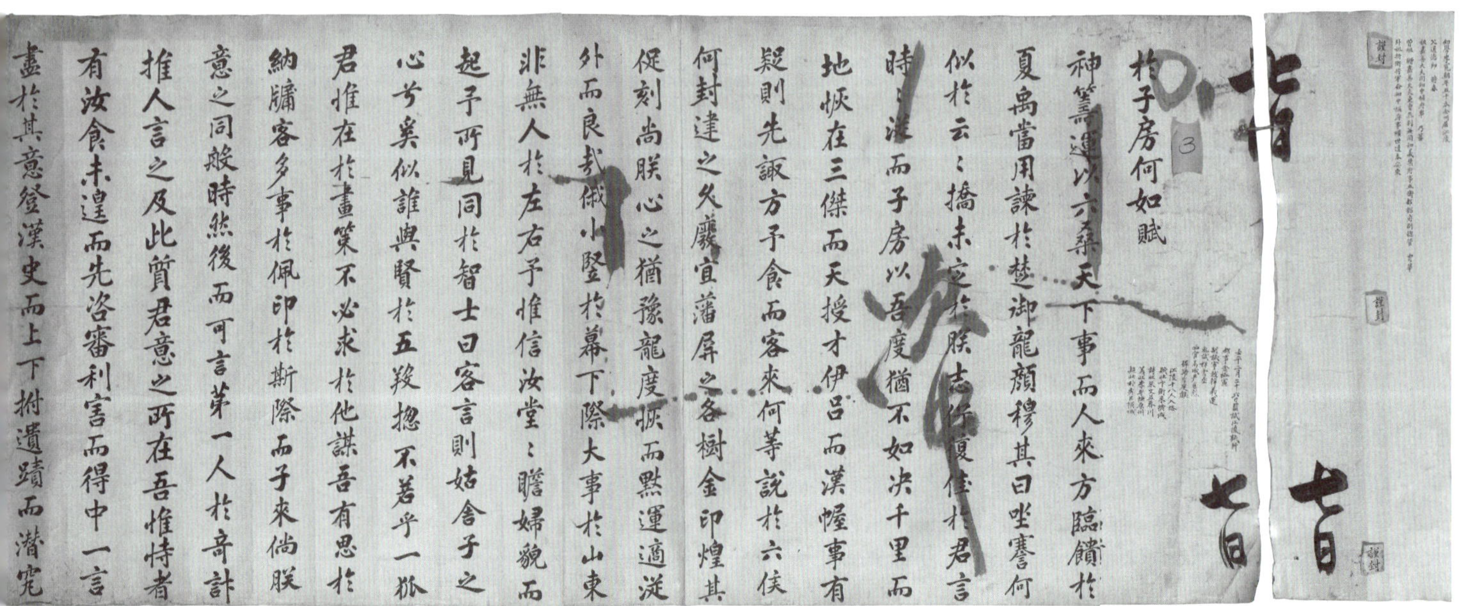

李冕朝가 50세에 작성한 試券

之亦可也正大正中則爲之不難也至善至仁則爲之亦無難也易之臨
吝二字期存乎爲則庶無憂矣吁諡義

幼學李寬朝年三十三本全州居江陵
父通德郎 時春
祖嘉善大夫同知中樞府事 乃蕃
曾祖 贈嘉善大夫吏曹參判兼同知義禁府事五衛都摠府副摠管 冑華
外祖折衝將軍僉知中樞府事權世達本安東

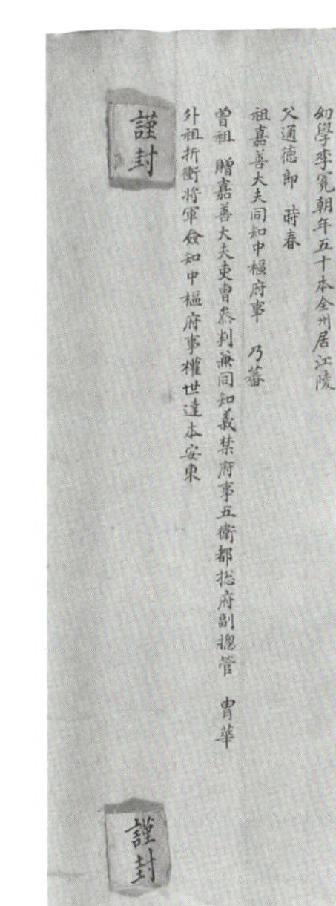

幼學李寬朝年五十本全州居江陵
父通德郎 時春
祖嘉善大夫同知中樞府事 乃蕃
曾祖 贈嘉善大夫吏曹參判兼同知義禁府事五衛都摠府副摠管 冑華
外祖折衝將軍僉知中樞府事權世達本安東
謹封
謹封

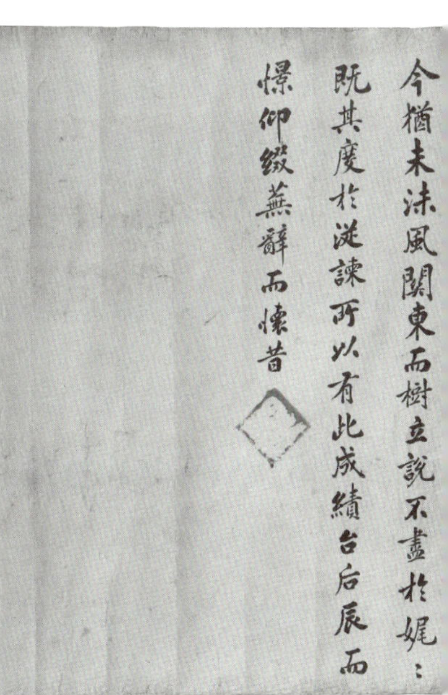

今猶未沫風聞東而樹立說不盡於娓娓
既其慶於從諫所以有此成績台后辰而
慓仰綴蕪辭而懷昔

試券 5

1822년(순조 22), 115.8×81.9

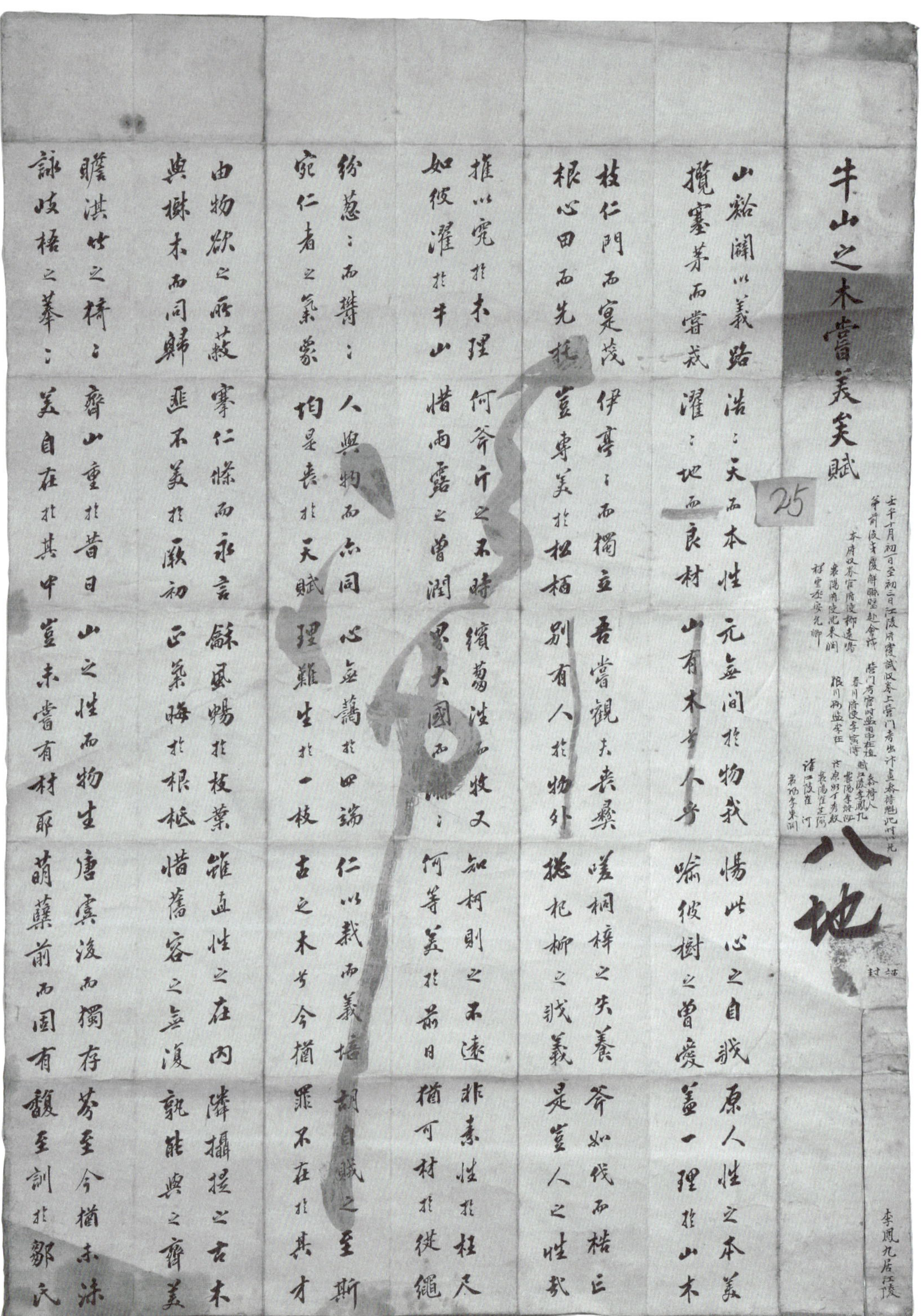

李鳳九가 21세에 작성한 試券

試券 6

1822년(순조 22), 115.6×81.9

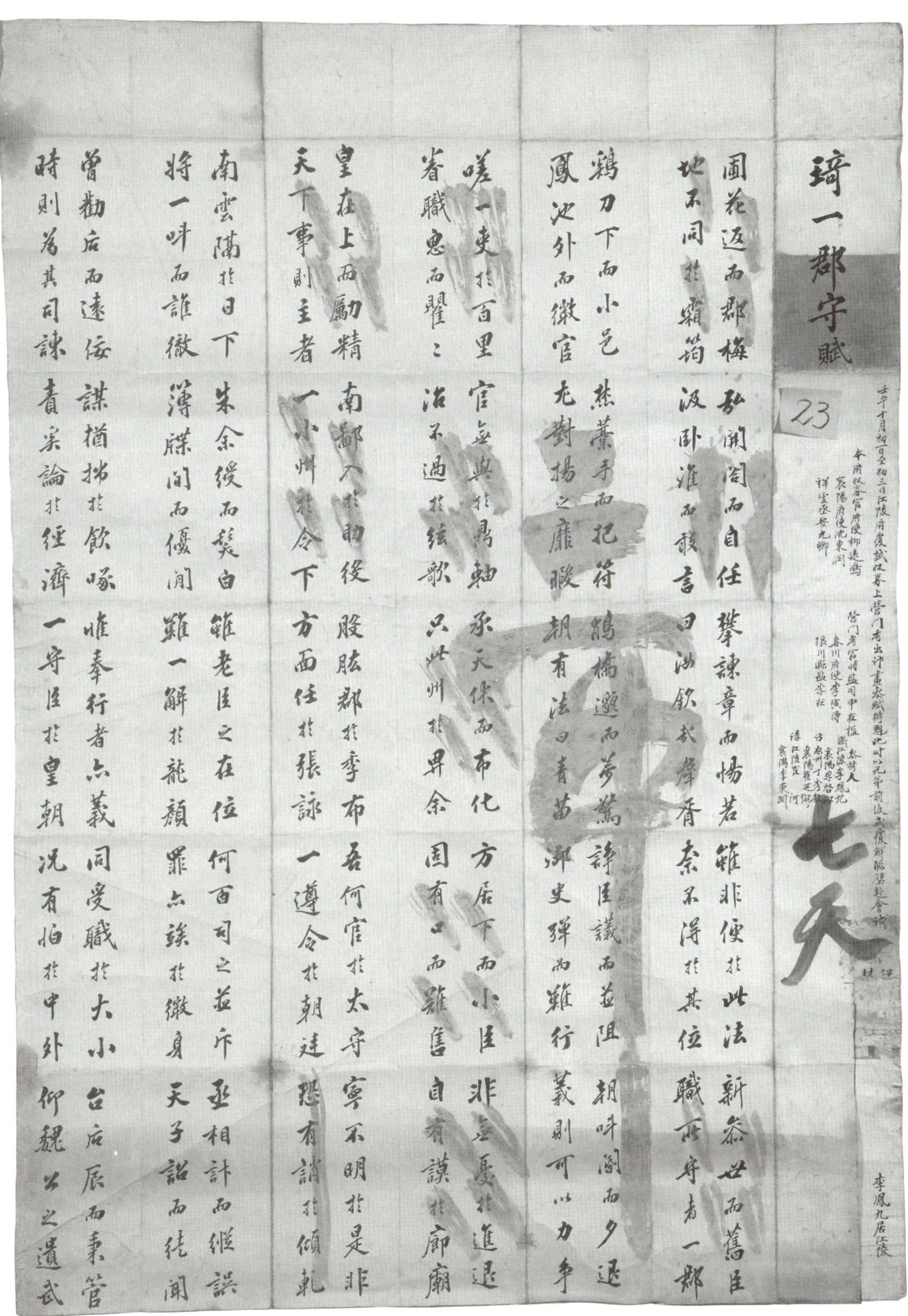

李鳳九가 21세에 작성한 試券

試券 7

1825년(순조 25), 77.7×177.3

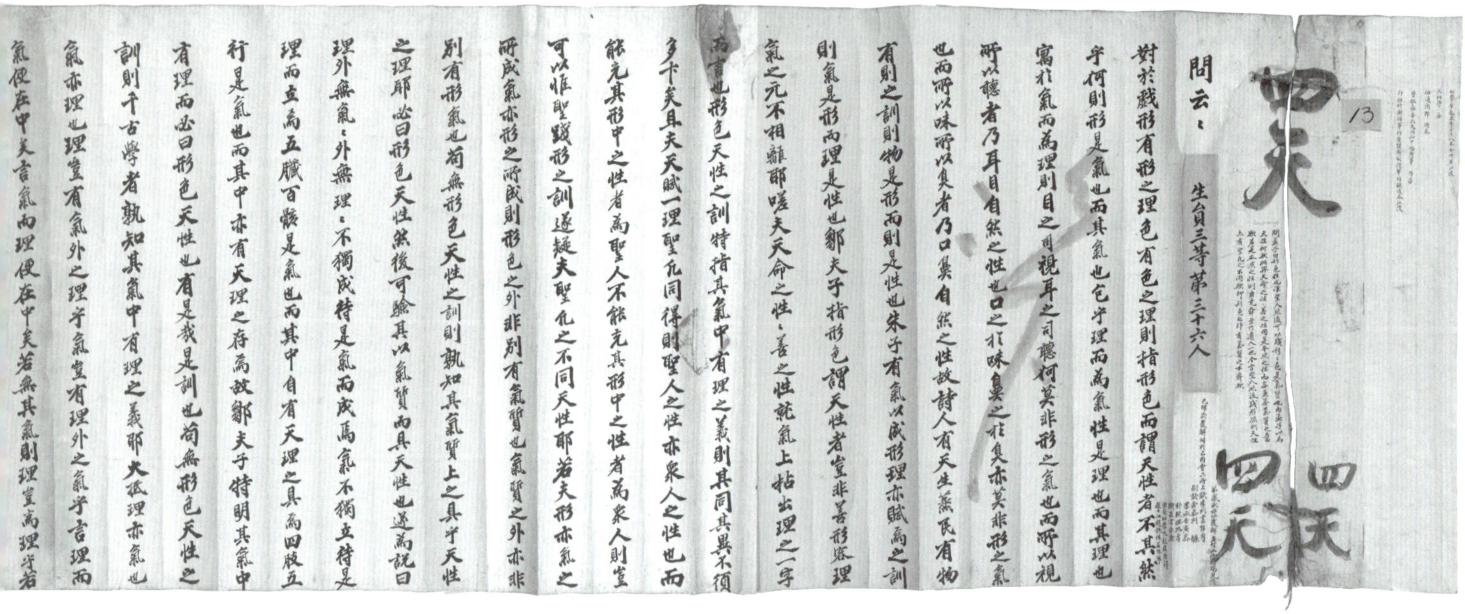

李龍九가 28세에 작성한 試券

試券 8

1827년(순조 27), 73.7×168.4

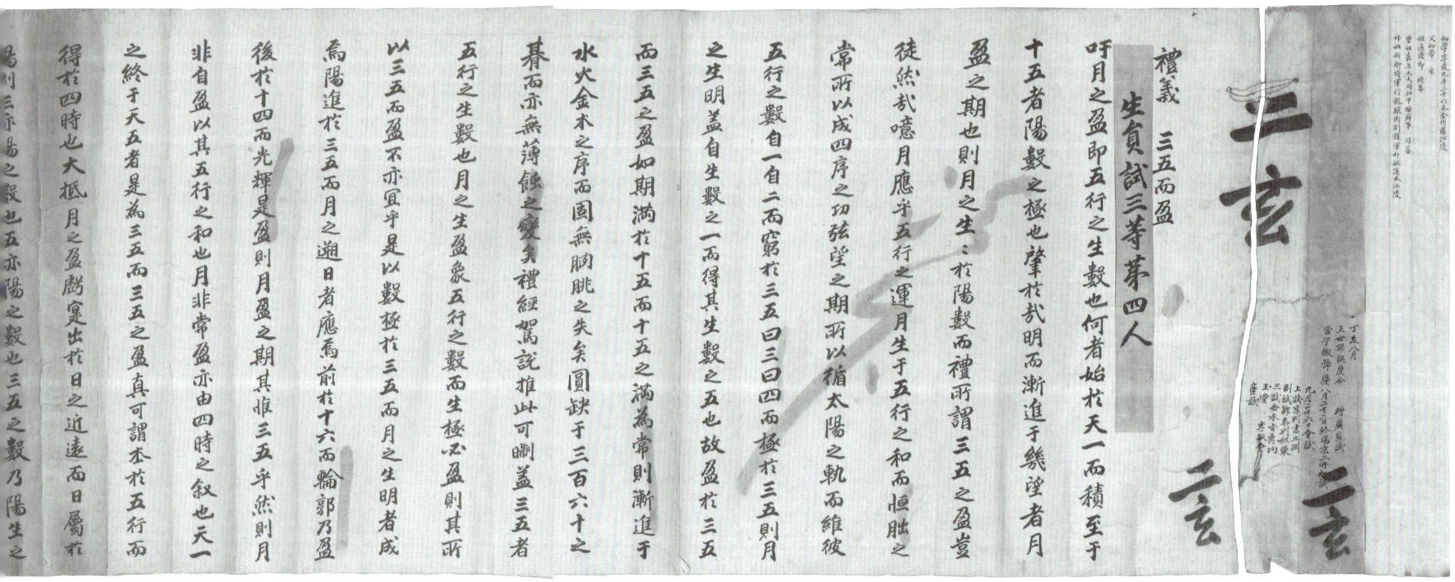

李鳳九가 26세에 작성한 試券

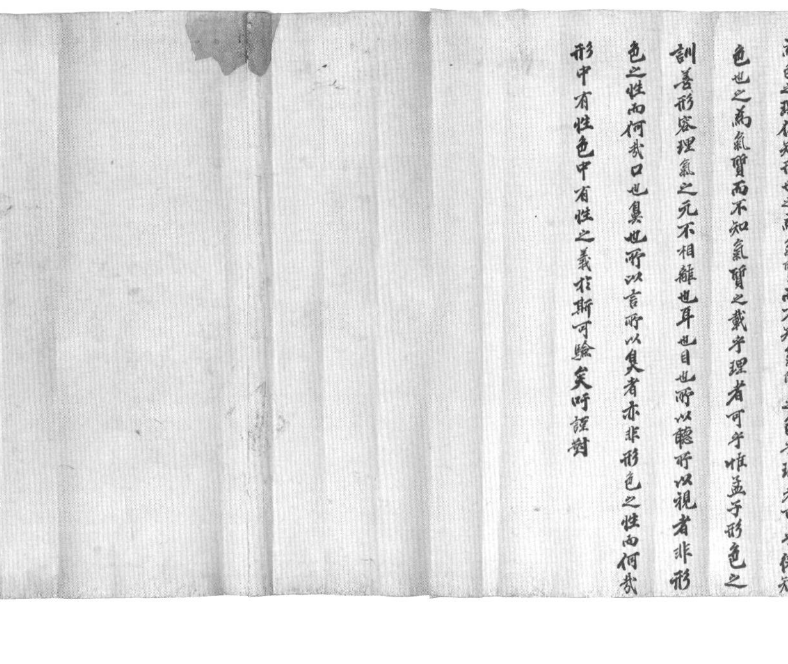

莫非形也而形之中有所以爲形之理莫非色也而色之中有所以
爲色之理但知形也之爲氣質而不知氣質之色乎理者可乎使知
色也之爲氣質而不知氣質之載乎理者可乎惟孟子形色之
訓善形容理氣之元不相離也耳也目也所以聽所以視者非形
色之性而何哉口也鼻也所以言所以臭者亦非形色之性而何哉
形中有性色中有性之義於斯可驗矣吁謹對

幼學李龍求年二十八本全州居江陵
父幼學 座
祖通德郎 時春
曾祖嘉善大夫同知中樞府事 乃蕃
外祖折衝將軍行龍驤衛副護軍朴敏道本江陵

嘗觀堯堦之蓂自十五以前日生一葉而以知旬朔之
候則十五者乃三五之數而蓂之日生有似乎月之盈也
噫五行不和則月未得其常而今玆三五之盈則盈於五
行之和也吁謹義

幼學李鳳九年二十六本全州居江陵
父幼學 座
祖通德郎 時春
曾祖嘉善大夫同知中樞府事 乃蕃
外祖折衝將軍行龍驤衛副護軍朴敏道本江陵

試券 9

1827년(순조 27), 74×179.9

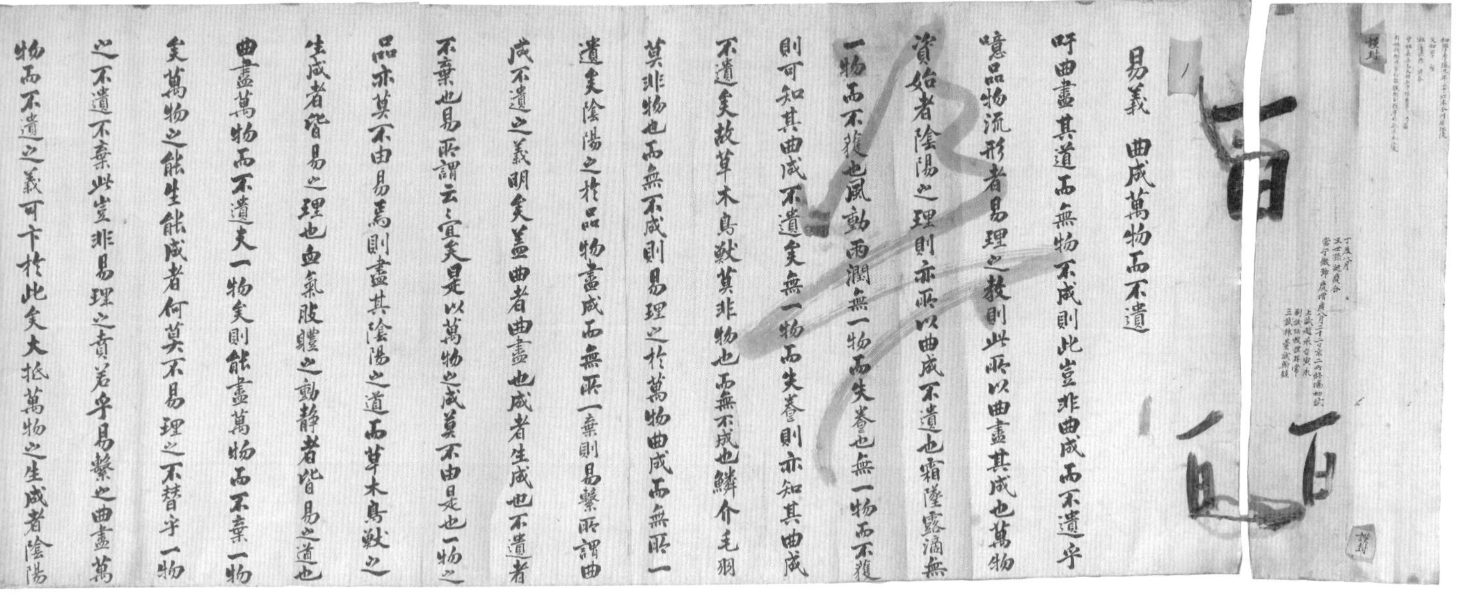

李鳳九가 26세에 작성한 試券

試券 10

1835년(헌종 원년), 54×185.2

李龍九가 38세에 작성한 試券

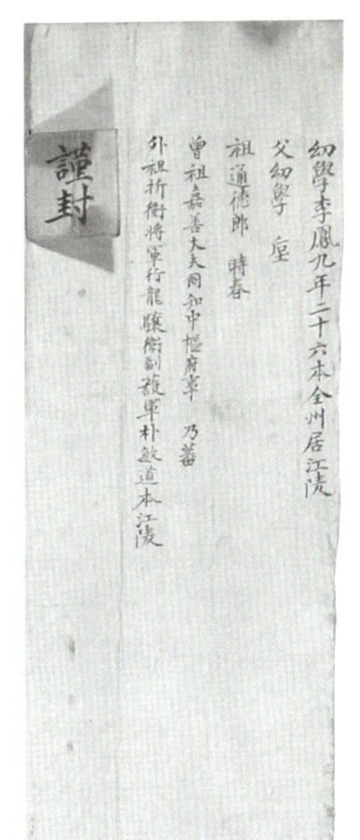
謹封

幼學李鳳九年二十六本全州居江陵
父幼學 㙜
祖通德郞 時春
曾祖嘉善大夫同知中樞府事 乃蕃
外祖折衝將軍行龍驤衛副護軍朴敏道本江陵

施之矣然則以其曲成之意故斯有不遺之義由其不遺
之意故斯有曲成之道此先儒所以致意於斯者至矣盡
矣苟不細究於此孰知其爲曲成之方也若不硏索於
此則曷識其爲不遺之規也哉經旨到此益昭昭矣嗚呼
夐溯遺經覬繹微旨至於易繫而拈出一句之義即於易
理尋得之義推其曲盡驗其不遺之義矣吁謹義

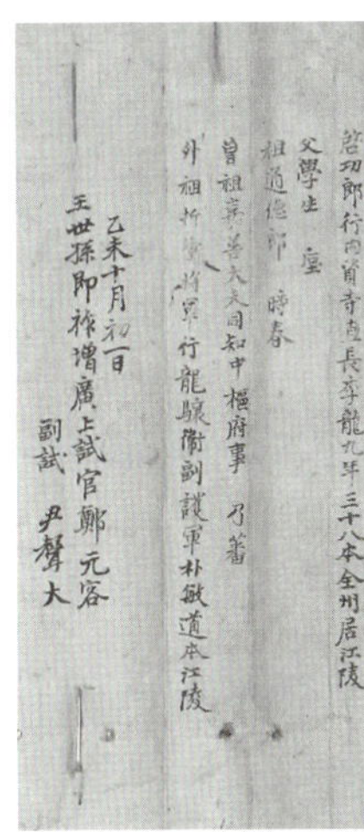
將仕郎行內資寺直長李龍九年三十八本全州居江陵
父學生 㙜
祖通德郞 時春
曾祖嘉善大夫同知中樞府事 乃蕃
外祖折衝將軍行龍驤衛副護軍朴敏道本江陵
乙未十月初一日
王世孫卽祚增廣上試官 鄭元容
副試 尹聲大

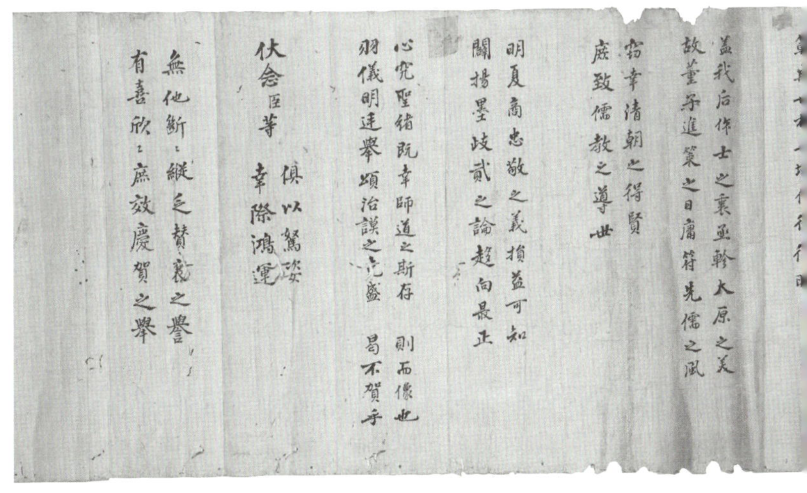
蓋我后作士之衷丕軫太原之美
啟董子進策之日庸符先儒之風
竊幸淸朝之得賢
庶致儒教之導世
明夏商忠敬之義損益可知
闡揚墨歧貳之論趨向最正
心究聖緖旣幸師道之斯存 則而像也
羽儀明廷擧頌治謨之光盛 曷不賀乎
伏念臣等 俱以駑姿
幸際鴻運
無他斷斷 繼乏贊襄之譽
有喜欣欣 庶效慶賀之擧

試券 11

1839년(헌종 5), 72.1×150

問云云

對於戲言他明德包了新民說得格致使無等級則
天下之必曰明明德致知之必曰在格物者庸何疑乎噫
明德者人已之所同得而新民是明德中一事也致知
者事物之所理會而格物是致知中一事也是以必以
明德二字弁之天下之上以示明新之一事也又以在之一
字着他格物之上以明格致之一事也然則其以八條之
例致疑於平天下之不曰先治其國致知之不曰先格其
物而必曰在格物者可乎至若古之二字則令之平天下
莫若法古人之平天下則豈不加之以古之二字乎而况
曾子推夫子之意而垂訓則古字之義不難卞矣蓋
大學八條之序本末相資首尾相因而語其初頭工
夫則必以格致爲本語其末梢功效則必以治平爲準
故大學之訓必以八條爲言則聖人之意不其然乎噫
明德者新民之本而說得明德新民在中致知者格物
之效而言他致知格物爲緊則天下必言明明德致知之
必曰在格物者豈無其意耶然則明明德於天下者兼
池新民而說去也致知在格物者推其切至而言也大抵此章
必待明者而可明也必待知者而可知也如愚區區之見
從不能明且知也然而至於此章之義竊嘗反覆優游涵
泳者雖矣禮圍今日明問及此敢不以一得之見叩其兩端

李祖漢이 17세에 작성한 試券

試券 12

1840년(헌종 6), 75.5×160.4

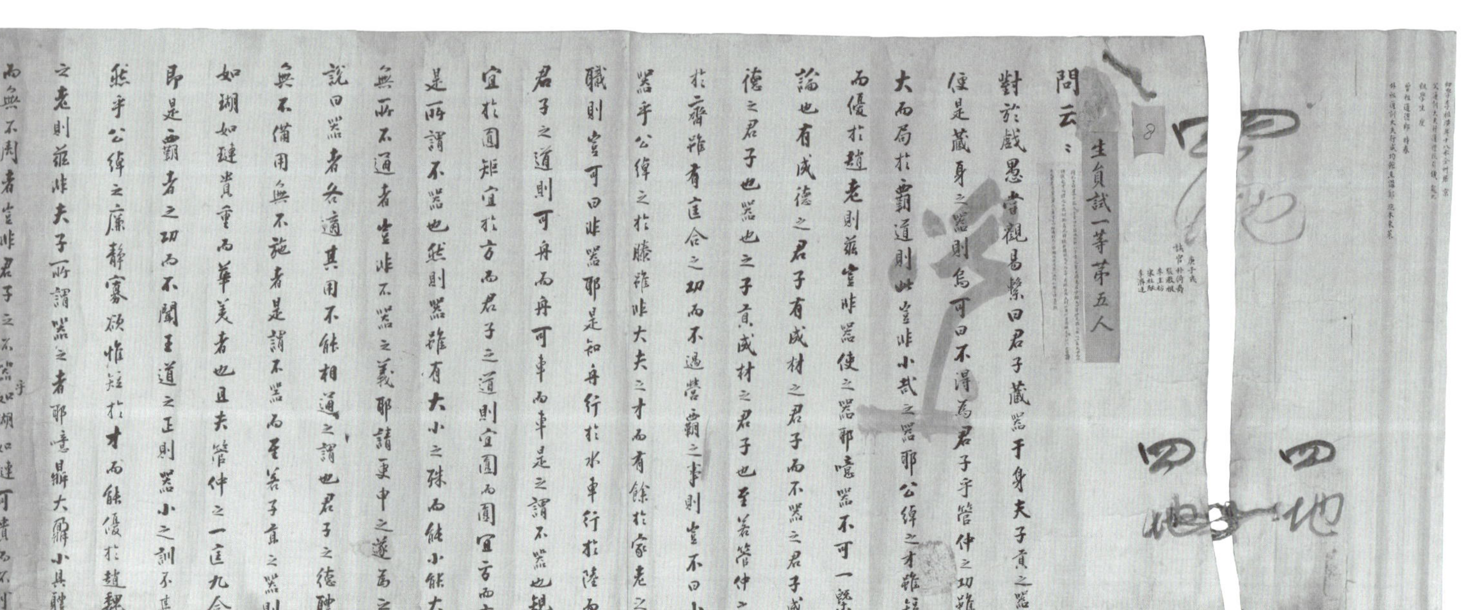
問云云

生員試一等第五人

對於戲愚嘗觀易繫曰君子藏器于身夫子責之器
便是藏身之器則烏可曰不得爲君子乎管仲之功雖
大而局於霸道則此豈非小材之器耶公綽之才雖拙
而優於趙老則豈非器使之器耶噫器不可一槩
論也有成德之君子有成材之君子而不器之君子成
德之君子也器也之子言成材之君子也至若管仲之
於齊雖有匡合之功而不過營霸之事則豈不曰小
器乎公綽之於滕雖非大夫之才而有餘於家老之
職則豈可曰非器耶是知舟行於水車行於陸而
君子之道則可舟而舟可車而車是之謂不器也規
宜於圓矩宜於方而君子之道則宜圓而圓宜方而方
是所謂不器也然則器雖有大小之殊而能小能大
無所不通者豈非不器之義耶請更申之道焉之
說曰器者各適其用不能相通之謂也君子之德體
無不備用無不施者是謂不器而至若子貢之器則
如瑚如璉貴重而華美者也且夫管仲之一匡九合
即是霸者之功而不聞王道之正則器小之訓不其
然乎公綽之廉靜寡欲惟短於才而餘優於趙魏
之老則雖非夫子所謂器之者耶豈鼎大鼐小其體
而無不周者豈非君子之不器乎如瑚如璉可貴而不可

李祖漢이 18세에 작성한 試券

所謂不以文害辭不以辭害意眞積力久一朝豁然則必將
無疑於此章而融液貫通也如豁開雲霧而快覩青天淘
盡泥沙而方見淸泉則方可謂有得於學矣然則明〻德之
意在格物之訓雖若可疑而究厥義理之所在察夫指意之的
當則明問云〻庶可一場劈破而八字打開矣謹對

幼學李祖潢年十七本全州居京
父通訓大夫行通禮院引儀 龍九
祖學生 垕
曾祖通德郎 時春
外祖通訓大夫行成均館直講鄭 浣本東萊

可列而宜矣抑如蓰如而未拔馨香之可皆稱而薦也申
是寵之子貢之才雖非不器之君子而亦可爲成材之君
子也至若管仲器小之稱則以其營覇之器也公綽優
老之訓則以其器使之意也然則合小大而無一所不通者
豈非不器之謂也耶謹對

幼學李祖潢年十八本全州居京
父通訓大夫行通禮院引儀 龍九
祖學生 垕
曾祖通德郎 時春
外祖通訓大夫行成均館直講鄭 浣本東萊

試券 13

1844년(헌종 10), 77.1×169

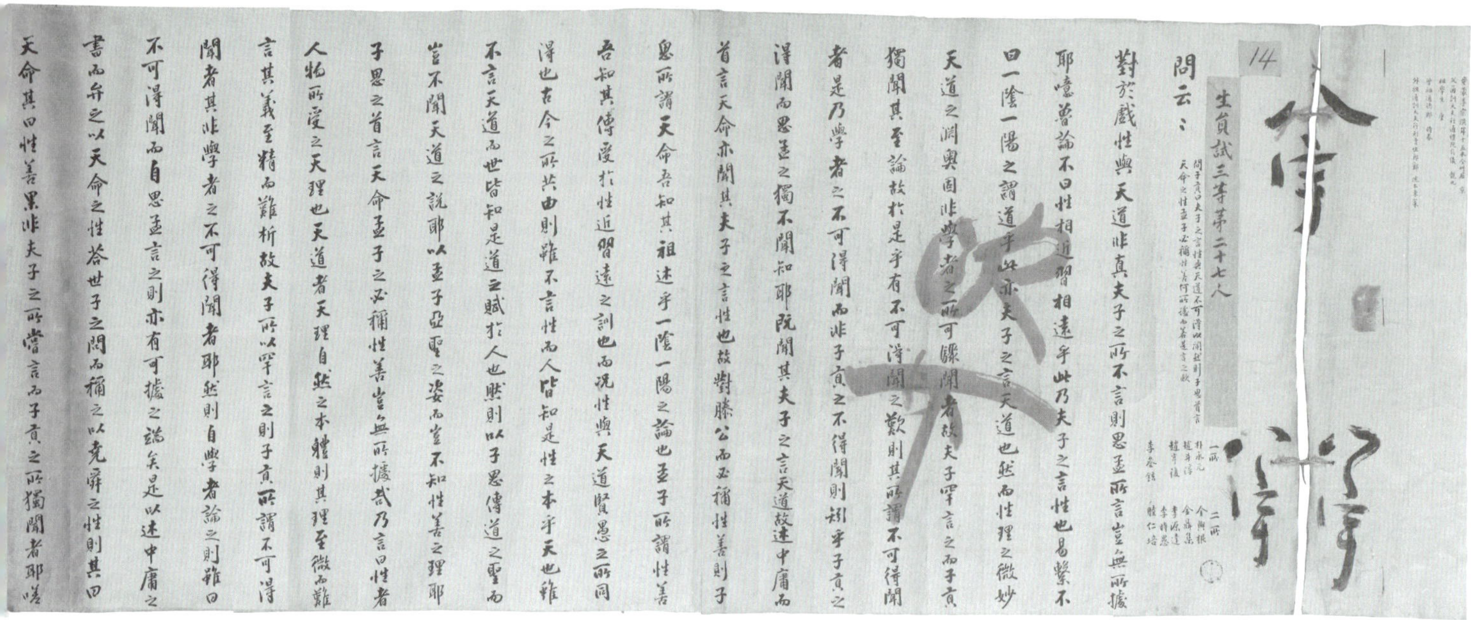

李宗漢이 15세에 작성한 試券

試券 14

1844년(헌종 10), 72.3×165.3

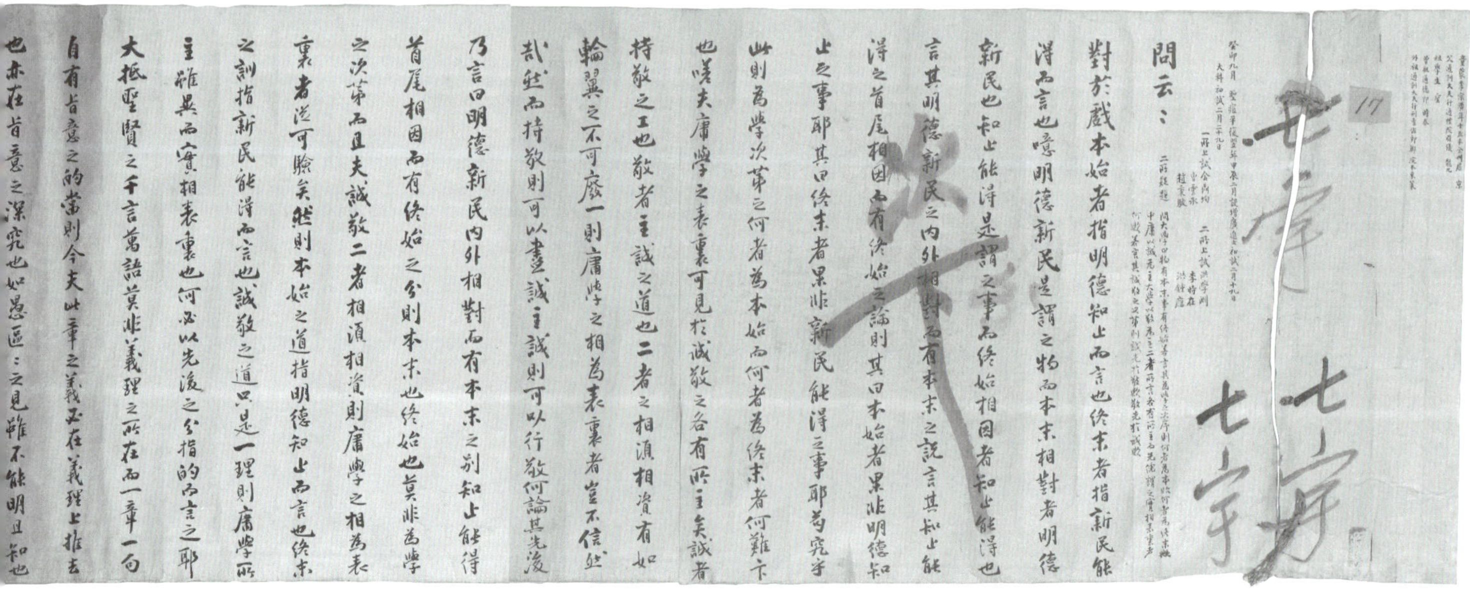

李宗漢이 15세에 작성한 試券

之道則此其心法之相傳不待文辭而自有可據之證矣
性與天道自是孔門傳授之第一要指則以思孟之序知而豈不
能私淑諸人而得聞其性道之說耶大抵性學之源首發於湯
誥而千古列聖歷歷相傳則性道之說雖是夫子之所罕言而
其所以天之賦命性之本善者是豈思孟之所不可得聞者耶
豈謂思孟所言真無所據也哉吁謹對

童蒙李宗潢年十五本全州居京
父通訓大夫行通禮院引儀 龍九
祖學生 㘽
曾祖通德郎 時春
外祖通訓大夫行刑曹佐郎鄭 浣本東萊

之也哉嗚呼世人叔季聖學蓁蕪後世之有意於學者
欲知此章之義則必須章句以綱之訓詁以紀之有如孟
子所謂不以文害辭不以辭害意真積力久一朝豁然
則必將無疑於垂訓之本意而融液貫通也如豁開雲
霧而快覩青天淘盡泥沙而方見清泉則方可謂有得
於學矣吾黨小子盍於是勉之哉吁謹對

童蒙李宗潢年十五本全州居京
父通訓大夫行通禮院引儀 龍九
祖學生 㘽
曾祖通德郎 時春
外祖通訓大夫行刑曹佐郎鄭 浣本東萊

試券 15

1864년(고종 원년), 47.3×394

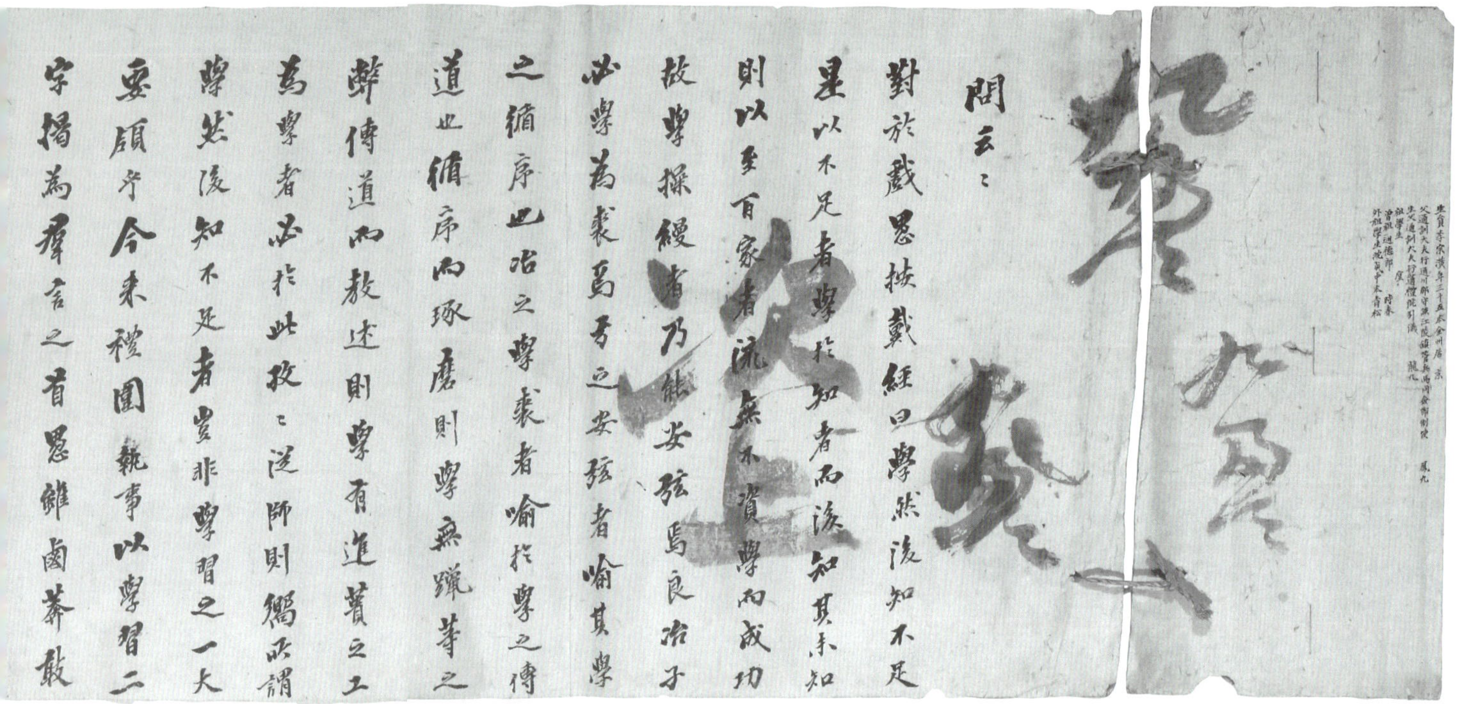

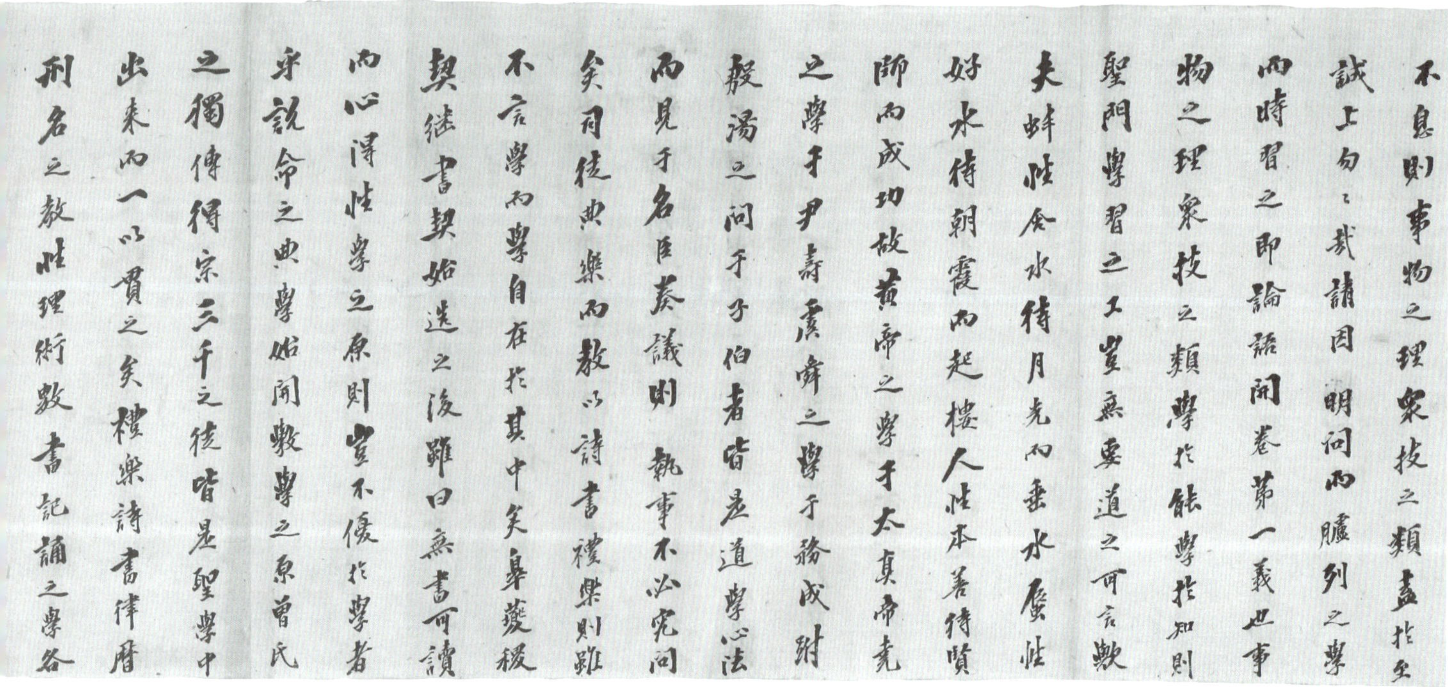

李宗漢이 35세에 작성한 試券

千言萬語之殊無不本學而會合
則遜志於鼓篋之列徵學焉顧學
爲扑威於夏楚之於物勸學焉勉
學焉自古學問者不徒學其學而
必也念茲在茲釋茲在茲但乾乾
於晝宵者是乃無時不學也常乾
乾於日夕此乃無時不習也若夫
坐如尸者坐時習也立如齊者立
時習也前乎千載後乎千載一大宗
師者即吾紫陽朱夫子也接洙泗
之淵源闡關閩之儒化退守東閩
之域日與呂伯恭諸賢討論經義
答問學術有以續夫千載幾絶之
學啓夫千載後來之學其道德何
如也其事業何如也秉燭昏衢尋
源夕陽學習之工階開之道至矣
盡也思於此未嘗不服膺而紬繹
也欲求學習之工抑亦有道有曰至
誠不息爲學者以至誠爲心自彊

之道者伊尹也起等級之間作說
命之篇者良弼也七十之服孔者東
魯之儒化而自有盛衰之道矣億
萬圜橋後漢之經術而亦有興廢
之時矣六朝之綺麗五季之風雨世
道降而聖學微矣小學之教起於三
代末學之弊起於漢唐是豈非大小
本末者乎膠固不通者是謂俗儒也
然聞聖學是謂真儒也俗真之說不
難辨矣思聖之九經顏氏之四勿即是
修齊治平之道而不可捨是學而可
治也五行大氣即格物致知之本而亦
有可悟之理矣五經春秋有穀梁之
說九師大易田丁之流其人不難知也
士農工商之謂四民入于老佛者之
謂六民也專門之學功令之學自有
興廢於前後矣韓文公之諸篇雖

有後人之是非而麻徐絶學也洛蜀
黨之所學則其塗各殊而陸氏見識
其學有失者是乃趨向之不同差爽
之有異也一朝而豁然三日而刮目
者學有通達之理人有誦習之工而
不可無等品矣兩儀肇判人文始
闡仁義禮智之端稟於人詩書易禮
之敎傳於人忠信之積中者爲德辭
誠之著外者爲業則賢人之學不出
乎德業二字而德業之本要不外於
孝悌忠信推之萬事百爲無不本於
是上自唐虞下至程朱傳之受之者
千五百年於此而楊墨老佛之道不
能終蔽吾道者殆若微陰消於太陽
之下學之爲道猗歟盛矣曷不休哉大
抵世有周孔顔孟而後斯道大明學
術大興則摳衣攝齊孰非游夏之徒
乎論疑答問孰非萬章之賢乎是以

說爲然則韋句以人微而廢言轉以聞
于 上也呼謹對

問學而時習之即論語開卷之一義也凡於事物之理不能者學於能不知者
學於知則百家衆技之類無非學也而聖門學習之工果有要道之可言歟
黃帝學於太眞帝堯學乎尹壽舜學務成昭湯學伺子伯所學
者何而見於何書歟司徒典樂皆敎人而獨不以學爲名者何
歟皐夔稷契無書可讀而反有優於學者何歟說命之始言
典樂柳式有批曾氏之獨傳子學何以得宗演而爲禮敎樂
敎詩書之敎律曆之敎刑名撰而爲性學理學術數之學
書學記誦之學敎學各有其名之義可得詳聞歟畝孙
道伊尹之所學何也版築讀書傳說之所學何歟七十子
孔則東魯之儒化大興而後日之微萬何也德萬圍擱則漢
漢之經術益重而後學之未振何歟六朝徒尚綺麗五季
俱晦風雨是何學問之斁絶也學有大小而小學之敎始於何
代學有本末而末學之弊起於何歟或謂之俗儒不習時變
或謂之學世未見眞儒俗儒何以辨別歟九經四句即
脩齊治平之道而捨是學則無可究之道歟五行六氣即
格物致知之本而究諸學則有可悟之理歟五傳春秋九師大
易其人皆可詳論歟古氏爲四今氏爲六其故皆可詳數言歟專門之
學未見於近日何歟功令之學不廢於後世何歟韓昌黎之原
道師說或有後人之是非故優劣校定經義治事各有儒者之道
就其義可以校釋歟洛蜀黨之趨向各異所學殊塗而然歟而陸
氏之見識差爽其爲學緣何以失歟有一朝而豁然貫通有三日而
刮目相對其學各有等品之可述歟大抵兩儀肇判之後人文昭闡仁
義禮智得天地之中詩書易禮世傳治亂之本易所謂君子進
德脩業忠信所以進德也修辭立誠所以居業也然則忠信乃
所謂身之積於中者也辭與誠乃所謂身之著於外者也積中者
爲德著外者爲業而可久者賢人之德可大者賢人之業學一字不
出乎德業二字而德業之本要不外乎孝悌忠信推以至萬事百
爲者也是故上自唐虞傳之以是至於周孔顔孟而秦漢以
下付之詭夢暨乎程朱接既墜之緖斬不傳之學晦然丹
青照乎日星楊墨老佛之徒有如微陰消於太陽之下速乎

德之林人躋仁壽我東億萬年洪
休基於聖學緝熙之功而衣冠文物
侔擬中華可謂盛矣而奈之何世降
治下文風委弛家塾州庠之教杏庭
槐園之法徒餘糟粕而無實地興緊
者乎抑亦有道若以至誠不息為心致
致不怠則作興之化牖迪之功可回三
代郁穆來遊逵鴻為儀瑾瑜之才濟
濟在朝矣學者苟不至誠不息乎篇
將終矣又有獻焉學問之道只在至
誠則動靜云為自無過不及之弊而
一念終始不越乎文學之間矣雍故文
起五季之衰治挽三代之盛而宵雅
肄三之賢入學鼓篋之士需用於當
世而蹌美於前代矣誠願 執事以愚

治下文風委弛挽近以來師不事古民奇趨末家塾州庠未
見六藝之筐篋杏庭槐園徒是五經之糟粕況今一元文明
會百度修舉羣工淑礪政是之日動御謨造作興之化牖
迪之功可以挽回三代矣郁穆之綱不殊逵鴻之儀將漸而挹
去恨瑾之才當不借於異代何以文起衰而道濟溺看肄業
制入學鼓篋宵雅肄三聲藝濟淬導一出於全體大用
之要而為國家需用之資歟諸君子所講究者其悉著于
篇願聞其說

當宁元年甲子八月二十日增廣文科東堂初試時考官沈承澤
金世鎬
趙熙一

試券 16

1881년(고종 18), 66.7×160.1

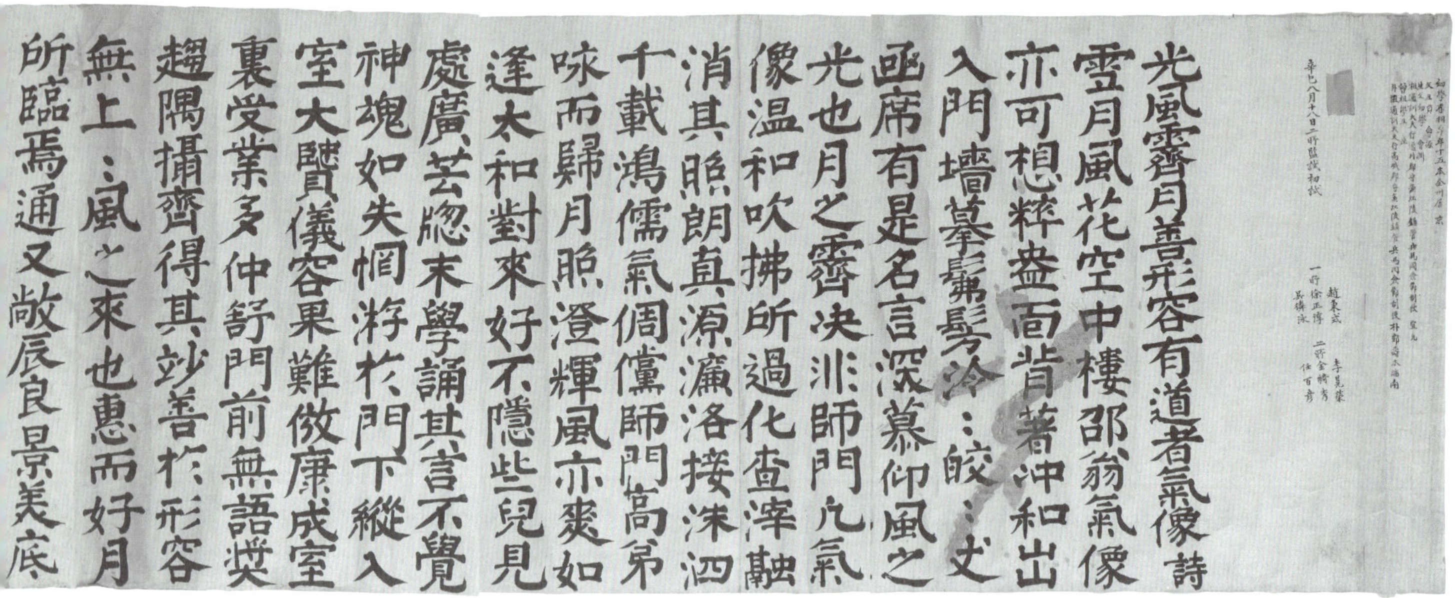

李相宇가 15세에 작성한 試券

試券 17

1887년(고종 24), 66.5×155.9

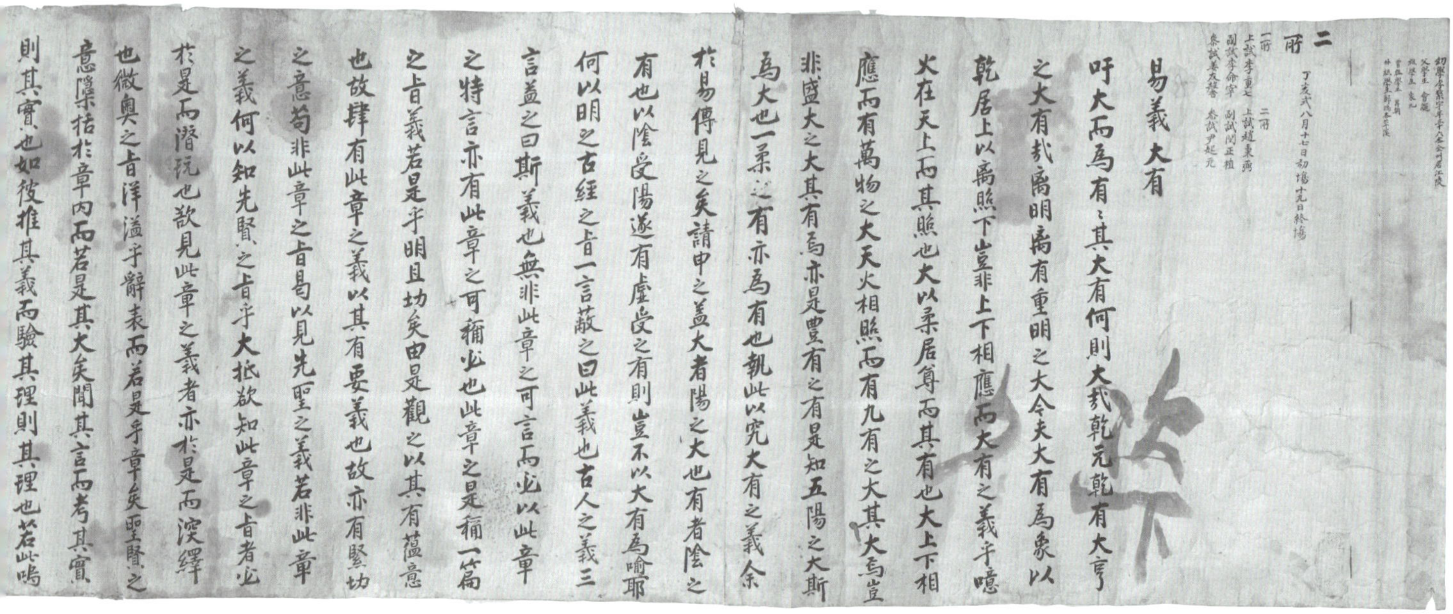

李棨宇가 36세에 작성한 試券

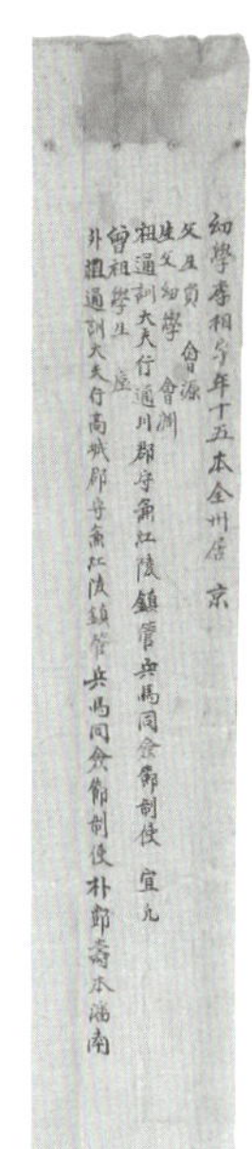
幼學李相宇年十五本全州居 京
父生員 會源
生父幼學 會洲
祖通訓大夫行通川郡守兼江陵鎭管兵馬同僉節制使 宜九
曾祖學生 燧
外祖通訓大夫行高城郡守兼江陵鎭管兵馬同僉節制使朴鄭壽本海南

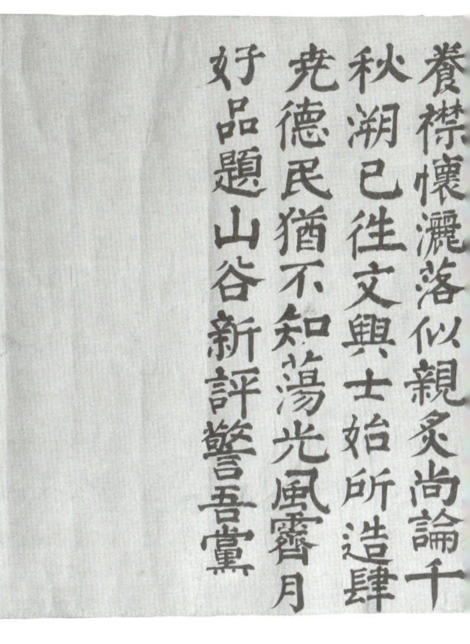
養襟懷灑落似親炙尚論千
秋溯已往文與士始所造肆
堯德民猶不知蕩光風霽月
好品題山谷新評警吾黨

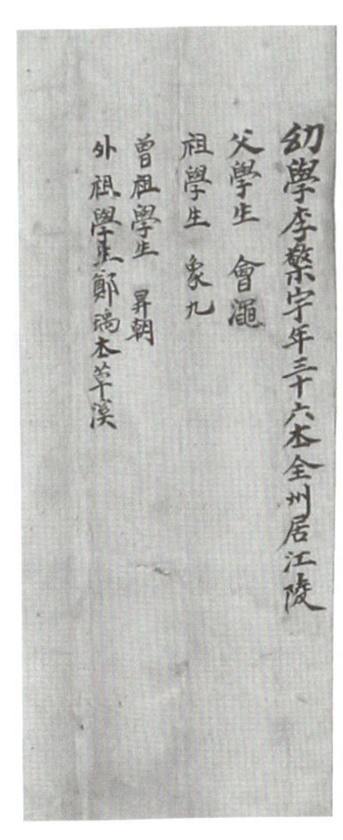
幼學李橤宇年三十六本全州居江陵
父學生 會灑
祖學生 象九
曾祖學生 昇朝
外祖學生鄭福本草溪

師道漸廢儒術浸降不知經旨之攸在徒得章句
之尋摘豈不慨然乎哉吁謹義

試券 18

1891년(고종 28), 76.2×143

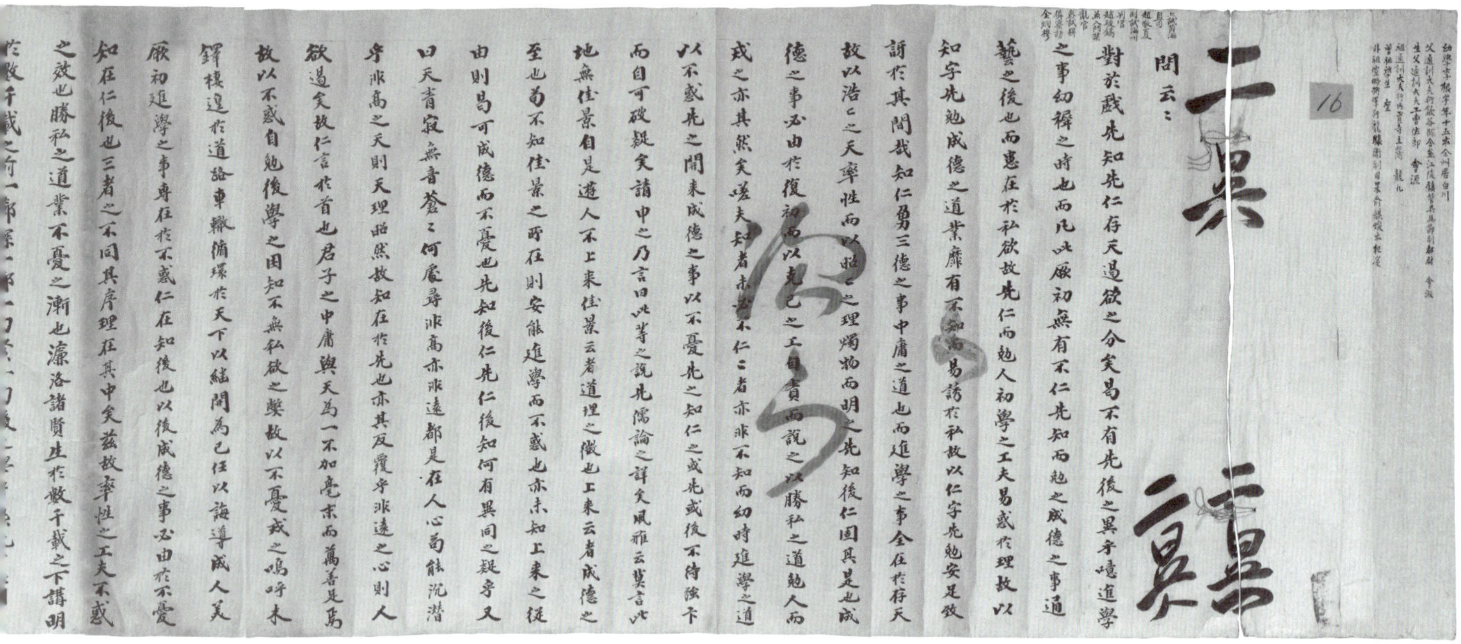

李根宇가 15세에 작성한 試券

試券 19

1891년(고종 28), 65.5×154.4

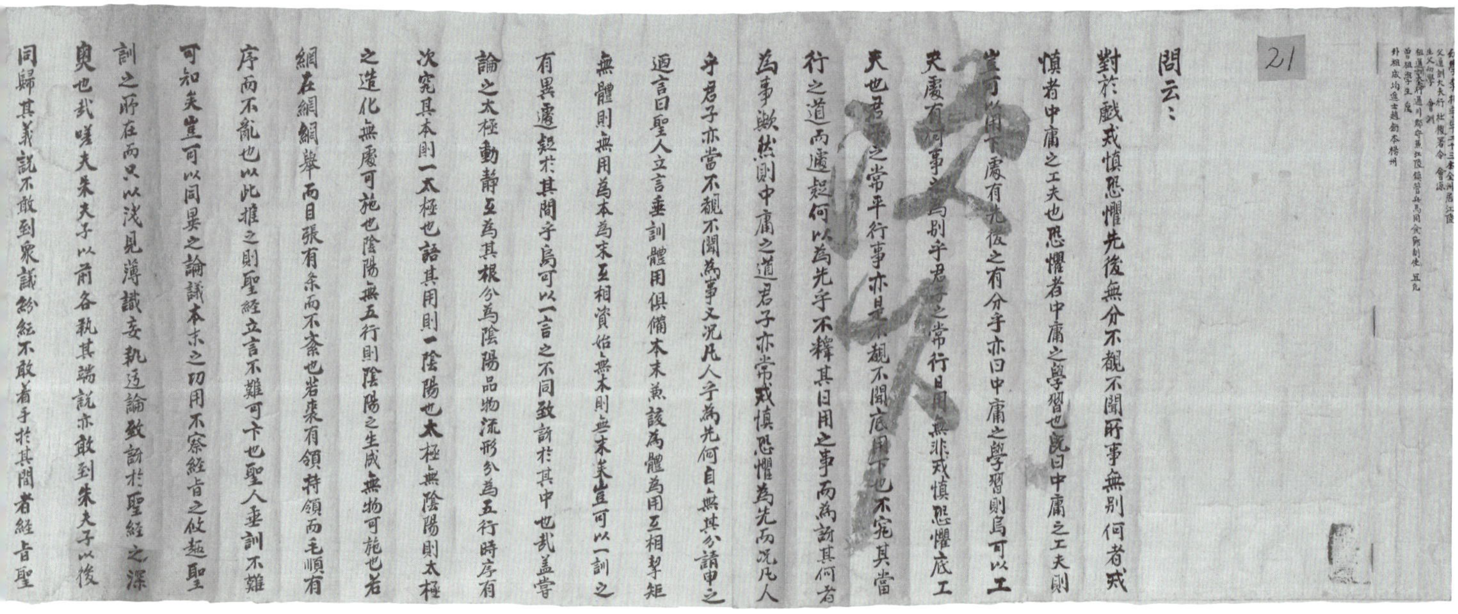

李相宇가 23세에 작성한 試券

幼學李根宇年十五本全州居白川
父通訓大夫行歙谷縣令兼江陵鎭管兵馬節制都尉 會淑
生父通訓大夫工曹佐郎 會源
祖通訓大夫行內資寺主簿 龍九
曾祖學生 垕
外祖宣略將軍行龍驤衛副司果俞麒煥本杞溪

乎無能取言往往閒來之際以知仁勇三達之德爲入道之門或先
知而自勉或先仁而勉人其序之不同固其宜矣吁謹 對

幼學李相宇年二十三本全州居江陵
父通訓大夫行社稷署令 會源
生父幼學 會淵
祖通訓大夫行通川郡守兼江陵鎭管兵馬同僉節制使 亘九
曾祖學生 垕
外祖成均進士趙銜本楊州

故愚竊慨歎於斯而拳拳服膺者竊有俟於今日間也吁謹對

試券 20

1893년(고종 30), 65.7×154.1

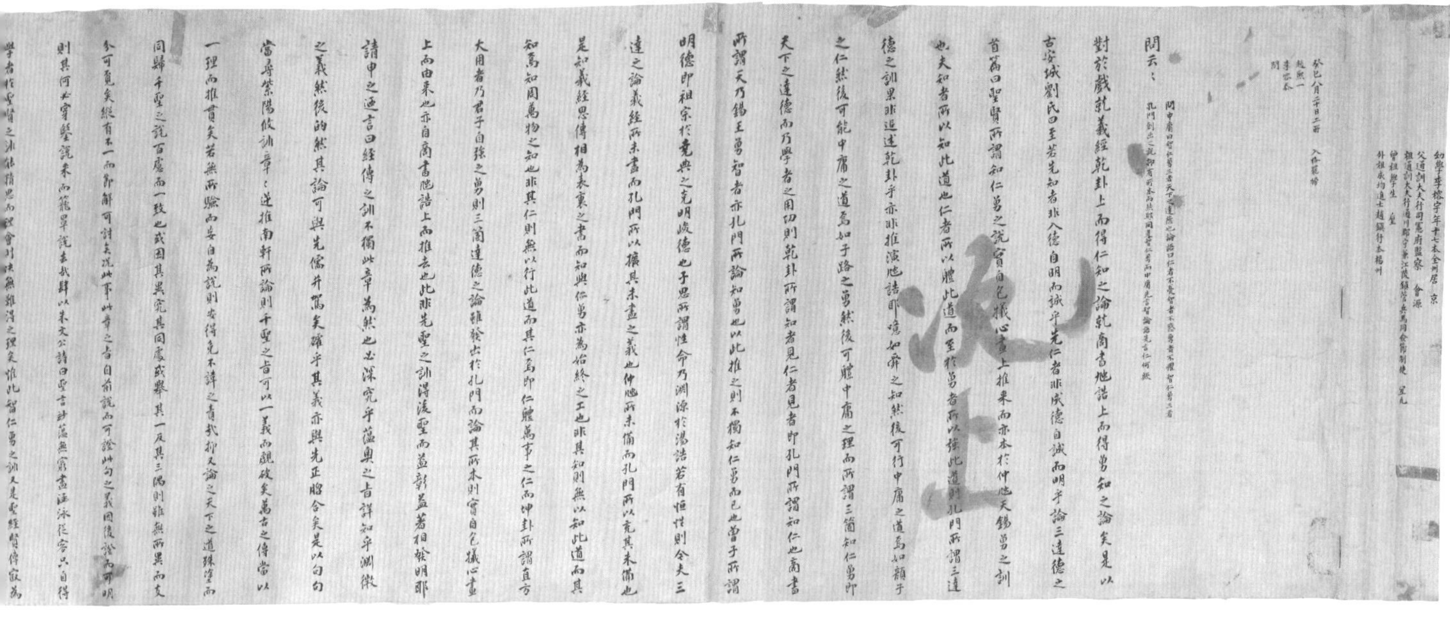

李榕宇가 17세에 작성한 試券

試券 21

1893년(고종 30), 65.6×153.7

歐陽子方夜讀書 賦
寶殺瑚兮今韓時可親於燈火感宋篇而
歲暮下董帷而人古書宜讀而夜方居士
我而自謂除此時之寓感適是宵之稽古
曰歐翁之讀書偏愛長於方夜巖烟歸而
述記嶺月朗而燠文青夜黙以朱衣致無
私於試券緇帷寒而不眠感懷多於述賦
恨蟬咽於聒耳憎蠅營於驚睡春夢空於
內翰奈光陰之易逝拊短檠而一嘻書可
讀而何時佃倩業於冬用哂董工於歲餘
新涼入於書幌方迨夜之未艾疇映雪而
借光或隨月而照影招書童而視夜瞑生
帷而方長千山月而鳥驚四壁燈而螢踈
牙籤扣而咿唔夜何其乎方此人竟夕之
講詩時窮年之吟藝書欲洗夫礌胷坐廬
陵之寒儒騷人帷而時曖烈士壺而風悲
窓紙響以颼飀翁抱書而夜闌雜西壁之
吟虫送南天之翔鴈工不怠於惜陰業宜
孜於繼晷年光催於此夜舍是書而何求
漏初遲於五更燭未盡於三條嘉祐世而
琢磨拿川雲之大手幾年合[illegible]

李榕宇가 17세에 작성한 試券

幼學李榕宇年十七本全州居京
父通訓大夫行司憲府監察 會源
祖通訓大夫行通川郡守兼江陵鎭管兵馬同僉節制使 冝九
曾祖學生 垕
外祖成均進士趙鎭行本楊州

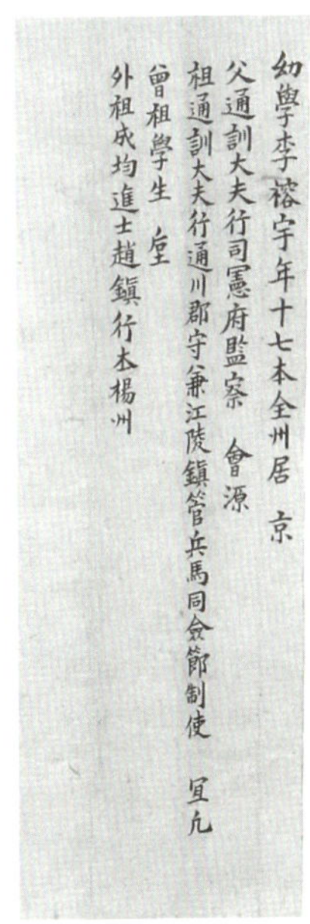
幼學李榕宇年十七本全州居京
父通訓大夫行司憲府監察 會源
祖通訓大夫行通川郡守兼江陵鎭管兵馬同僉節制使 冝九
曾祖學生 垕
外祖成均進士趙鎭行本楊州

試券 22

1893년(고종 30), 65.8×154.1

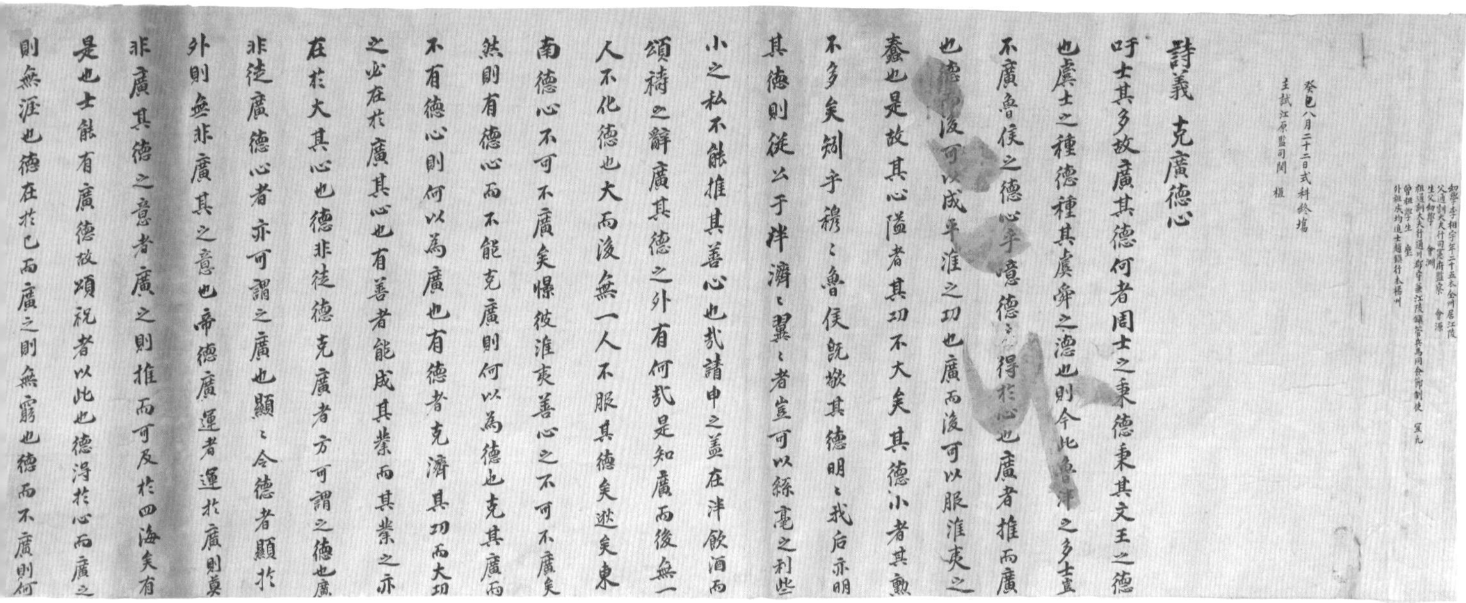

李相宇가 25세에 작성한 試券

試券 23

1894년(고종 31), 79.6×159

李相宇가 26세에 작성한 試券

幼學李相宇年二十五本全州居江陵
父通訓大夫行司憲府監察 會源
生父幼學 會淵
祖通訓大夫行通川郡守兼江陵鎭管兵馬同僉節制使 宜九
曾祖學生 垕
外祖成均進士趙鎭行本楊州

来矣魯侯之德可謂廣及而能廣其德者孰有加
於魯侯也哉吁 謹義

幼學李相宇年二十六本全州居江陵
父通訓大夫行機器局司事 會源
生父幼學 會淵
祖通訓大夫行通川郡守兼江陵鎭管兵馬同僉節制使 宜九
曾祖學生 垕
外祖成均進士趙鎭行本楊州

立案 1

1745년(영조 21), 51.6×30.4(소지)
1745년(영조 21), 39.3×98.5

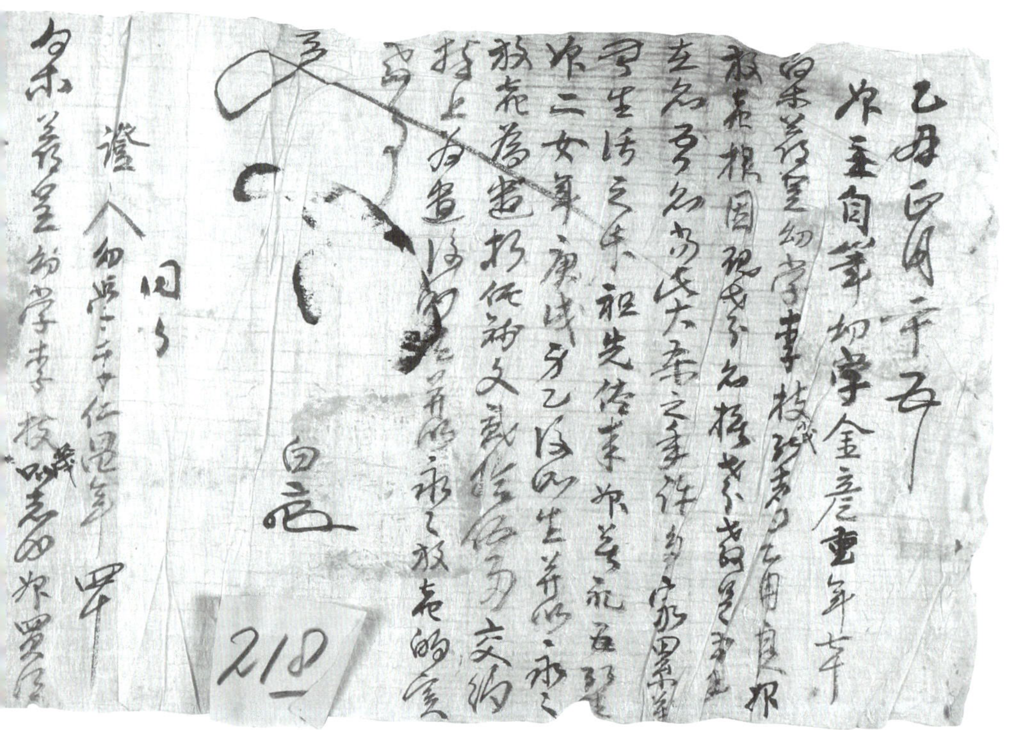

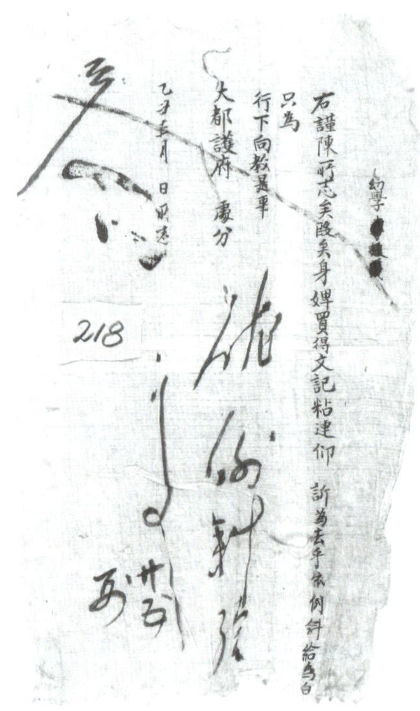

江陵大都護府에서 李枝茂에게 발급한 斜給立案

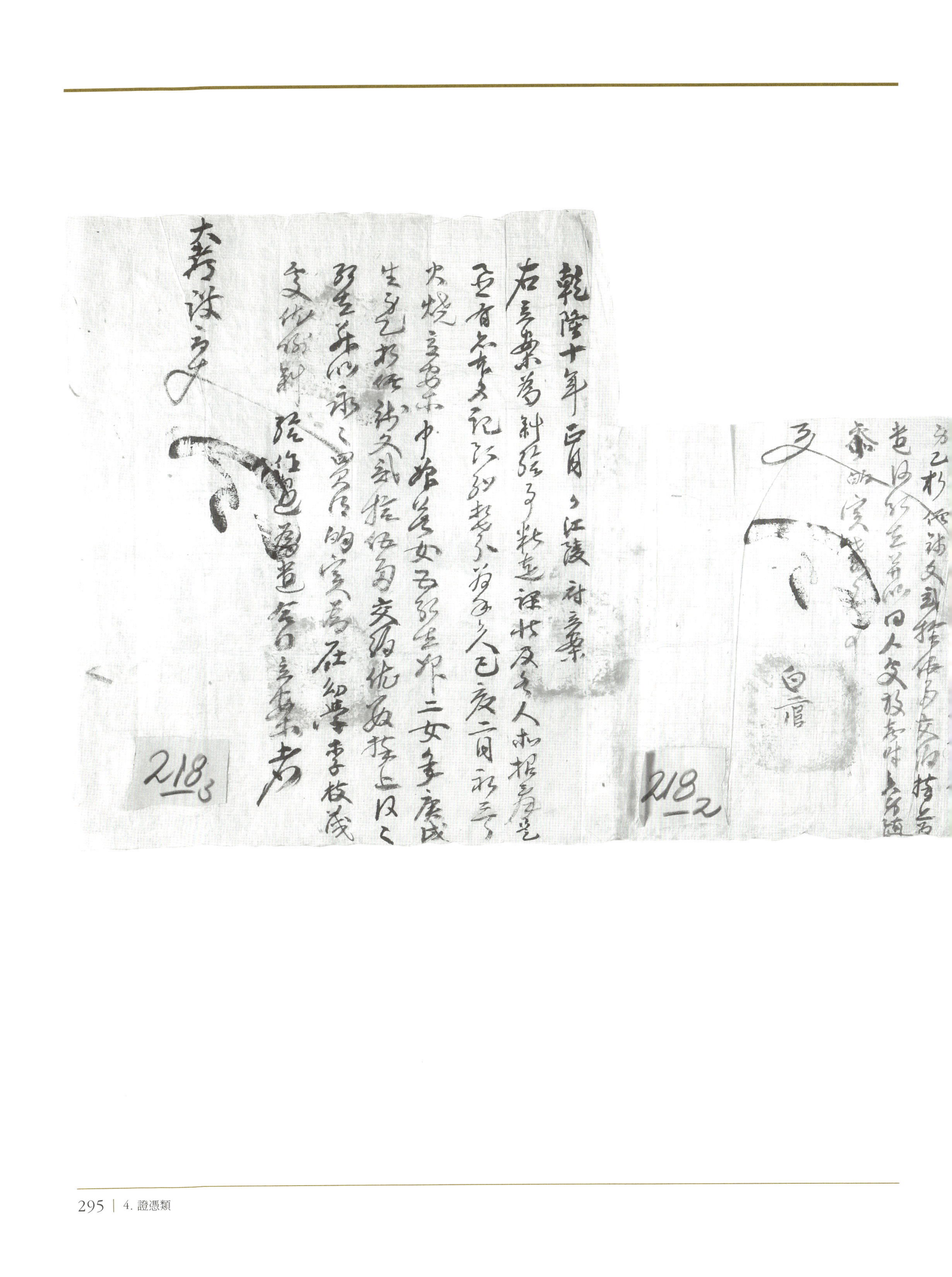

乾隆十年正月 日江陵府立案

218₃

218₂

立案 2

1748년(영조 24), 49.8×279

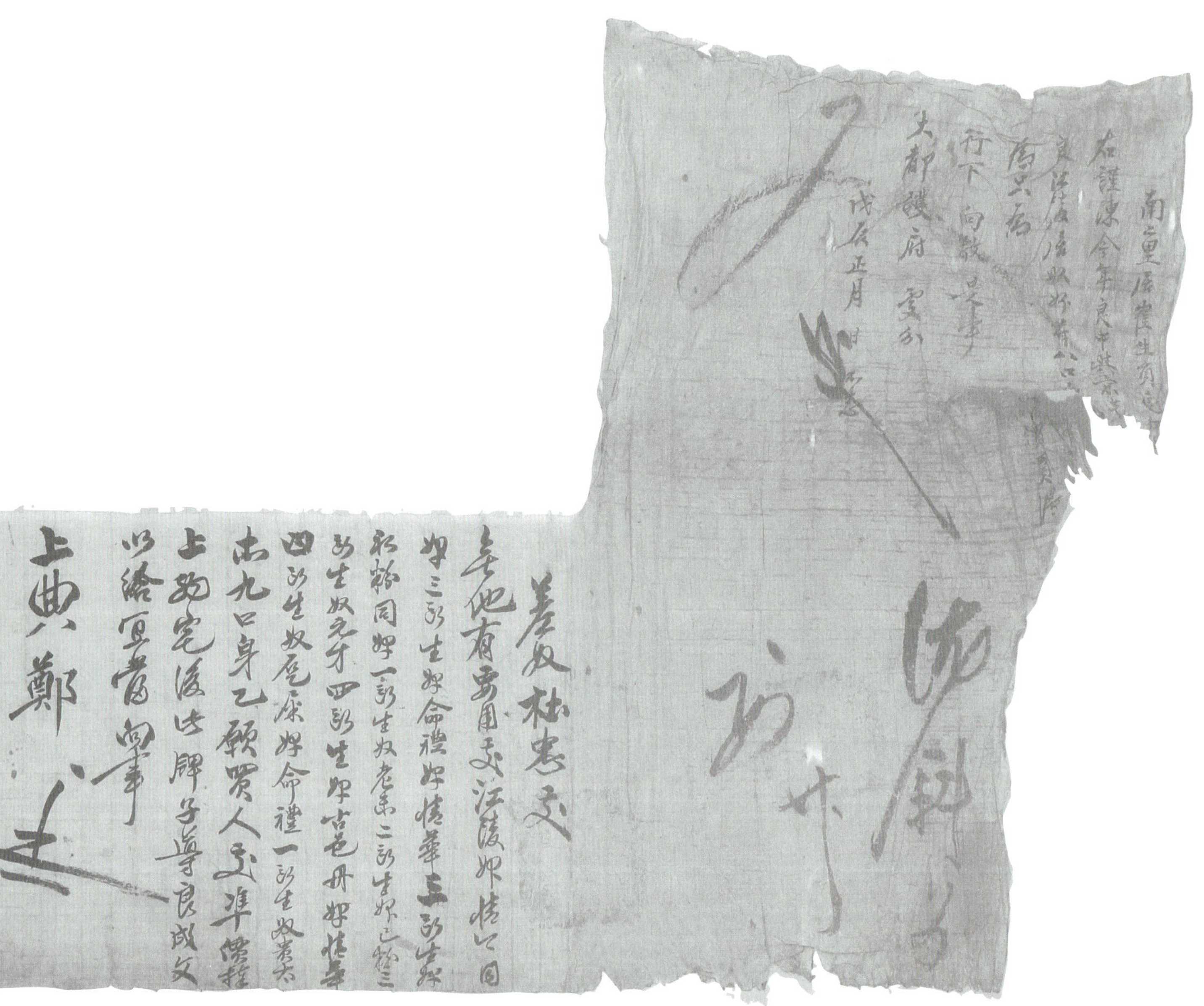

江陵大都護府에서 崔生員 宅 奴 於叱山에게 발급한 斜給立案

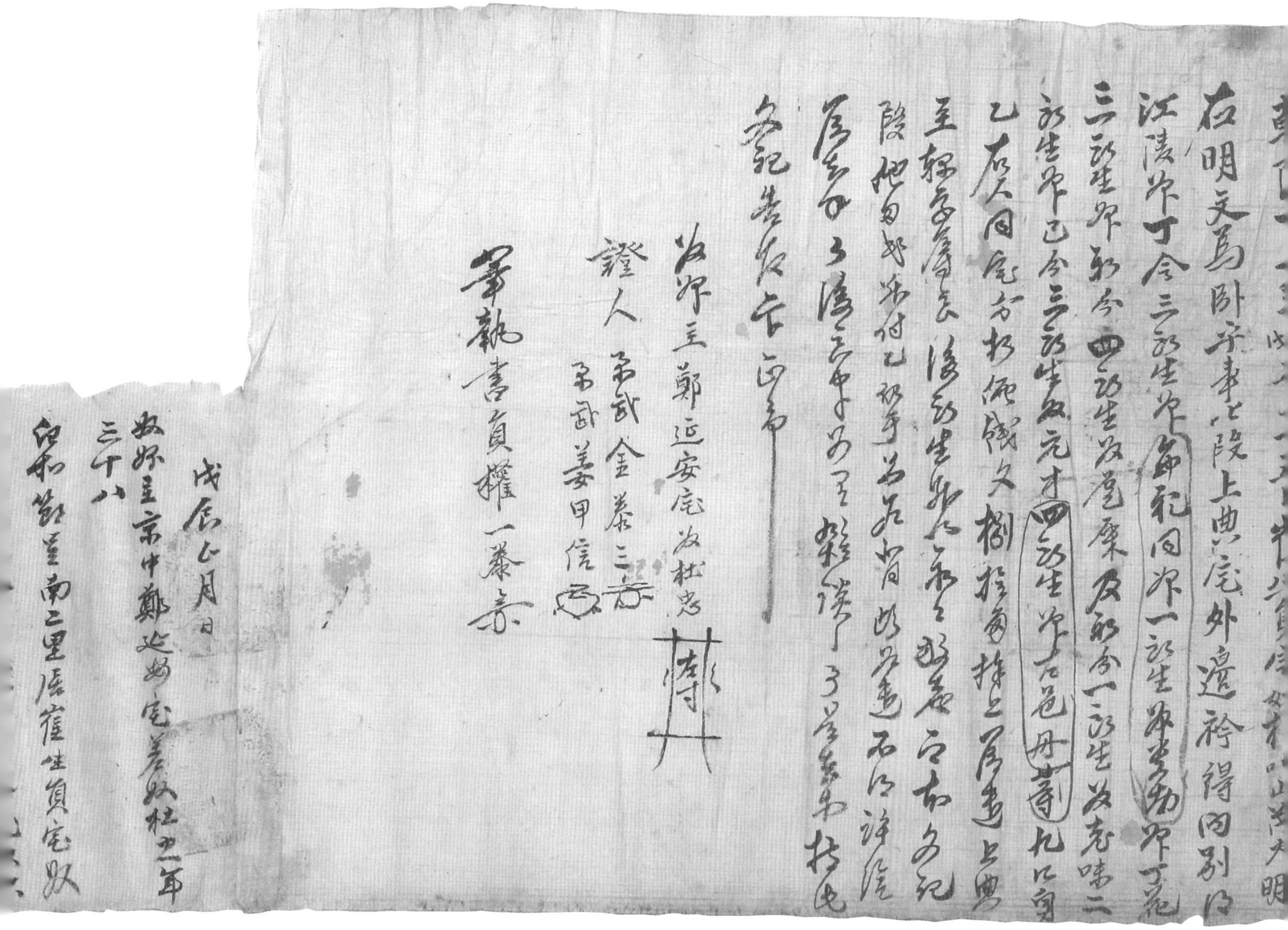

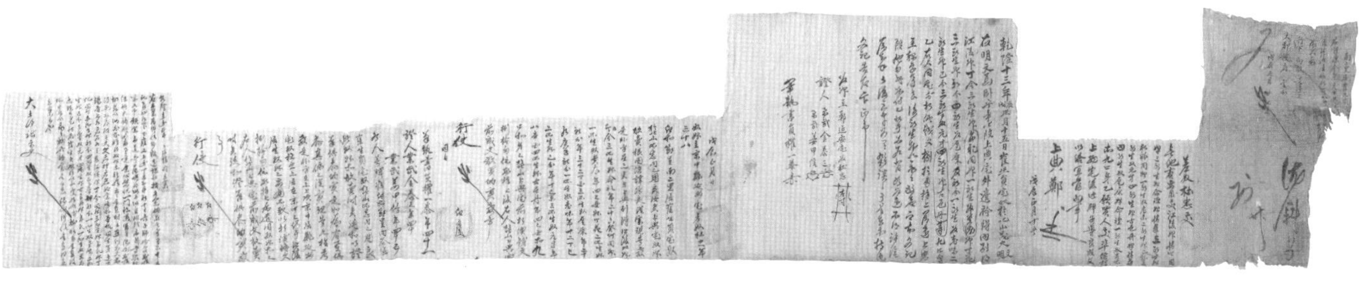

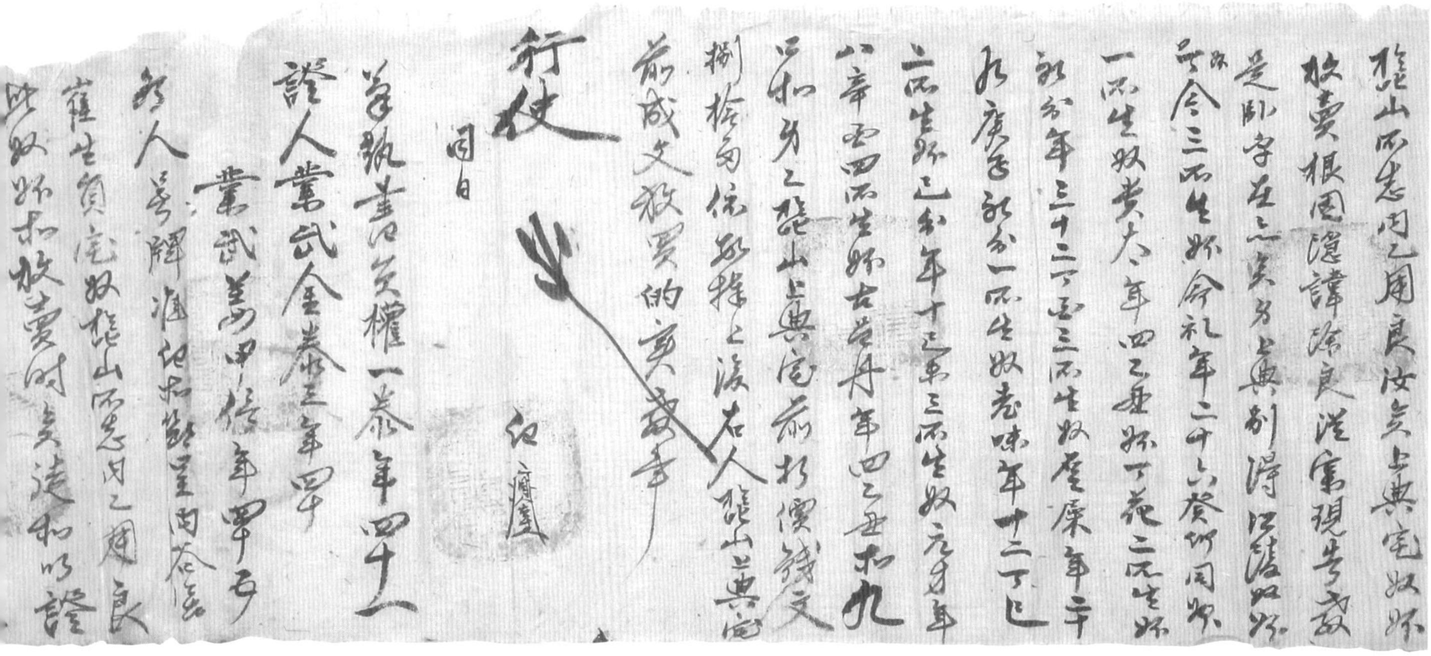

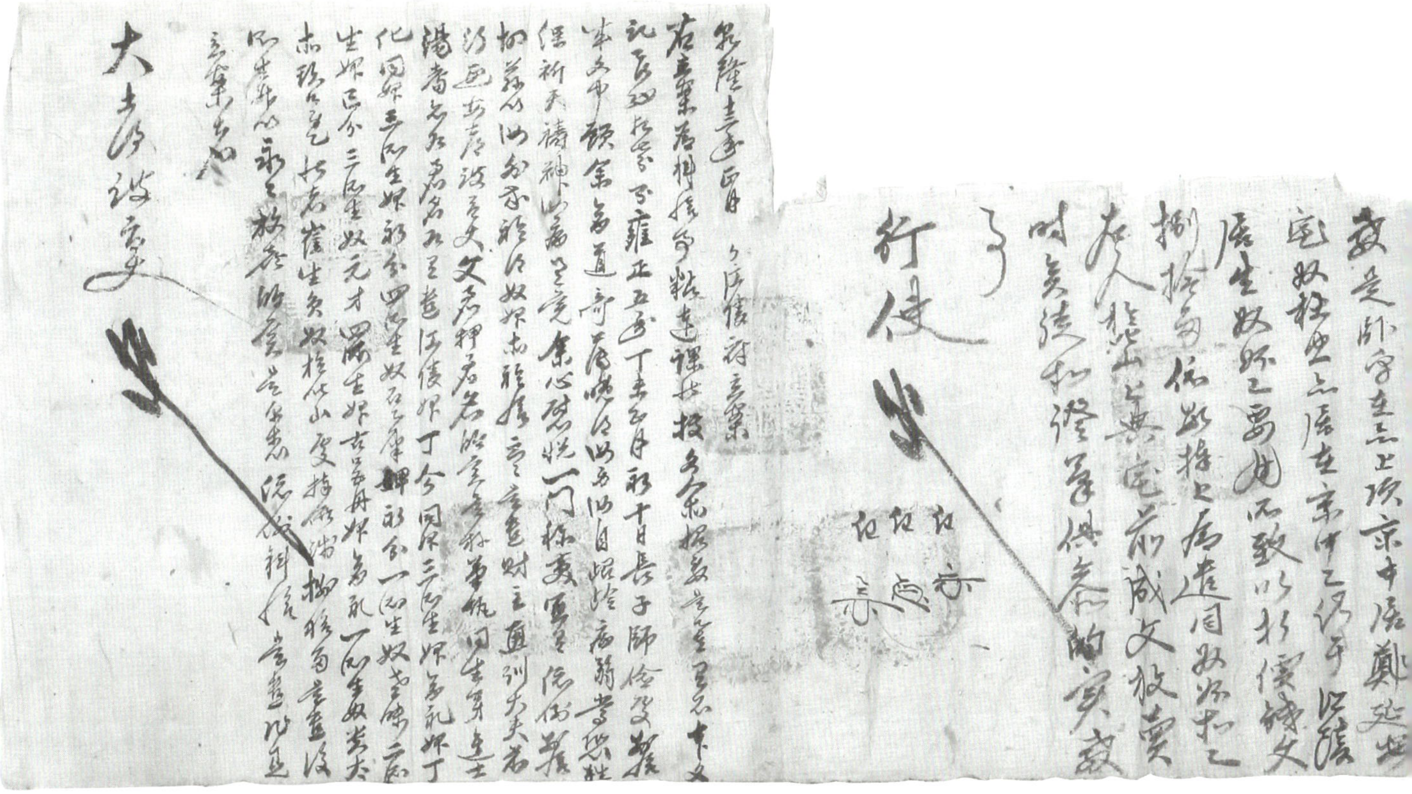

1757년(영조 33), 59.8×124.8

乾隆二十一年丙子十月初六日異姓四寸李乃蕃前茂火明文

右明文爲卧乎事段吾亦要用所致以巳身買得婢順今三所生婢粉梅年庚戌生身乙折價錢文貳拾伍兩依數捧上爲遣今年爲始永永放賣爲乎矣本文記段他奴婢并付乙仍于不得許給爲去乎此後所生并以永爲鎭長使喚爲乎矣幸後次良中吾矣子孫中如有雜談是去乙等持此文下正印

婢主自筆異姓嫡四寸幼學權采衡

江陵大都護府에서 李乃蕃에게 발급한 斜給立案

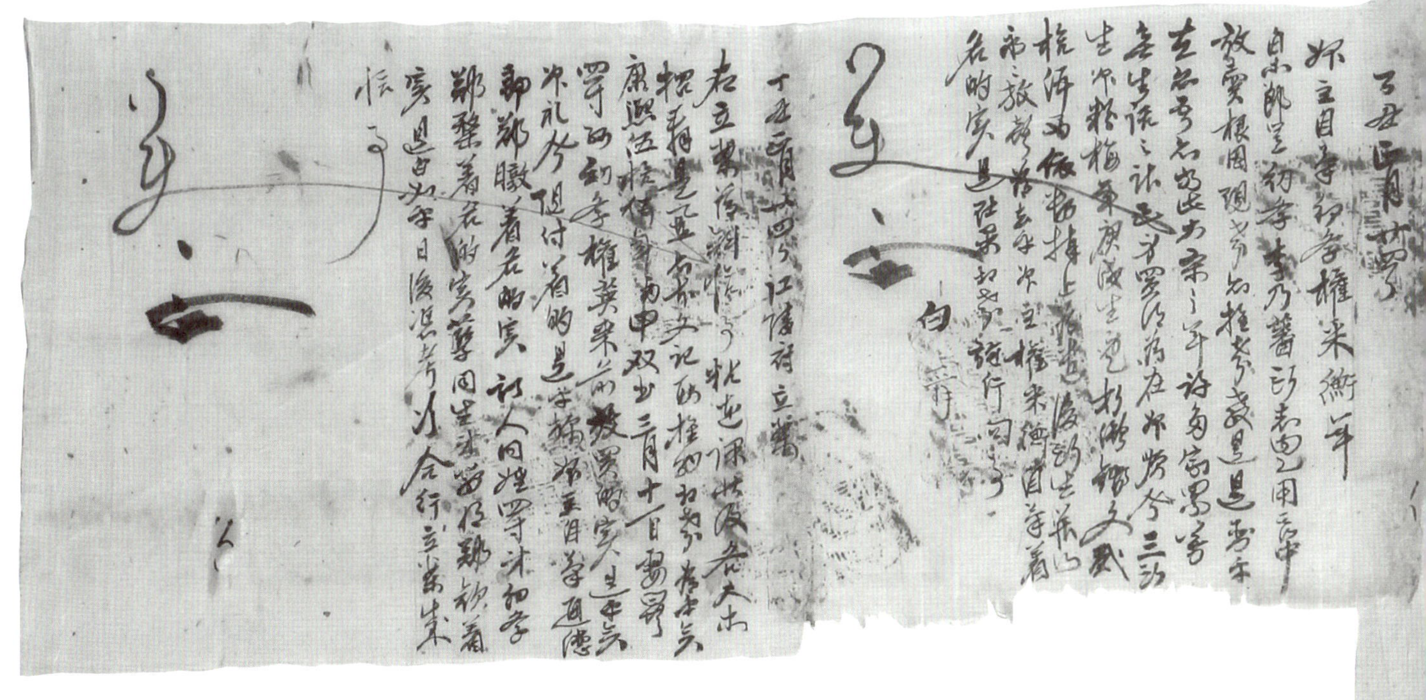

立案 4

1765년(영조 41), 58.2×155.2

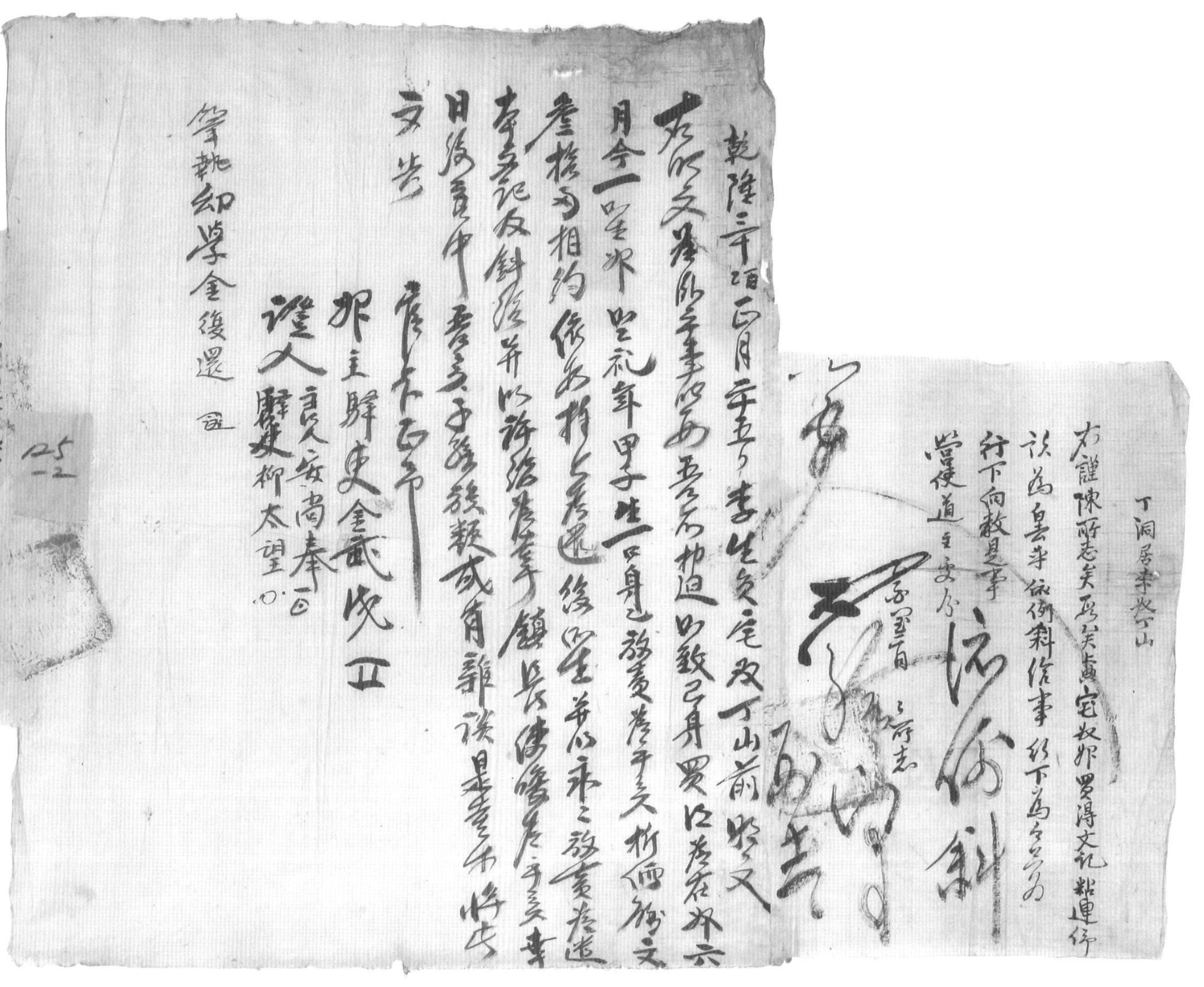

江陵大都護府에서 李 奴 丁山에게 발급한 斜給立案

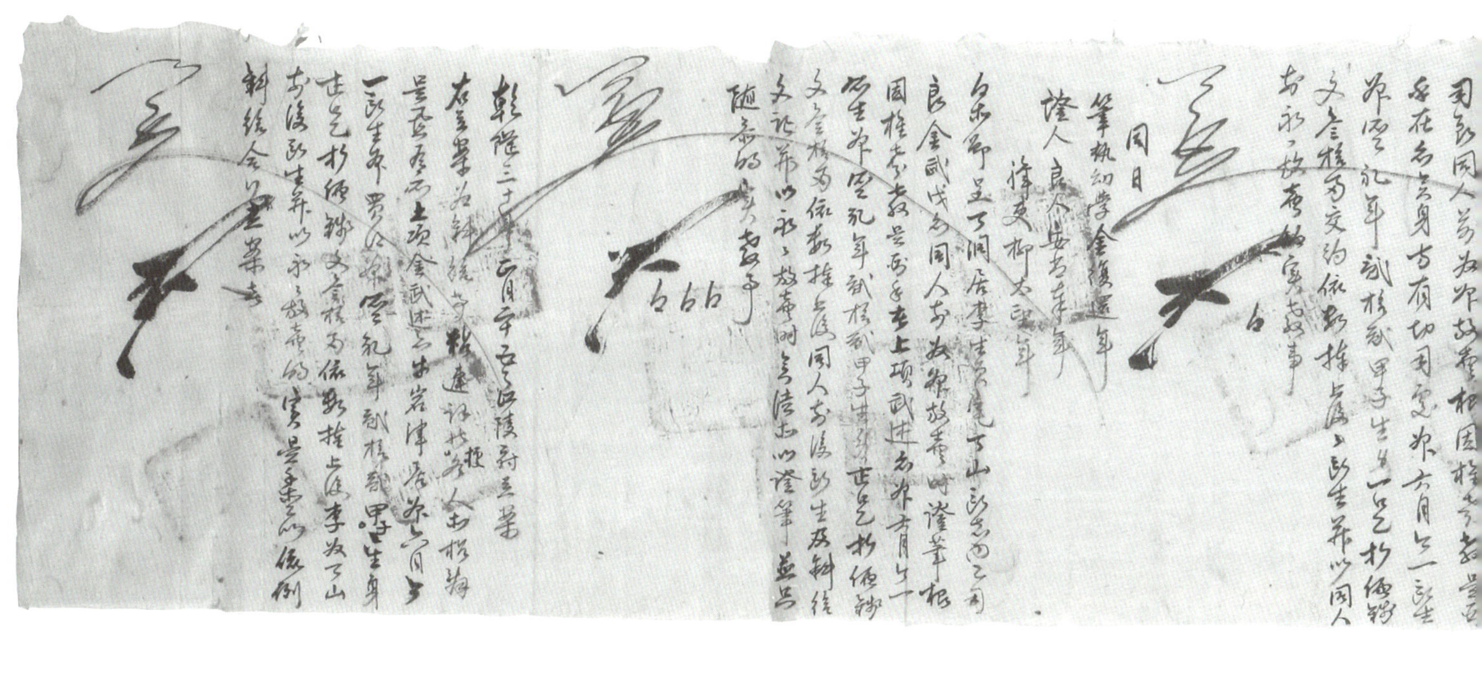

立案 5

262×78.5

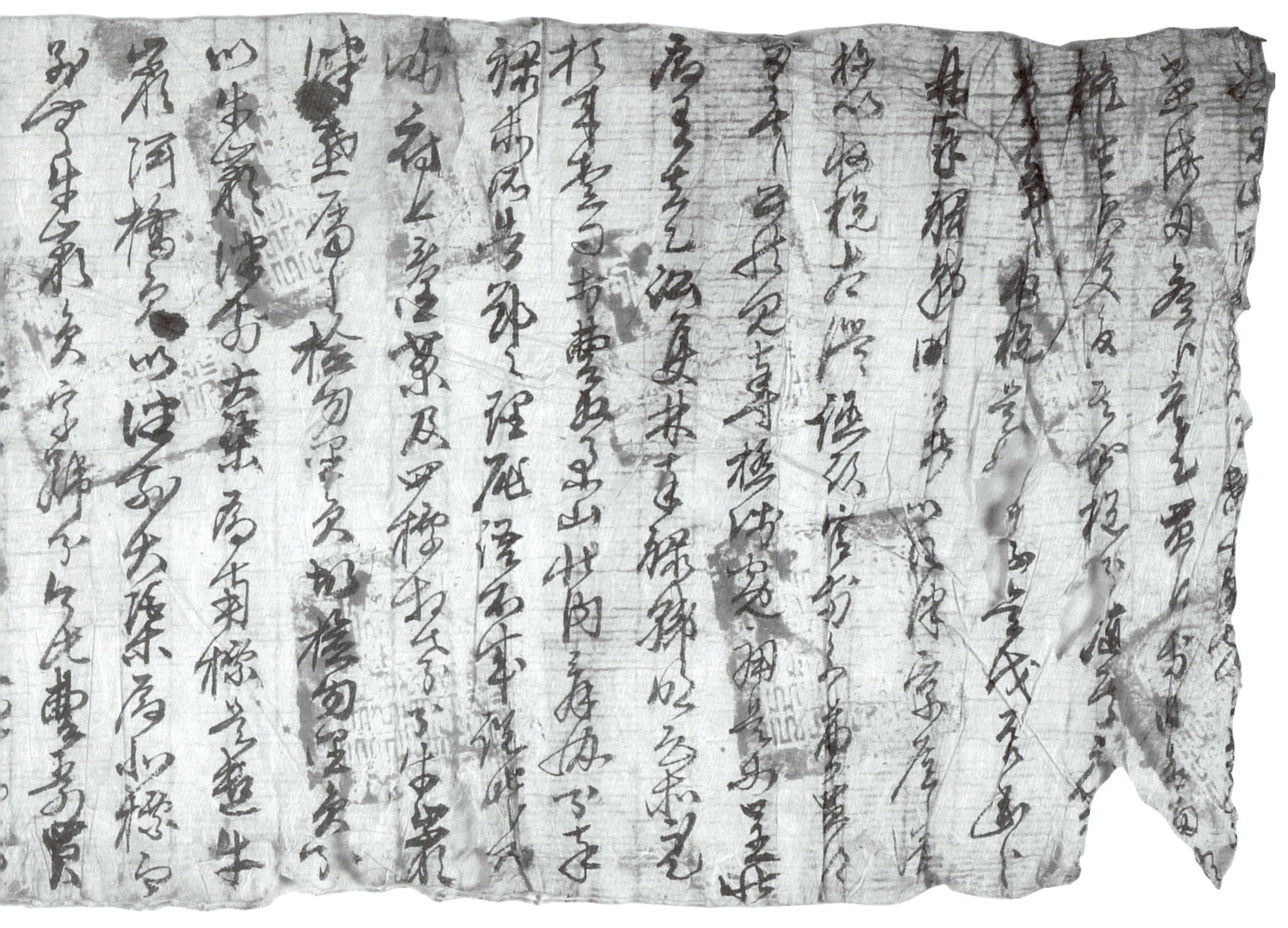

江陵大都護府使가 曺生員 宅의 奴 業山에게 발급해준 決訟立案

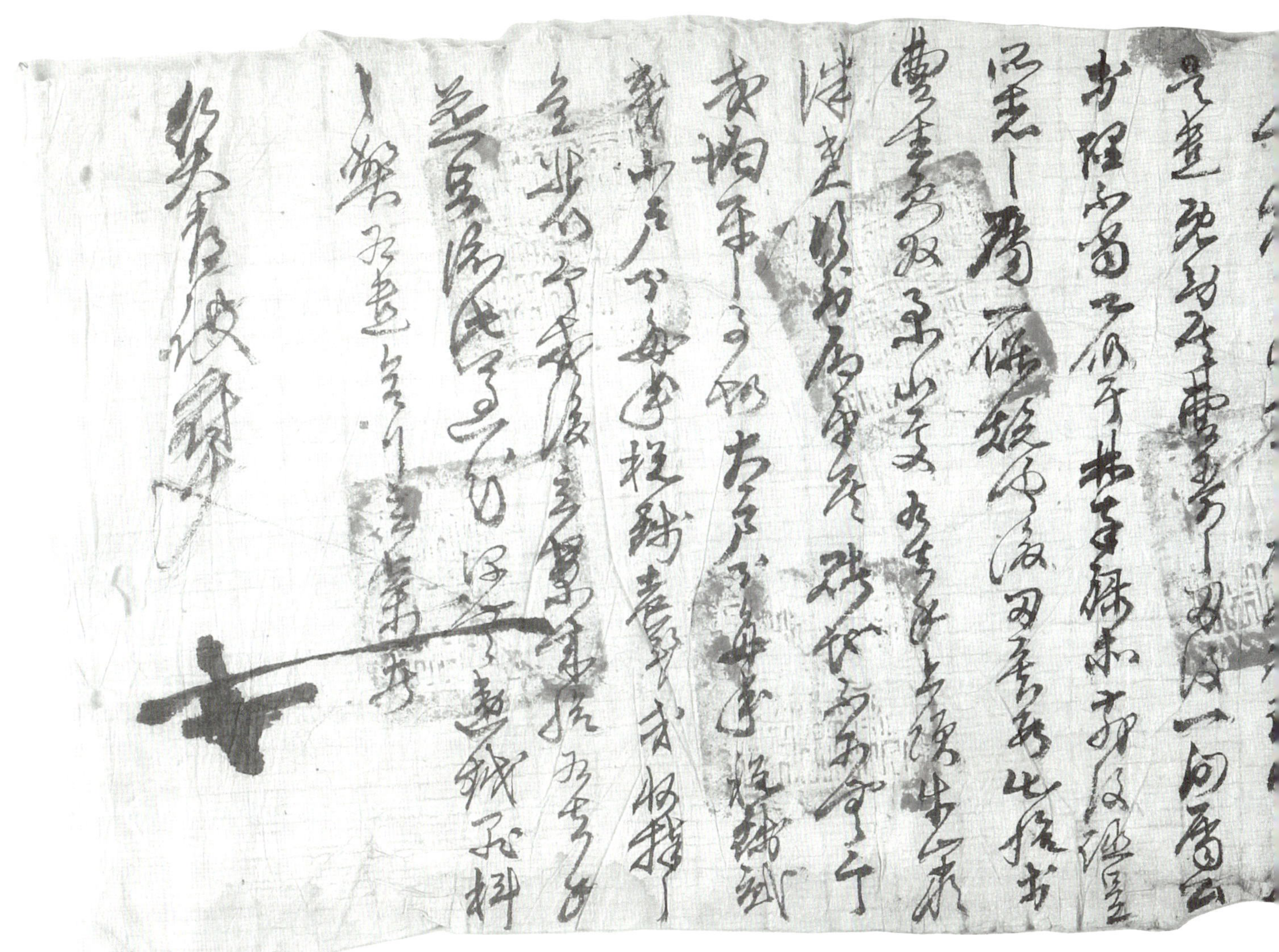

不忘記 1

[1756년(영조 32)], 53.3×35.9

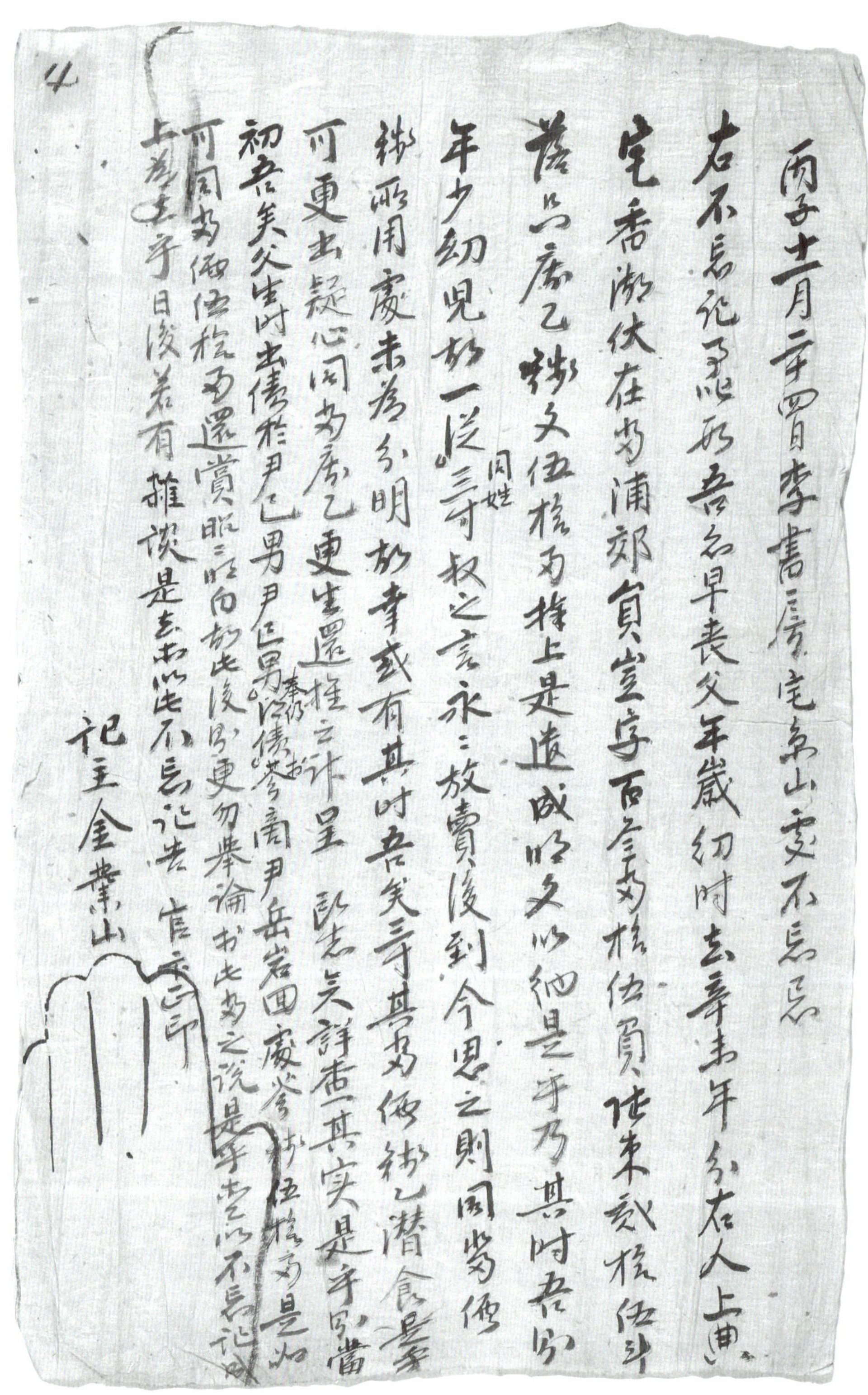

金業山이 李書房宅 京山에게 작성해준 不忘記

不忘記 2

[1758년(영조 34)], 26.6×20.3

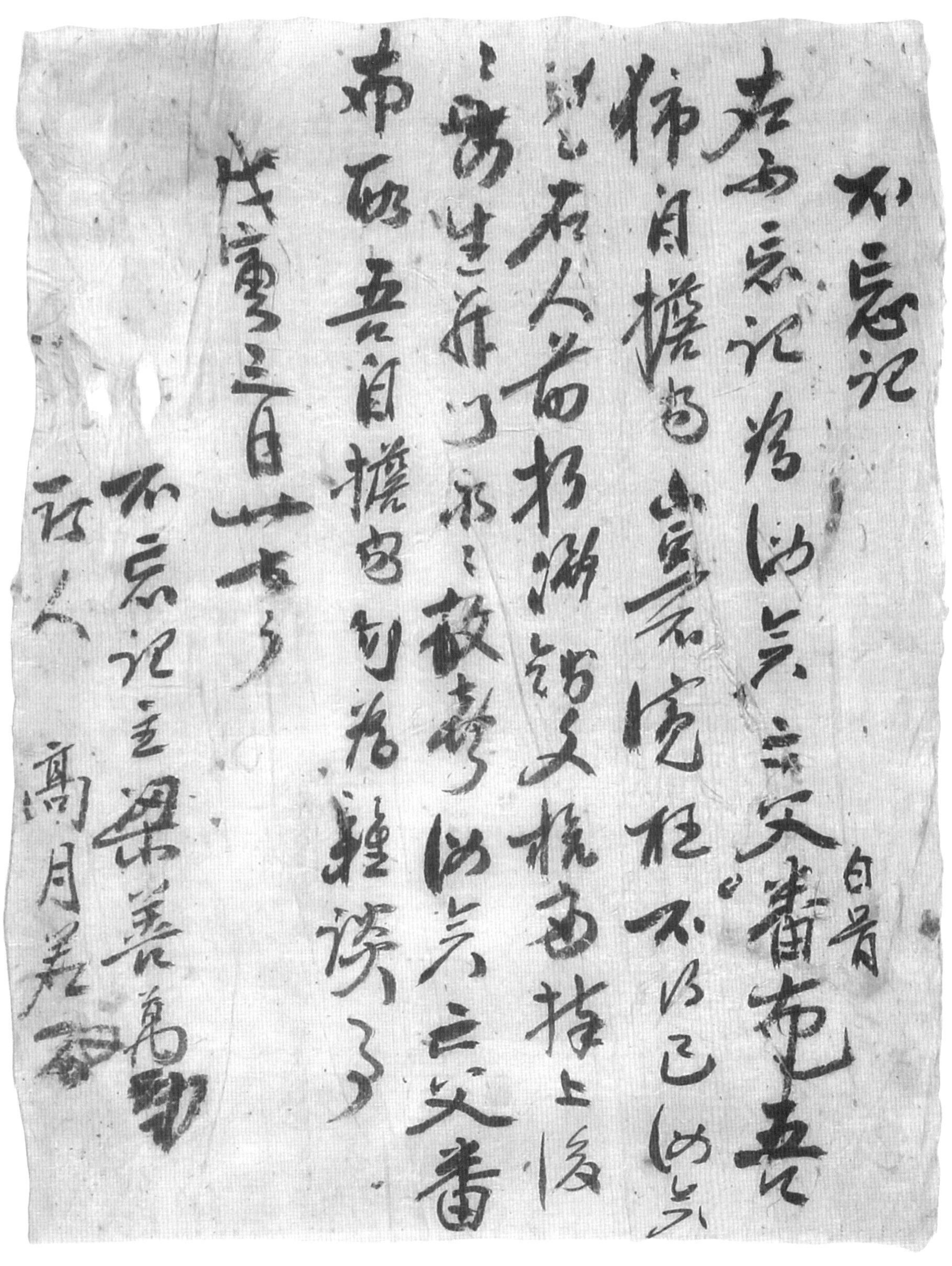

戊寅年에 梁善萬이 혼자서 지고 있던 白骨番布의 납부와 관련하여 初正에게 작성해준 不忘記

不忘記 3

[1758년(영조 34)], 26.8×32.4

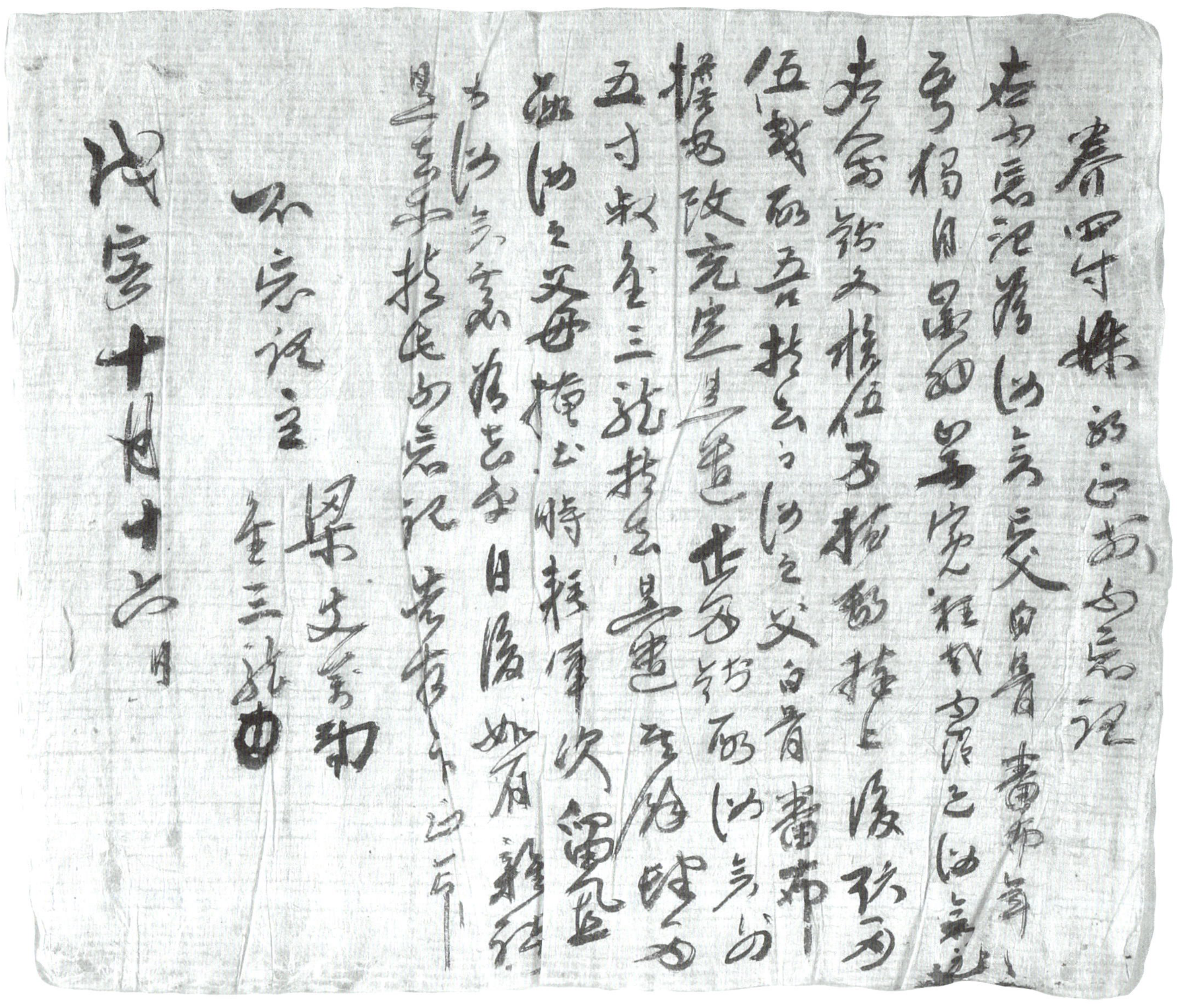

養四寸 梁先萬과 外五寸叔 金三龍이 初正에게 작성해준 不忘記

不忘記 4

[1761년(영조 37)], 52.7×33.6

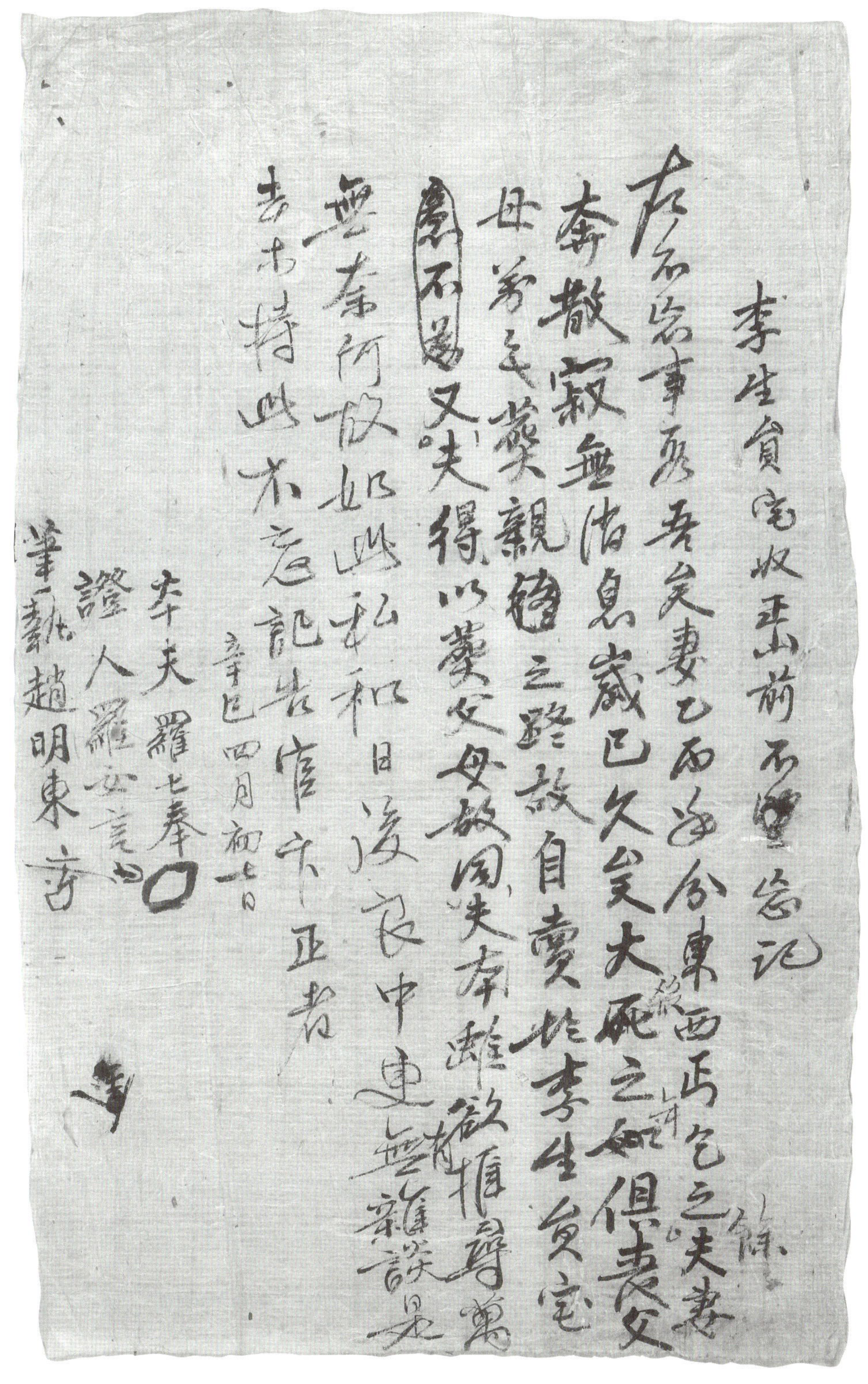

李生員宅奴正山前不忘記

右不忘事段吾矣妻乙丙年分東西[illegible]宅之夫妻

奇散寂無消息歲已久矣大[illegible]之女俱喪父

母[illegible]之[illegible]親[illegible]之路故自賣於李生員宅

[illegible]不[illegible]又夫得以其父母故同夫本雖欲推尋萬

無奈何故如此私和日後良中更無雜談是

去乎持此不忘記告官卞正者

辛巳四月初七日

本夫 羅七奉

證人 羅[illegible]

筆執 趙明東

辛巳年 4월 초7일에 本夫 羅七奉이 李生員 宅 奴 正山에게 작성해준 不忘記

[1769년(영조 45)], 27.5×24.8

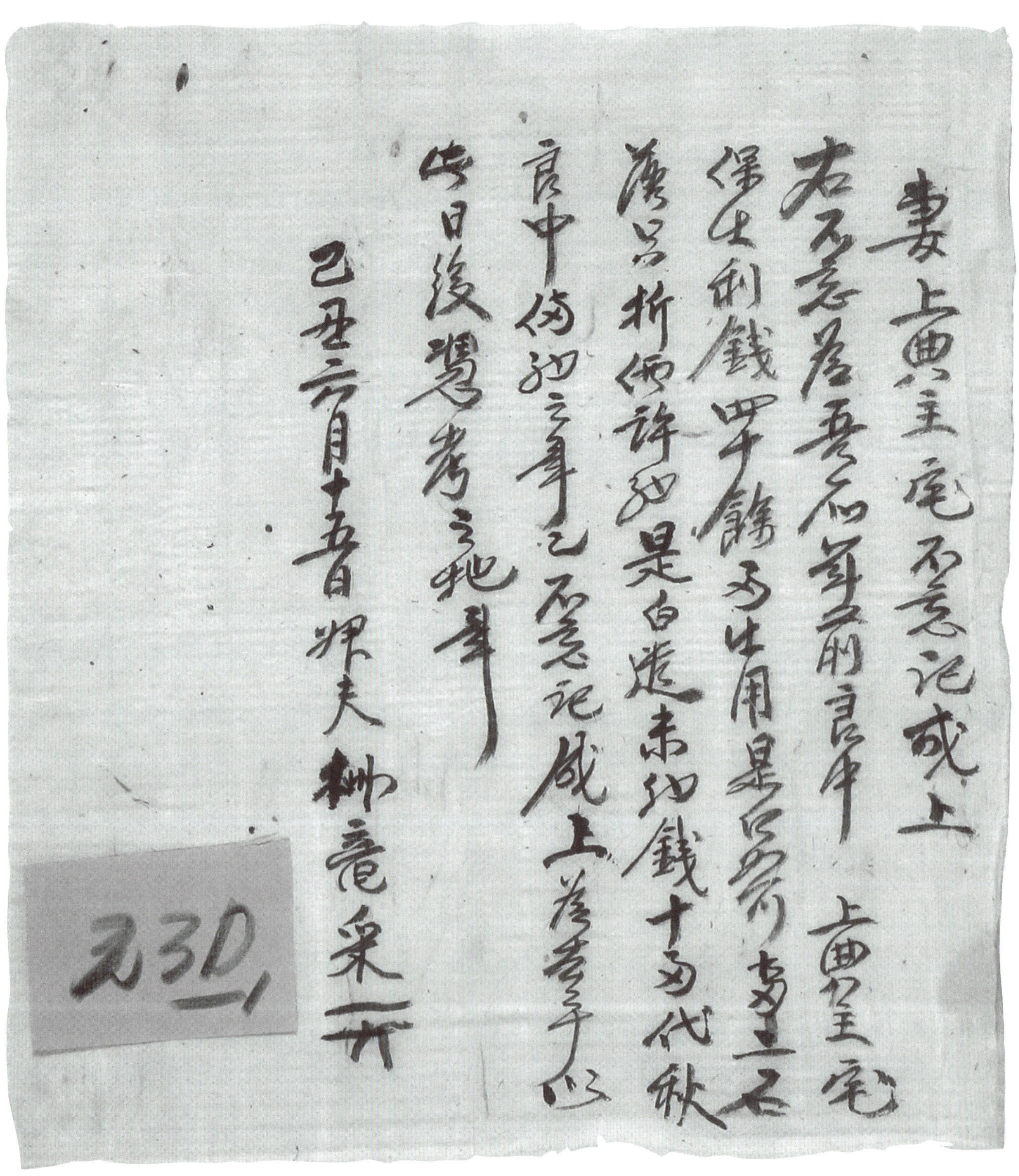

妻上典主宅 不忘記 成上

右不忘爲臥乎 吾后年前言中 上典主宅

保生利錢 四兩餘 爲生用是白如乎 幸上右

落只折價許知是白遣 未知錢十兩代 秋

言中 仍知之事乙 不忘記 成上 落去手以

他日後 憑考之地 事

乙丑六月十五日 婢夫 權龍采 手決

230-1

婢夫 權龍采가 妻의 上典에게 작성해준 不忘記

不忘記 6

1778년(정조 2), 53.6×33

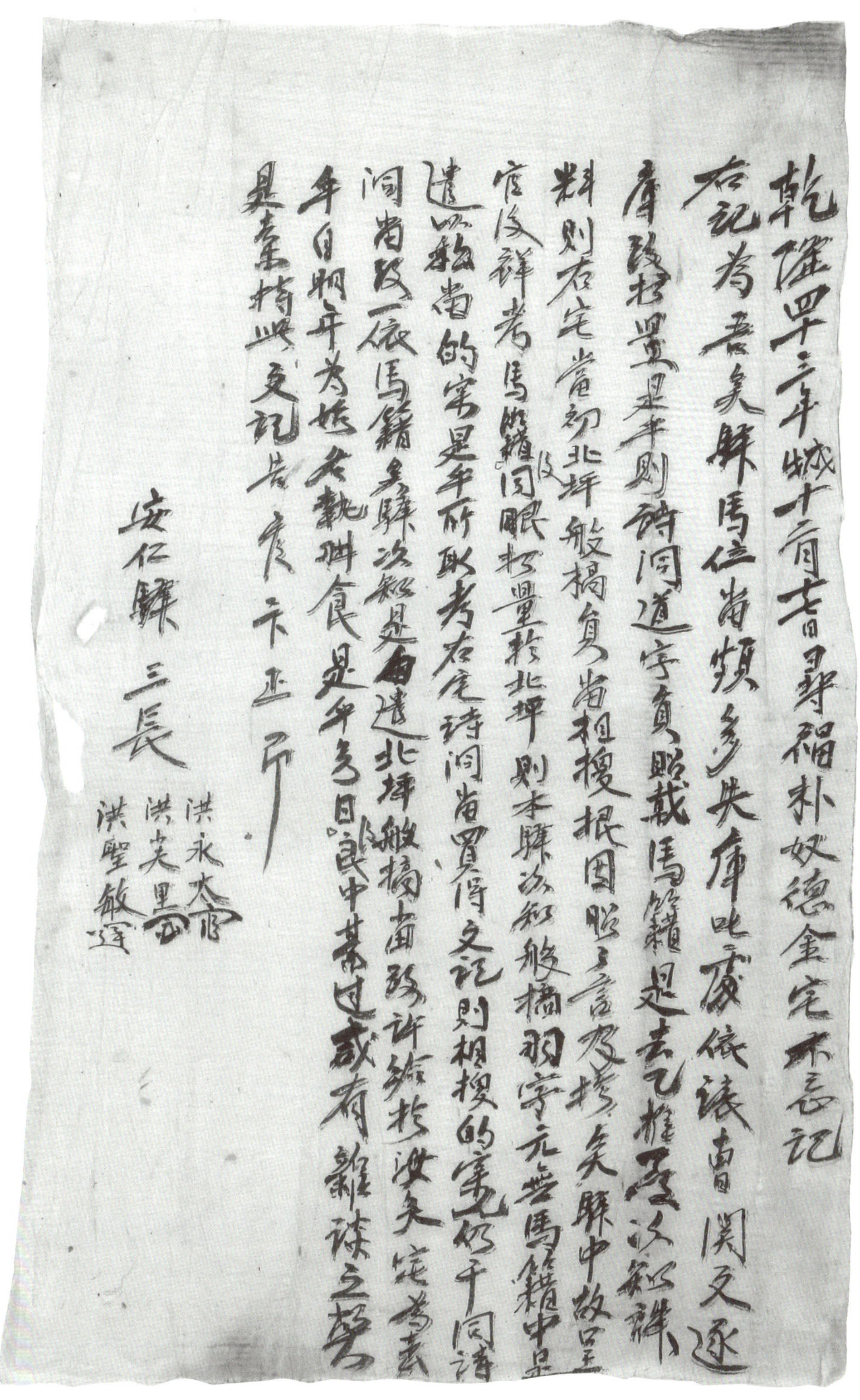

安仁驛의 三長 洪永太, 洪小夫里, 洪聖敏가 朴 奴 德金 宅에 작성해준 不忘記

[1848년(헌종 14)], 28.1×16.2

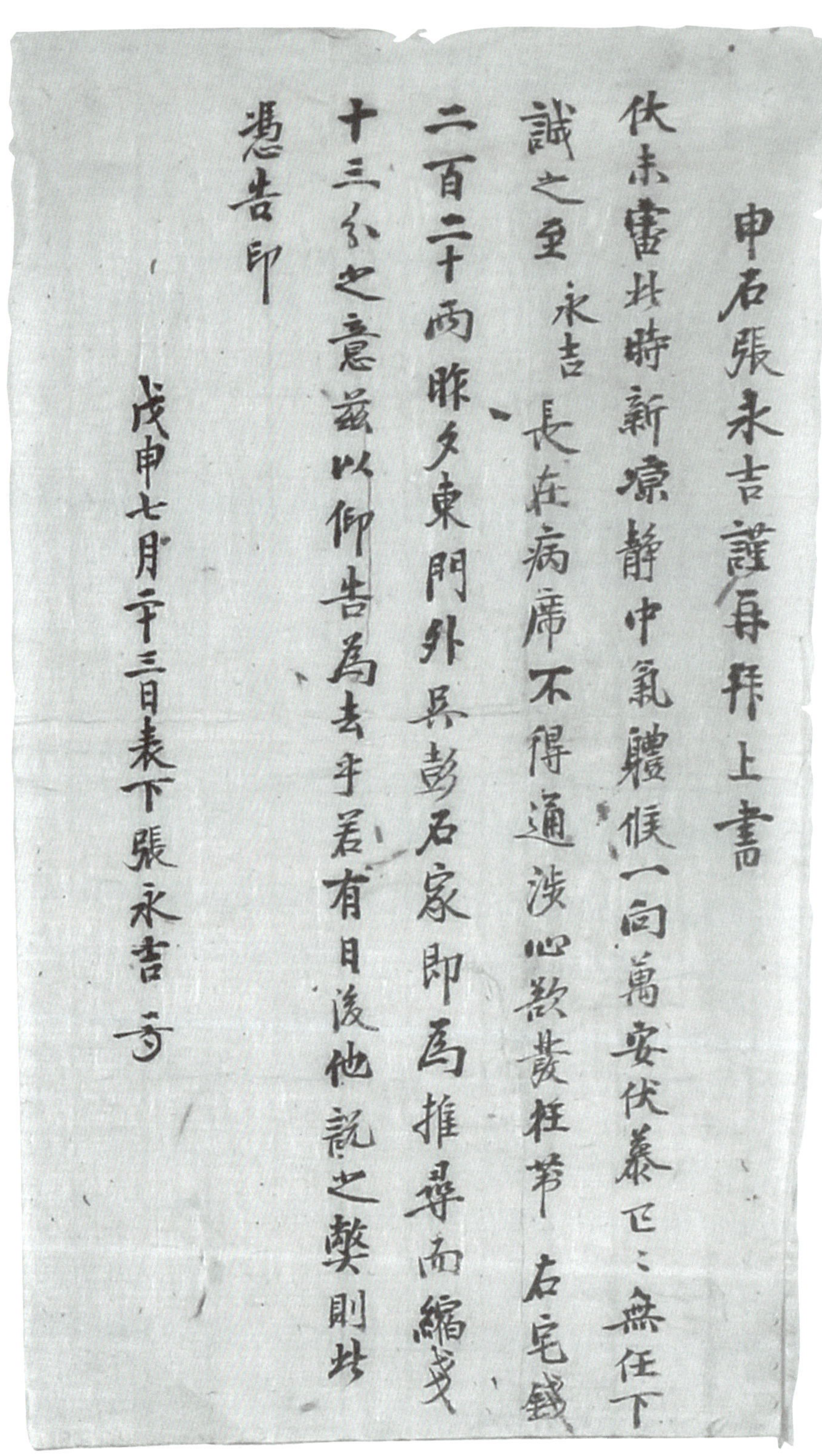

申石張永吉謹再拜上書

伏未審此時新凉靜中氣體候一向萬安伏慕区区無任下

誠之至 永吉 長在病席不得通涉心欲發狂第 石宅錢

二百二十兩昨夕東門外吳彭石家即爲推尋而緡戔

十三分之意茲以仰告爲去乎若有日後他說之弊則此

憑告印

戊申七月二十三日表下張永吉 手決

張永吉이 債錢 관련하여 작성해준 手記

手記 2

1885년(고종 22), 61.2×41.2

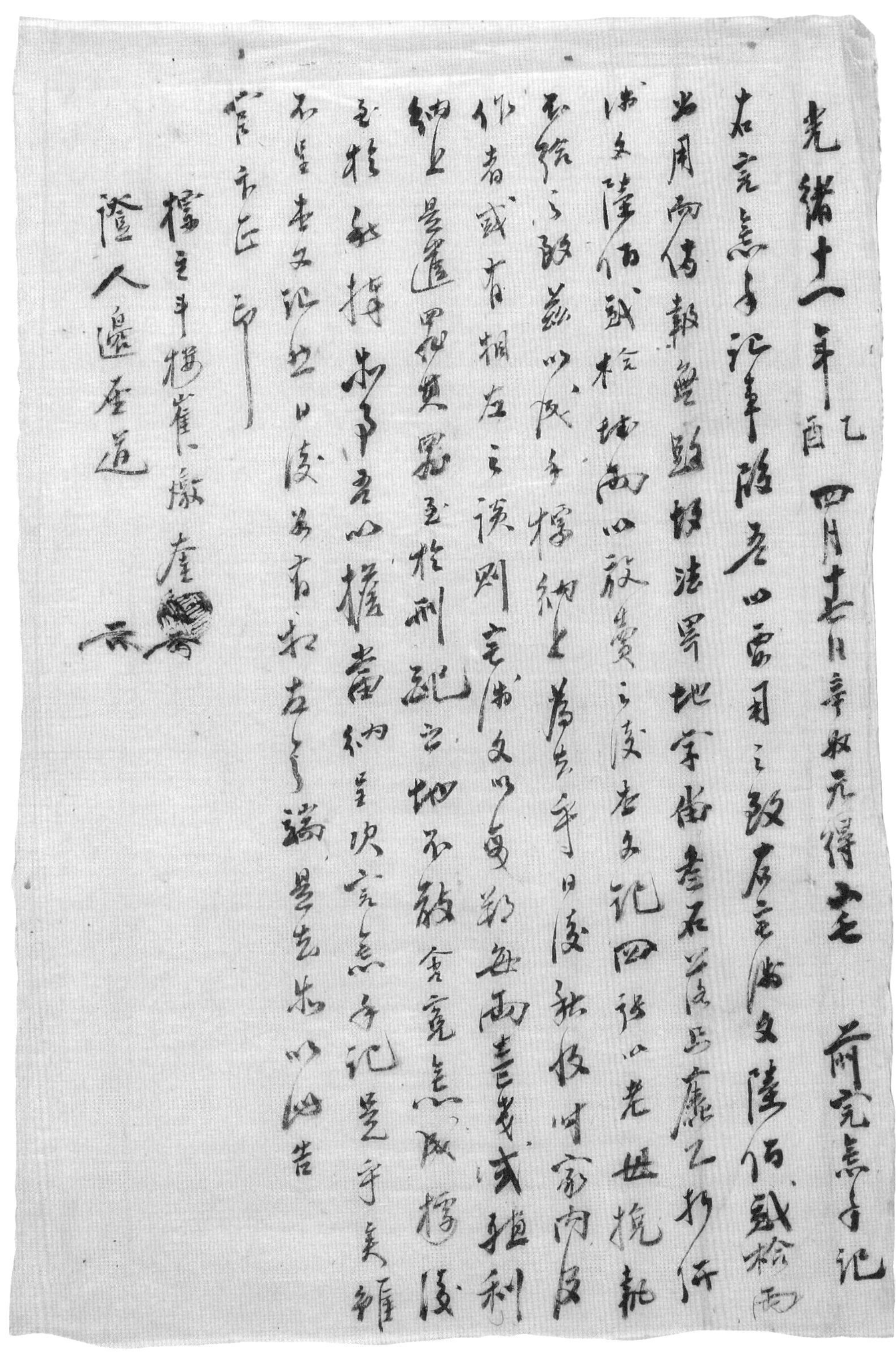

光緖十一年乙酉四月十七日辛奴元得宅 前完意手記

1885년에 崔燉奎가 辛哥의 奴 元得 宅에게 작성해준 完意手記

丁酉, 19.5×15.3

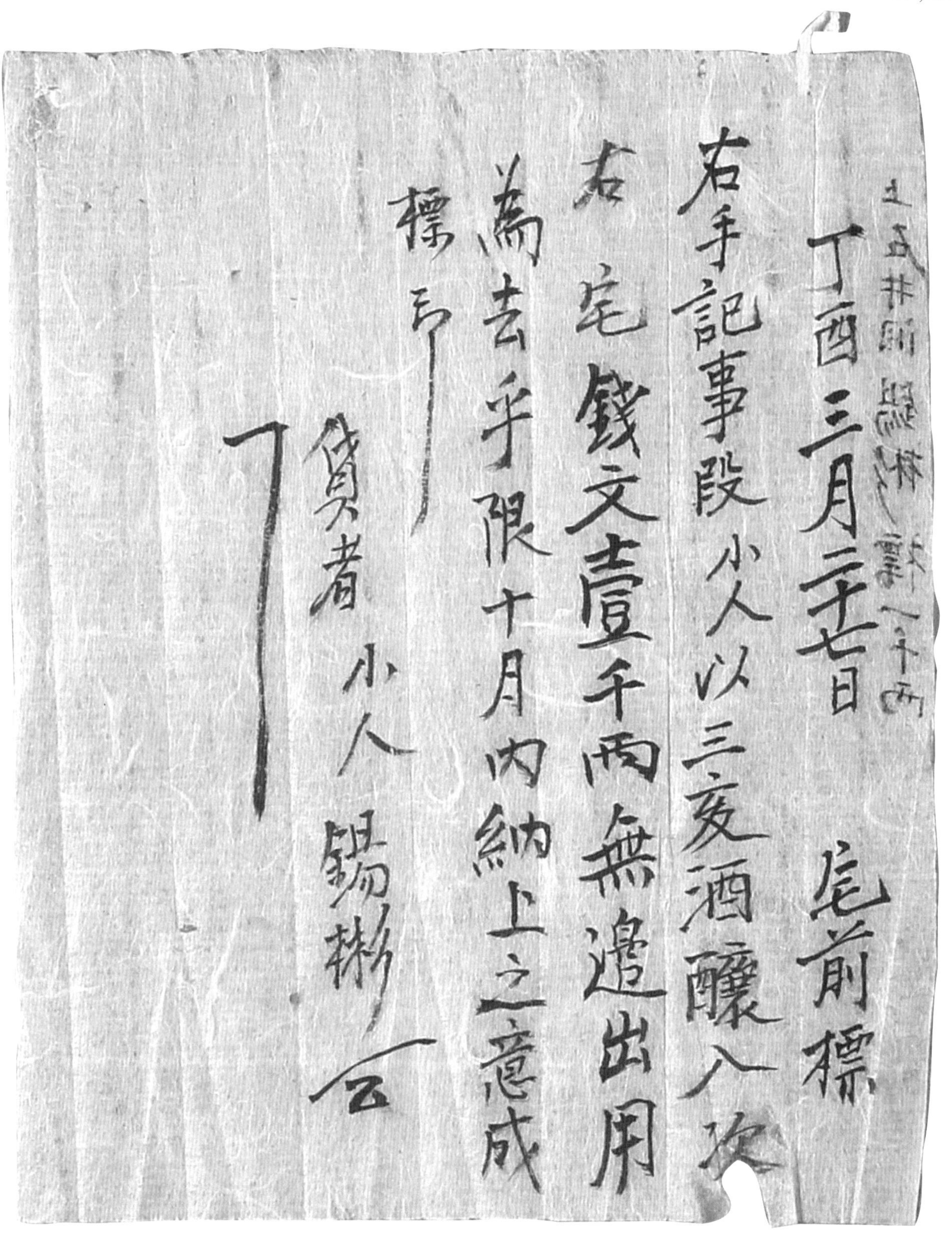

丁酉三月二十七日 宅前標

右手記事段 小人以三亥酒釀入次

右宅錢文壹千兩無邊出用

爲去乎限十月內納上之意成

標事

債者 小人 錫彬

정유년 3월 27일에 錫彬이 발급한 手記

手記 4

癸亥, 22.3×23.3

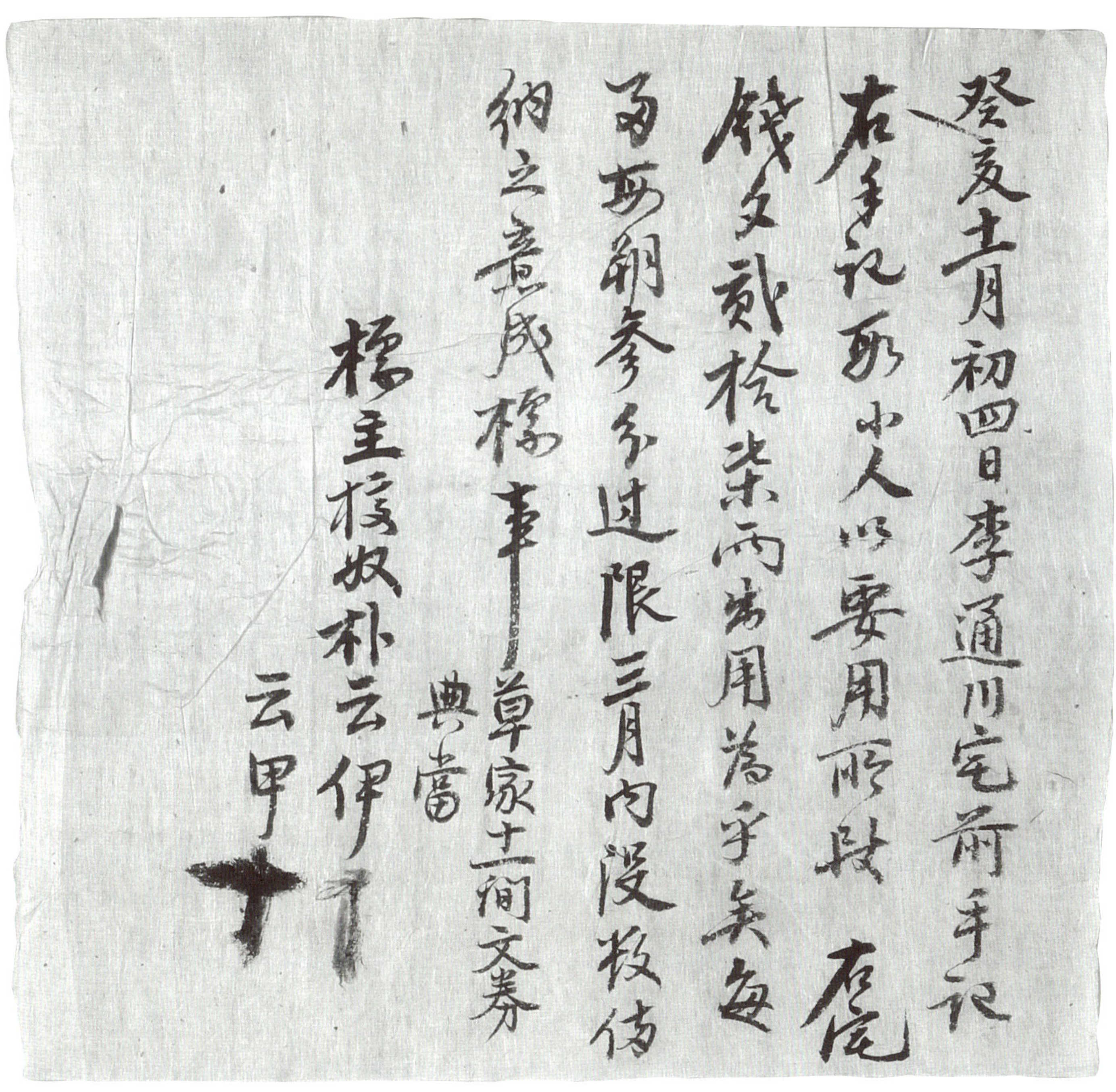

癸亥十月初四日李通川宅前手記
右手記事 小人以要用所致處
錢文貳拾柒兩出用爲乎矣每
兩每朔參分邊過限三月內沒數備
納之意成標事 草家十一間文券 典當
標主 校奴 朴云伊
云甲

校奴 朴云伊와 云甲이 李 通川 댁에게 작성해준 手記

手標 1

1895년(고종 32), 52×61.8

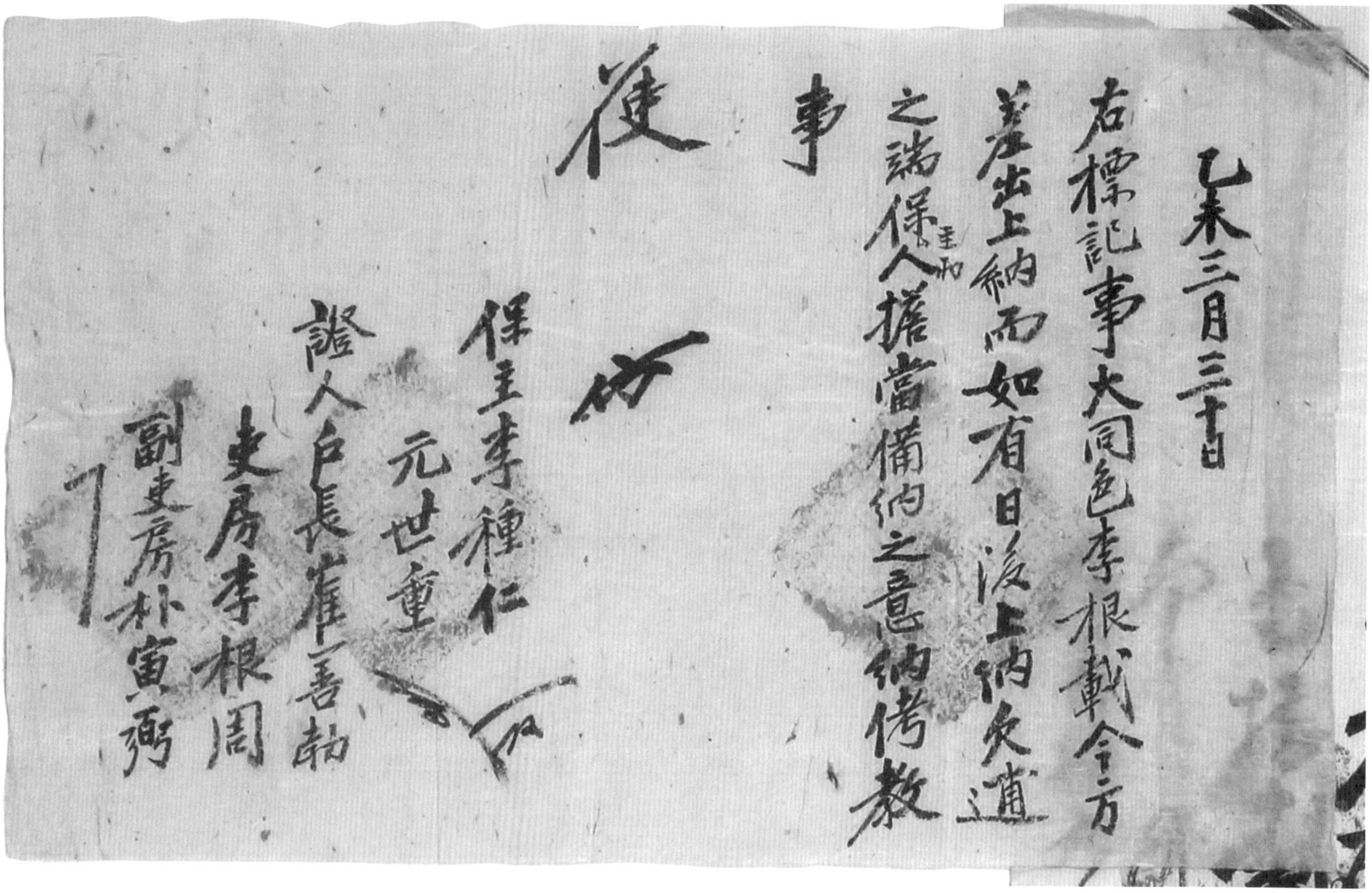

1895년 3월 30일에 保主 李種仁과 元世重이 江陵大都護府使에게 제출한 標記

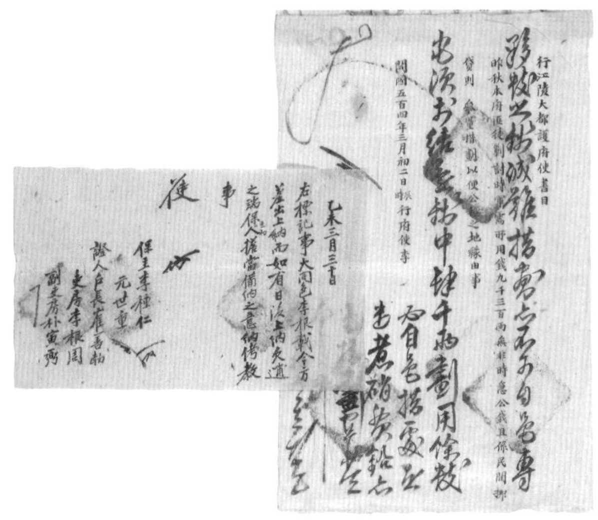

手標 2

甲子, 20.3×17.4

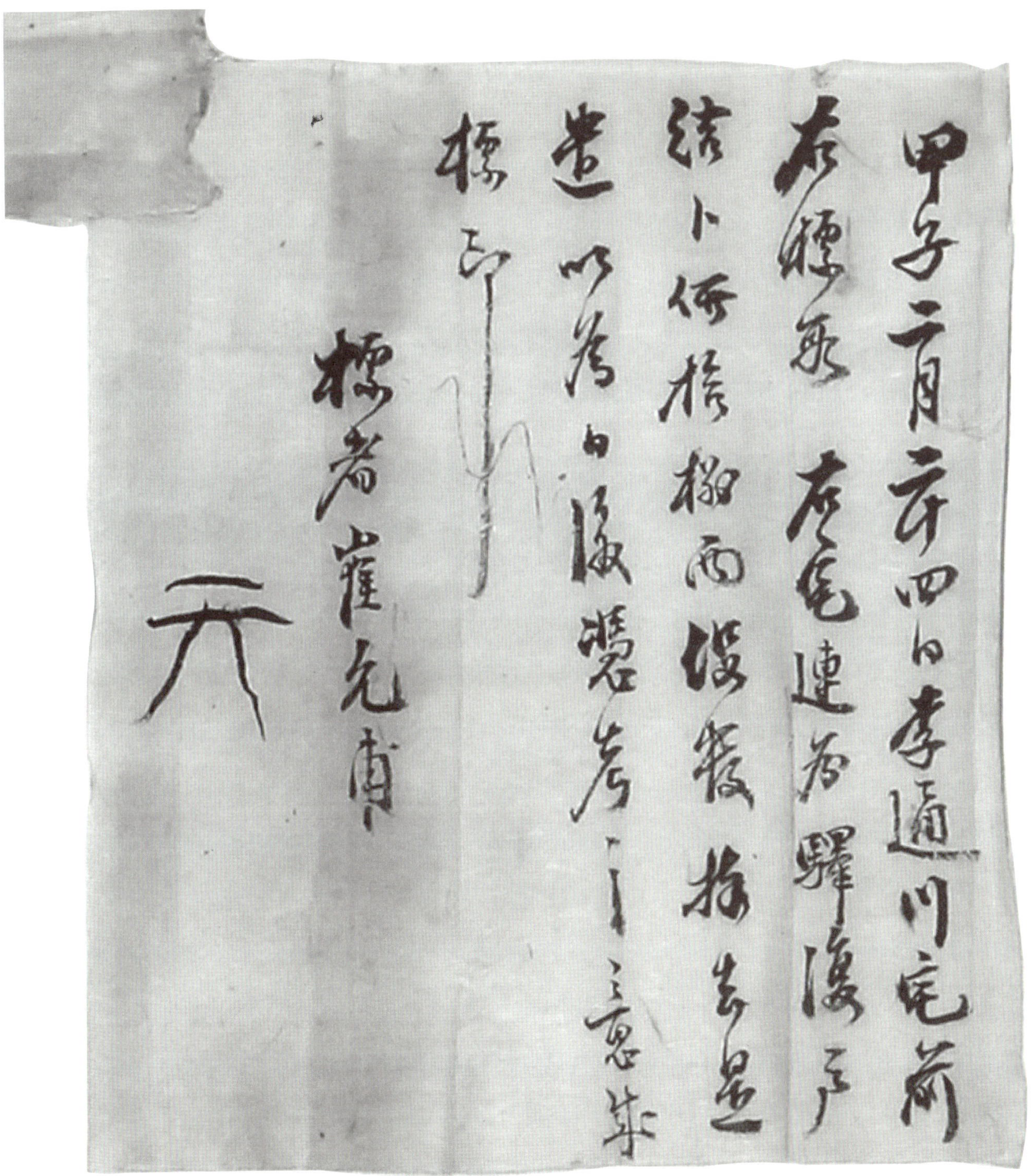

崔允甫가 連谷驛의 復戶 結卜과 관련하여 李通川宅에 작성해준 手標

料標 1

27.3×31.3

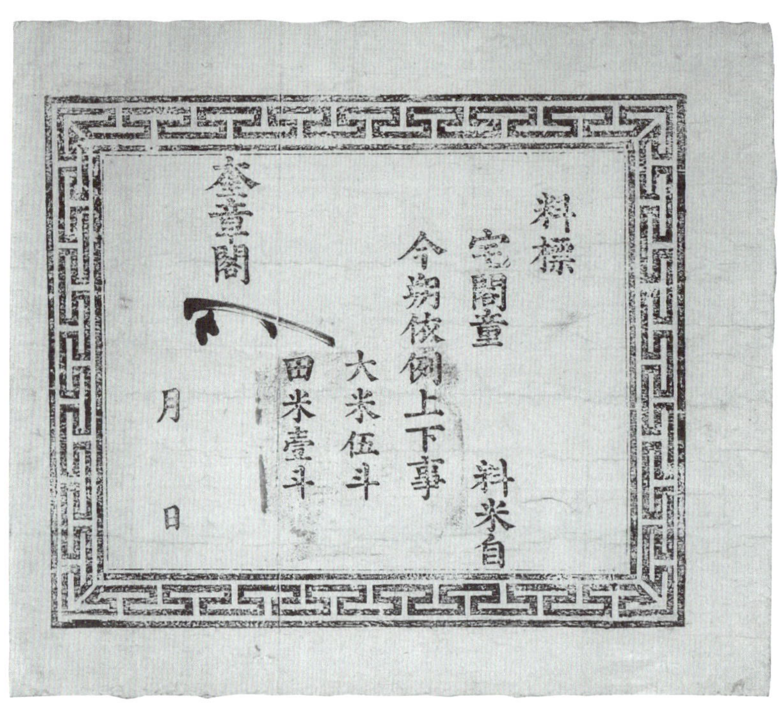
料標
宅閣童 料米自
今朔依例上下事
大米伍斗
田米壹斗
奎章閣
月 日

규장각에서 閣童에게 발급한 料標

料標 2

27.3×31.3

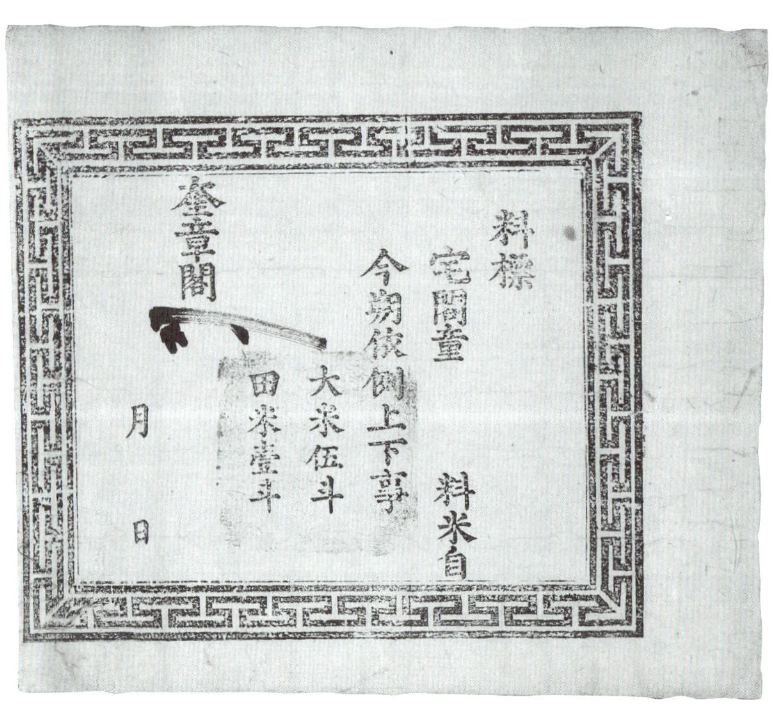
料標
宅閣童 料米自
今朔依例上下事
大米伍斗
田米壹斗
奎章閣
月 日

규장각에서 閣童에게 발급한 料標

尺文 1

戊戌, 22.5×9.8

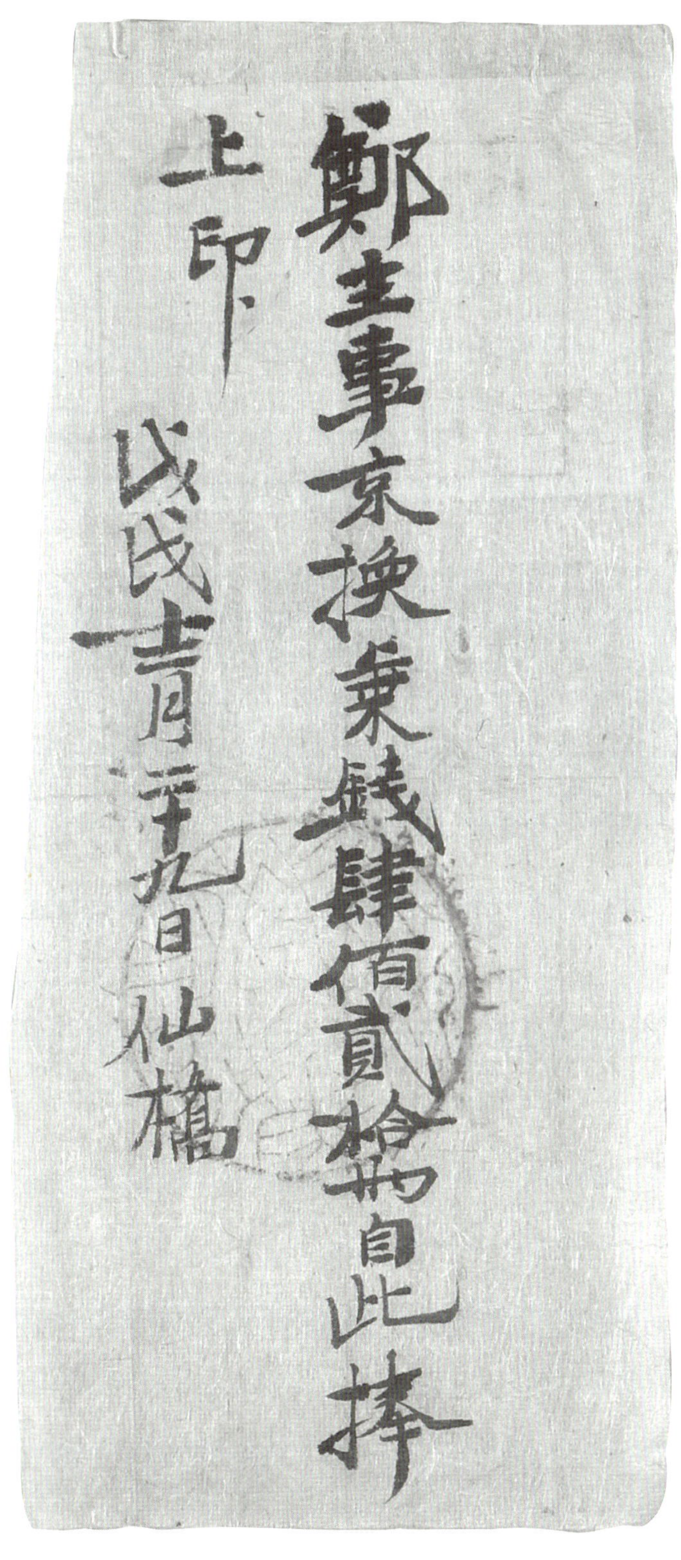

鄭主事京換乘錢肆佰貳拾兩自此捧

上印

戊戌十二月廿九日仙橋

무술년 12월 29일에 仙橋 댁에서 鄭主事에게 京換乘錢 420兩을 받았다는 내용의 증서

5

明文·文記類

明文 1

1607년(선조 40), 49.3×35.9

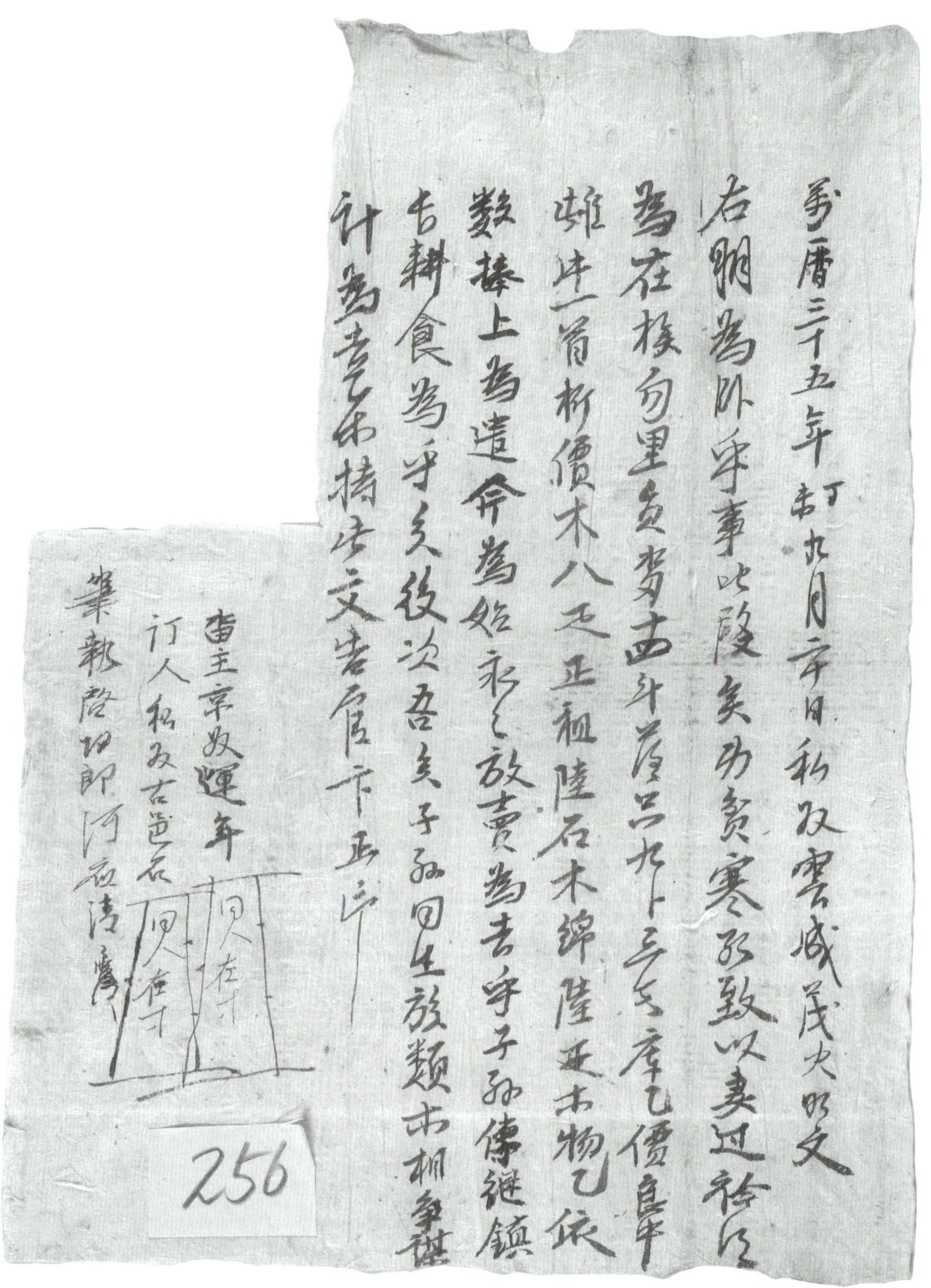

1607년 9월 20일에 奴 運年이 私奴 雲成에게 논을 팔면서 발급한 明文

明文 2

1633년(인조 11), 47.5×47.5

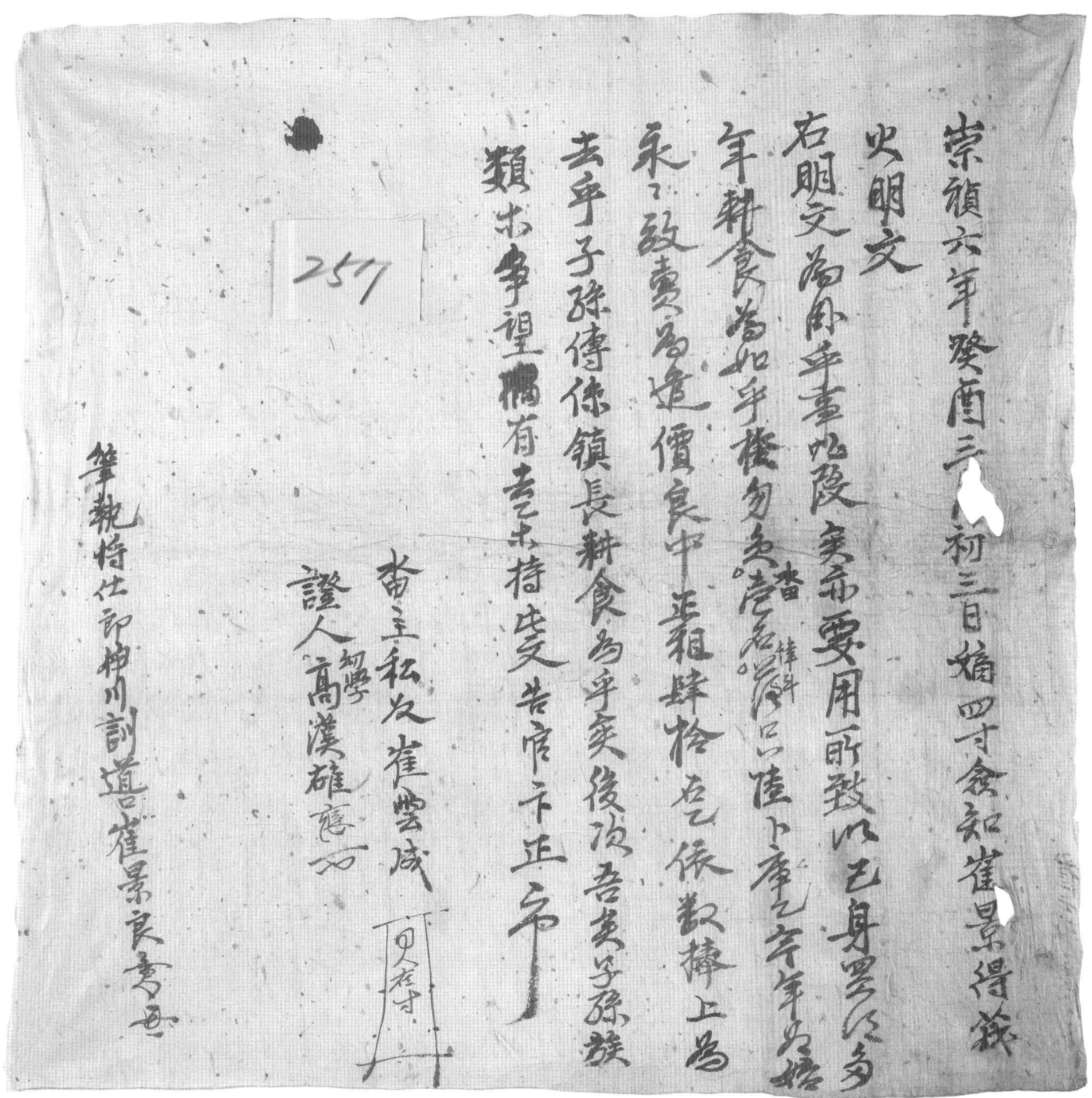

崇禎六年癸酉三月初三日 嫡四寸 僉知 崔景得處

此明文

右明文爲臥乎事叱段 實爲要用所致以 己身買得爲

年耕食爲如乎 樓多員 畓壹石落只 陸卜庫乙 辛年如嫡

永永放賣爲遣 價良中 正租肆拾石 依數捧上爲

去乎等 子孫傳係 鎭長耕食爲乎矣 後次 吾矣子孫族

類中 爭望爲有去乙等 持此文 告官卞正事

畓主 私奴 崔雲成

證人 幼學 高漢雄

筆執 將仕郞 伸川訓導 崔景良

1633년 3월 초3일에 私奴 崔雲成이 嫡四寸 僉知 崔景得에게 논을 팔면서 발급한 明文

明文 3

1697년(숙종 23), 55.1×35.1

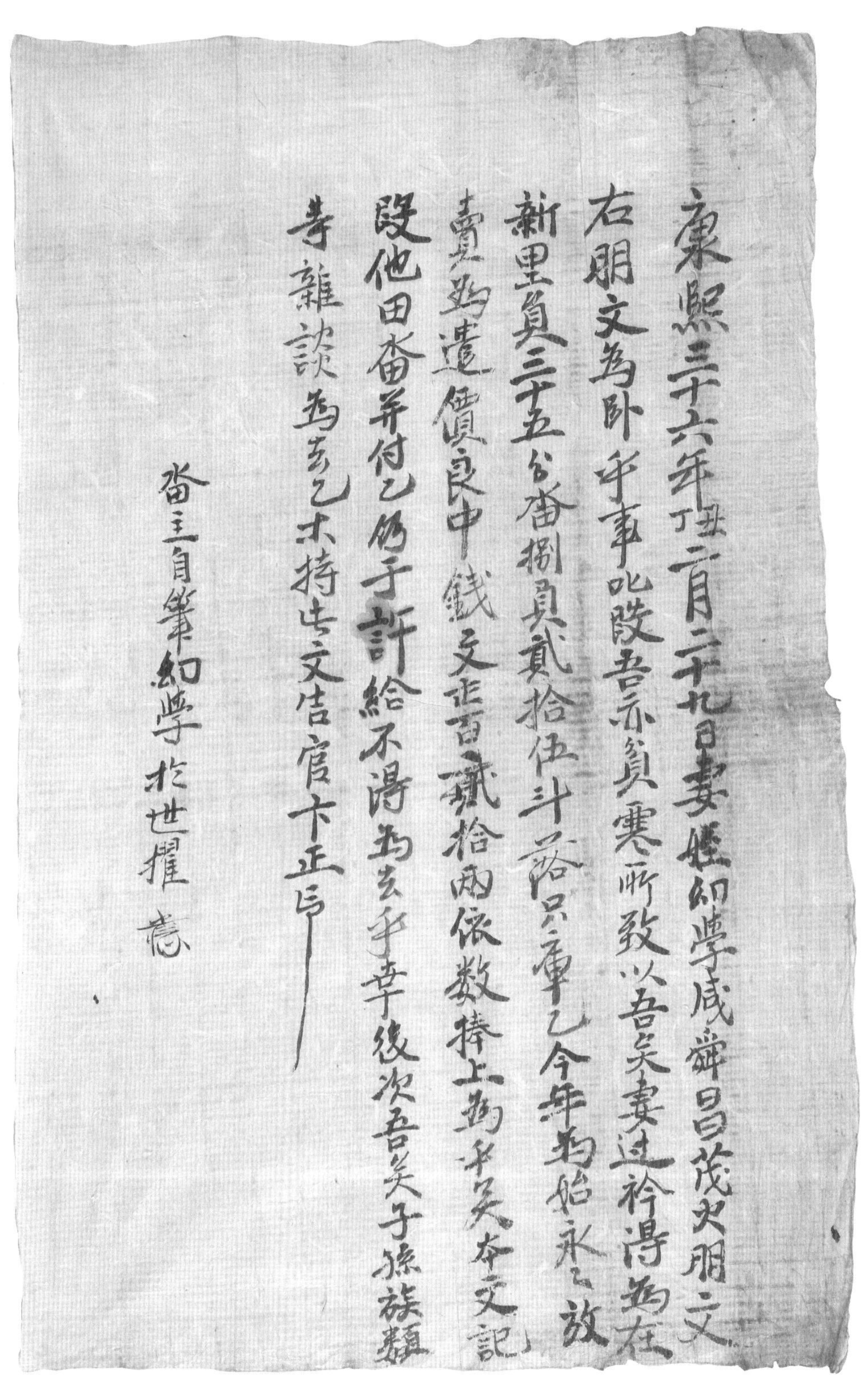

康熙三十六年丁丑二月二十九日妻姪幼學咸舜昌處明文

右明文爲臥乎事叱段吾亦貧寒所致以吾矣妻邊衿得爲在

新里員三十五谷畓捌負貳拾伍斗落只庫乙今年爲始永永放

賣爲遣價折良中錢文壹百貳拾兩依數捧上爲遣本文記

段他田畓幷付乙仍于許給不得爲去乎幸後次吾矣子孫族類

中雜談爲去乙等持此文告官卞正事

畓主自筆幼學 於世擢 (着名)

1697년 2월 29일에 유학 於世擢이 妻姪 유학 咸舜昌에게 논을 팔면서 발급한 明文

明文 4

1714년(숙종 40), 63.2×109.3

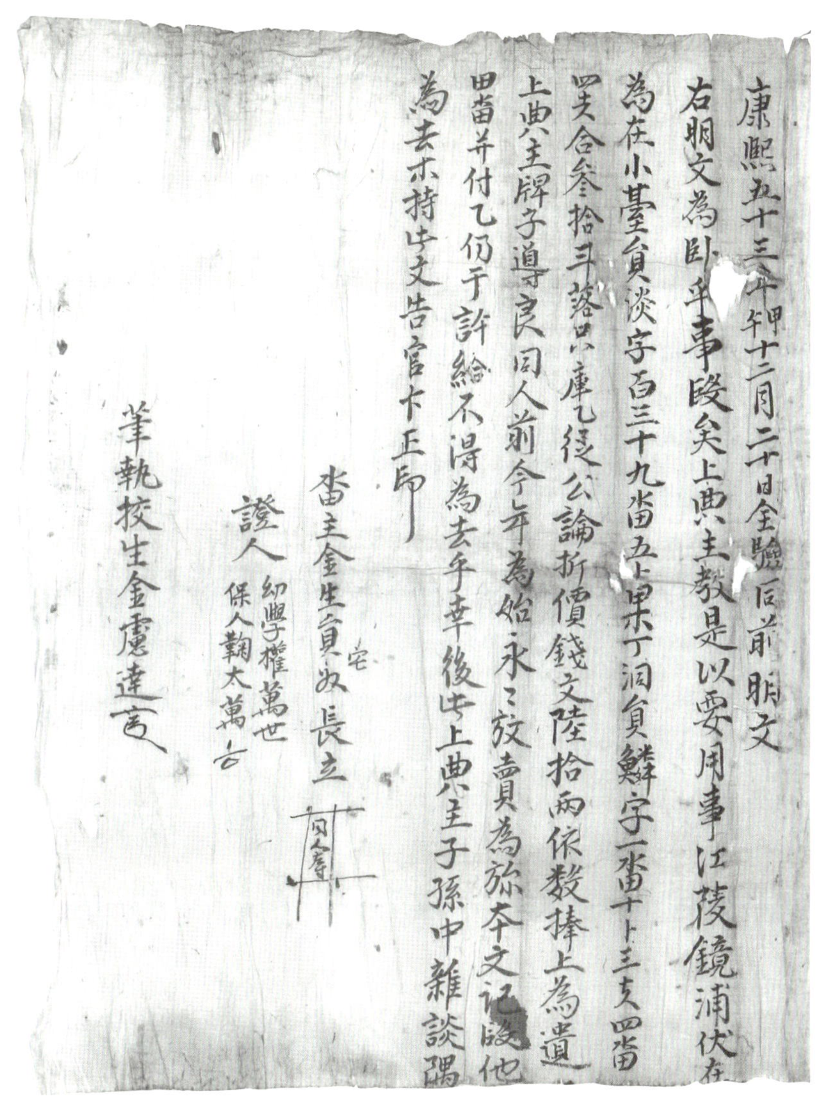

1714년 12월 20일에 金生員 宅 奴 長立이 全驗同에게 논을 팔면서 발급한 明文

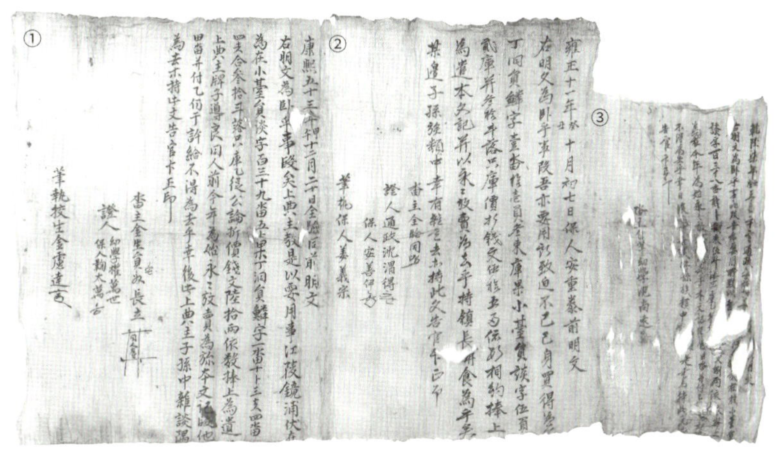

①1714년에 金生員 宅 奴 長立
②1733년에 全驗同
③1742년에 유학 沈尙遠이 논을 팔면서 발급한 3건의 明文이 점련되어 있다.
(명문 4, 명문 15, 명문 28)

明文 5

1715년(숙종 41), 50.1×33.3

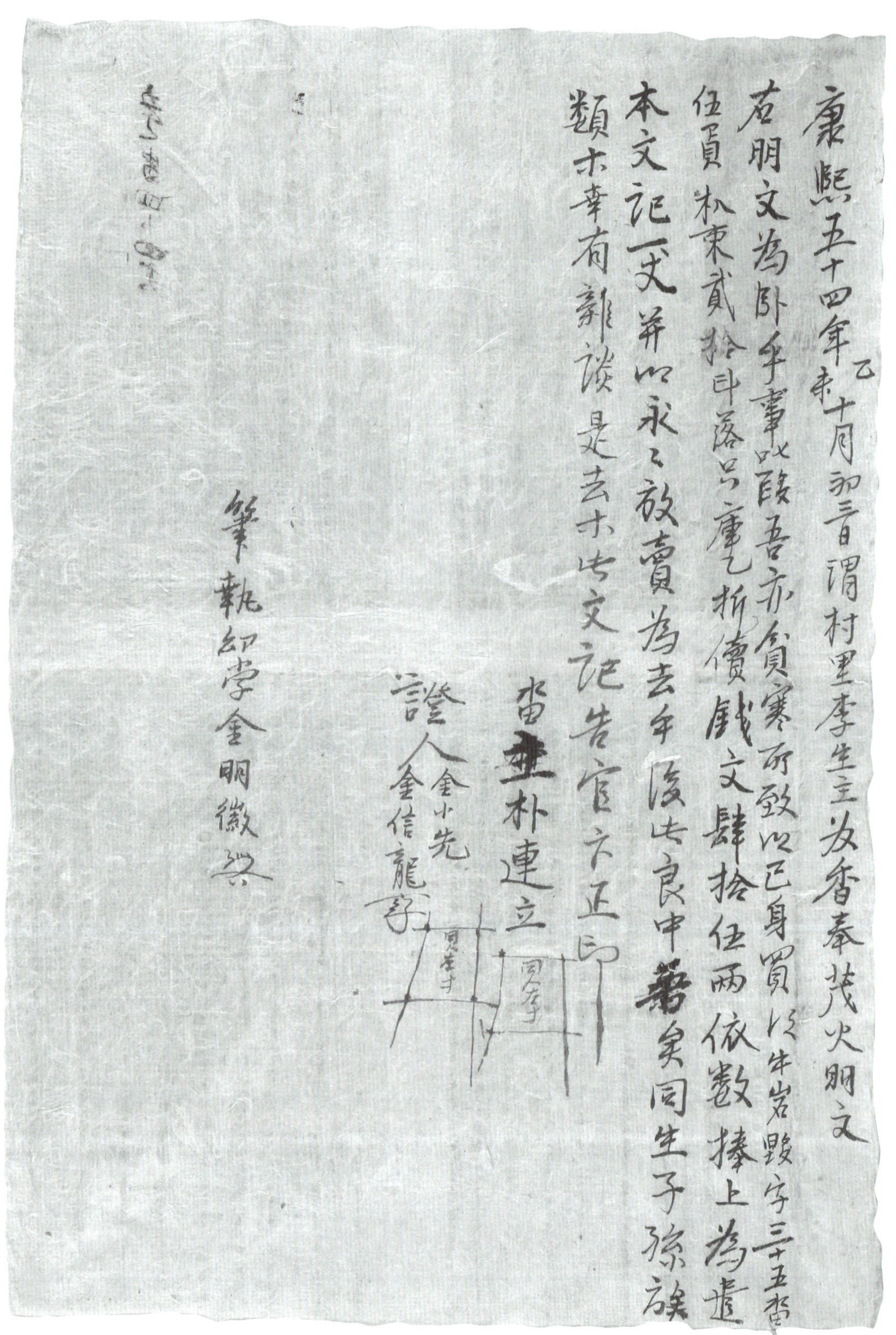

康熙五十四年乙未十月初三日 渭村里李生主奴香奉處明文

右明文爲卧乎事叱段 吾亦貧寒所致以 己身買得牛岩毁字三十五畓

伍負 私東貳拾斗落只庫乙 折價錢文肆拾伍兩依數捧上爲遣

本文記一丈幷以永永放賣爲去乎 後次良中 若有同生子孫族

類等 幸有雜談是去等 此文記告官卞正印

畓主 朴連立

證人 金小先

金信龍

筆執 幼學 金明徵

1715년 10월 초3일에 朴連立이 李生主 奴 香奉에게 논을 팔면서 발급한 明文

明文 6

1716년(숙종 42), 50.9×31.7

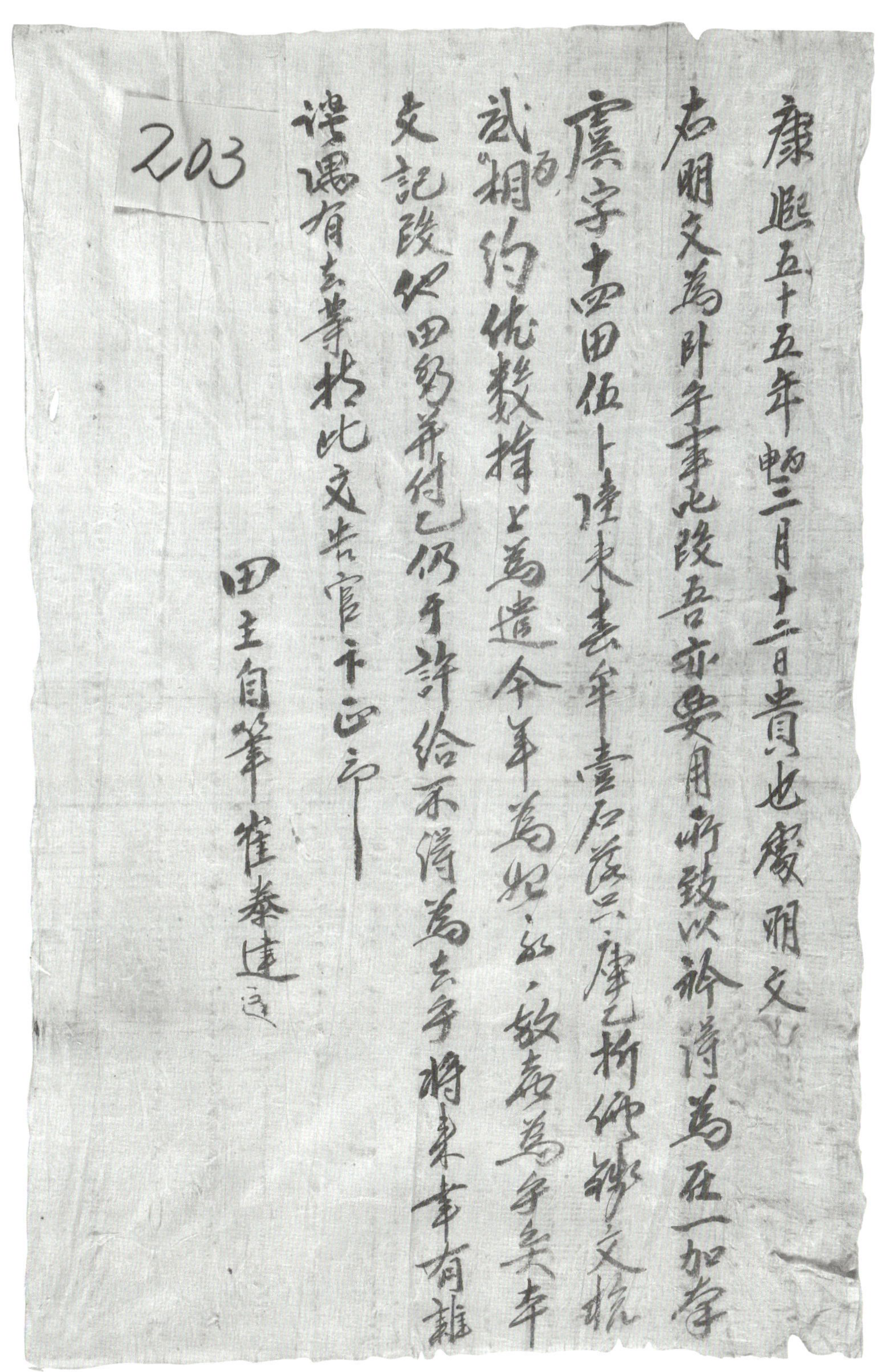

康熙五十五年丙申三月十二日貴也處明文

右明文爲卧乎事段吾亦要用所致以衿得爲在一加學

虞字十四田伍卜陸束去年壹石落只庫乙折價錢文捌

貳兩相約依數捧上爲遣今年爲始永永放賣爲乎矣本

文記段他田幷付乙仍于許給不得爲去乎將來有雜

談隅有去等持此文告官卞正亦

田主自筆 崔泰建

1716년 3월 12일에 崔泰建이 貴也에게 밭을 팔면서 발급한 明文

明文 7

1717년(숙종 43), 69.2×63.2

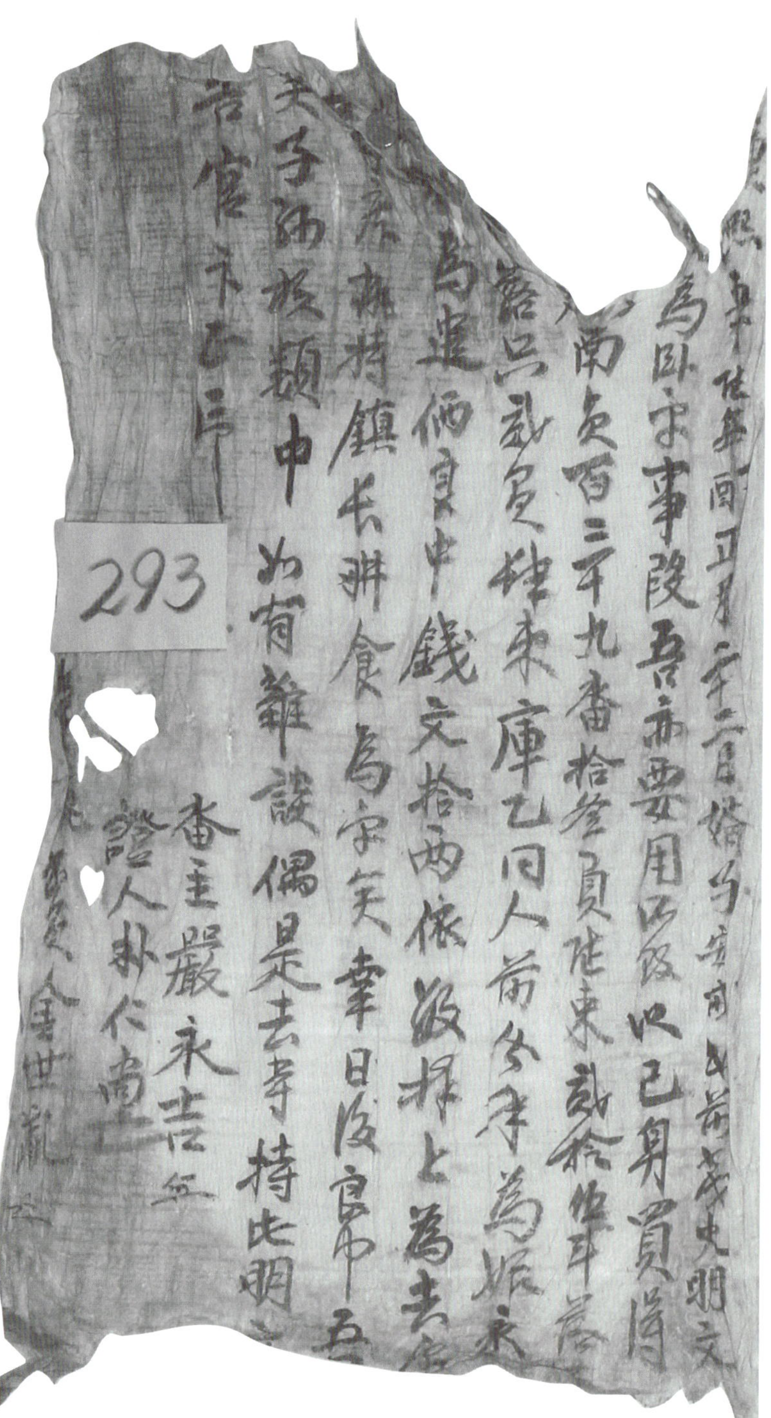

1717년 1월 22일에 嚴永吉이 사위 安戒民에게 논을 팔면서 발급한 明文

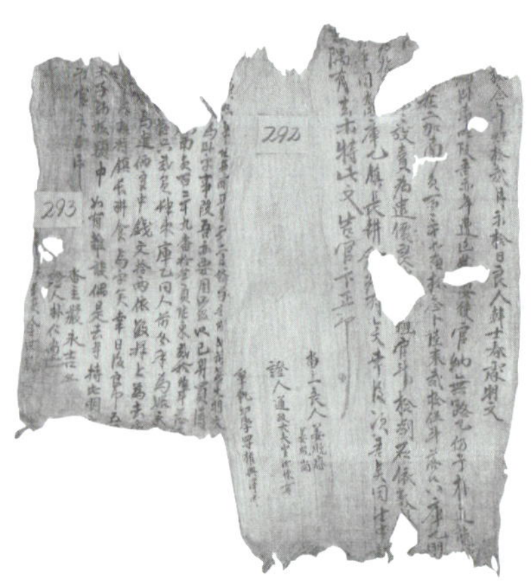

1717년에 嚴永吉과 1735년에 姜晩齊 등이 논을 팔면서 발급한 明文(명문 7, 명문 18)

明文 8

1717년(숙종 43), 50.9×30.7

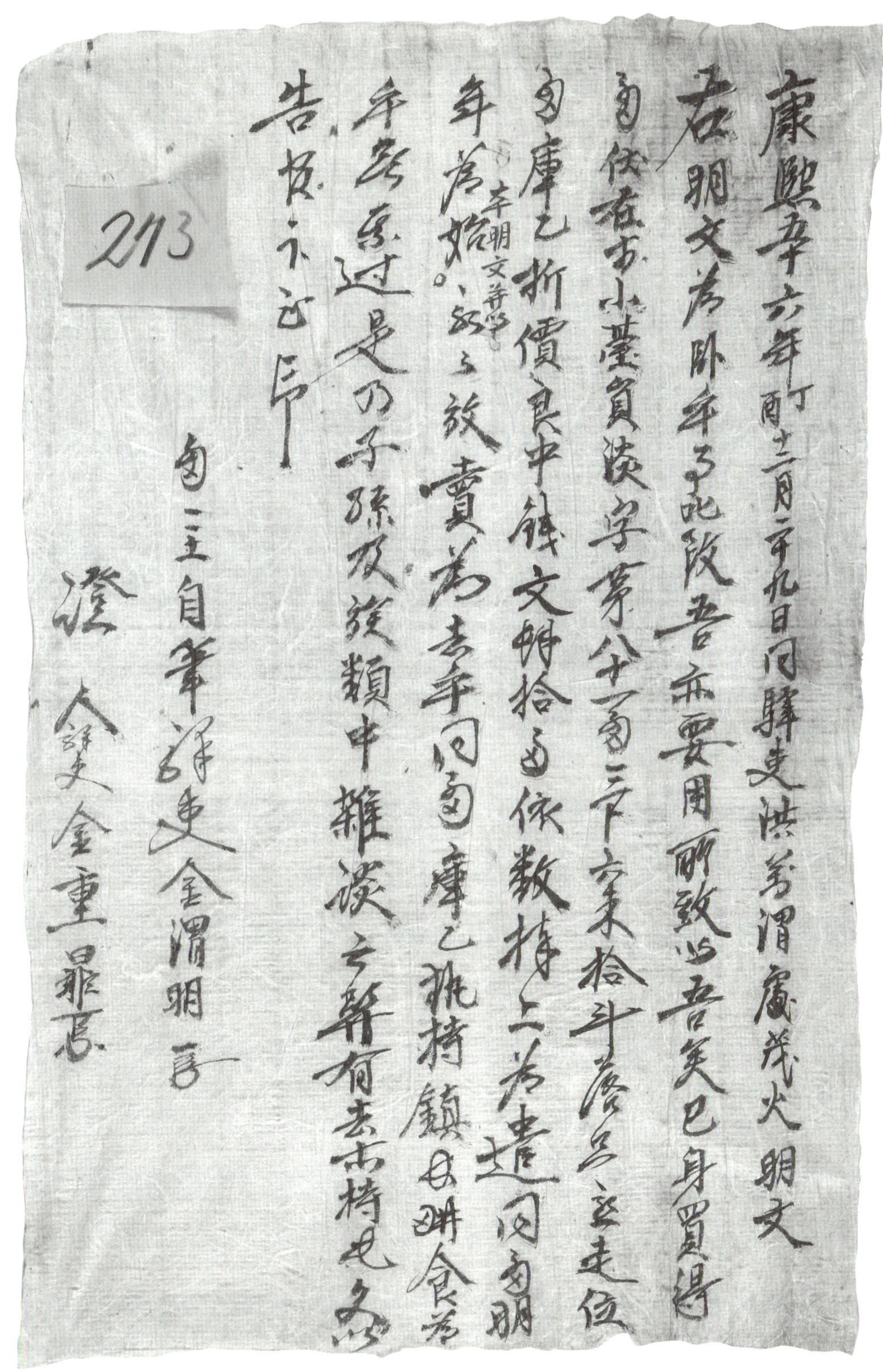

1717년 12월 29일에 驛吏 金渭明이 驛吏 洪萬渭에게 논을 팔면서 발급한 明文

1718년(숙종 44), 53.3×45.7

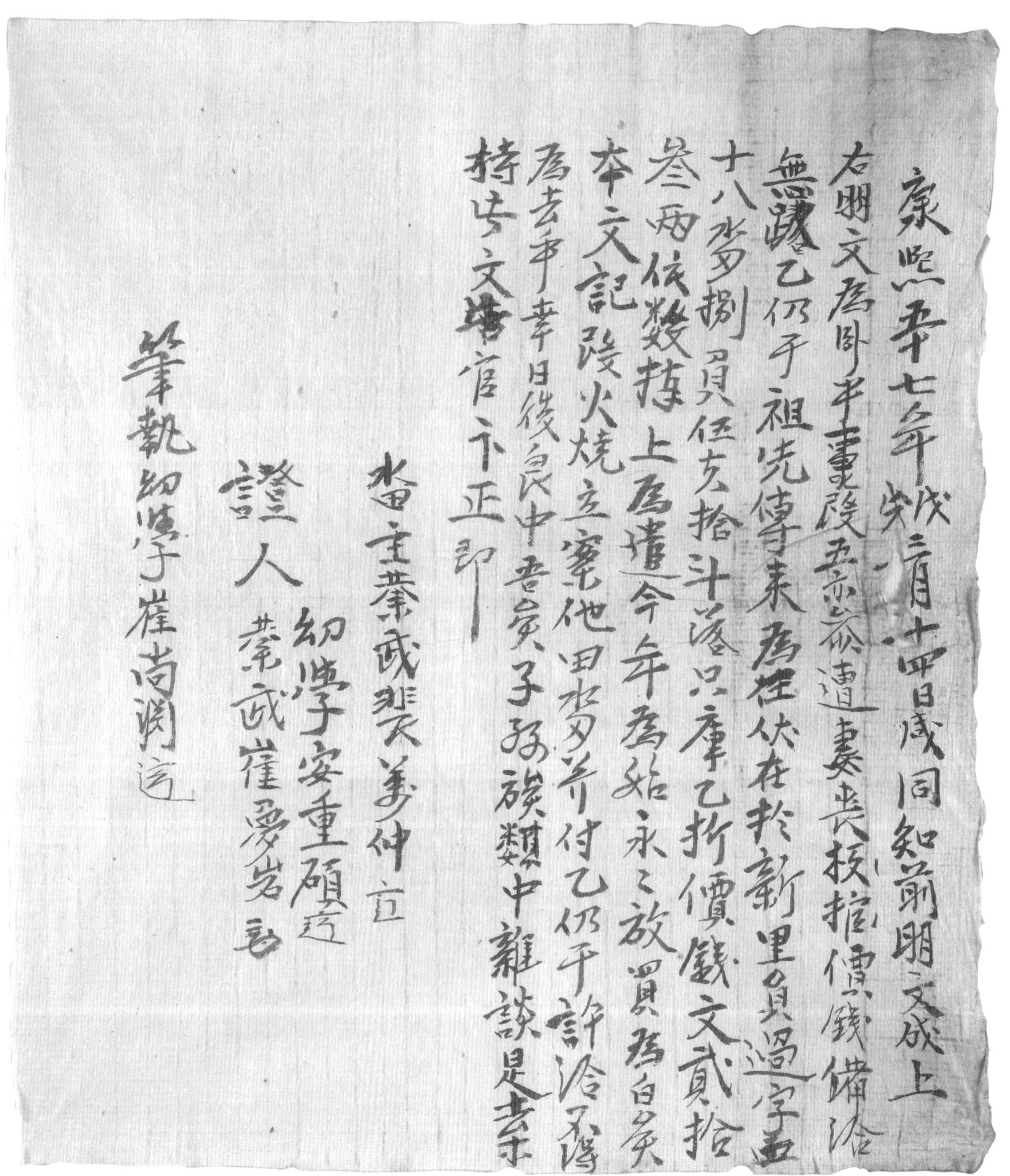
康熙五十七年戊戌三月十四日咸同知前明文成上

右明文爲臥乎事段矣身亦[illegible]價錢備給
無[illegible]乙仍乎祖先傳來爲在伏在於新里員遏字畓
十八卜夛捌負伍束拾斗落只庫乙折價錢文貳拾
叁兩依數捧上爲遣今年爲始永永放買爲白矣
本文記段火燒立案他田卜夛并付乙仍乎許給不得
爲去乎幸日後良中吾矣子孫族類中雜談是去等
持此文告官卞正印

畓主業武裴萬仲

證人 幼學安重碩
業武崔夢岩

筆執幼學崔尙潤

1718년 3월 14일에 業武 裴萬仲이 同知 咸에게 논을 팔면서 발급한 明文

明文 10

1721년(경종 원년), 50.9×36.3

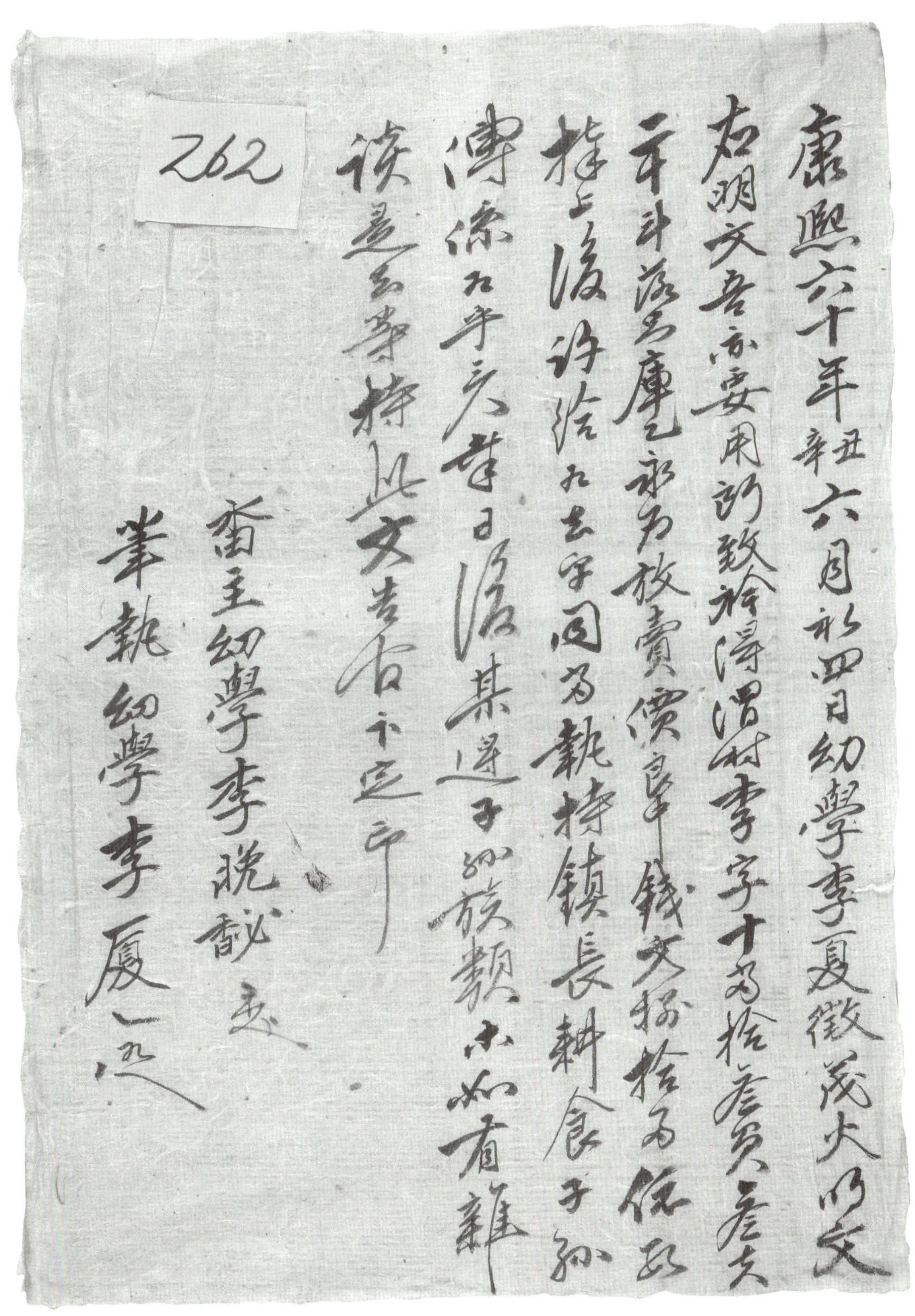

1721년 6월 초4일에 유학 李晩謐이 유학 李夏徵에게 논을 팔면서 발급한 明文

明文 11

1721년(경종 원년), 40.9×34.3

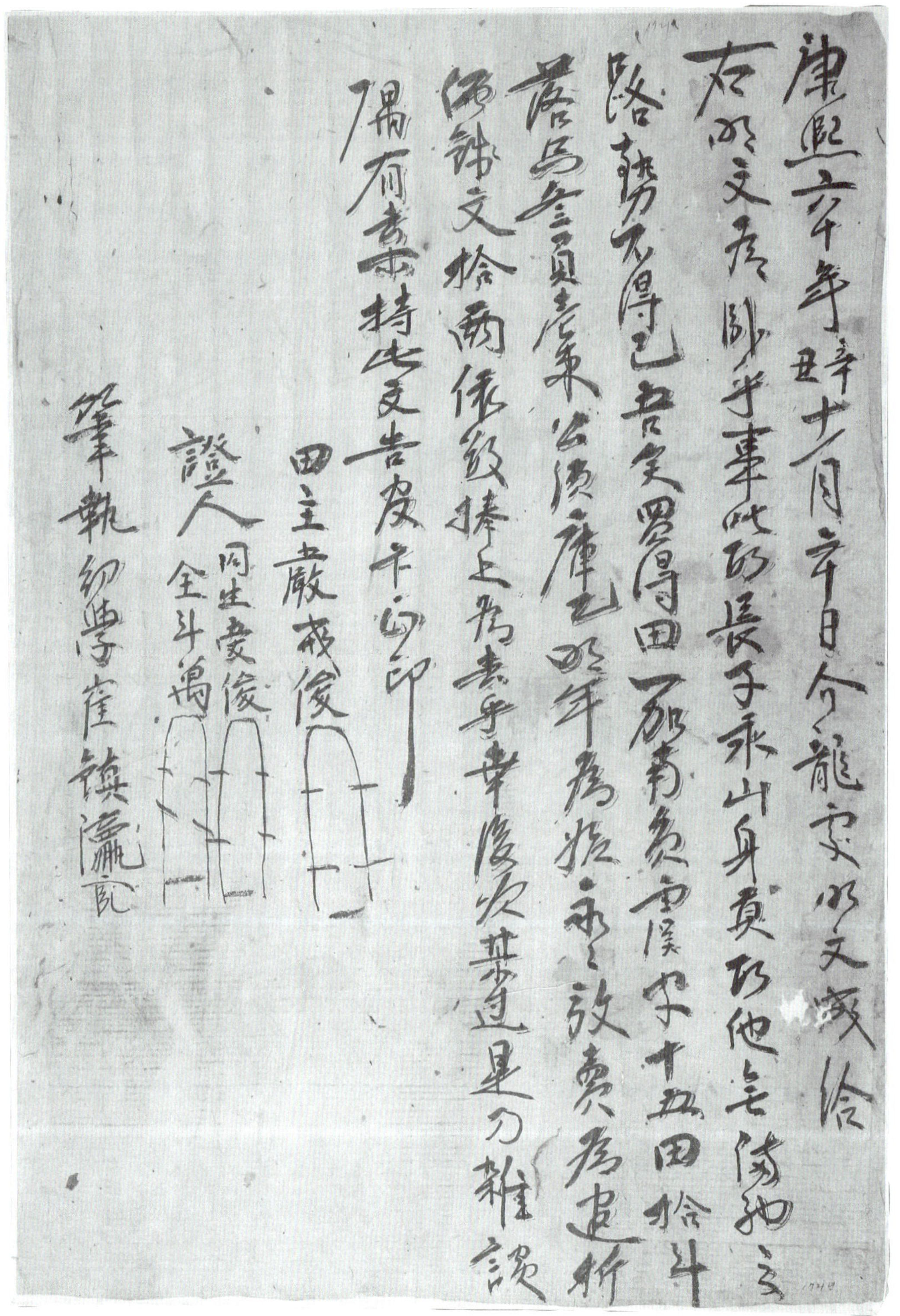

1721년 11월 20일에 田主 嚴戒俊이 介龍에게 밭을 팔면서 발급한 明文

明文 12

1722년(경종 2), 48.7×34.6

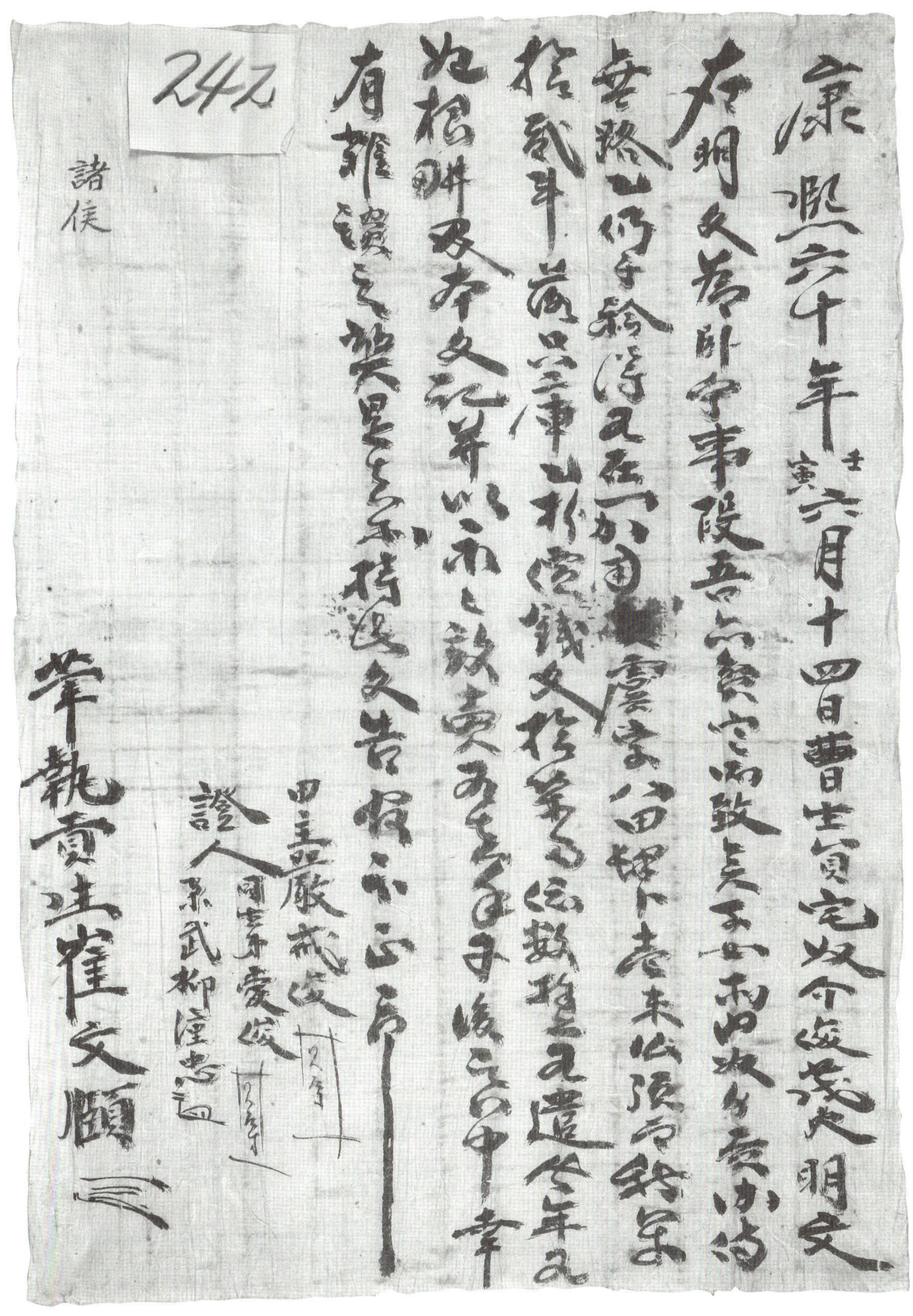

康熙六十一年壬寅六月十四日書生員宅奴介俊處明文

[illegible]

田主 嚴戒俊

證人 同生弟 愛俊

筆執 貢生 崔文顒

1722년 6월 14일에 嚴戒俊이 書生員 宅 奴 介俊에게 밭을 팔면서 발급한 明文

1732년(영조 8), 52.5×31.9

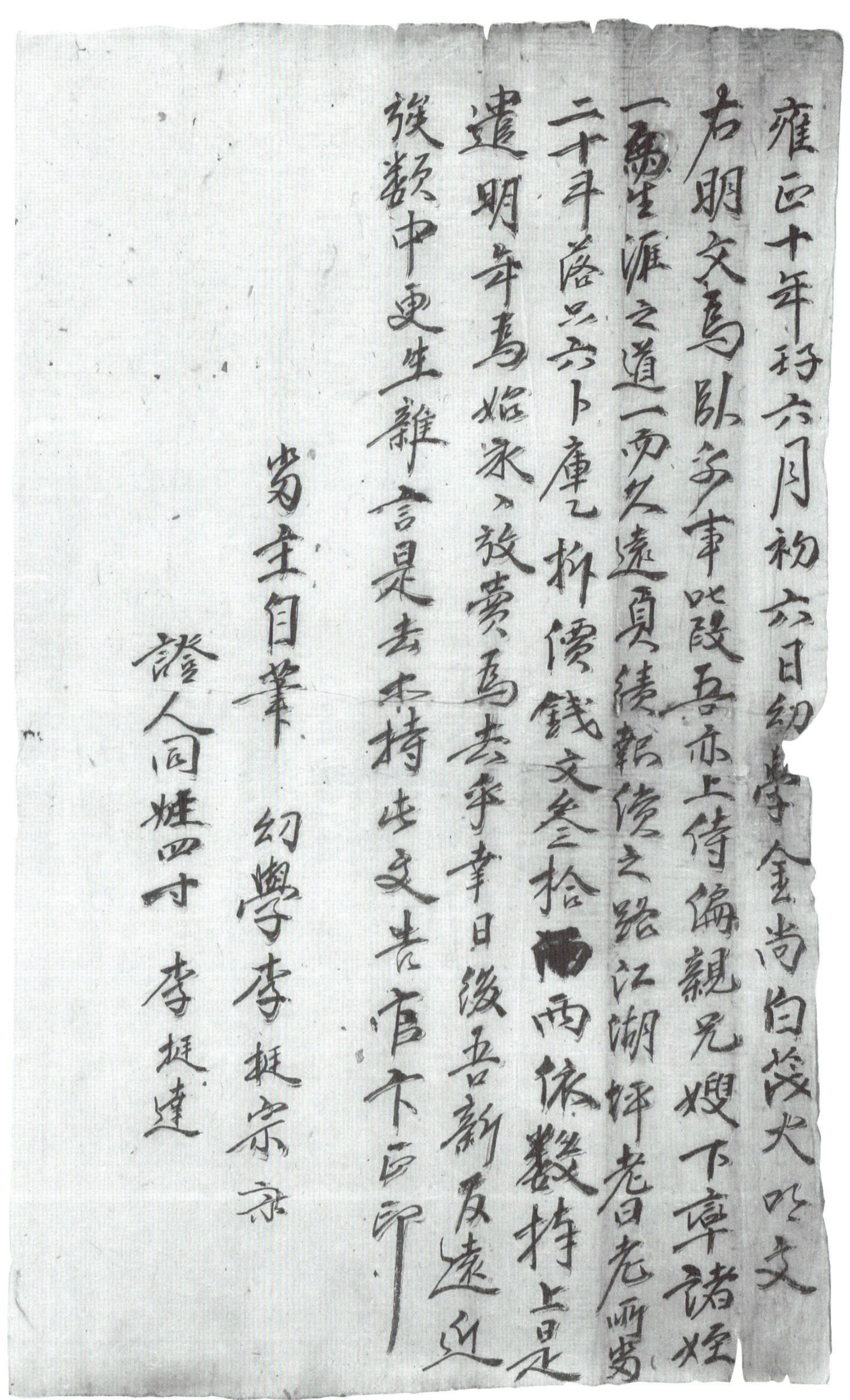

雍正十年壬子六月初六日幼學金尚白處明文

右明文爲臥乎事叱段吾亦上侍偏親兄嫂下率諸姪

一爲生涯之道一而久遠負債難償之路江湖坪老昔老所畓

二十斗落只六卜庫乙折價錢文參拾兩依數捧上是

遣明年爲始永永放賣爲去乎幸日後吾新及遠近

族類中更生雜言是去等持此文告官卞正事

畓主自筆 幼學李梃宗

證人同姓四寸 李梃達

1732년 6월 초6일에 유학 李梃宗이 유학 金尚白에게 논을 팔면서 발급한 明文

明文 14

1732년(영조 8), 52.2×34.6

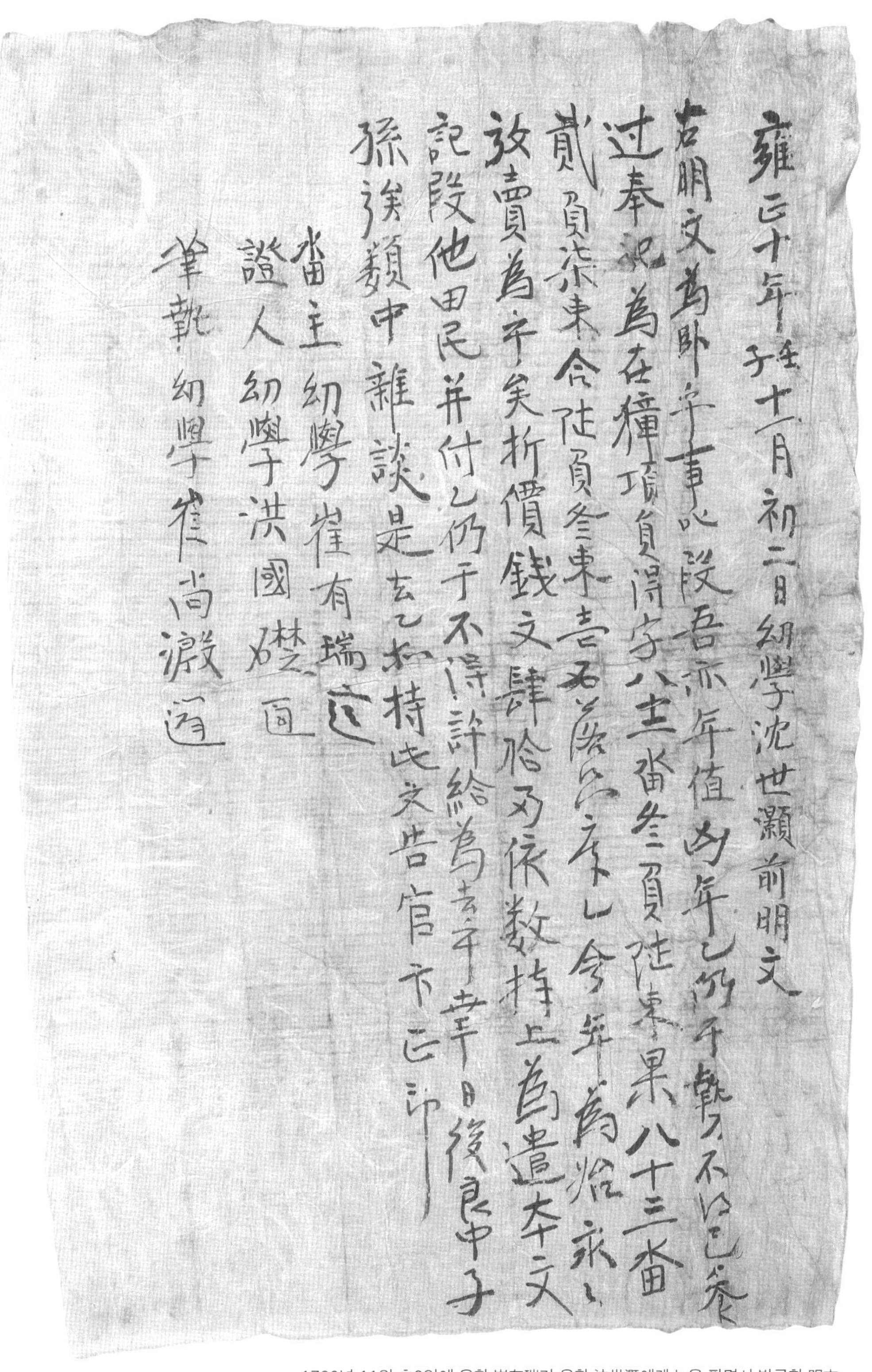

雍正十年壬子十一月初二日 幼學沈世灝前明文
右明文爲臥乎事叱段 吾亦年値凶年乙仍于 勢不得已 眷
過奉祀爲在篠坪負得字八十畓參負陸束果八十三畓
貳負柒束合陸負參束壹石落只庫乙 今年爲始永永
放賣爲乎矣 折價錢文肆拾兩 依數捧上爲遣 本文
記段 他田民幷付乙仍于 不得許給爲去乎 日後良中 子
孫族類中 雜談是去乙等 持此文告官卞正事
畓主 幼學 崔有瑞
證人 幼學 洪國燦
筆執 幼學 崔尙瀓

1732년 11월 초2일에 유학 崔有瑞가 유학 沈世灝에게 논을 팔면서 발급한 明文

明文 15

1733년(영조 9), 63.2×109.3

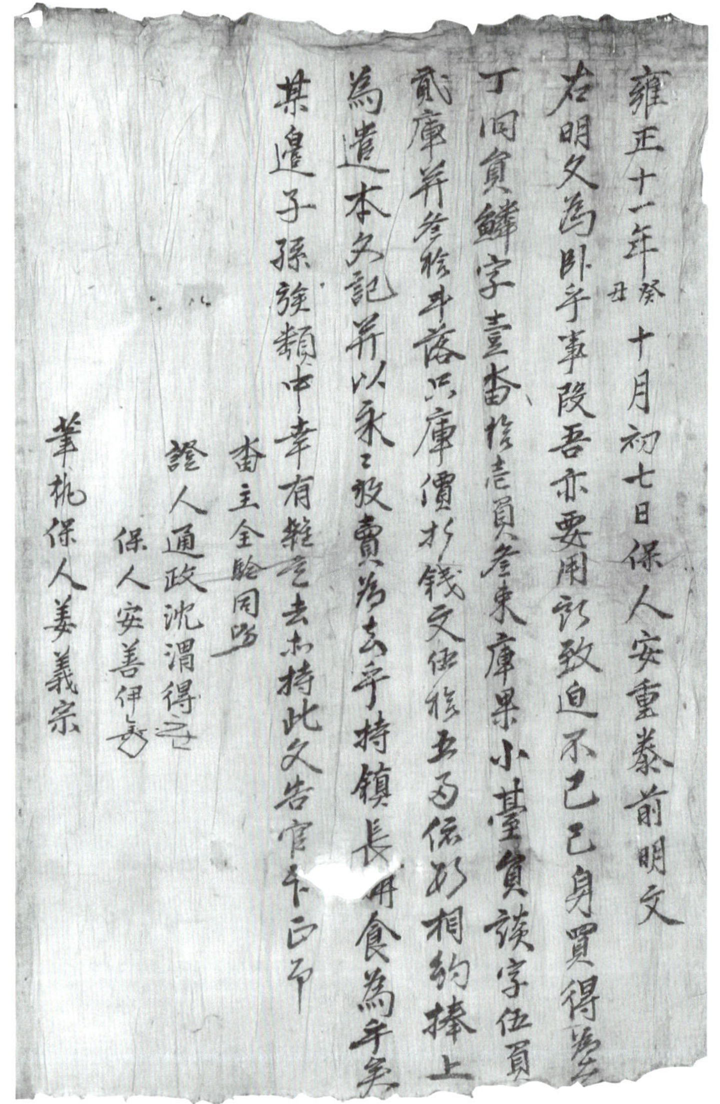

1733년 10월 초7일에 全驗同이 保人 安重泰에게 논을 팔면서 발급한 明文

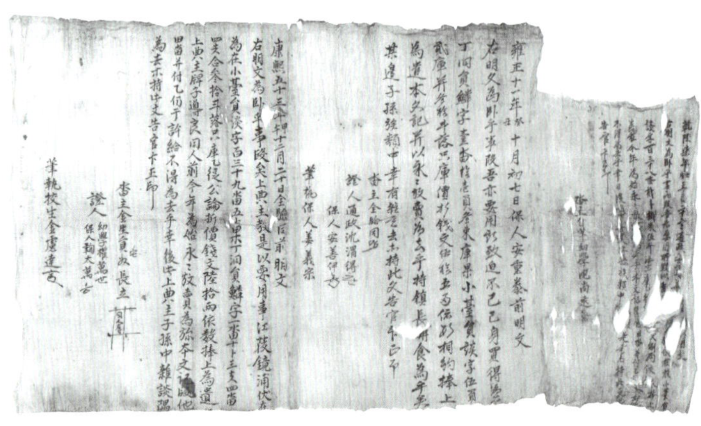

(명문 4, 명문 15, 명문 18)

明文 16

1733년(영조 9), 53.2×29.8

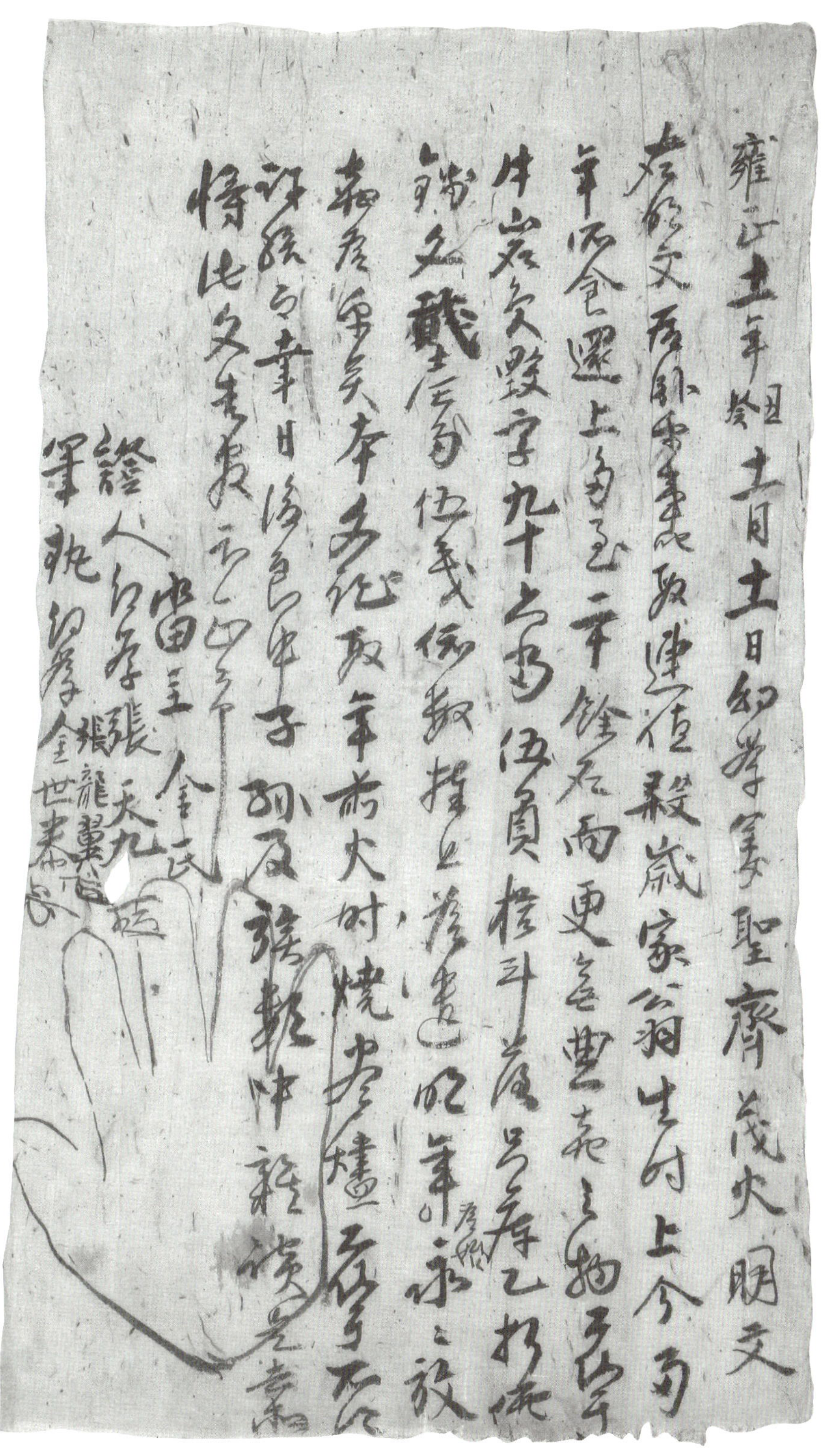

1733년 11월 11일에 金氏가 유학 姜聖齊에게 논을 팔면서 발급한 明文

明文 17

1733년(영조 9), 52.7×30.5

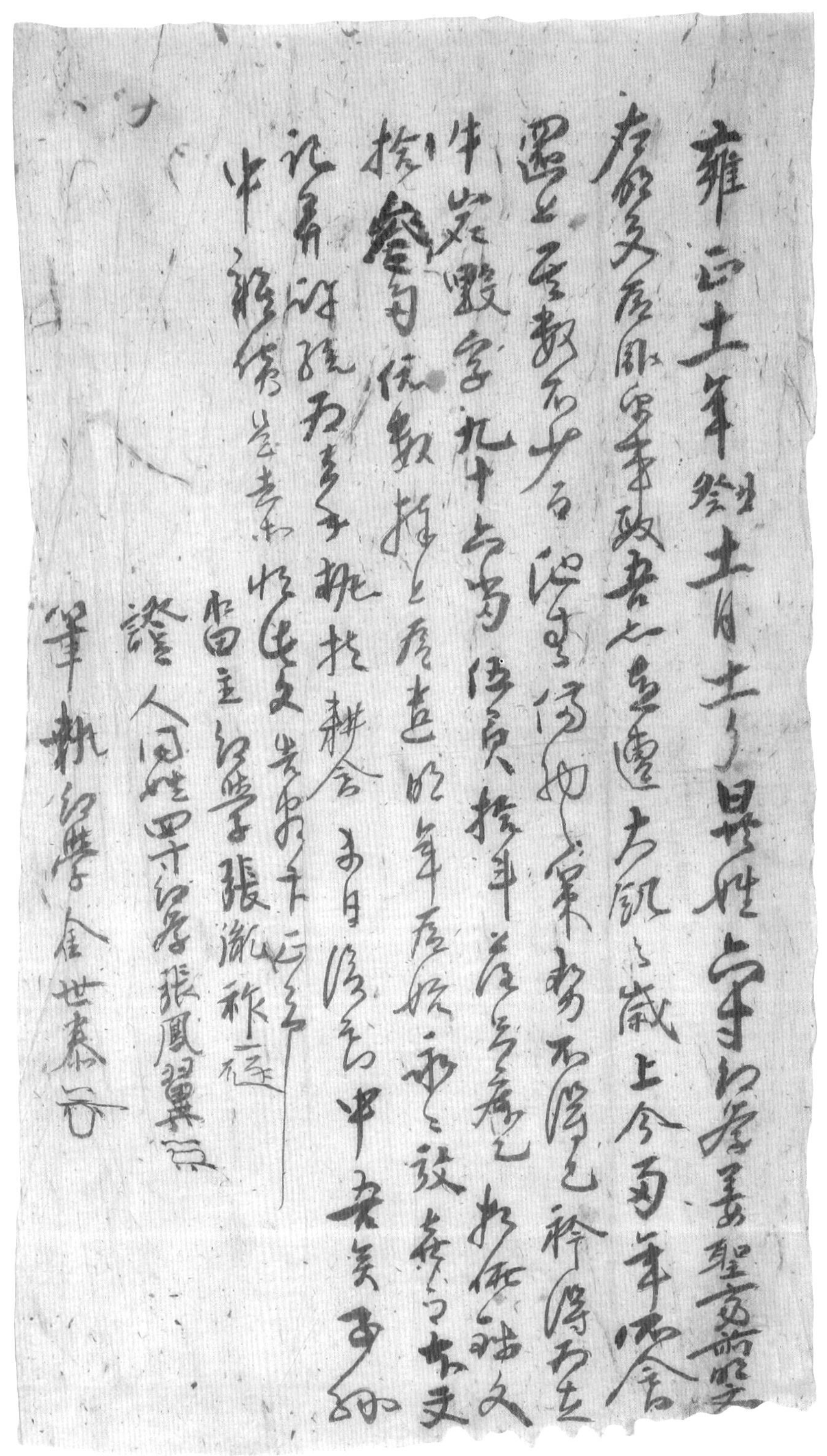

1733년 11월 11일에 유학 張胤祚가 異姓六寸 유학 姜聖齊에게 논을 팔면서 발급한 明文

明文 18

1734년(영조 10), 69.2×63.2

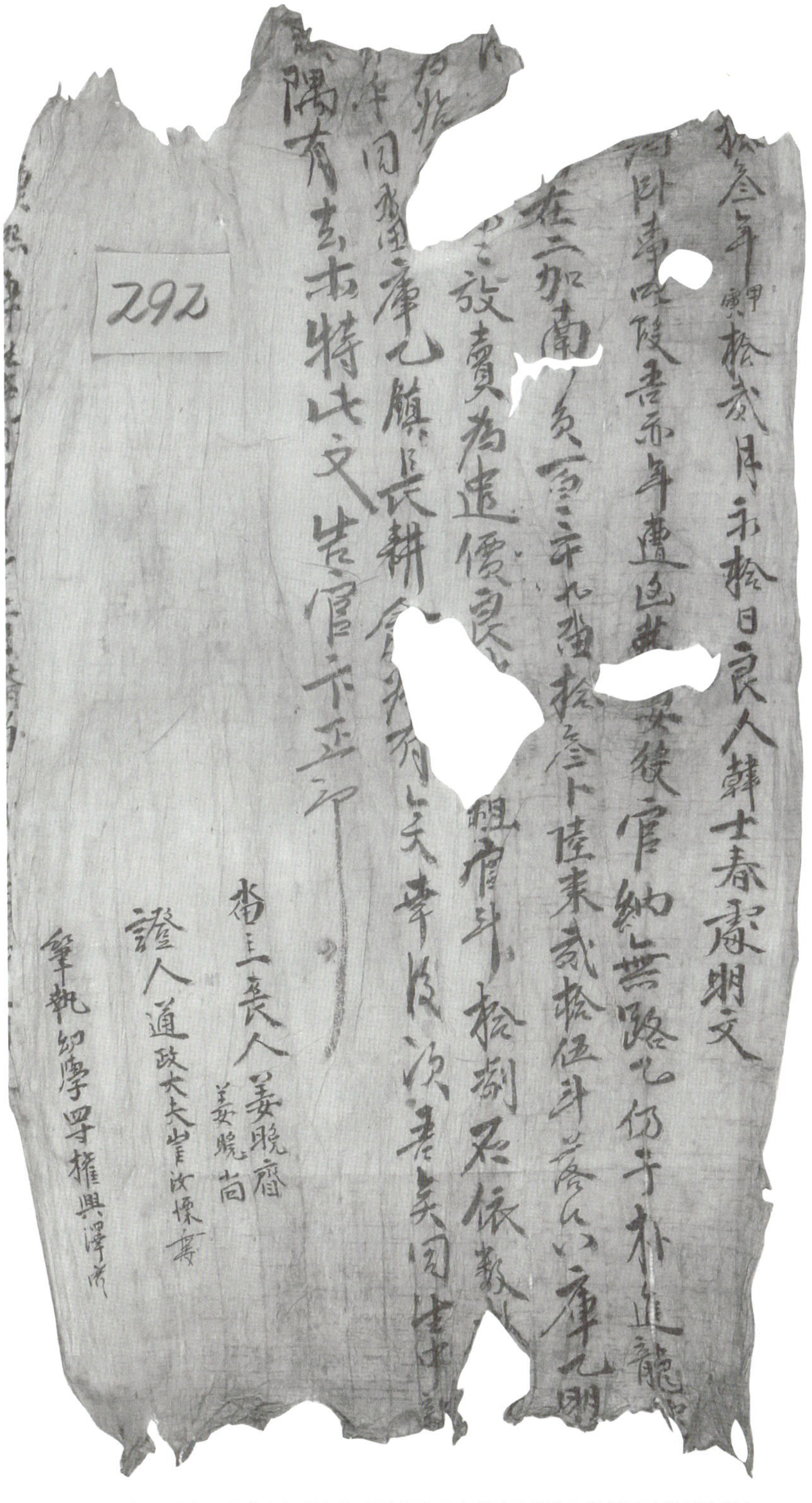

1734년 12월 초10일에 喪人 姜晩齊, 姜晩尙이 良人 韓士春에게 논을 팔면서 발급한 明文

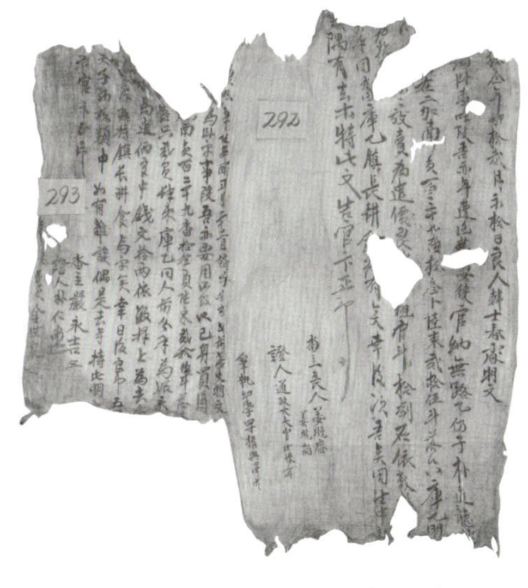

(명문 7, 명문 18)

明文 19

1735년(영조 11), 51.2×30.2

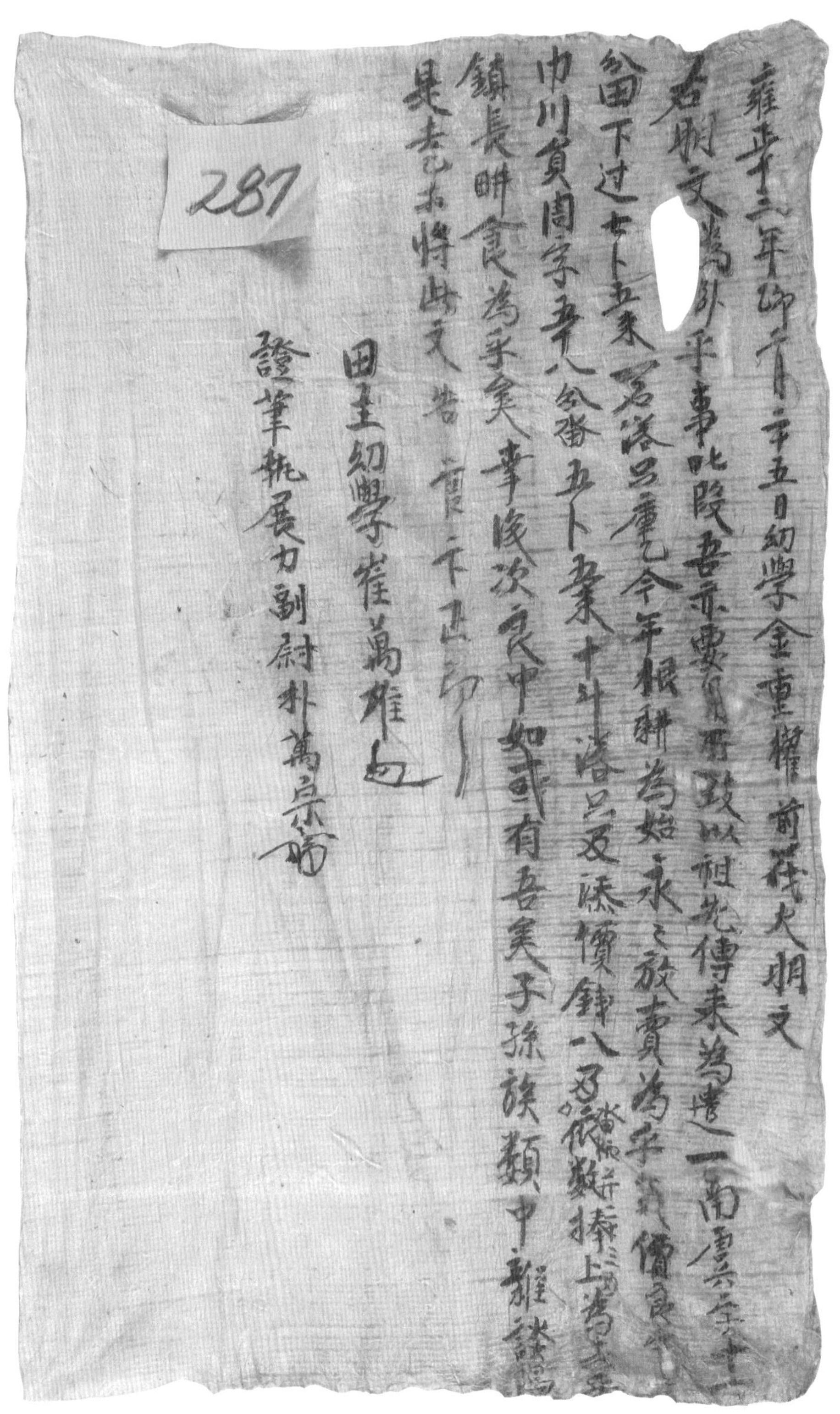

1735년 2월 25일에 유학 崔萬雄이 유학 金重權에게 밭을 팔면서 발급한 明文

明文 20

1735년(영조 11), 62.2×24.7

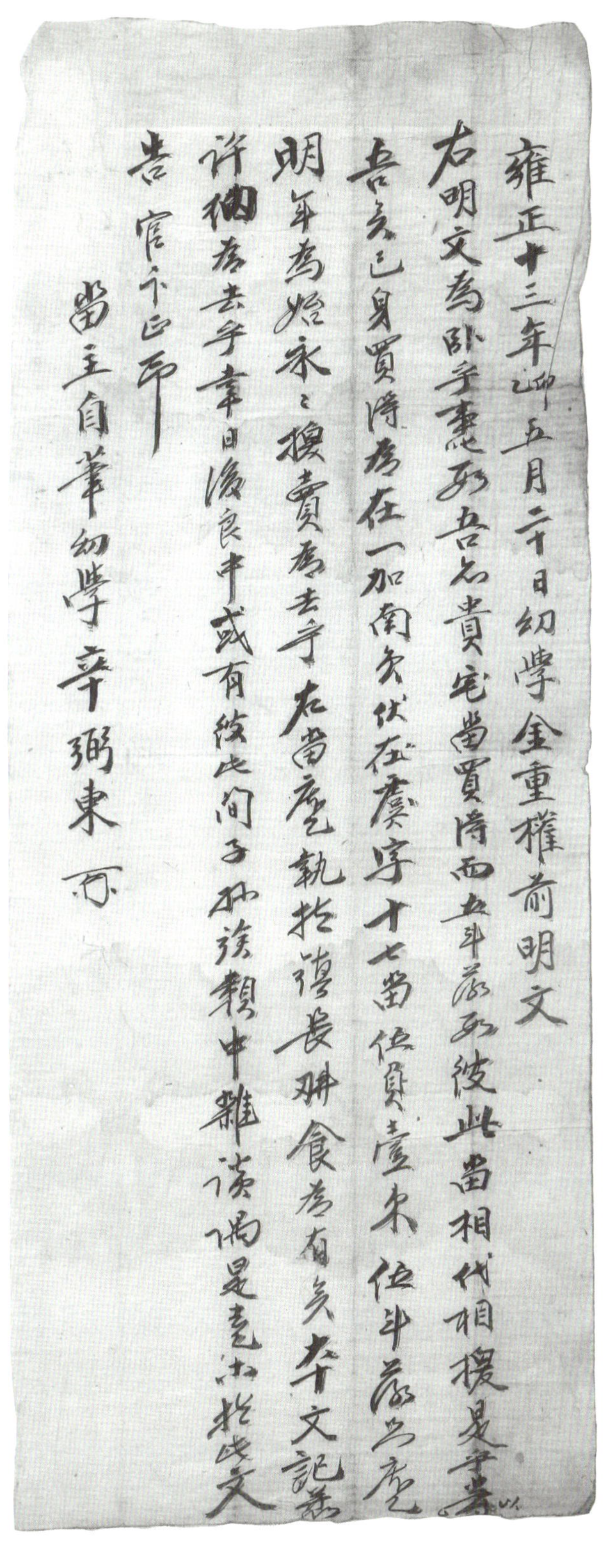

雍正十三年乙卯五月二十日幼學金重權前明文

右明文爲臥乎事段矣身亦吾名貴宅當買得畓五斗落只段此畓相代相換是乎等以

吾矣已身買得爲在一加南犬伏在處字十七畓伍負壹束伍斗落只庫乙

明年爲始永永換賣爲去乎右當庫乙執持長長耕食爲有矣本文記叚

許給爲去乎幸日後良中或有彼此間子孫族類中雜談爲是去乃於此文

告官卞正事

畓主自筆幼學辛弼東

1735년 5월 20일에 유학 辛弼東이 유학 金重權에게 논을 팔면서 발급한 明文

明文 21

1736년(영조 12), 52.1×34.2

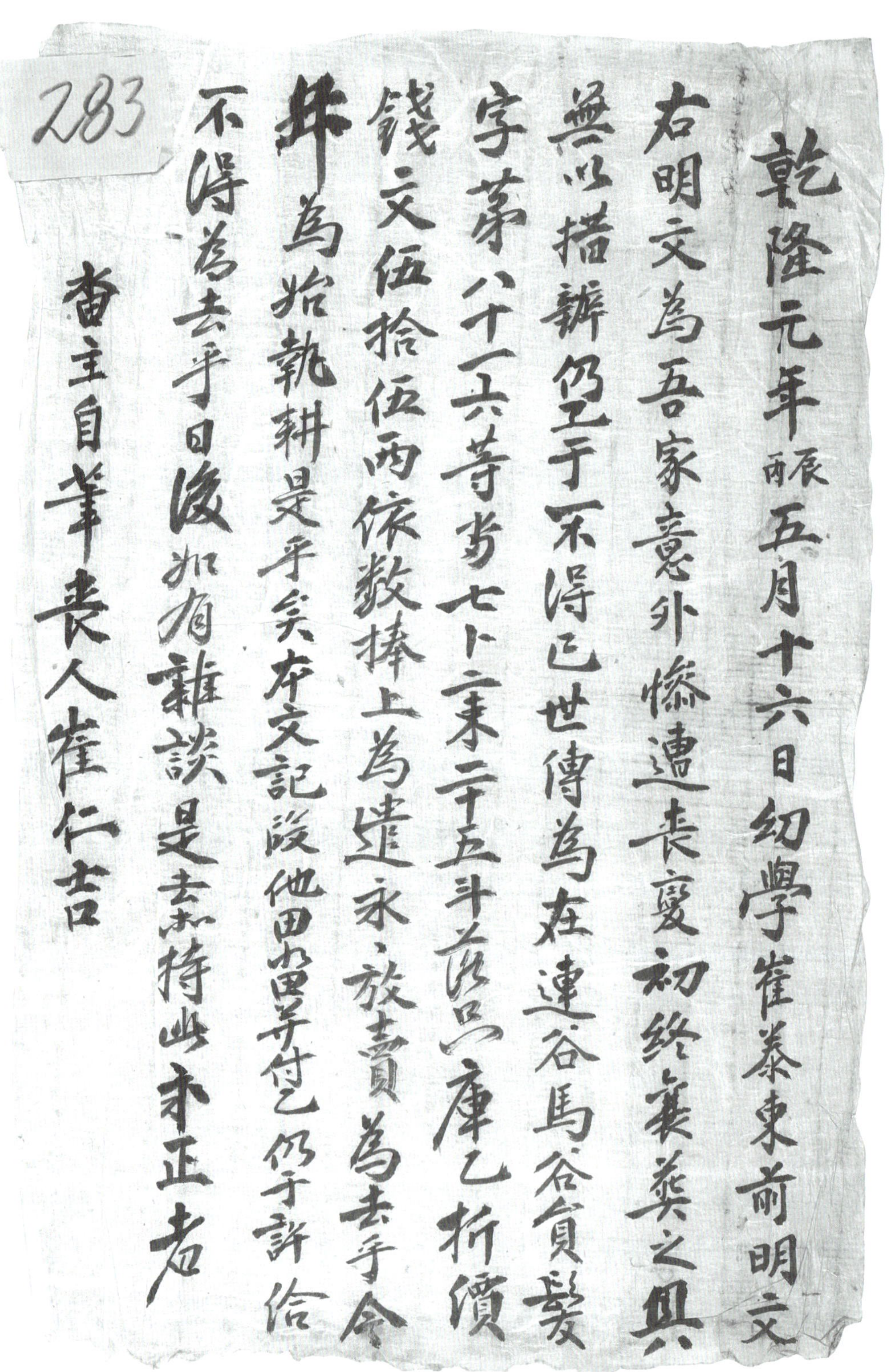

283

乾隆元年丙辰五月十六日 幼學崔泰東前明文

右明文爲吾家意外憐遭喪變初終襄葬之具
無以措辦仍于不得已世傳爲在連谷馬谷員髮
字第八十一六等畓七卜二束二十五斗落只庫乙折價
錢文伍拾伍兩依數捧上爲遣永永放賣爲去乎今
幷爲始執耕是乎矣本文記段他田畓幷付乙仍于許給
不得爲去乎日後如有雜談是去等持此文正者

畓主自筆喪人崔仁吉

1736년 5월 16일에 喪人 崔仁吉이 유학 崔泰東에게 논을 팔면서 발급한 明文

明文 22

1737년(영조 13), 51.5×33

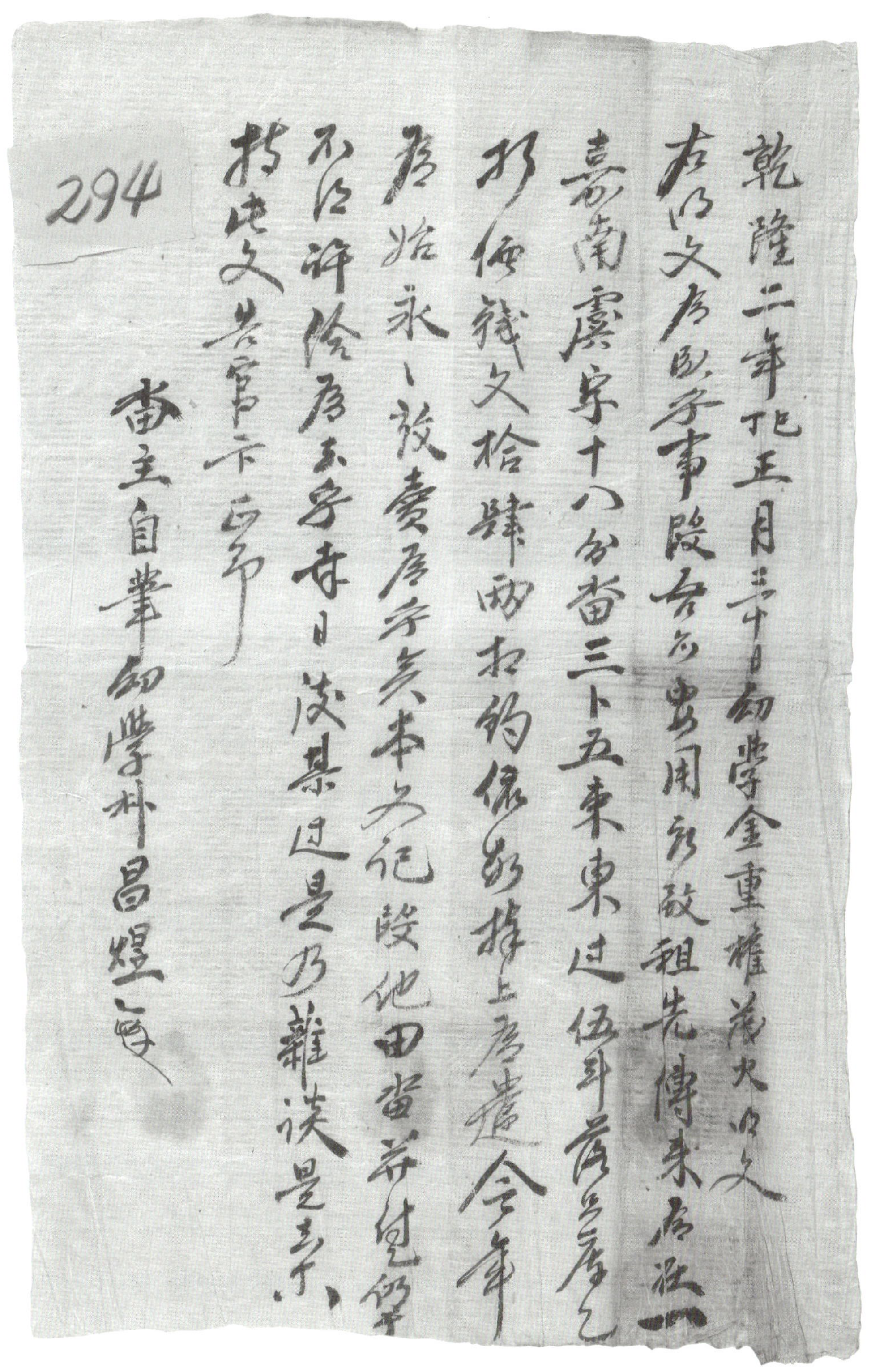

1737년 1월 30일에 유학 朴昌煜이 유학 金重權에게 논을 팔면서 발급한 明文

1737년(영조 13), 45.3×43.3

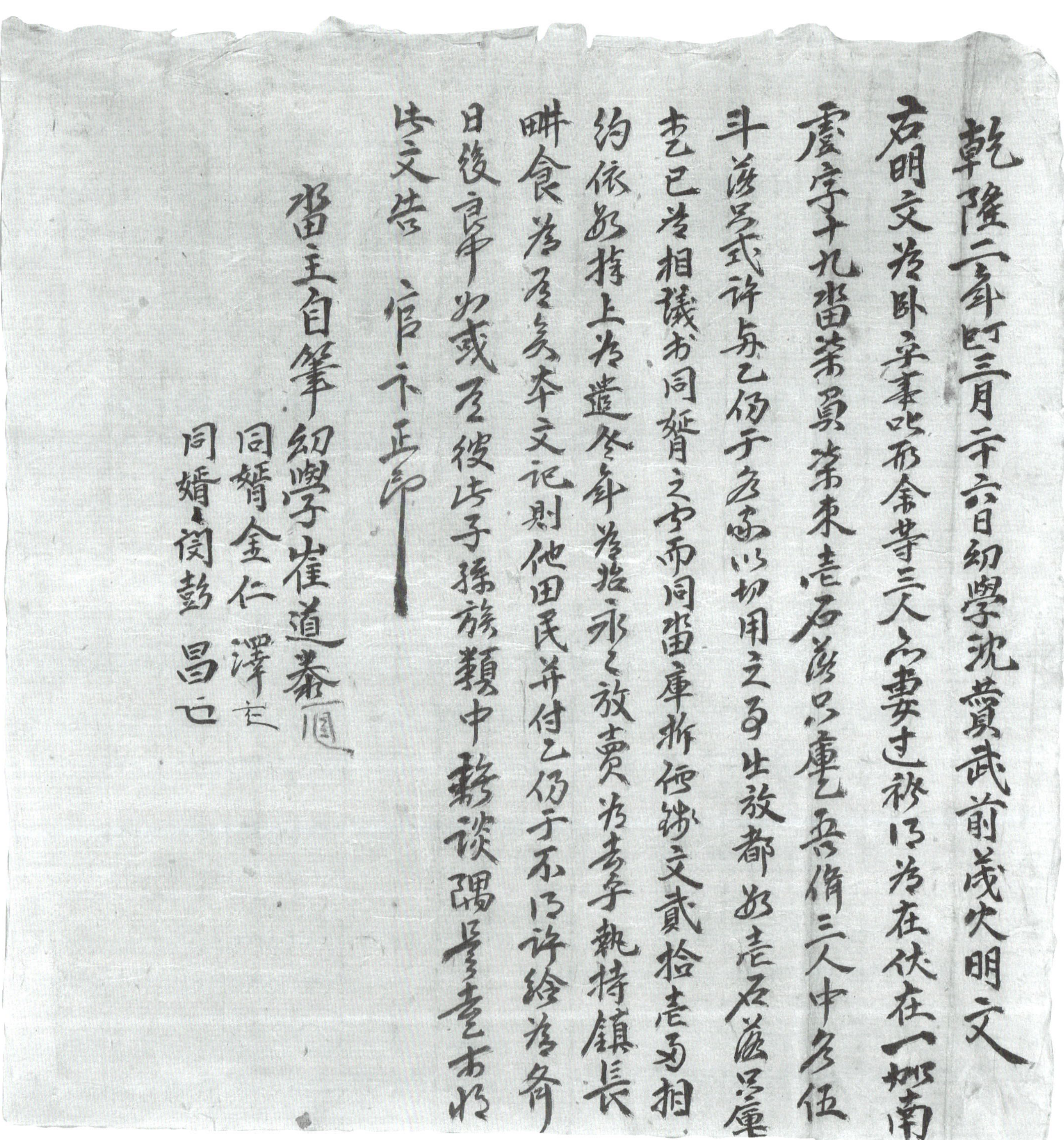

乾隆二年丁巳三月二十六日幼學沈贇武前明文

右明文爲臥乎事叱段 余等三人亡妻邊衿得爲在伏在一坪南
處字十九畓柒負柒束壹石落只庫乙吾等三人中分伍
斗落只式許與乙仍于各以切用之多生放賣 都數壹石落只庫
乙已爲相議於同婿之中而同畓庫折價錢文貳拾壹兩相
約依數捧上爲遣同年爲始永永放賣爲去乎執持鎭長
耕食爲乎矣本文記則他田民並付乙仍于不得許給爲乎弥
日後良中或有彼此子孫族類中雜談爲是去等將
此文告 官卞正事

畓主自筆 幼學 崔道泰 [手決]
同婿 金仁澤 [手決]
同婿 閔彭昌 [手決]

1737년 3월 26일에 유학 崔道泰, 金仁澤, 閔彭昌가 유학 沈贇武에게 논을 팔면서 발급한 明文

明文 24

1740년(영조 16), 52.7×36.9

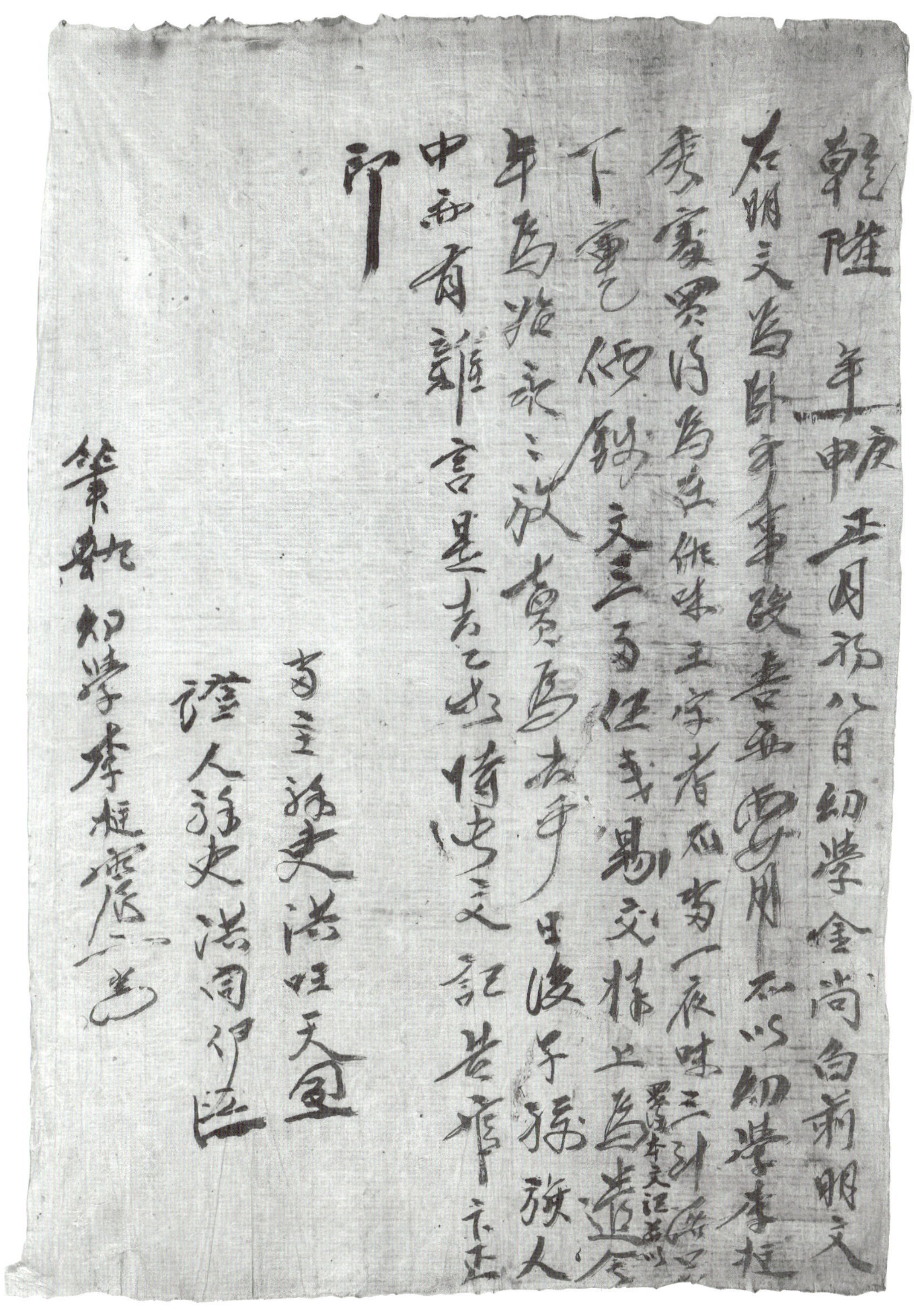
乾隆五年庚申正月初八日幼學金尙白前明文
右明文爲臥乎事段要用所致以幼學李挺
秀處買得爲在作味王字畓石落只一夜味三斗落只[illegible]
下畓乙價錢文三兩依本色捧上爲遣
年爲姑永永放賣爲去乎日後子孫族人
中如有雜言是去乙等持此文記告官卞正
向事

畓主 驛吏 洪旺天
證人 驛吏 洪同伊
筆執 幼學 李挺震

1740년 1월 초8일에 驛吏 洪旺天이 유학 金尙白에게 논을 팔면서 발급한 明文

1740년(영조 16), 65.9×44.3

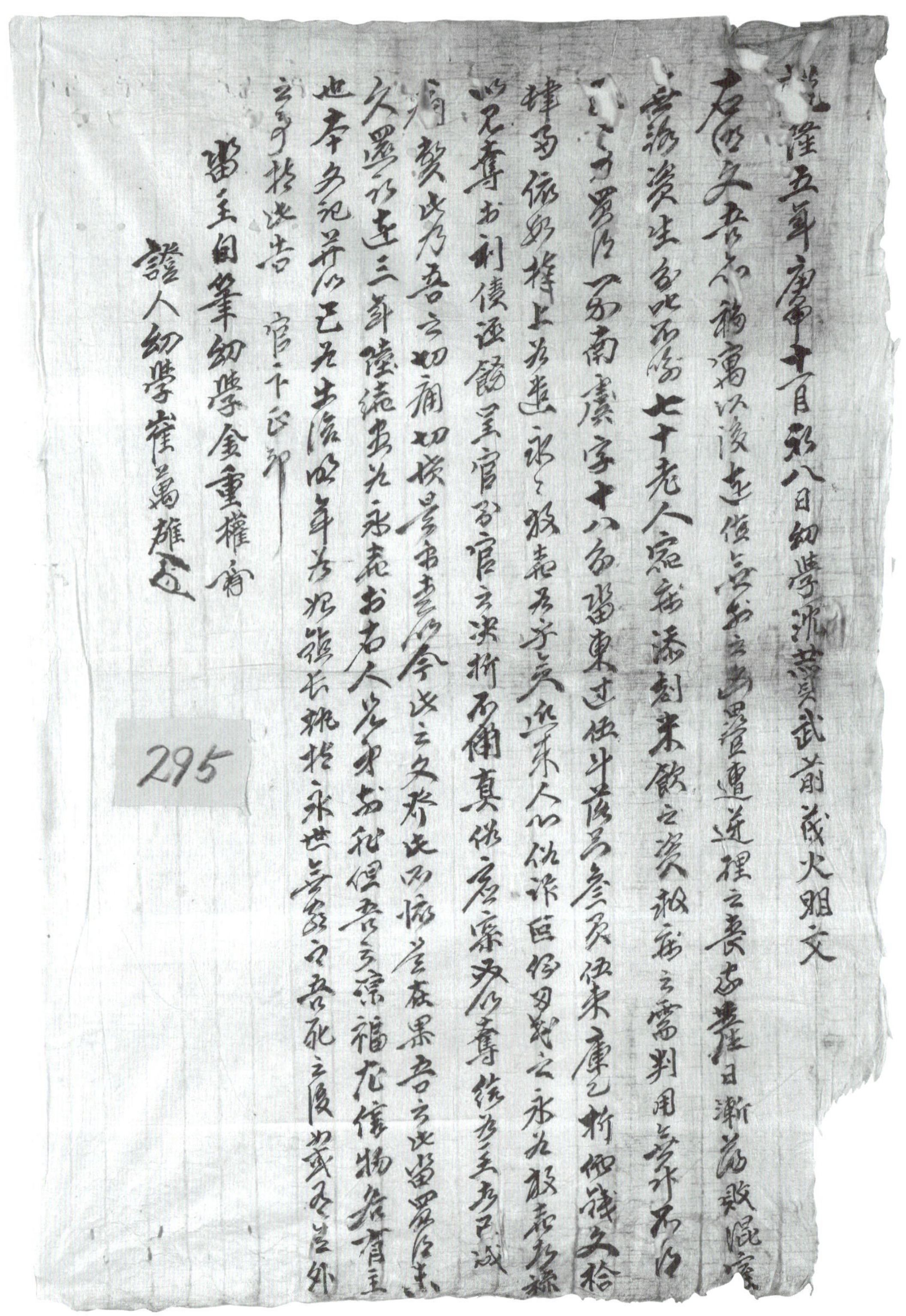

乾隆五年庚申十一月初八日幼學沈贇武前明文

畓主自筆幼學金重權

證人幼學崔萬雄

1740년 11월 초8일에 유학 金重權이 유학 沈贇武에게 논을 팔면서 발급한 明文

明文 26

1740년(영조 16), 45.6×46.1

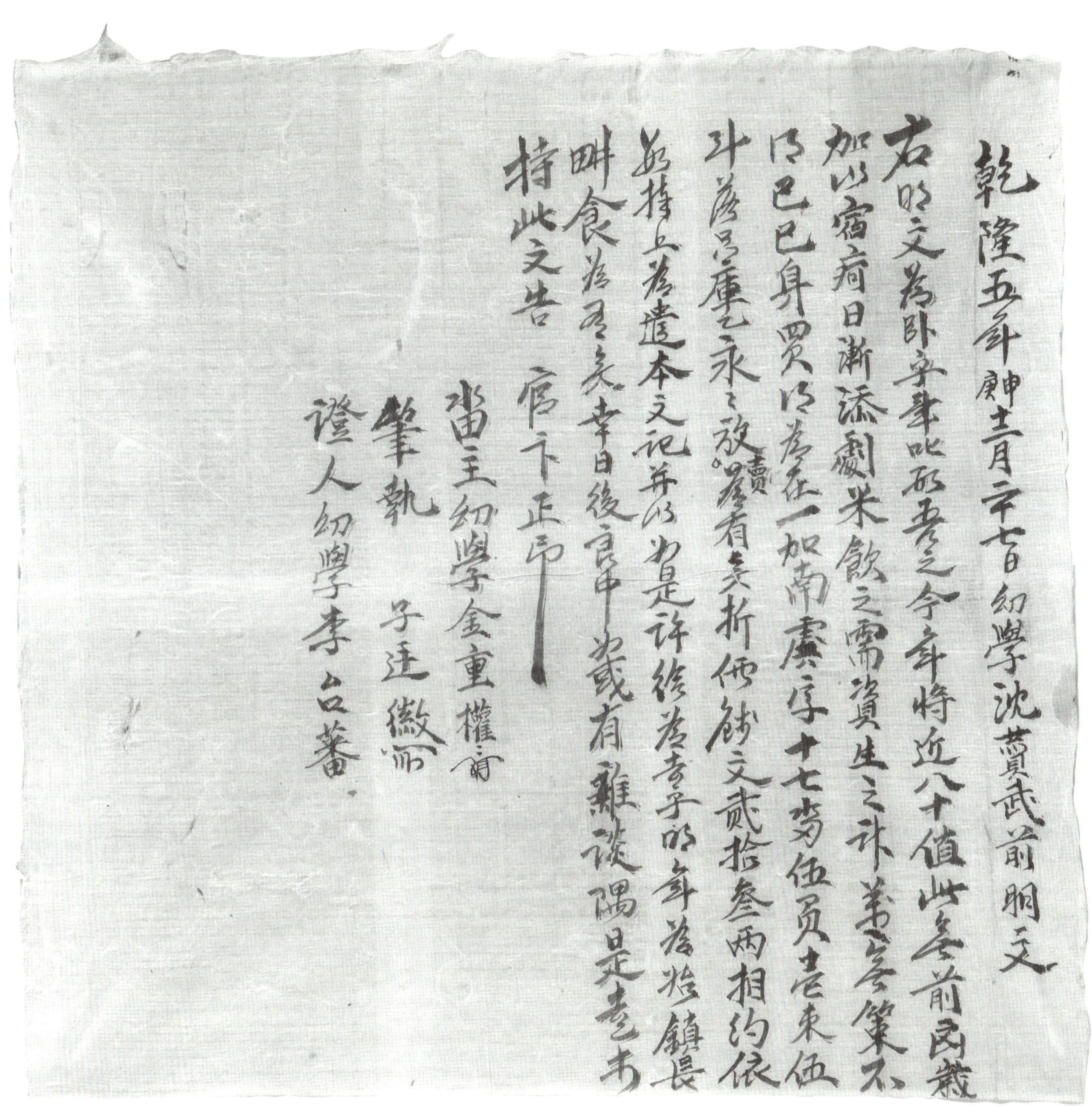

乾隆五年庚申十二月二十七日幼學沈贇武前明文

右明文爲卧乎事叱段吾之今年將近八十値此兇歲

加以窮病日漸添劇米飮之需資生之計萬無策不

得已自己買得爲在一加南處字十七卜伍負壹束伍

斗落畓庫乙永永放賣爲遣價折錢文貳拾叁兩相約依

數捧上爲遣本文記幷以出給是許後吾子孫年爲於鎭長

耕食爲乎矣幸日後良中或有雜談陽是去等

持此文告官下正事

畓主幼學金重權

筆執子廷徽

證人幼學李

1740년 12월 27일에 유학 金重權이 유학 沈贇武에게 논을 팔면서 발급한 明文

明文 27

1741년(영조 17), 50.8×52

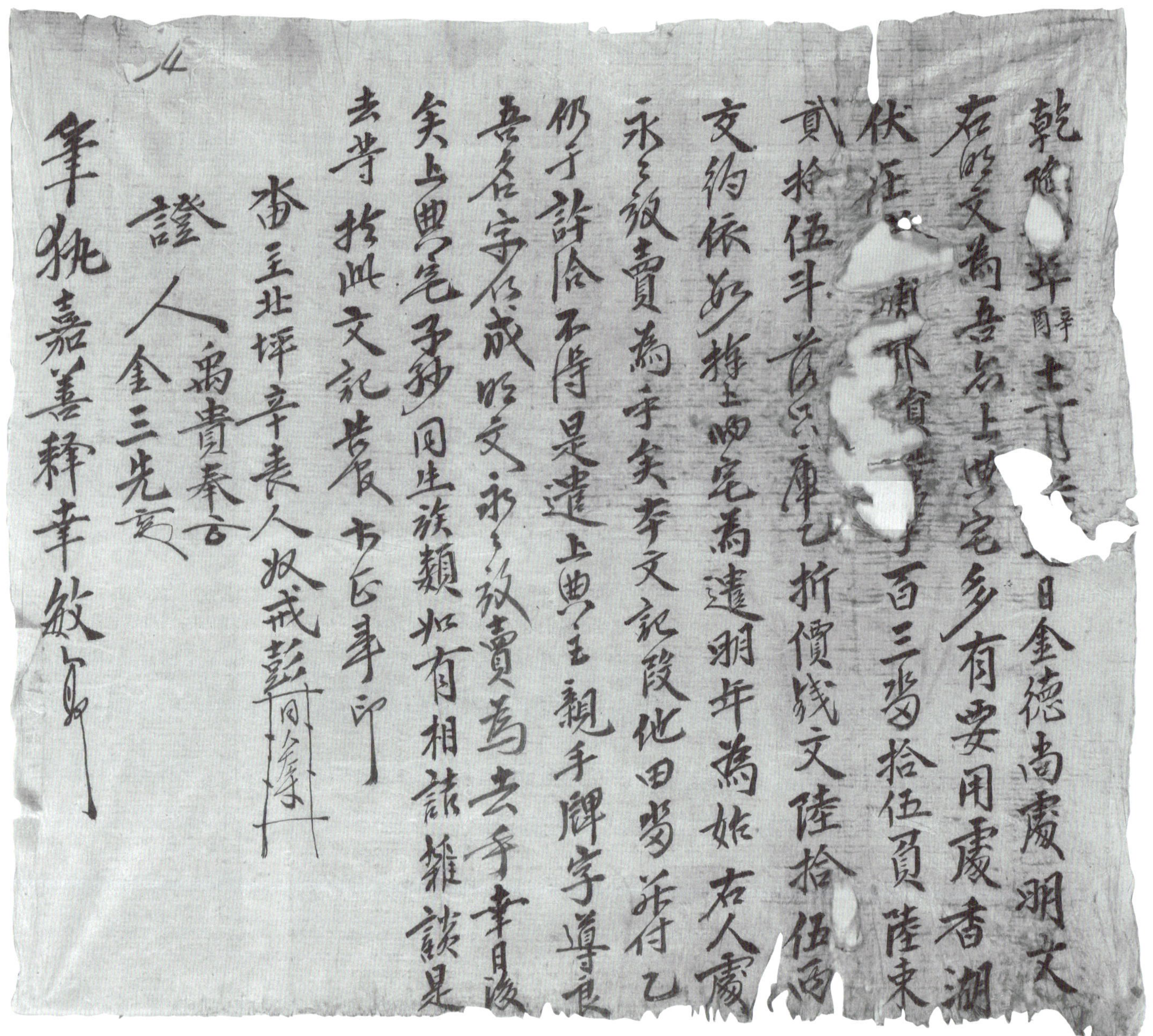

1741년 12월에 辛哥의 奴 戒彭이 金德尙에게 논을 팔면서 발급한 明文

明文 28

1742년(영조 18), 57.2×96.3

1742년 1월 22일에 유학 沈尚遠이 通政 安萬善에게 논을 팔면서 발급한 明文

明文 29

1742년(영조 18), 72.1×54.5

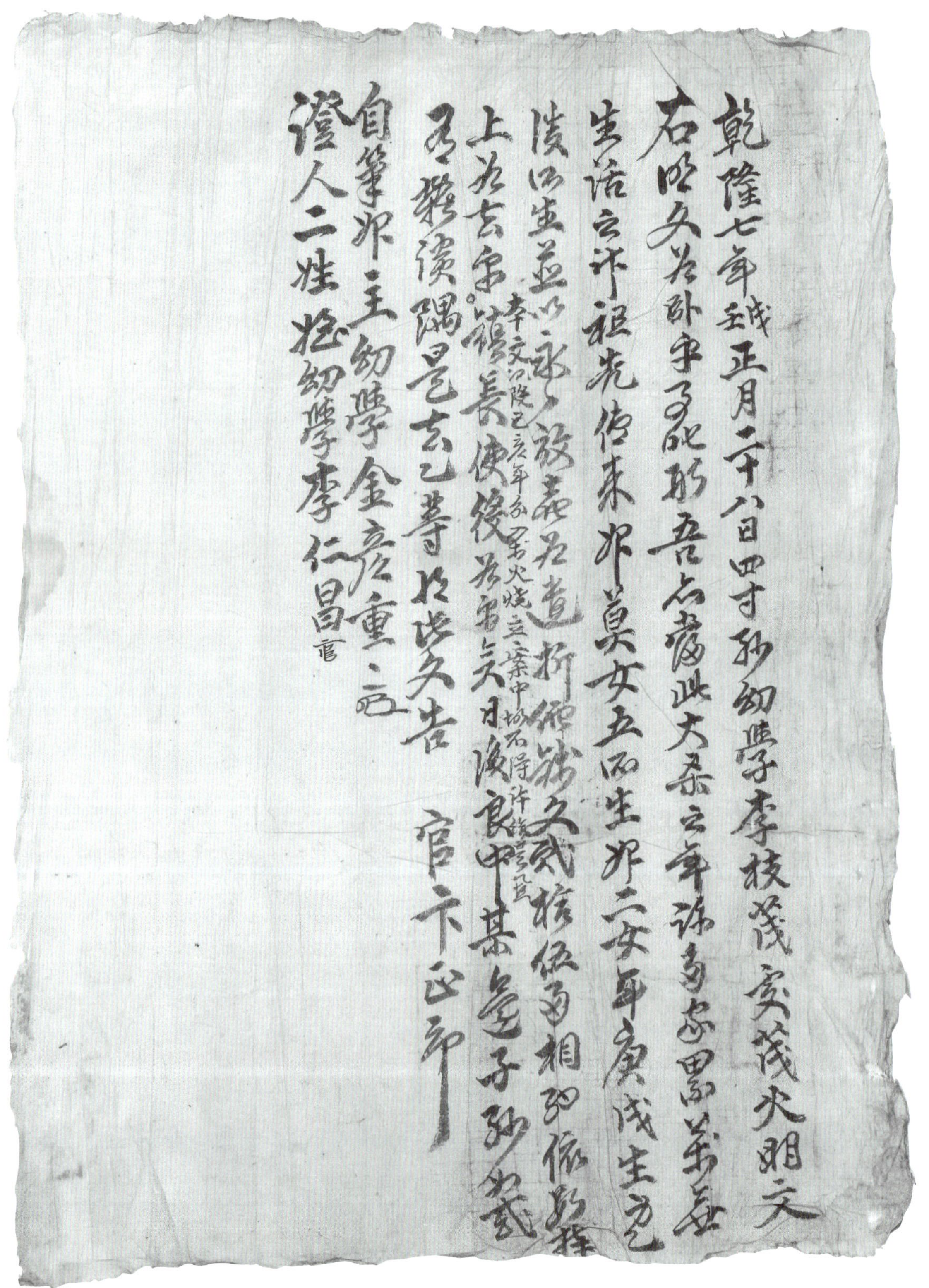

1742년 1월 28일에 유학 金彦重이 四寸孫 유학 李枝茂에게 계집종을 팔면서 발급한 明文

明文 30

1742년(영조 18), 56.2×36.3

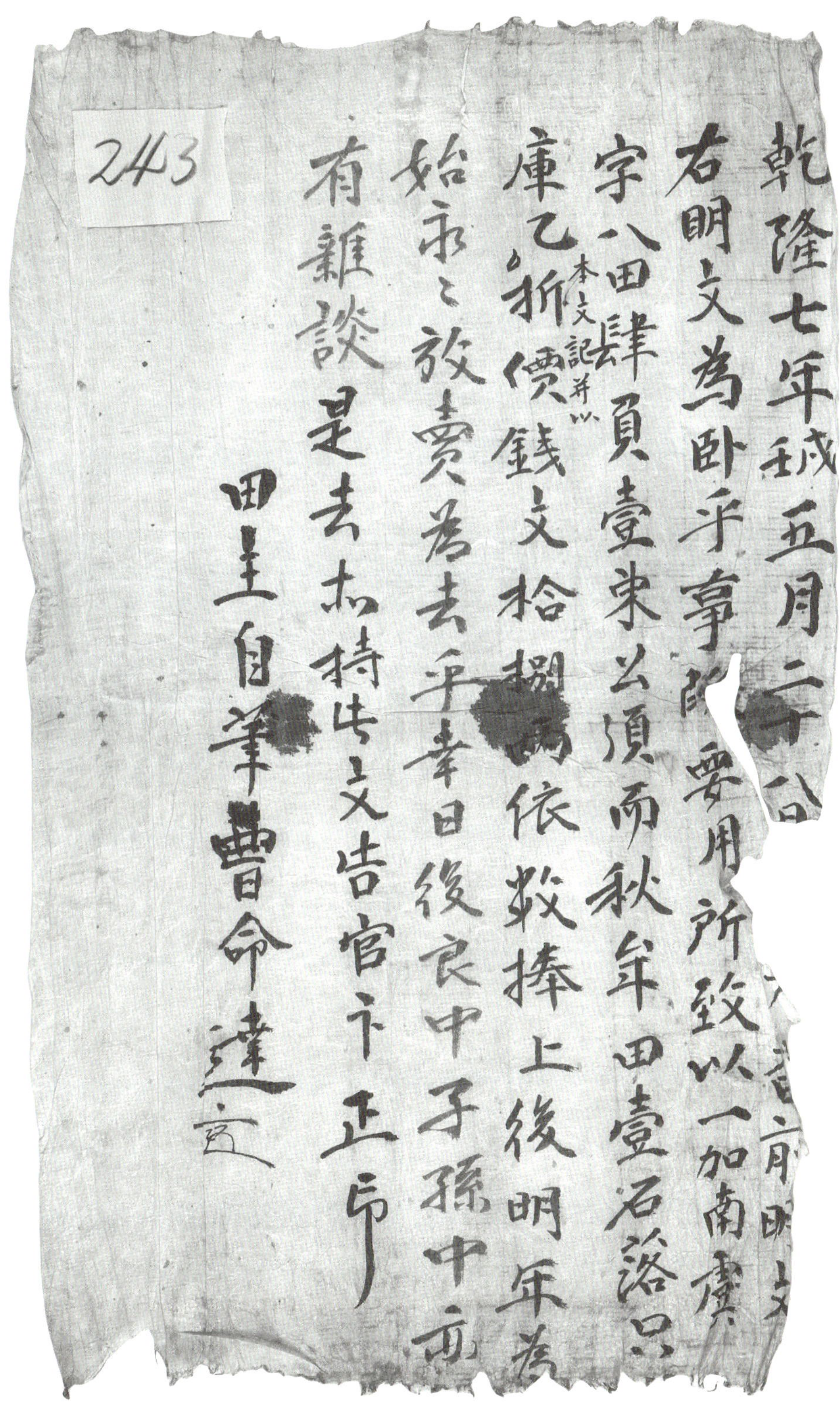
乾隆七年壬戌五月二十八日 □□前明文
右明文爲臥乎事段要用所致以一加南廣
字八田肆負壹束亾須而秋牟田壹石落只
庫乙本文記幷以折價錢文拾捌兩依数捧上後明年爲
始永〻放賣爲去乎等日後良中子孫中亦
有雜談是去等持此文告官卞正事
田主自筆 曺命達

1742년 5월 28일에 曺命達이 밭을 팔면서 발급한 明文

1742년(영조 18), 51.5×32.6

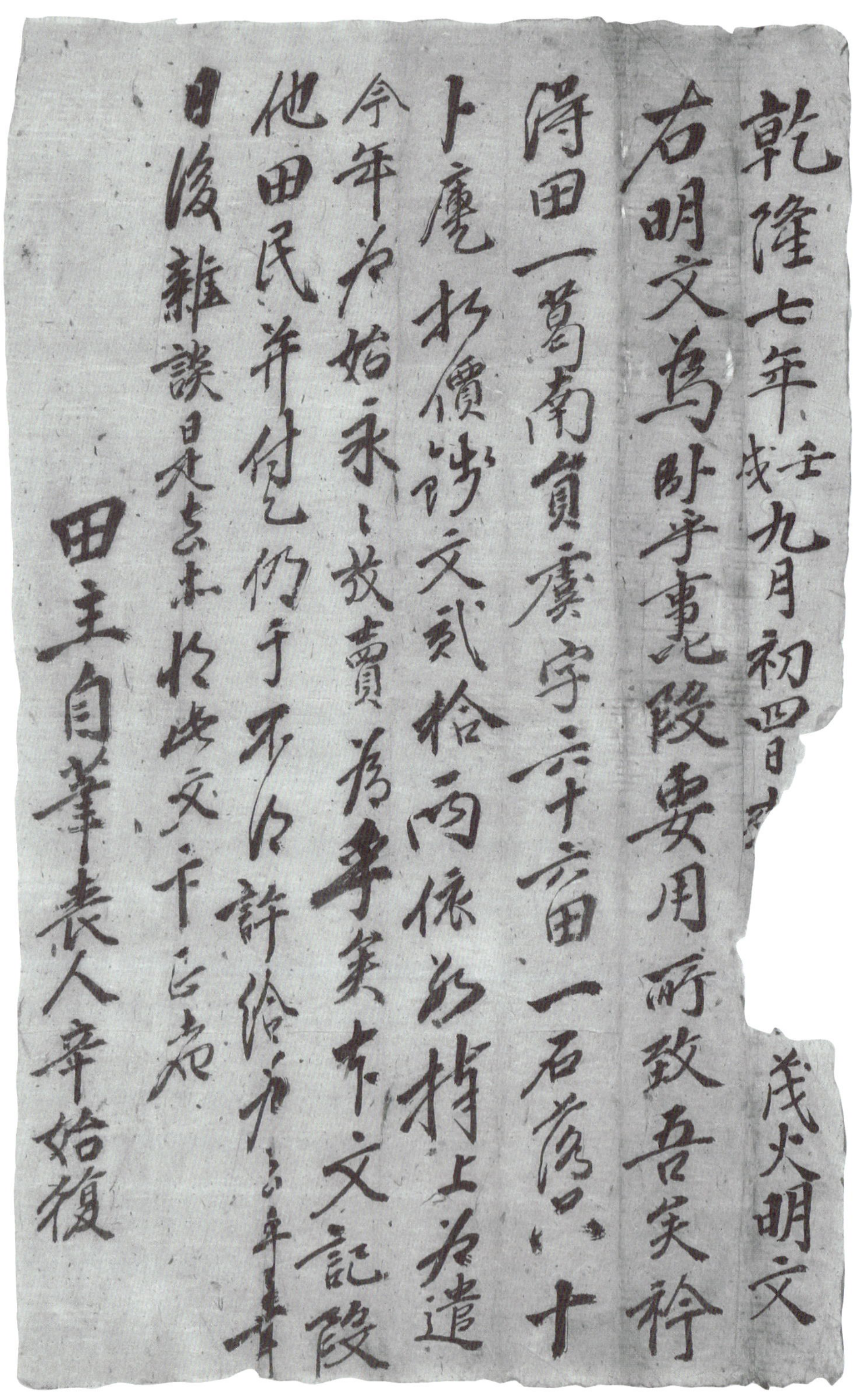

乾隆七年壬戌九月初四日 [illegible] 茂大明文
右明文爲卧乎事段要用所致吾矣衿
得田一葛南負虞字六十六畓一石落只 十
卜處折價錢文貳拾兩依數捧上爲遣
今年爲始永永放賣爲乎矣本文記段
他田民并付乙仍于不得許給爲去乎 年
日後雜談是去等持此文卞正事
田主自筆喪人辛始復

1742년 9월 초4일에 喪人 辛始復이 밭을 팔면서 발급한 明文

明文 32

1743년(영조 19), 48.7×32.3

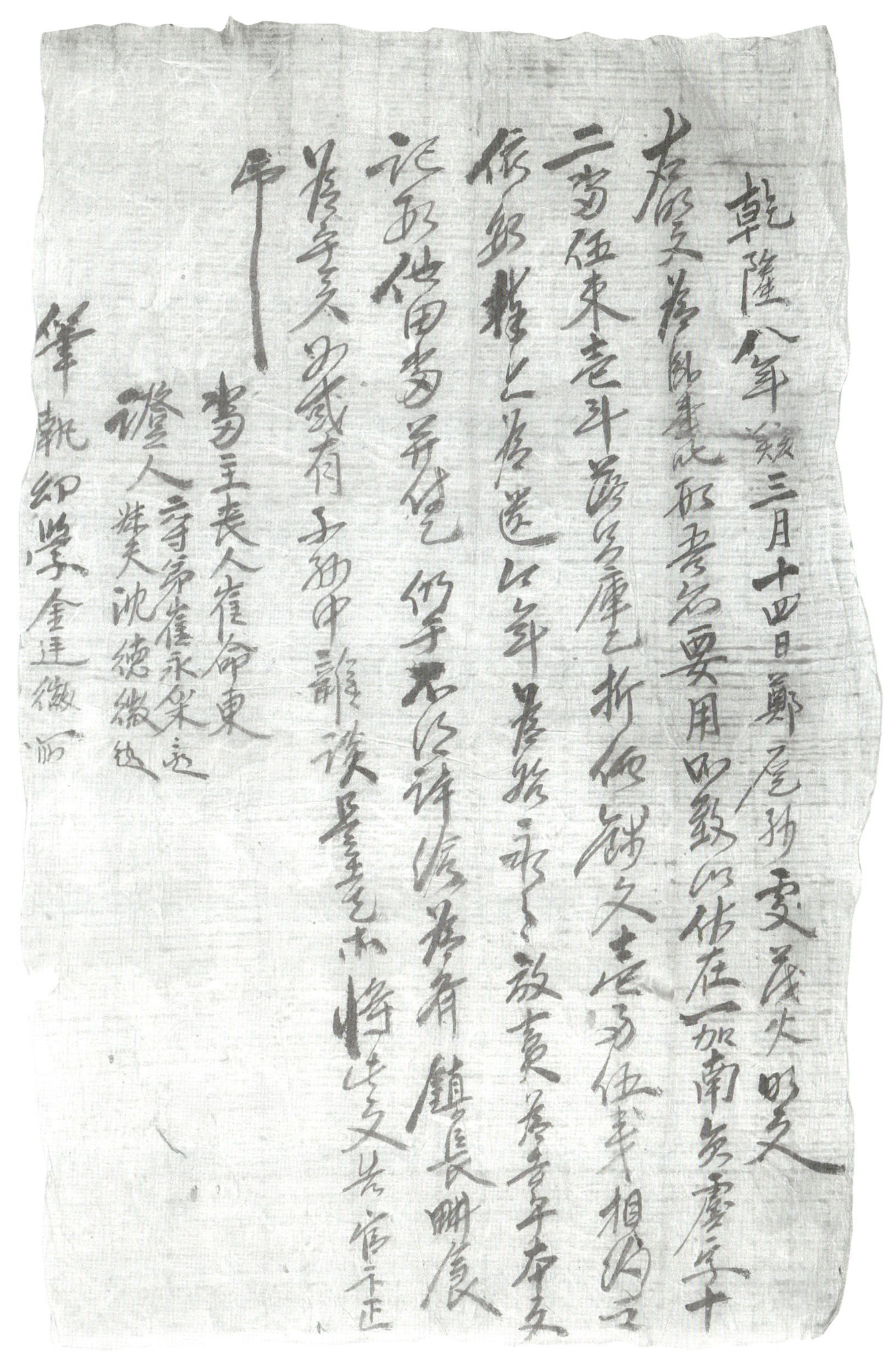

1743년 3월 14일에 喪人 崔命東이 鄭乭孫에게 논을 팔면서 발급한 明文

明文 33

1744년(영조 20), 52.9×32

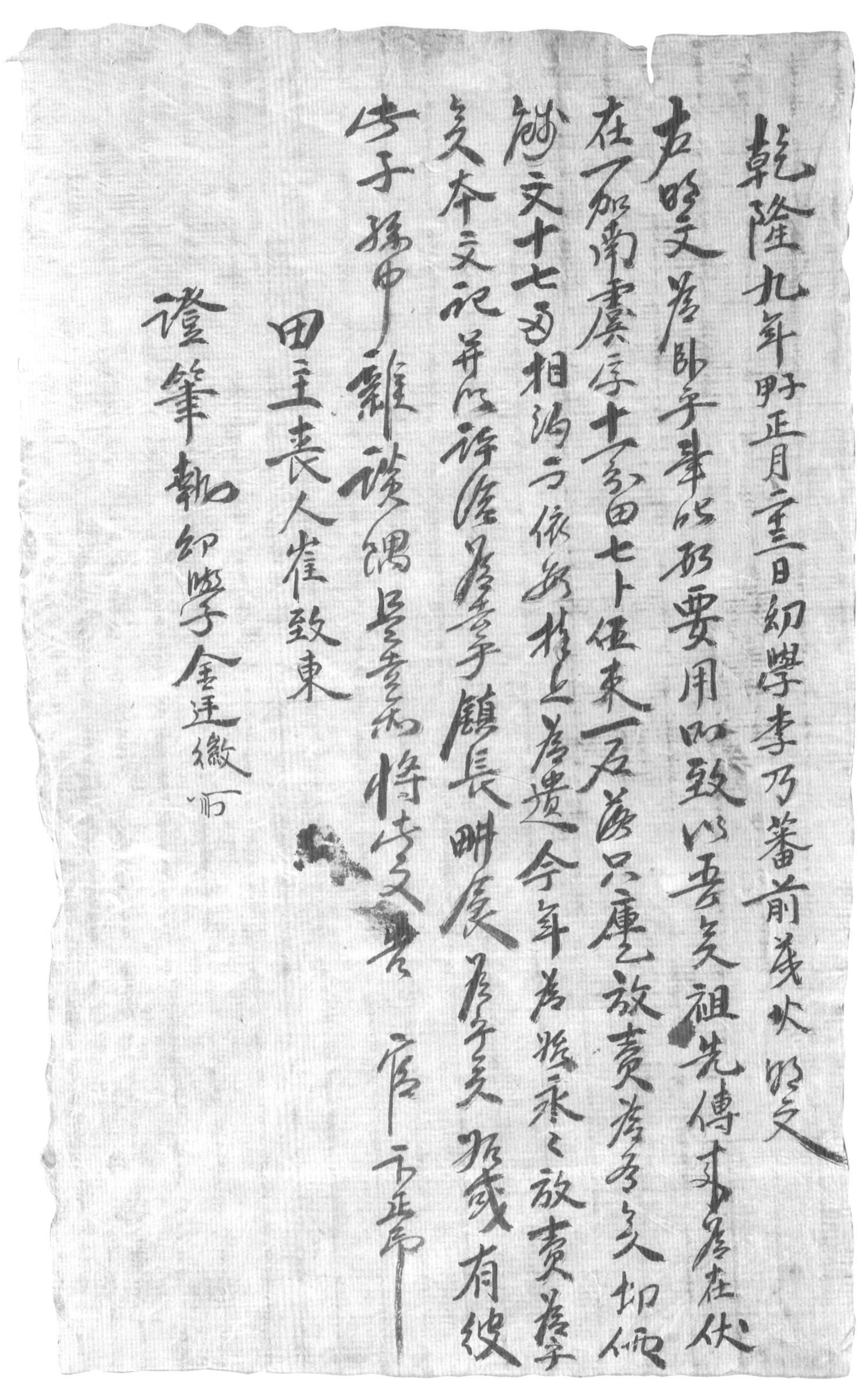

乾隆九年甲子正月二十三日 幼學李乃蕃前明文

田主 喪人 崔致東

證筆 執 幼學 金廷徽

1774년 1월 23일에 田主 喪人 崔致東이 유학 李乃蕃에게 밭을 팔면서 발급한 明文

明文 34

1746년(영조 22), 53.6×35.1

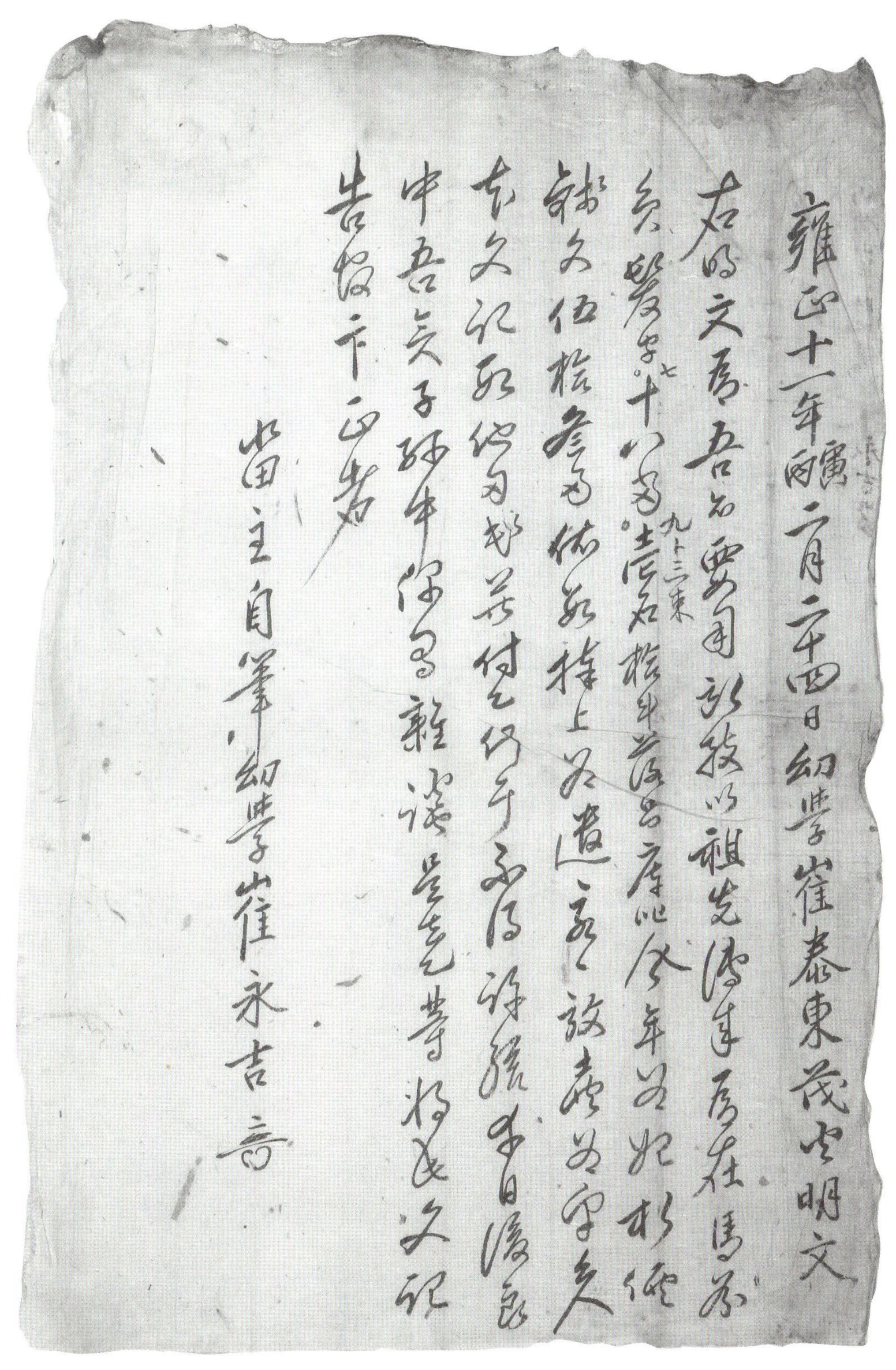

1746년 2월 24일에 유학 崔永吉이 유학 崔泰東에게 논을 팔면서 발급한 明文

明文 35

1746년(영조 22), 53.5×30.1

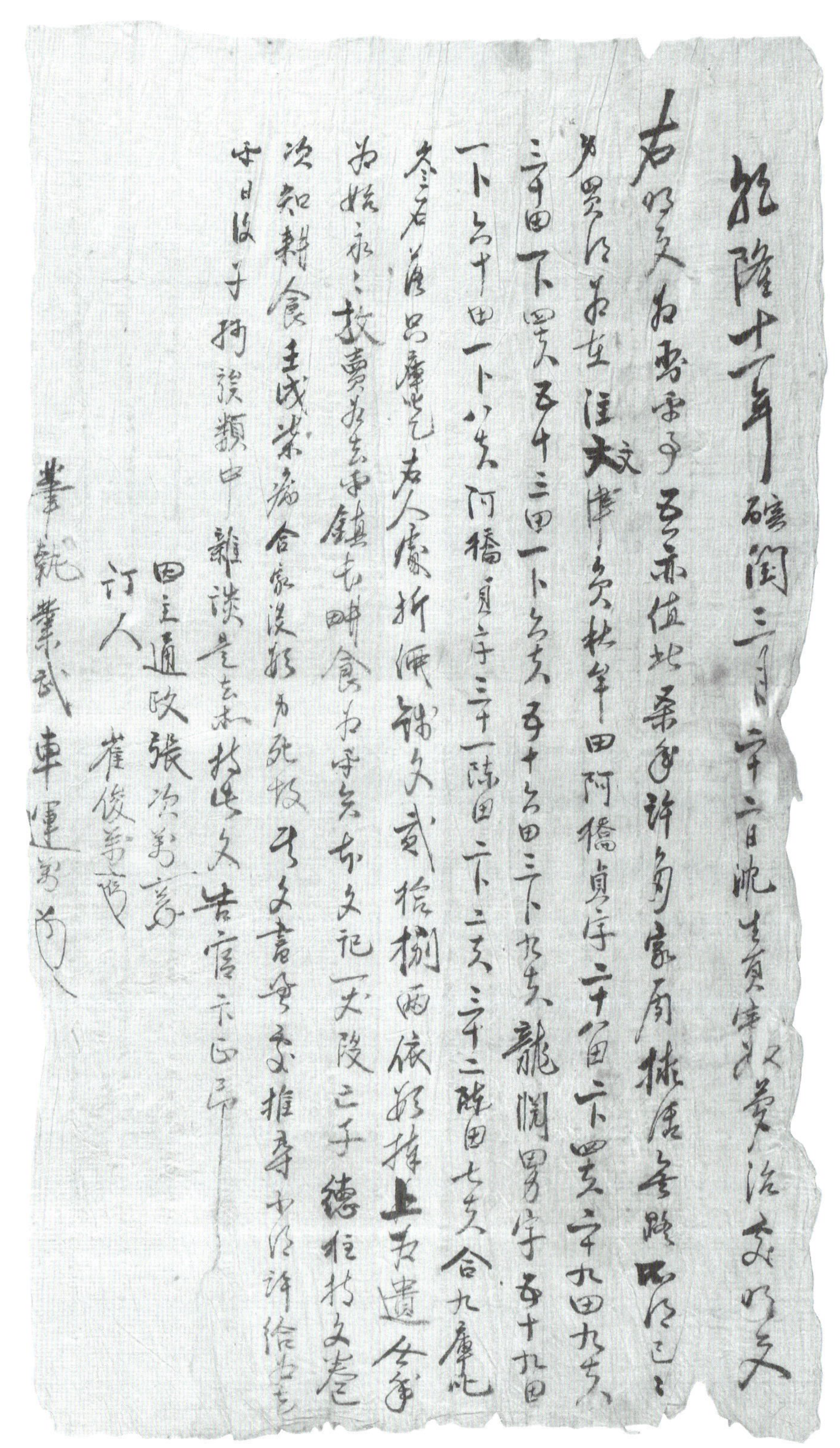

1746년 閏3월 22일에 通政 張次萬이 沈生員 宅 奴 夢治에게 밭을 팔면서 발급한 明文

明文 36

1746년(영조 22), 47×48.8

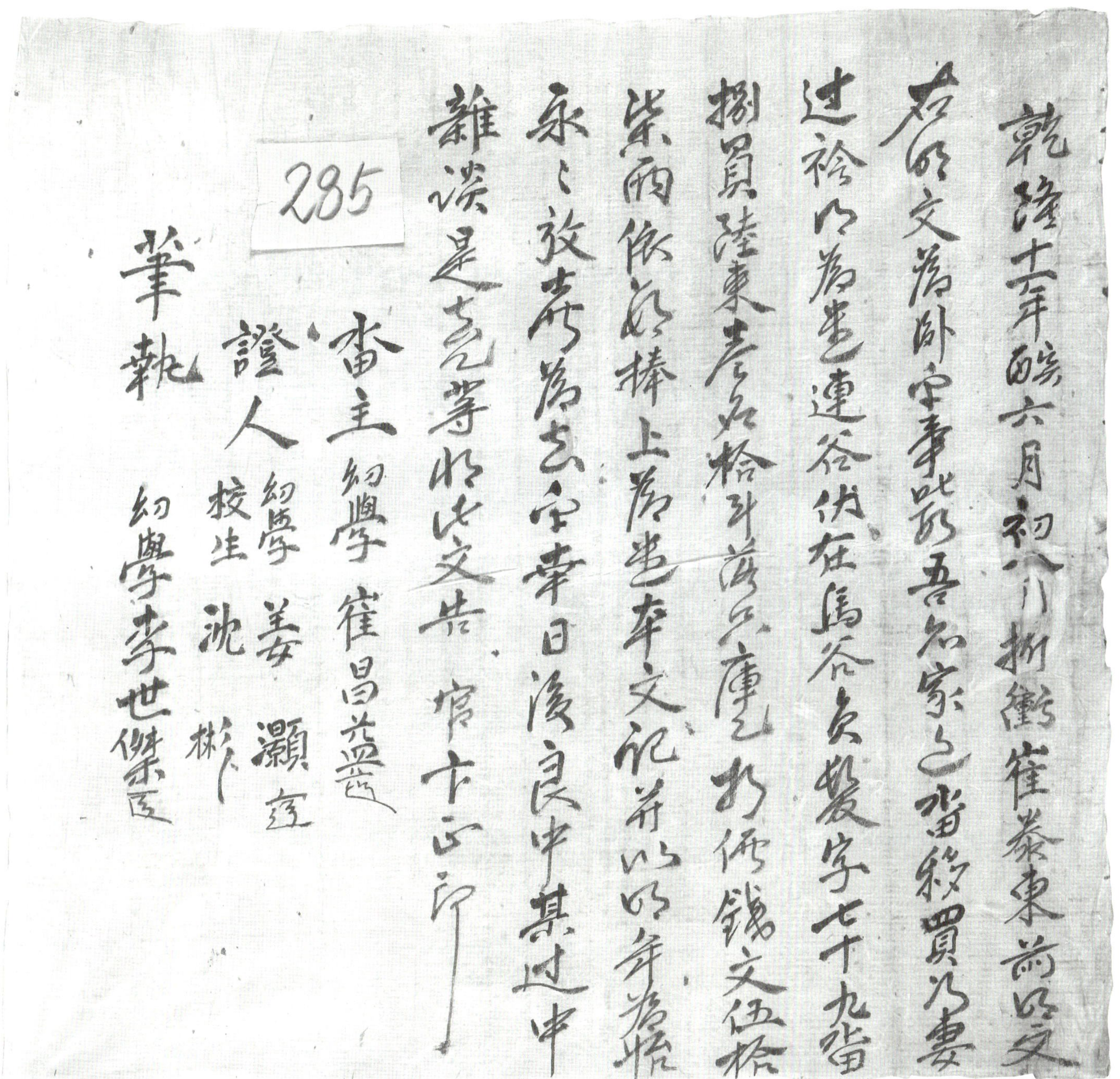

乾隆十一年丙寅六月初八日 折衝崔泰東前明文

右明文爲臥乎事叚吾矣家己畓移買乃妻

邊衿乃爲遣連谷伏在烏谷員發字七十九畓

捌負陸束庫石拾斗落只庫乙折價錢文伍拾

柒兩依數捧上爲遣本文記幷以明年爲始

永永放賣爲去乎日後良中其過中

雜談是去等將此文告官卞正事

畓主 幼學 崔昌益

證人 幼學 姜灝

校生 沈𣏆

筆執 幼學 李世傑

285

1746년 6월 초 8일에 유학 崔昌益이 折衝 崔泰東에게 논을 팔면서 발급한 明文

明文 37

1748년(영조 24), 53×32.6

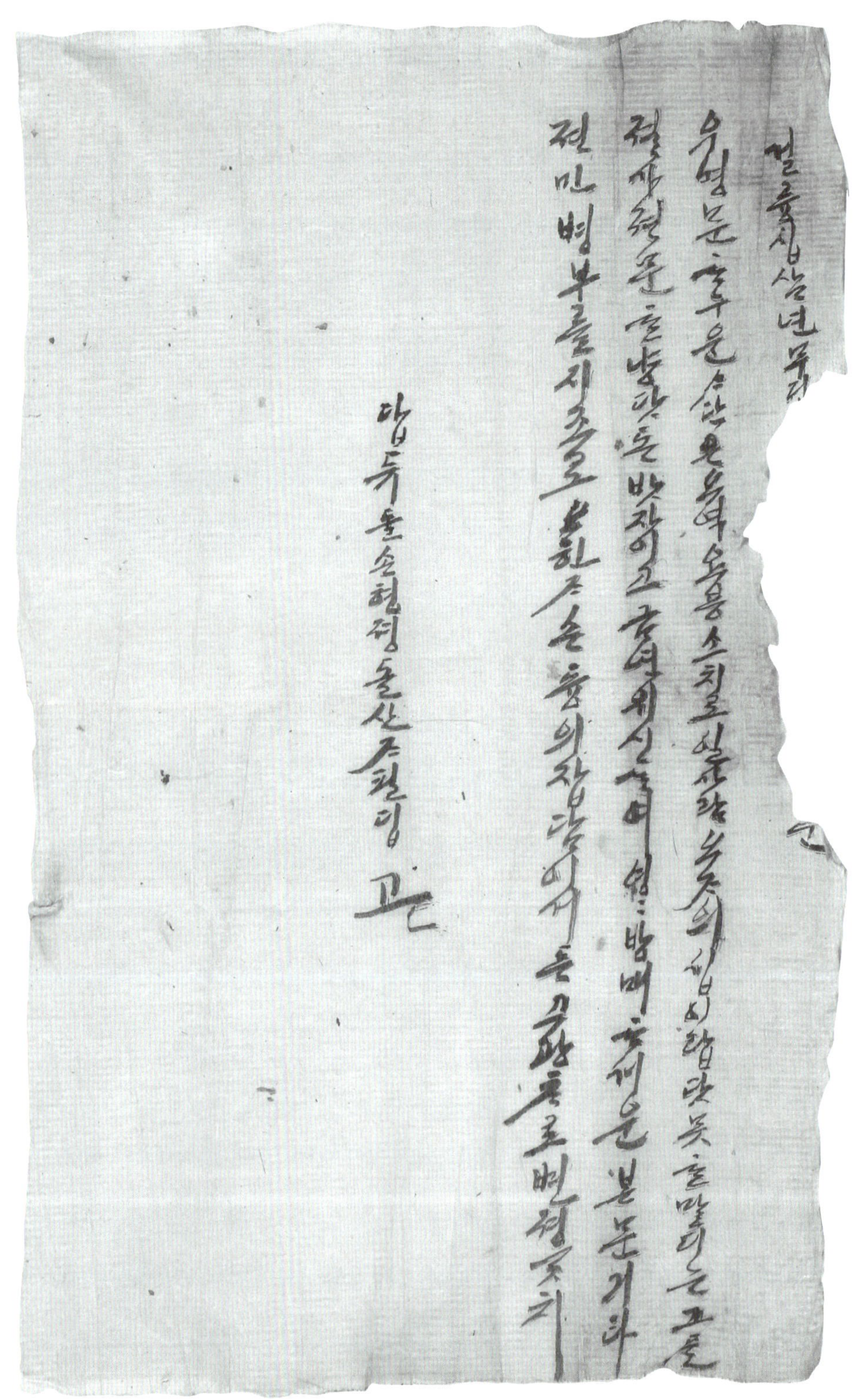

1784년에 정돌산이 논을 팔면서 발급한 한글 明文

明文 38

1749년(영조 25), 56.6×36.5

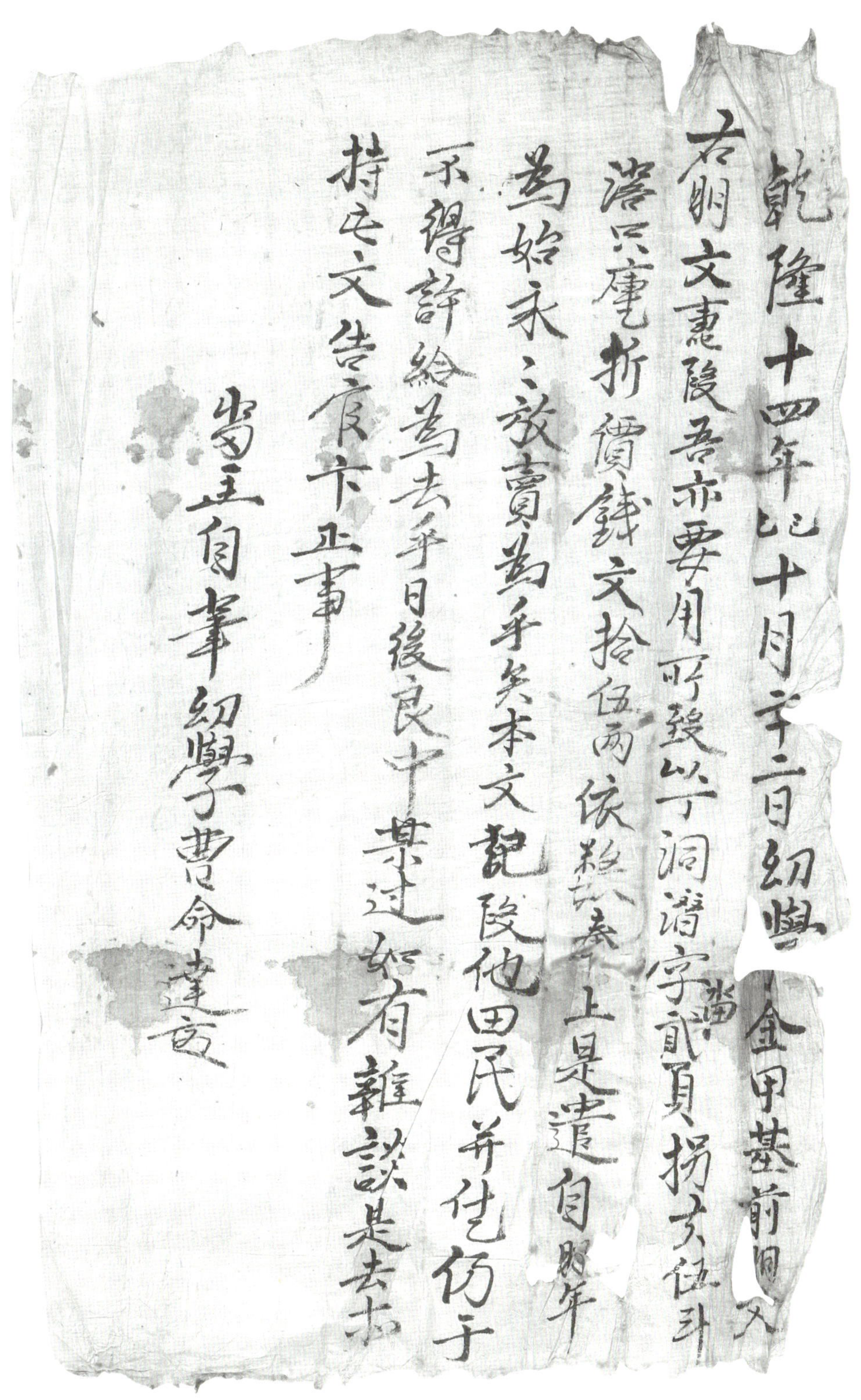

乾隆十四年己巳十月二十二日 幼學 金甲基前明文

右明文事段 吾亦要用所致以于洞諧字畓貳負捌束伍斗
落只庫乙 折價錢文拾伍兩 依數捧上是遣 自己年
爲始永永放賣爲乎矣 本文記段 他田民并付 仍于
不得許給爲去乎 日後良中 某過如有雜談是去等
持此文告官卞正事

畓主自筆 幼學 曺命達

1749년 10월 22일에 유학 曺命達이 유학 金甲基에게 논을 팔면서 발급한 明文

1749년(영조 25), 49.8×31

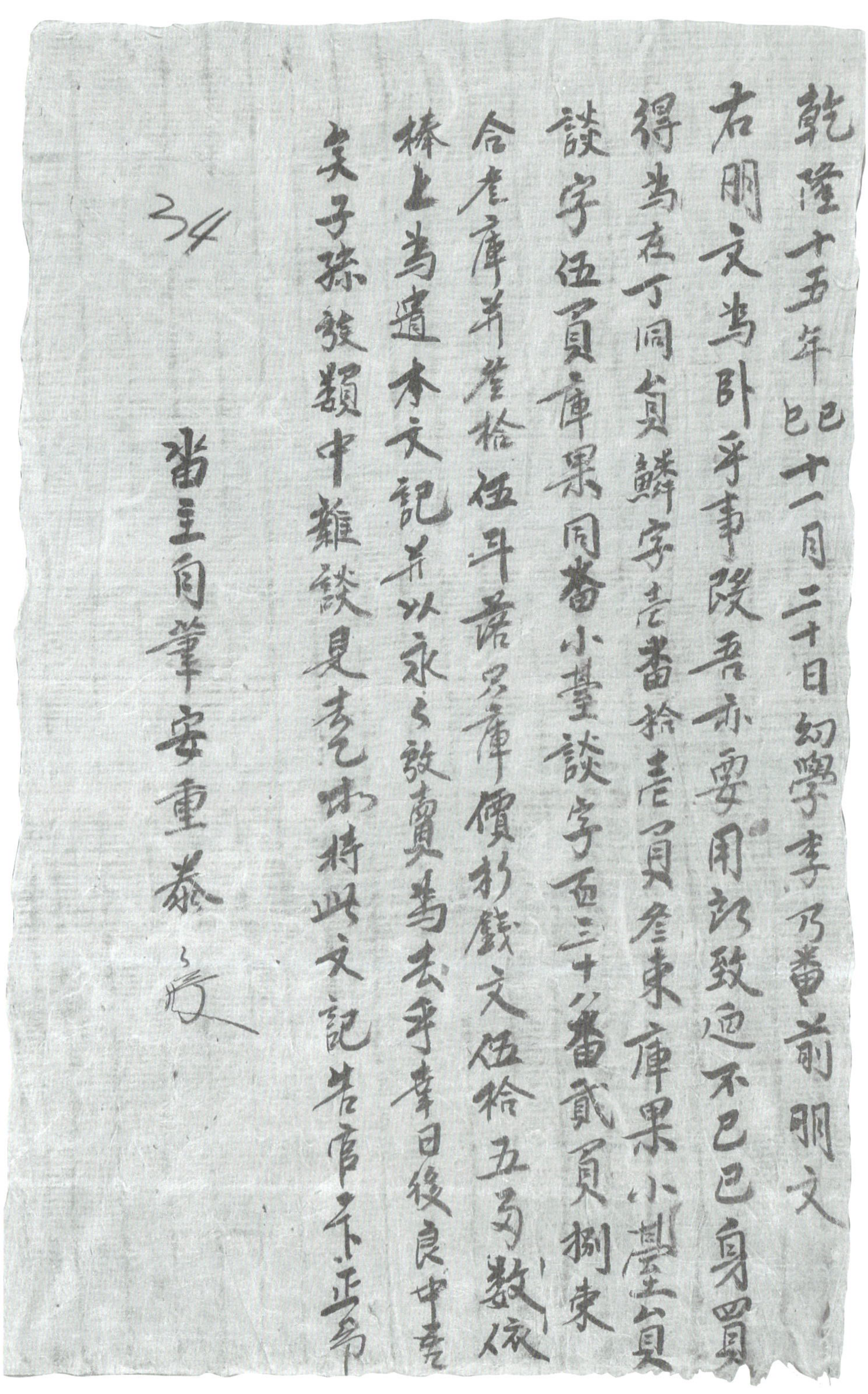

乾隆十五年己巳十一月二十日幼學李乃蕃前明文

右明文爲卧乎事段吾亦要用所致以不已自身買

得爲在丁洞員鱗字畓拾壹負參束庫果小斗地負

談字伍負庫果同畓小斗地談字西三十八畓貳負捌束

合參庫并叁拾伍斗落只庫價折錢文伍拾五兩數依

捧上爲遣本文記并以永永放賣爲去乎幸日後良中吾

矣子孫族類中雜談是去乃爲有去等持此文記告官卞正爲

畓主自筆安重泰

1750년 11월 20일에 畓主 安重泰가 유학 李乃蕃에게 논을 팔면서 발급한 明文

明文 40

1749년(영조 25), 51.7×34.3

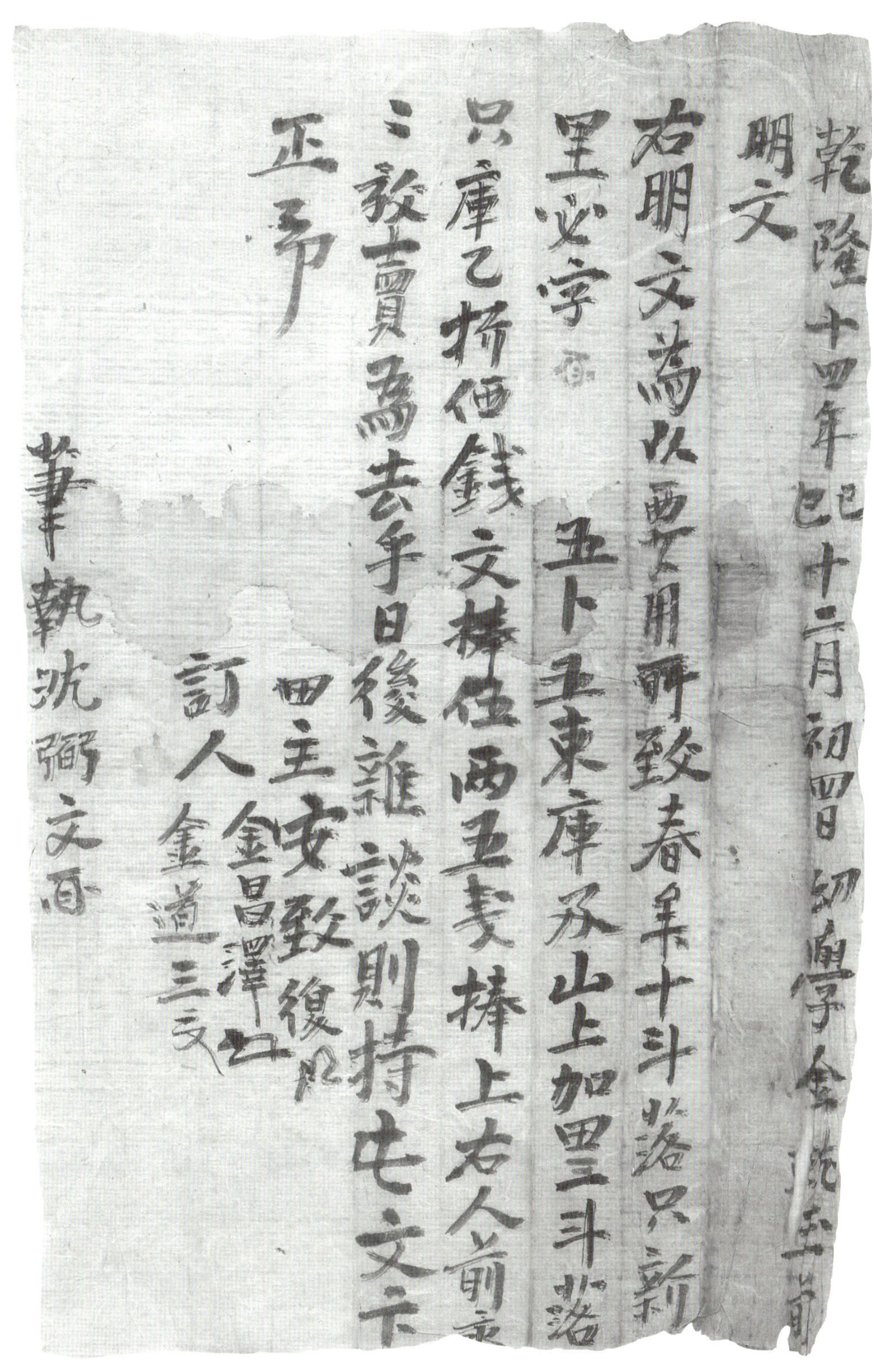

乾隆十四年己巳十二月初四日 幼學金就玉前

明文

右明文為以要用所致春牟十斗落只新

里必字 五卜五束庫夕山上加四斗落

只庫乙折價錢文捧伍兩五戔捧上右人前永

〻放賣為去乎日後雜談則持此文卞

正事

田主安致復

訂人金昌澤

金道三

筆執沈卿文

1749년 12월 초4일에 安致復이 유학 金就玉에게 밭을 팔면서 발급한 明文

明文 41

1750년(영조 26), 71.6×43

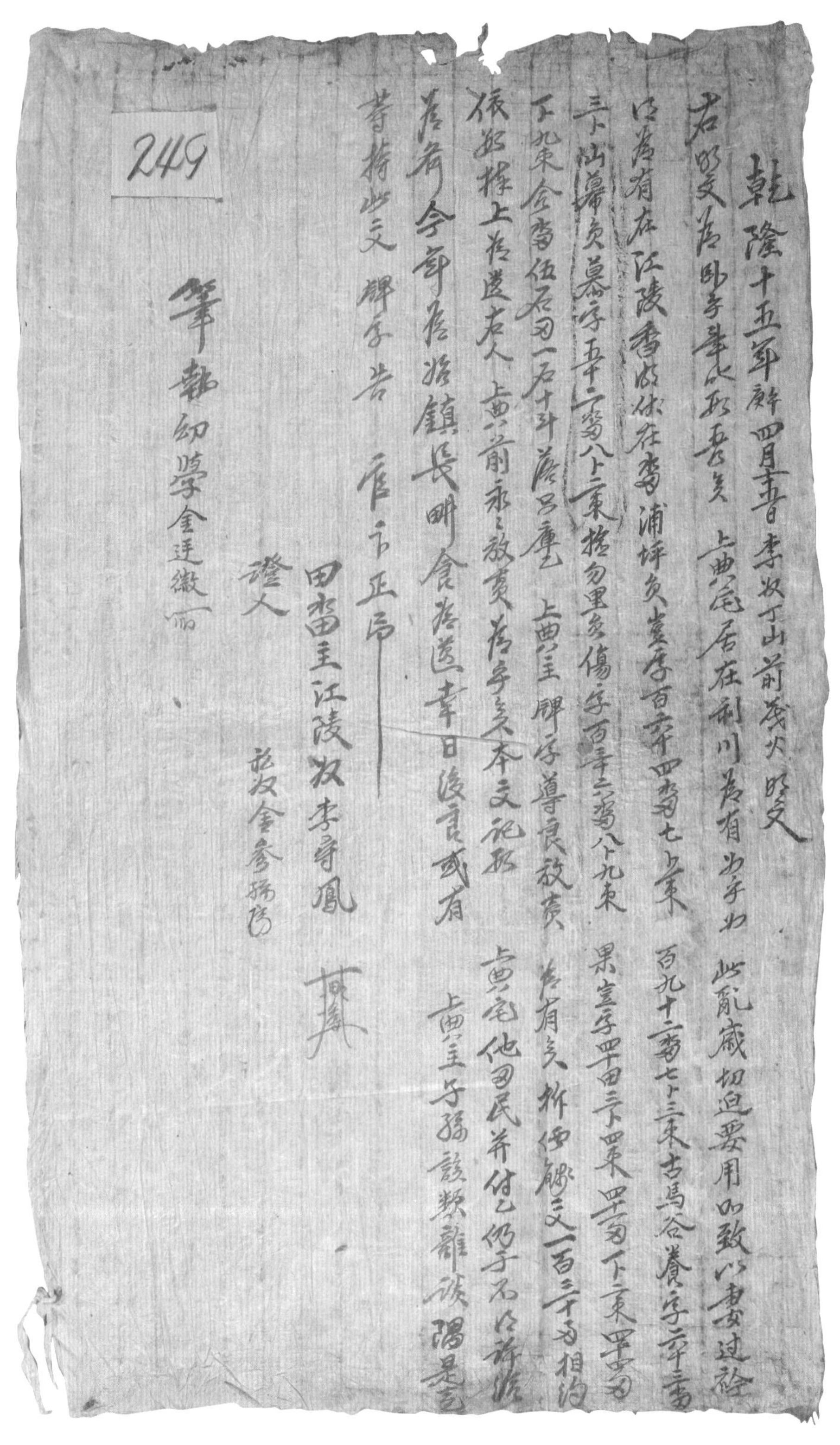

乾隆十五年庚午四月十五日李奴丁山前明文

右明文爲臥乎事叚矣上典宅居在利川爲有如乎 此亂歲切迫要用以致以妻邊衿

得爲有在江陵香湖伏在蓼浦坪員壹字畓四斗落七卜束 百九十二畓七卜三束 古馬谷蓍字六斗落

三卜 山幕員慕字五斗落八卜二束 捺勿里員傷字百五斗落八卜九束 果字四斗落四卜四束 四斗落一卜二束 四斗落

下九束合畓伍石落一石十斗落是遣 上典宅牌子導良放賣爲有矣 折價錢文一百三十兩相約

依數捧上爲遣右人處 前永永放賣爲乎矣 本文記叚 上典宅他田民幷付乙仍乎不得許給

爲齊 今後良中鎭長耕食爲乎矣 幸日後良中或有 上典子孫族類雜談隅是去

等 持此文 牌子告 官卞正事

田畓主 江陵奴 李守鳳

證人 故奴 金參孫

筆執 幼學 金廷徽

1750년 4월 15일에 江陵 奴 李守鳳이 李哥의 奴 丁山에게 전답을 팔면서 발급한 明文

明文 42

1751년(영조 27), 51.1×42.9

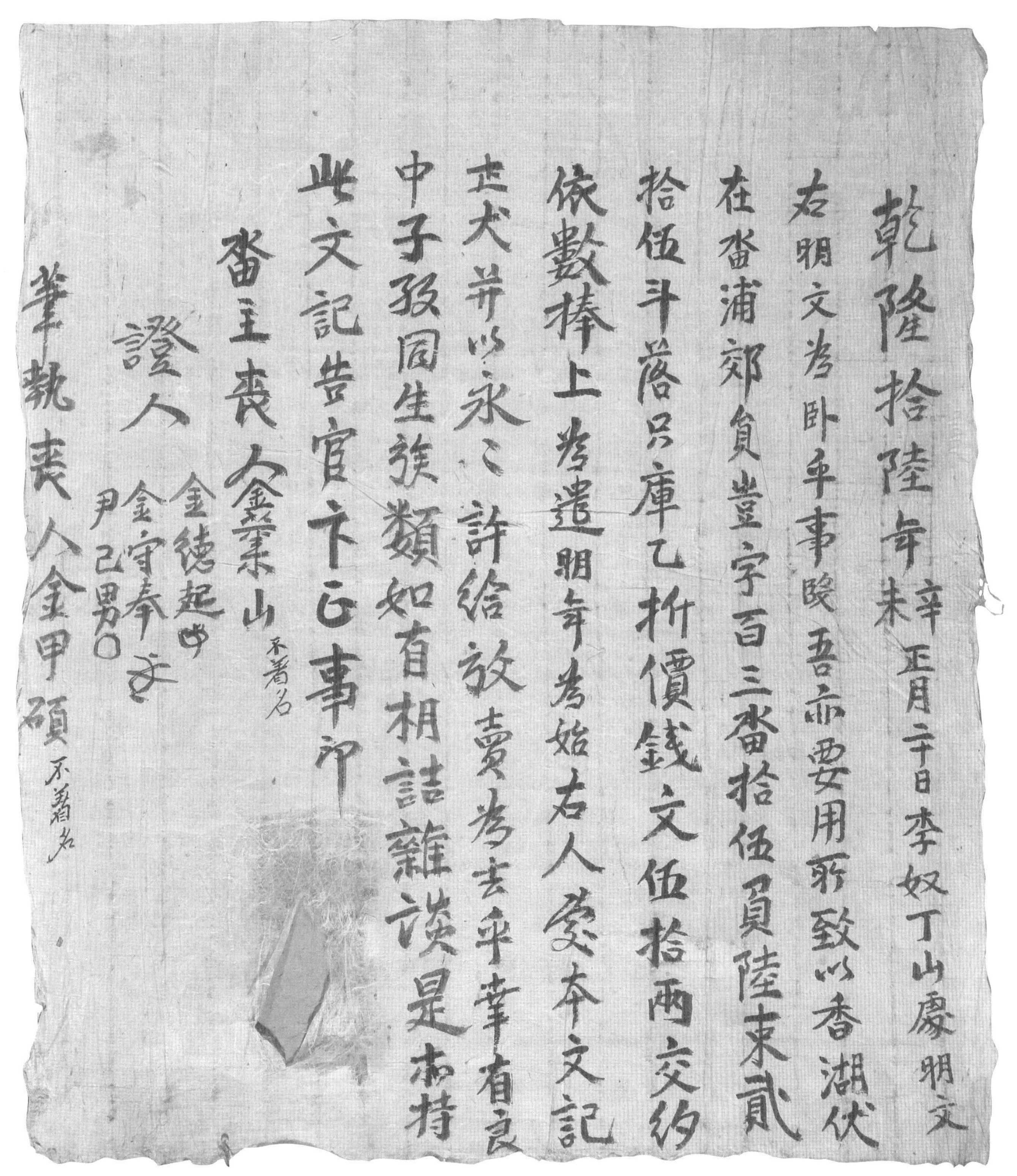

乾隆拾陸年辛未正月二十日李奴丁山處明文

右明文為臥乎事段吾亦要用所致以香湖伏

在畓浦郊負豈字百三畓拾伍負陸束貳

拾伍斗落只庫乙折價錢文伍拾兩交易

依數捧上為遣明年為始右人處本文記

壹丈并以永〻許給放賣為去乎等有良

中子孫同生族類如有相詰雜談是亦持

此文記告官卞正事

畓主喪人金業山 不着名

證人 金德起 金守奉 尹己男

筆執喪人金甲碩 不着名

1751년 1월 20일에 金業山이 李哥의 奴 丁山에게 논을 팔면서 발급한 明文

明文 43

1751년(영조 27), 52.5×33.5

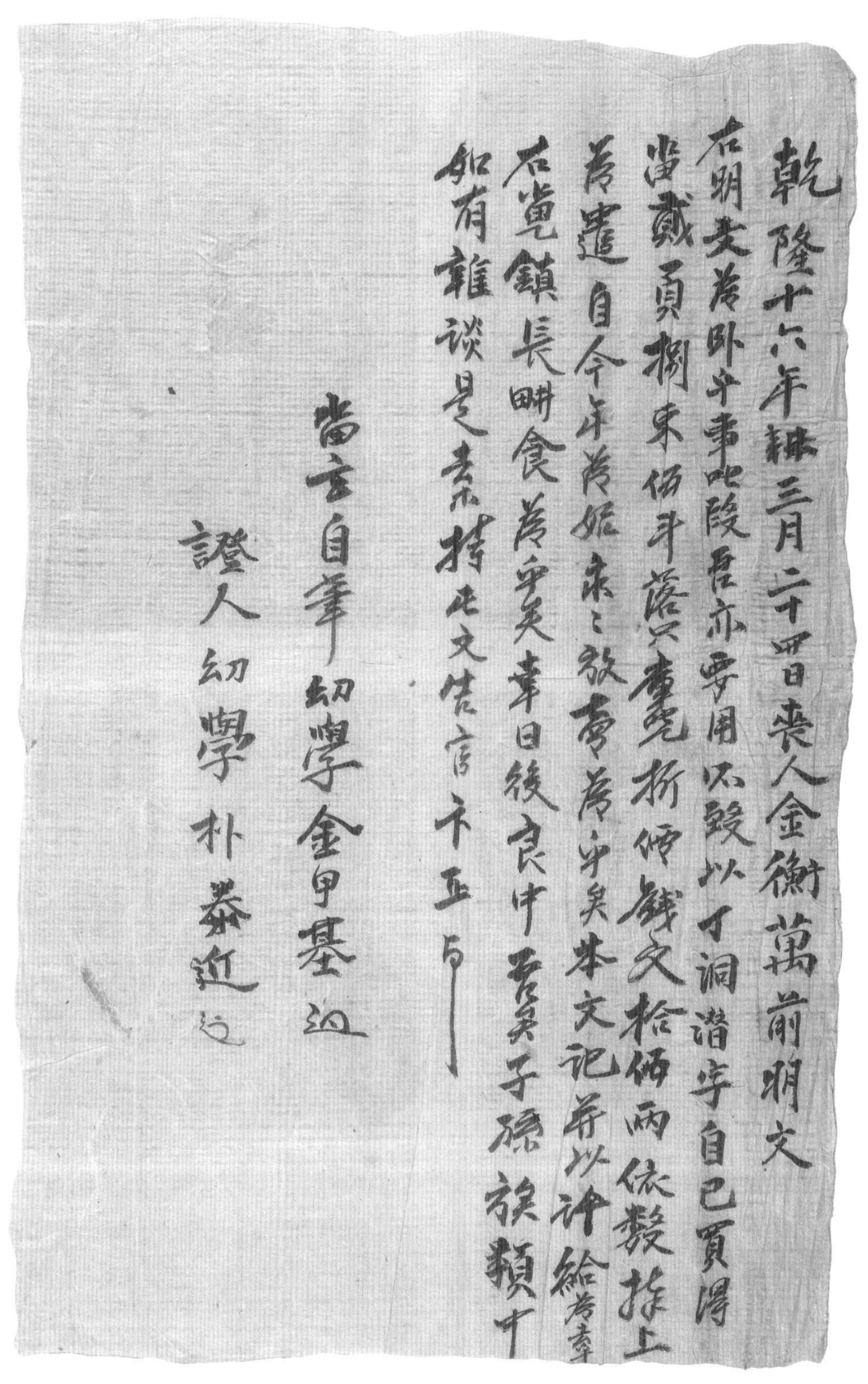

1751년 3월 24일에 유학 金甲基가 喪人 金衡萬에게 논을 팔면서 발급한 明文

明文 44

1753년(영조 29), 50.3×58.4

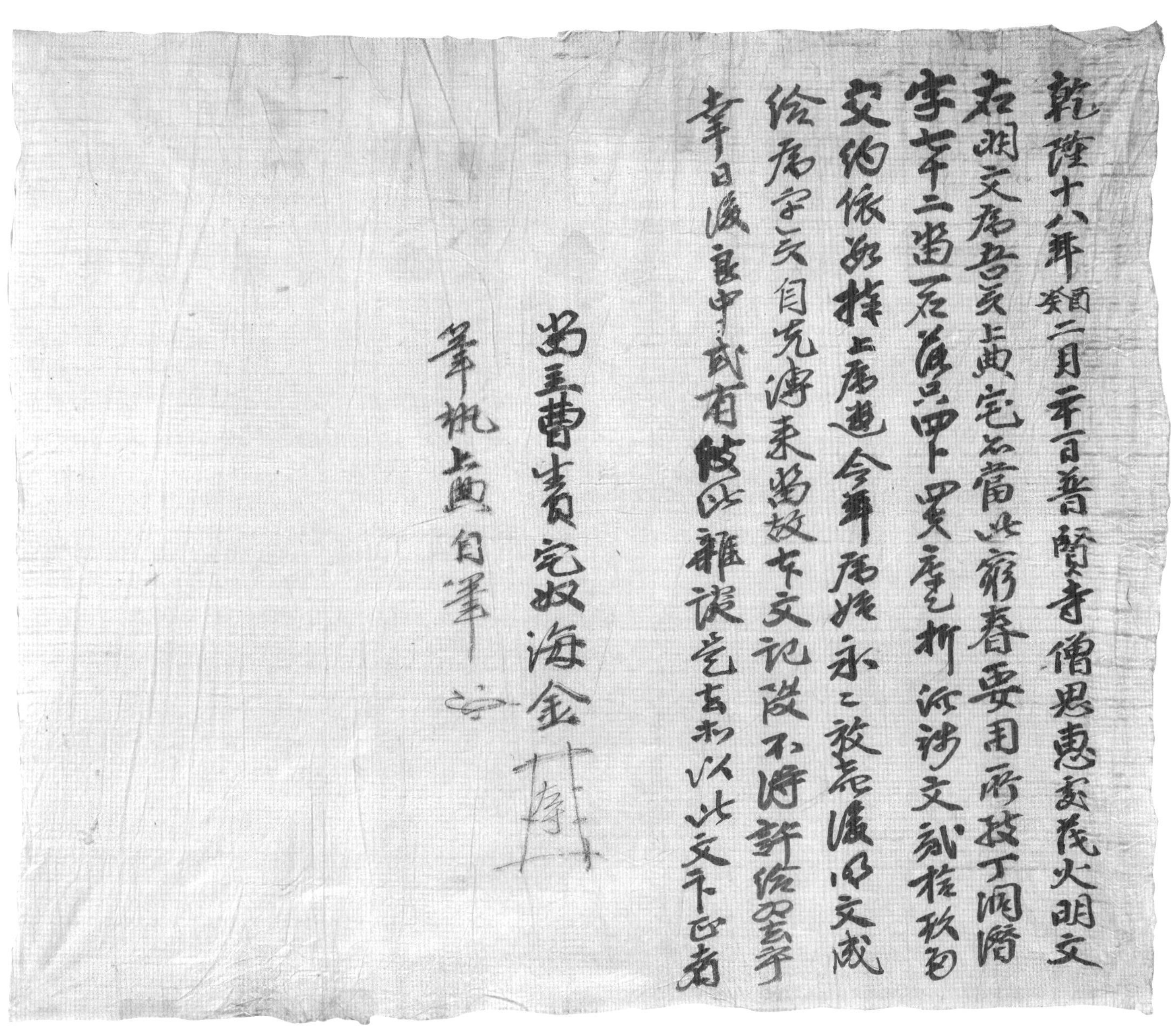

1753년 2월 21일에 曺生員 宅 奴 海金이 普賢寺 僧 思惠에게 논을 팔면서 발급한 明文

明文 45

1753년(영조 29), 50.6×59.9

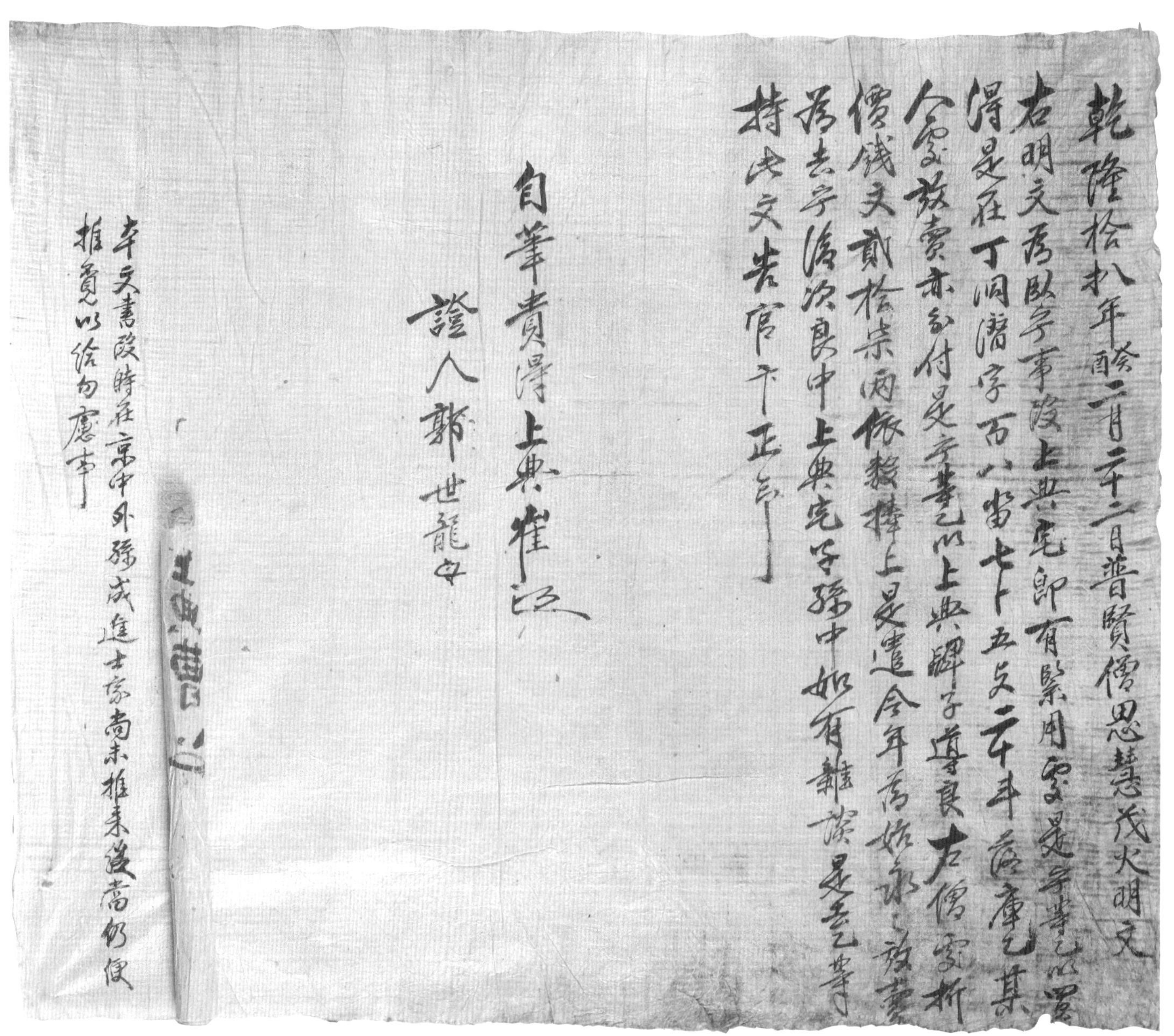

乾隆拾八年癸酉二月二十二日普賢僧思慧處明文
右明文爲臥乎事段上典宅郎有緊用處是乎等乙以買
得是在丁洞潛字百八畓七卜五束六斗落庫乙其
令處放賣亦分付是乎等乙以上典婢乎導良右價折
價錢文貳拾柒兩依數捧上是遣今年爲始永永放賣
爲去乎後次良中上典宅子孫中如有雜談是去乙等
持此文告官卞正事

自筆 貴得 上典 崔

證人 鄭世龍

本文書段時在京中外孫成進士宅尚未推來後當物(?)使
推覓以給向(?)應事

1753년 2월 22일에 貴得의 上典 崔가 普賢寺 僧 思慧에게 논을 팔면서 발급한 明文

明文 46

1753년(영조 29), 58.6×44.5

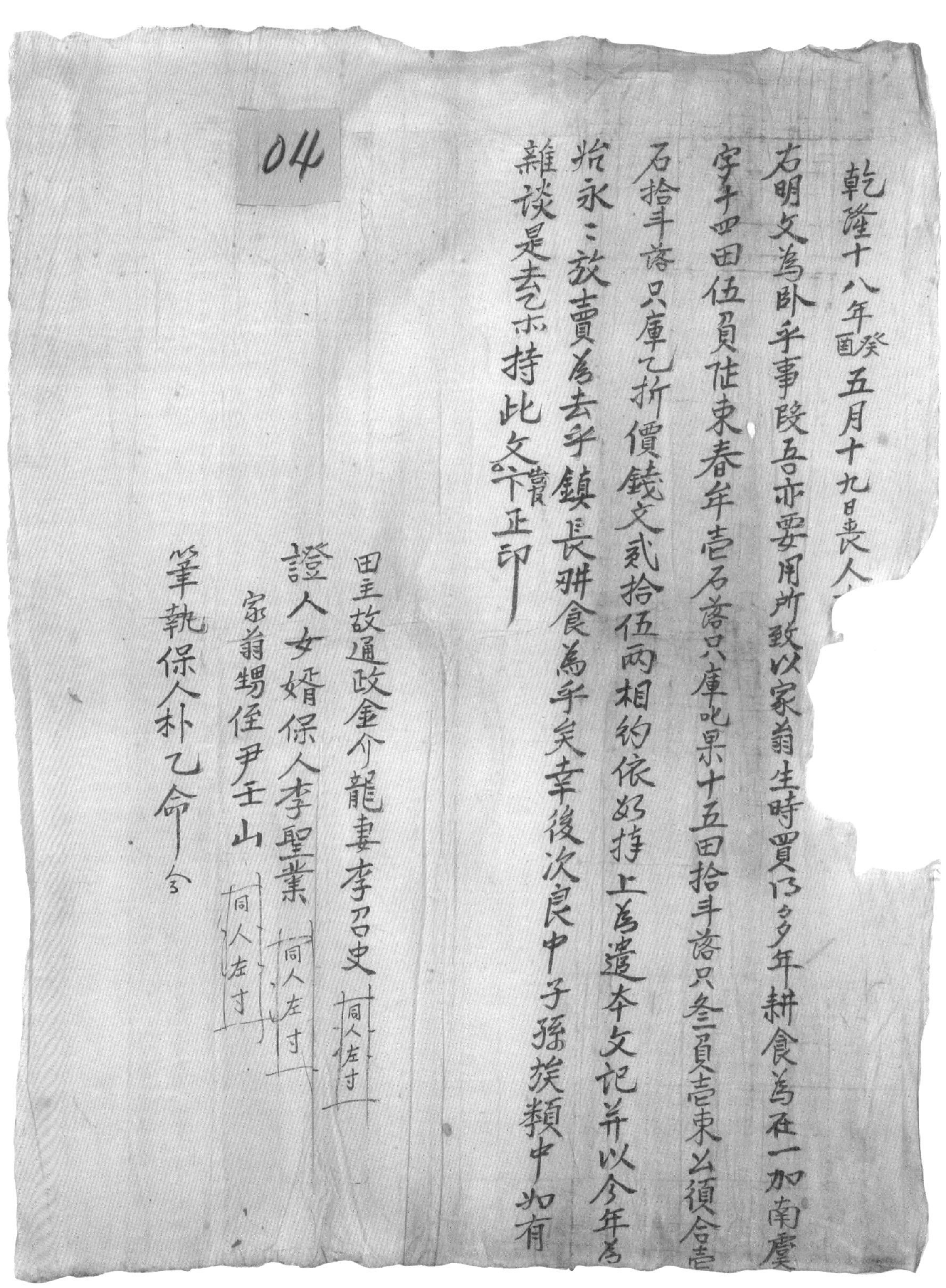
乾隆十八年癸酉五月十九日喪人前
右明文爲卧乎事段吾亦要用所致以家翁生時買得多年耕食爲在一加南慶
字第四田伍負pe束春牟壹石落只庫叱果十五田拾斗落只参負壹束ム須合壹
石拾斗落只庫乙折價錢文貳拾伍兩相約依數捧上爲遣本文記幷以今年爲
始永永放賣爲去乎鎭長耕食爲乎矣幸後次良中子孫族類中如有
雜談是去乙等持此文告官卞正印
田主故通政金介龍妻李召史 同人左寸
證人女婿保人李聖業 同人左寸
家翁甥侄尹壬山 同人左寸
筆執保人朴乙命

1753년 5월 19일에 故 通政 金介龍의 妻 李召史가 喪人에게 밭을 팔면서 발급한 明文

明文 47

1754년(영조 30), 45.8×52.4

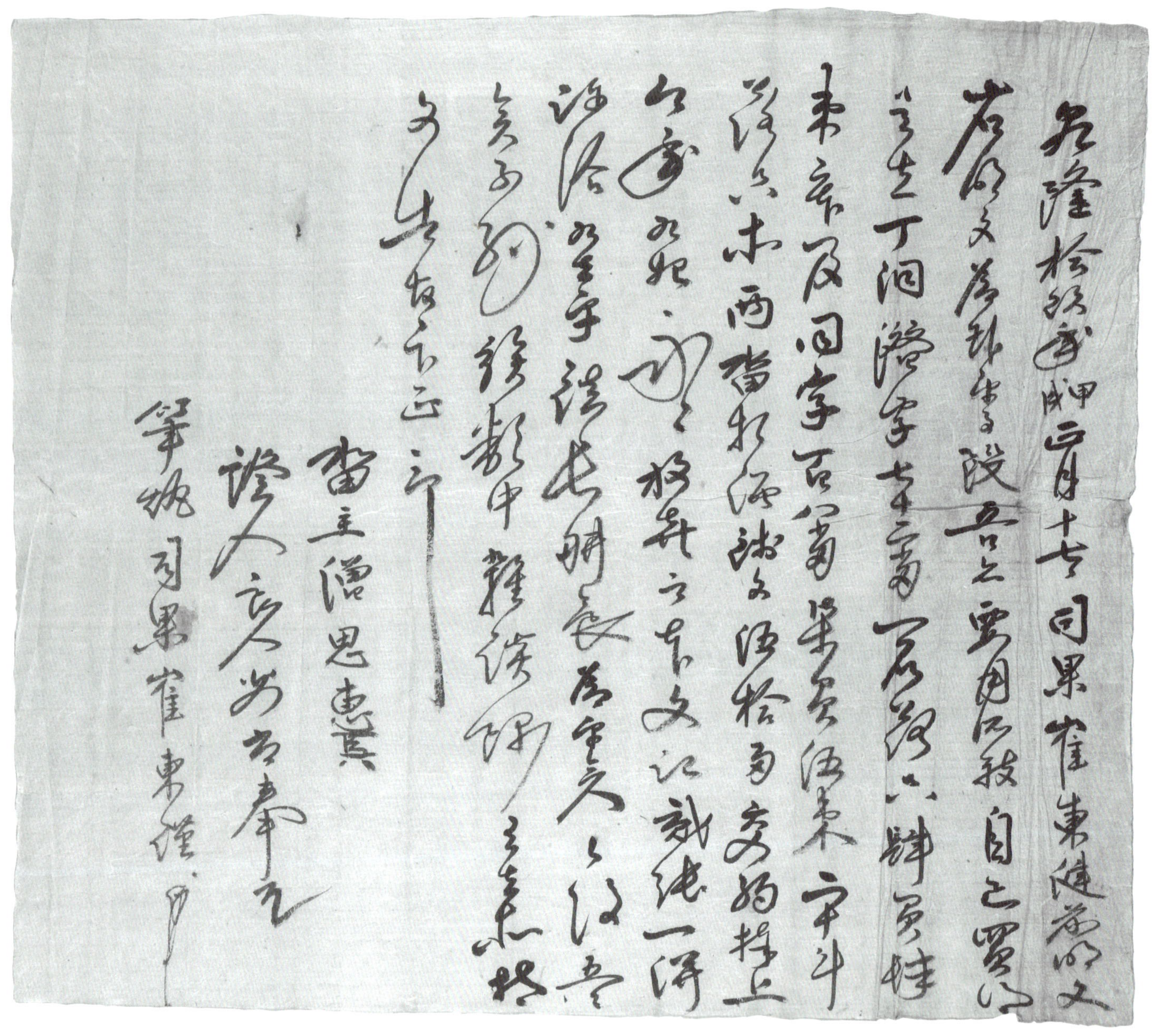

1754년 1월 17일에 僧 思惠가 司果 崔東健에게 논을 팔면서 발급한 明文

明文 48

1754년(영조 30), 53.2×47.2

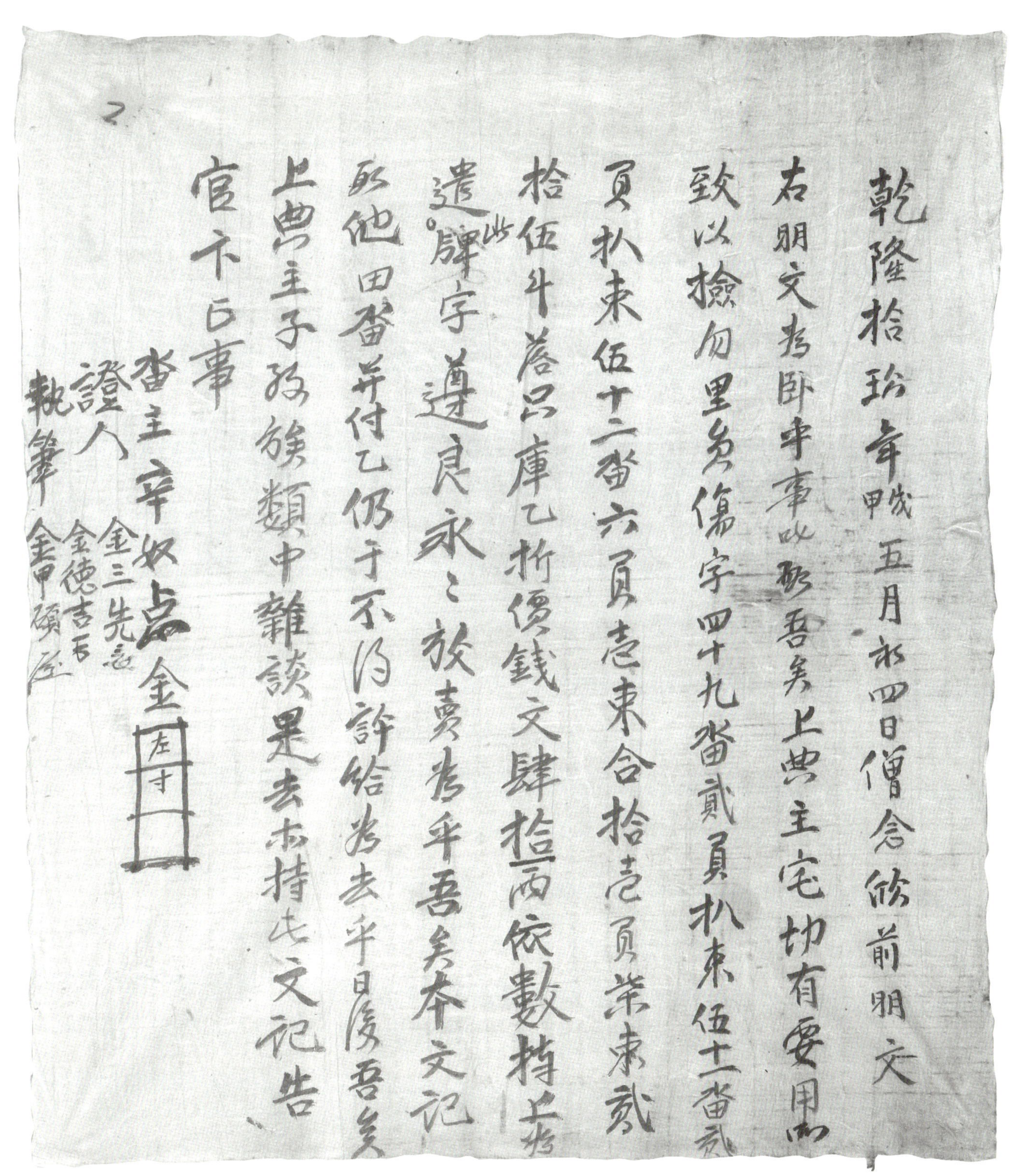

乾隆拾玖年甲戌五月初四日僧念欣前明文

右明文爲臥乎事段吾矣上典主宅切有要用處

致以檢勿里員傷字四十九畓貳負扒束伍十二畓貳

負扒束伍十二畓六負壹束合拾壹負柒束貳

拾伍斗落只庫乙折價錢文肆拾兩依數捧上爲

遣此牌字導良永永放賣爲乎吾矣本文記

段他田畓幷付乙仍于不得許給爲去乎日後吾矣

上典主子孫族類中雜談是去等持此文記告

官卞正事

畓主 辛奴 点金 左寸

證人 金三先 金德吉

執筆 金甲碩

1754년 5월 초4일에 辛哥의 奴 点金이 僧 念欣에게 논을 팔면서 발급한 明文

1754년(영조 30), 56.7×36.4

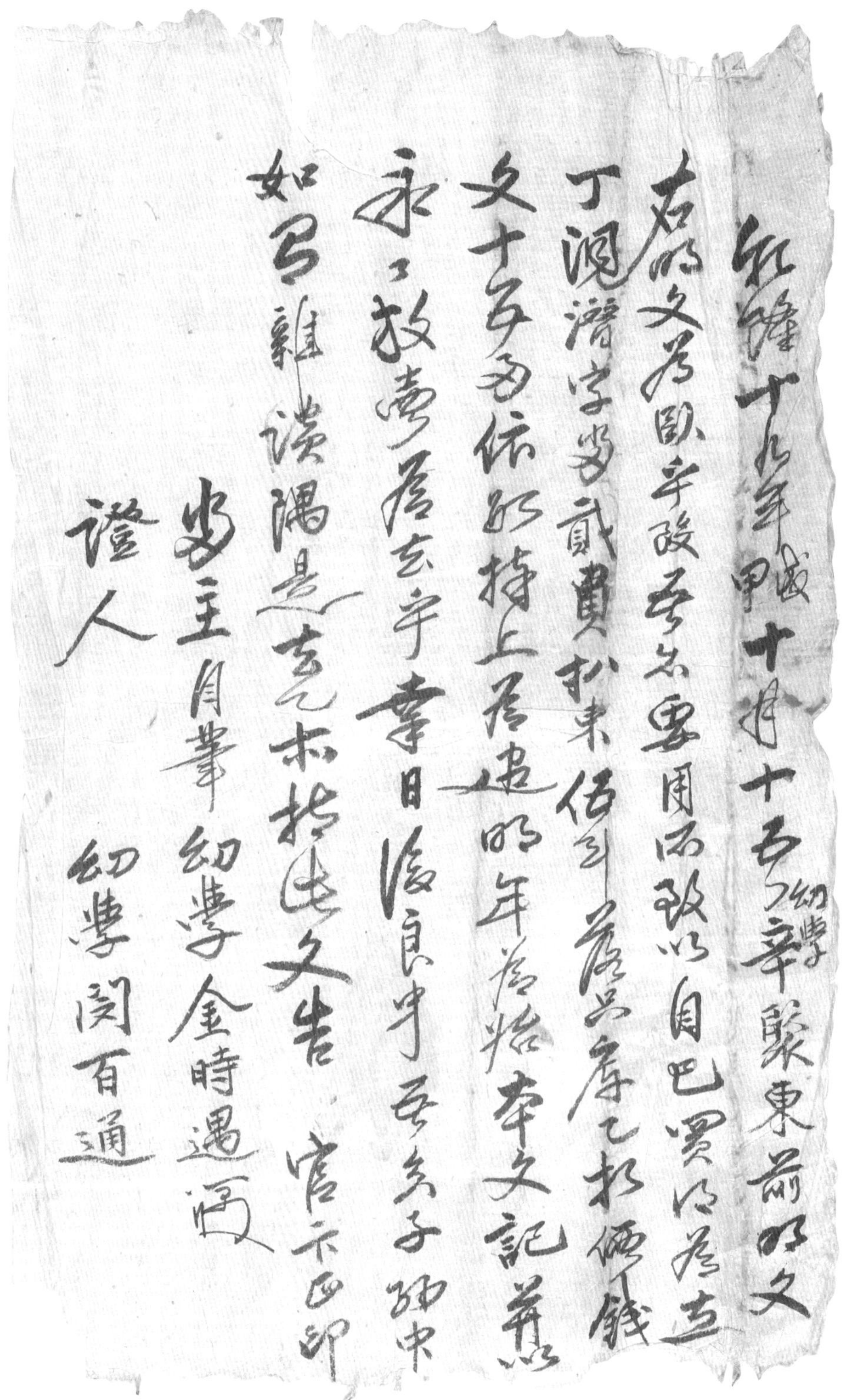

乾隆十九年甲戌十月十五日 幼學辛聚東前明文
右明文爲臥乎事段 要用所致以 自己買得爲在
丁洞潛字畓貳負捌束 伍斗落只庫乙 折價錢
文十五兩依數捧上爲遣 明年爲始 本文記幷以
永永放賣爲去乎 [illegible]日後良中 [illegible]子孫中
如有雜談是去等 持此文告官卞正印
財主自筆 幼學 金時遇
證人 幼學 閔百通

1754년 10월 15일에 유학 金時遇가 유학 辛聚東에게 논을 팔면서 발급한 明文

明文 50

1756년(영조 32), 73.5×43.7

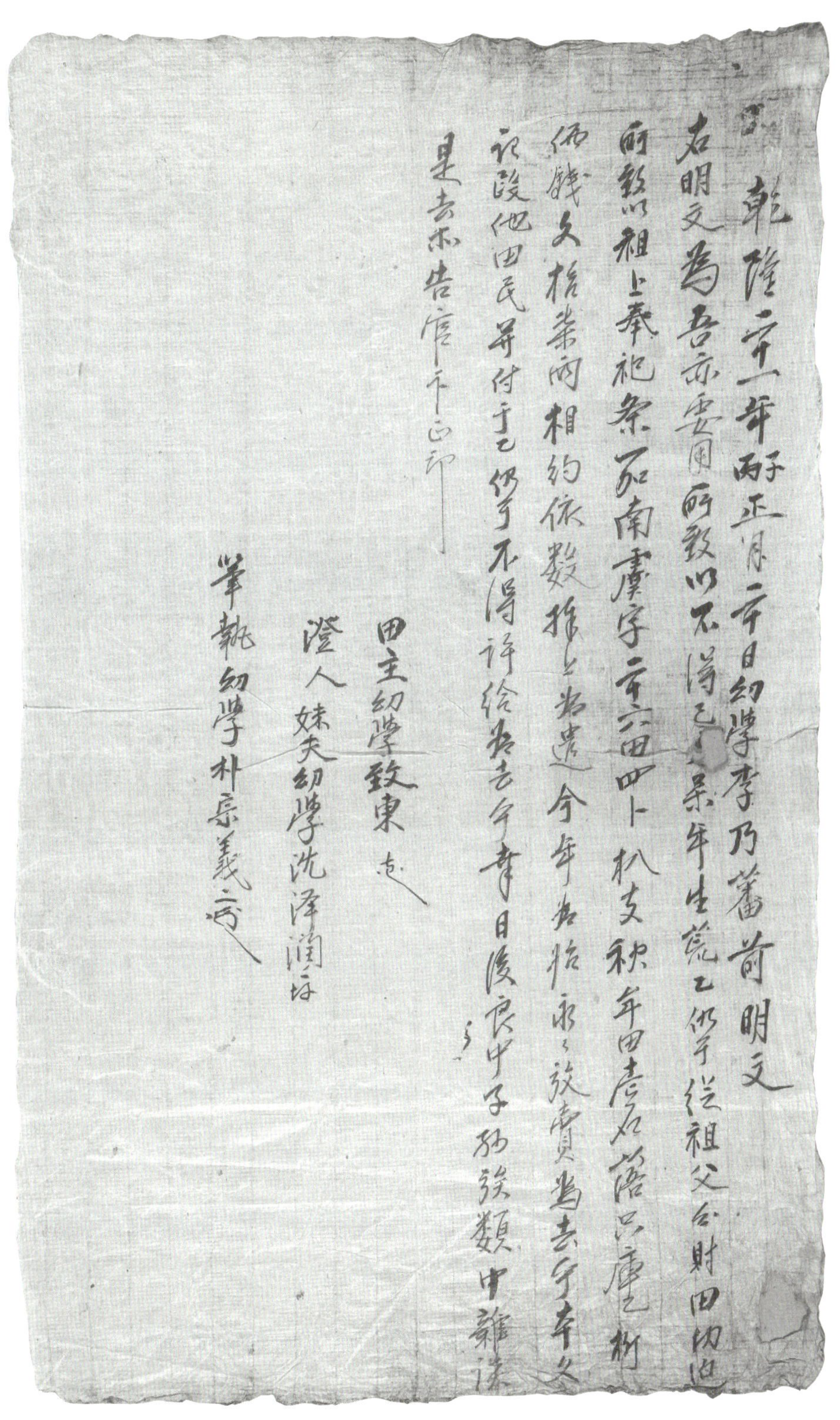

乾隆二十一年丙子正月二十日幼學李乃蕃前明文

右明文爲吾亦要用所致以不得已[illegible]某年生[illegible]從祖父分財田[illegible]

所致以祖上奉祀祭[illegible]南[illegible]字二十六田四卜捌束秋耕田壹石落只[illegible]

価錢文折米兩相約依數捧上[illegible]今年爲始永永放賣爲去乎本文

記段他田畓并付于乙仍于不得許給爲去乎[illegible]日後良中子孫族類中雜談

是去乃告官卞正印

田主幼學致東

證人妹夫幼學沈澤潤

筆執幼學朴宗義

1756년 1월 20일에 유학 致東이 유학 李乃蕃에게 밭을 팔면서 발급한 明文

1756년(영조 32), 52×33.7

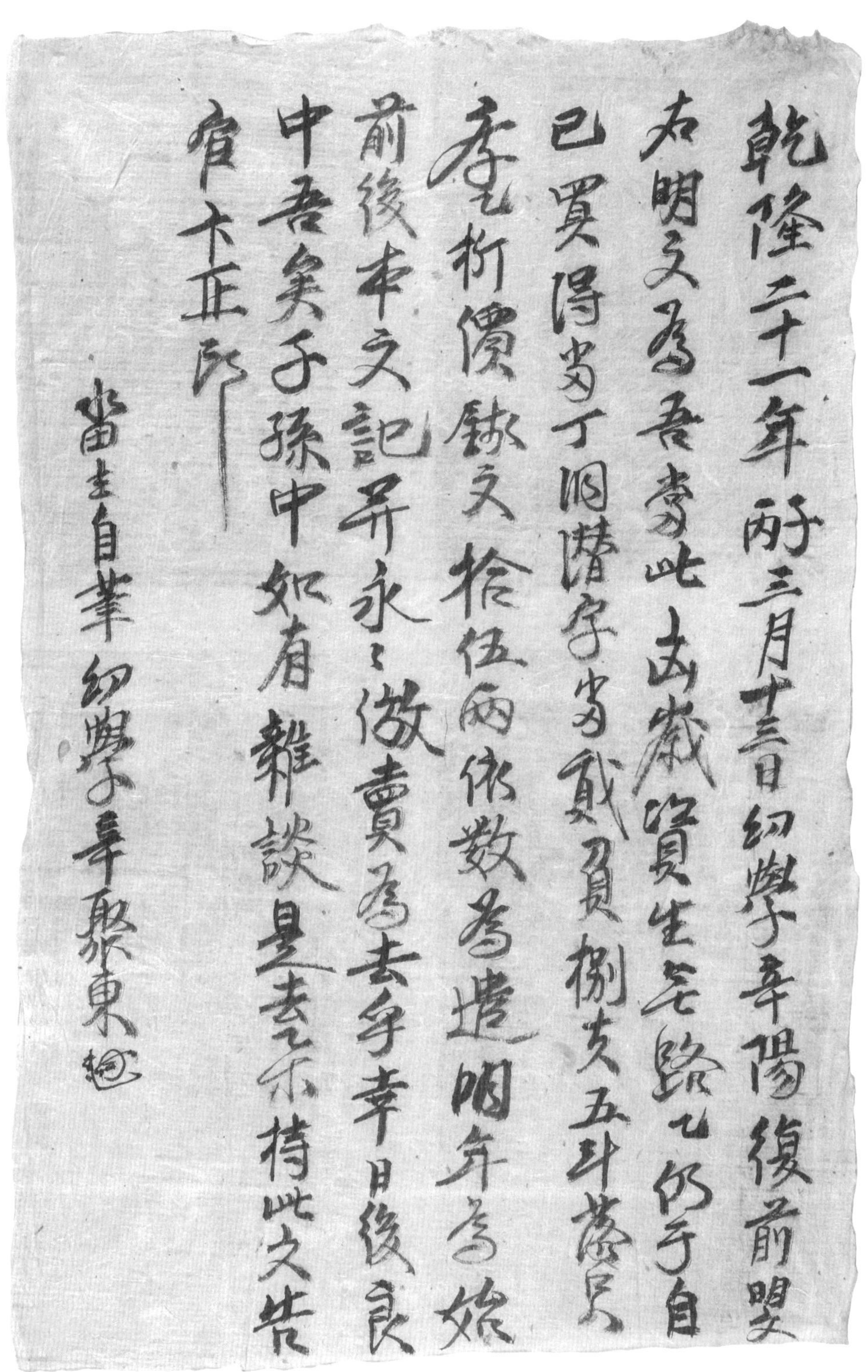
乾隆二十一年丙子三月十三日幼學辛陽復前明文
右明文爲臥乎此去歲資生無路乙仍于自
己買得畓丁洞階字畓貳負捌束五斗落只
庫乙折價錢文拾伍兩依數爲遣明年爲始
前後本文記并永永放賣爲去乎辛日後良
中吾矣子孫中如有雜談是去乙等持此文告
官卞正事

畓主自筆 幼學辛聚東 (着名)

1756년 3월 13일에 유학 辛聚同이 유학 辛陽復에게 논을 팔면서 발급한 明文

明文 52

1756년(영조 32), 74.1×46

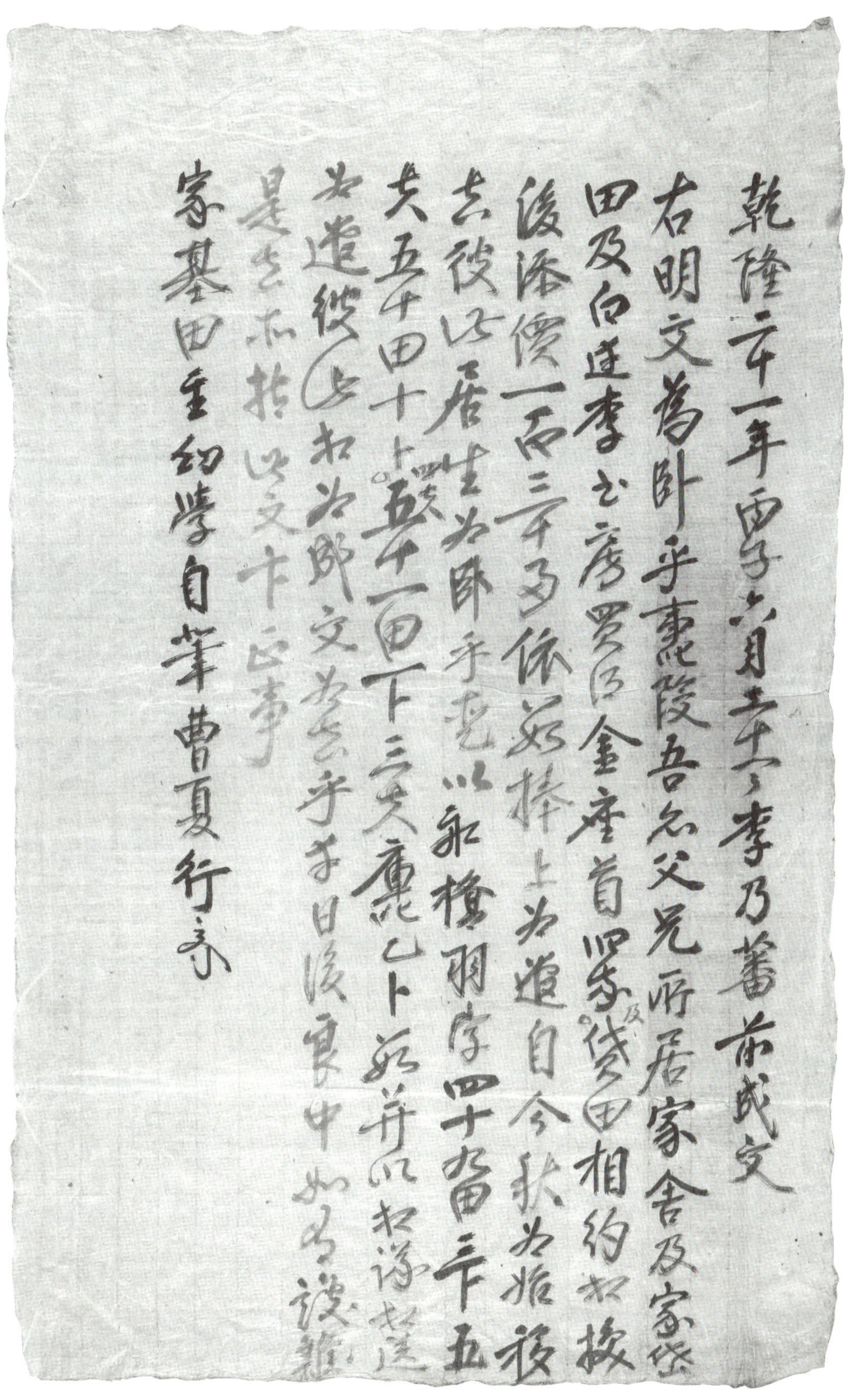

1756년 6월 21일에 家基田主 유학 曺夏行이 李乃蕃에게 가사와 家垈田을 팔면서 발급한 明文

明文 53

1756년(영조 32), 52.2×34.3

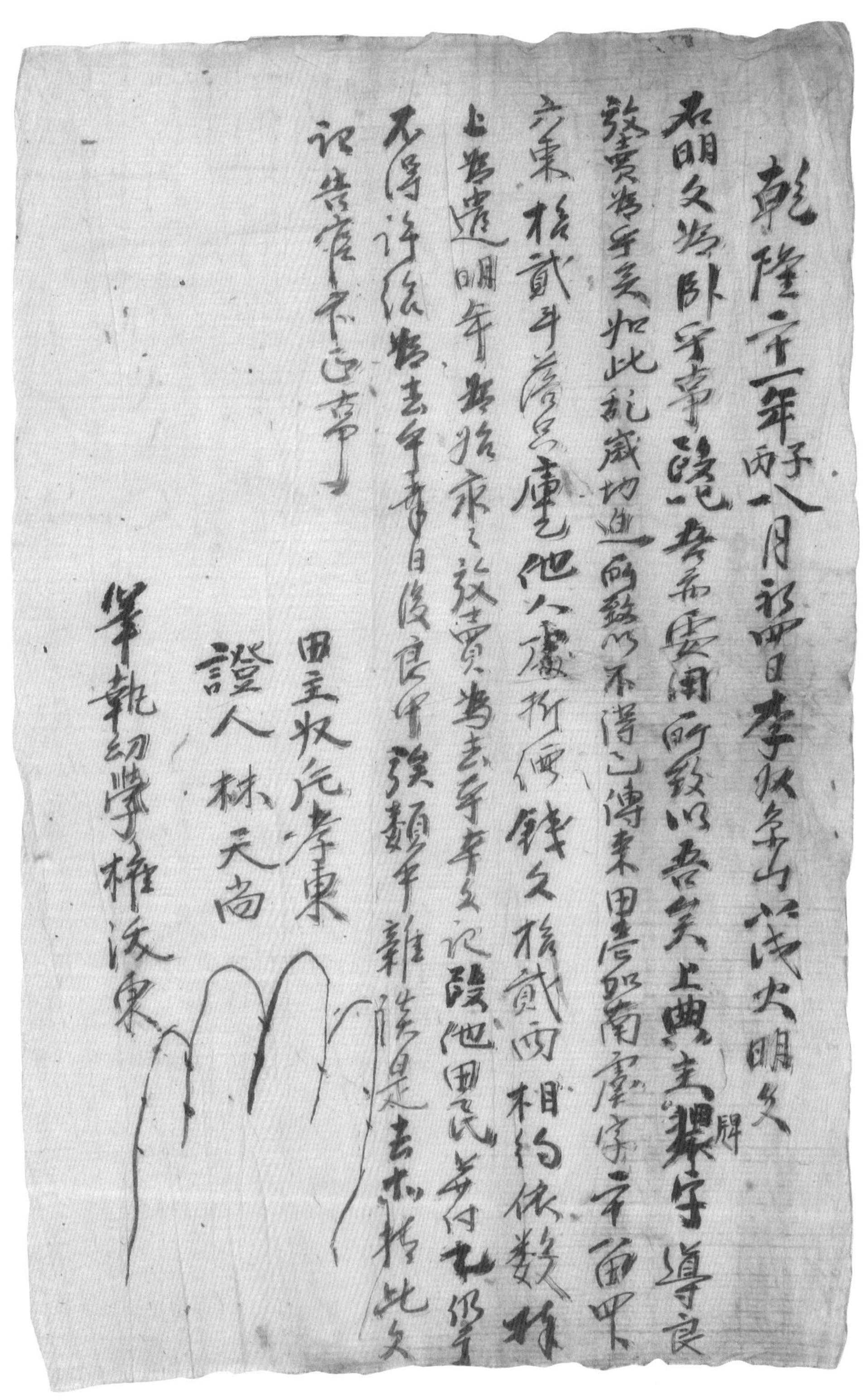

1756년 8월 초4일에 奴 片孝東이 李哥의 奴 京山에게 밭을 팔면서 발급한 明文

明文 54

1756년(영조 32), 52.9×33.4

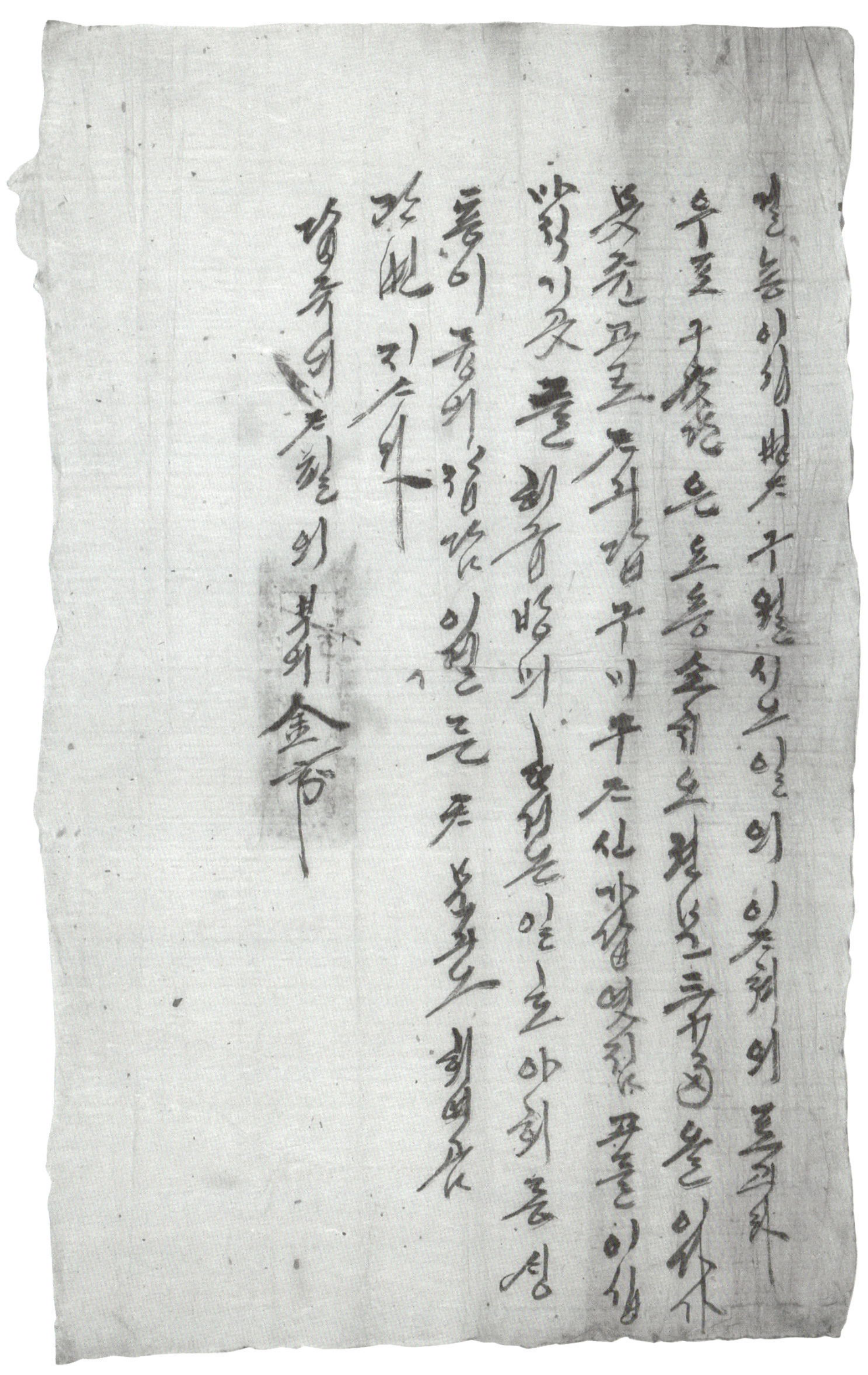

1756년 9월 15일에 金이 이자쳐에게 논을 팔면서 발급한 한글 明文

明文 55

1756년(영조 32), 52.6×35.2

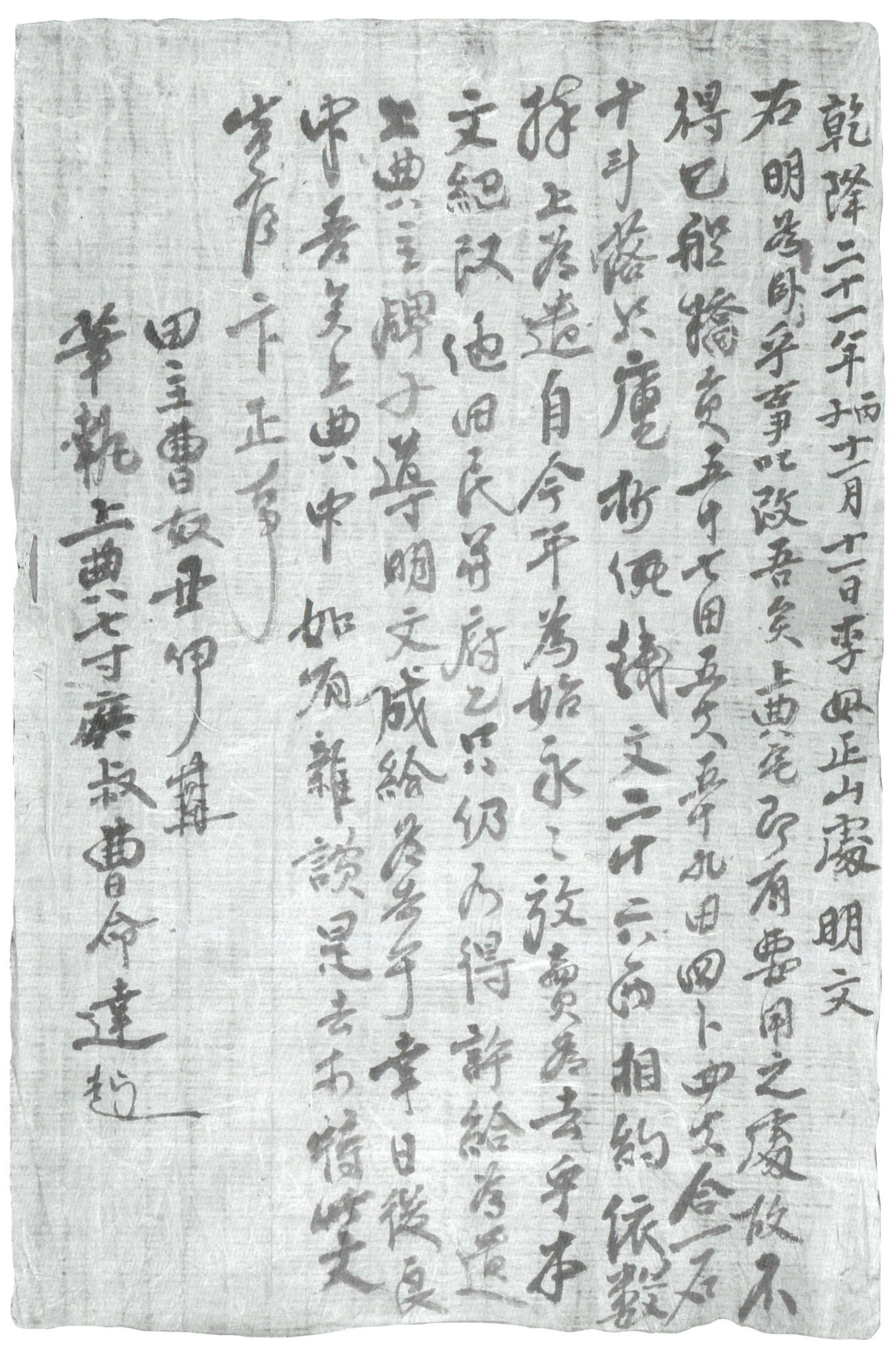

乾隆二十一年丙子十一月十一日李奴正山處明文
右明文爲臥乎事叱段吾矣上典宅所有要用之處故不
得已船橋員字十七田五負五束九田四卜四束合一石
十斗落只庫折價錢文二十六兩相約依數
捧上爲遣自今年爲始永永放賣爲去乎本
文紀段他田畓並付乙仍于不得許給爲遣
上典主牌子導明文成給爲去乎日後良
中若上典中如有雜談是去等將此
告官卞正事
田主 曹奴丑伊 手寸
筆執 上典七寸族叔曹命達 手寸

1756년 11월 11일에 曺哥의 奴 丑伊가 李哥의 奴 正山에게 밭을 팔면서 발급한 明文

明文 56

1756년(영조 32), 52.8×34.8

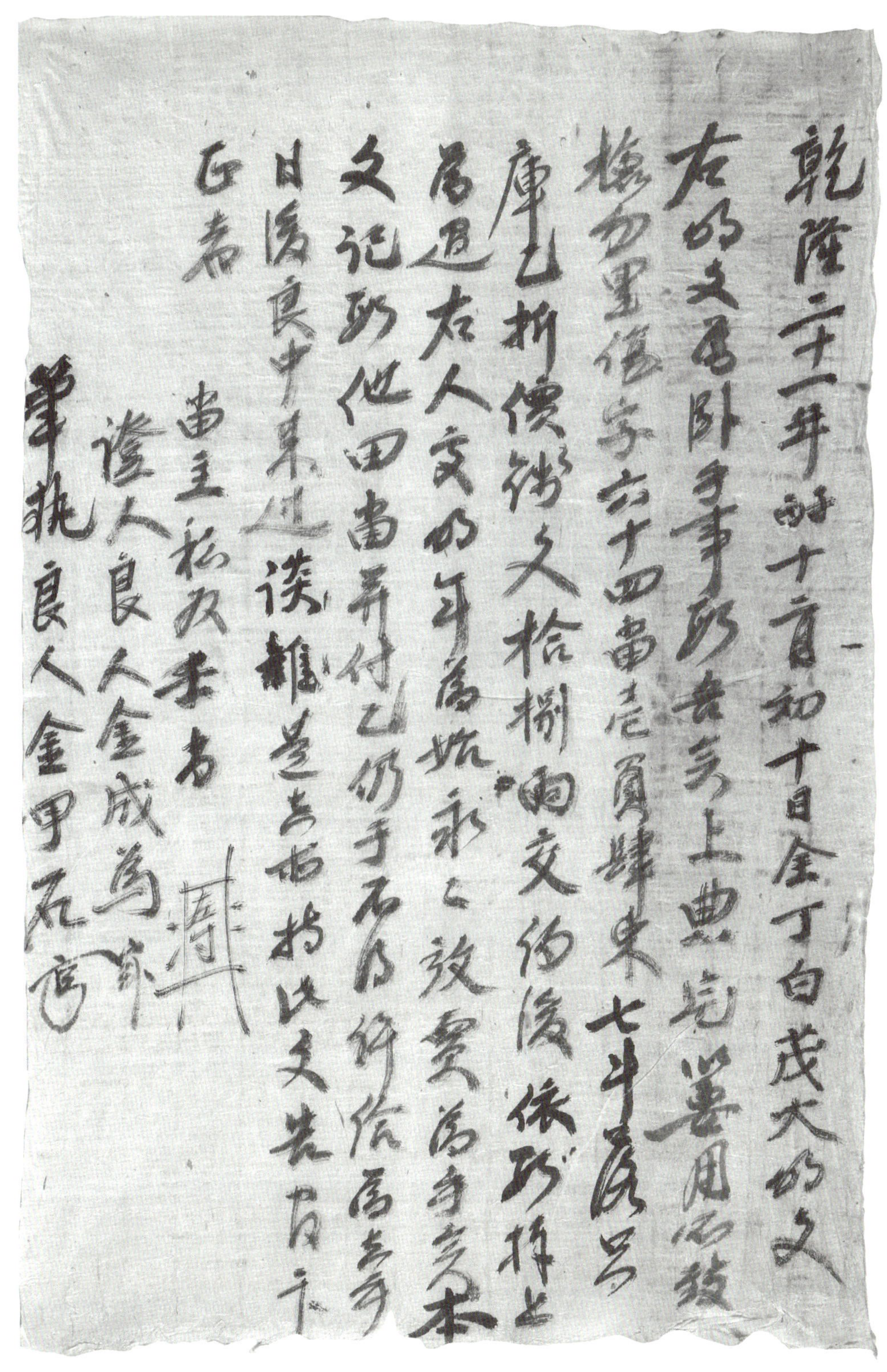

乾隆二十一年丙子十二月初十日金丁白處明文

右明文爲臥乎事段要用所致

檢丹里從字六十四畓壹負肆束七斗落只

庫乙折價錢文拾捌兩交易後依所持上

是遣右人處永永放賣爲乎矣本

文記段他田畓幷付乙仍于不得許給爲去乎

日後良中某乙族類是去等持此文告官卞

正者

畓主 私奴 壬尙

證人 良人 金成萬

筆執 良人 金甲石

1756년 12월 초10일에 私奴 壬尙이 全丁白에게 논을 팔면서 발급한 明文

明文 57

1757년(영조 33), 54.2×34.5

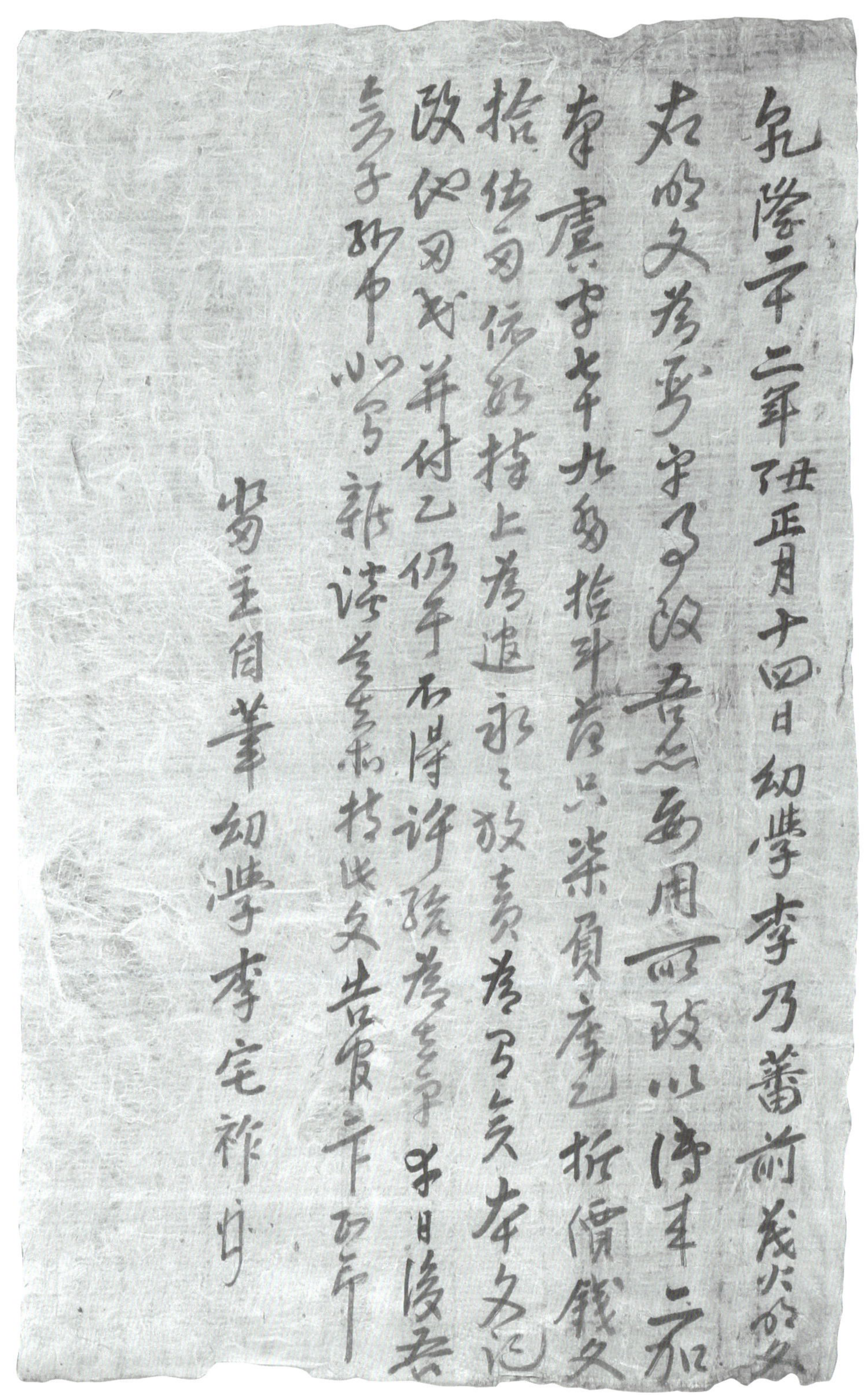

1757년 1월 14일에 유학 李宅祚가 유학 李乃蕃에게 논을 팔면서 발급한 明文

明文 58

1757년(영조 33), 50.6×34.4

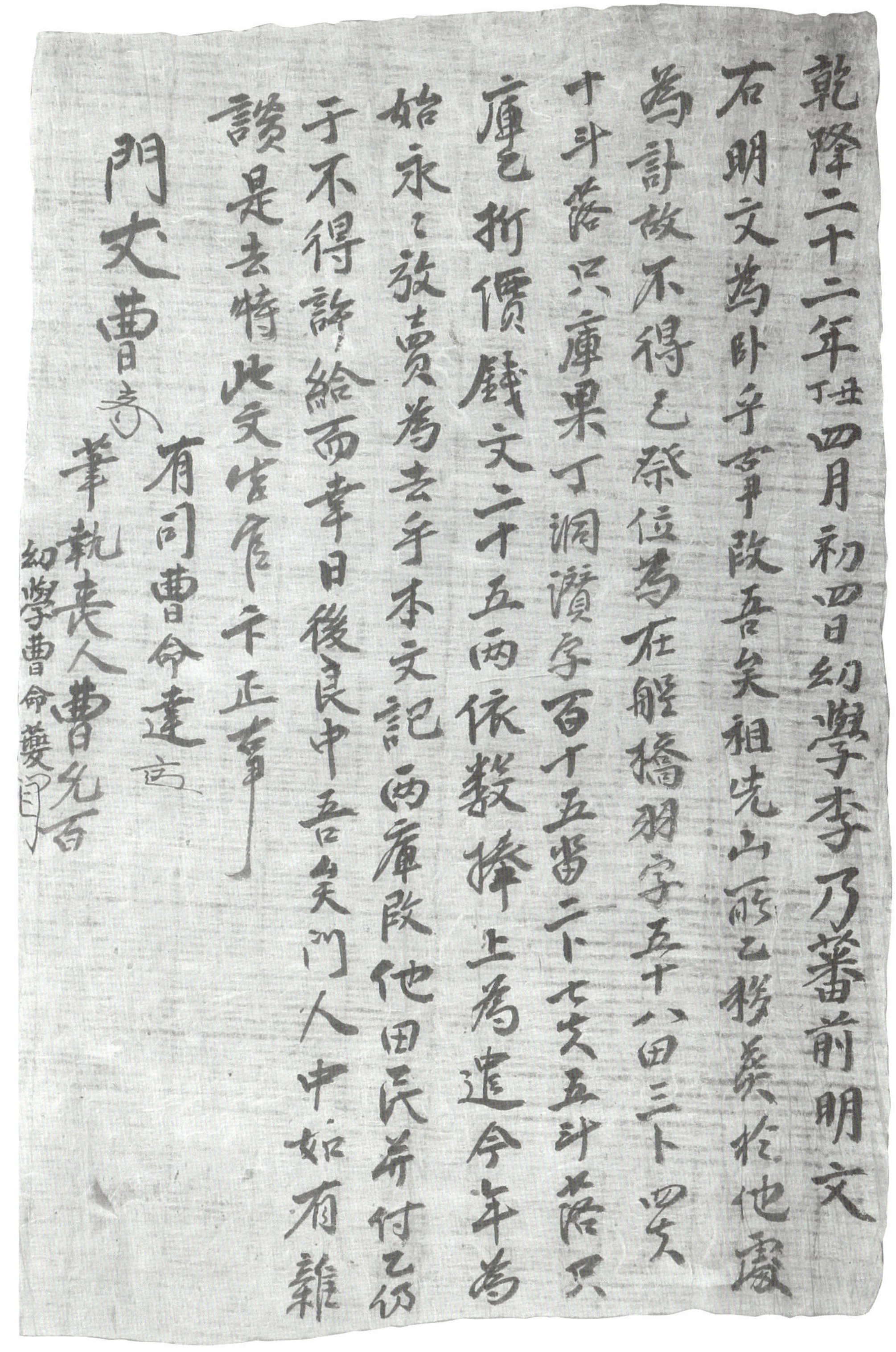
乾隆二十二年丁丑四月初四日幼學李乃蕃前明文

右明文爲卧乎事段吾矣祖先山所乙移窆於他處

爲計故不得已祭位爲在船橋羽字五十八田三卜四束

十斗落只庫果丁洞讚字百十五畓二卜七束五斗落只

庫乙折價錢文二十五兩依數捧上爲遣今年爲

始永ゝ放賣爲去乎本文記兩庫段他田民并付乙仍

于不得許給爲乎矣日後良中吾矣門人中如有雜

談是去等此文告官卞正事

門文曹

有司曹命達

筆執表人曹允百

幼學曹命夔

1757년 4월 초4일에 曺氏 문중에서 유학 李乃蕃에게 전답을 팔면서 발급한 明文

1757년(영조 33), 54.7×34

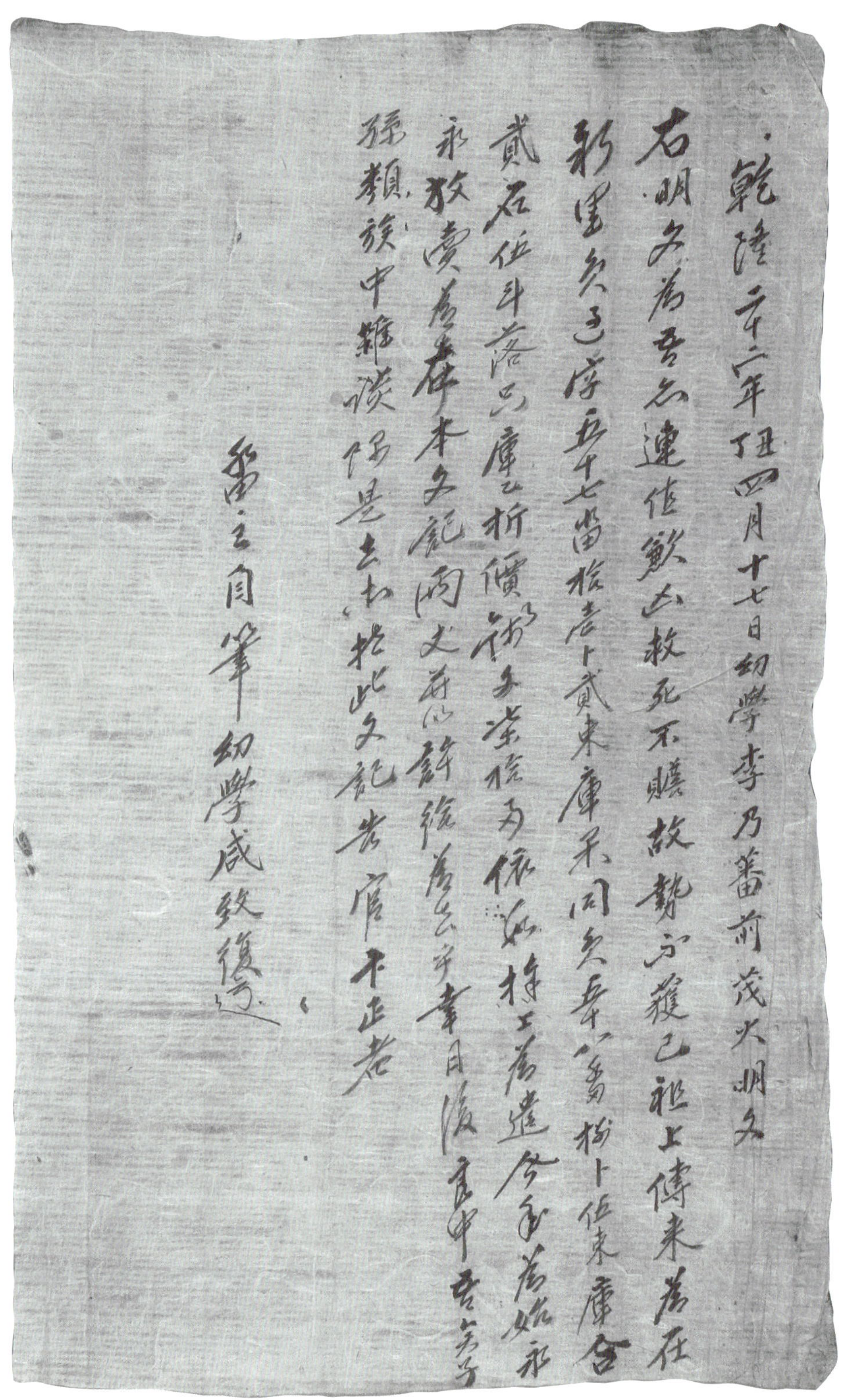

乾隆二十二年丁丑四月十七日幼學李乃蕃前明文

右明文爲吾矣連値歉歲救死不贍故勢不獲已祖上傳來爲在

新里員乙字五十七畓拾壹卜貳束庫果同員五十八畓拾卜伍束庫合

貳拾伍斗落只庫乙折價錢文柒拾兩依數捧上爲遣今爲始永

永放賣爲遣本文記兩丈幷以許給爲去乎日後良中吾矣子

孫類族中雜談爲是去等持此文記告官卞正者

畓主自筆幼學咸致復

1757년 4월 17일에 유학 咸致復이 유학 李乃蕃에게 논을 팔면서 발급한 明文

明文 60

1757년(영조 33), 48.2×44.4

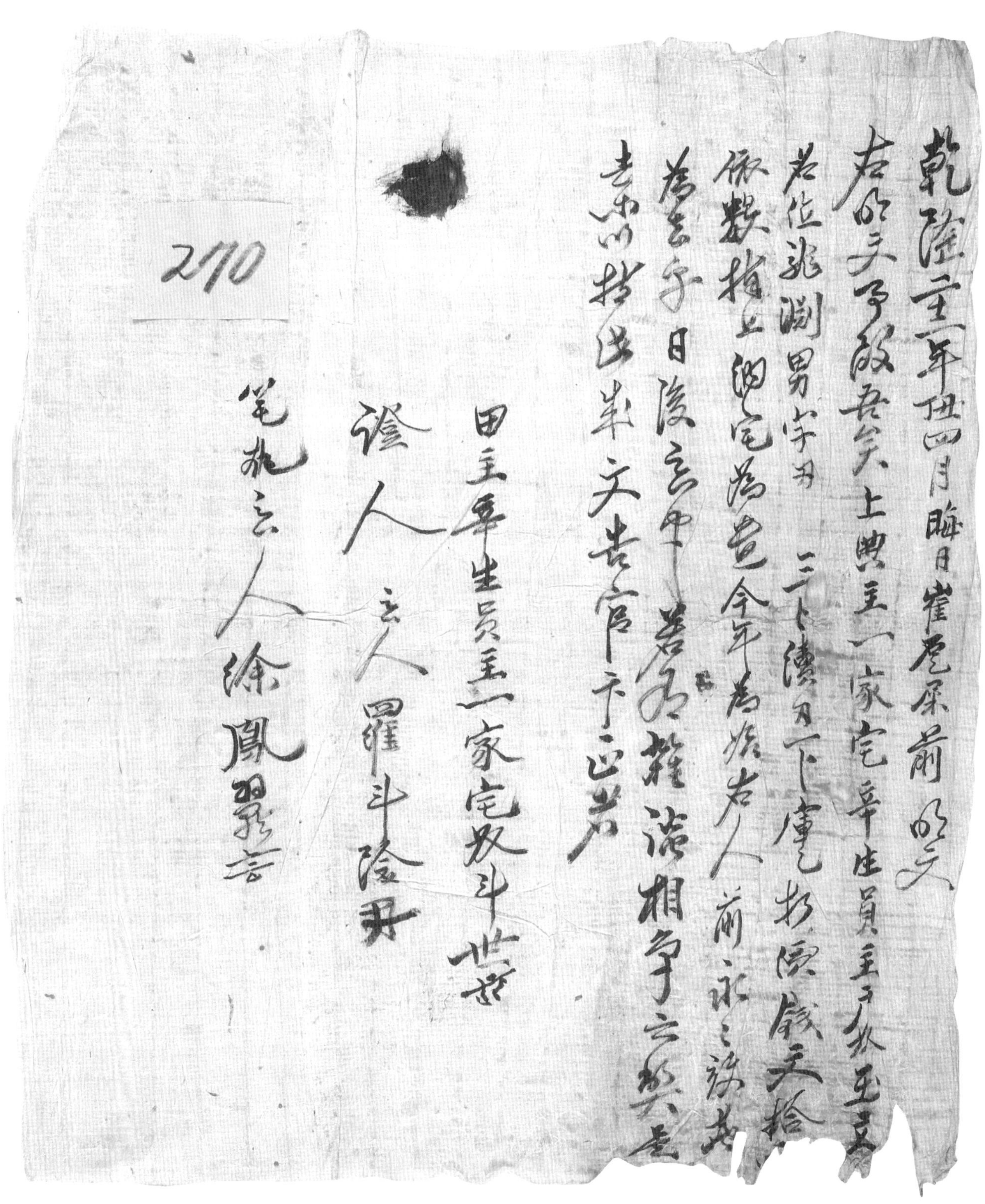

1757년 4월 그믐에 辛生員 一家宅의 奴 斗世가 崔乬屎에게 밭을 팔면서 발급한 明文

明文 61

1757년(영조 33), 56.5×44.5

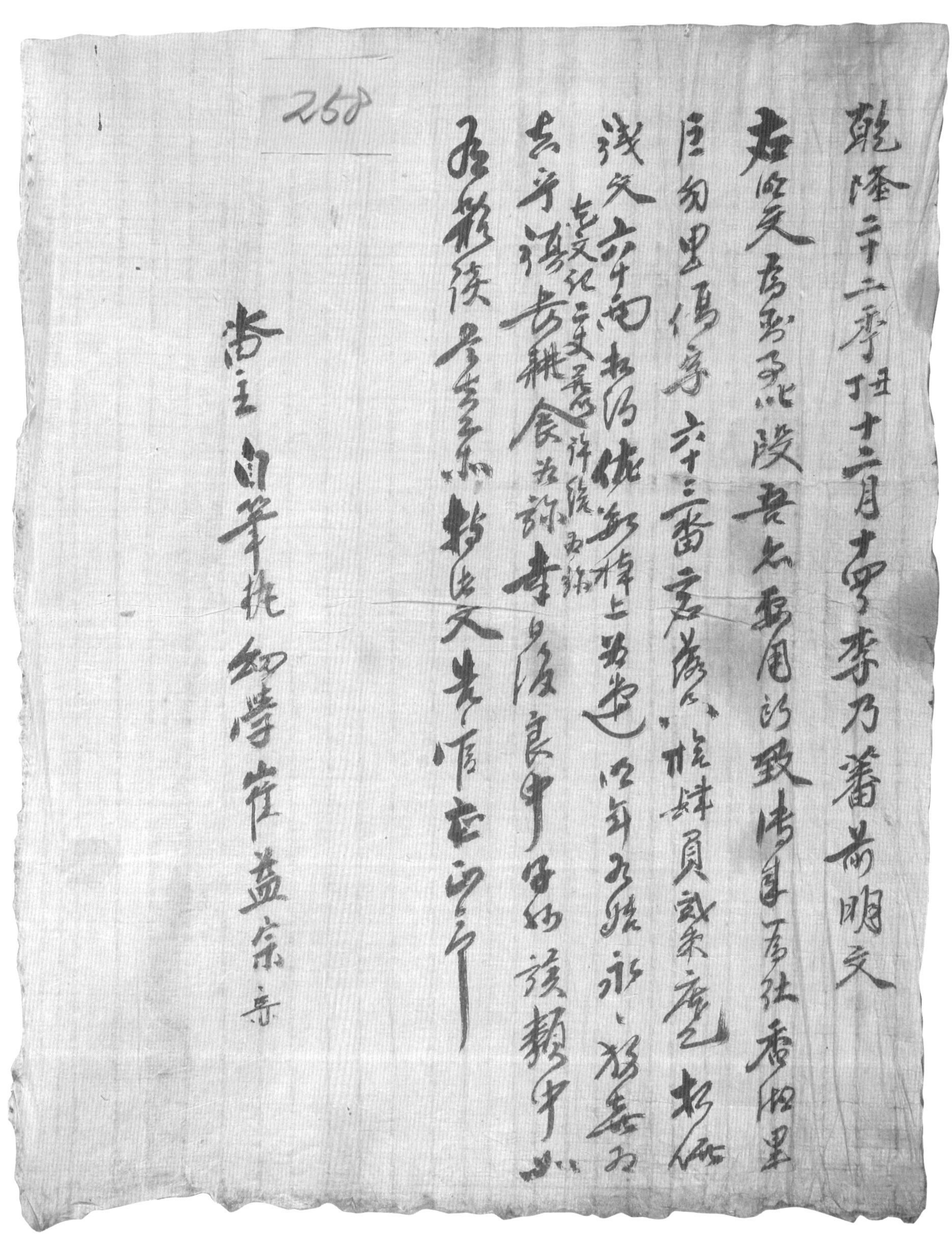

1757년 12월 14일에 유학 崔益宗이 유학 李乃蕃에게 논을 팔면서 발급한 明文

明文 62

1758년(영조 34), 53.5×34.3

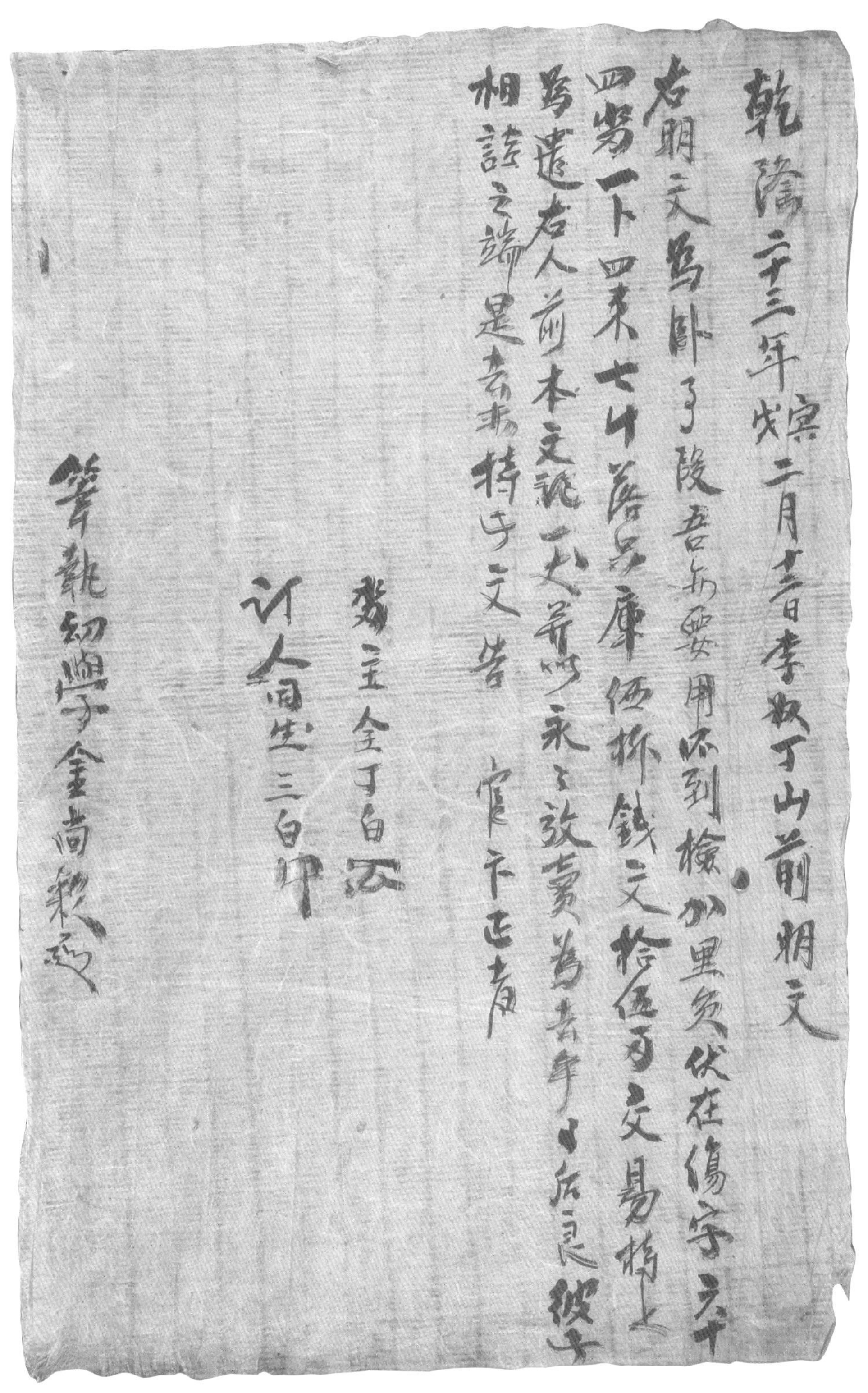

乾隆二十三年戊寅二月十二日李奴丁山前明文
右明文爲臥乎段吾矣要用所致以檢加里員伏在傷字六十
四畓一下四束七卜落只庫價折錢文拾伍兩文易捧上
爲遣右人前本文記一丈并以永永放賣爲去乎日后良中
相訟之端是去等持此文告官卞正者

畓主 全丁白

訂人 同生 三白

筆執 幼學 金尚秋

1758년 2월 12일에 全丁白이 李哥의 奴 丁山에게 논을 팔면서 발급한 明文

明文 63

1758년(영조 34), 54.7×33.7

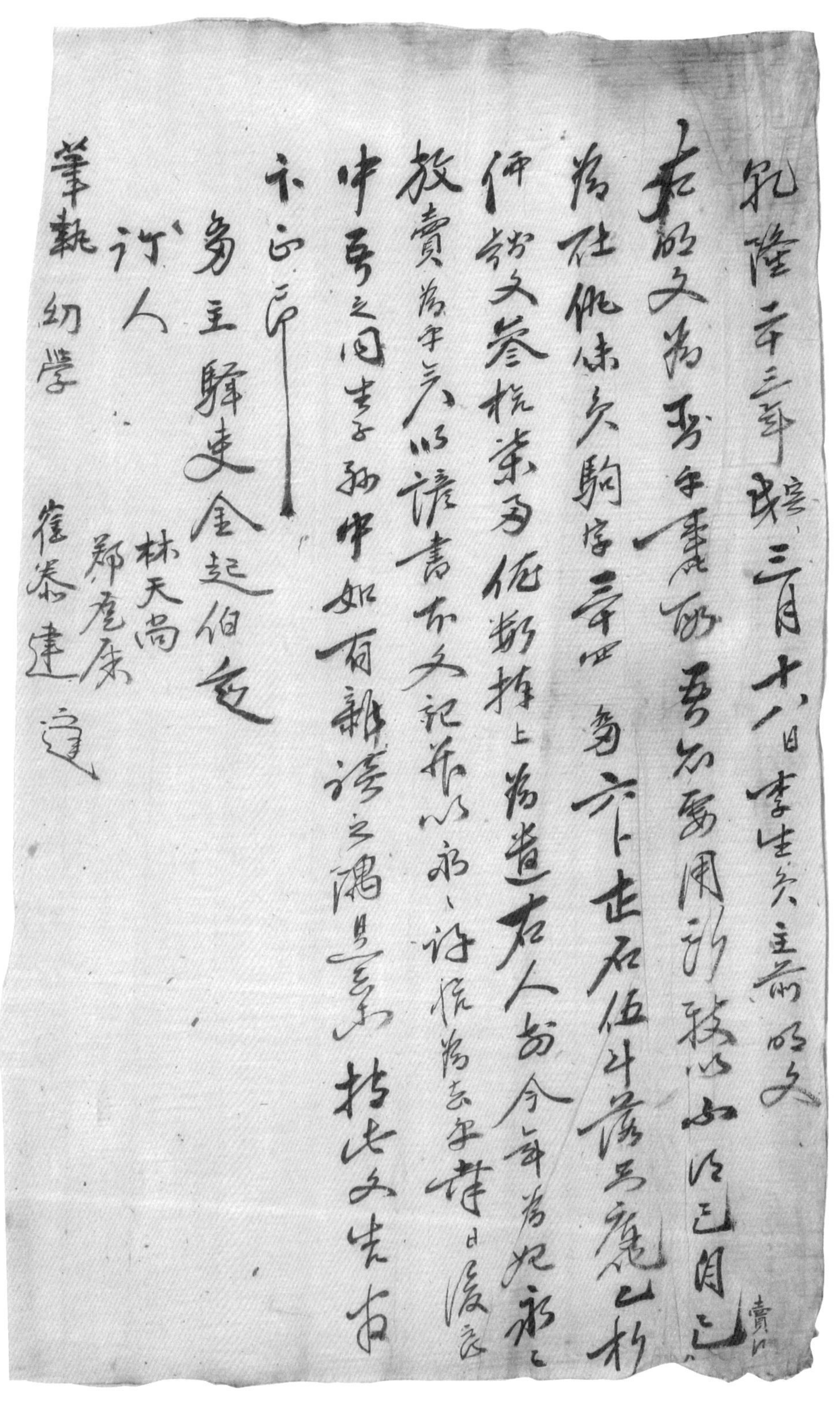

1758년 3월 18일에 驛吏 金起伯이 李生員에게 논을 팔면서 발급한 明文

明文 64

1758년(영조 34), 52.9×32.2

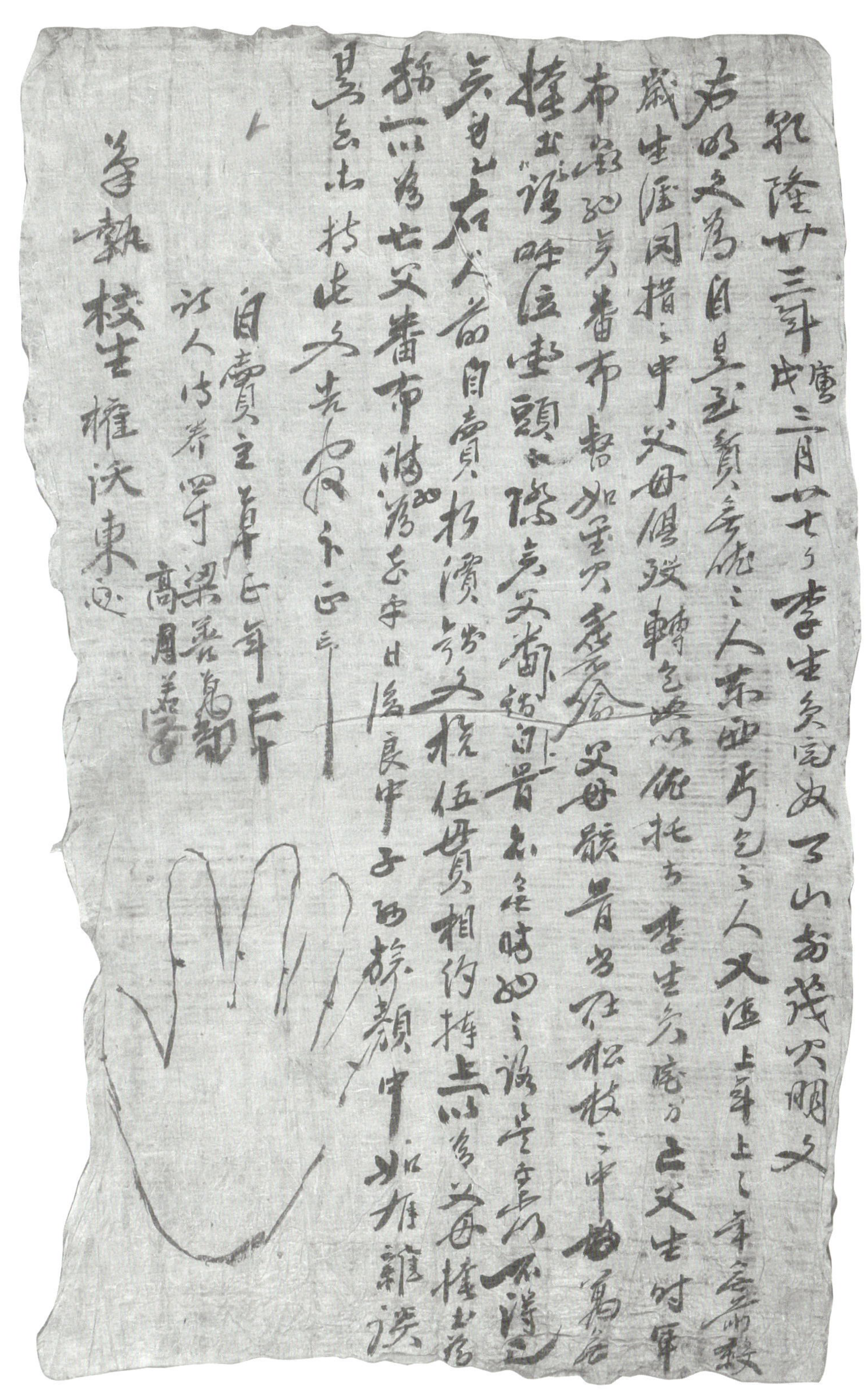

1758년 3월 27일에 自賣主 草正이 李生員 宅 奴 丁山에게 스스로를 팔면서 발급한 明文

明文 65

1758년(영조 34), 49.1×44.3

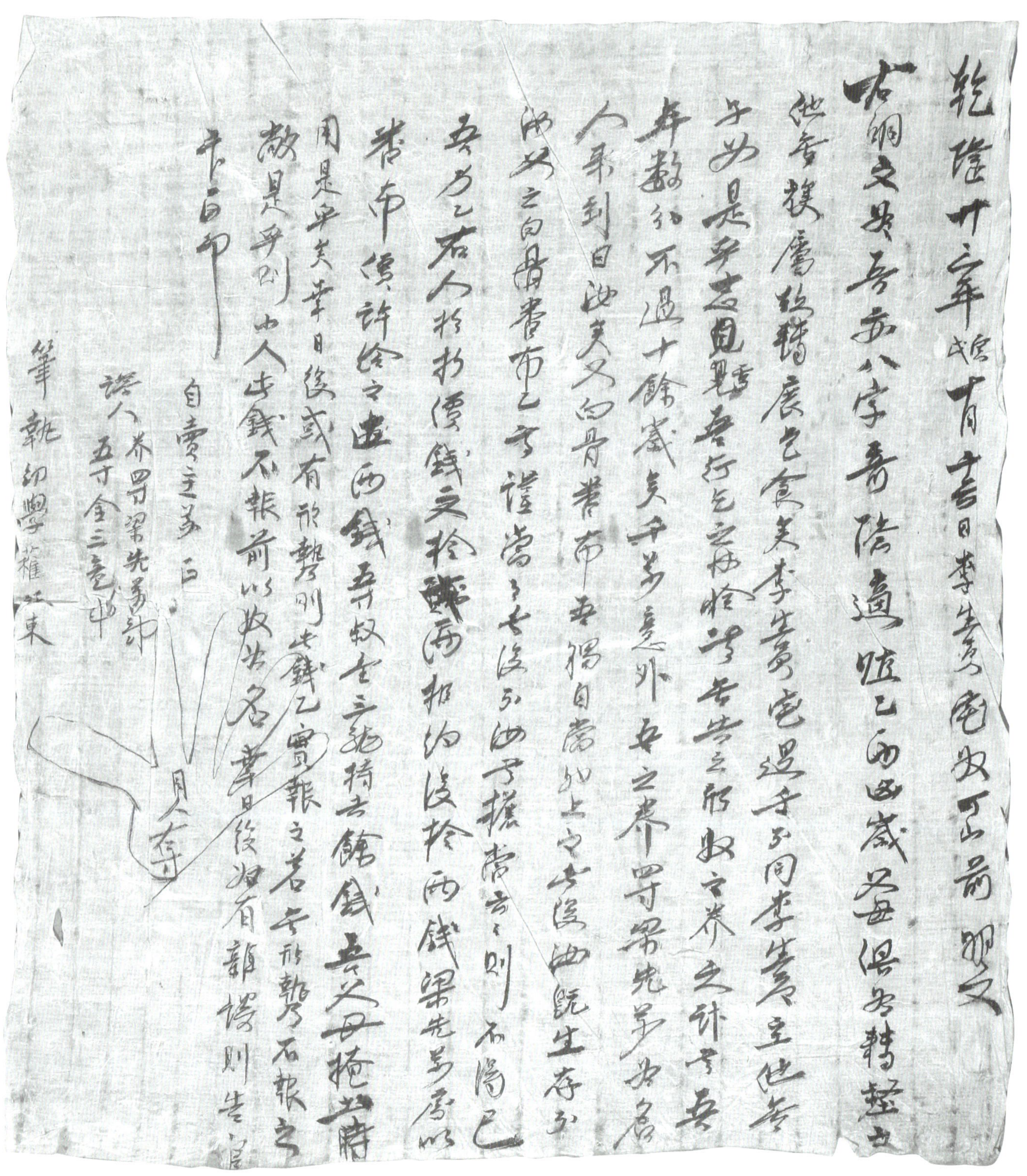

1758년 10월 16일에 自賣主 草正이 李生員 宅 奴 丁山에게 스스로를 팔면서 발급한 明文

明文 66

1758년(영조 34), 51.9×32.5

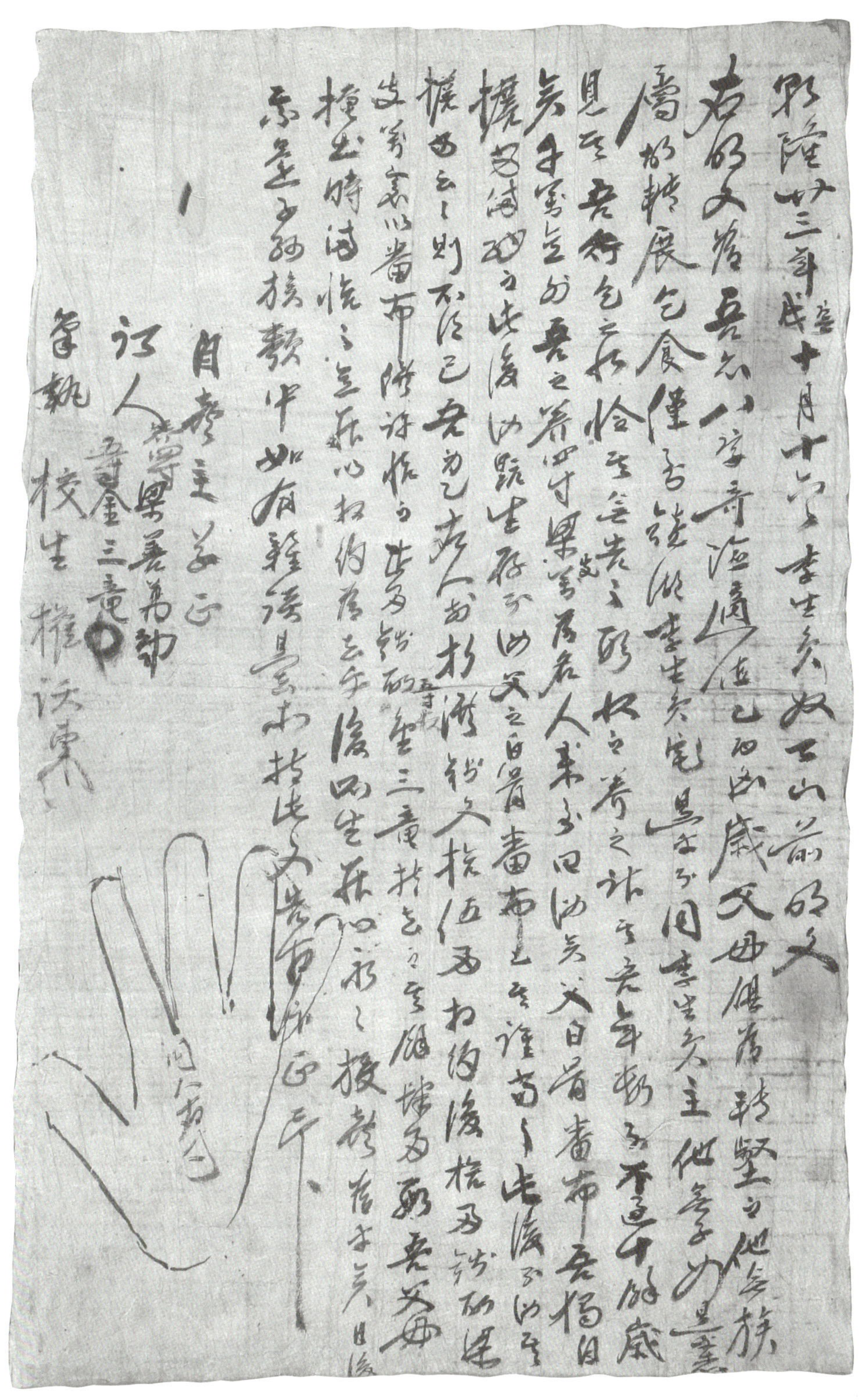

1758년 10월 16일에 自賣主 草正이 李生員 宅 奴 丁山에게 스스로를 팔면서 발급한 明文

1758년(영조 34), 52.6×33.8

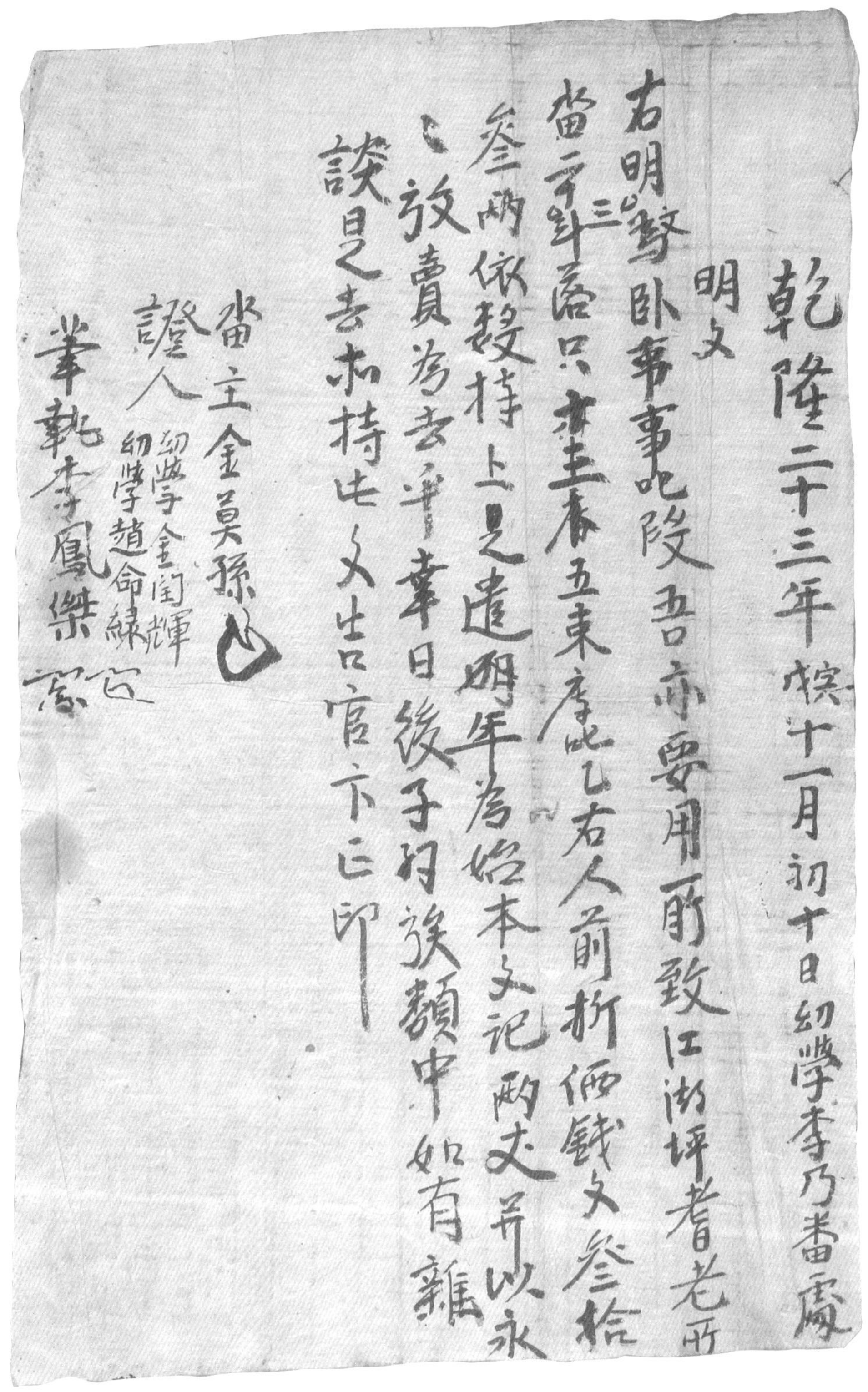

乾隆二十三年戊寅十一月初十日幼學李乃蕃處
明文
右明文事段吾亦要用所致江洲坪畓老所
畓二斗三升落只本主春五束庫乙右人前折價錢文叁拾
叁兩依數捧上是遣明年爲始本文記兩丈并以永
〻放賣爲去乎幸日後子孫族類中如有雜
談是去等持此文告官卞正事
畓主 金莫孫
證人 幼學金閏輝 幼學趙命綠
筆執 李鳳樂

1758년 11월 초10일에 金莫孫이 유학 李乃蕃에게 논을 팔면서 발급한 明文

明文 68

1759년(영조 35), 58.2×44.7

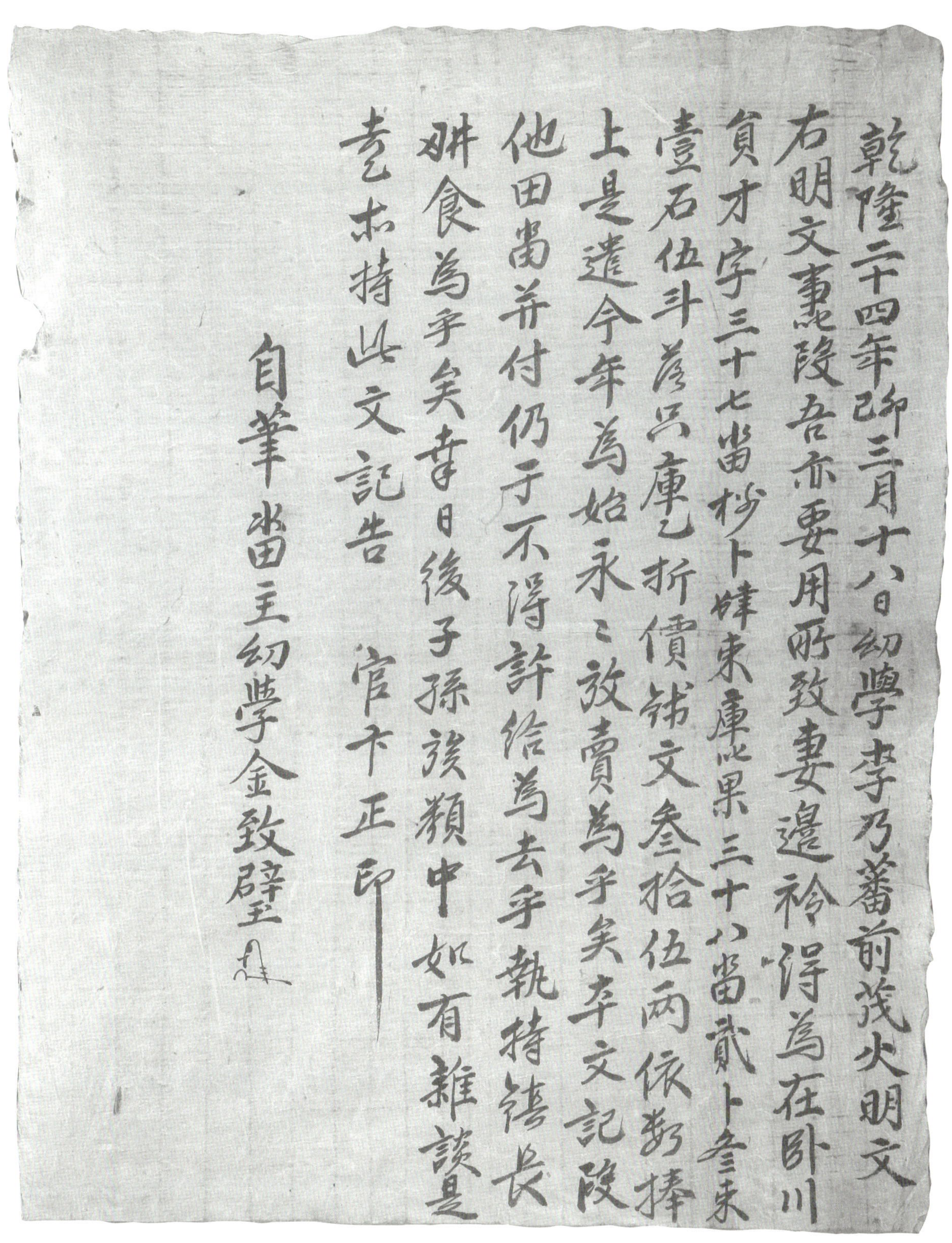

乾隆二十四年己卯三月十八日 幼學李乃蕃前明文
右明文事段 吾亦要用所致 妻邊衿得爲在臥川
員才字三十七畓拾卜肆束庫乙果 三十八畓貳卜叁束
壹石伍斗落只庫乙 折價錢文叁拾伍兩依數捧
上是遣 今年爲始 永永放賣爲乎矣 本文記段
他田畓幷付乙仍于不得許給爲去乎 執持鎭長
耕食爲乎矣 去等日後子孫族類中 如有雜談是
去等 持此文記告 官卞正事
自筆畓主幼學金致璧

1759년 3월 18일에 유학 金致璧이 유학 李乃蕃에게 논을 팔면서 발급한 明文

1759년(영조 35), 54.5×35.1

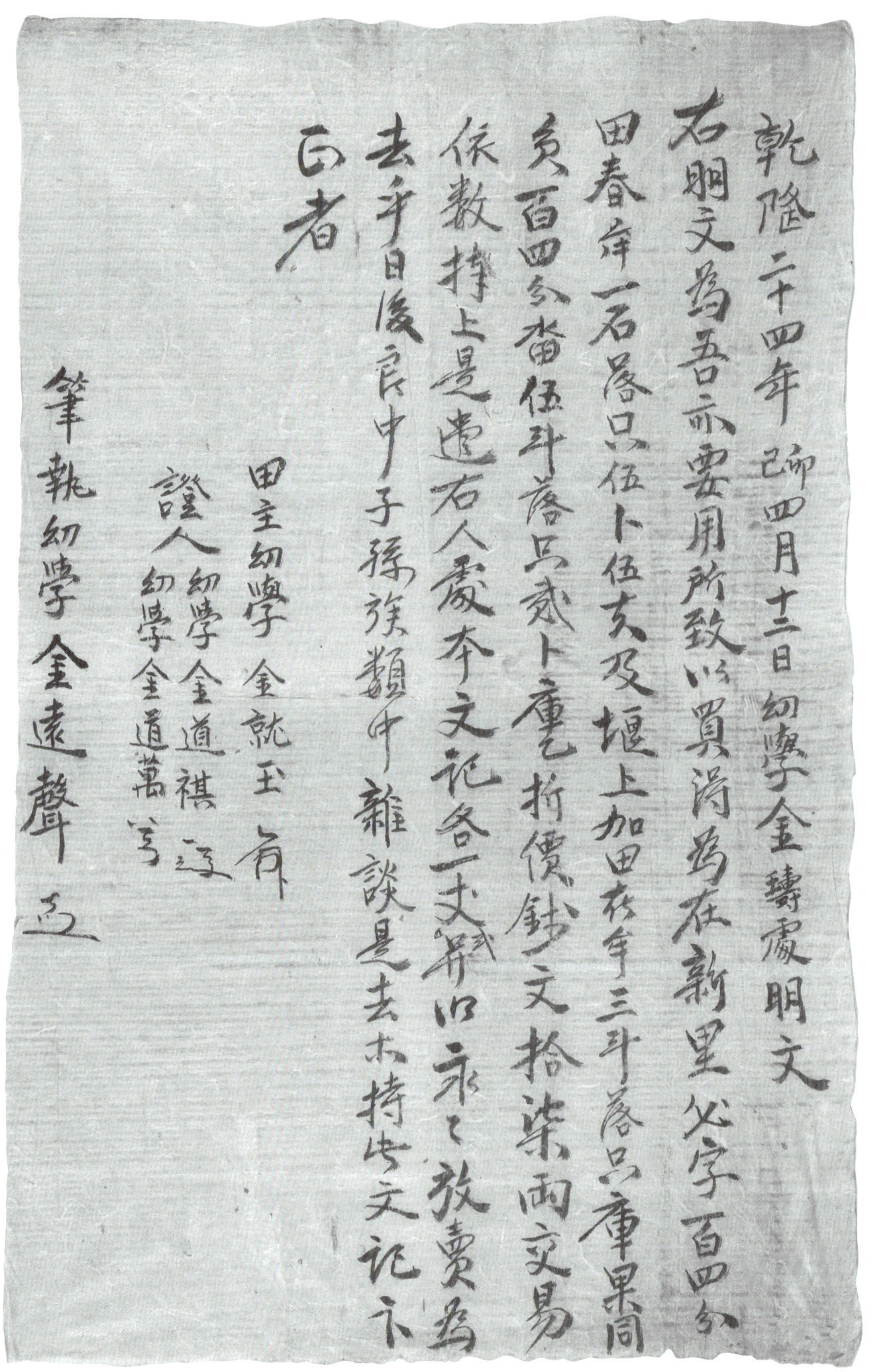

乾隆二十四年己卯四月十二日幼學金鑄處明文

右明文爲吾亦要用所致以買得爲在新里父字百四分田春牟一石落只伍卜伍束及堰上加田秋牟三斗落只庫果同負百四分畓伍斗落只貳卜庫乙折價錢文拾柒兩交易依數捧上是遣右人處本文記各一丈幷以永永放賣爲去乎日後良中子孫族類中雜談是去等持此文記卞正者

田主幼學 金就玉

證人 幼學金道祺

幼學金道萬

筆執幼學 金遠聲

1759년 4월 12일에 유학 金就玉이 유학 金鑄에게 전답을 팔면서 발급한 明文

明文 70

1759년(영조 35), 54×33.9

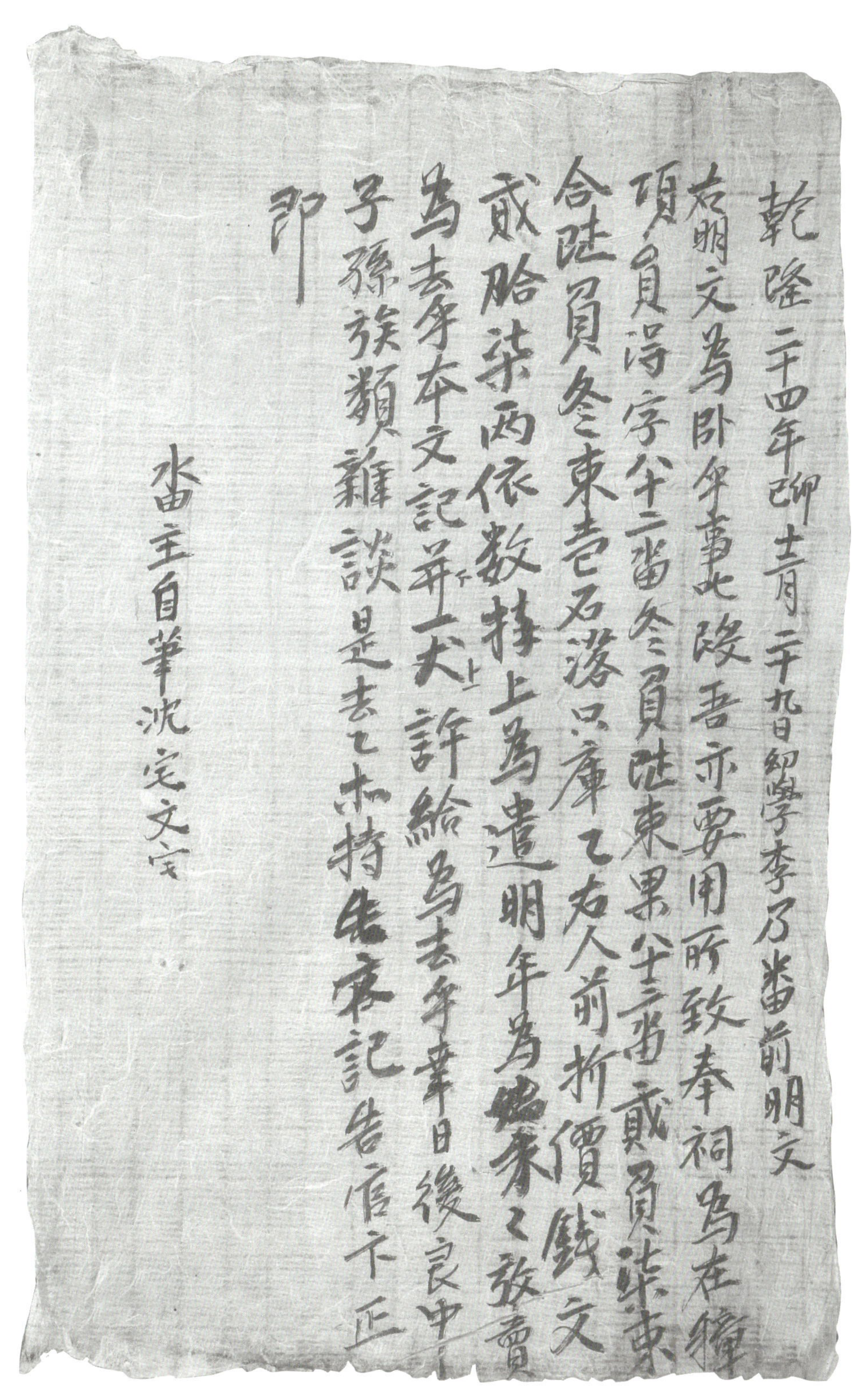

乾隆二十四年己卯十二月二十九日幼學李乃蓄前明文

右明文爲臥乎事叱段吾亦要用所致奉祀爲在位

項負得字第十二畓參負陸束果第十三畓貳負柒束

合陸負參束壹石落只庫乙右人前折價錢文

貳拾柒兩依數捧上爲遣明年爲始永永放賣

爲去乎本文記幷大許給爲去乎日後良中

子孫族類雜談是去乙等持此文記告官卞正

事

畓主自筆沈宅文(着名)

1759년 12월 29일에 沈宅文이 유학 李乃蓄에게 논을 팔면서 발급한 明文

明文 71

1760년(영조 36), 55×39.1

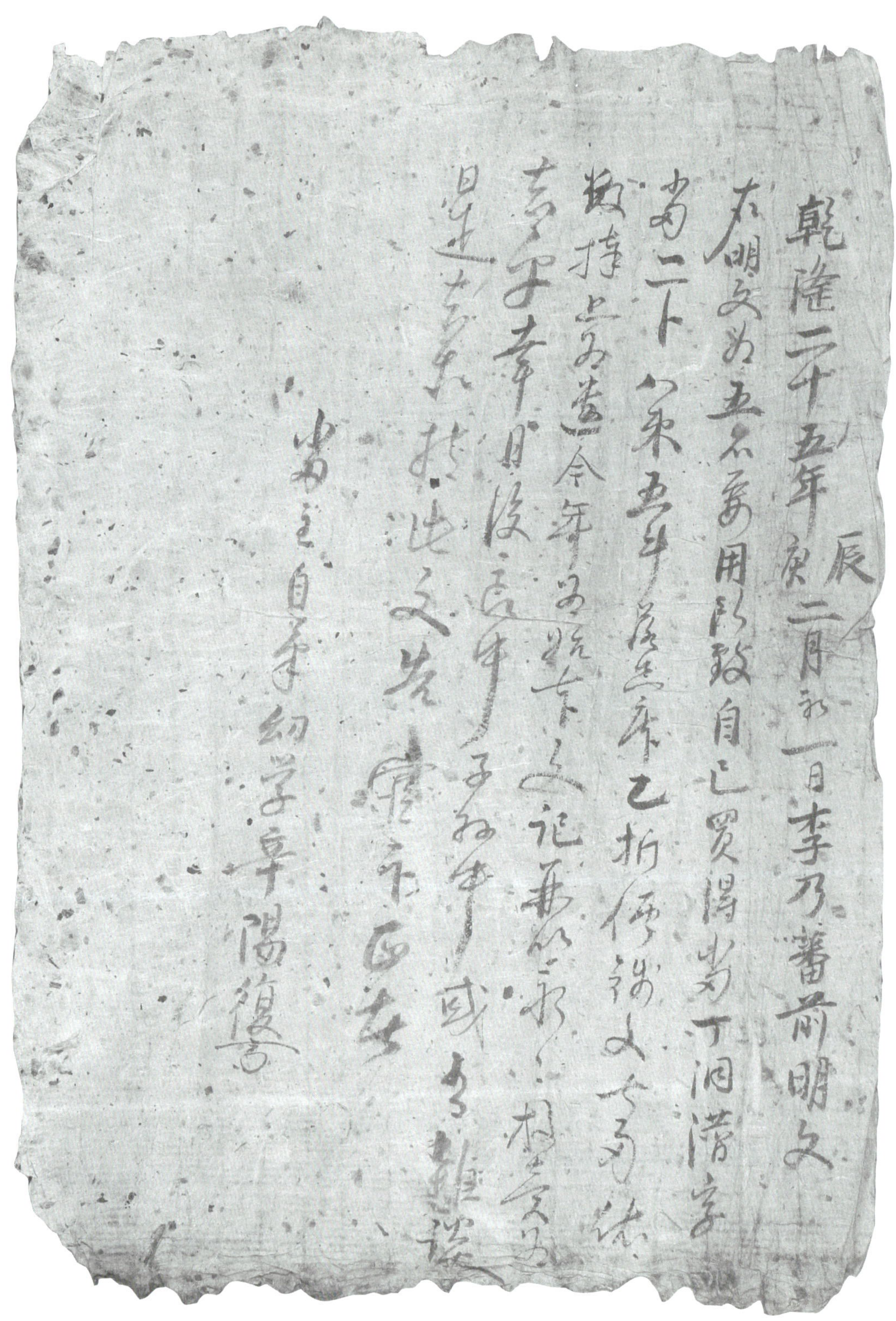

乾隆二十五年庚辰二月初一日李乃蕃前明文

右明文爲

畓主自筆幼學辛陽復

1760년 2월 초1일에 유학 辛陽復이 李乃蕃에게 논을 팔면서 발급한 明文

明文 72

1761년(영조 37), 52.8×34.2

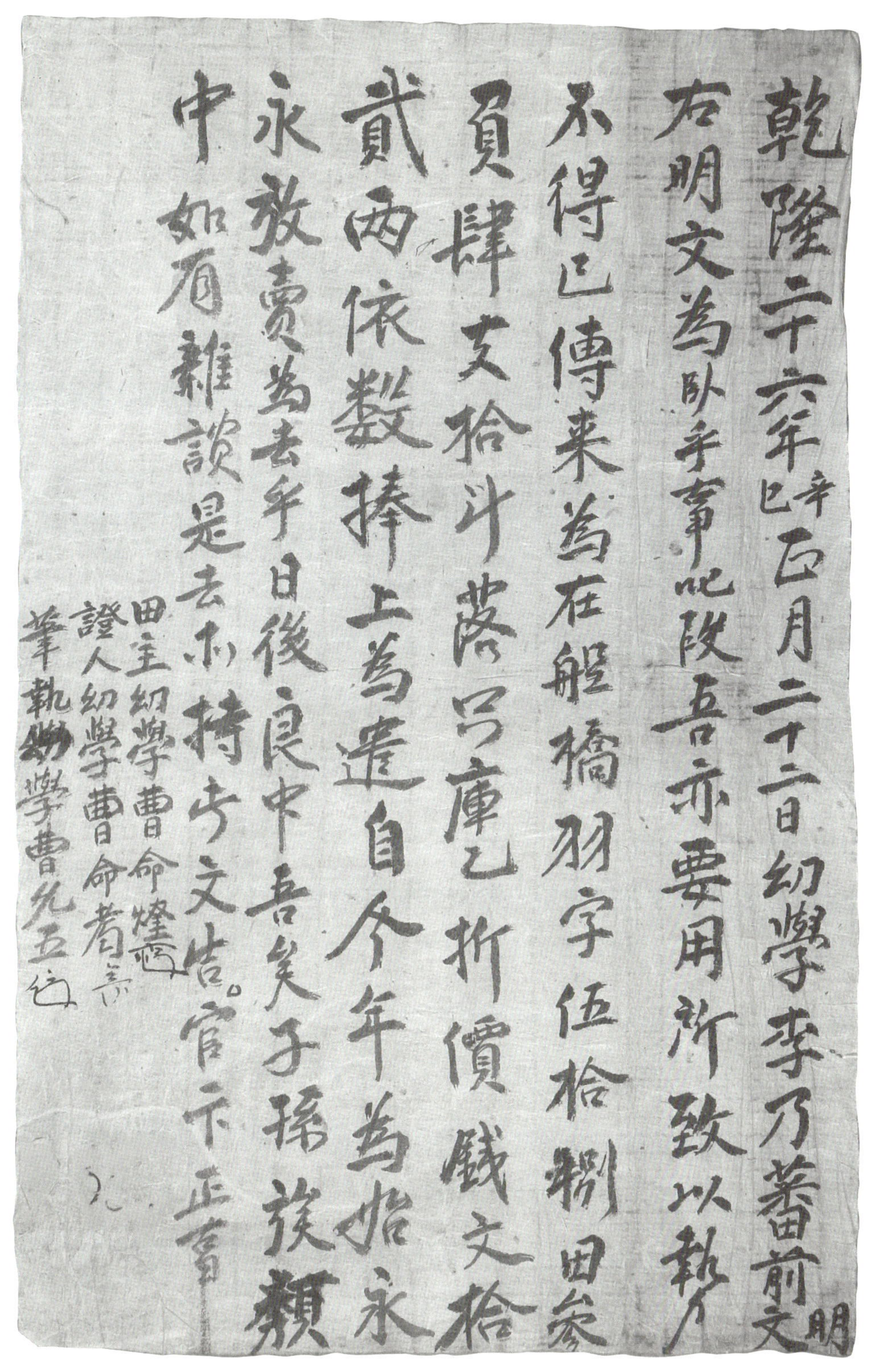

乾隆二十六年辛巳正月二十二日 幼學李乃蕃前明文
右明文爲臥乎事叱段吾亦要用所致以執[illegible]
不得已傳來爲在船橋羽字伍拾捌田參
負肆束拾斗落只庫乙折價錢文拾
貳兩依數捧上爲遣自今年爲始永
永放賣爲去乎日後良中吾矣子孫族類
中如有雜談是去等持此文告官卞正事
田主幼學曹命燁
證人幼學曹命耆
筆執幼學曹允五

1761년 1월 22일에 유학 曺命燁가 유학 李乃蕃에게 밭을 팔면서 발급한 明文

明文 73

1761년(영조 37), 51×45.8

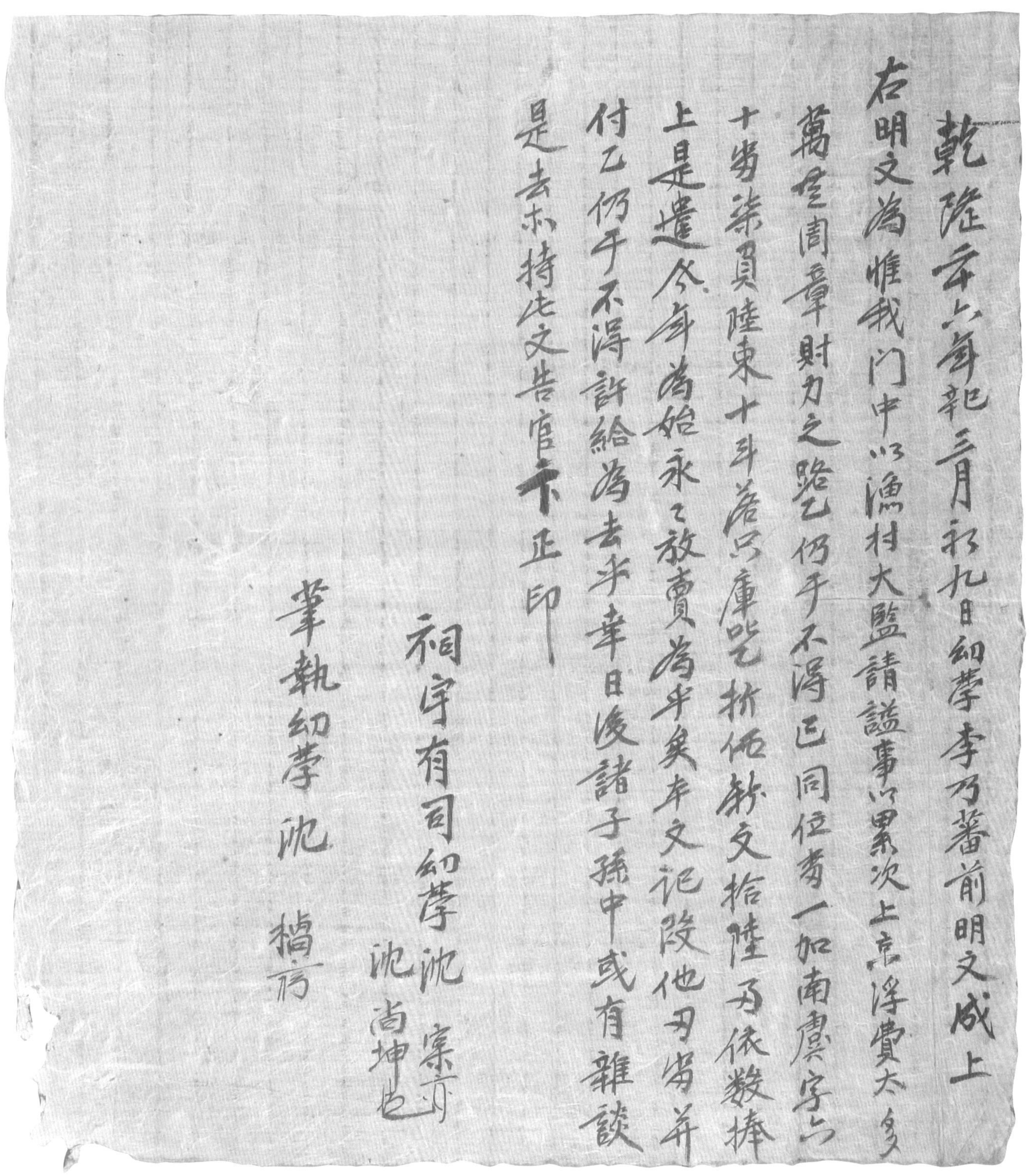

乾隆廿六年辛巳三月初九日幼學李乃蕃前明文成上

右明文爲惟我門中以漁村大監請謚事以累次上京浮費太多

萬是周章財力之路乙仍于不得已同位畓一加南虞字六

十卜柒負陸束十斗落只庫乙折価新文拾陸兩依數捧

上是遣今年爲始永永放賣爲乎矣本文記段他田畓并

付乙仍于不得許給爲去乎幸日後諸子孫中或有雜談

是去等持此文告官卞正印

祠宇有司幼學沈實(着名)

沈尙坤(着名)

筆執幼學沈(着名)

1761년 3월 초9일에 祠宇 有司 유학 沈實, 沈尙坤이 유학 李乃蕃에게 논을 팔면서 발급한 明文

明文 74

1762년(영조 38), 47.2×56.8

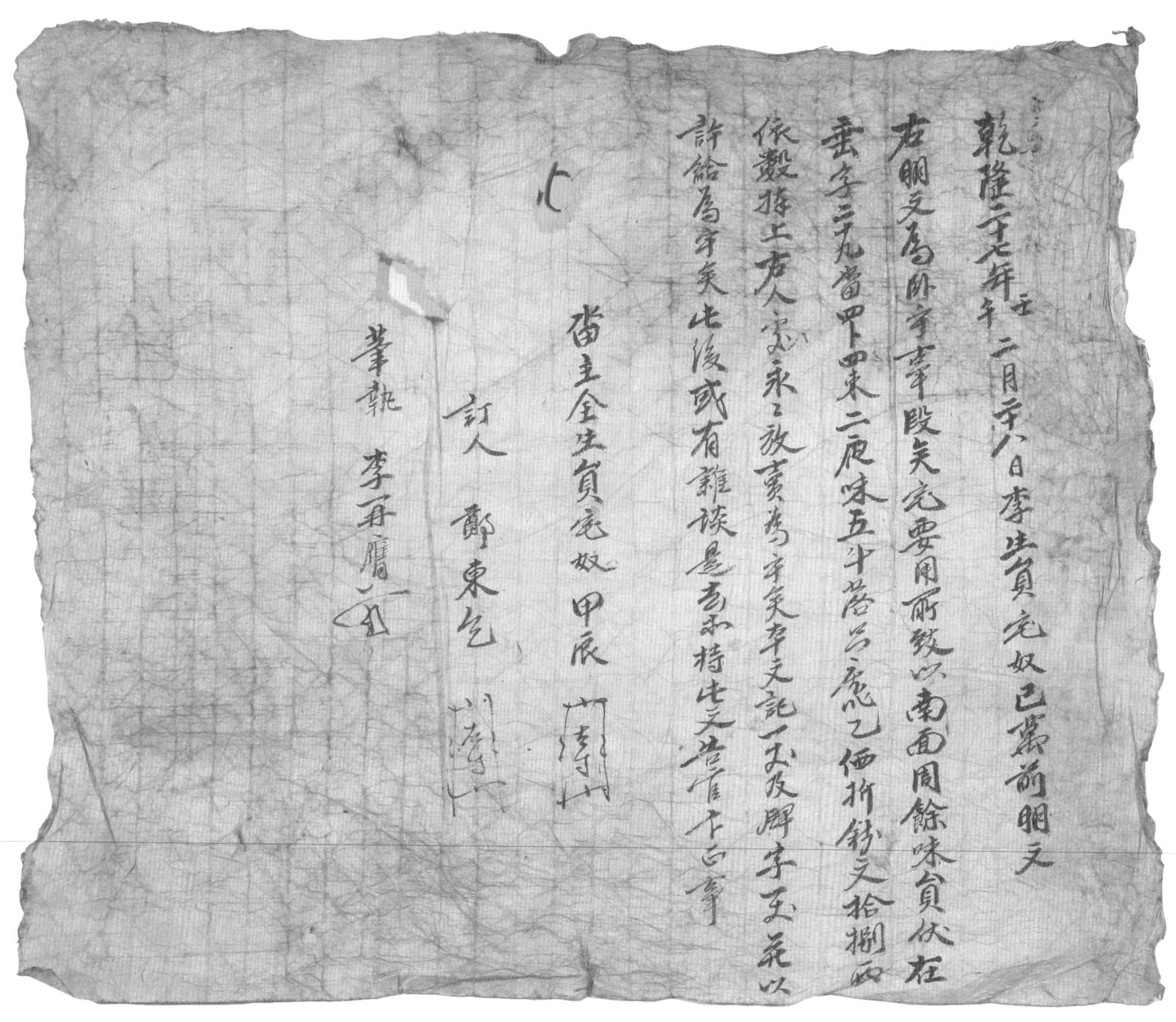

乾隆二十七年壬午二月二十八日李生員宅奴己萬前明文

右明文爲所有畓段矣宅要用所致以南面周餘味貟伏在

垂字二十九畓四卜四束二庚味五斗落只庫乙价折錢文拾捌兩

依數捧上右人處永永放賣爲有矣本文記一丈及牌字並以

許給爲有矣此後或有雜談是去乃持此文告官卞正事

畓主全生員宅奴 甲辰

証人 鄭東乞

筆執 李再膺

1762년 2월 28일에 全生員 宅 奴 甲辰이 李生員 宅 奴 己萬에게 논을 팔면서 발급한 明文

1762년(영조 38), 54.9×41.9

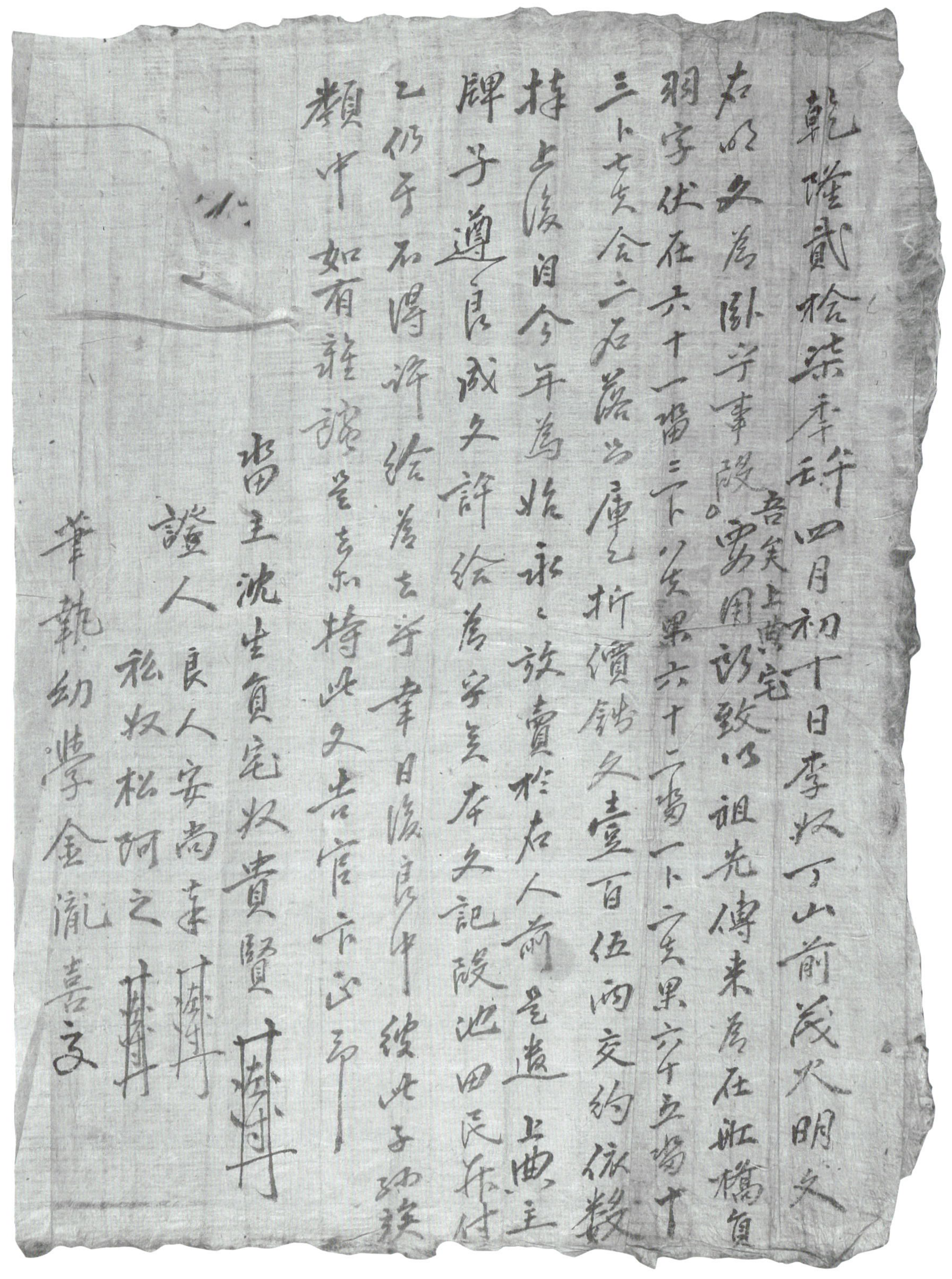

乾隆貳拾柒年壬午四月初十日李奴丁山前明文
右明文爲卧乎事段 吾矣上典宅 要用所致以 祖先傳來爲在船橋員
羽字伏在六十一畓三卜八束果六十二畓一卜八束果六斗五升落十
三卜七束合二石落只庫乙 折價錢文壹百伍兩交易依數
捧上後自今年爲始永永放賣於右人前是遣 上典主
牌子導良成文許給爲乎矣本文記段池田民作付
乙仍于不得許給爲去乎 來日後良中 後此子孫族
類中如有雜談是去等持此文告官卞正事

畓主沈生員宅奴貴賢 [着名]
證人 良人安尚宋 [着名]
私奴松阿之 [着名]
筆執 幼學金瀜喜 文

1762년 4월 초10일에 沈生員 宅 奴 貴賢이 李哥의 奴 丁山에게 논을 팔면서 발급한 明文

明文 76

1763년(영조 39), 53.9×52.2

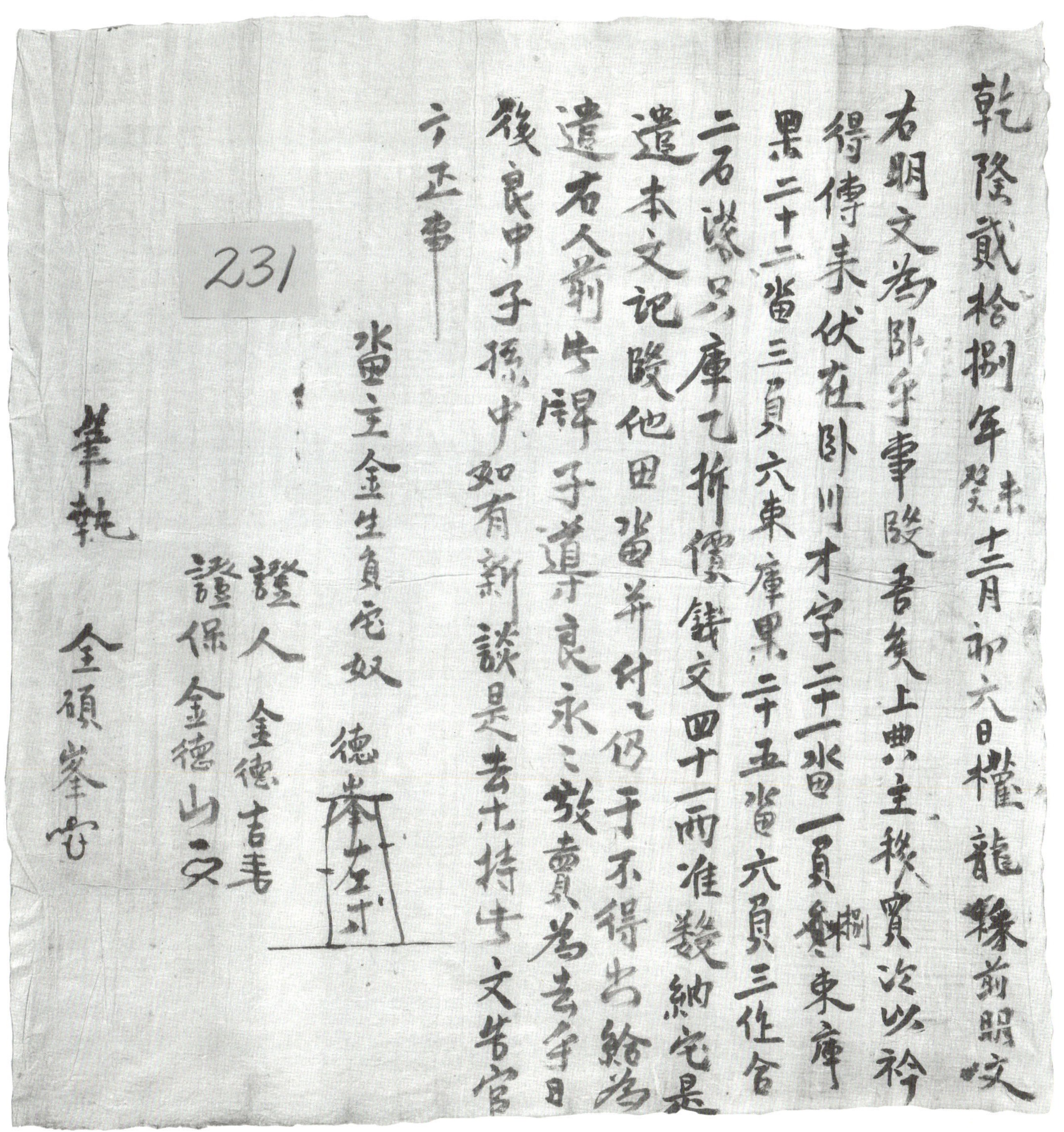

乾隆貳拾捌年癸未十二月初六日權龍楺前明文
右明文爲臥乎事段吾矣上典主稅買次以衿
得傳來伏在臥川才字二十一畓一負八束庫
畧二十二畓三負六束庫果二十五畓六負三作合
二石落只庫乙折價錢文四十一兩准數納宅是
遣本文記段他田畓幷付乙仍于不得出給爲
遣右人前告辟子導良永〻放賣爲去乎日
後良中子孫中如有新談是去乃持此文告官
卞正事

畓主金生員宅奴 德峯 左寸

證人 金德吉

證保 金德山

筆執 金碩峯

231

1763년 12월 초6일에 金生員 宅 奴 德峯이 權龍楺에게 논을 팔면서 발급한 明文

明文 77

1764년(영조 40), 52.7×31.9

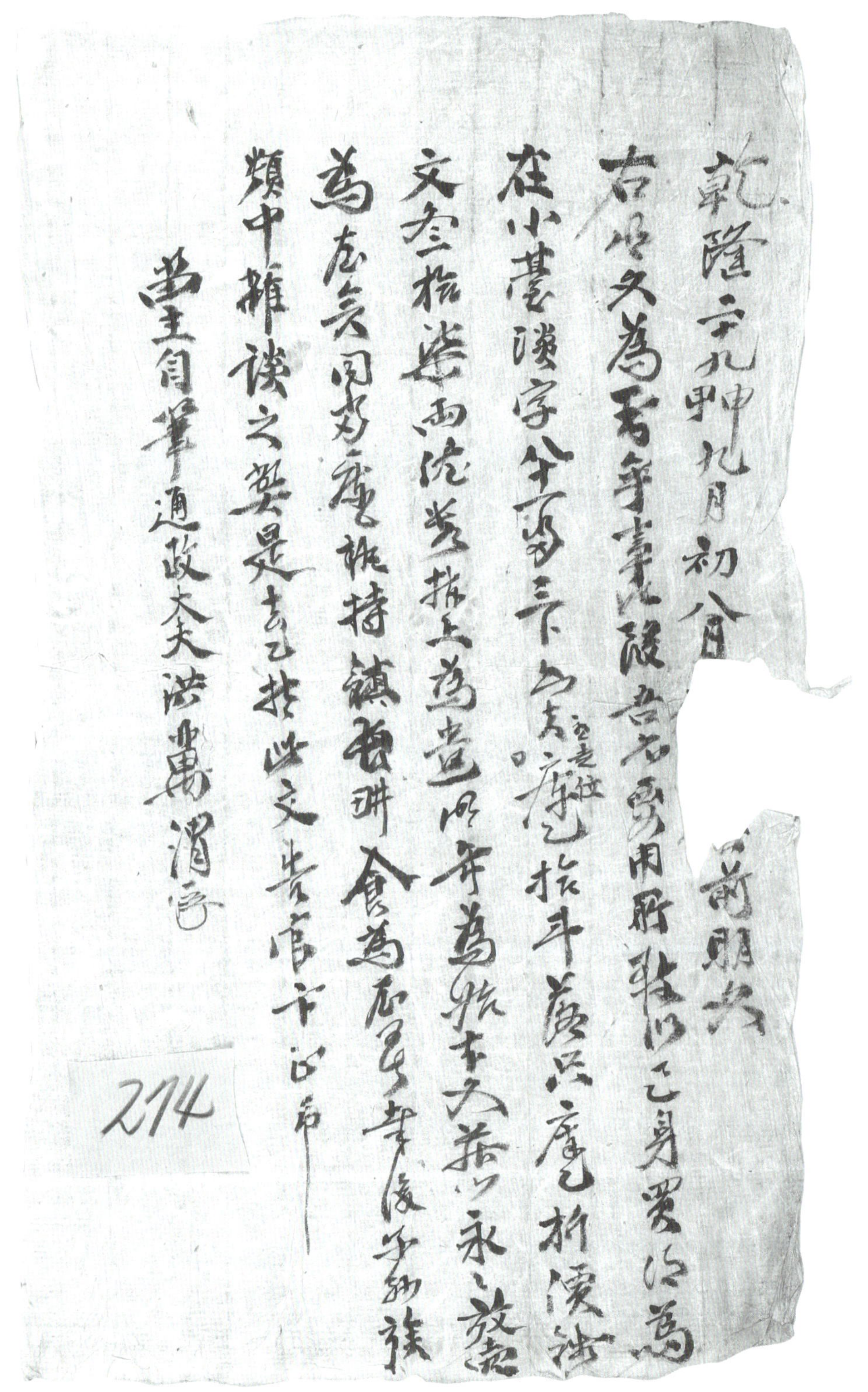

1764년 9월 초8일에 通政大夫 洪萬渭가 논을 팔면서 발급한 明文

明文 78

1764년(영조 40), 50.8×57.5

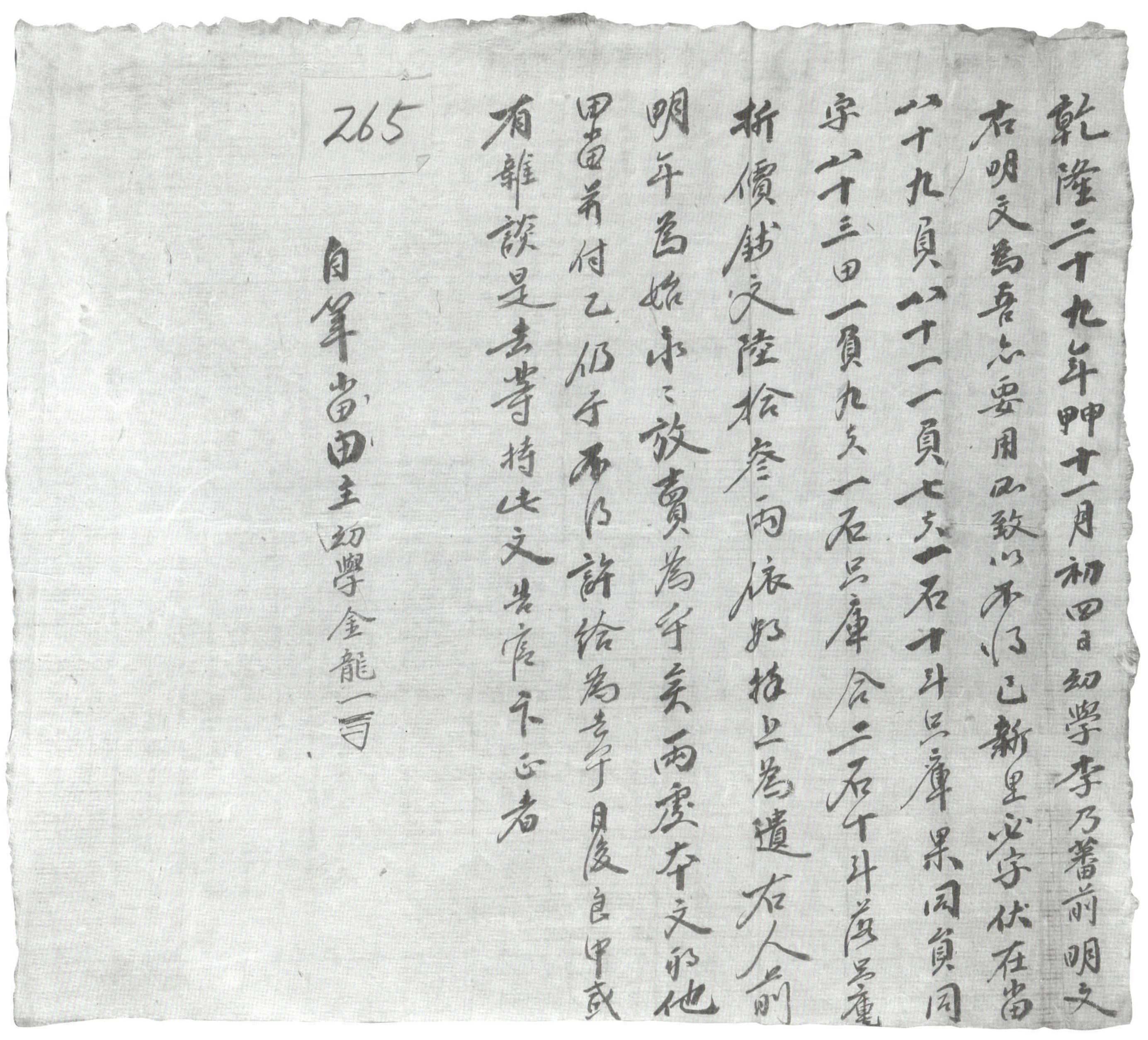

乾隆二十九年甲申十一月初四日幼學李乃蕃前明文

右明文爲臥乎[illegible]要用所致以[illegible]新里[illegible]伏在當

八十九負八十一負七束一石十斗只庫果同負同

字八十三田一負九束一石只庫合二石十斗落只庫

折價錢文陸拾參兩依數捧上爲遣右人前

明年爲始永永放賣爲乎矣兩處本文段他

畓并付乙仍于不得許給爲去乎日後良中或

有雜談是去等持此文告官卞正者

自筆當畓主 幼學金龍一

1764년 11월 초4일에 유학 金龍一이 유학 李乃蕃에게 전답을 팔면서 발급한 明文

明文 79

1764년(영조 40), 57×35.1

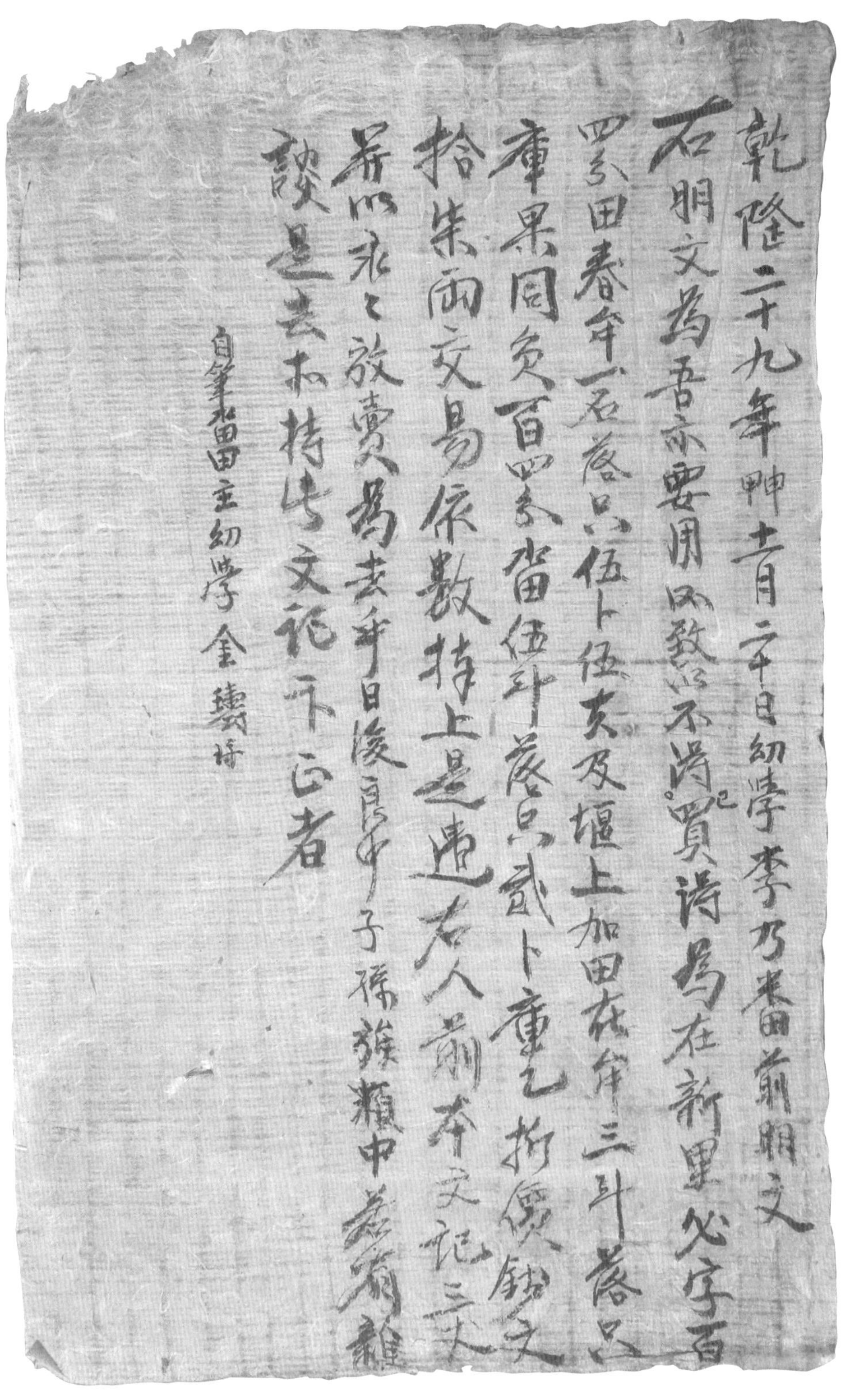

1764년 11월 20일에 유학 金璹이 유학 李乃蕃에게 전답을 팔면서 발급한 明文

明文 80

1764년(영조 40), 52.9×33.6

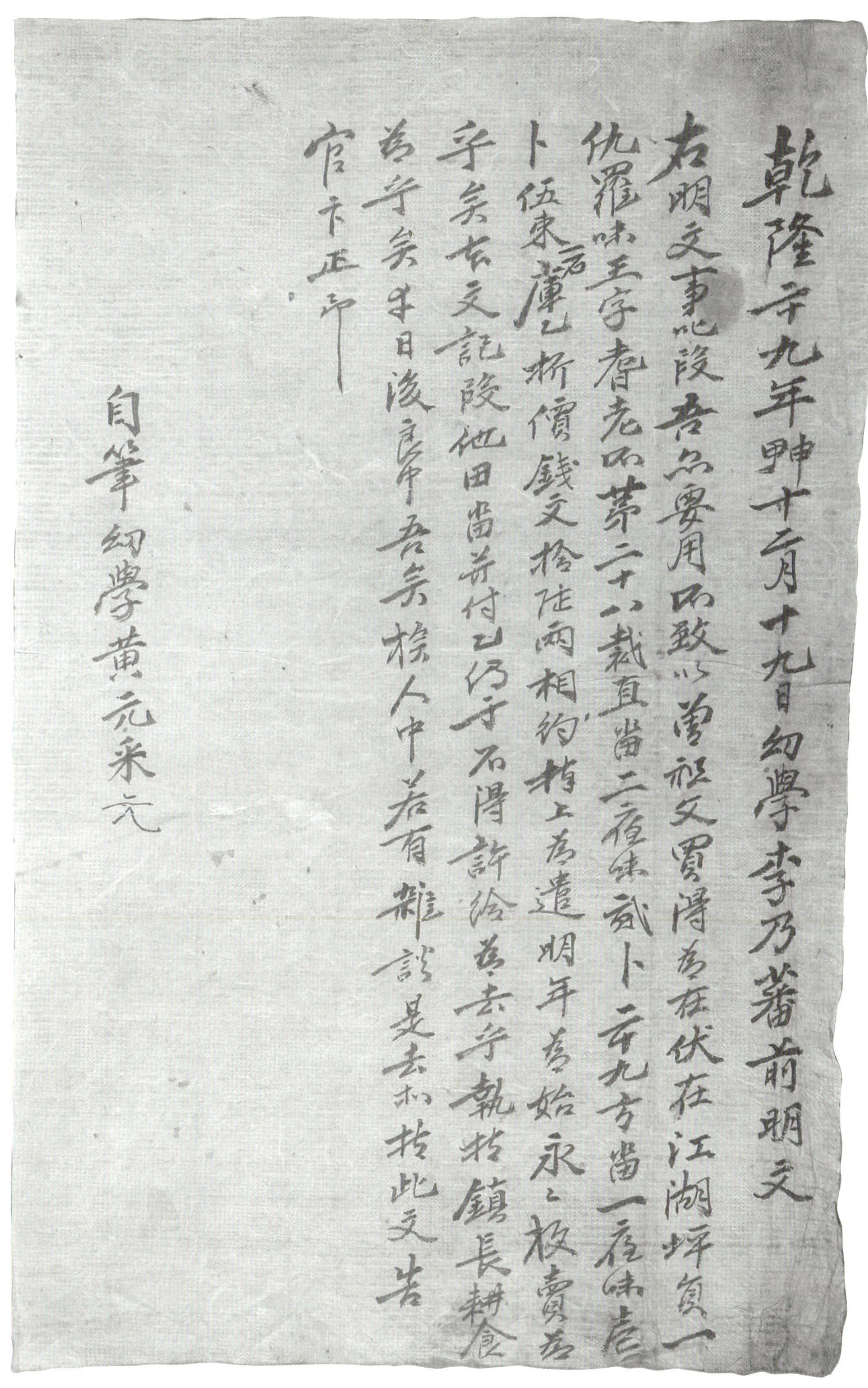
乾隆廿九年甲申十二月十九日幼學李乃蕃前明文

右明文事叱段吾矣要用所致以曾祖文買得爲在伏在江湖坪員一
仇羅味五字畓老所第二十八裁直畓二庫誺貳卜二十九字畓一庫誺庫
卜伍束合庫乙折價錢文拾陸兩相約捧上爲遣明年爲始永永放賣爲
乎矣本文記段他田畓幷付乙仍于不得許給爲去乎執持鎭長耕食
爲乎矣日後良中吾矣族人中若有雜談是去等持此文告
官卞正事

自筆 幼學 黃元采

1764년 12월 19일에 유학 黃元采가 유학 李乃蕃에게 논을 팔면서 발급한 明文

明文 81

1765년(영조 41), 54.7×33.8

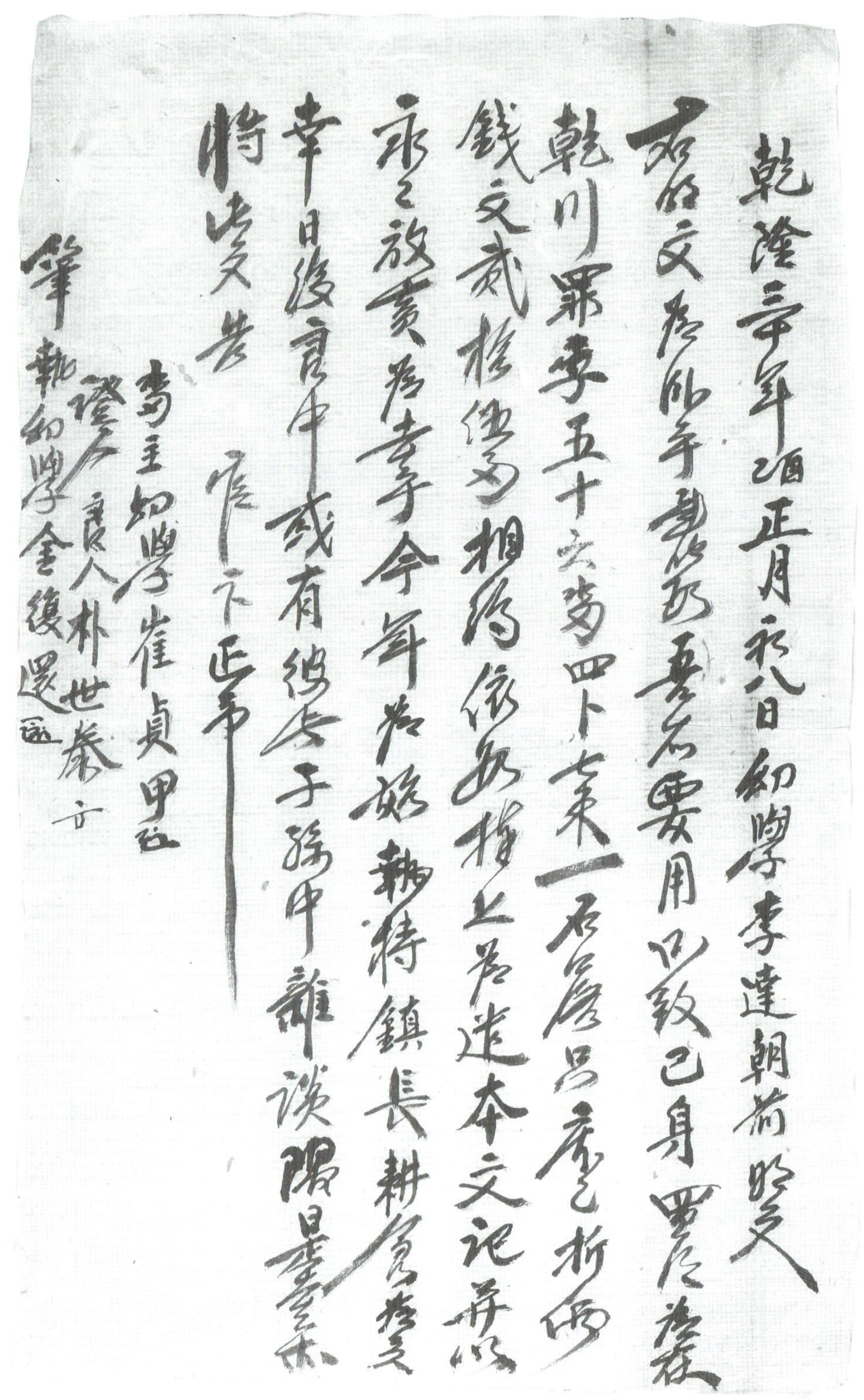

乾隆三十年乙酉正月初八日 幼學李達朝前明文
右明文爲所有要用所致 己身買得爲在
乾川員字 五十六負四卜束一石落只庫乙 折價
錢文貳拾伍兩相約 依數捧上爲遣 本文記並以
永永放賣爲去乎 今年爲始 執持鎮長耕食爲乎矣
幸日後良中 或有他人子孫中 雜談隅是去等
持此文告官卞正事

畓主 幼學 崔貞甲
證人 良人 朴世泰
筆執 幼學 金復還

1765년 1월 초8일에 유학 崔貞甲이 유학 李達朝에게 논을 팔면서 발급한 明文

明文 82

1765년(영조 41), 51.6×31.2

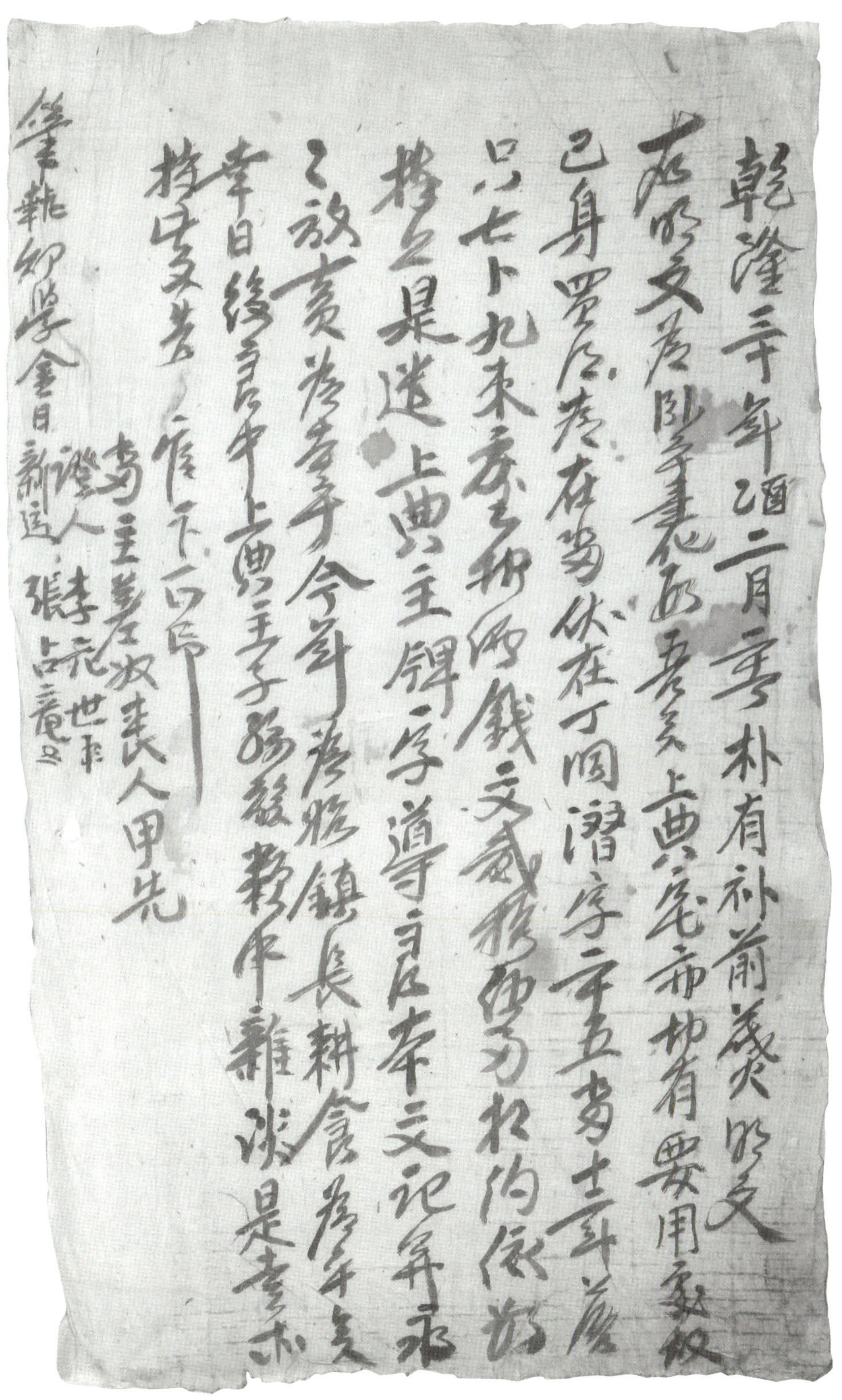

1765년 2월 21일에 差奴 喪人 甲先이 朴有朴에게 논을 팔면서 발급한 明文

明文 83

1766년(영조 42), 52.4×43

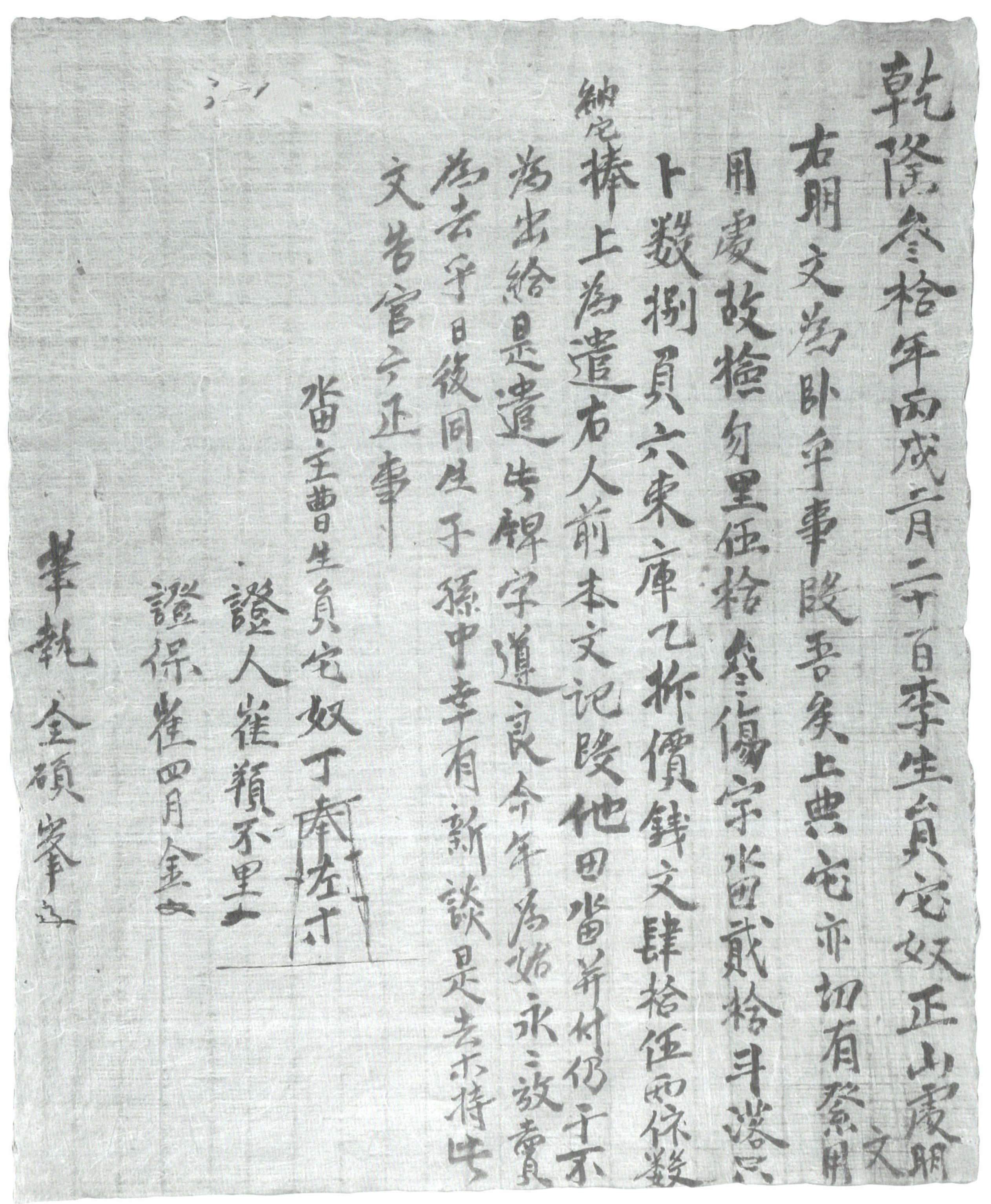

1766년 2월 21일에 曺生員 宅 奴 丁奉이 李生員 宅 奴 正山에게 논을 팔면서 발급한 明文

明文 84

1766년(영조 42), 55×35.1

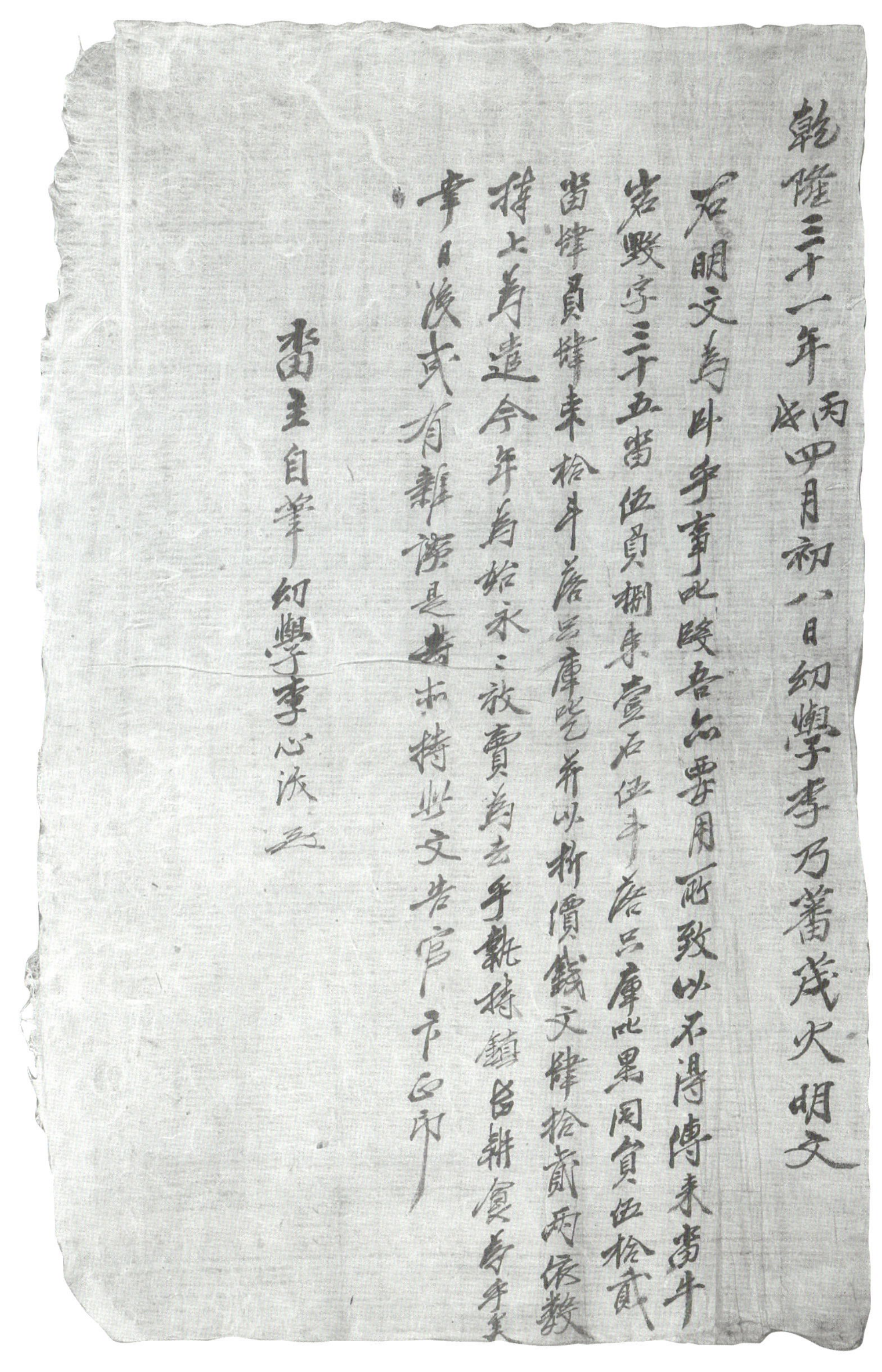

乾隆三十一年丙戌四月初八日幼學李乃蓄處明文

右明文為臥乎事叱段吾亦要用所致以不得傳來畓牛
岩畔字三十五畓伍負捌束壹石伍斗落只庫叱果同負伍拾貳
畓肆負肆束拾斗落只庫叱并以折價錢文肆拾貳兩依數
捧上為遣今年為始永永放賣為去乎執持鎭呂耕食爲乎矣
事日後或有雜談是去等持此文告官卞正事

畓主自筆幼學李心沃

1766년 4월 초8일에 유학 李心沃이 유학 李乃蓄에게 논을 팔면서 발급한 明文

明文 85

1766년(영조 42), 56.1×46.9

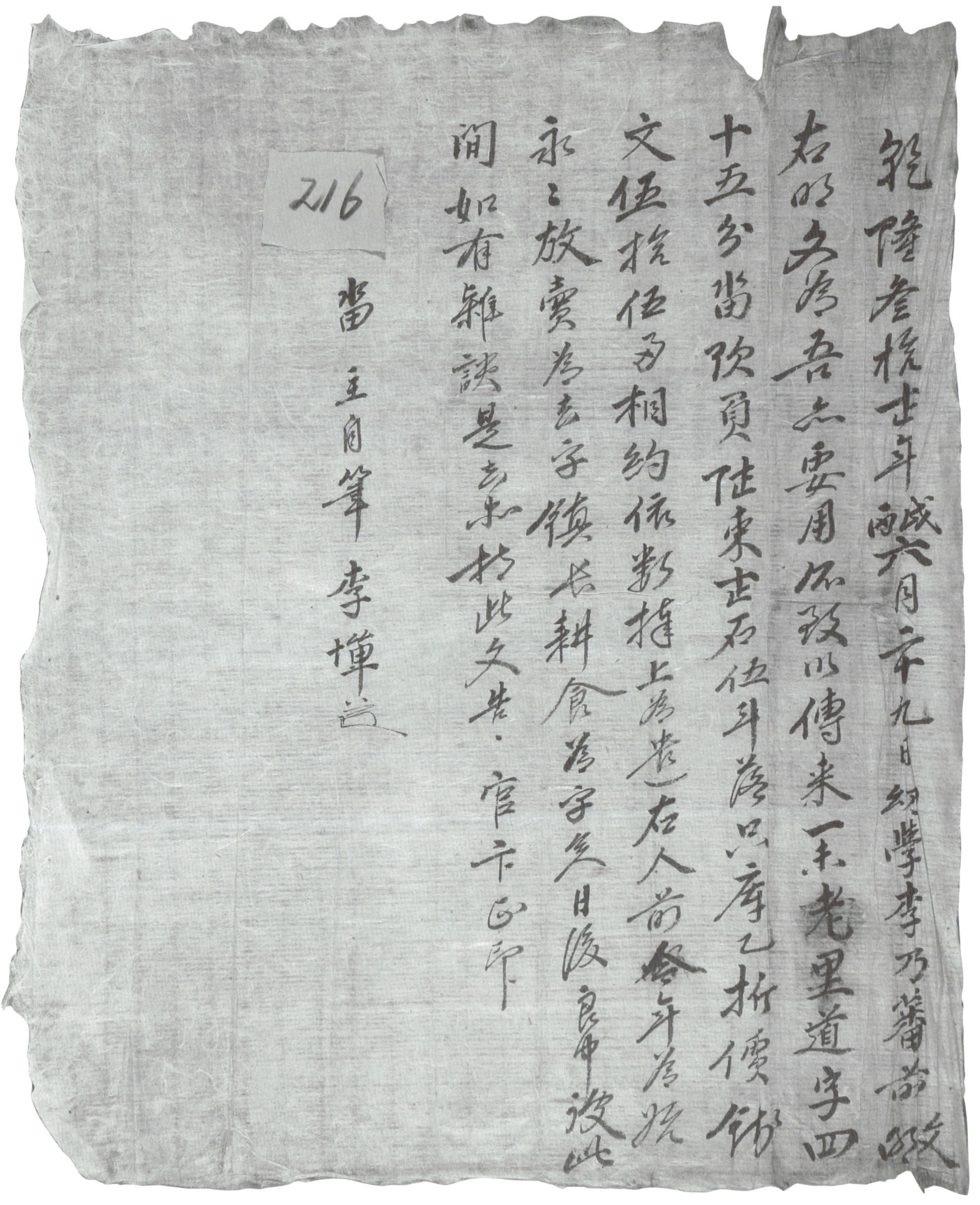

1766년 6월 29일에 유학 李墠이 유학 李乃蕃에게 논을 팔면서 발급한 明文

明文 86

1766년(영조 42), 54.1×32.9

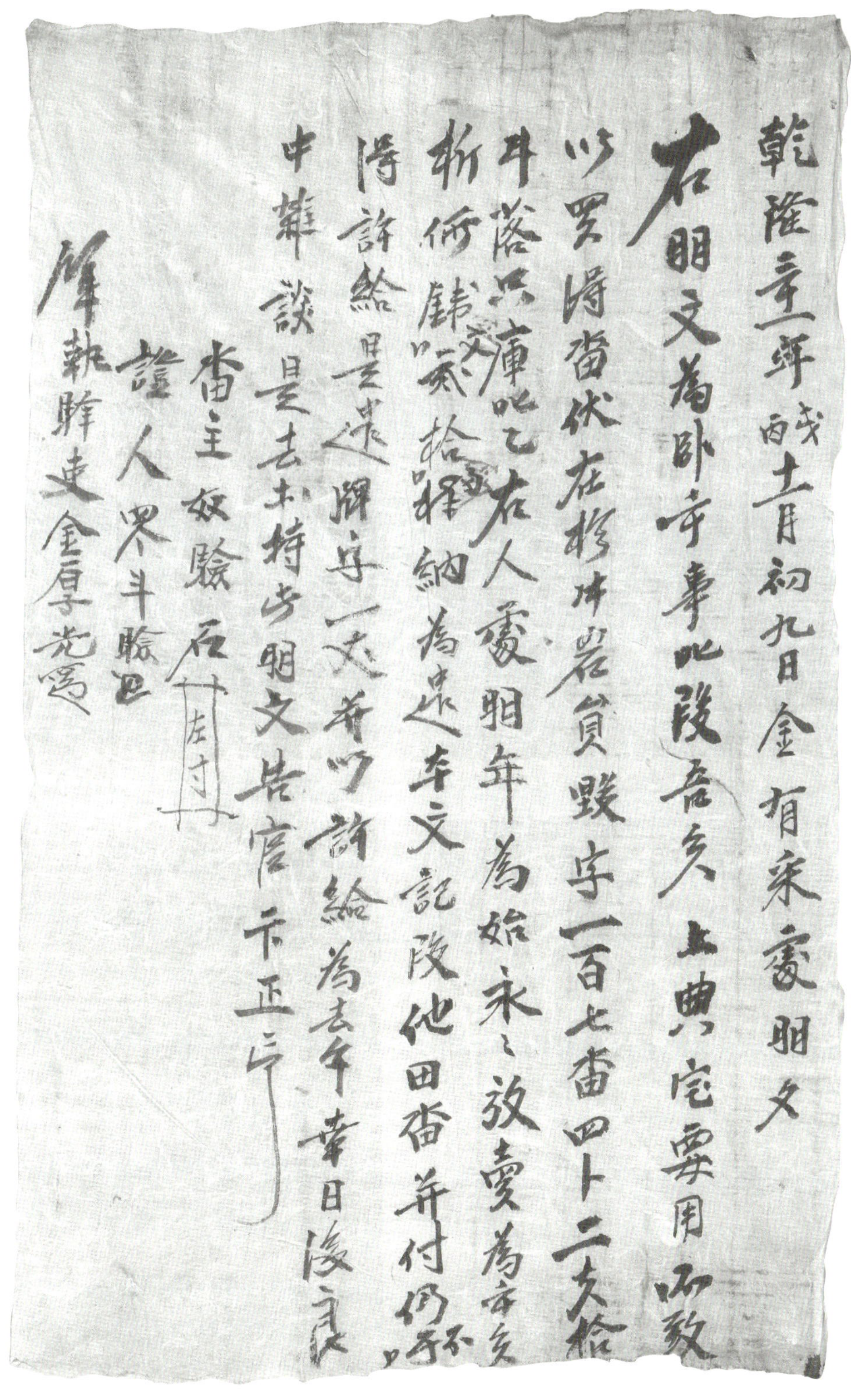

1766년 11월 초9일에 奴 驗石이 金有采에게 논을 팔면서 발급한 明文

明文 87

1766년(영조 42), 52.1×33.5

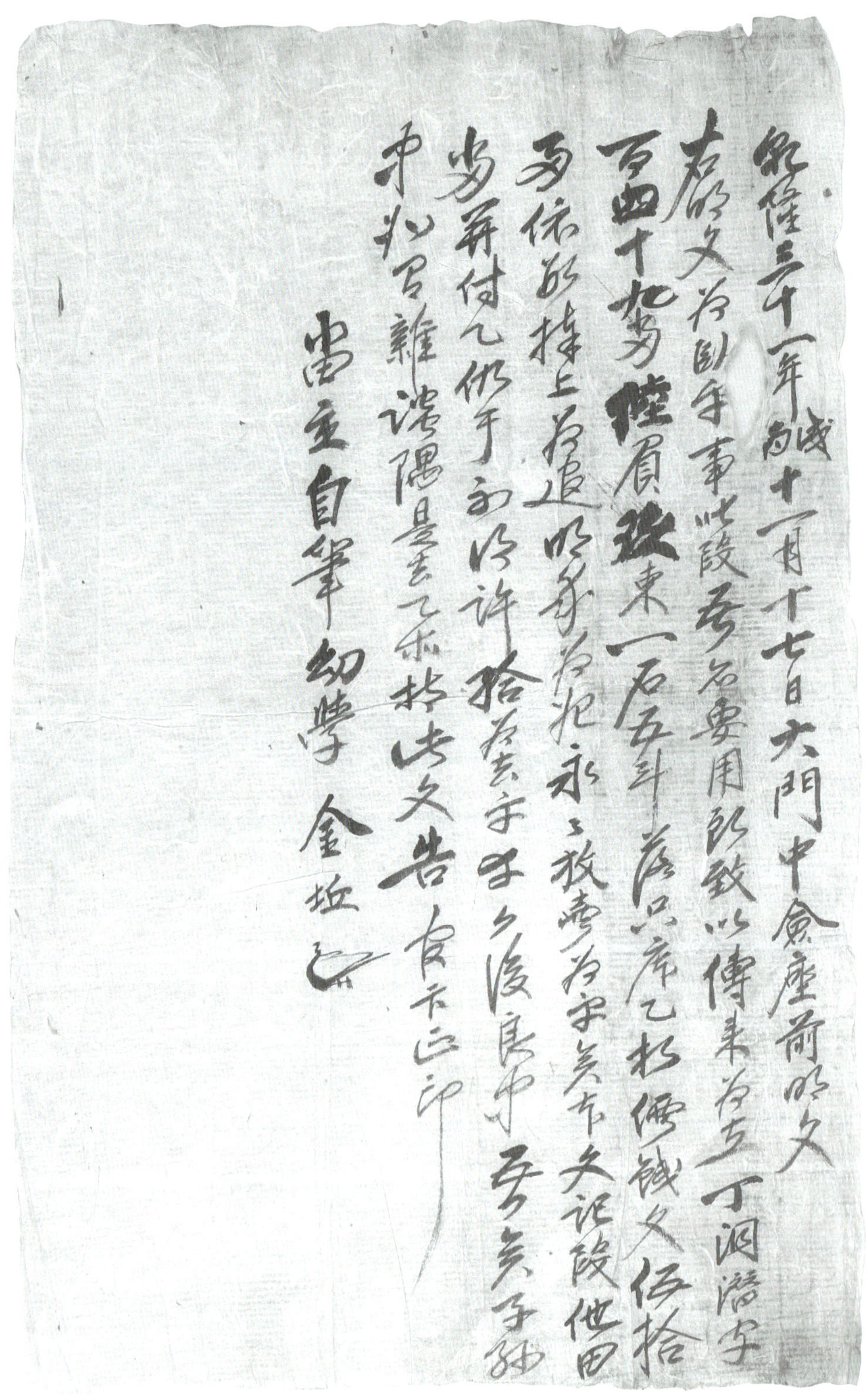

乾隆三十一年丙戌十一月十七日大門中僉座前明文

右明文爲卧乎事叱段矣身要用所致以傳來爲在丁洞潛字

畓四十九負陸卜庫東一石五斗落只庫乙折價錢文伍拾

兩依數捧上爲遣明文乎記永永放賣爲乎矣本文記段世田

畓并付乙仍于永仍許給爲去乎乎後良中 矣矣子孫

中如有雜談隱是去乙等持此文告官卞正印

畓主自筆幼學金坵

1766년 11월 17일에 유학 金坵가 大門中 僉座에게 논을 팔면서 발급한 明文

明文 88

1767년(영조 43), 71.6×44.2

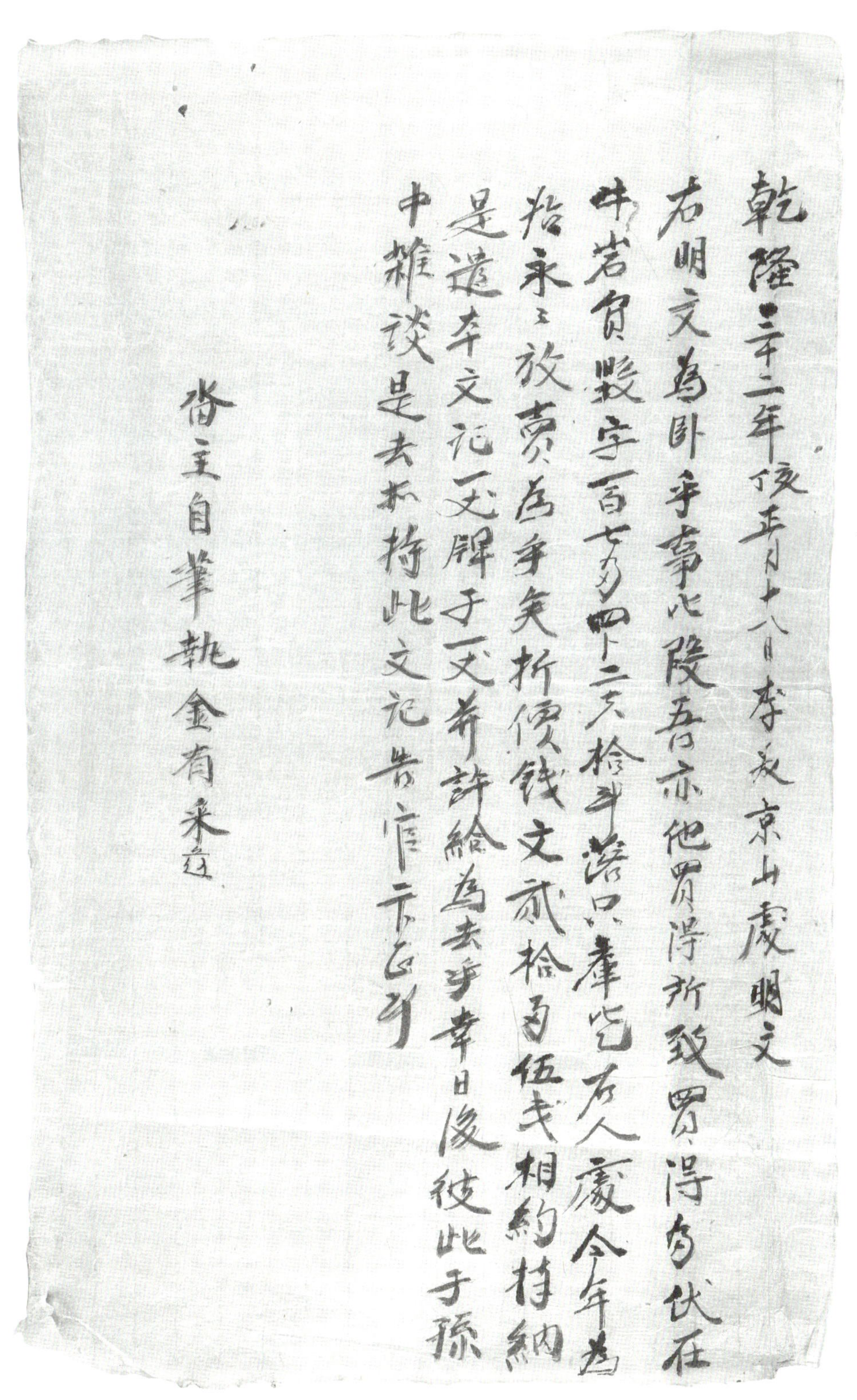

乾隆三十二年丁亥正月十八日李奴京山處明文

右明文爲臥乎事段吾亦他買得所致買得爲伏在

牛若員毁字畓七斗四卜二束拾斗落只庫乙右人處今年爲

始永永放賣爲乎矣折價錢文貳拾兩伍戔相約捧納

是遣本文記一丈牌子一丈并許給爲去乎幸日後彼此子孫

中雜談是去等持此文記告官卞正事

畓主自筆執金有釆

1767년 1월 18일에 金有釆가 李哥의 奴 京山에게 논을 팔면서 발급한 明文

明文 89

1767년(영조 43), 59.6×45.2

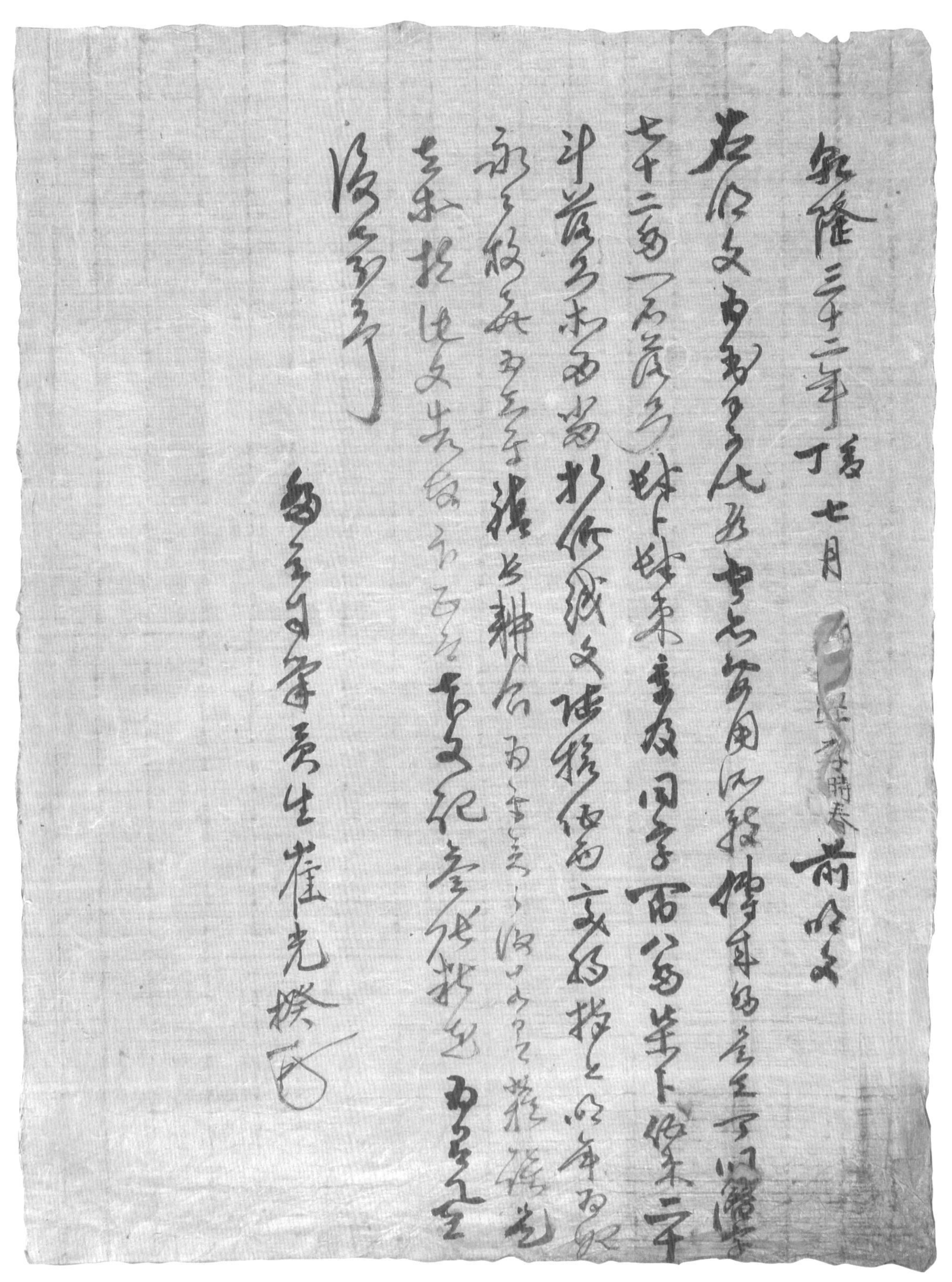

1767년 7월에 貢生 崔光揆가 유학 李時春에게 논을 팔면서 발급한 明文

明文 90

1767년(영조 43), 55.8×44

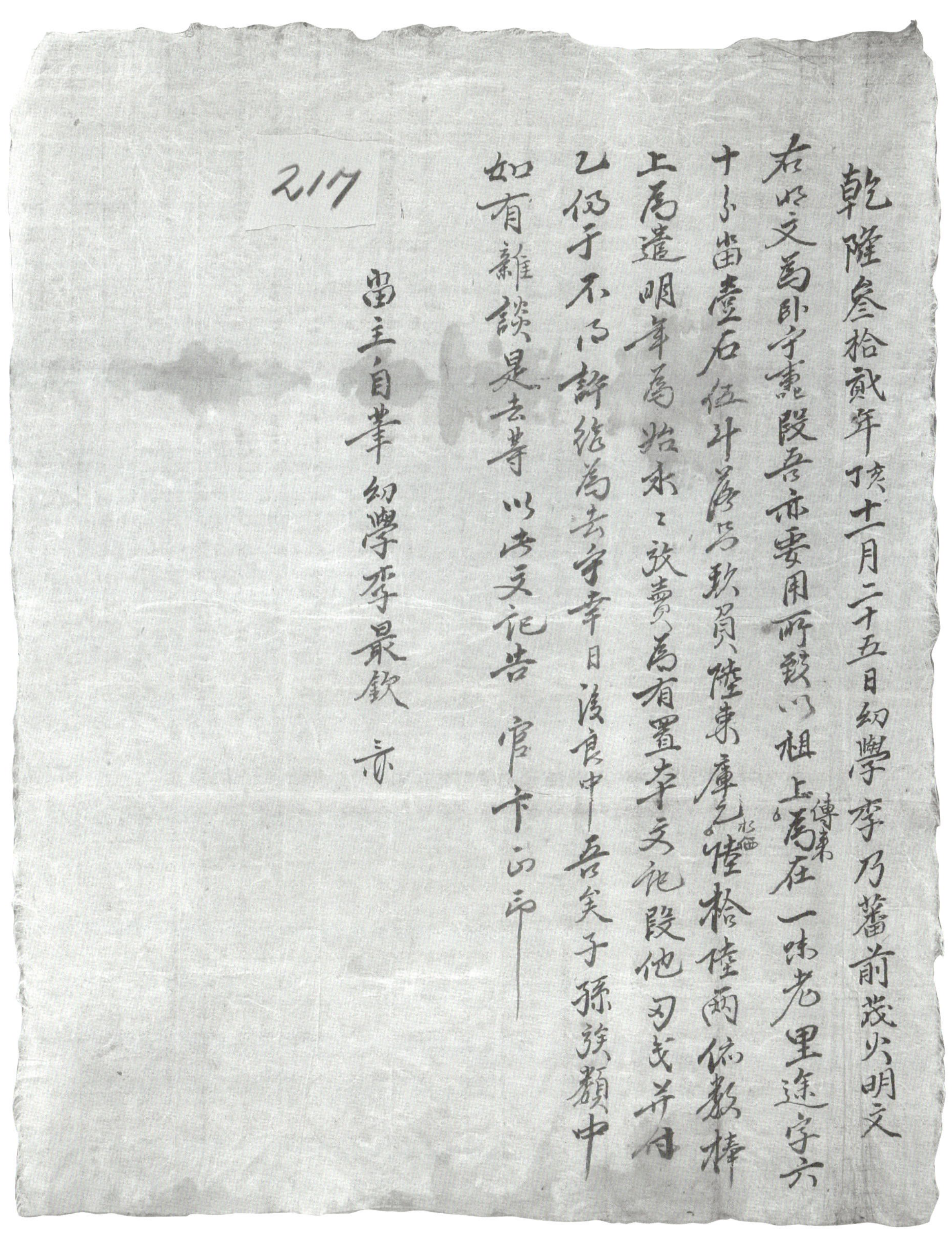

乾隆參拾貳年丁亥十一月二十五日幼學李乃蕃前茂火明文
右明文爲臥乎事段吾亦要用所致以祖上傳來爲在一味老里迲字六
十卜畓壹石伍斗落只耕員陸束庫乙水畓陸拾陸兩依數捧
上爲遣明年爲始永永放賣爲有置本文記段他田畓并付
乙仍于不得許給爲去乎幸日後良中吾矣子孫族類中
如有雜談是去等以此文記告官卞正事
畓主自筆幼學李最欽

1767년 11월 25일에 유학 李最欽이 유학 李乃蕃에게 논을 팔면서 발급한 明文

明文 91

1768년(영조 44), 51.5×34.4

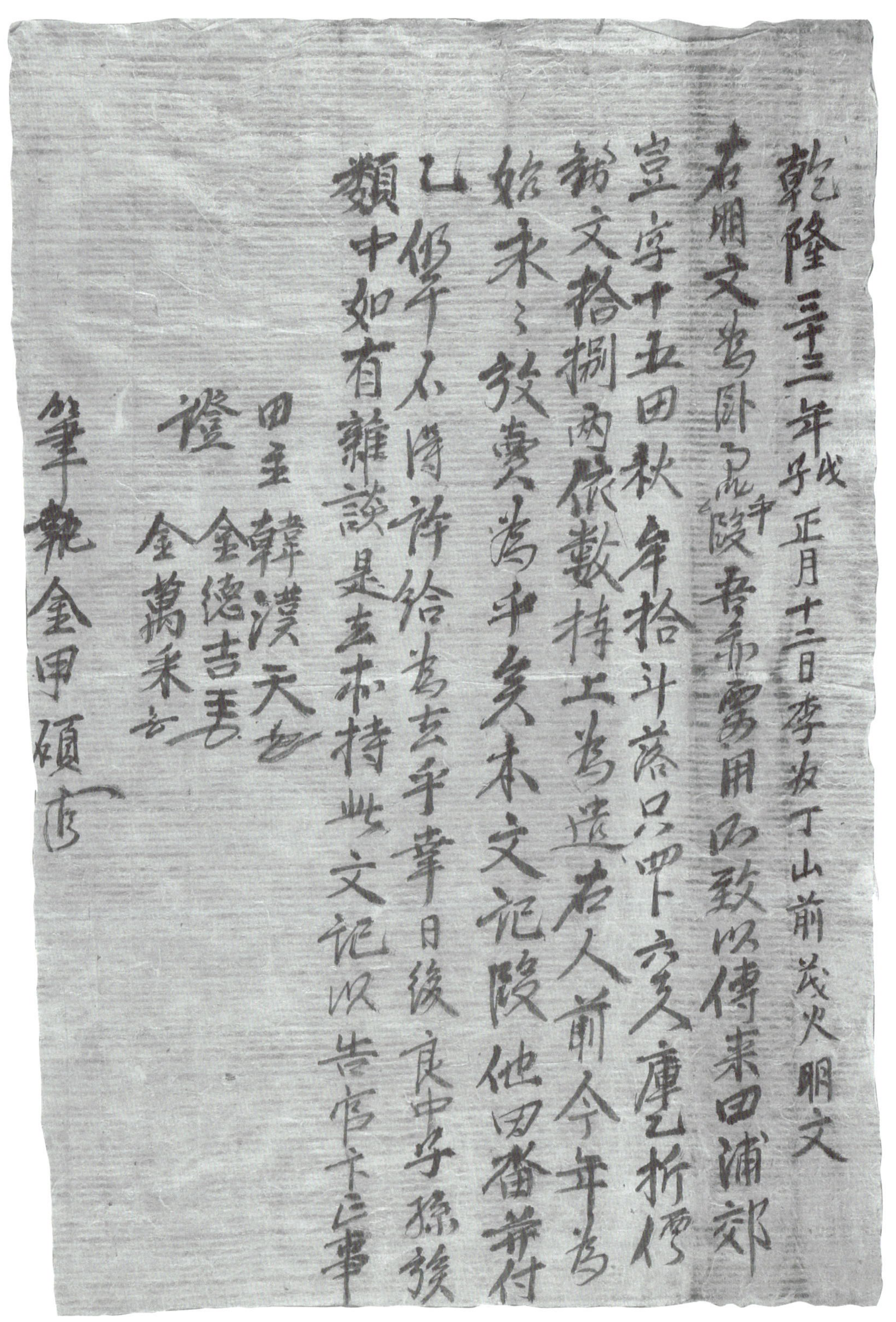
乾隆三十三年戊子正月十二日李奴丁山前明文

右明文爲臥乎事段矣身亦要用所致以傳來田浦郊

亘字十五田秋牟拾斗落只四卜六束庫乭折便

錢文拾捌兩依數捧上爲遣右人前今年爲

始永永放賣爲乎矣本文記段他田畓并付

乙仍于不得許給爲去乎等日後良中子孫族

類中如有雜談是去等持此文記以告官卞正事

田主 韓漢天

證 金德吉

金萬采

筆執 金甲碩

1768년 1월 12일에 韓漢天이 李哥의 奴 丁山에게 밭을 팔면서 발급한 明文

明文 92

1768년(영조 44), 71.7×45.3

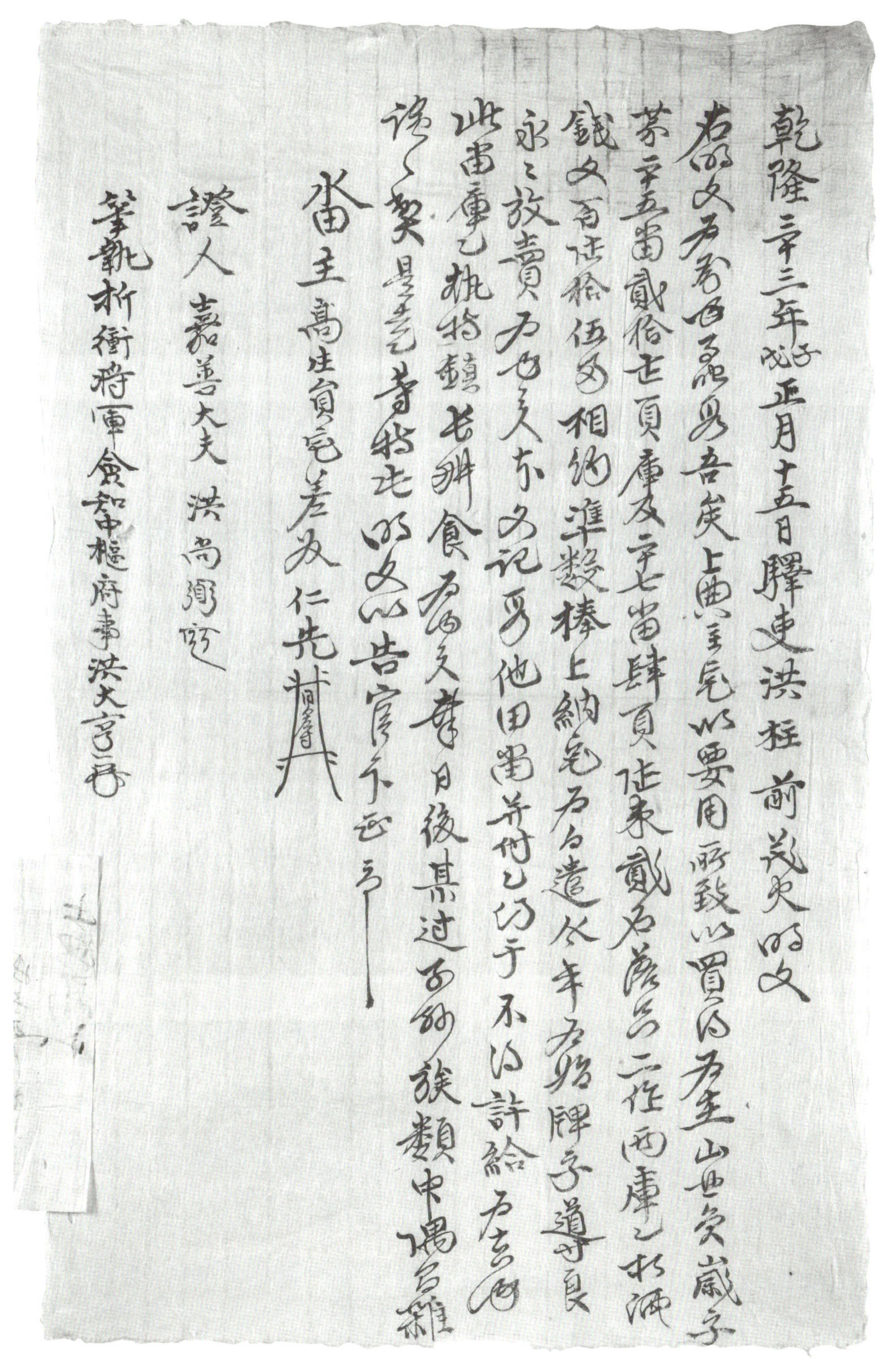

1768년 1월 15일에 高生員 宅 差奴 仁先이 驛吏 洪柱에게 논을 팔면서 발급한 明文

1768년(영조 44), 50.9×37.5

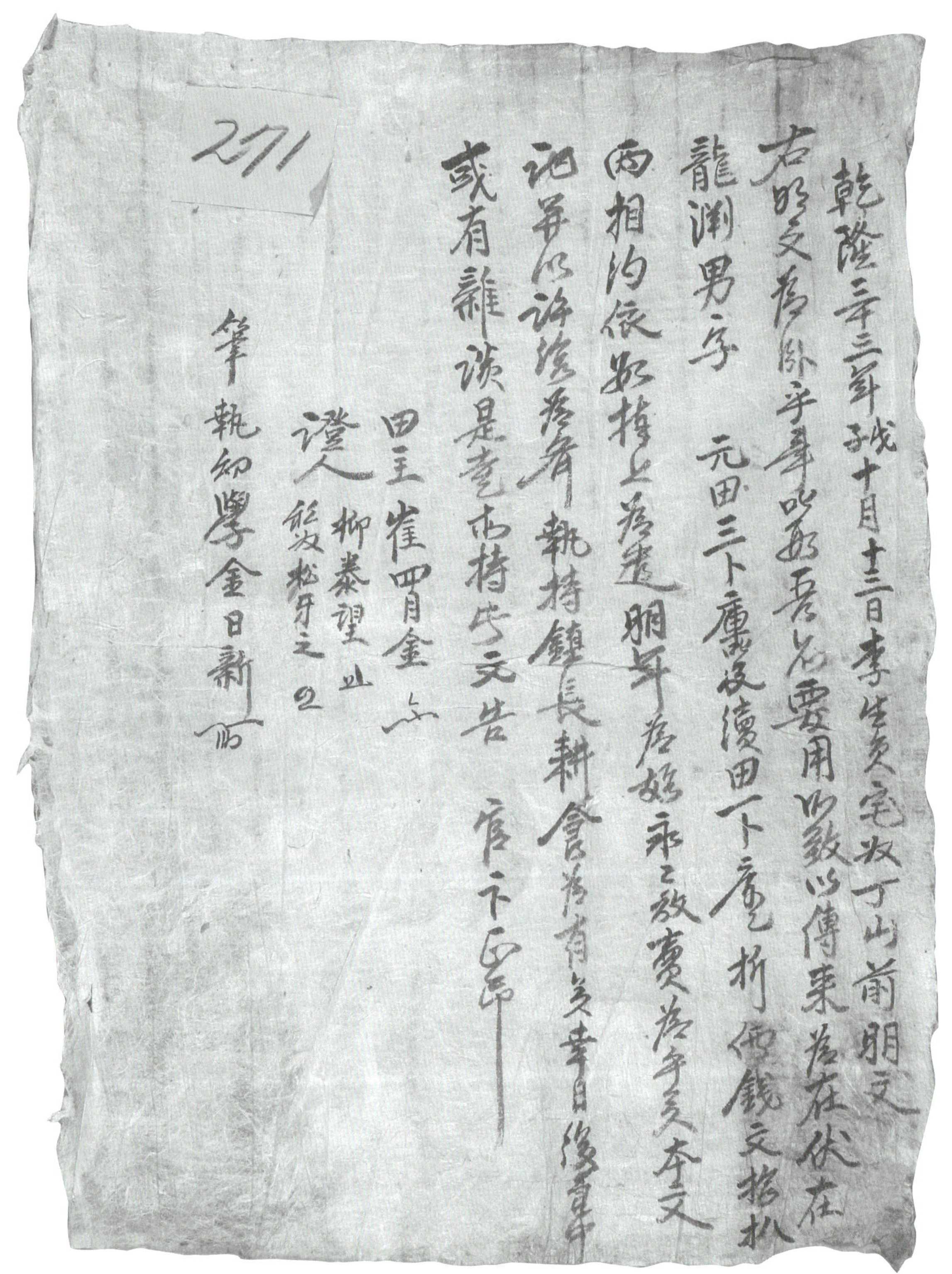

乾隆三十三年戊子十月十三日李生員宅奴丁山前明文

右明文爲臥乎事段吾亦要用所致以傳來爲在伏在

龍淵男字 元田三卜束後續田一卜束 折價錢文拾兩

而相約依數捧上爲遣 明年爲始永永放賣爲乎矣 本文

記段以 許後爲有 執持鍾長耕食爲有矣 幸日後

或有雜談是去等 持此文告 官卞正事

田主 崔四月金 (手決)

證人 柳泰望 (手決)

私奴 松牙之 (手決)

筆執 幼學 金日新 (手決)

1768년 10월 13일에 田主 崔四月金이 李生員 宅 奴 丁山에게 밭을 팔면서 발급한 明文

明文 94

1769년(영조 45), 64.1×54.8

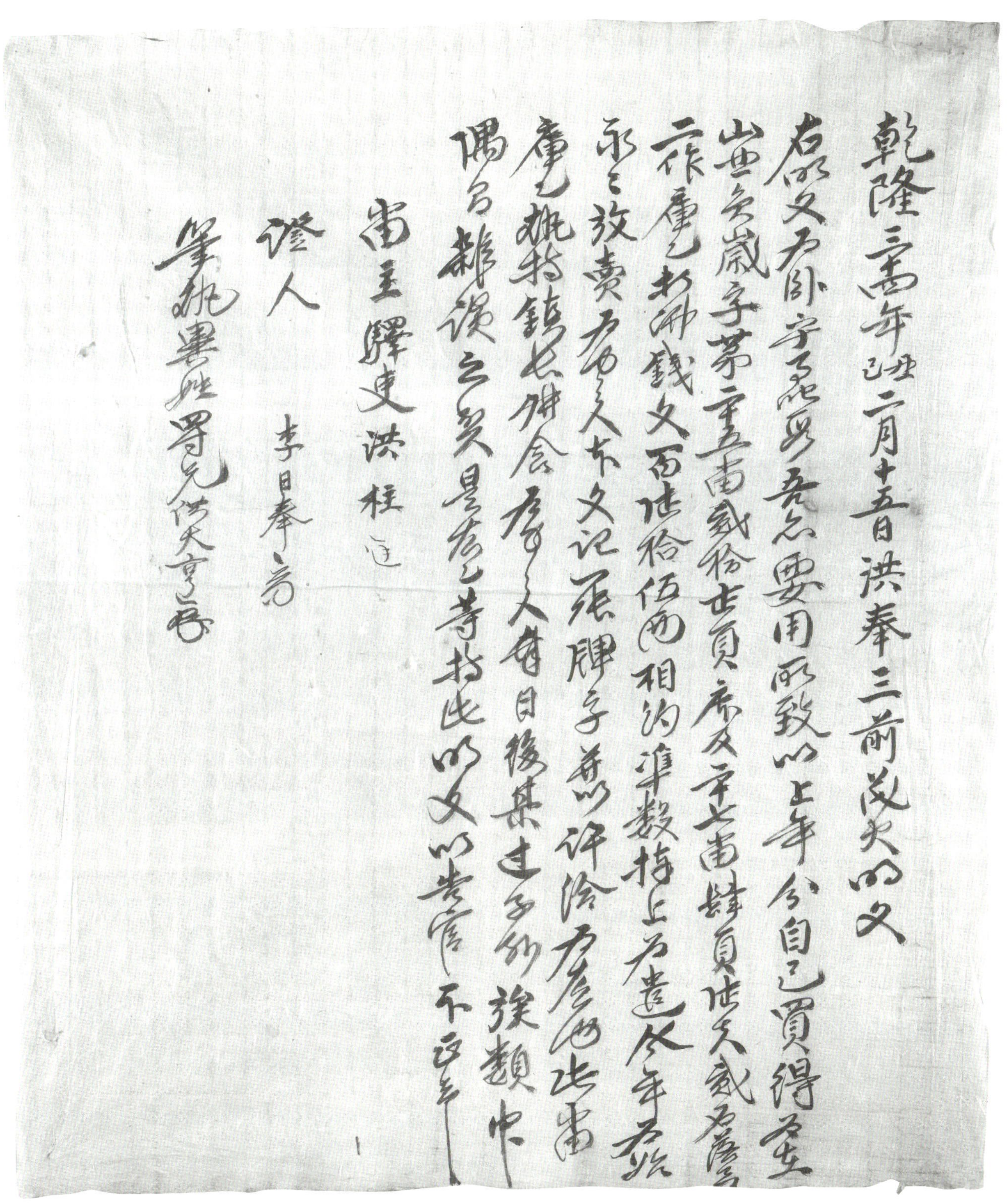

1769년 2월 15일에 驛吏 洪柱가 洪奉三에게 논을 팔면서 발급한 明文

明文 95

1769년(영조 45), 54.2×33.7

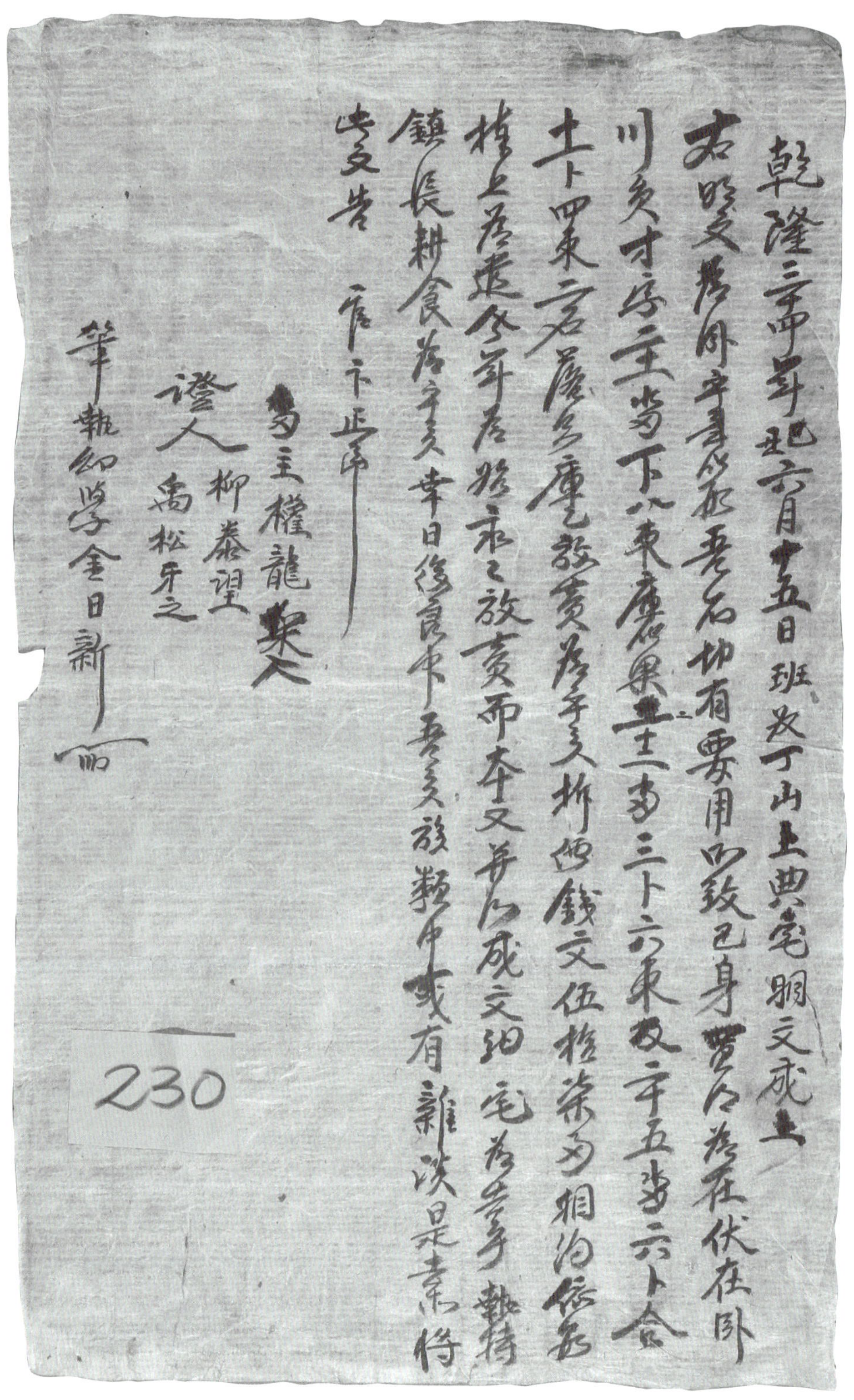

1769년 6월 15일에 權龍采가 班奴 丁山에게 논을 팔면서 발급한 明文

明文 96

1769년(영조 45), 48×36.3

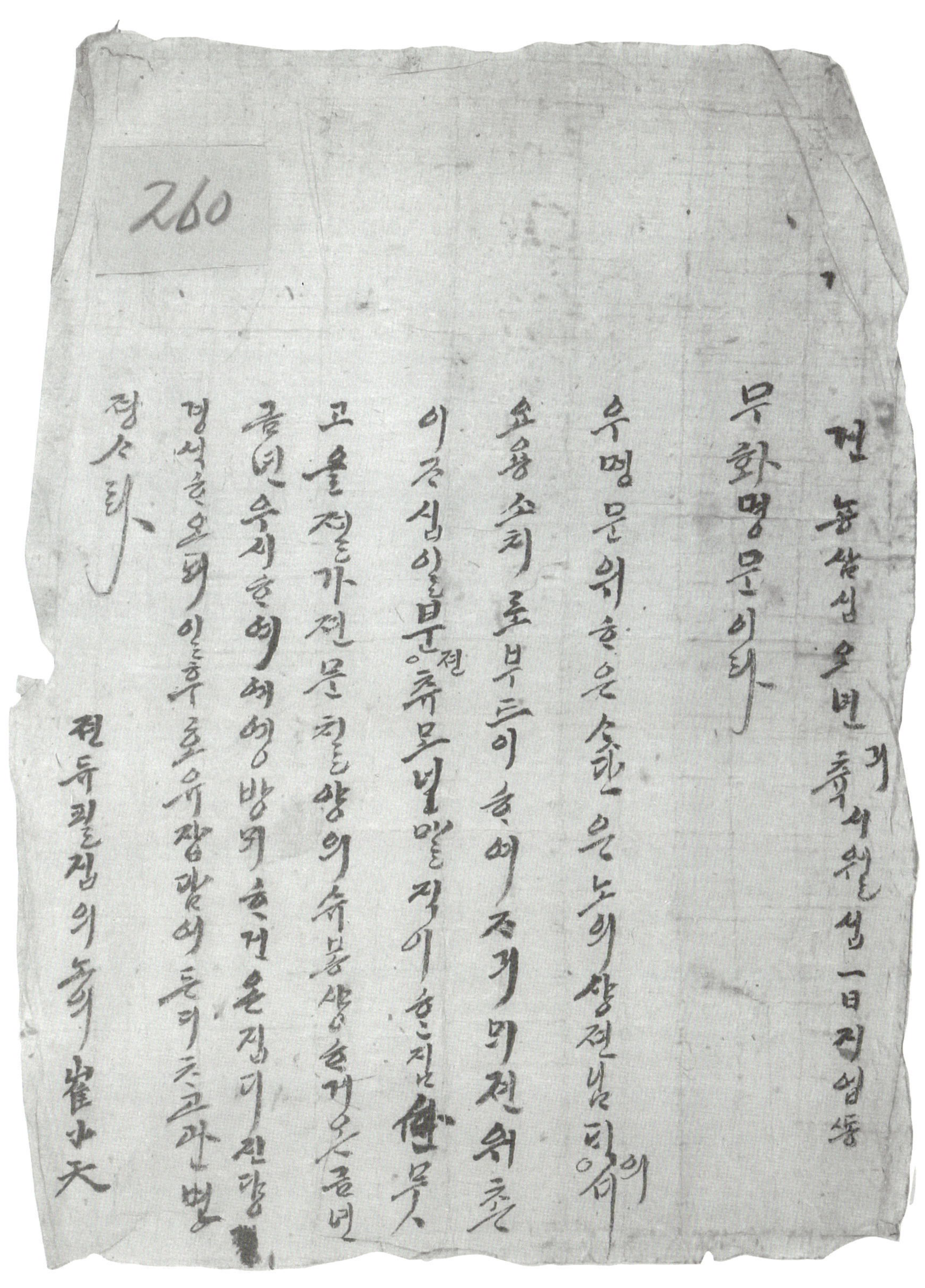

건눙삼십오년 긔츅시월 십一日 지업똥
무화명문이라
우명문위ᄒᆞᆫ은 소ᄃᆞᆫ은 노의 상젼님 ᄃᆡᆨ의
요용소치로 부득이ᄒᆞ여 조겨뫼젼쉬촌
이즈십일일분 젼 츄모ᄇᆞᆯ매 작이ᄒᆞᆫ지난 은문ᄉᆞ
고 올졀가 젼문칠냥의 슈봉ᄒᆞ거오ᄉᆞ 금년
금년 ᄉᆞ시ᄒᆞᆫ여 ᄋᆡ영방ᄆᆡᄒᆞ거온 집디 간당
경식ᄒᆞᆫ오되 이후 호유잡담여든 이ᄉᆞ고 관변
정ᄉᆞ라
전 듀필 집의 노의 崔小天

1769년 10월 11일에 노 崔小天이 지업똥에게 밭을 팔면서 발급한 한글 明文

明文 97

1769년(영조 45), 54×33.4

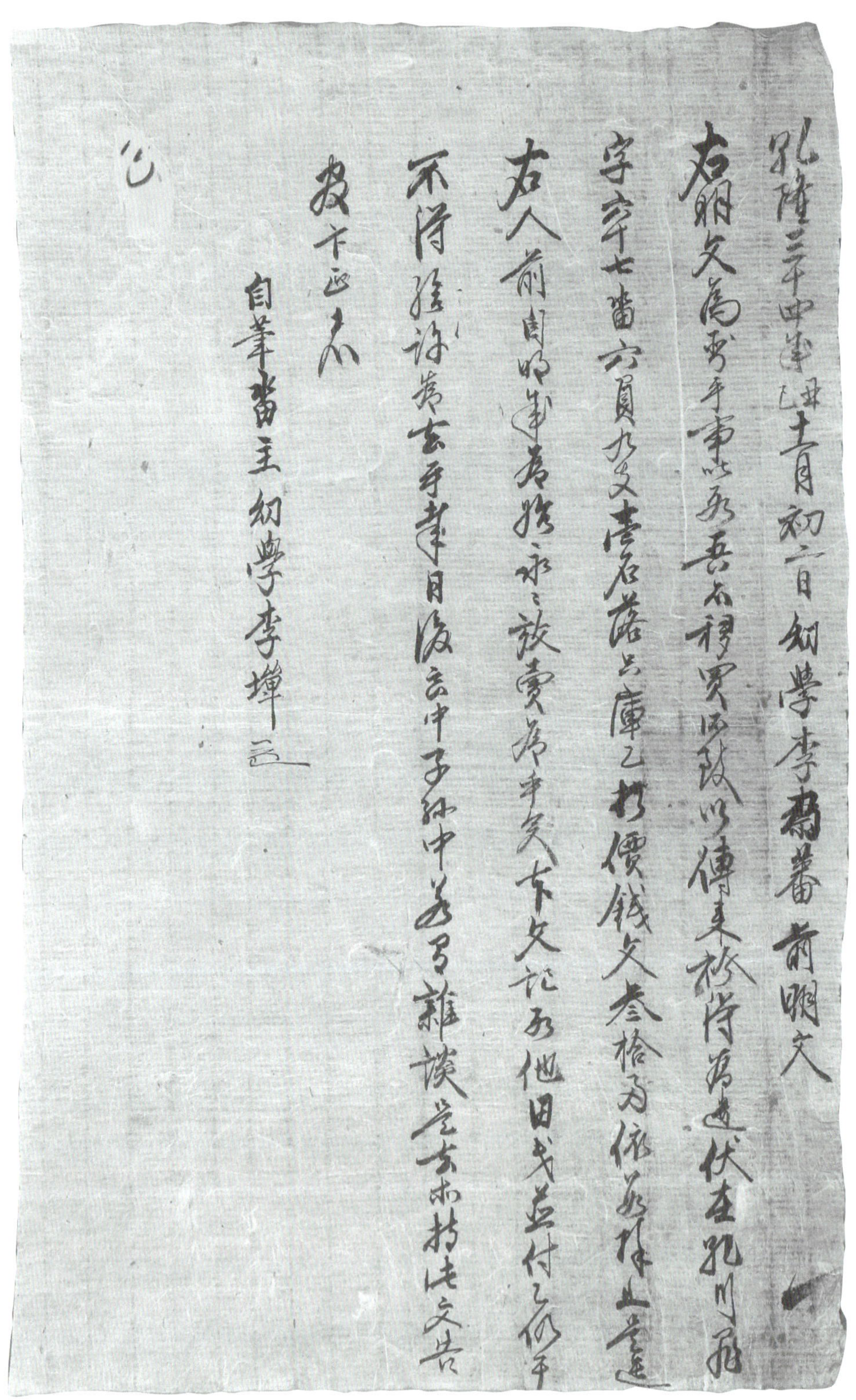

乾隆三十四年己丑十一月初二日 幼學李乃蕃 前明文

右明文爲臥乎事段 吾矣移買以傳來於得爲如乎伏在乾川前

字第七番 六負九束 壹石落只庫乙 折價錢文參拾兩 依數捧上是遣

右人前 自明年爲始 永永放賣爲乎矣 本文記段 他田畓並付乙仍于

不得鎭給爲去乎 去年日後良中 子孫中 若有雜談是去等 持此文告

官下正事

自筆 畓主 幼學 李墰

1769년 11월 초2일에 유학 李墰이 유학 李乃蕃에게 논을 팔면서 발급한 明文

明文 98

1770년(영조 46), 47×37.4

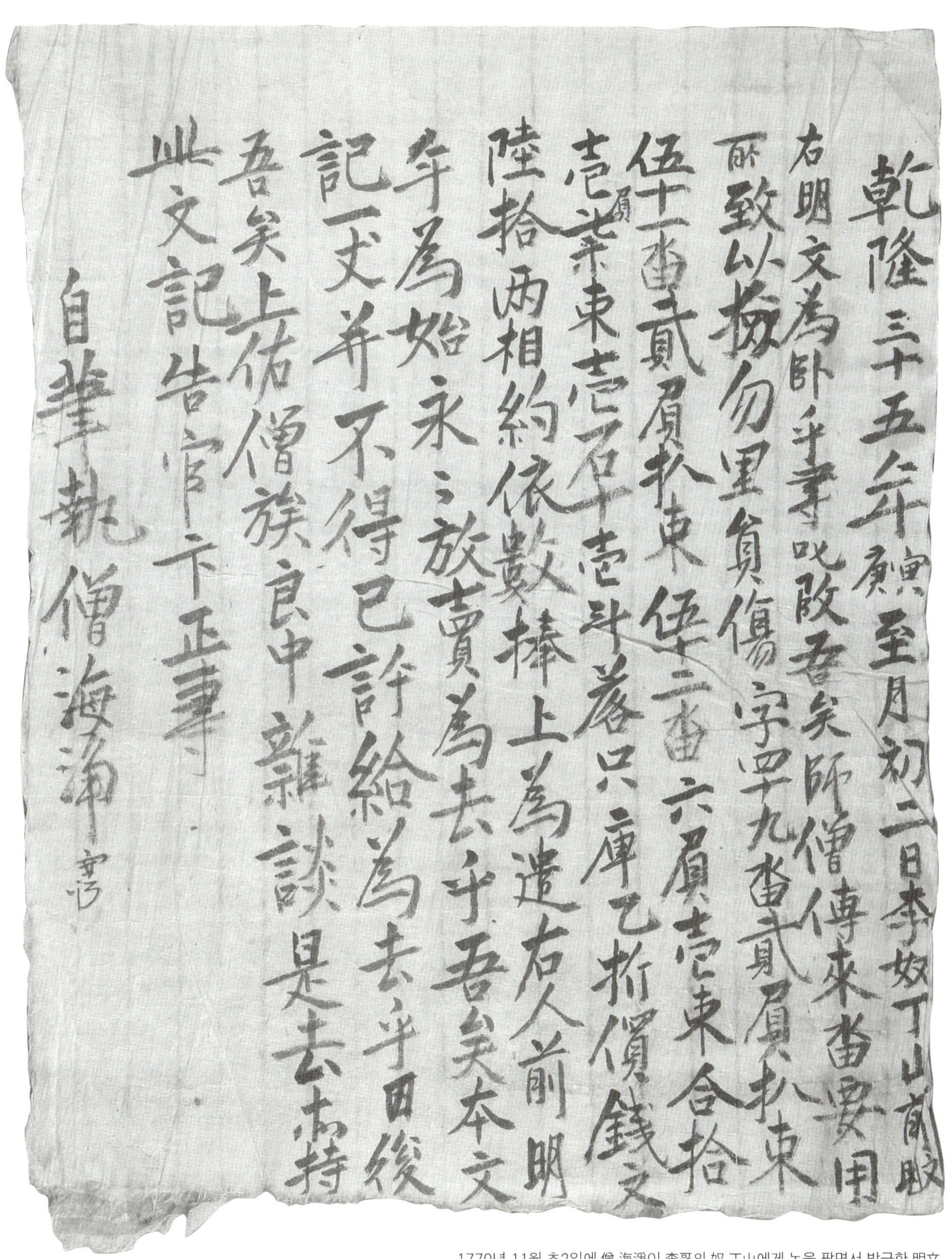

1770년 11월 초2일에 僧 海淨이 李哥의 奴 丁山에게 논을 팔면서 발급한 明文

明文 99

1771년(영조 47), 55.5×35.3

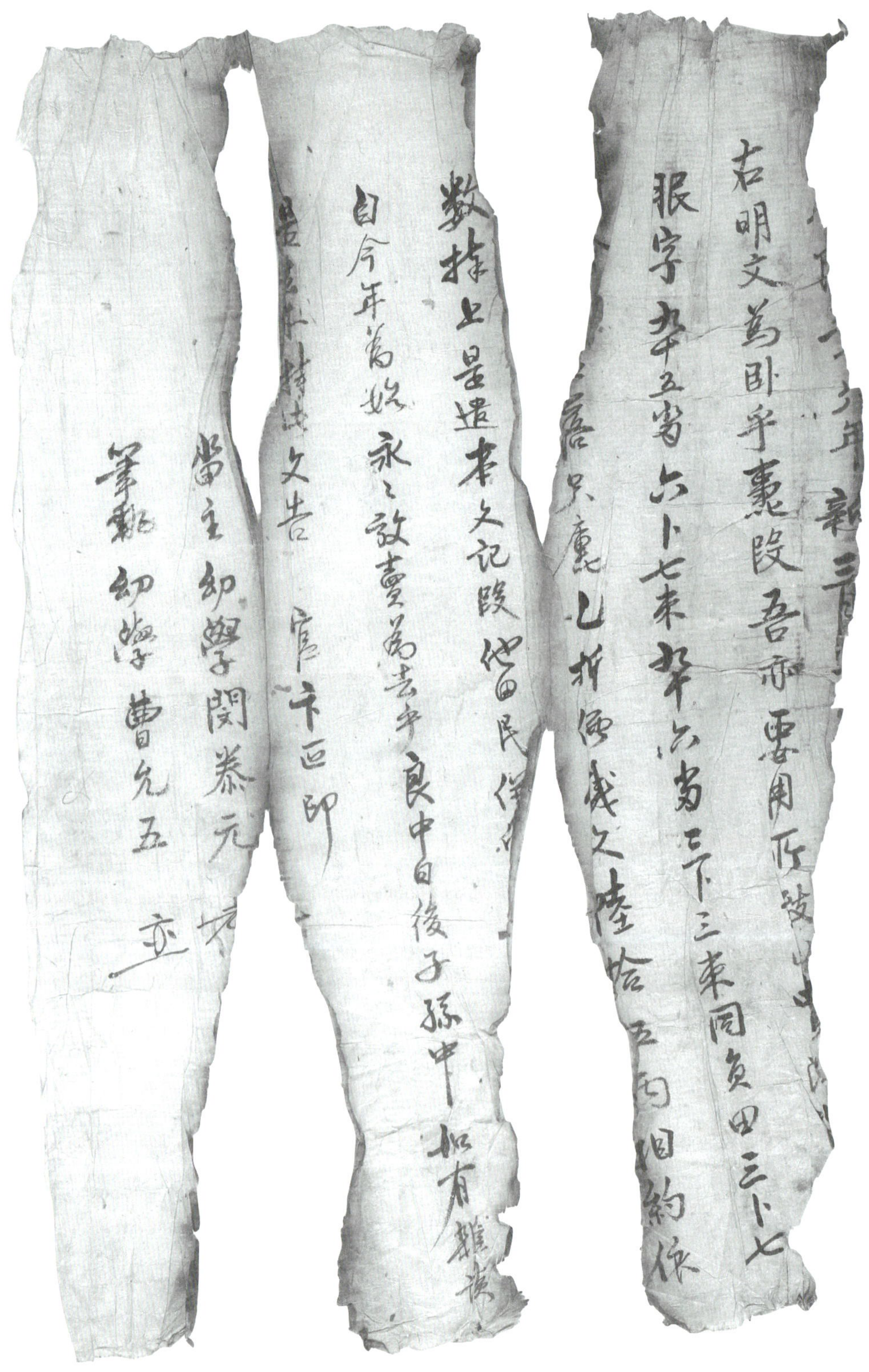

1771년 3월에 유학 閔泰元이 전답을 팔면서 발급한 明文

明文 100

1771년(영조 47), 54×35.3

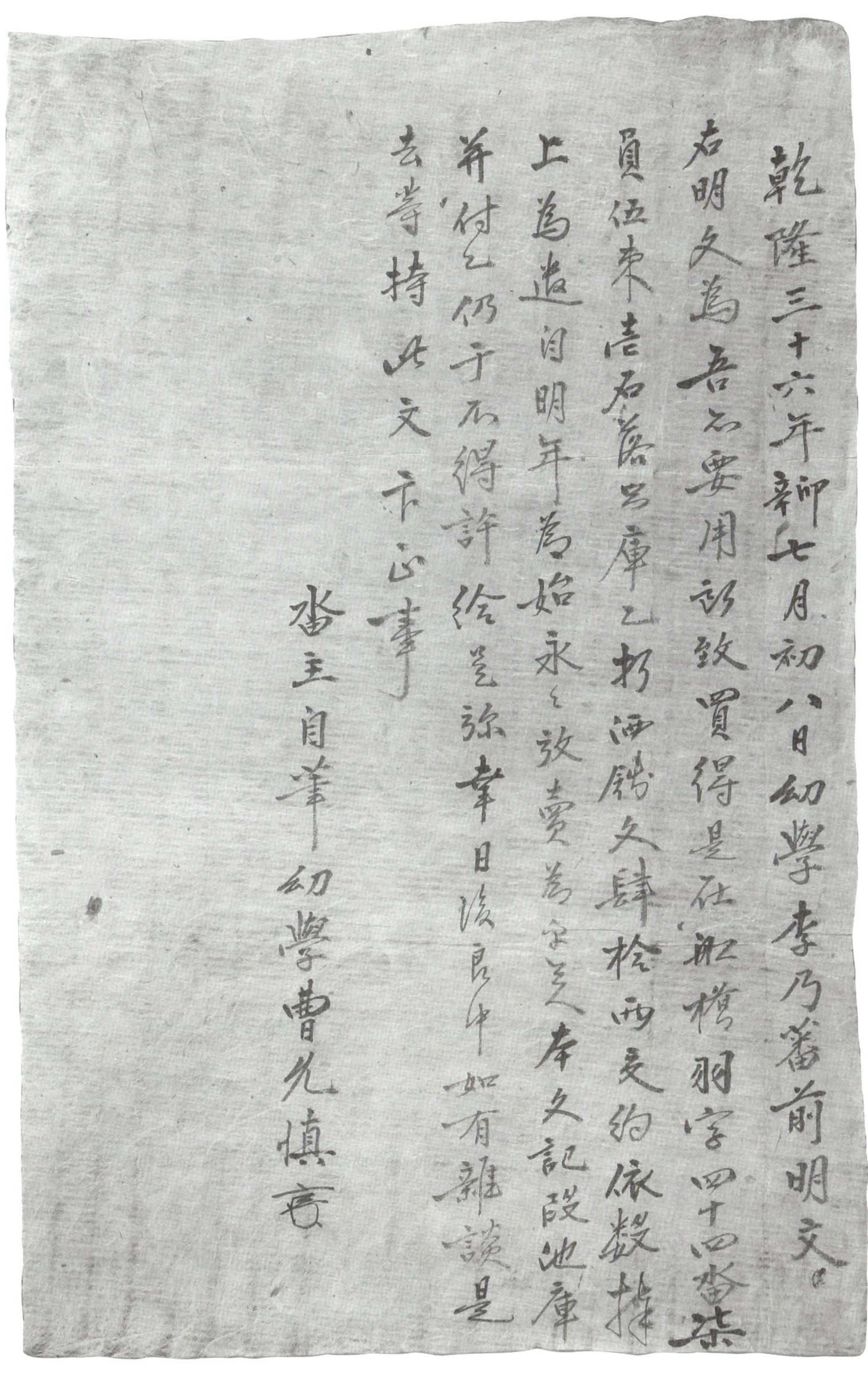

乾隆三十六年辛卯七月初八日幼學李乃蓄前明文

右明文爲吾亦要用所致買得是在[illegible][illegible]羽字四十四畓柒
負伍束吉石落出庫乙折価錢文肆拾兩交納依數捧
上爲遣自明年爲始永永放賣爲去乎本文記段他庫
并付乙仍于不得許給是彌幸日後良中如有雜談是
去等持此文卞正事

畓主自筆 幼學曹允愼(着名)

1771년 7월 초9일에 유학 曺允愼이 유학 李乃蓄에게 논을 팔면서 발급한 明文

明文 101

1771년(영조 47), 54.6×33.8

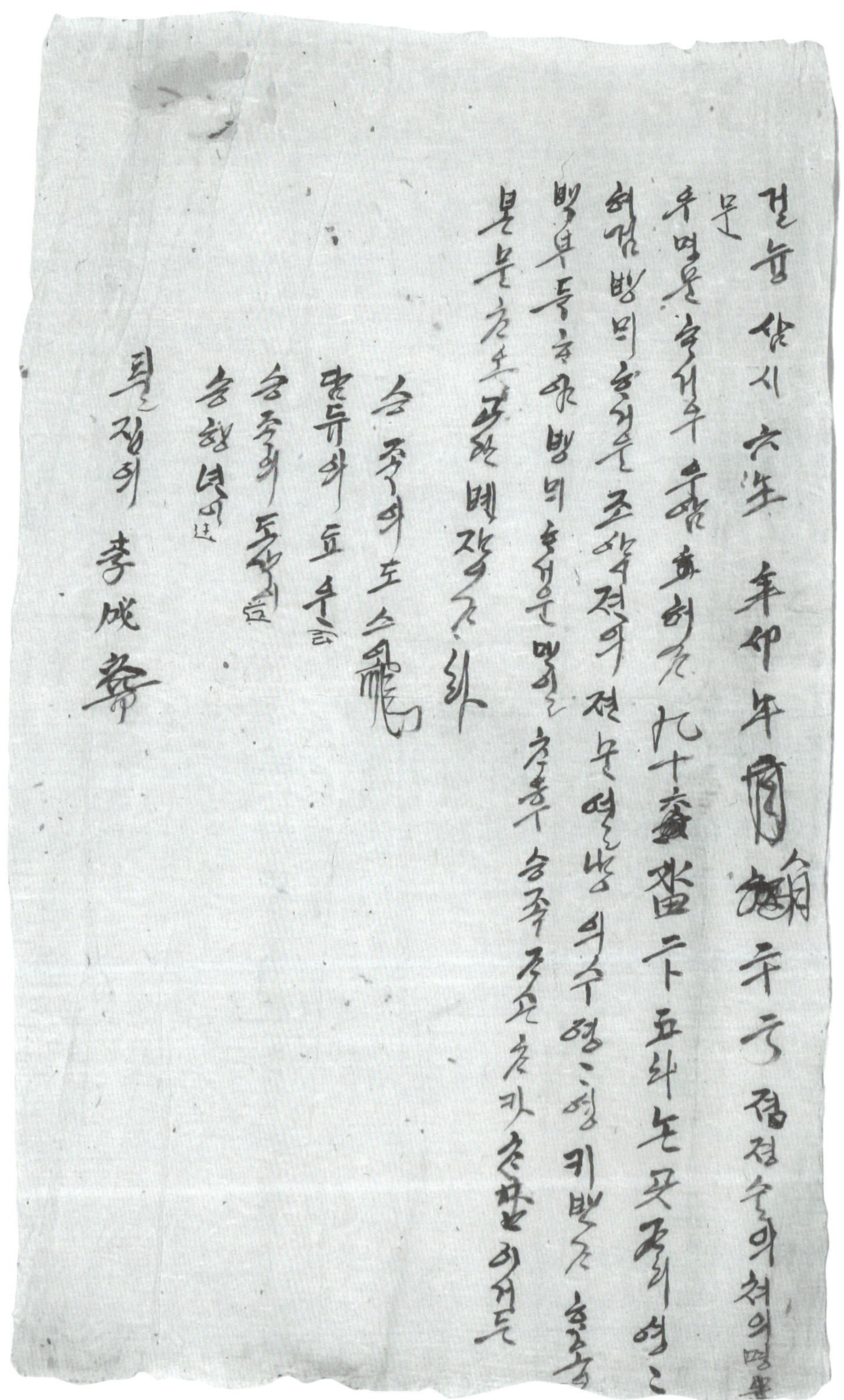

1771년 8월 22일에 승려 됴우가 정정술의 아내에게 논을 팔면서 발급한 한글 明文

明文 102

1771년(영조 47), 52.3×34.4

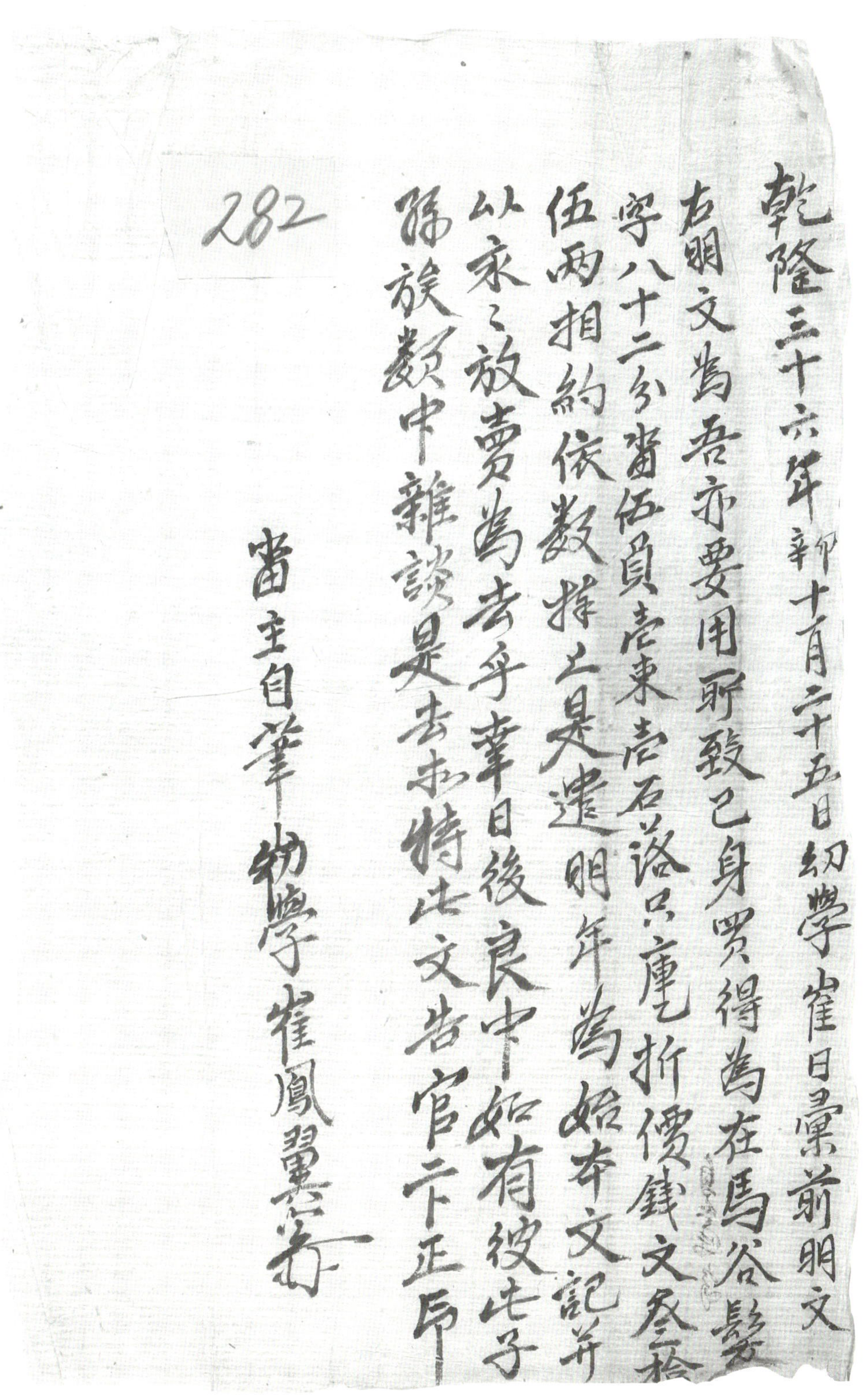
乾隆三十六年辛卯十一月二十五日幼學崔日彙前明文
右明文爲吾亦要用所致已身買得爲在馬谷髮
字八十二分沓伍負壹束壹石落只庫乙折價錢文參拾
伍兩相約依數捧上是遣明年爲始本文記幷
以來ㆍ放賣爲去乎幸日後良中如有彼此子
孫族類中雜談是去等持此文告官卞正事
畓主自筆幼學崔鳳翼

1771년 11월 25일에 유학 崔鳳翼이 유학 崔日彙에게 논을 팔면서 발급한 明文

明文 103

1772년(영조 48), 34.4×44.8

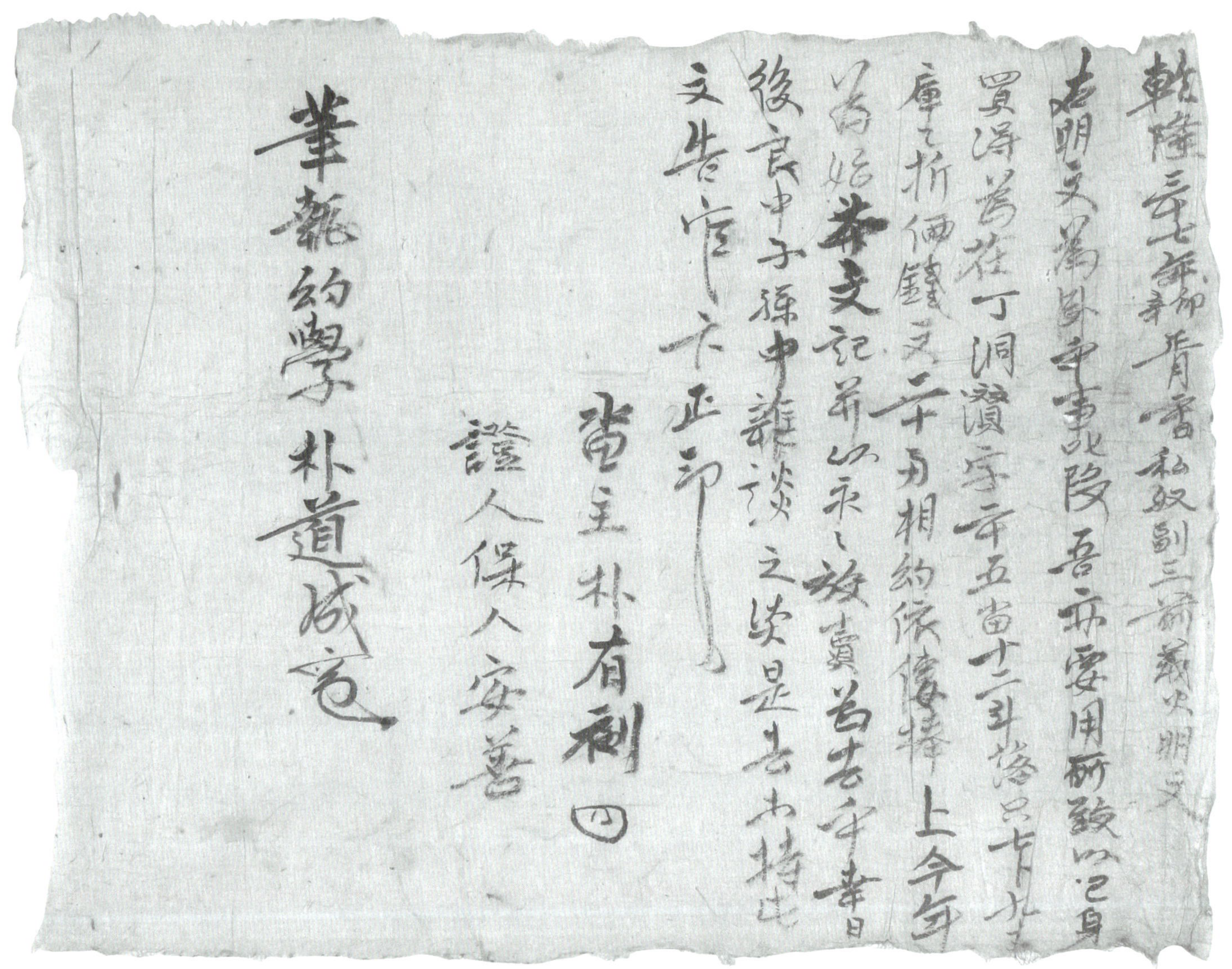

1772년 1월 20일에 朴有朴이 私奴 副三에게 논을 팔면서 발급한 明文

明文 104

1772년(영조 48), 56.1×69

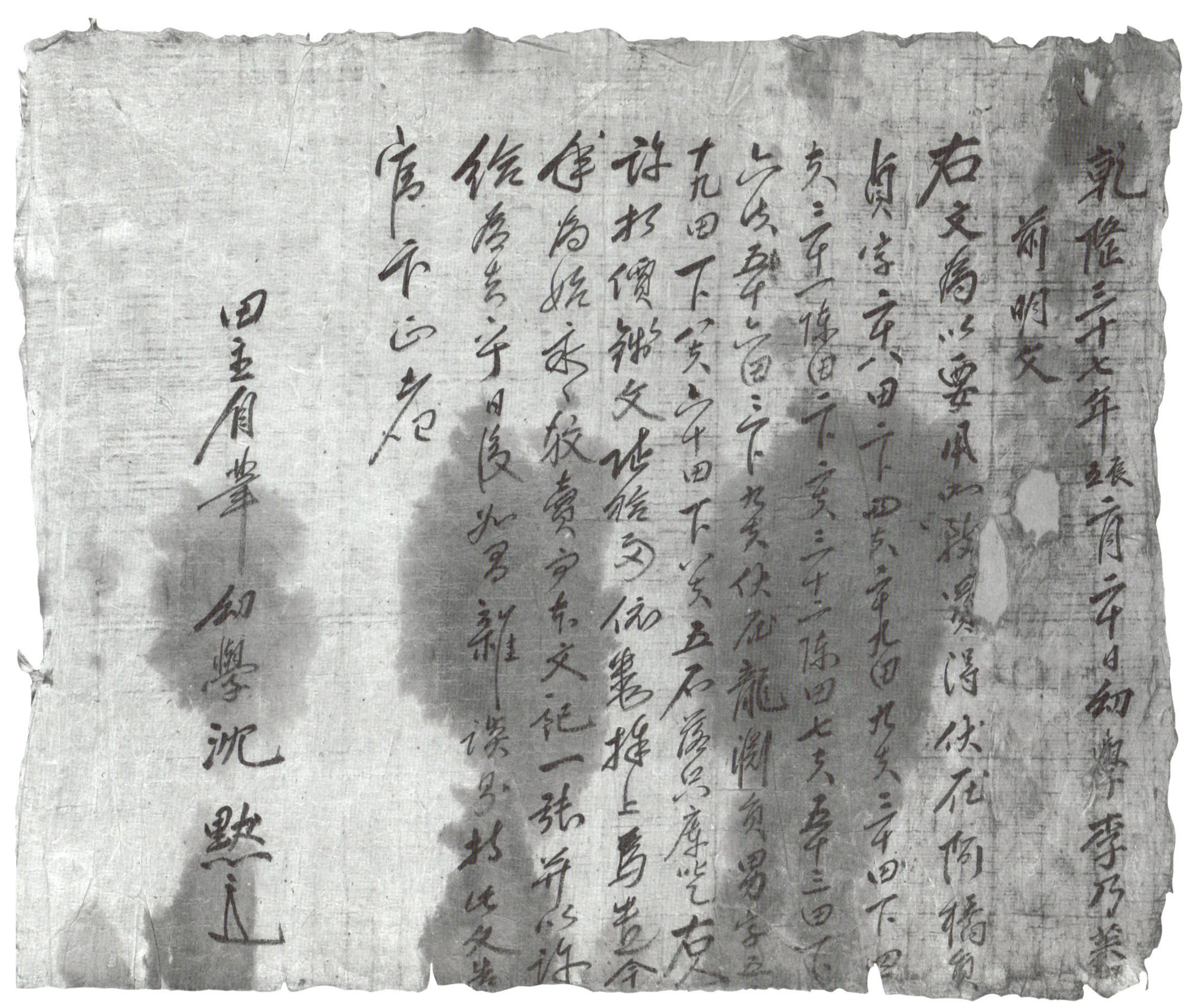

1772년 2월 20일에 유학 沈默이 유학 李乃蕃에게 밭을 팔면서 발급한 明文

1772년(영조 48), 47.3×44.9

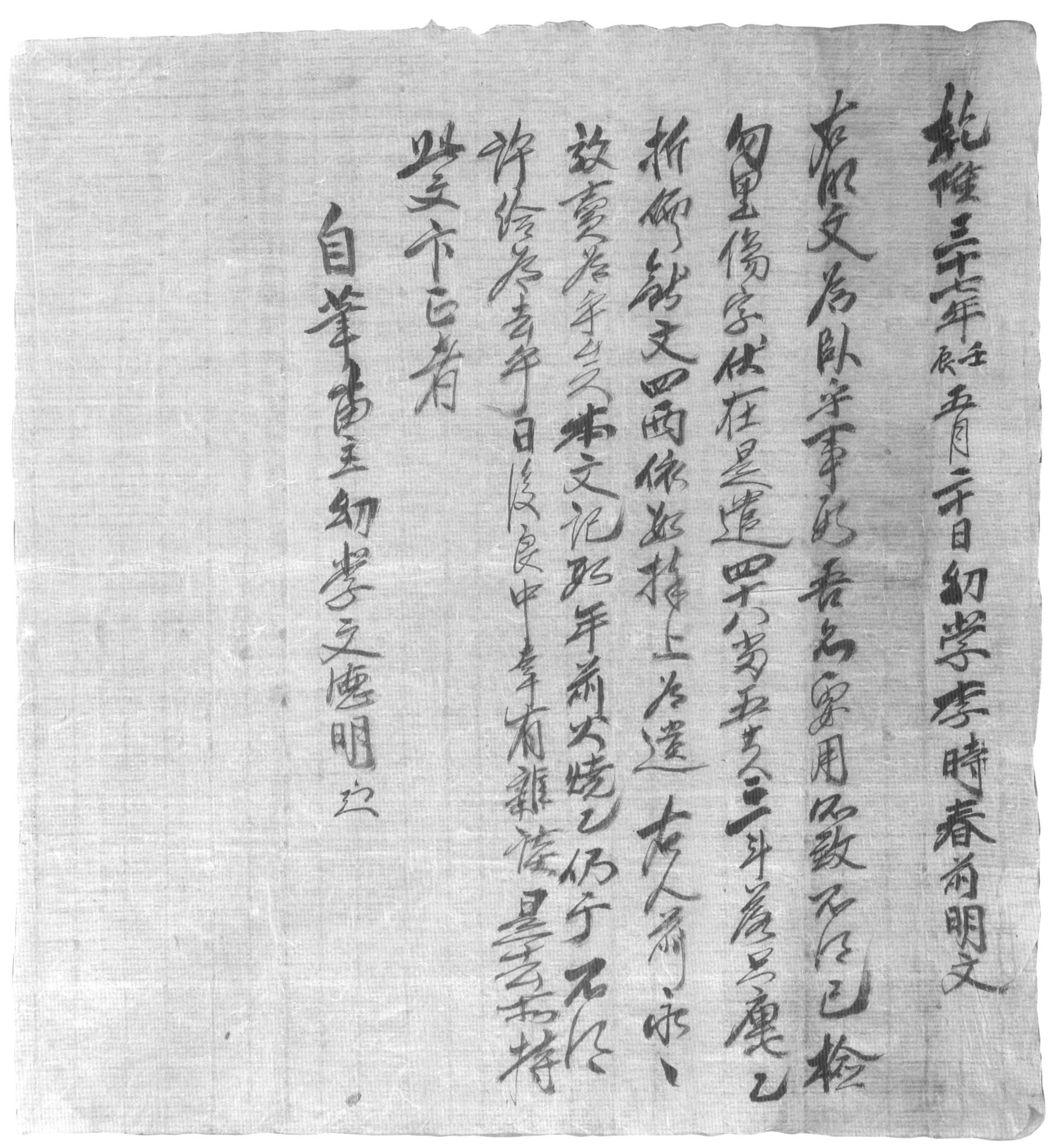

乾隆三十七年壬辰五月二十日 幼學李時春前明文

右明文爲臥乎事段 吾矣要用所致以 已檢

勾里傷字伏在是遣畓八斗落只庚乙

折價錢文四兩依數捧上爲遣 右人前永ゝ

放賣爲乎矣 本文記段 年前火燒乙仍于 不得

許給爲去乎 日後良中 若有雜談是去等 持

此文卞正者

自筆畓主幼學文德明

1772년 5월 20일에 유학 文德明이 유학 李時春에게 논을 팔면서 발급한 明文

明文 106

1772년(영조 48), 55.1×30.6

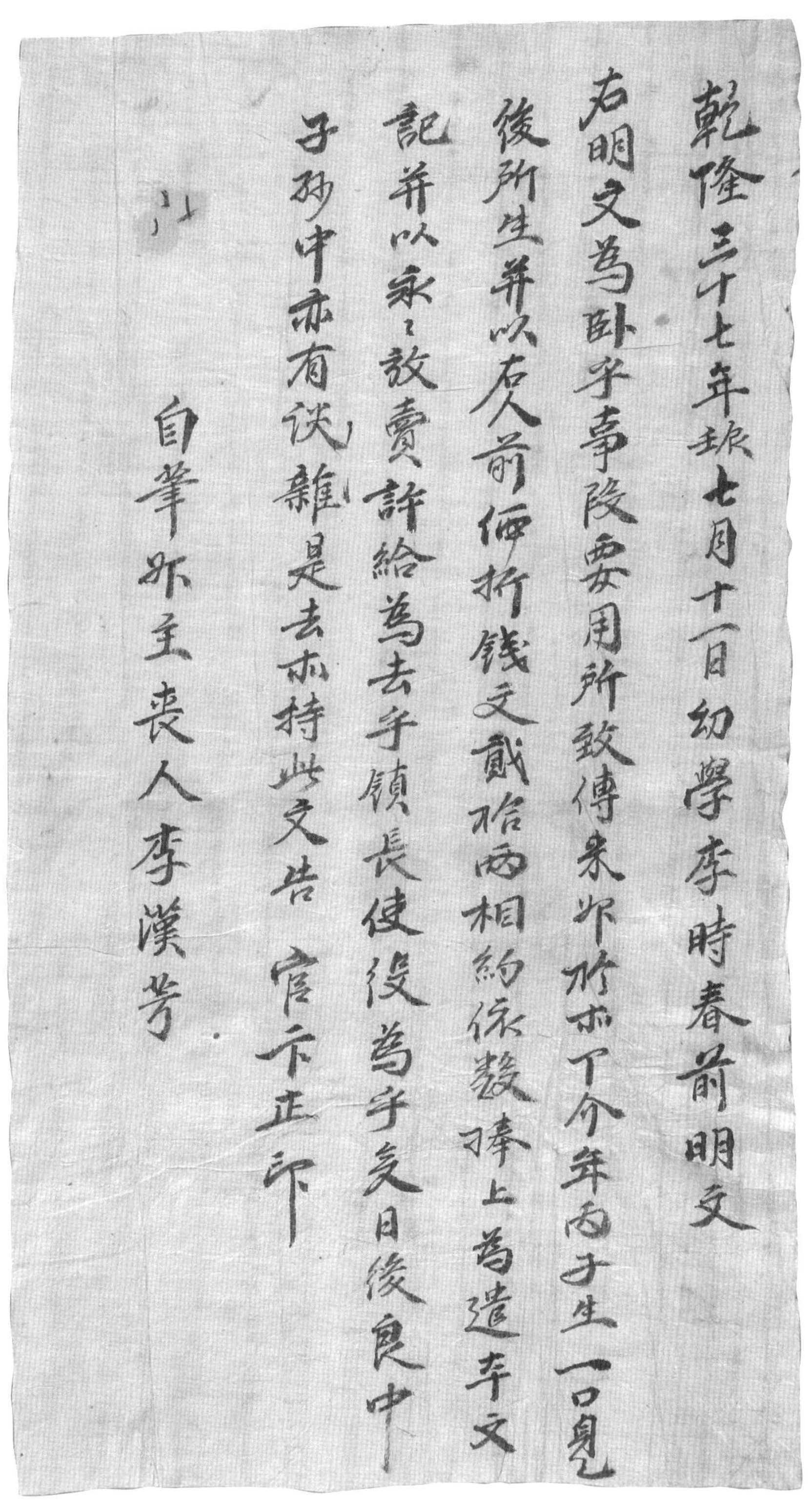

乾隆三十七年壬辰七月十一日幼學李時春前明文

右明文爲卧乎事段要用所致傳來婢於亦丁介年丙子生一口身

後所生幷以右人前價折錢文貳拾兩相約依數捧上爲遣本文

記幷以永永放賣許給爲去乎須長使役爲乎矣日後良中

子孫中亦有說雜是去亦持此文告官卞正事

自筆婢主喪人李漢芳

1772년 7월 11일에 婢主 李漢芳이 유학 李時春에게 계집종을 팔면서 발급한 明文

1772년(영조 48), 53.1×33.3

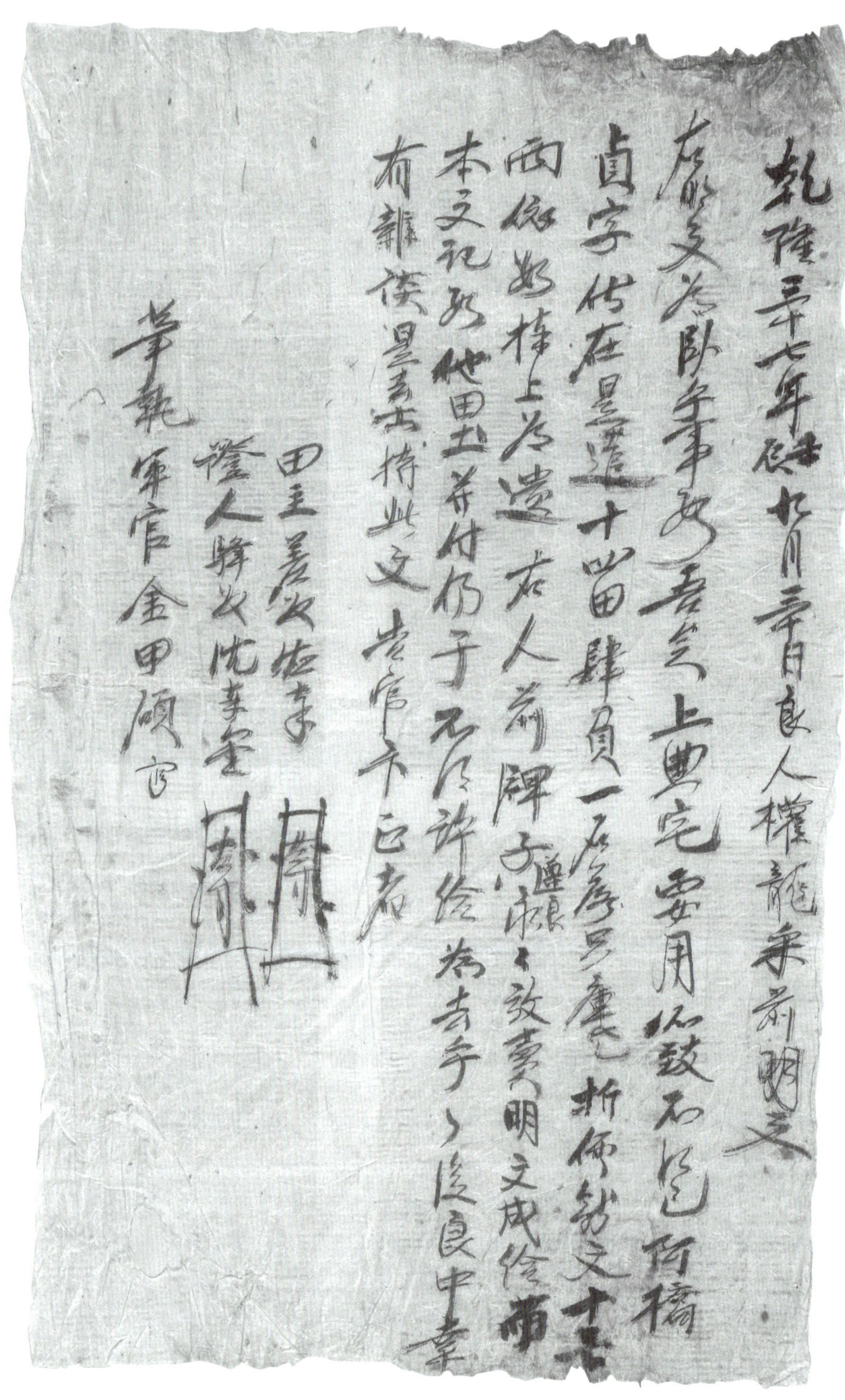

乾隆三十七年壬辰九月三十日良人權龍采前明文
右明文爲臥乎事段吾矣上典宅要用所致不得已阿橋
員字伏在是遣十畓肆負一石落只處乙折價錢文十五
兩依數捧上爲遣右人前牌子連根永永放賣明文成給爲乎
本文記段他田土幷付仍子不得許給爲去乎日後良中
有雜談是去等持此文告官卞正者
田主 差奴 德奉
證人 驛奴 沈奉金
筆執 軍官 金田碩

1772년 9월 30일에 差奴 德奉이 良人 權龍采에게 밭을 팔면서 발급한 明文

明文 108

1772년(영조 48), 51.8×32.9

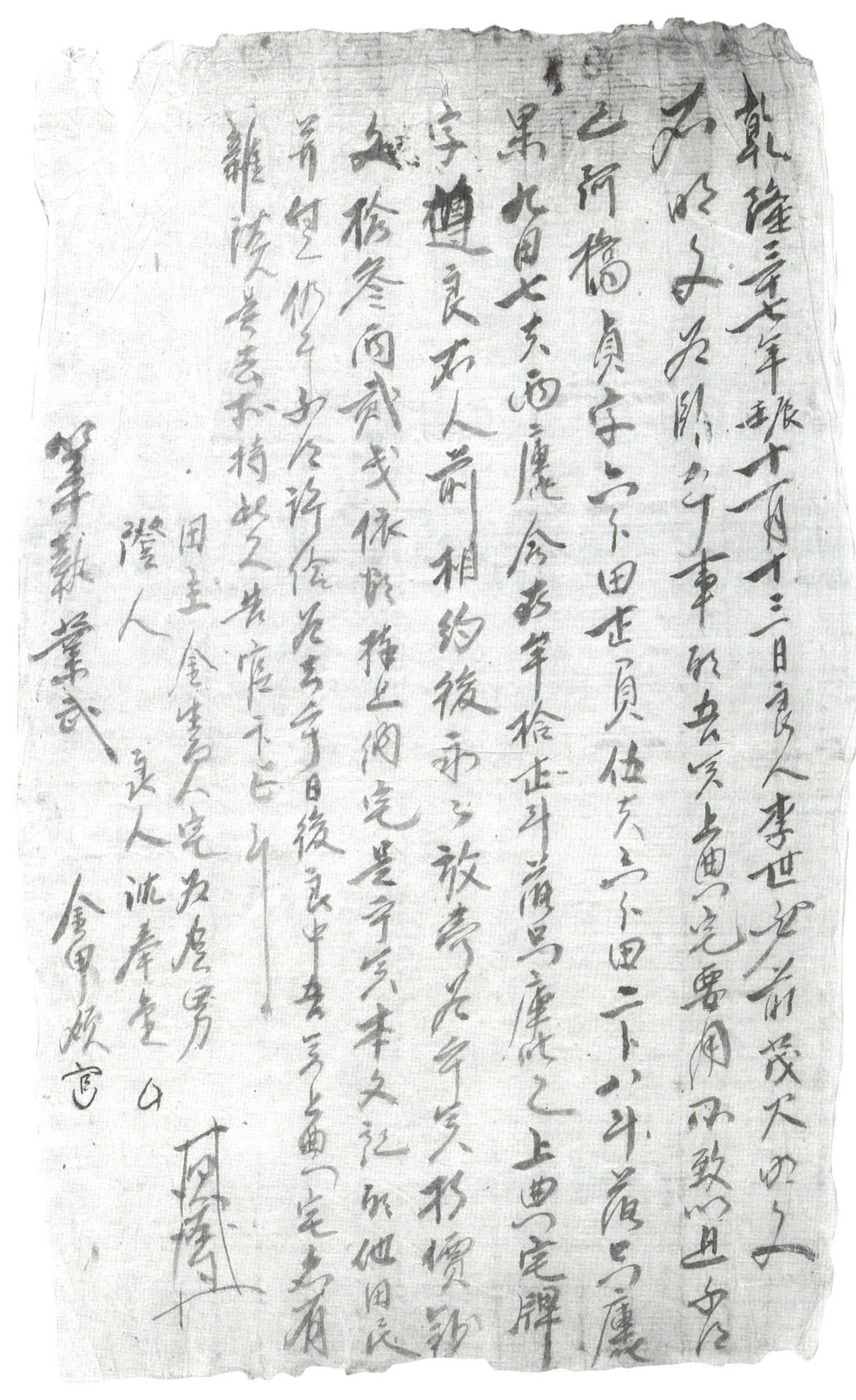

1772년 11월 13일에 金生員 宅 奴 乭男이 良人 李世必에게 밭을 팔면서 발급한 明文

1772년(영조 48), 60.8×39.9

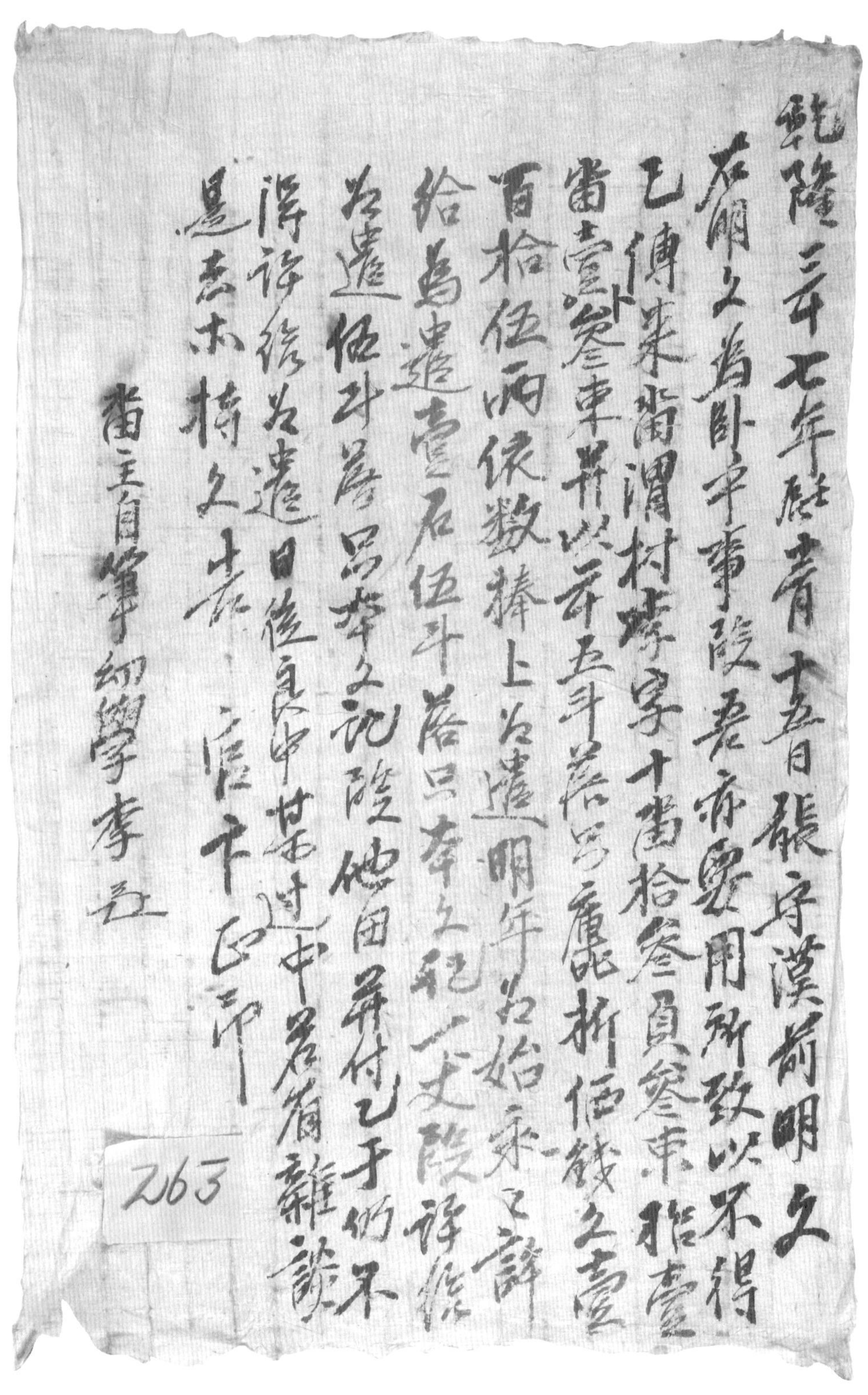

1772년 12월 15일에 유학 李가 張守漢에게 논을 팔면서 발급한 明文

明文 110

1773년(영조 49), 57.9×35.5

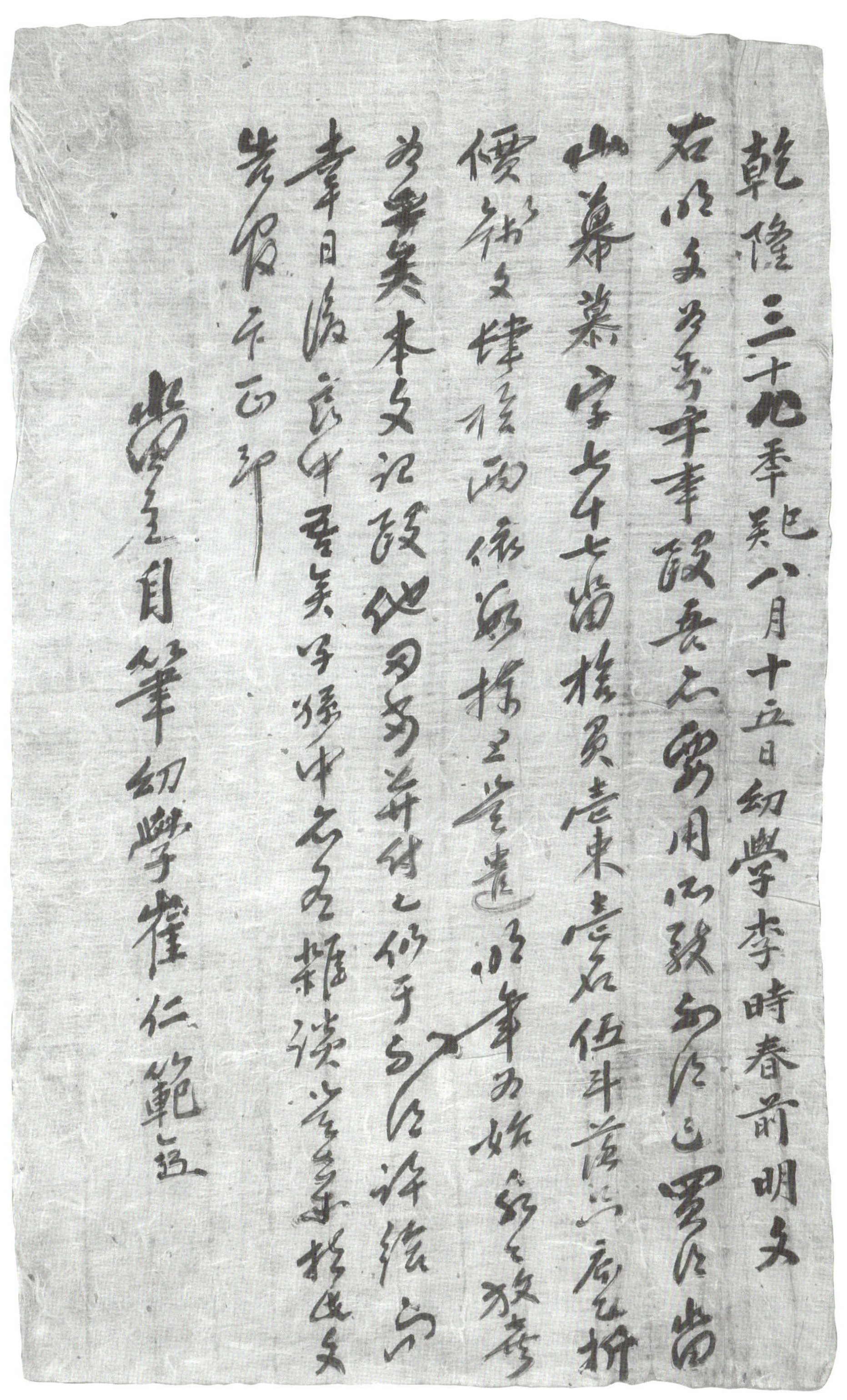

乾隆三十八年癸巳八月十五日幼學李時春前明文

畓主 自筆 幼學 崔仁範

1773년 8월 15일에 유학 崔仁範이 유학 李時春에게 논을 팔면서 발급한 明文

1774년(영조 50), 53×35.8

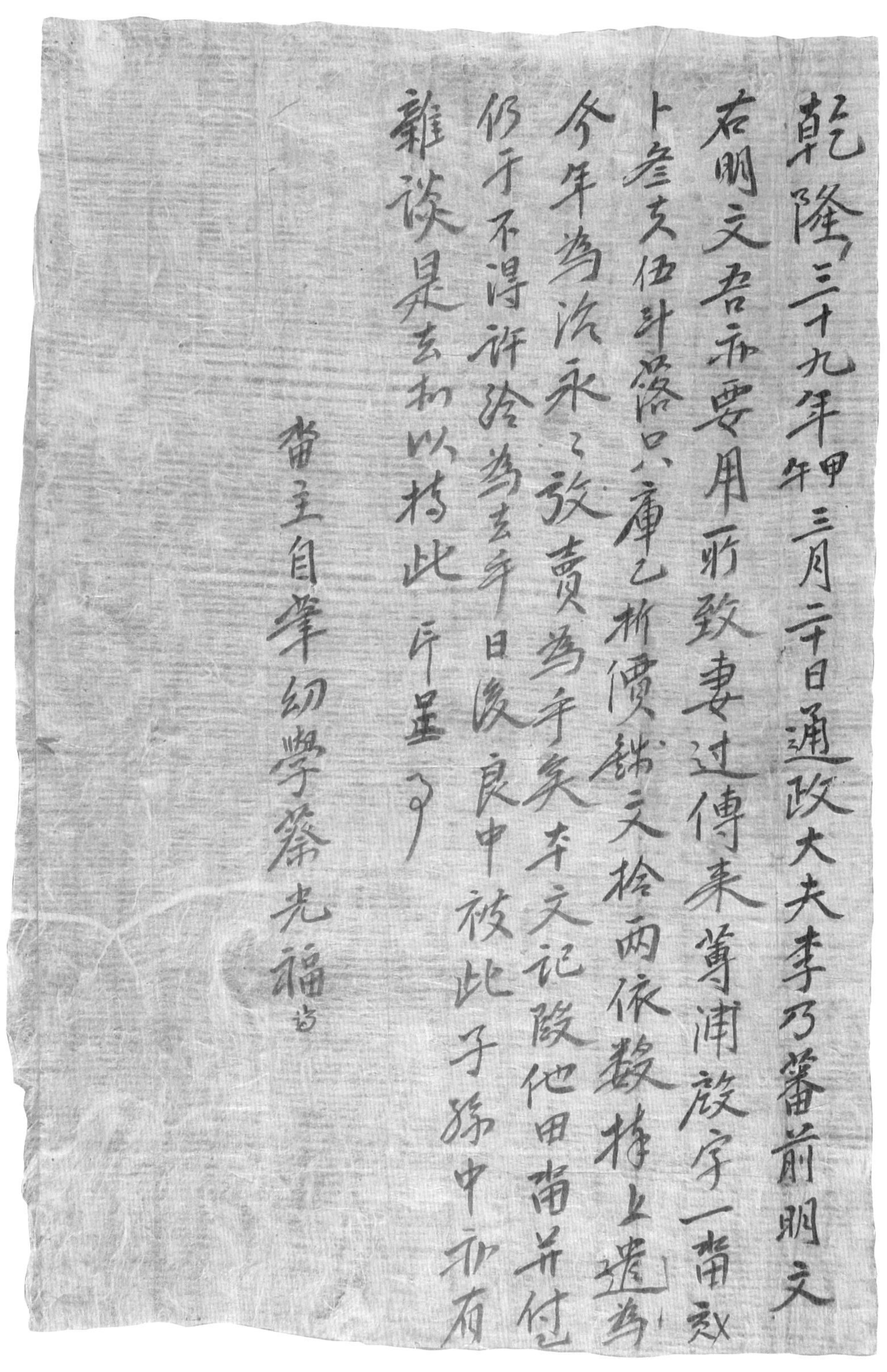

乾隆三十九年甲午三月二十日通政大夫李乃蕃前明文

右明文吾亦要用所致妻边傳來蓴浦䆘字一畓貳
卜叁束伍斗落只庫乙折價錢文拾兩依數捧上爲遣
今年爲始永永放賣爲乎矣本文記段他田畓幷付
仍于不得許給爲去乎日後良中彼此子孫中亦有
雜談是去等以持此告呈事

畓主自筆幼學蔡光福

1774년 3월 20일에 유학 蔡光福이 通政大夫 李乃蕃에게 논을 팔면서 발급한 明文

明文 112

1774년(영조 50), 57.5×43.9

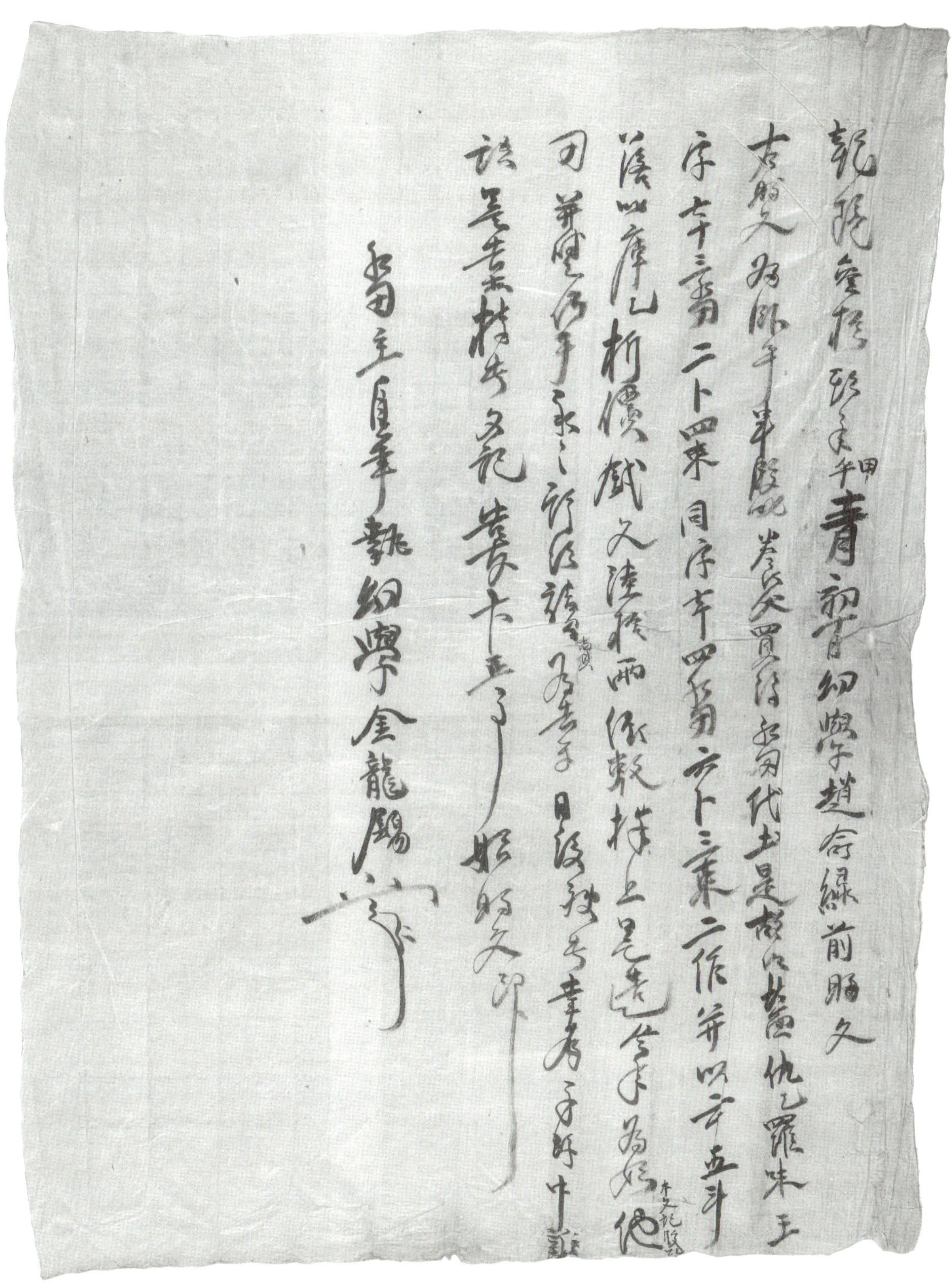

1774년 12월 초10일에 金龍錫이 유학 趙命綠에게 논을 팔면서 발급한 明文

1774년(영조 50), 57.3×40.3

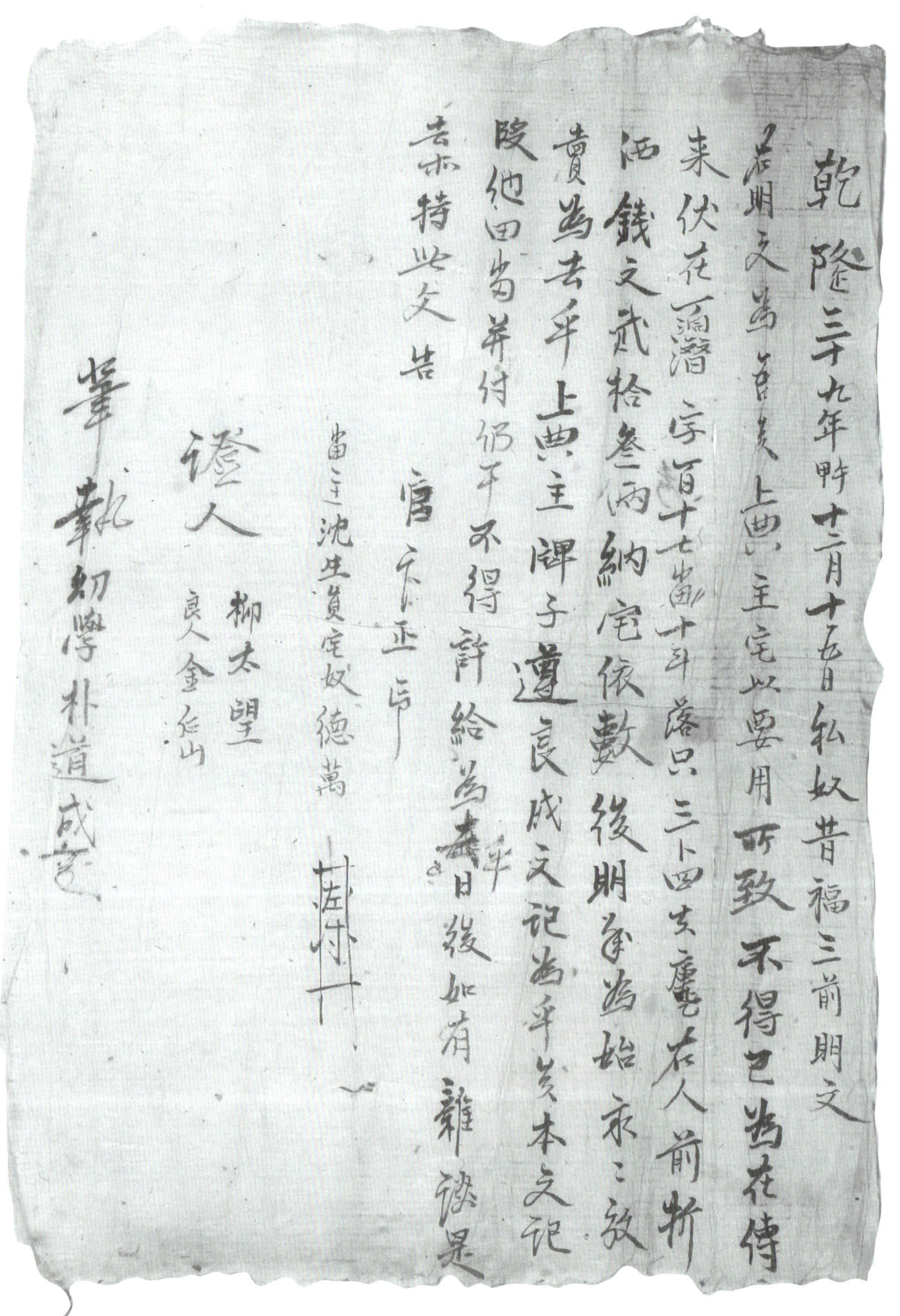

1774년 12월 15일에 沈生員 宅 奴 德萬이 私奴 昔福三에게 논을 팔면서 발급한 明文

明文 114

1775년(영조 51), 54.4×41.1

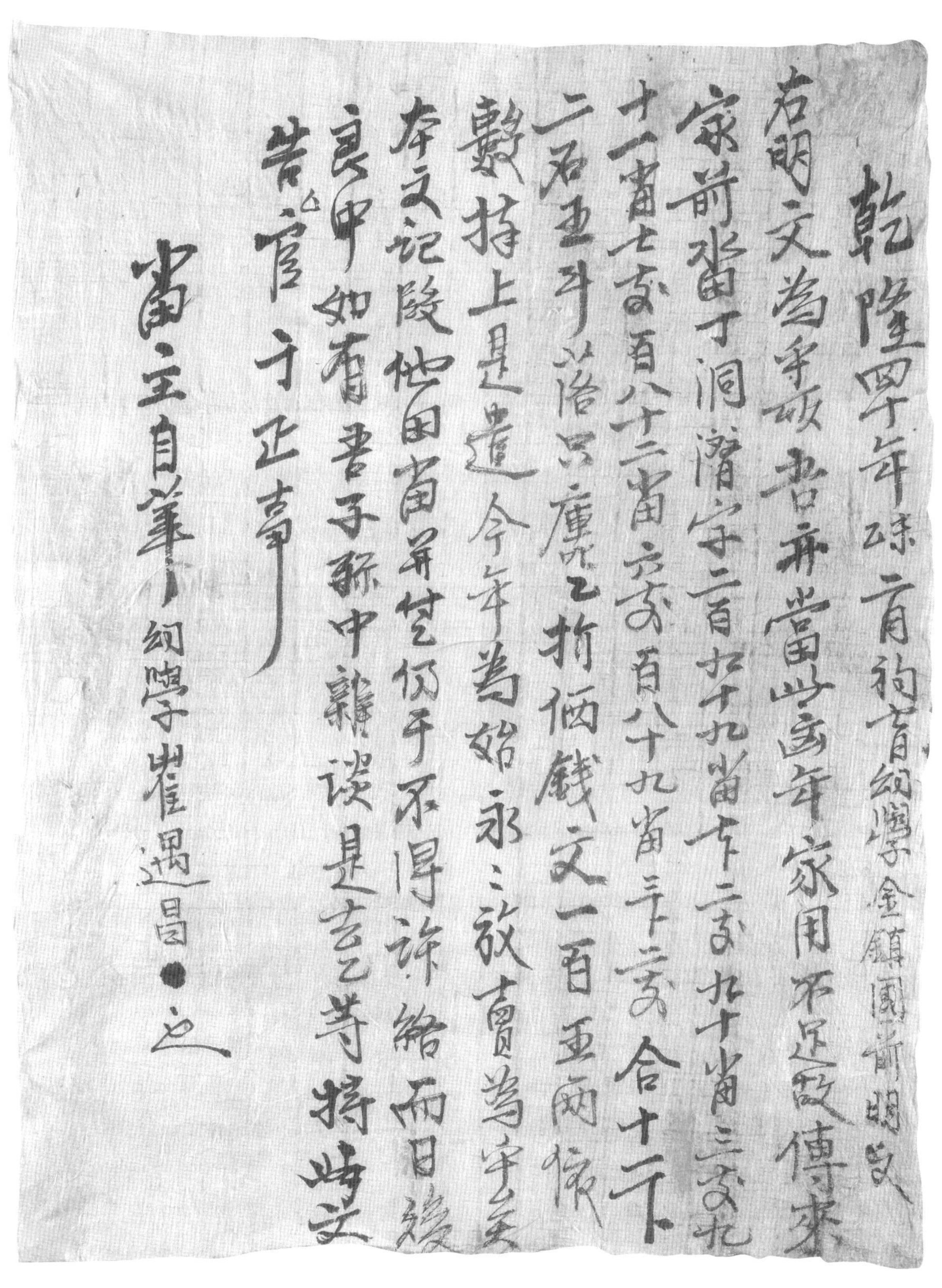

乾隆四十年乙未二月初七日幼學金鎭國前明文
右明文爲乎事段吾弃當此年家用不足故傳來
家前畓寸洞潛字二百卅九畓七卜二束九十畓三束九
十一畓七束百八十二畓六束百八十九畓三卜六束合十一卜
二石五斗落只庫乙折價錢文一百五兩依
數捧上是遣今年爲始永永放賣爲乎矣
本文記段他田畓并付仍于不得許給爲[ns]日後
良中如有子孫中雜談是去乙等持此文
告官卞正事
畓主自筆幼學崔遇昌

1775년 2월 초7일에 유학 崔遇昌이 유학 金鎭國에게 논을 팔면서 발급한 明文

明文 115

1775년(영조 51), 52.8×30

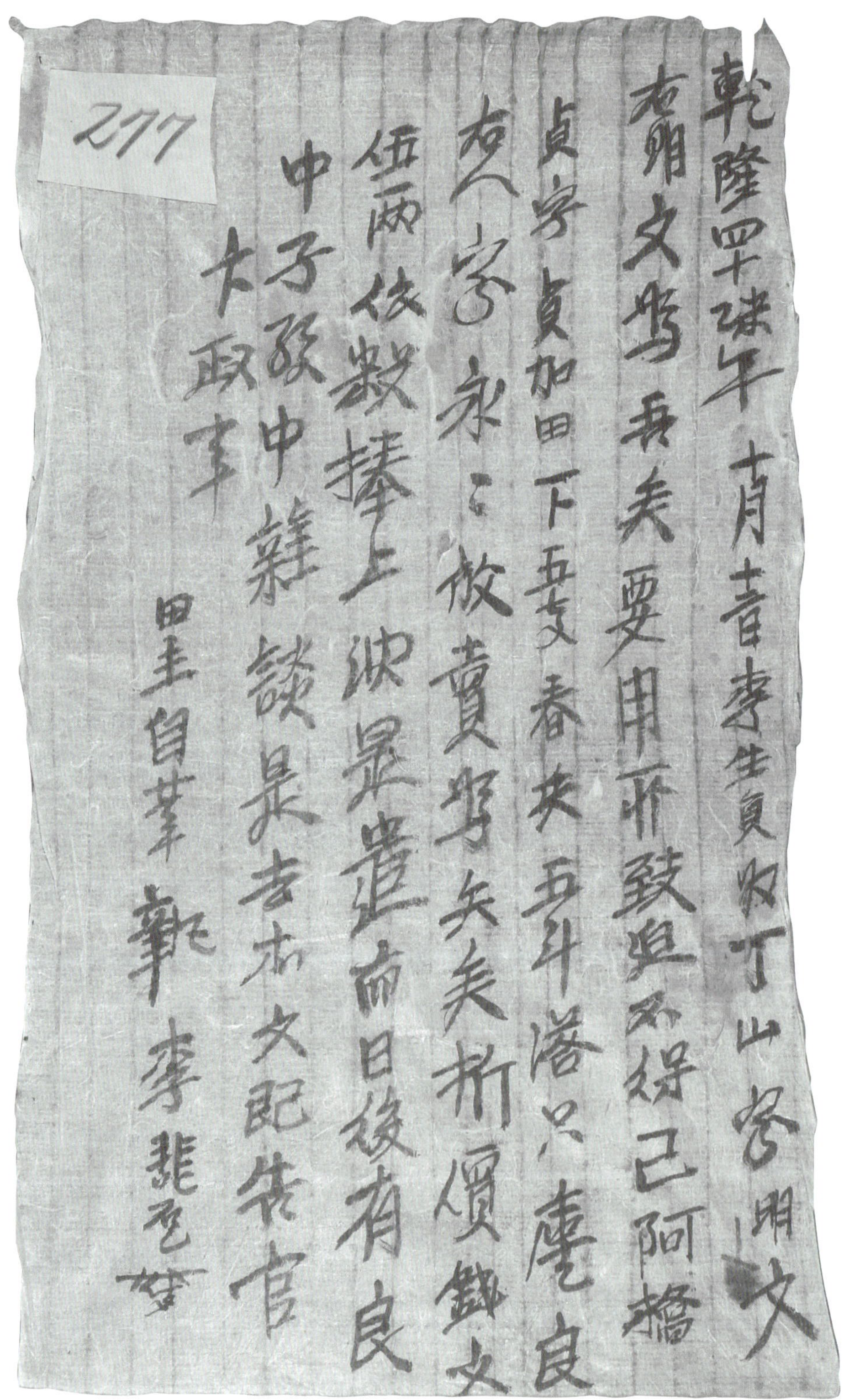

1775년 10월 12일에 李非叱乭이 李生員 奴 丁山에게 밭을 팔면서 발급한 明文

明文 116

1775년(영조 51), 53.5×35.2

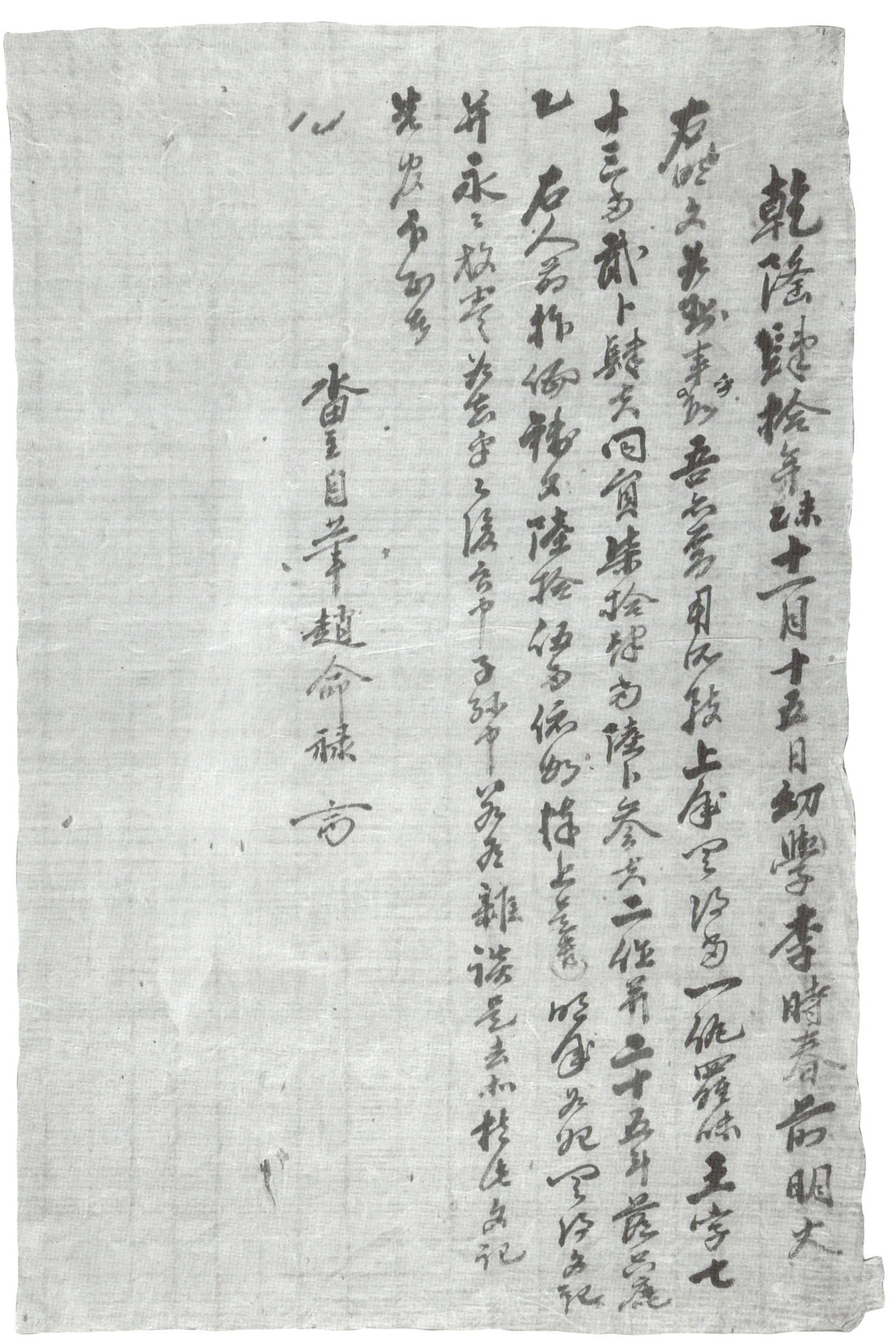
乾隆肆拾年乙未十一月十五日幼學李時春前明文

畓主自筆趙命祿

1775년 11월 15일에 趙命祿이 유학 李時春에게 논을 팔면서 발급한 明文

1775년(영조 51), 58.2×31.8

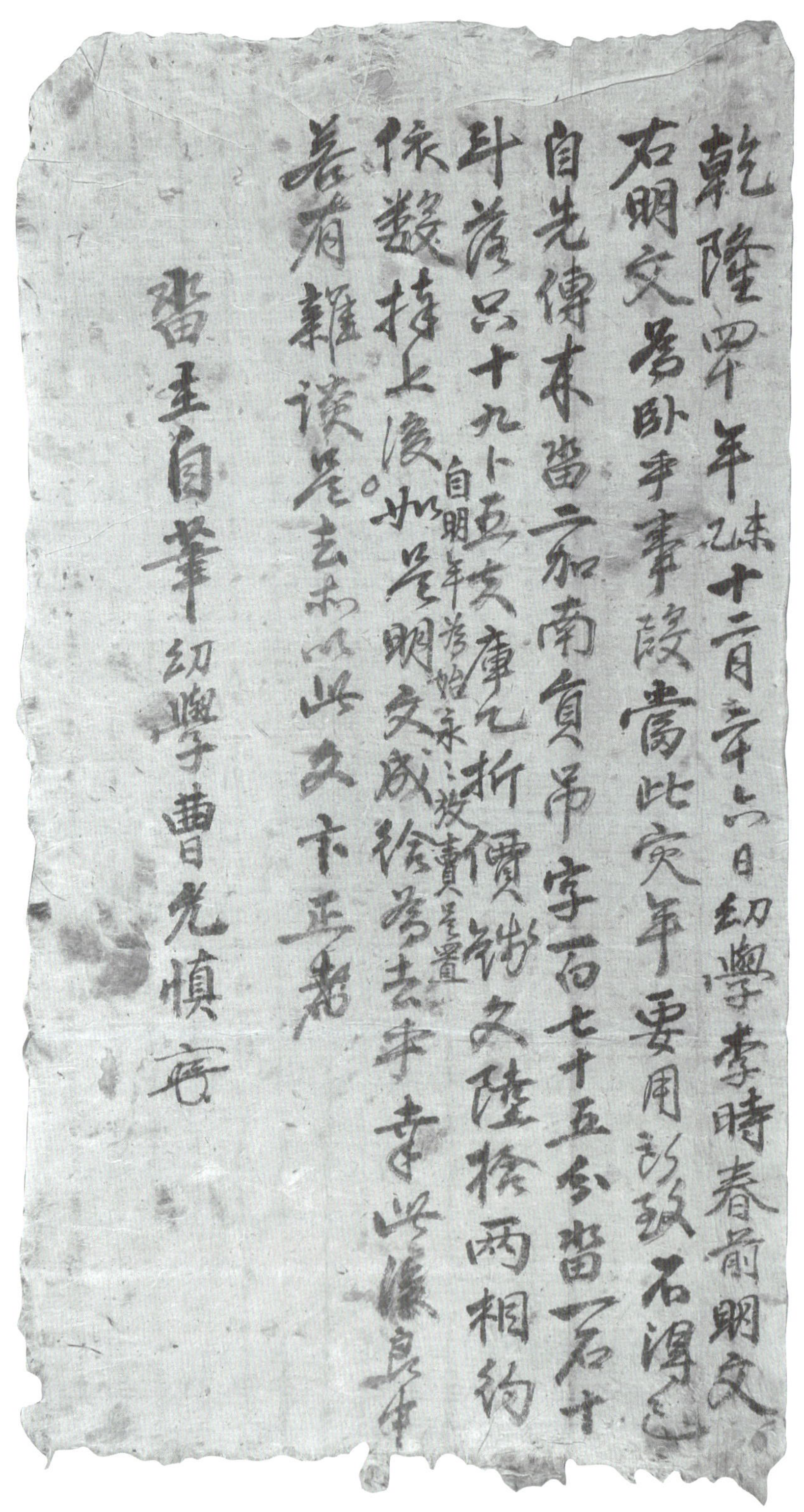
乾隆四十年乙未十二月二十六日 幼學李時春前明文
右明文爲臥乎事段 當此窮年要用所致 石渟乙
自先傳來畓二庫加南員弔字一百七十五分畓一石十
斗落只十九卜五束庫乙 折價錢文陸拾兩相約
依數捧上後 自明年爲始永永放賣是置 如是明文成給爲去乎 李此後良中
若有雜談是去等 以此文卞正事
畓主自筆 幼學 曹允愼 (手決)

1775년 12월 26일에 유학 曺允愼이 유학 李時春에게 논을 팔면서 발급한 明文

明文 118

1776년(영조 52), 56.6×38.5

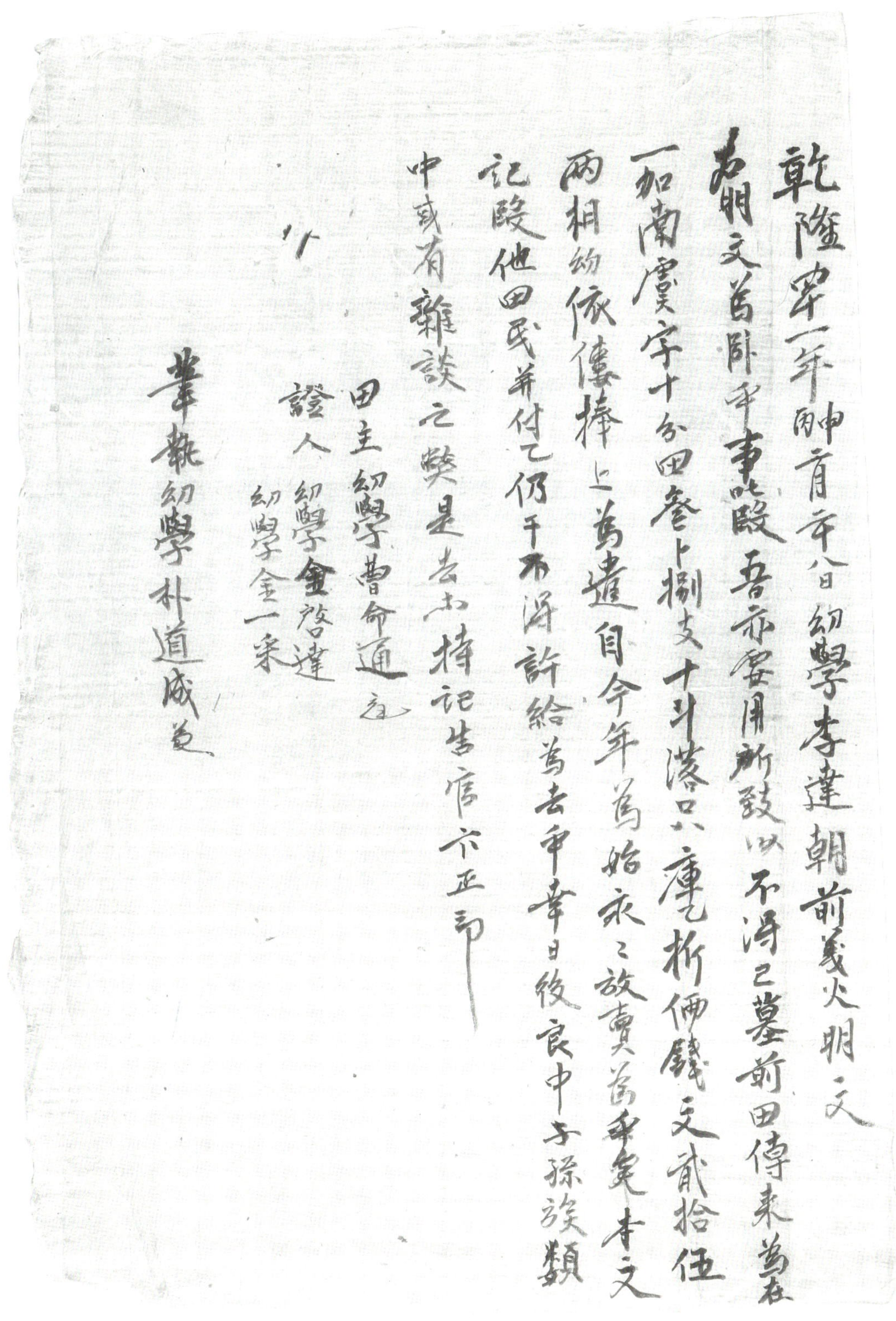

乾隆四十一年丙申二月卄八日 幼學李達朝前明文

右明文爲臥乎事段 吾亦要用所致以 不得已墓前田傳來爲在

一加南虞字十分田參卜捌束十斗落只庫乙 折價錢文貳拾伍

兩相約依準捧上爲遣 自今年爲始永永放賣爲乎矣 本文

記段他田民并付乙仍于 不得許給爲去乎 幸日後良中子孫族類

中或有雜談之弊是去等 持此告官卞正事

田主 幼學 曺命通

證人 幼學 金啓達

幼學 金一采

筆執 幼學 朴道成

1776년 2월 28일에 유학 曺命通이 유학 李達朝에게 밭을 팔면서 발급한 明文

明文 119

1776년(영조 52), 53.2×36

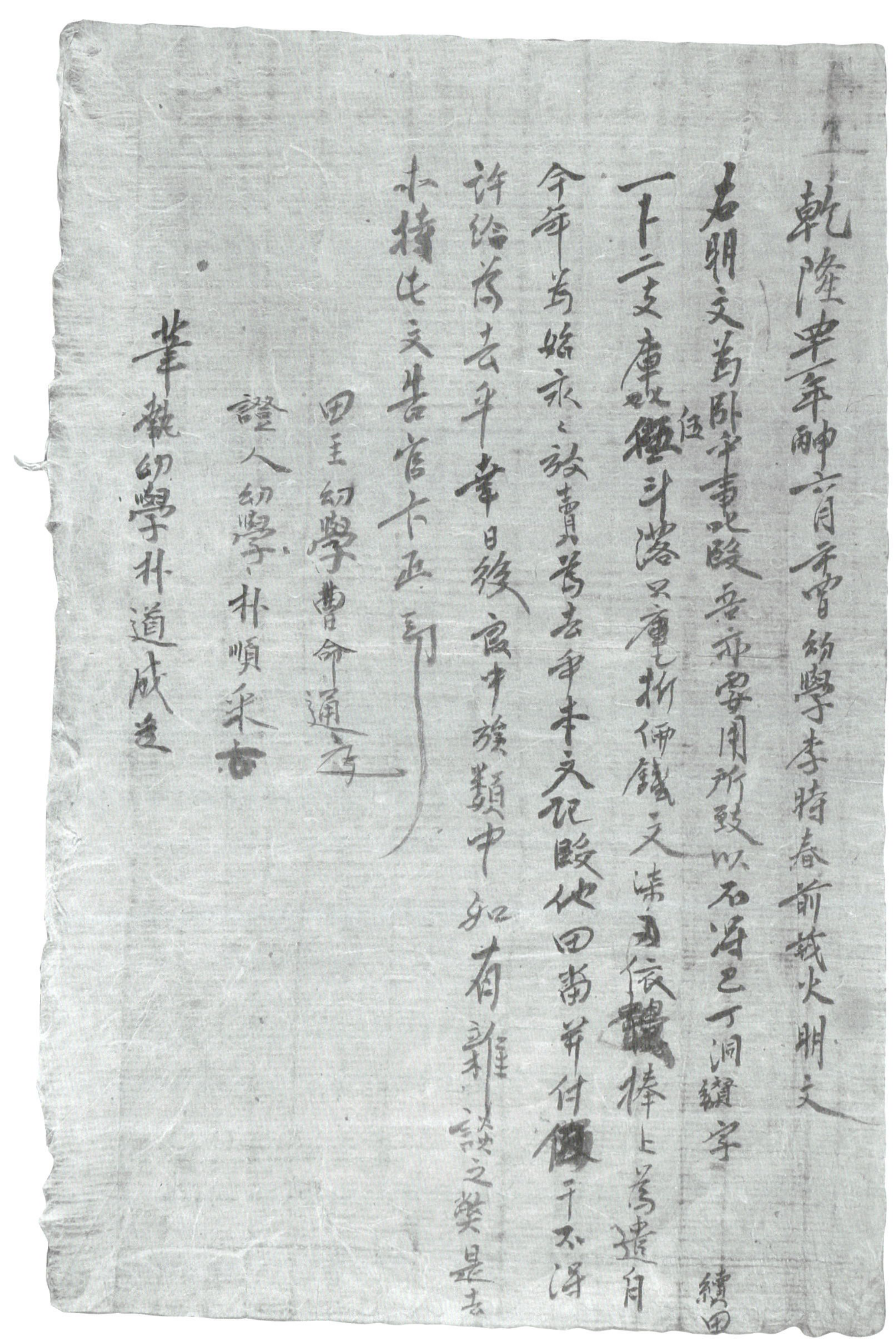

1776년 6월 24일에 유학 曺命通이 유학 李時春에게 밭을 팔면서 발급한 明文

明文 120

1776년(영조 52), 56.5×32.4

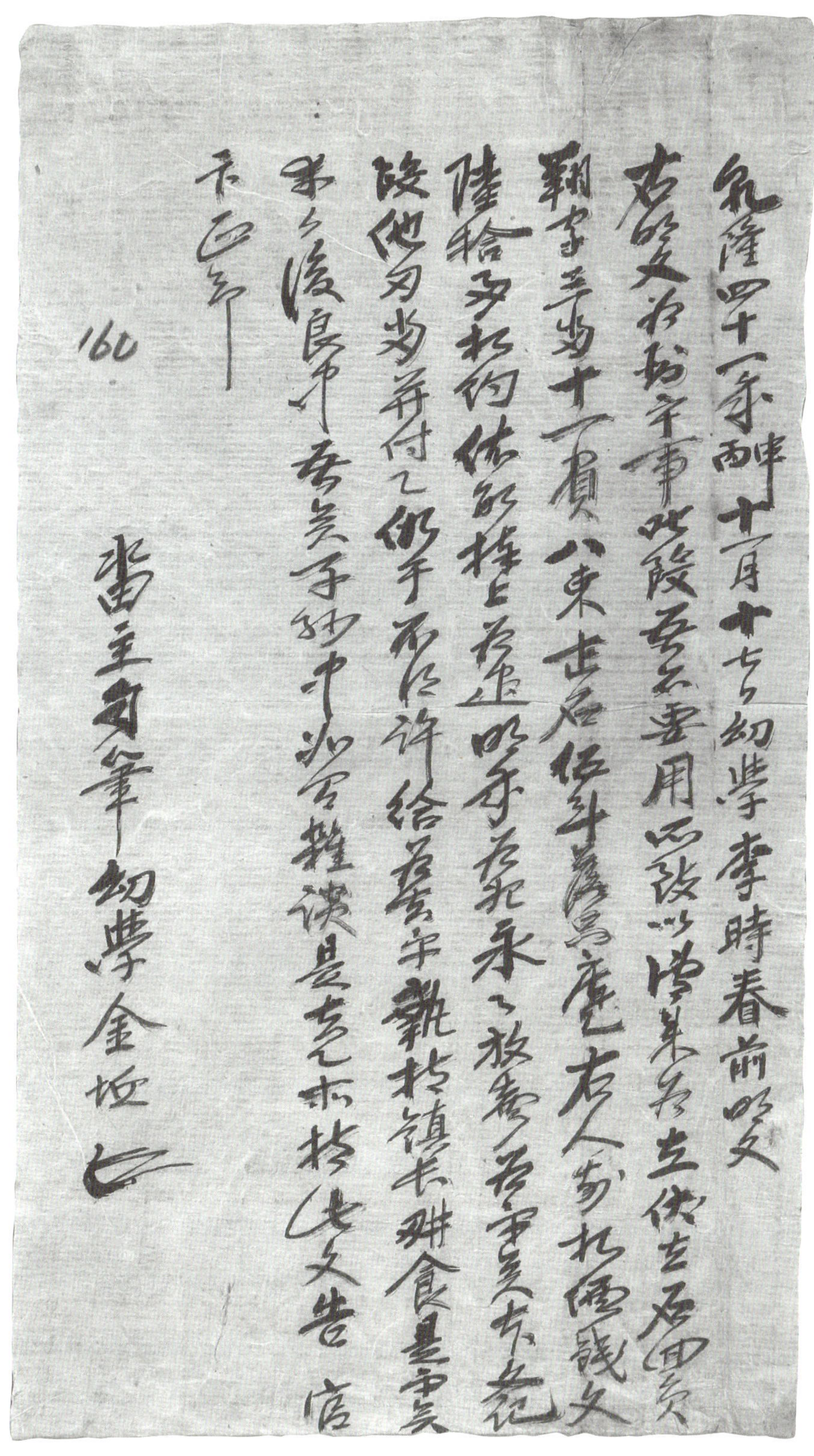

乾隆四十一年丙申十一月十七日幼學李時春前明文

畓主自筆幼學金坵

1776년 11월 17일에 유학 金坵가 유학 李時春에게 논을 팔면서 발급한 明文

明文 121

1776년(영조 52년), 49.9×32

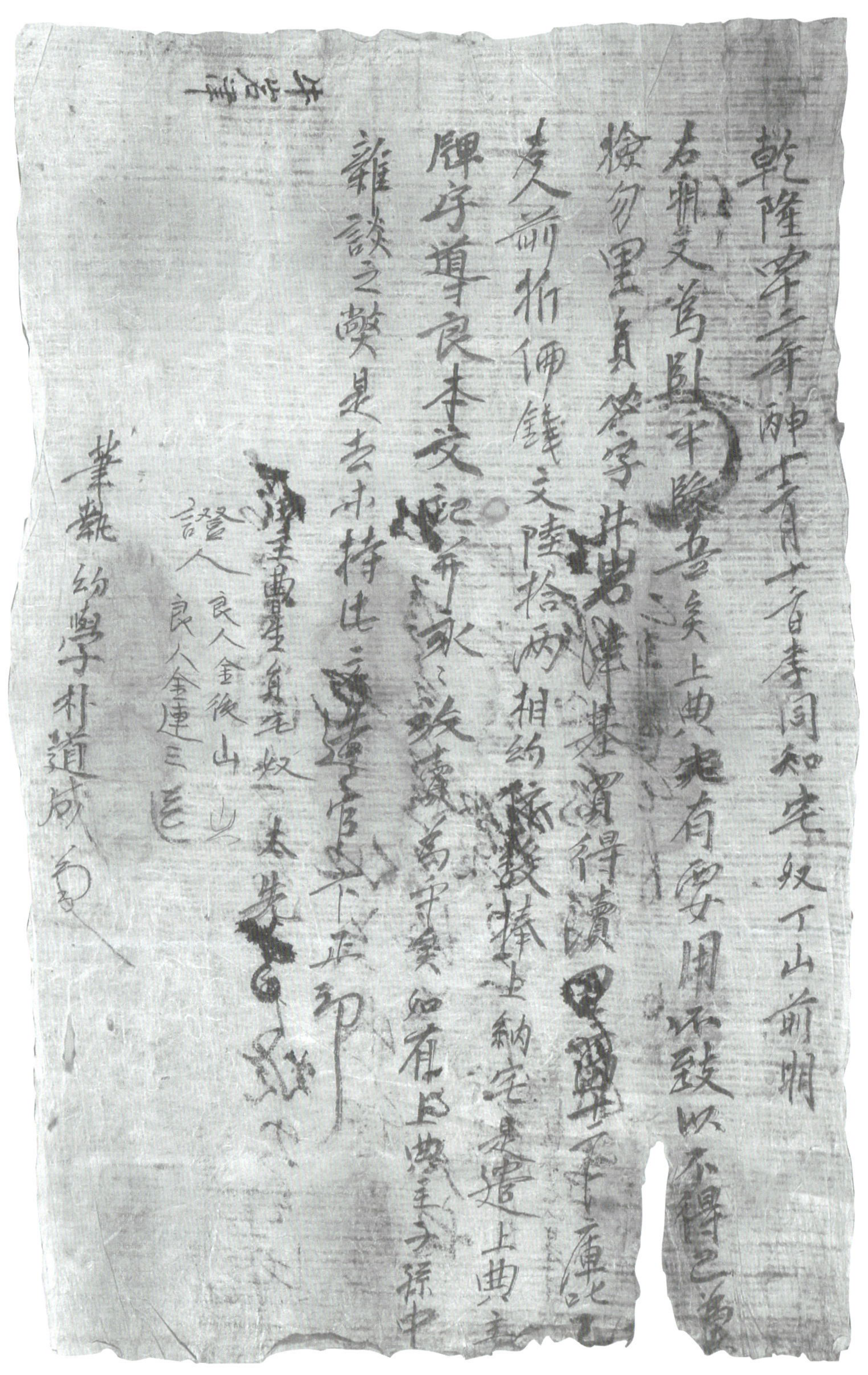

1776년 12월 12일에 書生員 宅 奴 太先이 李同知 宅 奴 丁山에게 밭을 팔면서 발급한 明文

明文 122

1777년(정조 원년), 35.8×54.1

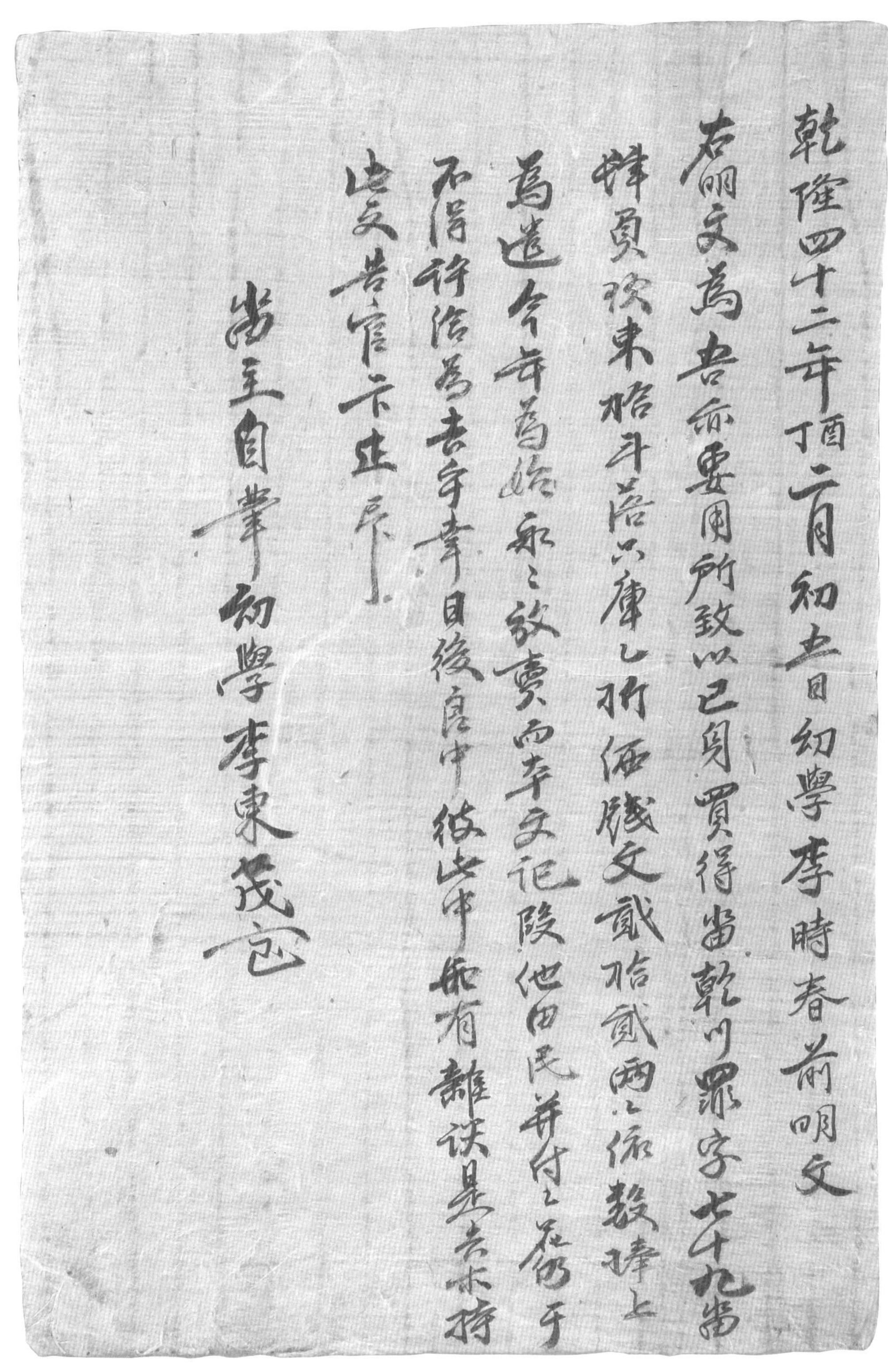
乾隆四十二年丁酉二月初五日幼學李時春前明文
右明文爲臥乎事段要用所致以己身買得畓乾川員字七十九畓
肆負陸束拾斗落只庫乙折價錢文貳拾貳兩乙依數捧上
爲遣今年爲始永永放賣而本文記段他田民并付乙仍于
不得許給爲去乎幸日後良中彼此中如有雜談是去等持
此文告官卞正事
畓主自筆幼學李東茂

1777년 2월 초5일에 유학 李東茂가 유학 李時春에게 논을 팔면서 발급한 明文

1777년(정조 원년), 55.2×33.9

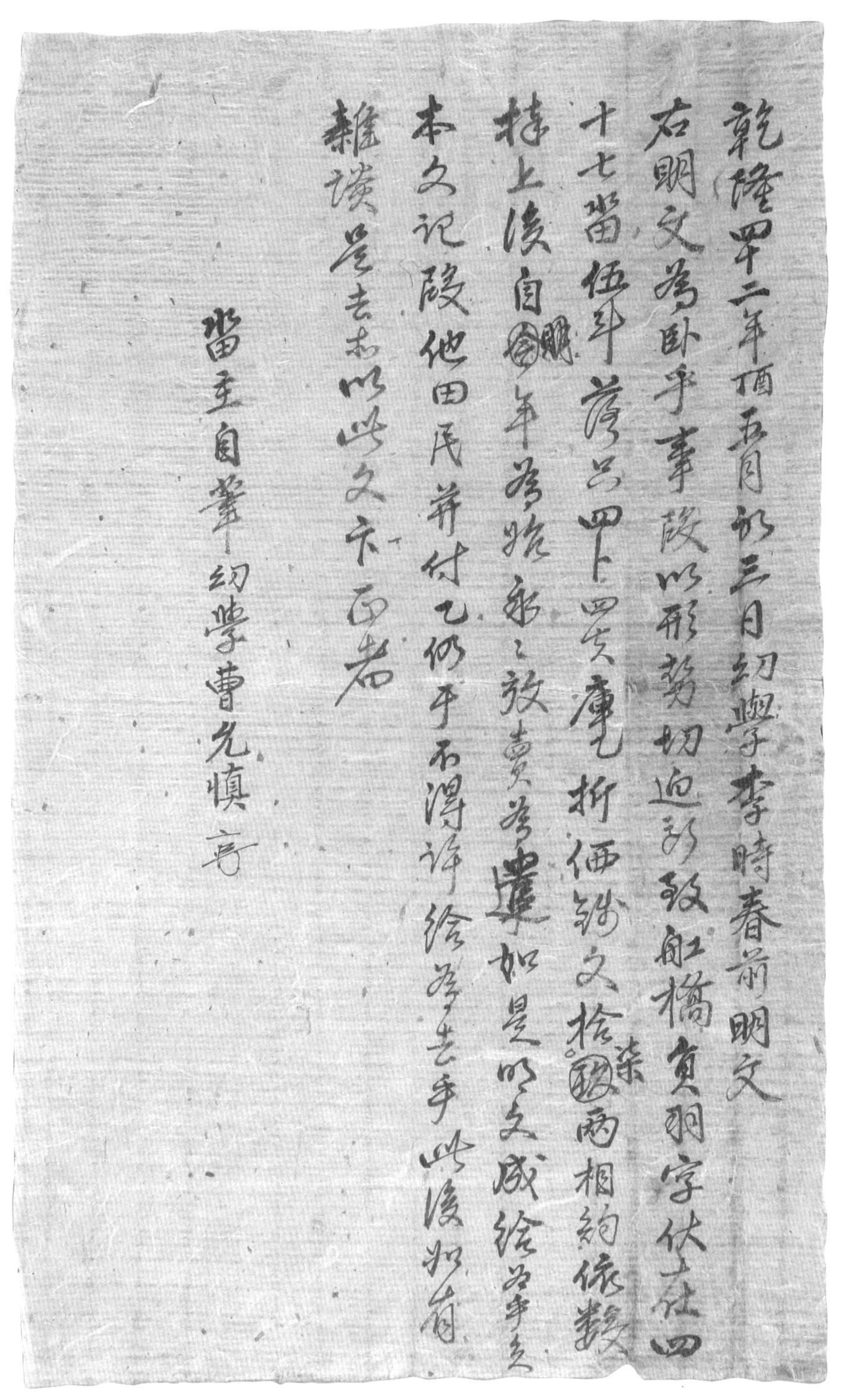

乾隆卌二年酉五月初三日幼學李時春前明文

右明文爲臥乎事段以形勢切迫所致船橋員洞字伏在四

十七畓伍斗落只四卜四束庫乙折價錢文拾柒兩相約依數

捧上後自今年爲始永永放賣爲遣如是明文成給爲乎去

本文記段他田民幷付乙仍于不得許給爲去乎此後如有

雜談是去等以此文卞正者

畓主自筆幼學曹允愼

1777년 5월 초3일에 유학 曺允愼이 유학 李時春에게 논을 팔면서 발급한 明文

明文 124

1777년(정조 원년), 54.2×33.3

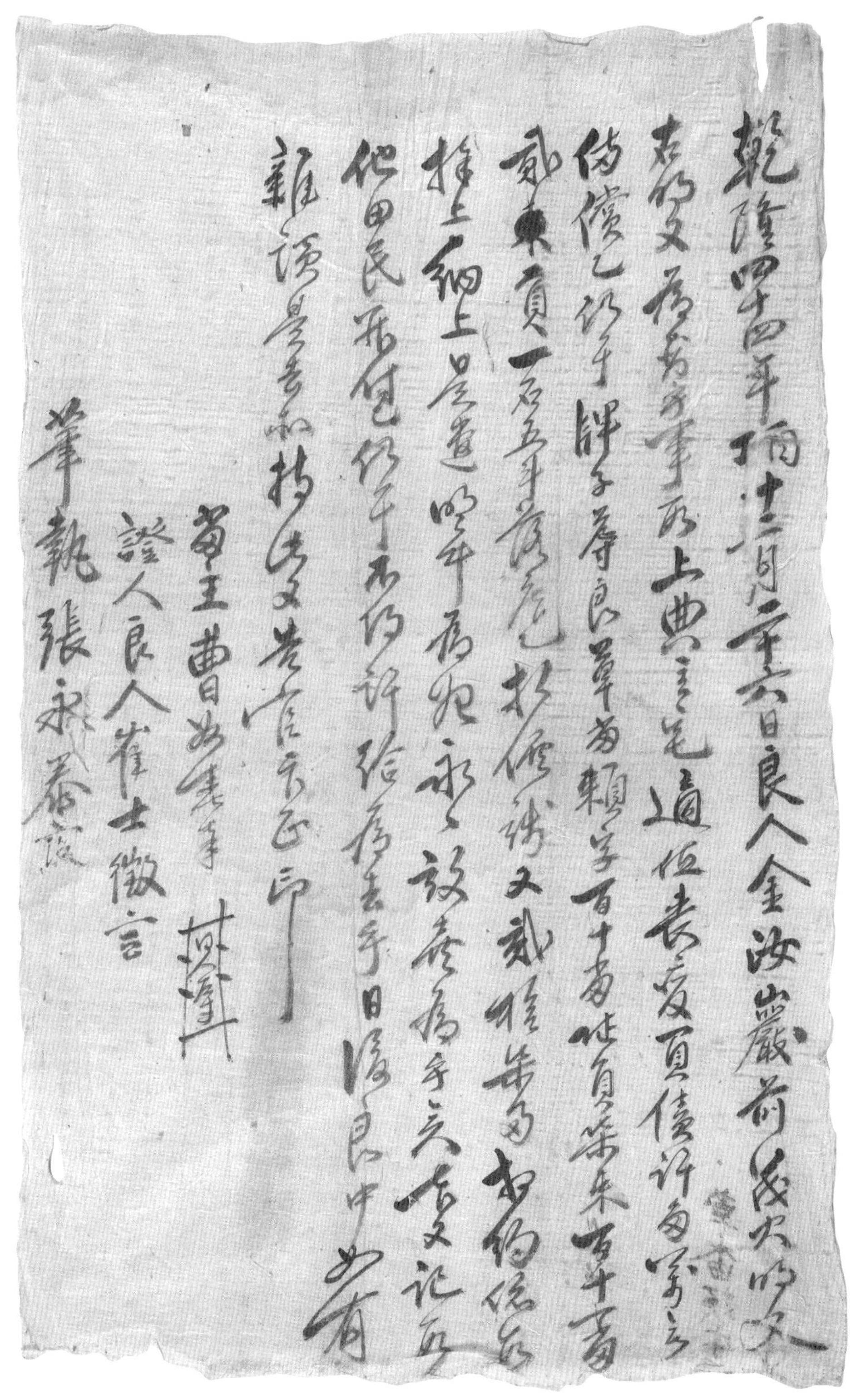

1777년 12월 26일에 曺哥의 奴 㖈奉이 良人 金汝巖에게 논을 팔면서 발급한 明文

1778년(정조 2), 53.6×53.1

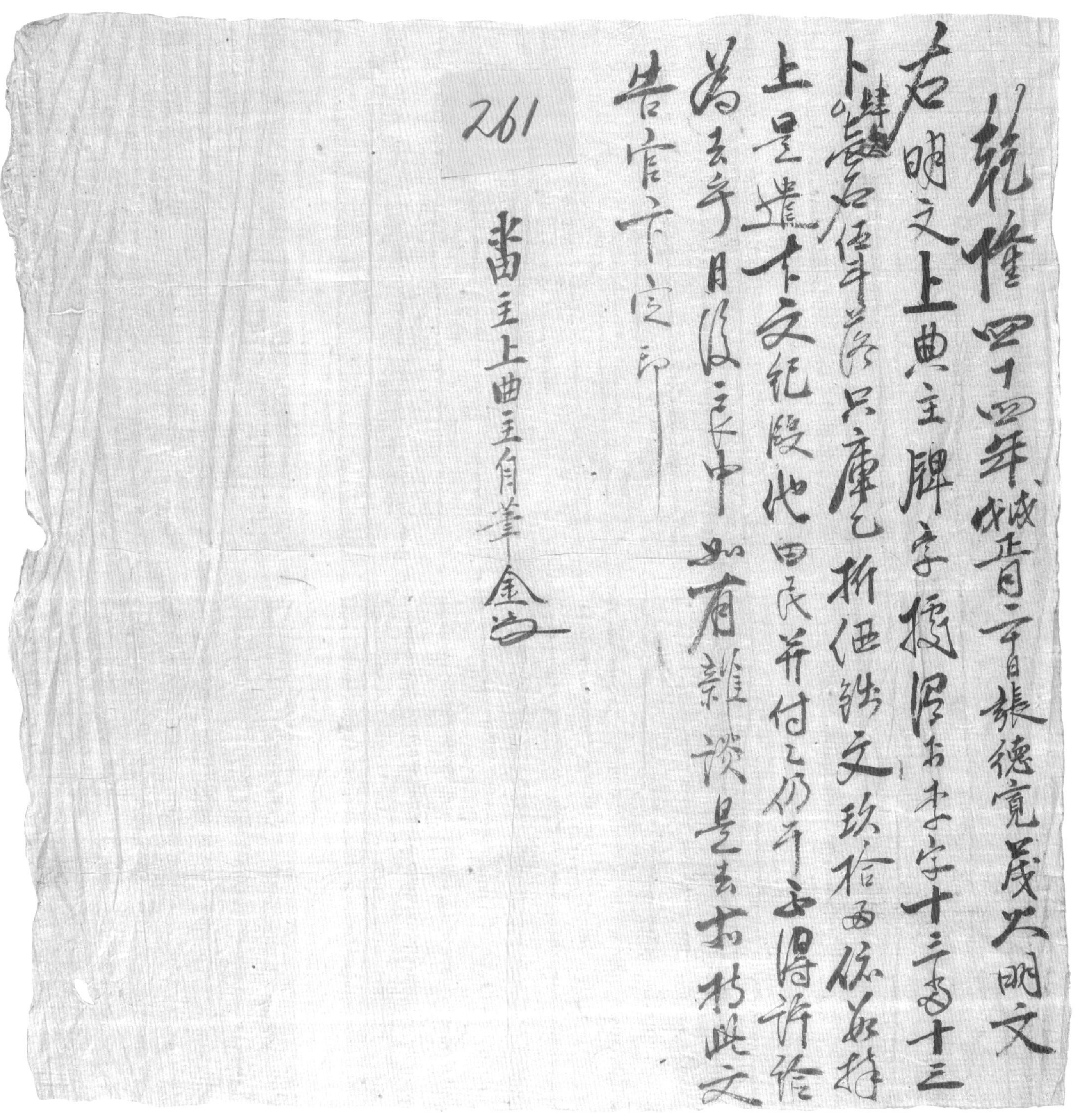

乾隆四十三年戊戌正月二十日張德寬處明文

右明文上典主牌字 得爲 李字十三畓十三

卜肆負落只庫乙 折伍錢文玖拾兩依數捧

上是遣 本文記段 他田民幷付乙仍于不得許給

爲去乎 日後良中 如有雜談是去等 持此文

告官卞正事

畓主 上典主 自筆 金(押)

261

1778년 1월 20일에 上典 金이 張德寬에게 논을 팔면서 발급한 明文

明文 126

1778년(정조 2), 57×64.4

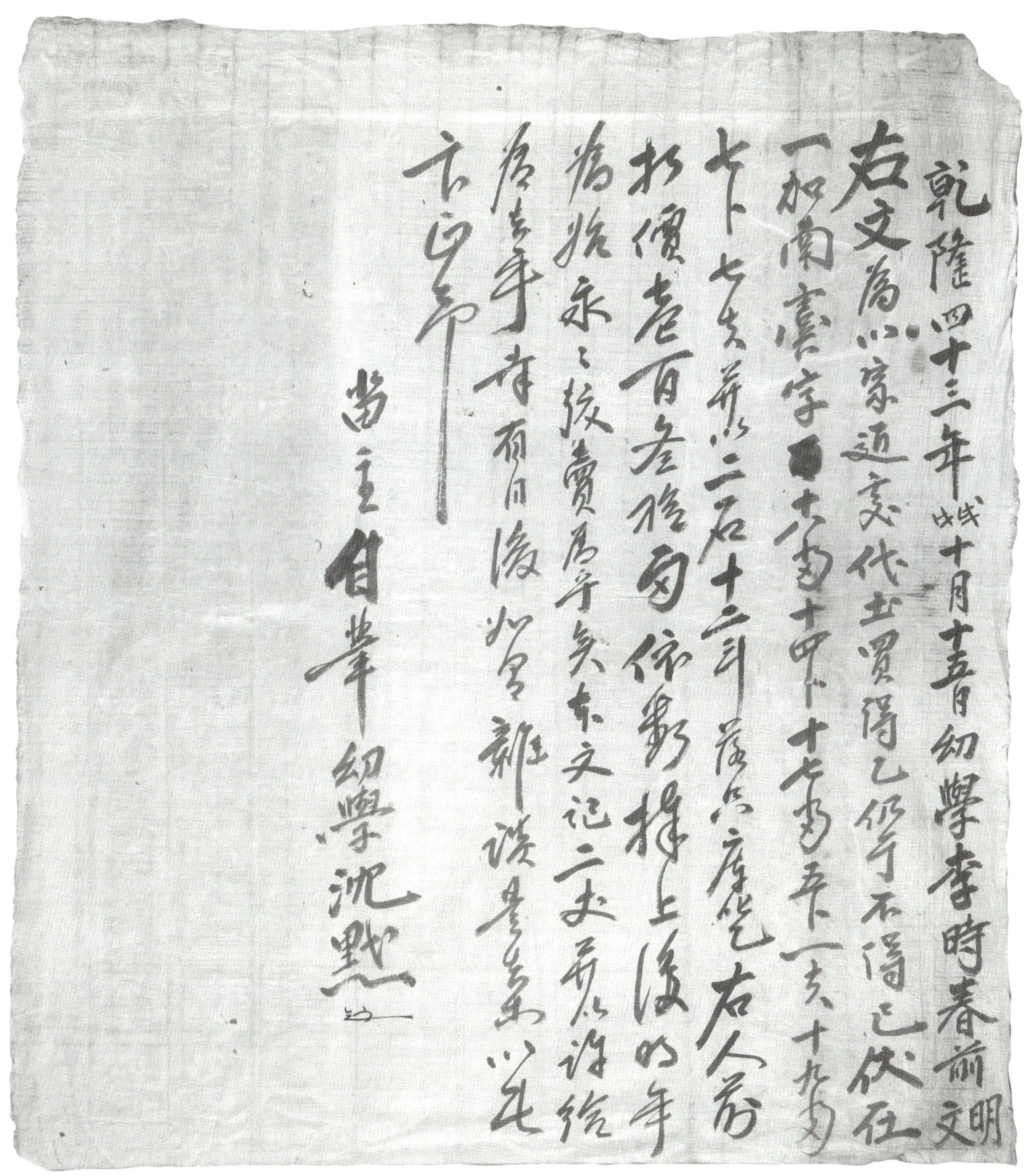

乾隆四十三年戊戌十月十五日幼學李時春前明文

畓主 自筆 幼學 沈默

1778년 10월 15일에 유학 沈默이 유학 李時春에게 논을 팔면서 발급한 明文

1778년(정조 2), 64.5×45.4

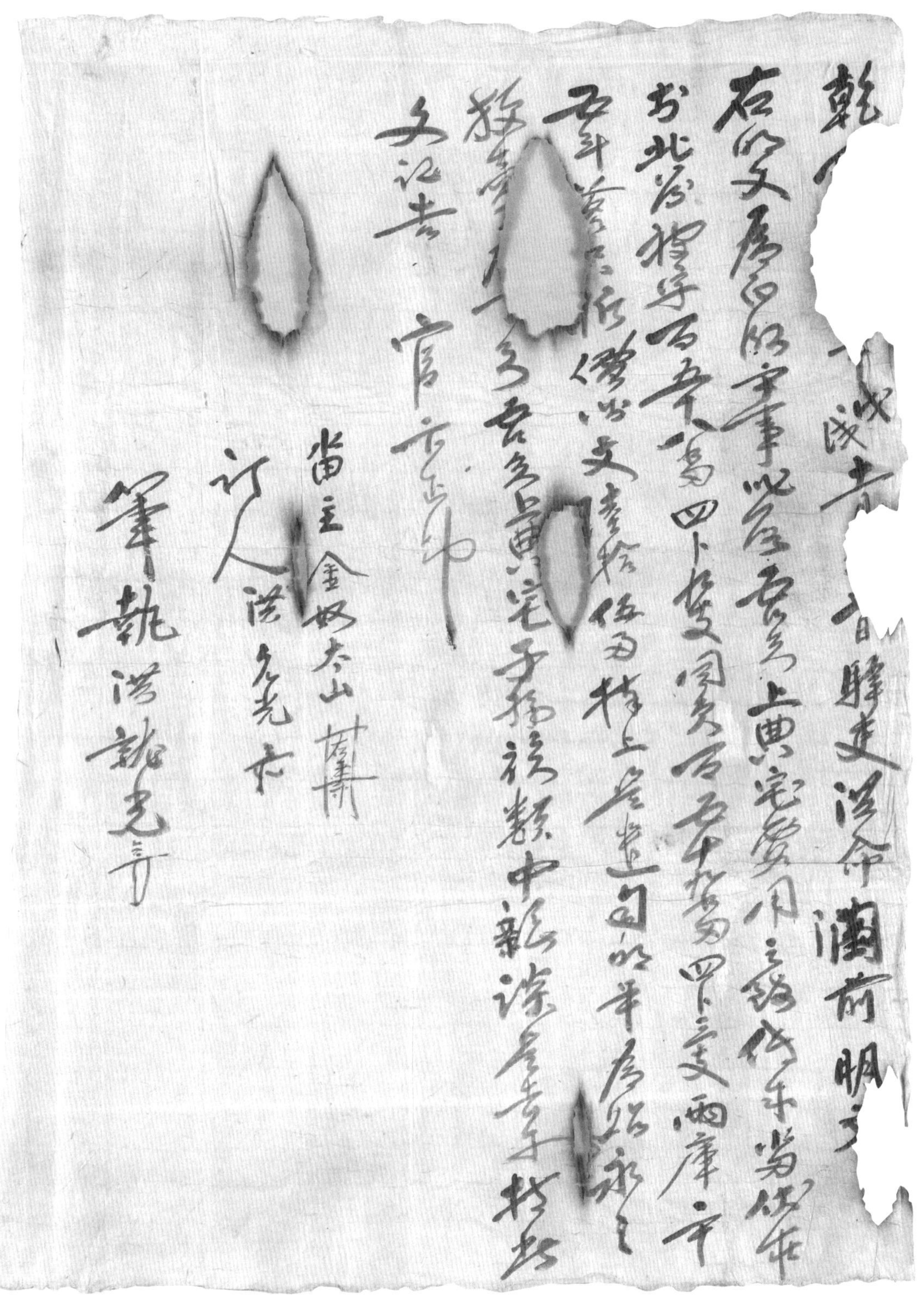

1778년 11월에 金哥의 奴 太山이 洪命潤에게 논을 팔면서 발급한 明文

明文 128

1778년(정조 2), 53.4×35

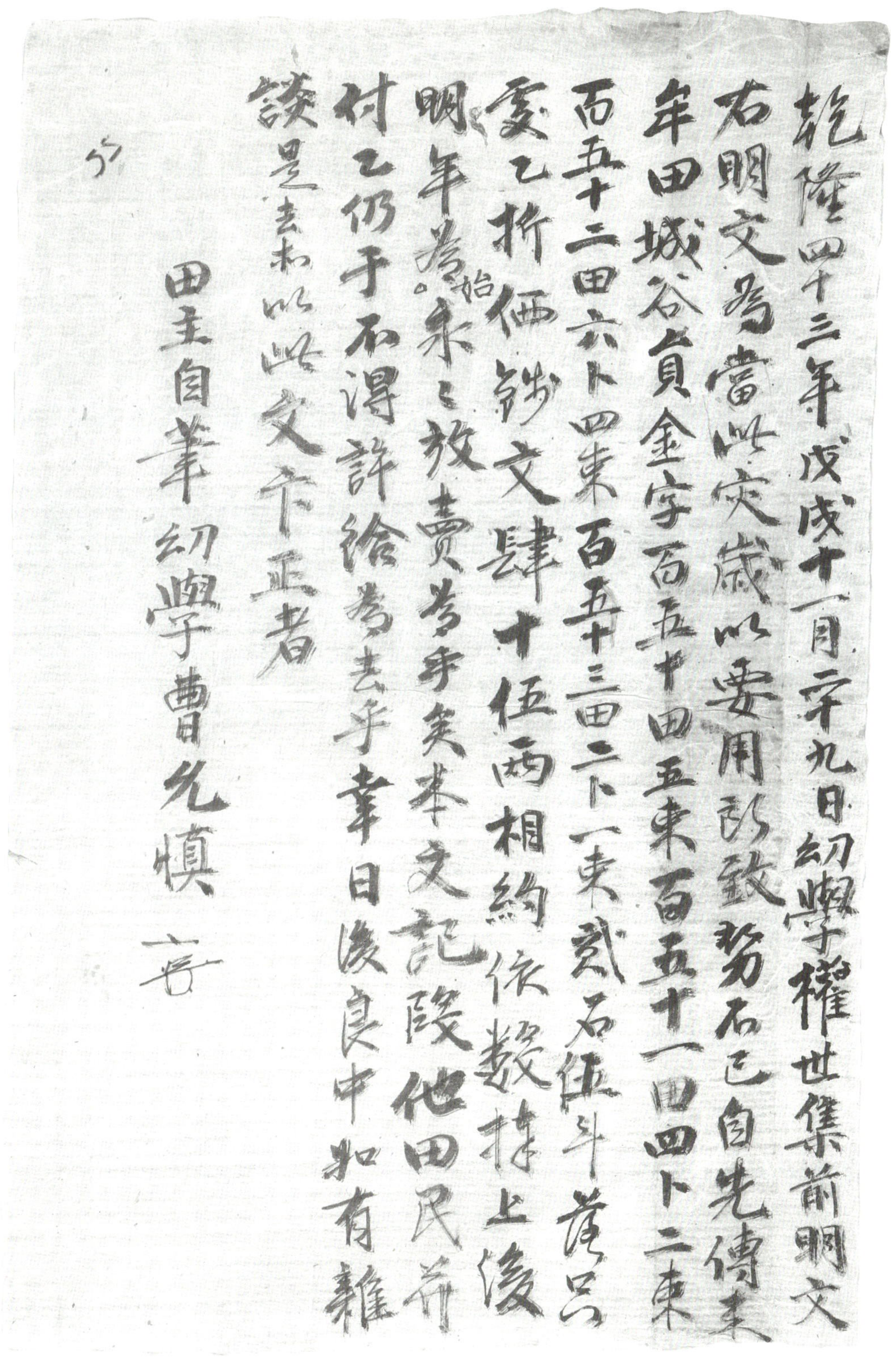

乾隆四十三年戊戌十一月廿九日幼學權世集前明文

右明文爲當此窮歲以要用所致矣身已自先傳來
年田城谷員金字百五十田五束百五十一田四卜二束
百五十二田六卜四束百五十三田二卜一束貳石伍斗落只
處乙折價錢文肆十伍兩相約依數捧上後
明年爲始永永放賣爲乎矣本文記段他田民并
付乙仍于不得許給爲去乎幸日後良中如有雜
談是去和以此文卞正者

田主自筆幼學曹允慎

1778년 11월 29일에 유학 曺允愼이 유학 權世集에게 밭을 팔면서 발급한 明文

明文 129

1778년(정조 2), 53.5×33.8

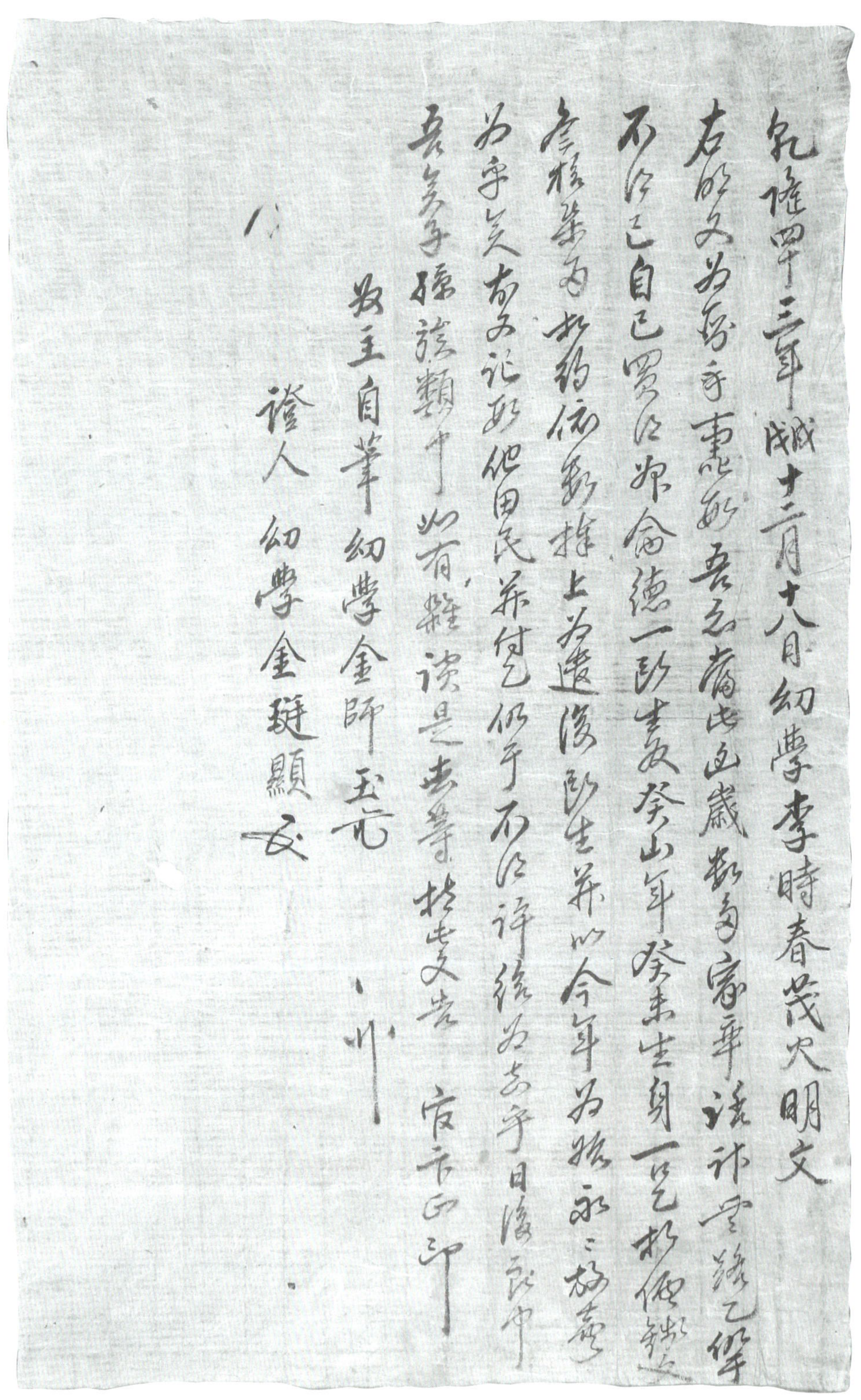

乾隆四十三年戊戌十二月十八日 幼學李時春處明文

財主自筆 幼學金師玉

證人 幼學金璡顯

1778년 12월 18일에 유학 金師玉이 유학 李時春에게 사내종을 팔면서 발급한 明文

明文 130

1779년(정조 3), 44.8×43.2

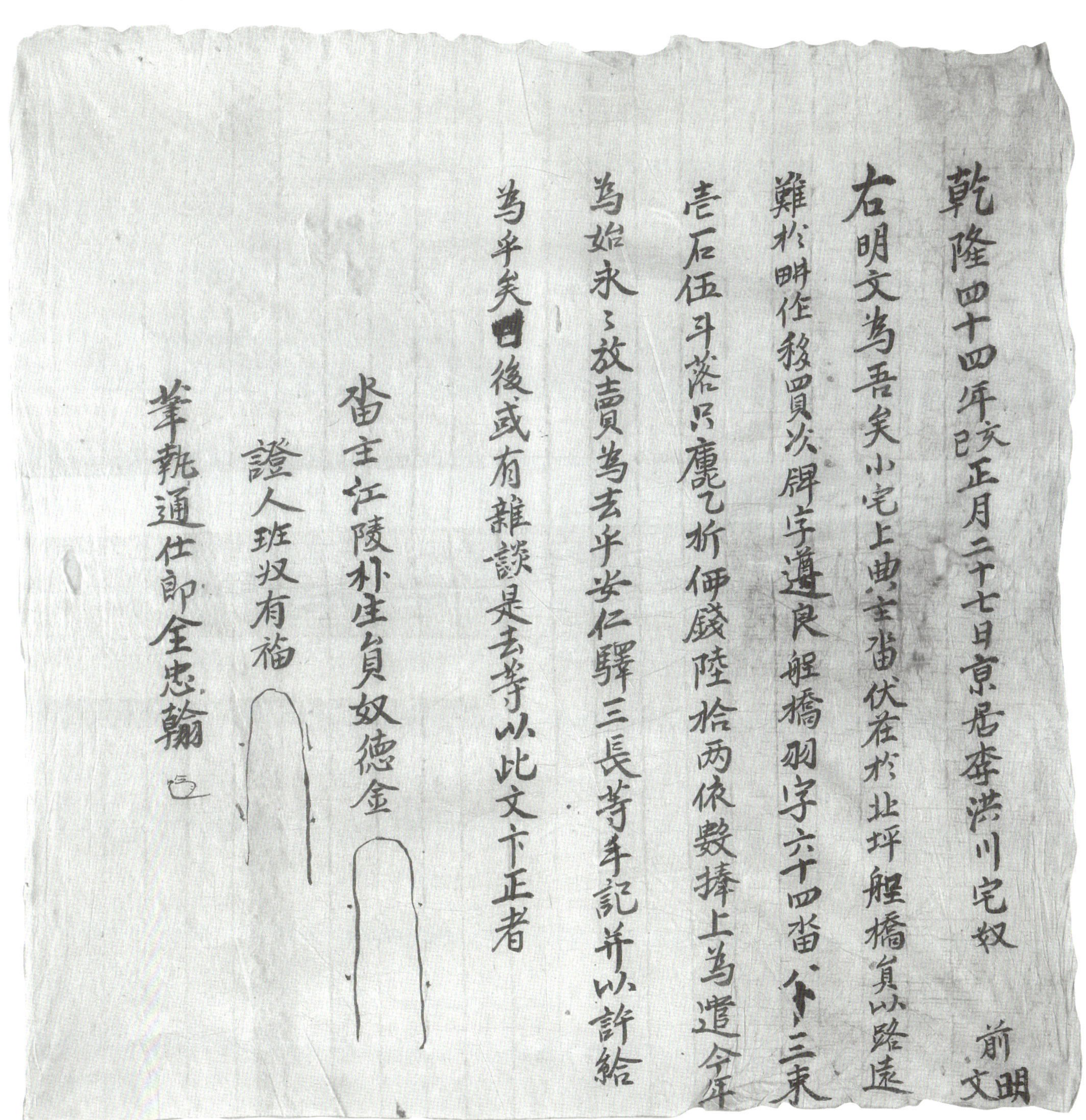

乾隆四十四年己亥正月二十七日京居李洪川宅奴 前明文

右明文為吾矣小宅上典主畓伏在於北坪艇橋負以路遠

難於耕作移買次辟字遵良艇橋羽字六十四畓八卜三束

壹石伍斗落只庫乙折価錢陸拾兩依數捧上為遣今年

為始永〻放賣為去乎安仁驛三長等手記并以許給

為乎矣日後或有雜談是去等以此文卞正者

畓主江陵朴生員奴德金

證人班奴有福

筆執通仕郎全忠翰

1779년 1월 27일에 江陵에 사는 朴生員 宅 奴 德金이 서울에 사는 李 洪川 宅의 奴에게 논을 팔면서 발급한 明文

明文 131

1779년(정조 3), 55×33.6

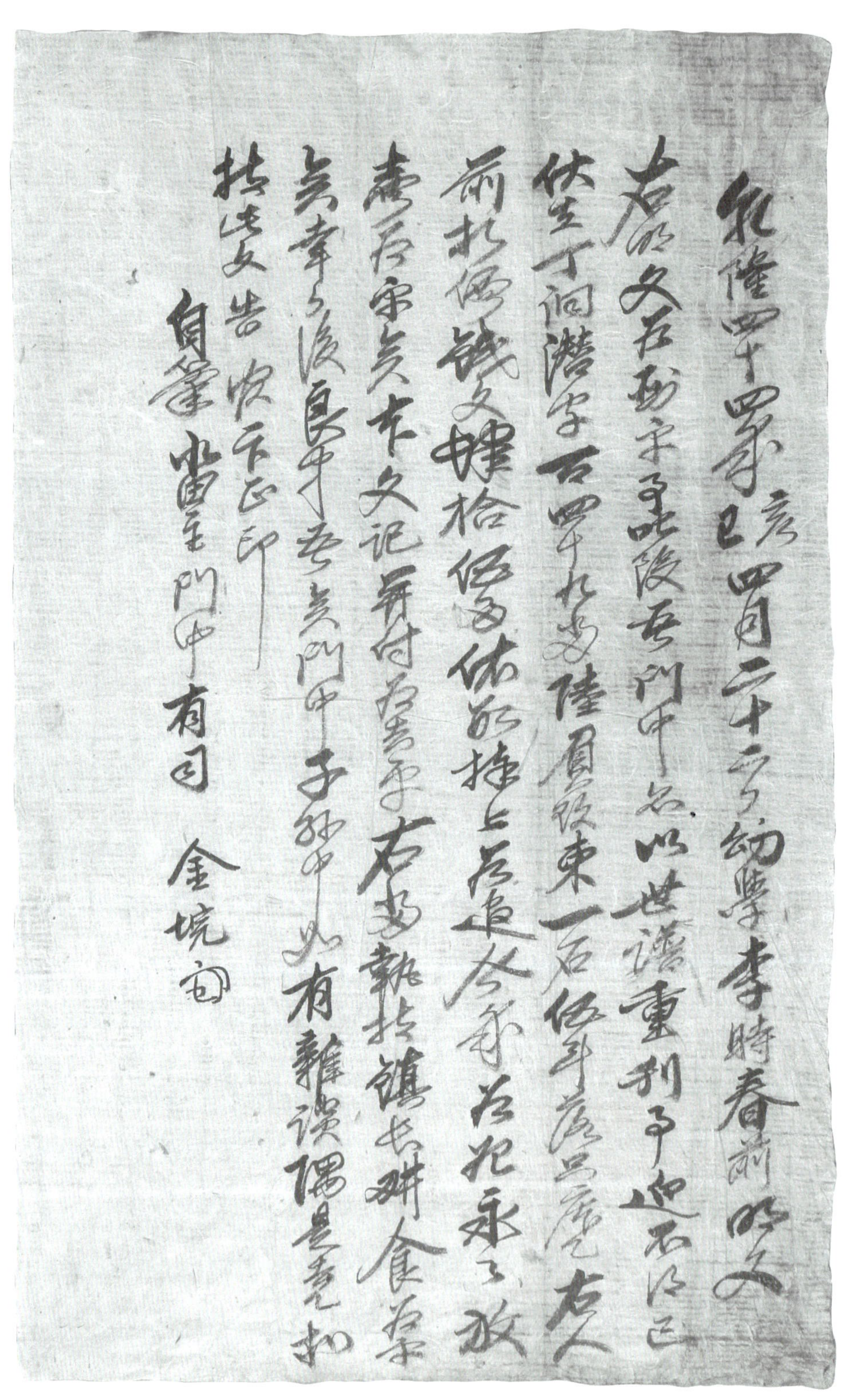

1779년 4월 22일에 有司 金垙이 유학 李時春에게 논을 팔면서 발급한 明文

明文 132

1779년(정조 4년), 54.4×34.6

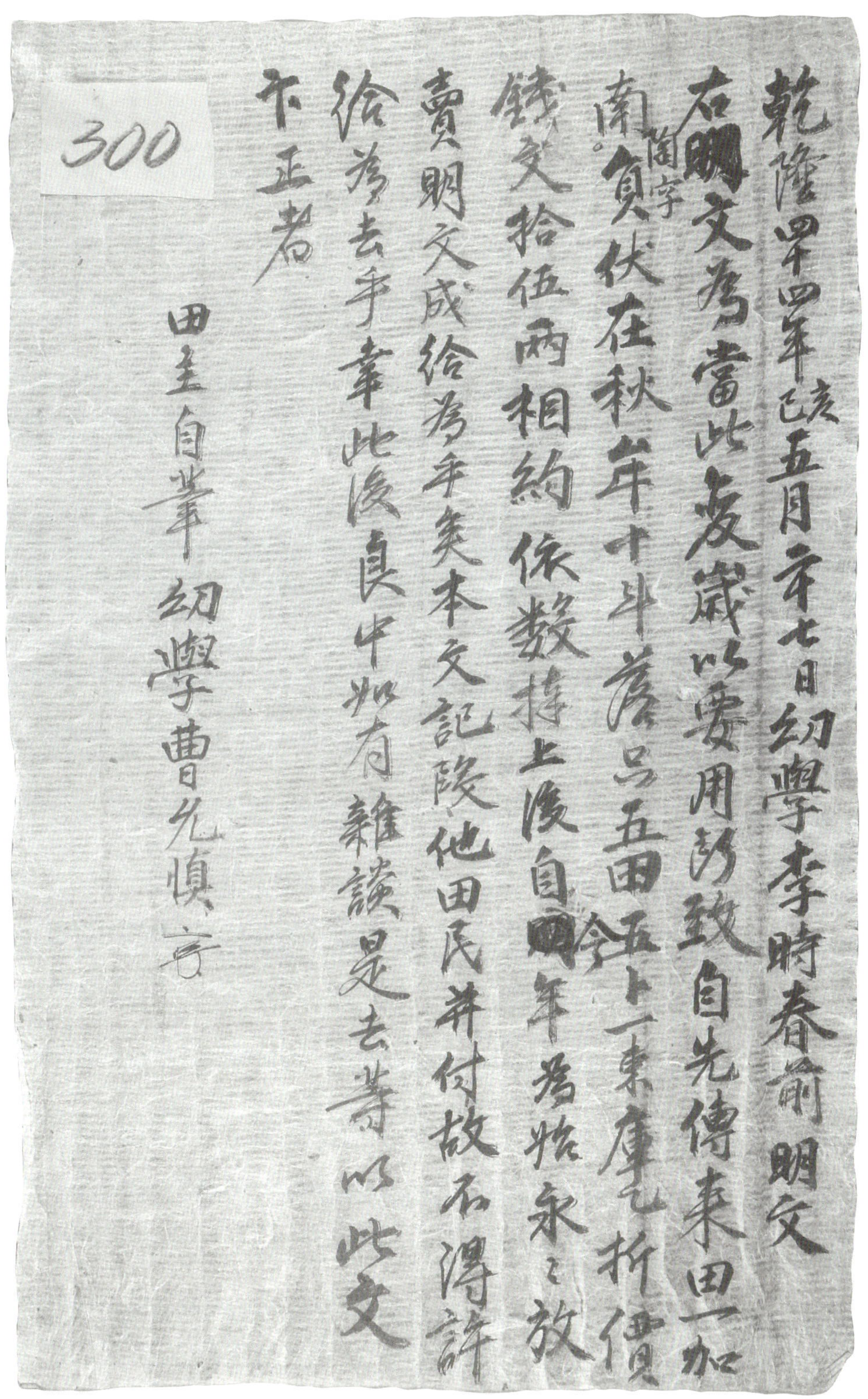
300

乾隆四十四年己亥五月二十七日幼學李時春前明文

右明文為當此處歲以要用所致自先傳來田一加

南閭字負伏在秋牟十斗落只五田五卜一束庚乙折價

錢文拾伍兩相約依數捧上後自今年為始永永放

賣明文成給為乎矣本文記段他田民并付故不得許

給為去乎等此後良中如有雜談是去等以此文

卞正者

田主自筆 幼學曹允愼

1779년 5월 27일에 유학 曺允愼이 유학 李時春에게 밭을 팔면서 발급한 明文

明文 133

1779년(정조 3), 60.8×75.2

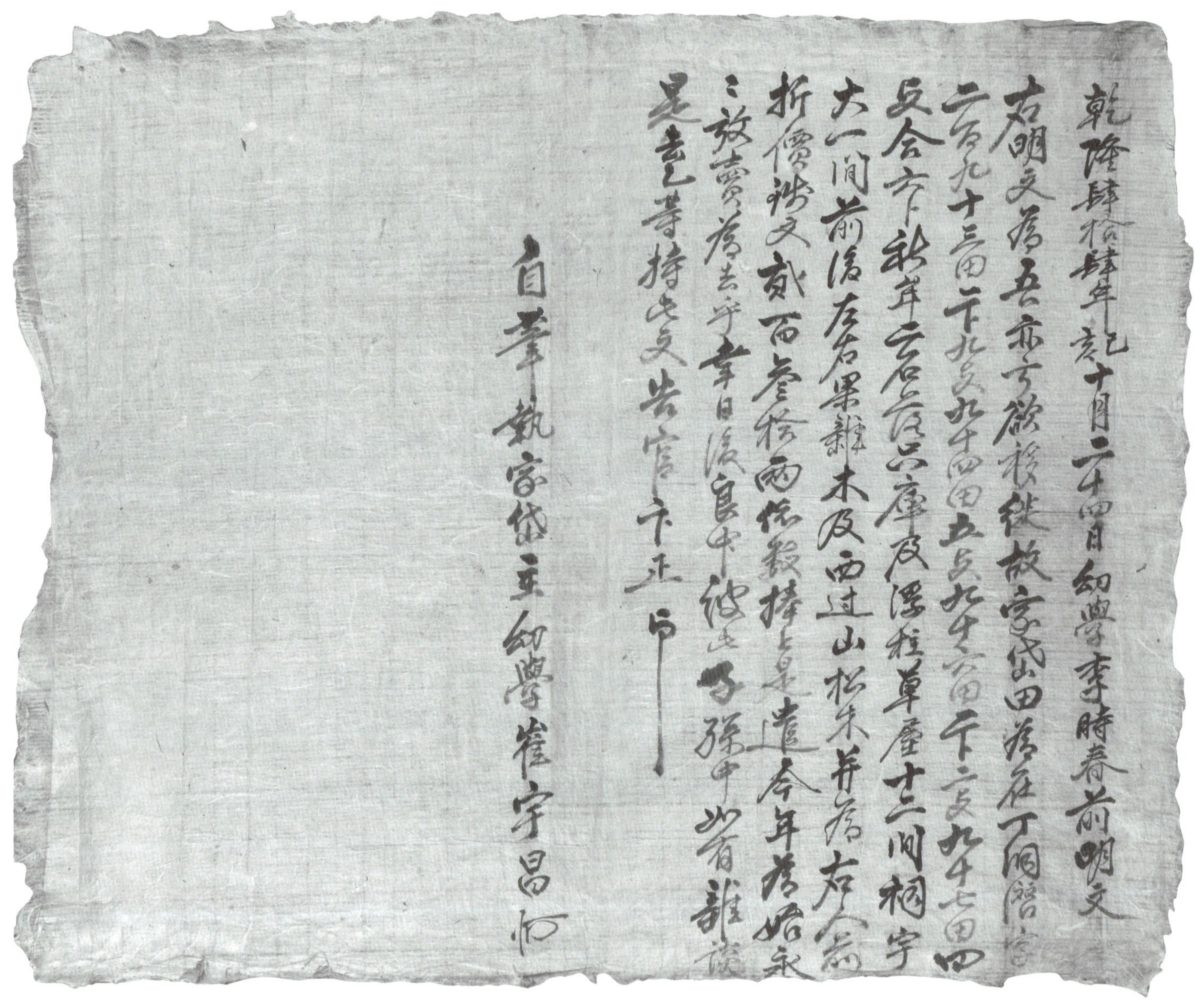

乾隆肆拾肆年己亥十月二十四日 幼學李時春前明文
右明文爲吾亦有欲移徙故家岱田畓在丁洞陪字
二百九十三田一卜九束九十四田五束九十六田一卜二束九十七田四
束合六卜 秋牟二石落只庫皮浮程草屋十二間祠宇
大一間前後左右果雜木及西邊山松木幷爲右人處
折價錢文貳百參拾兩依數捧上是遣今年始永
永放賣爲去乎幸日後良中彼此子孫中如有雜談
是去乙等持此文告官卞正事
自筆 執家代主 幼學 崔宇昌 (手決)

1779년 10월 24일에 유학 崔宇昌이 유학 李時春에게 밭과 家岱를 팔면서 발급한 明文

明文 134

1780년(정조 4), 54.8×50.8

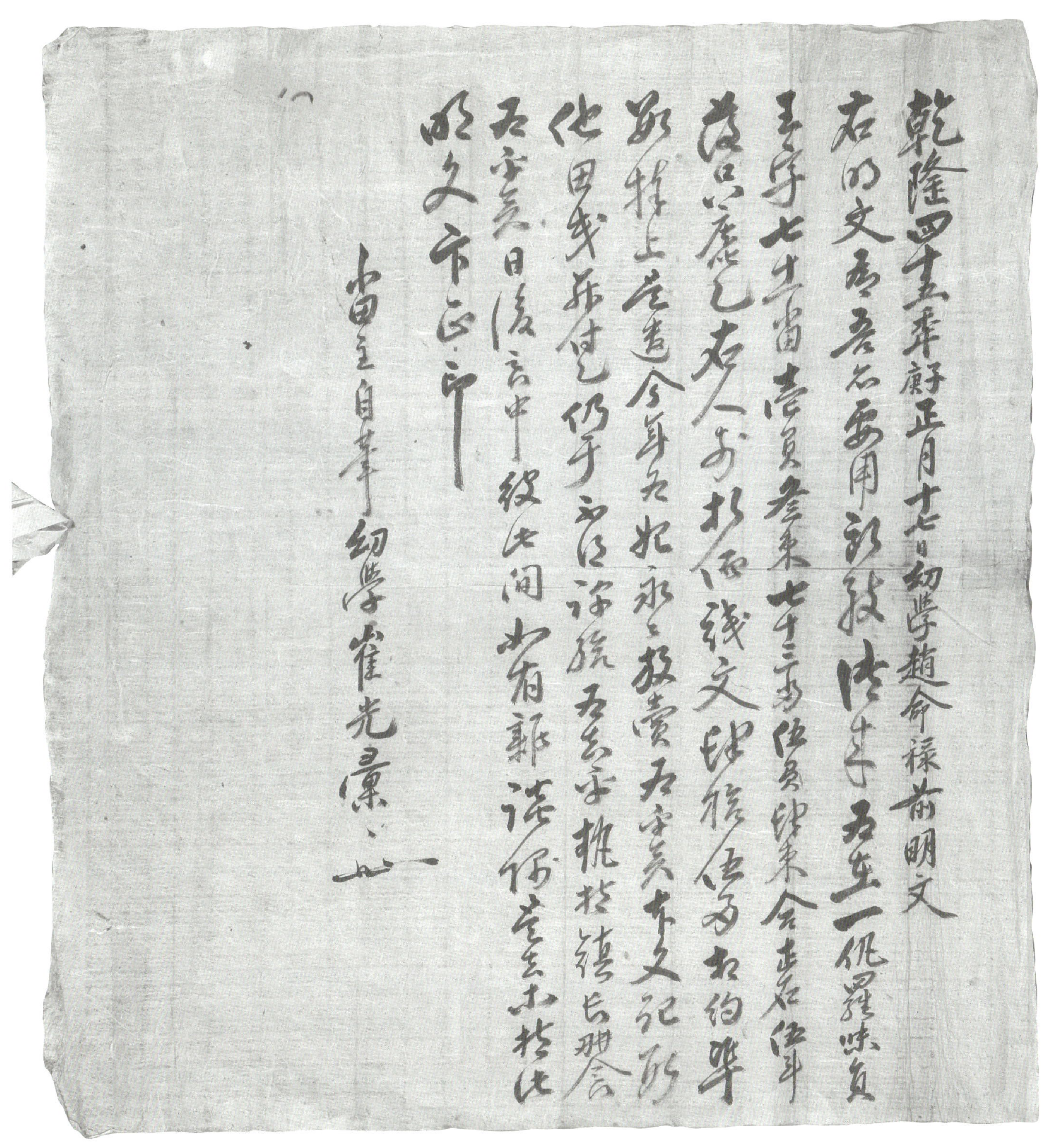

乾隆四十五年庚子正月十七日幼學趙命祿前明文

[illegible]

畓主自筆幼學崔光彙

1780년 1월 17일에 유학 崔光彙가 유학 趙命祿에게 논을 팔면서 발급한 明文

明文 135

1780년(정조 4), 54.6×34.3

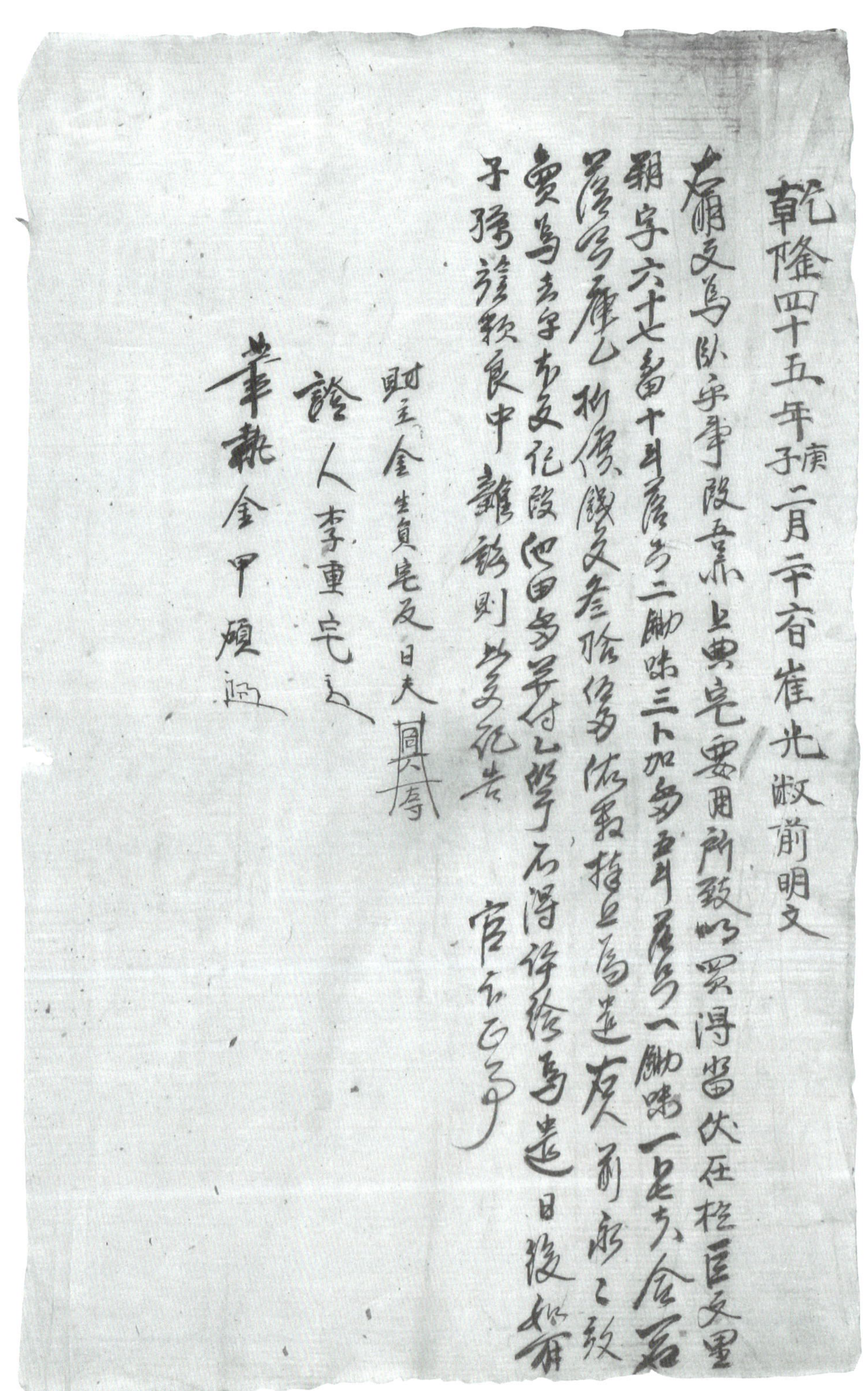

乾隆四十五年庚子二月二十六日崔光淑前明文

右明文爲臥乎事段吾亦 上典宅要用所致以買得畓伏在檉巨文里

翔字六十七畓十斗落只二負陆三卜加多五斗落只一負陆一束合畓

落只庫乙 折價錢文叁拾伍兩依數捧上爲遣 右人前永永放

賣爲去乎本文記段他田畓幷付乙仍于不得許給爲遣 日後如有

子孫族類中 雜談則 此文記告 官卞正事

財主 金生員宅奴日夫

證人 李重宅奴

筆執 金甲順

1780년 2월 26일에 金生員 宅 奴 日夫가 崔光淑에게 논을 팔면서 발급한 明文

明文 136

1780년(정조 4), 55.5×35.4

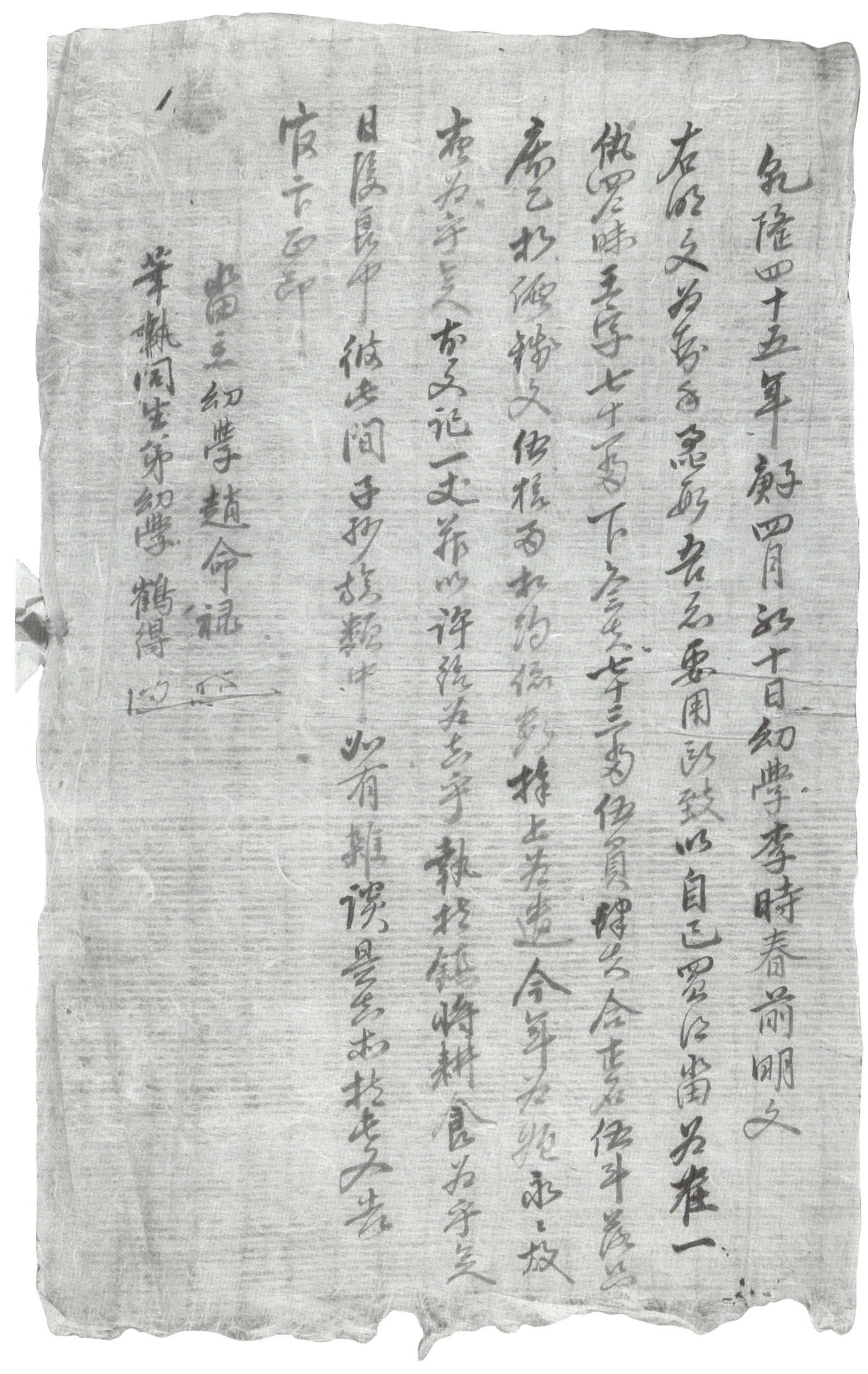

1780년 4월 초10일에 유학 趙命祿이 유학 李時春에게 논을 팔면서 발급한 明文

1780년(정조 4), 53.1×33.6

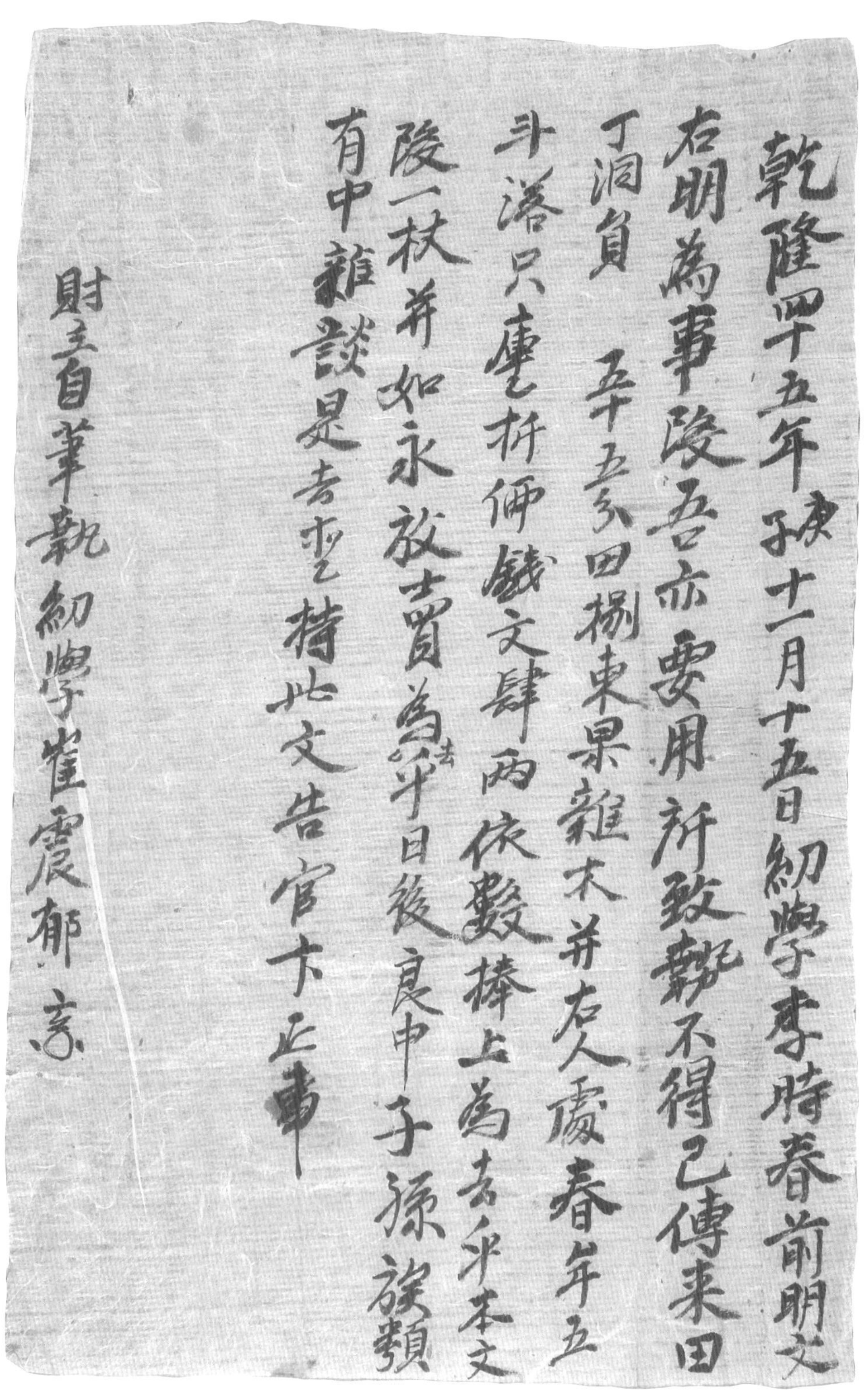

乾隆四十五年庚子十一月十五日幼學李時春前明文
右明爲事段吾亦要用所致勢不得已傳來田
丁洞負 辛五多田捌束果雜木并右人處春年五
斗落只庫折價錢文肆兩依數捧上爲去乎本文
段一杖并如永放賣爲去乎日後良中子孫族類
有中雜談是去等持此文告官卞正事
財主自筆執 幼學崔震郁 (押)

1780년 11월 15일에 유학 崔震郁이 유학 李時春에게 밭을 팔면서 발급한 明文

明文 138

1780년(정조 4), 57.3×37

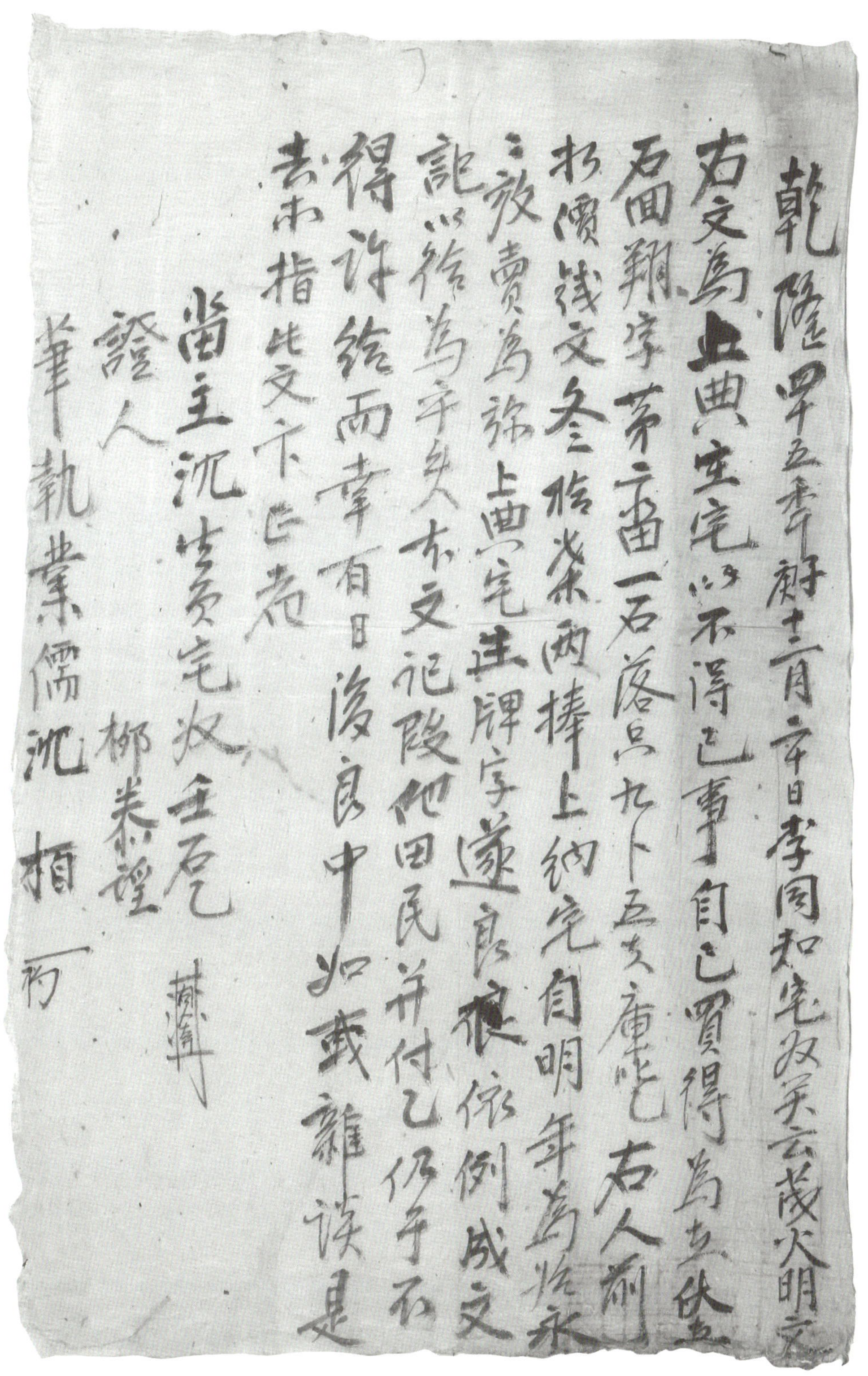

1780년 12월 20일에 沈生員 宅 奴 壬乭이 李同知 宅 奴 癸云에게 논을 팔면서 발급한 明文

明文 139

1781년(정조 5), 51.2×33.6

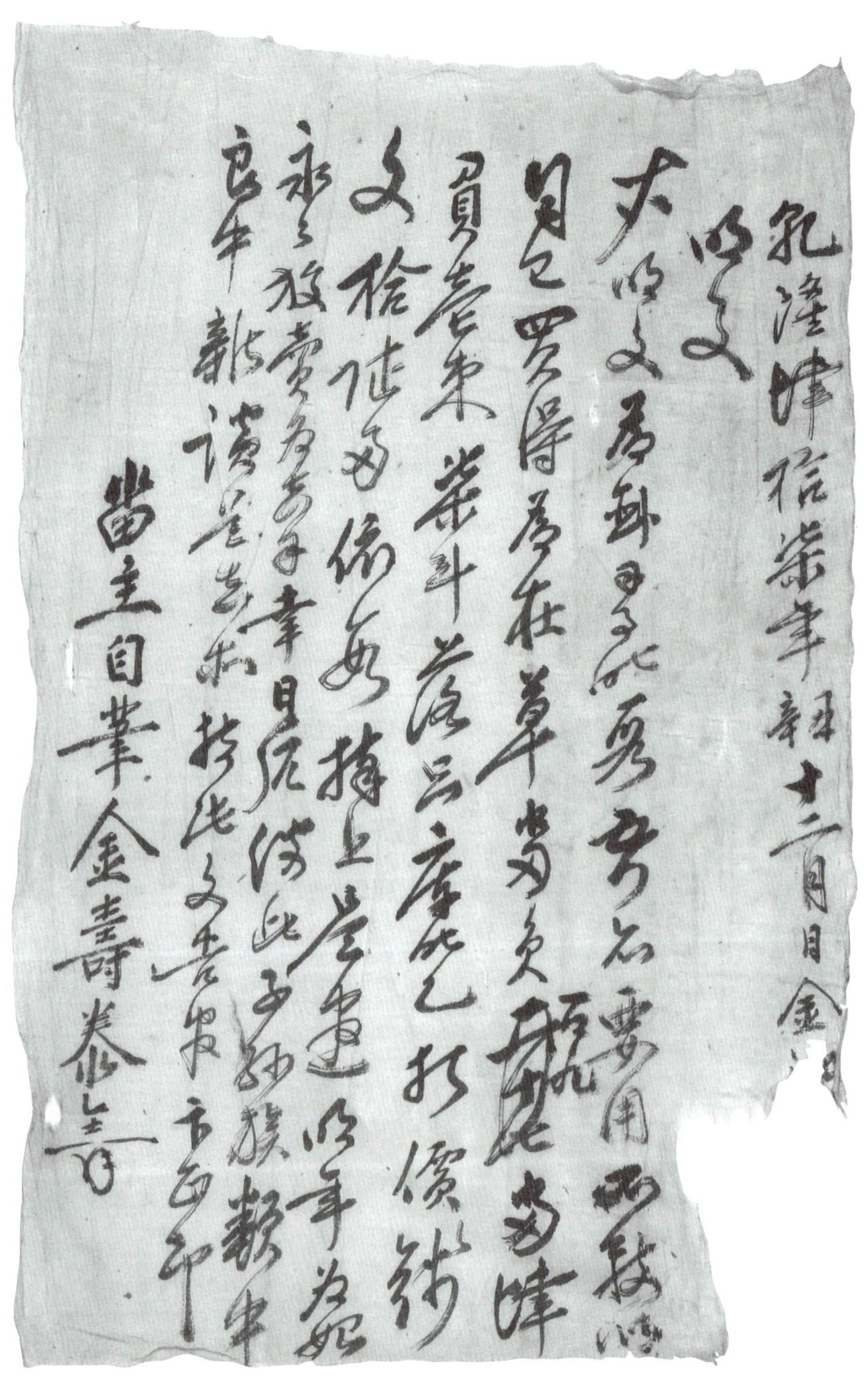

1782년 12월에 金壽泰가 金에게 논을 팔면서 발급한 明文

明文 140

1782년(정조 6), 67.2×44.9

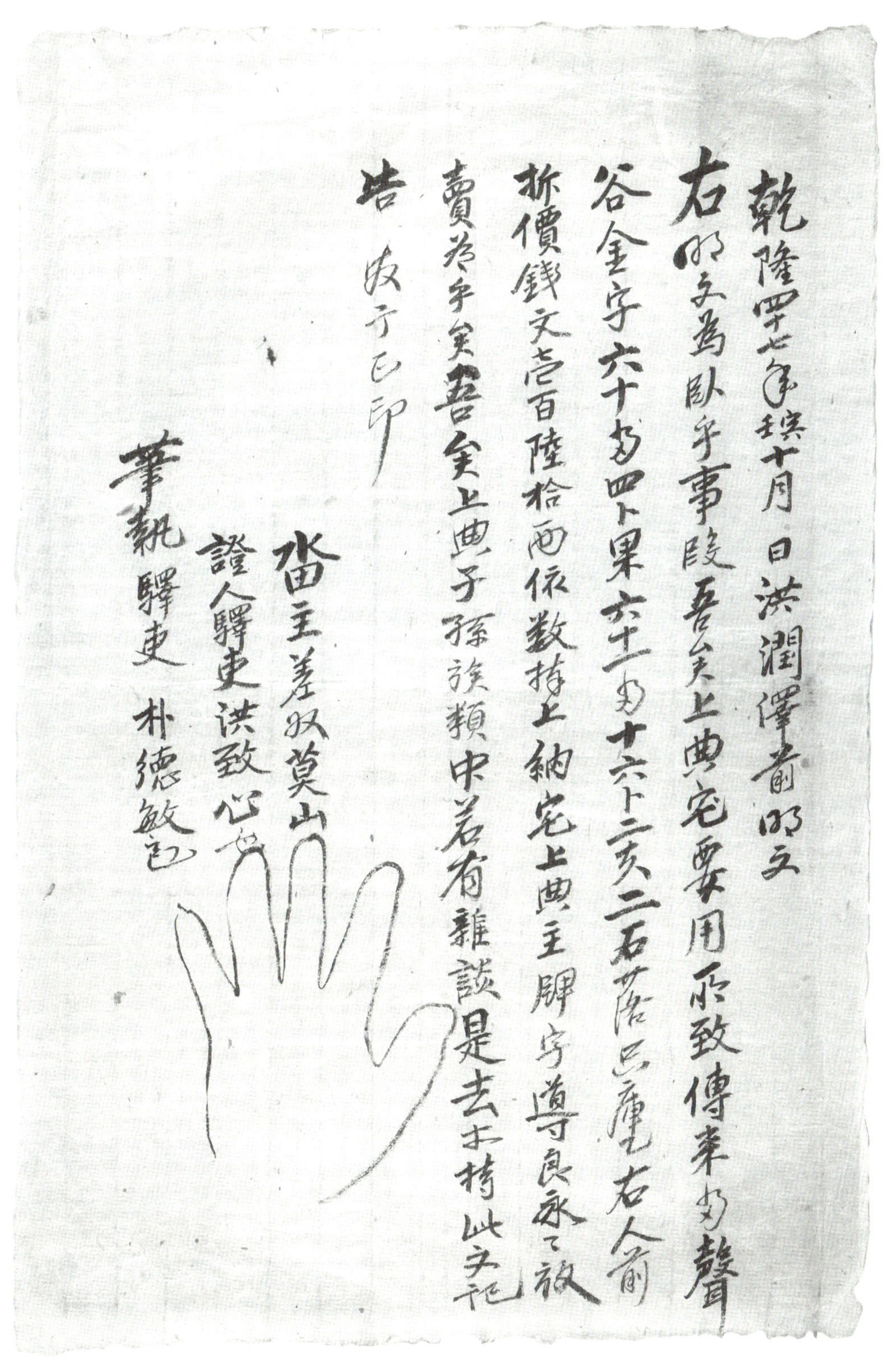

1782년 10월에 差奴 莫山이 洪潤澤에게 논을 팔면서 발급한 明文

明文 141

1782년(정조 6), 57.5×59.3

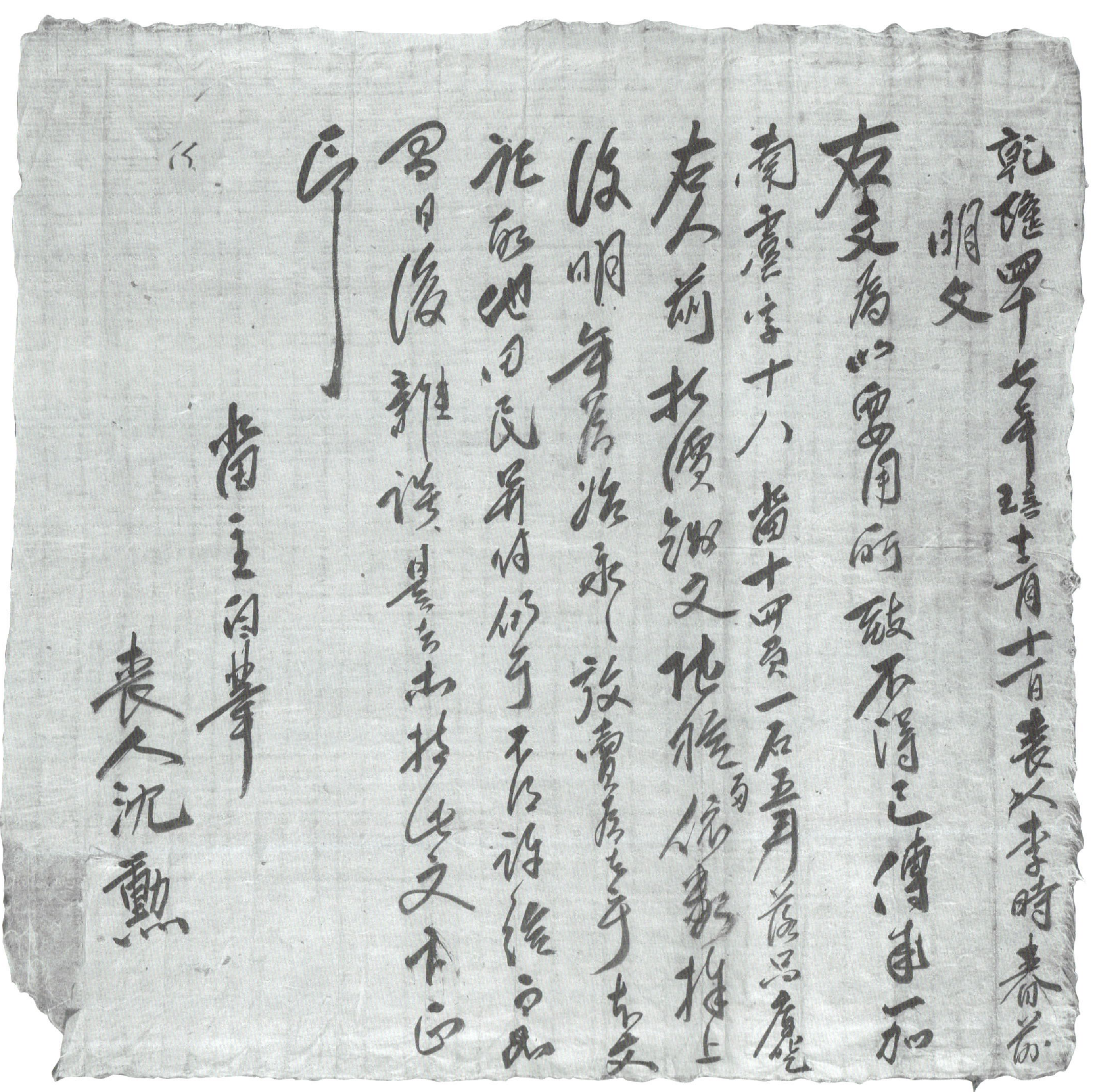

1782년 12월 11일에 喪人 沈勳이 喪人 李時春에게 논을 팔면서 발급한 明文

明文 142

1782년(정조 6), 55.8×35

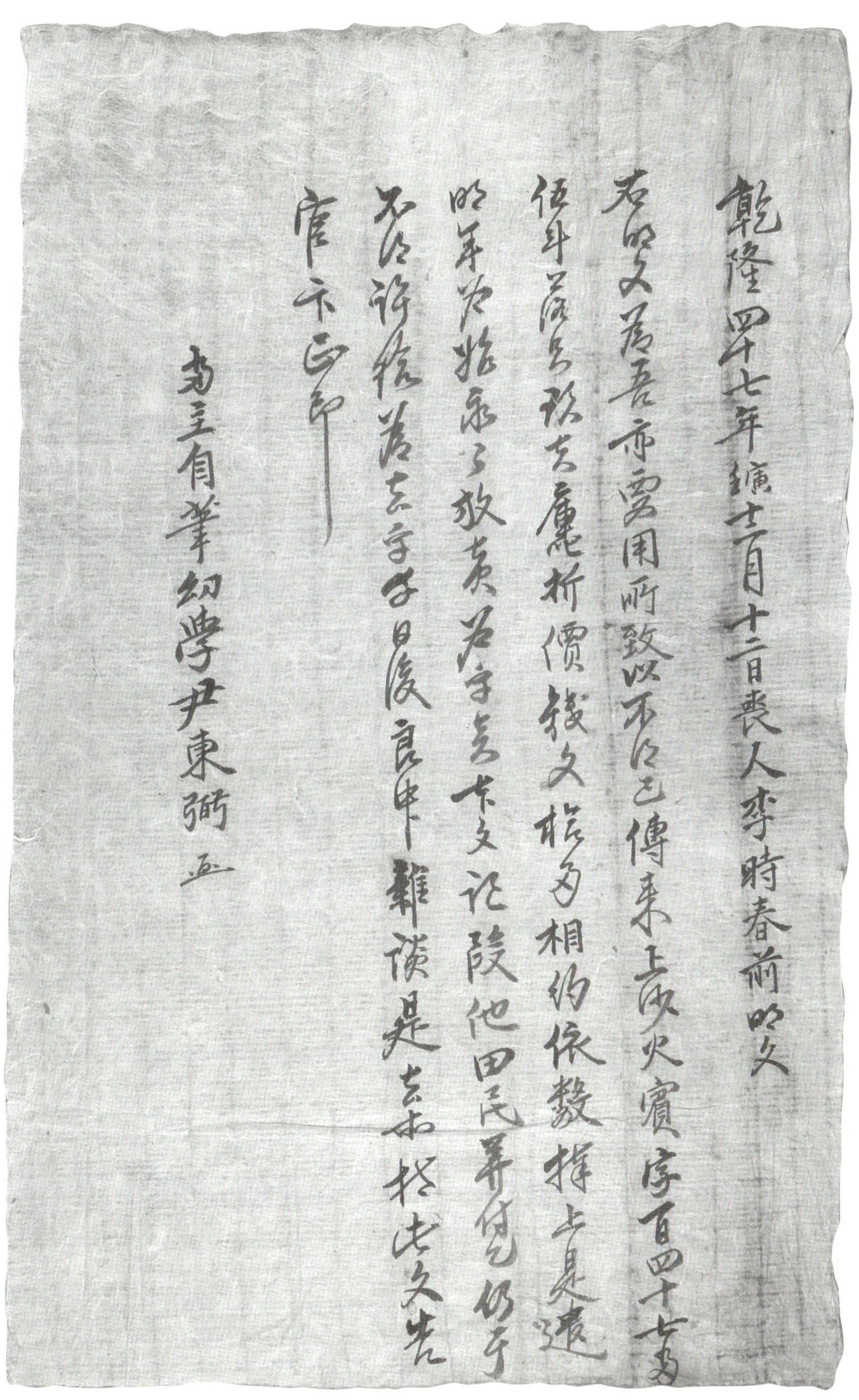

乾隆四十七年壬寅十二月十二日喪人李時春前明文

右明文爲臥乎事段吾亦要用所致以買得傳來上坪伏實字百四十七畓

伍斗落只叁庫處折價錢文拾兩相約依數捧上是遣

此年前牌旨永永放賣爲乎矣本文記段他田民并付乙仍于

不得許給爲去乎日後良中雜談是去等持此文告

官卞正事

畓主自筆幼學尹東弼

1782년 12월 12일에 유학 尹東弼이 喪人 李時春에게 논을 팔면서 발급한 明文

明文 143

1783년(정조 7), 49.9×52.8

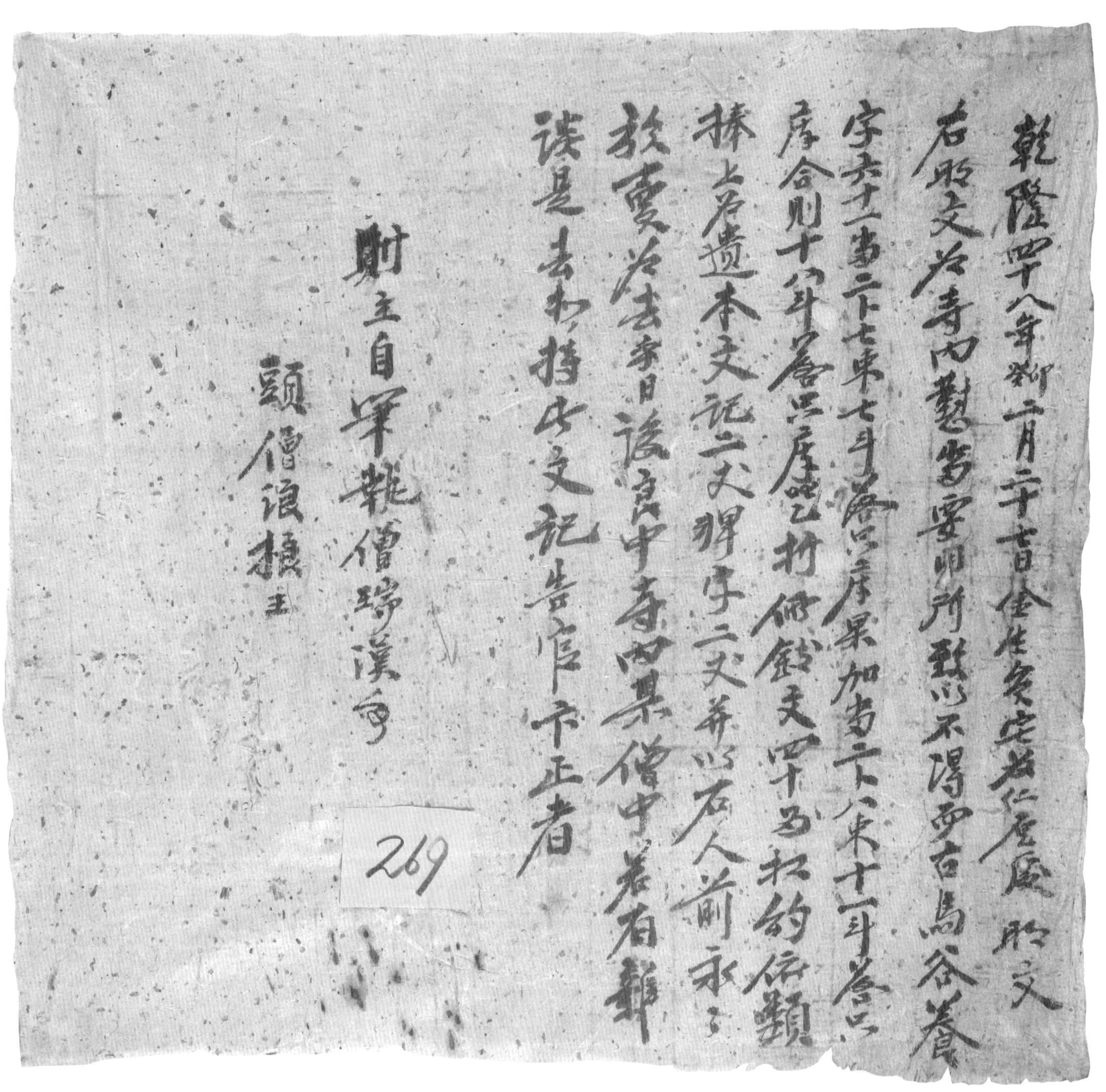

1783년 2월 27일에 僧 瑞漢과 頭僧 浪根이 金生員 宅 奴 仁乭에게 논을 팔면서 발급한 明文

明文 144

1783년(정조 7), 54.4×34.1

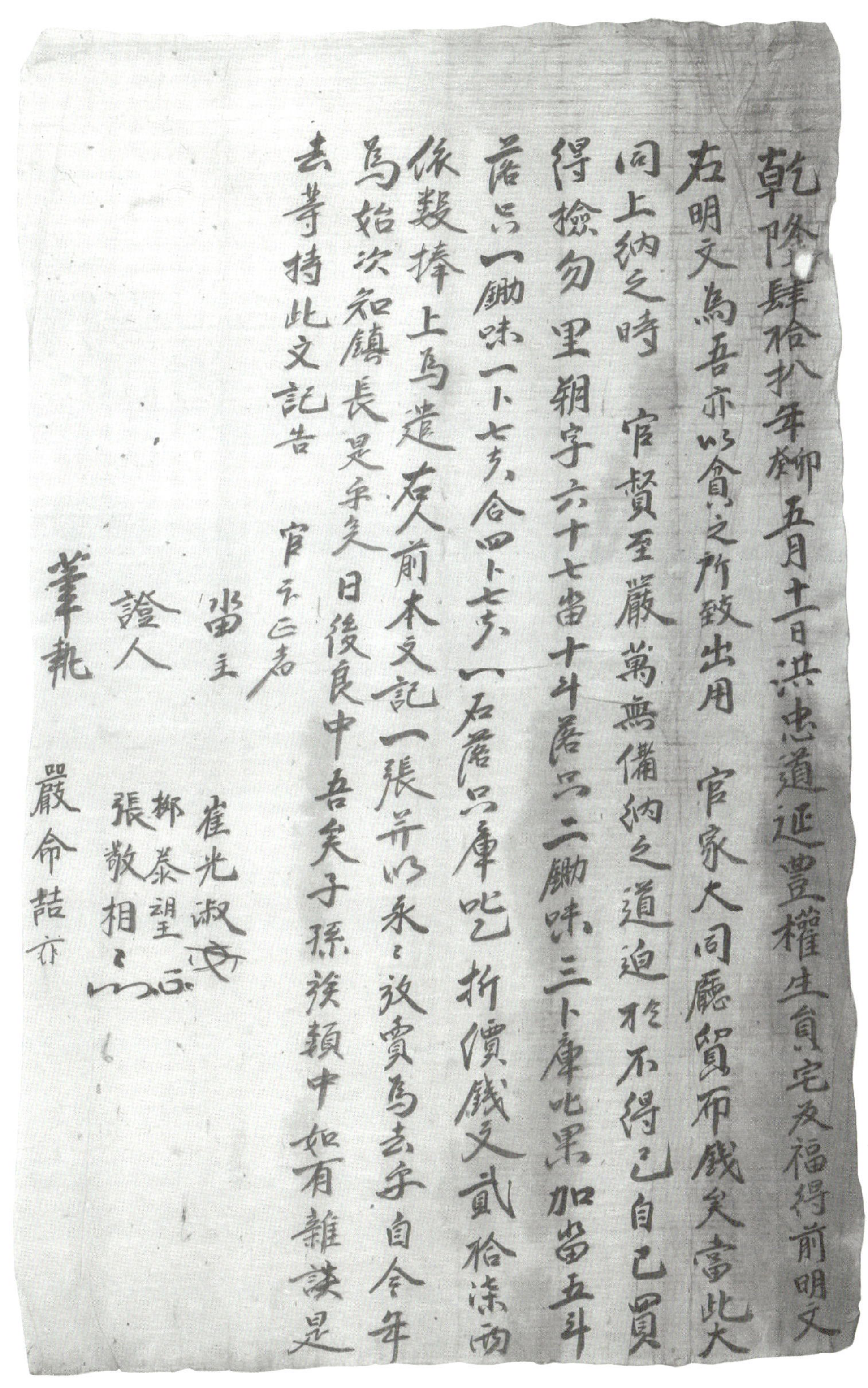

乾隆肆拾八年癸卯五月十一日洪忠道延豊權生員宅奴福得前明文

右明文爲吾亦以貧窮之所致出用 官家大同廳貿布錢矣當此大同上納之時 官貿至嚴萬無備納之道迫於不得已自己買得檢勿里朔字六十七畓十斗落只二斛味三卜庫叱果加畓五斗落只一斛味一卜七束合四卜七束 右落只庫叱 折價錢文貳拾柒兩依數捧上爲遣 右人前本文記一張幷以永永放賣爲去乎自今年爲始次知鎭長是乎矣 日後良中吾矣子孫族類中如有雜談是去等持此文記告 官卞正事

畓主 崔光淑

證人 鄭泰望

張敬相

筆執 嚴命喆

1783년 5월 11일에 崔光淑이 洪忠道 延豊에 사는 權生員 宅 奴 福得에게 논을 팔면서 발급한 明文

明文 145

1783년(정조 7), 45.6×55.7

1783년 8월 20일에 김츄삼이 니셰필에게 논을 팔면서 발급한 한글 明文

明文 146

1783년(정조 7), 59.5×37.5

乾隆肆拾捌年癸卯九月日幼學李時春前明文

右文爲臥乎事段吾矣要用所致買得丁洞潛字百五十三畓陸斗落八束壹石落只庫乙折價錢文三十兩依數捧上爲遣右人前永爲爲始永〻放賣爲去乎本文記段他田民幷付乙仍于日後吾矣子孫中如有雜談是去等持此文記告官卞正者

自筆 執幼學 金夏珹(着名)

1783년 9월에 유학 金夏珹이 유학 李時春에게 논을 팔면서 발급한 明文

1783년(정조 7), 51.5×33

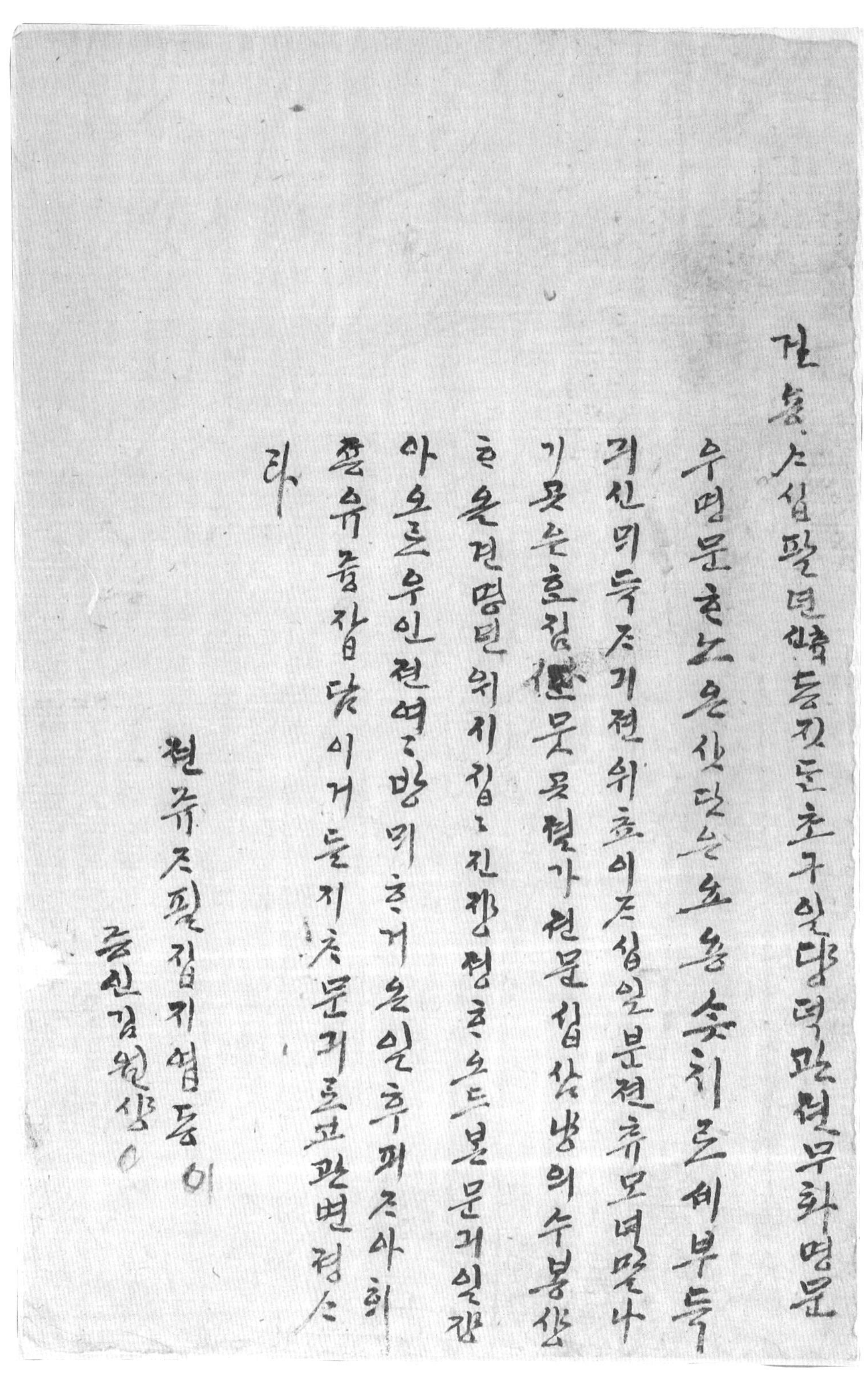

건륭ᄉ십팔년계묘듬지ᄃᆞᆯ초구일댱덕관젼무화명문
우명문ᄒᆞᆫ노ᄋᆞᆫ상답ᄉᆞ요용숫치로세부득
긔신미두ᄌᆞ기젼위효이ᄌᆞ십일분젼휴모녀ᄆᆞᆯ나
기곳ᄋᆞᆫ호짐ᄋᆡ문몯졀가젼문십삼냥의수봉샹
ᄒᆞᆫ온젼명면위지집ᄒᆞ진쟝졍ᄒᆞᆫ소드본문긔일쟝
아오ᄅᆞ우인젼여ᄒᆞ망미ᄒᆞᆫ거ᄋᆞᆫ일후피ᄌᆞ사희
쥰유즁잡담이거든지ᄎᆞ문긔로고관변졍ᄉᆞ
라

젼쥬ᄌᆞ필집지엽동이

증신김원샹

1783년 12월 초9일에 지엽동이 당덕관(=장덕관)에게 밭을 팔면서 발급한 한글 明文

明文 148

1784년(정조 8), 54.5×93.3

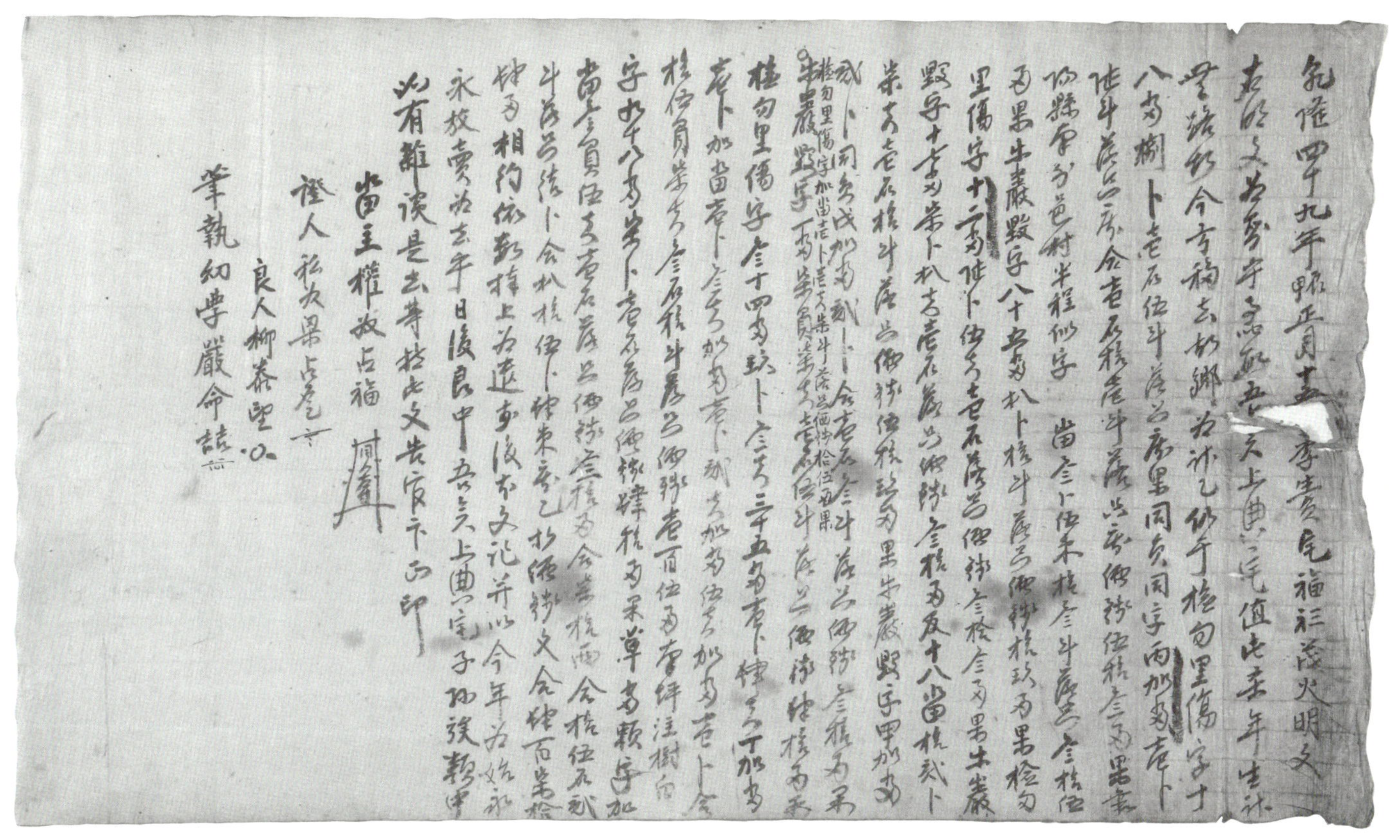

1784년 1월 15일에 權哥의 奴 占福이 李生員 宅 福衫에게 논을 팔면서 발급한 明文

明文 149

1784년(정조 8), 53.4×35.8

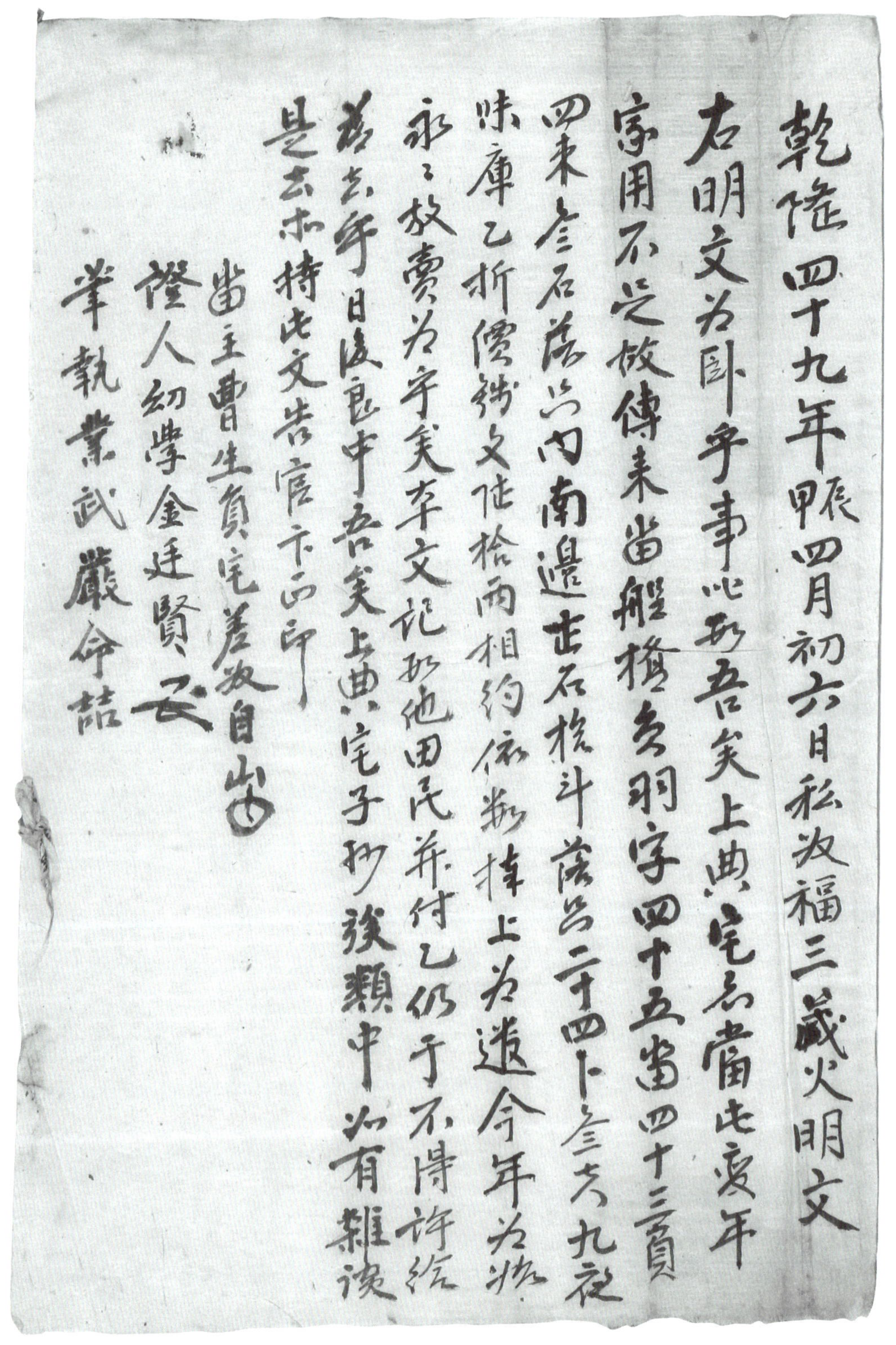

乾隆四十九年甲辰四月初六日私奴福三處火明文
右明文爲臥乎事叱段吾矣上典宅名當此凶年
家用不足故傳來畓船橋員字四十五畓四十三負
四束叁石落只內南邊壹石拾斗落只二十四卜叁束九夜
味庫乙折價錢文陸拾兩相約依數捧上爲遣今年爲始
永永放賣爲乎矣本文記段他田民并付乙仍于不得許給
爲去乎日後良中吾矣上典宅子孫族類中如有雜談
是去等持此文告官卞正事
畓主曹生員宅差奴自山
證人幼學金廷賢
筆執業武嚴命喆

1784년 4월 초6일에 曺生員 宅 差奴 自山이 私奴 福三에게 논을 팔면서 발급한 明文

明文 150

1784년(정조 8), 55.1×34.7

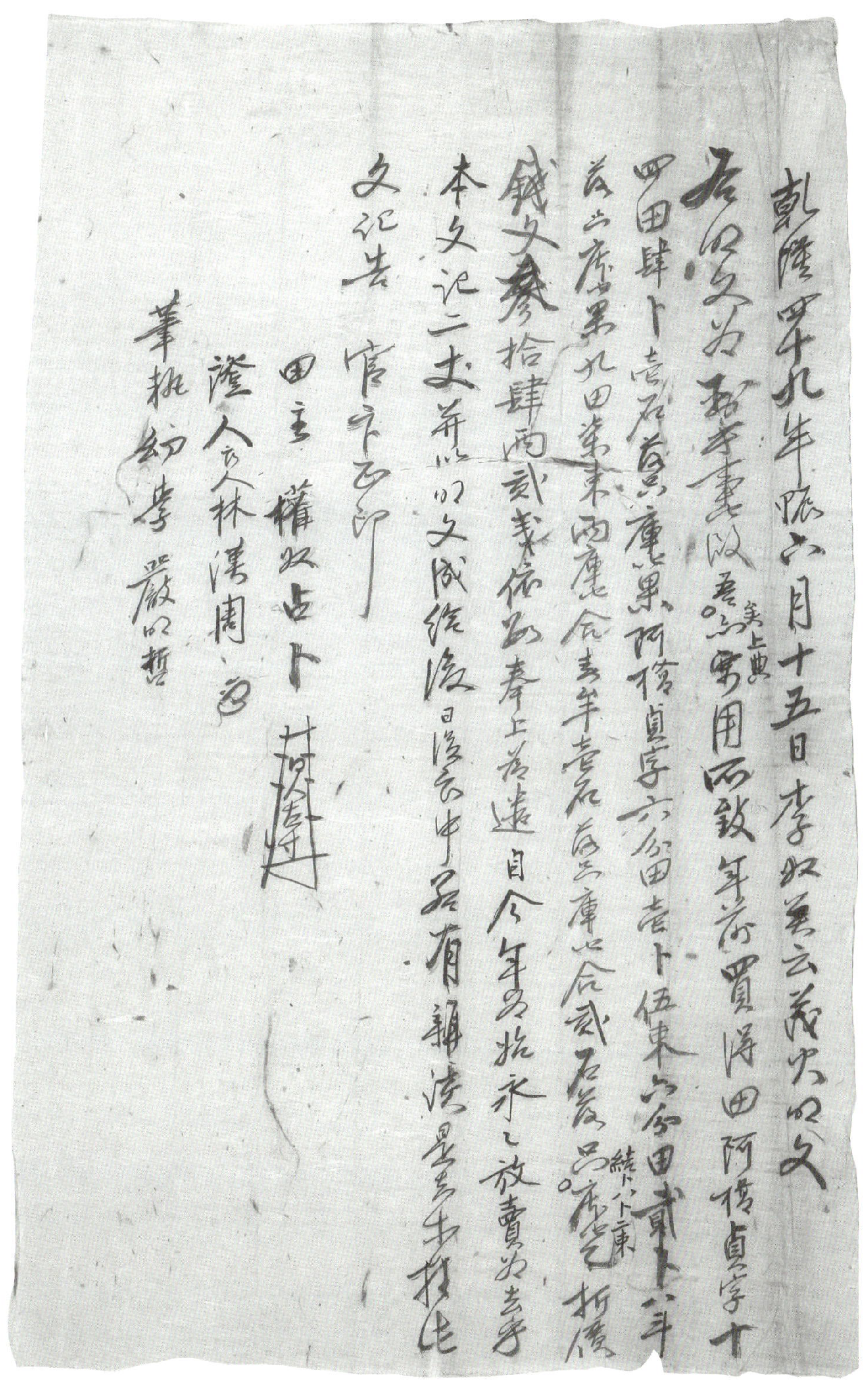

1784년 6월 15일에 權哥의 奴 占卜이 李哥의 奴 癸云이 밭을 팔면서 발급한 明文

明文 151

1784년(정조 8), 47.3×34.2

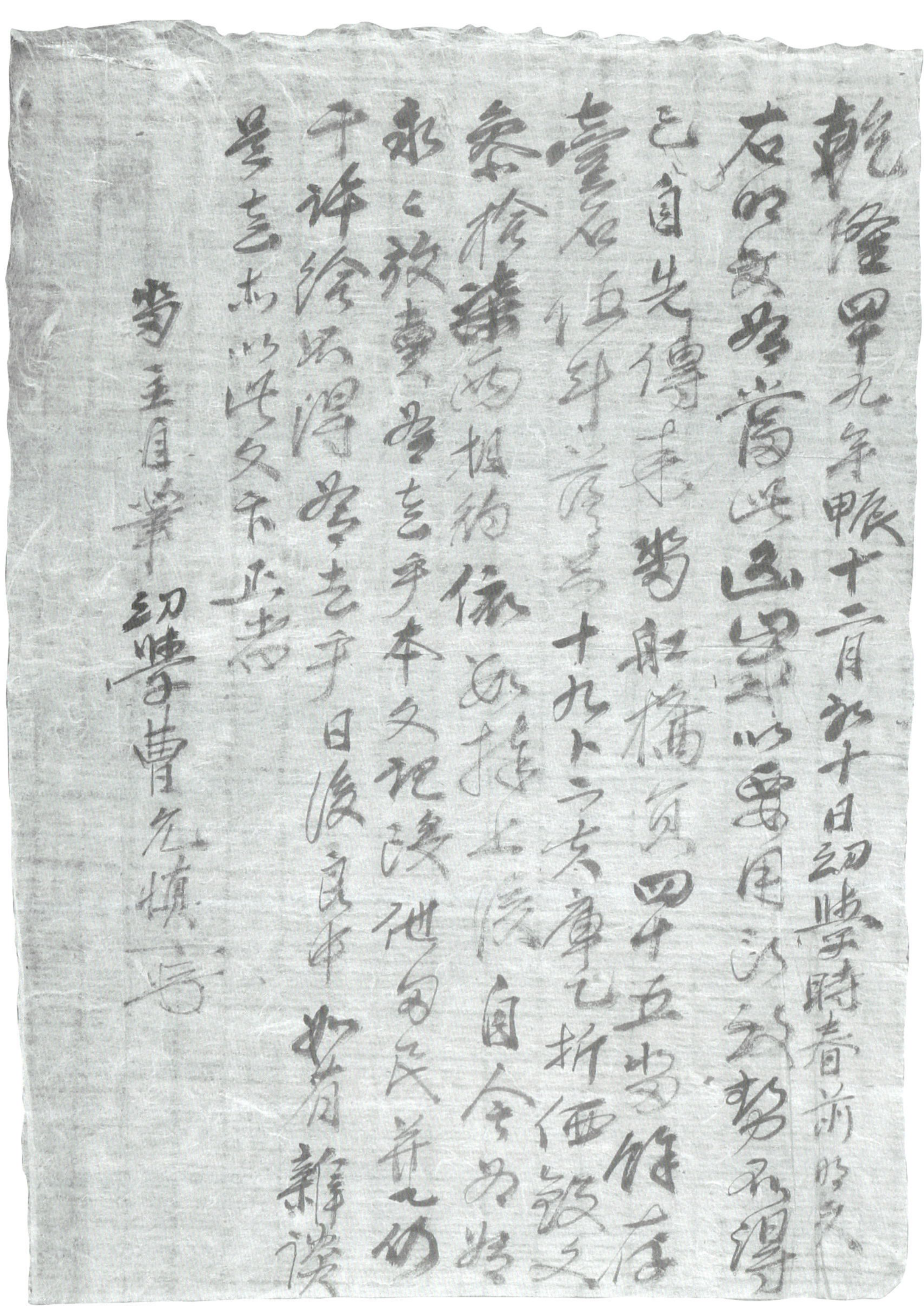

乾隆甲九年甲辰十二月初十日幼學時春前明文
右明文事段 當此逃窮以要用所致 勢不得
已 自先傳來 畓 船橋員 四十五畓 作存
畓 右伍斗落只 十九卜六束庫乙 折價錢文
參拾兩 依數捧上後 自今爲始
永永放賣爲去乎 本文記段 他畓並付乙仍
于許給不得爲去乎 日後良中 如有雜談
是去等 持此文下 告官辨正事
畓主 自筆 幼學 曹允愼 (手決)

1784년 12월 초10일에 유학 曺允愼이 유학 李時春에게 논을 팔면서 발급한 明文

明文 152

1785년(정조 9), 54.1×34

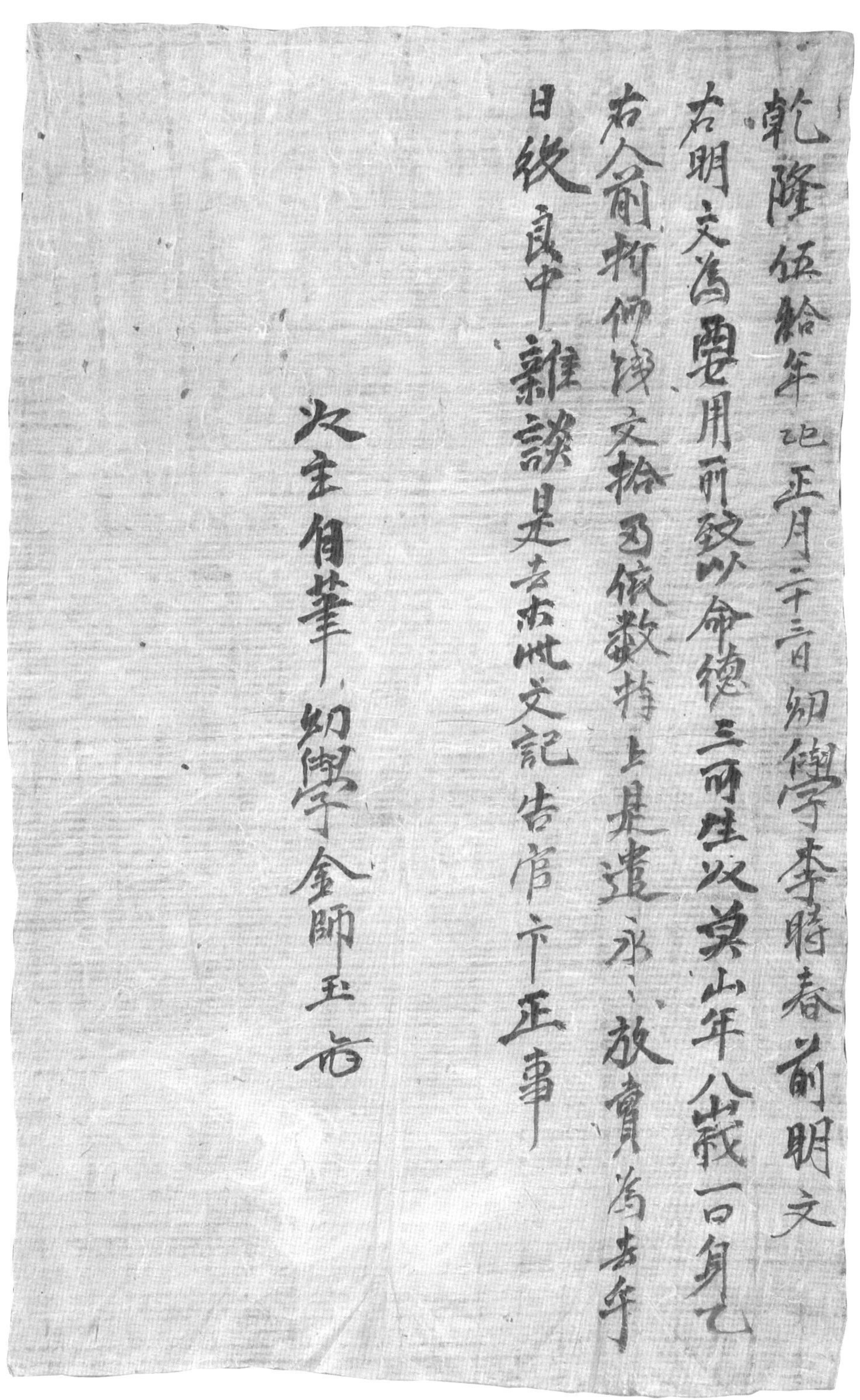

乾隆伍拾年乙巳正月二十三日幼學李時春前明文
右明文爲要用所致以命德三所生奴莫山年八歲一口身乙
右人前折價錢文拾兩依數捧上是遣永永放賣爲去乎
日後良中雜談是去等此文記告官卞正事
奴主自筆幼學金師玉

1785년 1월 23일에 유학 金師玉이 유학 李時春에게 사내종을 팔면서 발급한 明文

明文 153

1785년(정조 9), 64.6×40.5

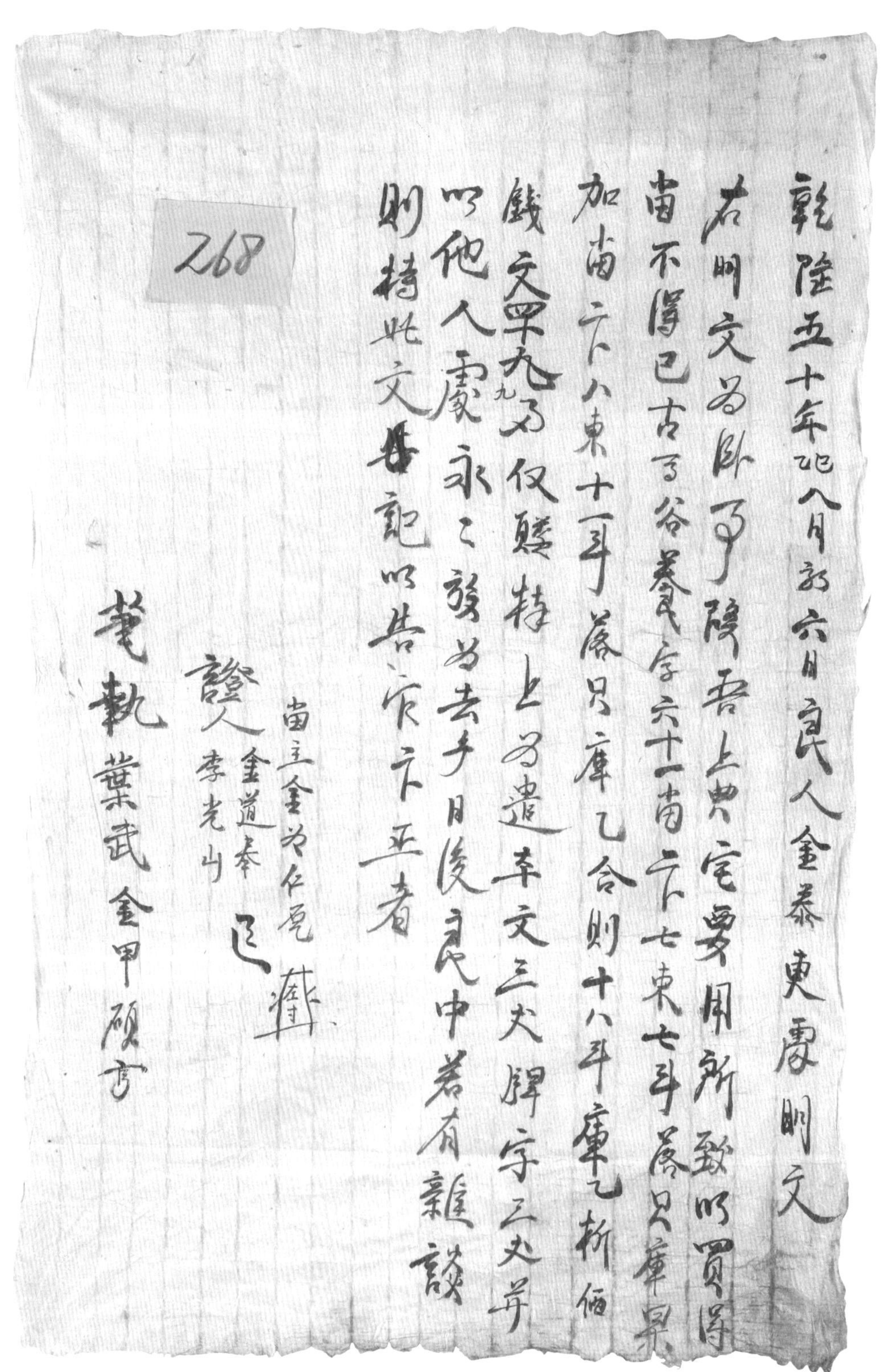

268

乾隆五十年乙巳八月初六日良人金泰更處明文

右明文爲臥乎事段吾上典宅要用所致以買得

畓不得已古丁谷養字六十一畓六卜七束七斗落只庫卑

加畓六卜八束十一斗落只庫乙合則十八斗庫乙折價

錢文四十九兩依數捧上爲遣本文三丈牌字二丈并

以他人處永永放賣爲去乎日後良中若有雜談

則持此文告官卞正者

畓主 金哥奴 仁乭

證人 金道奉 李光山

筆執 葉武 金甲頤

1785년 8월 초6일에 金哥의 奴 仁乭이 良人 金泰更에게 논을 팔면서 발급한 明文

明文 154

1788년(정조 12), 53.7×34.1

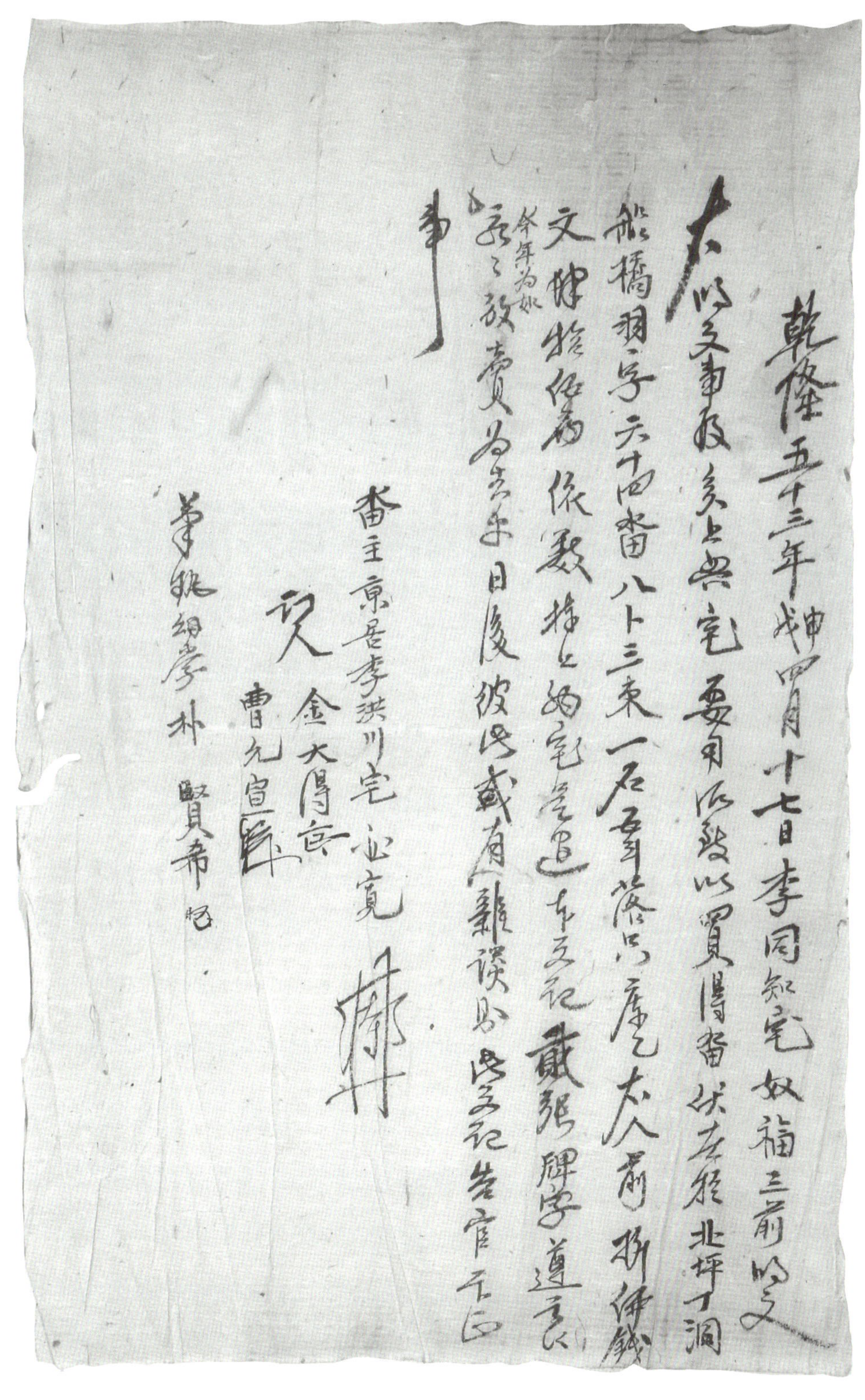

乾隆五十三年戊申四月十七日李同知宅奴福三前明文
右明文事段矣上典宅要用所致以買得畓伏在於北坪丁洞
熊橋羽字六十四畓八卜三束一石落只庫乙太人前折價錢
文肆拾兩依數捧上爲遣本文記貳張牌字幷以
今年爲始永永放賣爲去乎日後彼此或有雜談是去等此文記告官卞正
事

畓主京居李洪川宅必寬
證人 金大得
曹允宣
筆執幼學朴賢希

1788년 4월 17일에 서울에 사는 李 洪川 宅 必寬이 李 同知 宅 奴 福三에게 논을 팔면서 발급한 明文

1788년(정조 12), 56.4×44

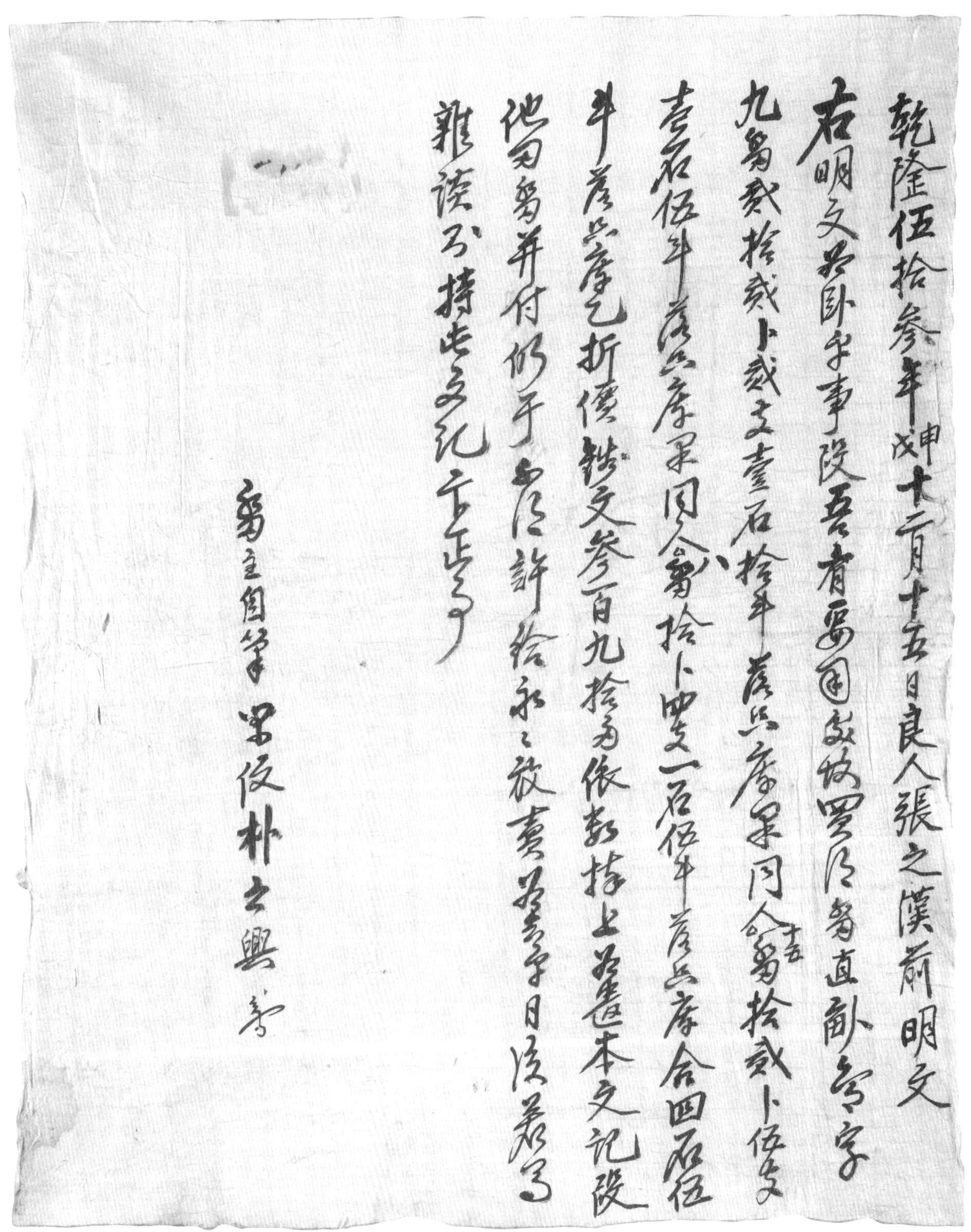
乾隆伍拾參年戊申十二月十五日良人張之漢前明文
右明文爲臥乎事段吾有要用處故[illegible][illegible]畓直[illegible]字
九負貳拾貳卜貳束又壹石拾斗落只庫果同人畓拾貳卜伍束
壹石伍斗落只庫果同人畓拾卜四束一石伍斗落只庫合四石伍
斗落只庫乙折價錢文參百九拾兩依數捧上爲遣本文記段
他畓并付仍于不得許給永永放賣爲去乎日後若有
雜談是去等持此文記告官卞正事

畓主自筆 業儒 朴之興 [sign]

1788년 12월 15일에 業儒 朴之興이 良人 張之漢에게 논을 팔면서 발급한 明文

明文 156

1789년(정조 13), 55.2×34.8

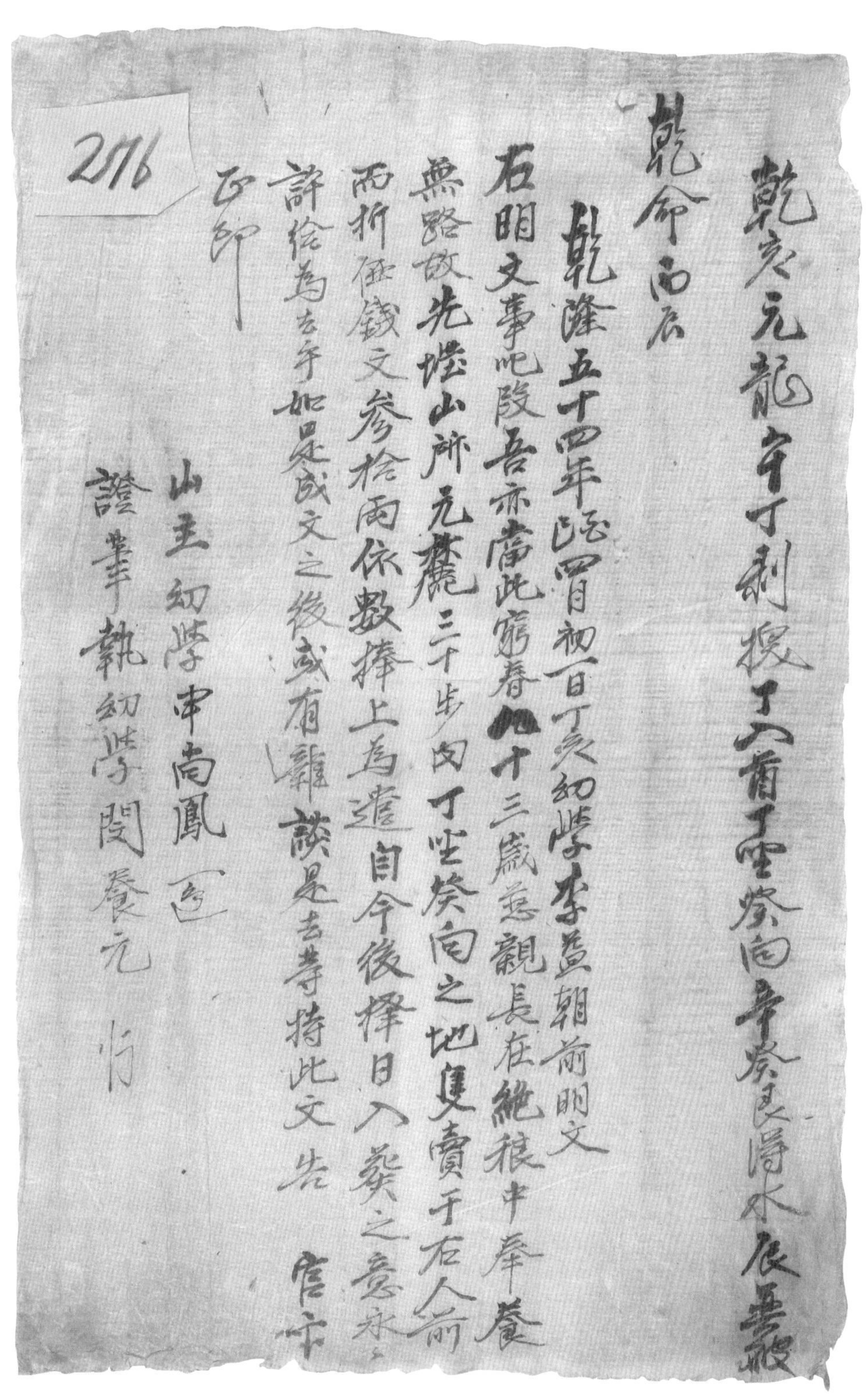

乾亥元龍 辛丁刺穓丁入首丁坐癸向 辛癸艮得水辰巽破

乾命丙辰

乾隆五十四年己酉四月初一日 丁亥幼學李益朝前明文

右明文事叱段 吾亦當此窮春 四十三歲慈親長在 絶粮中奉養無路 故先塋山所元麓三十步內 丁坐癸向之地 更賣于右人前 而折価錢文參拾兩 依數捧上爲遣 自今後擇日入葬之意 永永許給爲去乎 如是成文之後 或有雜談 是去等持此文 告官卞正印

山主 幼學 申尚鳳 (着押)

證筆執 幼學 閔養元 (着押)

1789년 4월 초1일에 유학 申尚鳳이 유학 李益朝에게 산을 팔면서 발급한 明文

明文 157

1789년(정조 13), 66.1×58.7

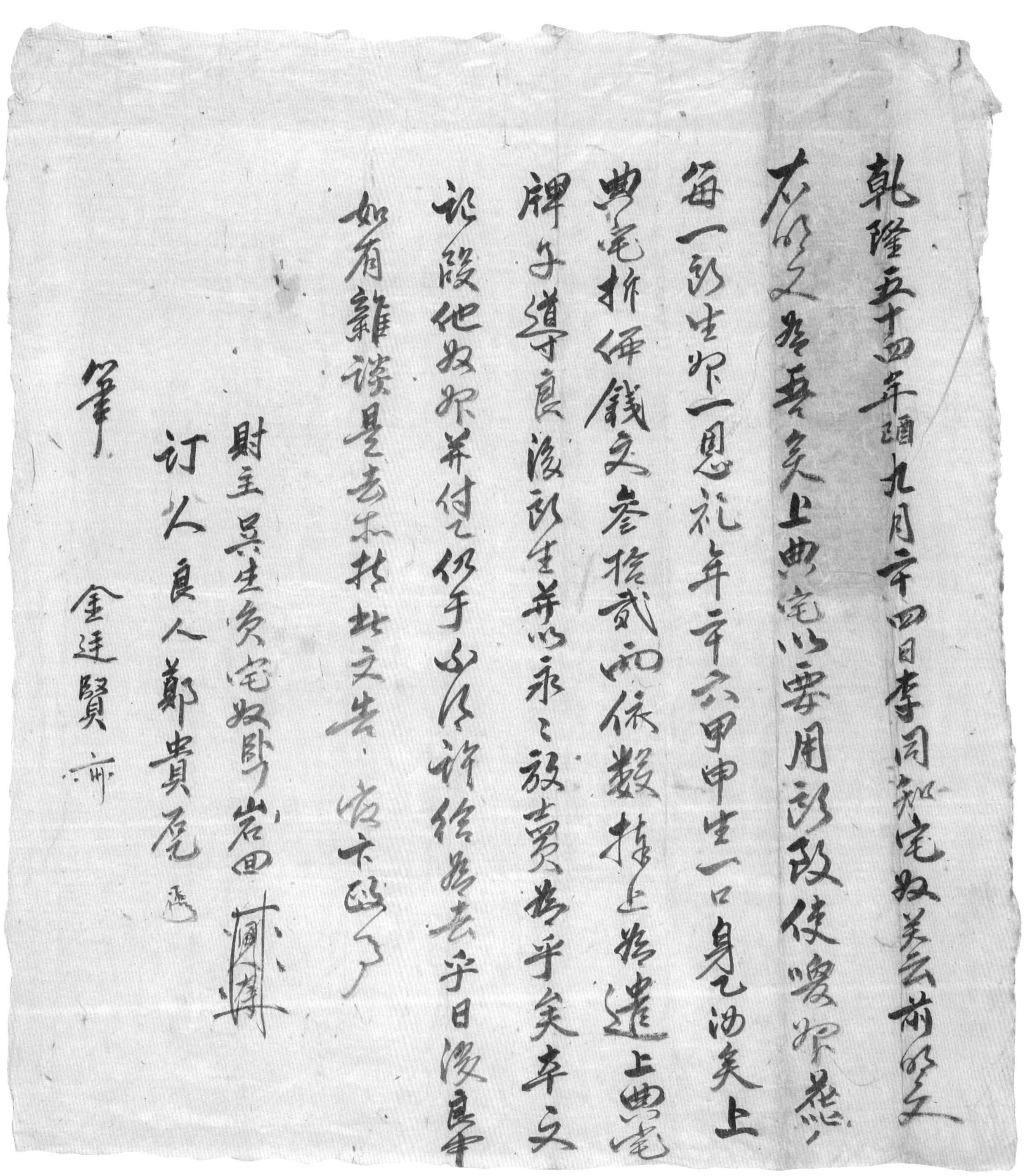

乾隆五十四年己酉九月二十四日李同知宅奴癸云前明文

右明文爲吾矣上典宅以要用所致使喚婢愁

每一所生婢一恩禮年二十六甲申生一口身乙酉矣上

典宅折價錢文叁拾貳兩依數捧上爲遣上典宅

牌子導良後所生并以永永放賣爲乎矣本文

記段他奴婢并付乙仍于此以許給爲去乎日後良中

如有雜談是去等持此文告官卞正事

財主 吳生員宅奴臥卩岩回

訂人 良人 鄭貴屘

筆 金廷賢

1789년 9월 24일에 吳生員 宅 奴 臥卩岩回가 李同知 宅 奴 癸云에게 계집종을 팔면서 발급한 明文

明文 158

1789년(정조 13), 69.1×41

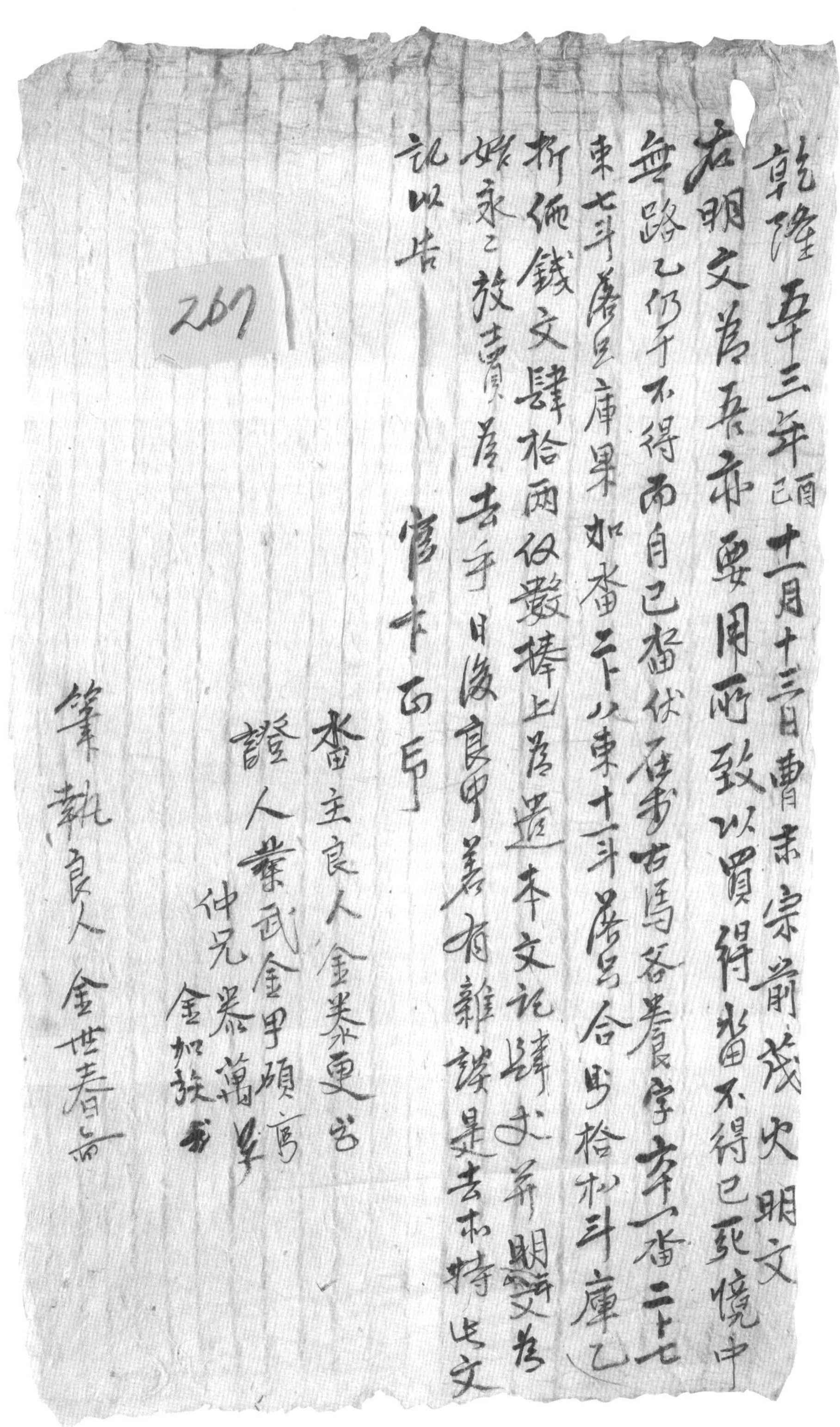

1789년 11월 13일에 良人 金泰更이 曺末宗에게 논을 팔면서 발급한 明文

1792년(정조 16), 53.7×32.2

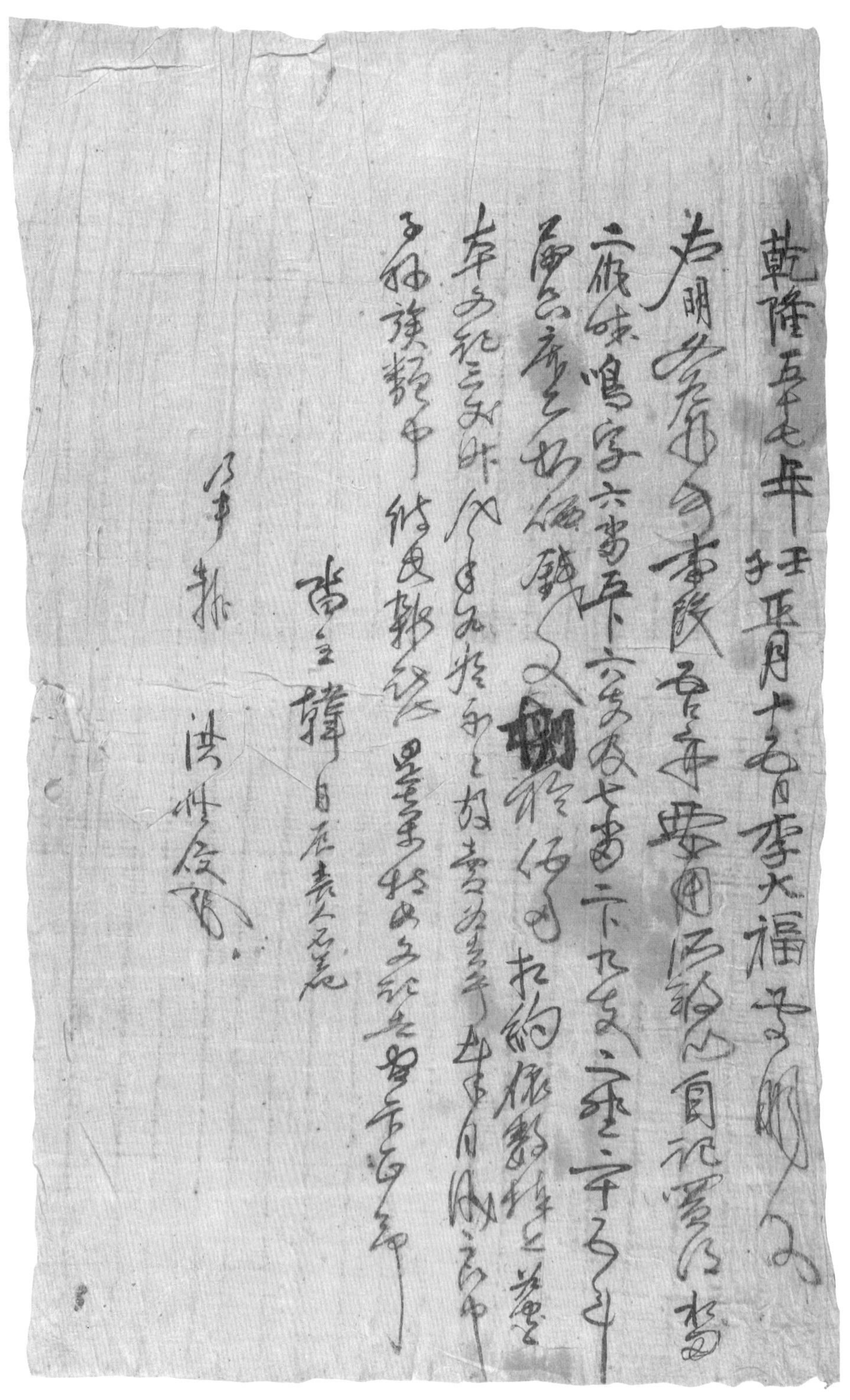

1792년 1월 15일에 韓日辰이 李大福에게 논을 팔면서 발급한 明文

明文 160

1792년(정조 16), 57×47.3

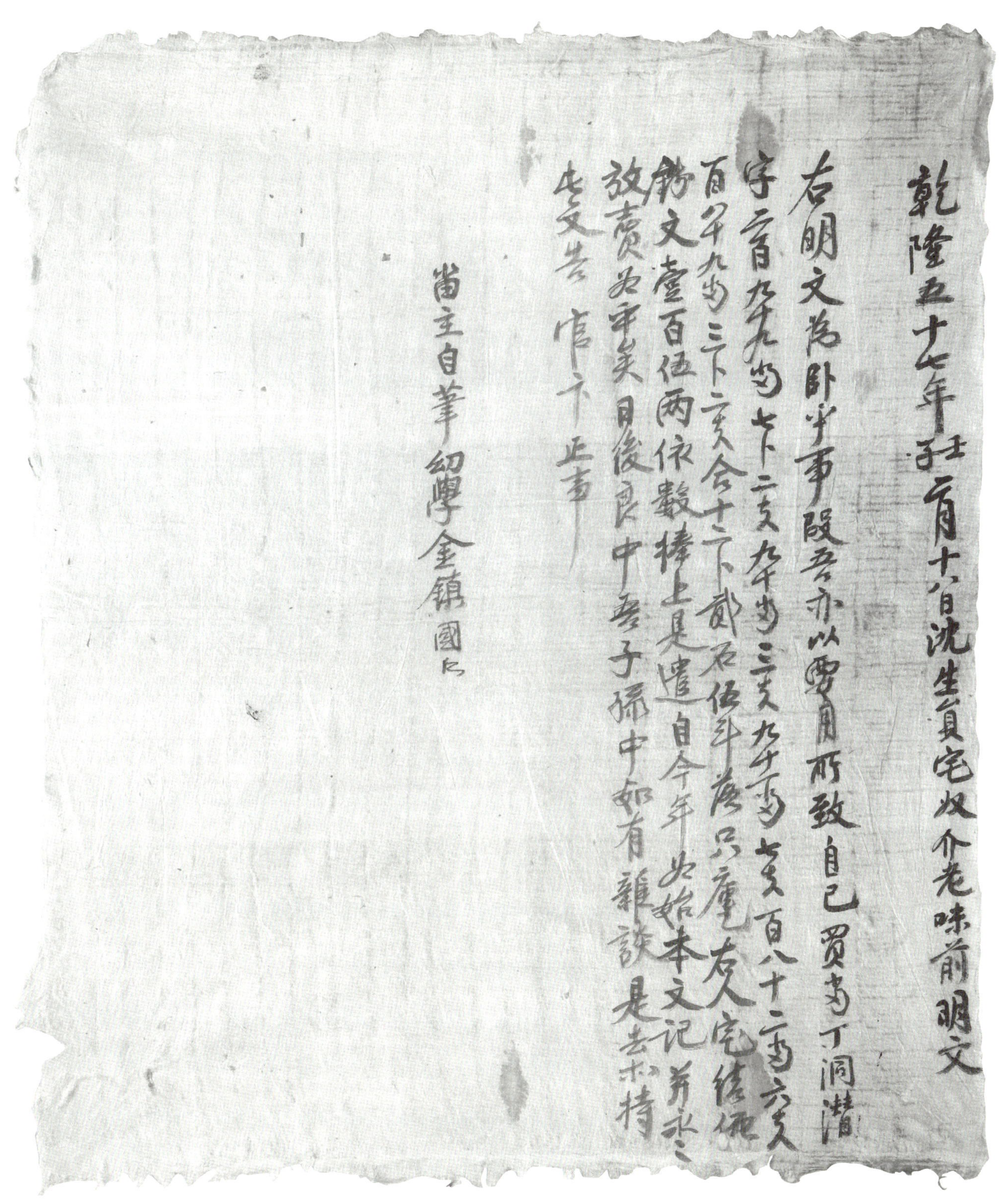
乾隆五十七年壬子二月十八日沈生員宅奴介老味前明文

右明文為臥乎事段吾亦以要用所致自己買得丁洞潛

字畓九斗落七卜二束九斗落三束九斗落七束百八十二負六束

百斗九斗落三卜二束合十二卜貳石伍斗落只庫右人宅結價

錢文壹百伍兩依數捧上是遣自今年為始本文記并永永

放賣為乎矣日後良中吾子孫中如有雜談是去等持

此文告官卞正事

畓主自筆幼學金鎭國[手決]

1792년 2월 18일에 유학 金鎭國이 沈生員 宅 奴 介老味에게 논을 팔면서 발급한 明文

明文 161

1792년(정조 16), 56.5×71.8

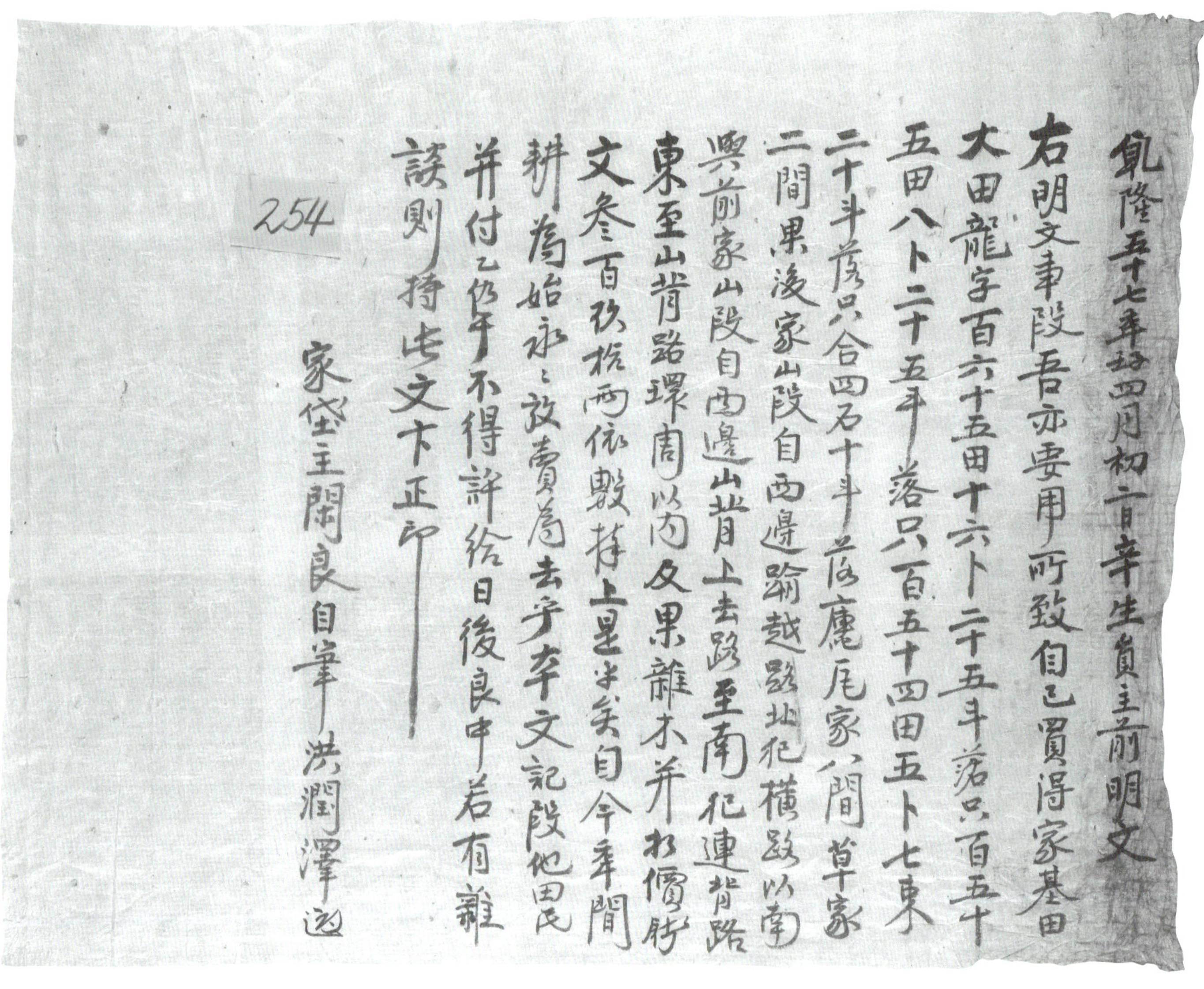

乾隆五十七年壬子四月初二日辛生員主前明文
右明文事段吾亦要用所致自己買得家基田
大田龍字百六十五田十六卜二十五斗落只百五十
五田八卜二十五斗落只百五十四田五卜七束
二十斗落只合四石十斗落庵尾家八間草家
二間果後家山段自西邊踰越路北犯橫路以南
與前家山段自西邊山背上去路至南犯連背路
東至山背路環周以內及果雜木并折價錢
文叁百玖拾兩依數捧上是乎矣自今年間
耕爲始永永放賣爲去乎本文記段他田民
并付乙仍于不得許給日後良中若有雜
談則持此文卞正事
家垈主閑良自筆 洪潤澤

1792년 4월 초2일에 洪潤澤이 辛生員에게 家垈를 팔면서 발급한 明文

明文 162

1792년(정조 16), 54.6×34

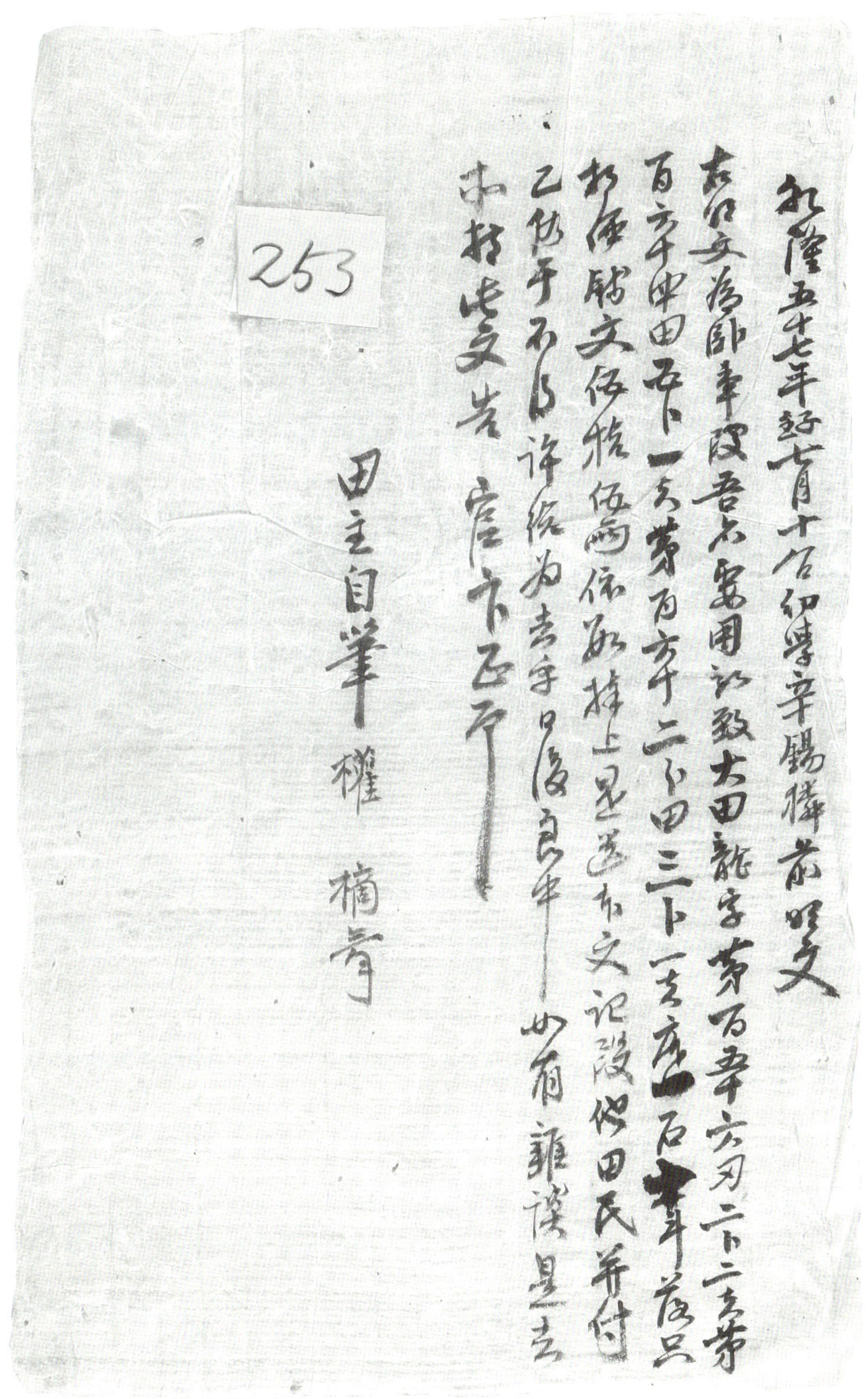

乾隆五十七年壬子七月十八日幼學辛錫撛前明文

田主自筆 權 樀

1792년 7월 18일에 權樀이 유학 辛錫撛에게 밭을 팔면서 발급한 明文

明文 163

1793년(정조 17), 56.5×72.2

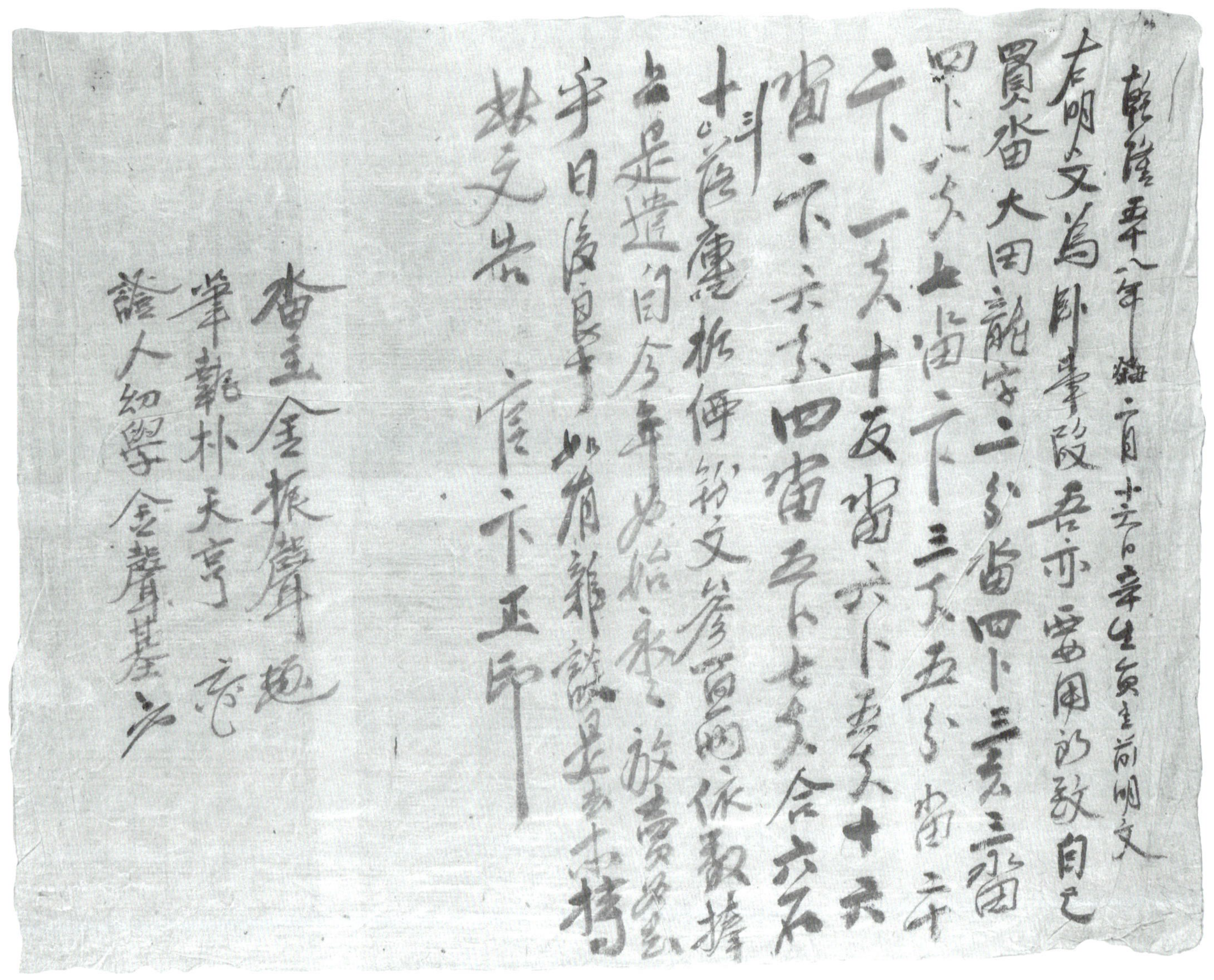

1793년 2월 16일에 金振聲이 辛生員에게 논을 팔면서 발급한 明文

明文 164

1793년(정조 17), 53.9×69.7

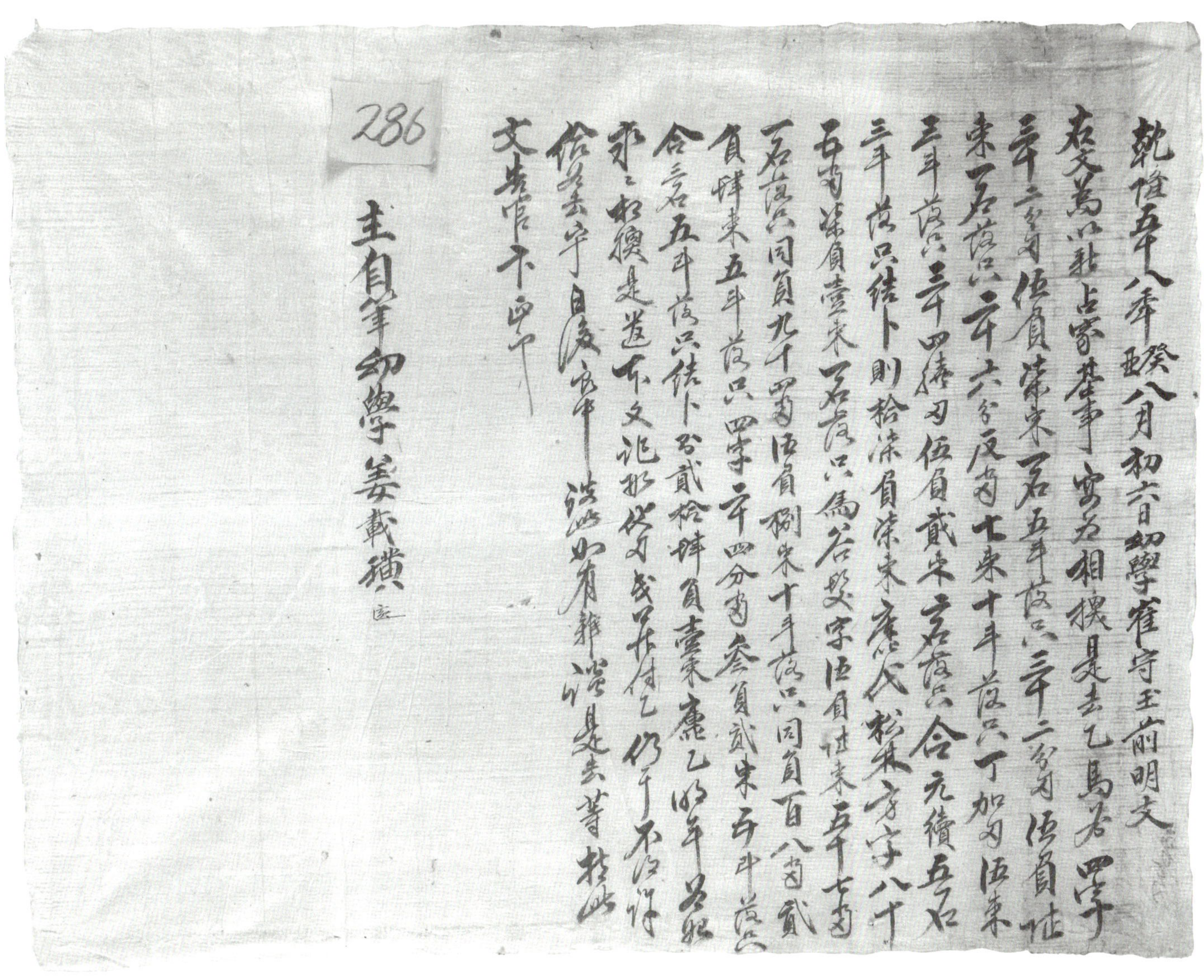

1793년 8월 초6일에 유학 姜載璜이 유학 崔守玉에게 전답을 相換하면서 발급한 明文

明文 165

1794년(정조 18), 51.9×33.8

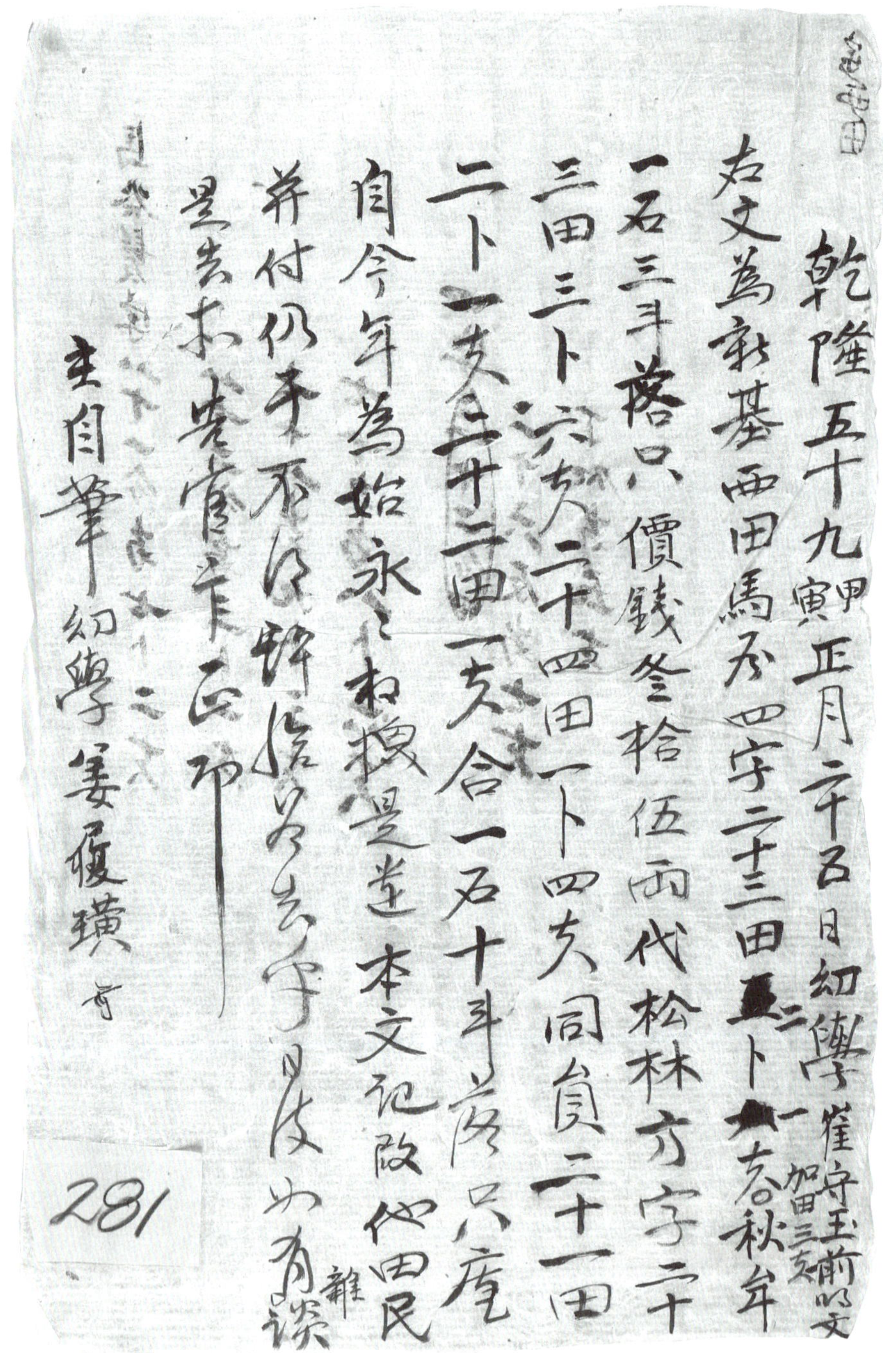

1794년 1월 25일에 유학 姜履璜이 유학 崔守玉에게 밭을 팔면서 발급한 明文

明文 166

1794년(정조 18), 56.4×48.3

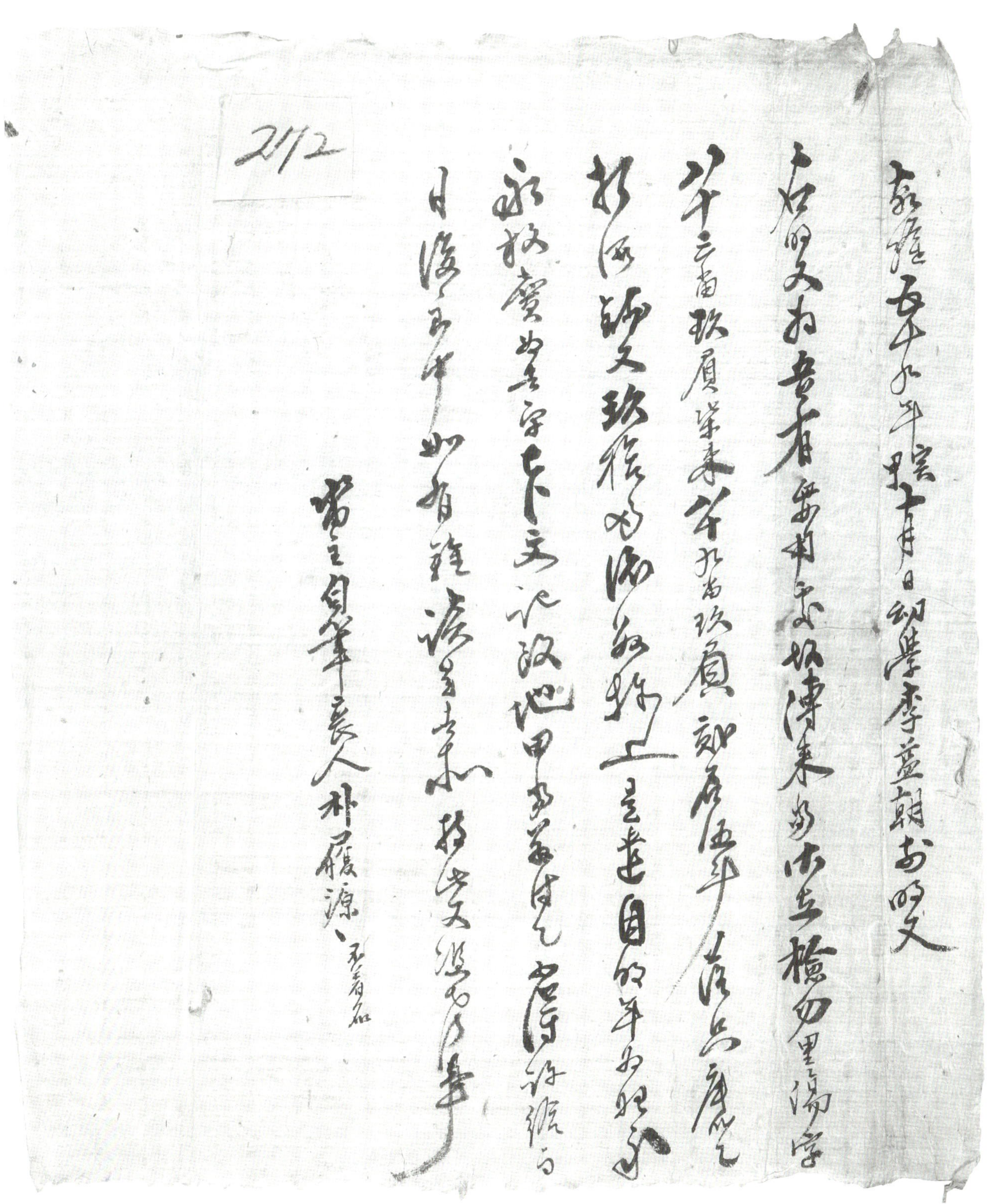

1794년 10월에 喪人 朴履源이 유학 李益朝에게 논을 팔면서 발급한 明文

明文 167

1794년(정조 18), 42.2×26.5

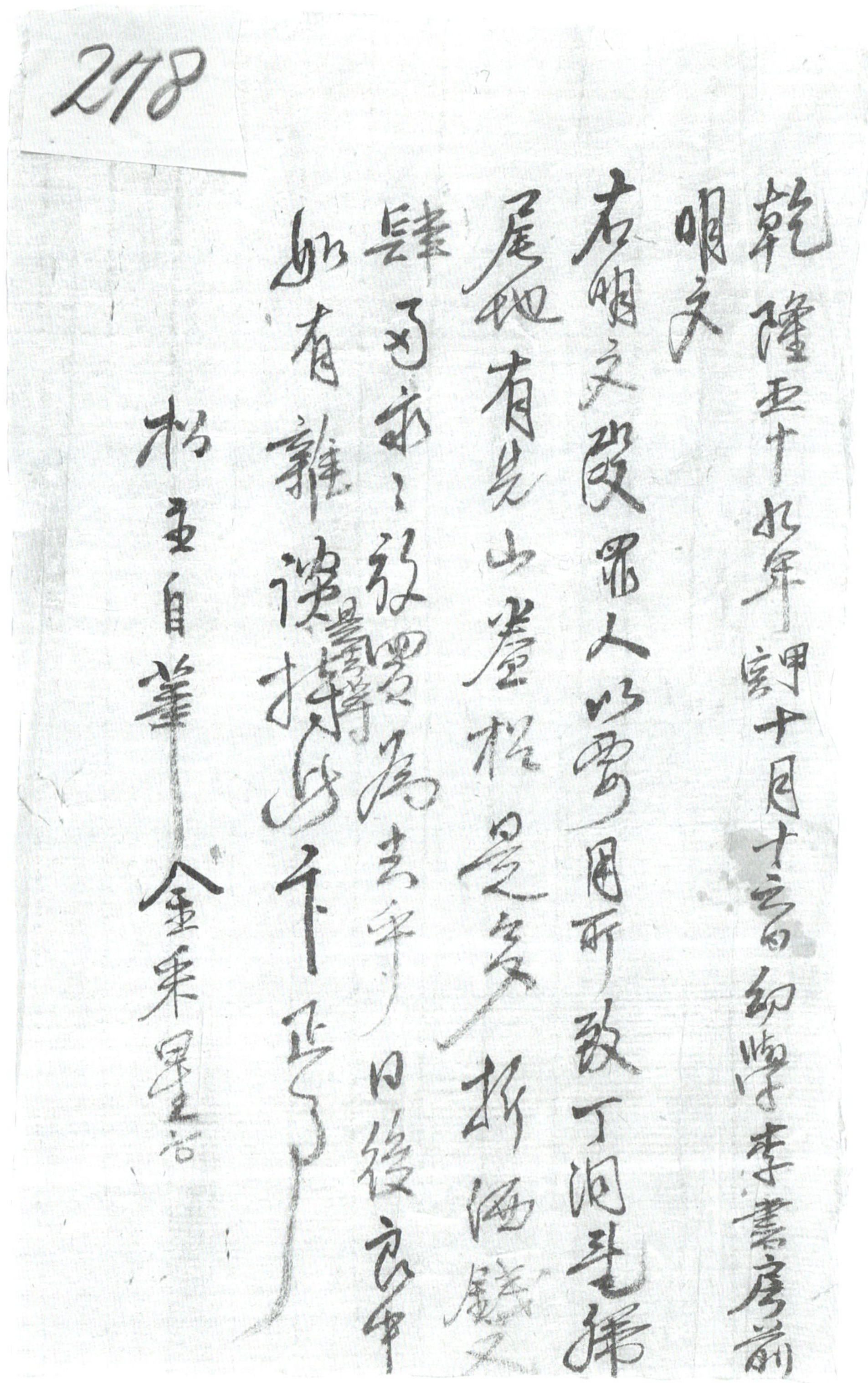

278

乾隆五十九年甲寅十月十六日 幼學李書房前
明文
右明文段 罪人以要用所致 丁洞坐歸
尾地有先山塋松是交 折價錢文
肆兩 永永放賣爲去乎 日後良中
如有雜談 持此卞正事

松主自筆 金采星

1794년 10월 16일에 金采星이 李書房에게 소나무를 팔면서 발급한 明文

明文 168

1794년(정조 18), 59.6×37.1

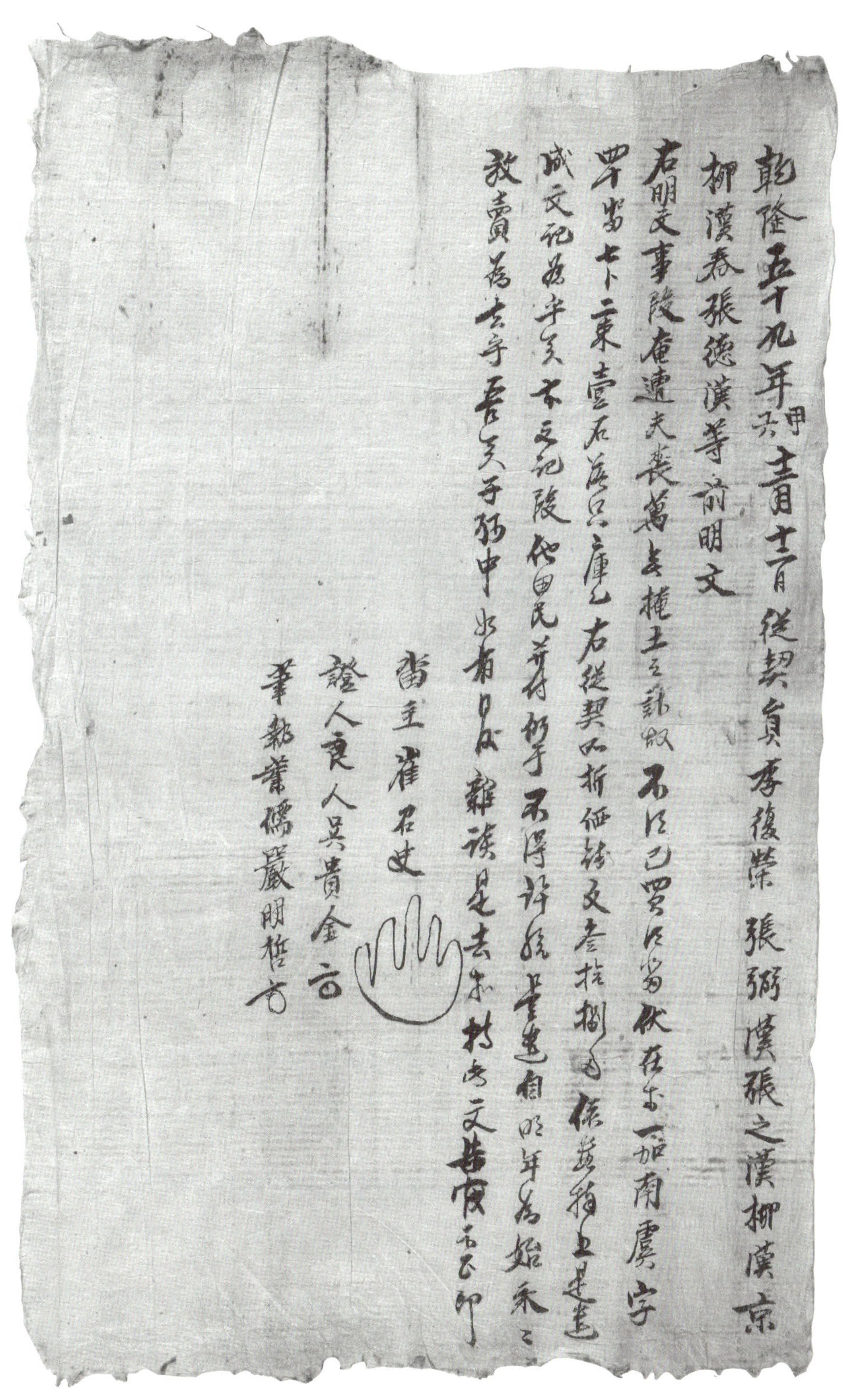

乾隆五十九年甲寅十二月十二日 從契員 李復榮 張弼漢 張之漢 柳漢京
柳漢春 張德漢 等 前明文
右明文事段 奄遭夫喪 葬地 權士乙 許故 不得已 買得 伏在 是加 南 虞字
畓 七卜二束 壹石落只 庫乙 右從契以 折價錢文 參拾捌兩 依數捧上是遣
成文記 無 本文記段 他田民幷付 故 不得許給 是遣 自此年爲始 永永
放賣爲去乎 吾矣子孫中 如有 雜談是去等 持此文告官 卞正事

當主 崔召史

證人 良人 吳貴金

筆執 業儒 嚴明哲

1794년 12월 12일에 崔召史가 從契員 李復榮 등에게 논을 팔면서 발급한 明文

明文 169

1796년(정조 20), 55.2×32.4

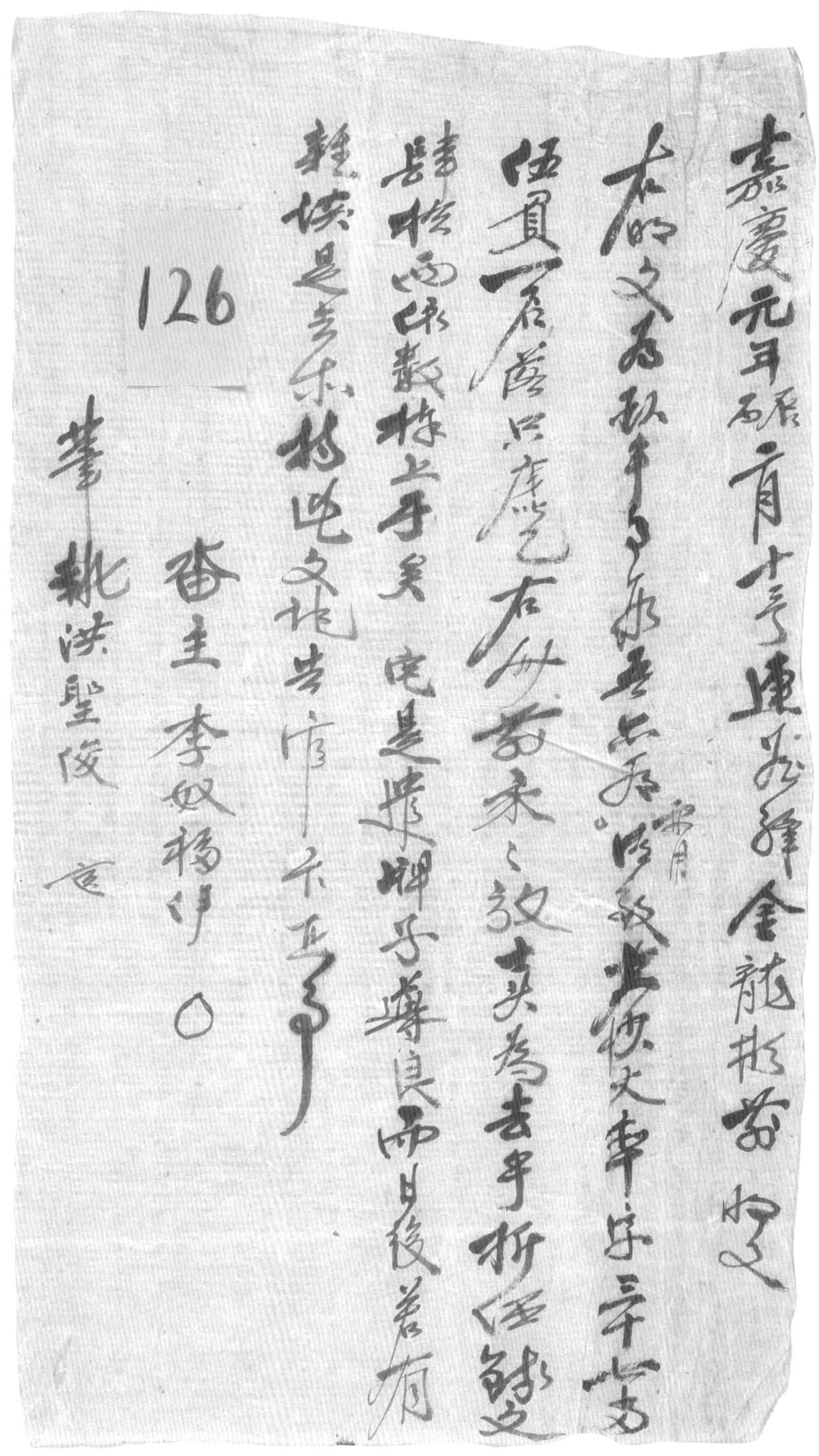

1796년 2월 13일에 李哥의 奴 福伊가 連谷驛 金龍彬에게 논을 팔면서 발급한 明文

明文 170

1796년(정조 20), 58.2×66.4

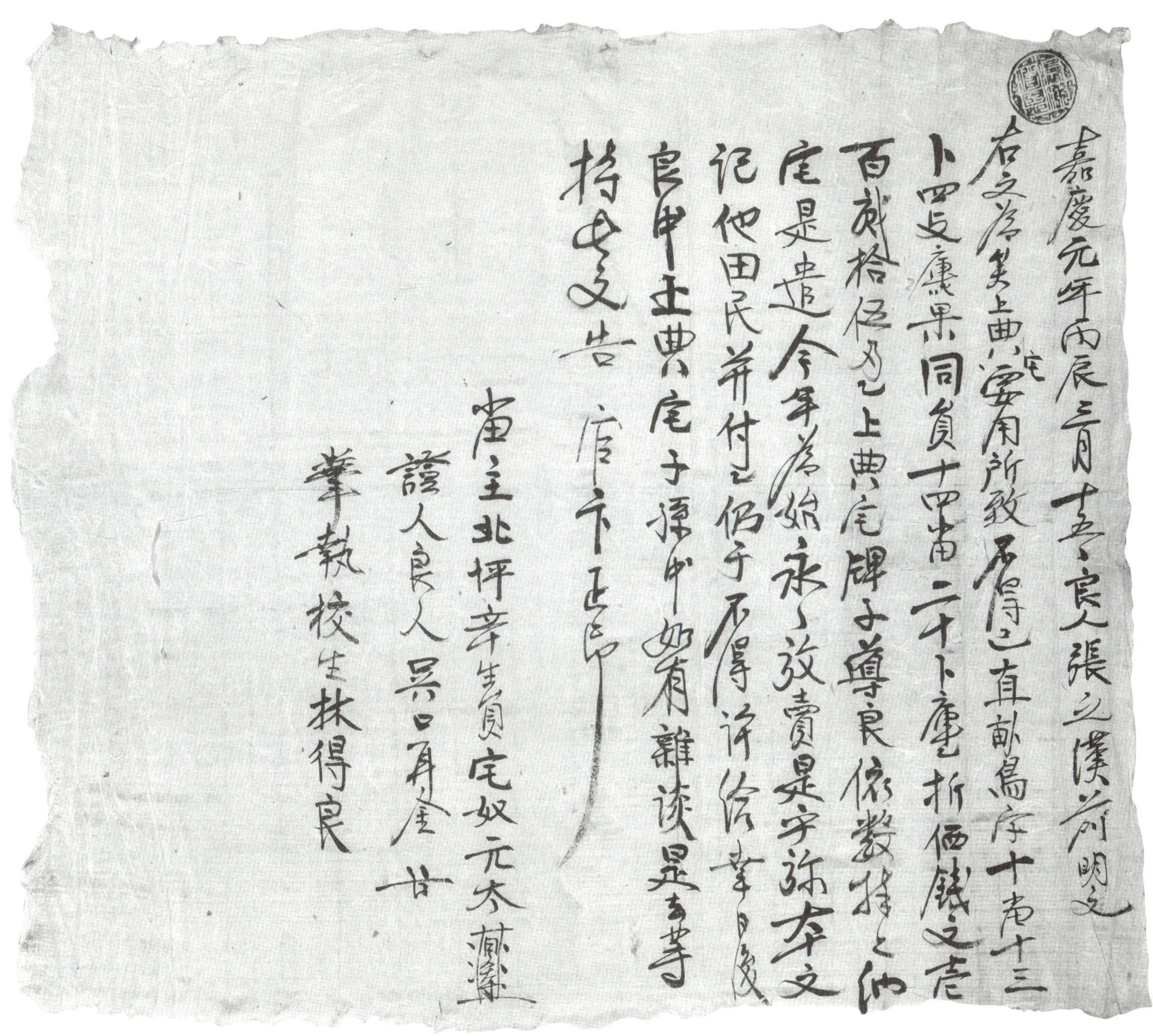

1796년 3월 15일에 北坪에 거주하는 辛生員 宅 奴 元太가 良人 張之漢에게 논을 팔면서 발급한 明文

明文 171

1797년(정조 21), 53.7×66.4

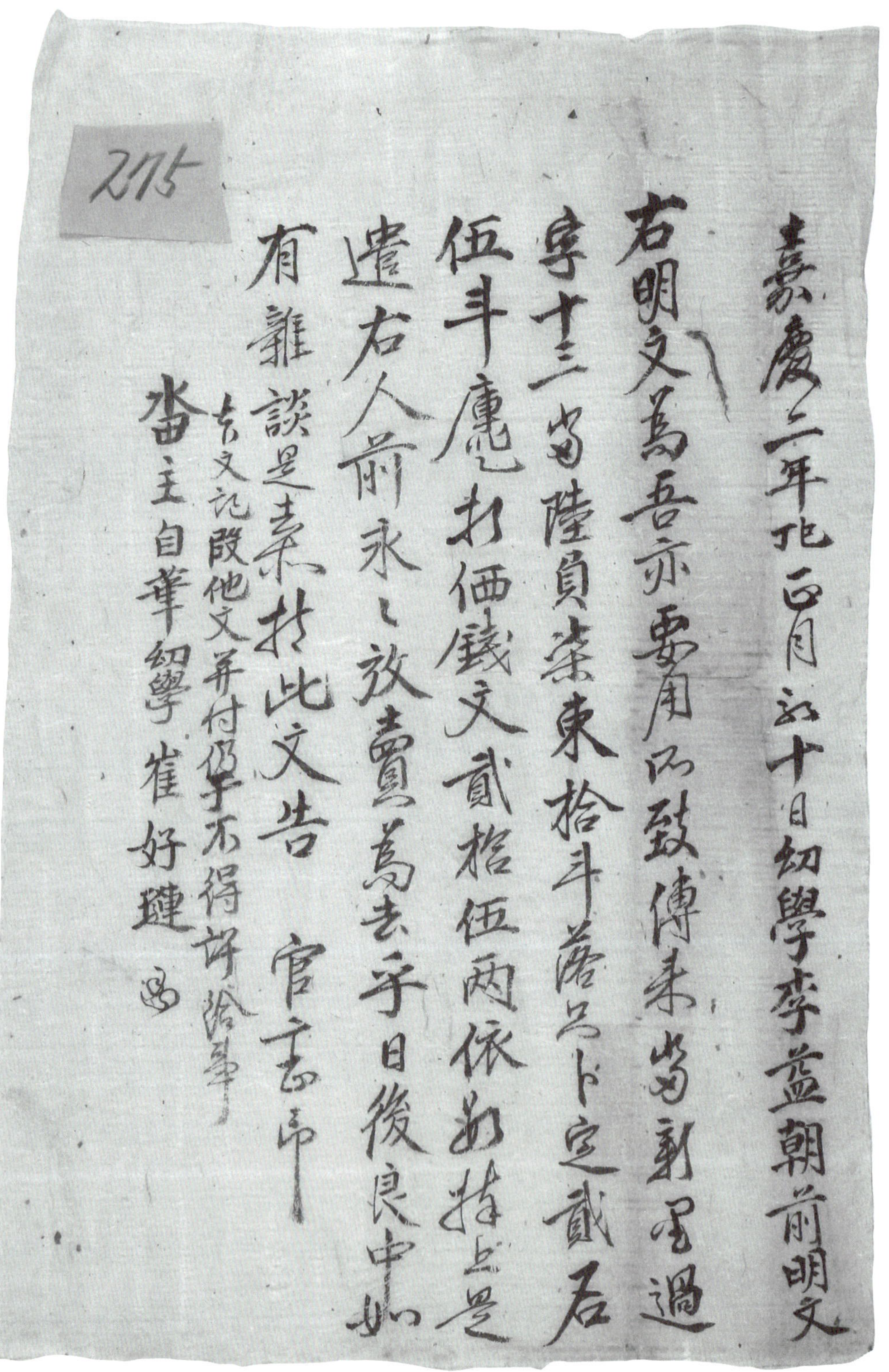

1797년 1월 초10일에 유학 崔好璉이 유학 李益朝에게 논을 팔면서 발급한 明文

明文 172

1797년(정조 21), 56.1×25.7

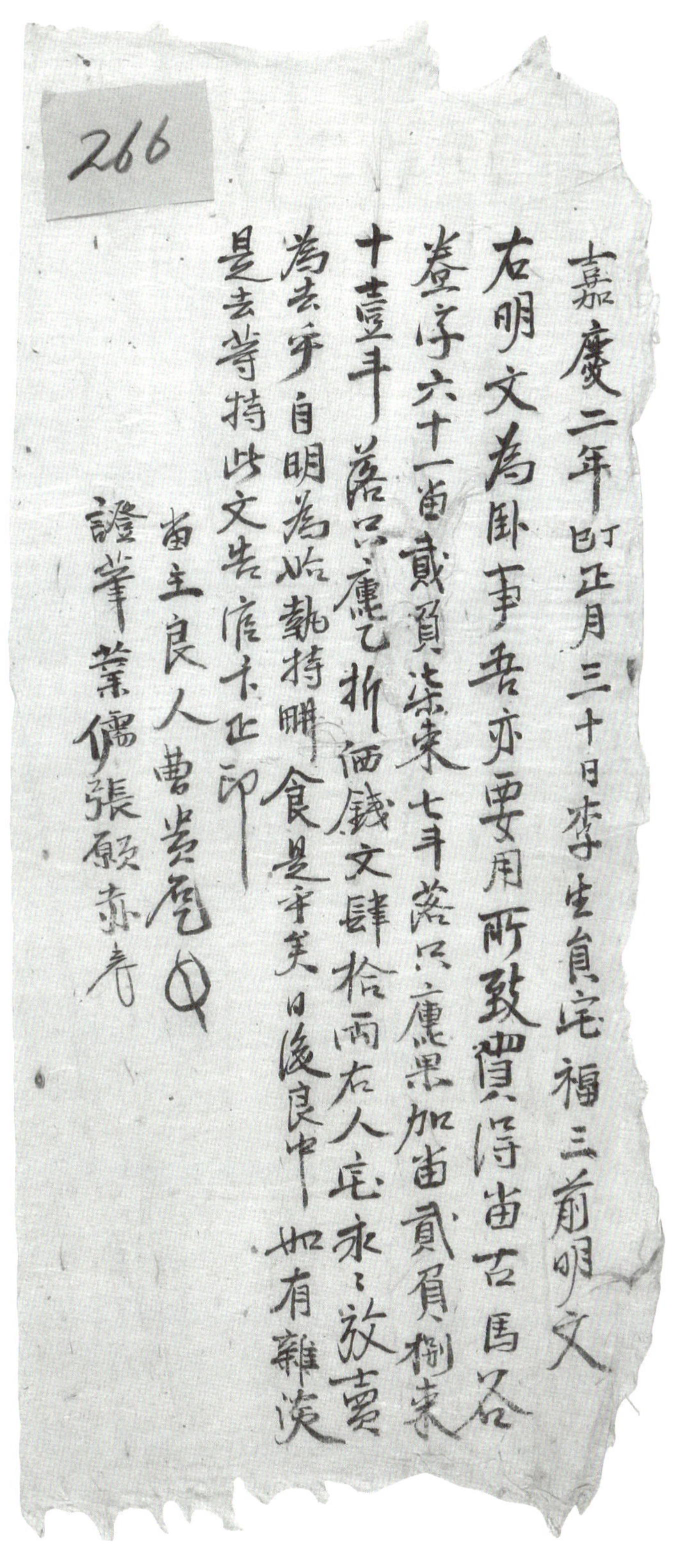

嘉慶二年丁巳正月三十日李生員宅福三前明文

右明文為臥事吾亦要用所致買得畓古馬谷

叁字六十一畓貳負柒束七斗落只庫果加畓貳負捌束

十壹斗落只庫乙折價錢文肆拾兩右人宅永永放賣

為去乎自明為始執持耕食是乎矣日後良中如有雜談

是去等持此文告官卞正印

畓主良人曺貴乭

證筆 業儒張顯赤 寿

1797년 1월 30일에 良人 曺貴乭이 李生員 宅 福三에게 논을 팔면서 발급한 明文

1797년(정조 21), 54.4×43.1

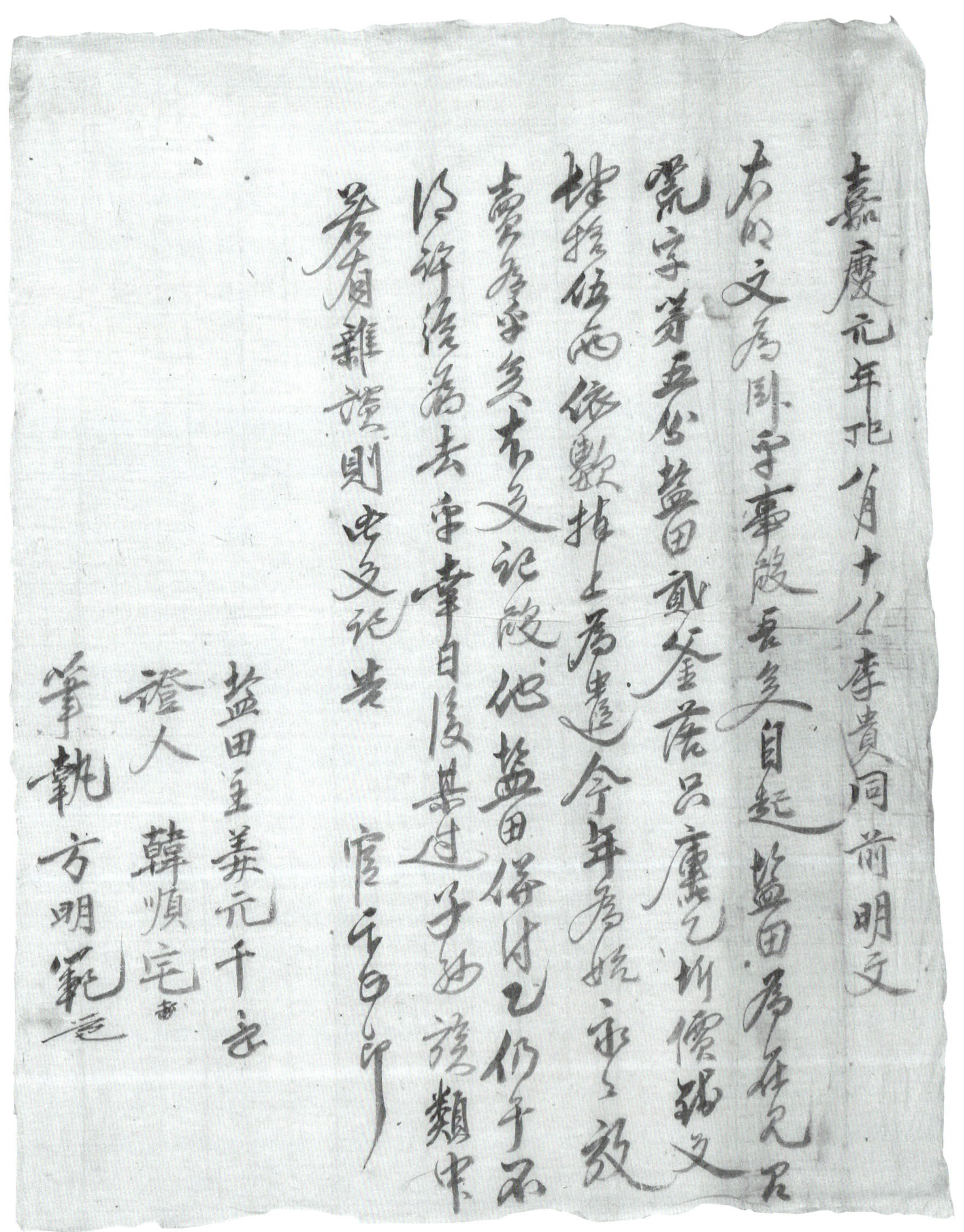

嘉慶元年丁巳八月十八日 李貴同前明文

右明文爲臥乎事段 吾矣自起鹽田爲在乎乃 員字第五畓 鹽田貳釜落只庫乙 折價錢文 捌拾伍兩 依數捧上爲遣 今年爲始 永永放賣爲乎矣 本文記段 他鹽田幷付乙仍于不得 以許給爲去乎 日後若有 子孫族類中 若有雜談則 此文記 告官卞正事

鹽田主 姜元千 (手決)

證人 韓順宅 (着名)

筆執 方明範 (着名)

1797년 8월 18일에 姜元千이 李貴同에게 塩田을 팔면서 발급한 明文

明文 174

1799년(정조 23), 59.7×51.3

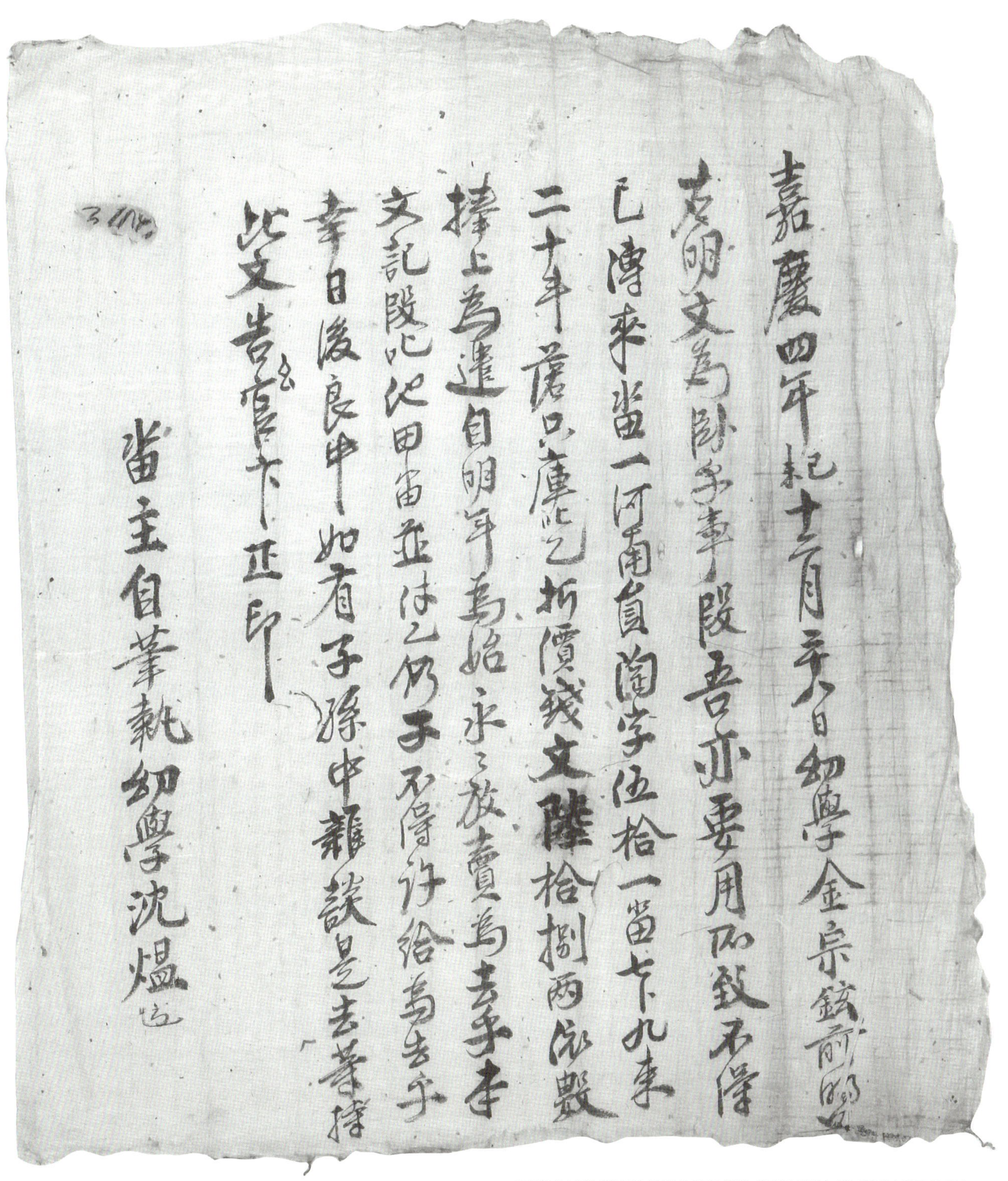
嘉慶四年己未十二月廿八日幼學金宗鉉前明文
右明文爲臥乎事段吾亦要用所致不得
已傳來畓一河南員簡字伍拾一畓七卜九束
二十斗落只庫乙折價錢文陸拾捌兩依數
捧上爲遣自明年爲始永永放賣爲去乎本
文記段叱此田畓並付乙仍于不得許給爲去乎
幸日後良中如有子孫中雜談是去等持
此文告官卞正印
畓主自筆執幼學沈熅

1799년 12월 28일에 유학 沈熅이 유학 金宗鉉에게 논을 팔면서 발급한 明文

明文 175

1800년(정조 24), 54.7×34.1

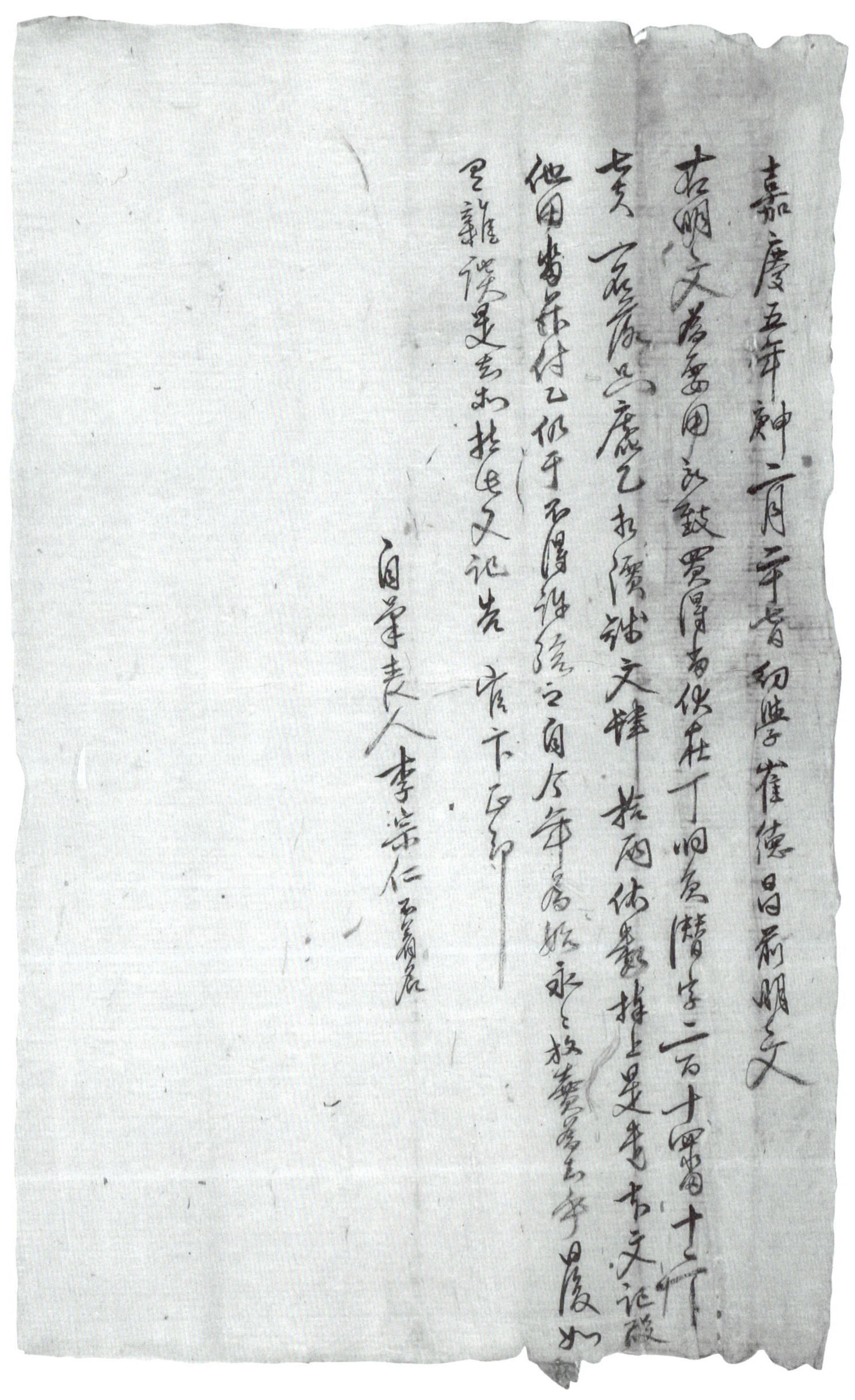

1800년 2월 27일에 喪人 李宗仁이 유학 崔德昌에게 논을 팔면서 발급한 明文

明文 176

1800년(정조 24), 56.9×44.7

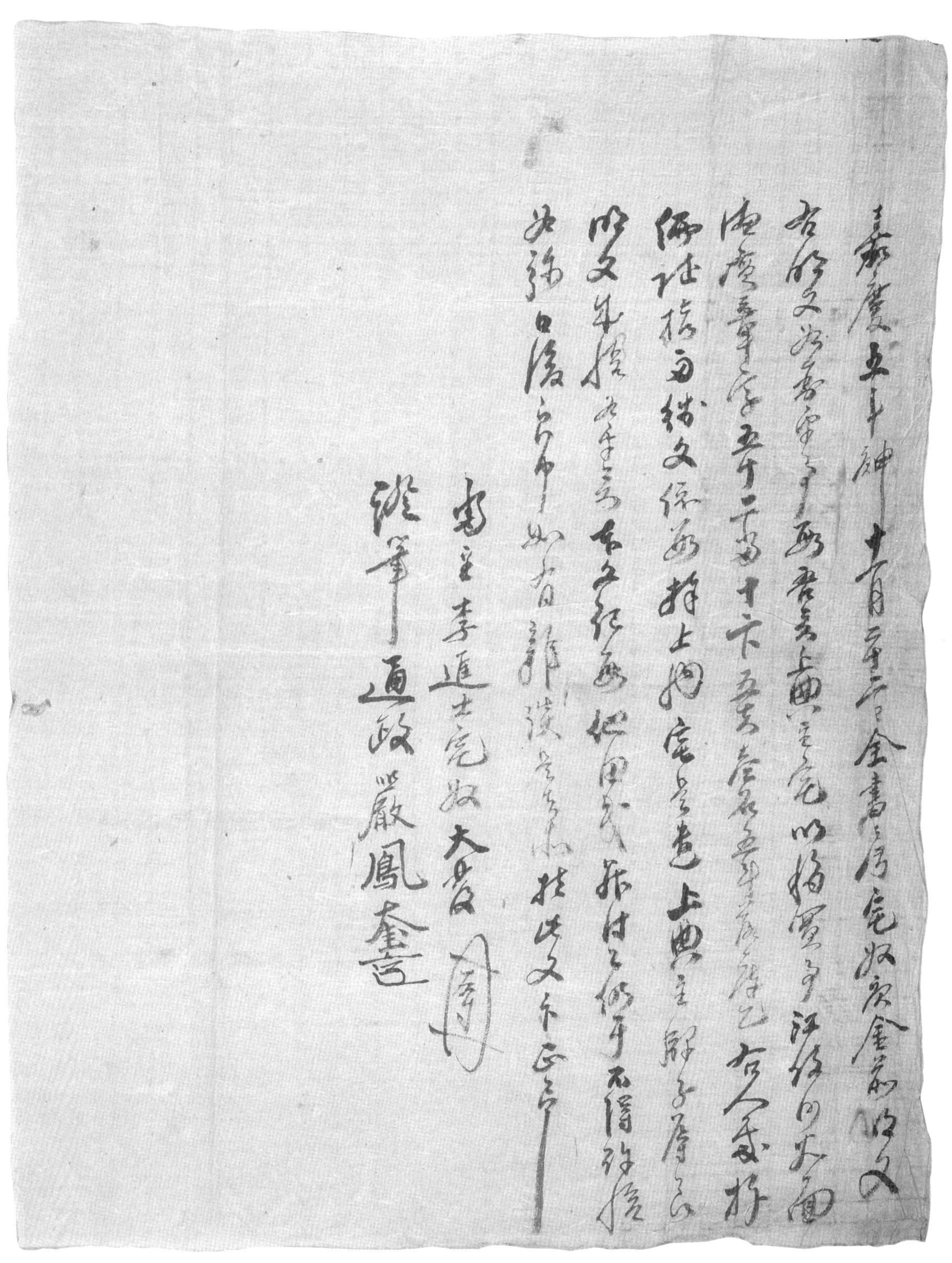

1800년 11월 22일에 李進士 宅 奴 大發이 全書房 宅 奴 庚金에게 논을 팔면서 발급한 明文

1801년(순조 원년), 57.5×52.7

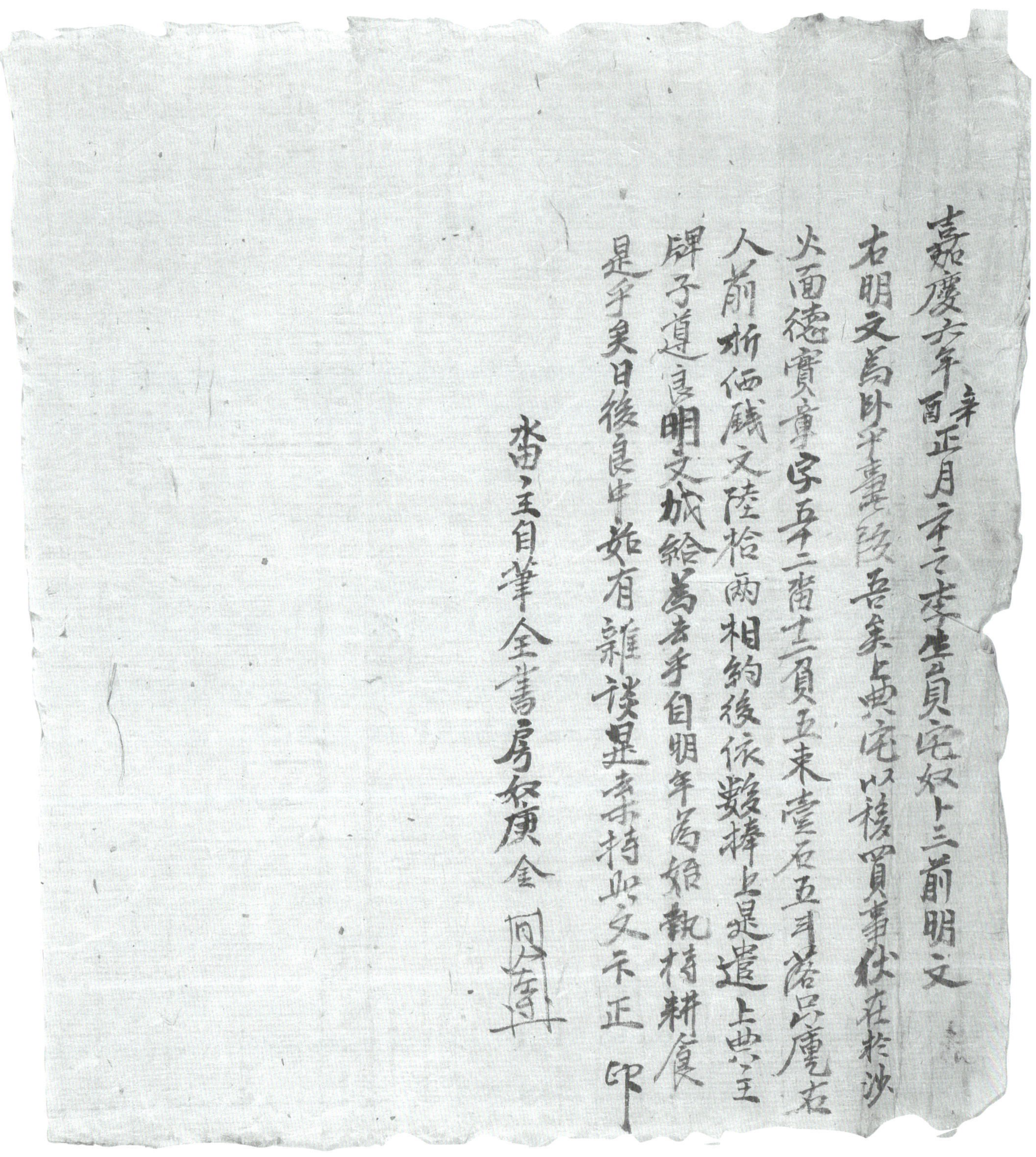
嘉慶六年辛酉正月二十二日李生員宅奴卜三前明文
右明文爲卧乎事段吾矣上典宅以稜買事伏在於沙
火面德實畓字五十二畓十二負五束壹石五斗落只庫乙右
人前折価錢文陸拾兩相約後依數捧上是遣上典主
牌子導良明文成給爲去乎自明年爲始執持耕食
是乎矣日後良中如有雜談是去等持此文卞正 印
畓主自筆全書房奴庚金

1801년 1월 22일에 全書房 奴 庚金가 李生員 宅 奴 卜三에게 논을 팔면서 발급한 明文

明文 178

1801년(순조 원년), 56.4×39.8

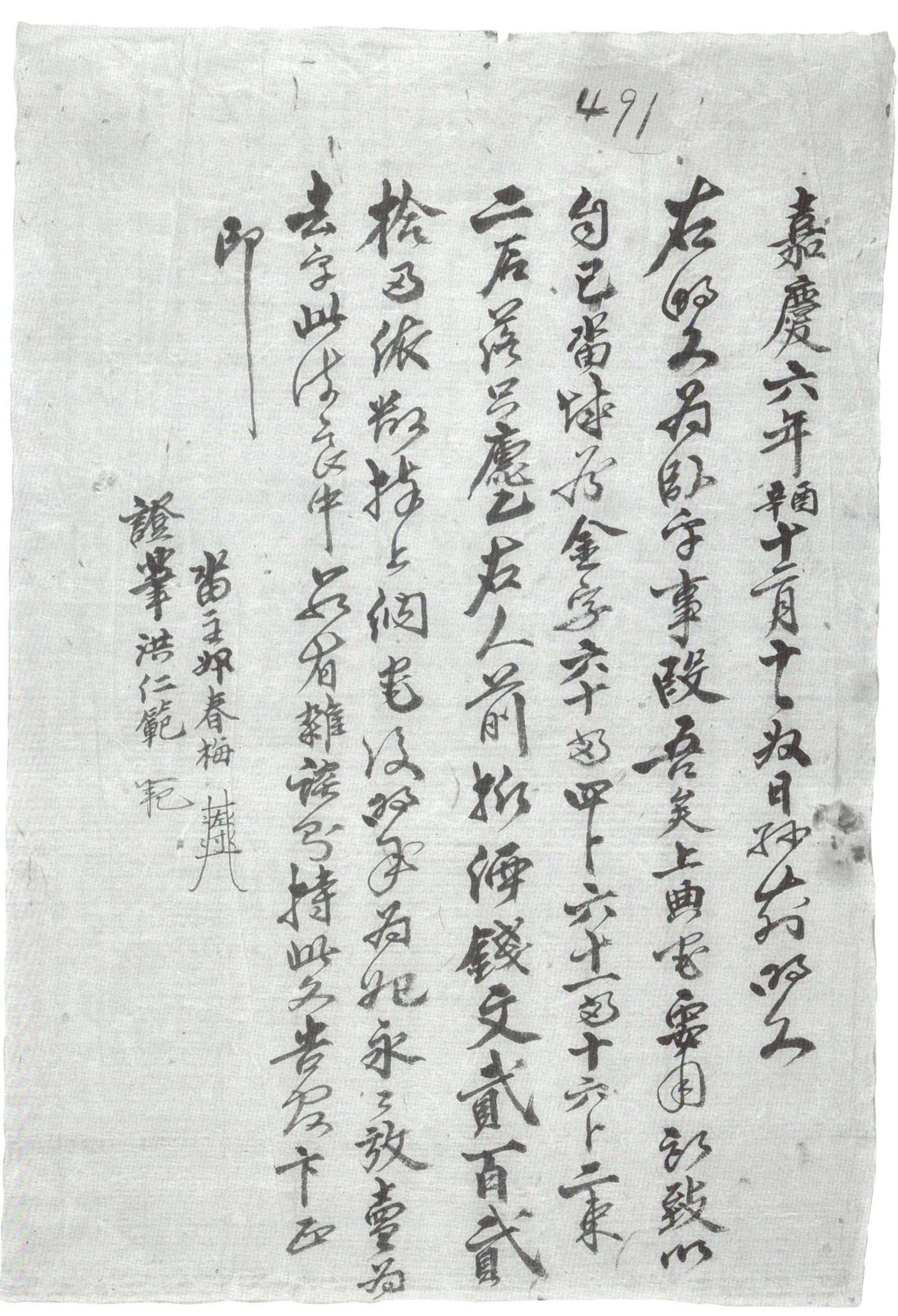

1801년 12월 10일에 婢 春梅가 奴 日孫에게 논을 팔면서 발급한 明文

明文 179

1802년(순조 2), 54.4×32.7

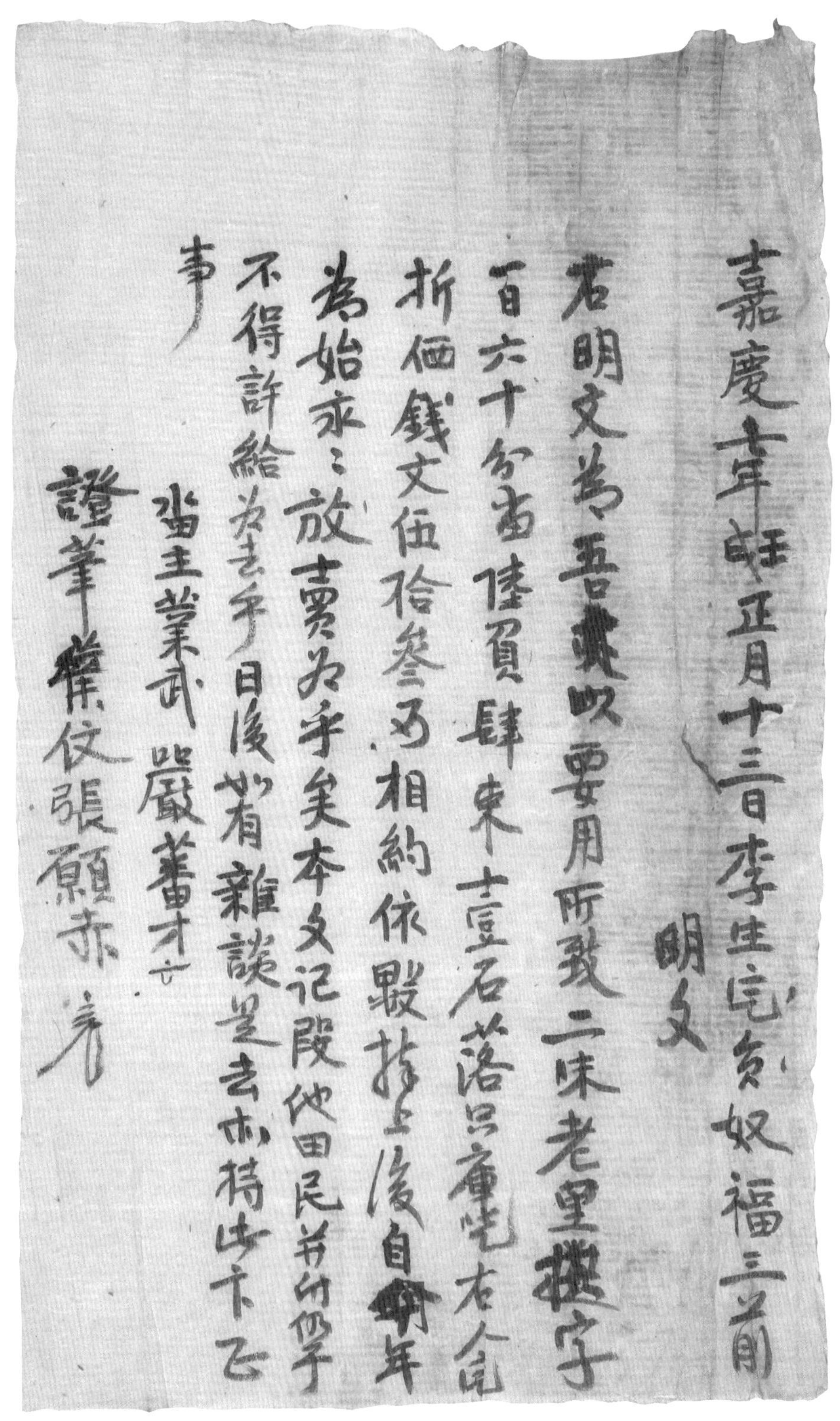

嘉慶七年壬戌正月十三日李生員宅奴福三前 明文

右明文爲 吾矣以要用所致 二味老里坪字百六十八畓伍卜肆束壹石落只庫乙右畓折価錢文伍拾參兩相約依數捧上後自今年爲始永永放賣爲乎矣本文記段他田民并付乎乙不得許給爲去乎日後如有雜談是去等持此卞正事

畓主 業武 嚴蕃才

證筆 業武 張願赤

1802년 1월 13일에 業武 嚴蕃才가 李生員 宅 奴 福三에게 논을 팔면서 발급한 明文

明文 180

1802년(순조 2), 59.2×33

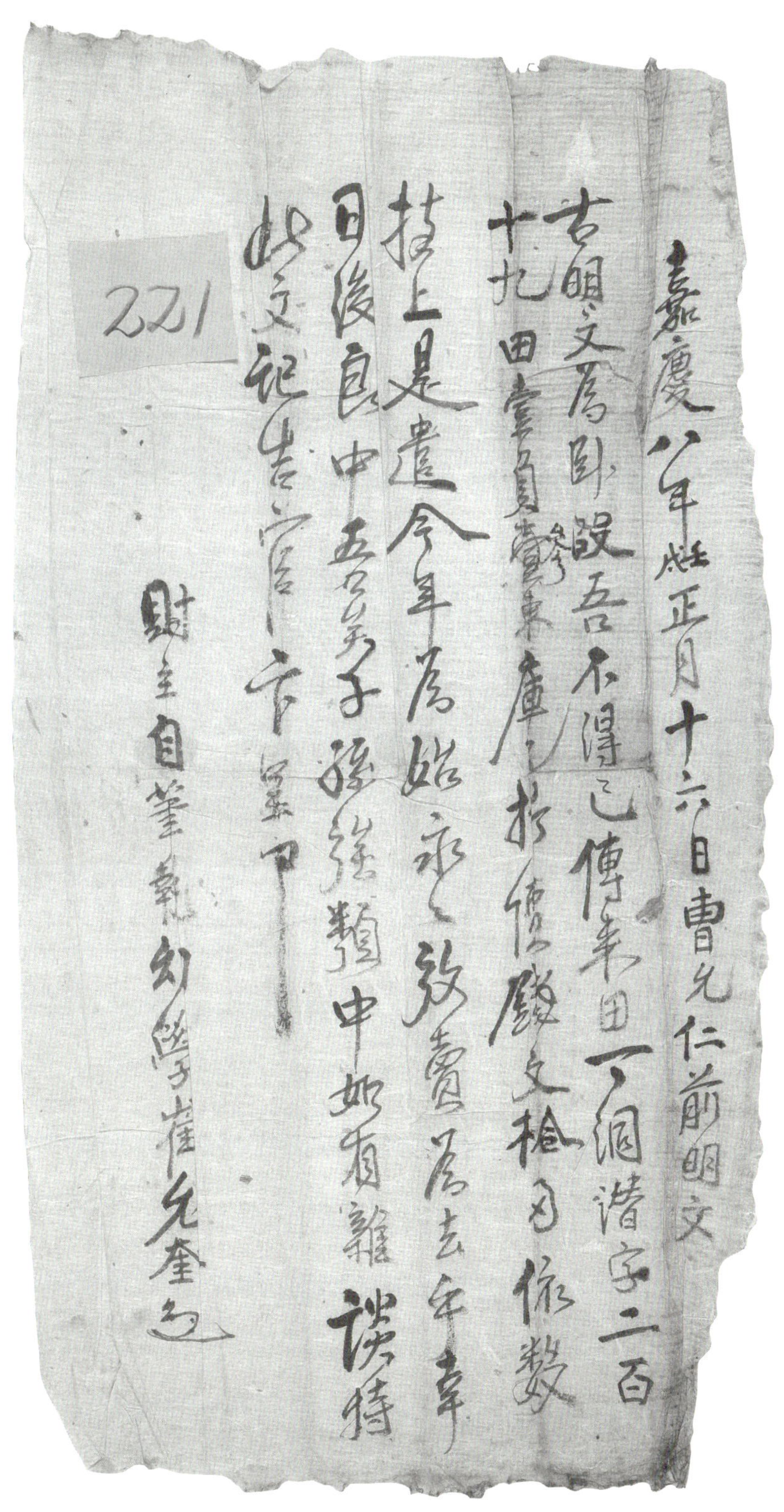

嘉慶七年壬戌正月十六日曺允仁前明文

右明文爲臥乎事段吾不得已傳來田丁洞諸字二百

十九田壹負參束庫乙折價錢文拾兩依數

捧上是遣今年爲始永永放賣爲去乎幸

日後良中吾矣子孫族類中如有雜談是

此文記告官卞正事

財主自筆 幼學 崔允奎

221

1802년 1월 16일에 유학 崔允奎가 曺允仁에게 밭을 팔면서 발급한 明文

1802년(순조 2년), 47.8×32.5

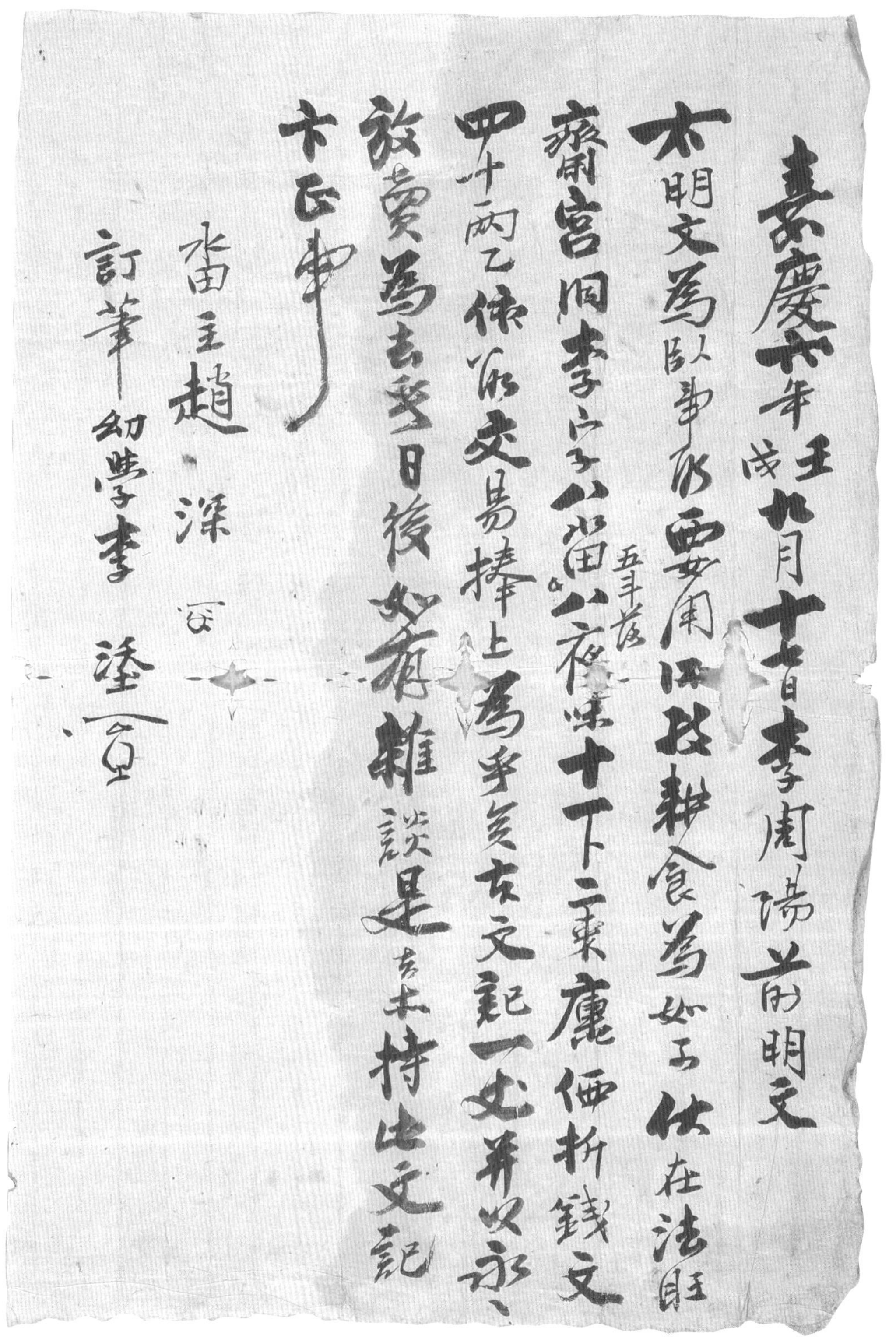

嘉慶七年壬戌九月十七日李周陽前明文
右明文爲臥事段要用所致耕食爲如乎仕在法旺
齋宮洞李字八畓八夜味十卜二束五斗落價折錢文
四十兩乙依所受易捧上爲乎矣古文記一丈并以永永
放賣爲去乎日後如有雜談是去等持此文記
卞正事
畓主 趙深
訂筆 幼學 李漨

1802년 9월 17일에 趙深이 李周陽에게 논을 팔면서 발급한 明文

明文 182

1803년(순조 3), 57.4×35.1

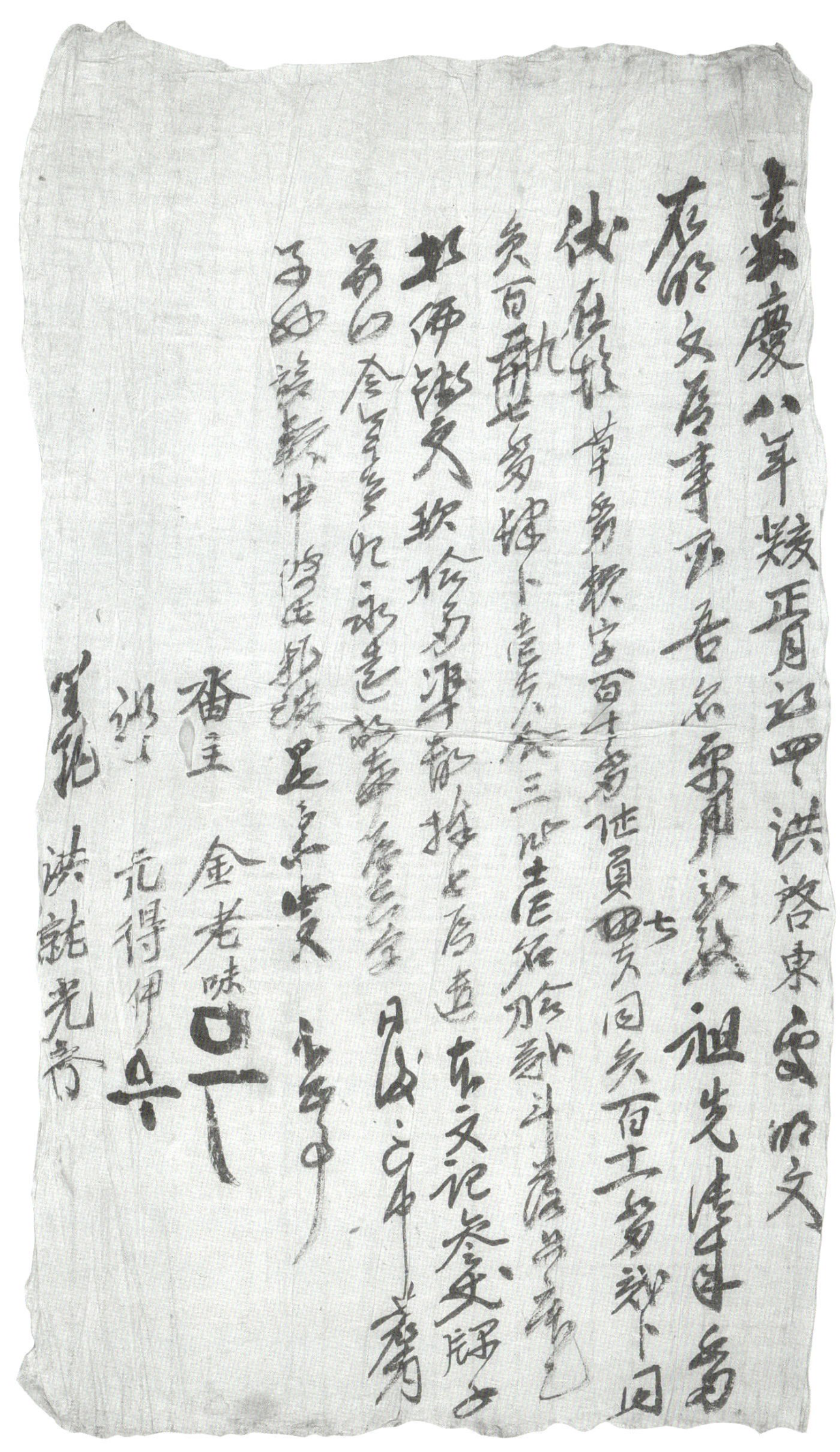

1803년 1월 초4일에 金老味가 洪啓東에게 논을 팔면서 발급한 明文

1803년(순조 3), 55.1×34.6

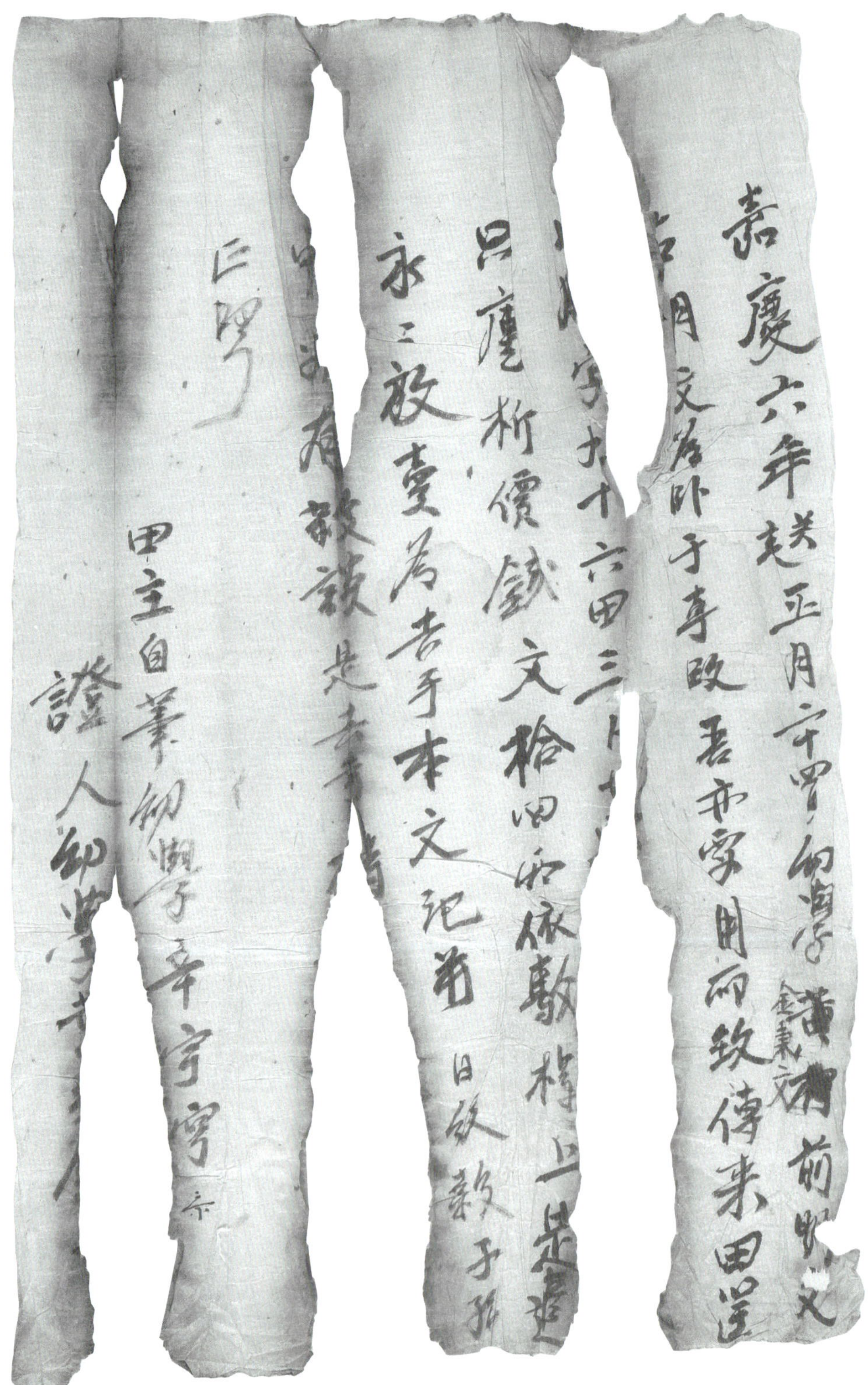

1803년 1월 24일에 유학 辛宇寗이 유학 金秉文에게 밭을 팔면서 발급한 明文

明文 184

1804년(순조 4년), 54.5×33.5

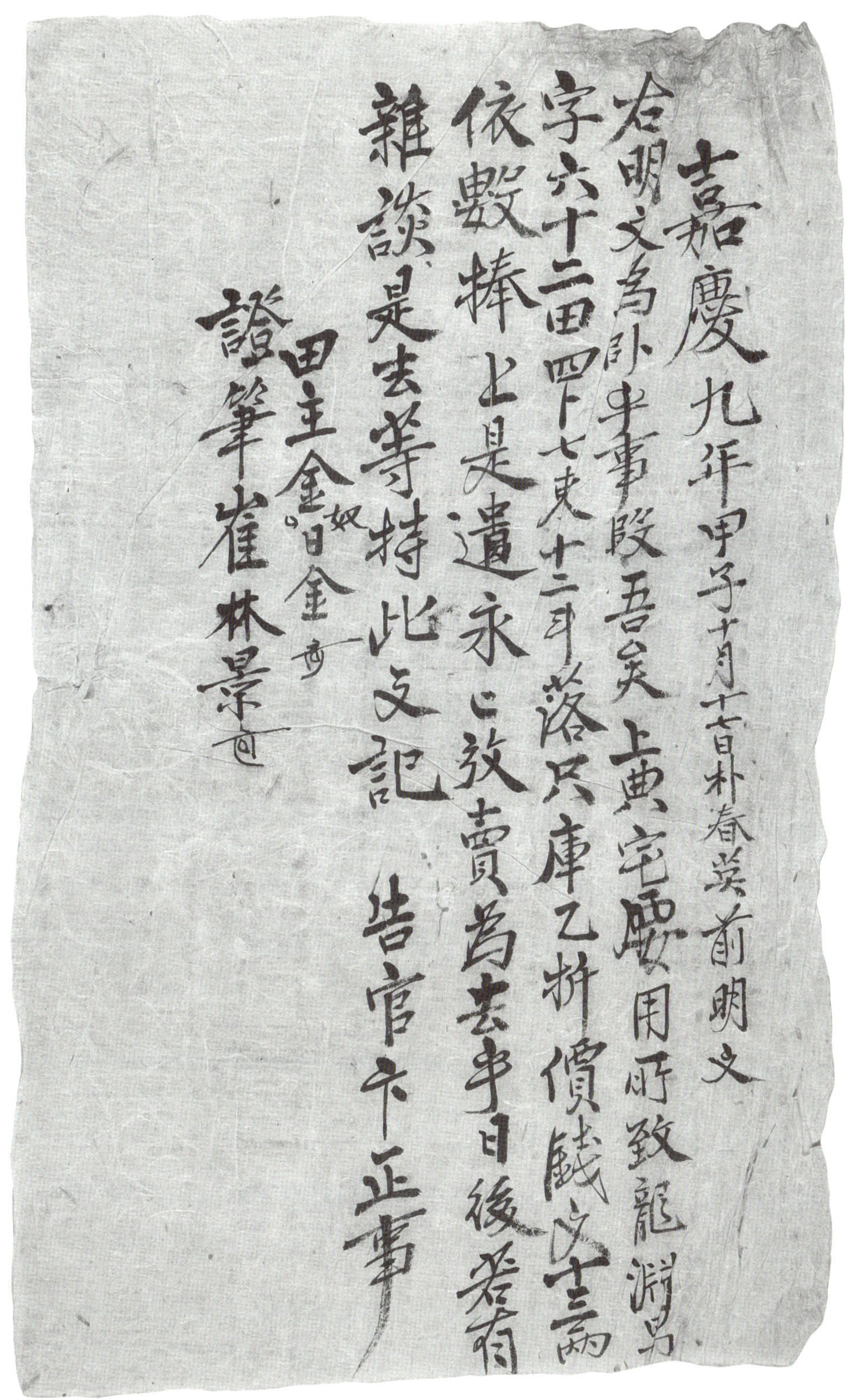

嘉慶九年甲子十月十七日朴春英前明文
右明文爲臥乎事段吾矣上典宅要用所致龍淵員
字六十二田四卜七束十二斗落只處乙折價錢文三十兩
依數捧上是遣永永放賣爲去乎日後若有
雜談是去等持此文記告官卞正事
田主金哥奴日金
證筆崔林景

1804년 10월 17일에 金哥의 奴 日金이 朴春英에게 밭을 팔면서 발급한 明文

1804년(순조 4년), 104.7×67.5

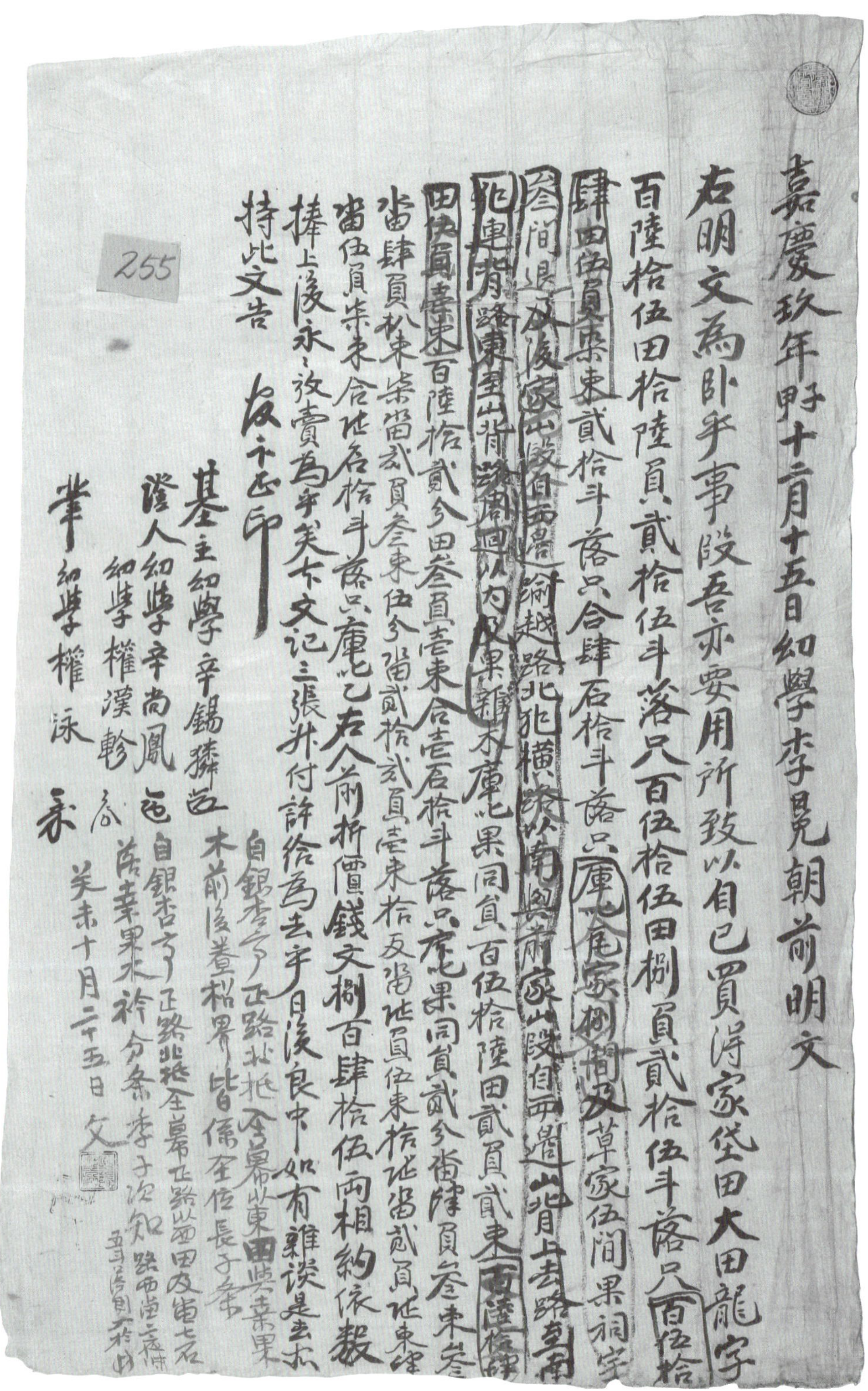
255

嘉慶玖年甲子十二月十五日幼學李冕朝前明文

右明文爲臥乎事段吾亦要用所致以自己買得家垈田大田龍字

持此文告 官卞正印

基主幼學辛錫璘

證人幼學辛尙鳳

幼學權漢軫

筆 幼學權泳

1804년 12월 15일에 유학 辛錫璘이 유학 李冕朝에게 밭과 가대를 팔면서 발급한 明文

明文 186

1805년(순조 5), 58.5×75.3

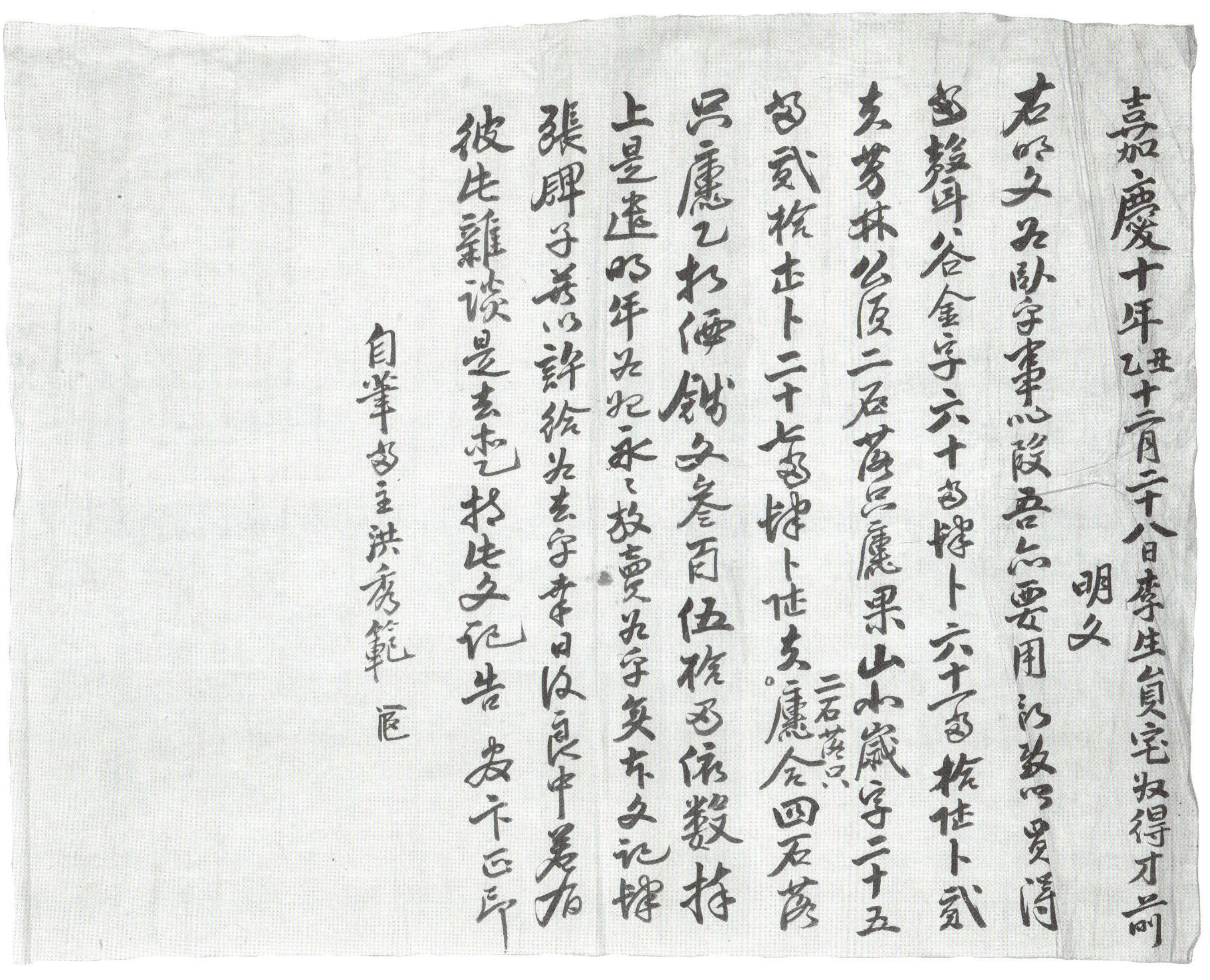

1805년 12월 28일에 洪秀範이 李生員 宅 奴 得才에게 논을 팔면서 발급한 明文

1806년(순조 6), 59.6×47.9

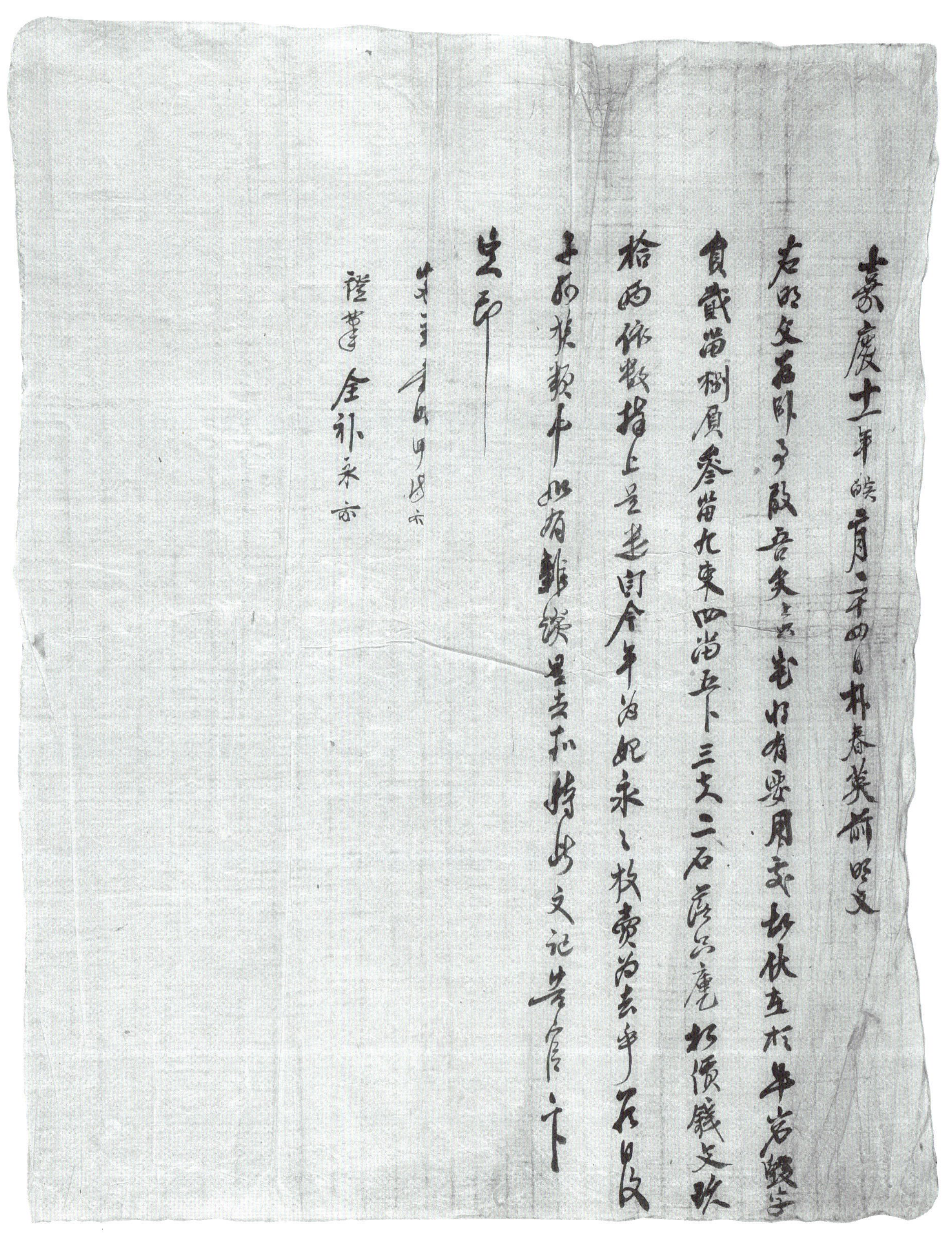

嘉慶十一年丙寅二月二十四日朴春英前明文

右明文事段 吾矣上典宅 以有要用處 此伏在於 牛岩員字

貴戴畓捌負參畓九束四畓五卜三夫二石落只庫 折價錢文玖

拾兩依數捧上是遣 今年爲始永永放賣爲去乎 日後

子孫族類中 如有雜談是去等 持此文記告官卞

正事

畓主 金哥奴甲得 手寸

證筆 金禾承 手寸

1806년 2월 24일에 金哥의 奴 甲得이 朴春英에게 논을 팔면서 발급한 明文

明文 188

1806년(순조 6), 59.1×37.4

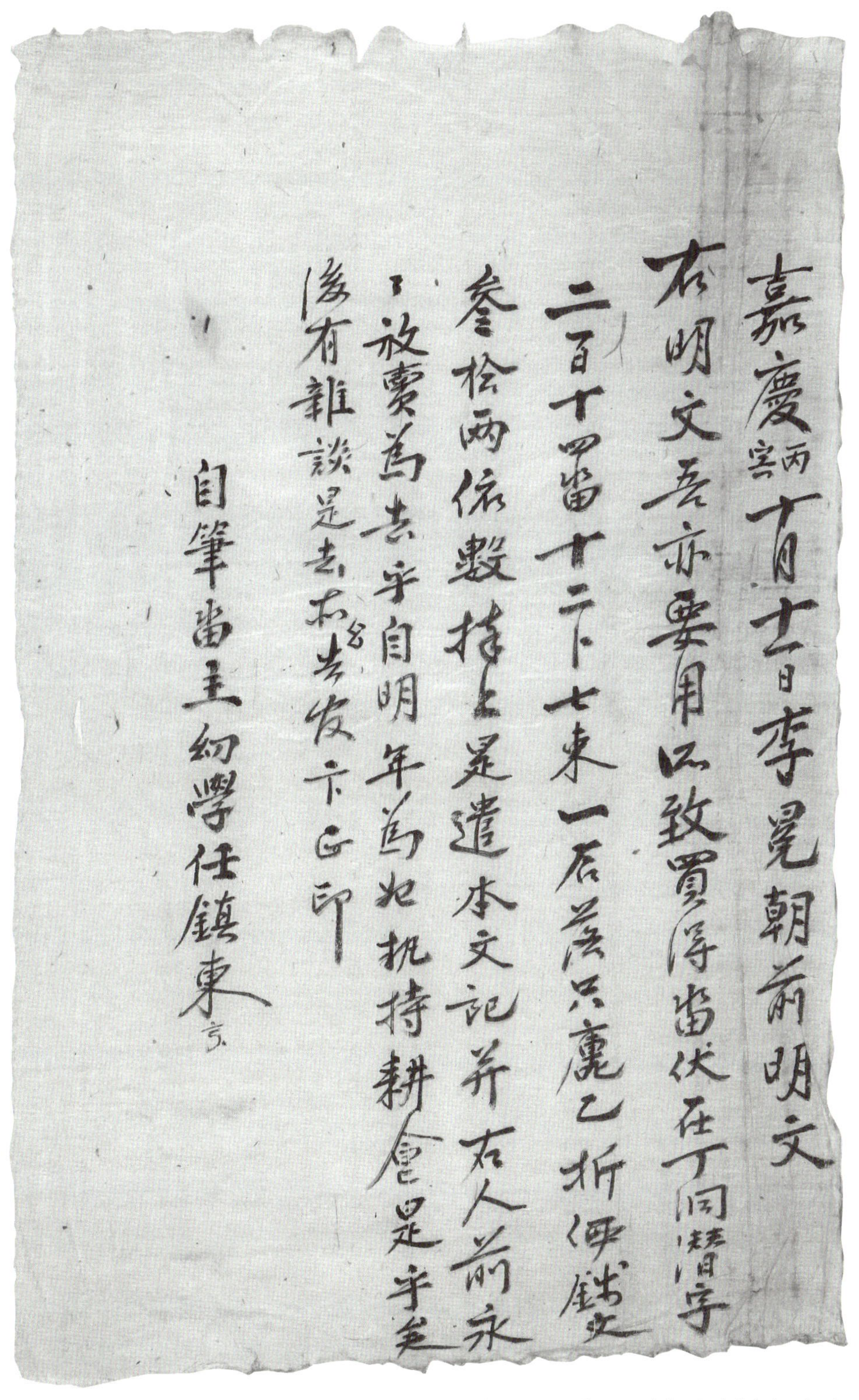

嘉慶十一年丙寅十月十一日李冕朝前明文

右明文爲亦要用所致買得畓伏在于同潛字

二百十四畓十二卜七束一石落只庫乙折價錢文

參拾兩依數捧上是遣本文記幷右人前永

〻放賣爲去乎自明年爲始執持耕食是乎矣

後有雜談是去等告官卞正印

自筆畓主幼學任鎭東

1806년 10월 11일에 유학 任鎭東이 李冕朝에게 논을 팔면서 발급한 明文

1809년(순조 9), 52.5×33.9

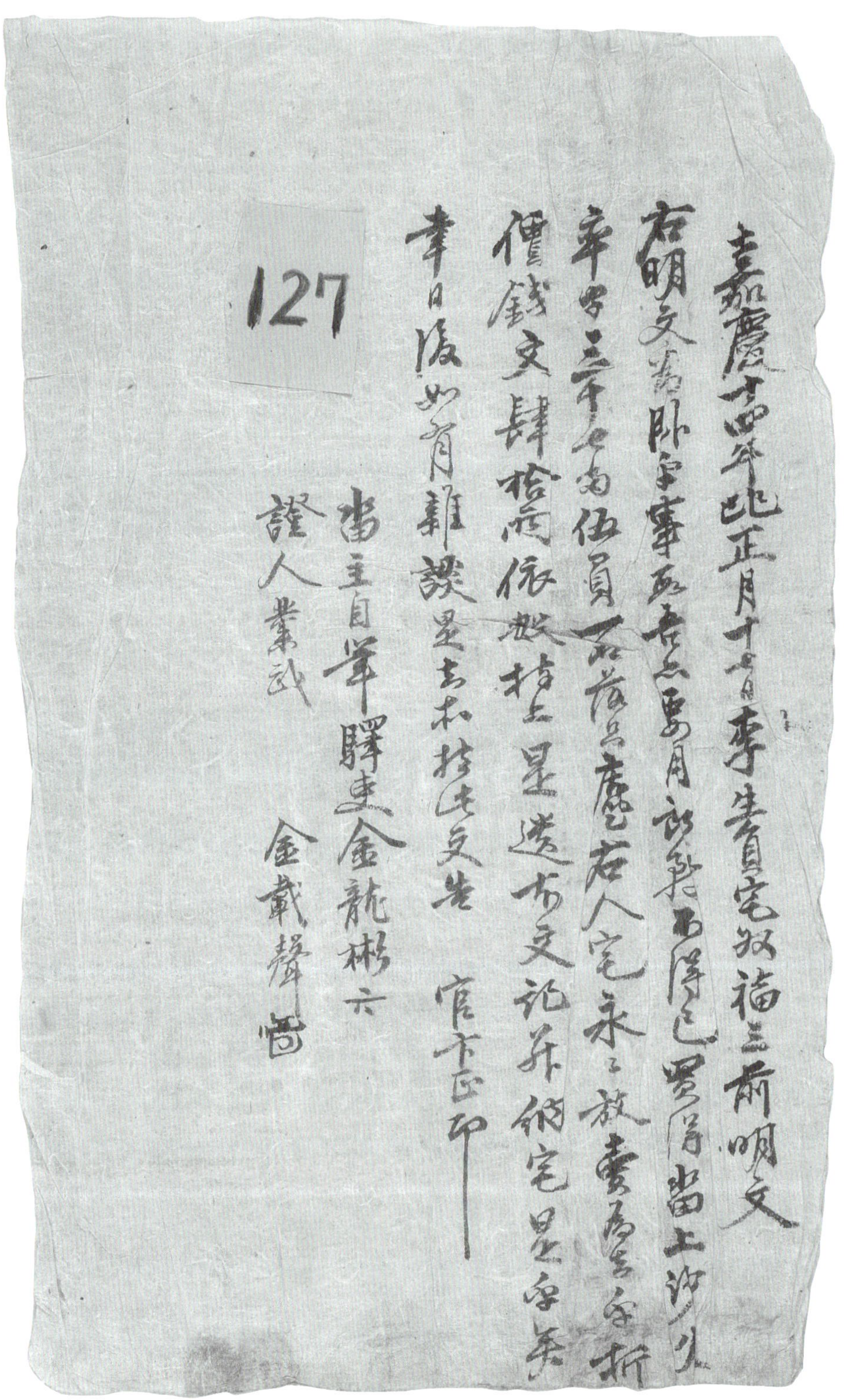

嘉慶十四年己巳正月十七日李生員宅奴福三處明文

價錢文肆拾兩依數捧上是遣本文記幷以宅呈是乎矣

日後如有雜談是去等持此文告官卞正事

畓主自筆驛吏金龍彬

證人業武金載聲

1809년 1월 17일에 驛吏 金龍彬이 李生員 宅 奴 福三에게 논을 팔면서 발급한 明文

明文 190

1809년(순조 9), 49.1×82.1

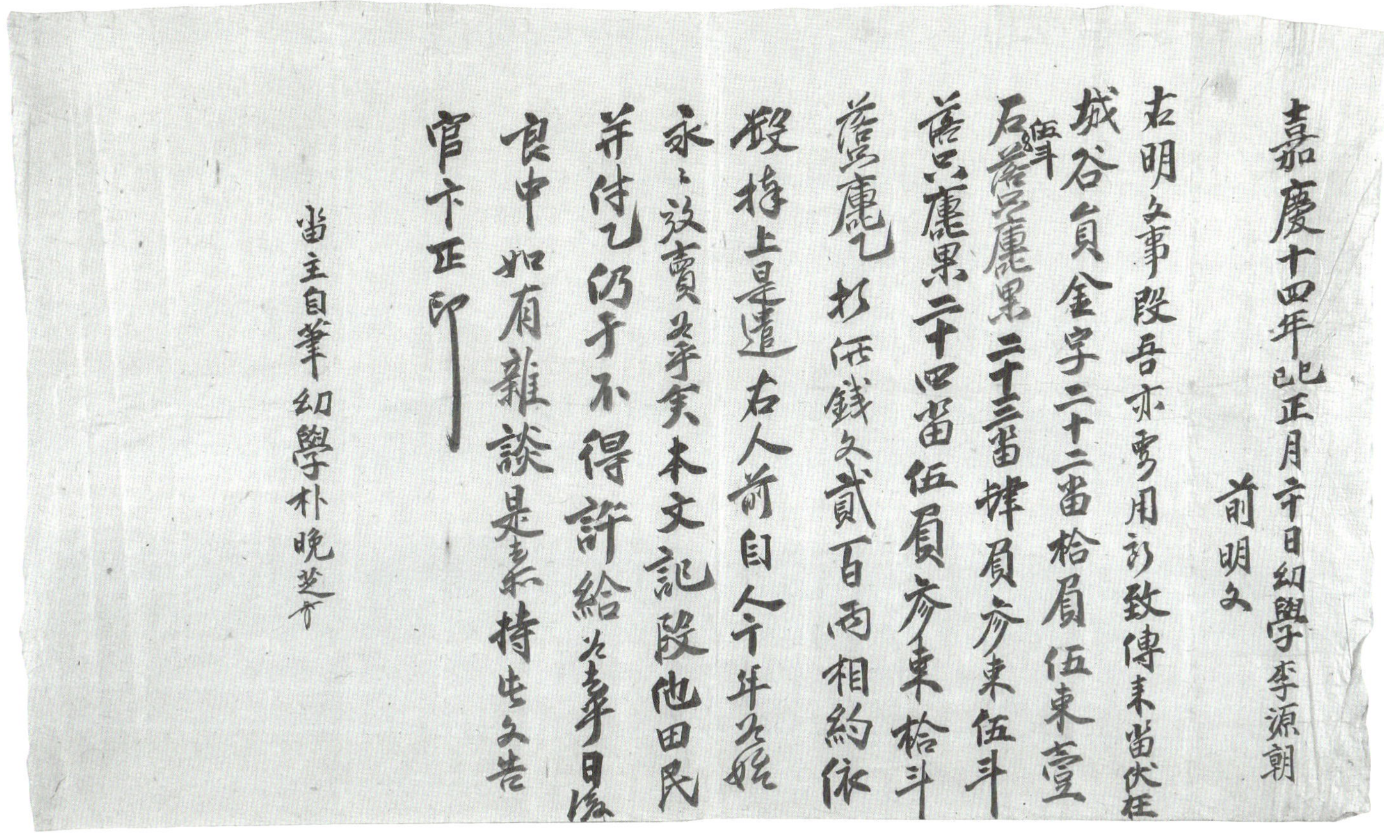

嘉慶十四年己巳正月廿日幼學李源朝
前明文
右明文事段吾亦要用所致傳來畓伏在
城谷員金字二十二畓拾負伍束壹
石落只庫果二十三畓肆負參束伍斗
落只庫果二十四畓伍負參束拾斗
落庫乙折价錢文貳百兩相約依
數捧上是遣右人前自今年爲始
永永放賣爲乎矣本文記段他田民
并付乙仍于不得許給爲去乎日後
良中如有雜談是去等持此文告
官卞正印

畓主自筆幼學朴晚芝

1809년 1월 20일에 유학 朴晚芝가 유학 李源朝에게 논을 팔면서 발급한 明文

明文 191

1809년(순조 9), 53.3×33.6

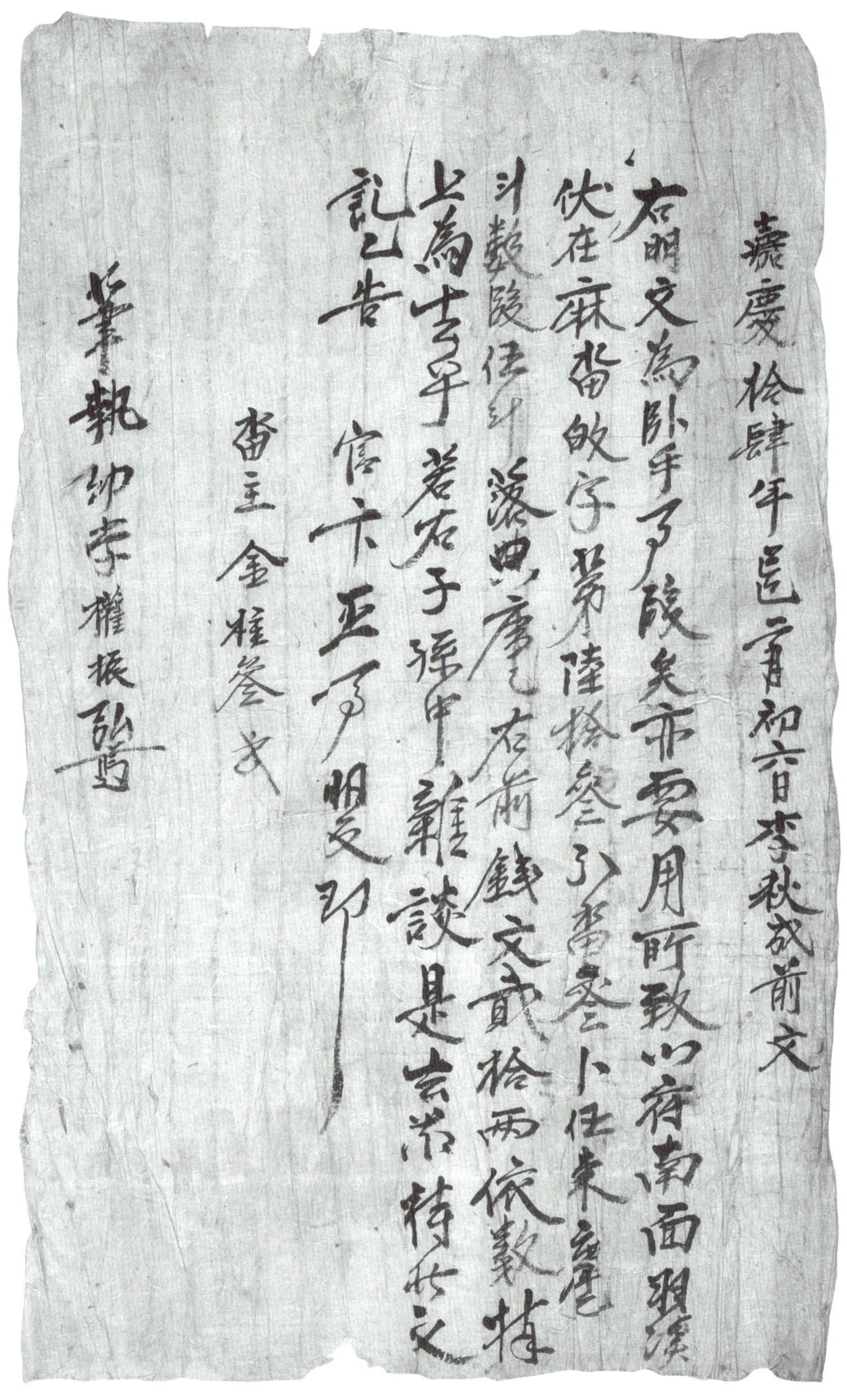

嘉慶拾肆年己巳二月初六日李秋成前明文

右明文爲臥乎事段矣身亦要用所致以府南西羽溪

伏在麻畓畝字苐陸拾參戶畓參卜伍束庫

斗數段伍斗落只庫右前錢文貳拾兩依數捧

上爲去乎若右子孫中雜談是去等持此文

記亡告 官卞正事 明文印

畓主 金桂參

筆執 幼學 李權振

1809년 2월 초6일에 金柱參이 李秋成에게 논을 팔면서 발급한 明文

明文 192

1809년(순조 9), 52.7×34.8

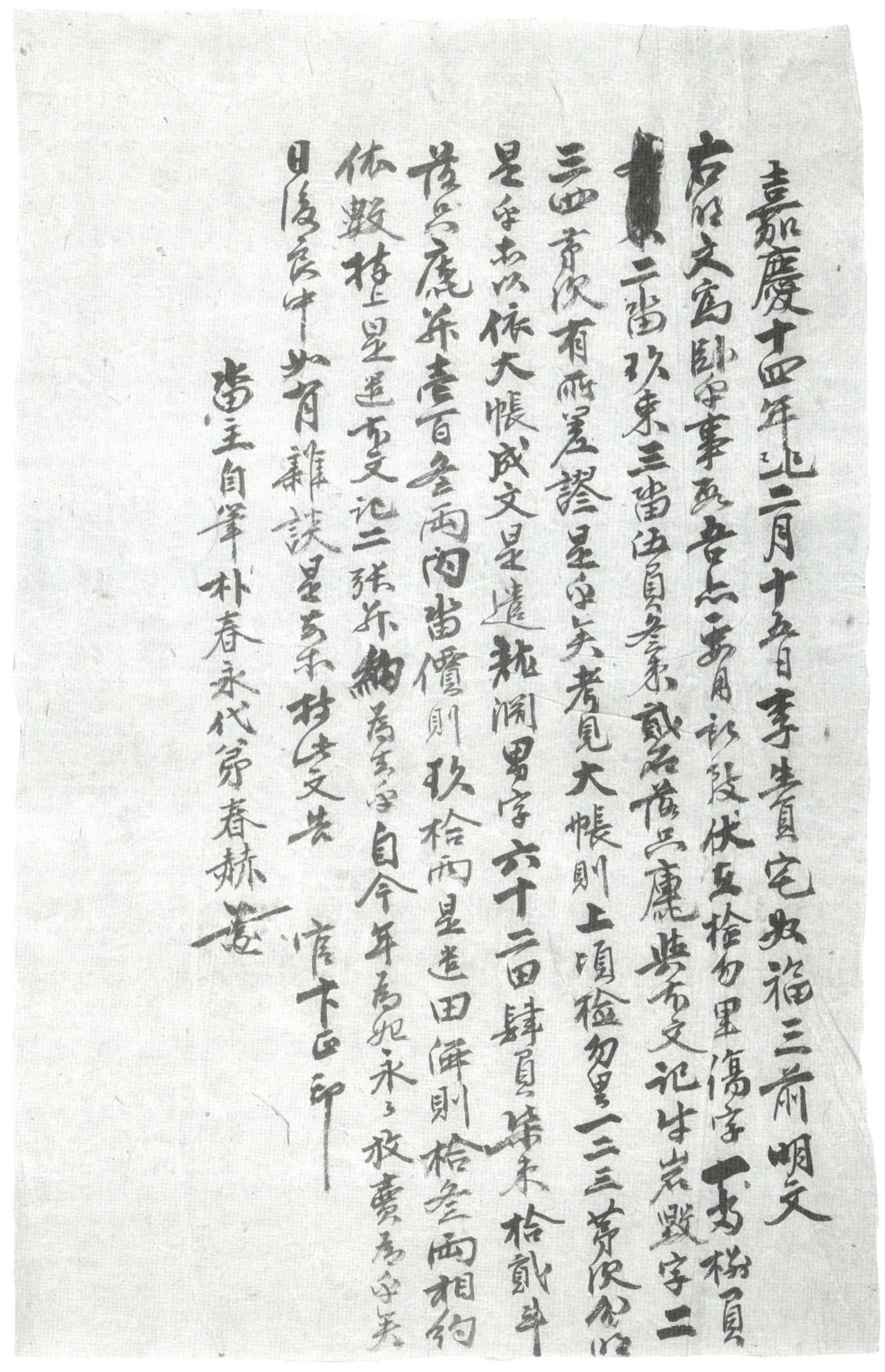

嘉慶十四年己巳二月十五日 李生員宅奴福三前明文

右明文爲臥乎事段 要用所致以 伏在檢勿里傳字 丁字 樹員

[illegible] 二畓玖束 三畓伍負參束 貳所落只處 幷本文記 牛岩毁字 二

三四等次有所畢諺是乎矣 考見大帳則 上項檢勿里一二三等次食旧

是乎所以 依大帳成文是遣 就洞畧字 六十二田肆負肆束 拾貳斗

落只處 幷壹百參兩內 畓價則玖拾兩是遣 田價則拾參兩相約

依數捧上是遣 本文記二張幷納爲乎乎 自今年爲始 永永放賣爲乎矣

日後良中 如有雜談是去等 持此文告 官卞正印

畓主自筆 朴春永代弟春赫

1809년 2월 15일에 朴春永 대신 그의 동생 朴春赫이 李生員 宅 奴 福三에게 전답을 팔면서 발급한 明文

明文 193

1809년(순조 9), 52.5×34.1

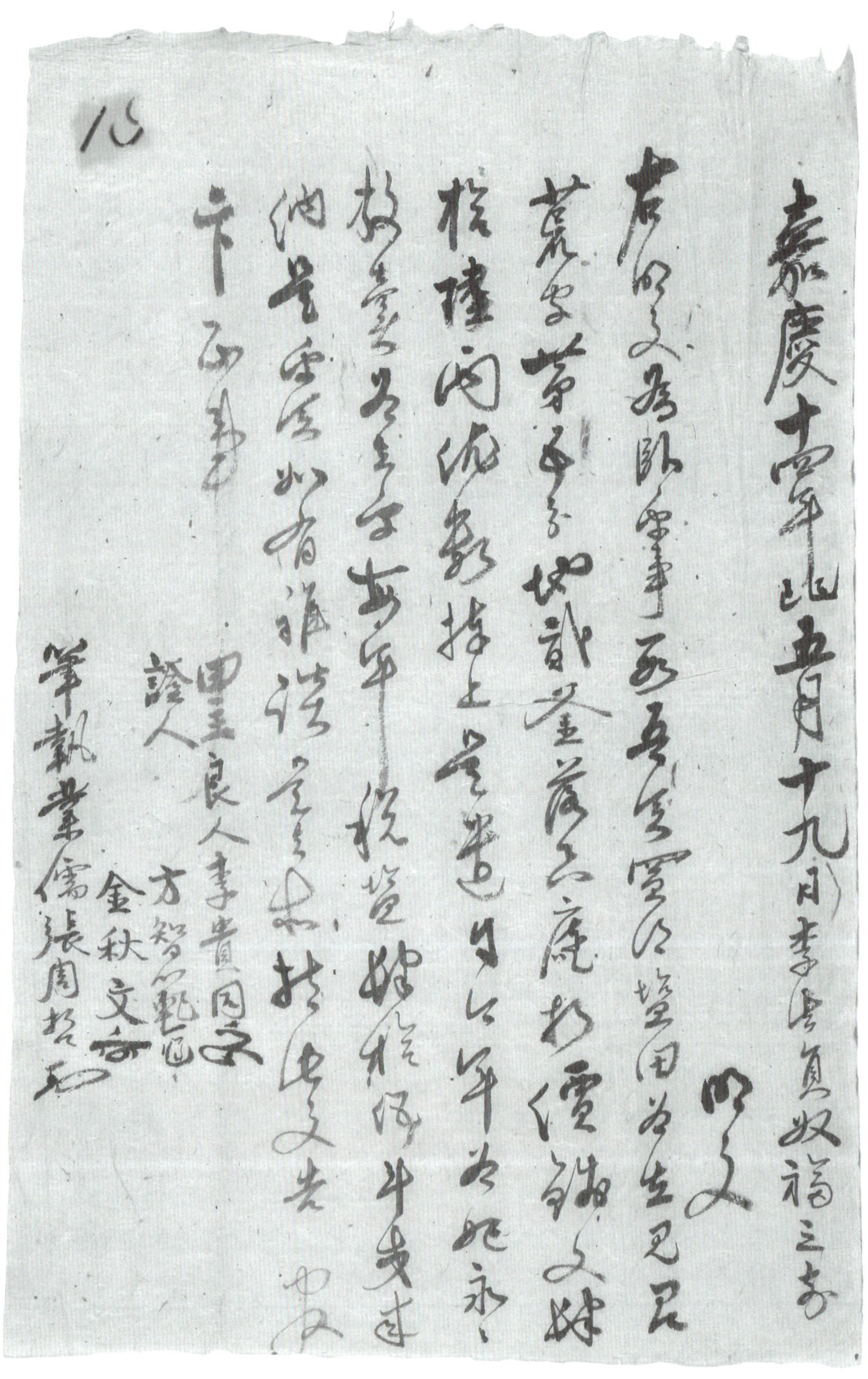

嘉慶十四年己巳五月十九日李生員奴福三處 明文

田主良人李貴同

證人 方智乭

金秋文

筆執 業儒 張周哲

1809년 5월 19일에 良人 李貴同이 李生員 奴 福三에게 鹽田을 팔면서 발급한 明文

明文 194

1809년(순조 9), 62.1×53.7

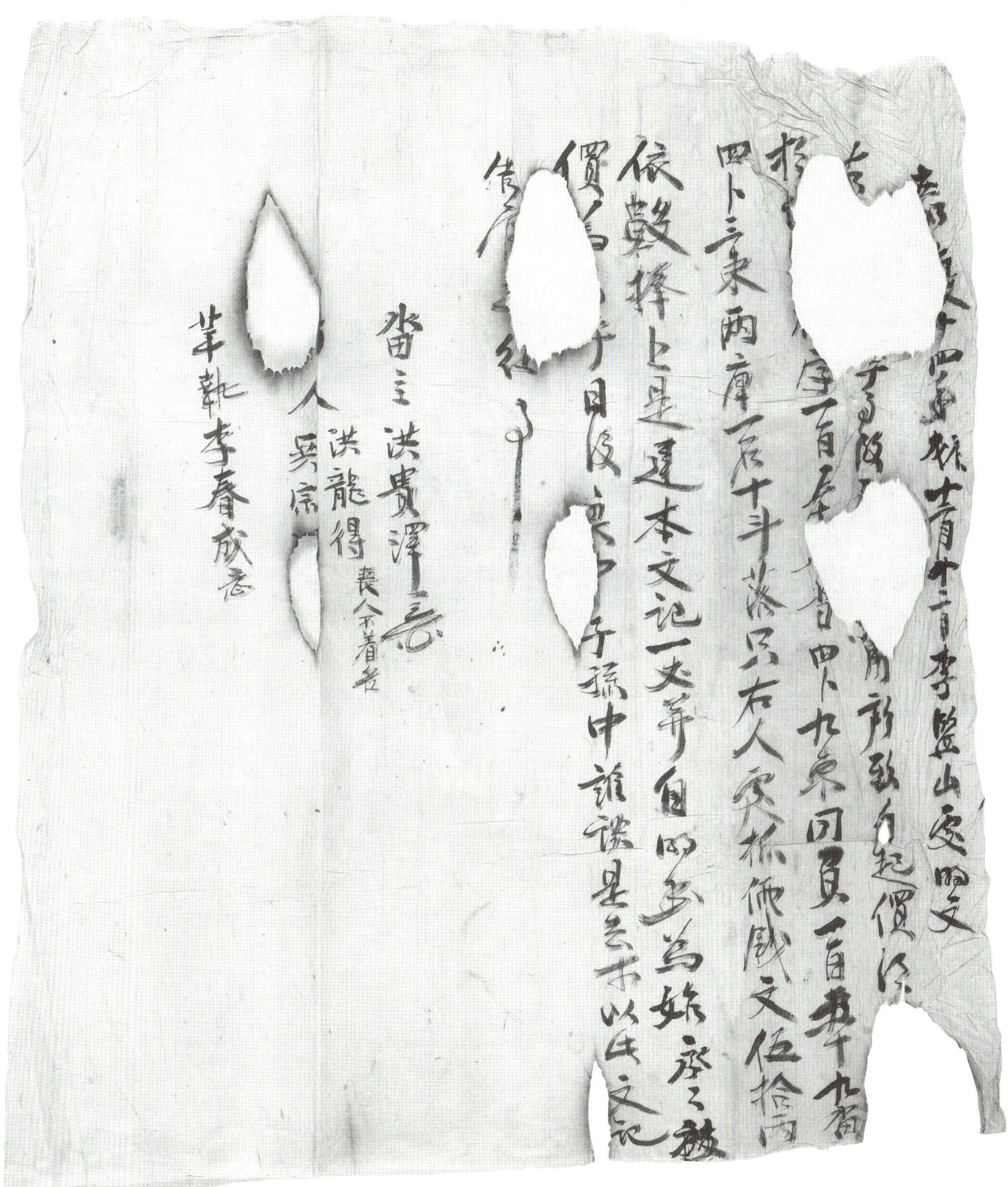

1809년 12월 12일에 洪貴澤이 李監山에게 논을 팔면서 발급한 明文

1809년(순조 9), 55.2×34.1

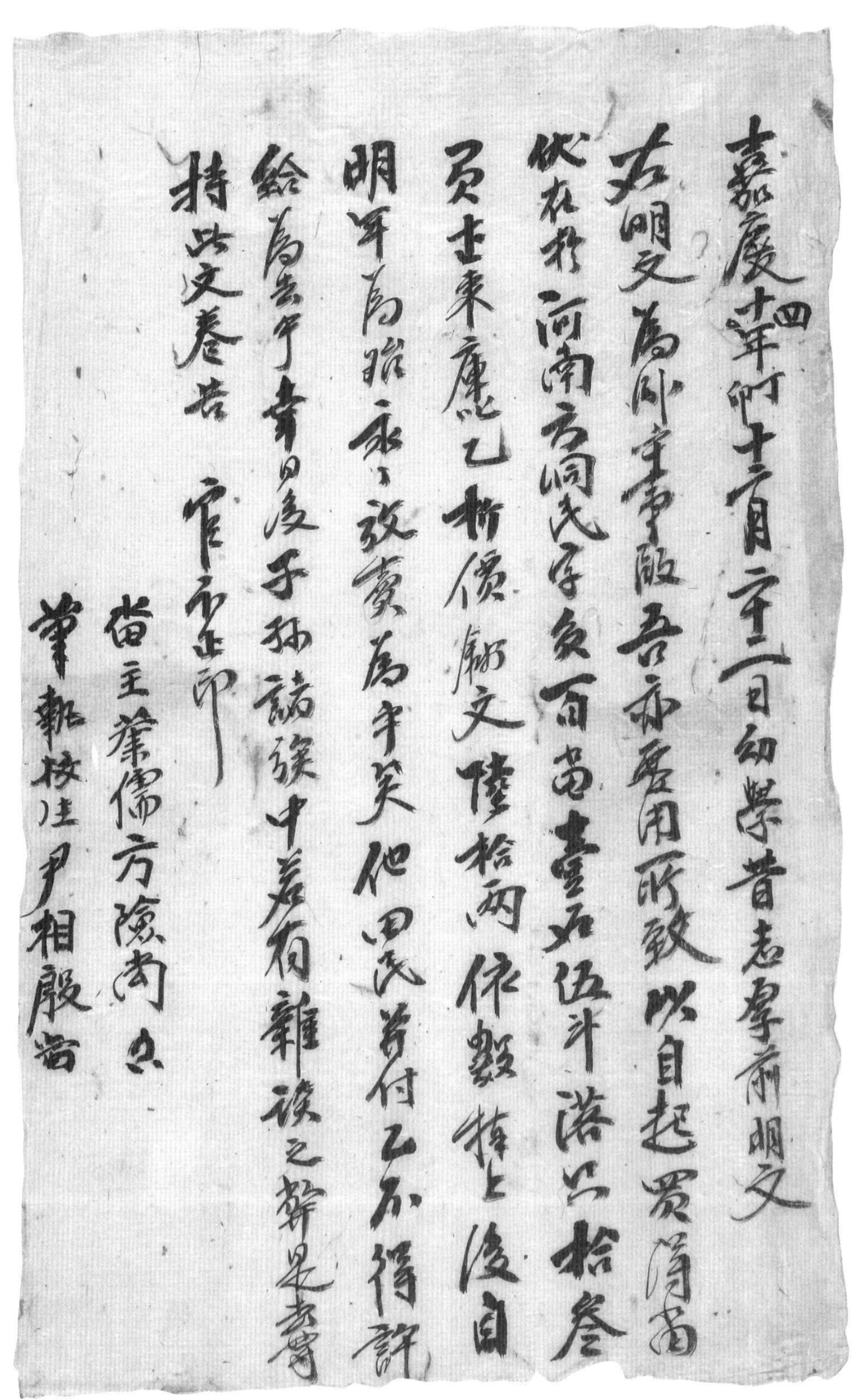

嘉慶十四年己巳十二月二十二日幼學昔志厚前明文

右明文爲所幹事段 吾亦要用所致 以自起買得畓

伏在於河南方洞民字員百當壹石伍斗落只拾叁

負士束庫乙 折價錢文陸拾兩依數捧上後自

明年爲始永永放賣爲乎矣他田民等付乙不得許

給爲去乎 幸日後子孫諸族中若有雜談之弊是去等

持此文卷告 官卞正印

畓主 業儒 方險尙

筆執 校生 尹相殷

1809년 12월 22일에 業儒 方險尙이 유학 昔志厚에게 논을 팔면서 발급한 明文

明文 196

1810년(순조 10), 65.2×35.4

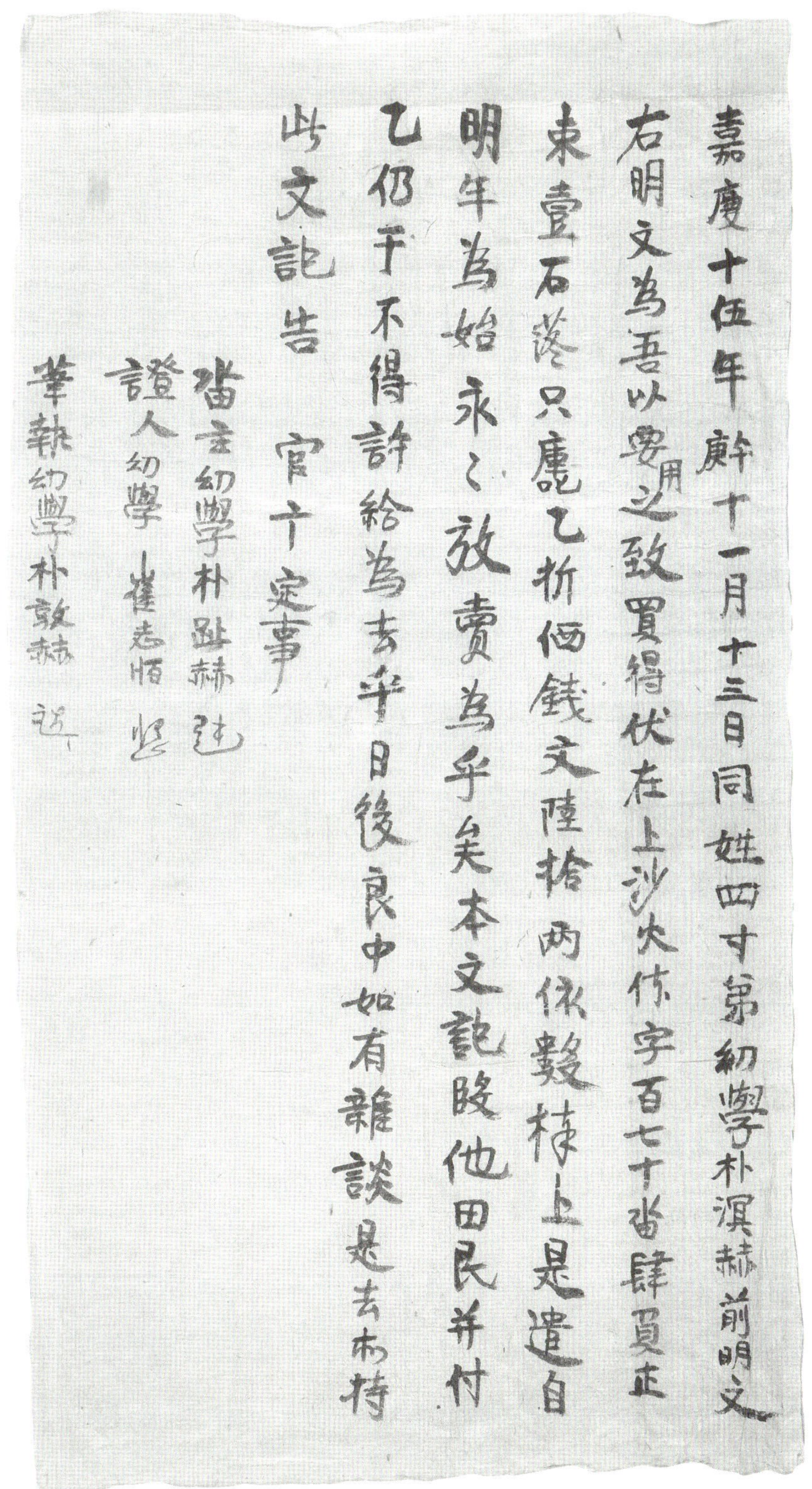

嘉慶十五年庚午十一月十三日同姓四寸弟幼學朴溟赫前明文

右明文爲吾以要用之致買得伏在上沙火作字百七十畓肆負庄

東壹石落只庫乙折価錢文陸拾兩依數捧上是遣自

明年爲始永永放賣爲乎矣本文記段他田民并付

乙仍于不得許給爲去乎日後良中如有雜談是去等持

此文記告官卞定事

畓主幼學朴趾赫

證人幼學崔志恒

筆執幼學朴敎赫

1810년 11월 13일에 유학 朴趾赫이 同姓四寸 유학 朴溟赫에게 논을 팔면서 발급한 明文

明文 197

1810년(순조 10), 58×54.4

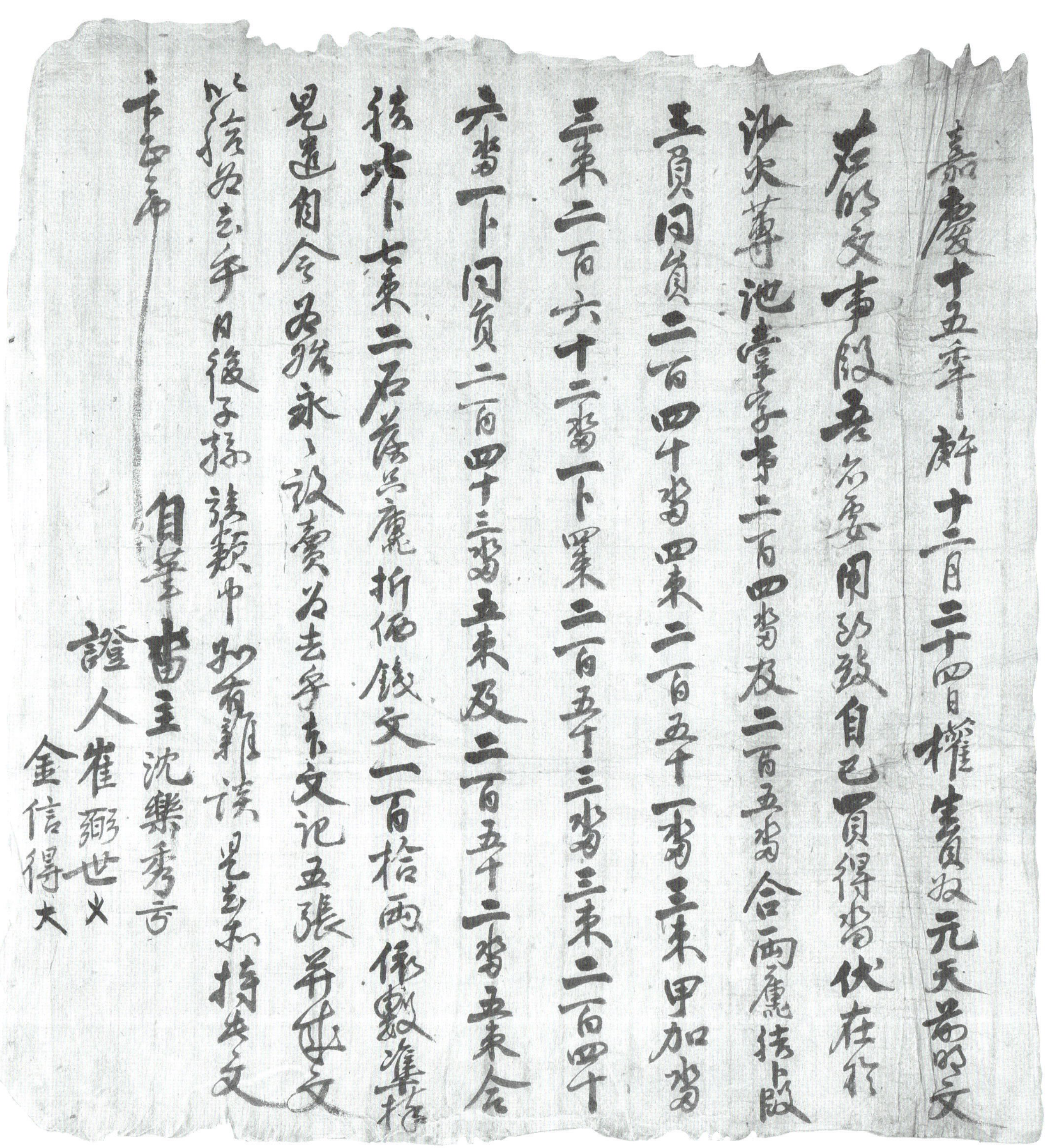

嘉慶十五年庚午十二月二十四日 權生員奴元天前明文

右明文事段 吾矣要用所致 自己買得畓伏在於

沙火等池峯字畓二百四畓及二百五畓合兩庫後段

三負同負二百四十畓四束二百五十一畓三束甲加畓

三束二百六十二畓下畓二百五十三畓三束二百四十

六畓下同負二百四十三畓五束及二百五十二畓五束合

後卜七束二石落只庫 折價錢文一百拾兩 依數準捧

是遣 自今爲始 永永放賣爲去乎 本文記五張幷以文

於後爲去乎 日後子孫族類中 如有雜談是去等 持此文

卞正事

畓主 沈樂秀

自筆

證人 崔鄕世

金信得

1810년 12월 24일에 畓主 沈樂秀가 權生員 奴 元天에게 논을 팔면서 발급한 明文

明文 198

1811년(순조 11), 54.2×34.8

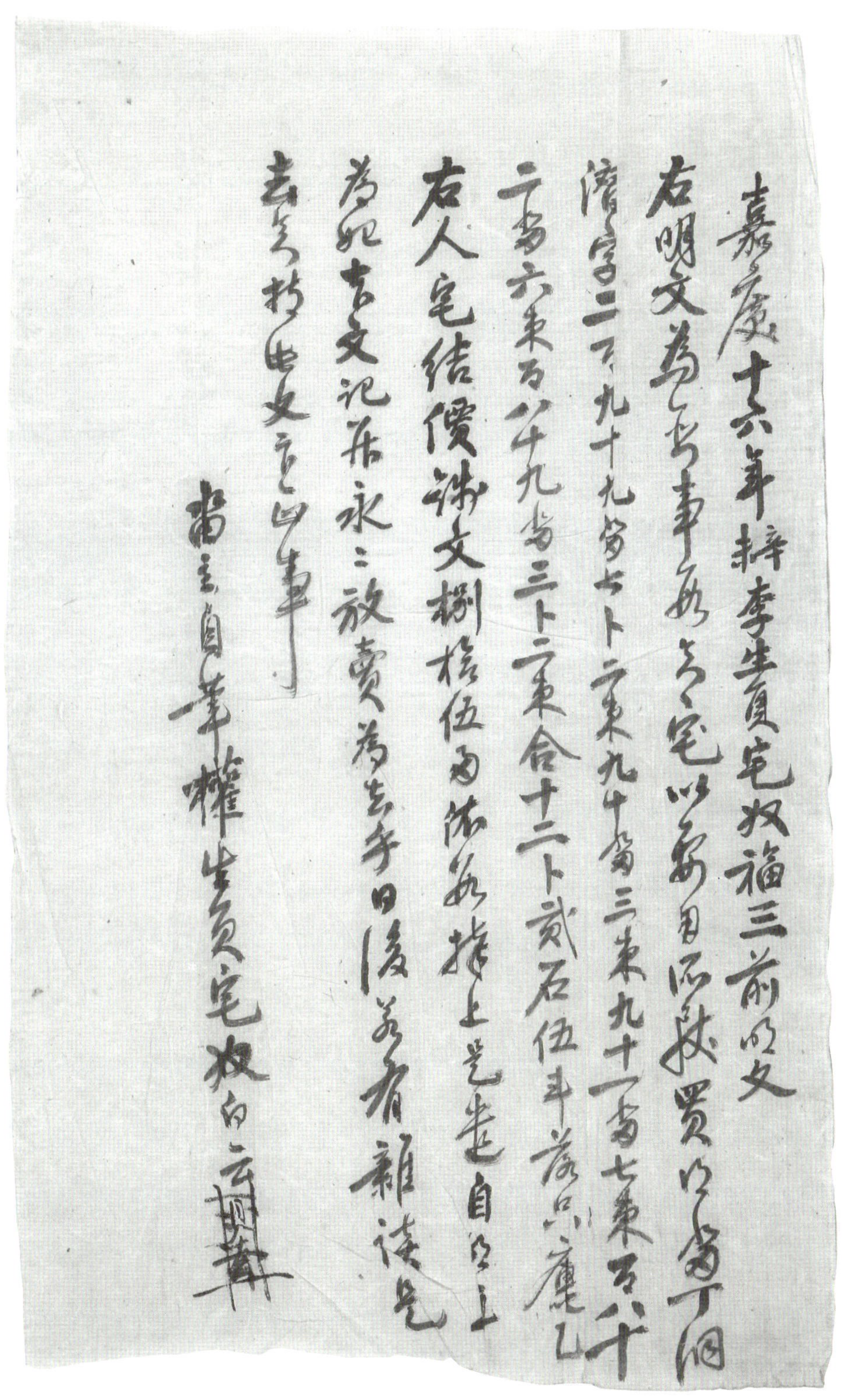

1811년에 權生員 宅 奴 白云이 李生員 宅 奴 福三에게 논을 팔면서 발급한 明文

明文 199

1811년(순조 11), 54.4×34.1

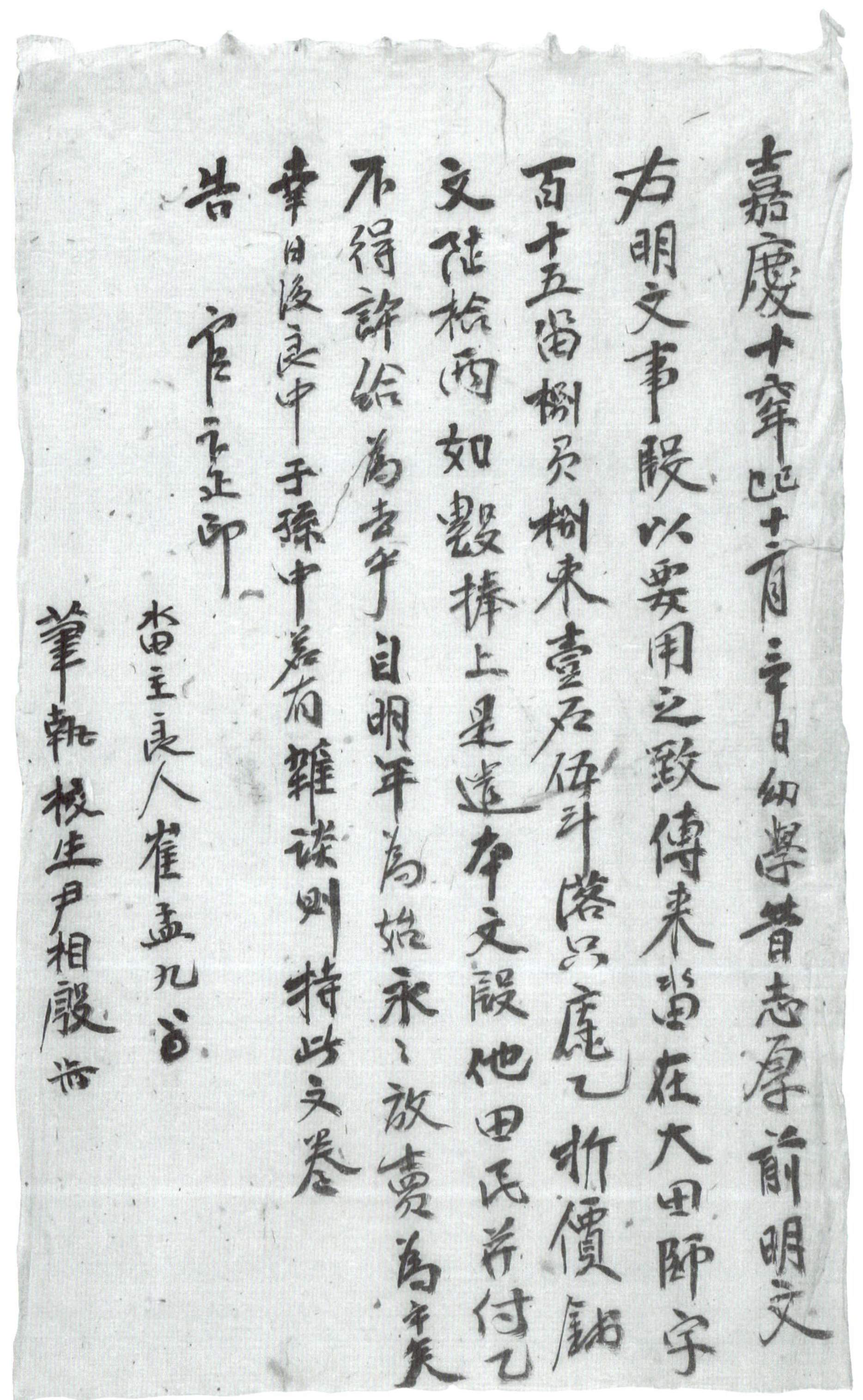

嘉慶十六年[illegible]十二月三十日 幼學昔志厚前明文

右明文事段 以要用之致 傳來畓在大田坪字

百十五畓 捌負捌束 壹石伍斗落只庫乙 折價錢

文陸拾兩 如數捧上是遣 本文段 他田民并付乙

不得許給爲去乎 自明年爲始 永永放賣爲去矣

[illegible]日後良中 子孫中若有雜談 則持此文卷

告 官卞正事

畓主 良人 崔孟九

筆執 校生 尹相殷

1811년 12월 30일에 良人 崔孟九가 유학 昔志厚에게 논을 팔면서 발급한 明文

明文 200

1812년(순조 12), 61.5×49.7

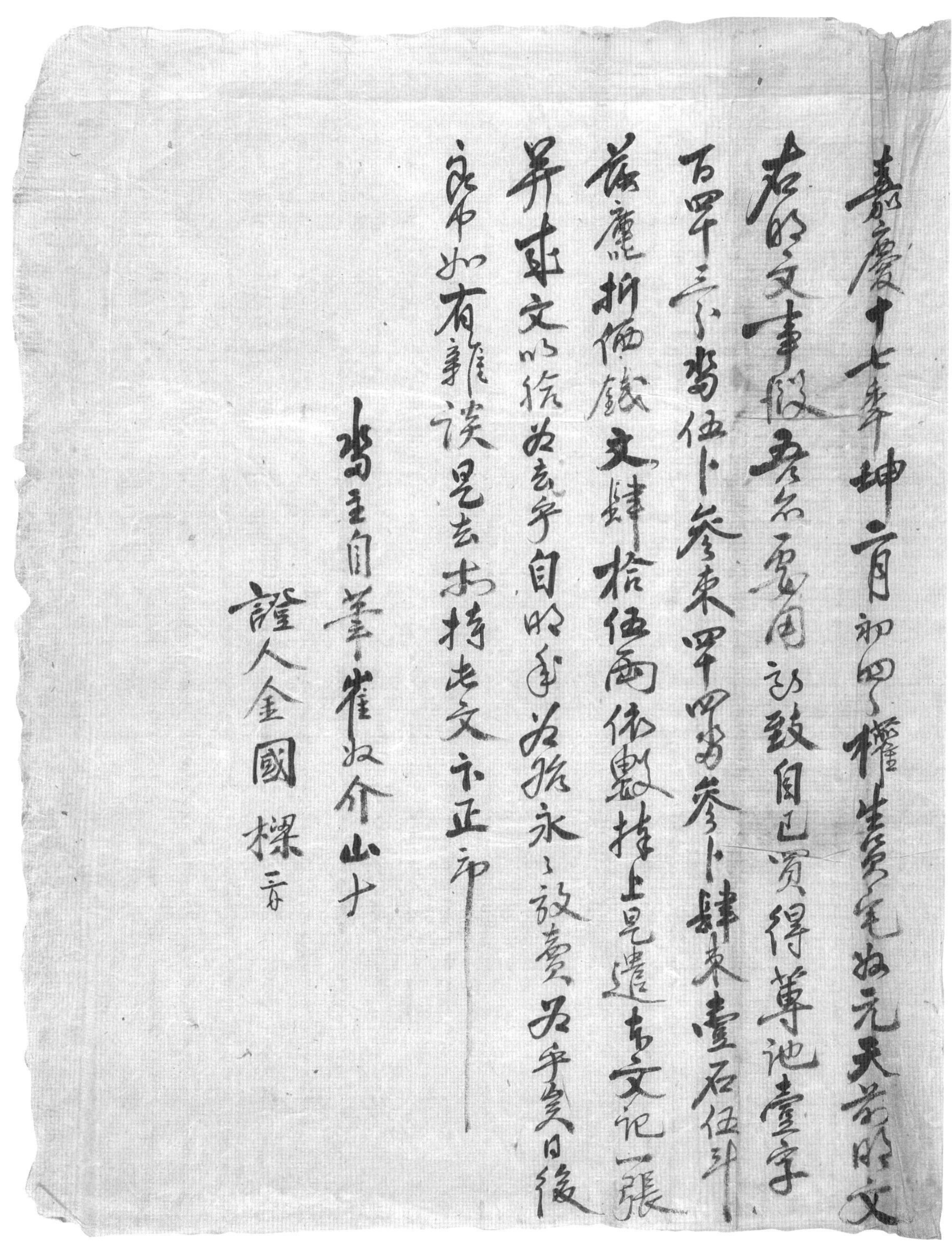

1812년 2월 초4일에 崔哥의 奴 介山이 權生員 宅 奴 元天에게 논을 팔면서 발급한 明文

1812년(순조 12), 55.6×55.7

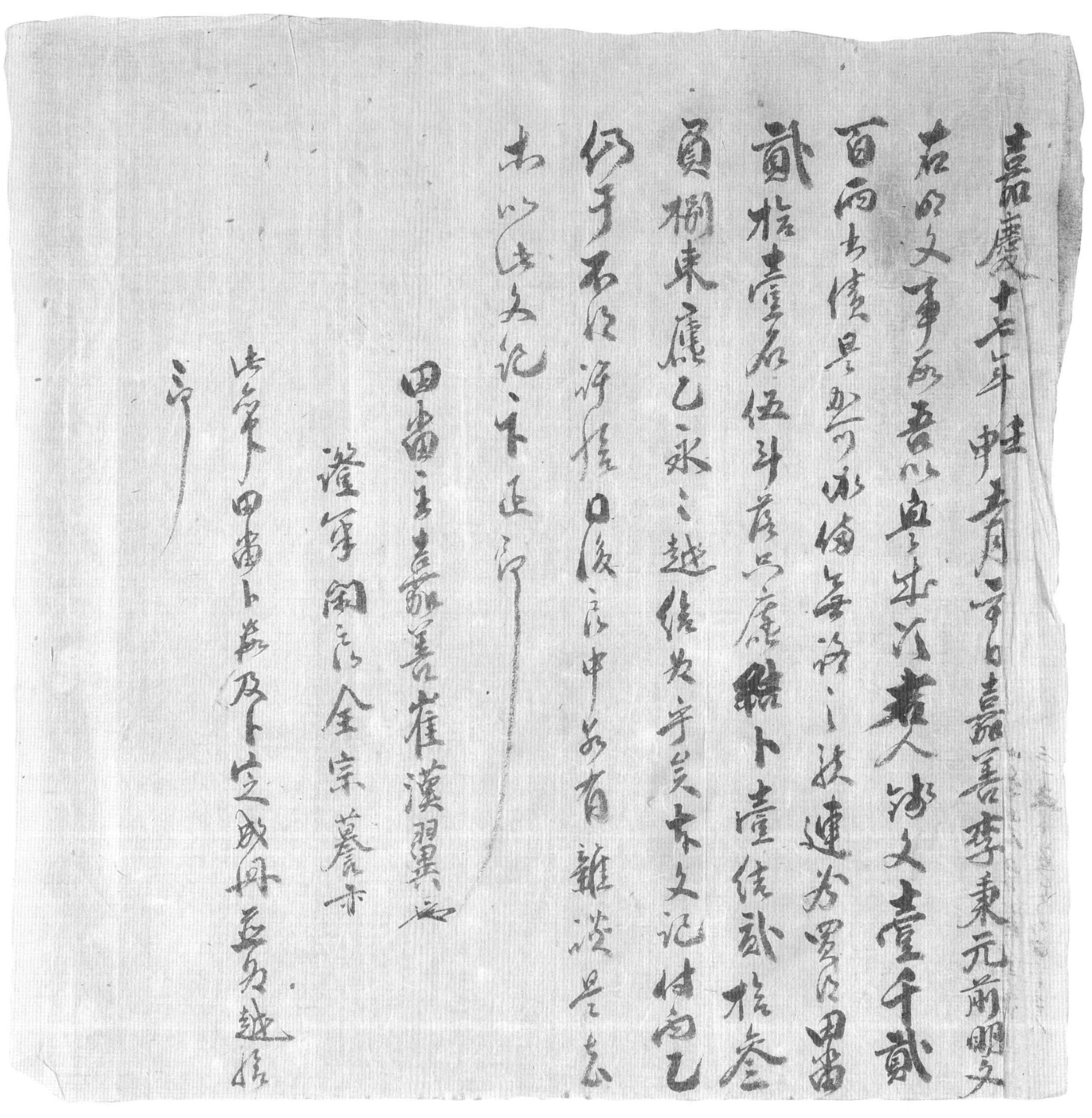

1812년 5월 20일에 嘉善 崔漢翼이 嘉善 李秉元에게 전답을 팔면서 발급한 明文

明文 202

1813년(순조 13), 77×56.5

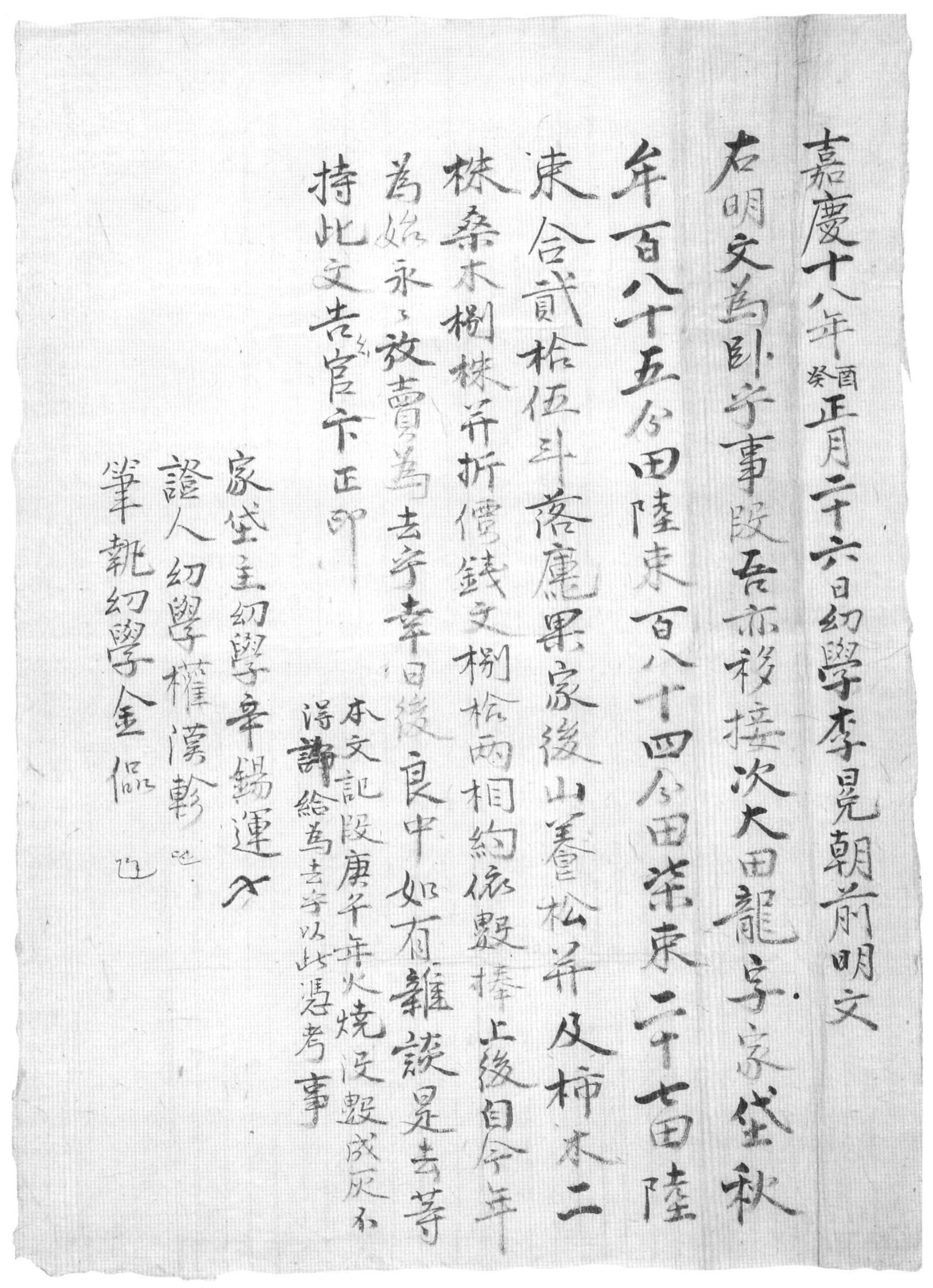
嘉慶十八年癸酉正月二十六日幼學李冕朝前明文
右明文爲臥子事段吾亦移接次大田龍字家垈秋
年百八十五分田陸束百八十四分田柒束二十七田陸
束合貳拾伍斗落麁果家後山養松并及柿木二
株桑木捌株并折價錢文捌拾兩相約依數捧上後自今年
爲始永永放賣爲去乎幸日後良中如有雜談是去等
持此文告官卞正事
本文記段庚午年火燒沒毁成灰不得許給爲去乎以此憑考事
家垈主幼學辛錫運
證人幼學權漢彰
筆執幼學金侶

1813년 1월 26일에 유학 辛錫運이 유학 李冕朝에게 家垈를 팔면서 발급한 明文

明文 203

1813년(순조 13), 54.8×33.6

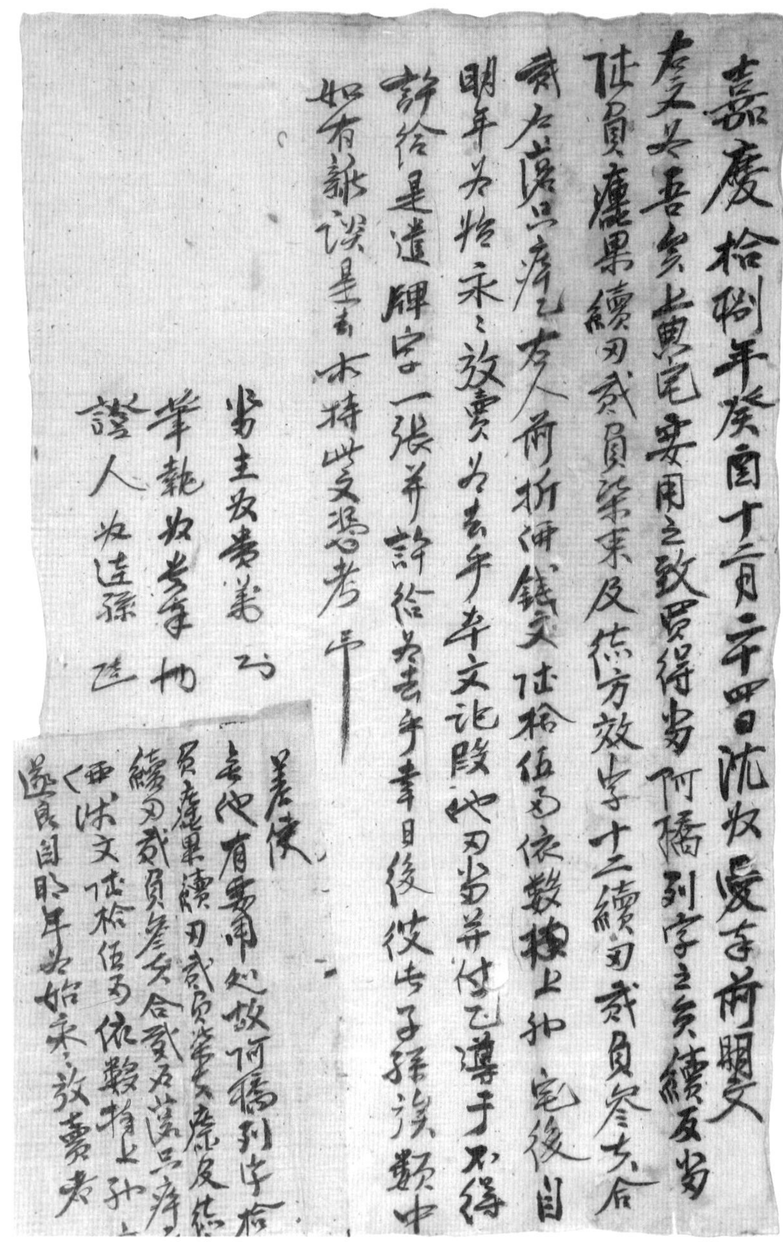

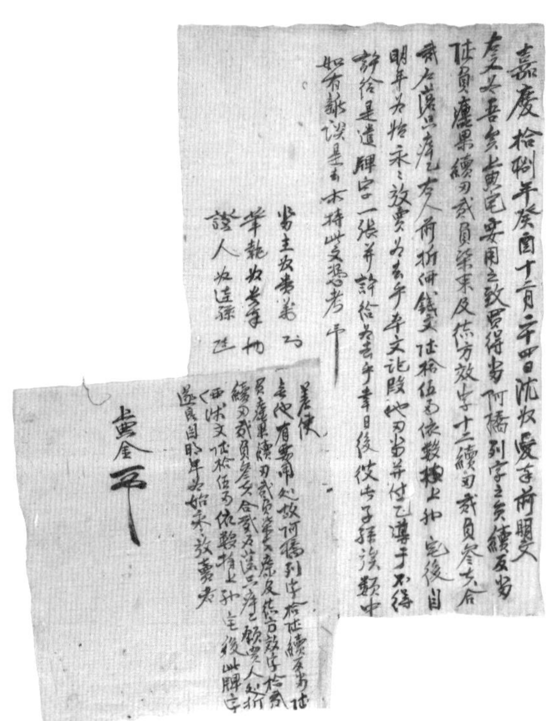

1813년 12월 24일에 奴 貴萬이 沈哥의 奴 愛奉에게 전답을 팔면서 발급한 明文

明文 204

1813년(순조 13), 59.8×37.7

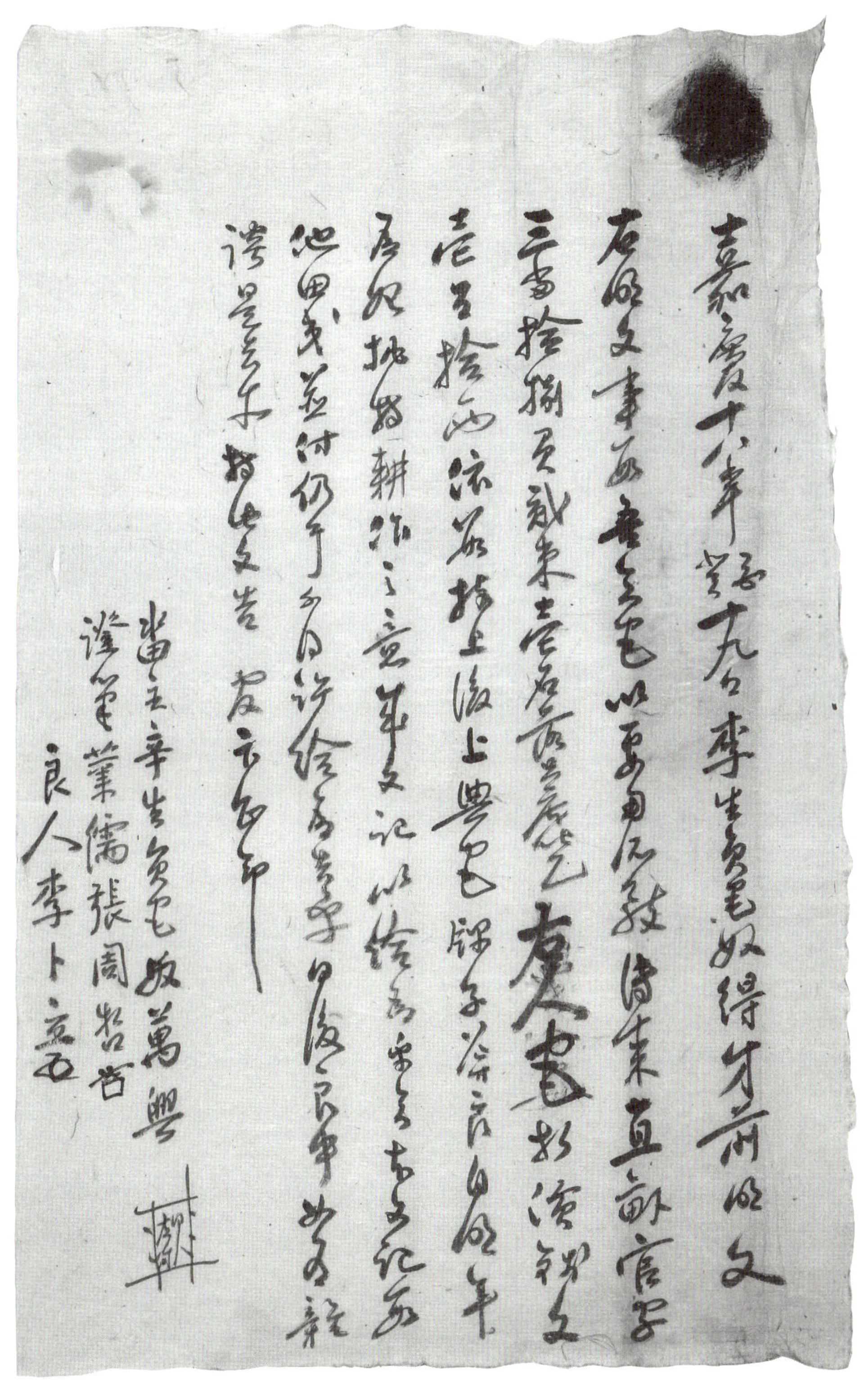

1813년 19일에 辛生員 宅 奴 萬興이 李生員 宅 奴 得才에게 논을 팔면서 발급한 明文

1814년(순조 14), 39.7×38

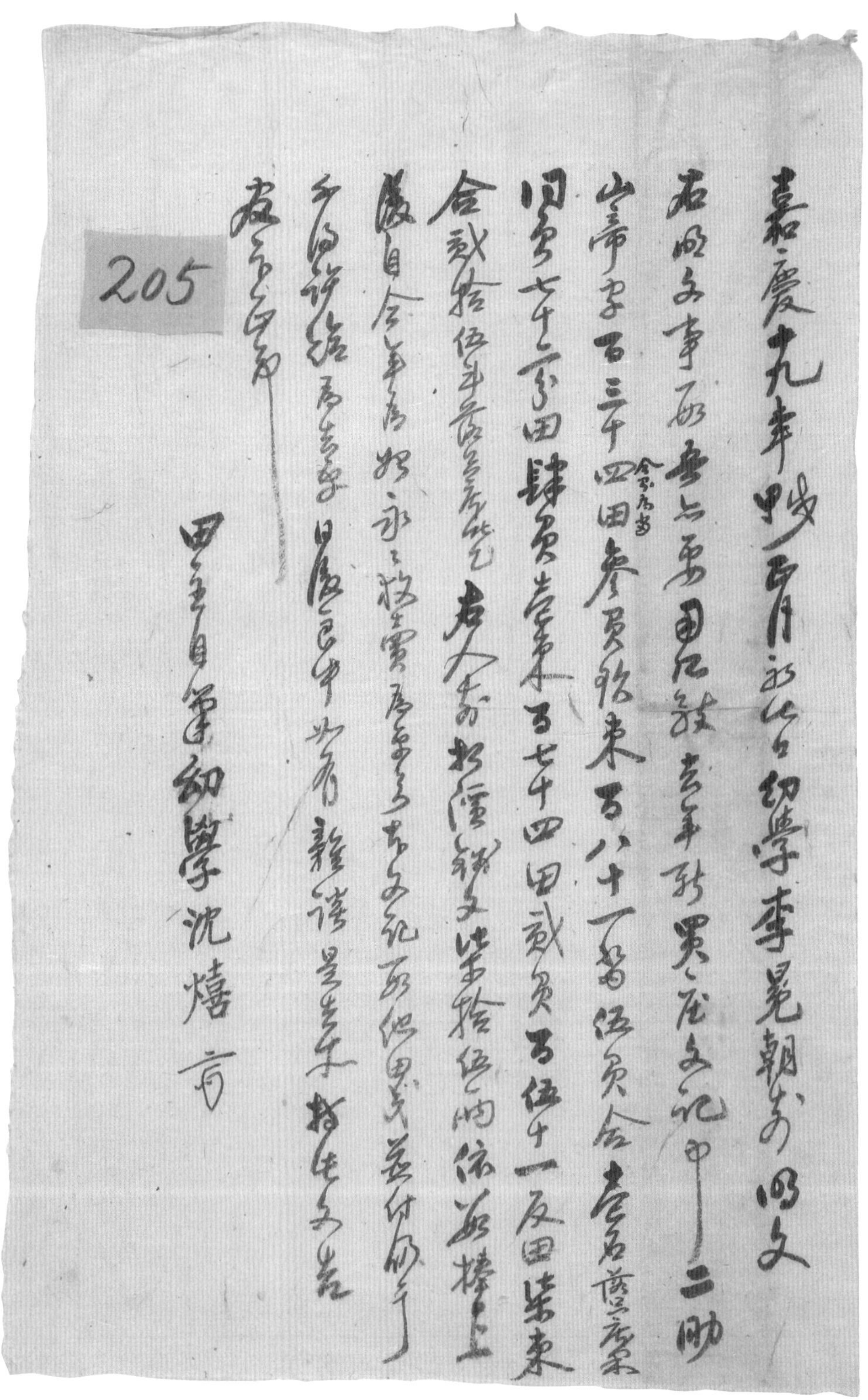
205

嘉慶十九年甲戌正月初七日 幼學李冕朝前明文

田主自筆幼學沈熺

1814년 1월 초7일에 유학 沈熺가 유학 李冕朝에게 전답을 팔면서 발급한 明文

明文 206

1814년(순조 14), 53.1×33.8

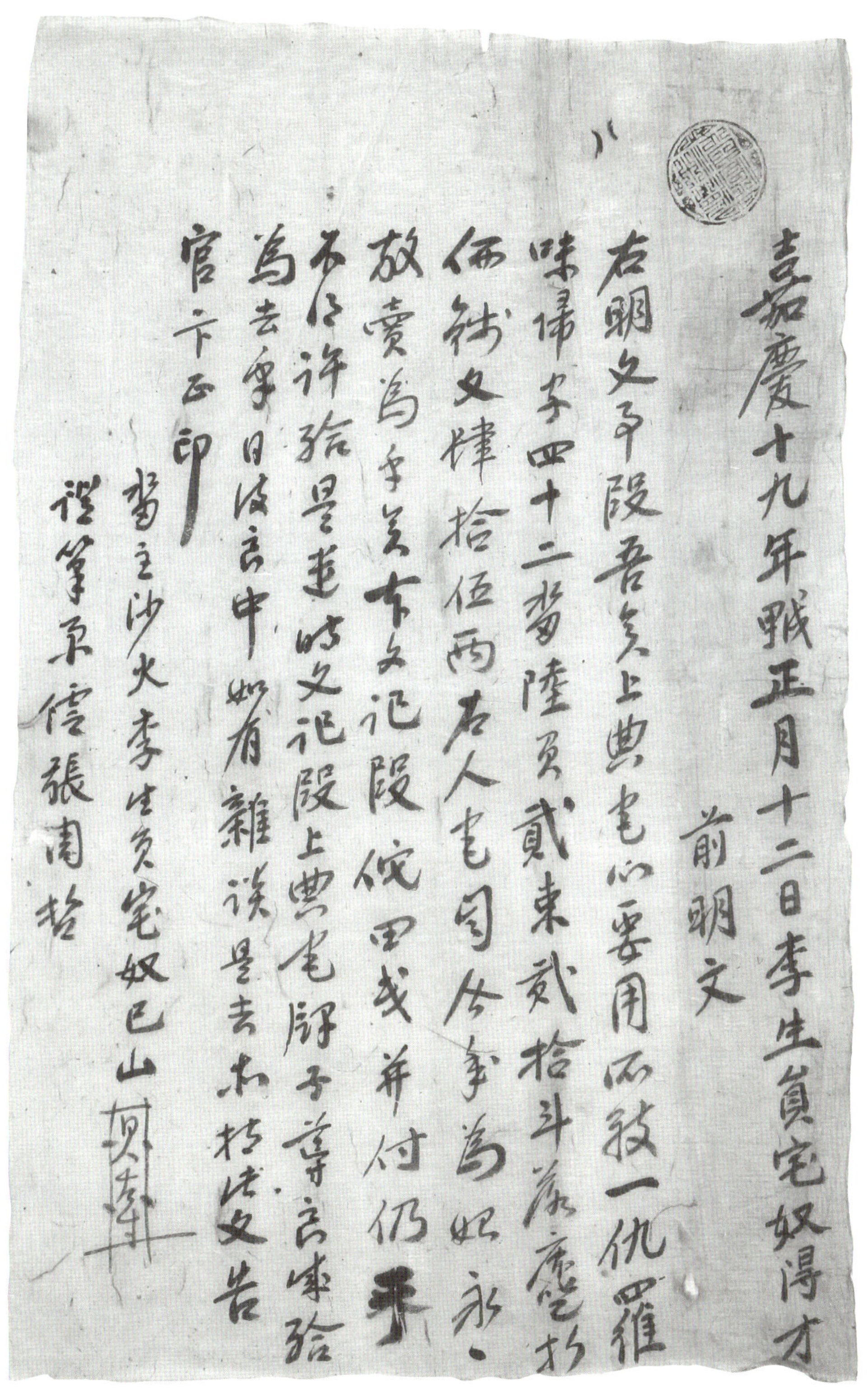
嘉慶十九年甲戌正月十二日李生員宅奴得才
前明文
右明文事段吾矣上典宅必要用所致一伏羅
味坪字四十二畓陸負貳束貳拾斗落庫於
價錢文肆拾伍兩右人宅同令年爲始永永
放賣爲乎矣本文記段依田戕并付仍于
本不許給是遣時文記段上典宅所子孫處[illegible]
爲去乎日後良中如有雜談是去等持此文告
官卞正印
畓主沙火李生員宅奴巳山
證筆京信張[illegible]哲

1814년 1월 12일에 沙火에 거주하는 李生員 宅 奴 己山이 李生員 宅 奴 得才에게 논을 팔면서 발급한 明文

明文 207

1814년(순조 14), 57.9×81

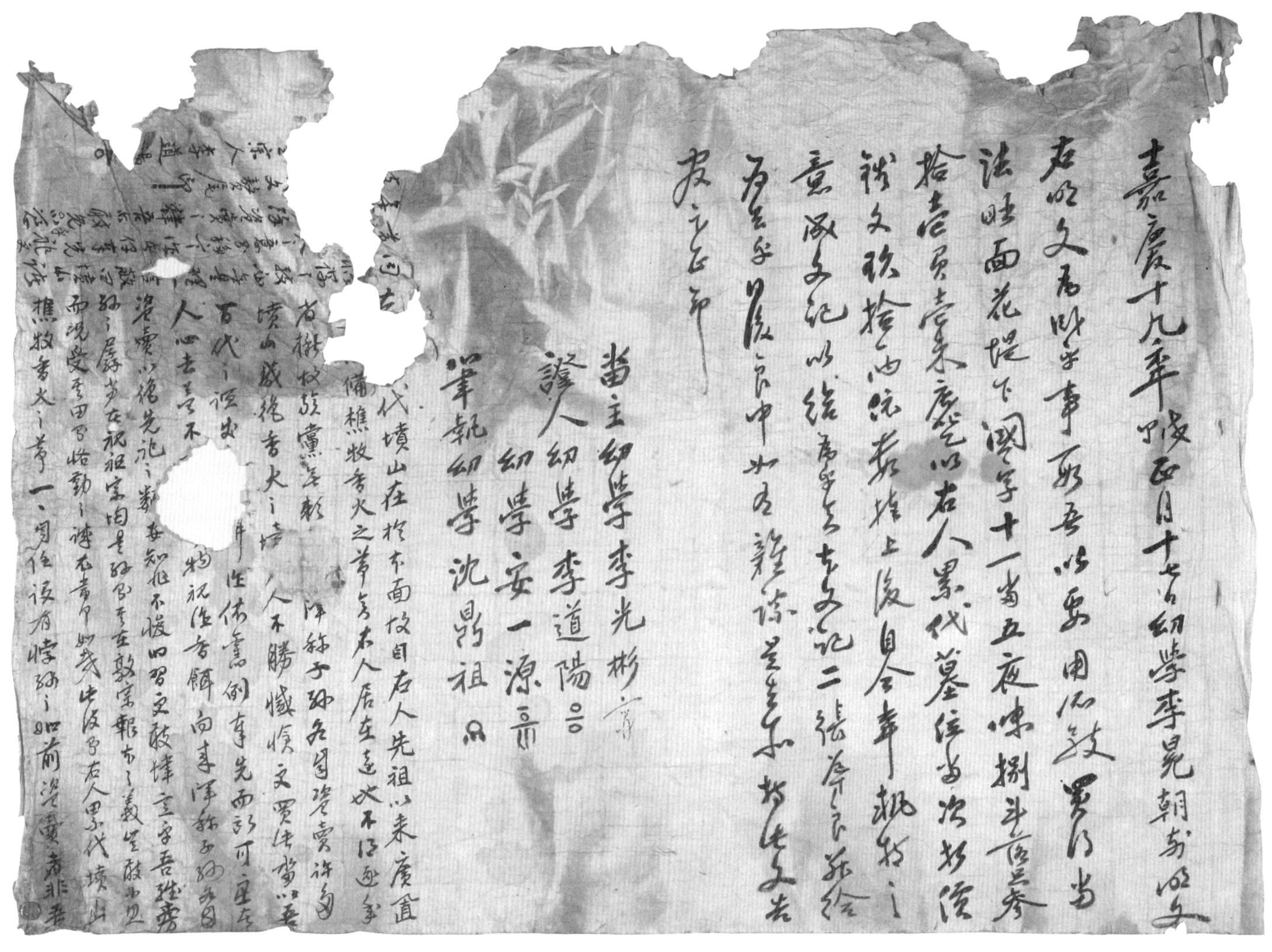

1814년 1월 17일에 유학 李光彬이 유학 李冕朝에게 논을 팔면서 발급한 明文

明文 208

1814년(순조 14), 53.3×33.4

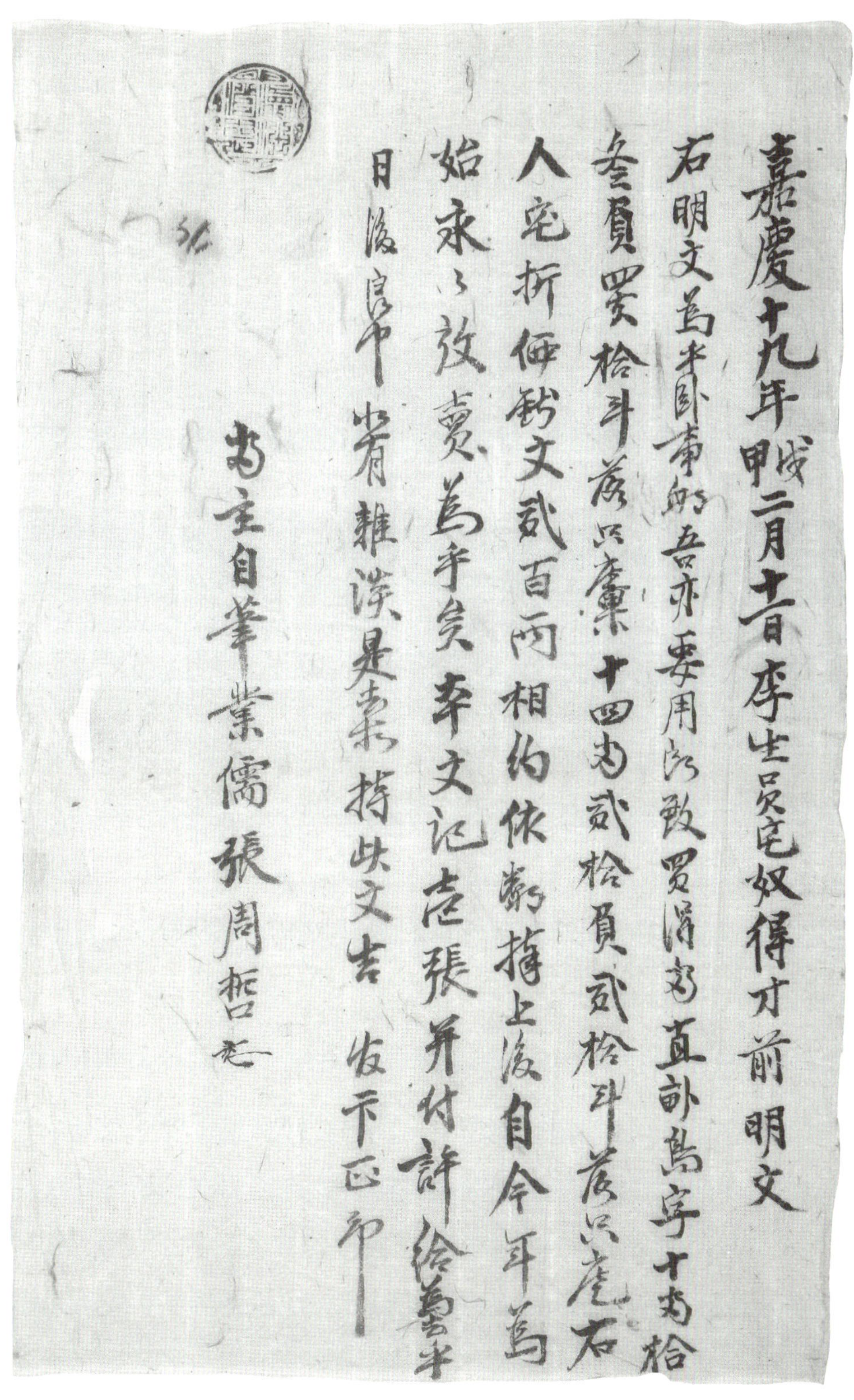

嘉慶十九年甲戌二月十一日 李生員宅奴得才前 明文

右明文爲[illegible][illegible]吾亦要用所致買得爲在直畓島字十[illegible]拾叁負畓拾斗落只庫十四卜貳拾負貳拾斗落只庫 右人宅折價錢文貳百兩相約依數捧上後自今年爲始永〃放賣爲乎矣本文記壹張幷付許給爲乎日後良中若有雜談是去等持此文告官卞正事

畓主自筆 業儒 張周哲 (手決)

1814년 2월 11일에 業儒 張周哲이 李生員 宅 奴 得才에게 논을 팔면서 발급한 明文

1814년(순조 14), 101×60.2

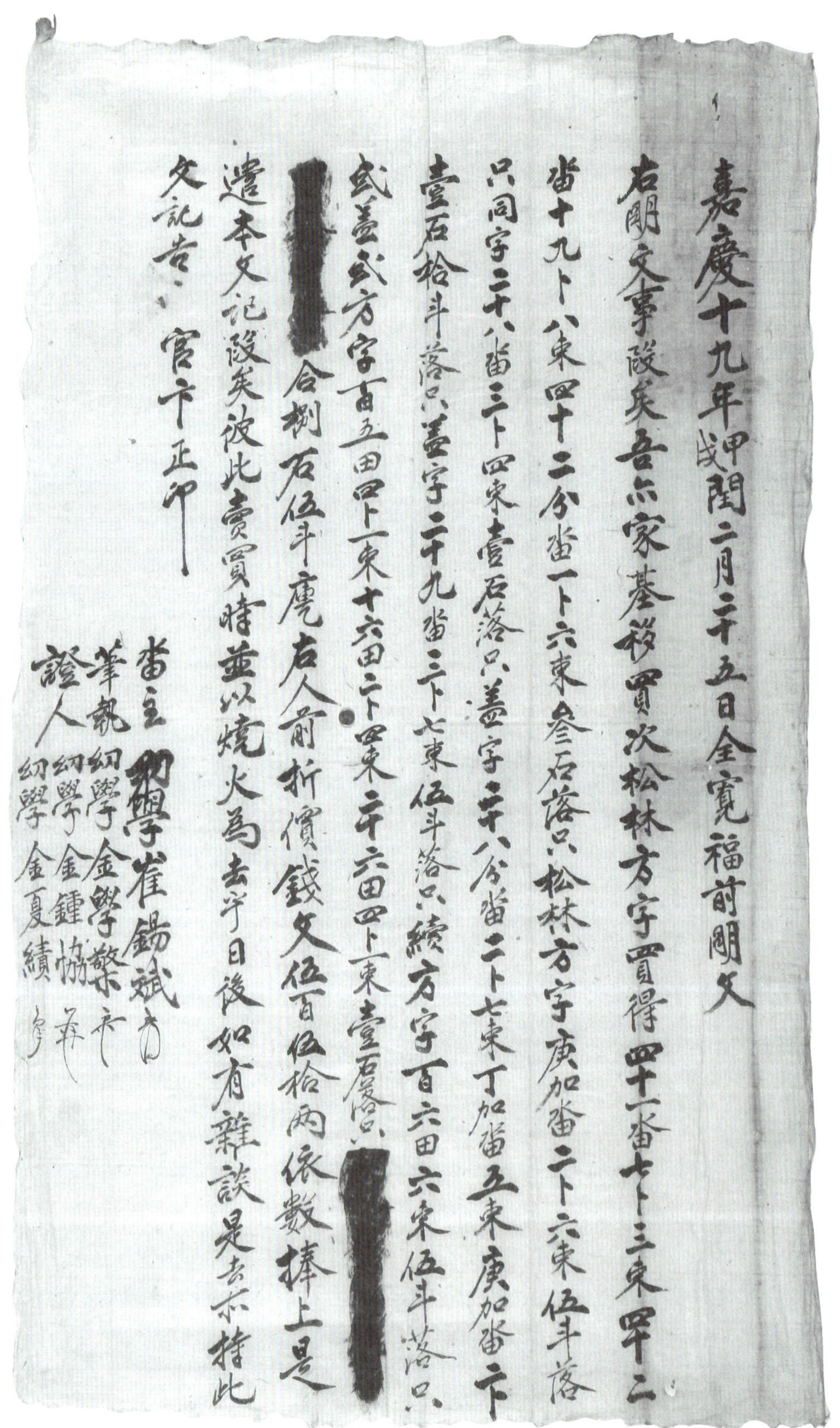

嘉慶十九年甲戌閏二月二十五日全寬福前明文

右明文事段矣吾亦家基移買次松林方字畓得四十一畓七卜三束四十二

畓十九卜八束四十二分畓一卜六束叁石落只松林方字庚加畓二卜六束伍斗落

只同字二十八畓三卜四束壹石落只善字二十八分畓二卜七束丁加畓五束庚加畓六卜

壹石拾斗落只善字二十九畓三卜七束伍斗落只續方字百六田六束伍斗落只

貳斗落只方字百五田四卜一束十六田二卜四束二十六田四卜一束壹石落只

合捌石伍斗庫右人前折價錢文伍百伍拾兩依數捧上是

遣本文記段矣彼此賣買時並以燒火爲去乎日後如有雜談是去等持此

文記告官卞正向事

畓主 幼學 崔錫斌
筆執 幼學 金學檠
證人 幼學 金鍾協
幼學 金夏績

1814년 2월 25일에 유학 崔錫斌이 全寬福에게 논을 팔면서 발급한 明文

明文 210

1814년(순조 14), 53.2×33.8

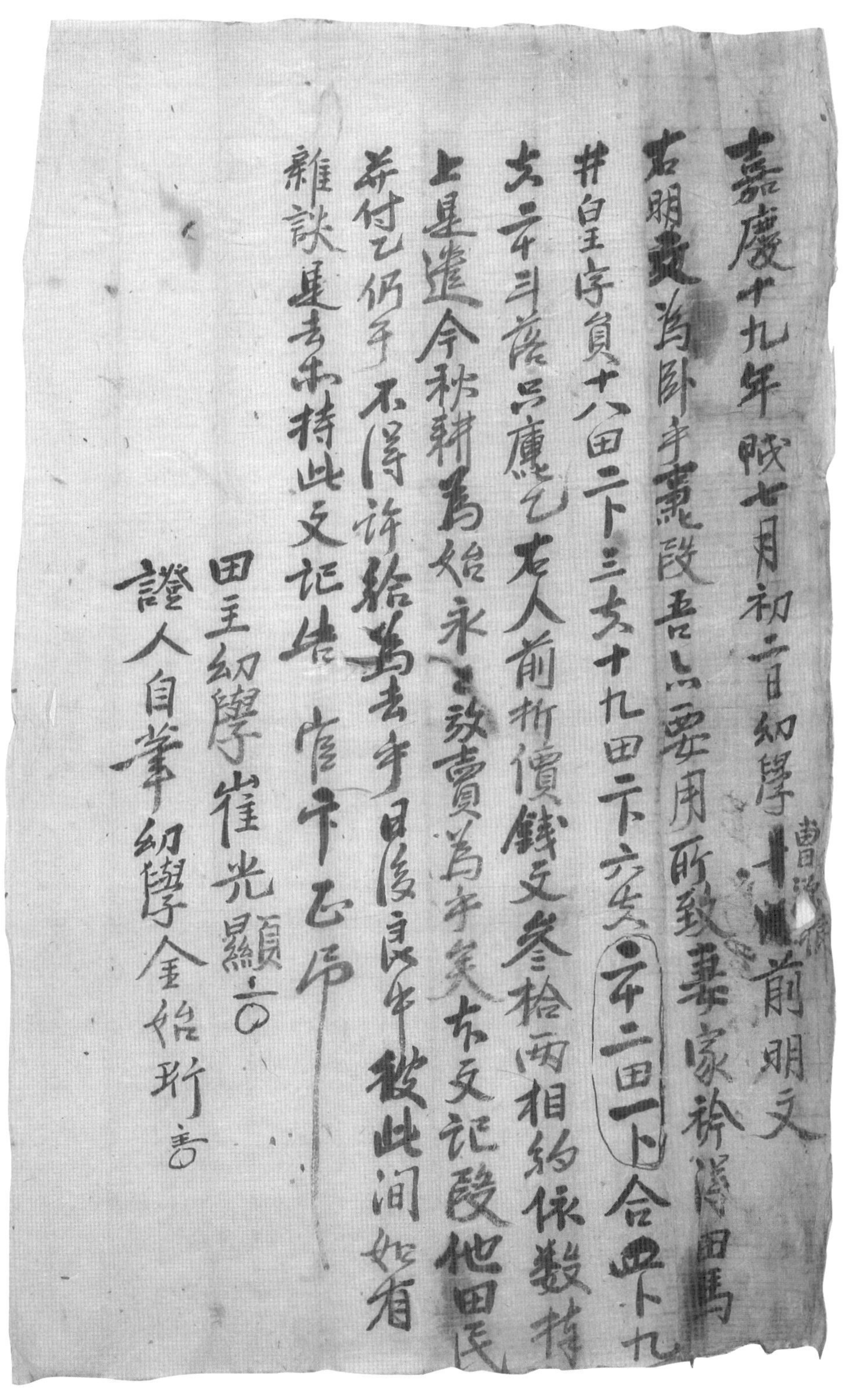

1814년 7월 초2일에 유학 崔光顯이 유학 曺源振에게 밭을 팔면서 발급한 明文

明文 211

1814년(순조 14), 59.2×52.6

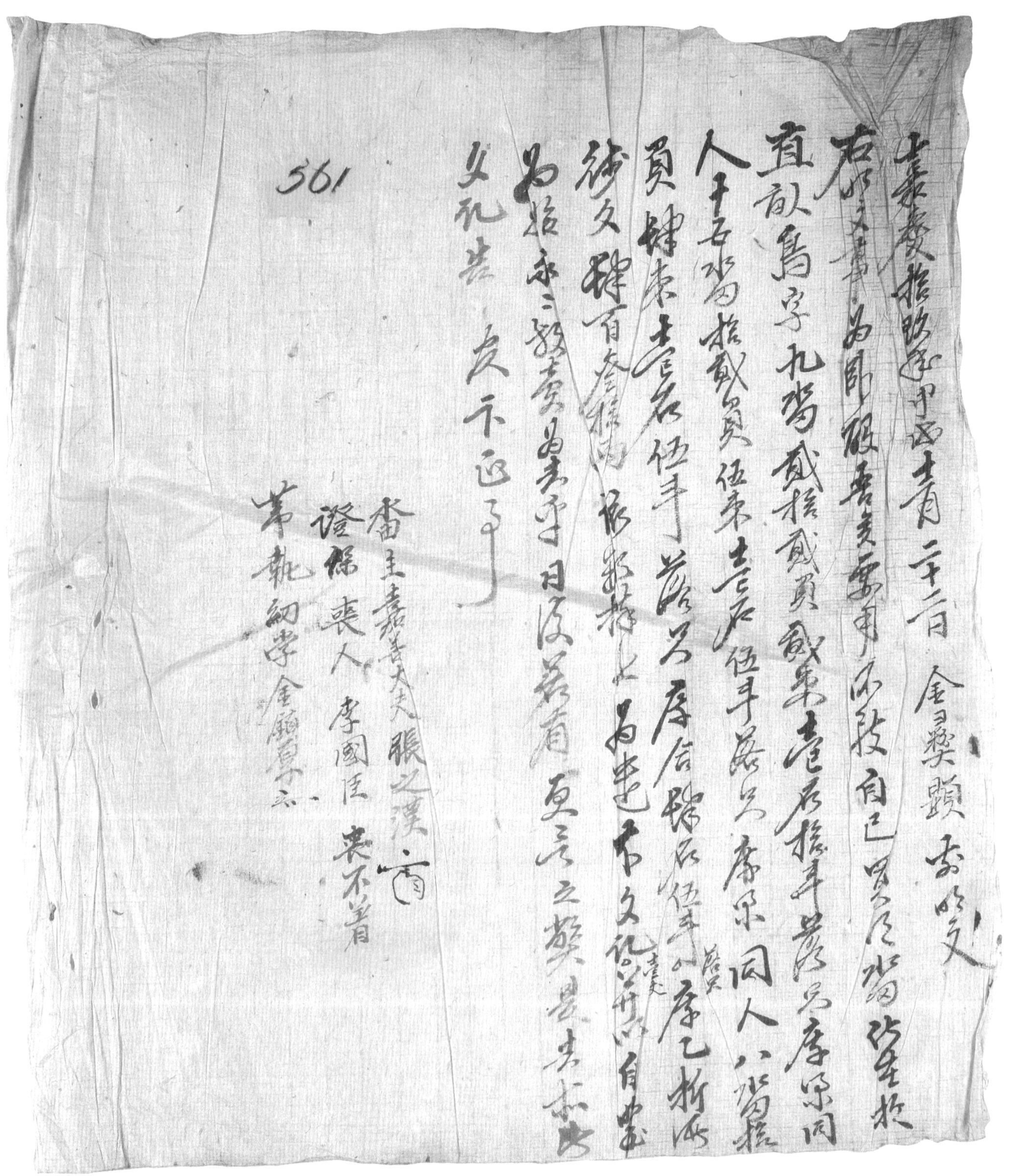

1814년 12월 22일에 嘉善大夫 張之漢이 金彛顯에게 논을 팔면서 발급한 明文

明文 212

1815년(순조 15), 54×32.7

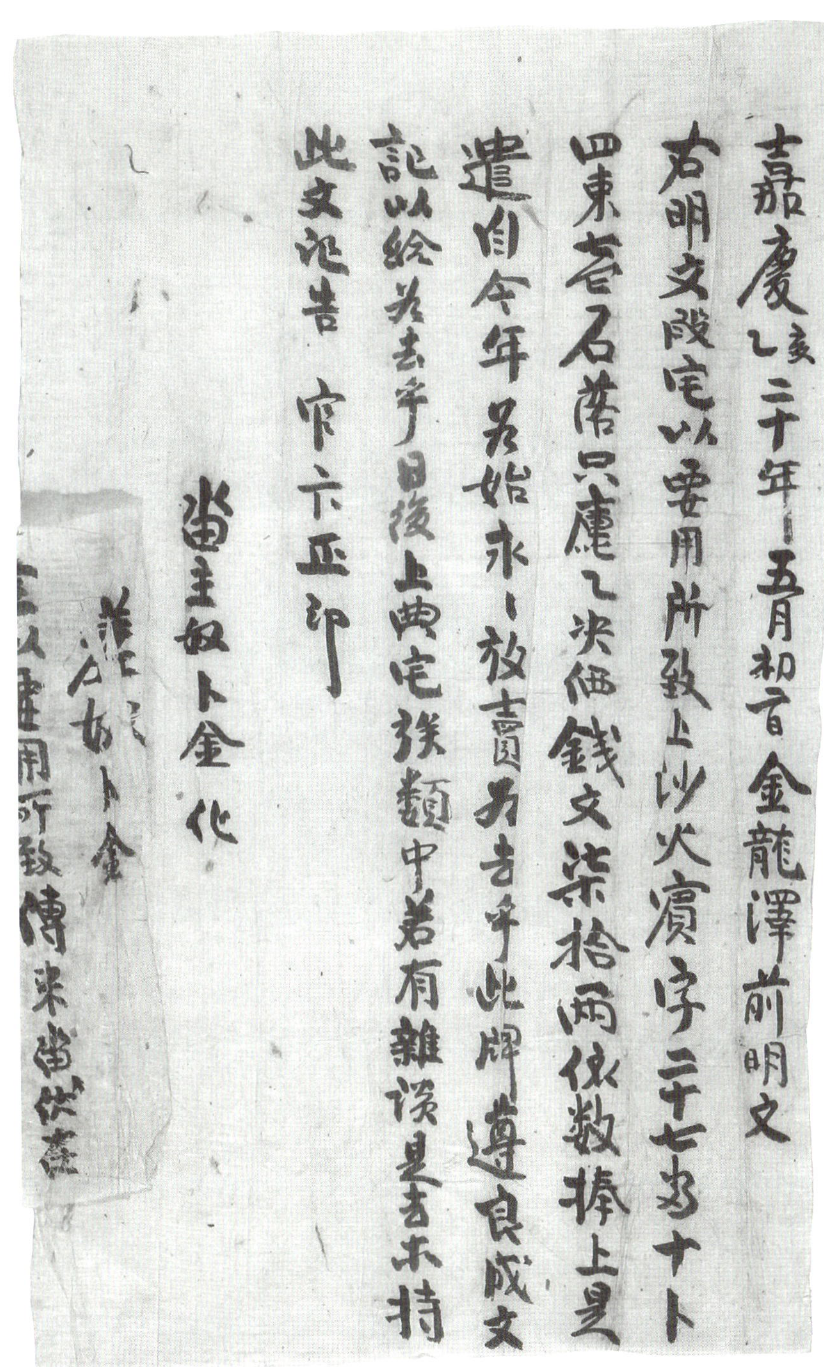

嘉慶乙亥二十年五月初二日 金龍澤前明文

右明文段宅以要用所致上沙火賓字二十七畓十卜四束苔石落只庵乙 次価錢文柒拾兩依數捧上是遣自今年爲始永永放賣爲去乎此牌 遵良成文記以給爲去乎日後上典宅孫類中若有雜談是去等持此文憑告 官卞正印

畓主奴卜金 化

1815년 5월 초2일에 奴 卜金이 金龍澤에게 논을 팔면서 발급한 明文

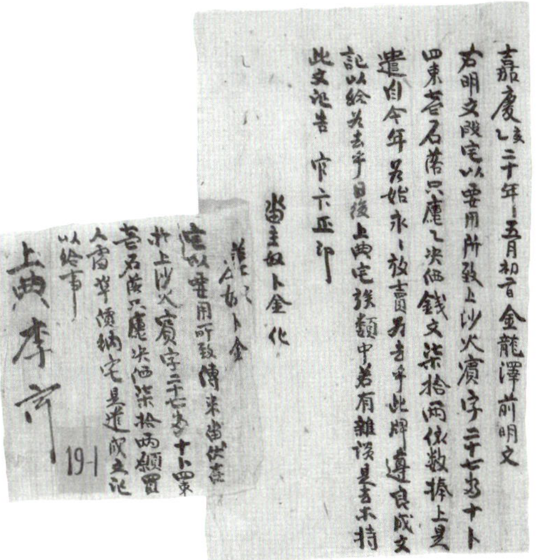

1815년(순조 15), 56.3×35.8

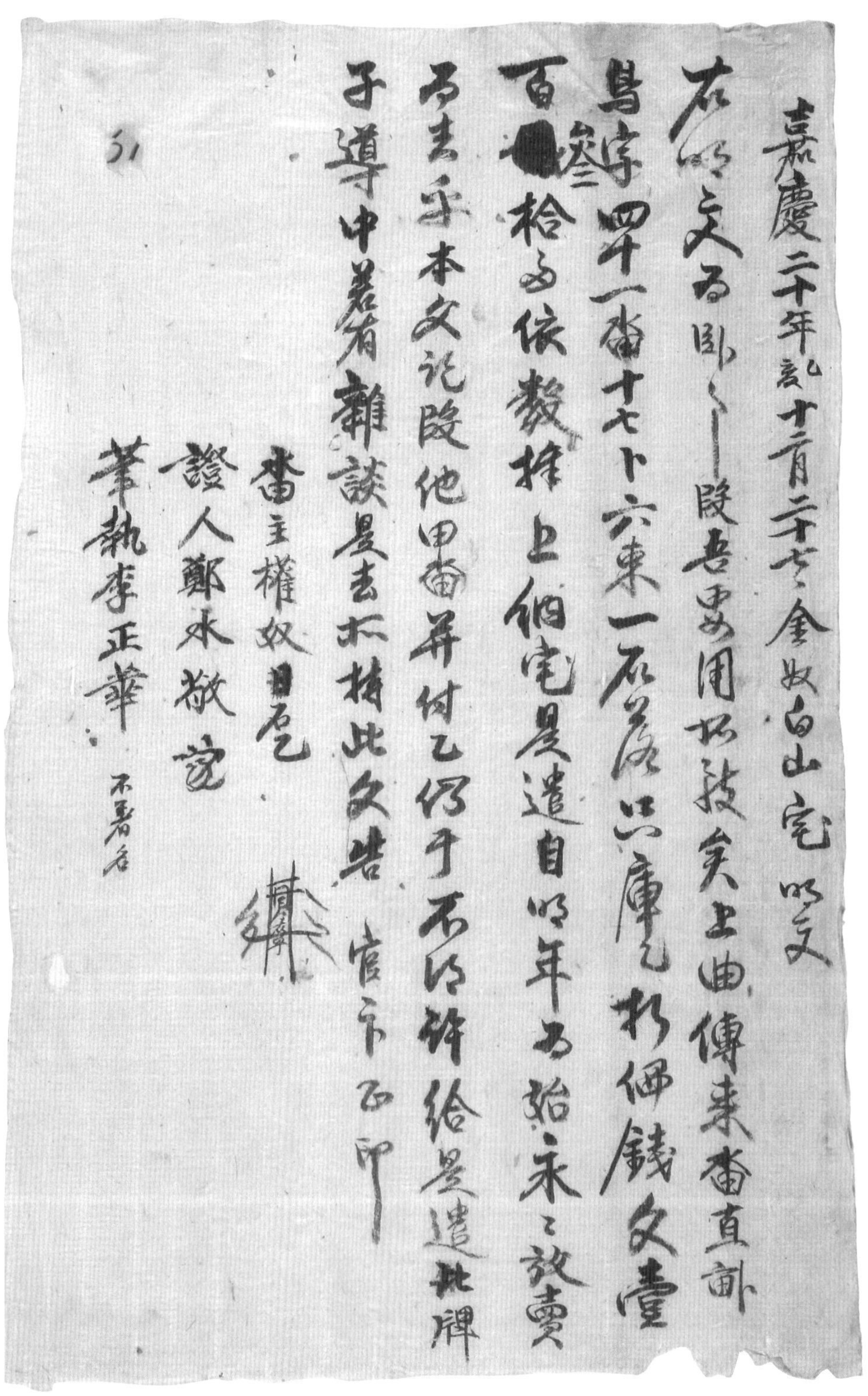

嘉慶二十年乙亥十二月二十七日金奴白山宅明文

右明文爲臥乎事段吾要用切迫以上典傳來畓直前

烏字畓一番十七卜六束一石落只庫乙折價錢文壹

百■參拾兩依數捧上佃宅是遣自明年爲始永永放賣

爲去乎本文記段他田畓幷付乙仍于不得許給是遣此牌

子導中若有雜談是去等持此文告官卞正事

畓主 權奴 日乭

證人 鄭水敬

筆執 李正華 不着名

51

1815년 12월 27일에 權哥의 奴 日乭이 金哥의 奴 白山에게 논을 팔면서 발급한 明文

明文 214

1816년(순조 16), 55.8×33.6

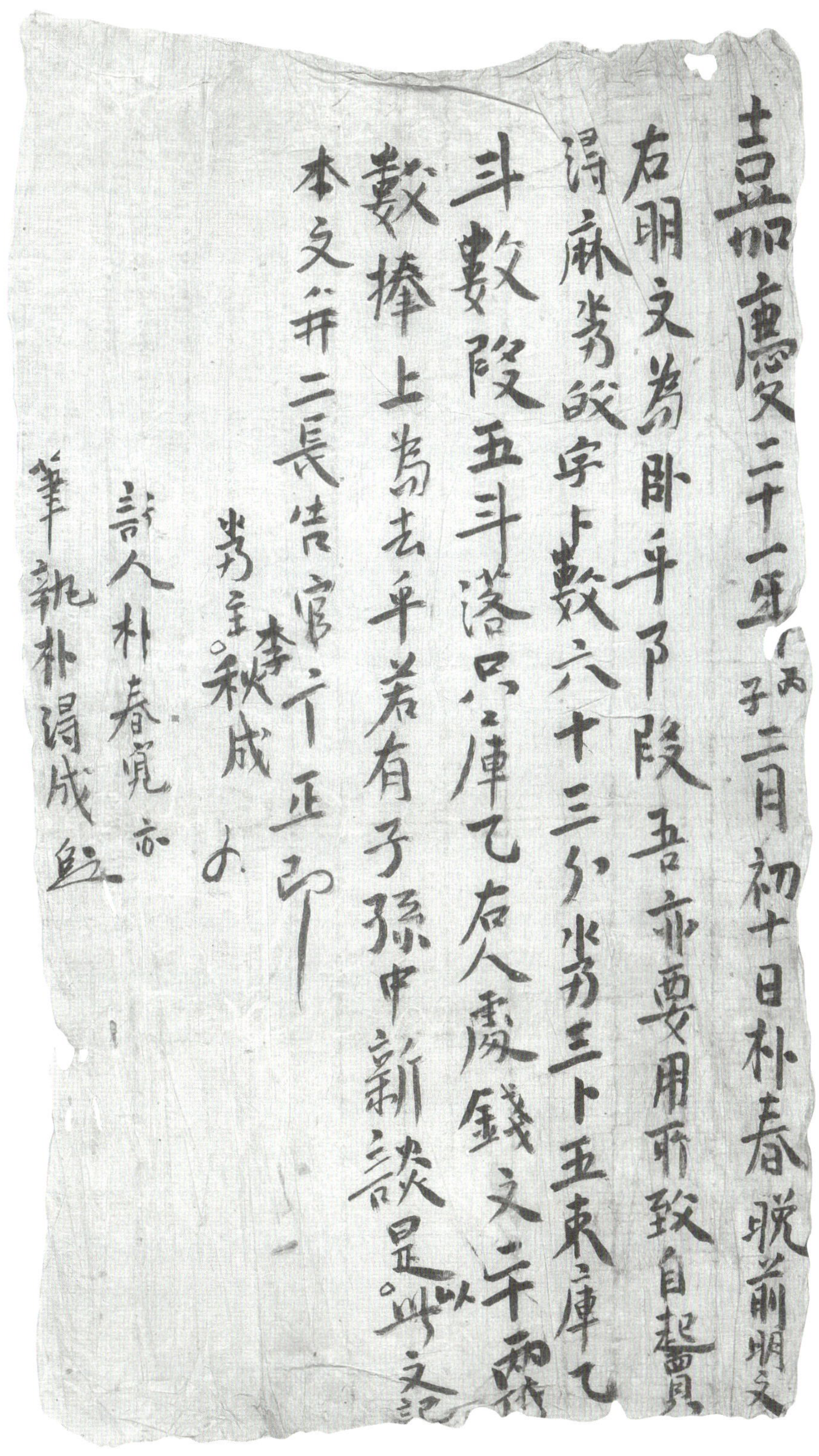

嘉慶二十一年丙子二月初十日朴春晩前明文

右明文爲臥乎事段吾亦要用所致自起買得麻畓畋字卜數六十三卜畓三卜五束庫乙斗數段五斗落只庫乙右人處錢文二十兩數捧上爲去乎若有子孫中新談是以此文記本文幷二長告官卞正事

畓主 李秋成 (手決)

證人 朴春寬 (手決)

筆執 朴得成 (手決)

1816년 2월 초10일에 李秋成이 朴春晩에게 논을 팔면서 발급한 明文

明文 215

1816년(순조 16), 54.4×33.8

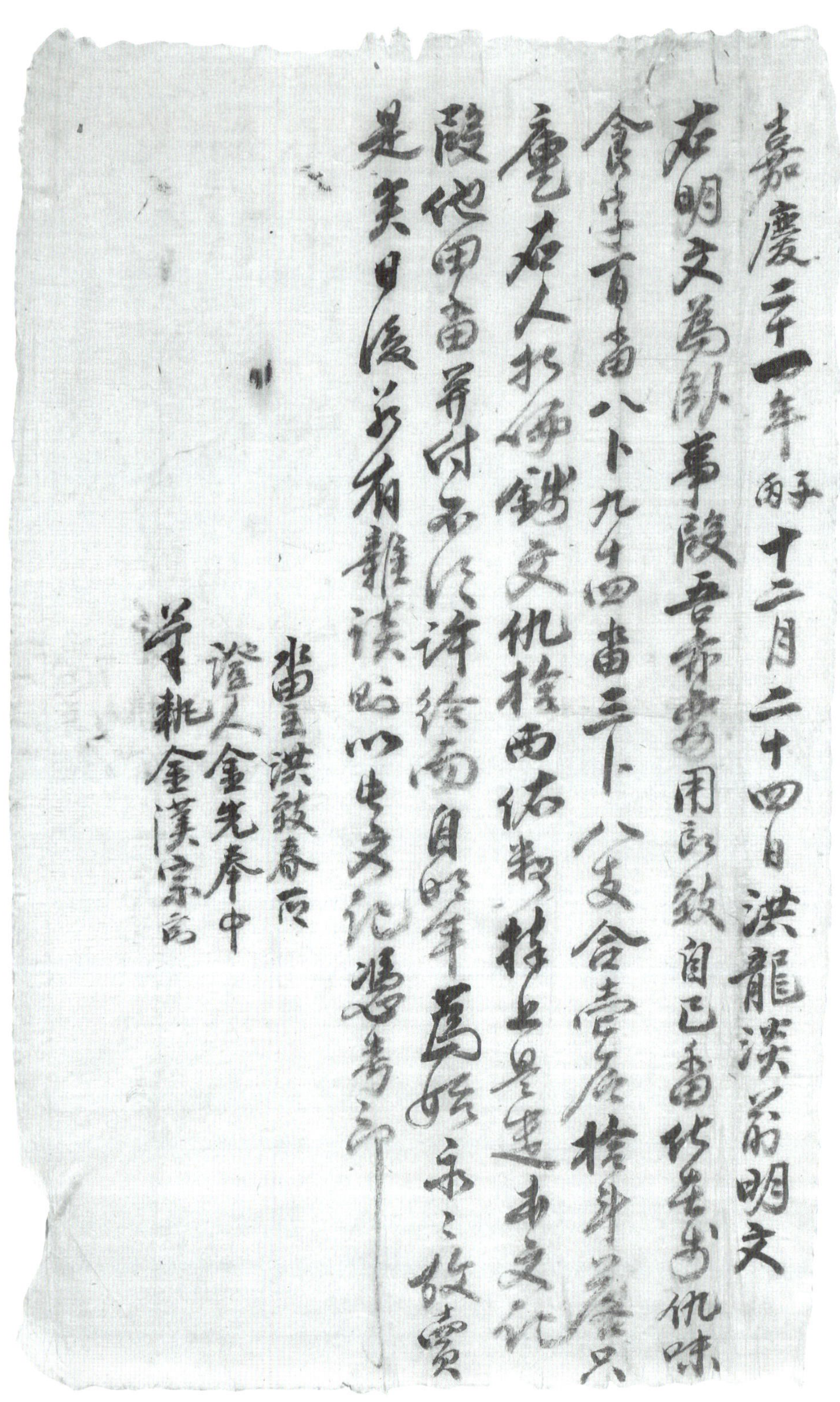

嘉慶二十一年丙子十二月二十四日 洪龍淡前明文

右明文爲臥事段吾亦要用所致自己畓伏在仇味倉坪員畓八卜九束四畓三卜 八夫合壹石落只庫右人於錢文仇拾兩依數捧上是遣本文記段他田畓并付不得許給爲遣自此年爲始永永放賣是矣日後若有雜談是去等以此文記憑考事

畓主 洪致春

證人 金先奉

筆執 金漢宗

1816년 12월 24일에 洪致春이 洪龍淡에게 논을 팔면서 발급한 明文

明文 216

1817년(순조 17), 66.4×39.2

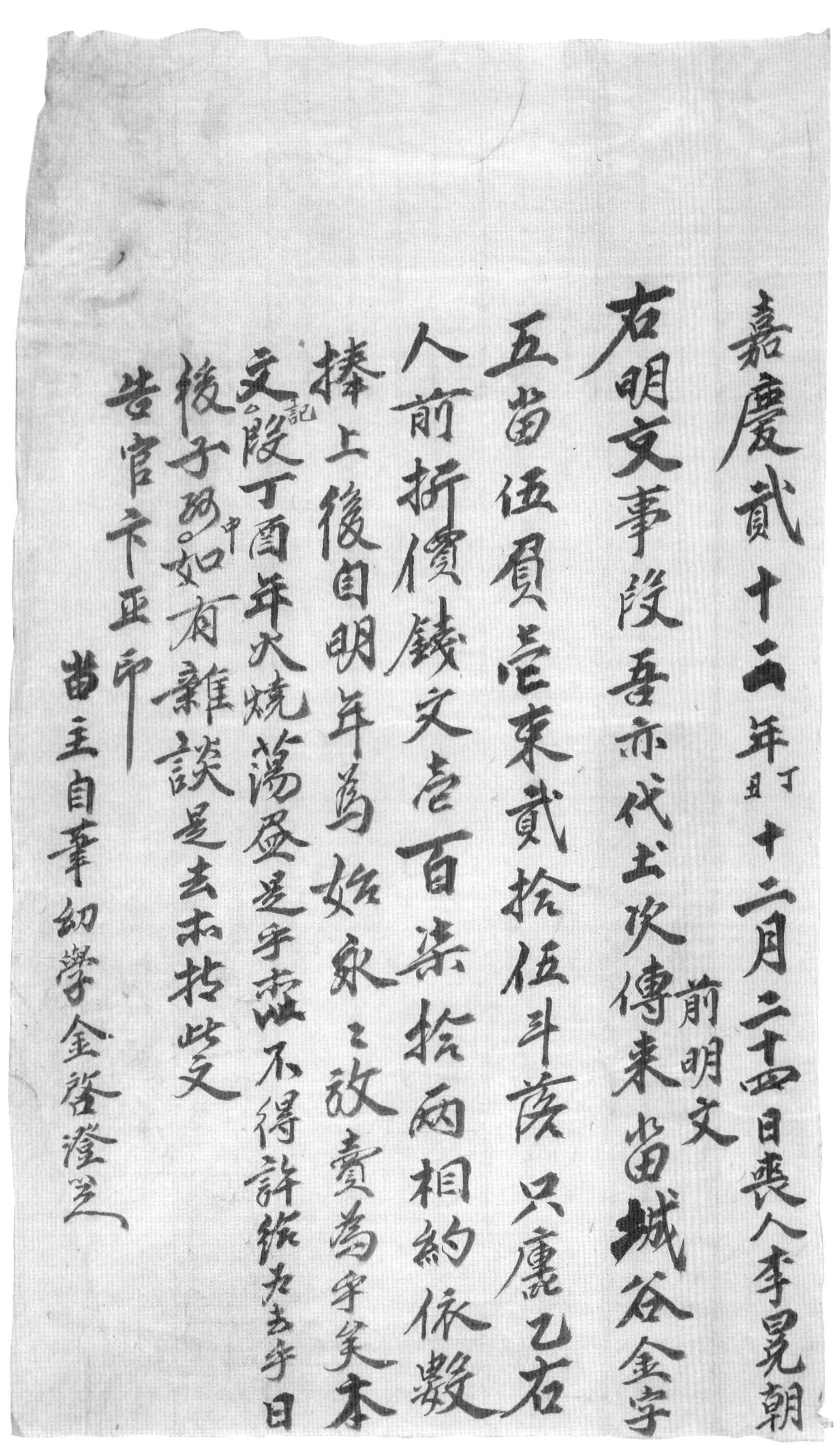

嘉慶貳十二年丁丑十二月二十四日喪人李冕朝前明文

右明文事段吾亦代代次傳來畓城谷金字五畓伍負壹束貳拾伍斗落只庫乙右人前折價錢文壹百柒拾兩相約依數捧上後自明年爲始永永放賣爲乎矣本文記段丁酉年火燒蕩盡是乎尼不得許給爲去乎日後子孫中如有雜談是去等持此文告官卞正事

畓主自筆幼學金啓澄

1817년 12월 24일에 유학 金啓澄이 喪人 李冕朝에게 논을 팔면서 발급한 明文

明文 217

1818년(순조 18), 54.3×34.4

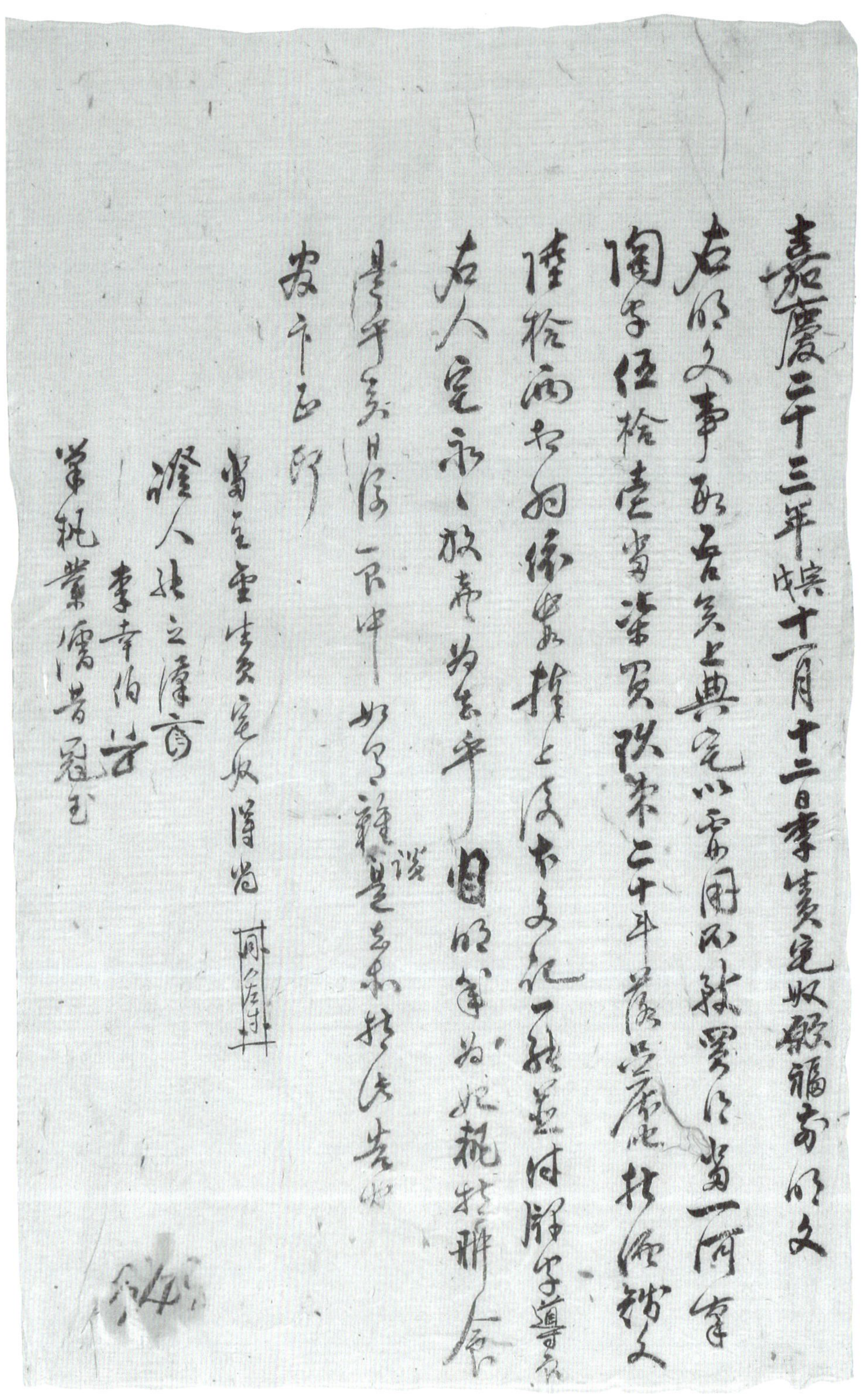

嘉慶二十三年戊寅十一月十二日李生員宅奴願福前明文

1818년 11월 12일에 金生員 宅 奴 得尙이 李生員 宅 奴 願福에게 논을 팔면서 발급한 明文

明文 218

1818년(순조 18), 60.6×37.8

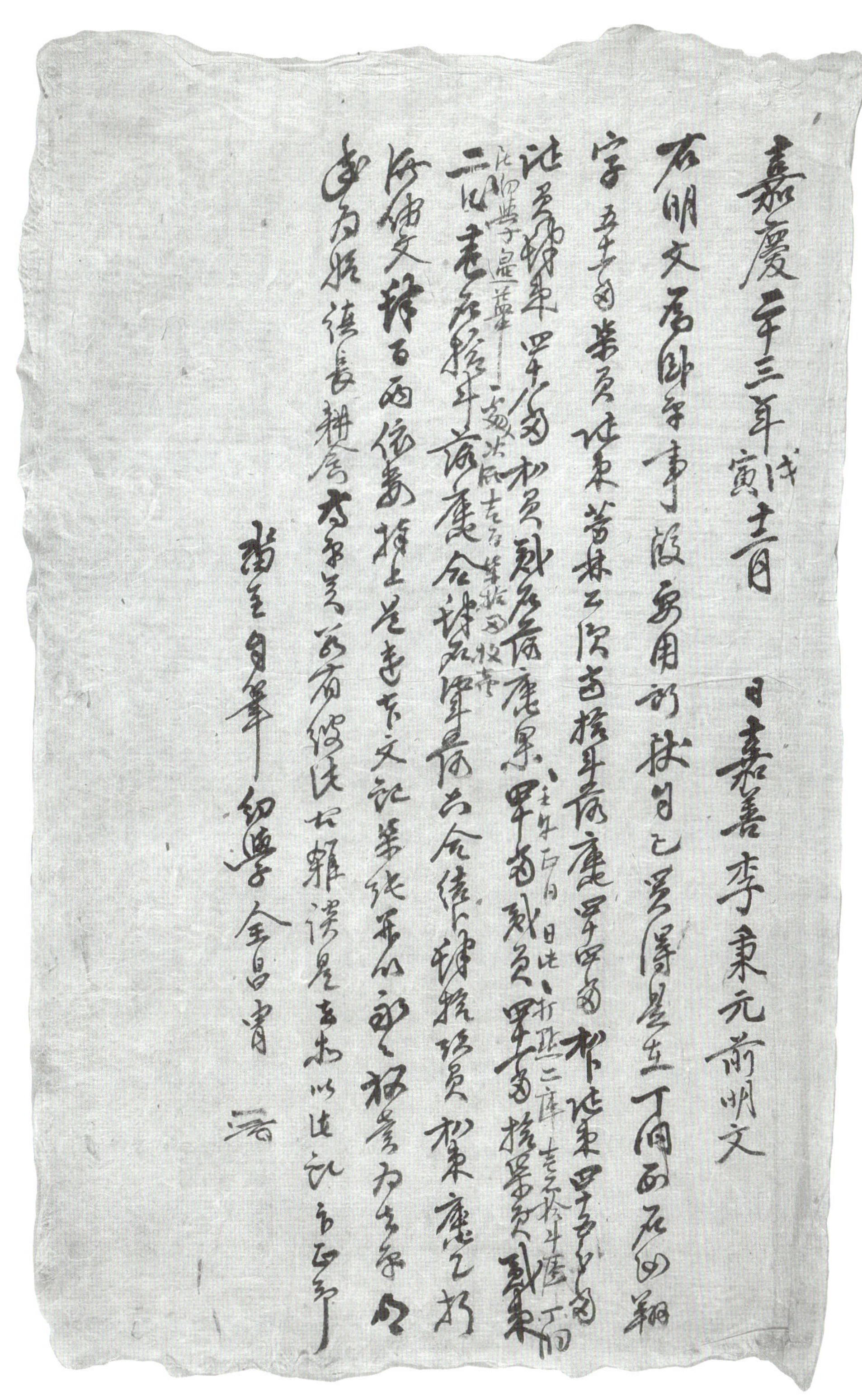

1818년 12월에 유학 全昌胄가 嘉善 李秉元에게 논을 팔면서 발급한 明文

1818년(순조 18), 59.2×36.4

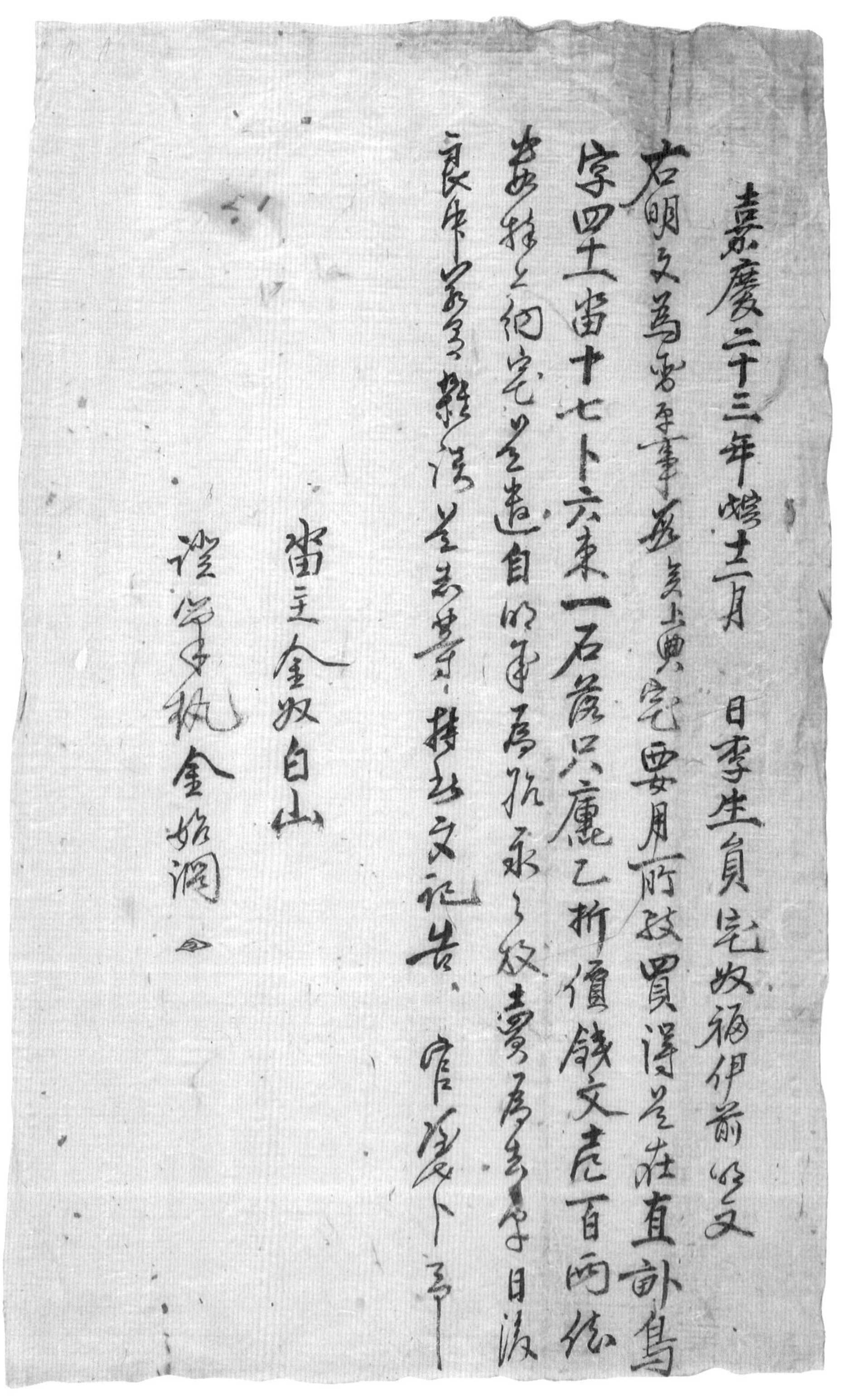

嘉慶二十三年戊寅十二月 日 李生員宅奴福伊前明文

右明文爲臥乎事段矣上典宅要用所致買得是在直畝烏字四十二畓十七卜六束一石落只庫乙折價錢文壹百兩依數捧上仍于同宅以遣自此年爲始永永放賣爲去乎日後良中若有雜談是去等持此文記告官卞正事

畓主 金奴 白山

證保 手執 金始澗

1818년 12월에 金哥의 奴 白山이 李生員 宅 奴 福伊에게 논을 팔면서 발급한 明文

明文 220

1819년(순조 19), 57.7×35.6

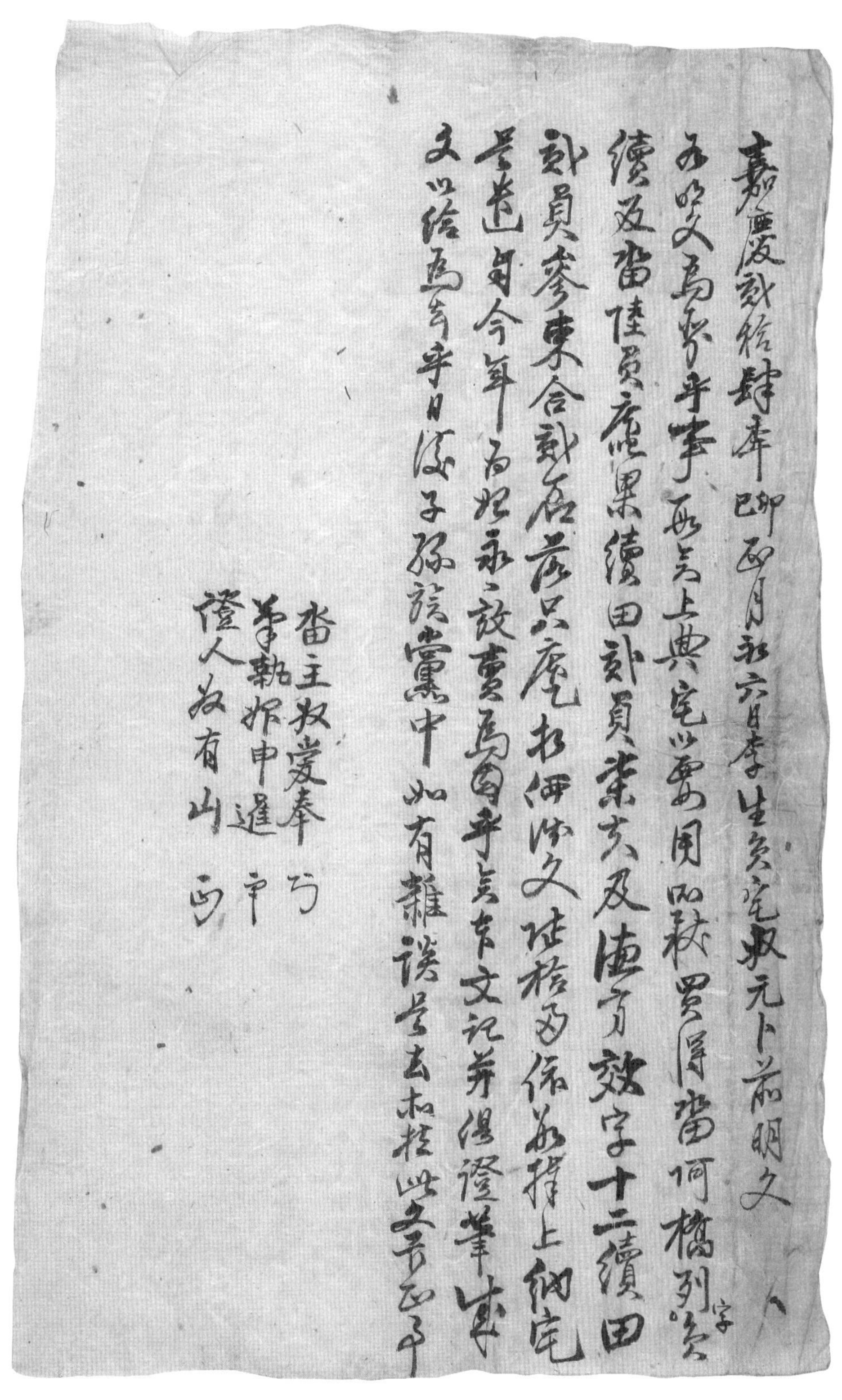

1819년 1월 초6일에 奴 愛奉이 李生員 宅 奴 元卜에게 전답을 팔면서 발급한 明文

明文 221

1819년(순조 19), 59×72.4

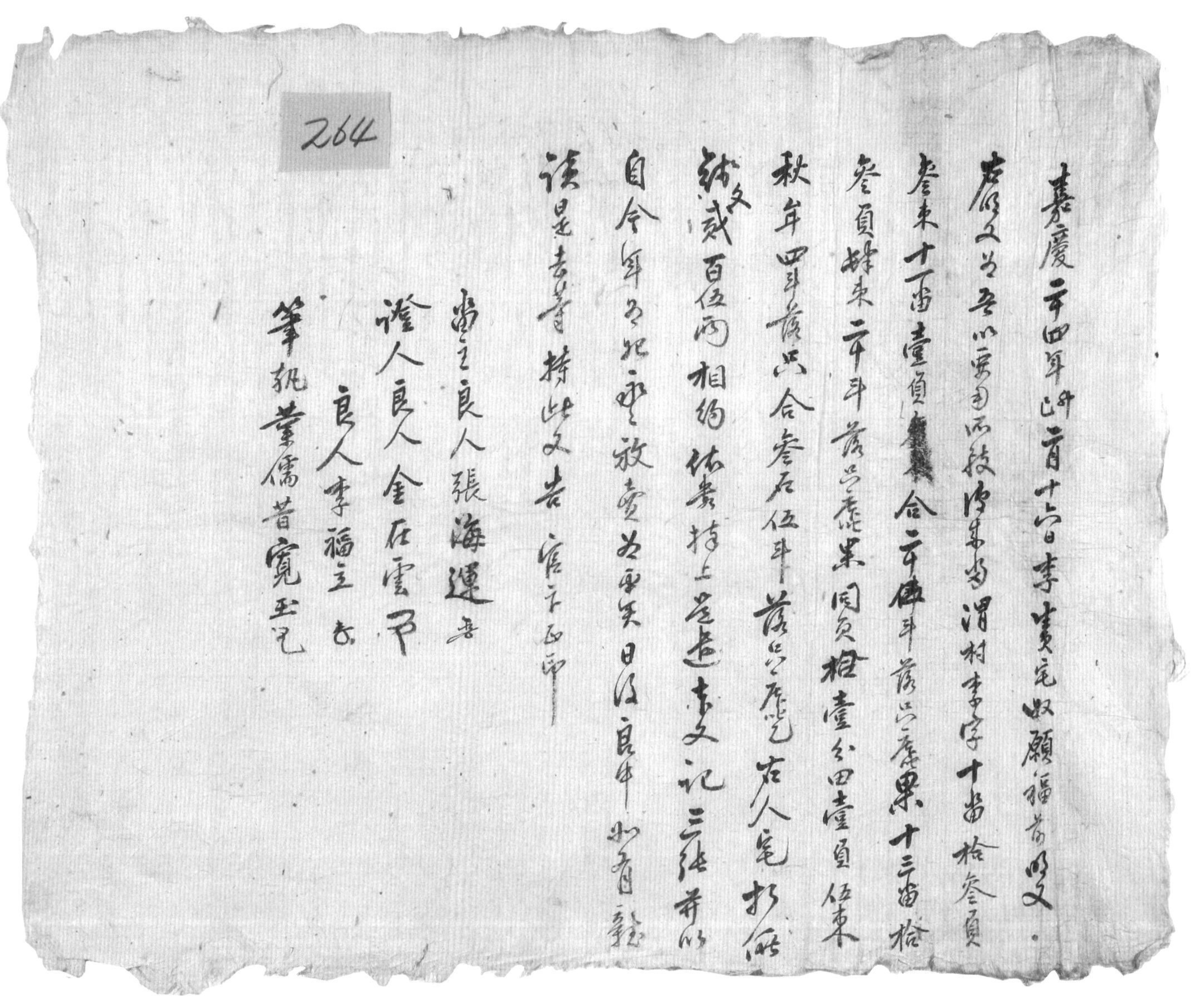

1819년 2월 16일에 良人 張海運이 李生員 宅 奴 願福에게 논을 팔면서 발급한 明文

明文 222

1820년(순조 20), 53.8×32.1

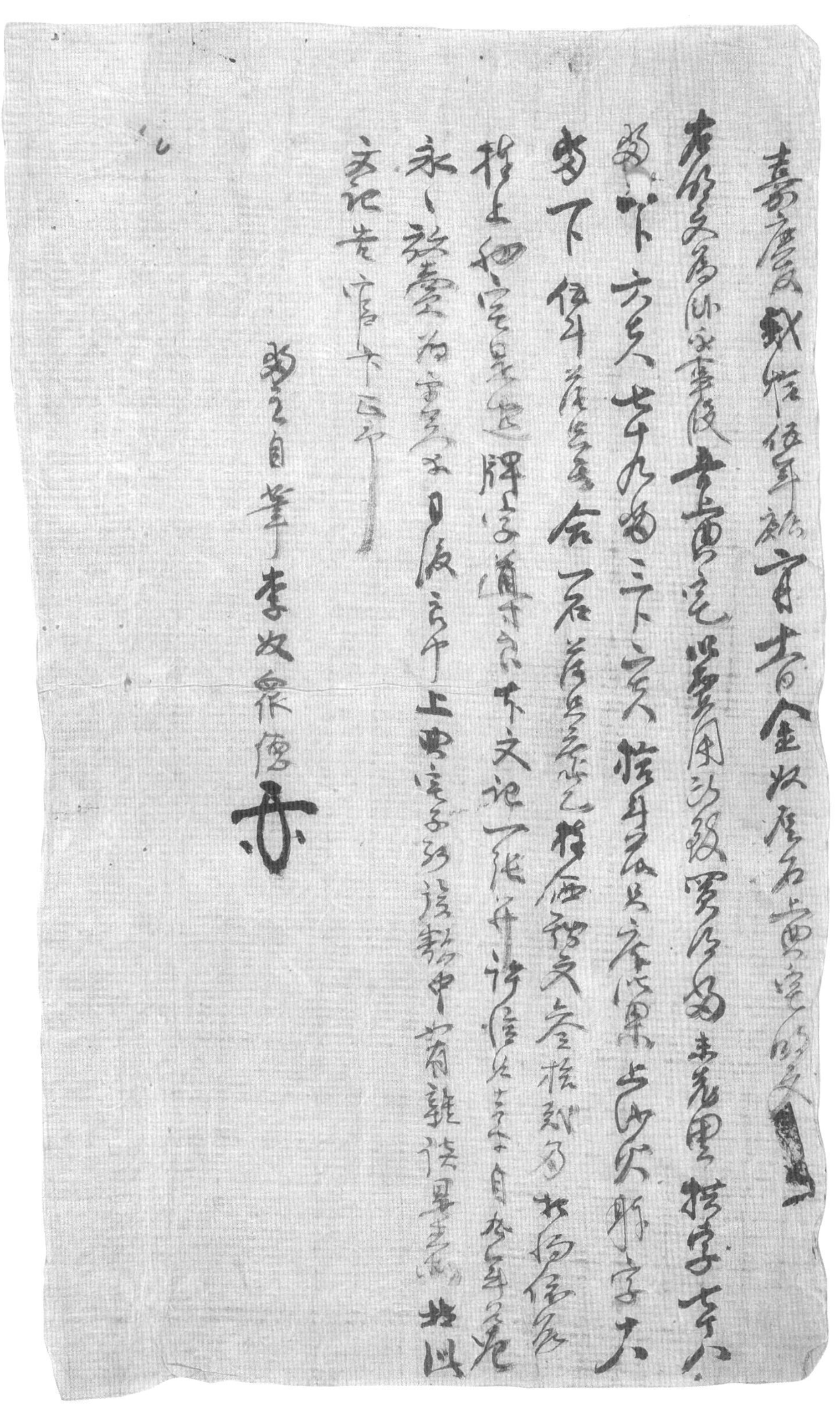

1820년 2월 11일에 李哥의 奴 衆德이 金哥의 奴 乭石 상전댁에게 논을 팔면서 발급한 明文

明文 223

1820년(순조 20), 61×52.7

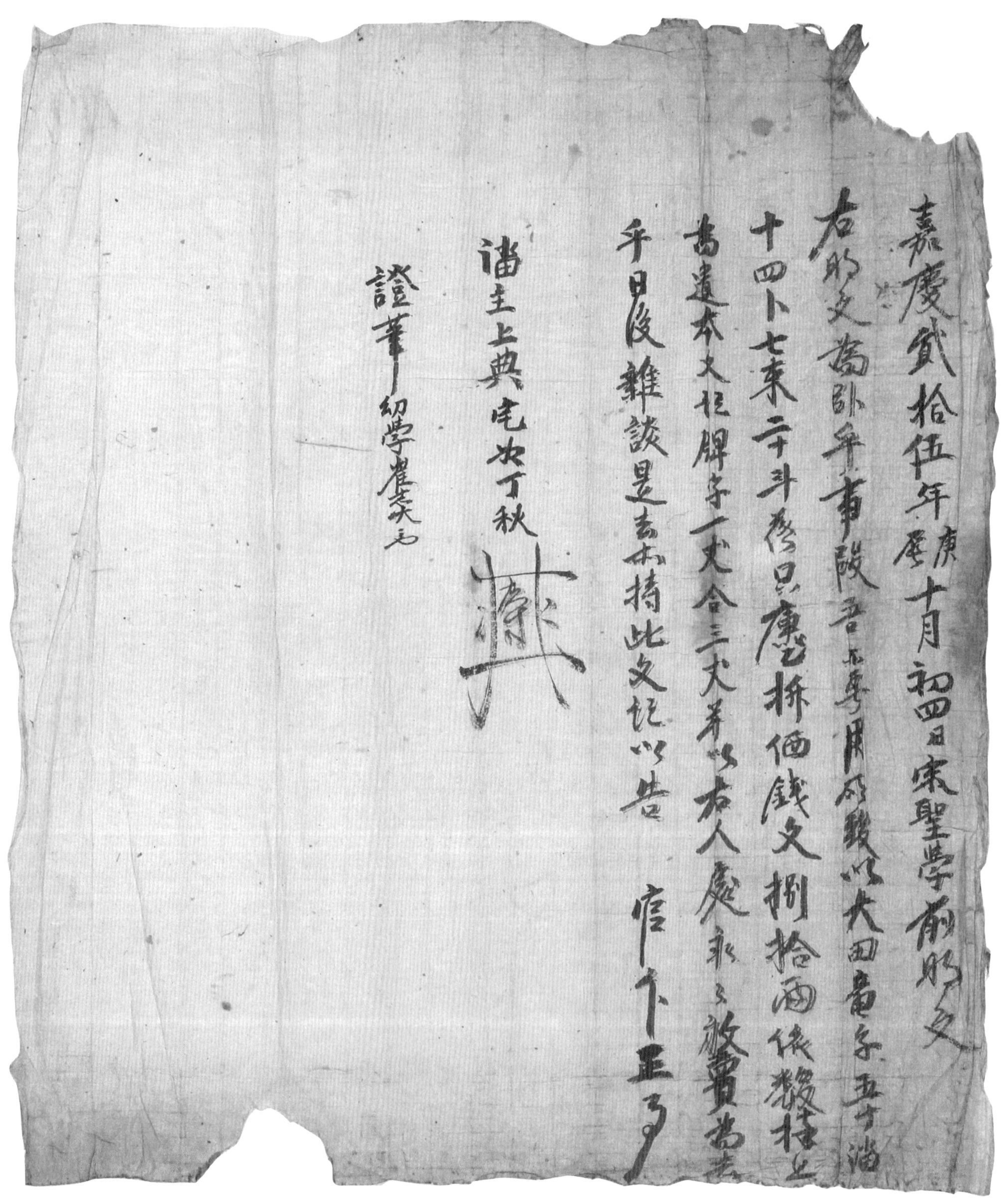

嘉慶貳拾伍年庚辰十月初四日宋聖學前明文

右明文爲臥乎事段吾上典宅用所致以大田畓字五斗落

十四卜七束二斗落只庚辰折價錢文捌拾兩依數捧上

爲遣本文記牌子一丈合三丈并以右人處永永放賣爲去

乎日後雜談是去而持此文記以告 官卞正事

畓主上典宅奴丁秋

證筆 幼學崔[illegible]

1820년 10월 초4일에 上典 宅 奴 丁秋가 宋聖學에게 전답을 팔면서 발급한 明文

明文 224

1820년(순조 20), 56.3×35.2

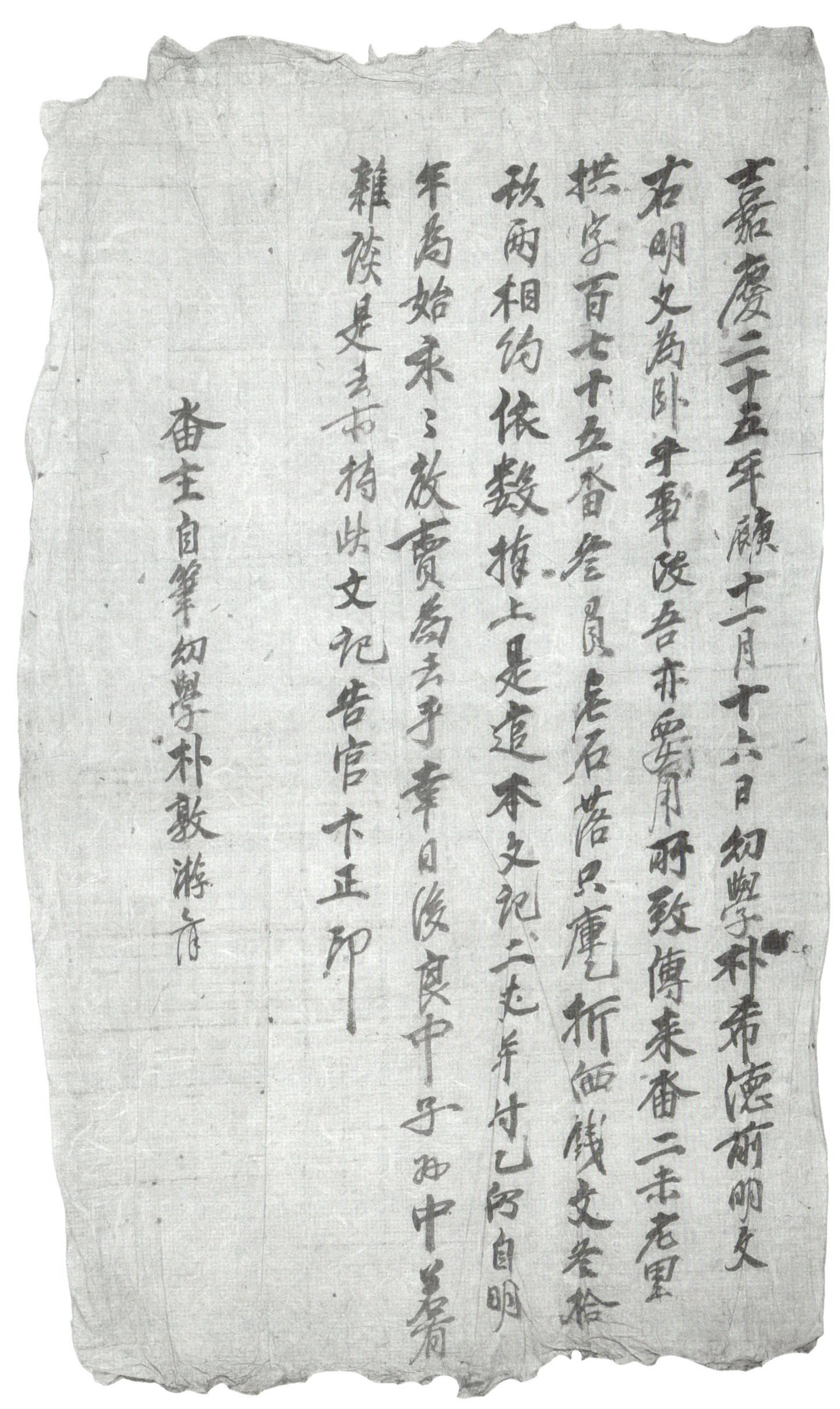

嘉慶二十五年庚辰十一月十六日幼學朴希德前明文
右明文爲臥乎事段吾亦要用所致傳來畓二赤老里
拱字百七十五畓叁負[illegible]石落只庫乙折価錢文叁拾
兩相約依數捧上是遣本文記二丈并付乙所自明
年爲始永永放賣爲去乎幸日後良中子孫中若有
雜談是去等持此文記告官卞正印
畓主自筆幼學朴敦游

1820년 11월 16일에 유학 朴敦游가 유학 朴希德에게 논을 팔면서 발급한 明文

明文 225

1820년(순조 20), 55.4×35

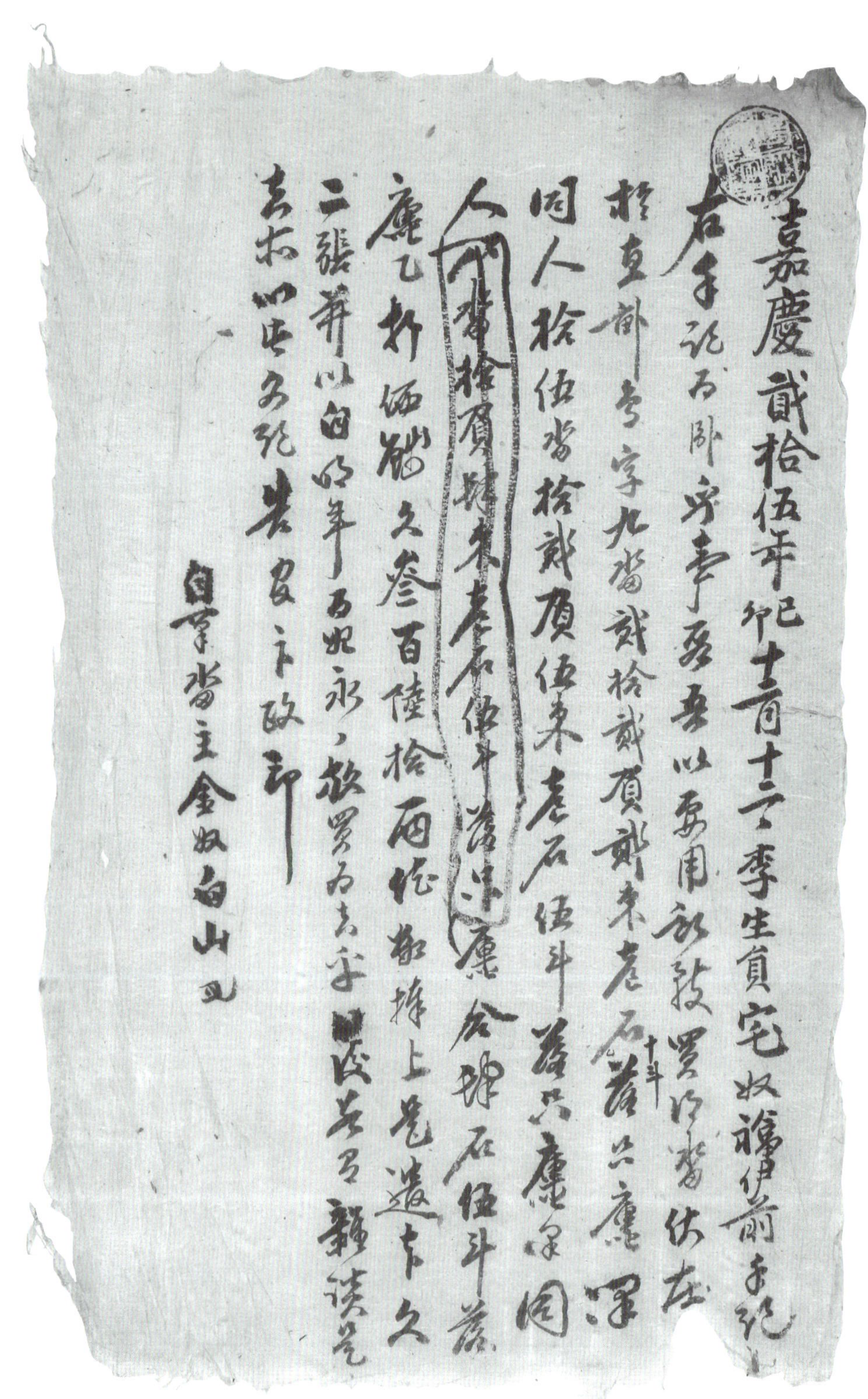

1820년 12월 12일에 金哥의 奴 白山이 李生員 宅 奴 福伊에게 논을 팔면서 발급한 明文

明文 226

1822년(순조 22), 60.1×37.2

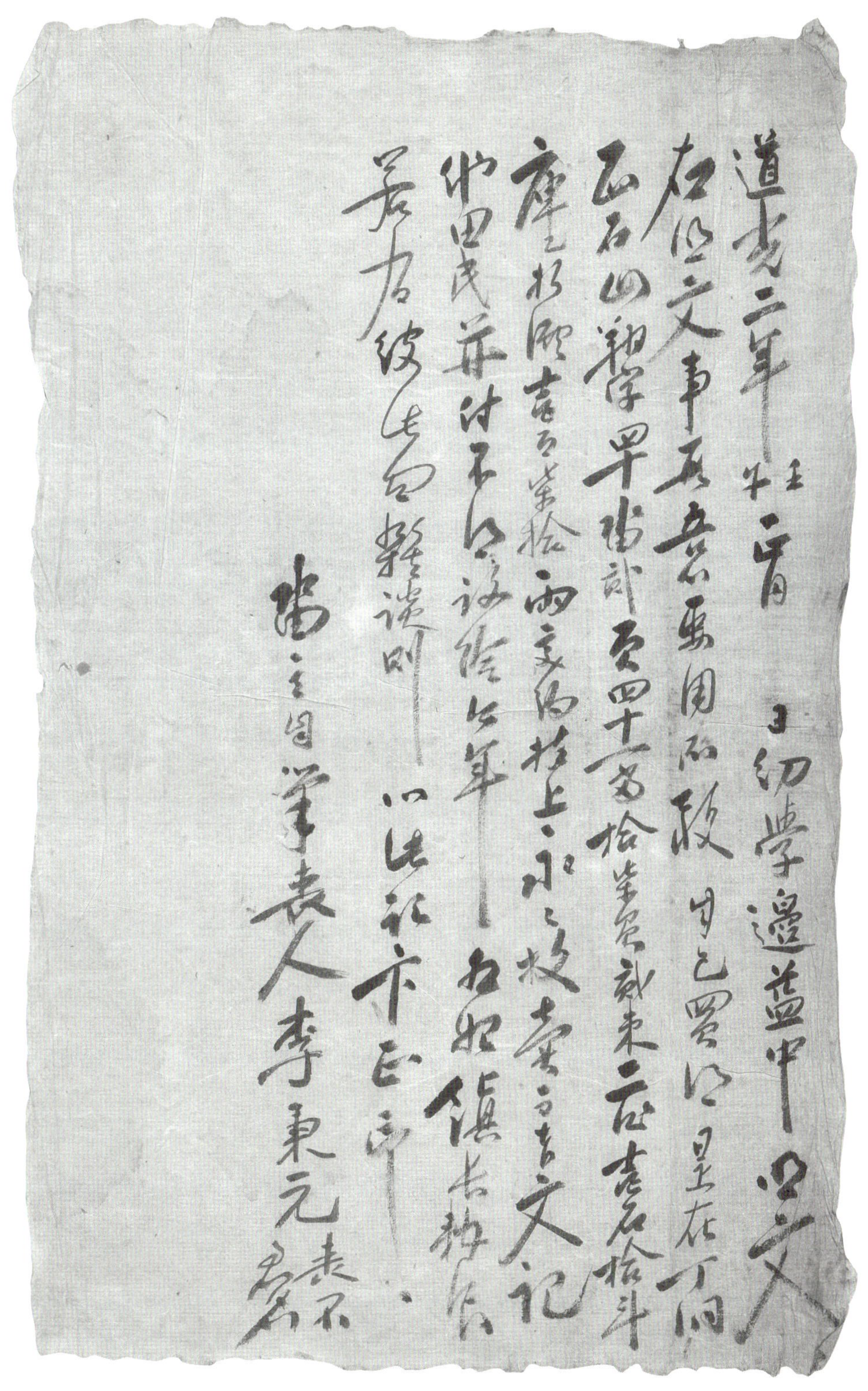

1822년 1월에 喪人 李秉元이 유학 邊益中에게 논을 팔면서 발급한 明文

明文 227

1822년(순조 22), 59.9×39

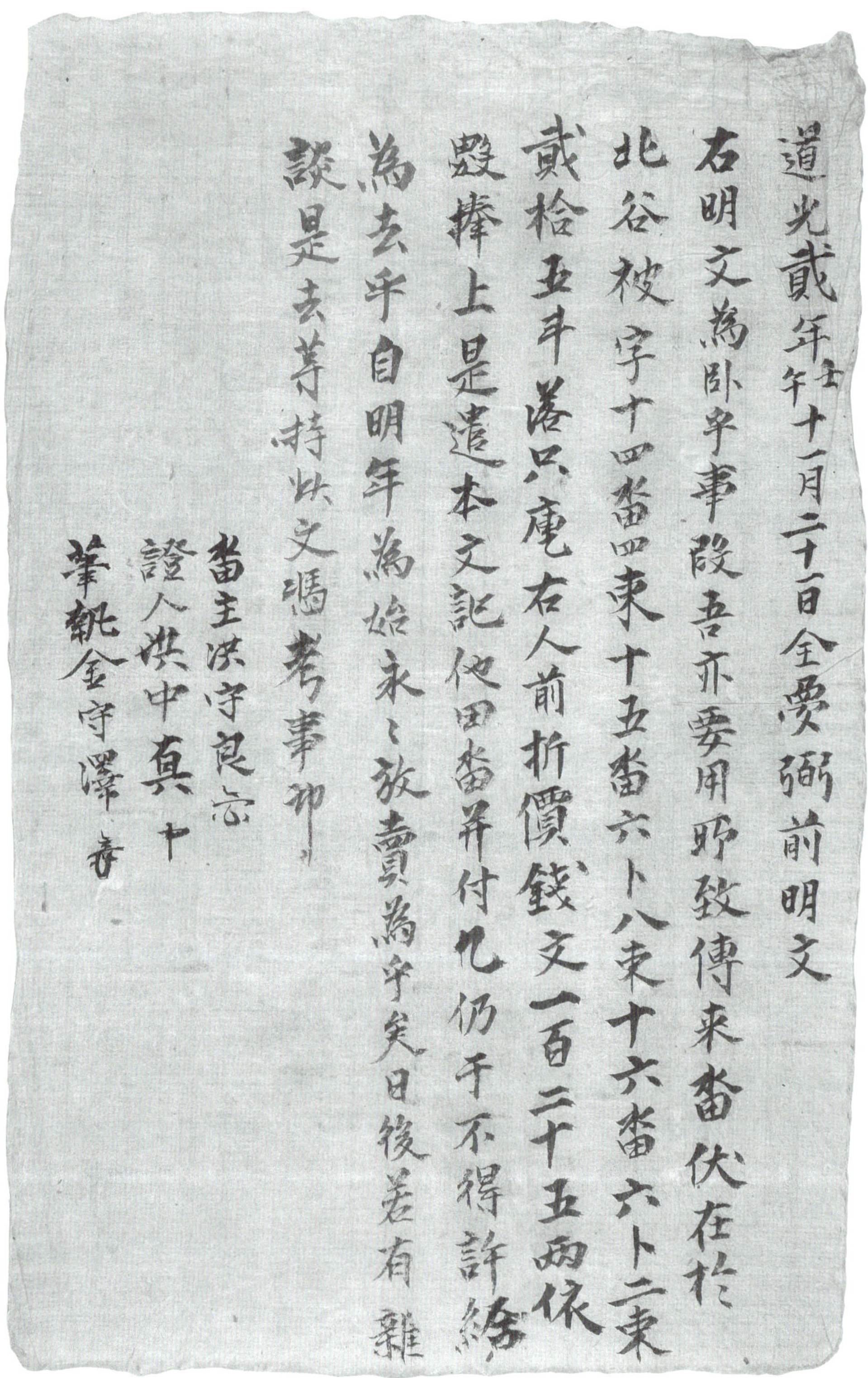

道光貳年壬午十一月二十日全夢弼前明文

右明文爲卧乎事段吾亦要用所致傳來畓伏在於北谷被字十四畓四束十五畓六卜八束十六畓六卜二束貳拾五斗落只庫右人前折價錢文一百二十五兩依數捧上是遣本文記他田畓幷付乙仍于不得許給爲去乎自明年爲始永永放賣爲乎矣日後若有雜談是去等持此文憑考事印

畓主洪守良

證人洪中眞

筆執金守澤

1822년 11월 21일에 洪守良이 全夢弼에게 논을 팔면서 발급한 明文

明文 228

1822년(순조 22), 60×38.9

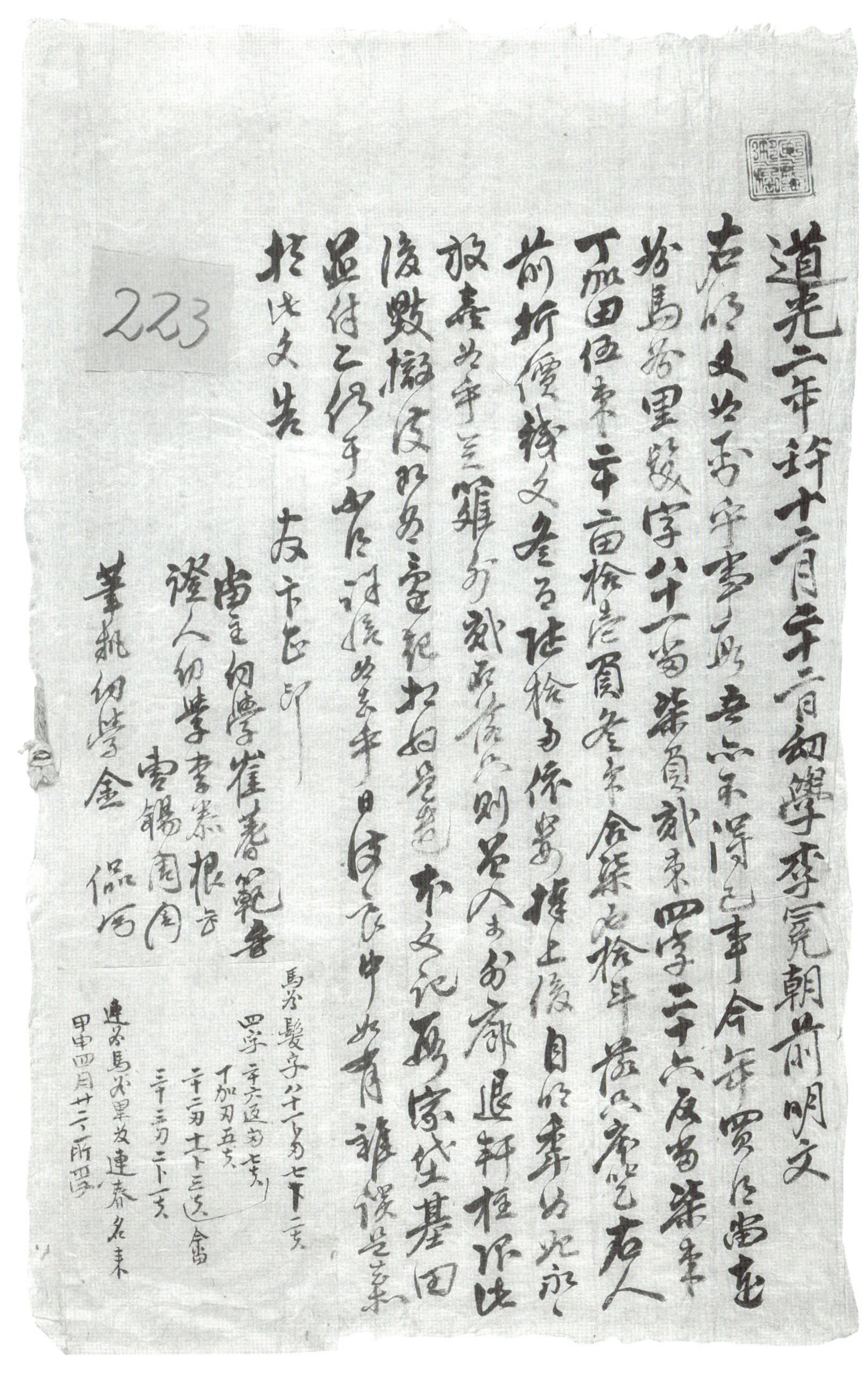

1822년 12월 22일에 유학 崔著範이 유학 李冕朝에게 전답을 팔면서 발급한 明文

1822년(순조 22), 73.9×41.5

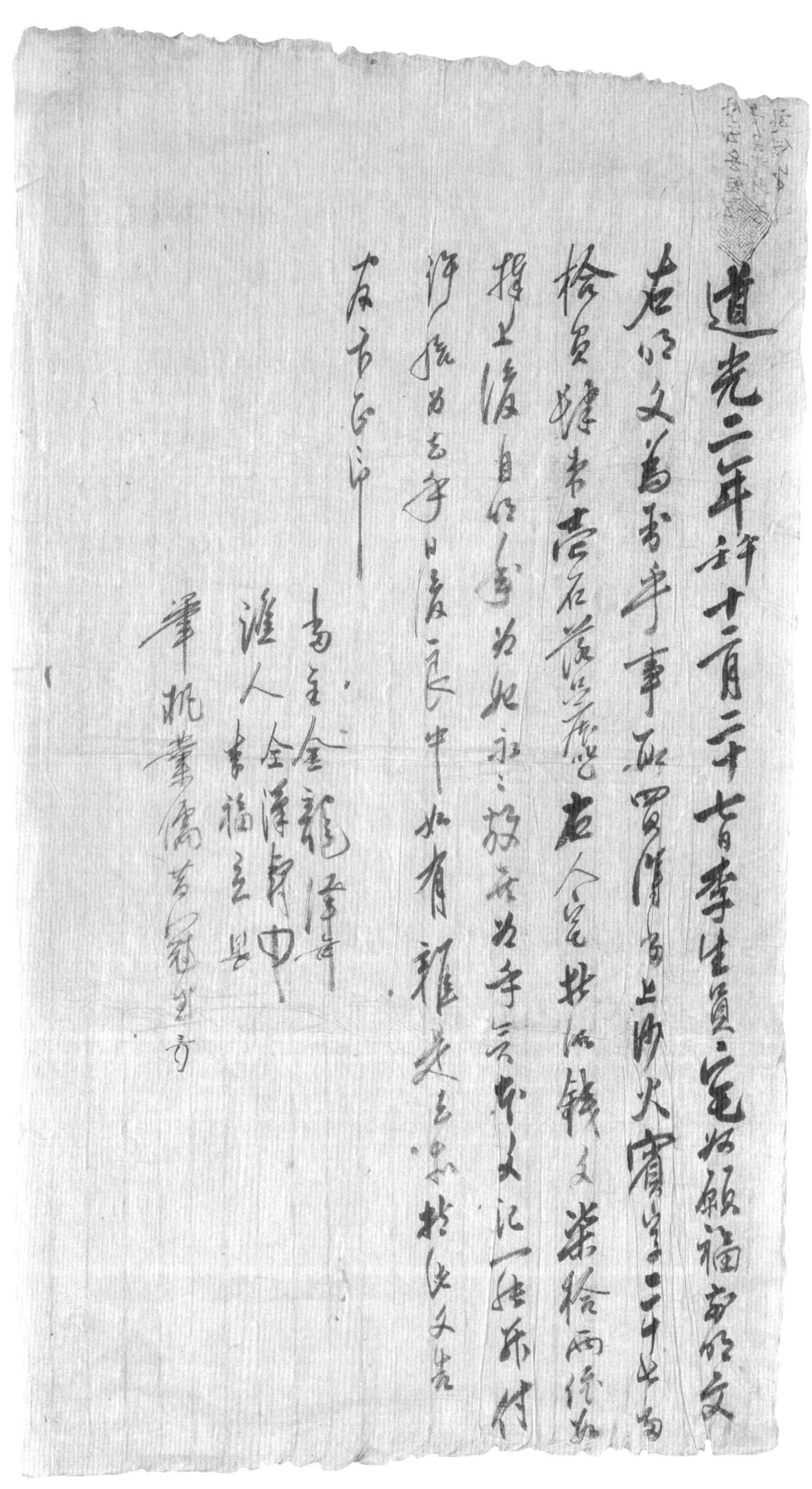

1822년 12월 27일에 金龍澤이 李生員 宅 奴 願福에게 논을 팔면서 발급한 明文

明文 230

1822년(순조 22), 73.5×41.9

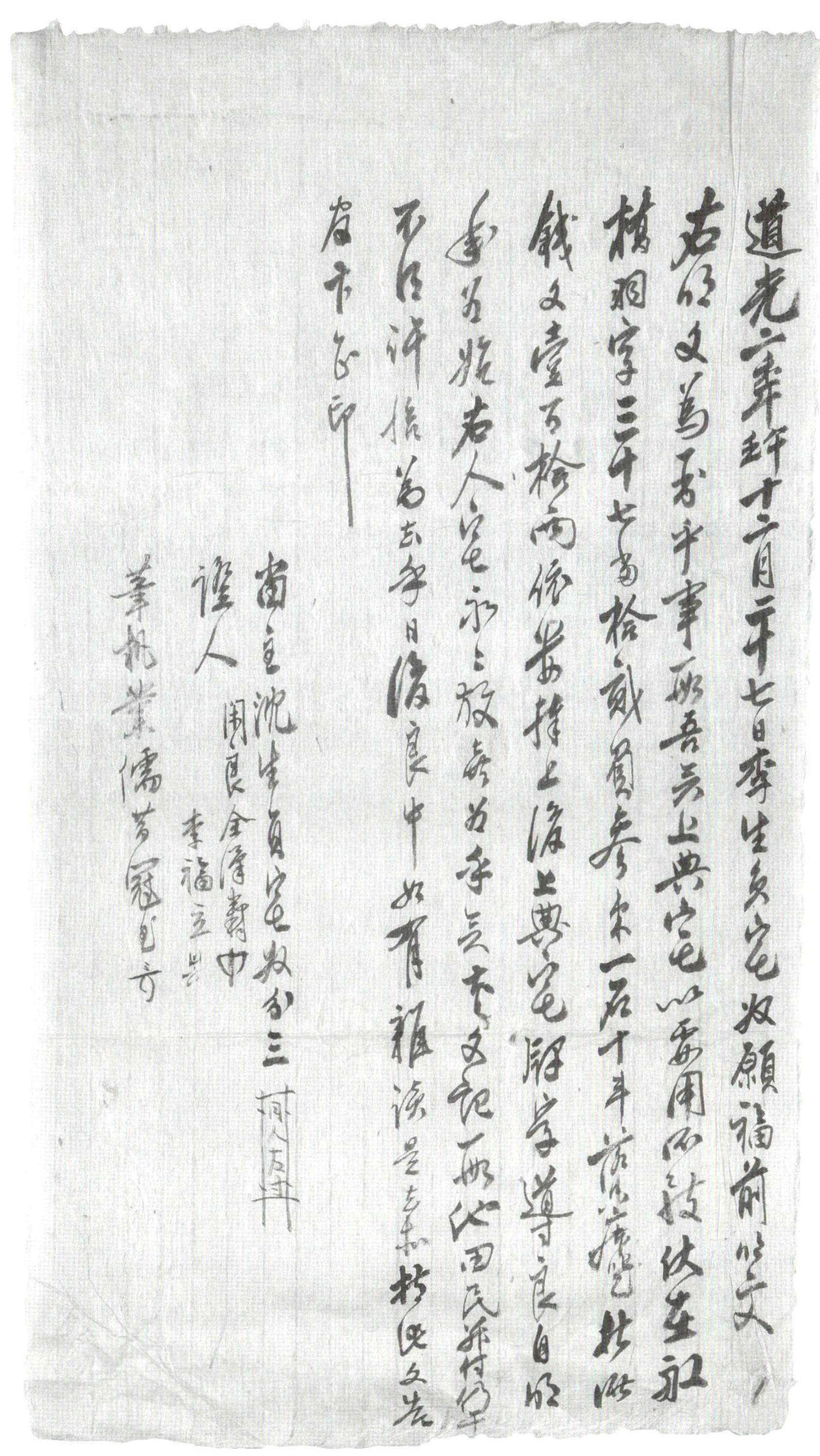

1822년 12월 27일에 沈生員 宅 奴 分三이 李生員 宅 奴 願福에게 논을 팔면서 발급한 明文

明文 231

1822년(순조 22), 56.2×34.8

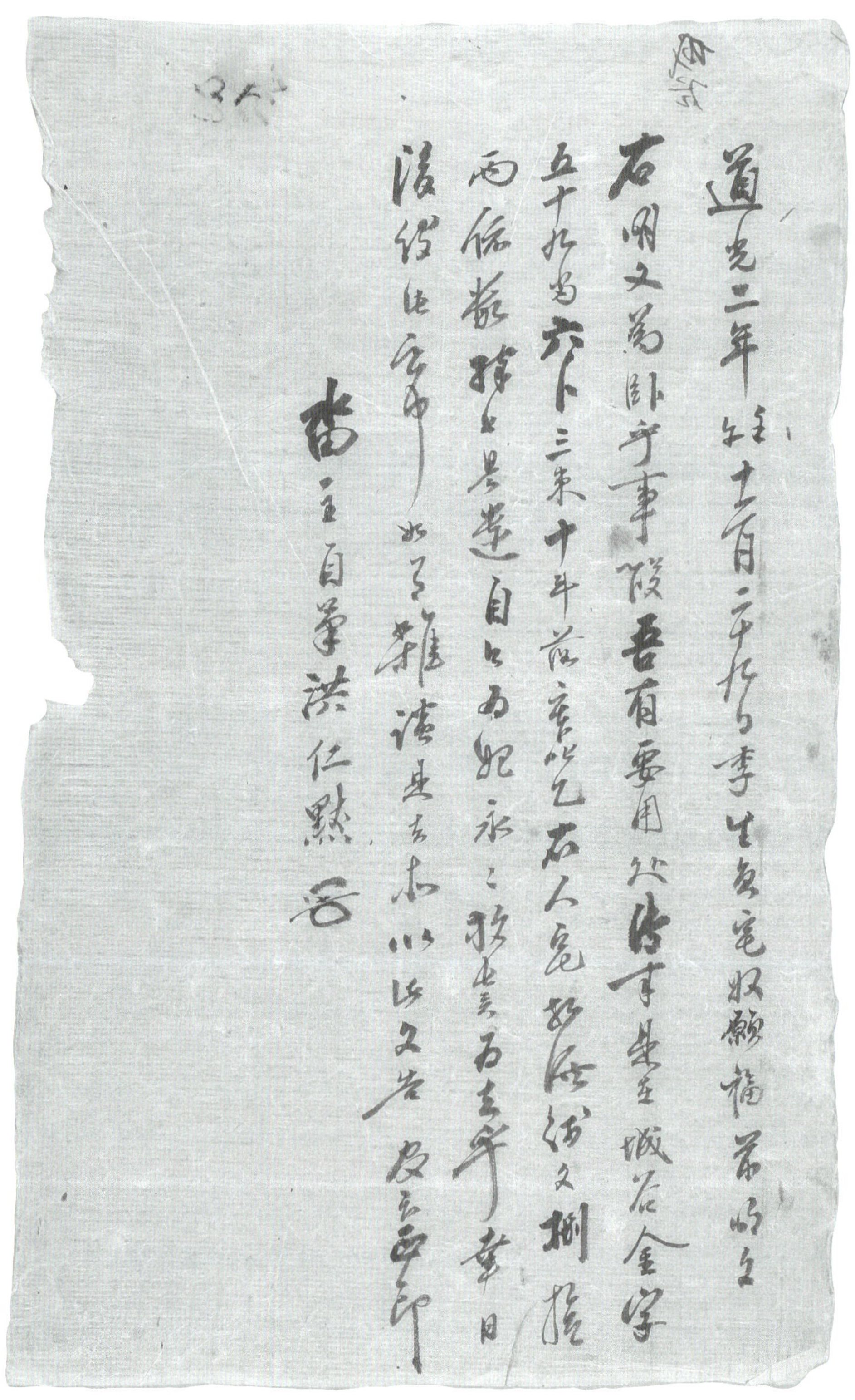

1822년 12월 29일에 洪仁默이 李生員 宅 奴 願福에게 논을 팔면서 발급한 明文

明文 232

1823년(순조 23), 58.5×35

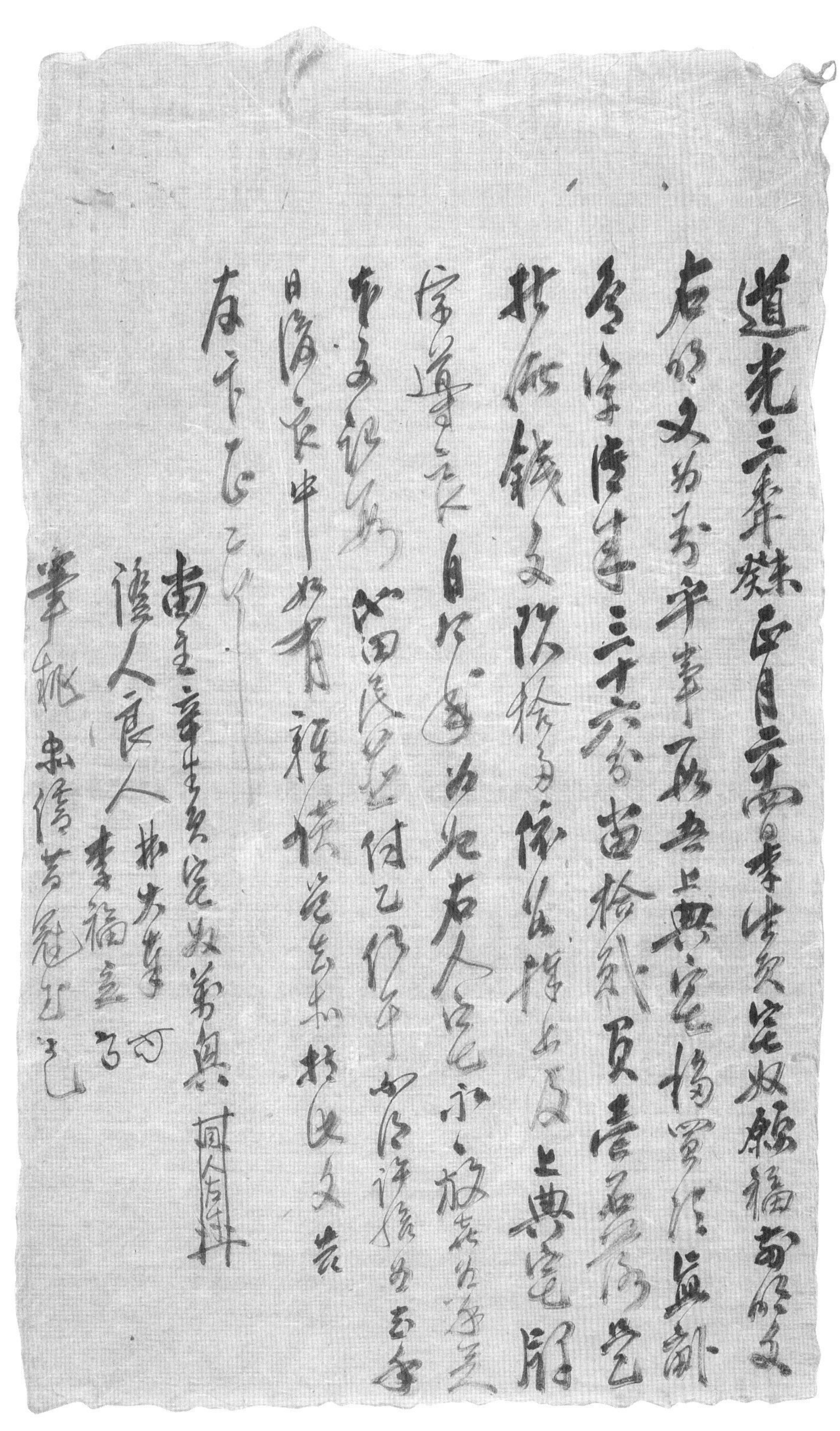

1823년 1월 24일에 辛生員 宅 奴 萬興이 李生員 宅 奴 願福에게 논을 팔면서 발급한 明文

1823년(순조 23), 50.7×32.8

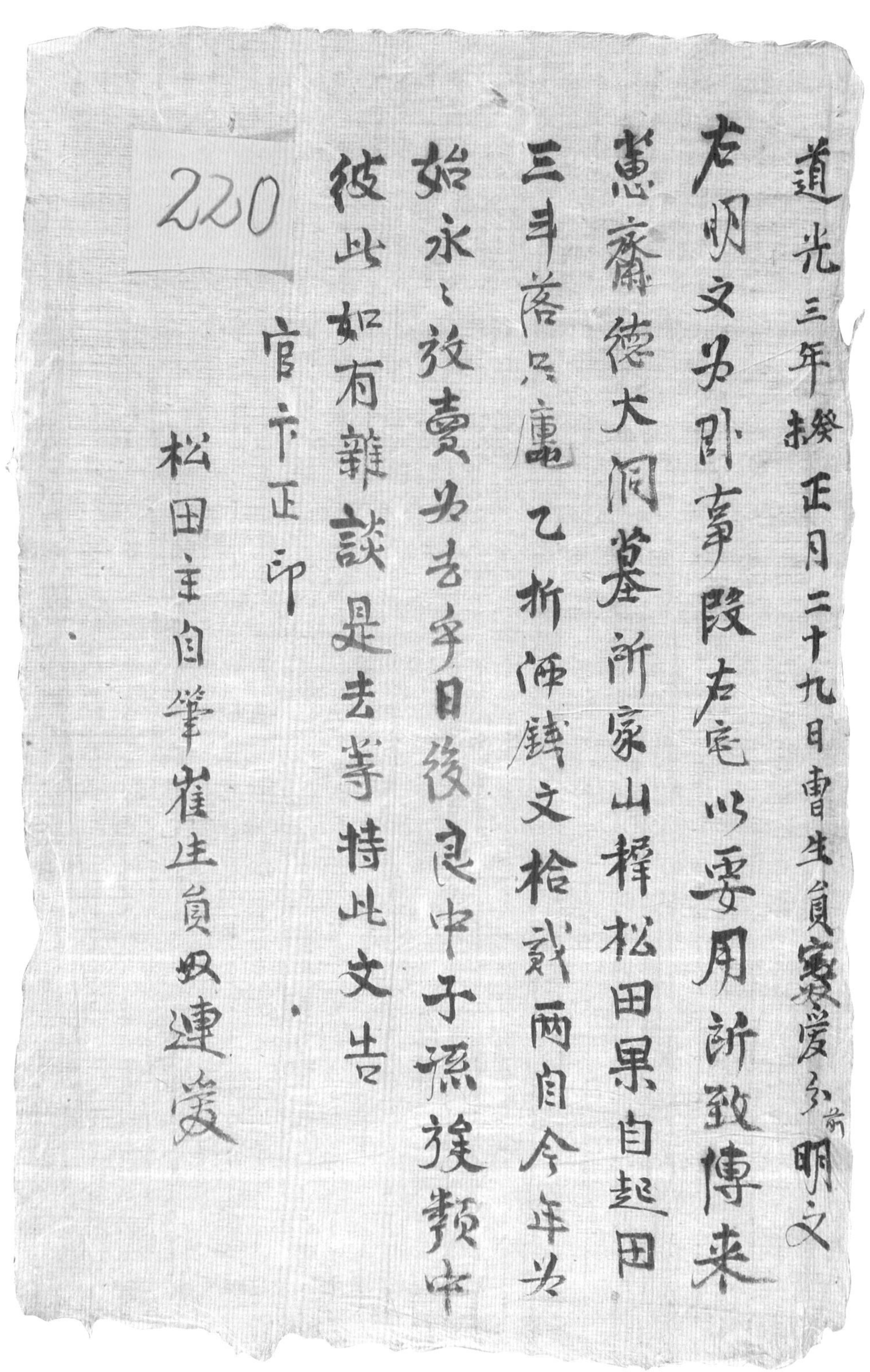

道光三年癸未正月二十九日曺生員宅奴愛分前明文

右明文爲卧事段右宅以要用所致傳來

蕙齋德大洞墓所家山穉松田果自起田

三斗落只庫乙折價錢文拾貳兩自今年爲

始永永放賣爲去乎日後良中子孫族類中

彼此如有雜談是去等持此文告

官卞正印

松田主自筆崔生員奴連愛

1823년 1월 29일에 崔生員 宅 奴 連愛가 曺生員 宅 奴 愛分에게 松田을 팔면서 발급한 明文

明文 234

1823년(순조 23), 55.1×33.3

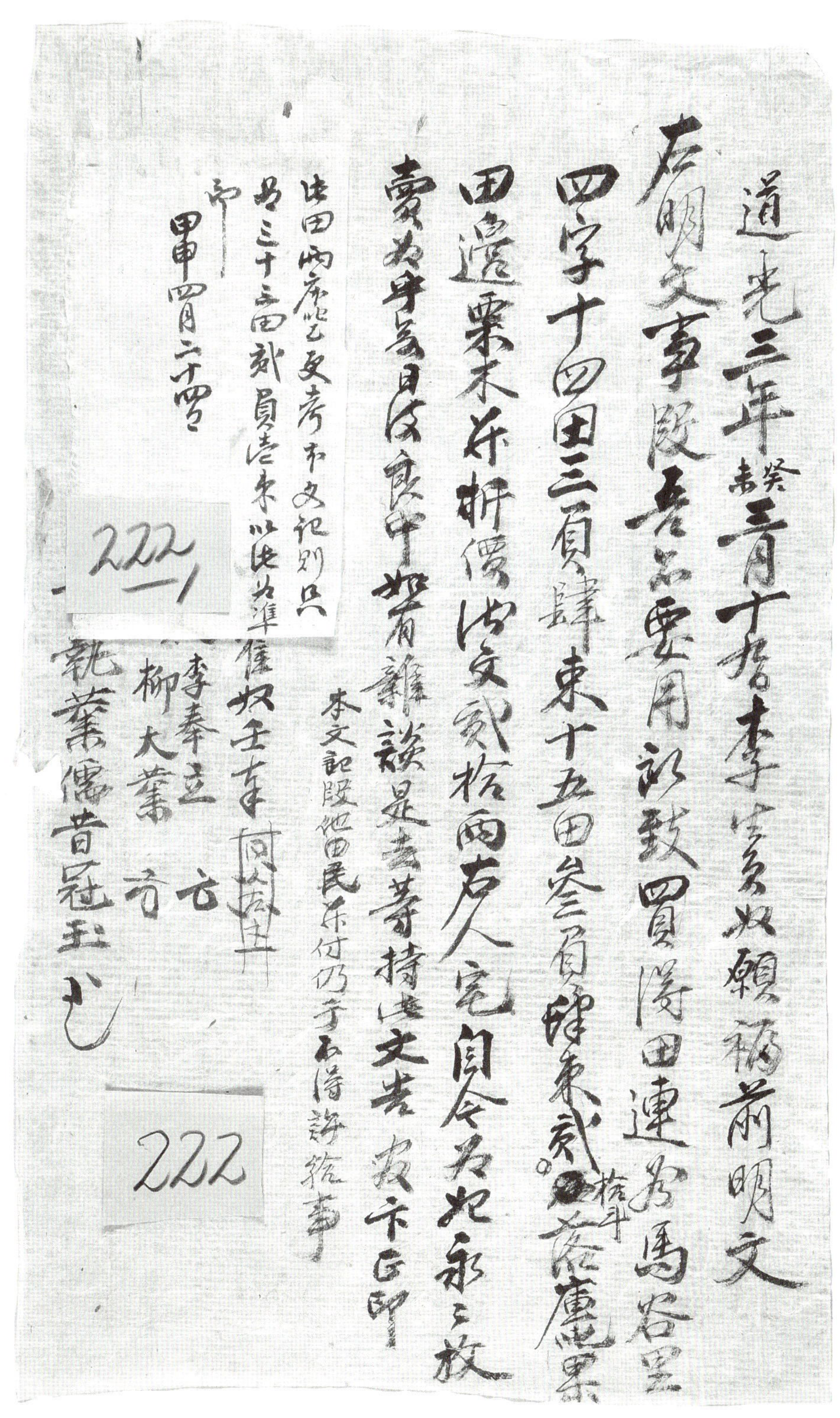

1823년 3월 19일에 崔哥의 奴 壬奉이 李生員 奴 願福에게 밭을 팔면서 발급한 明文

1824년(순조 24), 57.2×35.5

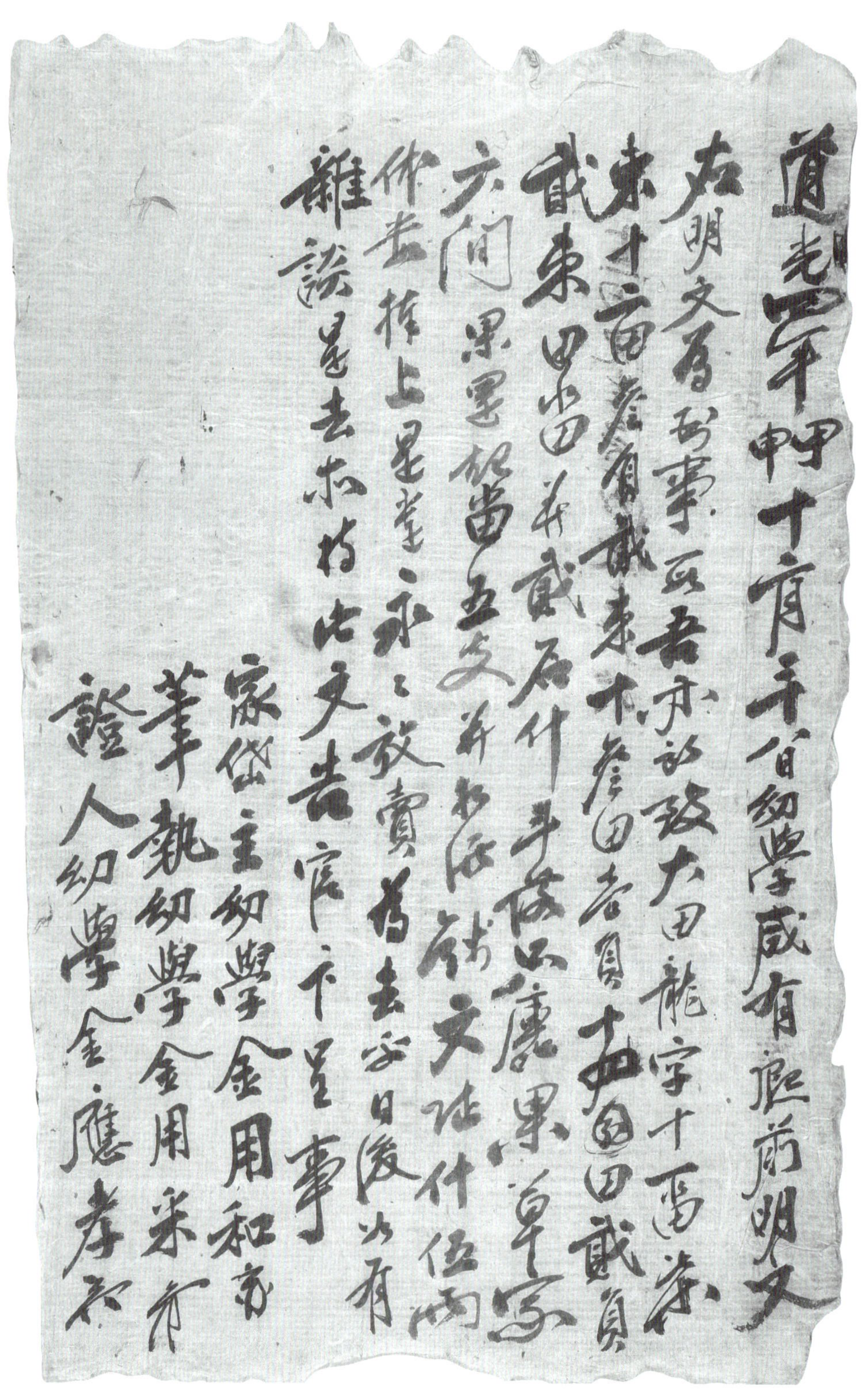

道光四年甲申十二月二十八日幼學咸有熙前明文
右明文爲臥乎事段矣身以要用所致大田龍字十[illegible]
束十[illegible]田叁[illegible]田叁負十[illegible]田貳負
貳束田畓并[illegible]家[illegible]草家
六間果[illegible]當五[illegible]錢文[illegible]什伍兩
依數捧上是遣永永放賣爲去乎日後次有
雜談是去等持此文告官卞正事
家垈主幼學金用和
筆執幼學金用采
證人幼學金應孝

1824년 12월 28일에 유학 金用和가 유학 咸有熙에게 家岱를 팔면서 발급한 明文

明文 236

1825년(순조 25), 47.3×30.9

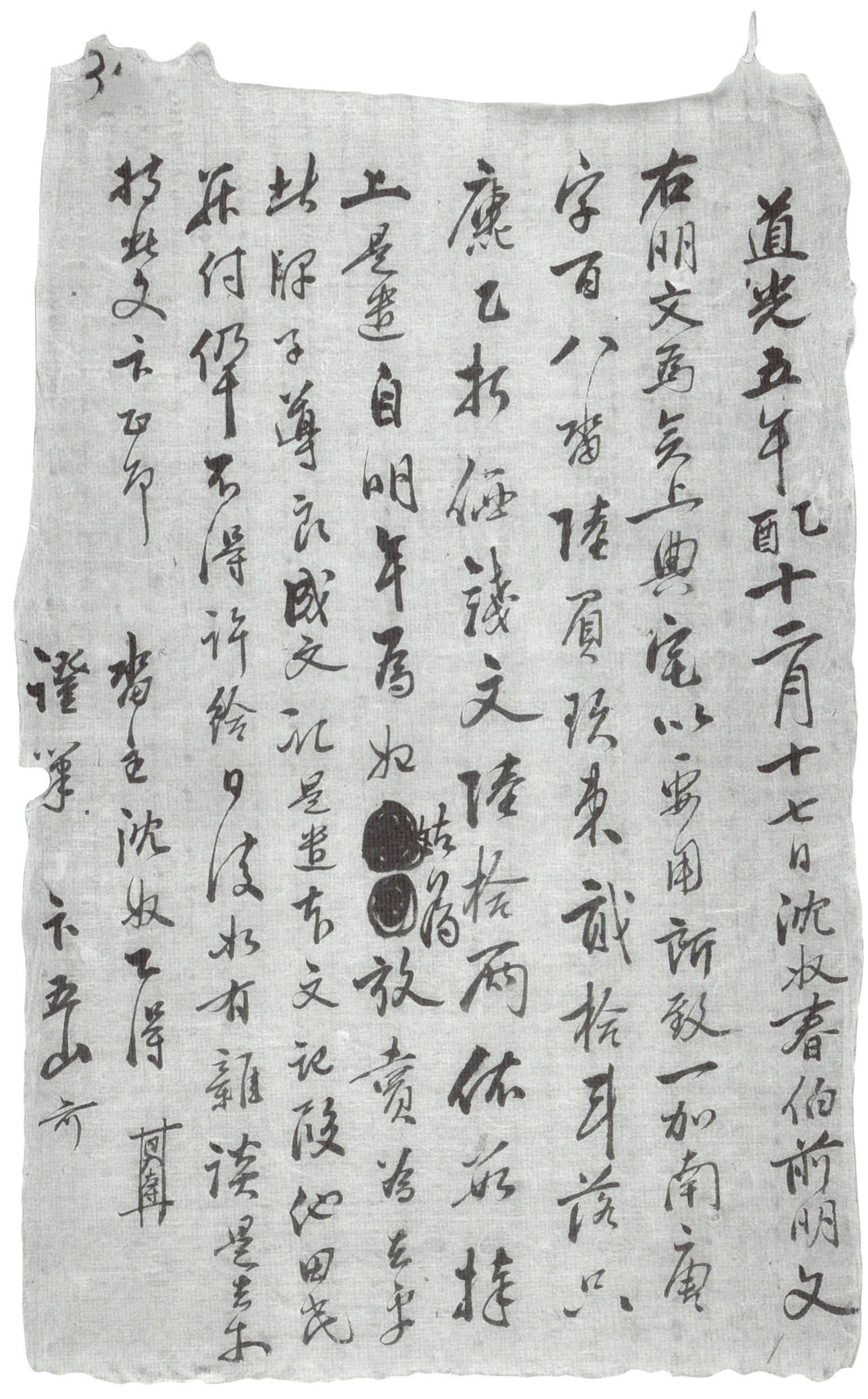

1825년 12월 17일에 沈哥의 奴 乙得이 沈哥의 奴 春伯에게 논을 팔면서 발급한 明文

1825년(순조 25), 57.5×35.7

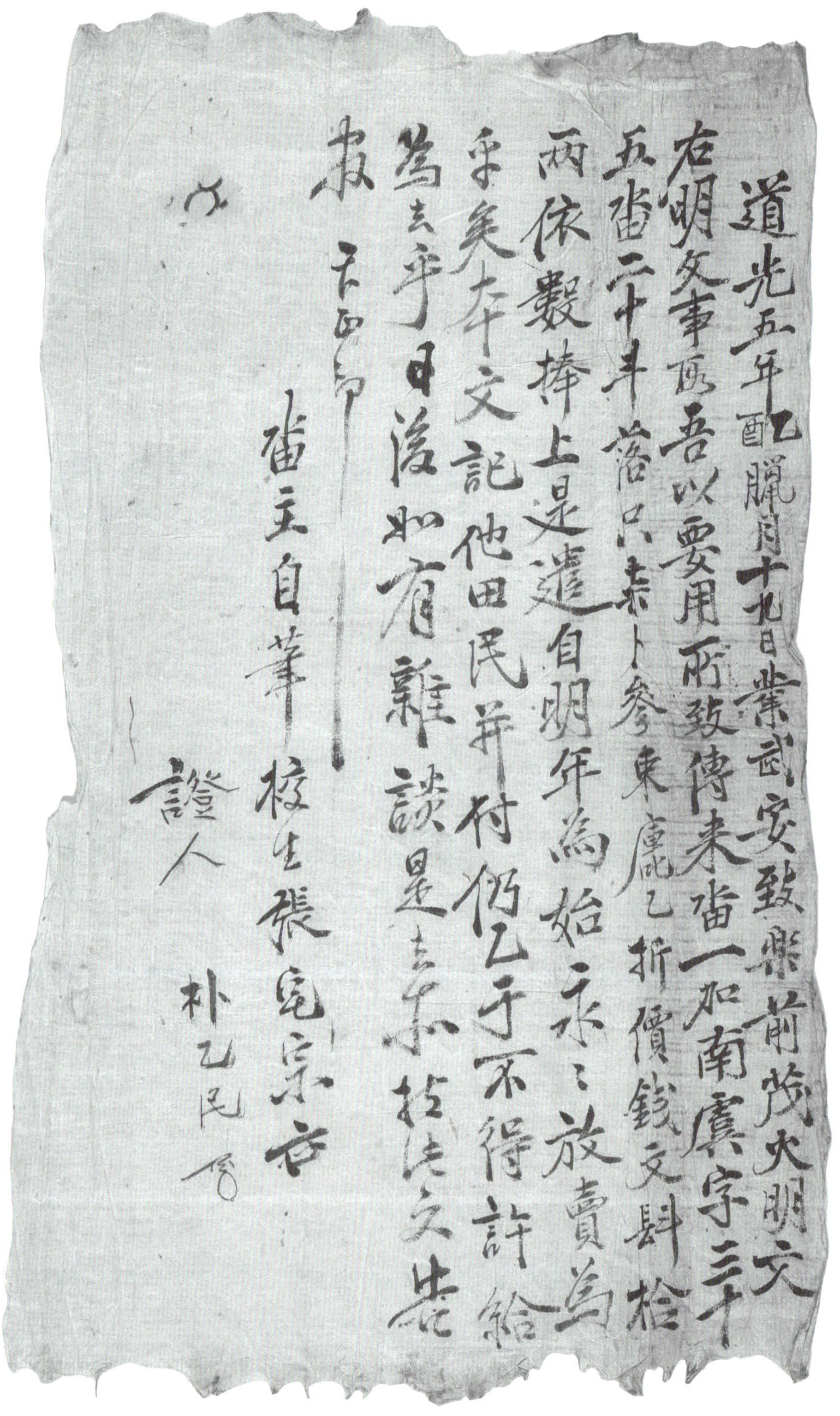
道光五年乙酉臘月十九日業武安致樂前明文
右明文事段吾以要用所致傳來畓一加南眞字三十
五畓二十斗落只參卜參束處乙折價錢文肆拾
兩依數捧上是遣自明年爲始永永放賣爲
乎矣本文記他田民幷付仍乙于不得許給
爲去乎日後如有雜談是去等持此文告
官
卞正事
畓主自筆 校生 張宅宗
證人 朴乙民

1825년 12월 19일에 校生 張宅宗이 業武 安致樂에게 논을 팔면서 발급한 明文

明文 238

1827년(순조 27), 57.3×34.6

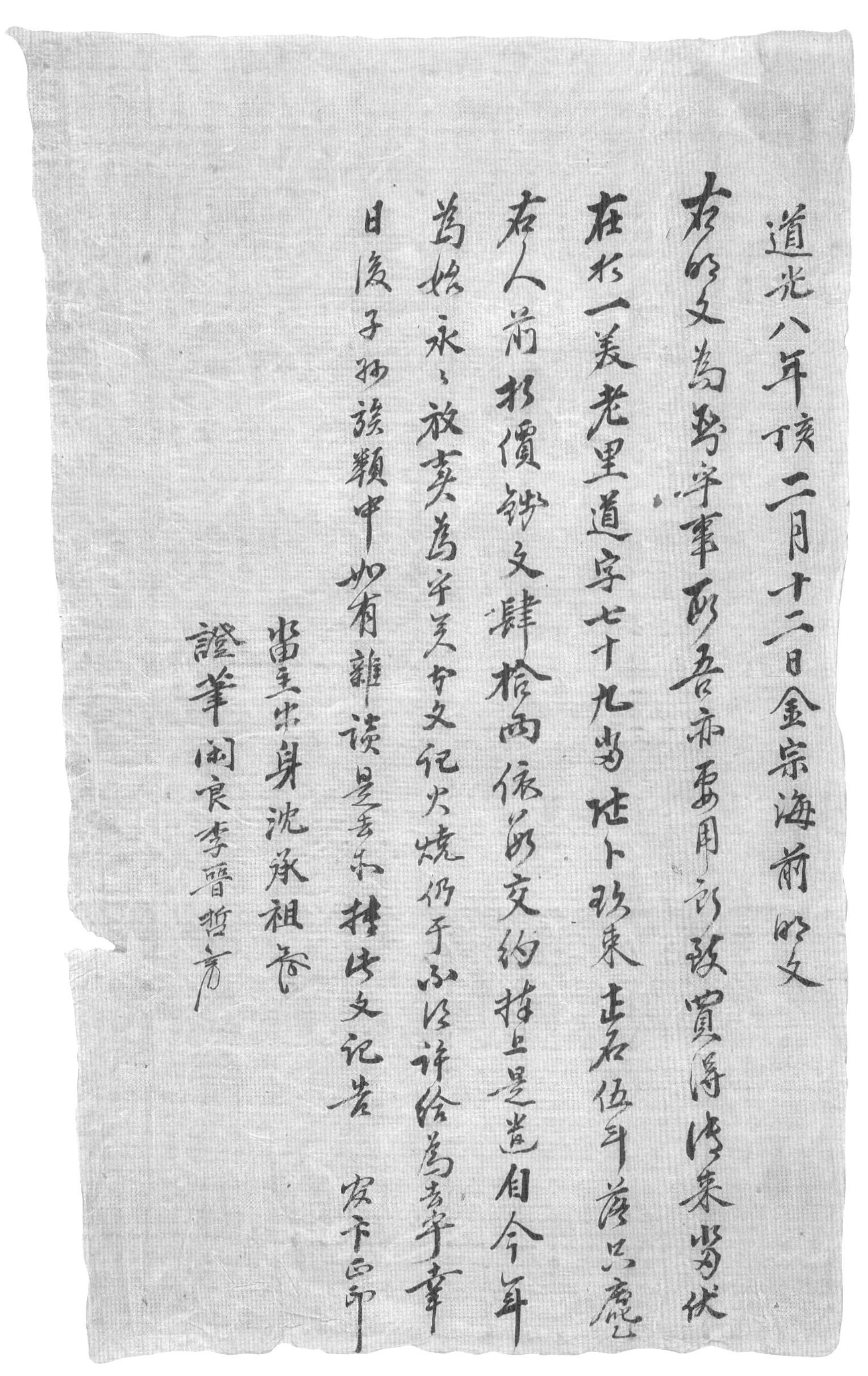

道光八年丁亥二月十二日金宗海前明文

右明文爲要事所吾亦要用所致買得傳來畓伏

在於一義老里道字七十九畓壹卜玖束 去石伍斗落只處

右人前折價錢文肆拾兩依數交納捧上是遣自今年

爲始永永放賣爲乎矣本文記火燒仍于不得許給爲去乎幸

日後子孫族類中如有雜談是去等 持此文記告 官下正事

當主出身沈承祖(押)

證筆閑良李晉哲(押)

1827년 2월 12일에 出身 沈承祖가 金宗海에게 논을 팔면서 발급한 明文

明文 239

1827년(순조 27), 58×25.9

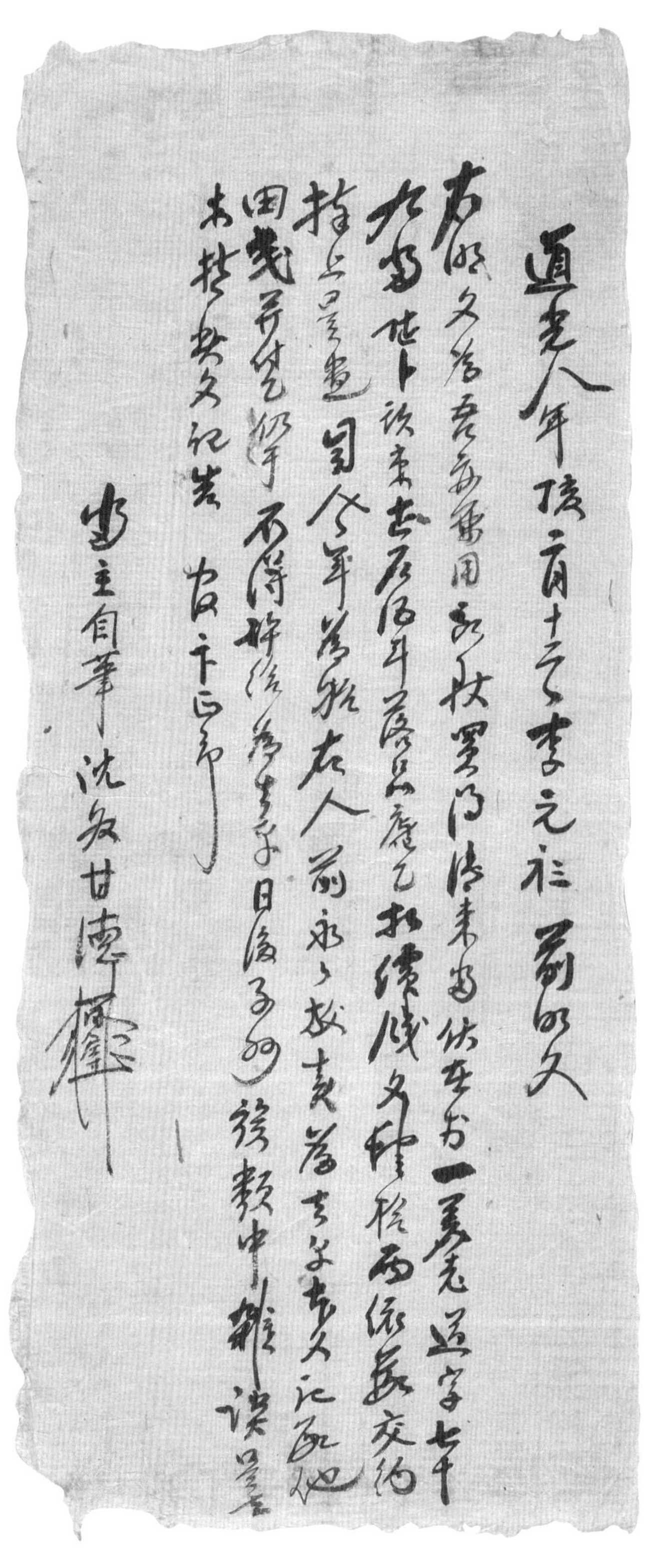

1827년 2월 12일에 沈哥의 奴 甘德이 李元衫에게 논을 팔면서 발급한 明文

明文 240

1829년(순조 29), 53×34.9

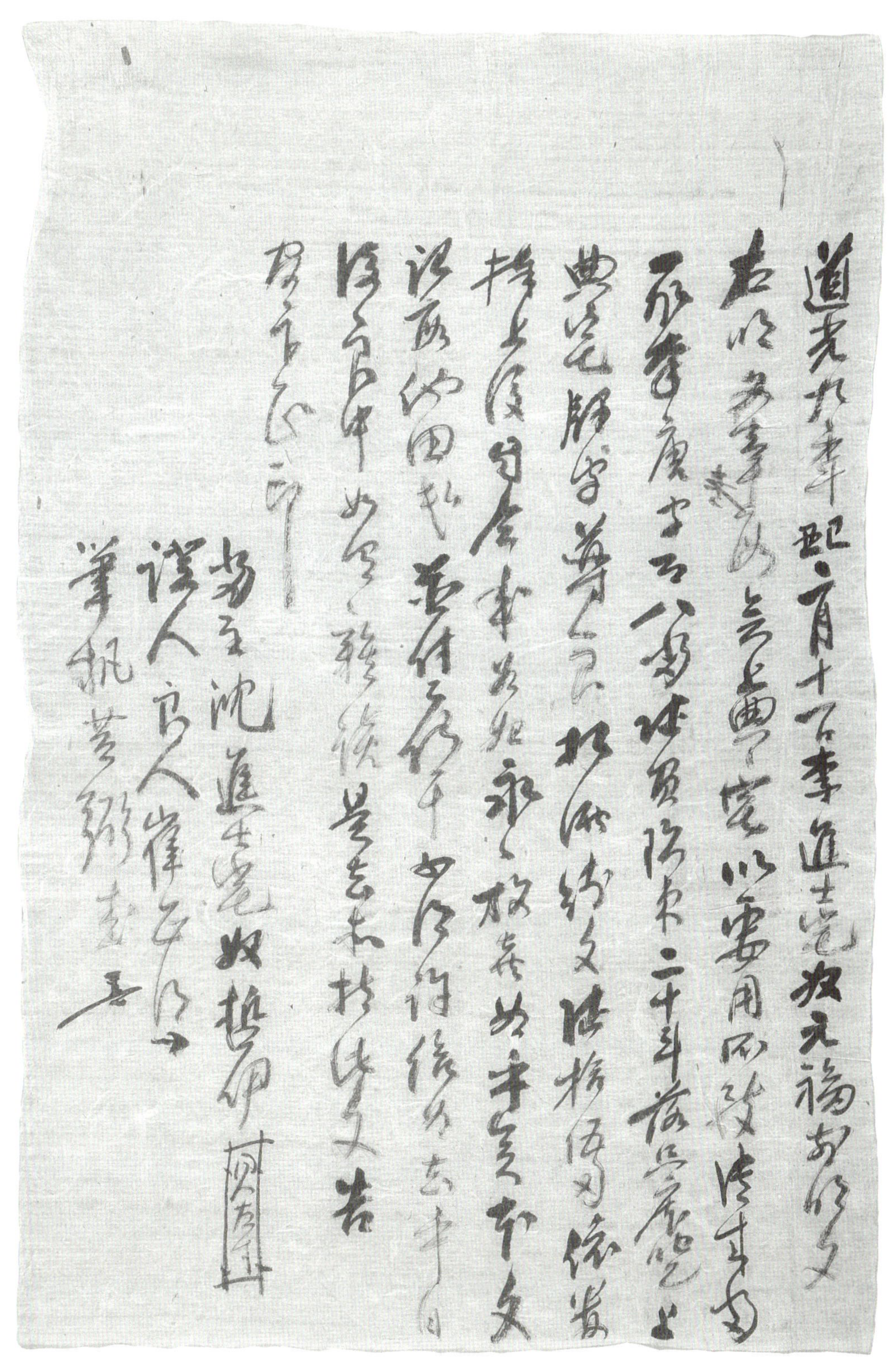

1829년 2월 11일에 沈進士 宅 奴 哲伊가 李進士 宅 奴 元福에게 논을 팔면서 발급한 明文

明文 241

1829년(순조 29), 58.8×62.3

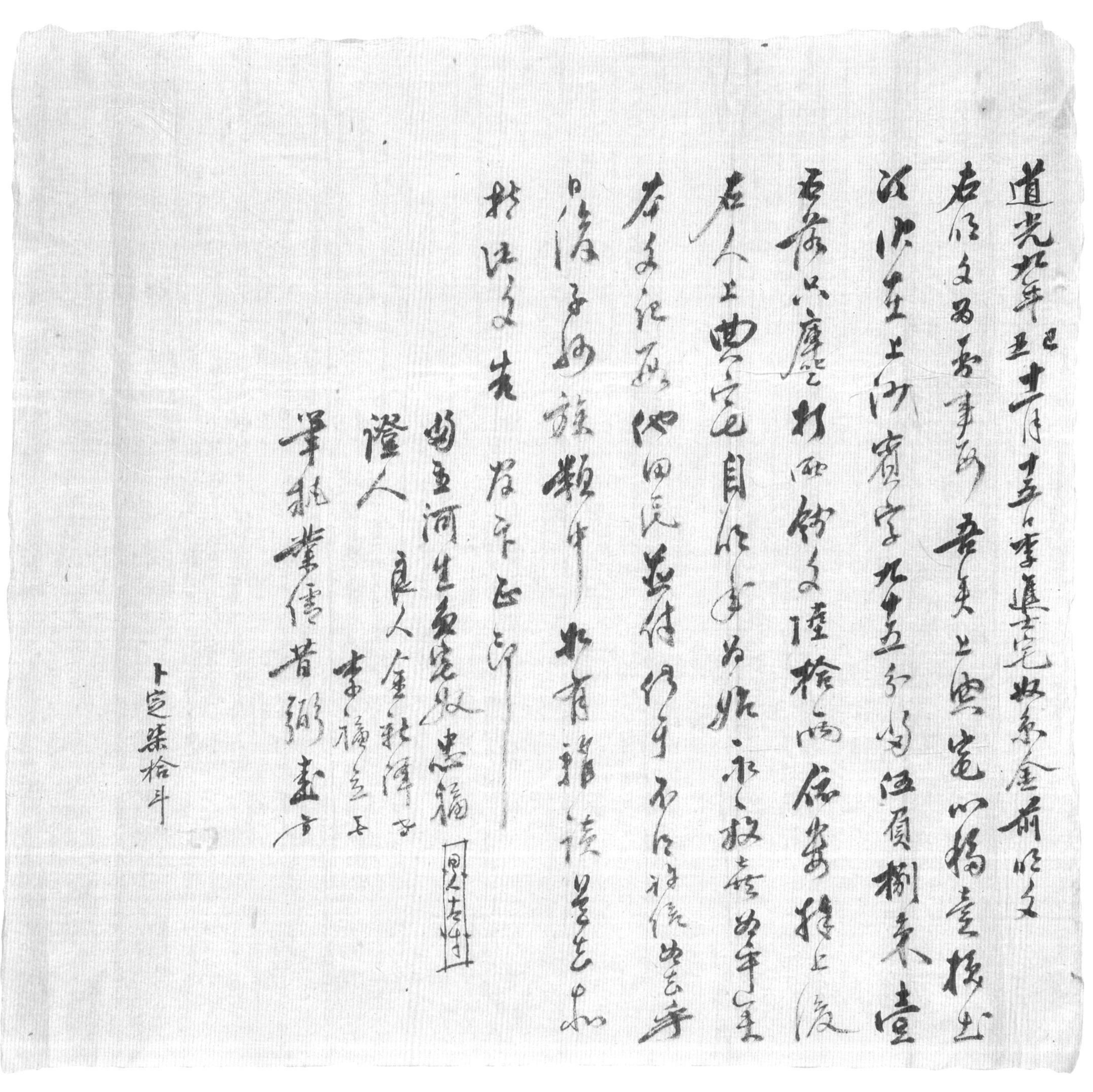

1829년 11월 15일에 河生員 宅 奴 忠福이 李進士 宅 奴 京金에게 논을 팔면서 발급한 明文

明文 242

1829년(순조 29), 60×68.5

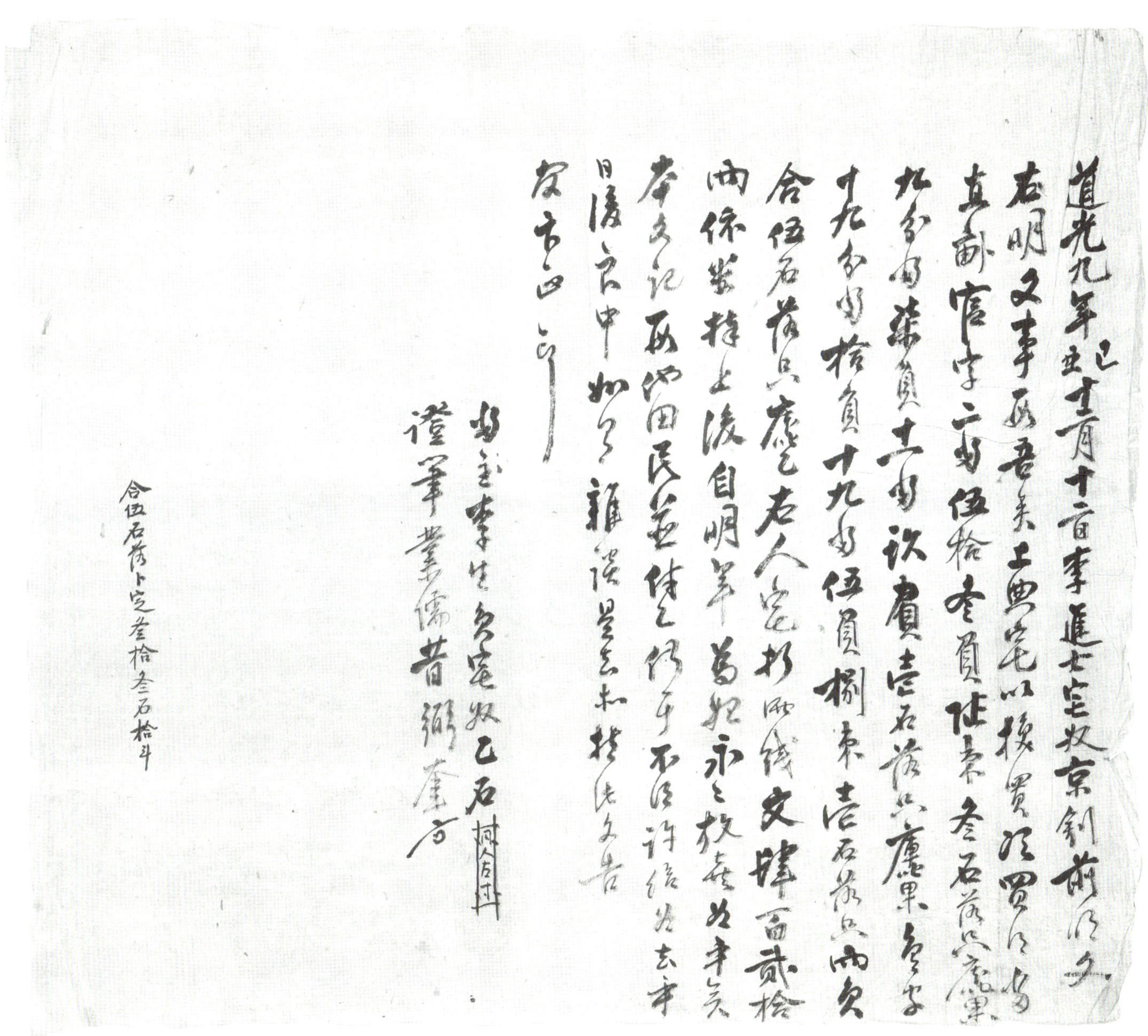

1829년 12월 12일에 李生員 宅 奴 乙石이 李進士 宅 奴 京釗에게 논을 팔면서 발급한 明文

明文 243

1830년(순조 30), 53×32.9

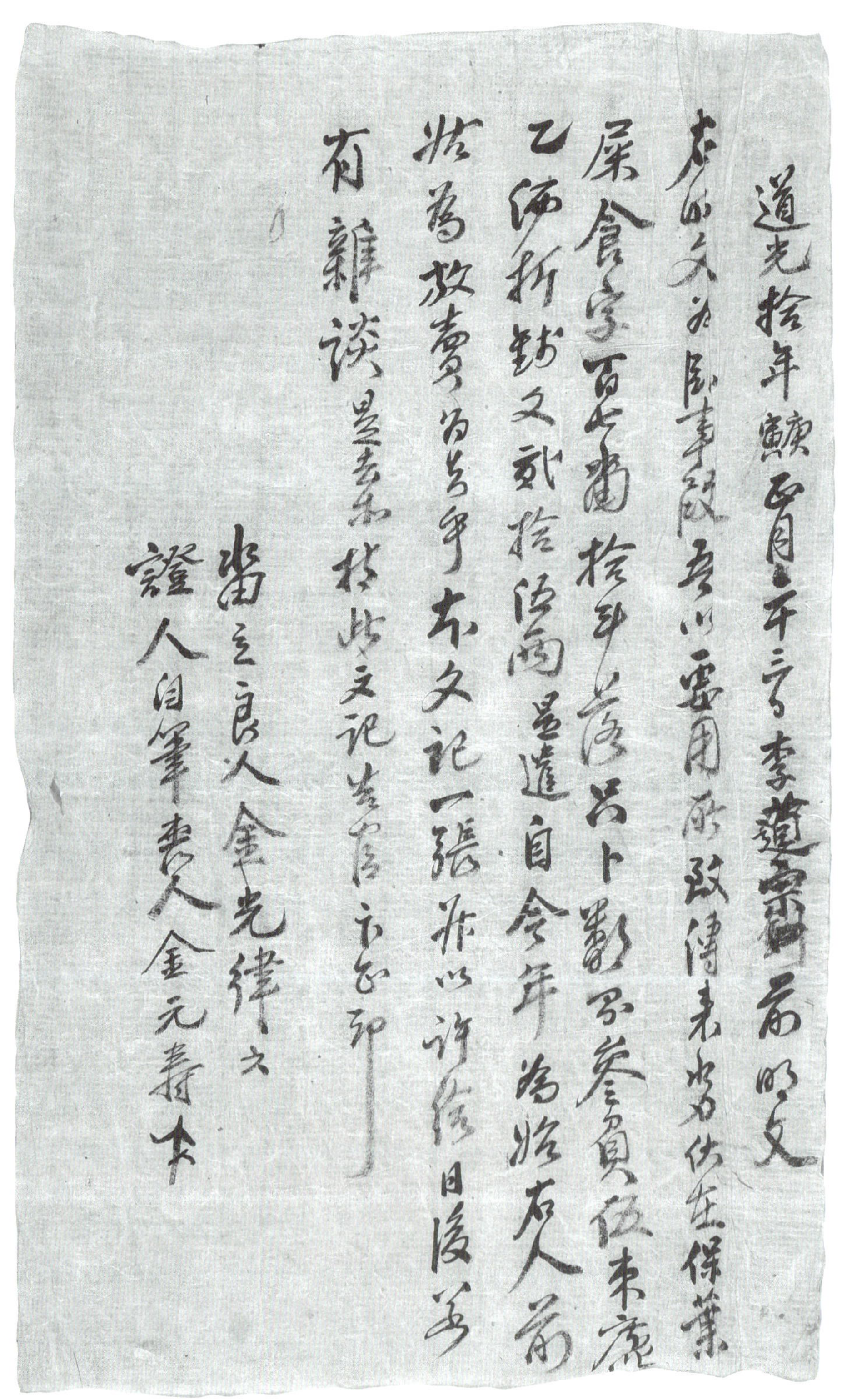

1830년 1월 23일에 良人 金光律이 李道宗에게 논을 팔면서 발급한 明文

明文 244

1830년(순조 30), 57.2×31.9

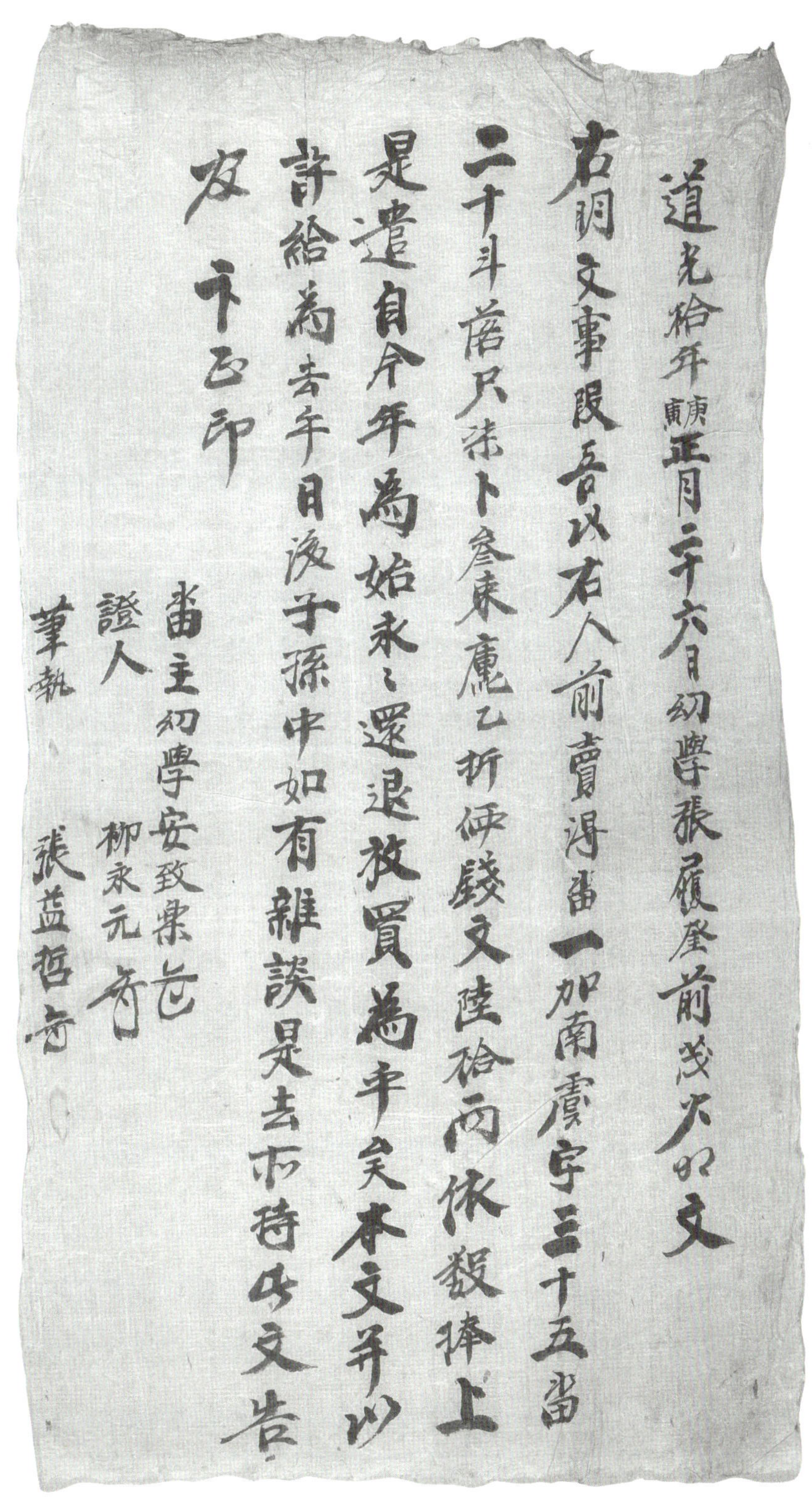

道光拾年庚寅正月二十六日幼學張履奎前明文
右明文事段吾以右人前買得畓一加南處字三十五畓
二十斗落只柒卜叁束庫乙折価錢文陸拾兩依數捧上
是遣自今年爲始永〻還退放賣爲乎矣本文幷以
許給爲去乎日後子孫中如有雜談是去而持此文告
官卞正事
畓主幼學安致樂
證人柳永元
筆執張益哲

1830년 1월 26일에 유학 安致樂이 유학 張履奎에게 논을 팔면서 발급한 明文

1830년(순조 30), 55.4×36.4

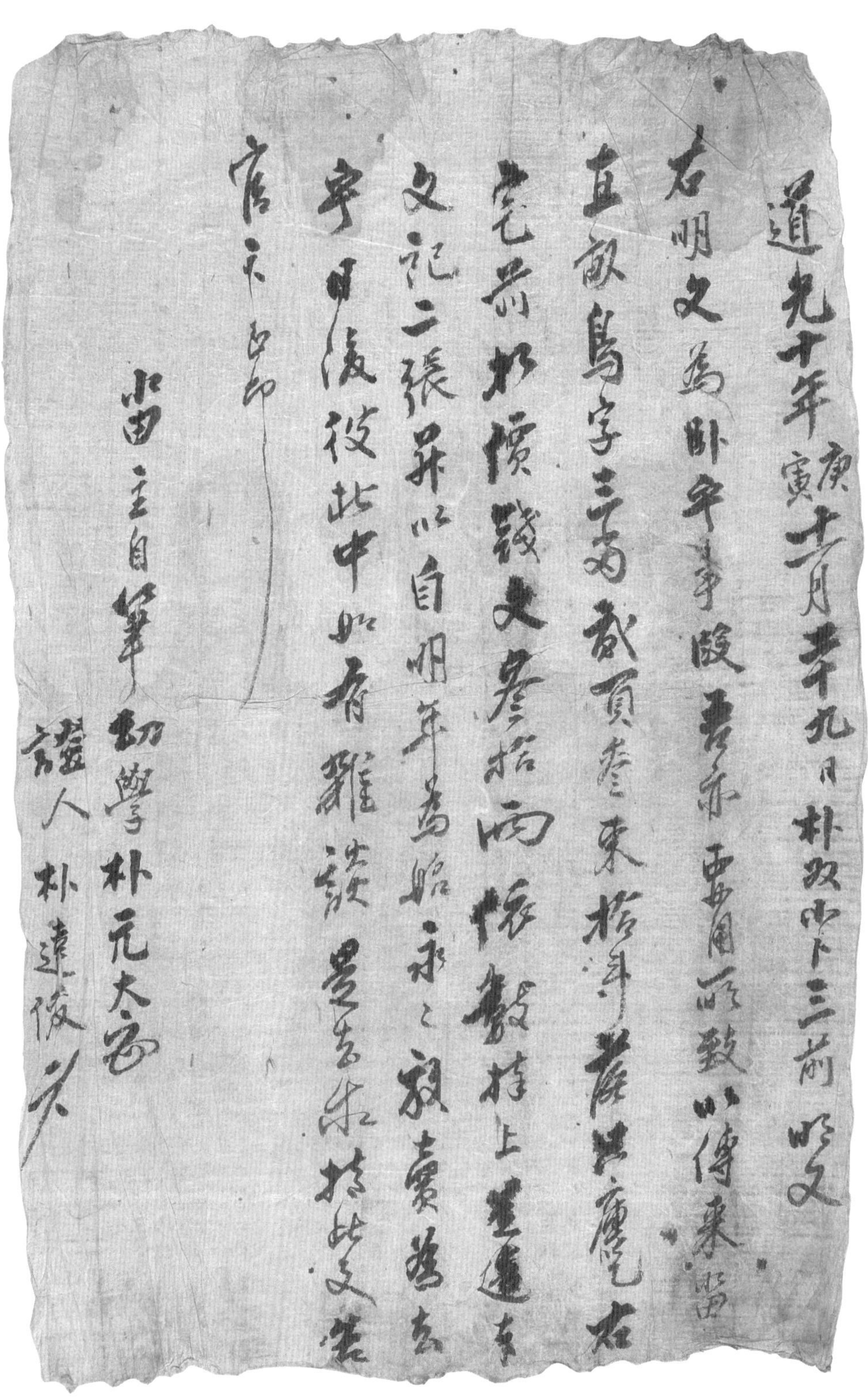
道光十年庚寅十一月二十九日 朴奴小卜三前 明文
右明文爲臥乎事段 吾亦要用所致以傳來畓
在畝鳥字三十二畓貳負叁束拾斗落只處乙 右
宅前奴價錢文叁拾兩依數捧上是遣 本
文記二張幷以自明年爲始永永放賣爲去
乎 日後彼此中如有雜談是去乃 持此文告
官卞正事
畓主自筆 幼學 朴元大
證人 朴達俊

1830년 11월 29일에 유학 朴元大가 朴哥의 奴 小卜三에게 논을 팔면서 발급한 明文

明文 246

1831년(순조 31), 96.6×59.7

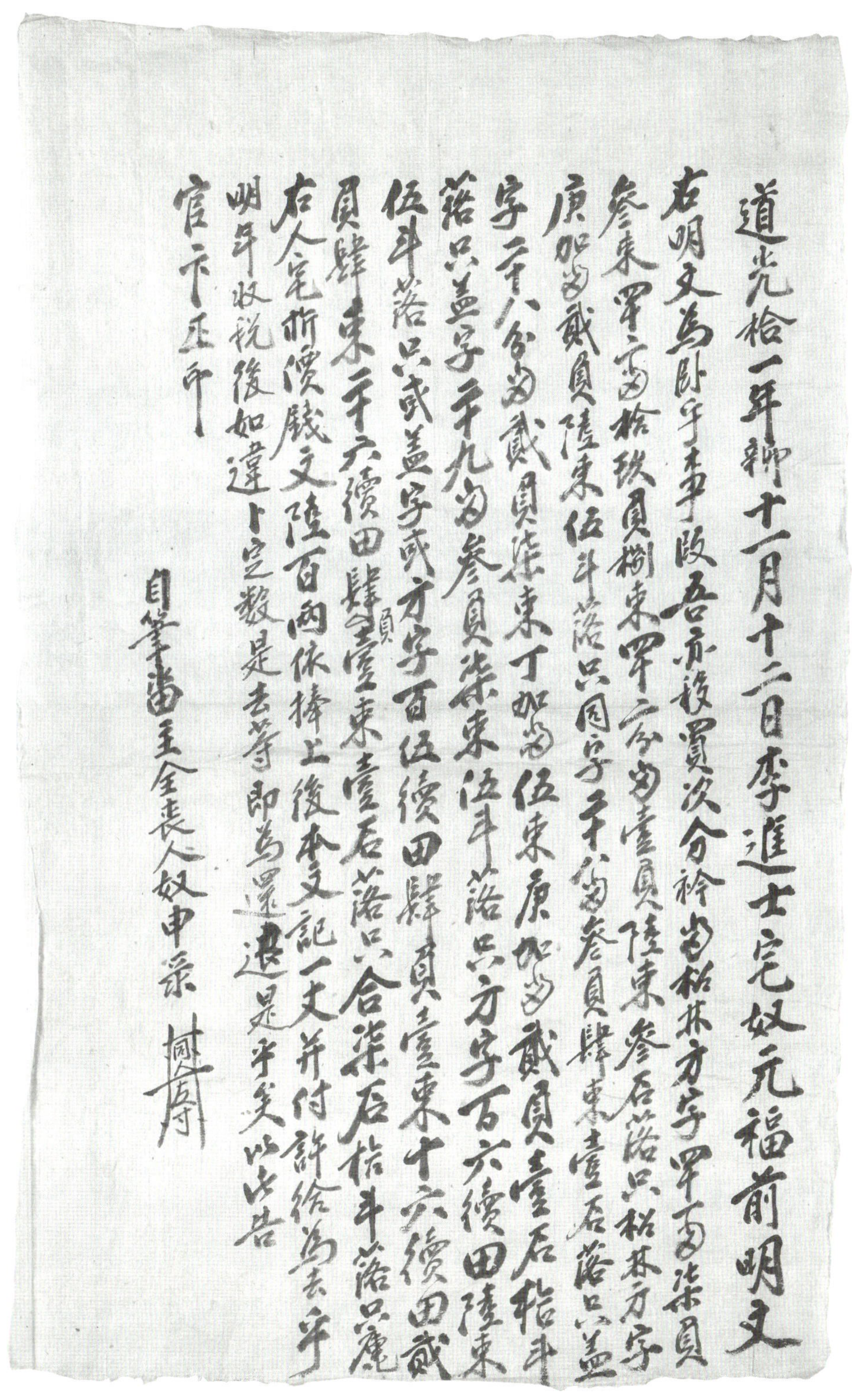

道光拾一年辛卯十一月十二日李進士宅奴元福前明文

右明文為臥乎事段吾亦耕買次合衿畓秋林方字畓柒負參束畓拾玖負捌束畓六分畓壹負陸束參石落只秋林方字庚加畓貳負陸束伍斗落只同字平分畓參負肆束壹石落只並字平分畓貳負柒束丁加畓伍束庚加畓貳負壹石拾斗落只並字平九畓參負柒束伍斗落只方字百六卜田陸束伍斗落只貳並字貳方字百伍卜田肆負壹束十六卜田貳負肆束十六卜田肆負壹束壹石落只合柒石拾斗落只處右人宅所價錢文陸百兩依捧上後本文記一丈并付許給為去乎明年收稅後如違卜定數是去等即為還退是乎矣以此告官卞正事

自筆畓主全哥奴申彔

1831년 11월 12일에 全哥의 奴 申彔이 李進士 宅 奴 元福에게 전답을 팔면서 발급한 明文

1831년(순조 31), 57.8×35.5

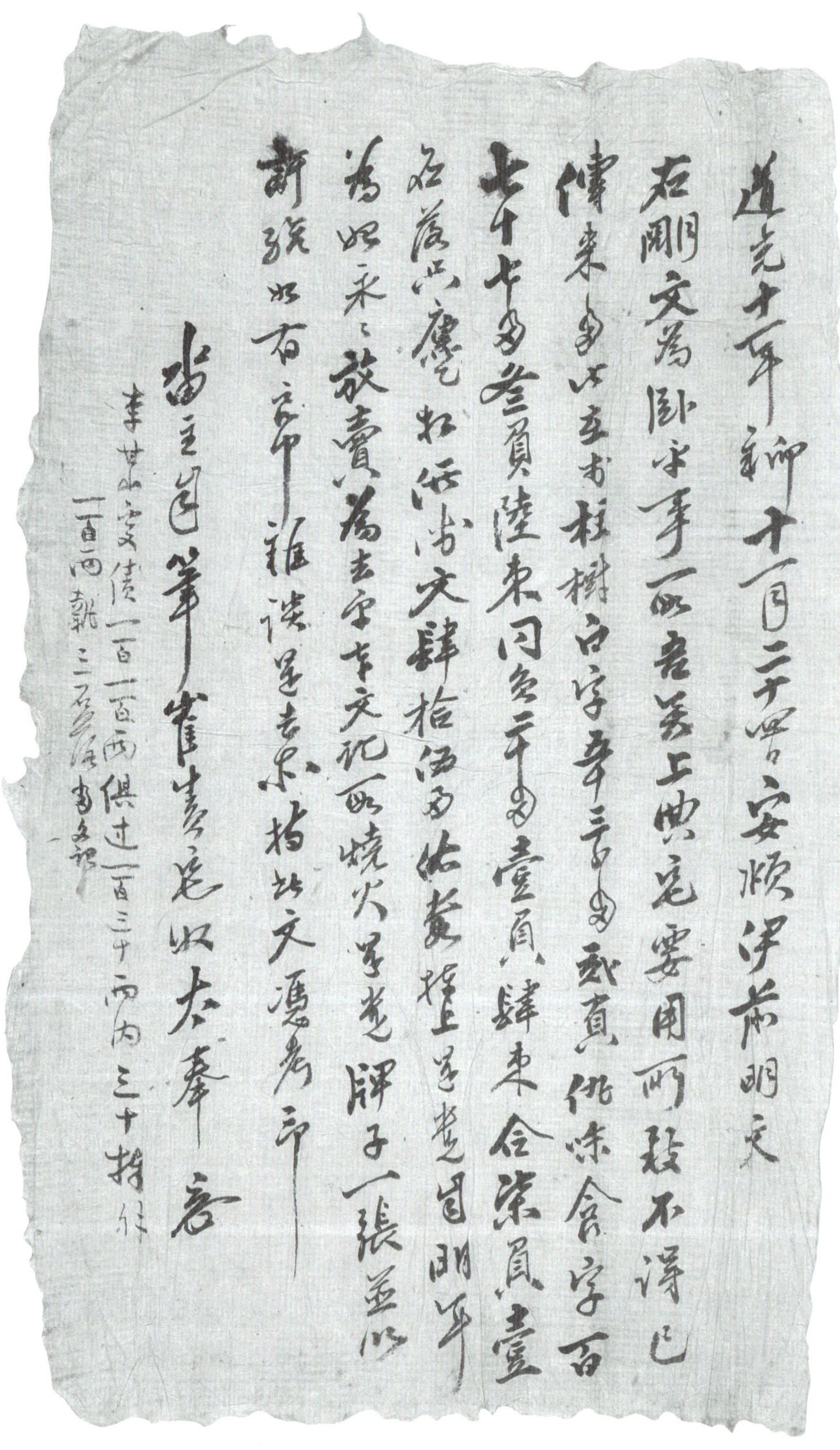

道光十一年辛卯十一月二十四日安順伊前明文

右明文爲臥乎事段吾矣上典宅要用所致不得已

傳來爲乎在杜樹白字奉字畓貳負伍束倉字百

七十七畓叁負陸束同員二十畓壹負肆束合柒負壹

[illegible]落只處折錢文肆拾伍兩依數捧上是遣同明年

爲始永永放賣爲去乎本文記段燒火是遣牌子一張並以

新號以右[illegible]雖談是去等持此文憑考事

畓主崔生員宅奴太奉

李[illegible]文債一百一百兩俱過一百三十兩內三十推給

一百兩執[illegible]書文記

1831년 11월 24일에 崔生員 宅 奴 太奉이 安順伊에게 논을 팔면서 발급한 明文

明文 248

1832년(순조 32), 93.6×59.1

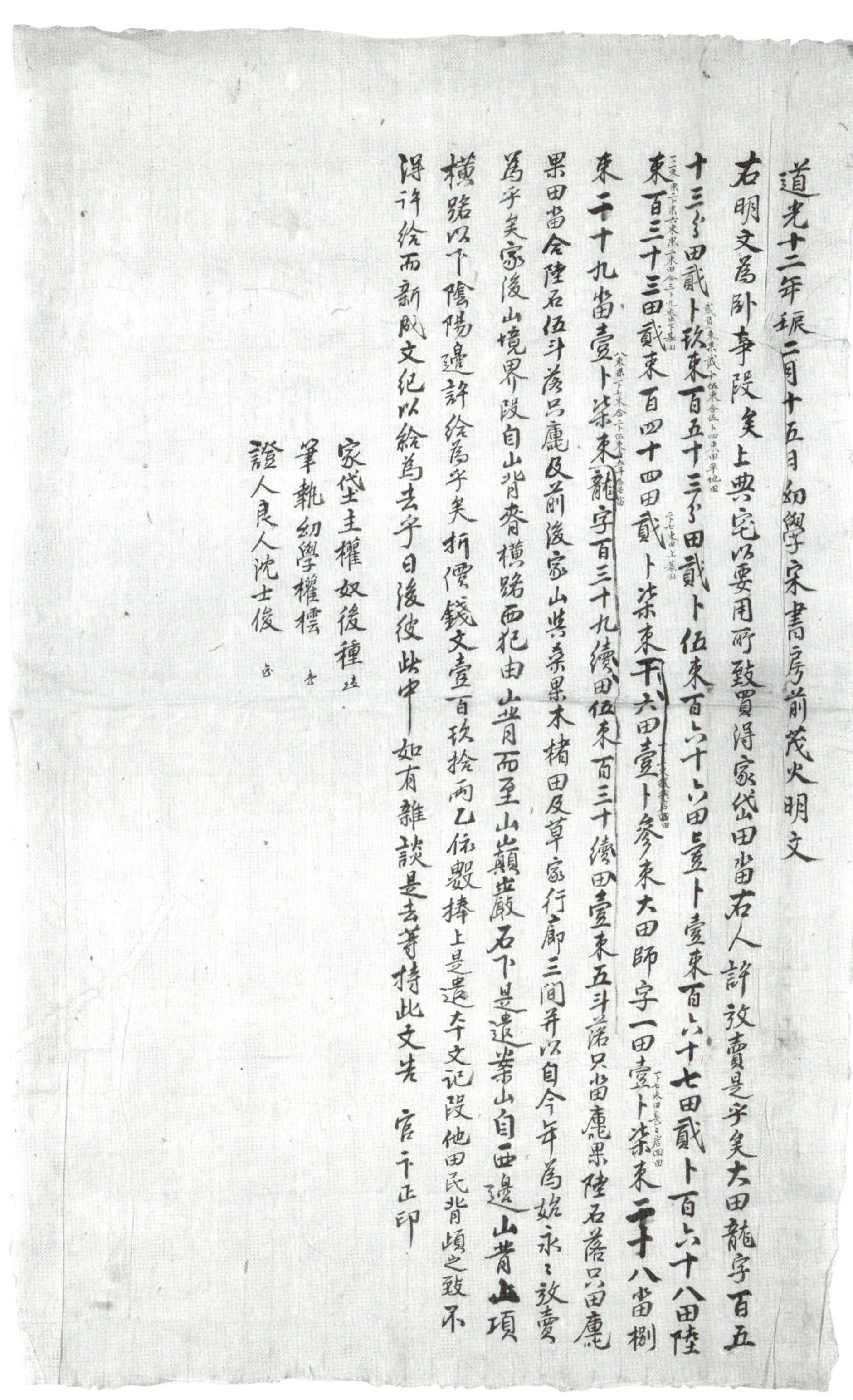

道光十二年壬辰二月十五日幼學宋書房前茂火明文

右明文爲卧事段矣上典宅以要用所致買得家垈田畓右人許放賣是乎矣大田龍字百五十三斗田貳卜玖束百五十三斗田貳卜伍束百六十六田壹卜壹束百六十七田貳卜百六十八田陸束百三十三田貳束百四十四田貳卜柒束下六田壹卜參束大田師字一田壹卜柒束二十八畓捌束二十九畓壹卜柒束龍字百三十九續田伍束百三十續田壹束五斗落只畓鹿果陸石落只田鹿果田畓合陸石伍斗落只鹿及前後家山共桑果木楮田及草家行廊三間并以自今年爲始永永放賣爲乎矣家後山境界段自山背脊橫路西抱由山背而至山巓岩巖石下是還峯山自西邊山背山項橫路以下陰陽邊許給爲乎矣折價錢文壹百玖拾兩乙依數捧上是遣本文記段他田民背頃之致不得許給而新成文紀以給爲去乎日後役此中如有雜談是去等持此文告官卞正印

家垈主權奴後種

筆執幼學權標

證人良人沈士俊

1832년 2월 15일에 權哥의 奴 後種이 유학 宋書房에게 家垈를 팔면서 발급한 明文

1832년(순조 32), 58.4×39.5

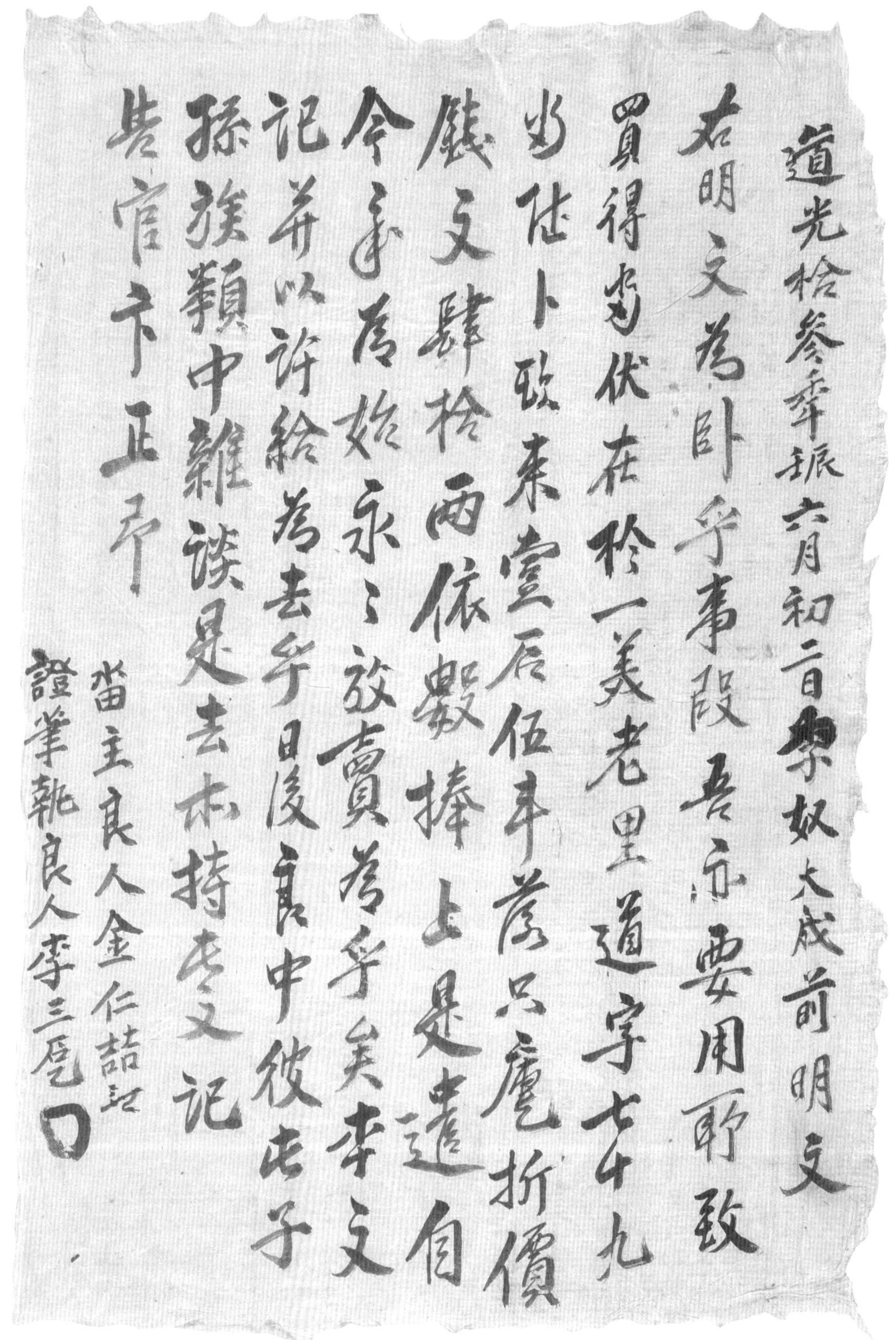

道光拾參年壬辰六月初二日李奴大成前明文

右明文爲臥乎事段 吾亦要用所致

買得爲伏在於一美老里道字七十九

畓陆卜玖束壹石伍斗落只處 折價

錢文肆拾兩依數捧上是遣 自

今爲始永永放賣爲乎矣 本文

記并以許給爲去乎 日後良中 彼此子

孫族類中雜談是去等 持此文記

告官卞正事

畓主良人金仁喆

證筆執良人李三乭

1832년 6월 초2일에 良人 金仁喆이 李哥의 奴 大成에게 논을 팔면서 발급한 明文

明文 250

1832년(순조 32), 67.5×42.7

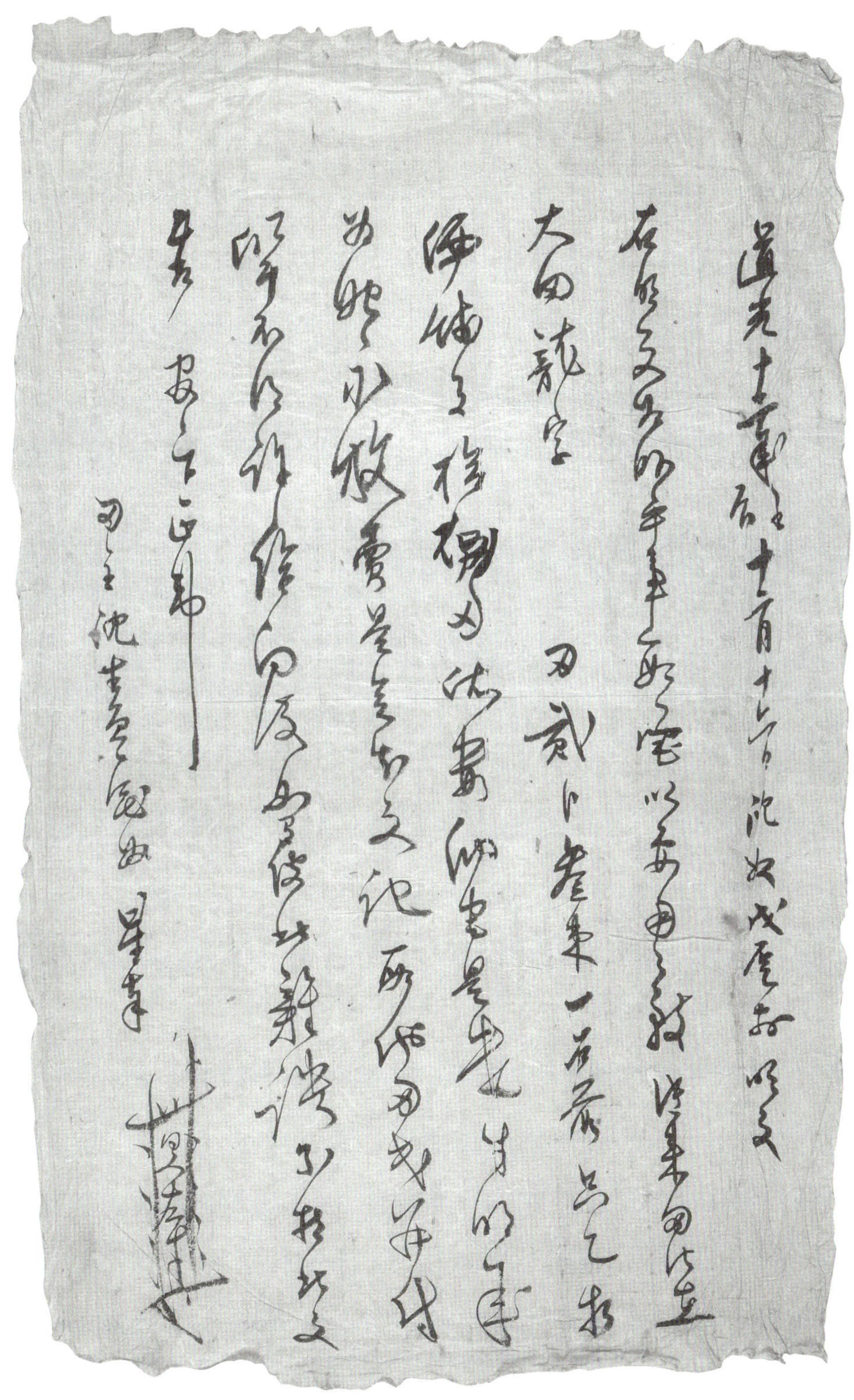

1832년 12월 16일에 沈生員 宅 奴 星奉이 沈哥의 奴 戊乭에게 밭을 팔면서 발급한 明文

明文 251

1833년(순조 33), 94.8×57.2

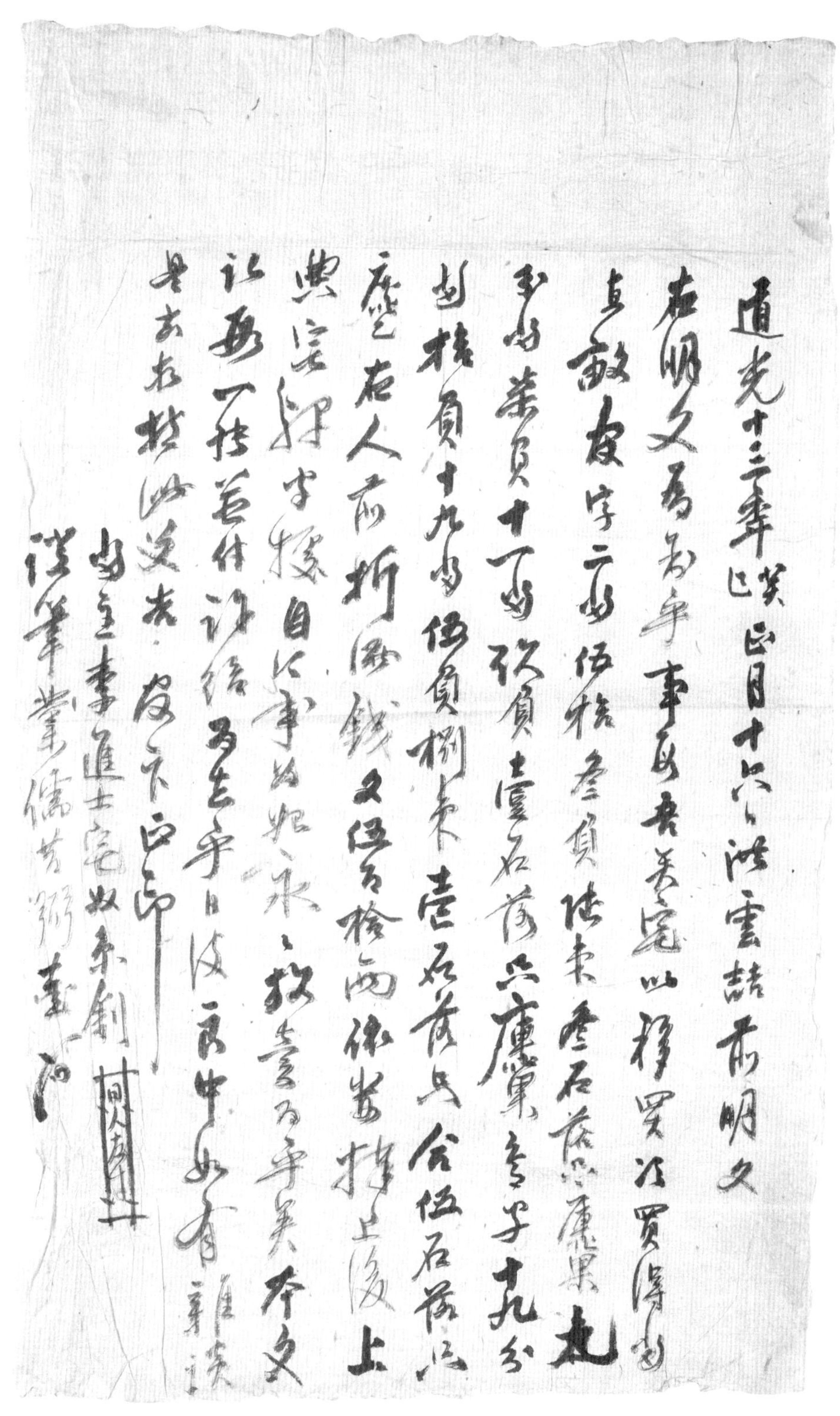

1833년 1월 16일에 李進士 宅 奴 京釗가 洪雲喆에게 논을 팔면서 발급한 明文

明文 252

1833년(순조 33), 60.9×36.6

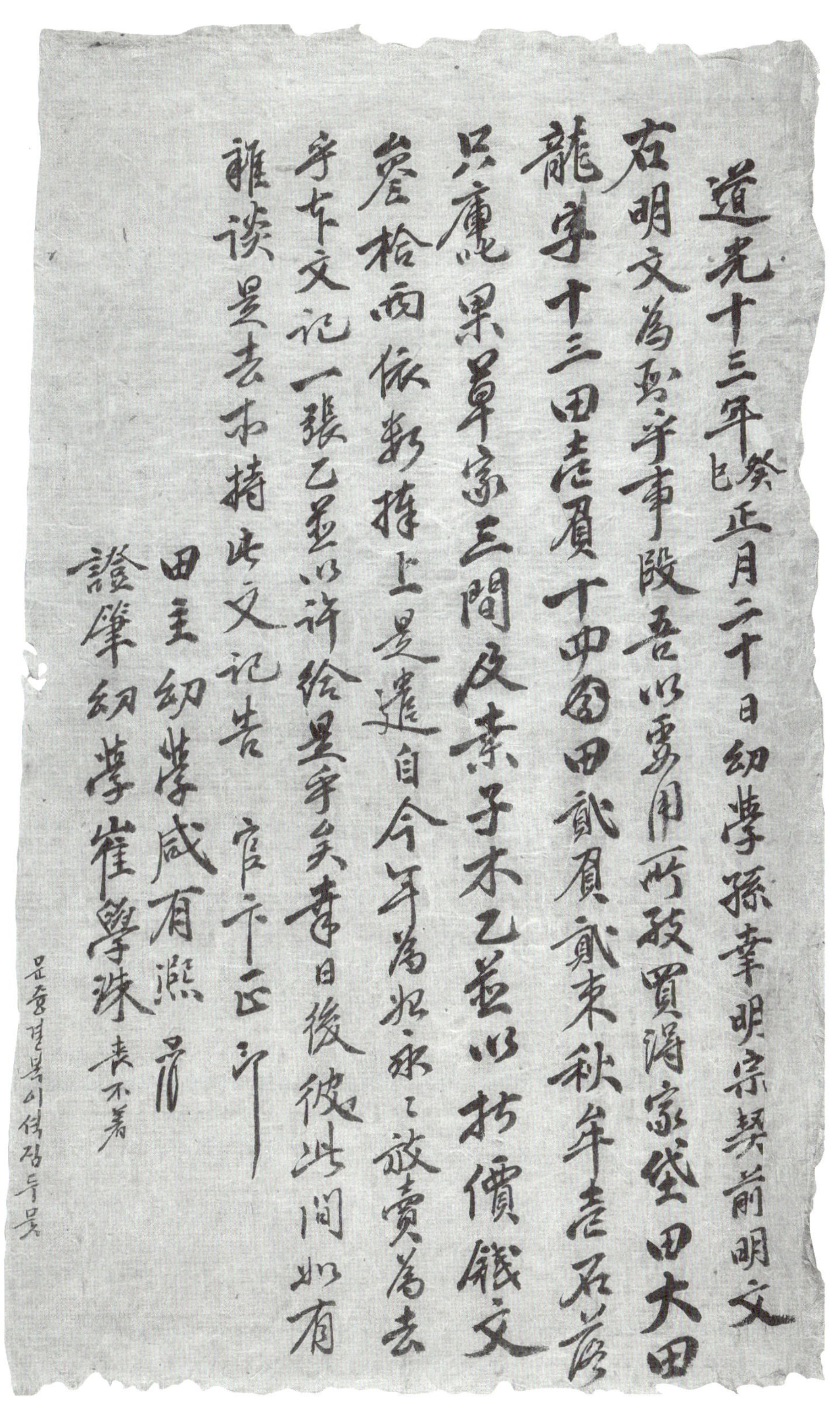

道光十三年癸巳正月二十日 幼學孫幸明宗契前明文
右明文爲臥乎事段吾以要用所致買得家垈田大田
龍字十三田壹負十四田貳負貳束秋年壹石落
只處果草家三間及菜子木乙並以折價錢文
參拾兩依數捧上是遣自今年爲始永永放賣爲去
乎本文記一張乙並以許給是乎矣等日後彼此間如有
雜談是去等持此文記告 官卞正事
田主 幼學 咸有熙 着名
證筆 幼學 崔學洙 表不着

1833년 1월 20일에 유학 咸有熙가 유학 孫幸明에게 밭과 초가 등을 팔면서 발급한 明文

明文 253

1833년(순조 33), 60×73.2

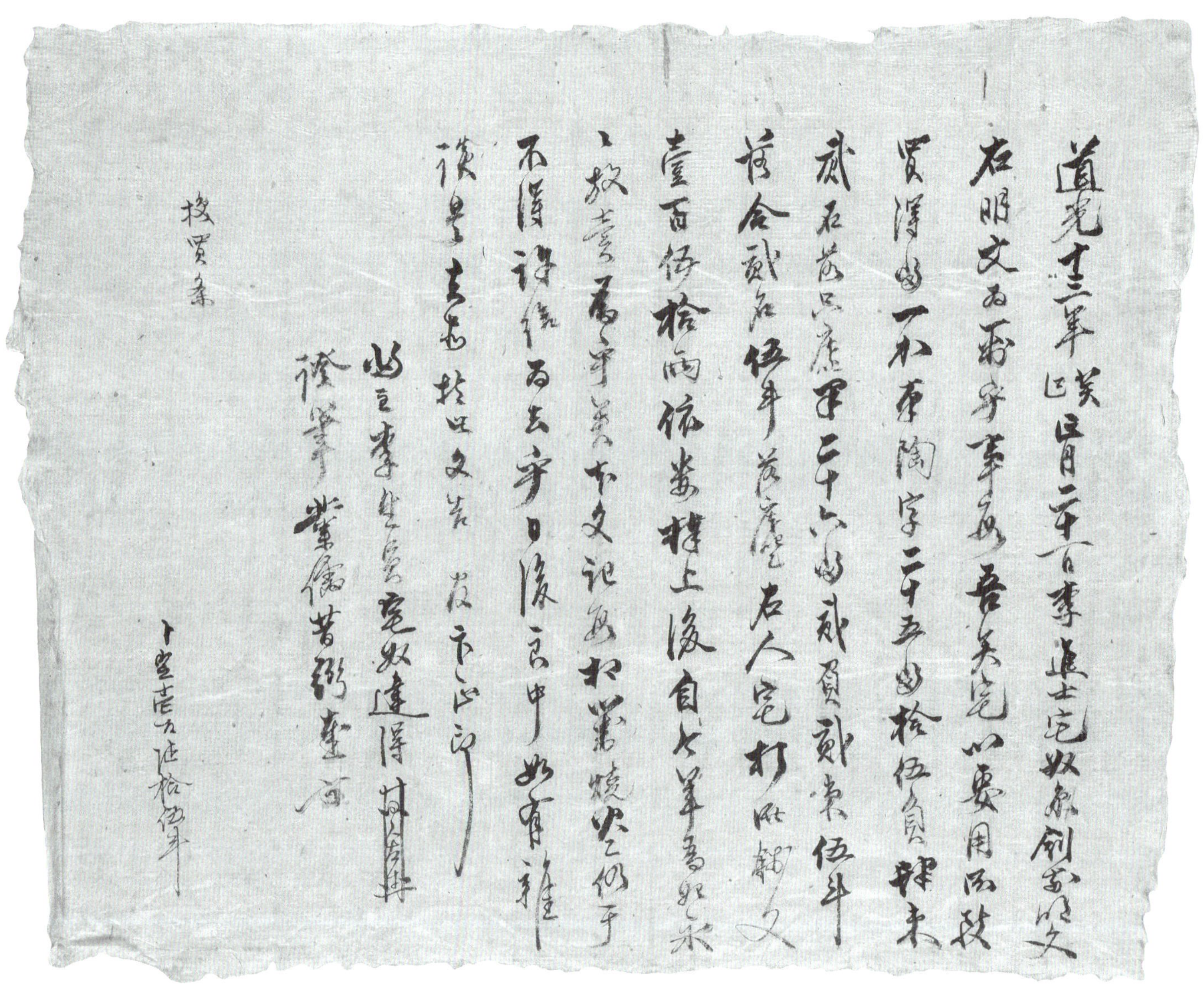

1833년 1월 21일에 李生員 宅 奴 達得이 李進士 宅 奴 京釗에게 논을 팔면서 발급한 明文

明文 254

1833년(순조 33), 58.5×73

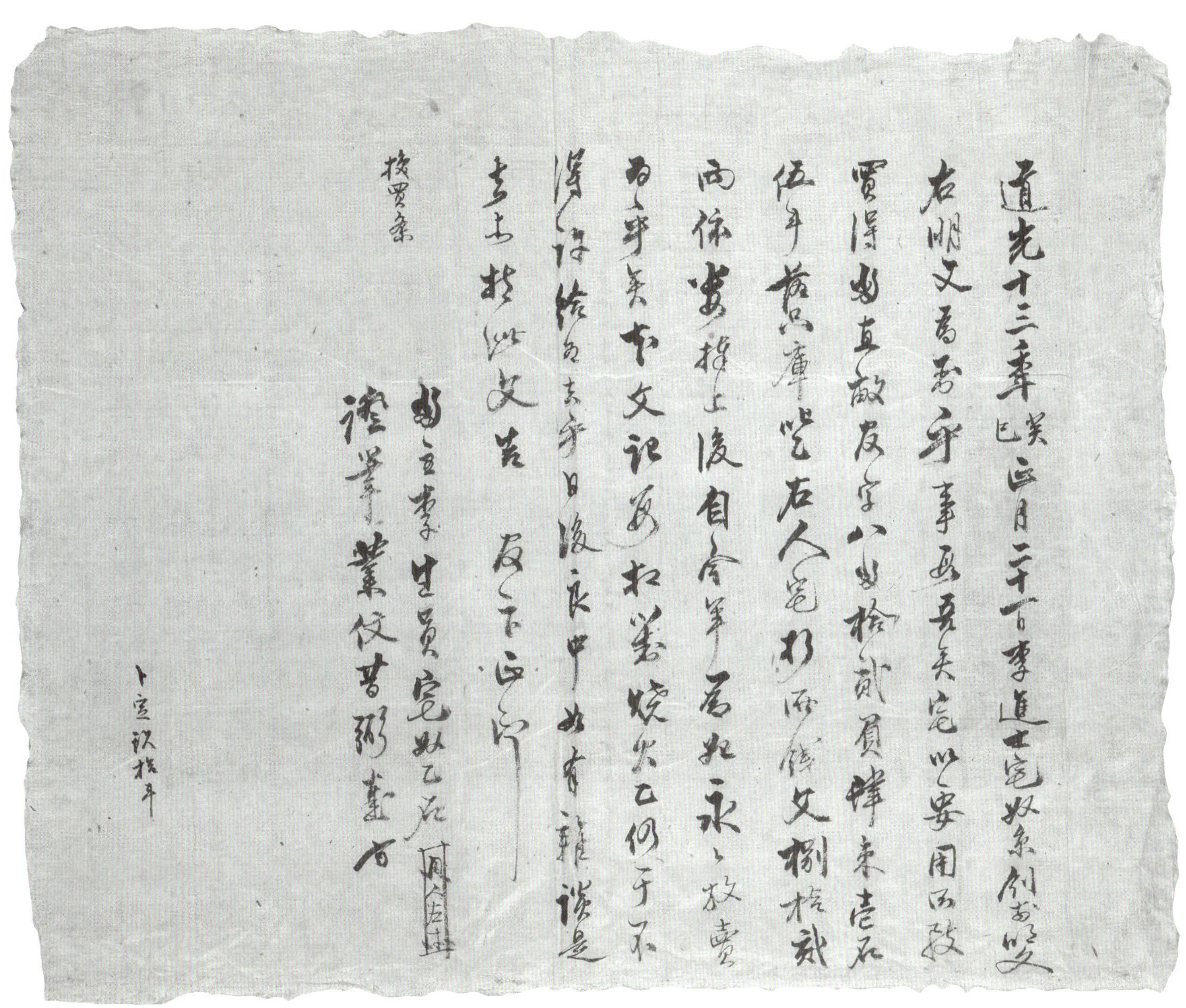

1833년 1월 21일에 李生元 宅 乙石이 李進士 宅 奴 京釗에게 논을 팔면서 발급한 明文

明文 255

1833년(순조 33), 60×38

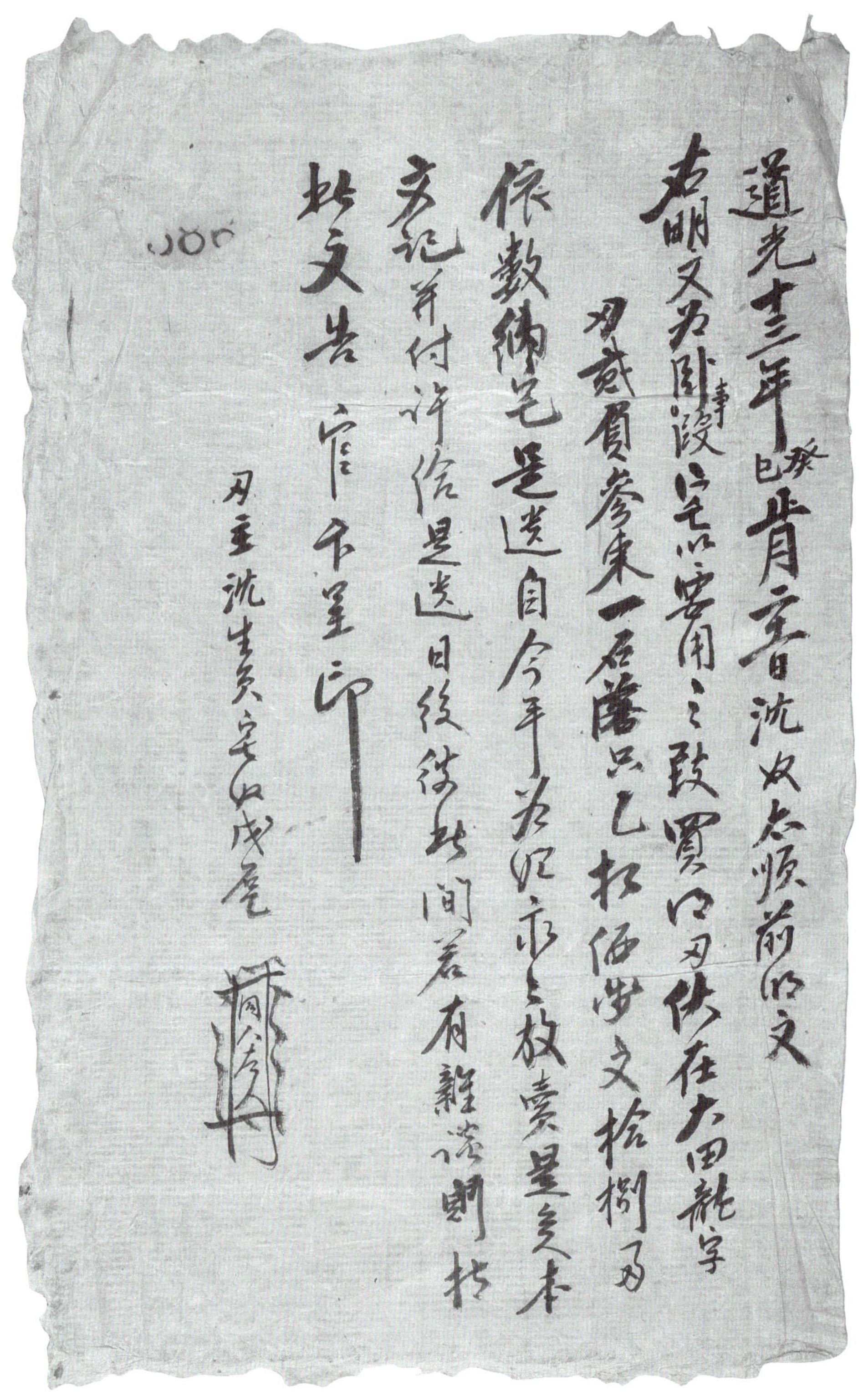

道光十三年癸巳正月廿一日 沈奴太順前明文

右明文爲臥乎事段 宅以要用之致 買得爲如乎 伏在大田龍字

畓貳負參束 一石落只乙 價錢文拾捌兩

依數捧上是遣 自今年爲始 永永放賣是矣 本

文記幷付許給是遣 日後 後此間若有雜談是去等 持

此文告官卞正事

畓主 沈生員宅奴戊乭

1833년 1월 21일에 沈生員 宅 奴 戊乭이 沈哥의 奴 太順에게 밭을 팔면서 발급한 明文

明文 256

1833년(순조 33), 58.3×73.1

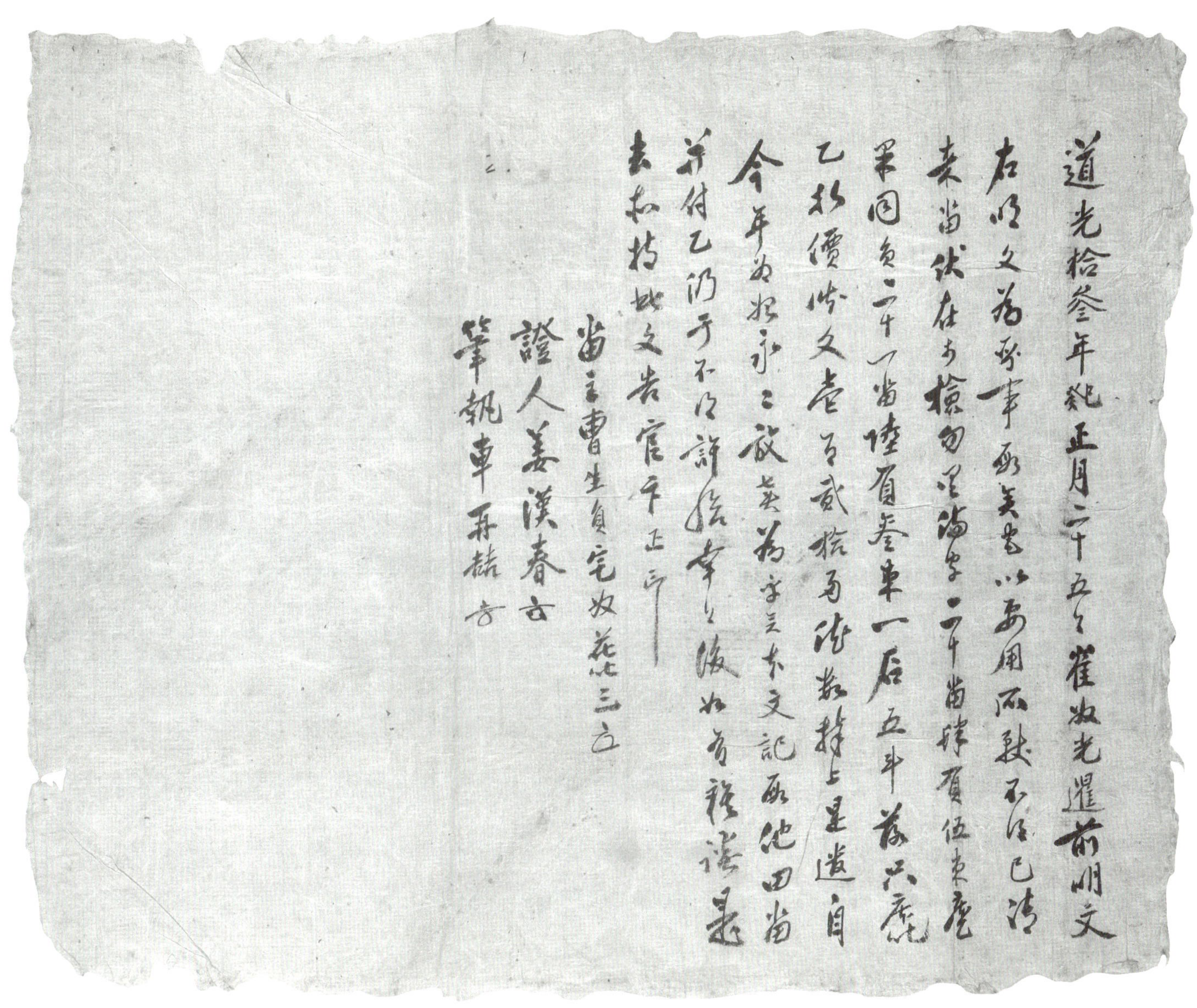

1833년 1월 25일 曺生員 宅 奴 莊三이 崔哥의 奴 光暹에게 논을 팔면서 발급한 明文

明文 257

1833년(순조 33), 58×78.8

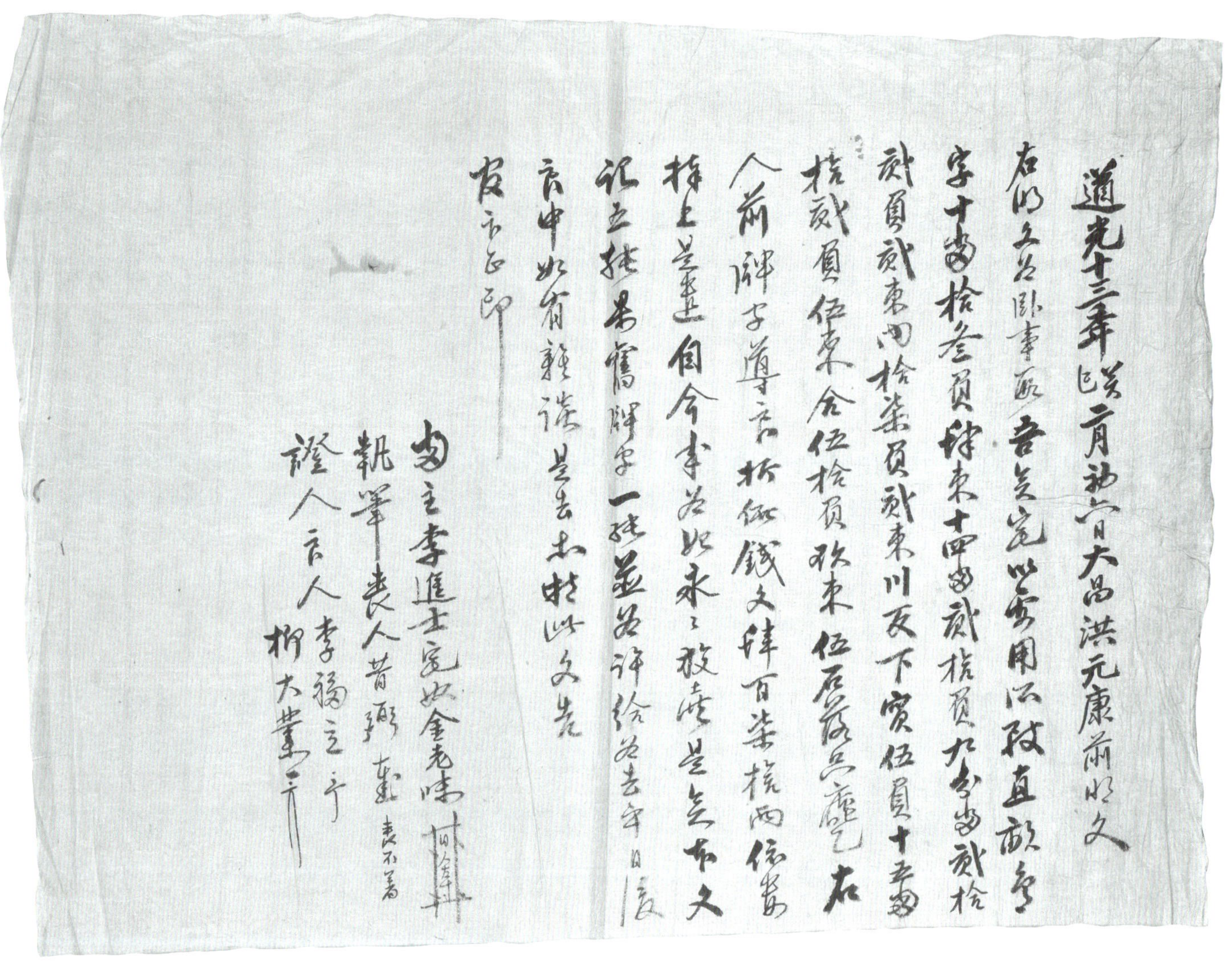

1833년 2월 초6일에 李進士 宅 奴 金老味가 洪元康에게 논을 팔면서 발급한 明文

明文 258

1833년(순조 33), 60.7×38.9

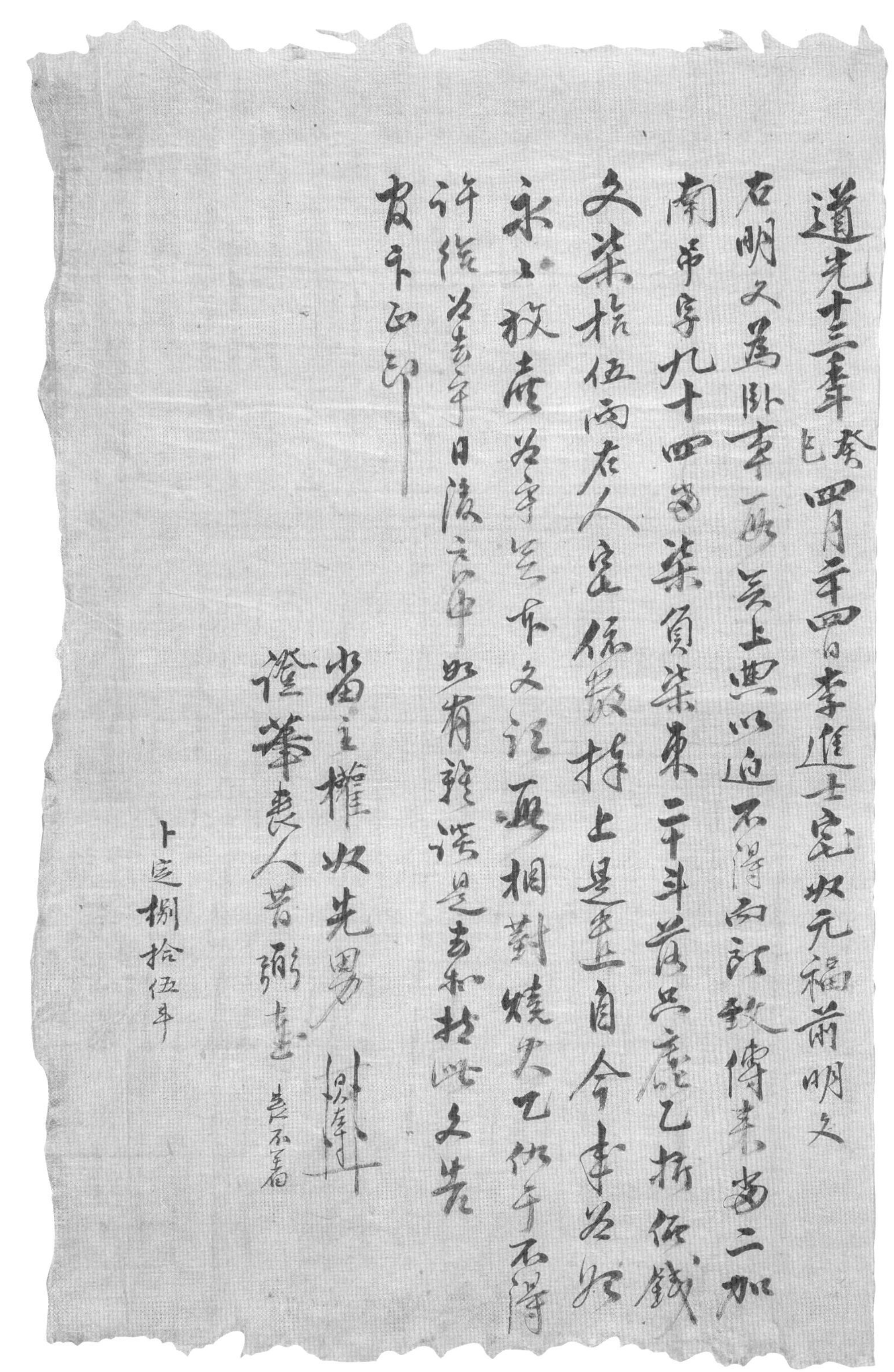

道光十三年癸巳四月二十四日 李進士宅奴元福前明文

右明文爲臥事段 矣上典以迫不得已 自己傳來畓二加

南坪字九十四畓 柒負柒束 二斗落只庫乙 折價錢

文柒拾伍兩 右人處 依數捧上是遣 自今爲始

永永放賣爲乎矣 本文記段 相對燒火乙仍于 不得

許給爲去乎 日後良中 如有雜談是去等 持此文告

官卞正事

畓主 權奴 先男 [手寸]

證筆 表人 昔郞 左寸 [着名]

卜定 捌拾伍斗

1833년 4월 24일에 權哥의 奴 先男이 李進士 宅 奴 元福에게 논을 팔면서 발급한 明文

明文 259

1833년(순조 33), 61×74.8

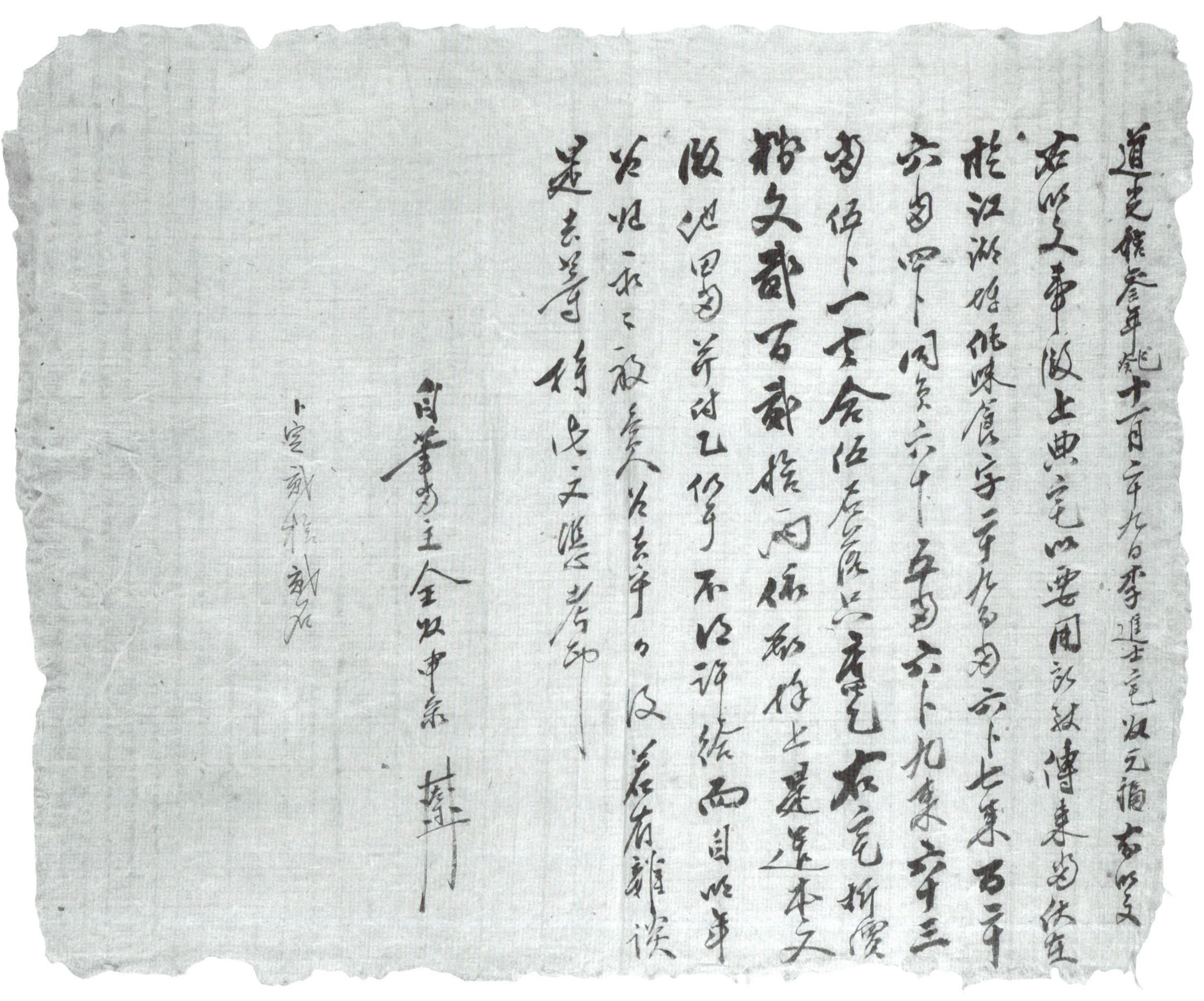

1833년 11월 29일에 全哥의 奴 申彔이 李進士 宅 奴 元福에게 논을 팔면서 발급한 明文

明文 260

1833년(순조 33), 60.5×40.4

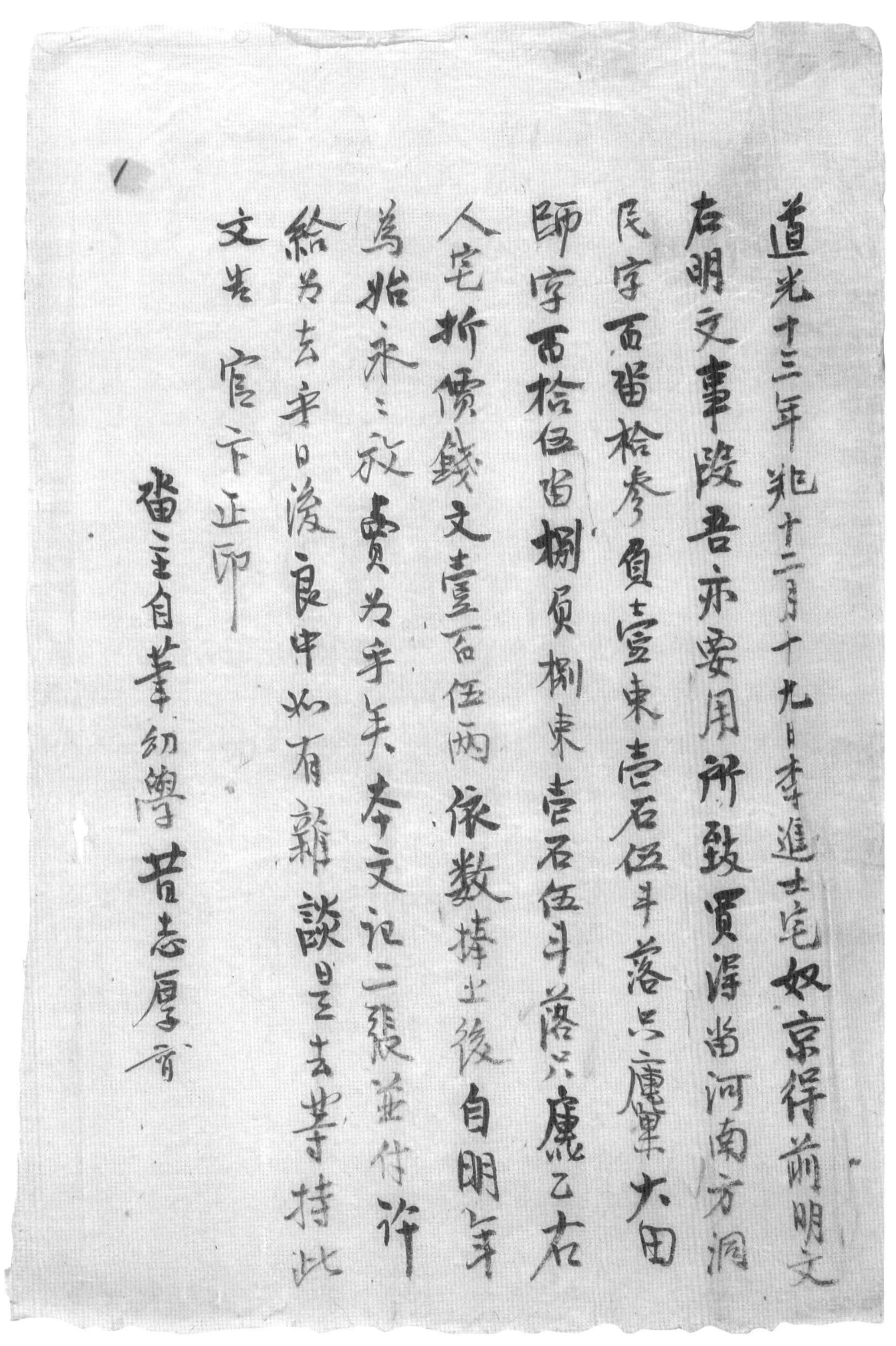

道光十三年癸巳十二月十九日李進士宅奴京得前明文
右明文事段吾亦要用所致買得畓河南方洞
民字百畓拾參負壹束壹石伍斗落只庫大田
師字百拾伍畓捌負捌束壹石伍斗落只處乙右
人宅折價錢文壹百伍兩依數捧上後自明年
爲始永永放賣爲乎矣本文記二張並付許
給爲去乎日後良中如有雜談是去等持此
文告官卞正事

畓主自筆幼學 昔志厚

1833년 12월 19일에 유학 昔志厚가 李進士 宅 奴 京得에게 전답을 팔면서 발급한 明文

明文 261

1833년(순조 33), 57.6×73.4

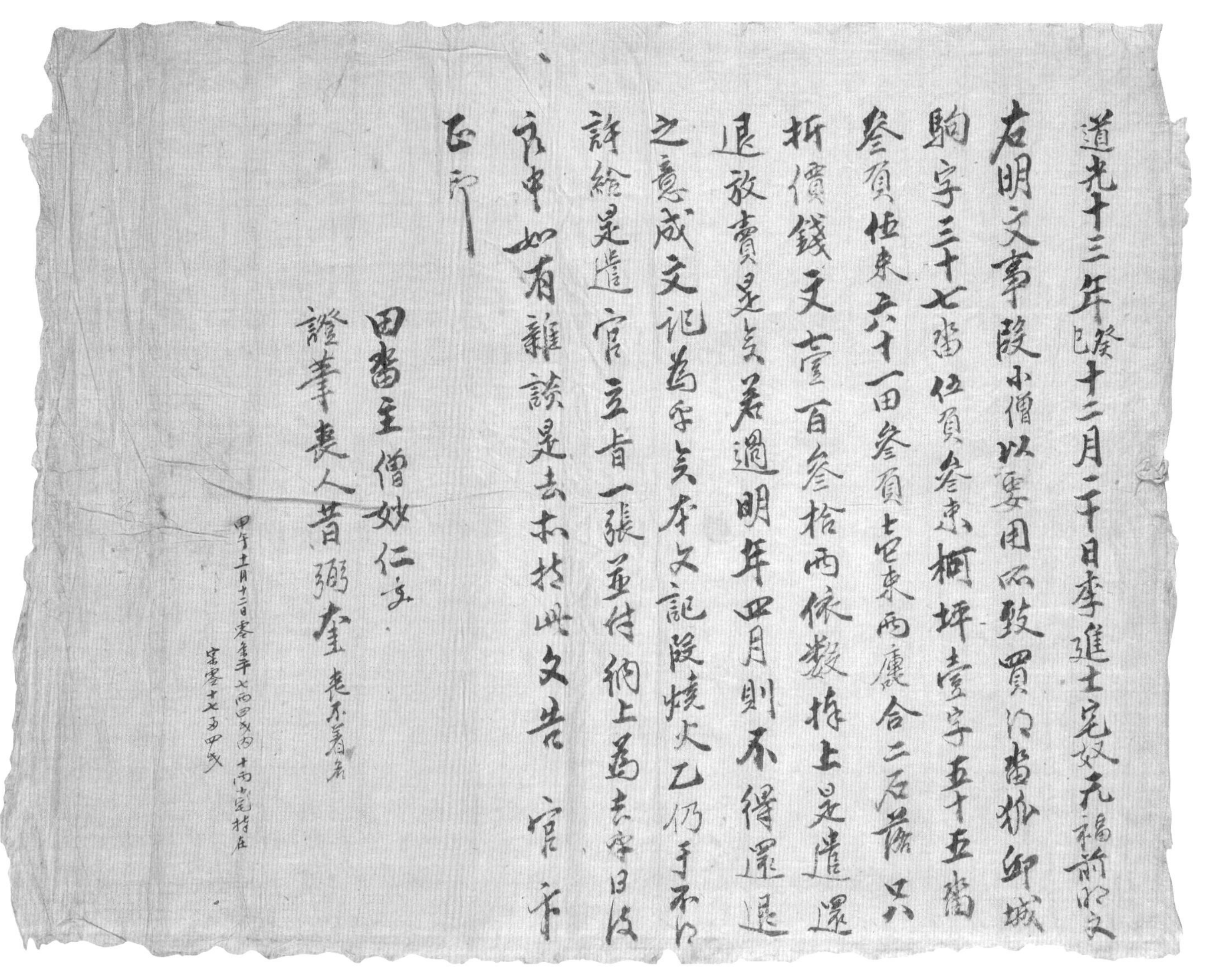

道光十三年癸巳十二月二十日李進士宅奴元福前明文
右明文事段小僧以要用所致買得畓狐卵城
駒字三十七畓伍負叁束柯坪壹字五十五畓
叁負伍束六十一田叁負七束兩處合二石落只
折價錢文壹百叁拾兩依數捧上是遣還
退放賣是矣若過明年四月則不得還退
之意成文記爲乎矣本文記段燒火乙仍于不得
許給是遣官立旨一張並付納上爲去乎日後
良中如有雜談是去等持此文告官卞
正事
田畓主僧妙仁
證筆表人昔彌奎 老不着名

1833년 12월 20일에 僧 妙仁이 李進士 宅 奴 元福에게 전답을 팔면서 발급한 明文

明文 262

1833년(순조 33), 96.5×61.9

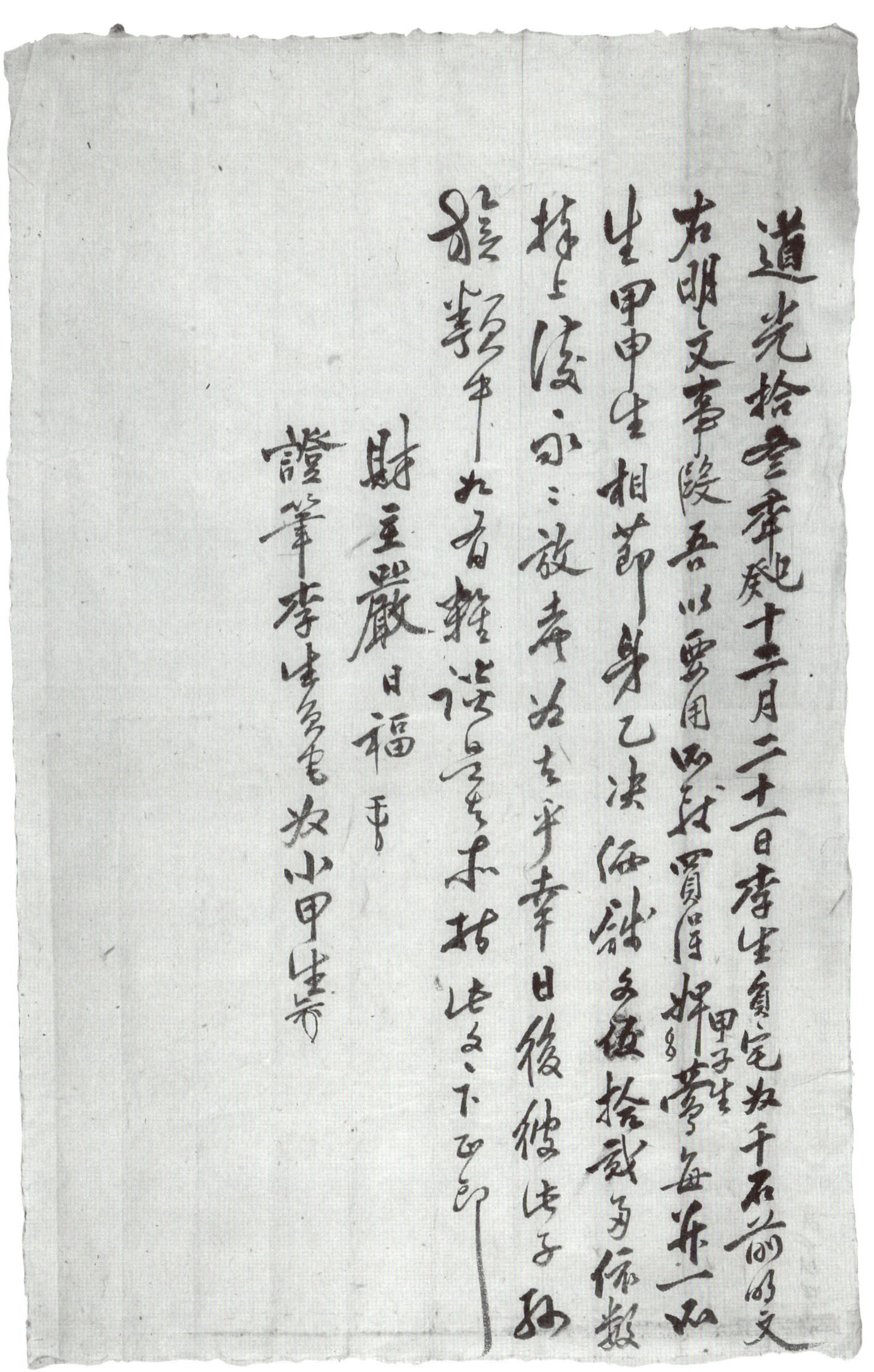

道光拾參年癸巳十二月二十一日李生員宅奴千石前明文
右明文事段 吾以要用所致 買得婢甲子生夢每并一所
生甲申生 相節身乙 決價錢文參拾貳兩依數
捧上後 永永放賣為去乎 幸日後從子孫
族類中 如有雜談是去等 持此文告官卞正事
財主 嚴日福 手寸
證筆 李生員宅奴 小甲生 手寸

1833년 12월 21일에 嚴日福이 李生員 宅 奴 千石에게 계집종을 팔면서 발급한 明文

1834년(순조 34), 59.2×38.2

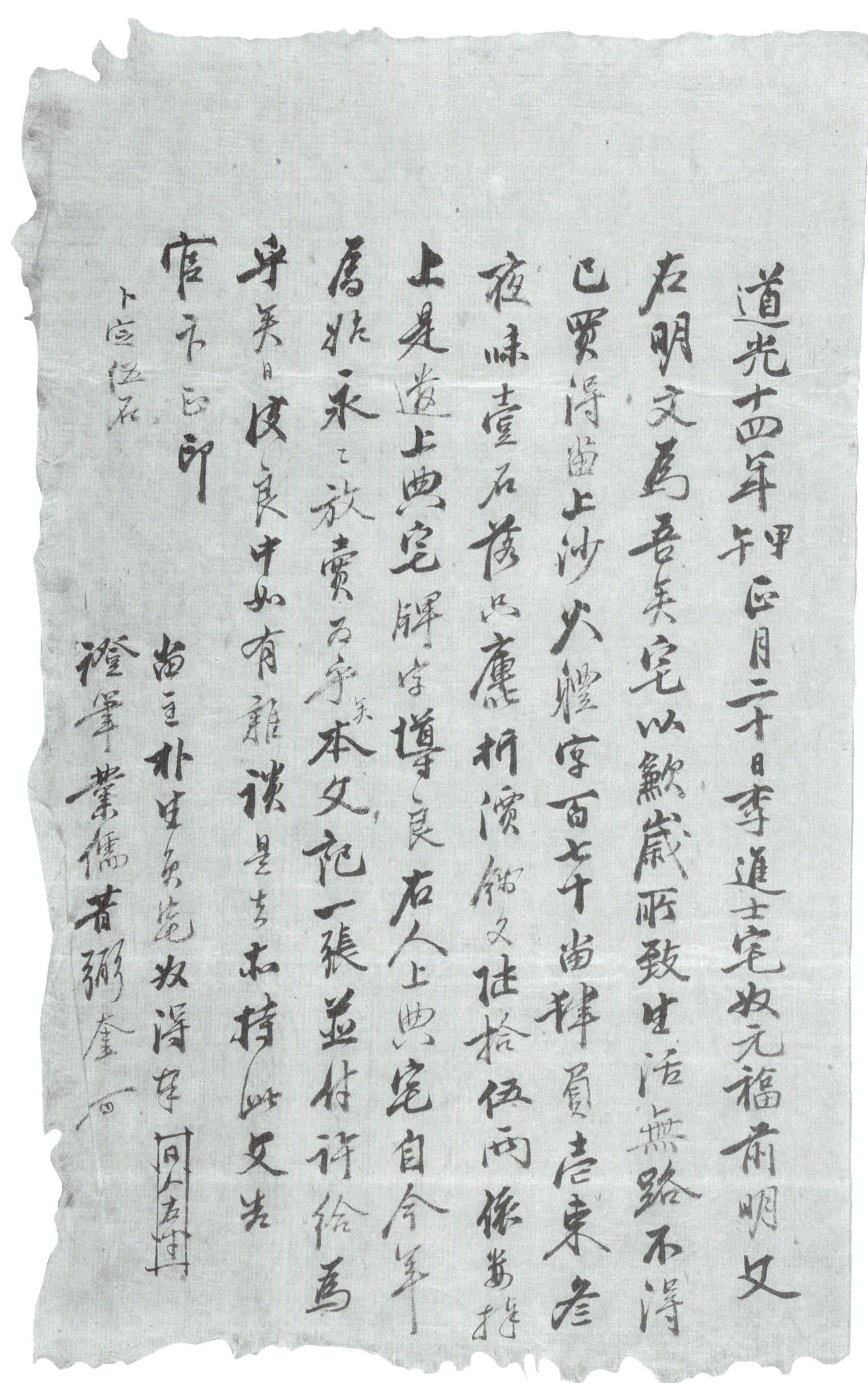

道光十四年甲午正月二十日李進士宅奴元福前明文

右明文爲吾矣宅以歉歲所致生活無路不得

已買得畓上沙火體字百七十畓肆負壹束叁

夜味壹石落只庫折價錢文伍拾伍兩依數捧

上是遣上典宅牌字導良右人上典宅自今年

爲始永永放賣爲乎矣本文記一張並付許給爲

乎矣日後良中如有雜談是去等持此文告

官卞正印

下宜伍石

畓主朴生員宅奴得奉 同人右寸

證筆業儒崔鄉奎

1834년 1월 20일에 朴生員 宅 奴 得奉이 李進士 宅 奴 元福에게 논을 팔면서 발급한 明文

明文 264

1834년(순조 34), 62.6×40.3

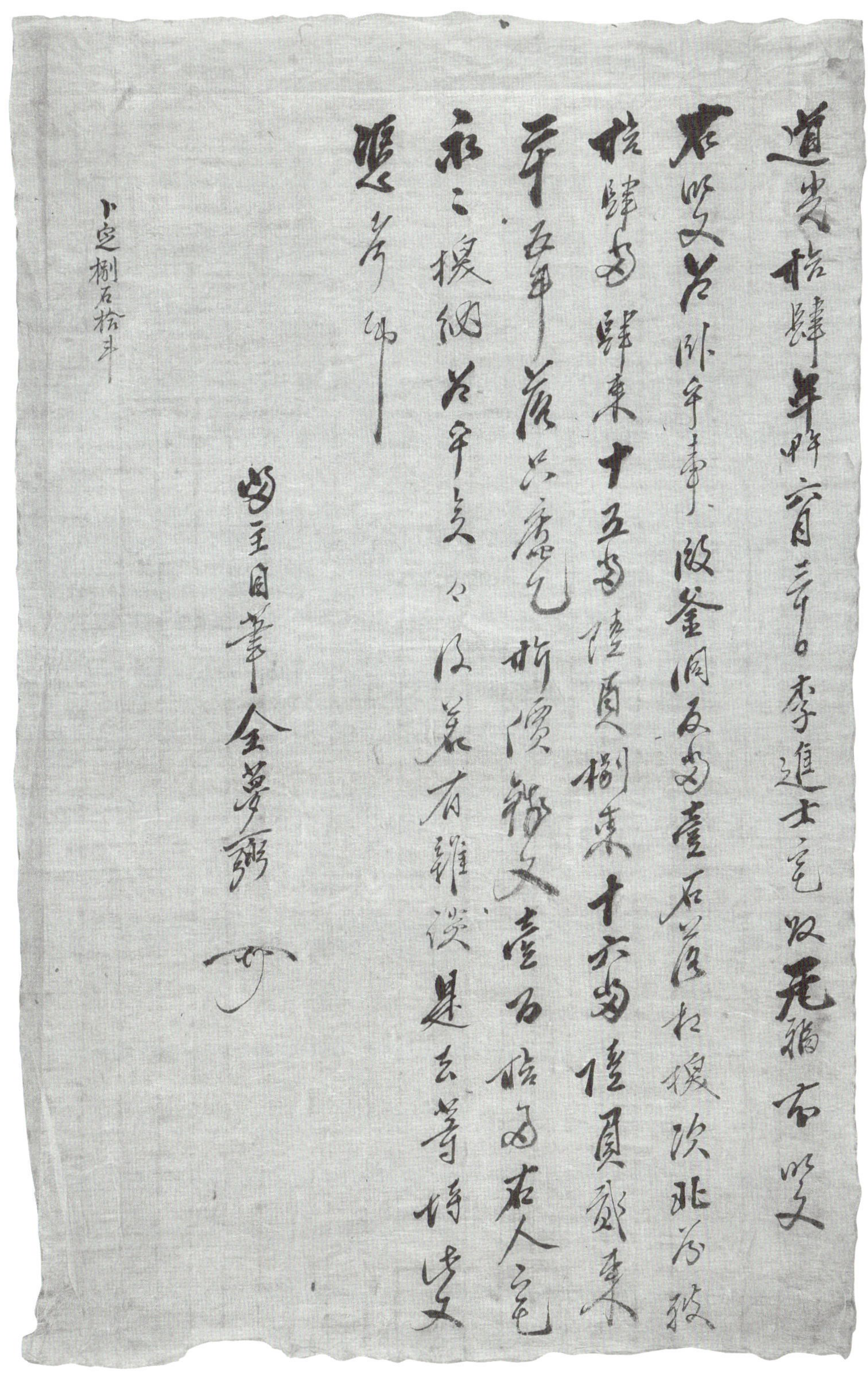

1834년 6월 30일에 全夢弼이 李進士 宅 奴 元福에게 논을 팔면서 발급한 明文

1834년(순조 34), 60.2×40.7

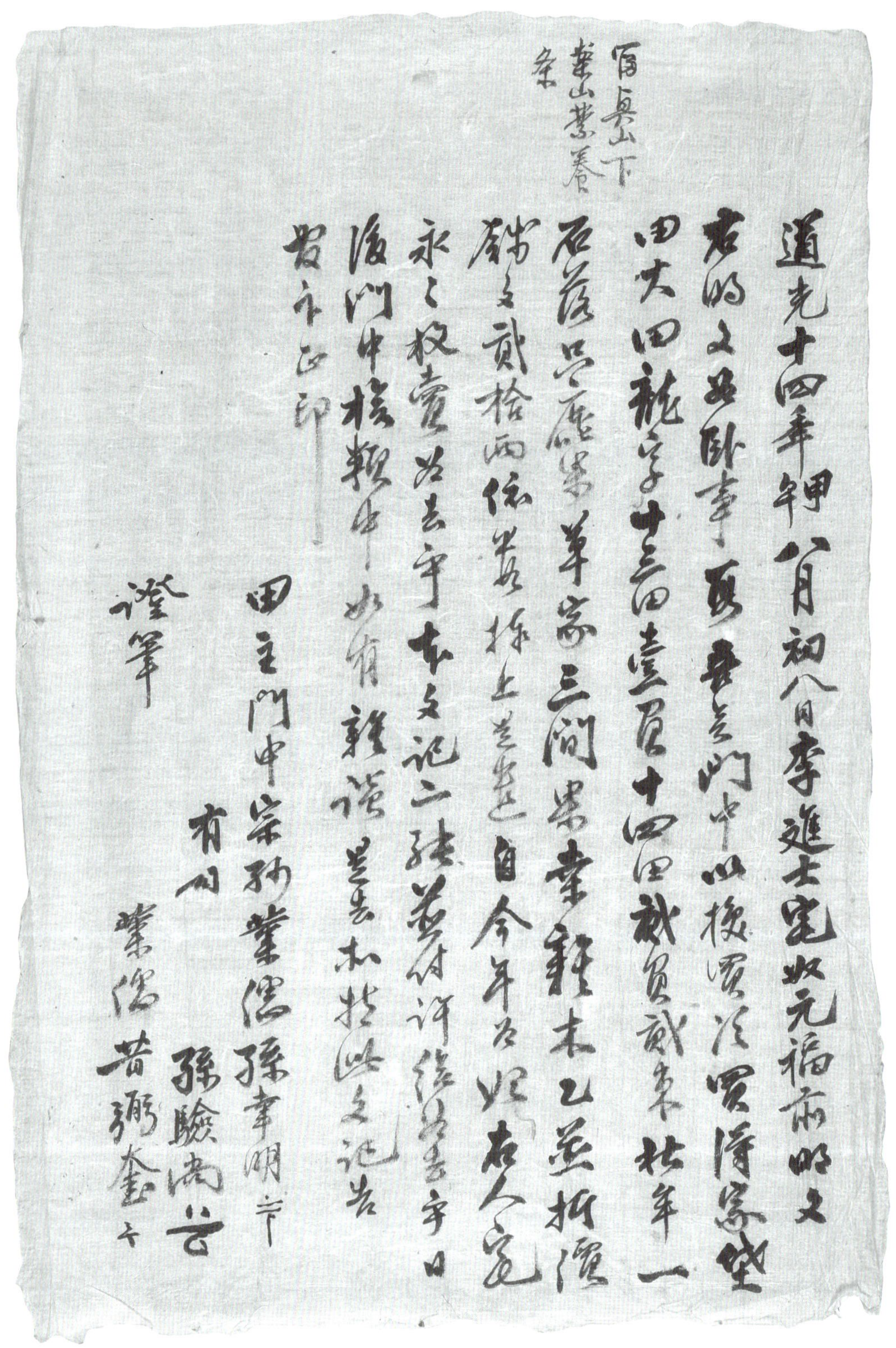

1834년 8월 초8일에 門中 宗孫 業儒 孫幸明과 有司 孫驗尙이 李進士 宅 奴 元福에게 밭을 팔면서 발급한 明文

1834년(순조 34), 52.6×34.8

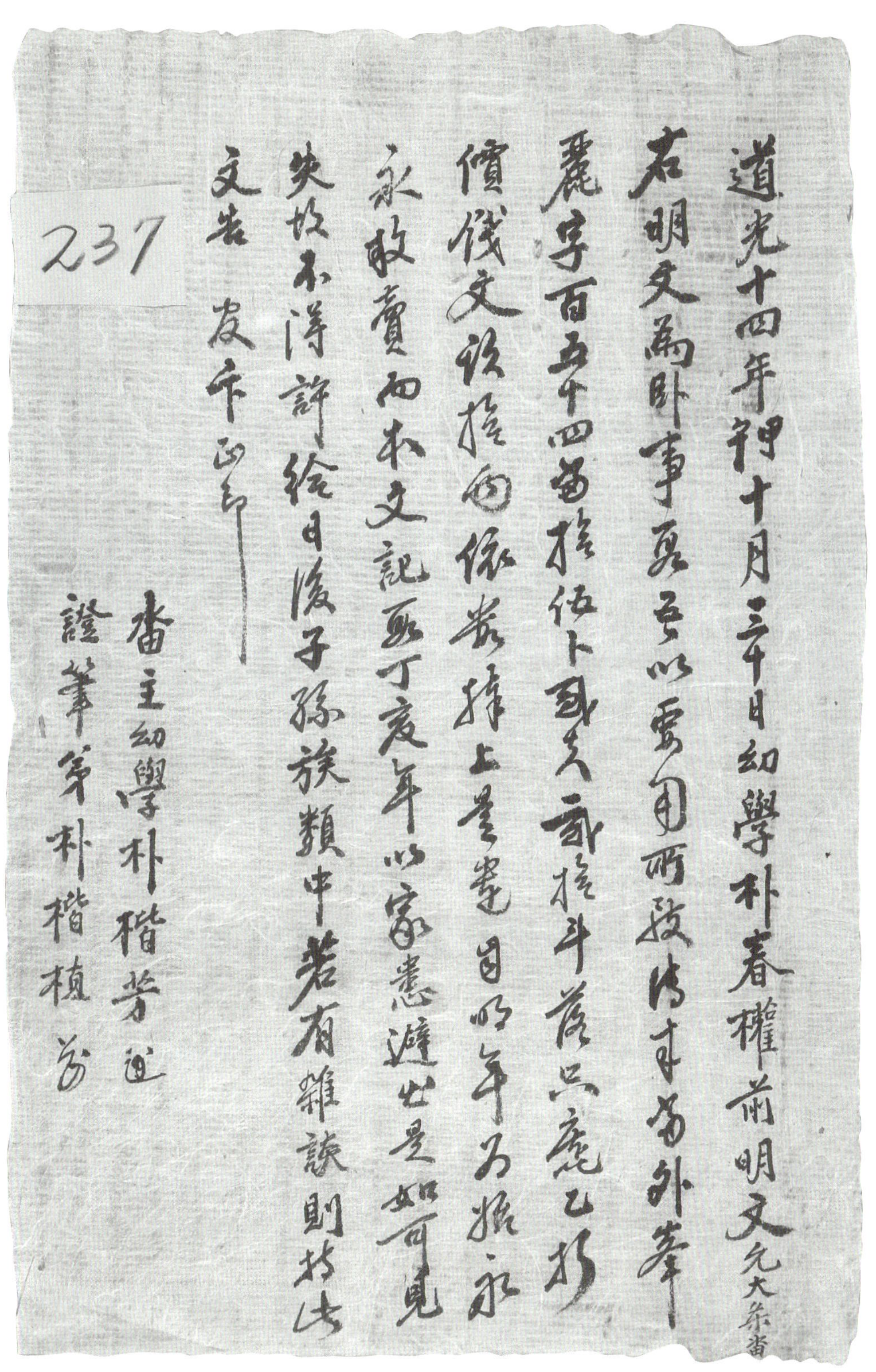

道光十四年甲午十月三十日 幼學朴春權前明文 先大祭畓

右明文爲卧事段 以要用所致 傳來畓外峯

麓字百五十四畓拾伍卜貳束貳拾斗落只處乙 折

價錢文拾伍兩依數捧上是遣 自明年爲始 永

永放賣而本文記段 丁亥年以家患避出是如可見

失故不得許給 日後子孫族類中若有雜談 則持此

文告官卞正印

畓主 幼學 朴楷芳

證筆 弟 朴楷植

1834년 10월 30일에 유학 朴楷芳이 유학 朴春權에게 논을 팔면서 발급한 明文

明文 267

1834년(순조 34), 30.6×34.5

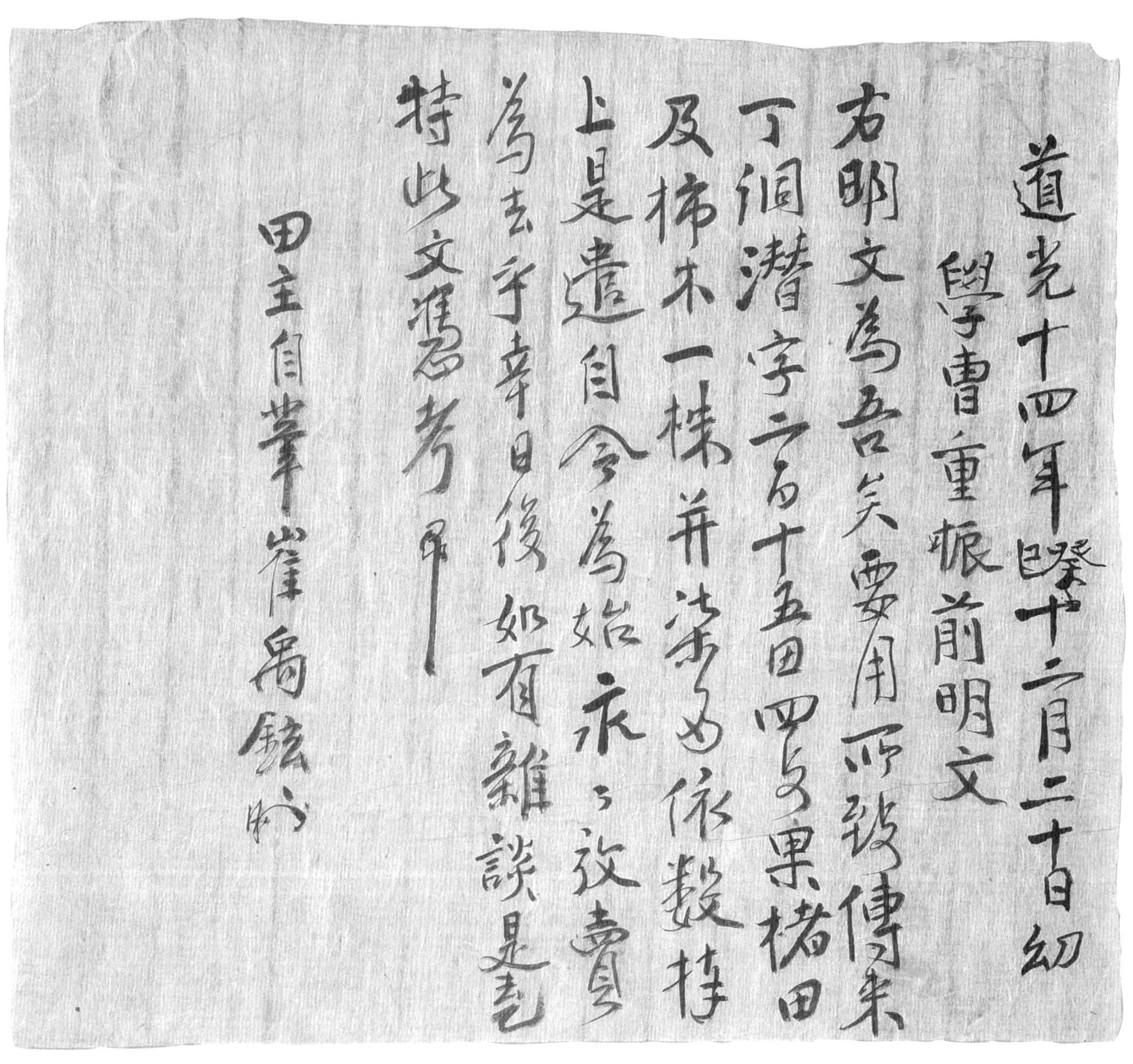

道光十四年甲午十二月二十日 幼
學曹重振前明文
右明文爲吾矣要用所致傳來
丁洞潛字二百十五田四卜果楮田
及柿木一株并法永依數捧
上是遣自今爲始永永放賣
爲去乎幸日後如有雜談是去
等此文憑考事
田主自筆 崔禹鉉

1834년 12월 20일에 崔禹鉉이 유학 曺重振에게 밭을 팔면서 발급한 明文

明文 268

1835년(헌종 원년), 60.9×39

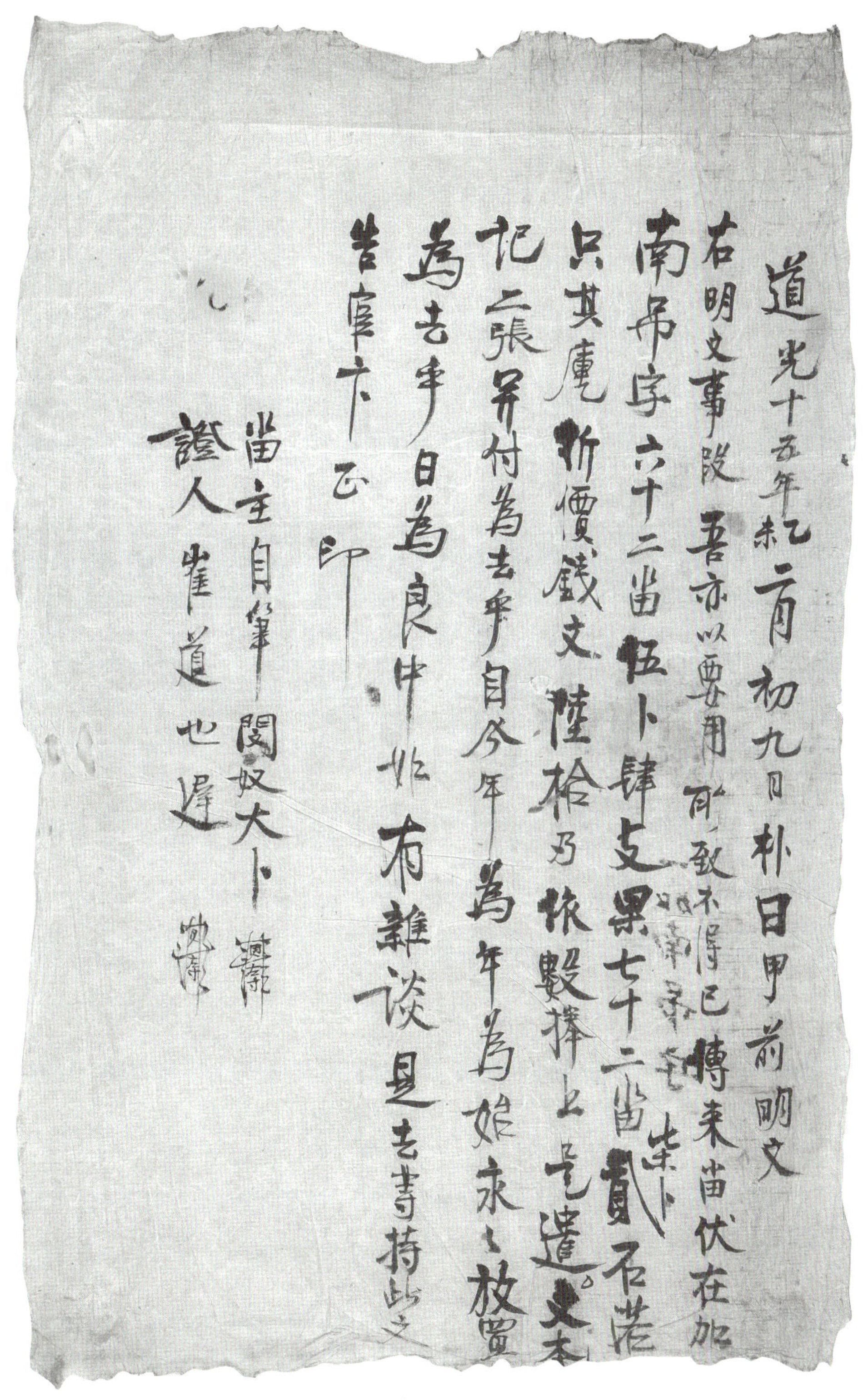

道光十五年乙未二月初九日朴日甲前明文

右明文事段 吾亦以要用所致不得已傳來畓伏在加
南弗字六十二畓伍卜肆束果七十二畓貳石落
只其庫 折價錢文陸拾乃依數捧上是遣 本
記二張并付爲去乎 自今年爲年爲娘永永放賣
爲去乎 日後良中如 有雜談是去等 持此文
告官卞正印

畓主 自筆 閔奴大卜
證人 崔道也還

1835년 2월 초9일에 閔哥의 奴 大卜이 朴日甲에게 논을 팔면서 발급한 明文

明文 269

1835년(헌종 원년), 49.9×59.2

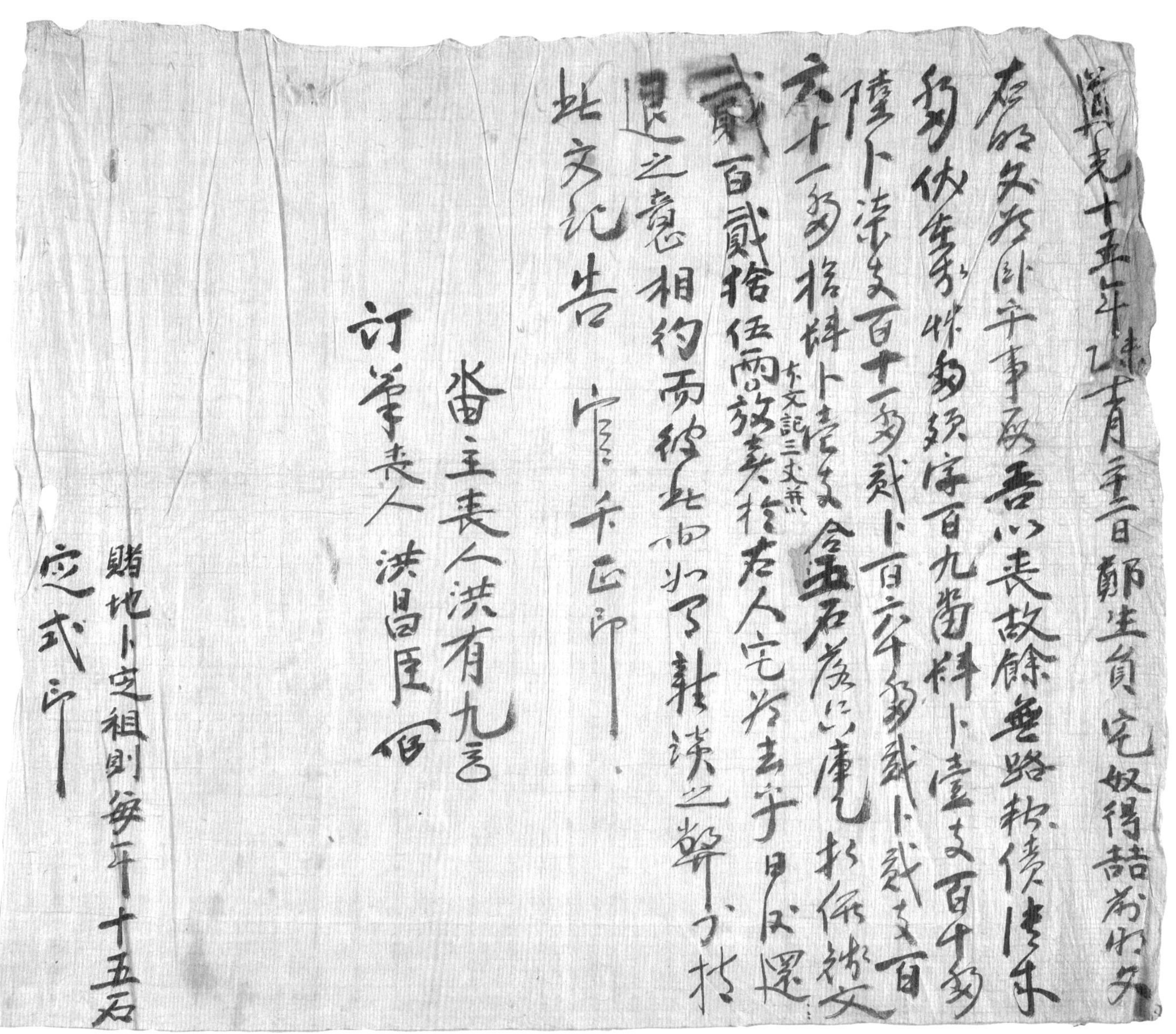

1835년 11월 22일에 喪人 洪有九가 鄭生員 宅 奴 得喆에게 논을 팔면서 발급한 明文

明文 270

1835년(헌종 원년), 56.1×36.7

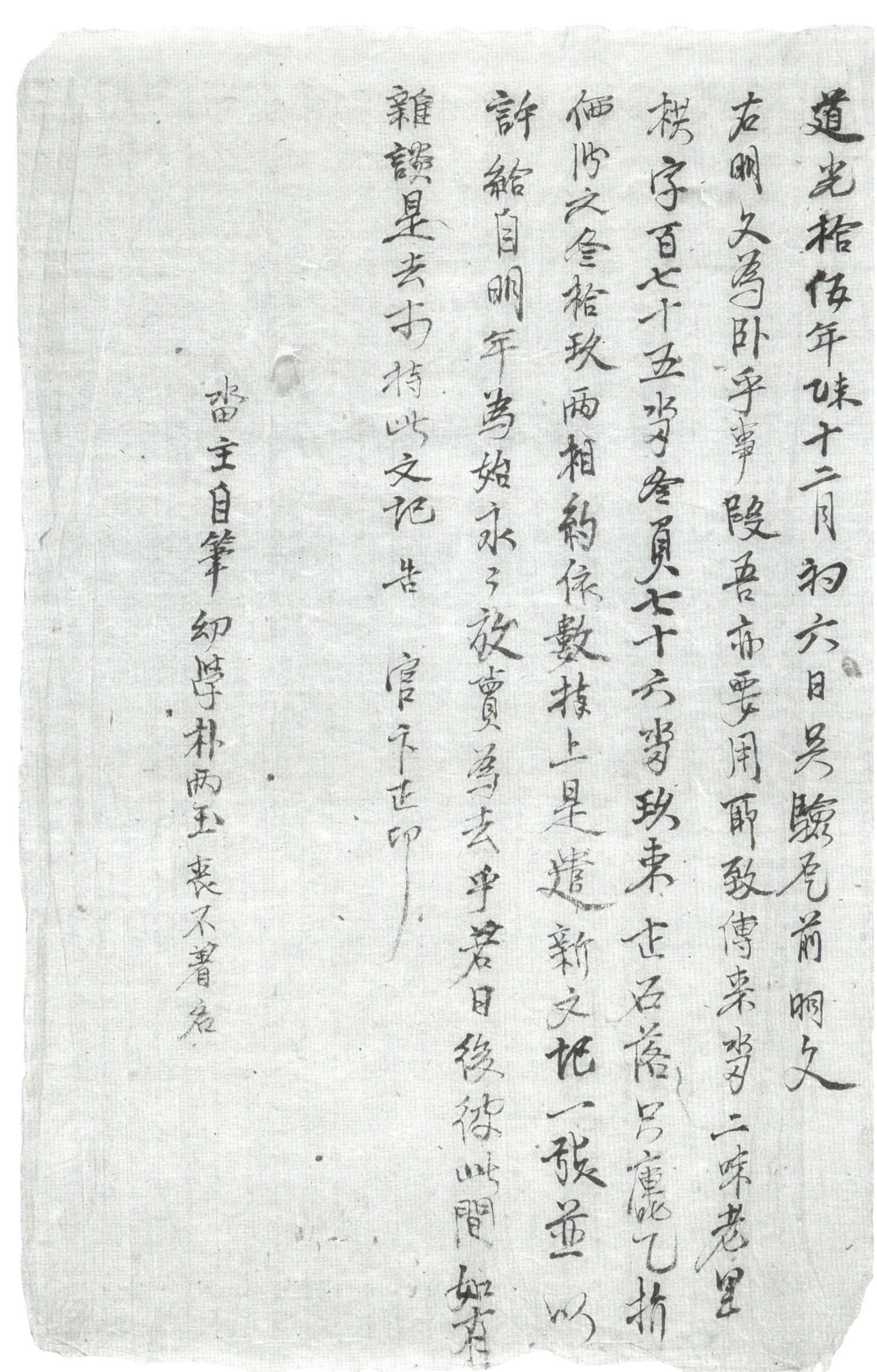

道光拾伍年乙未十二月初六日吳驗乭前明文
右明文爲臥乎事段吾亦要用所致傳來畓二庫老星
伏字百七十五畓參負七十六畓玖束並石落只庫乙折
價錢文金拾玖兩相約依數捧上是遣新文記一張並以
許給自明年爲始永〻放賣爲去乎若日後侤此間如有
雜談是去乃持此文記告官卞正印
畓主自筆幼學朴兩玉 喪不着名

1835년 12월 초6일에 유학 朴兩玉이 吳驗乭에게 논을 팔면서 발급한 明文

1835년(헌종 원년), 62×38.1

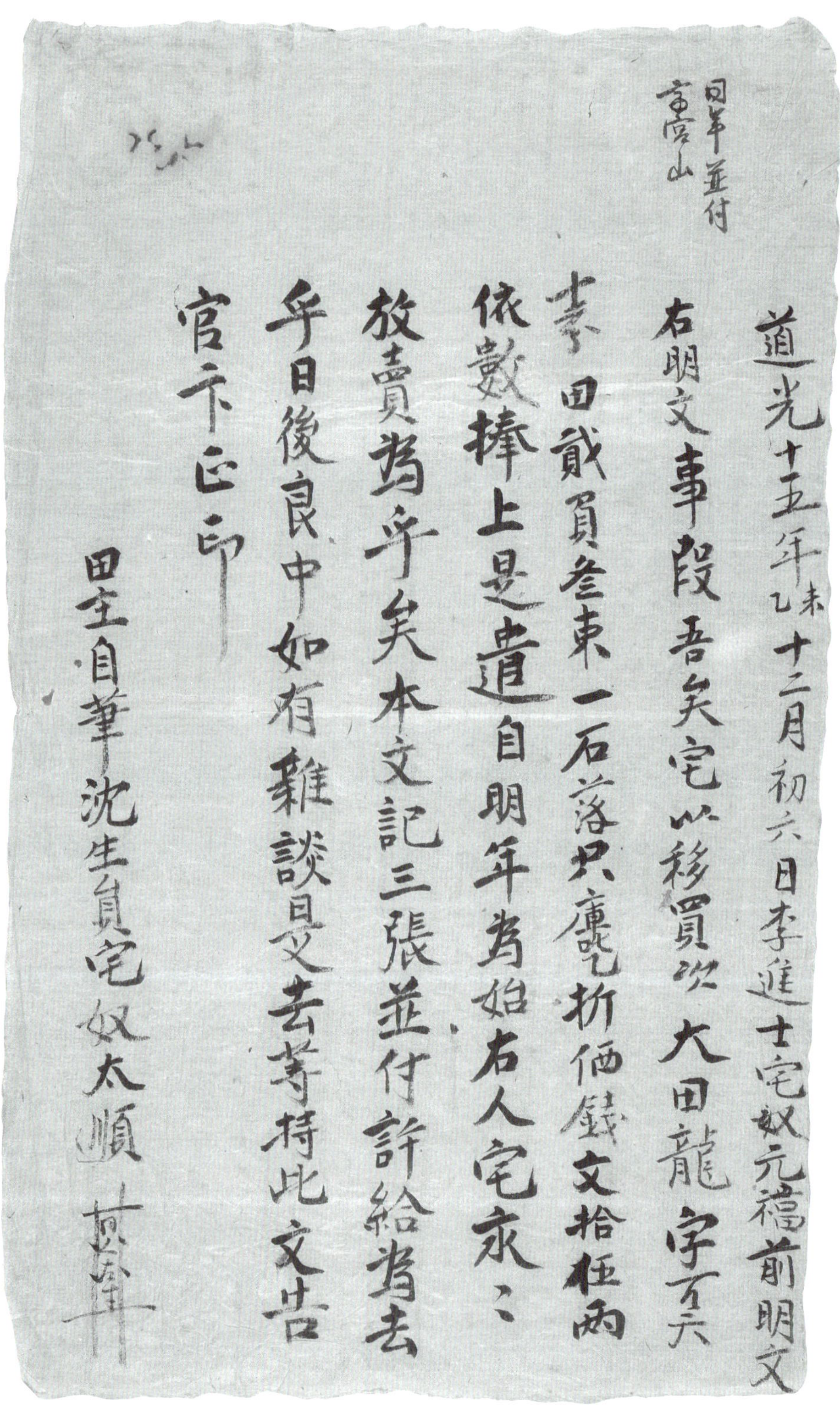

道光十五年乙未十二月初六日李進士宅奴元福前明文

右明文事段 吾矣宅以移買次 大田龍字丁六

十叄田載買叄東一石落只庫乙折価錢文拾伍兩

依數捧上是遣 自明年爲始右人宅永永

放賣爲乎矣本文記三張並付許給爲去

乎 日後良中如有雜談是去等持此文告

官卞正印

田主自筆 沈生員宅奴太順

同年並付

京亭山

1835년 12월 초6일에 沈生員 宅 奴 太順이 李進士 宅 奴 元福에게 밭을 팔면서 발급한 明文

明文 272

1835년(헌종 원년), 64.2×37.1

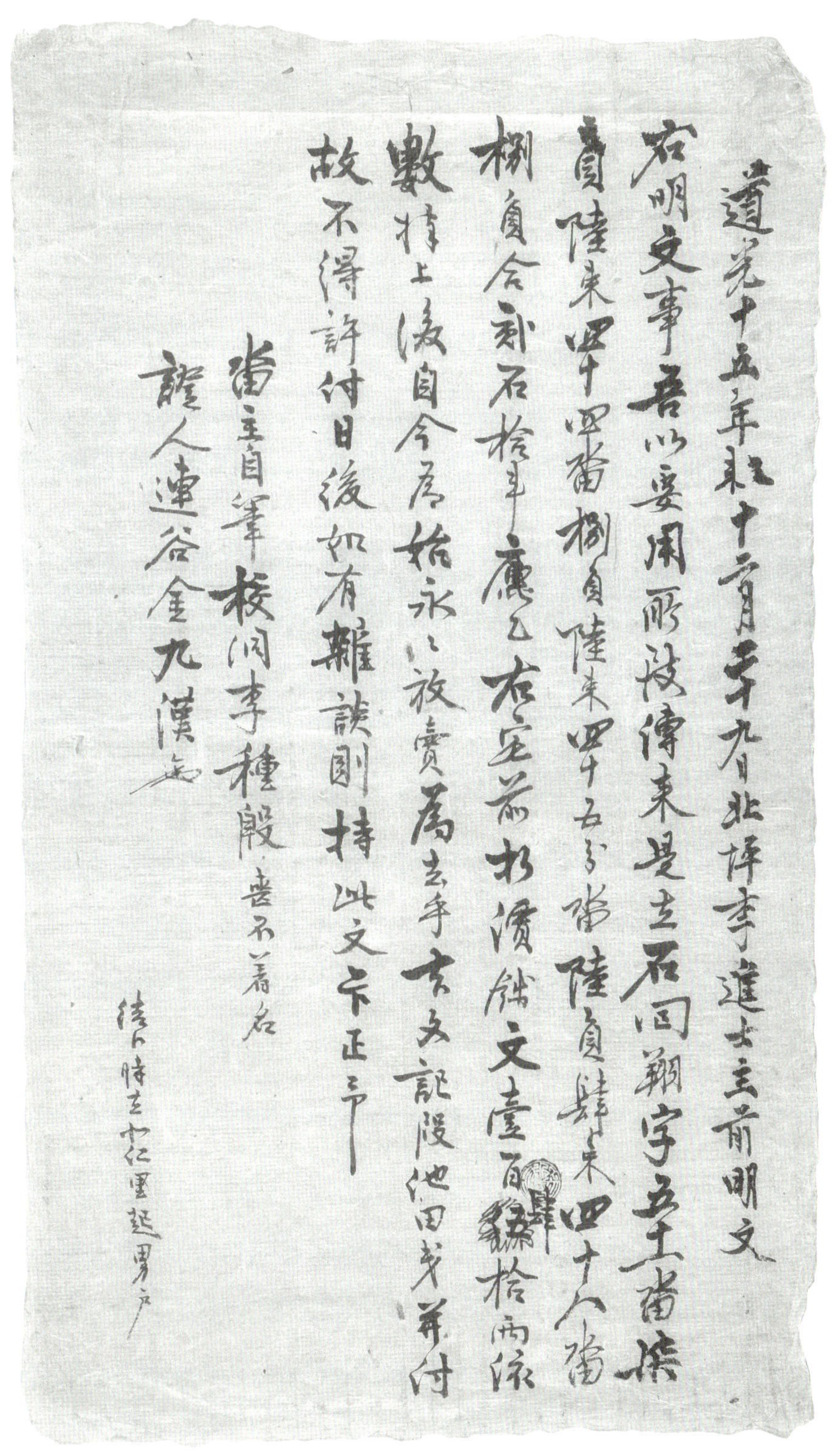

1835년 12월 29일에 校洞에 거주하는 李種殷이 北坪에 거주하는 李進士에게 논을 팔면서 발급한 明文

明文 273

1836년(헌종 2), 66.2×36

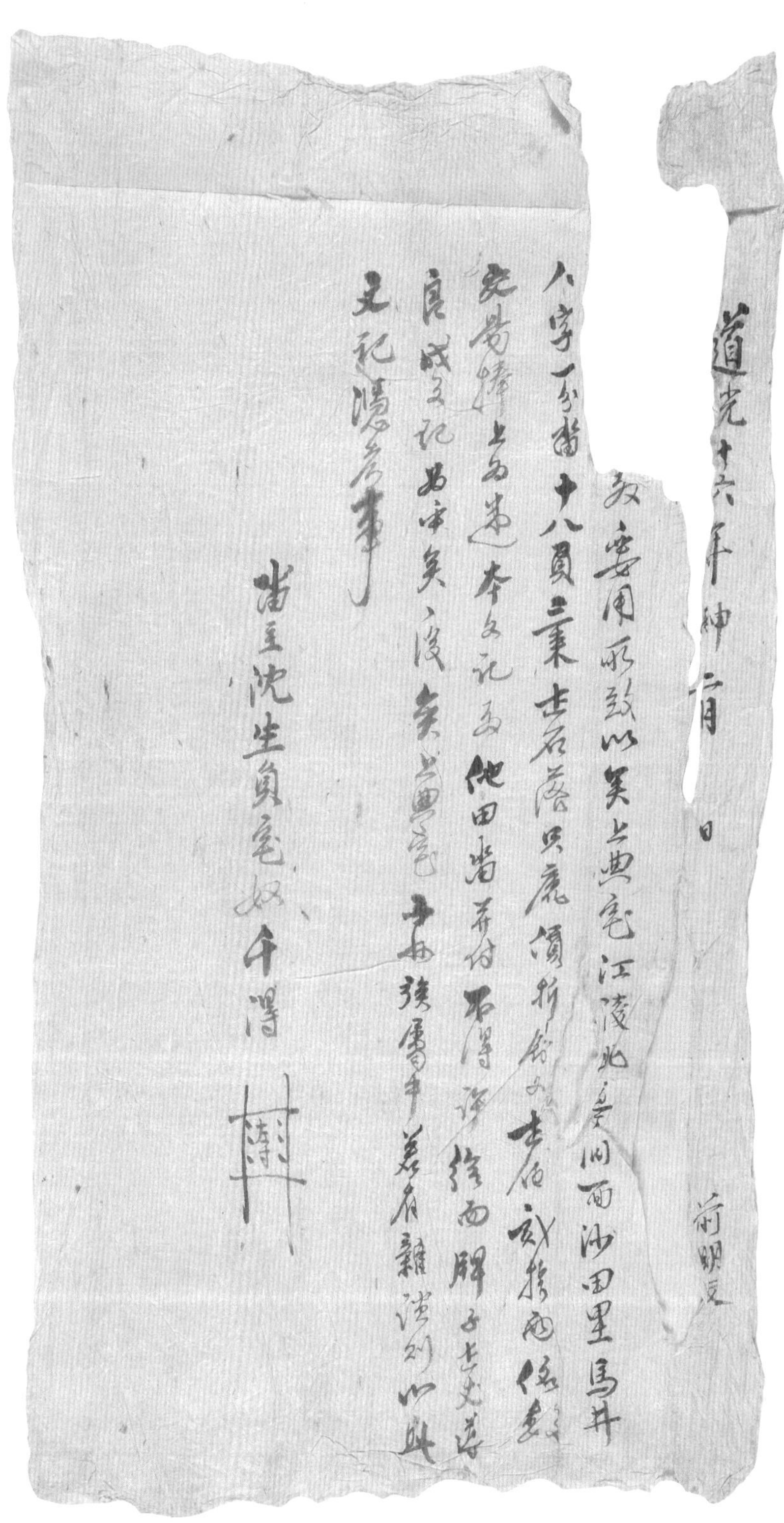

1836년 2월에 沈生員 宅 奴 千得이 논을 팔면서 발급한 明文

明文 274

1836년(헌종 2), 50.8×30.4

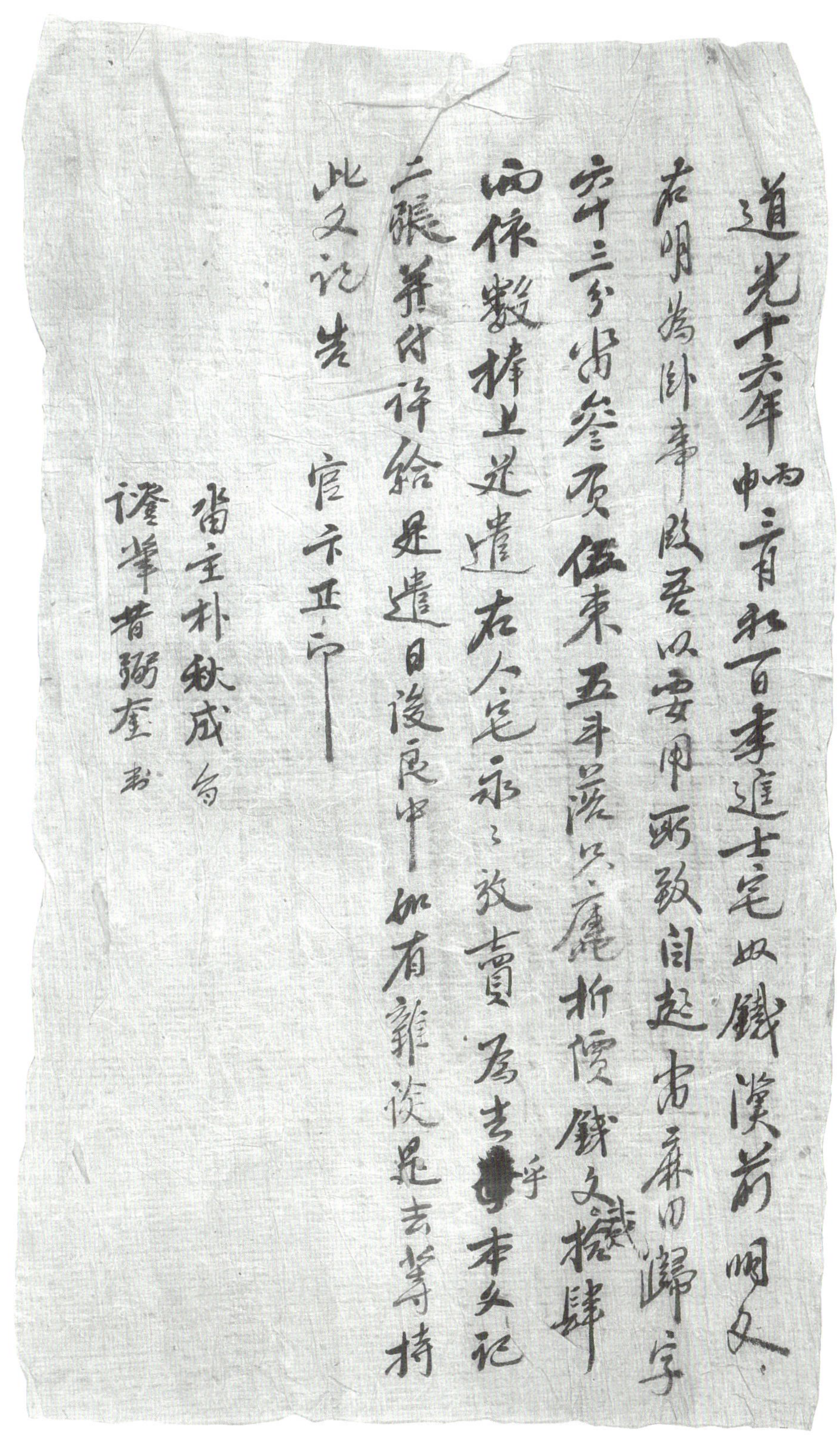

道光十六年丙申三月初一日李進士宅奴鐵漢前明文
右明爲臥事段吾以要用所致自起畓麻田歸字
六十三卜畓參負伍束五斗落只庫折價錢文捌拾肆
兩依數捧上是遣右人宅永永放賣爲去乎本文記
二張并付許給是遣日後良中如有雜談是去等持
此文記告官卞正事

畓主朴秋成
證筆昔獨奎 書

1836년 3월 초1일에 朴秋成이 李進士 宅 奴 鐵漢에게 논을 팔면서 발급한 明文

1836년(헌종 2), 71.5×43.7

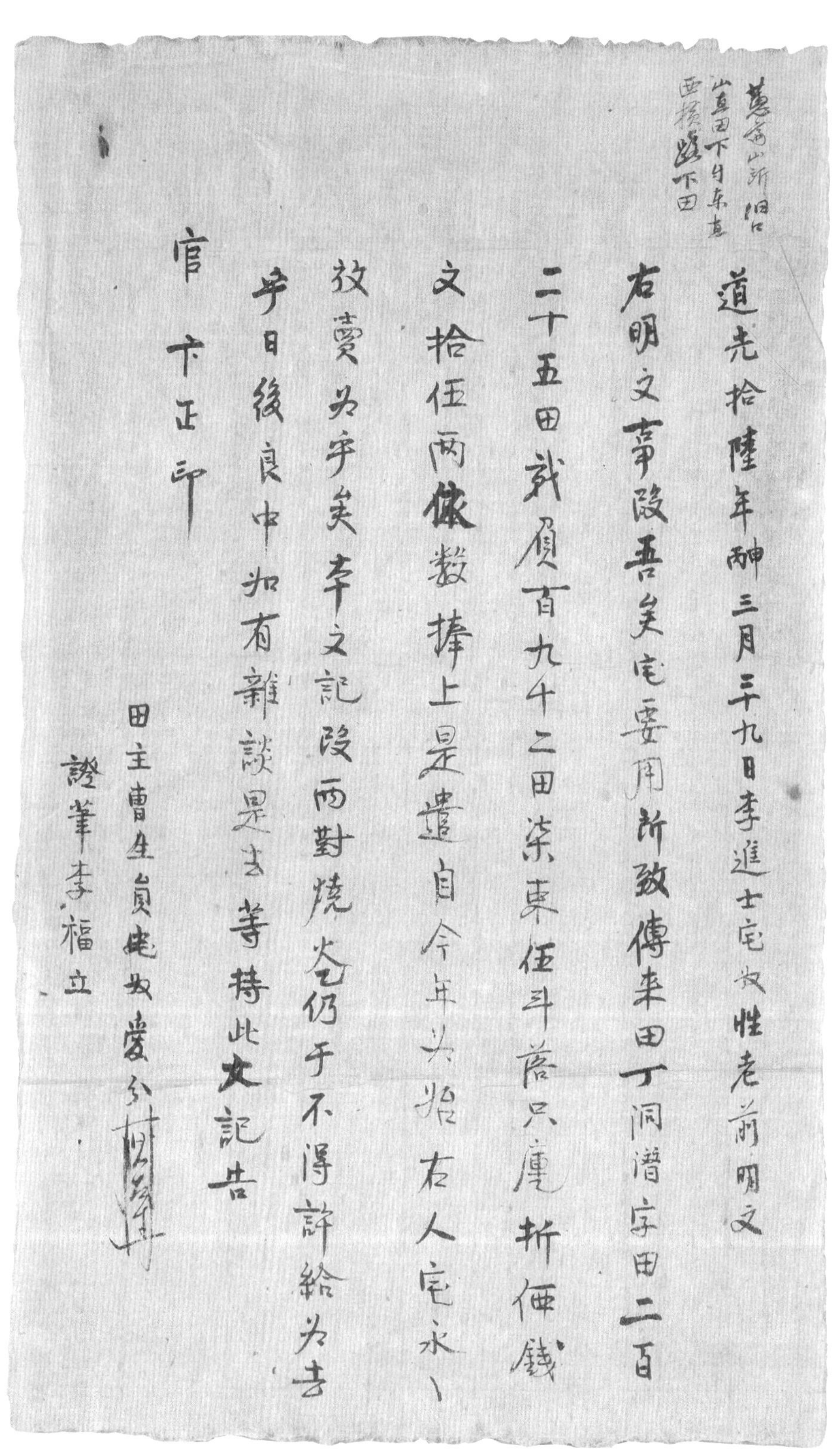

道光拾陸年丙申三月二十九日李進士宅奴性老前明文
右明文事段吾矣宅要用所致傳來田丁洞潛字田二百
二十五田貳負百九十二田柒束伍斗落只處折價錢
文拾伍兩依數捧上是遣自今以後右人宅永〻
放賣爲乎矣本文記段兩對燒火仍于不得許給爲去
乎日後良中如有雜談是去等持此文記告
官卞正事
田主曺生員宅奴愛分
證筆李福立

1836년 3월 29일에 曺生員 宅 奴 愛分이 李進士 宅 奴 性老에게 밭을 팔면서 발급한 明文

明文 276

1836년(헌종 2년), 47×38.7

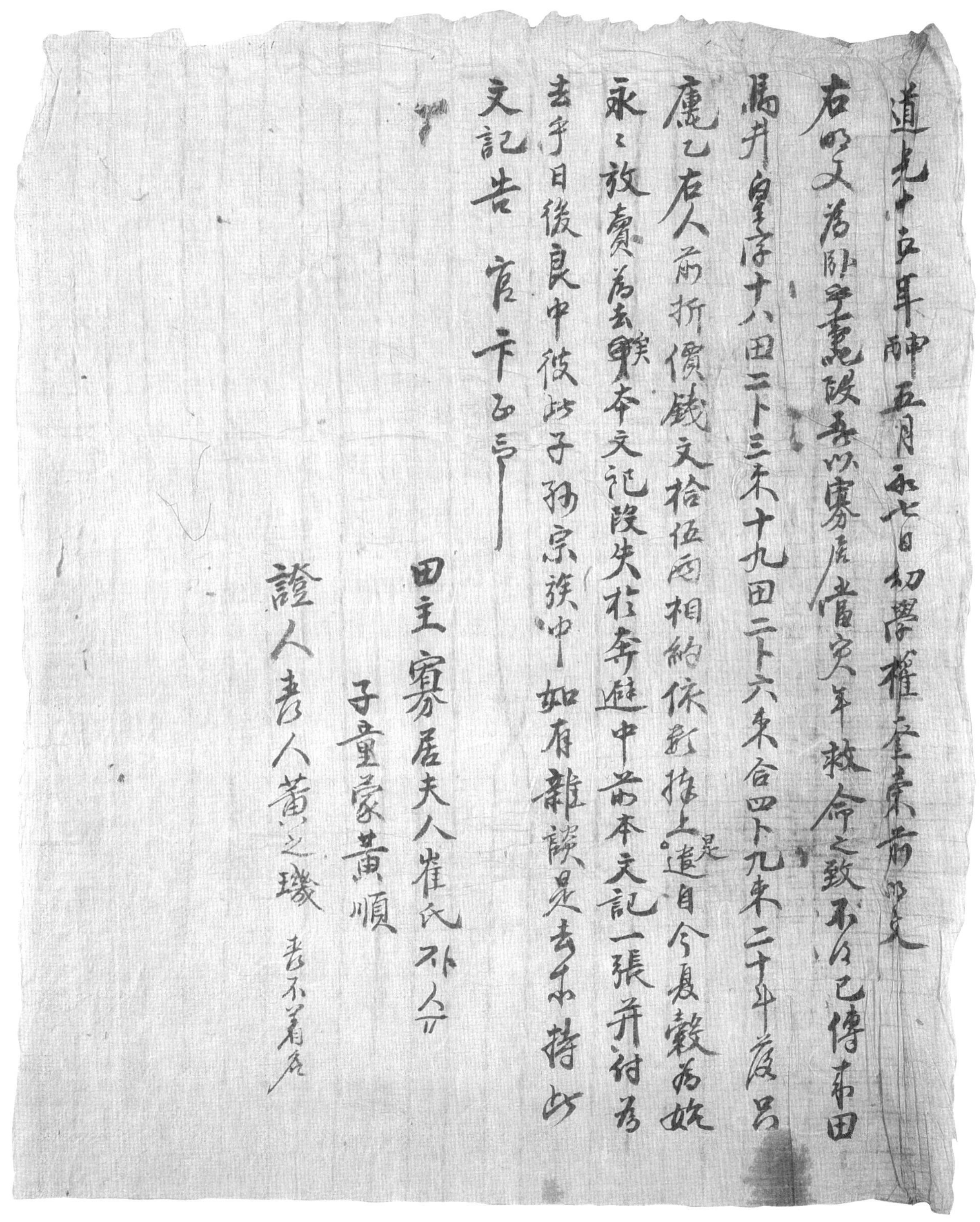
道光十六年丙申五月初七日幼學權奎榮前明文
右明文爲臥乎事段吾以寡居當凶年救命之致不得已傳來田
屬井皇字十八田二卜三束十九田二卜六束合四卜九束二十斗落只
庫乙右人前折價錢文拾伍兩相約依數捧上是遣自今夏穀爲始
永永放賣爲去乎矣本文記段失於奔避中舊本文記一張幷付爲
去乎日後良中彼此子孫宗族中如有雜談是去等持此
文記告官卞正事

田主 寡居夫人崔氏
子童蒙黃順
證人 老人黃之璣 老不着名

1836년 5월 초7일에 과부 夫人 崔氏와 그녀의 이들 黃順이 유학 權奎榮에게 밭을 팔면서 빌급한 明文

1836년(헌종 2), 56.5×37.8

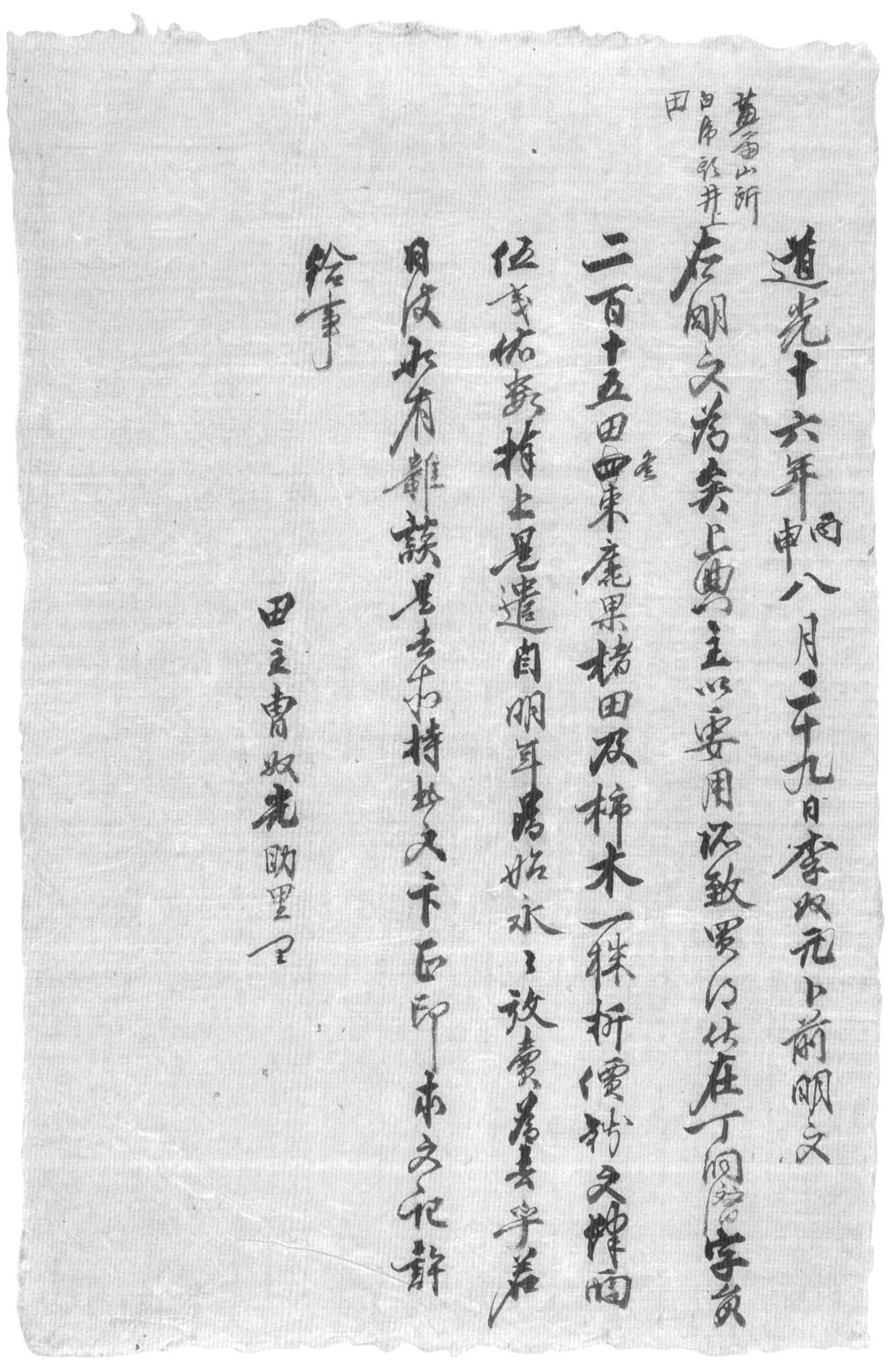

1836년 8월 29일에 青哥의 奴 光助里가 李哥의 奴 元卜에게 밭을 팔면서 발급한 明文

明文 278

1836년(헌종 2), 66×41.8

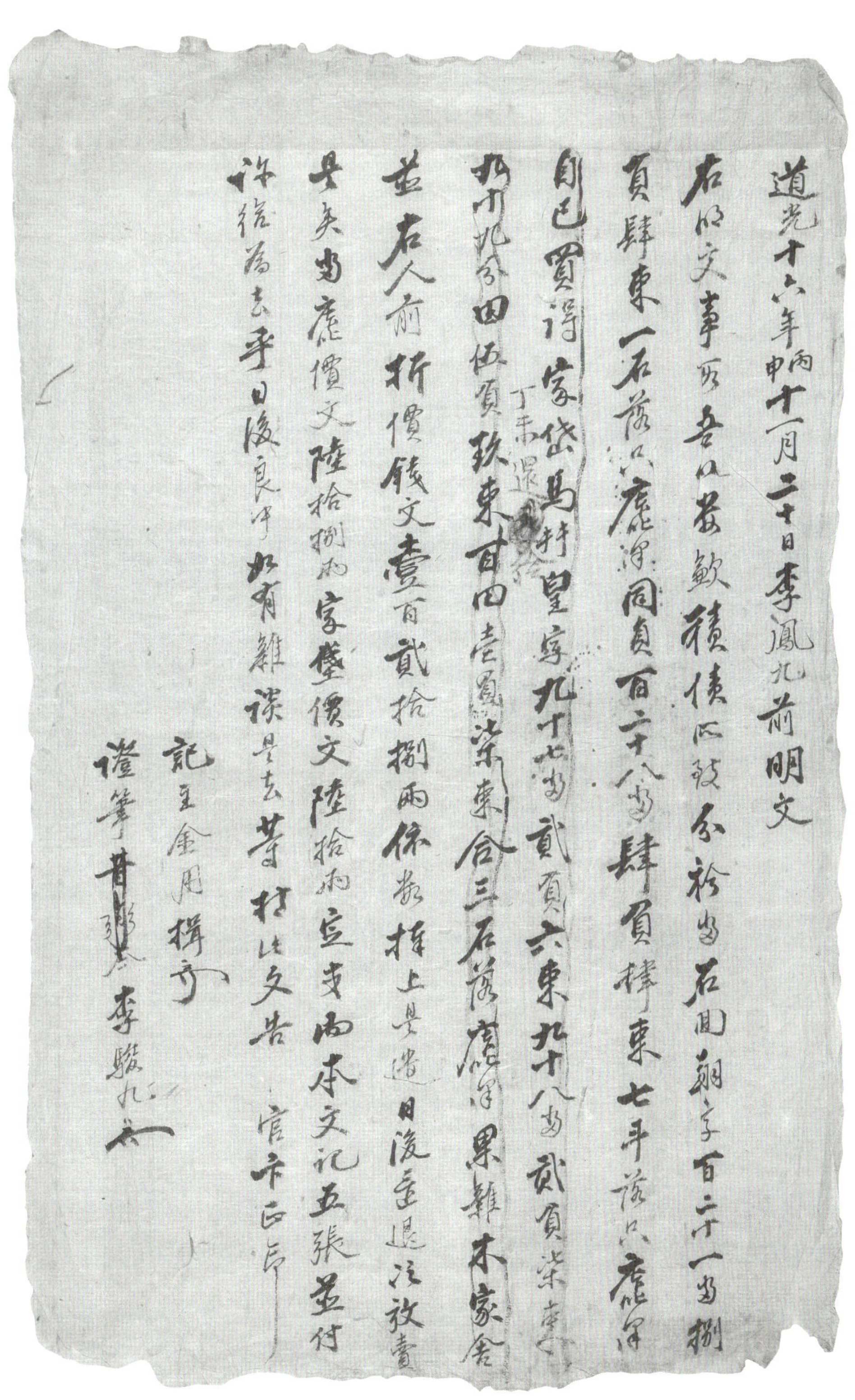

道光十六年丙申十一月二十日李鳳九前明文

右明文事段 吾以要用 積債所致 右田朔字百二十一畓捌負肆束一石落只庫 同負百二十八畓肆負捌束七斗落只庫 自己買得家垈馬井皇字九十七畓貳負六束九十八畓貳負柒束 柒拾肆負 田伍負玖束 百四壹負柒束 合三石落只庫 果雜木家舍 並右人前折價錢文壹百貳拾捌兩依數捧上是遣 日後退給次 是矣 當庫價文陸拾捌兩 家垈價文陸拾兩 並本文記五張並付 許給為去乎 日後良中 如有雜談是去等 持此文告 官卞正事

記主 金用揖

證筆 李駿九

1836년 11월 20일에 金用楫이 李鳳九에게 선납 등을 팔면서 발급한 明文

1837년(헌종 3), 56.1×34.2

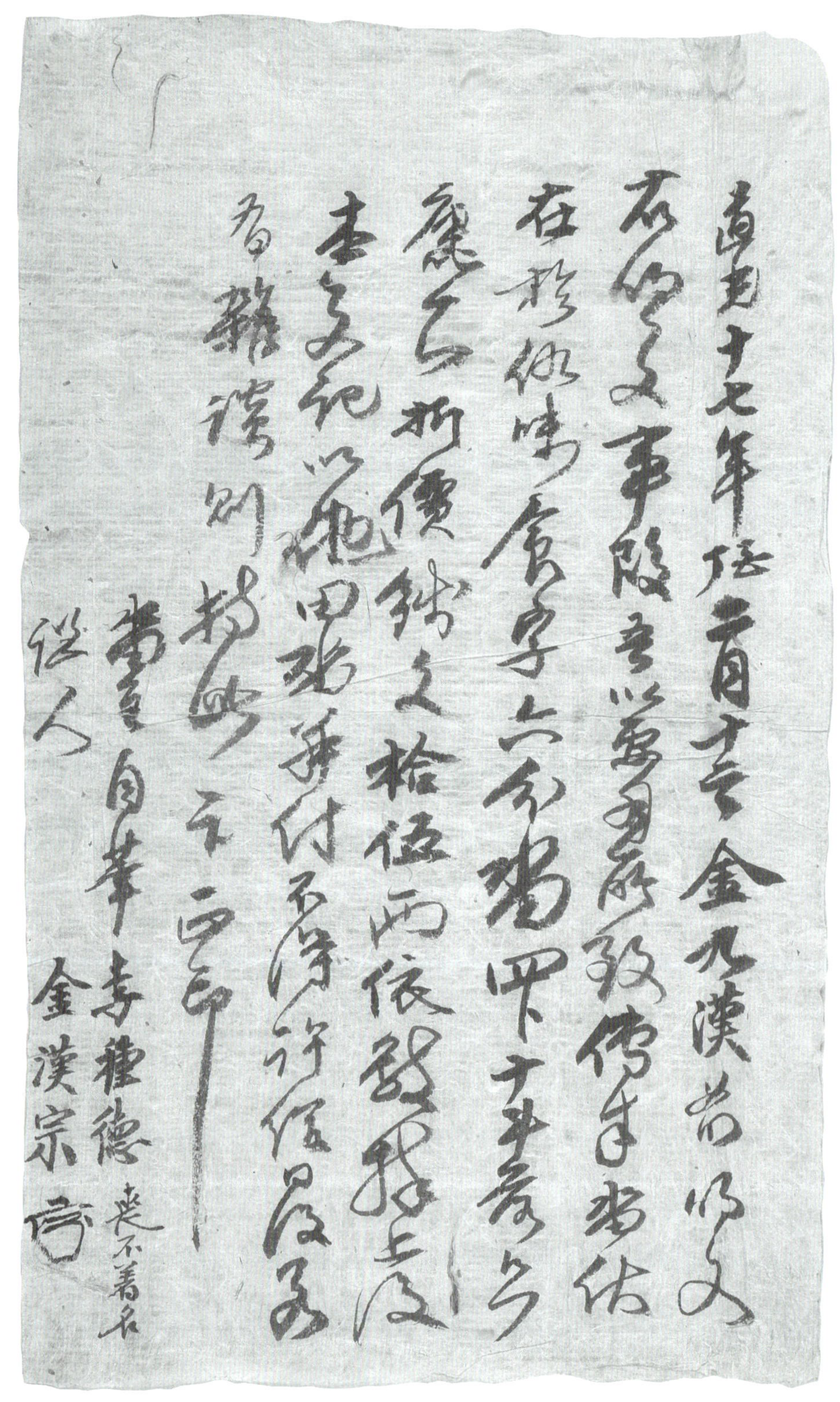

1837년 2월 12일에 畓主 自筆 李種德이 金九漢에게 논을 팔면서 발급한 明文

明文 280

1837년(헌종 3), 52.7×32.7

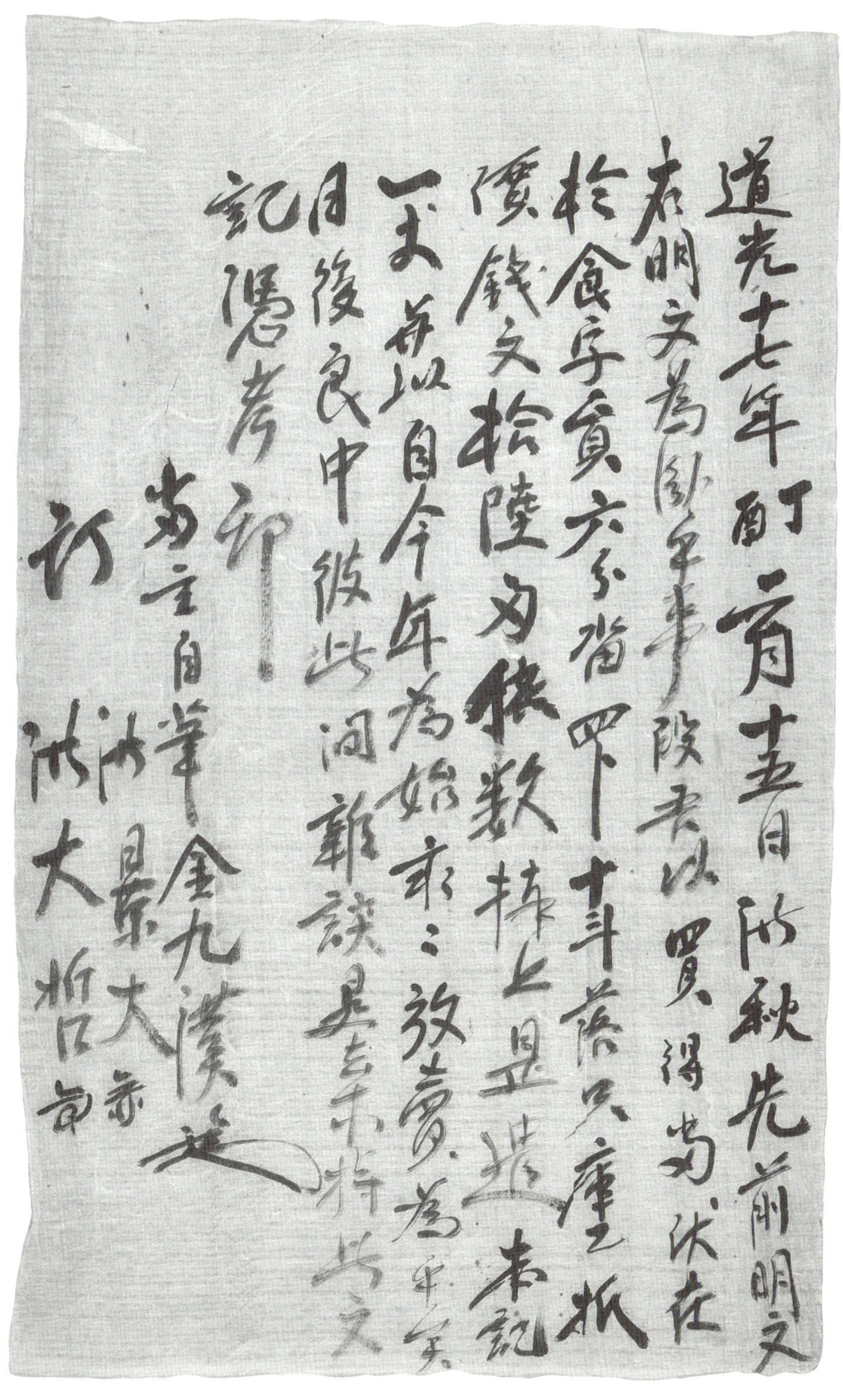

1837년 2월 15일에 畓主 自筆 金九漢이 洪秋先에게 논을 팔면서 발급한 明文

明文 281

1837년(헌종 3), 62.3×59.4

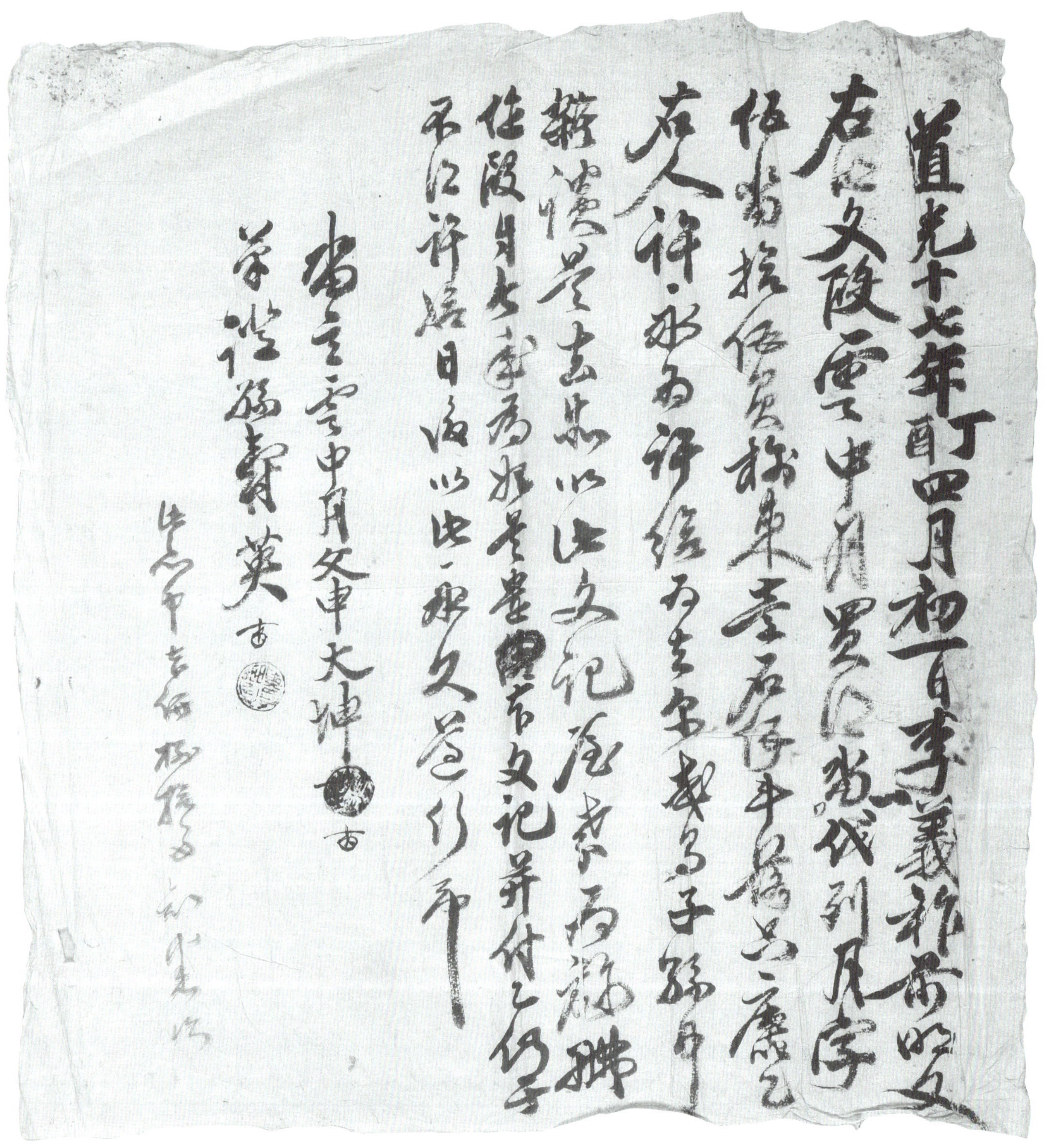

1837년 4월 초1일에 申大坤이 李義祚에게 논을 팔면서 발급한 明文

明文 282

1837년(헌종 3), 68.4×33.3

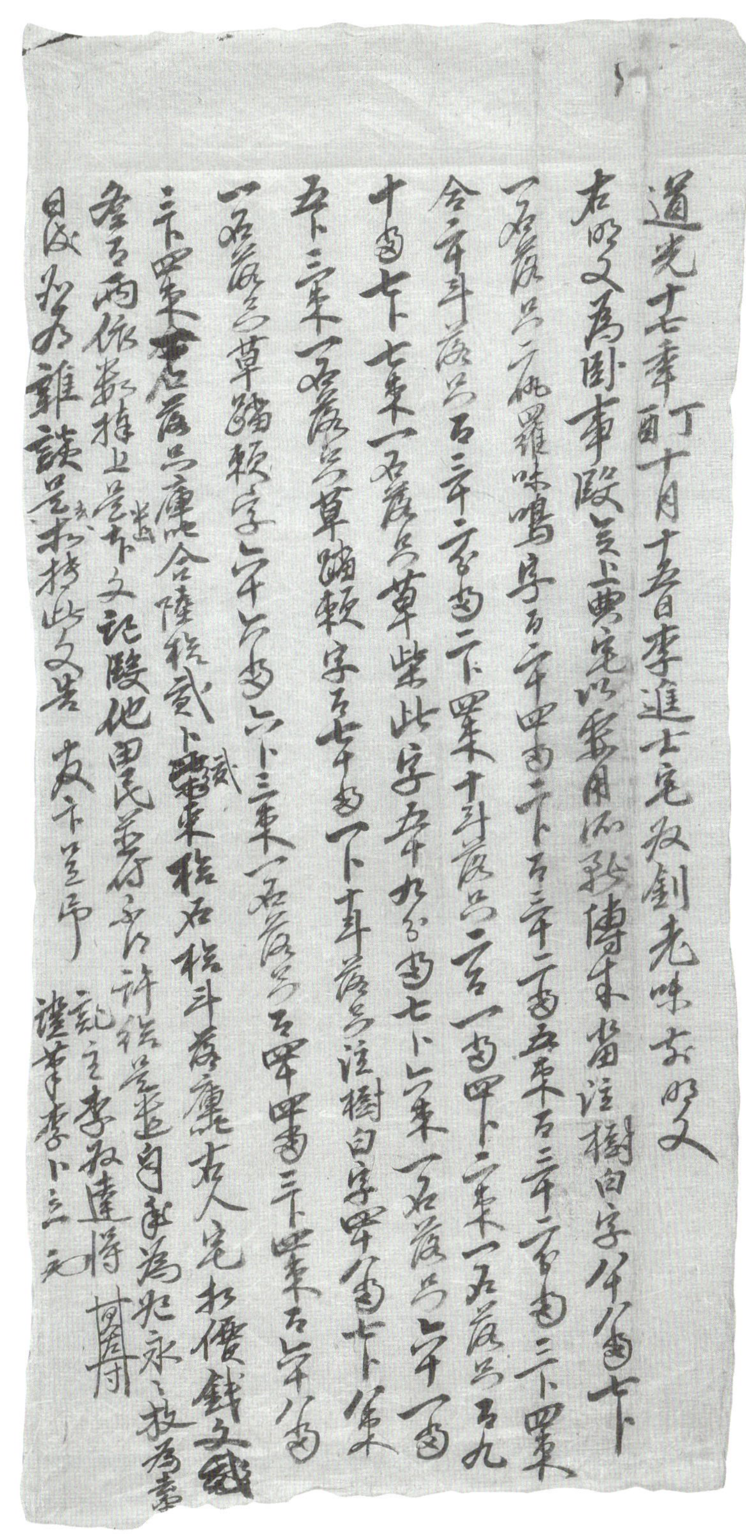

1837년 10월 15일에 李哥의 奴 達得이 李進士 宅 奴 釗老味에게 논을 팔면서 발급한 明文

1837년(헌종 3), 51.5×32.6

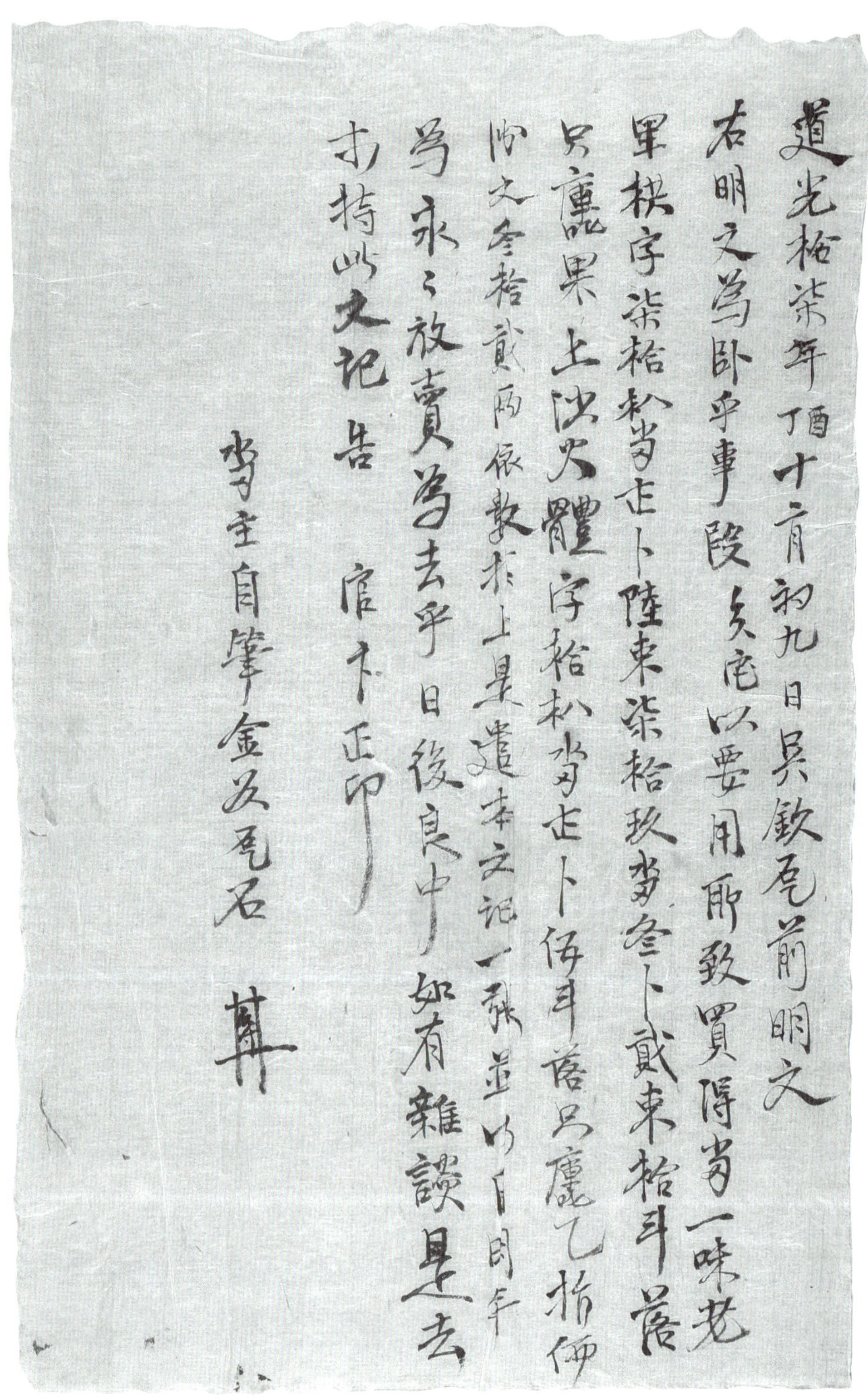

道光拾柒年丁酉十二月初九日吳欽乭前明文
右明文爲卧乎事段矣宅以要用所致買得畓一味老
里𦊱字柒拾私畓上卜陸束柒拾玖負叄卜貳束拾斗落
只庫果 上沈火體字拾私畓上卜伍斗落只庫乙折價
錢文參拾貳兩依數交上是遣本文記一張並以同年
爲永永放賣爲去乎日後良中如有雜談是去
等持此文記告 官卞正印
畓主自筆金奴乭石 [着名]

1837년 12월 초9일에 金 奴 乭石이 吳欽乭에게 논을 팔면서 발급한 明文

明文 284

1838년(헌종 4), 58.3×35.7

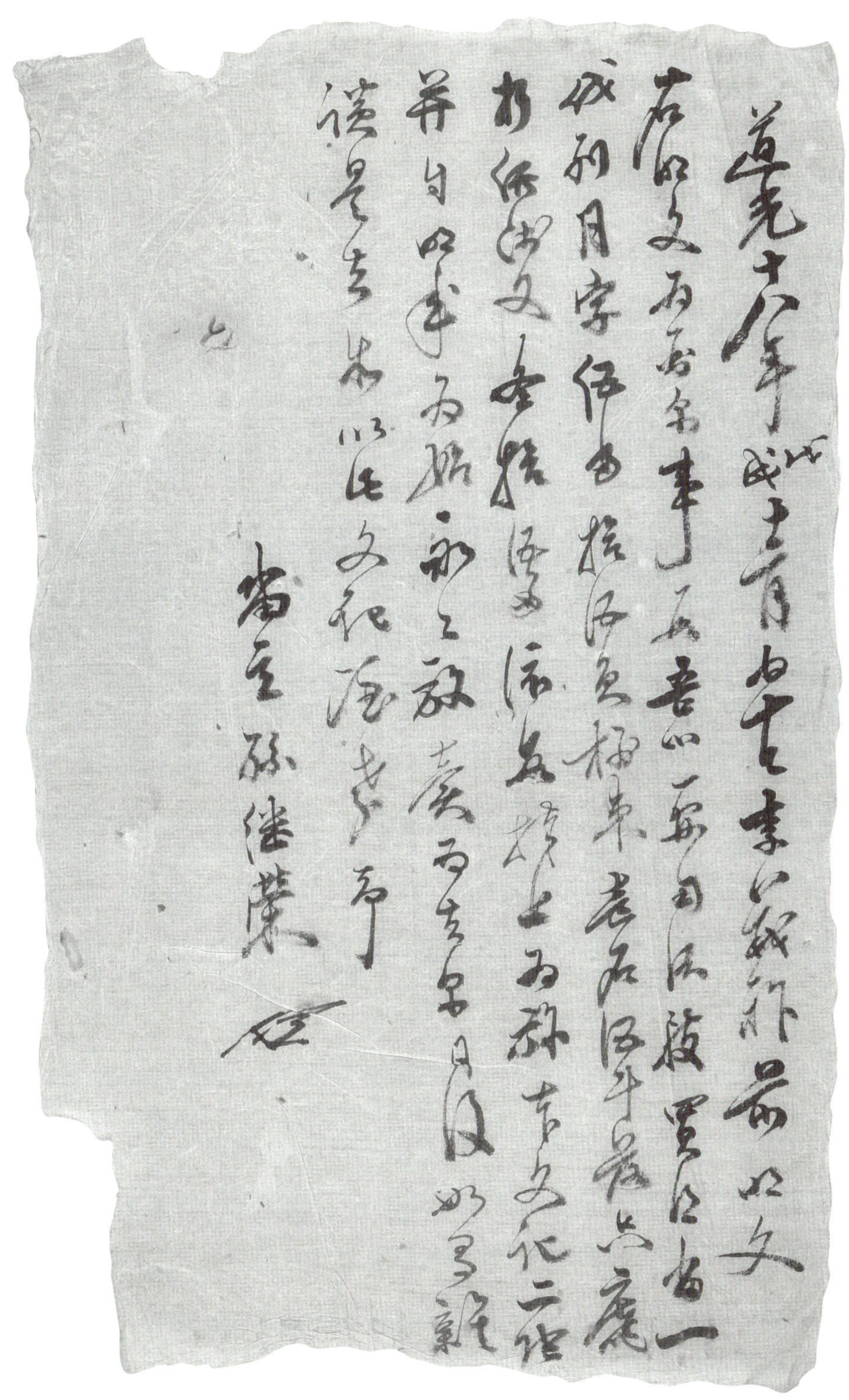

1838년 12월 초 10일에 孫繼榮이 李義祚에게 논을 팔면서 발급한 明文

明文 285

1839년(헌종 5), 53.6×33.8

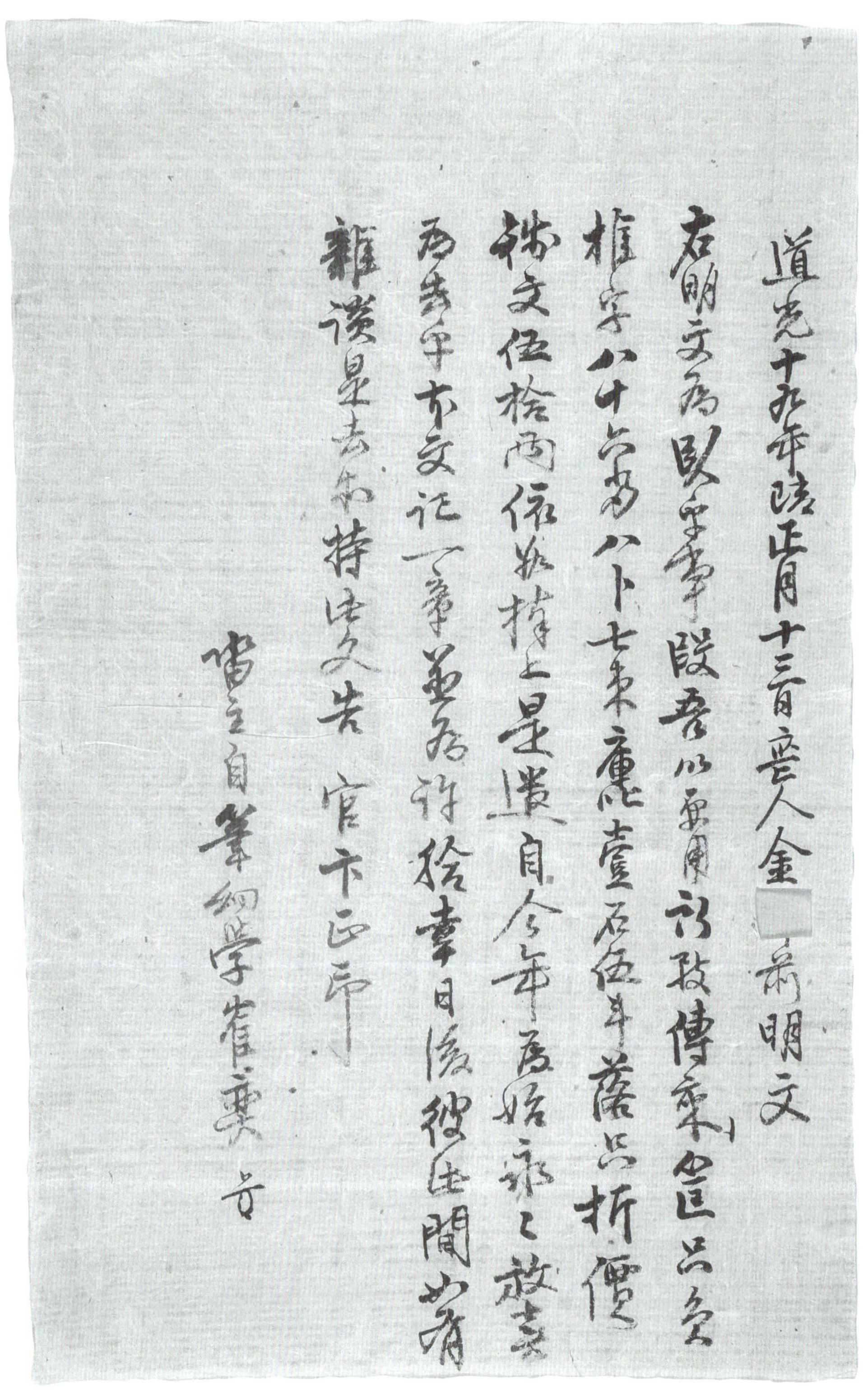

道光十九年己亥正月十三日[illegible]人金[illegible] 前明文

右明文爲臥乎事段吾以要用所致傳來畓[illegible]只坐

推字八十六番八卜七束庫壹石伍斗落只折價

錢文伍拾兩依數捧上是遣自今年爲始永永放賣

爲去乎本文記一張并以許給[illegible]日後彼此間若有

雜談是去等持此文告 官卞正事

畓主自筆幼學崔夔 手決

1839년 1월 13일에 유학 崔夔이 金에게 논을 팔면서 발급한 明文

明文 286

1839년(헌종 5), 62.3×59.4

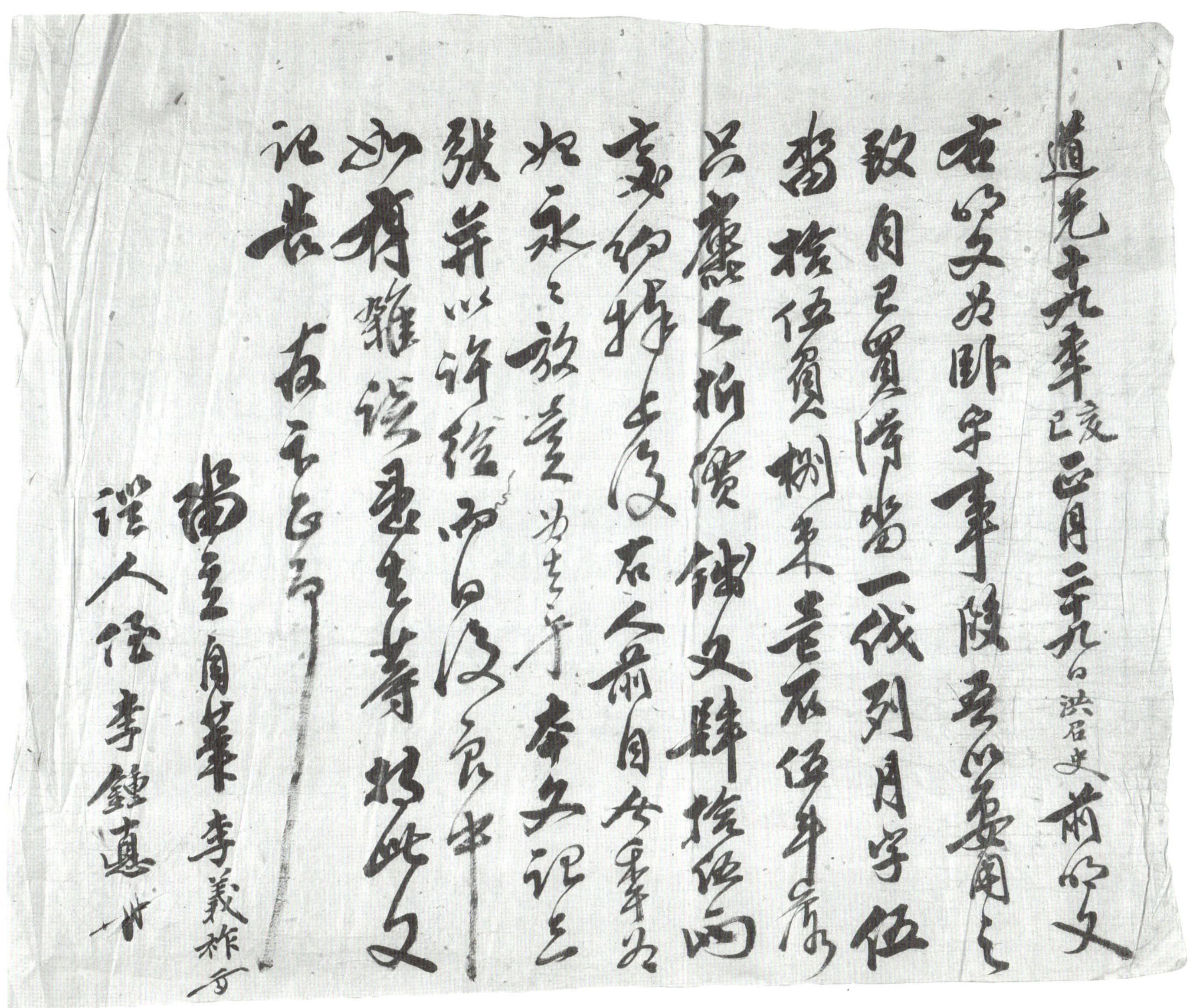

1839년 1월 29일에 李義祚가 洪召史에게 논을 팔면서 발급한 明文

1839년(헌종 5), 57.6×32.6

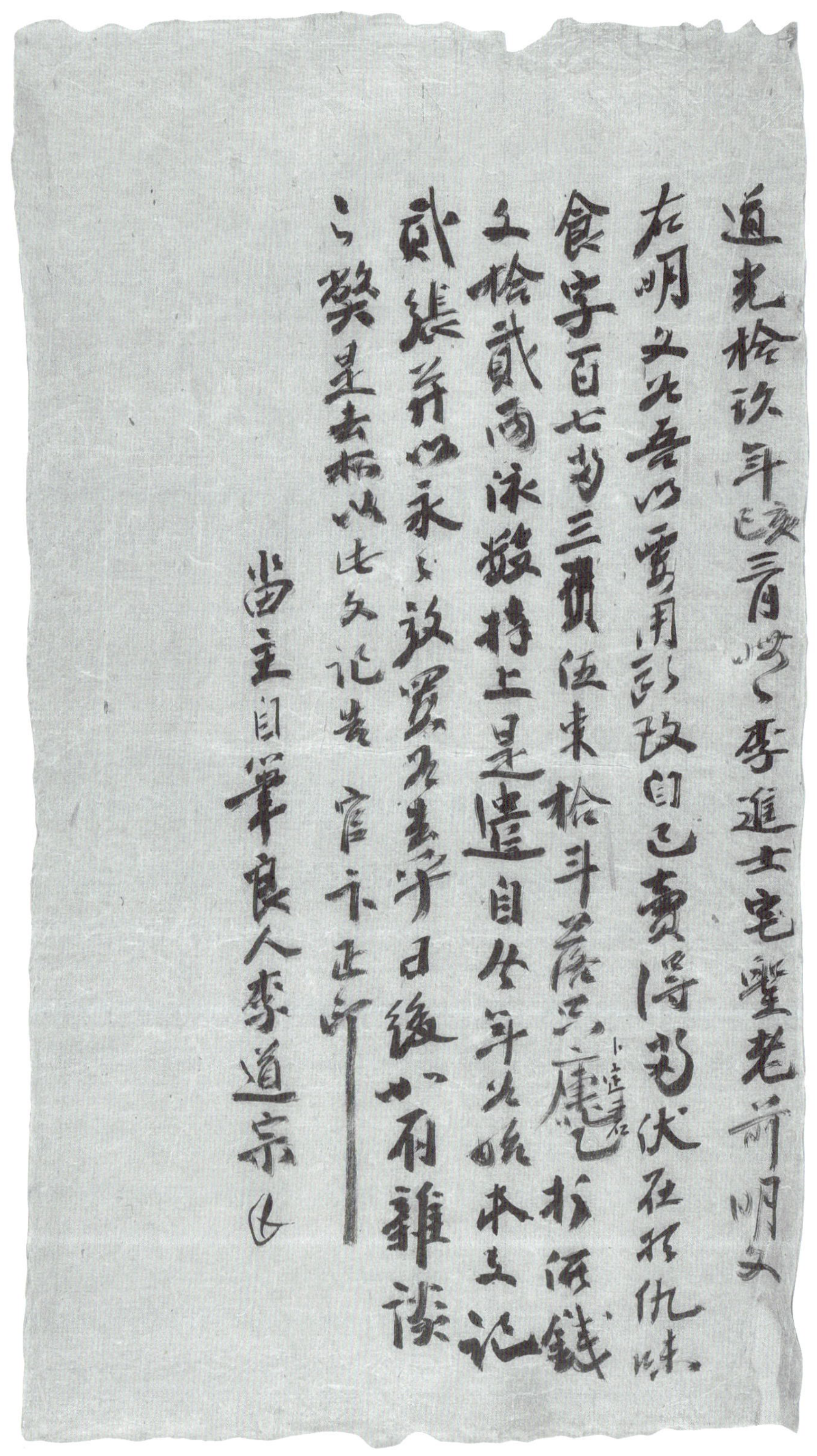

道光拾玖年己亥三月晦日 李進士宅 聖老前明文

右明文事段 矣身以要用所致 自己買得畓伏在於仇味

食字百七十三負伍束 拾斗落只庫乙 折价錢

文拾貳兩 依數捧上是遣 自今年爲始 本文記

貳張 幷以 永〻放賣爲乎矣 日後 如有雜談

〻弊是去等 以此文記告 官卞正事

畓主 自筆 良人 李道宗 (手決)

1839년 3월 晦日에 良人 李道宗이 李進士 宅 奴 聖老에게 논을 팔면서 발급한 明文

明文 288

1840년(헌종 6), 59×37.5

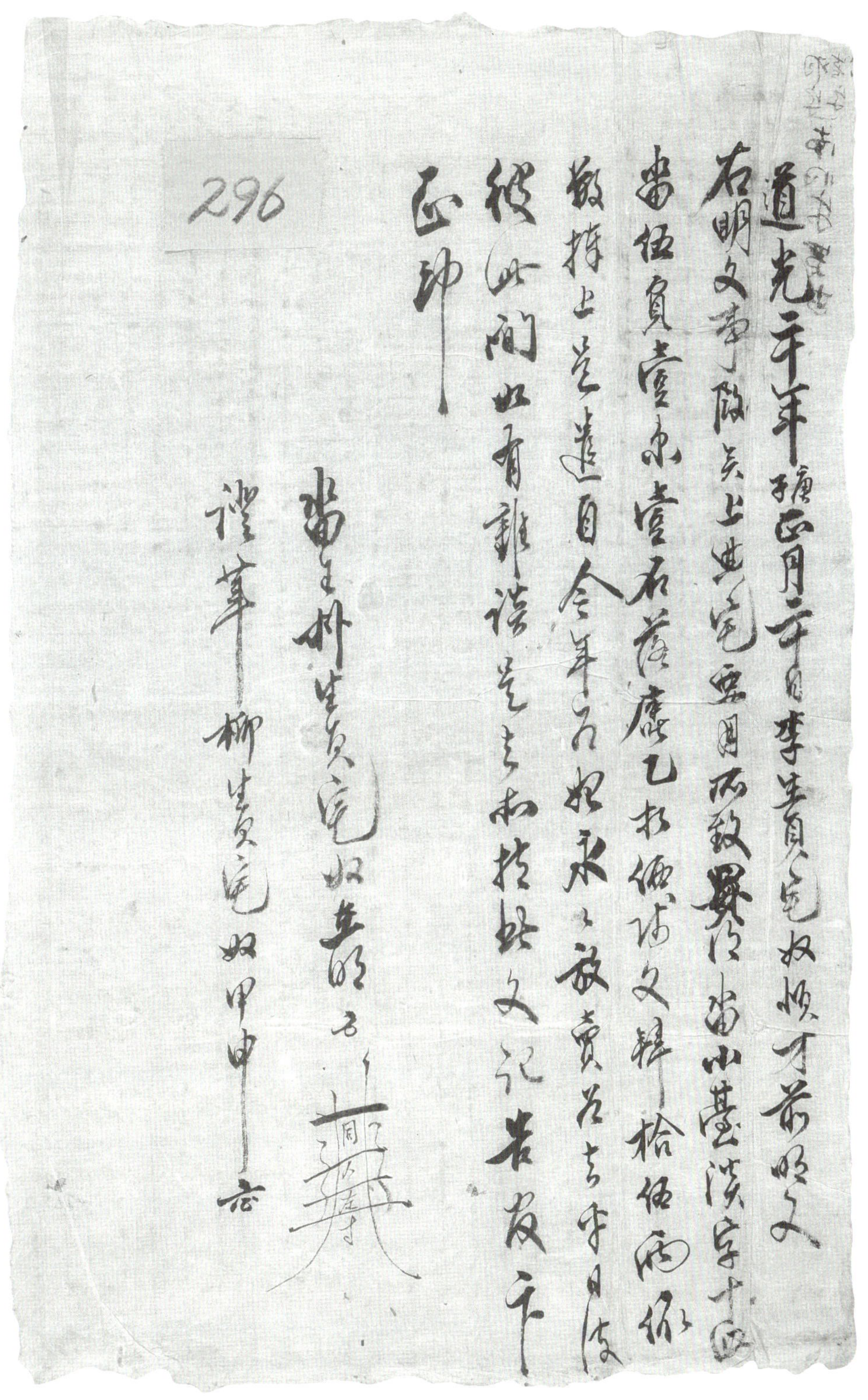

道光二十年庚子正月二十日李生員宅奴順才前明文

右明文事段矣上典宅要用所致買得畓山堂坪字十四

畓伍負壹束壹石落庚乙打價折文錢拾伍兩依

數捧上是遣自今年爲始永永放賣爲去乎日後

絶此間如有雜談是去等持此文記告官卞

正事

畓主朴生員宅奴在明

證筆柳生員宅奴甲申

1840년 1월 20일에 朴生員 宅 奴 在明이 李生員 宅 奴 順才에게 논을 팔면서 발급한 明文

1841년(헌종 7), 55.9×37

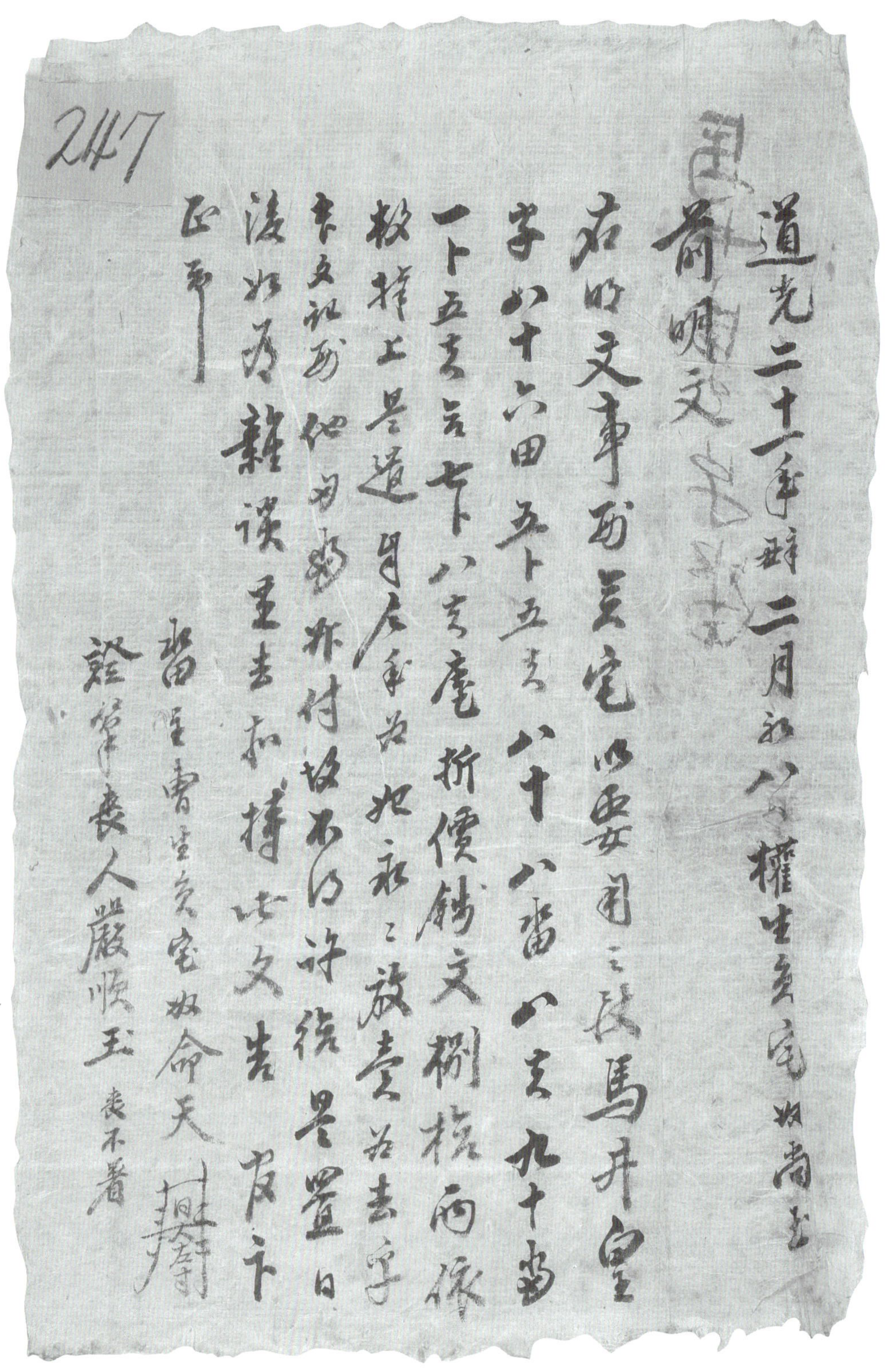
247

道光二十一年辛丑二月初八日 權生員宅奴尙玉

前明文

右明文事段 矣宅以要用之致 馬井皇

字畓十六田五卜五束 八十八畓八束 九十畓

一卜五束 合七卜八束庫 折價錢文捌拾兩 依

數捧上是遣 自己年爲如 永永放賣爲去乎

本文記段 他田畓幷付 故不得許給是置 日

後此如雜談是去等 持此文告官卞

正事

畓主 曺生員宅奴命天 [手決]

證筆 喪人 嚴順玉 喪不着

1841년 2월 초 8일에 曺生員 宅 奴 命天이 權生員 宅 奴 尙玉에게 전답을 팔면서 발급한 明文

1841년(헌종 7), 53.2×33.1

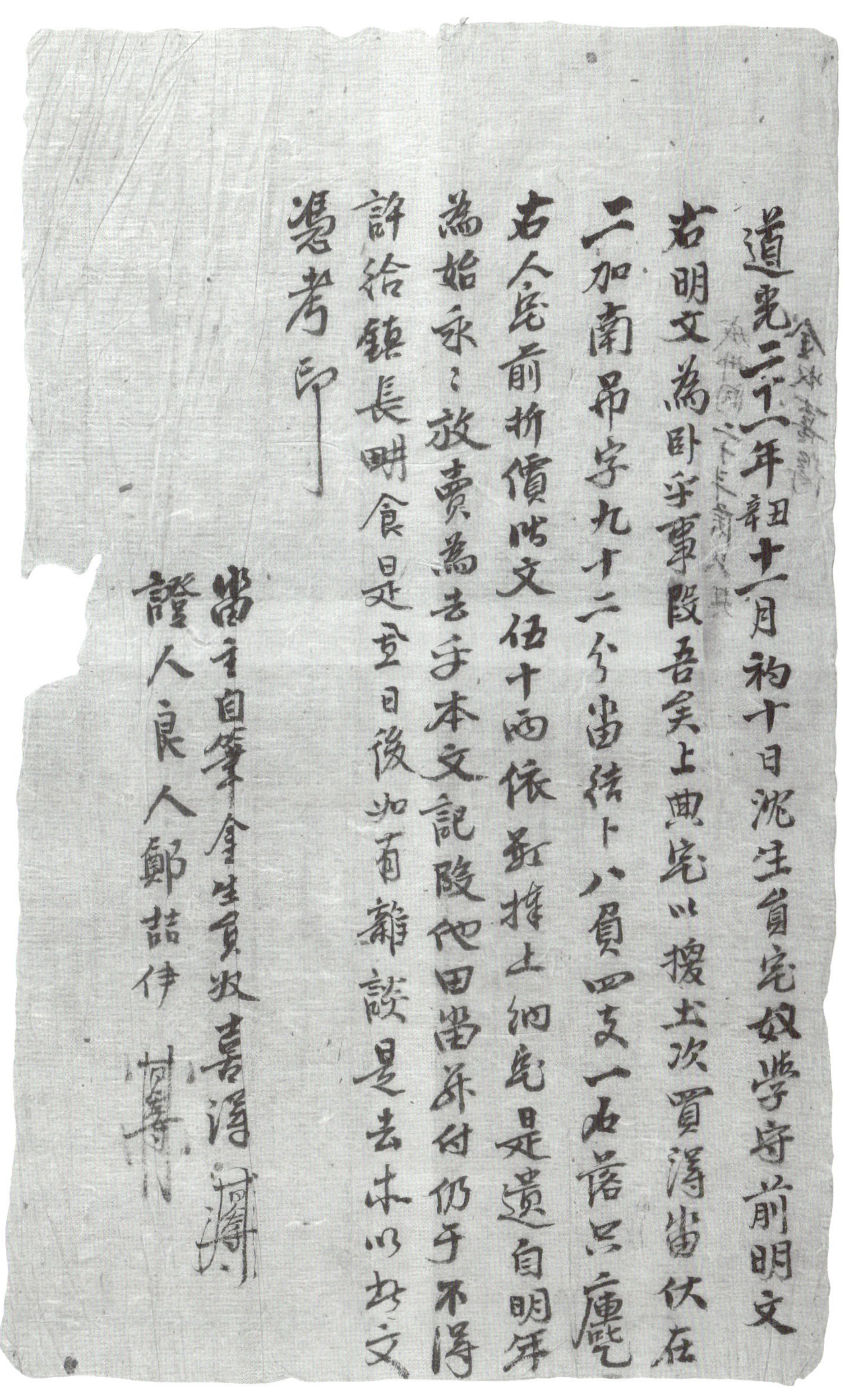

道光二十一年辛丑十一月初十日沈生員宅奴學守前明文
右明文爲臥乎事段吾矣上典宅以撥去次買得畓伏在
二加南弔字九十二夻畓結卜八負四束一斗落只庫乭
右人宅前折價錢文伍十兩依數捧上納是遣自明年
爲始永〻放賣爲去乎本文記段他田畓幷付仍于不得
許給鎭長明食是登日後如有雜談是去乃以此文
憑考事

畓主自筆金生員奴喜得
證人良人鄭喆伊

1841년 11월 초10일에 金生員 宅 奴 喜得이 沈生員 宅 奴 學守에게 논을 팔면서 발급한 明文

明文 291

1841년(헌종 7), 48.8×36

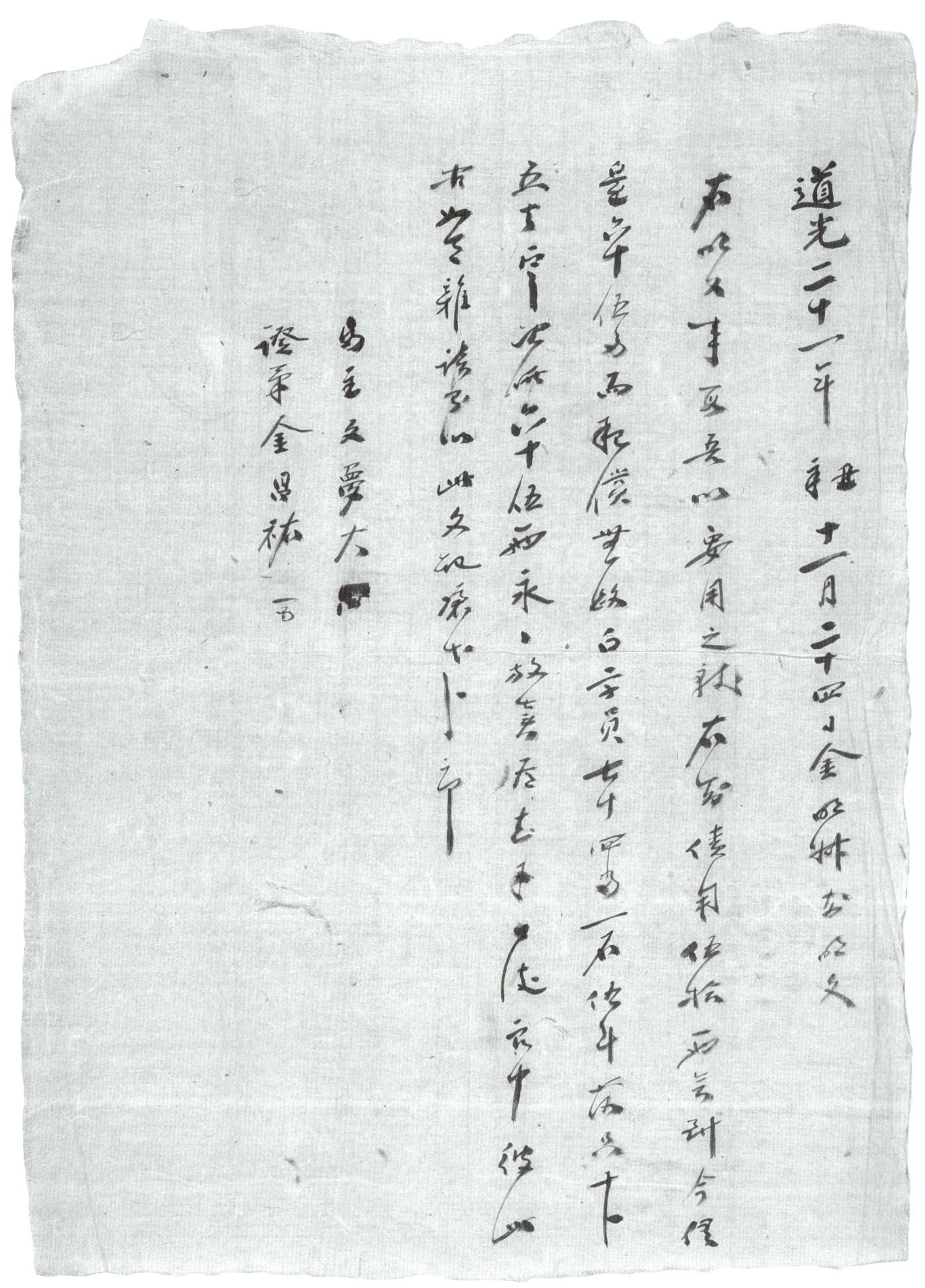

1841년 11월 24일에 文夢大가 金明叔에게 논을 팔면서 발급한 明文

明文 292

1841년(헌종 7), 57.6×37

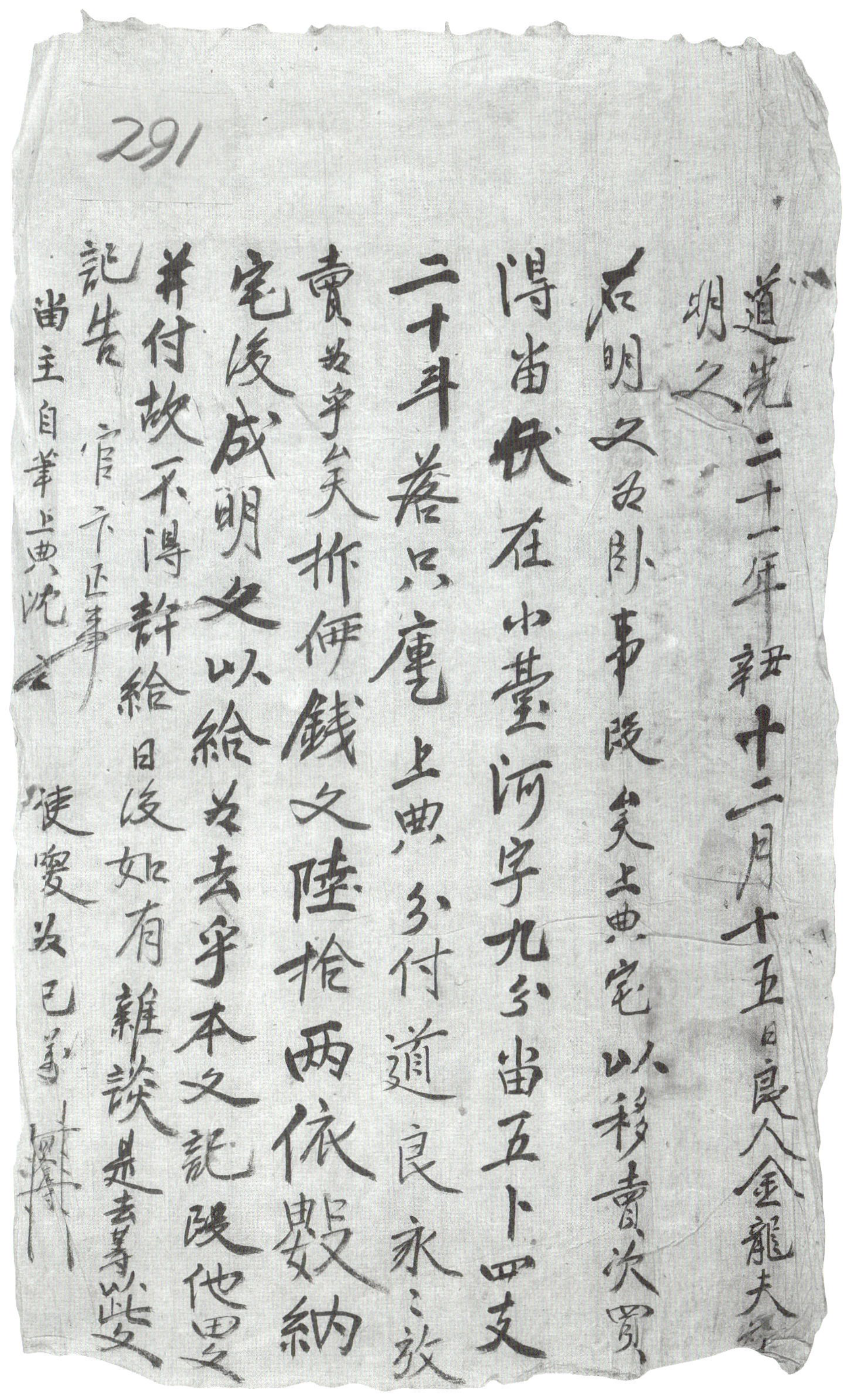

道光二十一年辛丑十二月十五日良人金龍夫前
明文
右明文爲臥乎事段矣上典宅以移賣次買
得畓伏在小基河字九分畓五卜四束
二十斗落只庫乙上典分付導良永永放
賣爲乎矣折價錢文陸拾兩依數納
宅後成明文以給爲去乎本文記段他田畓
并付故不得許給日後如有雜談是去等以此
記告官卞正事
畓主自筆上典沈 使喚奴已萬

1841년 12월 15일에 上典 沈이 良人 金龍夫에게 논을 팔면서 발급한 明文

1842년(헌종 8), 58.5×37.4

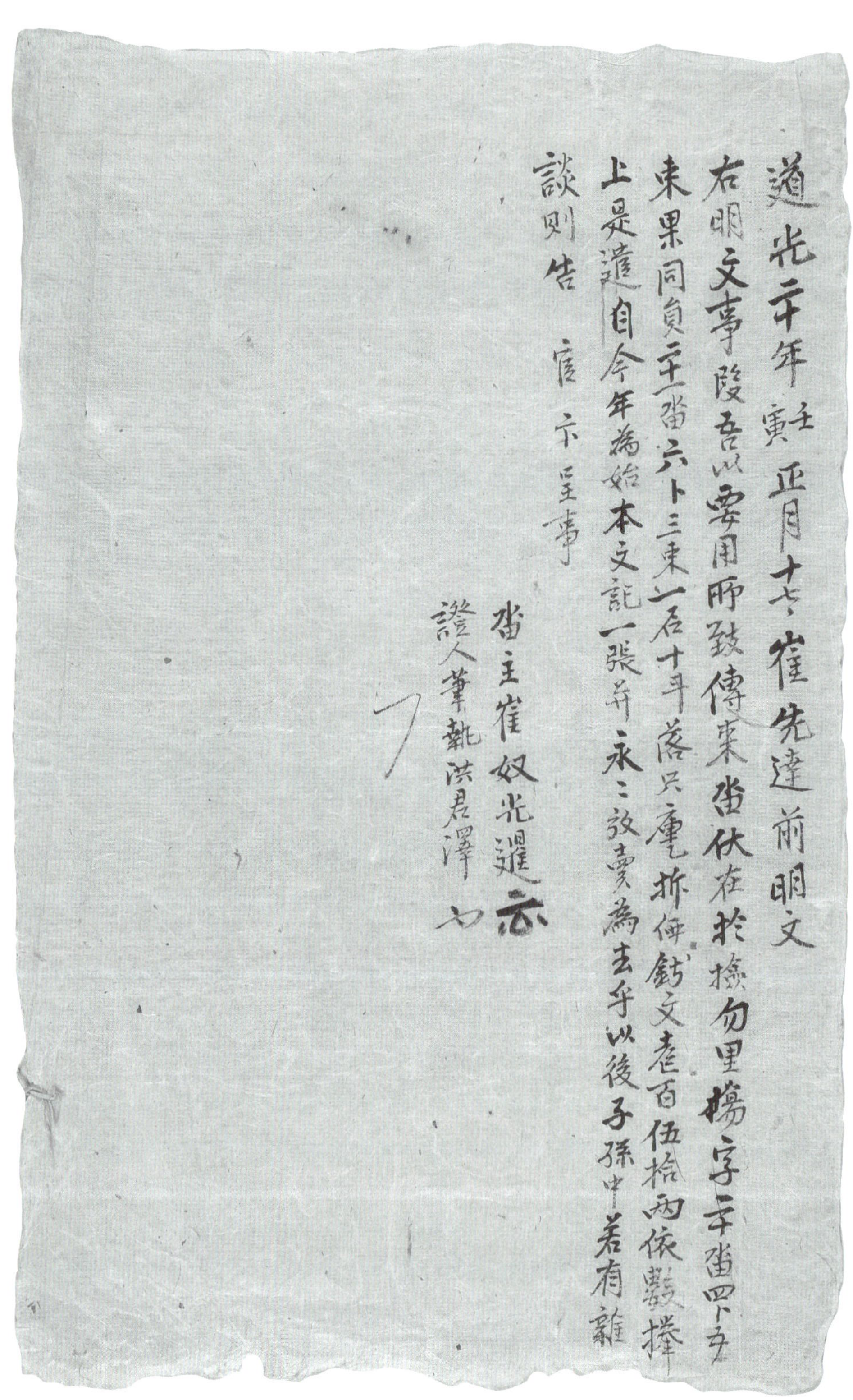

道光廿二年壬寅正月十七日崔先達前明文
右明文事段吾以要用所致傳來畓伏在於撿勿里揚字廿畓四卜五
束果同員廿畓六卜三束合一石十斗落只庫乙折価錢文壹百伍拾兩依數捧
上是遣自今年爲始本文記一張幷永〻放賣爲去乎以後子孫中若有雜
談則告官卞呈事
畓主崔奴光暹
證人筆執洪君澤

1842년 1월 17일에 崔哥의 奴 光暹이 崔先達에게 논을 팔면서 발급한 明文

明文 294

1843년(헌종 9), 60.7×37.2

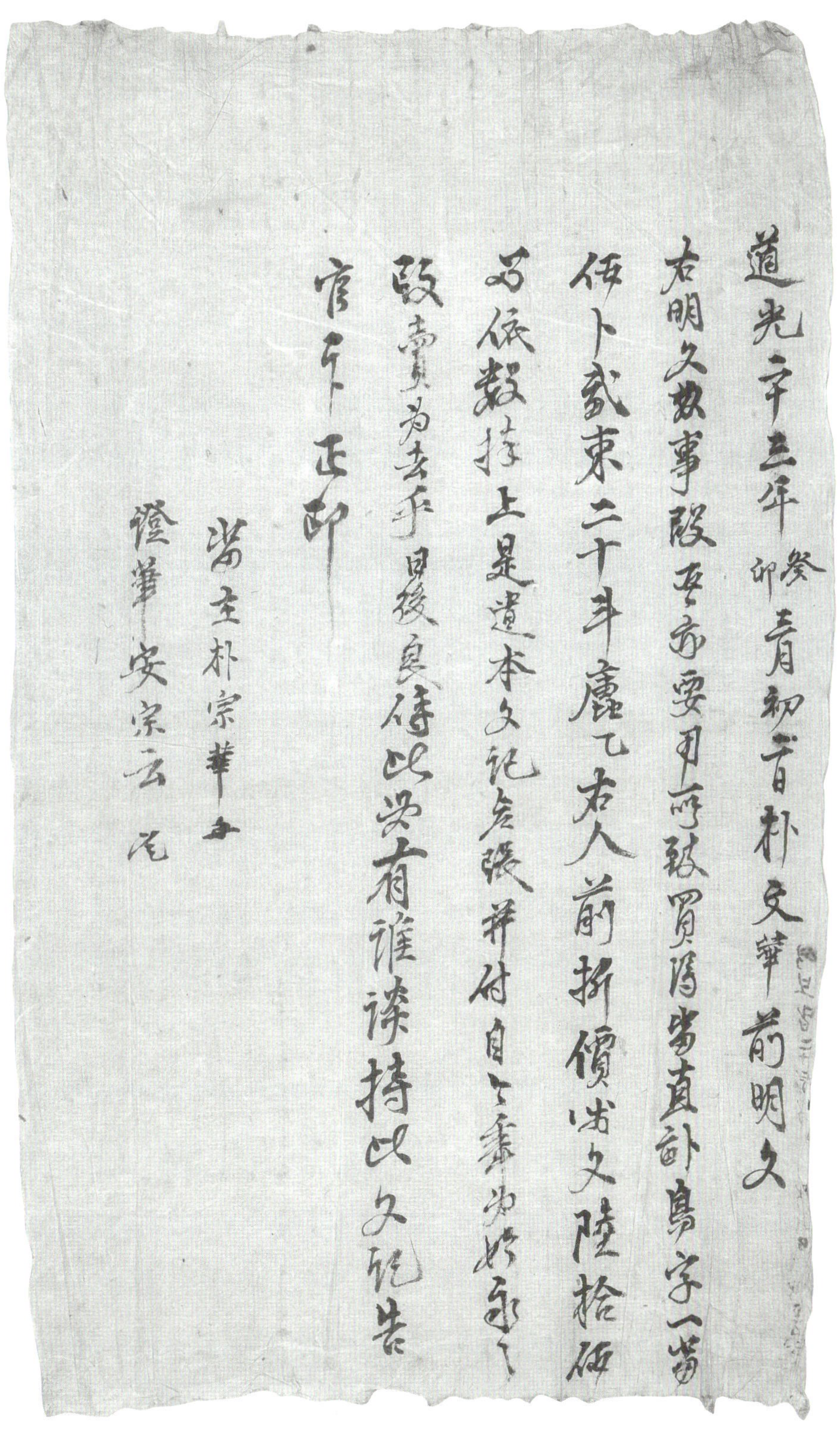

道光廿三年癸卯三月初二日 朴文華前明文

右明文爲事段 吾亦要用所致 買得畓 當直前 烏字 一畓

伍卜貳束 二十斗落只 右人前 折價錢文 陸拾兩

的依數捧上是遣 本文記並張 幷付 自今以後 永永

放賣爲去乎 日後良中 若有雜談 持此文記告

官卞正事

畓主 朴宗華 手寸

證筆 安宗云 着

1843년 3월 초2일에 朴宗華가 朴文華에게 논을 팔면서 발급한 明文

明文 295

1843년(헌종 9), 55.9×36.4

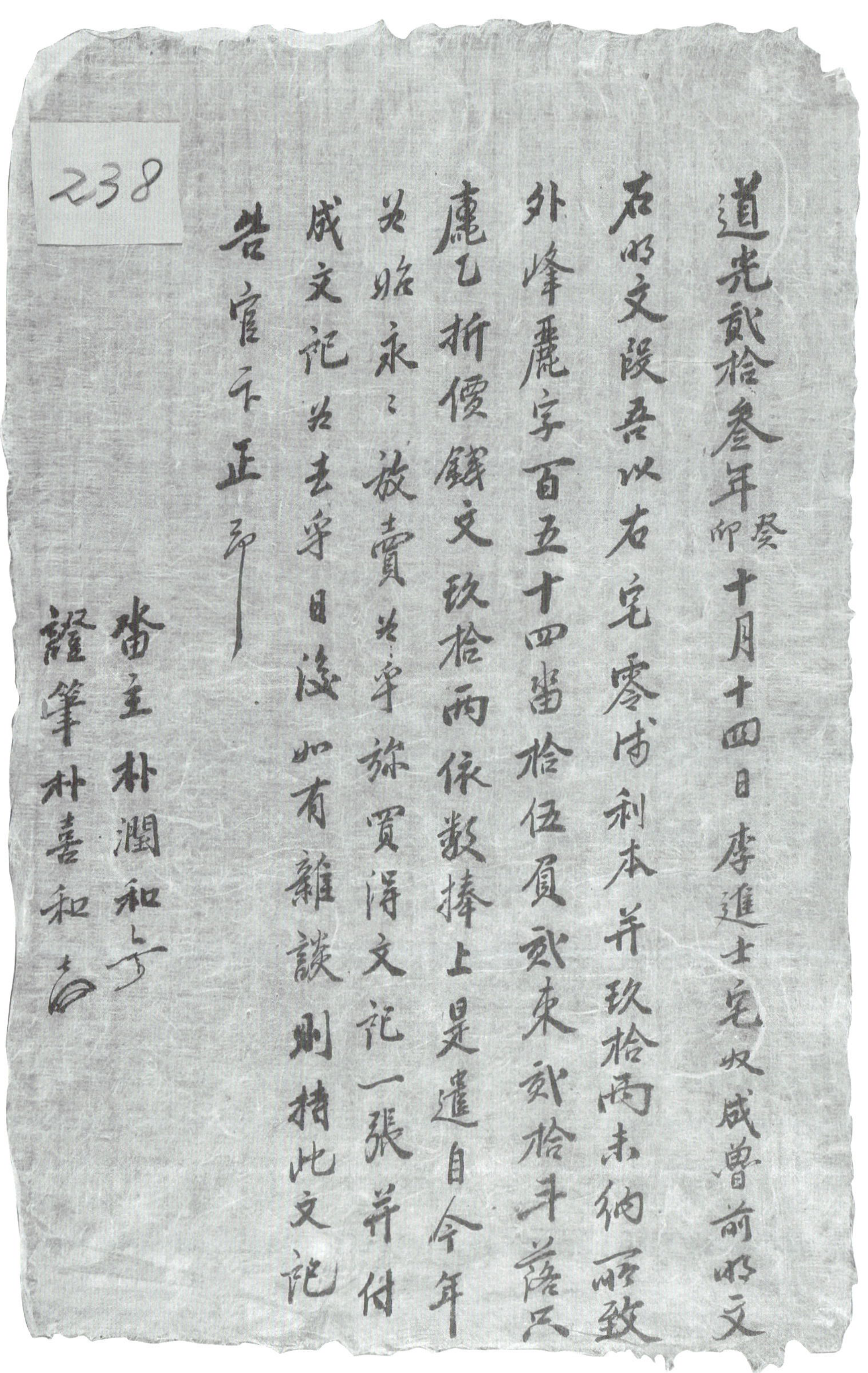

238

道光貳拾叁年癸卯十月十四日 李進士宅奴成魯前明文
右明文段吾以右宅零條利本并玖拾兩未納所致
外峰麗字百五十四畓拾伍負貳束貳拾斗落只
庫乙折價錢文玖拾兩依數捧上是遣自今年
爲始永永放賣爲乎旀買得文記一張并付
成文記爲去乎日後如有雜談則持此文記
告官卞正事
畓主 朴潤和 [着名]
證筆 朴喜和 [着名]

1843년 10월 14일에 朴潤和가 李進士 宅 奴 成魯에게 논을 팔면서 발급한 明文

明文 296

1843년(헌종 9), 38×58.2

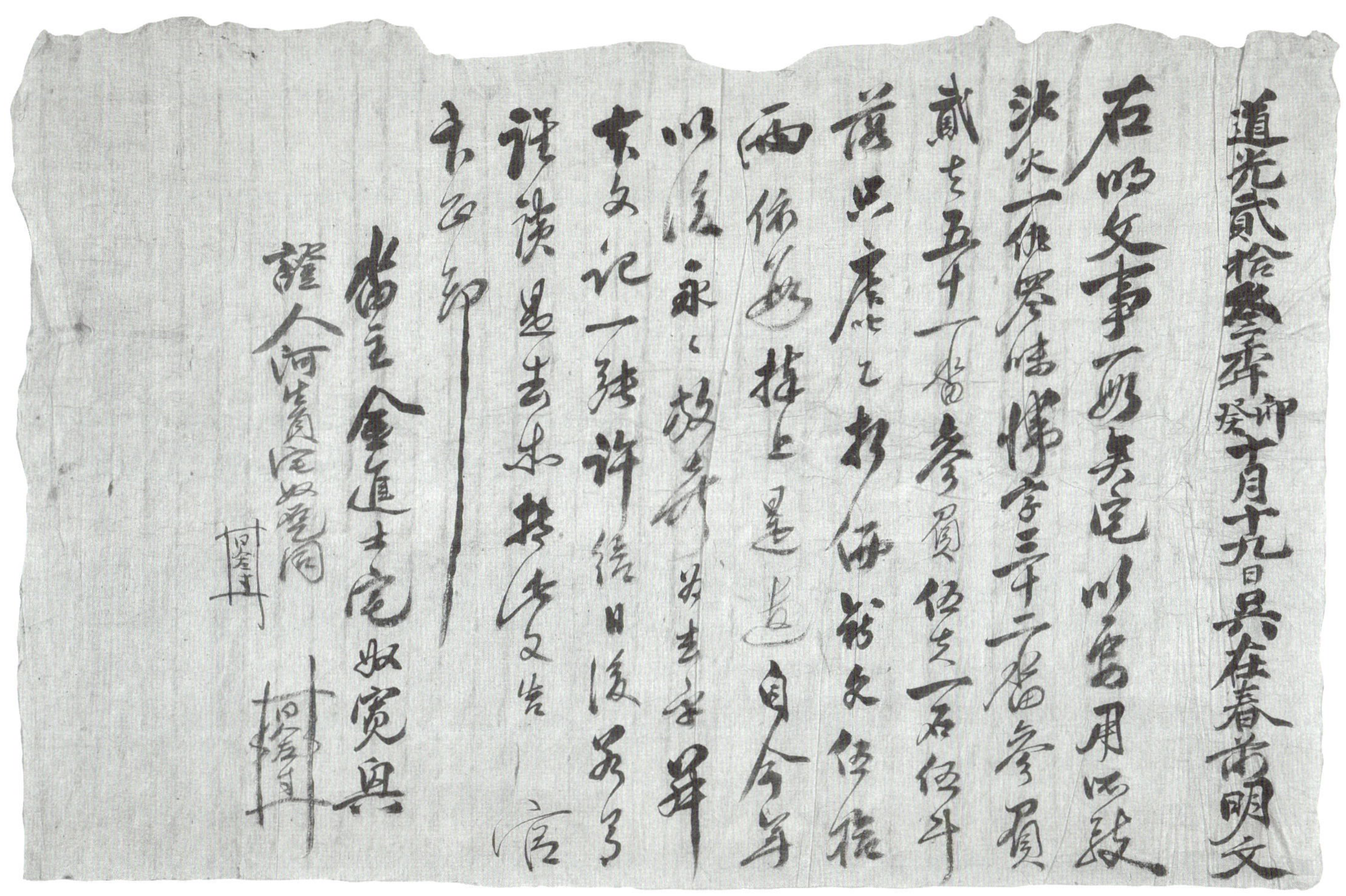

道光貳拾參年癸卯十月十九日吳在春前明文
右明文事段矣宅以要用所致
沙火一作員傳字三十二畓參負
貳束五十一畓參負伍束一石伍斗
落只庫乙折価錢文伍拾
兩依數捧上是遣自今年
以後永永放賣為去乎
本文記一張許給日後若有
雜談是去等持此文告
官卞正事
畓主 金進士宅奴寬興
證人 河生員宅奴

1843년 10월 19일에 金進士 宅 奴 寬興이 吳在春에게 논을 팔면서 발급한 明文

明文 297

1843년(헌종 9), 61.2×73.6

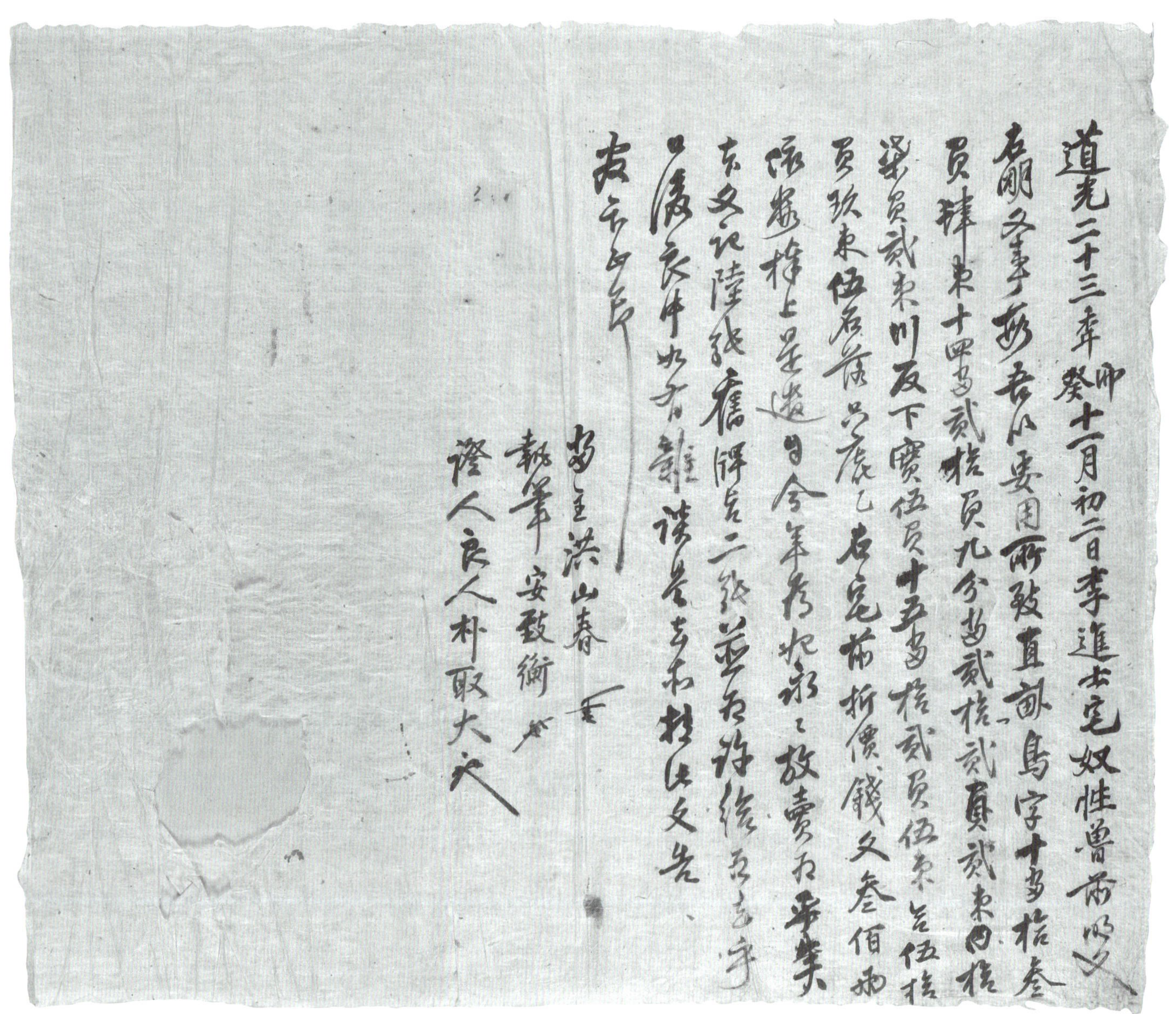

1843년 11월 초2일에 洪山春이 李進士 宅 奴 性魯에게 논을 팔면서 발급한 明文

明文 298

1843년(헌종 9), 56.1×36.5

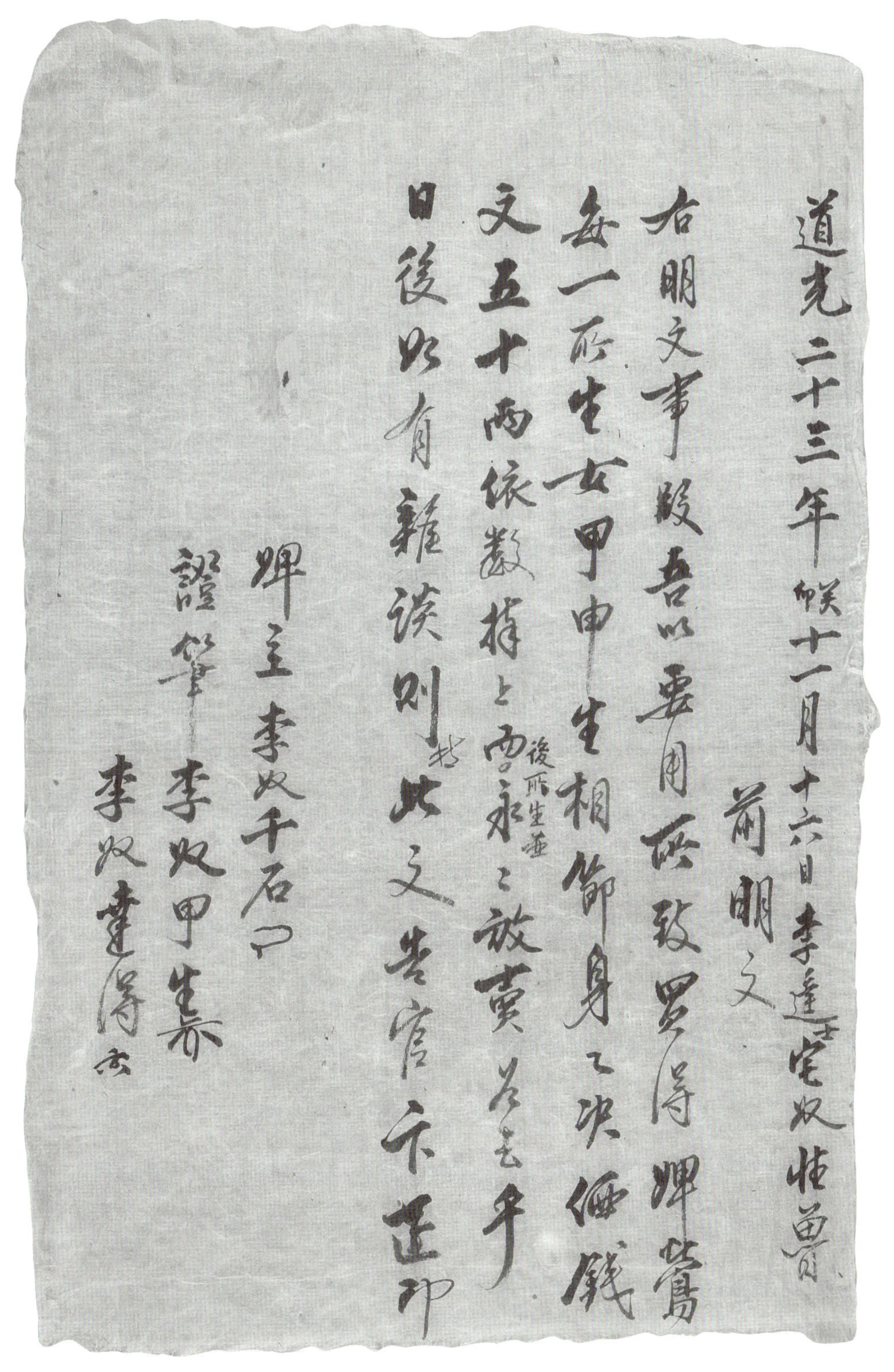

道光二十三年癸卯十一月十六日 李進士宅奴性畲 前明文

右明文事段 吾以要用所致 買得婢㫮

每一所生女甲申生相節身乙 次価錢

文五十兩依數捧上爲遣 後所生并 永永放賣爲去乎

日後如有雜談則持此文告官卞正事

婢主 李奴千石

證筆 李奴甲生

李奴達得

1843년 11월 16일에 李哥의 奴 千石이 李進士 宅 奴 性畲에게 계집종을 팔면서 발급한 明文

明文 299

1844년(헌종 10), 58.5×31.6

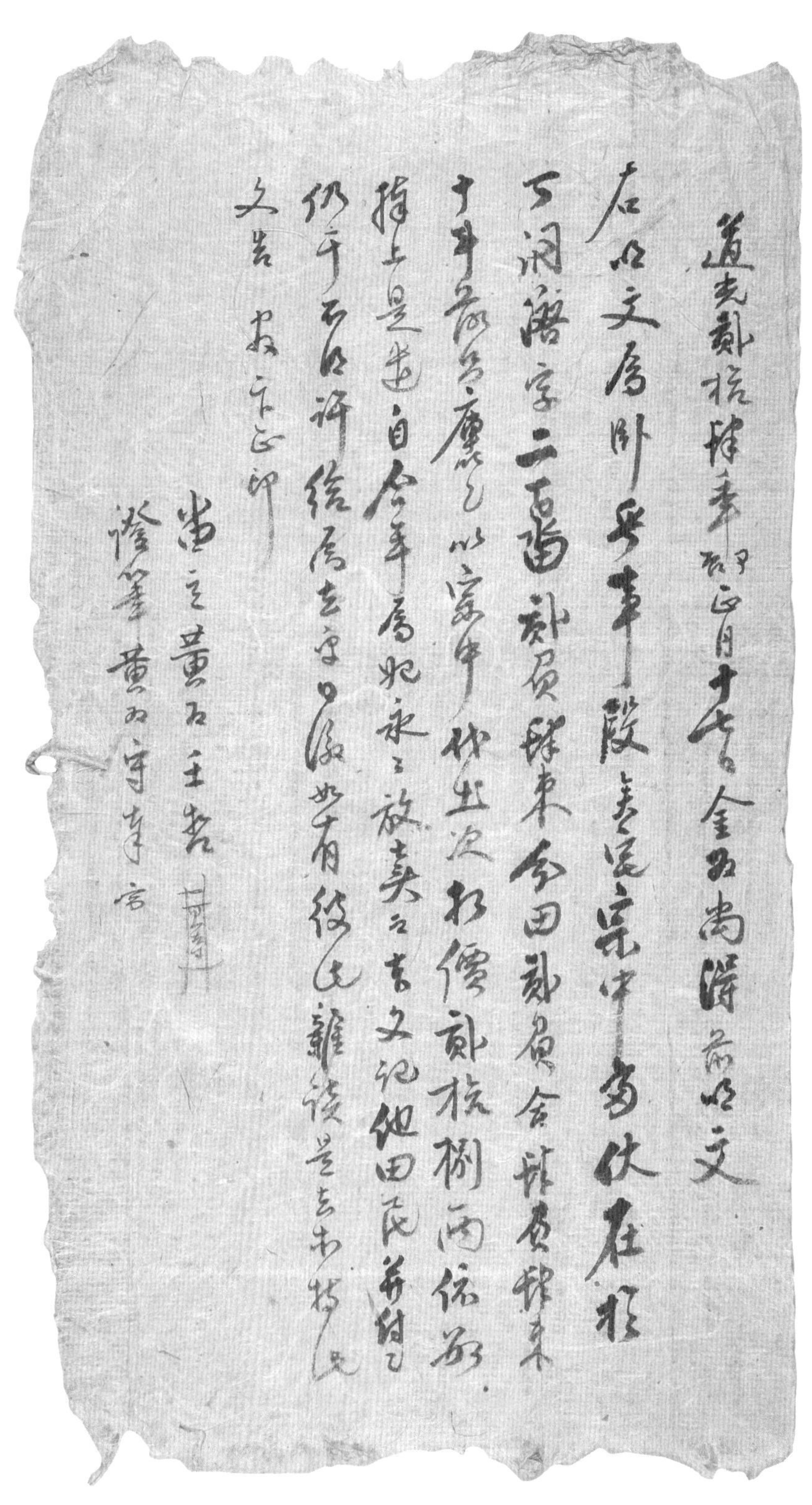

1844년 1월 17일에 黃哥의 奴 壬哲이 金哥의 奴 尙得에게 논을 팔면서 발급한 明文

明文 300

1844년(헌종 10), 55.6×37.3

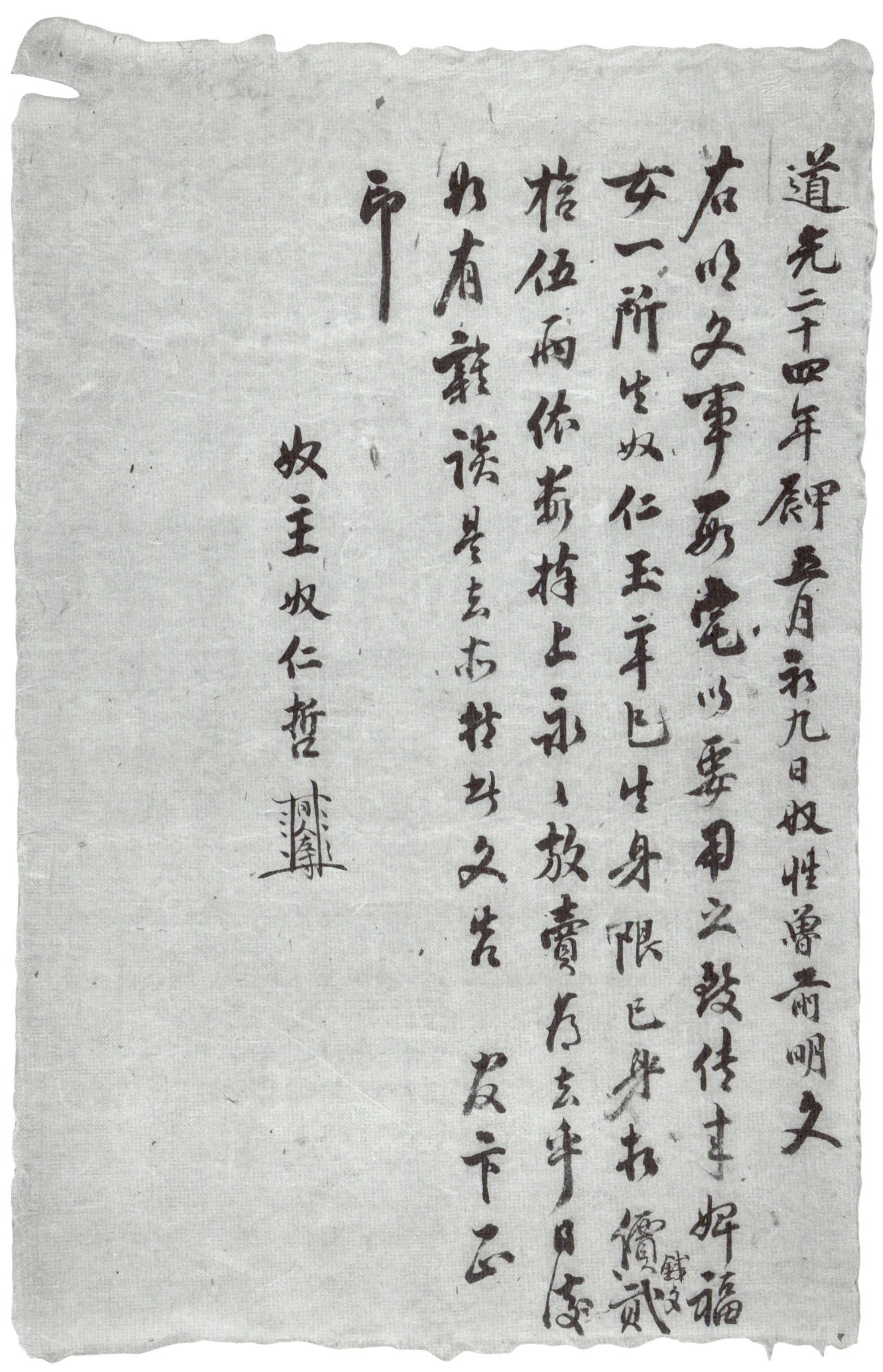

道光二十四年甲辰五月初九日奴性魯前明文

右明文事段亦宅以要用之致傳來婢福

女一所生奴仁玉年巳生身限巳身并以價錢文貳

拾伍兩依數捧上永永放賣爲去乎日後

如有雜談是去等持此文告 官卞正

事

奴主 奴仁哲 [着名]

1844년 5월 9일에 奴 仁哲이 奴 性魯에게 사내종을 팔면서 발급한 明文

明文 301

1844년(헌종 10), 55.7×36.5

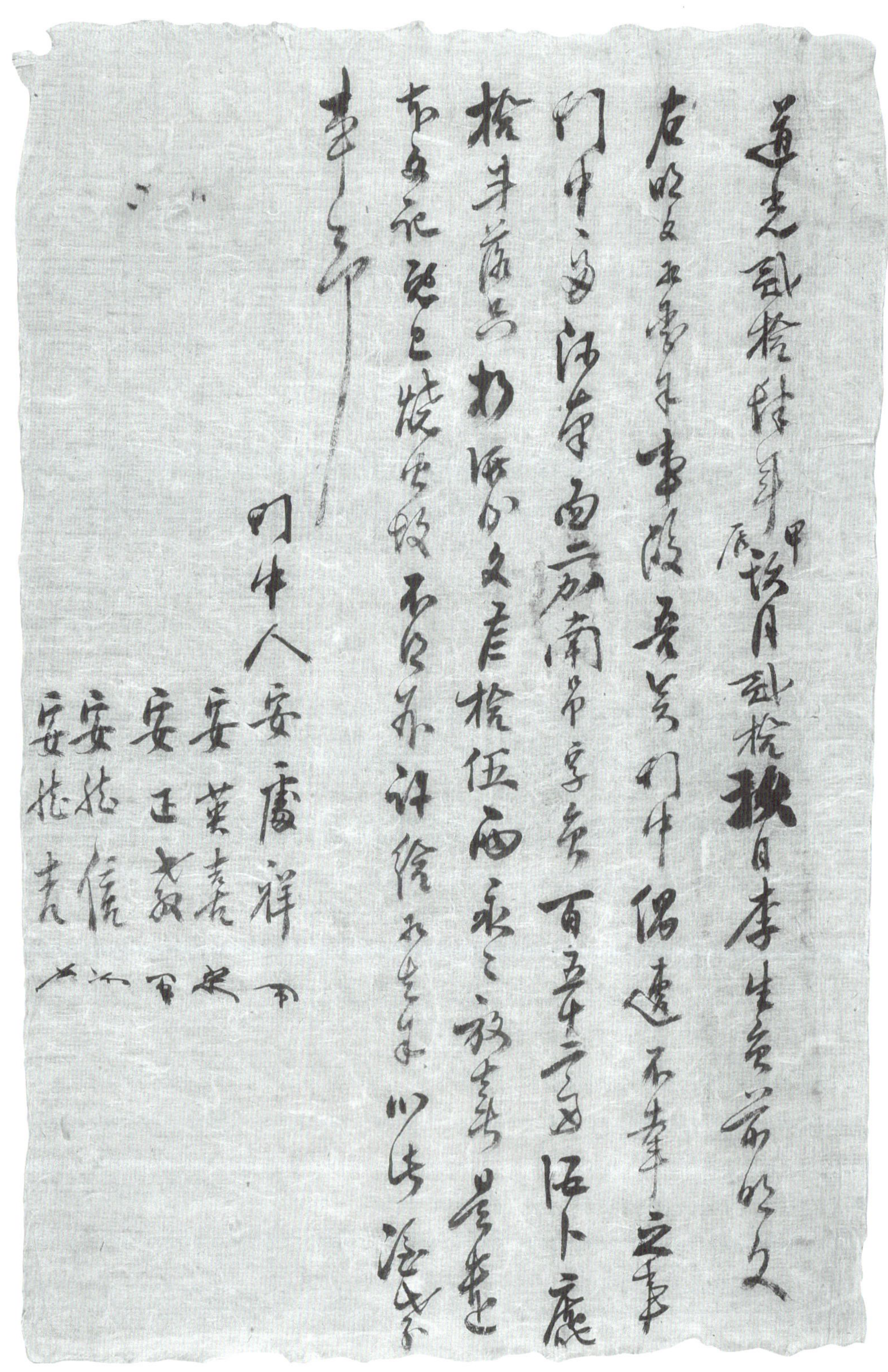

1844년 9월 29일에 門中人 安處祥 등이 李生員에게 논을 팔면서 발급한 明文

明文 302

1844년(헌종 10), 56.2×47.2

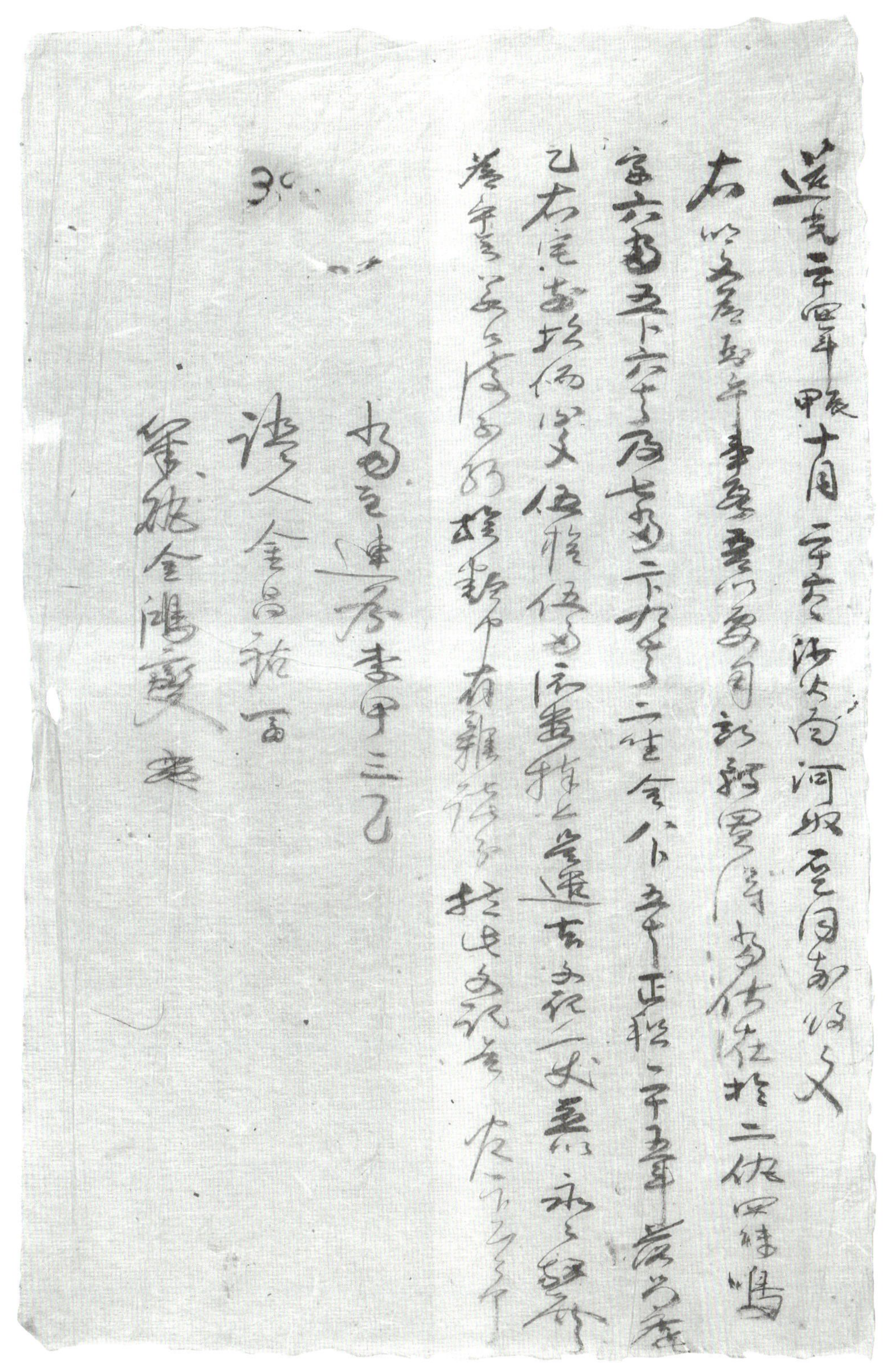

道光二十四年甲辰十月二十六日 沙火面河奴乭同處明文

右明文事段 [illegible]

[illegible]

[illegible]

[illegible]

畓主 連谷 李甲三

證人 金昌祿

筆執 金鴻[illegible]

1844년 10월 26일에 連谷에 사는 李甲三이 沙火面에 사는 河哥의 奴 乭同에게 논을 팔면서 발급한 明文

明文 303

1844년(헌종 10), 60.5×66

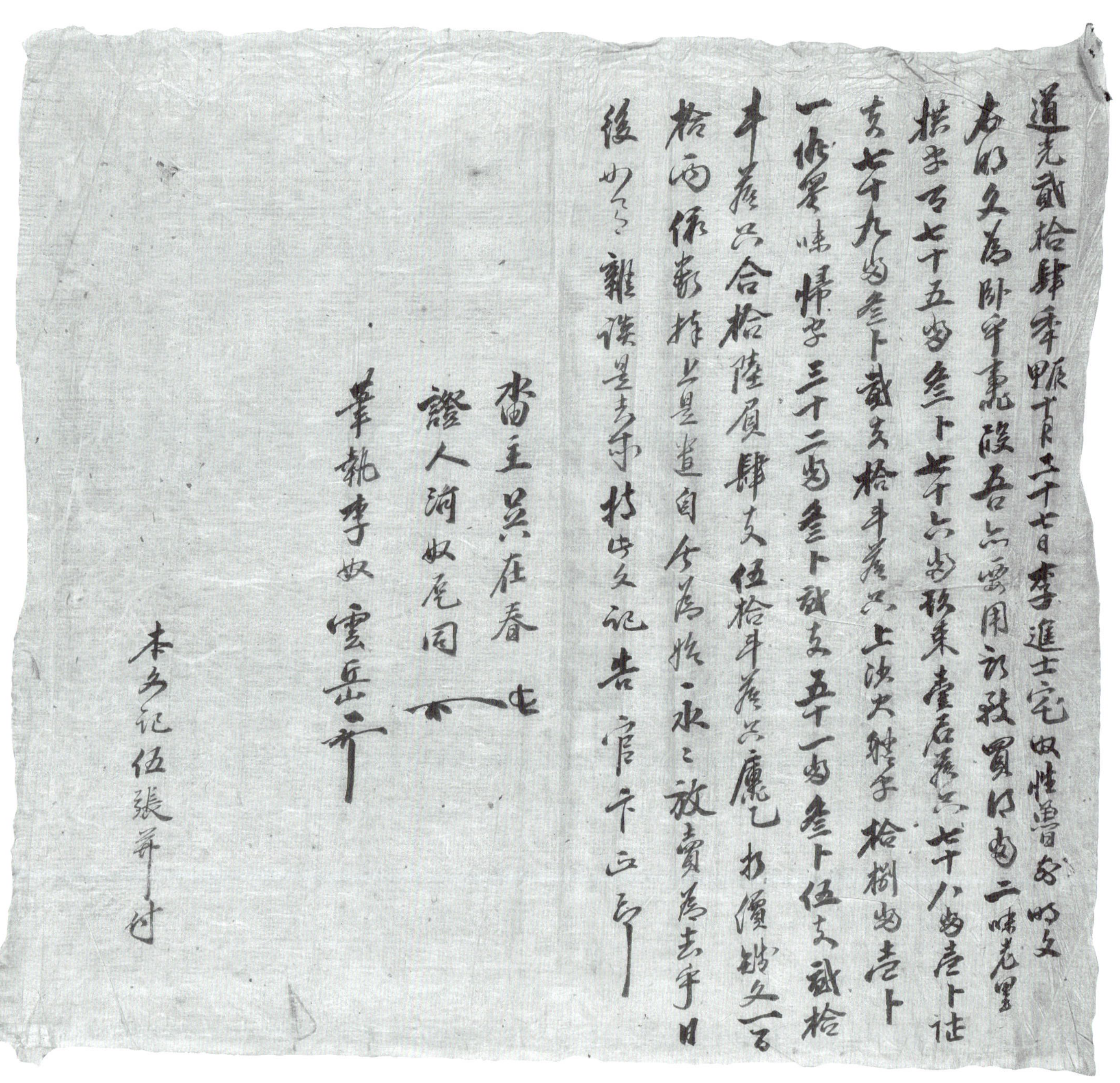

道光貳拾肆年甲辰十月二十七日 李進士宅奴性魯處明文

右明文爲臥乎事段 吾亦要用所致 買得畓二味[illegible]

拱字丁七十五畓參卜 七十六畓秋東壹石落只 七十八畓壹卜徒

玄七十九畓參卜貳束 拾斗落只 上汶大體字 拾樹畓壹卜

一作畓味 帰字三十二畓參卜貳束 五十一畓參卜伍束 貳拾

斗落只 合拾陸負肆束 伍拾斗落只處乙 折價錢文一百

拾兩依數捧上是遣 自今爲始 永永放賣爲去乎 日

後如有雜談是去等 持此文記告官卞正事

畓主 吳在春

證人 洞奴 尾同

筆執 李奴 雲岳

本文記伍張并付

1844년 10월 27일에 吳在春이 李進士 宅 奴 性魯에게 논을 팔면서 발급한 明文

明文 304

1844년(헌종 10), 54.7×34

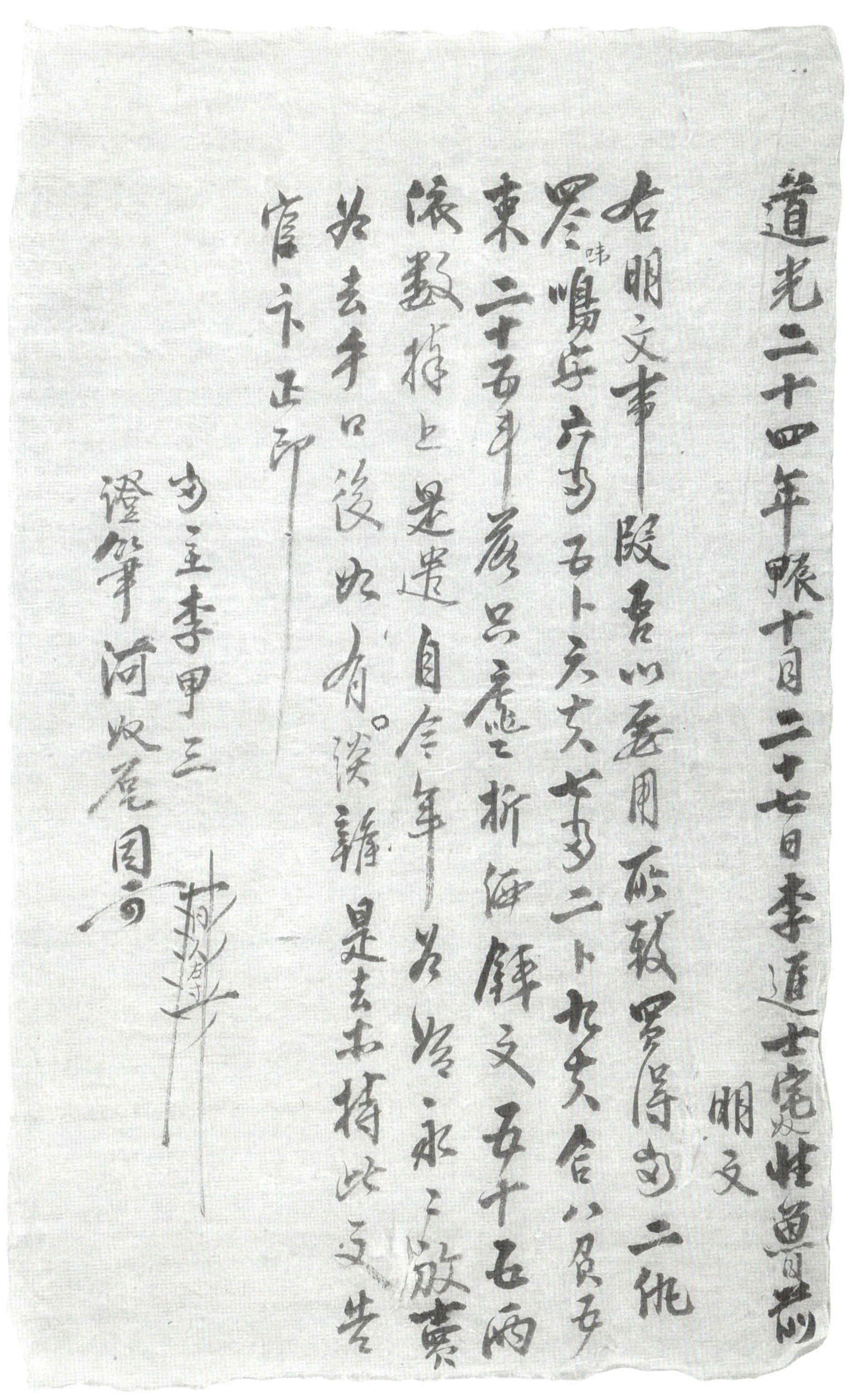

道光二十四年甲辰十月二十七日李進士宅奴性魯前

明文

右明文事段 吾以要用所致 買得畓二作

畓 味鳴坪 六負五卜六束 七負二卜九束 合八負五

束 二十五斗落只庫 折價錢文五十五兩

依數捧上是遣 自今年爲始 永永放賣

爲去乎 日後 如有雜談是去等 持此文告

官卞正印

畓主 李甲三

證筆 河以昌 同

1844년 10월 27일에 李甲三이 李進士 宅 奴 性魯에게 논을 팔면서 발급한 明文

明文 305

1844년(헌종 10), 61.1×74.4

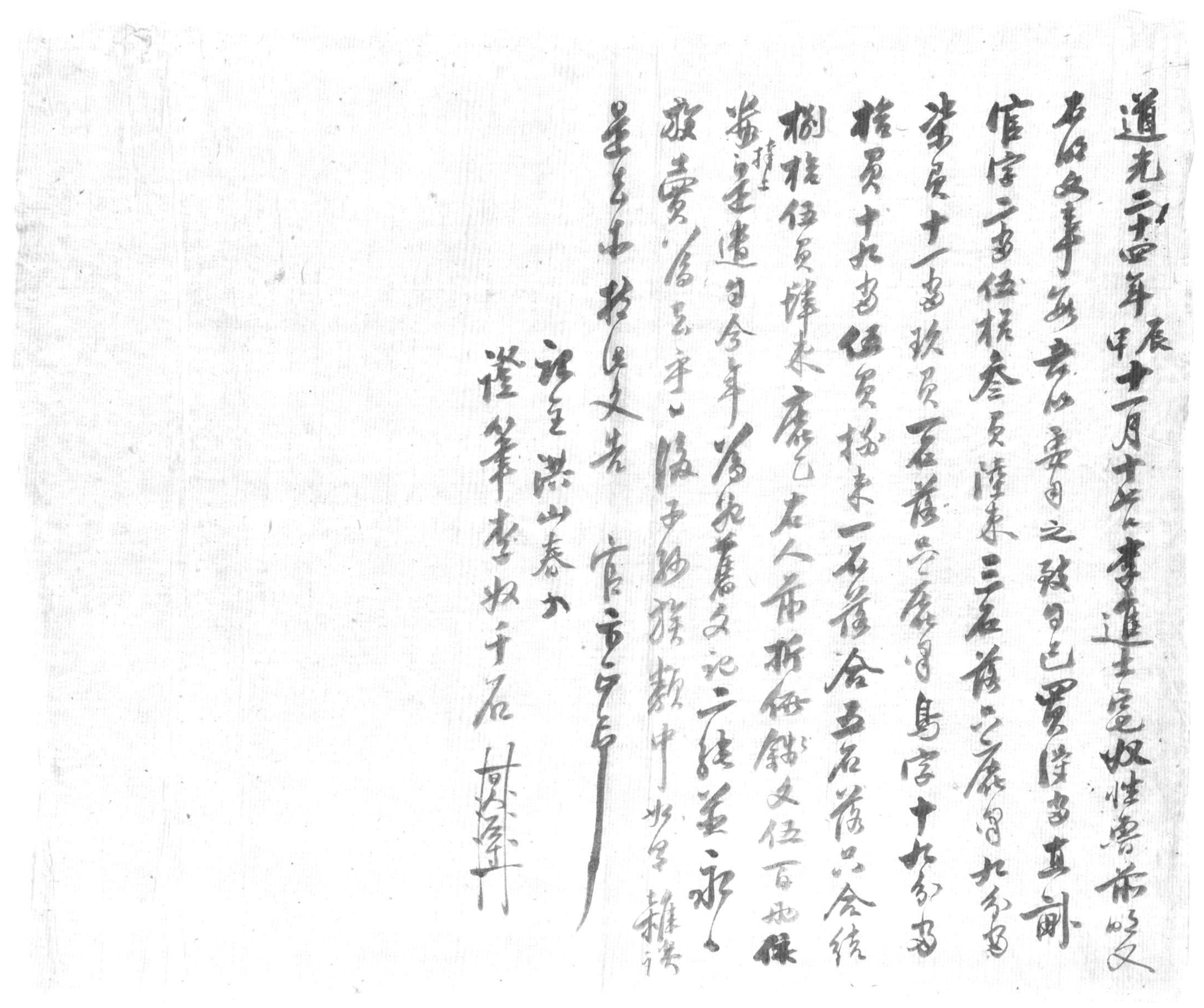

1844년 11월 17일에 洪山春이 李進士 宅 奴 性魯에게 논을 팔면서 발급한 明文

明文 306

1844년(헌종 10), 54.7×34.3

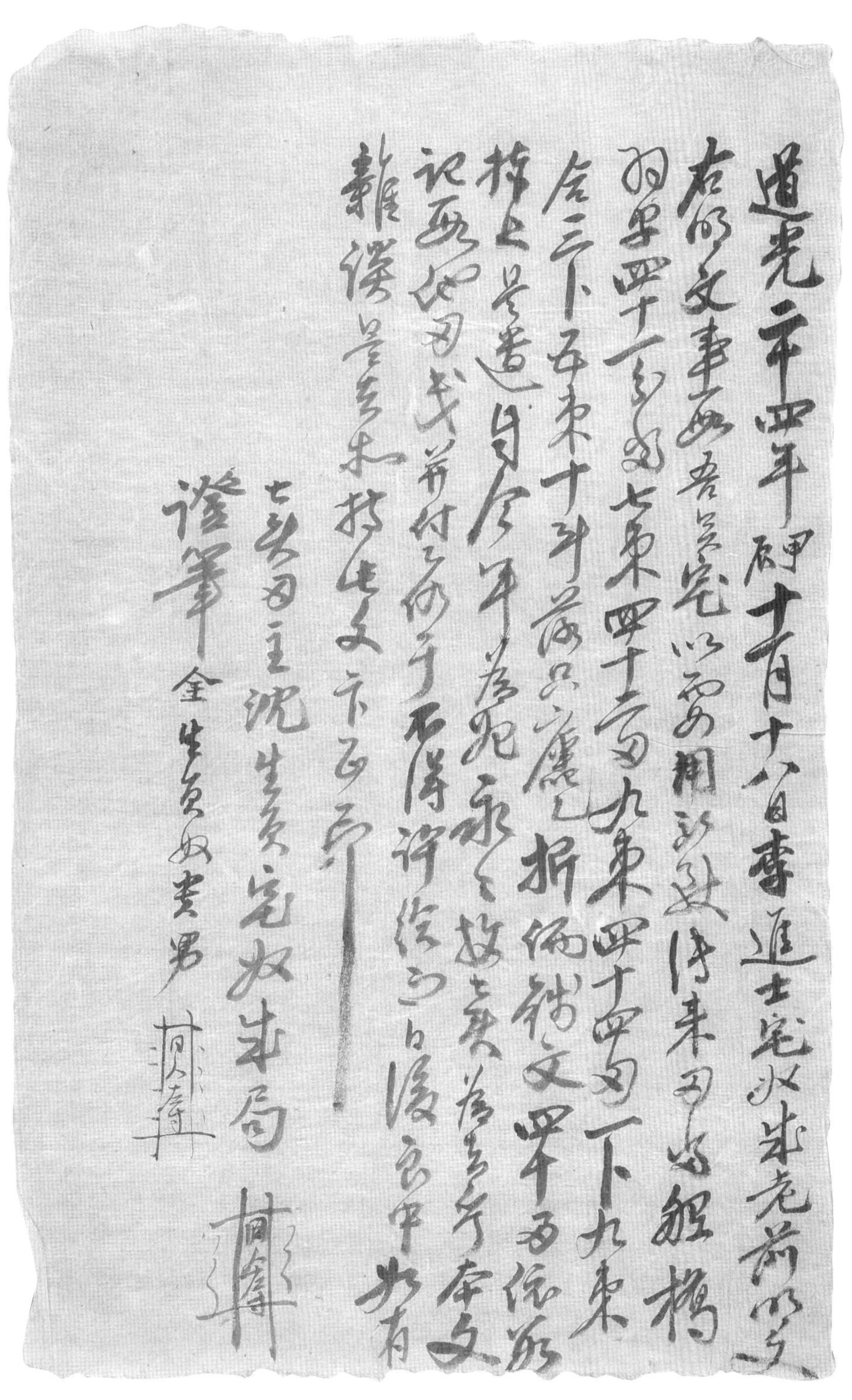

1844년 11월 18일에 沈生員 宅 奴 成局이 李進士 宅 奴 成老에게 전답을 팔면서 발급한 明文

1844년(헌종 10), 56.8×36.6

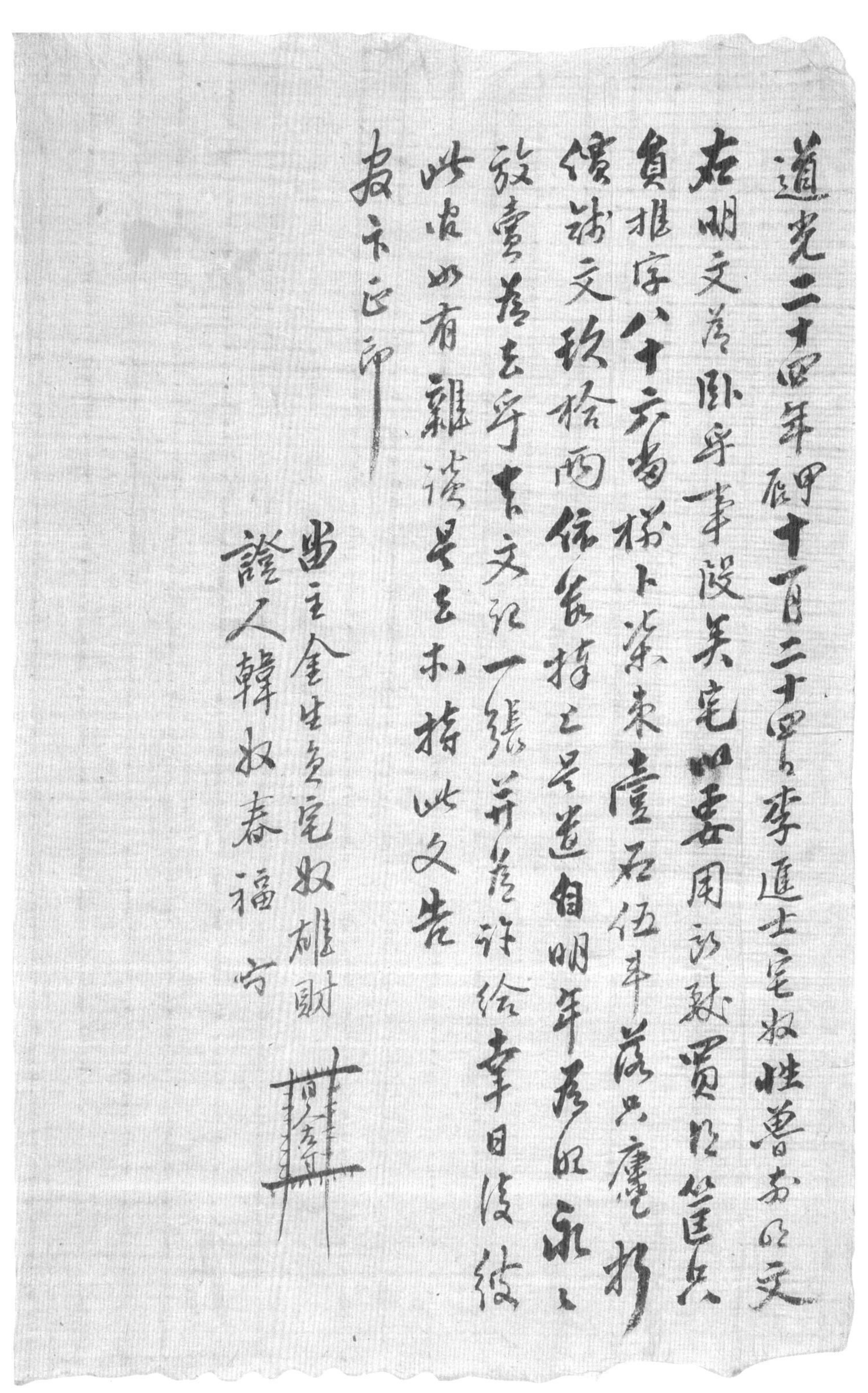
道光二十四年甲辰十一月二十四日李進士宅奴性魯處明文
右明文爲臥乎事段矣宅以要用所致買得[illegible]只
負推字八十六畓捌卜柒束壹石伍斗落只庫[illegible]
價錢文玖拾兩依數捧上是遣自明年爲始永永
放賣爲去乎本文記一張幷以許給[illegible]日後
此[illegible]如有雜談是去等持此文告
官卞正事

畓主金生員宅奴雄財
證人韓奴春福

1844년 11월 24일에 金生員 宅 奴 雄財가 李進士 宅 奴 性魯에게 논을 팔면서 발급한 明文

明文 308

1844년(헌종 10), 52.2×36.1

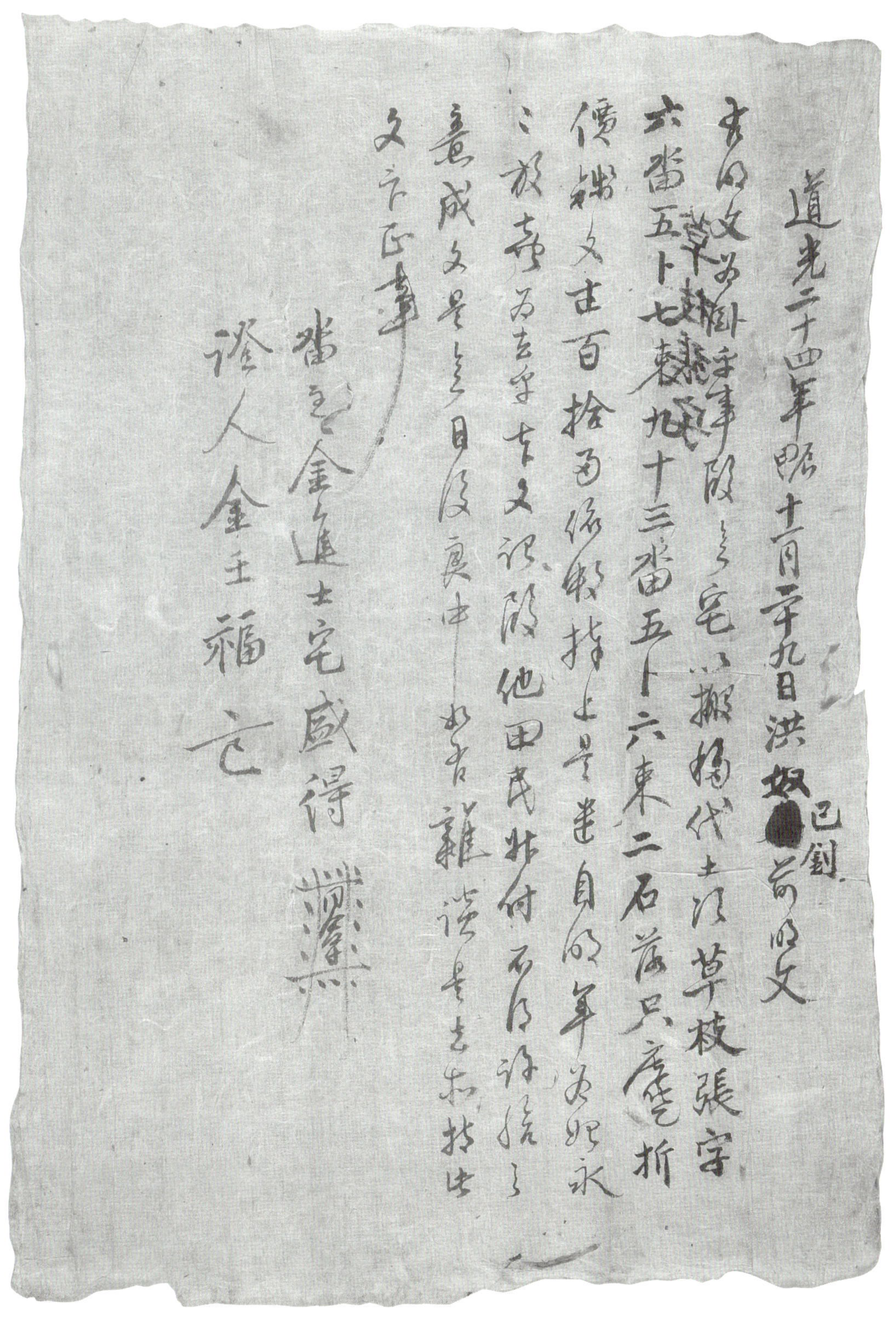

1844년 11월 29일에 金進士 宅 盛得이 洪哥의 奴 己釗에게 논을 팔면서 발급한 明文

明文 309

1844년(헌종 10), 55×34.7

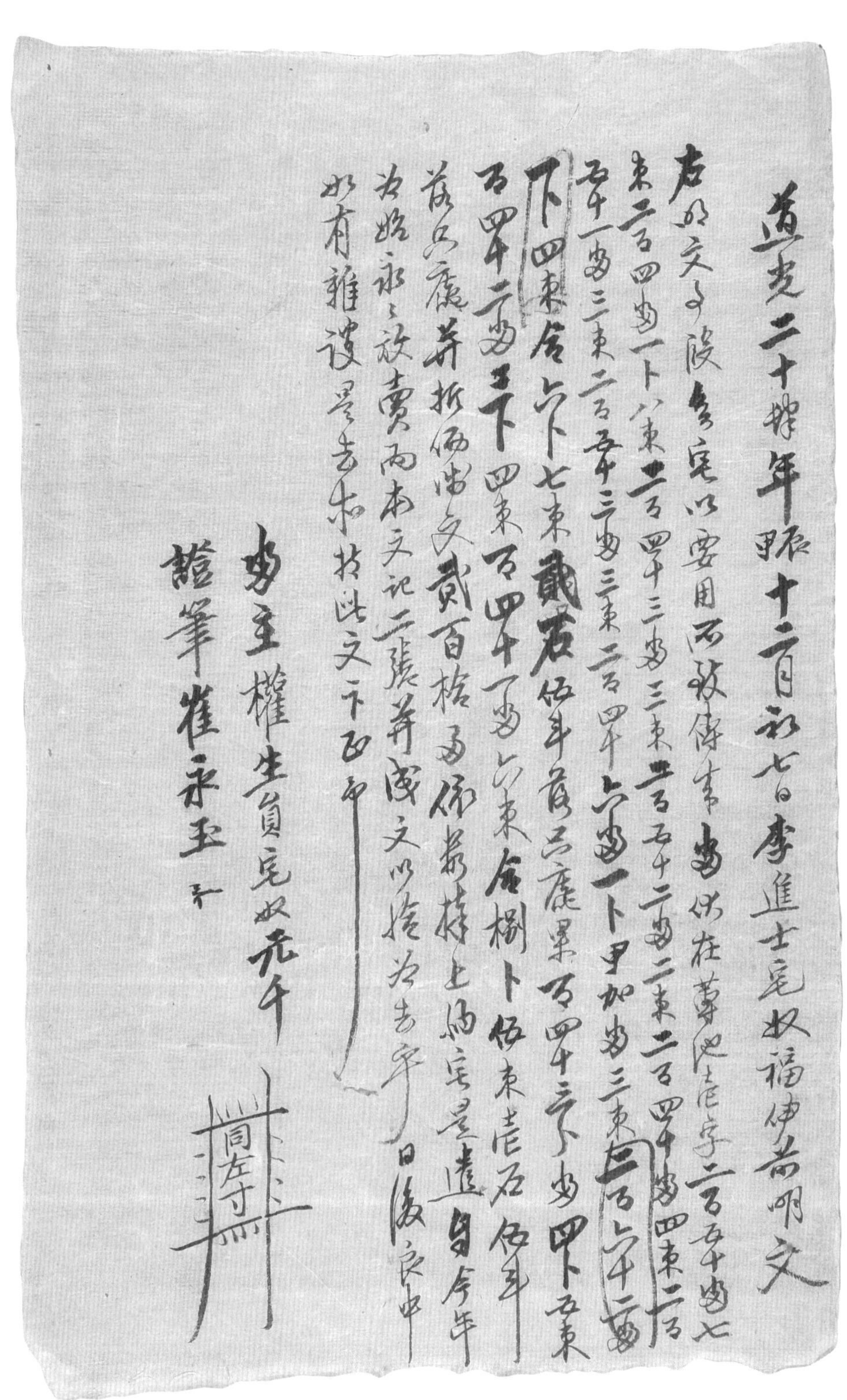

道光二十肆年甲辰十二月初七日李進士宅奴福伊前明文

畓主 權生員宅奴元千

證筆 崔秉玉

1844년 12월 초7일에 權生員 宅 奴 元千이 李進士 宅 奴 福伊에게 논을 팔면서 발급한 明文

明文 310

1844년(헌종 10), 109.4×60.1

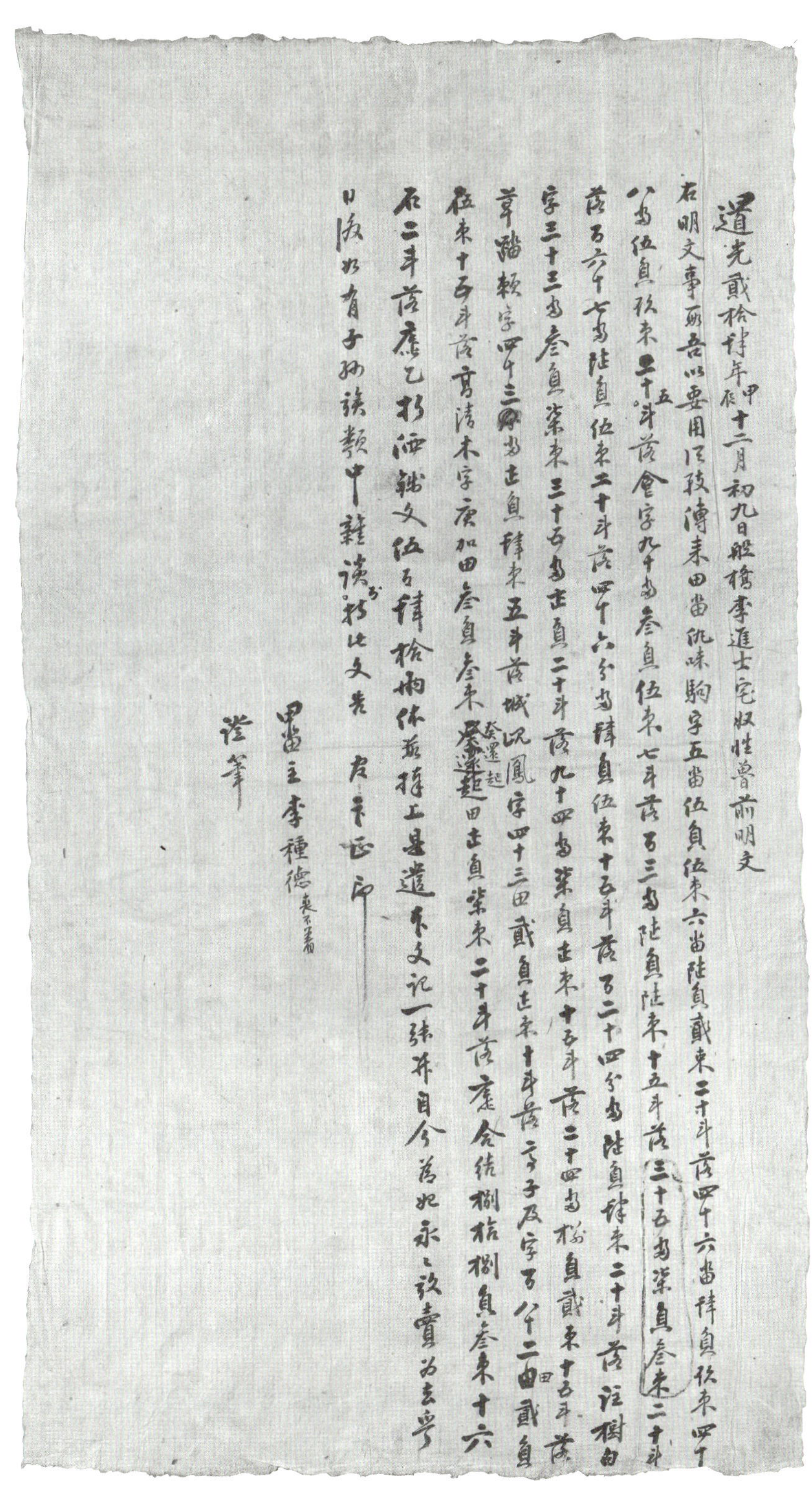

1844년 12월 초9일에 田畓主 李種德이 船橋 李進士 宅 奴 性魯에게 전답을 팔면서 발급한 明文

明文 311

1844년(헌종 10), 54.8×34.4

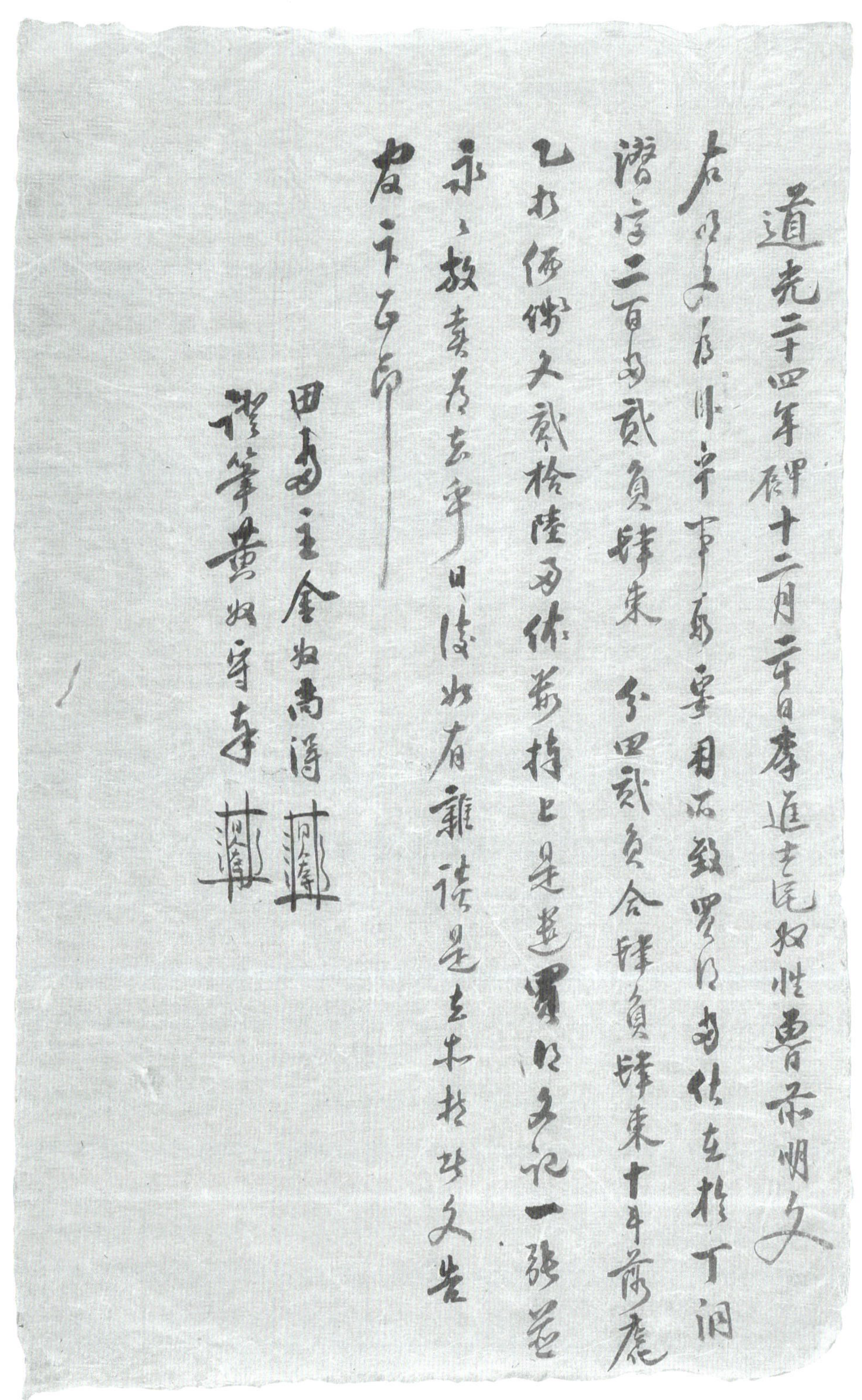

道光二十四年甲辰十二月二十日李進士宅奴性魯前明文

右明文事段矣身要用所致買得畓伏在於丁洞

潛字二百畓貳負肆束 今番貳負合肆負肆束十斗落庫

乙丑價錢文貳拾陸兩依數捧上是遣買得文記一張並

永永放賣爲去乎日後如有雜談是去等持此文告

官卞正事

田畓主金奴尚得

證筆黃奴守乙

1844년 12월 20일에 金哥의 奴 尚得이 李進士 宅 奴 性魯에게 전답을 팔면서 발급한 明文

明文 312

1844년(헌종 10), 51.8×32.6

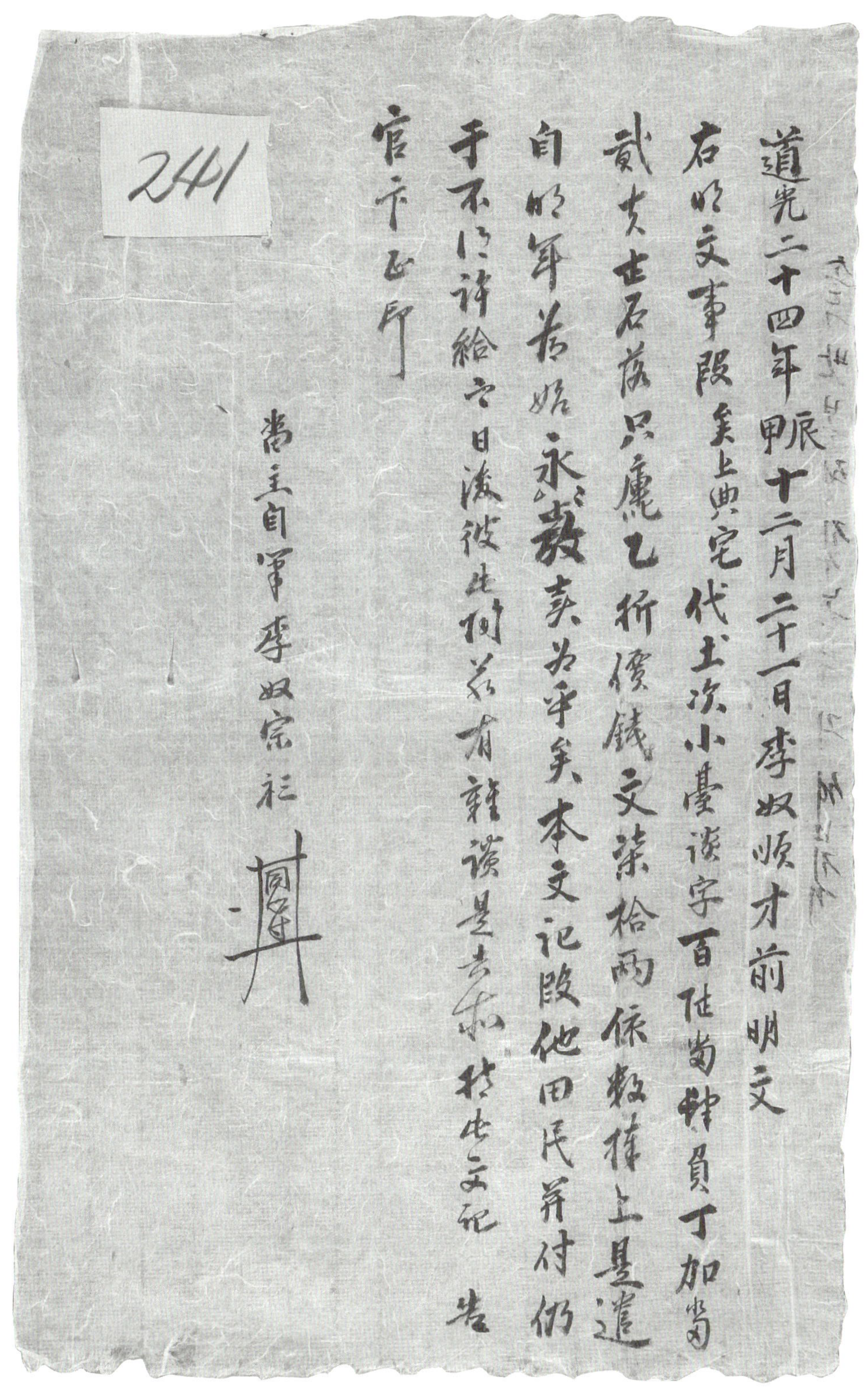

道光二十四年甲辰十二月二十一日李奴順才前明文

右明文事段矣上典宅代土次小臺談字百陸畓肆負丁加畓
貳束出石落只庫乙折價錢文柒拾兩依數捧上是遣
自明年爲始永永賣爲乎矣本文記段他田民并付仍
于不得許給之日後彼此間若有雜談是去等持此文記告
官卞正印

畓主自筆李奴宗衫

1844년 12월 21일에 李哥의 奴 宗衫이 李哥의 奴 順才에게 논을 팔면서 발급한 明文

明文 313

1844년(헌종 10), 54.5×34.7

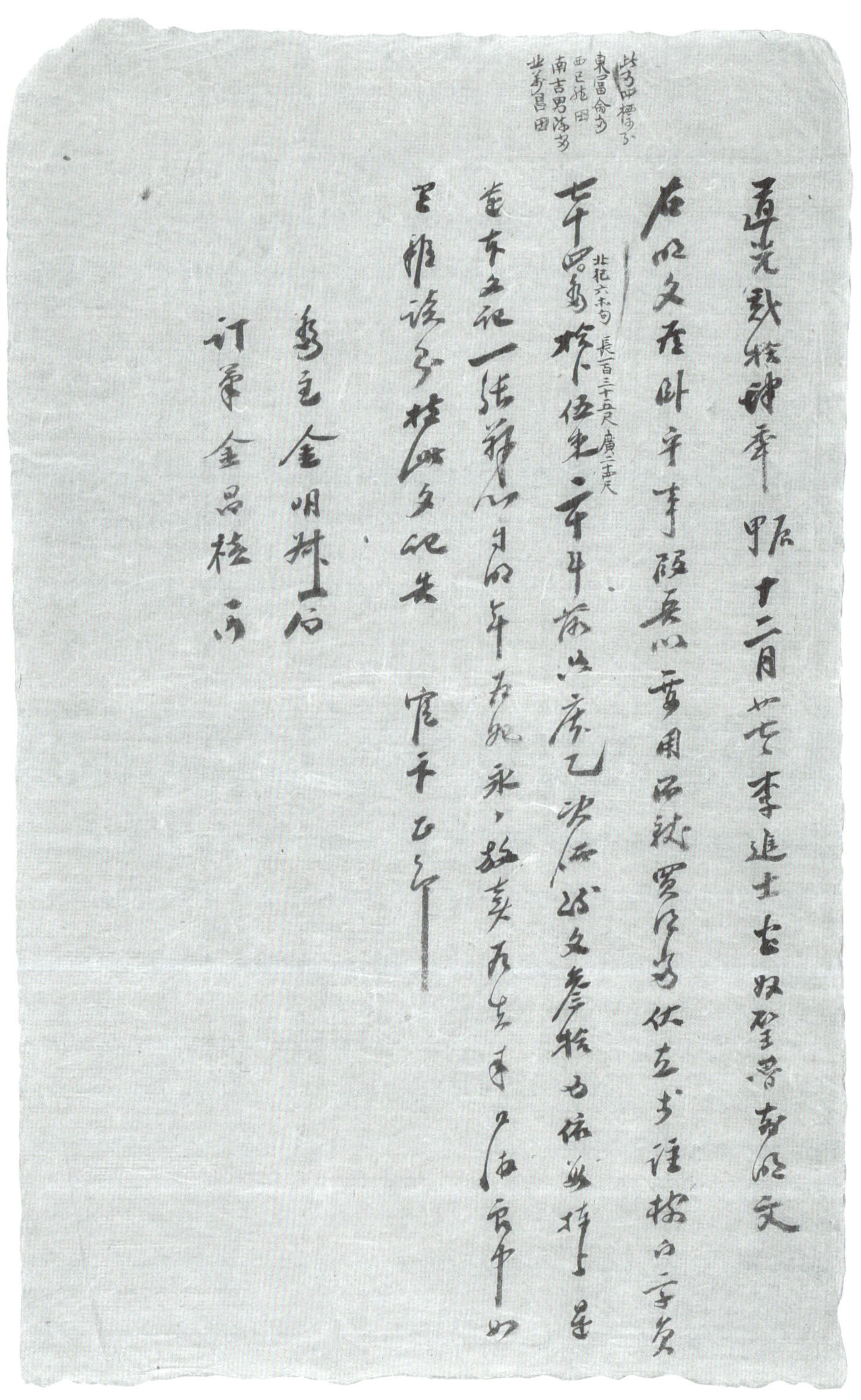

1844년 12월 27일에 金明叔이 李進士 宅 奴 聖魯에게 논을 팔면서 발급한 明文

明文 314

1844년(헌종 10), 49.3×29.1

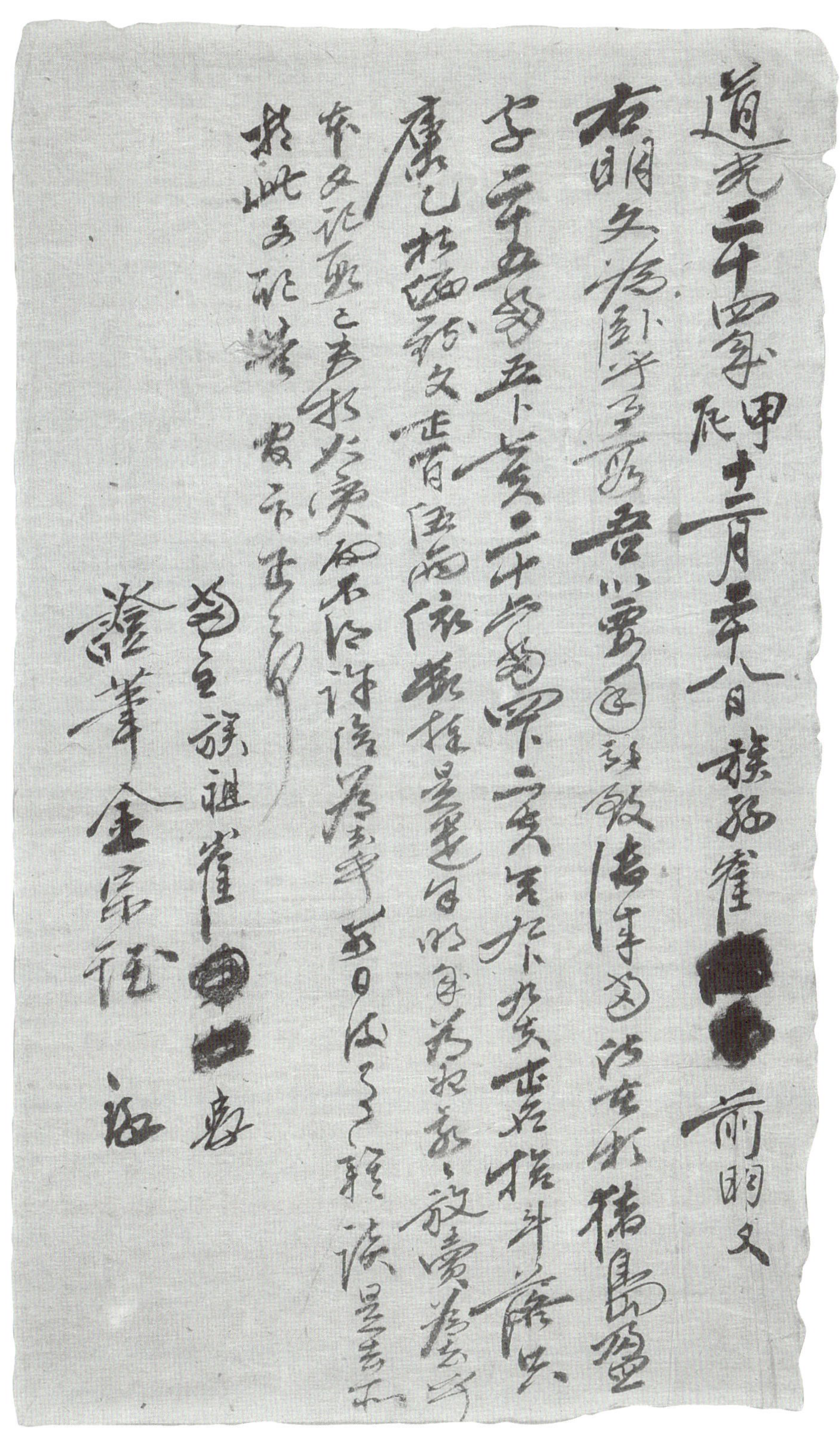

1844년 12월 28일에 族祖 崔가 族孫 崔에게 논을 팔면서 발급한 明文

1845년(헌종 11), 51.2×33.5

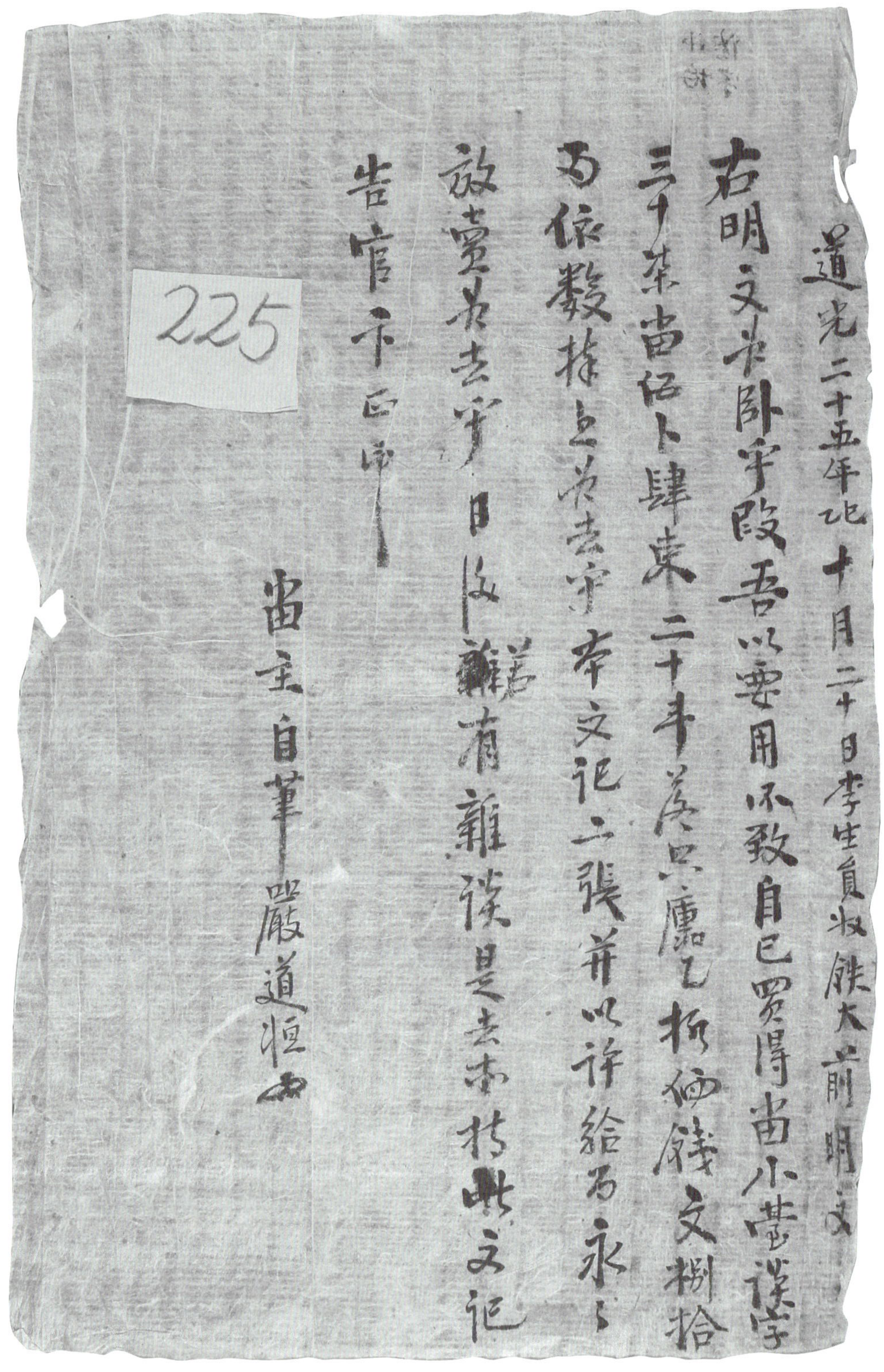

道光二十五年乙巳十月二十日李生員宅奴鐵大前明文

右明文事段吾以要用所致自己買得畓小[illegible]謀字

三十柒畓伍卜肆束二十斗落只處乙折價錢文捌拾

兩依數捧上爲遣本文記二張幷以許給爲去乎永永

放賣爲去乎日後雜有雜談是去等持此文記

告官卞正事

畓主 自筆 嚴道恒

1845년 10월 20일에 嚴道恒이 李生員 宅 奴 鐵大에게 논을 팔면서 발급한 明文

明文 316

1845년(헌종 11), 53.3×34.1

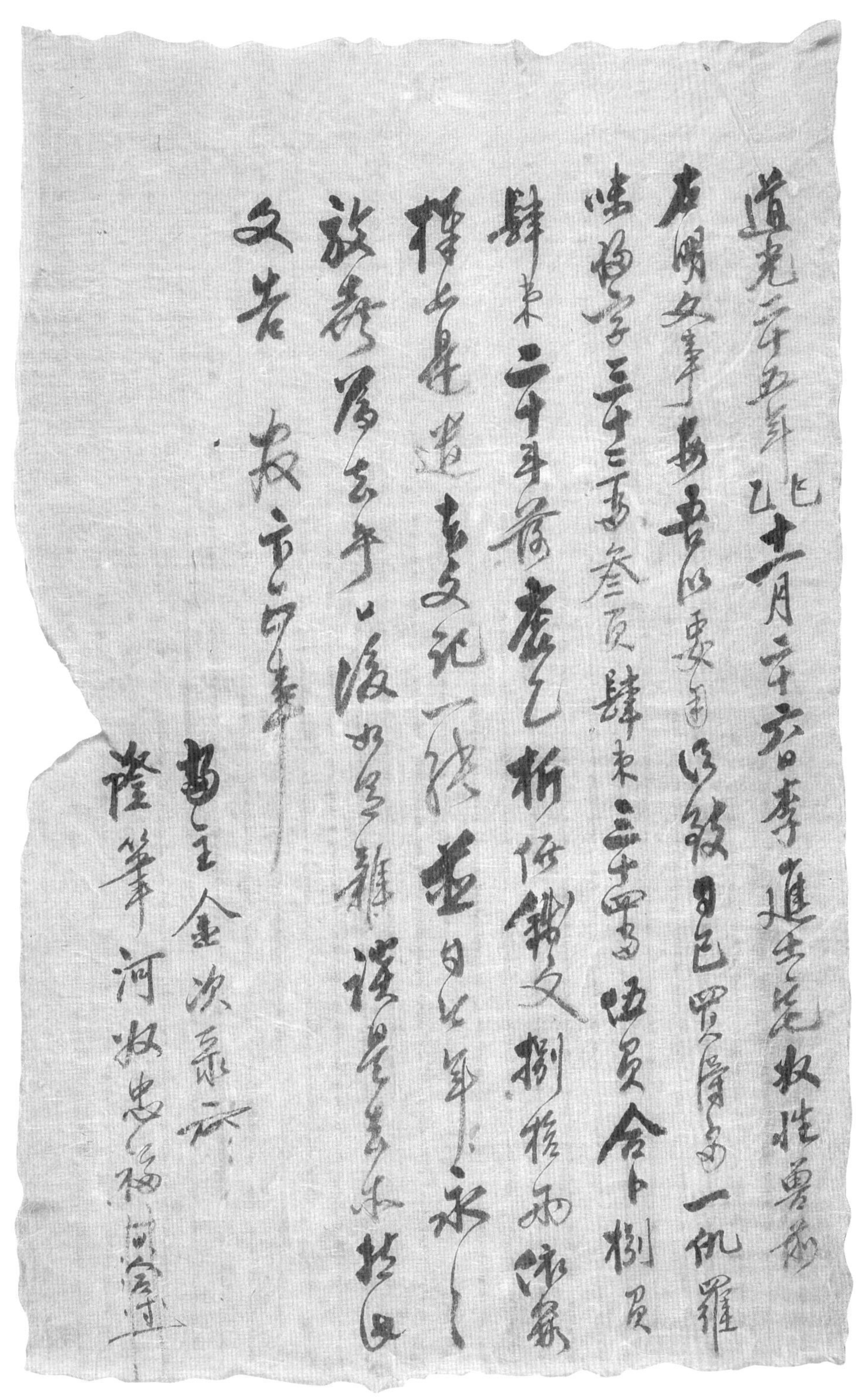

1845년 11월 26일에 金次彔이 李進士 宅 奴 性魯에게 논을 팔면서 발급한 明文

1845년(헌종 11), 53.3×33.7

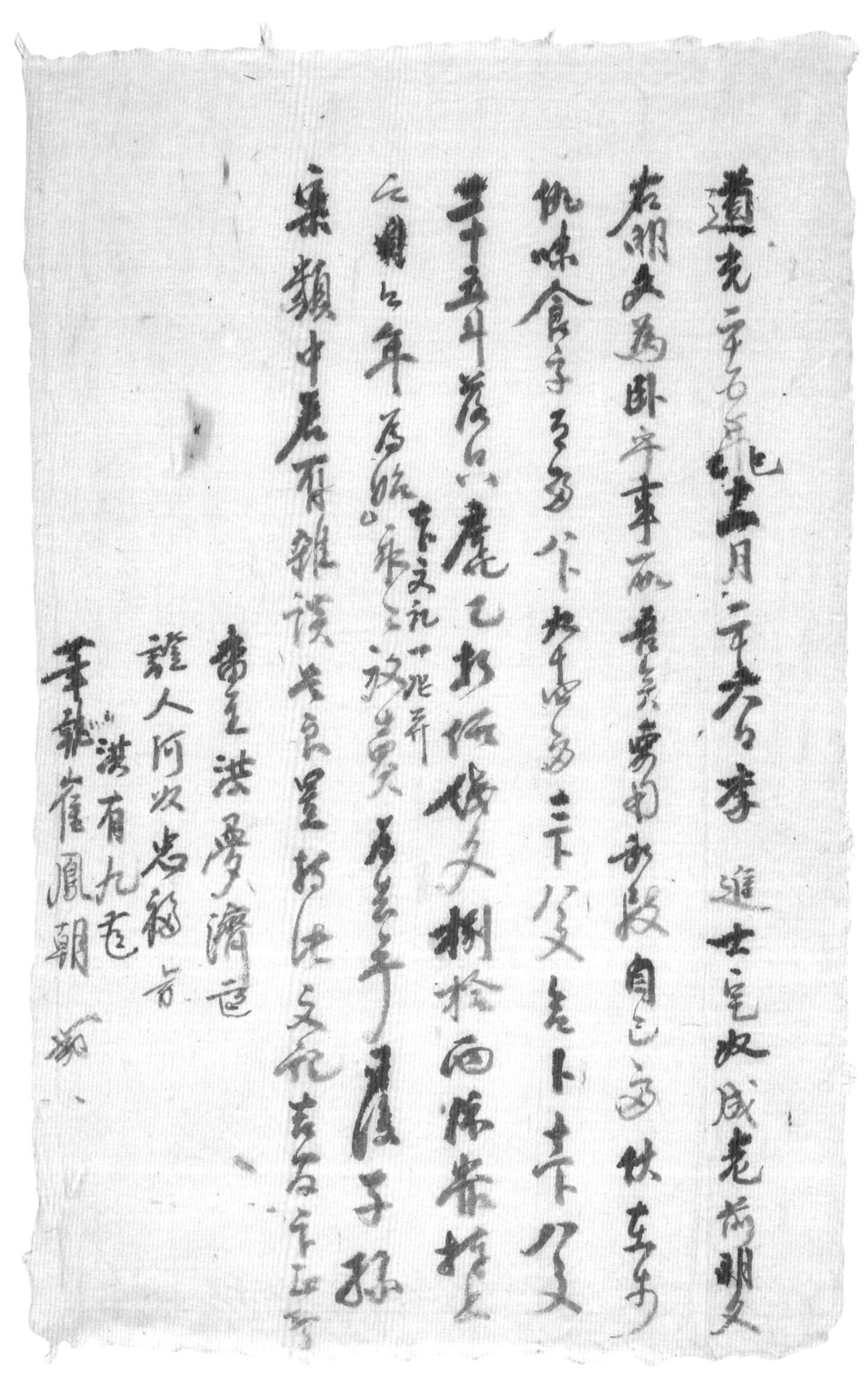

1845년 11월 26일에 洪夢濟가 李進士 宅 奴 成老에게 논을 팔면서 발급한 明文

明文 318

1845년(헌종 11), 62.7×60.8

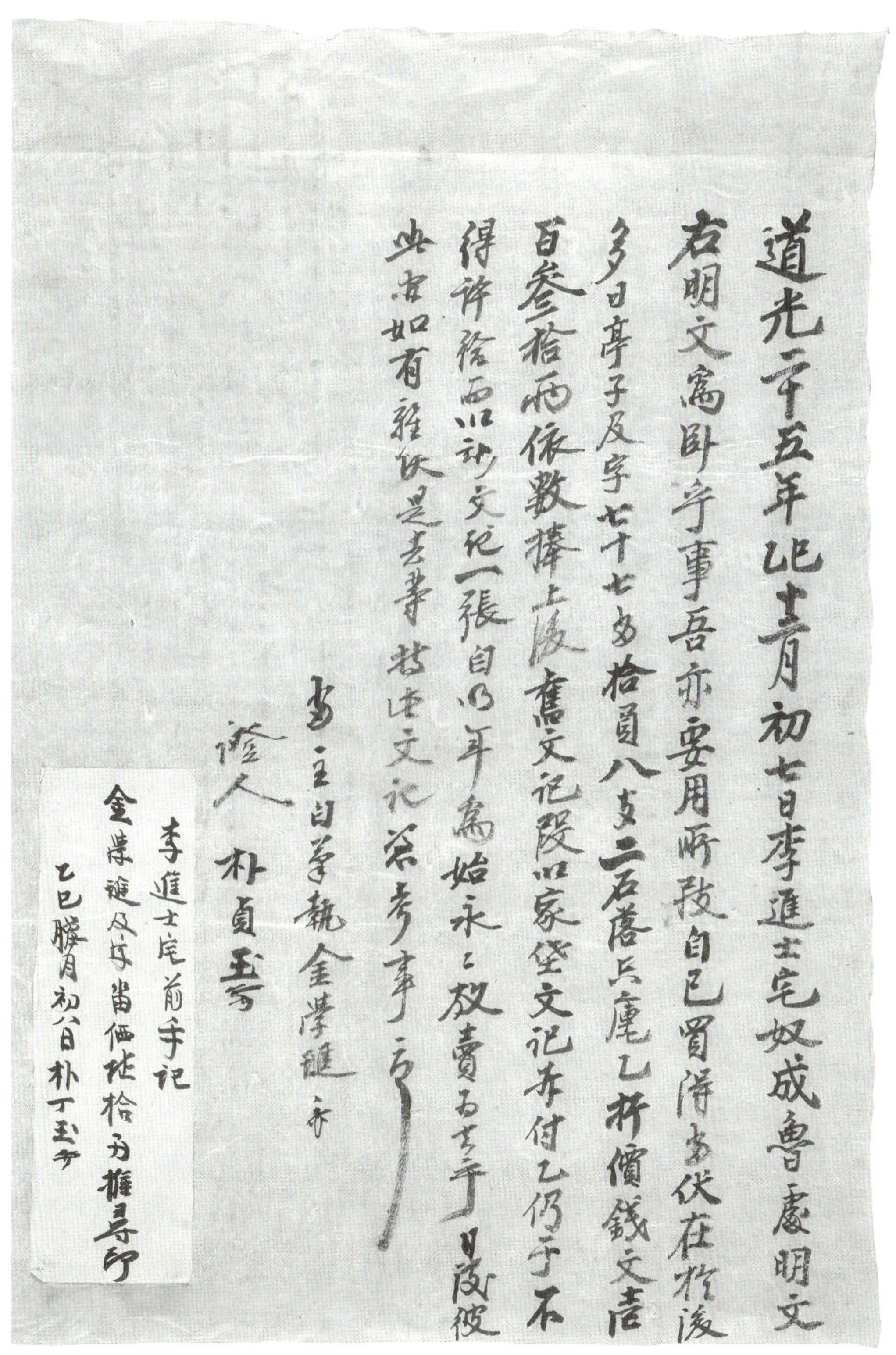

道光二十五年乙巳十二月初七日李進士宅奴成魯處明文

右明文爲臥乎事段吾亦要用所致自己買得畓伏在於後

多日亭子及字七十七畓拾負八束二石落只處乙折價錢文壹

百參拾兩依數捧上後舊文記段以家垈文記并付乙仍于不

得許給爲乎矣以新文記一張自明年爲始永永放賣爲去乎日後彼

此中如有雜談是去等持此文記告官卞正事

畓主自筆執金學璡 手

證人 朴貞玉 手

李進士宅前手記

金學璡處畓價錢拾五兩推尋印

乙巳臘月初八日 朴丁玉 手

1845년 12월 초7일에 金學璡이 李進士 宅 奴 成魯에게 논을 팔면서 발급한 明文

明文 319

1845년(헌종 11), 56.5×35.1

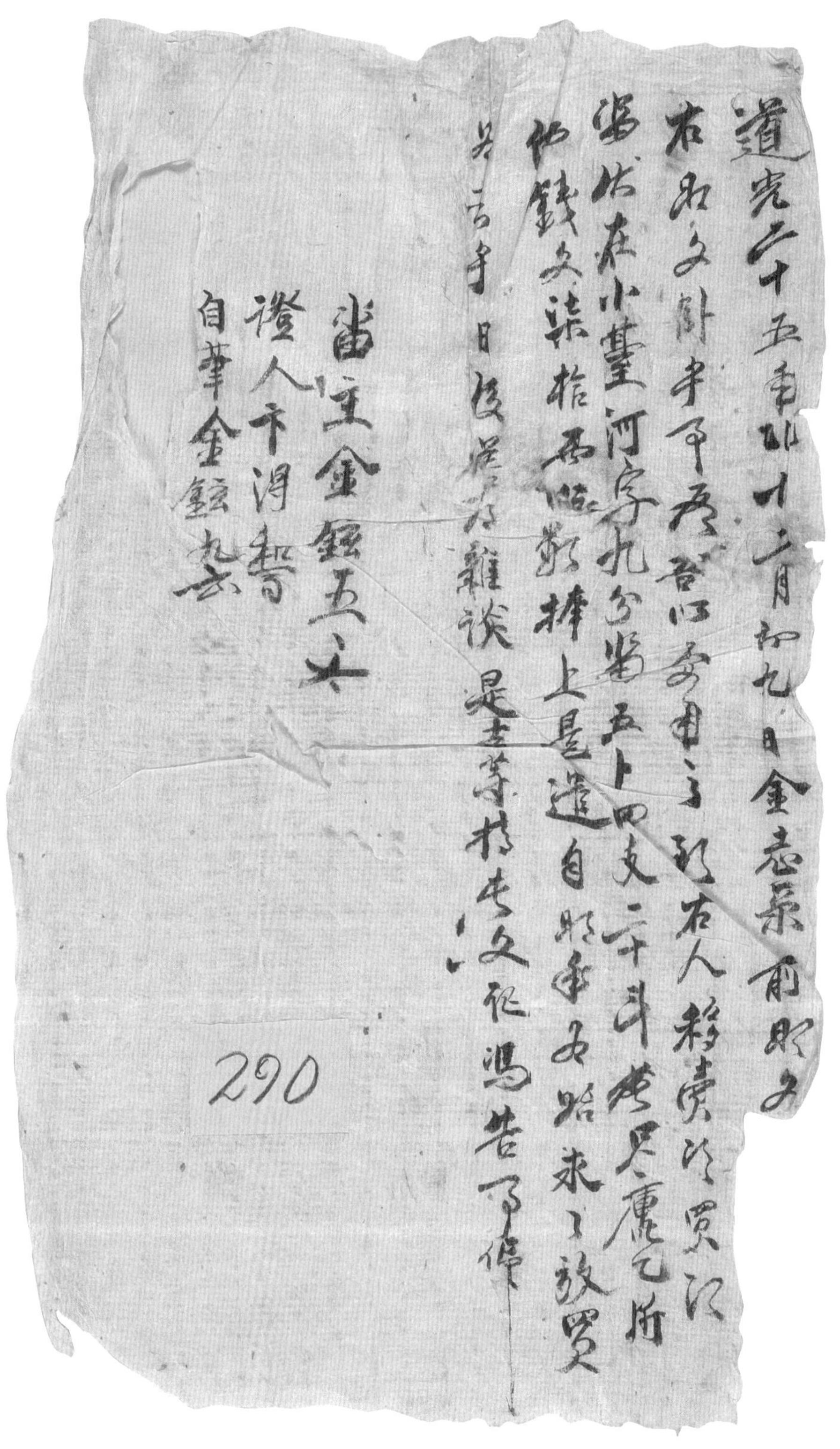

道光二十五年乙巳十二月初九日金志彔前明文

右明文爲臥乎事段 要用所致 右人處 移賣爲 買次

畓伏在小臺河字九分畓五卜四束二斗落只處乙所

價錢文柒拾兩依數捧上是遣 自明年爲始 永永放賣

爲去乎日後若有雜談是去等持此文記憑告事

畓主 金鉉五

證人 下洞

自筆 金鉉九

1845년 12월 초9일에 金鉉五가 金志彔에게 논을 팔면서 발급한 明文

明文 320

1845년(헌종 11), 53.4×34

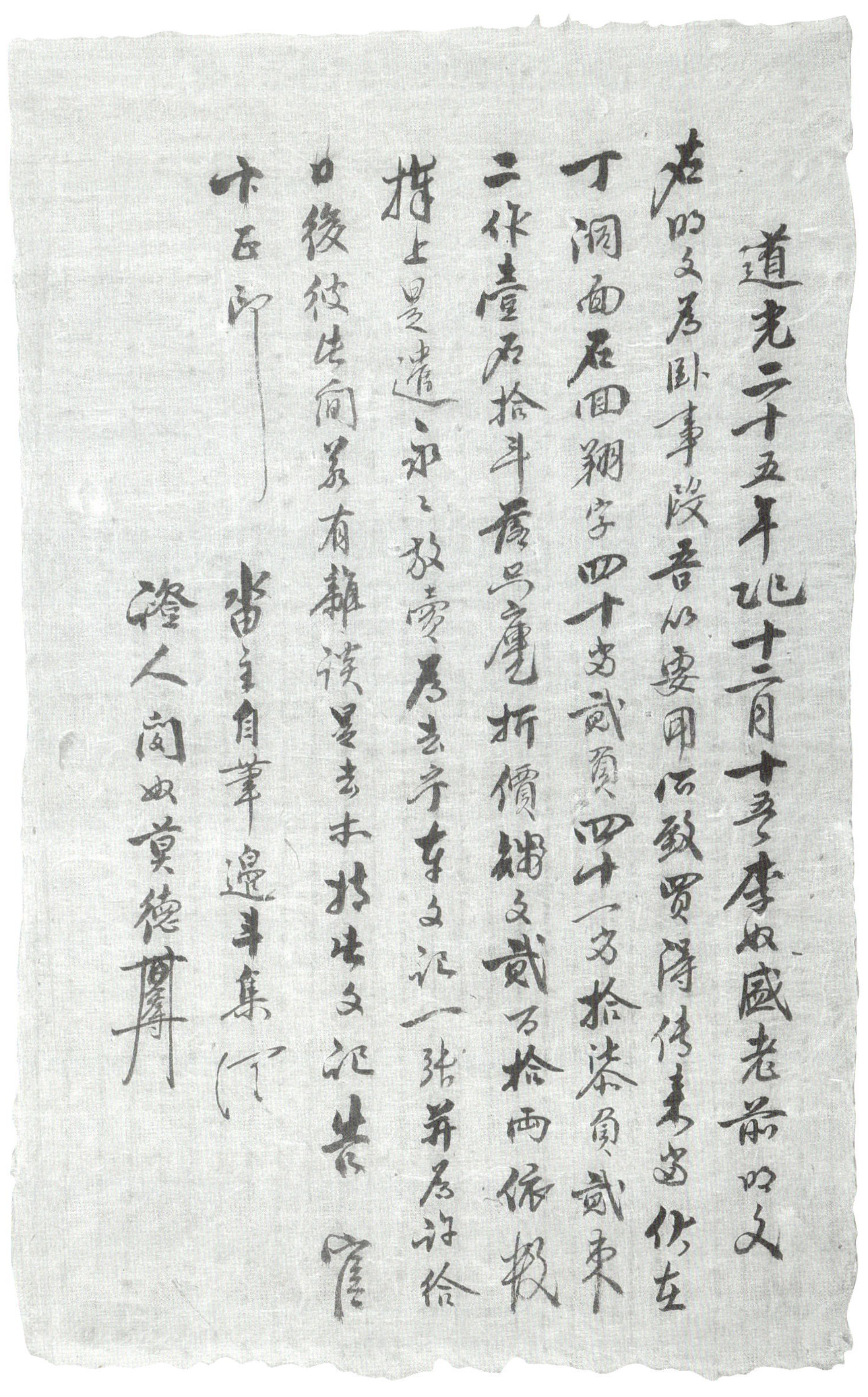

道光二十五年乙巳十二月十五日李奴盛老前明文

右明文爲臥事段吾矣要用所致買得傳來畓伏在

丁洞面石田翔字四十番貳負四十一番拾柒負貳束

二作壹石拾斗落只庫折價錢文貳百拾兩依數

捧上是遣永永放賣爲去乎本文記一張幷爲許給

日後彼此間若有雜談是去等持此文記告官

卞正印

畓主自筆邊斗集

證人閔奴莫德

1845년 12월 15일에 邊斗集이 李哥의 奴 盛老에게 논을 팔면서 발급한 明文

1845년(헌종 11), 53.3×33.8

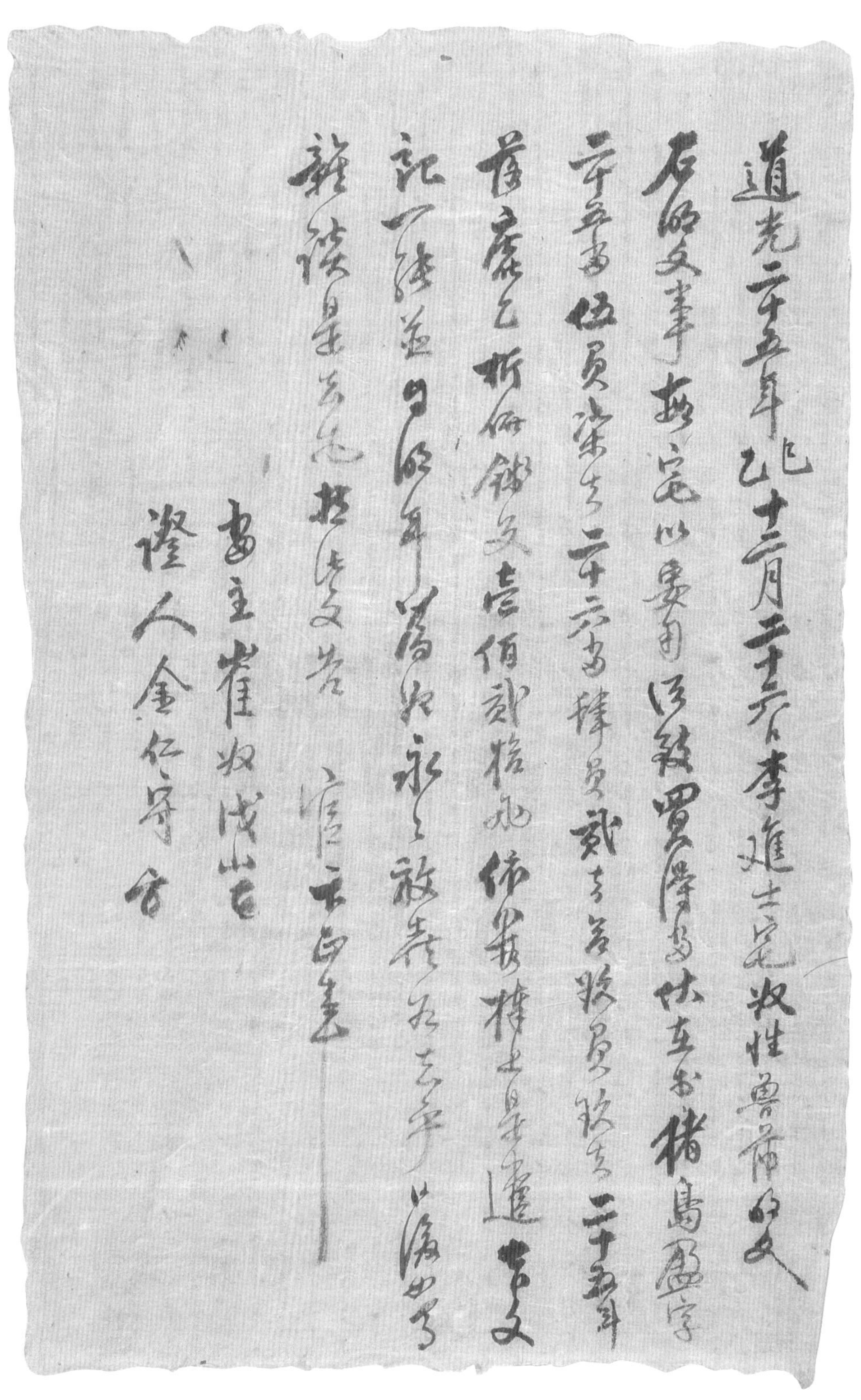

道光二十五年乙巳十二月二十六日李進士宅奴性魯前明文
右明文事段 無它以要用所致 買得爲如乎 伏在楮島面□字
二十五畓伍負柒束 二十六畓肆負貳束 合玖負玖束 二十五斗
落庫乙 折價錢文壹佰貳拾兩 依數捧上是遣 本文
記一張幷以 右明文爲如 永永放賣爲去乎 日後若有
雜談是去等 持此文告 官卞正事

畓主 崔奴 戊山 [着名]
證人 金仁守 [着名]

1845년 12월 26일에 崔哥의 奴 戊山에게 李進士 宅 奴 性魯에게 논을 팔면서 발급한 明文

明文 322

1845년(헌종 11), 52.3×31.5

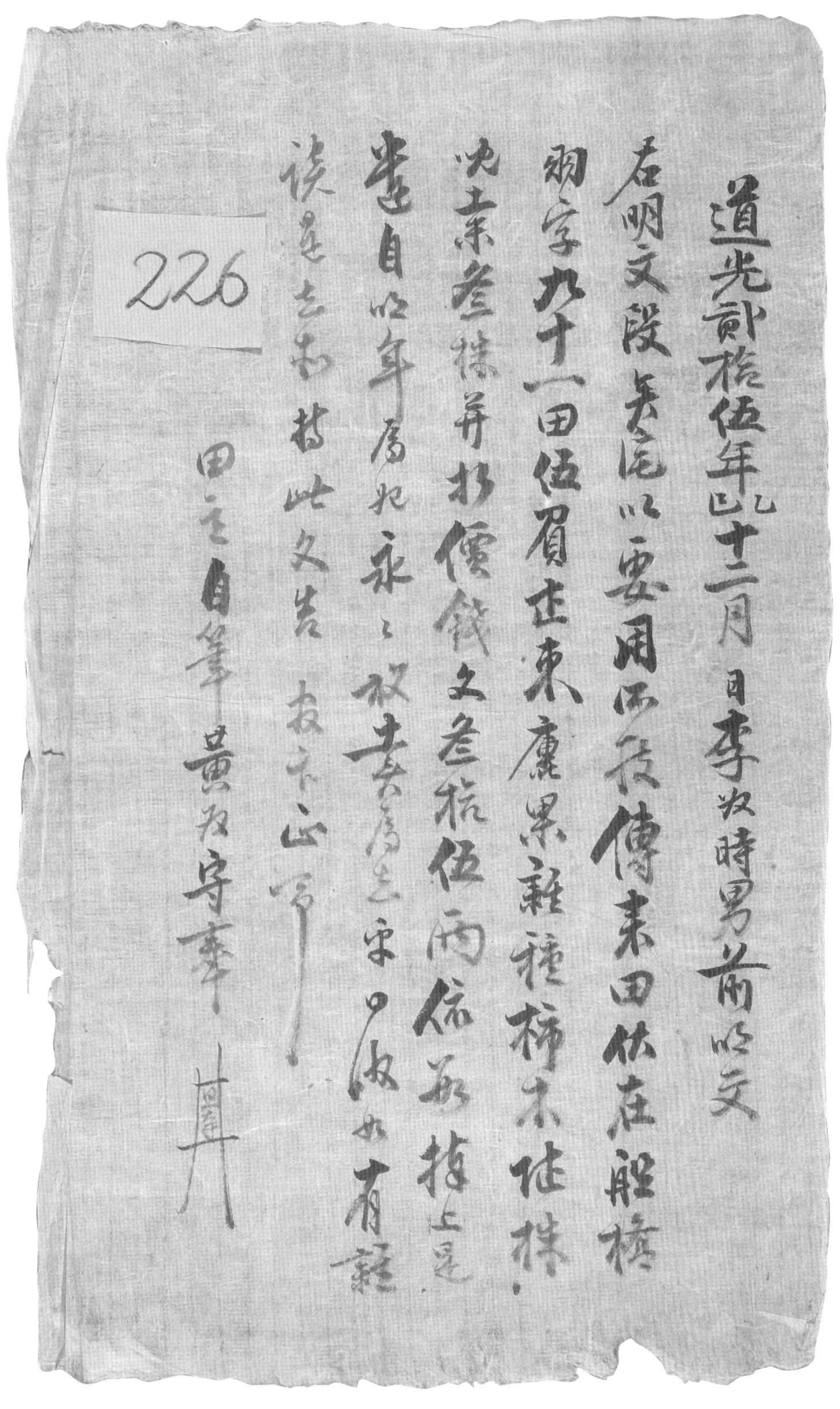

道光貳拾伍年乙巳十二月 日 李奴時男前明文

右明文段矣徒以要用所致傳來田伏在船橋洞字九十一田伍負庄東鹿果雜種柿木陸株此素叁拾并折價錢文叁拾伍兩依數捧上是遣自以年右北永永放賣爲去乎日後如有雜談是去等持此文告官卞正事

田主自筆 黃奴守奉

1845년 12월에 黃哥의 奴 守奉이 李哥의 奴 時男에게 밭을 팔면서 발급한 明文

明文 323

1846년(헌종 12), 52.8×32.9

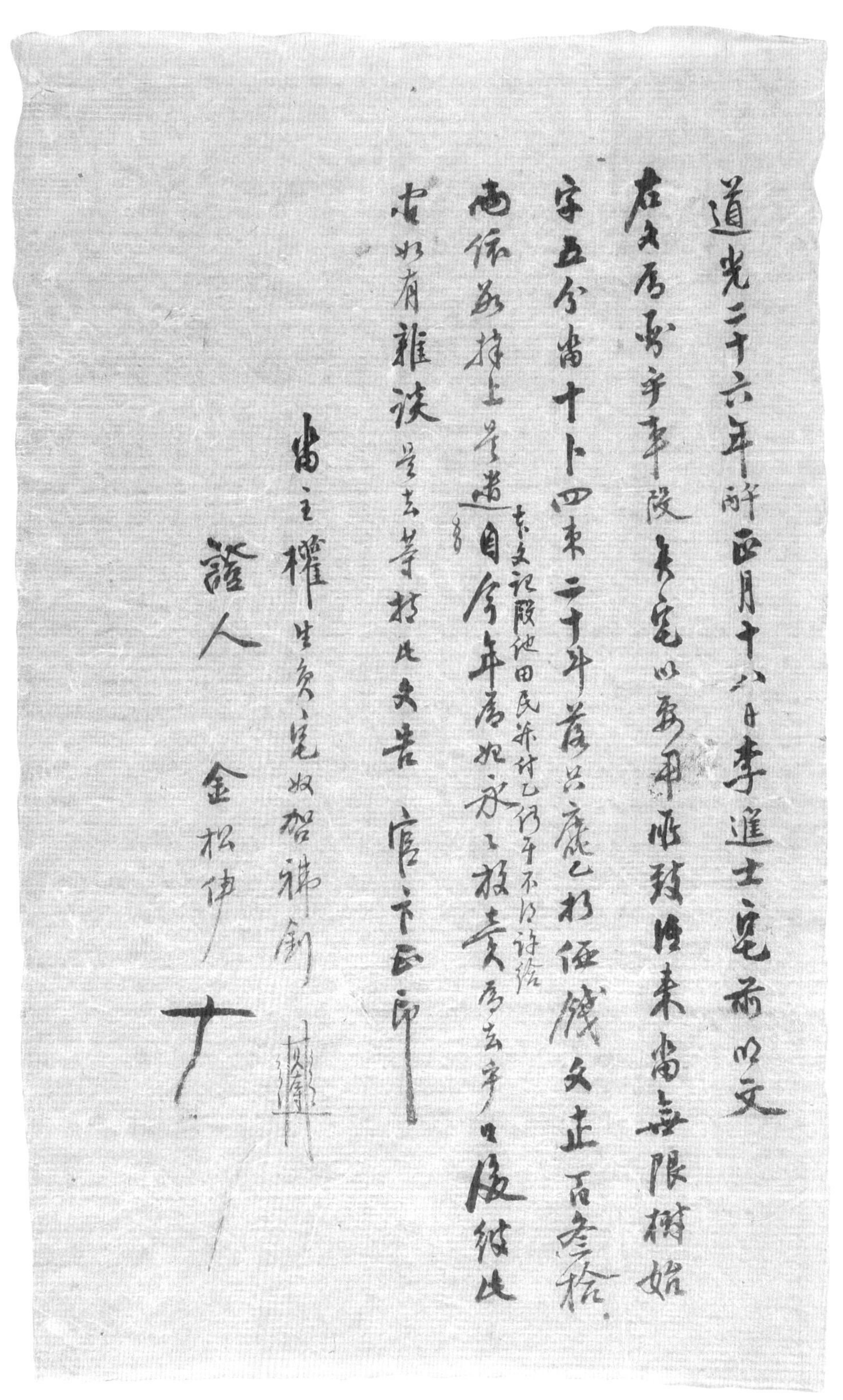

1846년 1월 18일에 權生員 宅 奴 {加/口}{礻 +弗}釗가 李進士 宅에 논을 팔면서 발급한 明文

明文 324

1846년(헌종 12), 54.7×34.6

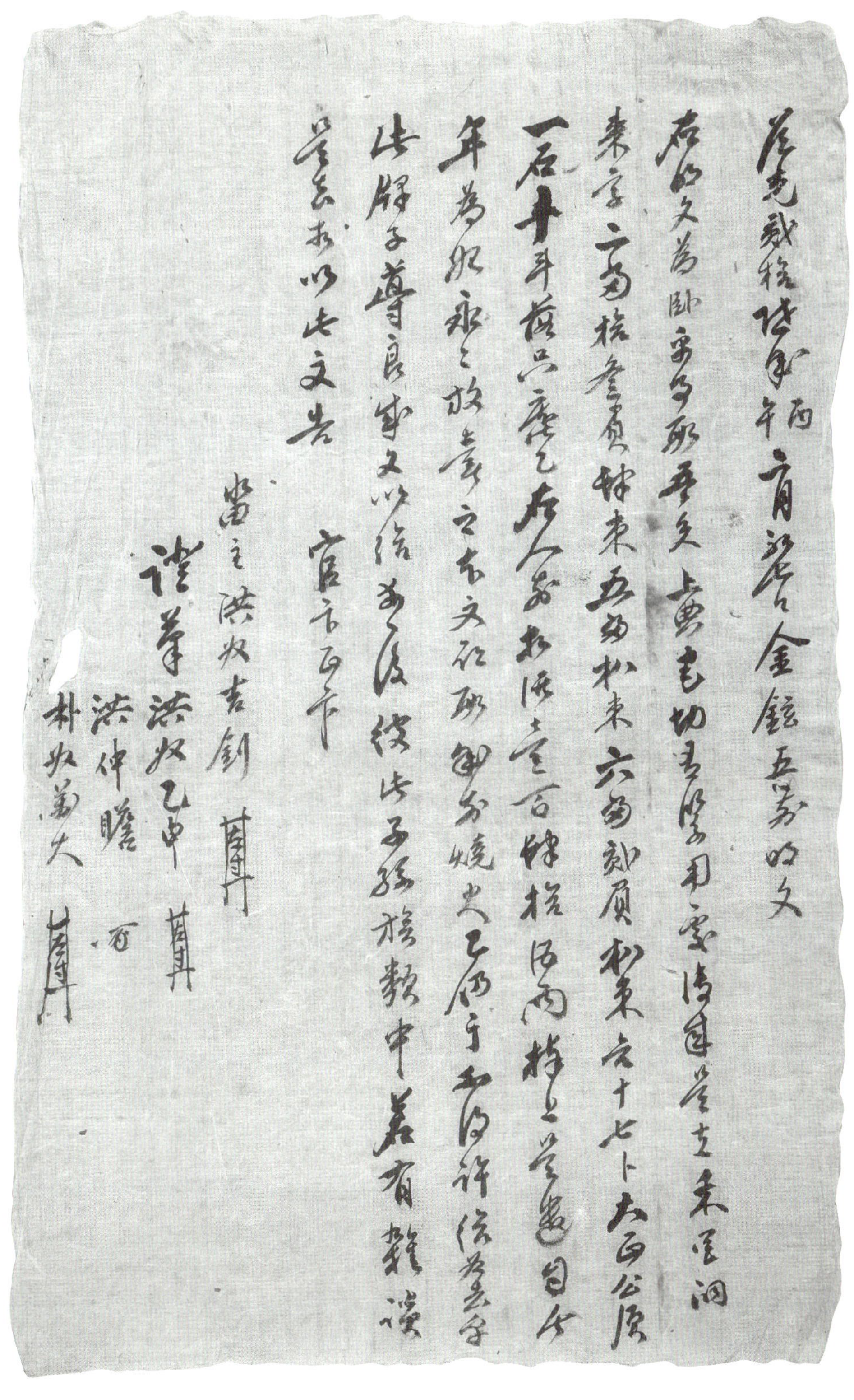

1846년 2월 초7일에 洪哥의 奴 吉釗가 金鉉五에게 논을 팔면서 발급한 明文

明文 325

1847년(헌종 13), 53.5×36.3

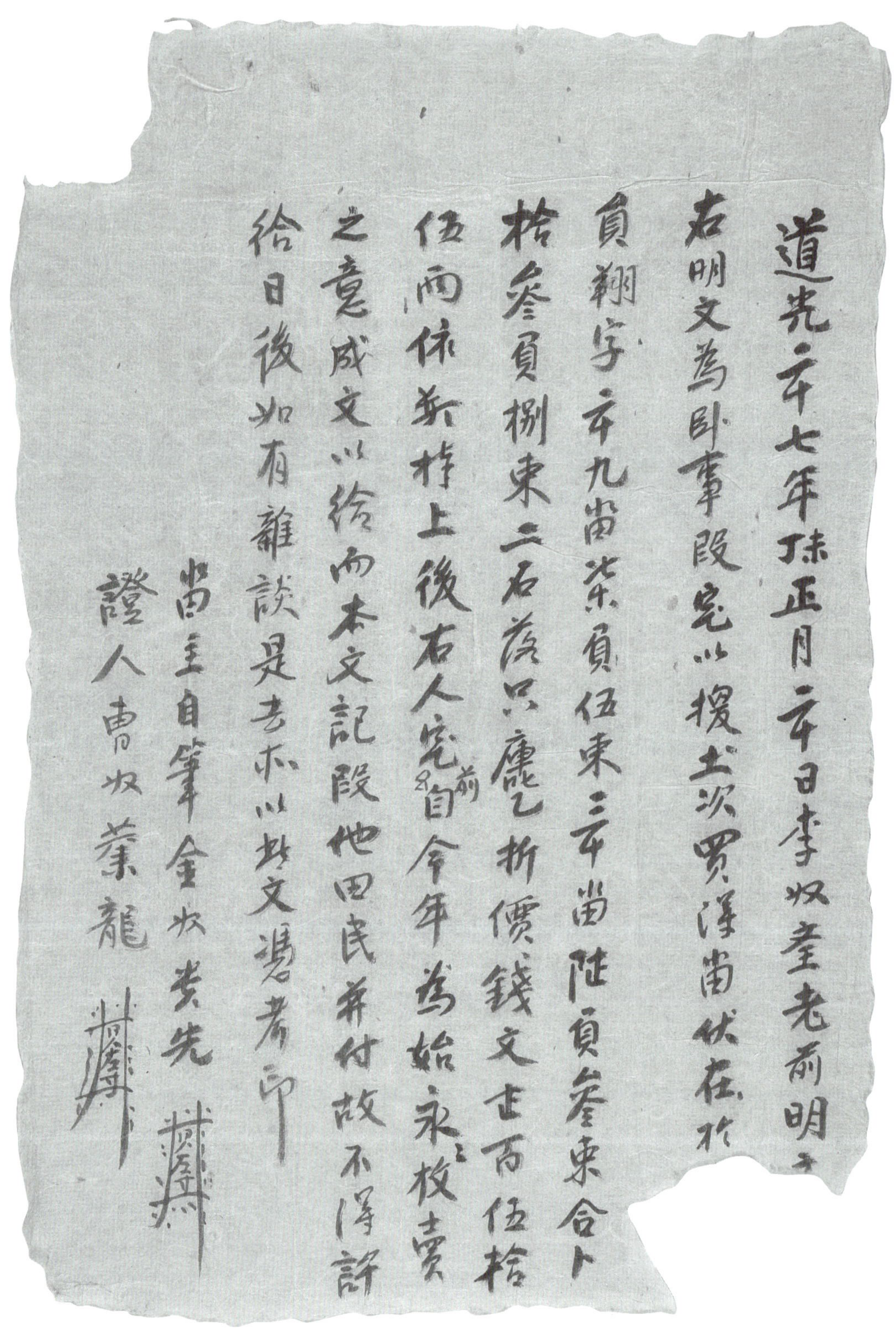

道光二十七年丁未正月二十日李奴聖老前明文
右明文爲臥事段宅以援土次買得畓伏在於
員翔字二十九畓柒負伍束三十畓陸負叁束合卜
拾叁負捌束二石落只庫乙折價錢文四百伍拾
伍兩依數捧上後右人宅前自今年爲始永永放賣
之意成文以給而本文記段他田民幷付故不得許
給日後如有雜談是去乃以此文憑考事
畓主自筆金奴貴先
證人曹奴業龍

1847년 1월 20일에 金哥의 奴 貴先이 李哥의 奴 聖老에게 논을 팔면서 발급한 明文

明文 326

1847년(헌종 13), 51.5×34.1

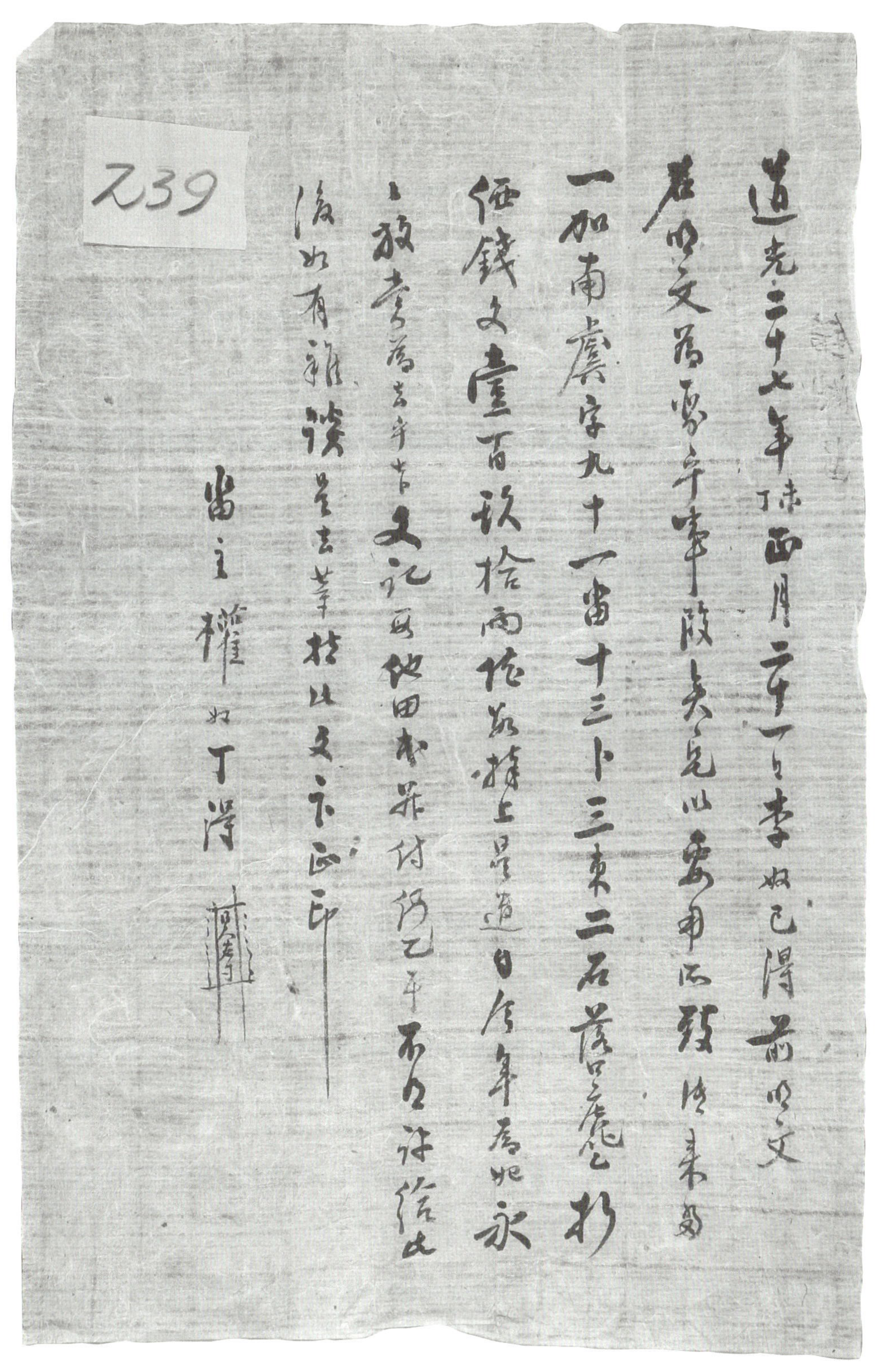

道光二十七年丁未正月二十一日李奴己得前明文

右明文爲臥乎事段矣身以要用所致傳來畓

一加南廣字九十一畓十三卜三束二石落只庫乙折

價錢文壹百玖拾兩依數捧上是遣同畓永

放賣爲去乎本文記段他田畓幷付乙仍于不得許給以

後次有雜談是去等持此文告官卞正事

畓主 權奴 丁得

1847년 1월 21일에 權哥의 奴 丁得이 李哥의 奴 己得에게 논을 팔면서 발급한 明文

1847년(헌종 13), 55×36.5

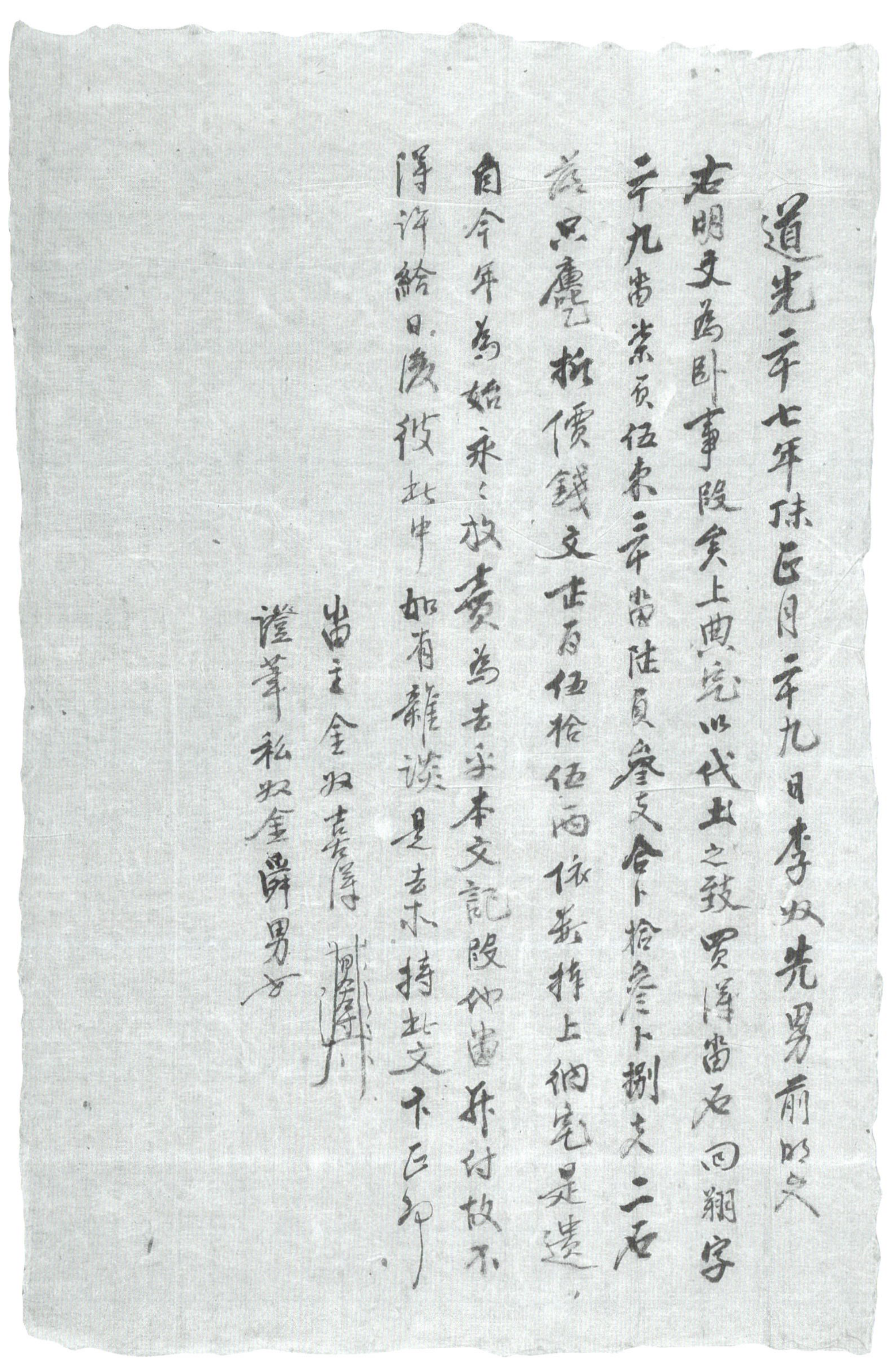
道光二十七年丁未正月二十九日李奴先男前明文

右明文爲臥事段矣上典宅以代土之致買得當石回翔字

二十九畓柒負伍束二十畓陸負叁束合卜拾叁卜捌束二石

落只處依價錢文壹百伍拾伍兩依數捧上納宅是遣

自今年爲始永永放賣爲去乎本文記段仰畓并付故不

得許給日後彼此中如有雜談是去等持此文卞正印

畓主金奴喜得

證筆私奴金興男

1847년 1월 29일에 金哥의 奴 喜得이 李哥의 奴 先男에게 논을 팔면서 발급한 明文

明文 328

1847년(헌종 13), 47.2×61.1

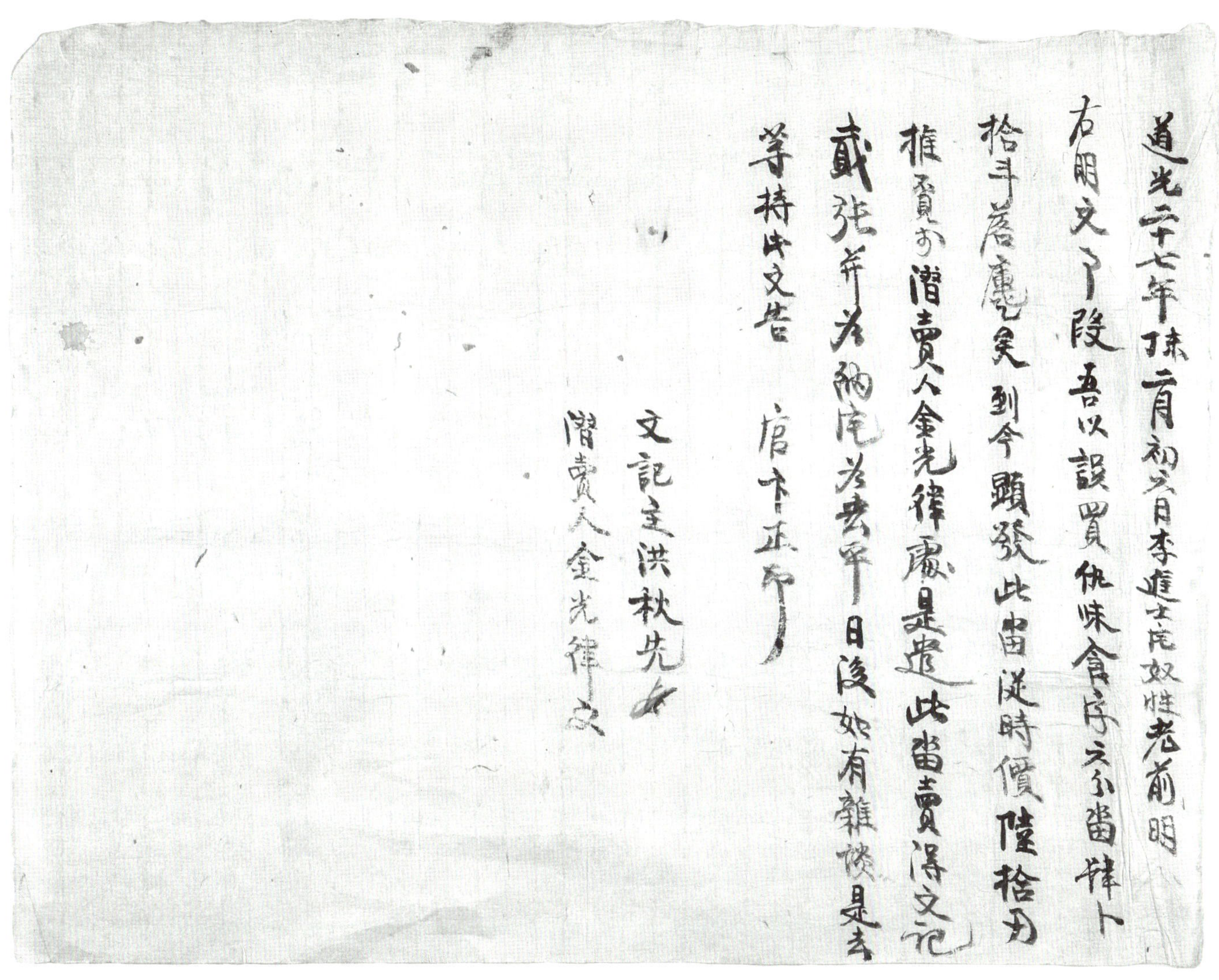

道光二十七年丁未二月初六日李進士宅奴性老前明
右明文事段 吾以誤買仇味倉字畓肆卜
拾斗落處是矣 到今頭發此畓從時價陸拾兩
推尋於 贈賣人金光律處是遣 此畓賣得文記
貳張并以納宅爲去乎 日後如有雜談是去
等持此文告 官卞正事

文記主洪秋先
贈賣人金光律

1847년 2월 초6일에 洪秋先이 李進士 宅 奴 性老에게 논을 팔면서 발급한 明文

明文 329

1847년(헌종 13), 50.7×33.4

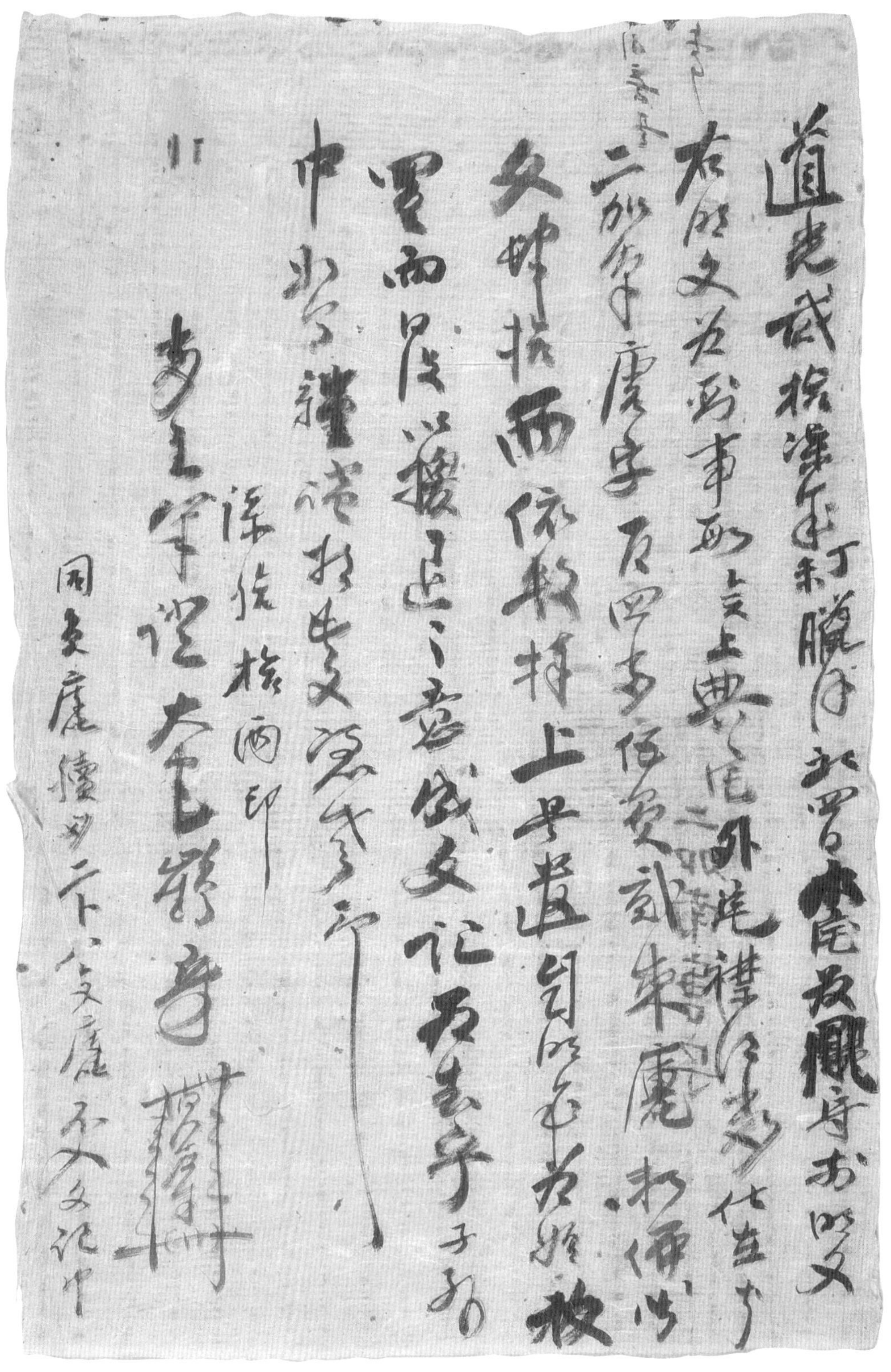

1847년 12월 초4일에 大宅 鶴守가 小宅 奴 鳳守에게 논을 팔면서 발급한 明文

明文 330

1847년(헌종 13), 54×26.9

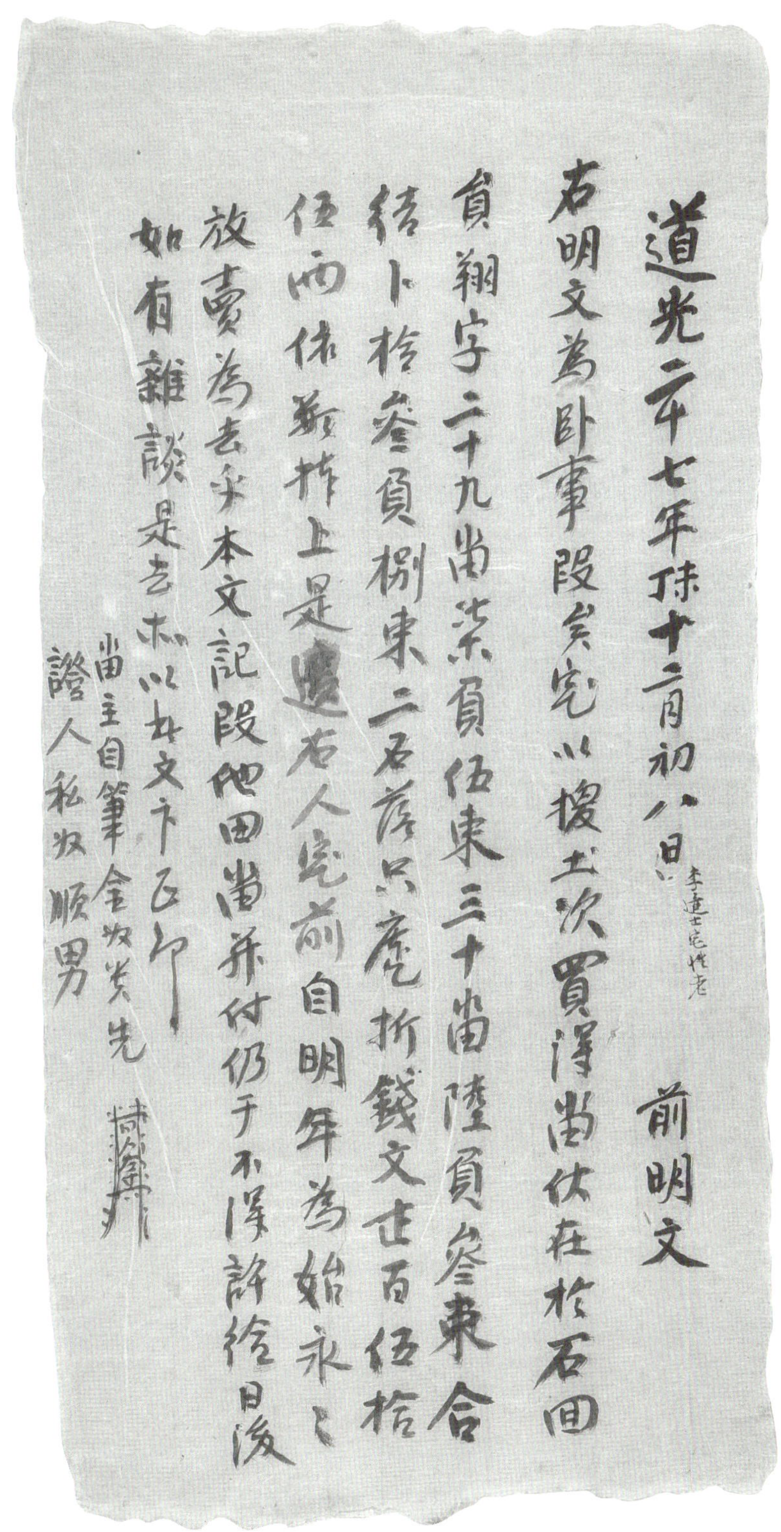

道光二十七年丁未十二月初八日 李進士宅奴性老 前明文

右明文爲臥乎事段矣宅以撥土次買得畓伏在於石回

員翔字二十九畓柒負伍束三十畓陸負叁束合

結卜拾叁負捌束二石落只庫折錢文壹百伍拾

伍兩依數捧上是遣右人宅前自明年爲始永永

放賣爲去乎本文記段他田畓幷付仍于不得許給日後

如有雜談是去等以此文卜正印

畓主自筆金奴貴先

證人私奴順男

1847년 12월 초8일에 金哥의 奴 貴先이 李進士 宅 奴 性老에게 논을 팔면서 발급한 明文

明文 331

1848년(헌종 14), 47.3×60.1

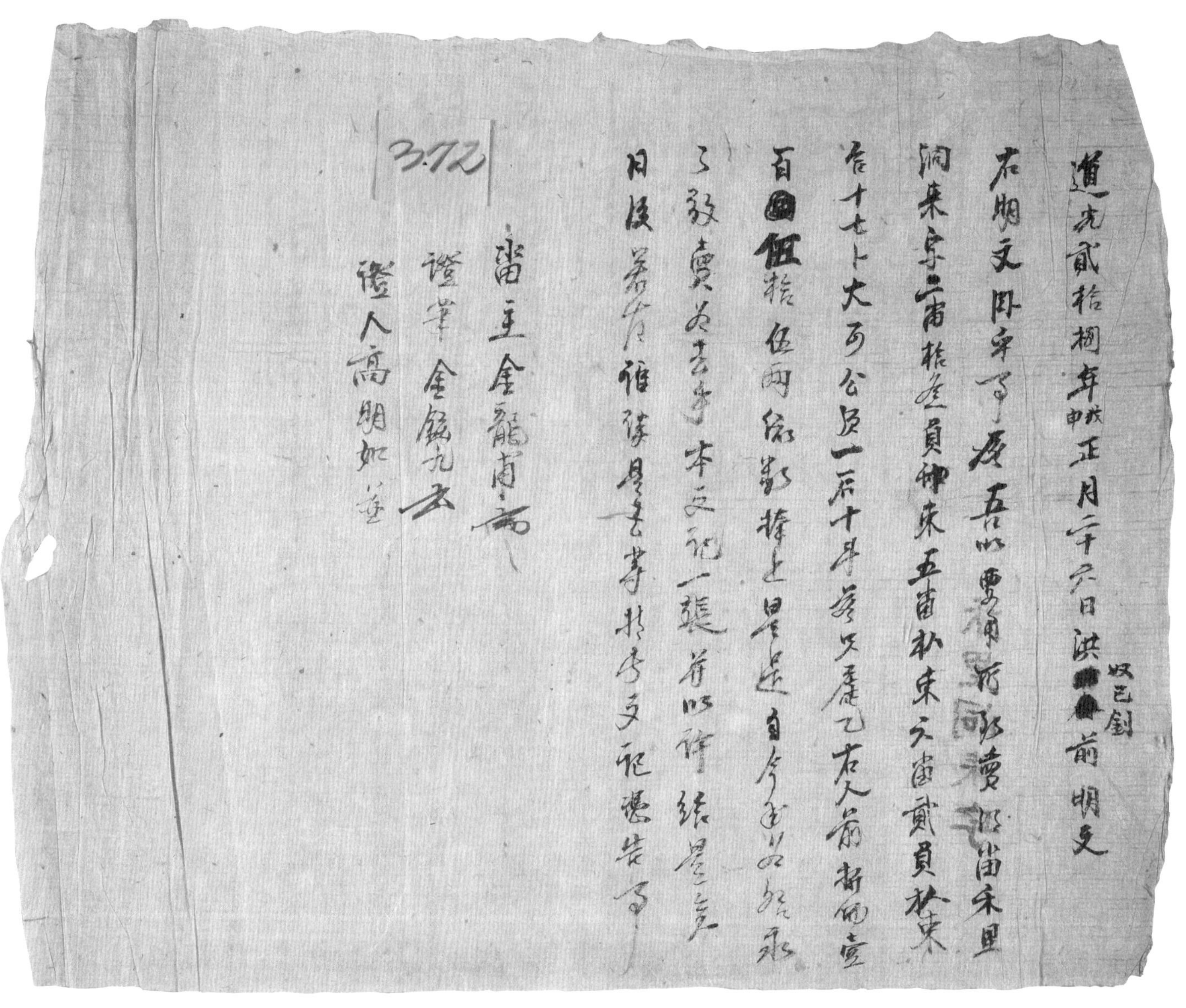

道光貳拾捌年戊申正月二十六日洪奴己釗前明文

畓主 金龍甫

證筆 金錫九

證人 高明如

1848년 1월 26일에 金龍甫가 洪哥의 奴 己釗에게 논을 팔면서 발급한 明文

明文 332

1848년(헌종 14), 57.9×33.3

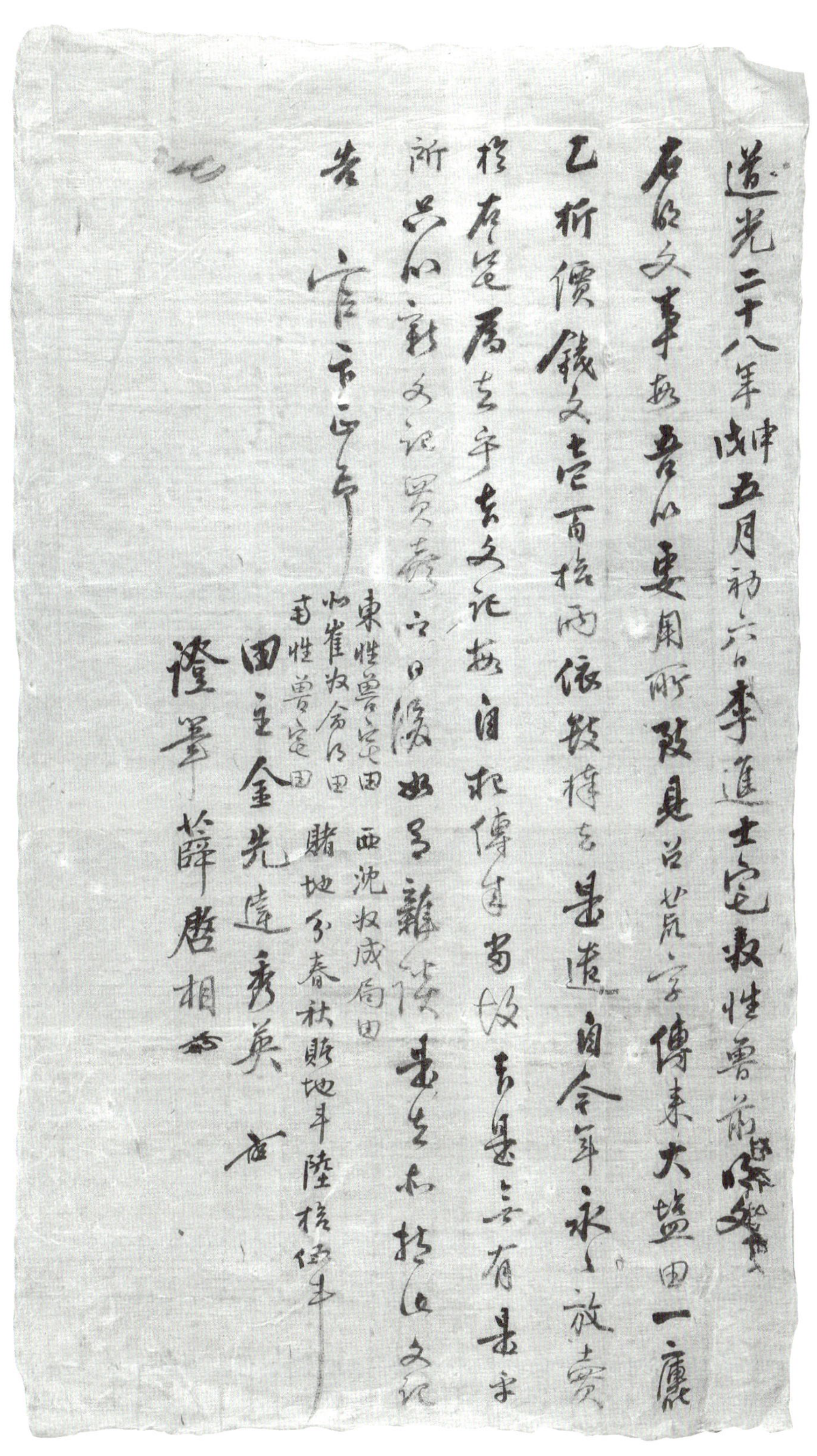

1848년 5월 초6일에 金秀英 先達이 李進士 宅 奴 性魯에게 鹽田을 팔면서 발급한 明文

明文 333

1848년(헌종 14), 61×40.4

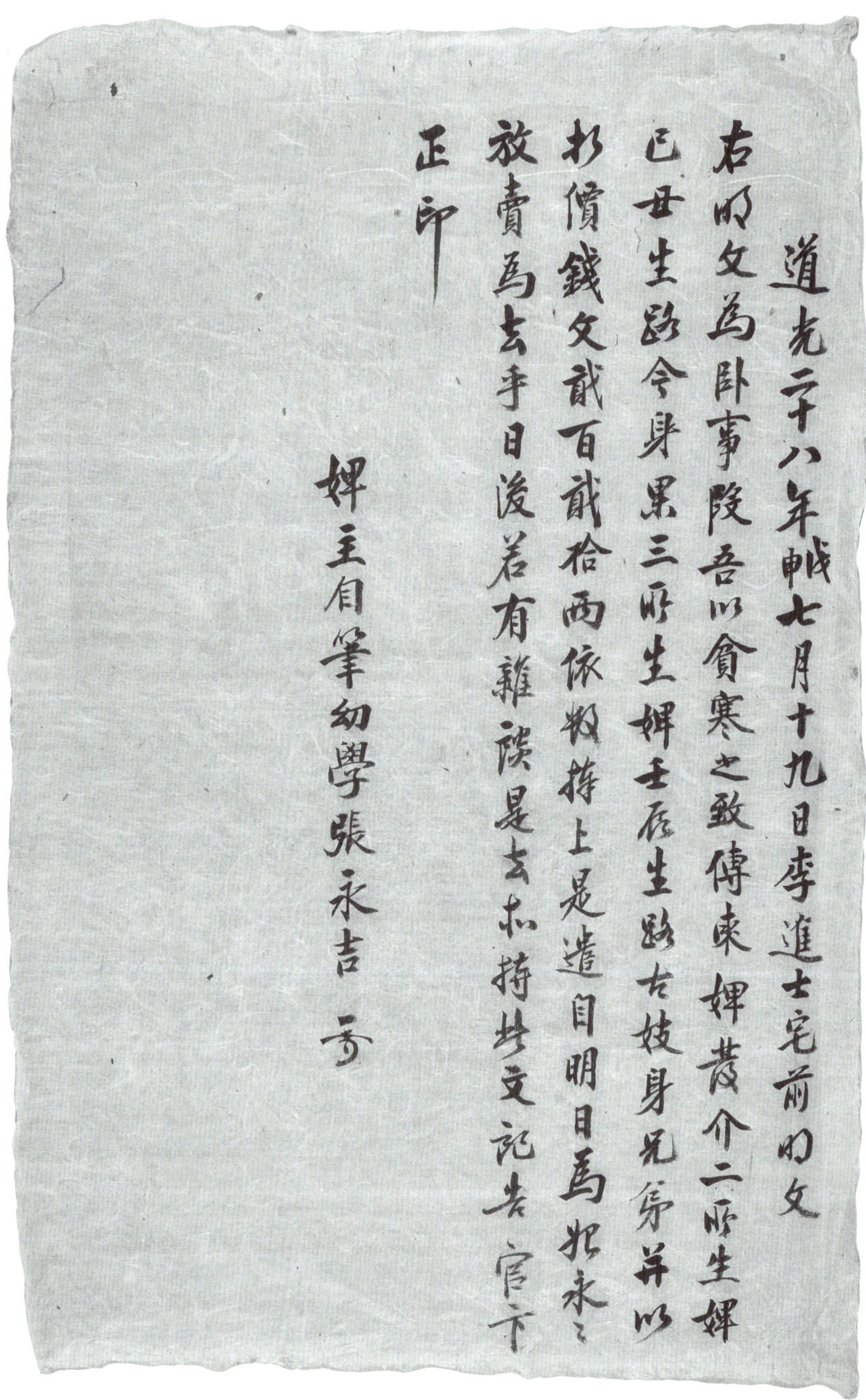

道光二十八年戊申七月十九日李進士宅前明文

右明文爲卧事段吾以貧寒之致傳來婢莫介二所生婢

己丑生路令身果三所生婢壬辰生路古妓身兄弟并以

折價錢文貳百貳拾兩依數捧上是遣自明日爲始永永

放賣爲去乎日後若有雜談是去等持此文記告官卞

正事

婢主自筆幼學張永吉 (手決)

1848년 7월 19일에 유학 張永吉이 李進士 宅에게 계집종을 팔면서 발급한 明文

明文 334

1848년(헌종 14), 74.9×58.8

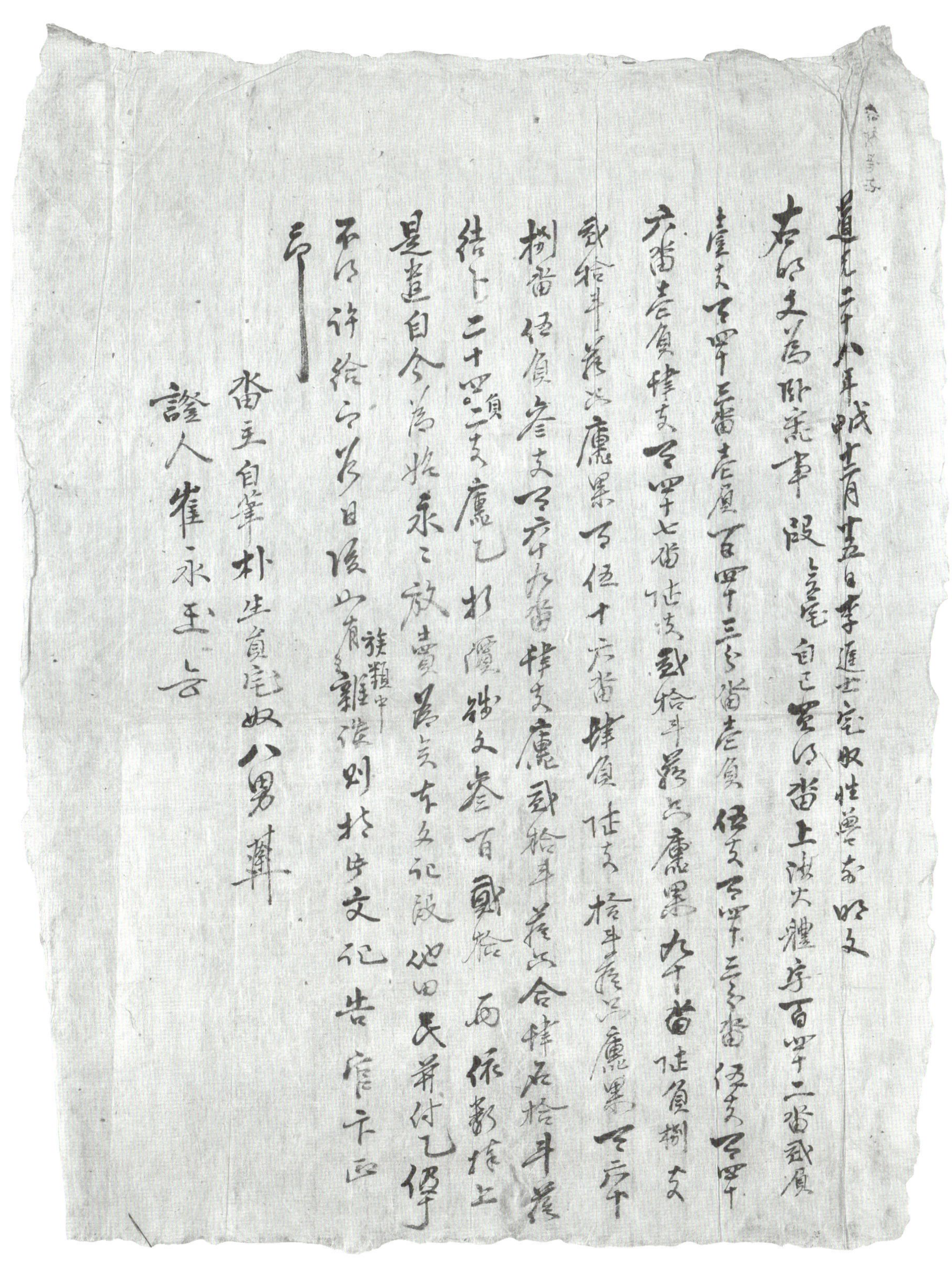

1848년 12월 15일에 朴生員 宅 奴 八男이 李進士 宅 奴 性魯에게 논을 팔면서 발급한 明文

1849년(헌종 15), 58.5×29.5

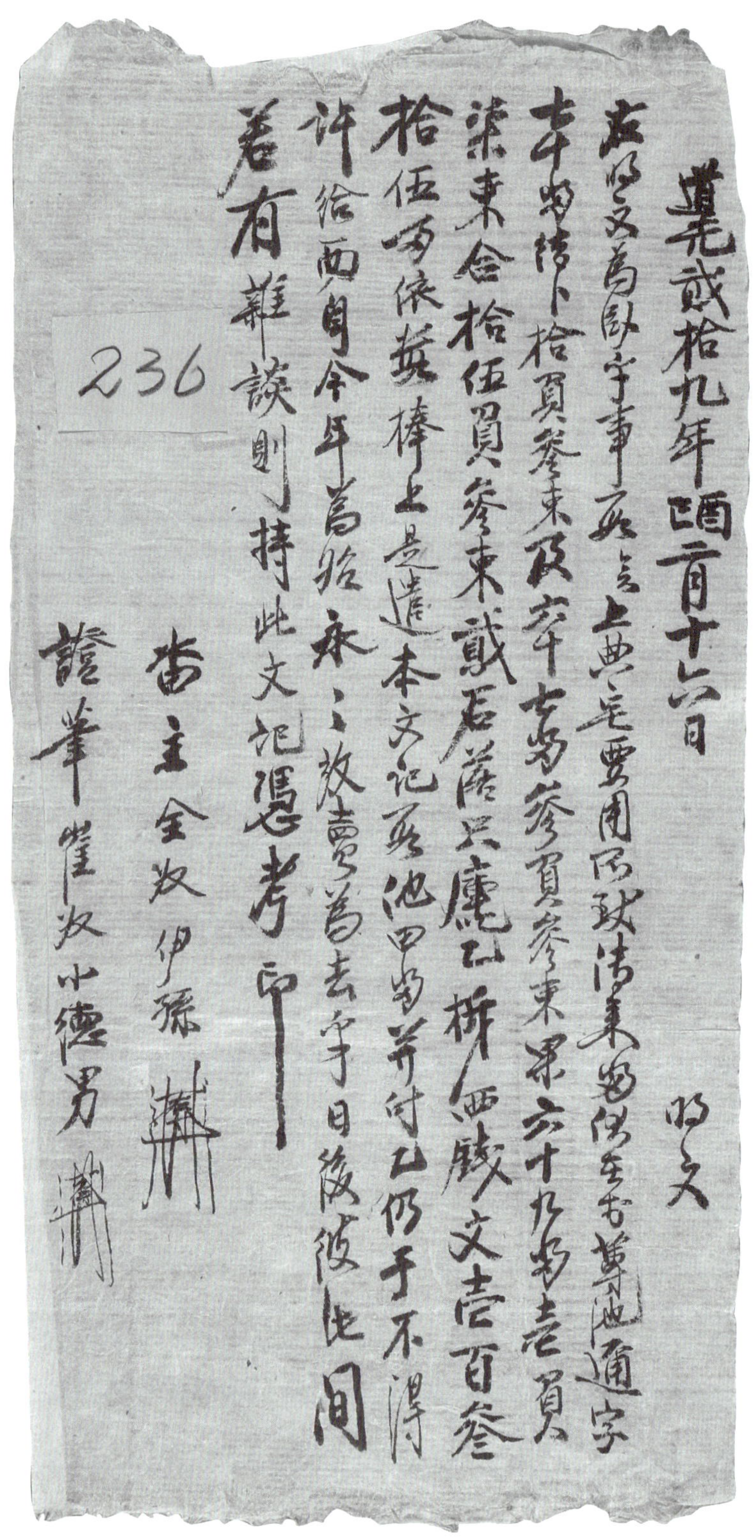
道光貳拾九年酉二月十六日 明文

右明文爲臥乎事段上典畓要用所致清東面伏在安基洞通字

本字內作卜拾負參束及本字七卜參負參束果六十九卜壹負

柒束合拾伍負參束貳石落只庫乙折価錢文壹百參

拾伍兩依數捧上是遣本文記與他畓并付乙仍于不得

許給而自今年爲始永永放賣爲去乎日後彼他間

若有雜談則持此文記憑考事

畓主 全奴 伊孫

證筆 崔奴 小德 男

236

1849년 2월 16일에 全哥의 奴 伊孫이 논을 팔면서 발급한 明文

明文 336

1849년(헌종 15), 52.4×33.5

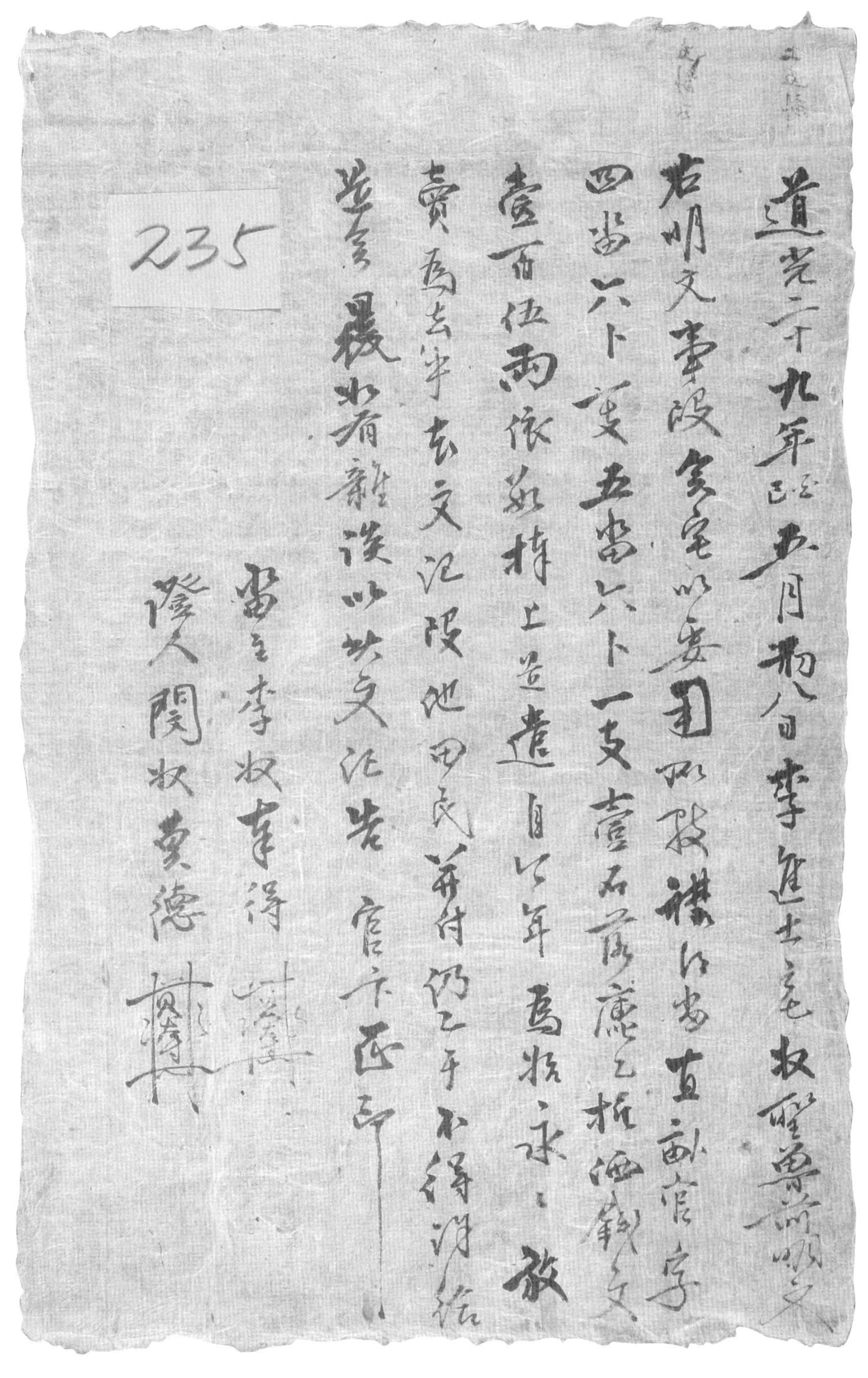

道光二十九年己酉五月初八日 李進士宅奴聖魯前明文

右明文事段 矣宅以要用所致 持作畓 直畝官字

四畓六卜更五畓六卜一夕 壹石落處乙 折価錢文

壹百伍兩依數捧上是遣 自今年爲始永永放

賣爲去乎 去文記段 他田段 幷付 仍乙于 不得謂給

是去 後若有雜談 以此文記告 官卞正事

畓主 李奴 奉得

證人 閔奴 貴德

1849년 5월 초8일에 李哥의 奴 奉得이 李進士 宅 奴 聖魯에게 논을 팔면서 발급한 明文

明文 337

1849년(헌종 15), 50.9×35.5

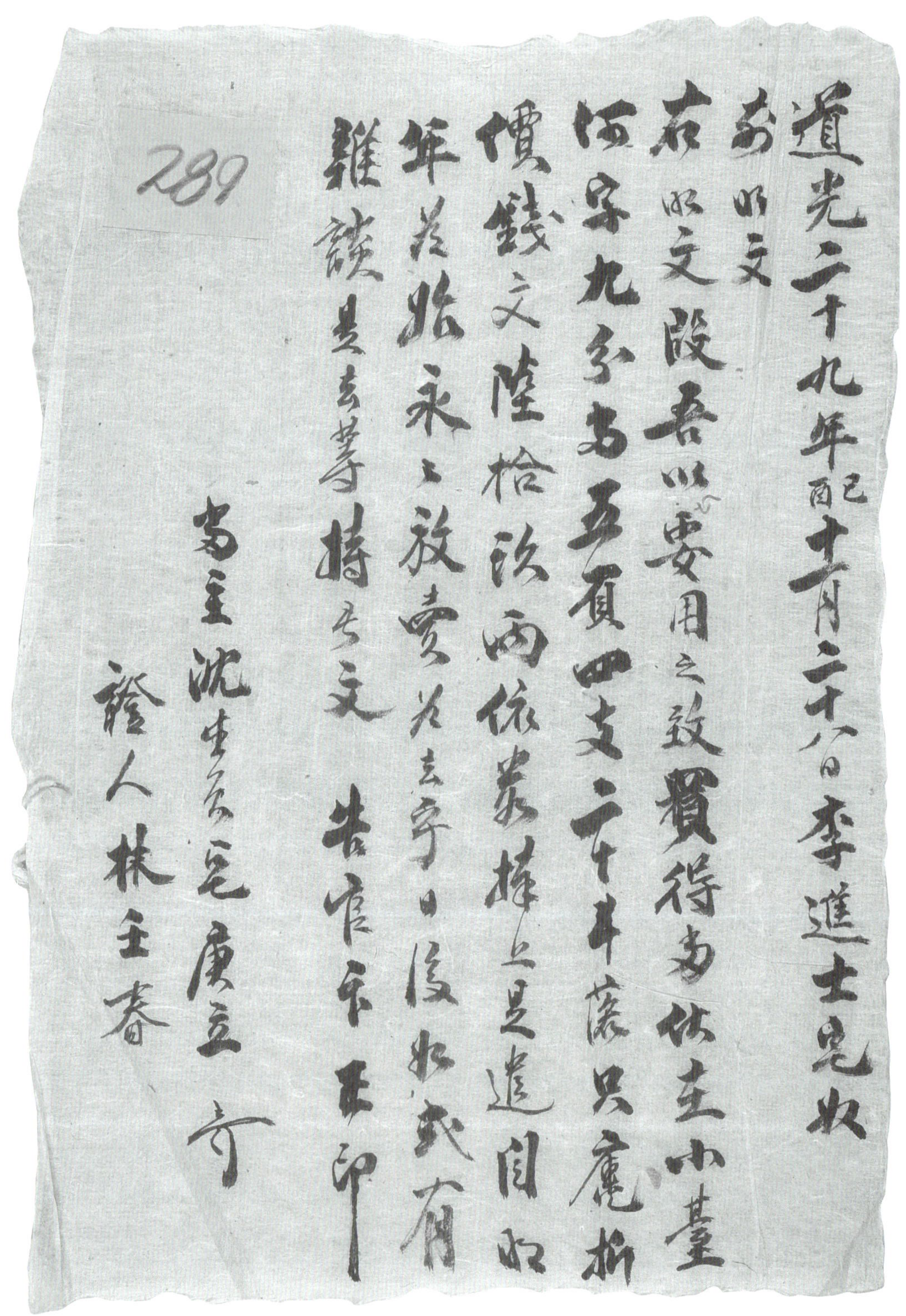

289

道光二十九年己酉十一月二十八日 李進士宅奴
處明文
右明文段 吾以要用之致 買得爲伏在小基
伍字九卜爲五負四束二斗落只鹿折
價錢文陸拾兩依數捧上是遣自明
年爲始永永放賣爲去乎日後如或有
雜談是去等持此文 告官卞正事
畓主 沈生員宅 庚立 手寸
證人 林壬春

1849년 11월 28일에 沈生員 宅 庚立이 李進士 宅 奴에게 논을 팔면서 발급한 明文

明文 338

1849년(헌종 15), 53.5×36.7

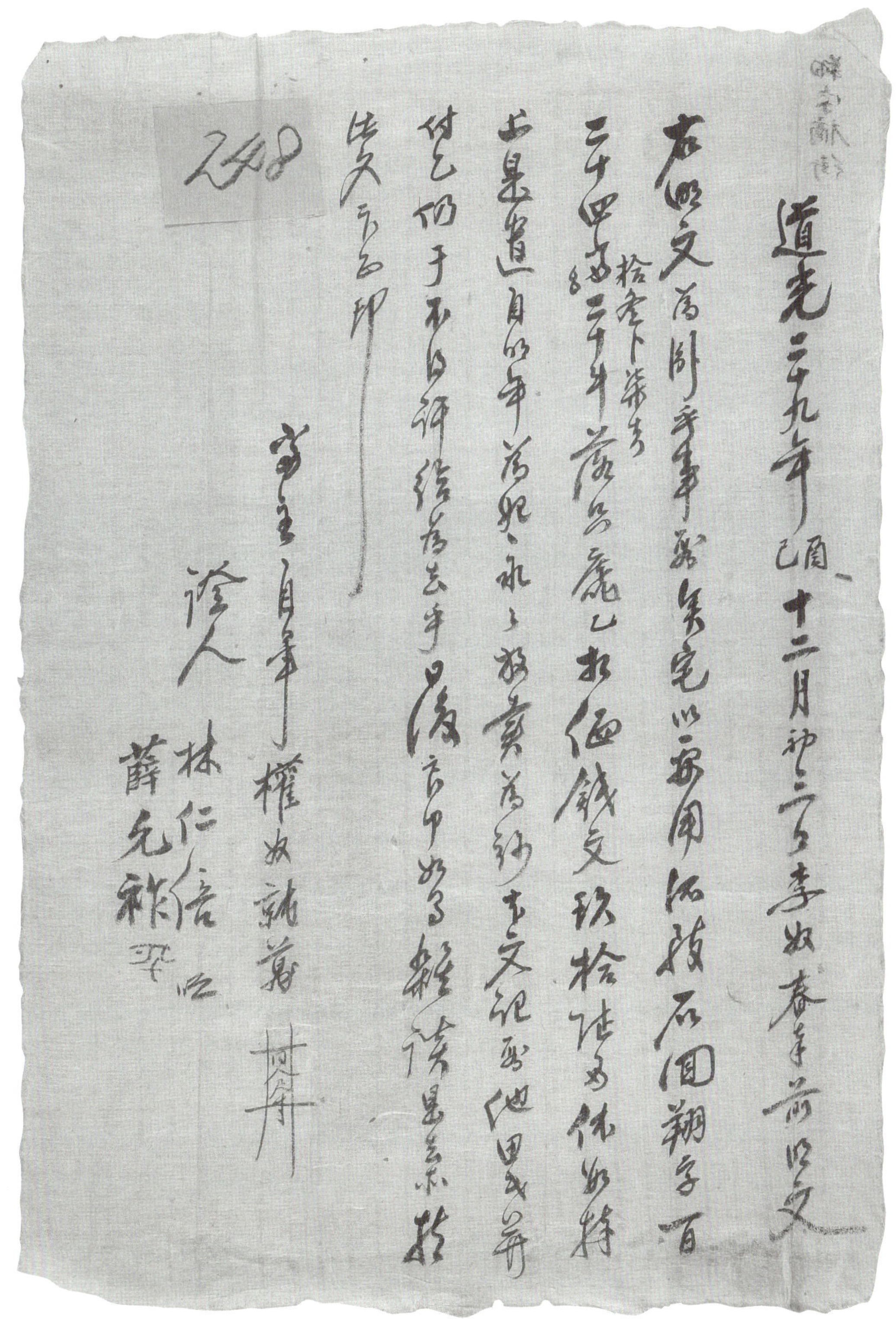

1849년 12월 초3일에 權哥의 奴 就萬이 李哥의 奴 春奉에게 논을 팔면서 발급한 明文

1849년(헌종 15), 51.1×32.7

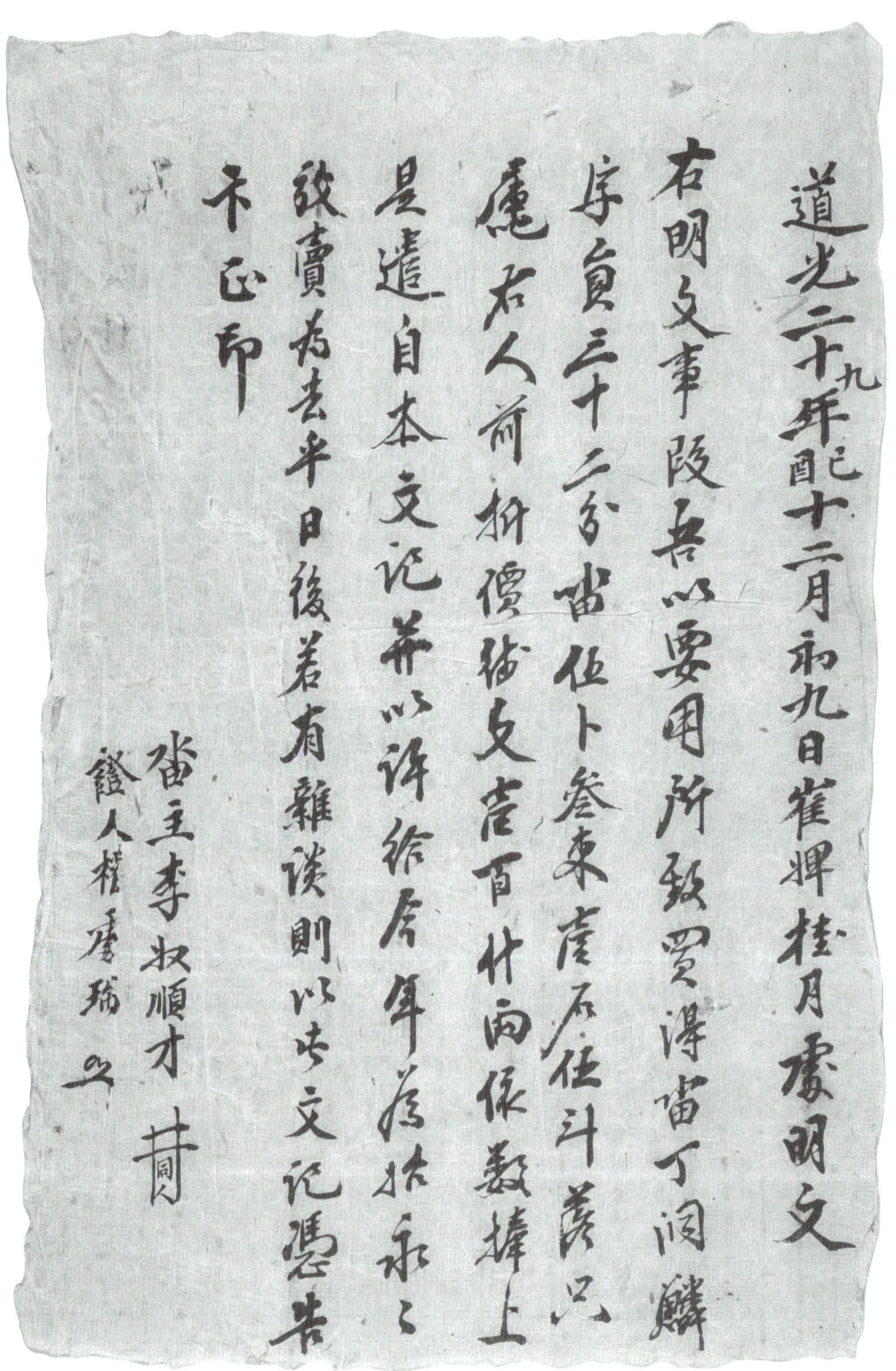

道光二十九年己酉十二月初九日崔婢桂月處明文

右明文事段吾以要用所致買得畓丁閏麟

字負三十二分畓伍卜參束庫石伍斗落只

處右人前折價錢文壹百什兩依數捧上

是遣自本文記並以許給名年後於永永

放賣為去乎日後若有雜談則以此文記憑告

下正事

畓主李奴順才

證人崔慶瑞

1849년 12월 초 9일에 李哥의 奴 順才가 崔哥의 婢 桂月에게 논을 팔면서 발급한 明文

明文 340

1849년(헌종 15), 51.7×35.4

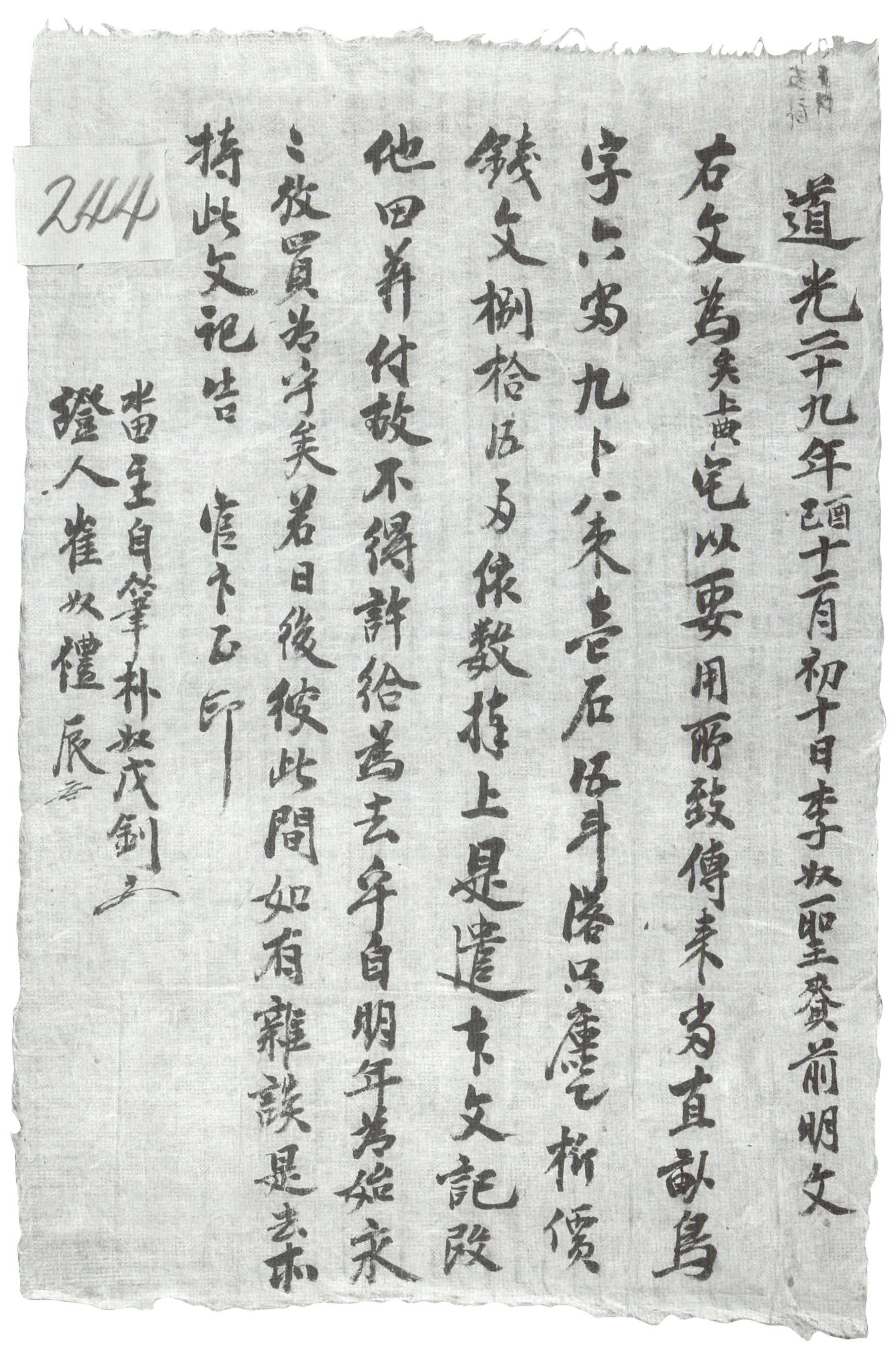

道光二十九年己酉十二月初十日李奴聖賚前明文

右文爲矣上典宅以要用所致傳來畓直畝烏
字六畓九卜八束壹石落只處乙折價
錢文捌拾兩乙依數捧上是遣本文記段
他田并付故不得許給爲去乎自明年爲始永
永放賣爲乎矣若日後彼此間如有雜談是去等
持此文記告官卞正事

畓主自筆朴奴戊釗
證人崔奴禮辰

1849년 12월 초10일에 朴哥의 奴 戊釗가 李哥의 奴 聖賚에게 논을 팔면서 발급한 明文

1850년(철종 원년), 49.3×33.5

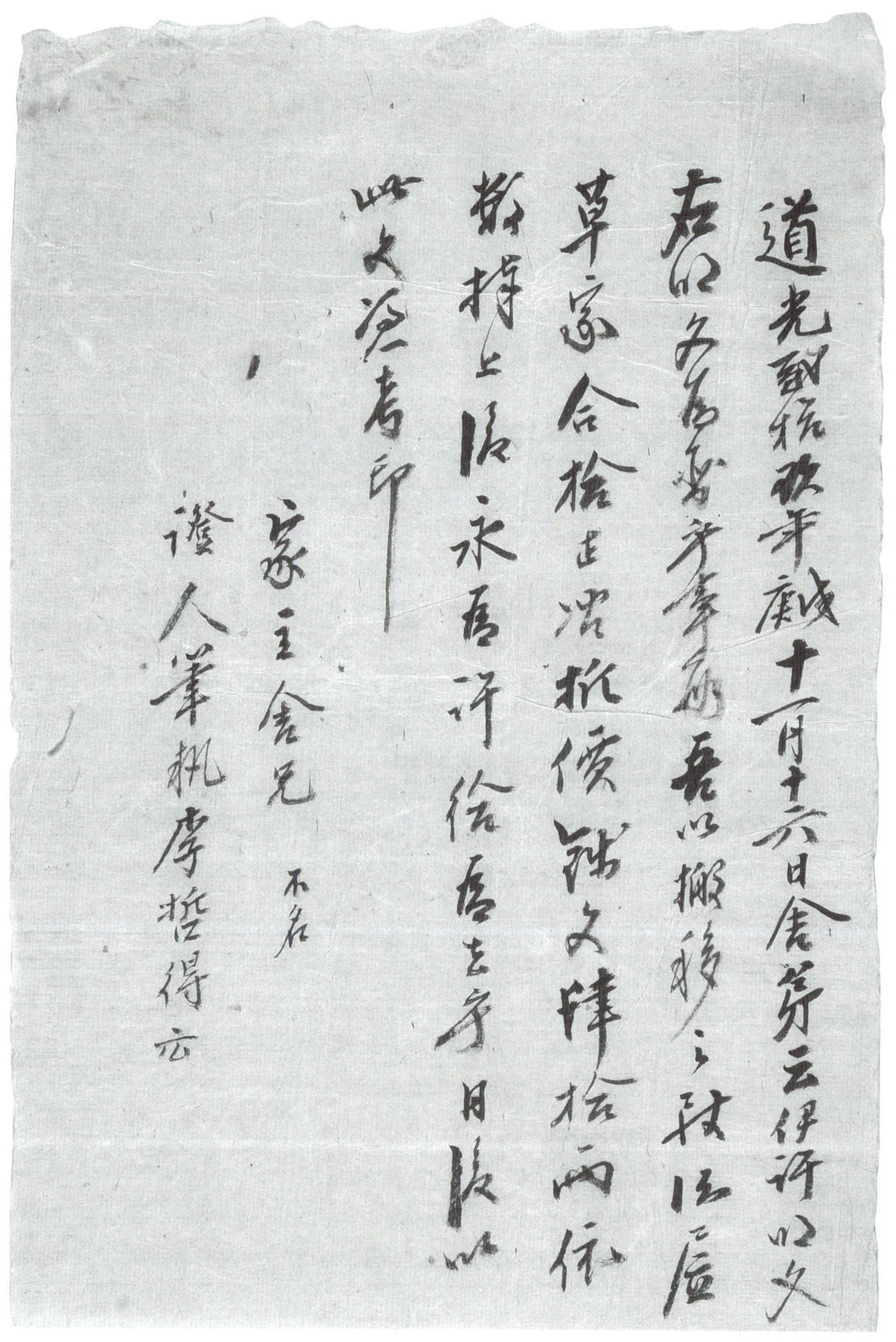

道光叁拾年庚戌十一月十六日舍弟云伊許明文

右明文爲臥乎事段 吾以搬移之致 所居草家合拾壹間 折價錢文肆拾兩依數捧上後 永爲許給爲去乎 日後以此文憑考事

家主 舍兄 不名

證人 筆執 李哲得 云

1850년 11월 16일에 舍兄이 舍弟 云伊에게 草家를 팔면서 발급한 明文

明文 342

1850년(철종 원년), 51.3×31.1

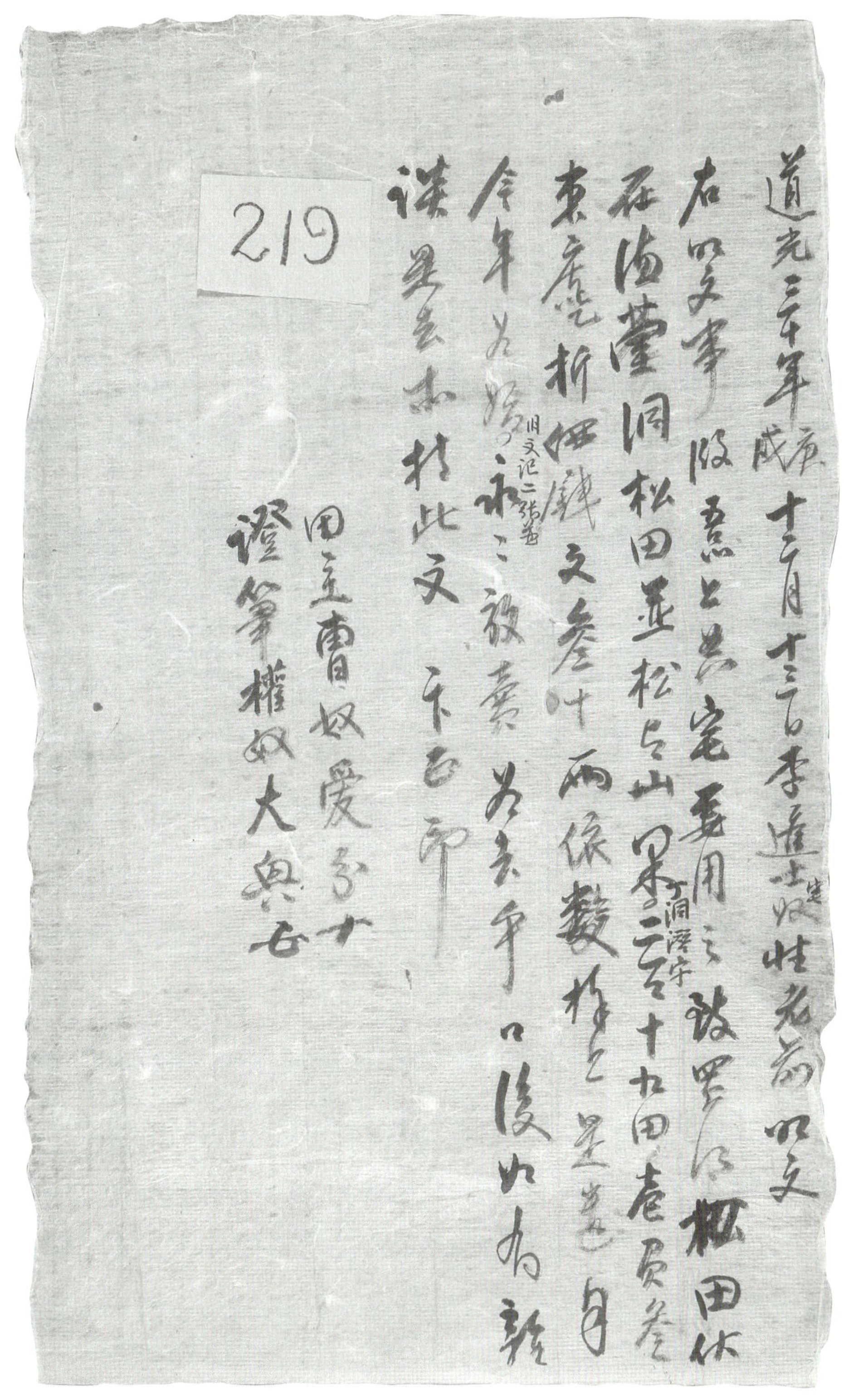

1850년 12월 13일에 曺哥의 奴 愛分이 李進士 宅 奴 性老에게 밭을 팔면서 발급한 明文

1850년(철종 원년), 54.6×38.1

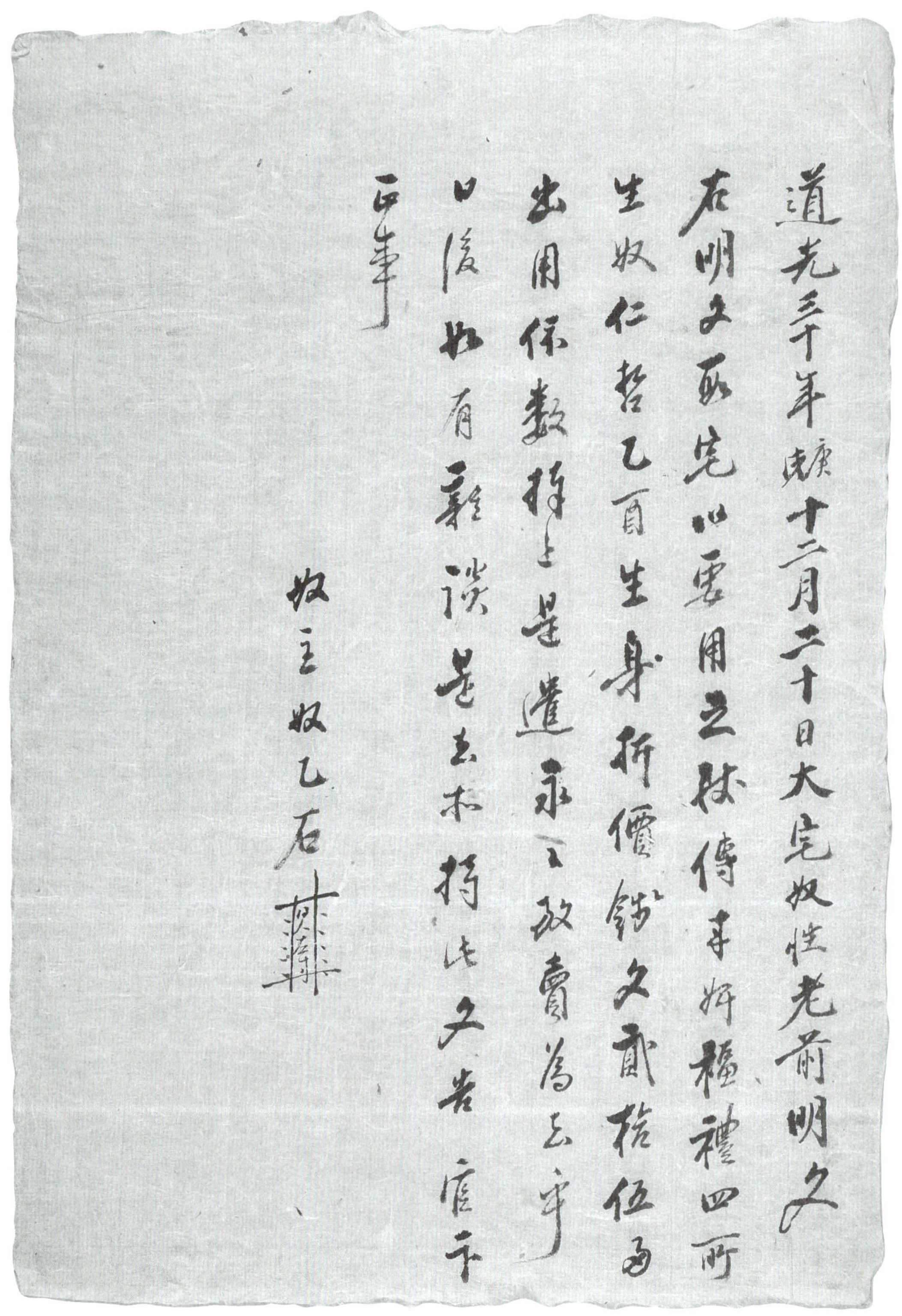
道光三十年庚戌十二月二十日大宅奴性老前明文
右明文段宅以要用之段傳來婢[illegible]禮四所
生奴仁哲乙酉生身折價錢文貳拾伍兩
出用保數捧上是遣永永放賣爲去乎
日後如有雜談是去等持此文告官卞
正事

奴主 奴乙石 (手決)

1850년 12월 20일에 奴 乙石이 大宅 奴 性老에게 사내종을 팔면서 발급한 明文

明文 344

1851년(철종 2), 54.7×57.8

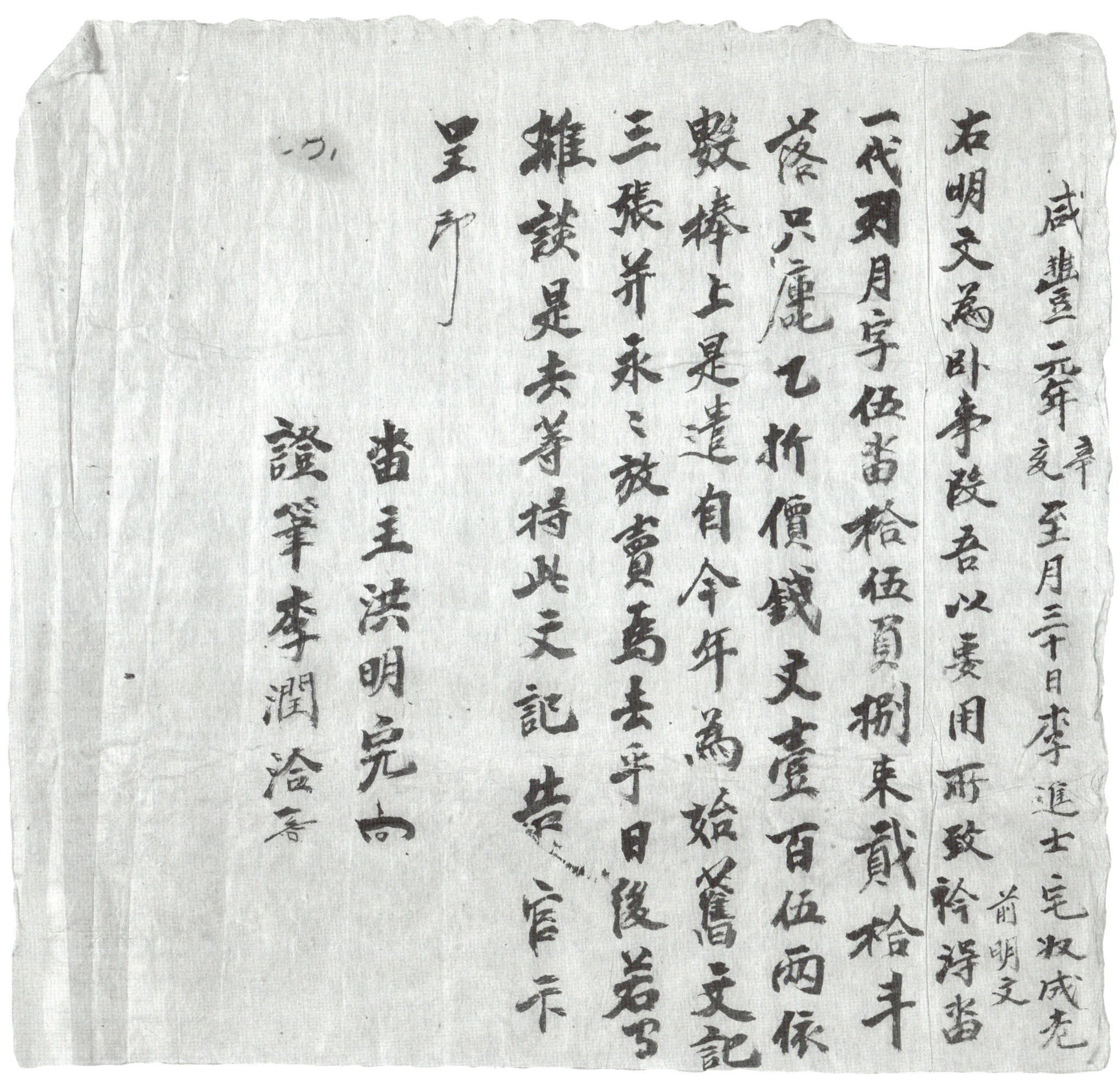

咸豊元年辛亥至月三十日李進士宅奴成老 前明文

右明文爲臥事段吾以要用所致矜得畓

一代羽月字伍畓拾伍負捌束貳拾斗

落只庫乙折價錢文壹百伍兩依

數捧上是遣自今年爲始舊文記

三張并以永永放賣爲去乎日後若有

雜談是去等持此文記告官卞

正事

畓主洪明完

證筆李潤洽

1851년 11월 30일에 洪明完이 李進士 宅 奴 成老에게 논을 팔면서 발급한 明文

明文 345

1851년(철종 2), 57.7×55

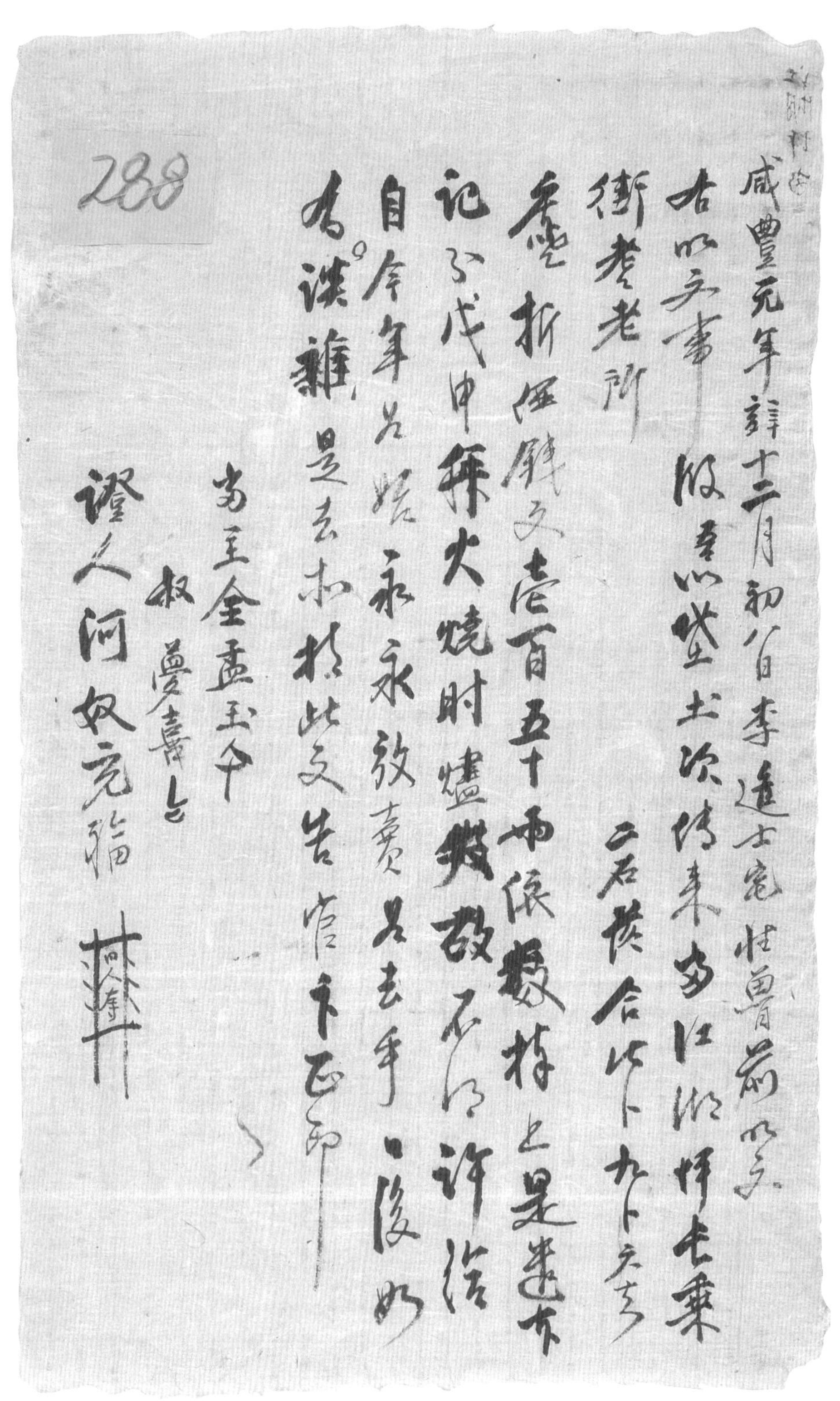

1851년 12월 초8일에 全孟玉과 숙부 夢喜가 李進士 宅 奴 性魯에게 논을 팔면서 발급한 明文

明文 346

1851년(철종 2), 54.4×37

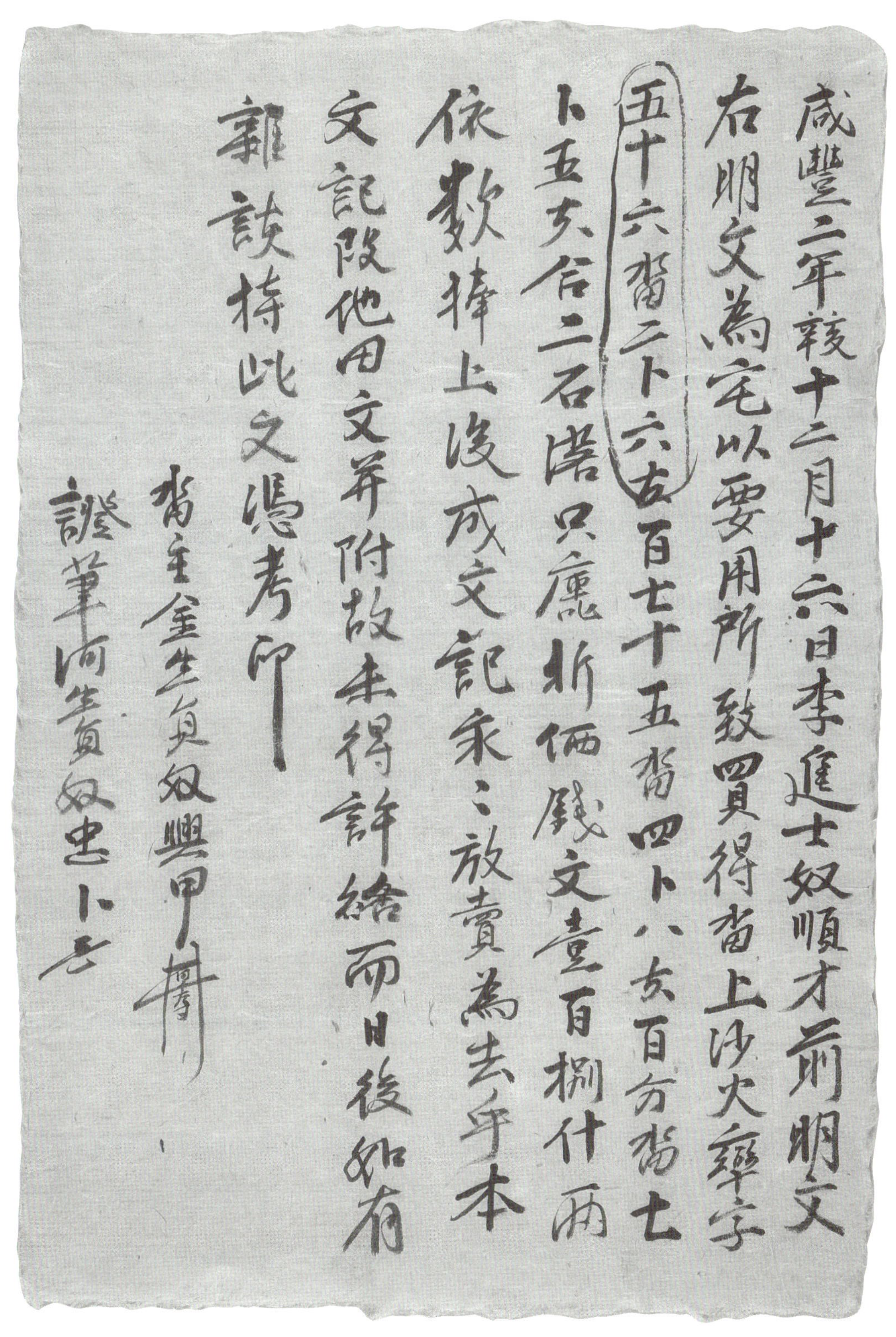

咸豐二年辛亥十二月十六日李進士奴順才前明文

右明文爲宅以要用所致買得畓上沙火坪字五十六畓二卜六束百七十五畓四卜八束百六畓七卜五束合二石落只庶折価錢文壹百捌什兩依數捧上後成文記永永放賣爲去乎本文記段他田文并附故未得許給而日後如有雜談持此文憑考印

畓主金生員奴興甲

證筆河生員奴忠卜

1851년 12월 16일에 金生員 宅 奴 興甲이 李進士 宅 奴 順才에게 논을 팔면서 발급한 明文

明文 347

1852년(철종 3), 53.1×36.2

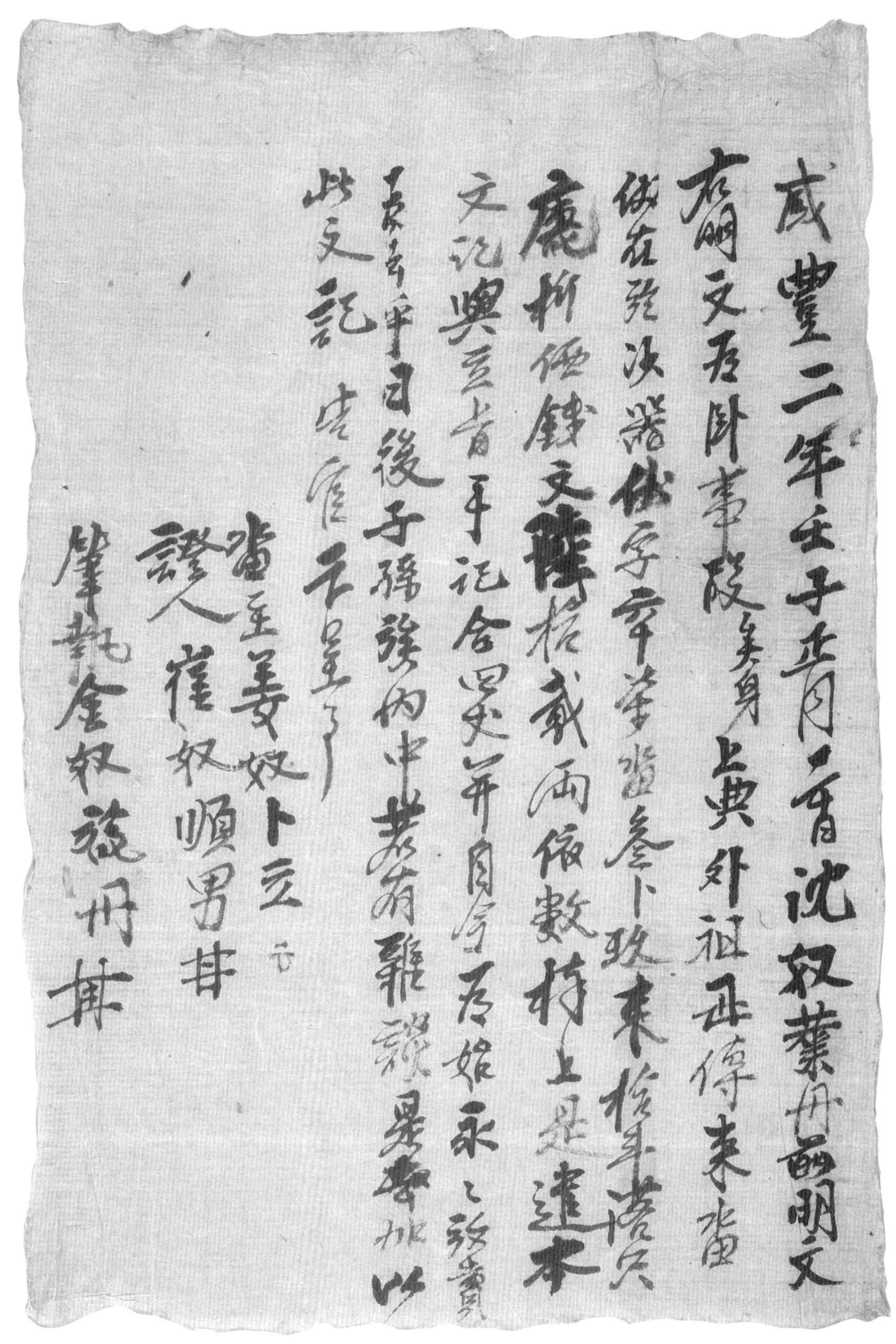

咸豐二年壬子正月二十日 沈奴葉丹處明文

右明文爲臥乎事段 矣身上典外祖[illegible]傳來畓

伏在發次洞 伏字 六斗落畓 叁卜玖束 內 折半 三斗落只

處 折價錢文 肆拾貳兩 依數捧上是遣 本

文記與立旨手記合四丈并[illegible]右人[illegible] 永永放賣

爲去乎 日後子孫族屬中 若有雜談是去等 以

此文記 告官卞正事

畓主 姜奴卜立

證人 崔奴順男 着

筆執 金奴殷丹 着

1852년 1월 20일에 姜哥의 奴 卜立이 沈哥의 奴 業丹에게 논을 팔면서 발급한 明文

明文 348

1852년(철종 3), 52.8×36.9

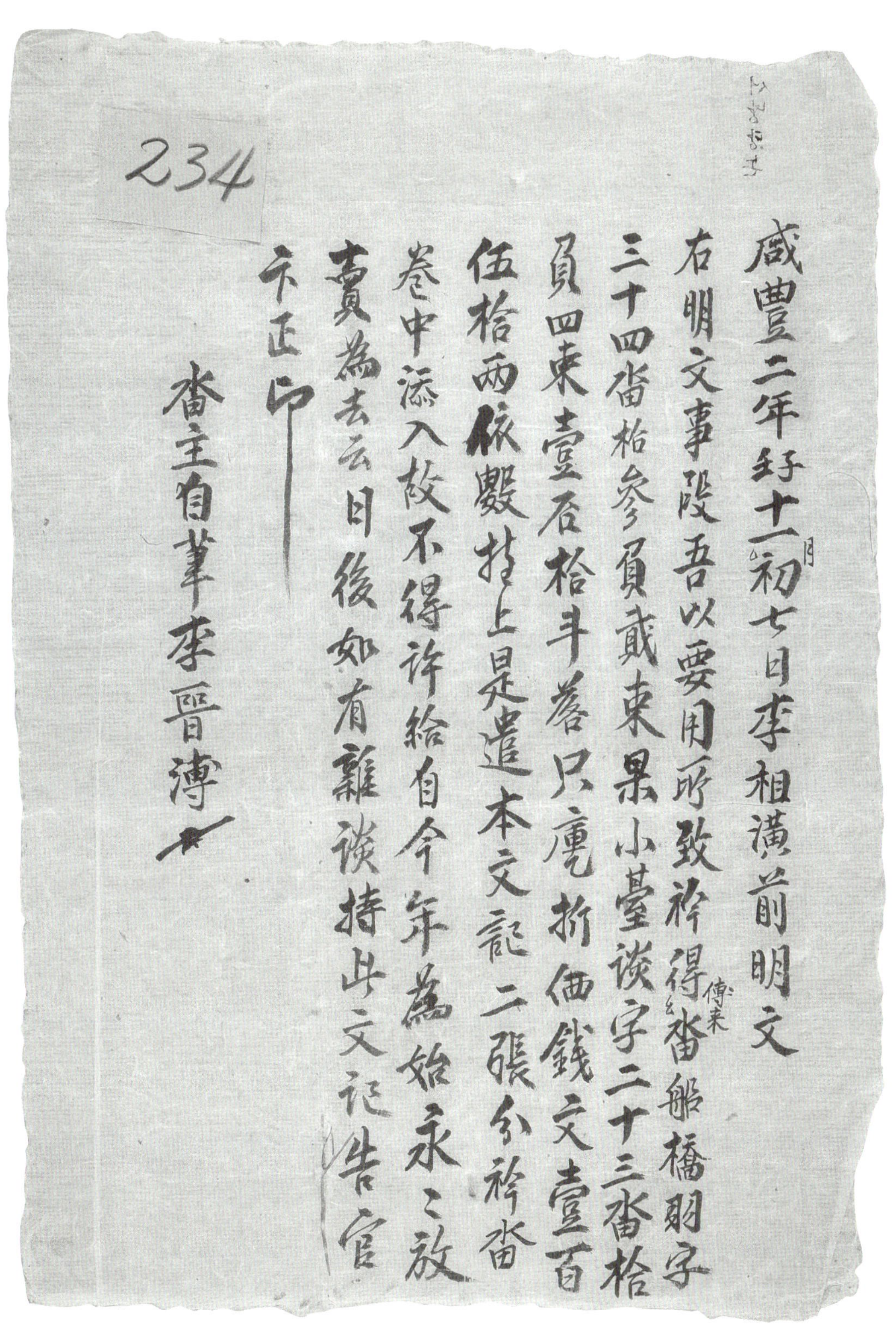
咸豐二年壬子十一月初七日李相漢前明文
右明文事段吾以要用所致衿得傳來畓船橋羽字
三十四畓柏參負貳束果小臺談字二十三畓拾
負四束壹石拾斗落只庫折価錢文壹百
伍拾兩依數捧上是遣本文記二張分衿畓
卷中添入故不得許給自今年爲始永永放
賣爲去乎日後如有雜談持此文記告官
卞正事
畓主自筆李晉溥

1852년 11월 초7일에 畓主 自筆 李晉溥가 李祖漢에게 논을 팔면서 발급한 明文

1852년(철종 3), 53.5×35.8

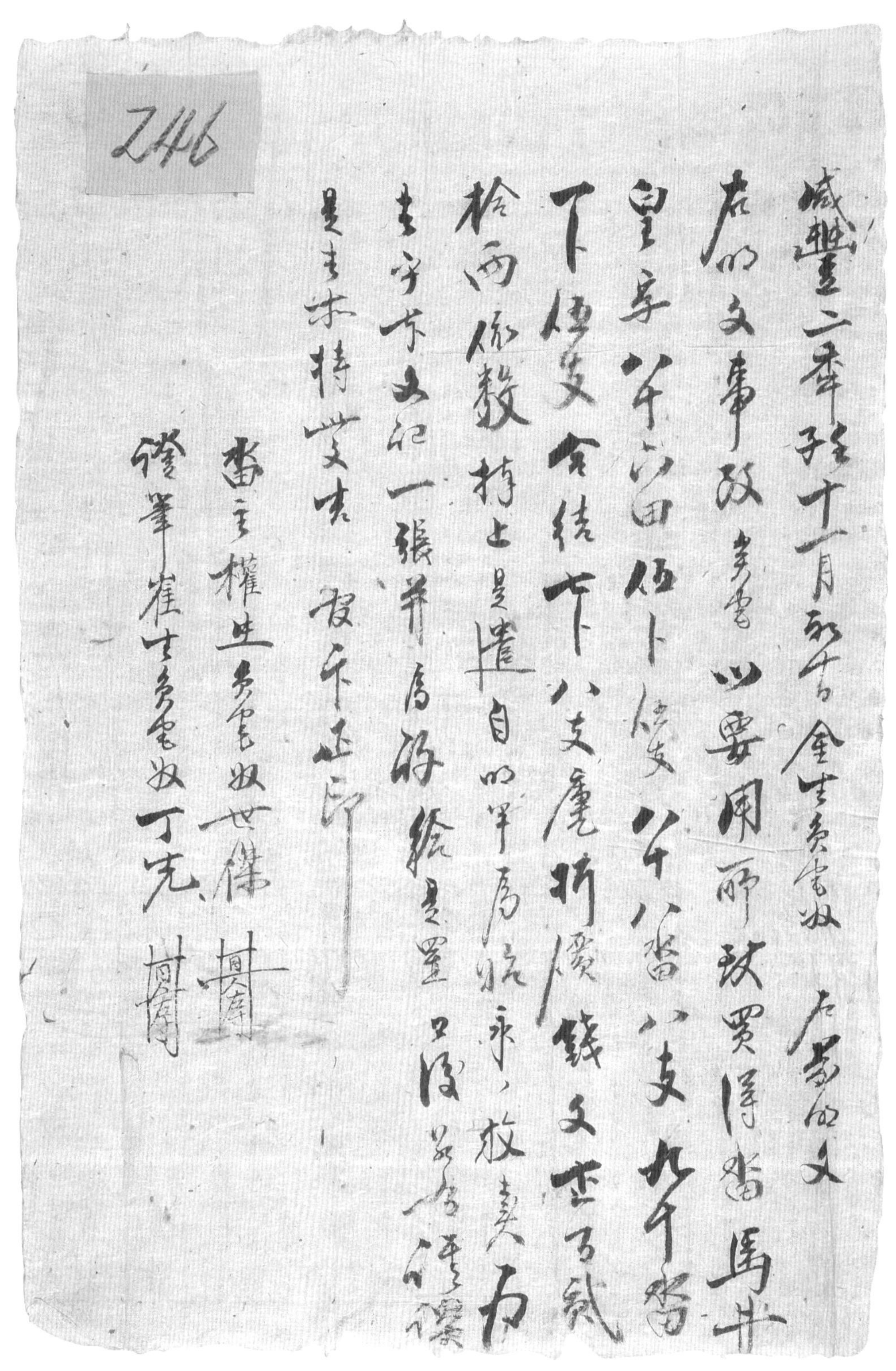

咸豐二年壬子十一月初十日 金生員宅奴 石處明文
右明文事段 矣宅 以要用所致 買得畓馬井
皇字畓伍卜伍束 八斗落 八束 九斗落
下便 合結 七卜八束 庶 折價錢文 五百貳
拾兩 依數 捧上是遣 自以買處 永永 放賣爲
去乎 本文記 一張 幷以 給是置 日後 若有 雜談
是去等 持此文 告官卞正事

畓主 權生員宅奴 世傑 [着名]
證筆 崔生員宅奴 丁先 [着名]

1852년 11월 초10일에 權生員 宅 奴 世傑이 金生員 宅 奴 石에게 전답을 팔면서 발급한 明文

明文 350

1852년(철종 3), 51.7×35.8

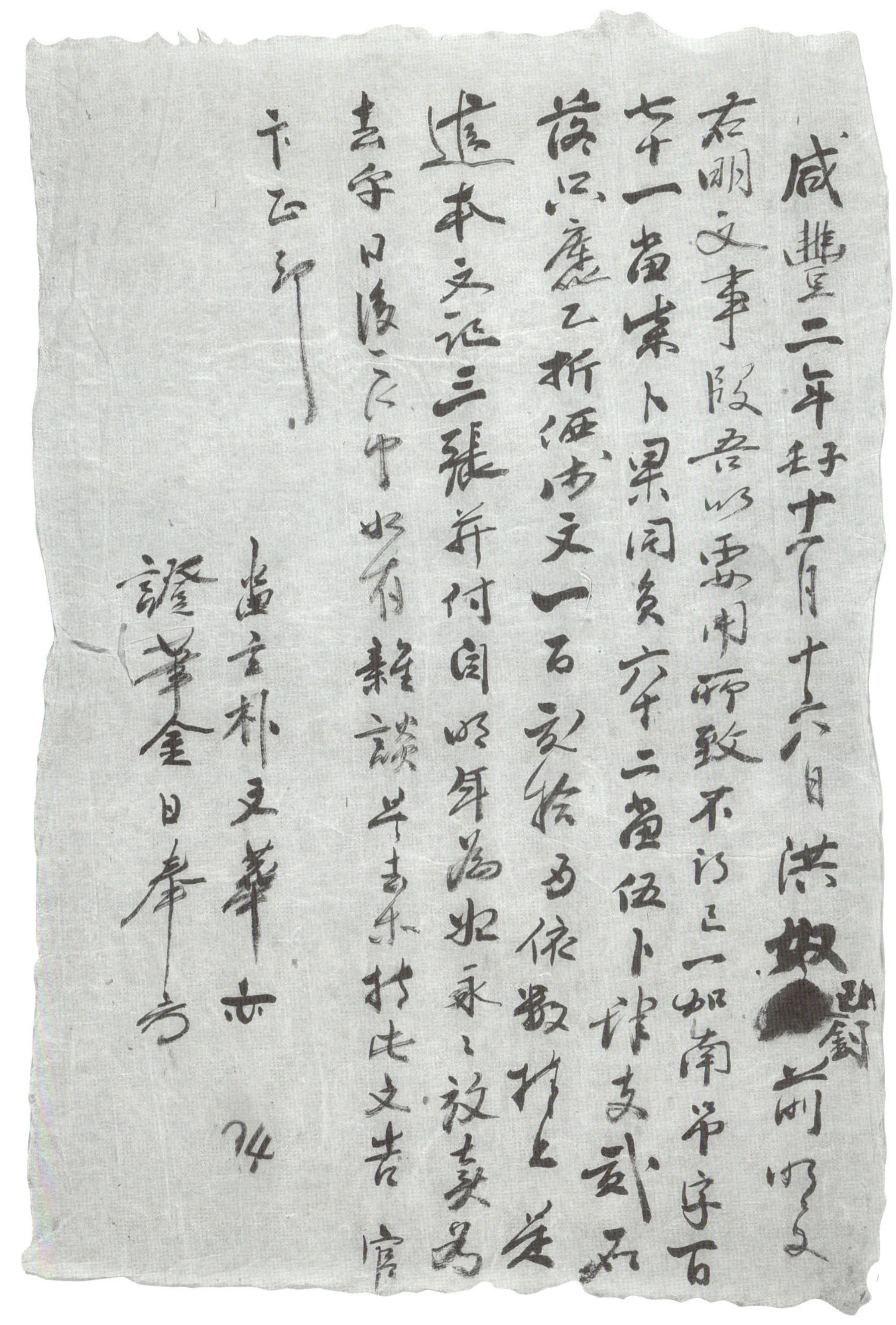

咸豐二年壬子十一月十六日 洪奴己釗前明文

右明文事段 吾以要用所致 不得已 一如南員字百

字一畓柒卜果同負字二畓伍卜捌束貳石

落只處乙 折價錢文一百兩 依數捧上是遣

遣本文記三張 并付 自以年爲奴永永放賣爲

去乎 日後良中 如有雜談是去等 持此文告官

卞正事

畓主 朴文華

證筆 金日奉

1852년 11월 16일에 朴文華가 洪哥의 奴 근釗에게 논을 팔면서 발급한 明文

明文 351

1852년(철종 3), 52.1×36.7

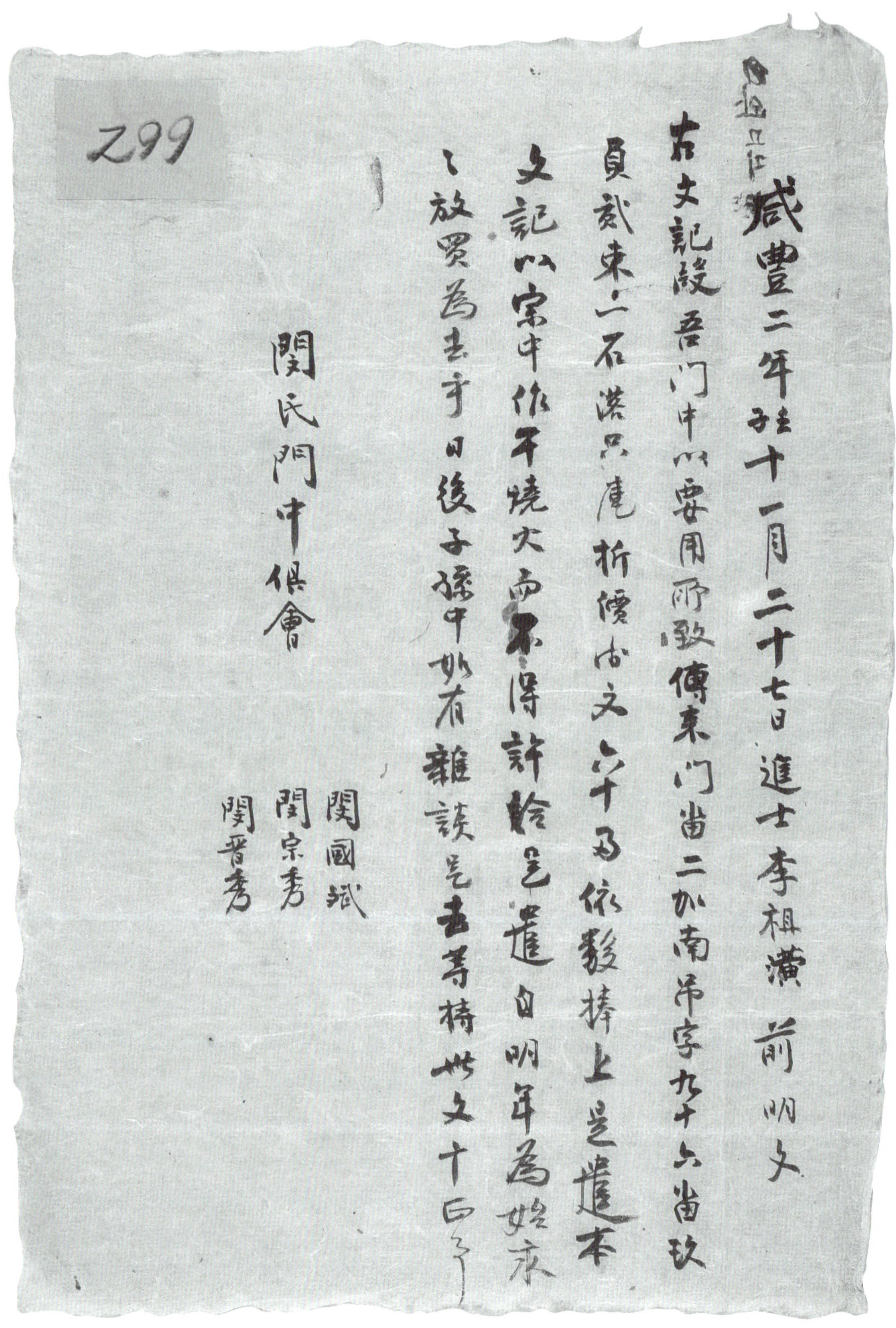

1852년 11월 27일에 閔氏문중에서 진사 李祖潢에게 논을 팔면서 발급한 明文

明文 352

1852년(철종 3), 52×37

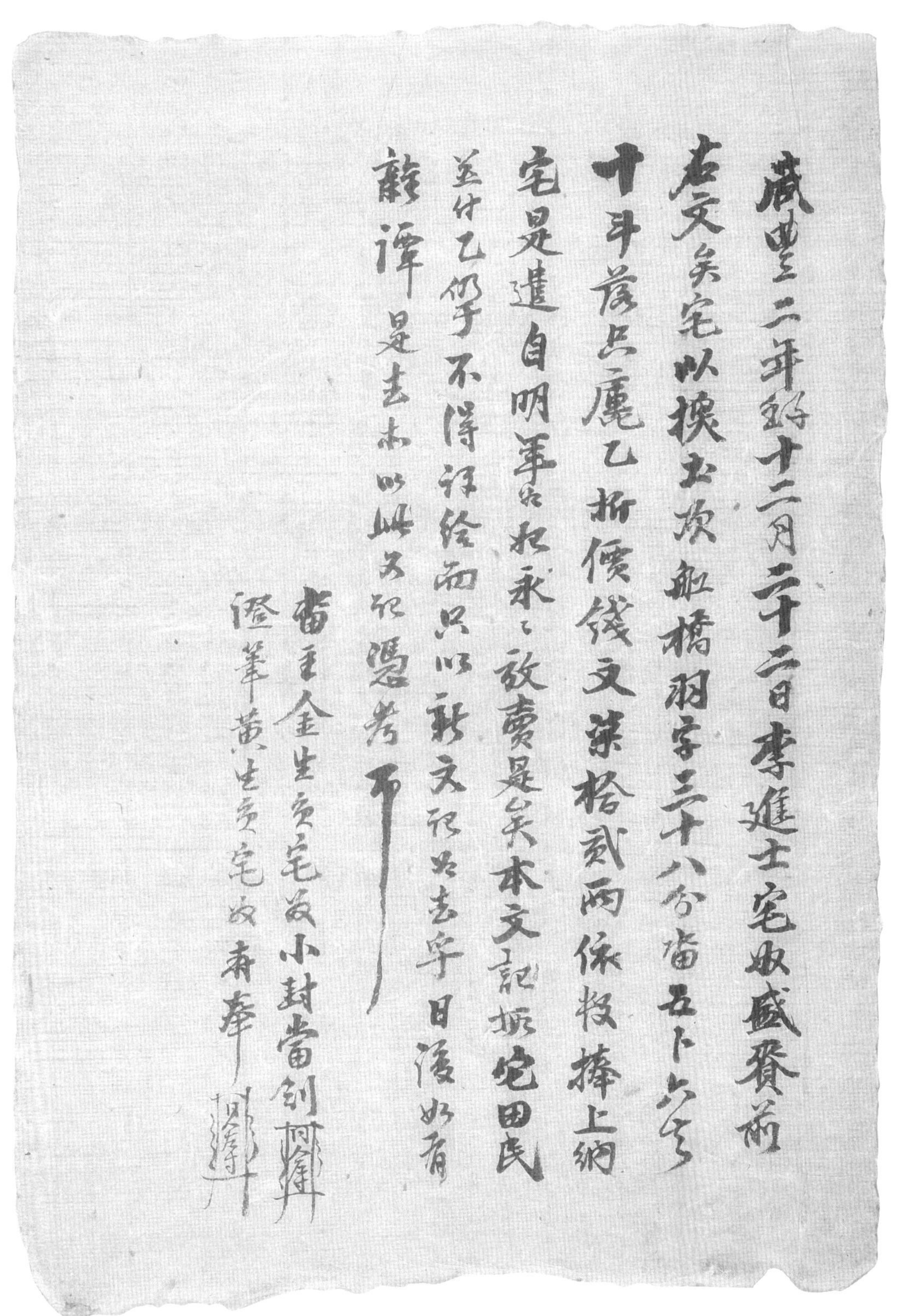

1852년 12월 22일에 金生員 宅 奴 小封當釗가 李進士 宅 奴 盛賚에게 논을 팔면서 발급한 明文

1853년(철종 4), 61.2×37.3

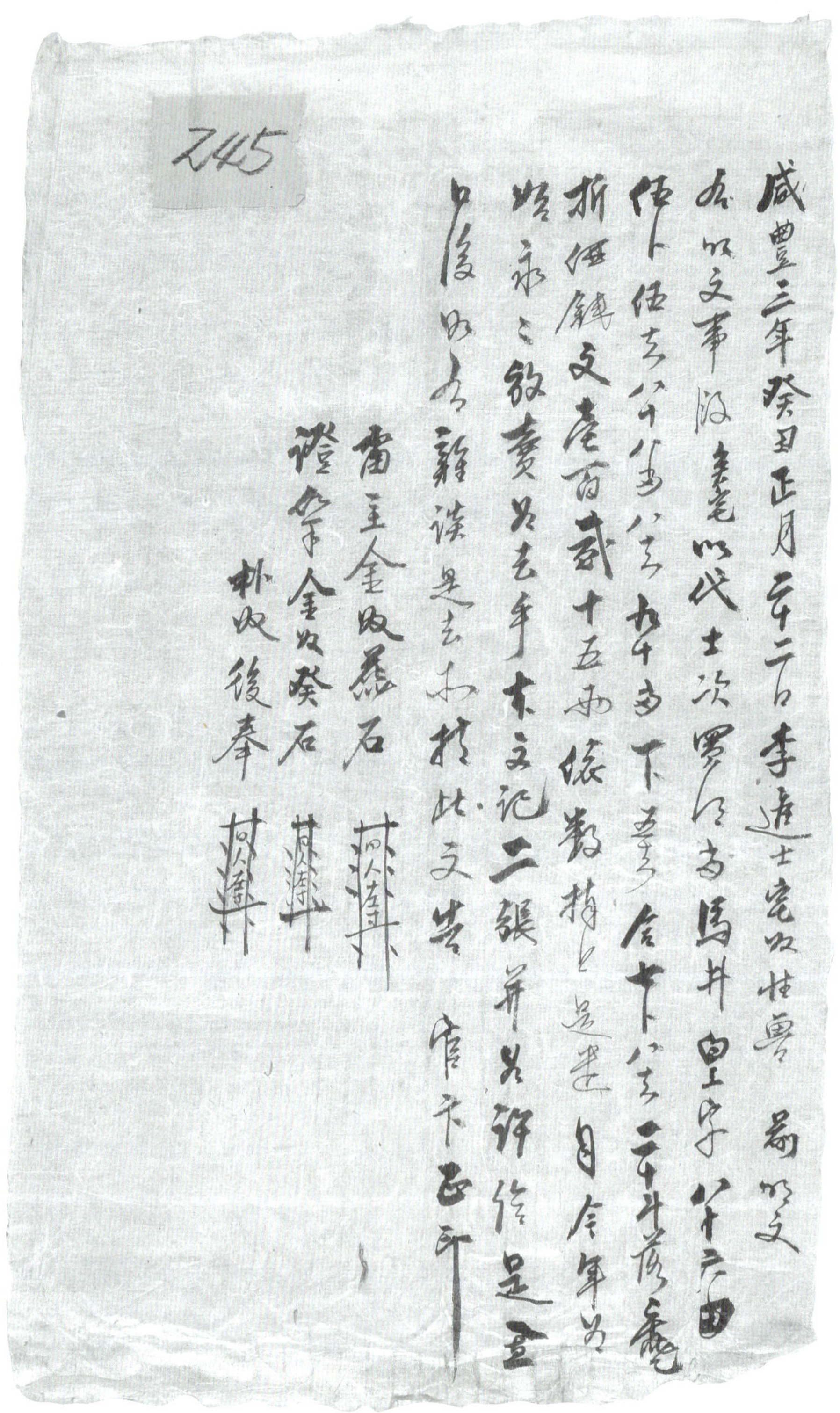

1853년 1월 22일에 金哥의 奴 莀石이 李進士 宅 奴 性魯에게 전답을 팔면서 발급한 明文

明文 354

1853년(철종 4), 37×53

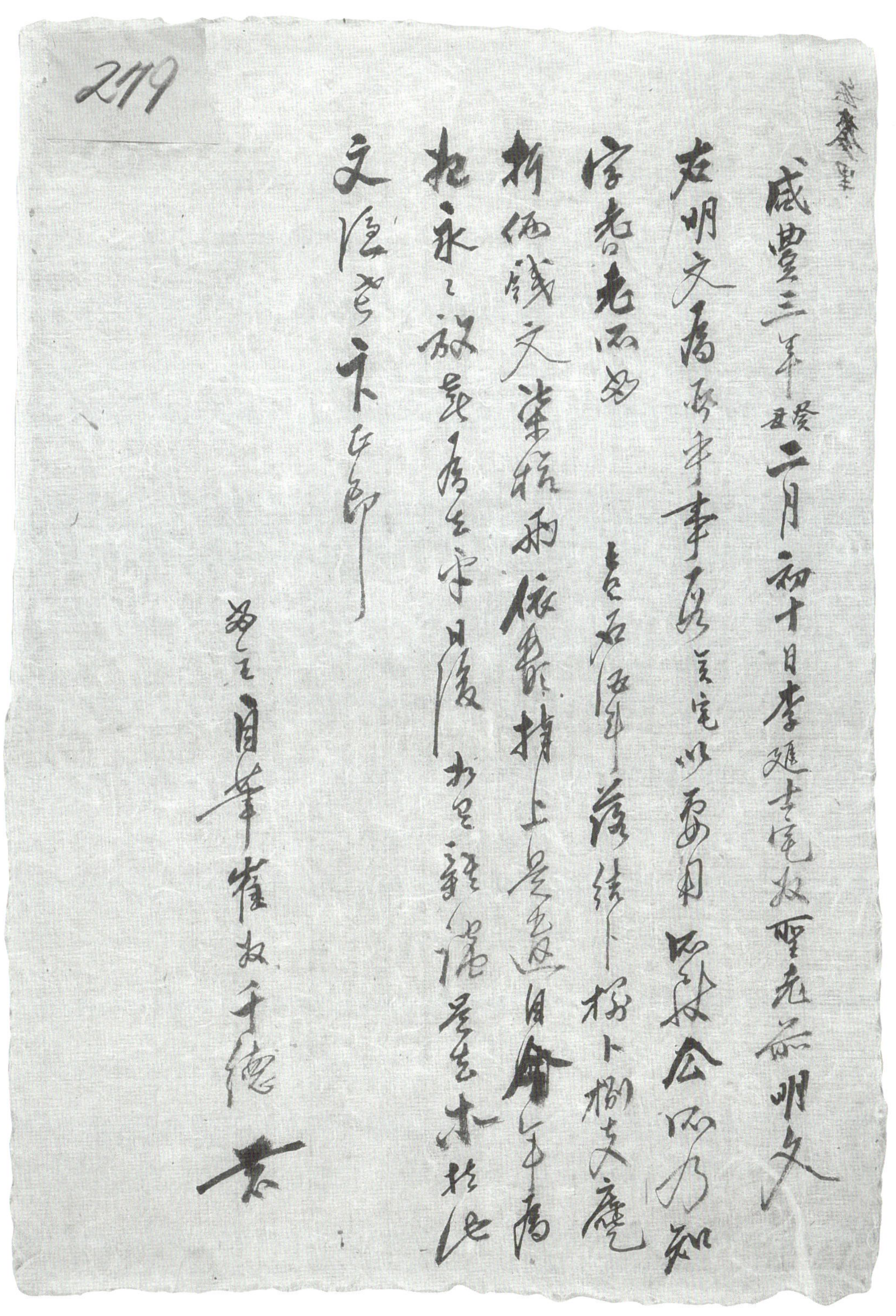

1853년 2월 초10일에 崔哥의 奴 千德이 李進士 宅 奴 聖老에게 논을 팔면서 발급한 明文

1853년(철종 4), 53.3×36.1

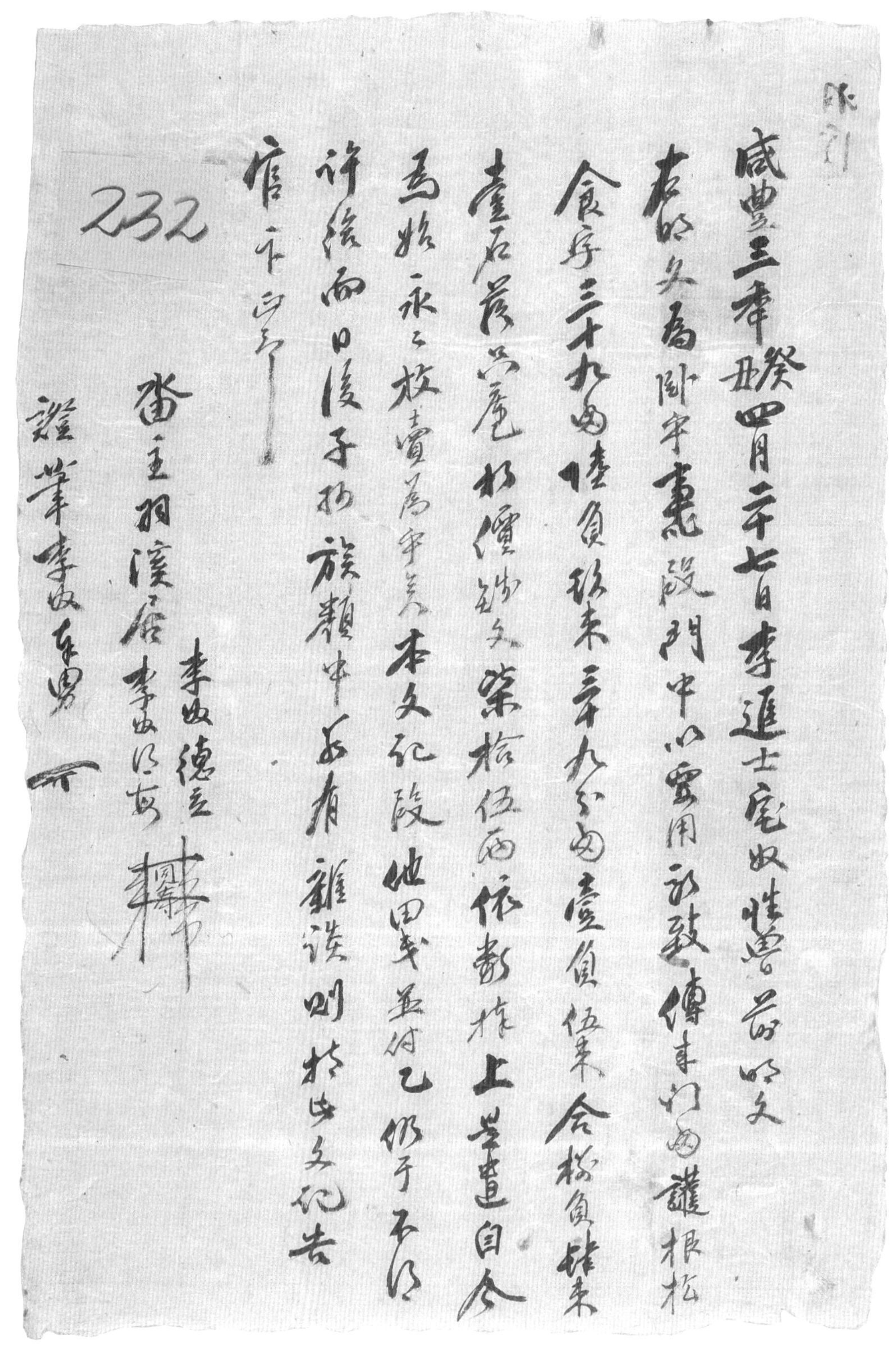
232

咸豐三年癸丑四月二十七日李進士宅奴性魯前明文
右明文爲卧乎事段 門中以要用所致 傳來[illegible]畓[illegible]根松
[illegible]三十九兩惟負結束二十九兩壹負伍束 合[illegible]負[illegible]束
壹石落只庫乙 以價錢文柒拾伍兩 依數捧上是遣 自今
爲始永永放賣爲乎矣 本文記段 他田畓並付乙仍于不得
許給而日後子孫族類中若有雜談 則持此文記告
官卞正事

畓主羽溪居 李奴德立 李奴得每
證筆 李奴東男

1853년 4월 27일에 羽溪에 사는 李哥의 奴 得每와 德立이 李進士 宅 奴 性魯에게 논을 팔면서 발급한 明文

明文 356

1853년(철종 4), 52.5×34.2

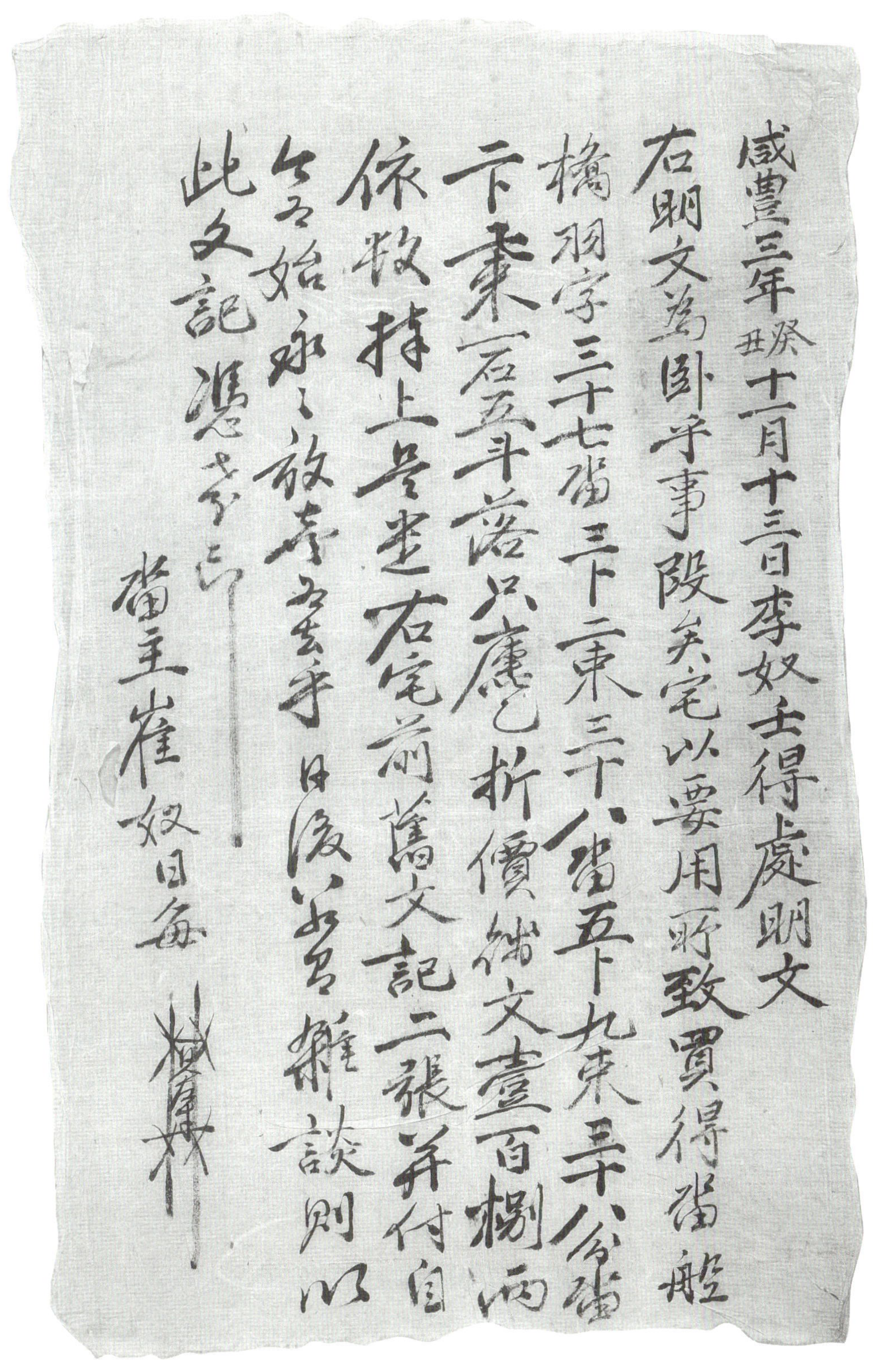
咸豐三年癸丑十一月十三日李奴壬得處明文

右明文爲臥乎事段矣宅以要用所致買得畓般橋羽字三十七畓三卜二束三十八畓五卜九束三斗八分畓下乘一石五斗落只庫乙折價錢文壹百捌兩依數捧上是遣右宅前舊文記二張幷付自今始永〻放賣爲乎矣日後若有雜談則以此文記憑考事

畓主 崔奴日每 [手決]

1853년 11월 13일에 崔哥의 奴 日每가 李哥의 奴 壬得에게 논을 팔면서 발급한 明文

1854년(철종 5), 52.6×34

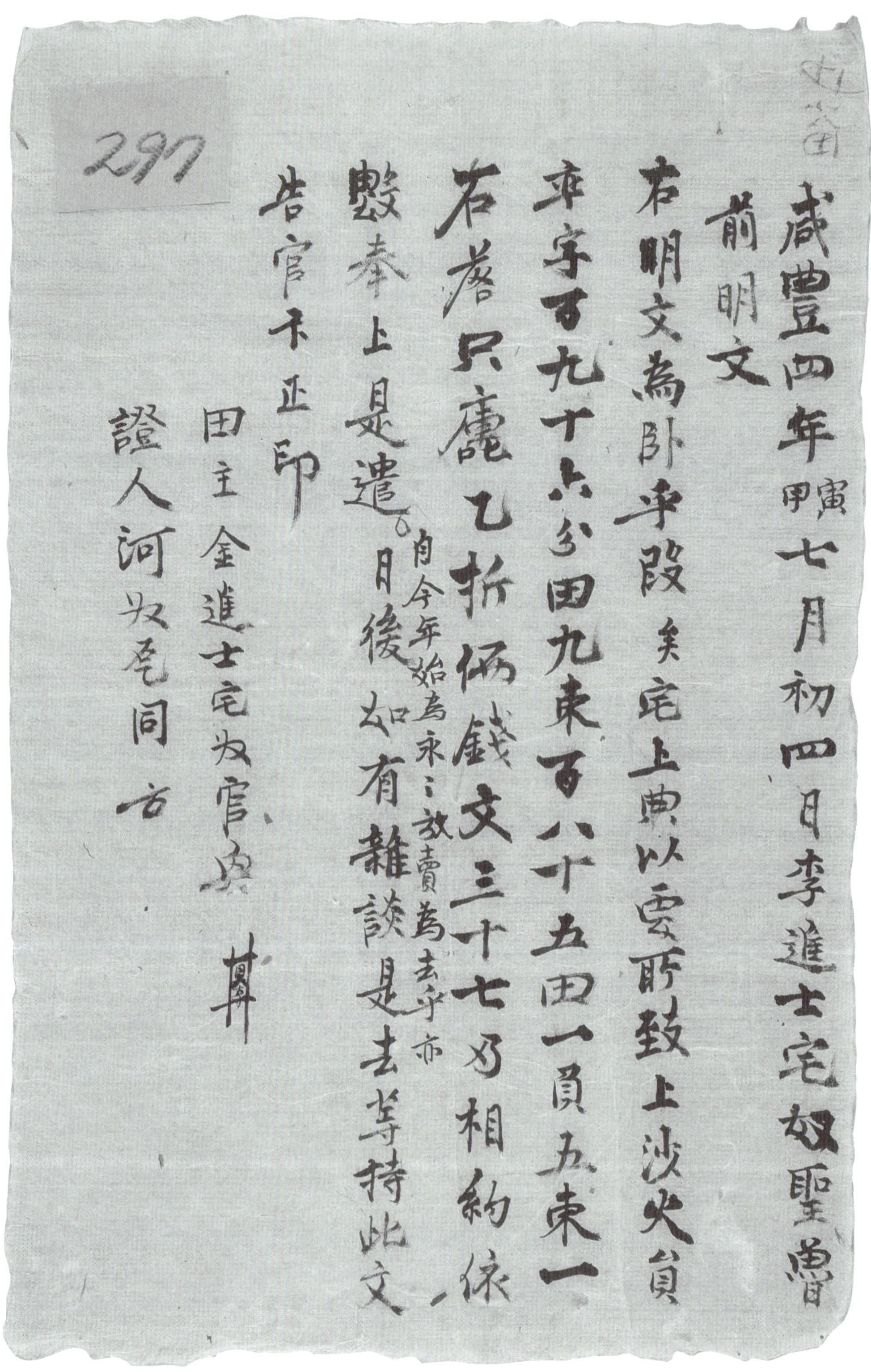

咸豐四年甲寅七月初四日李進士宅奴聖魯
前明文
右明文爲臥乎段矣宅上典以要所致上沙火員
來字畓九十六分田九束畓八十五田一負五束一
右畓只庫乙折價錢文三十七兩相約依
數捧上是遣自今年始爲永永放賣爲去乎亦日後如有雜談是去等持此文
告官卞正印
田主 金進士宅奴官興 着名
證人 河奴乭同 右

1854년 7월 초4일에 金進士 宅 奴 官興이 李進士 宅 奴 聖魯에게 밭을 팔면서 발급한 明文

明文 358

1854년(철종 5), 47.3×60.3

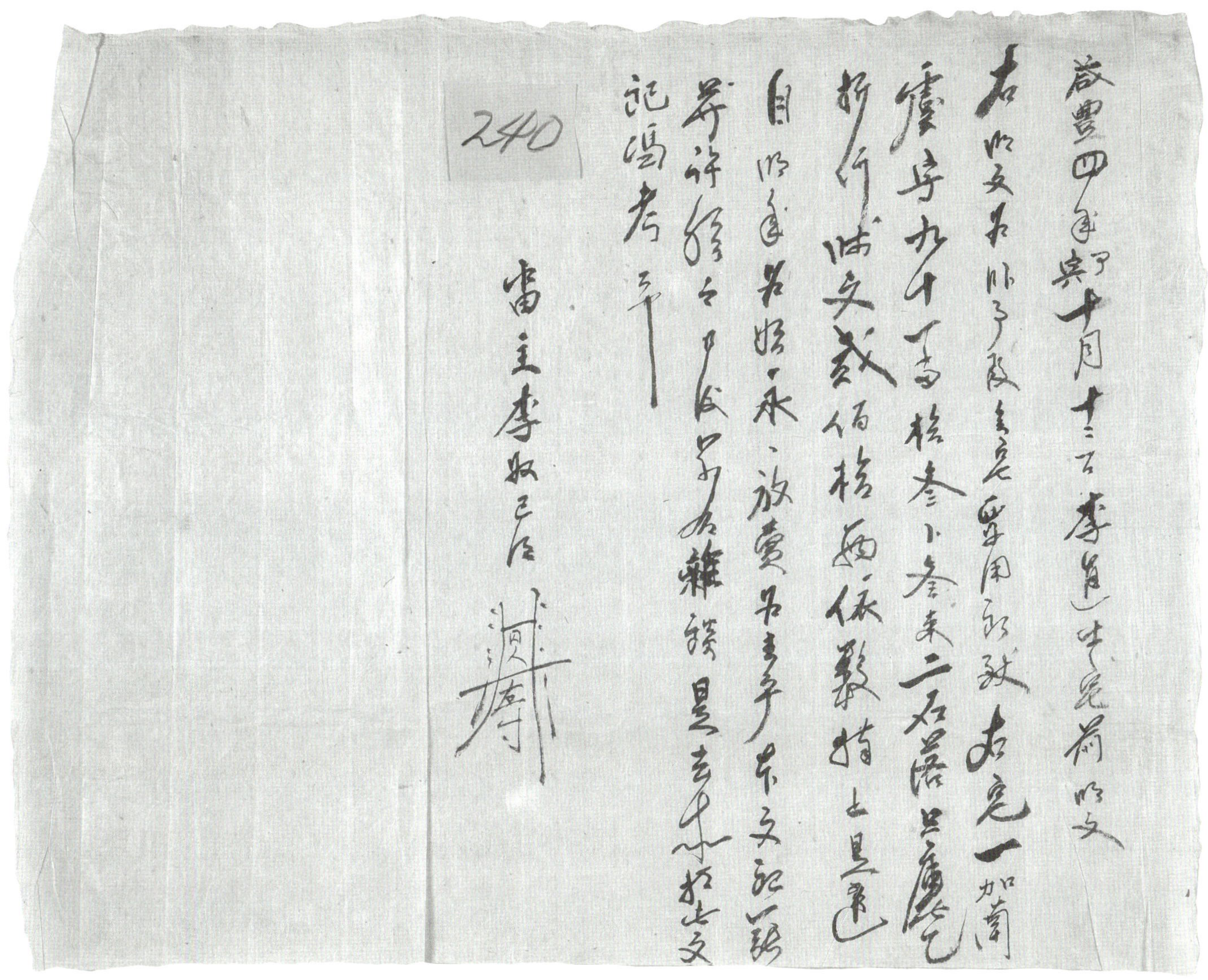
咸豐四年甲寅十月十三日 李進士宅前明文

當主 李奴己得

1854년 10월 13일에 李哥의 奴 己得이 李進士 宅에 논을 팔면서 발급한 明文

明文 359

1854년(철종 5), 49.5×34.4

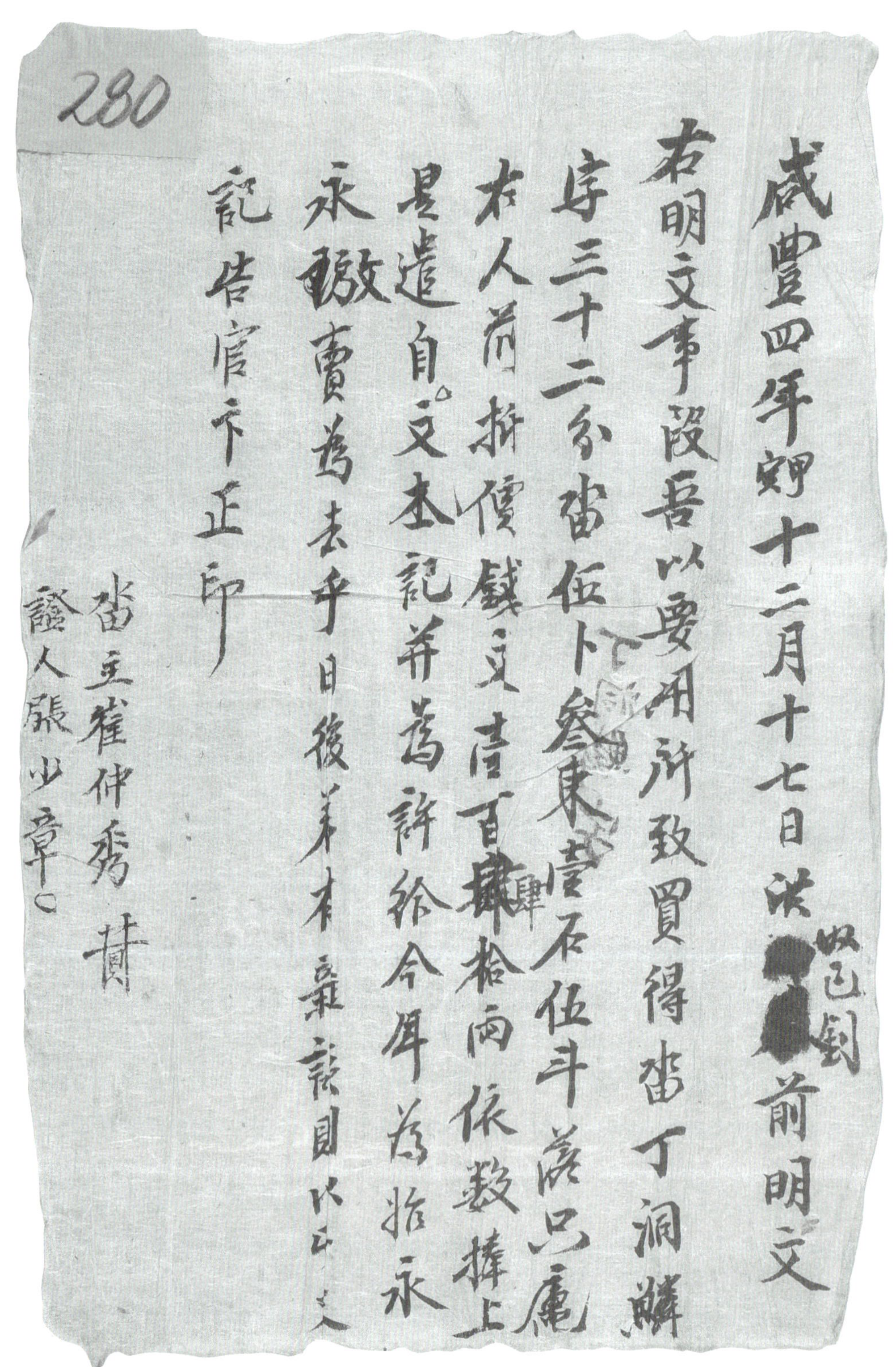

280

咸豊四年卯十二月十七日洪奴己釗前明文

右明文事段吾以要用所致買得畓丁洞䟽字三十二分畓伍卜叁束壹石伍斗落只庫右人前折價錢文壹百肆拾兩依數捧上是遣自文本記幷爲許給令永爲指永永放賣爲去乎日後若有雜談是去等將此文

記告官卞正印

畓主崔仲秀

證人張少章

1854년 12월 17일에 崔仲秀가 洪哥의 奴 己釗에게 논을 팔면서 발급한 明文

明文 360

1854년(철종 5), 66.9×62

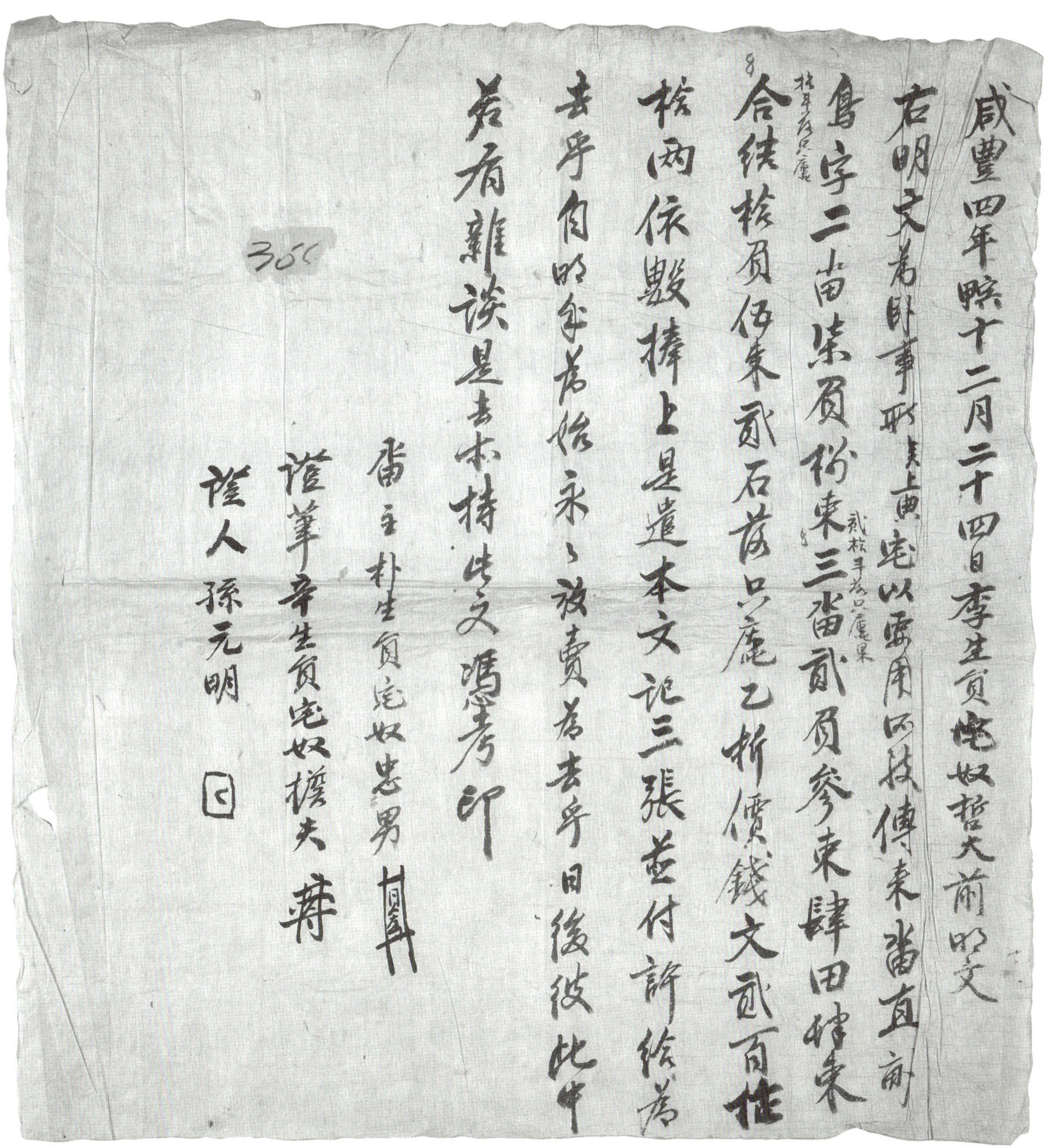

1854년 12월 24일에 朴生員 宅 奴 忠男이 李生員 宅 奴 哲大에게 전답을 팔면서 발급한 明文

1854년(철종 5), 52.3×36.7

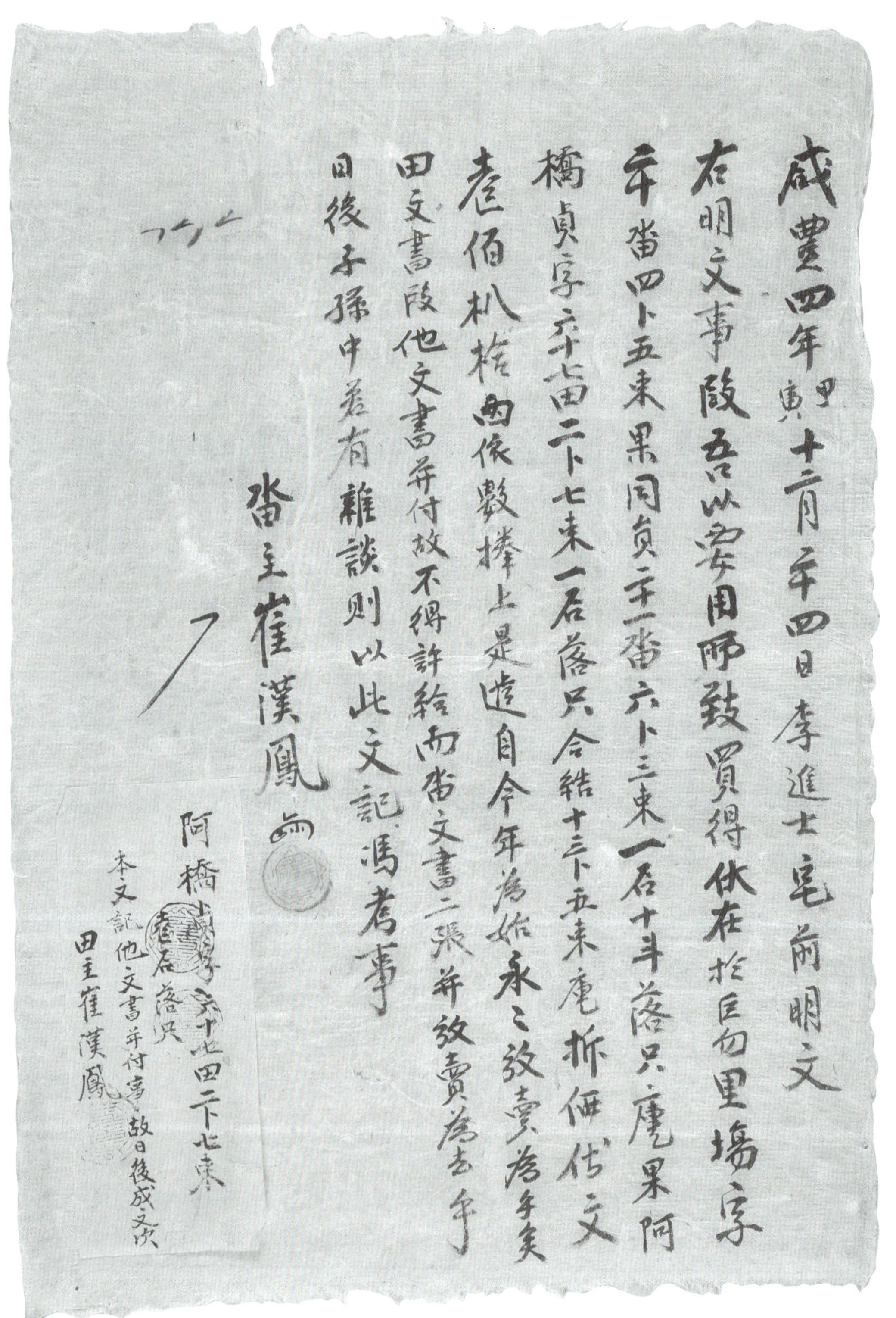

咸豐四年甲寅十二月廿四日 李進士宅前明文

右明文事段 吾以要用所致 買得伏在於巨山里場字千畓四卜五束果同員二千一畓六卜三束 一石十斗落只庫果阿橋員字六十七畓二十七束 一石落只 合結十三卜五束庫 折價錢文壹佰捌拾兩依數捧上是遣 自今年爲始 永永放賣爲乎矣 田文書段 他文書幷付故 不得許給 而畓文書二張幷放賣爲去乎 日後子孫中若有雜談 則以此文記憑考事

畓主 崔漢鳳

阿橋員字六十七畓二十七束 壹石落只

本文記他文書幷付 故日後成文次

田主崔漢鳳

1854년 12월 24일에 崔漢鳳이 李進士 宅에게 전답을 팔면서 발급한 明文

明文 362

1855년(철종 6), 51.4×35

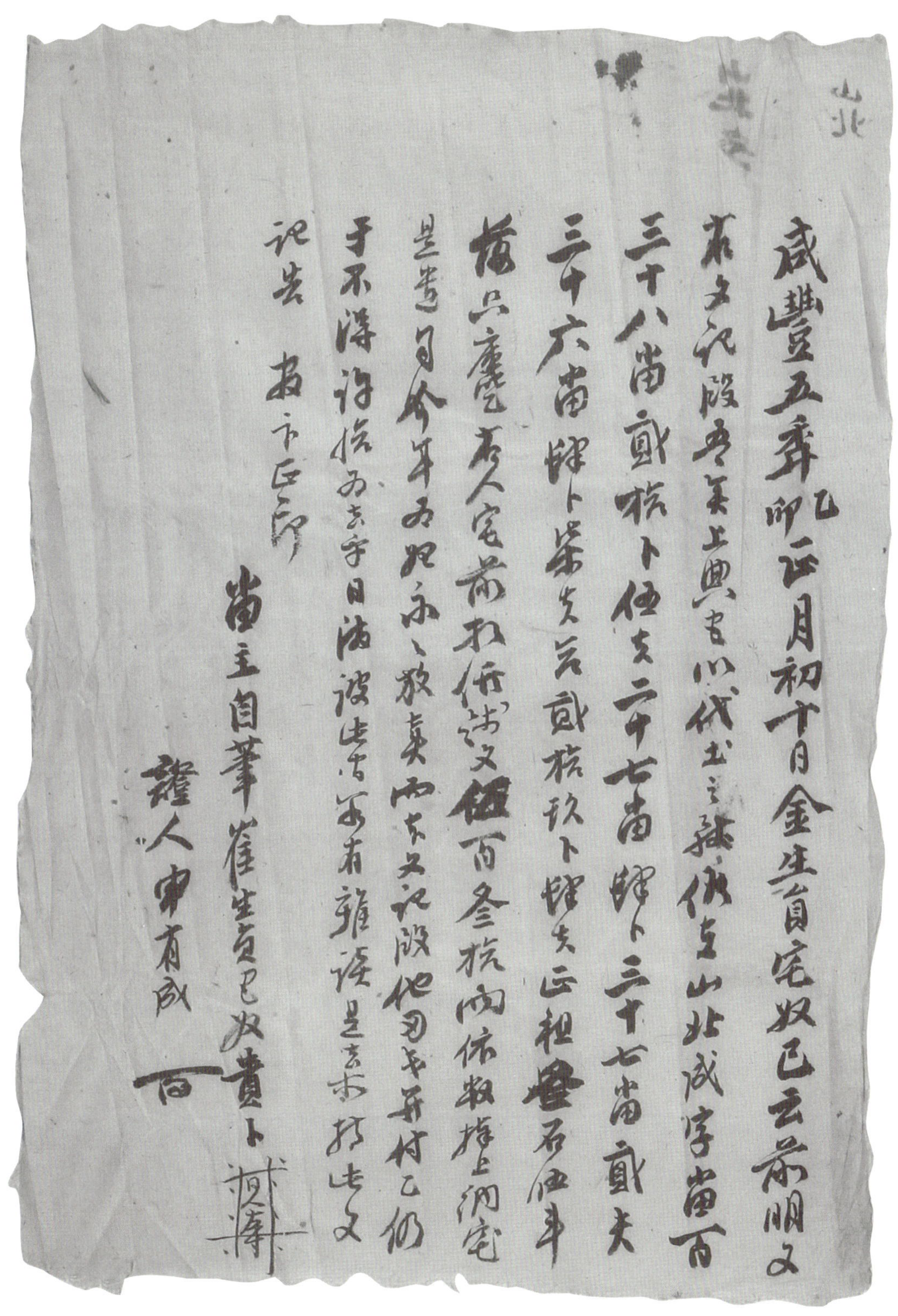

1855년 1월 초10일에 崔生員 宅 奴 貴卜이 金生員 宅 奴 己云에게 논을 팔면서 발급한 明文

1855년(철종 6), 52.5×36.7

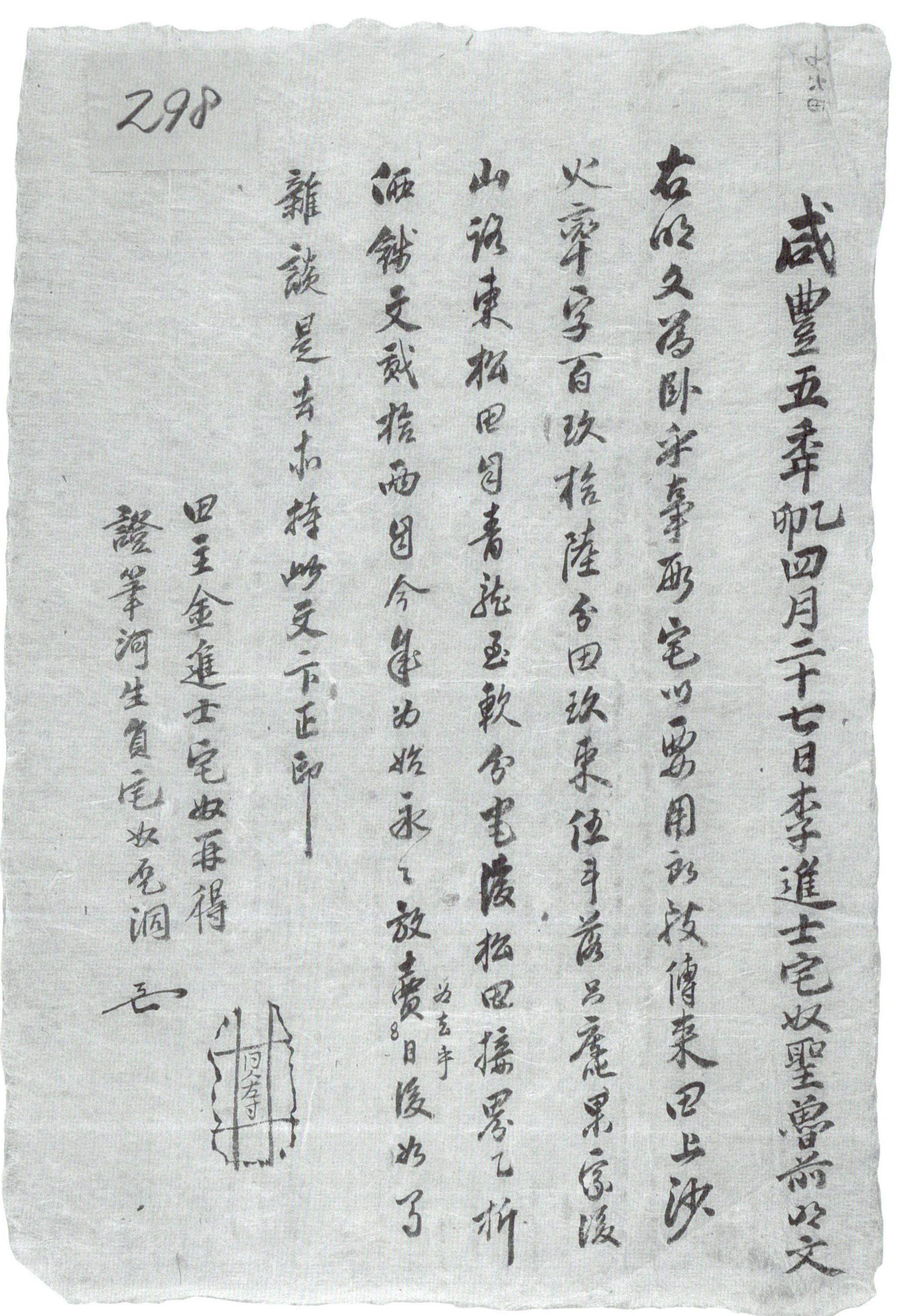

298

咸豐五年乙卯四月二十七日李進士宅奴聖魯前明文

右明文爲臥乎事段要用所致傳來田上決

火字百玖拾陸卜田玖束伍斗落只庫果家後

山後東松田肆青龍西畝卜宅後松田播種乙折

價錢文貳拾兩依數捧上爲遣永永放賣爲去乎後次

雜談是去等持此文下正卞

田主金進士宅奴再得

證筆河生員宅奴包洞

1855년 4월 27일에 金進士 宅 奴 再得이 李進士 宅 奴 聖魯에게 밭을 팔면서 발급한 明文

明文 364

1855년(철종 6), 57.3×35.5

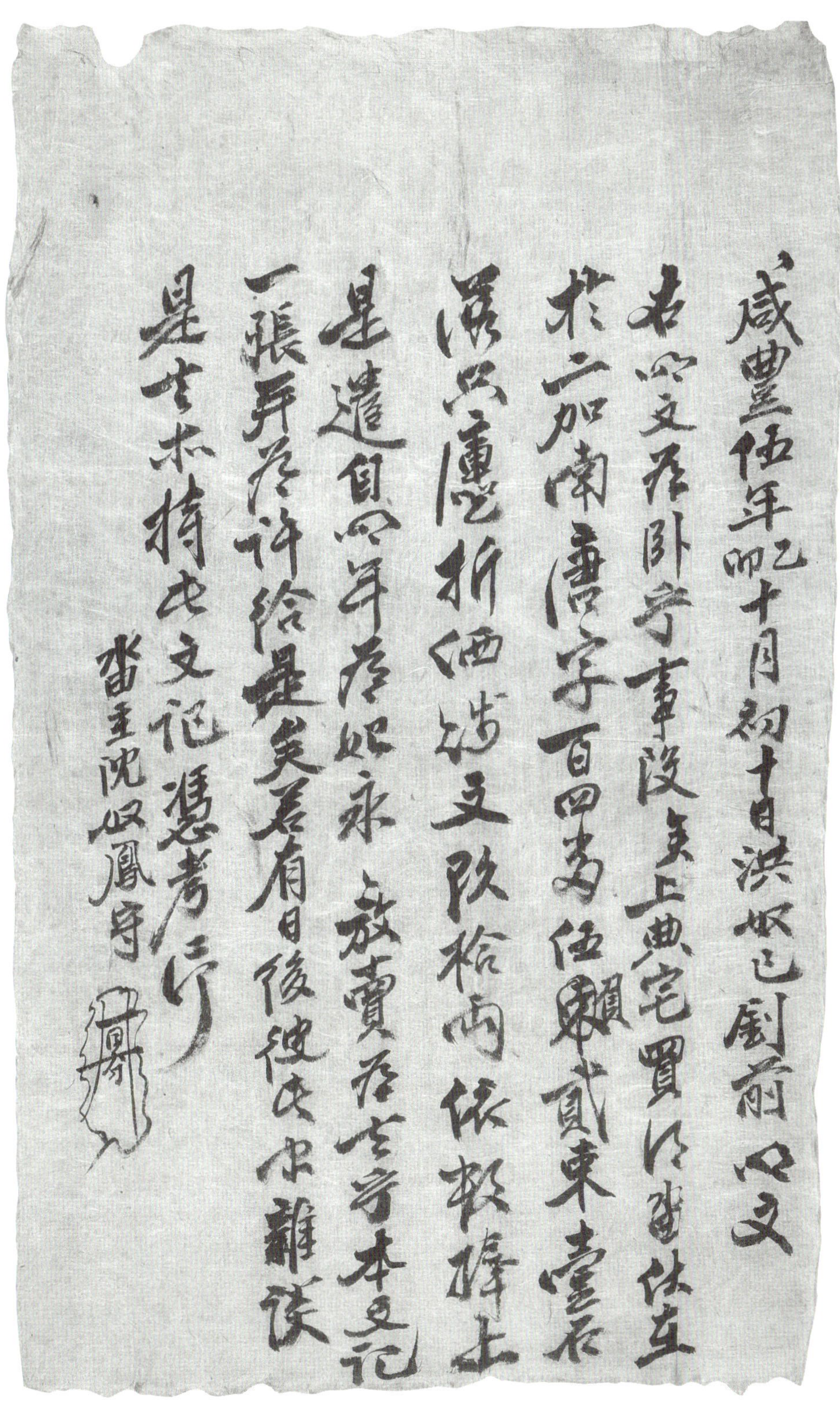

咸豐伍年乙卯十月初十日洪奴己釗前明文

右明文事段矣上典宅買得沓伏在

於二加南廣字百四畓伍負貳束壹庫

[illegible]只還折價錢文段拾兩依數捧上

是遣自明年為始永永放賣為去乎本文記

一張并以許給是矣若有日後彼此雜談

是去等持此文記憑考事

畓主沈奴鳳守

1855년 10월 초10일에 沈哥의 奴 鳳守가 洪哥의 奴 己釗에게 논을 팔면서 발급한 明文

明文 365

1855년(철종 6), 63.9×37.3

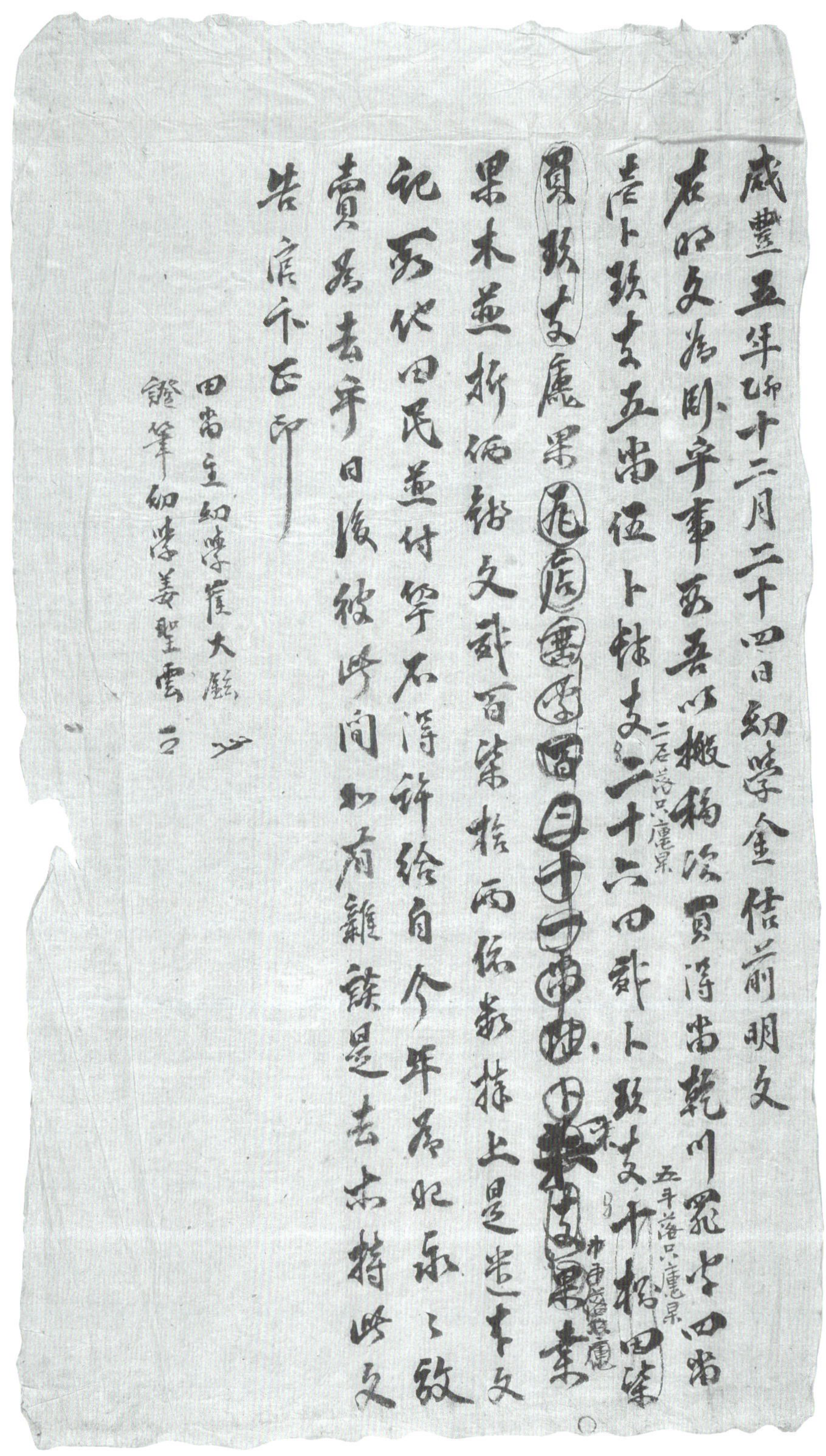

咸豐五年乙卯十二月二十四日幼學金佶前明文

田畓主幼學崔大鉉

證筆幼學姜聖雲

1855년 12월 24일에 崔大鉉이 金佶에게 전답을 팔면서 발급한 明文

明文 366

1856년(철종 7), 54×36.7

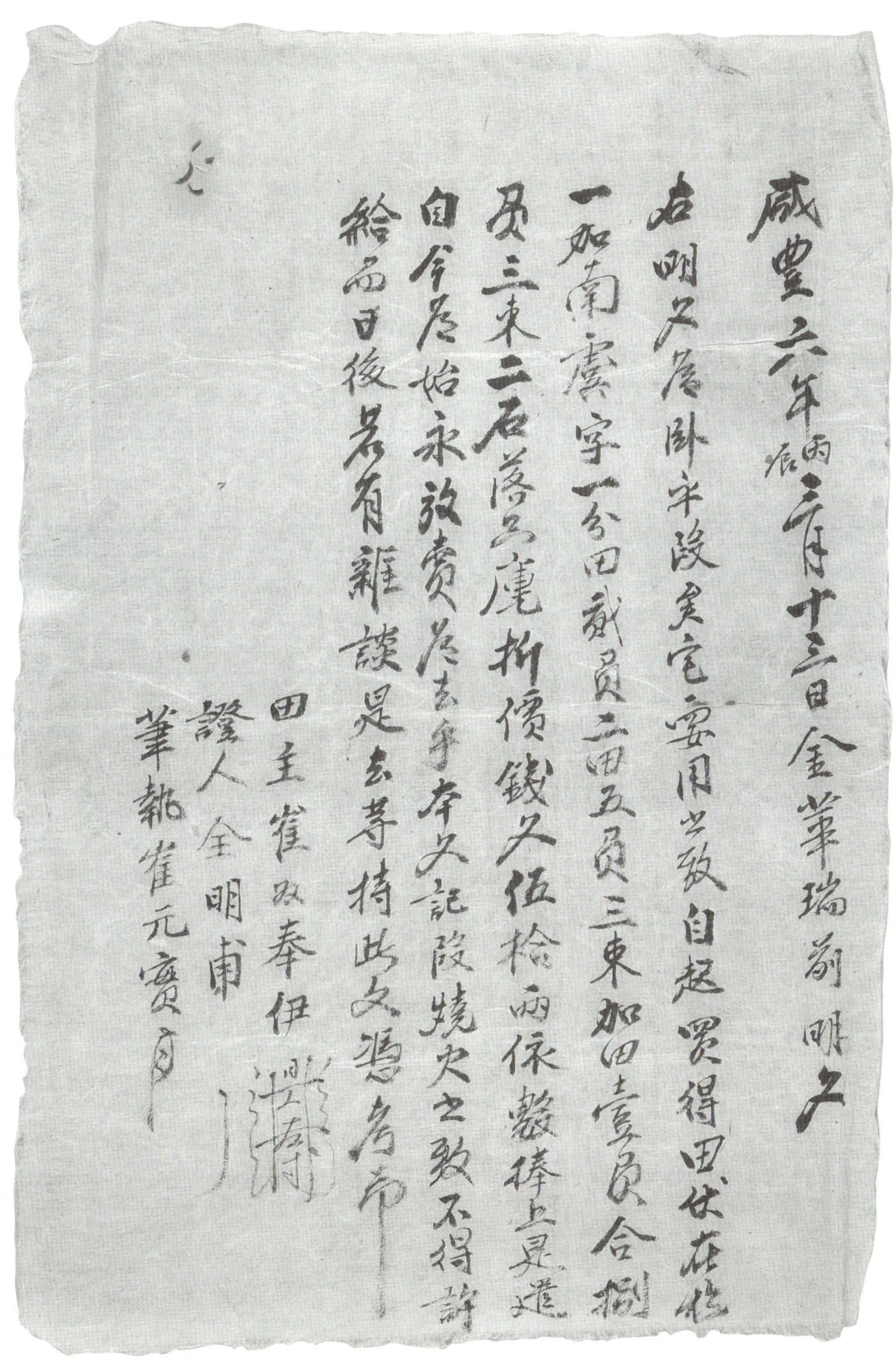

咸豐六年丙辰三月十三日金華瑞前明文

右明文爲卧牛段矣宅要用出致自起買得田伏在位

一加南虞字一分田貳負二田五負三束加田壹負合捌

負三束二石落只處折價錢文伍拾兩依數捧上是遣

自今爲始永放賣爲去乎本文記段燒火之致不得許

給而日後若有雜談是去等持此文憑考事

田主 崔奴 奉伊

證人 全明甫

筆執 崔元賓

1856년 3월 13일에 崔哥의 奴 奉伊가 金華瑞에게 밭을 팔면서 발급한 明文

1856년(철종 7), 49.6×34.4

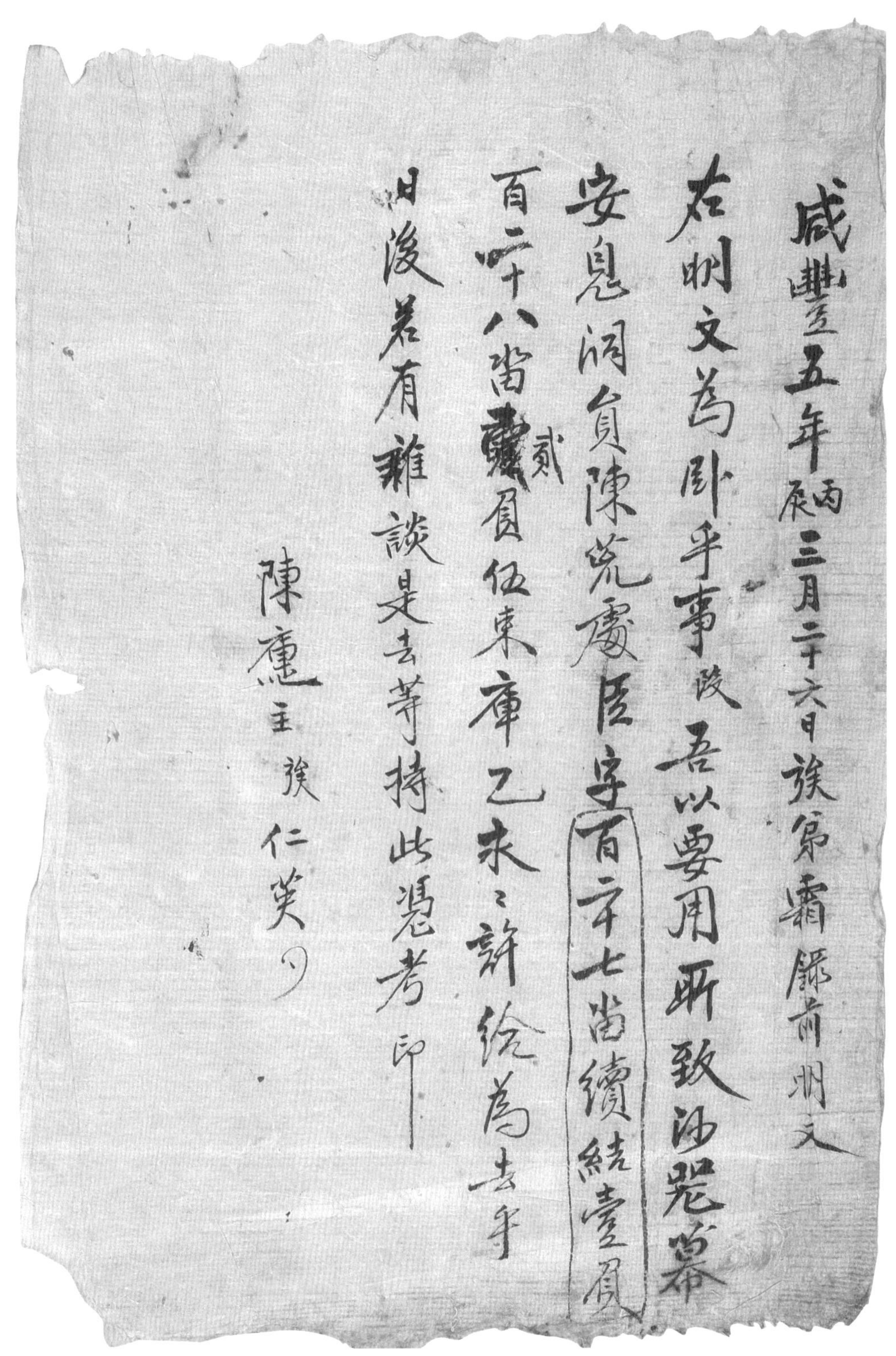

咸豐五年丙辰三月二十六日族弟霜錄前明文
右明文爲卧乎事段吾以要用所致汝邑幕
安息洞員陳荒處臣字百卄七沓續結壹負
百卄八沓貳負伍束庫乙未之許給爲去乎
日後若有雜談是去等持此憑考 印
陳應主 族 仁英

1856년 3월 26일에 族 仁英이 族弟 霜錄에게 陳荒地를 팔면서 발급한 明文

明文 368

1856년(철종 7), 53.9×35.4

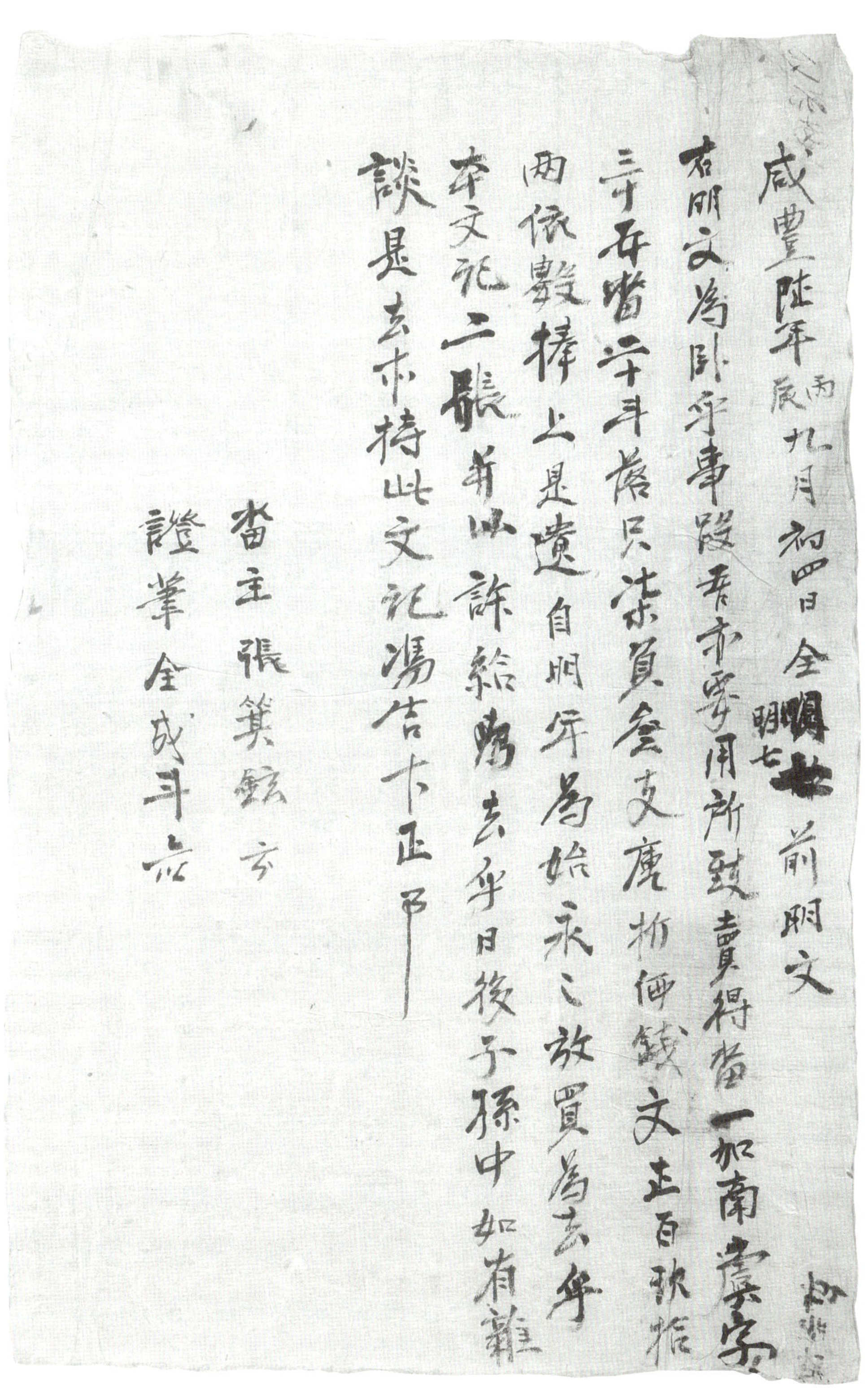

1856년 9월 초4일에 張箕鉉이 全明七에게 논을 팔면서 발급한 明文

明文 369

1857년(철종 8), 41.1×54.3

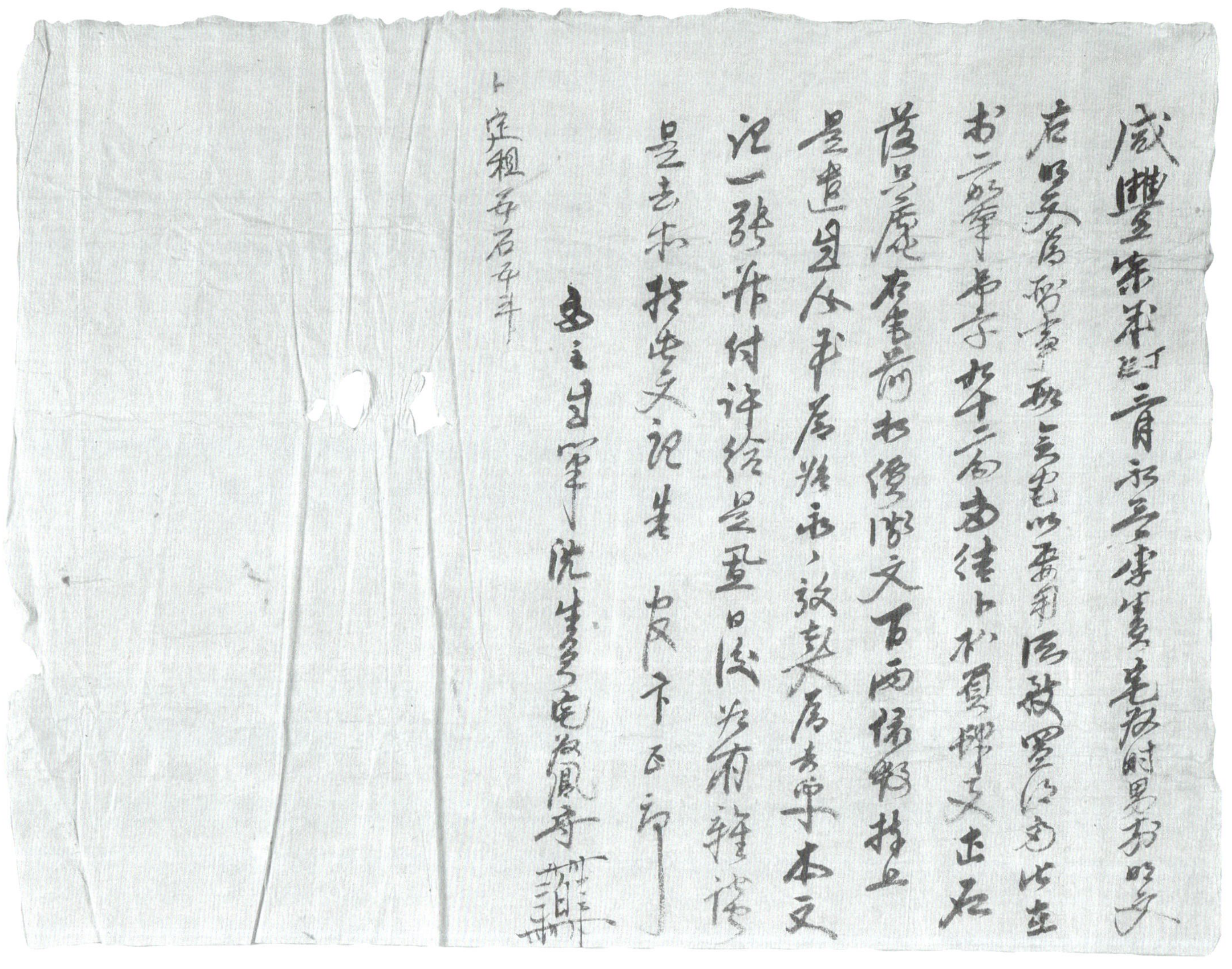

1857년 3월 초3일에 沈生員 宅 奴 鳳守가 李生員 宅 奴 時男에게 논을 팔면서 발급한 明文

明文 370

1857년(철종 8), 56.9×34.2

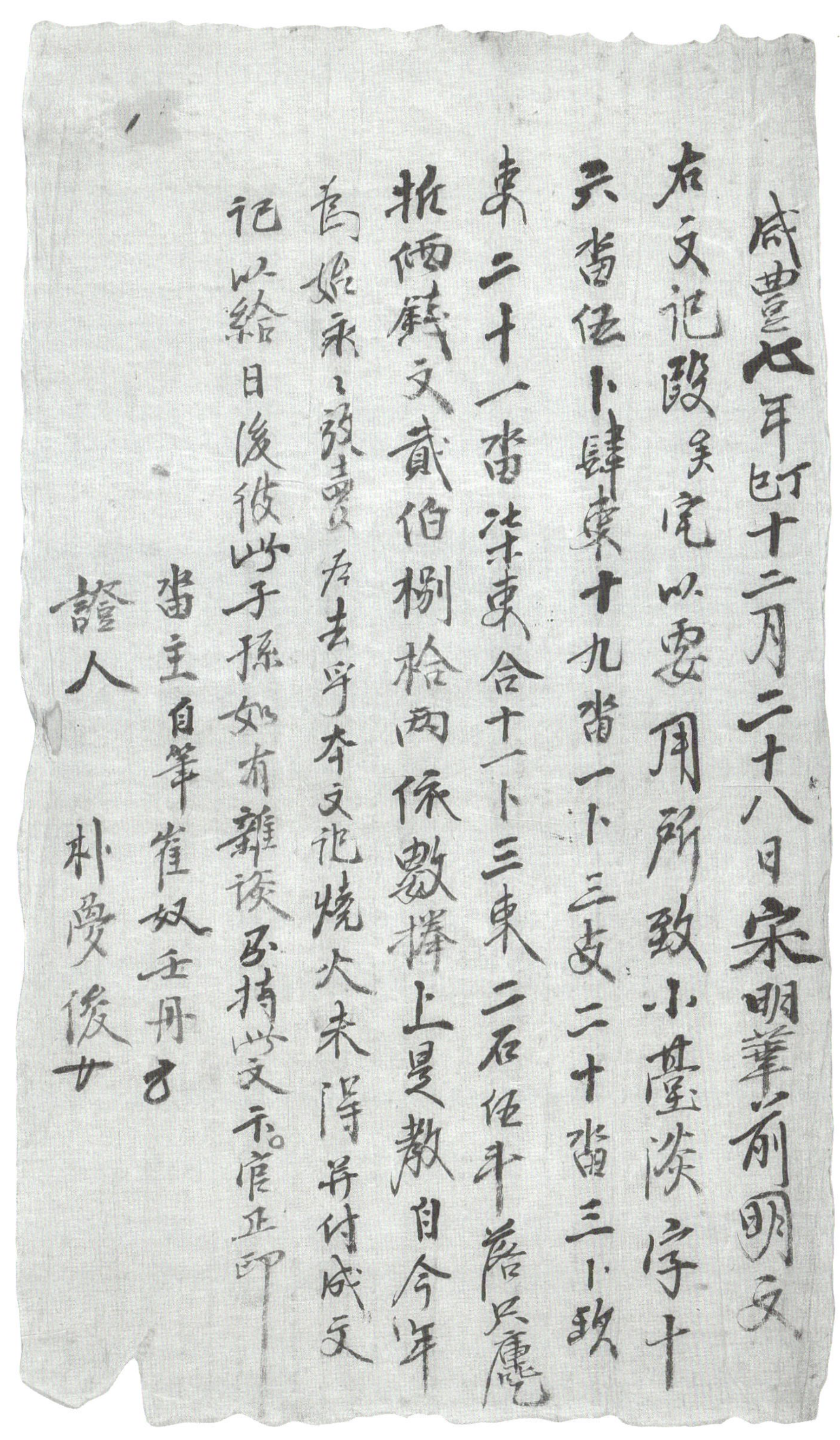

咸豐七年丁巳十二月二十八日宋明華前明文

右文記段矣宅以要用所致小臺深字十

六畓伍卜肆束十九畓一卜三束二十畓三卜玖

束二十一畓柒束合十一卜三束二石伍斗落只處

折價錢文貳伯捌拾兩依數捧上是遣自今年

爲始永永放賣爲去乎本文記燒火未得并付成文

記以給日後彼此子孫如有雜談是去等持此文告官卞正事

畓主自筆崔奴壬丹

證人 朴愛俊

1857년 12월 28일에 崔哥의 奴 壬丹이 宋明華에게 논을 팔면서 발급한 明文

1858년(철종 9), 54.4×37.3

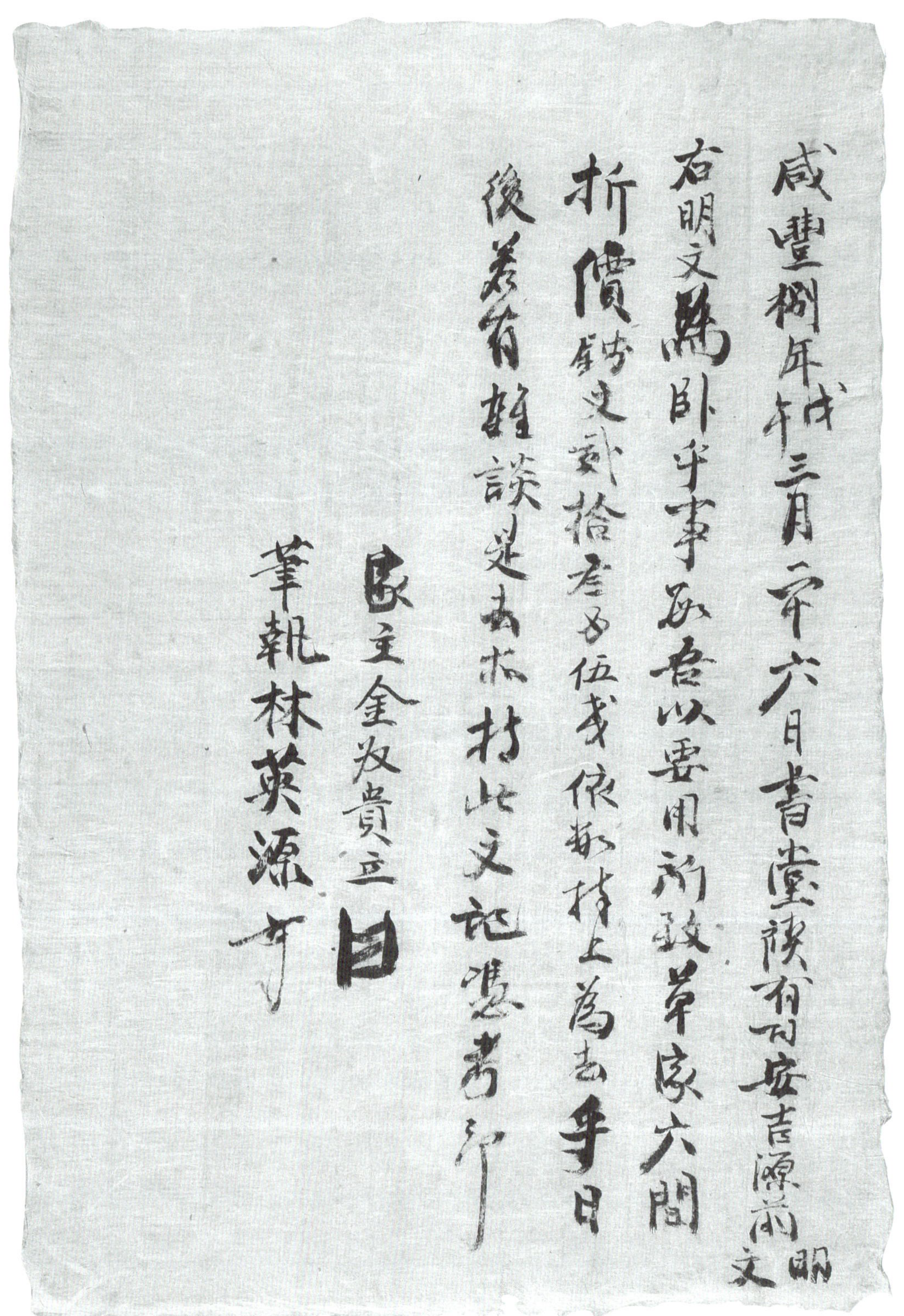
咸豐捌年戊午三月二十六日書堂禊有司安吉源前明文

右明文爲臥乎事段矣以要用所致草家六間

折價錢文貳拾叁兩伍戔依數捧上爲去乎日

後若有雜談是去等持此文記憑考事

家主金奴貴立

筆執林英源

1858년 3월 26일에 金哥의 奴 貴立이 書堂의 禊有司 安吉源에게 草家를 팔면서 발급한 明文

明文 372

1858년(철종 9), 63.4×59.1

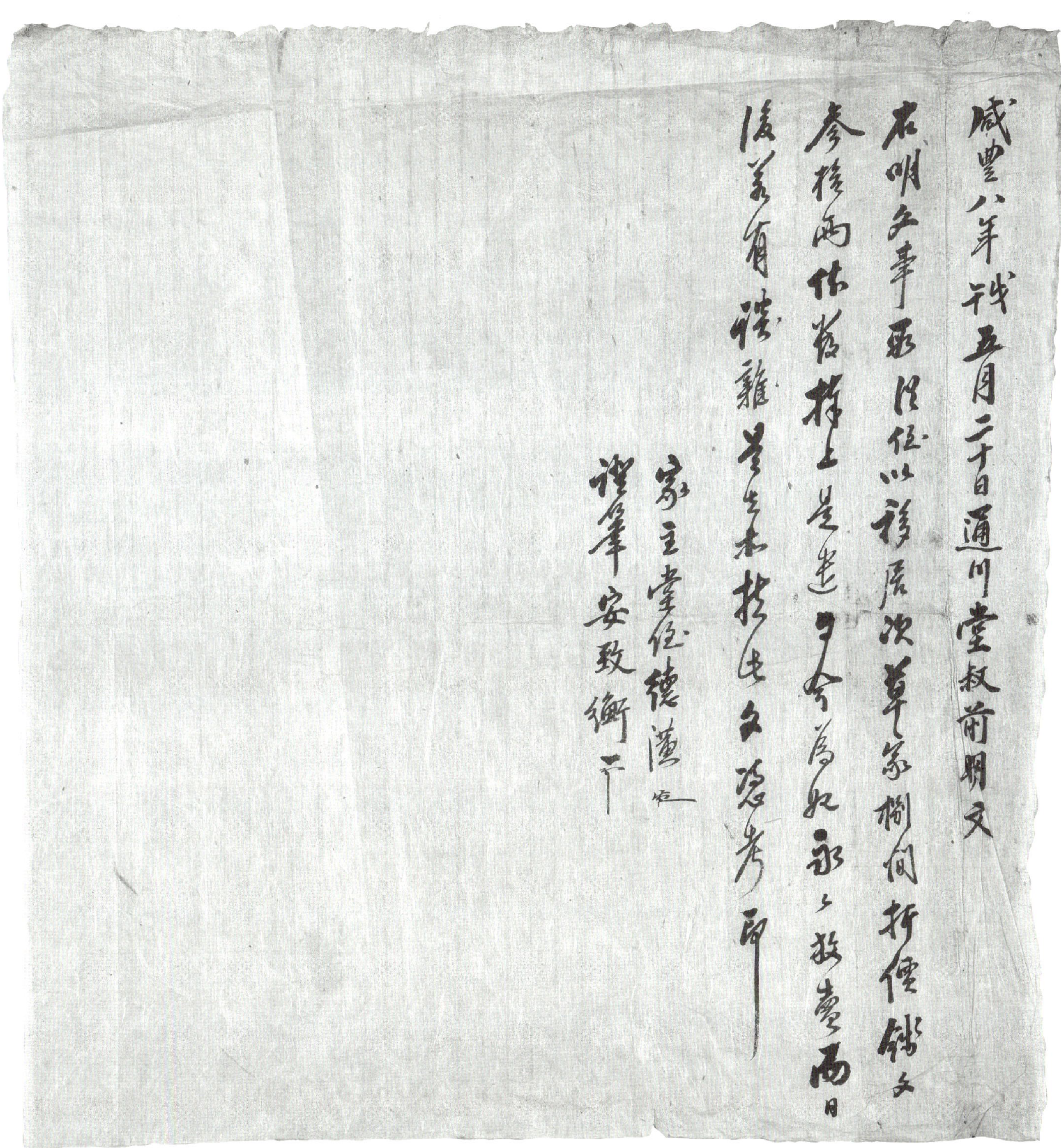

咸豐八年戊午五月二十日 通川 堂叔前明文

右明文事段 以任以移居次 草家捌間 折價錢文

參拾兩依數捧上是遣 于今爲始 永永放賣爲白

後若有雜談是去等 持此文 憑考事

家主 堂侄 德潢 [左寸]

證筆 安致衡

1858년 5월 20일에 堂侄 德潢이 通川에 거주하는 堂叔에게 草家를 팔면서 발급한 明文

1858년(철종 9), 44.9×42.4

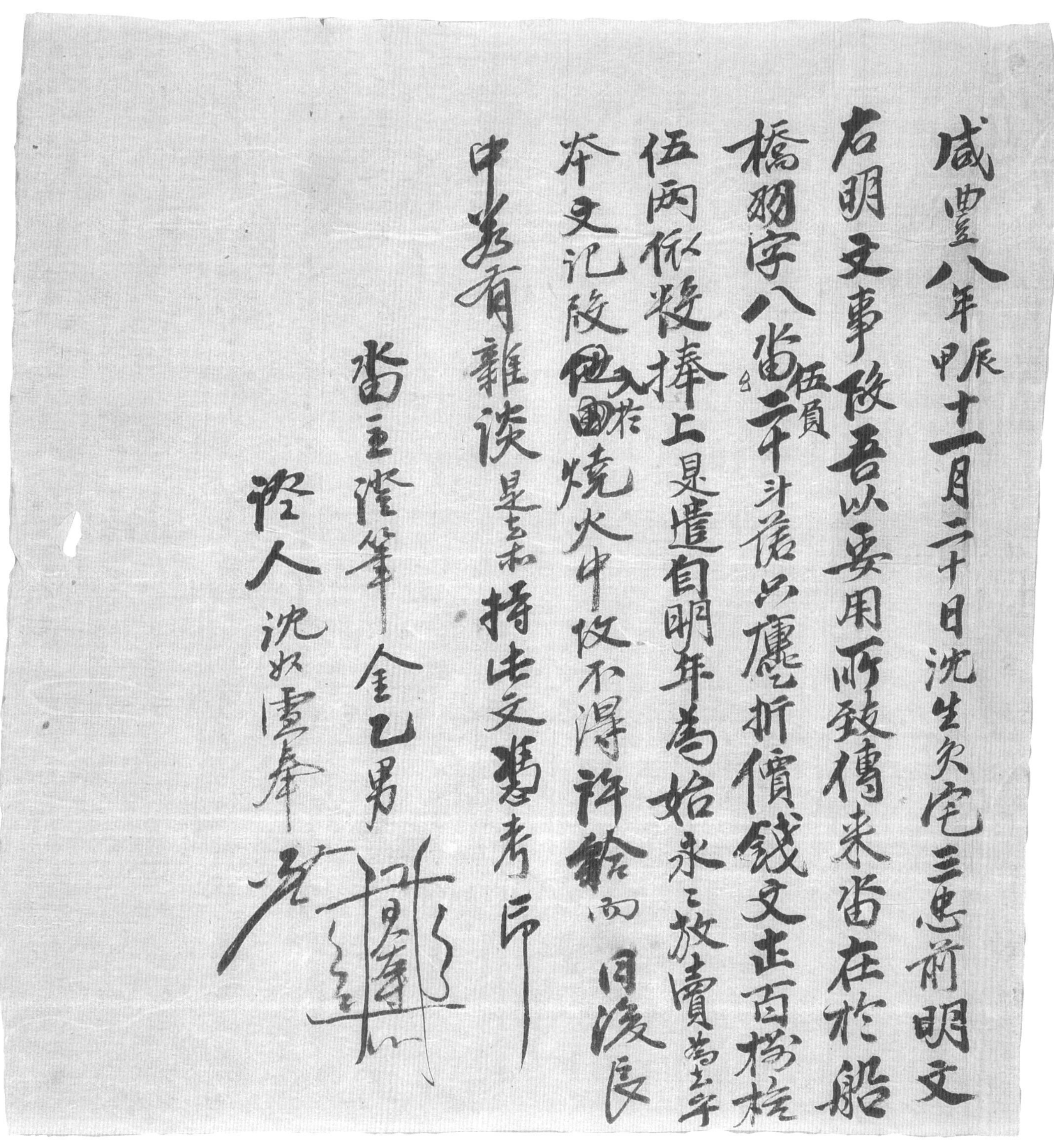

咸豐八年甲辰十一月二十日沈生員宅三忠前明文

右明文事段吾以要用所致傳來沓在於船

橋坪字八沓二斗落只庫折價錢文五百格拾

伍兩依數捧上是遣自明年爲始永永放賣爲去乎

本文記段入於回燒火中故不得許給而日後良

中若有雜談是去等持此文憑考事

沓主證筆金乙男

證人沈奴書奉

1858년 11월 20일에 金乙男이 沈生員 宅 三忠에게 논을 팔면서 발급한 明文

明文 374

1858년(철종 9), 55×34.7

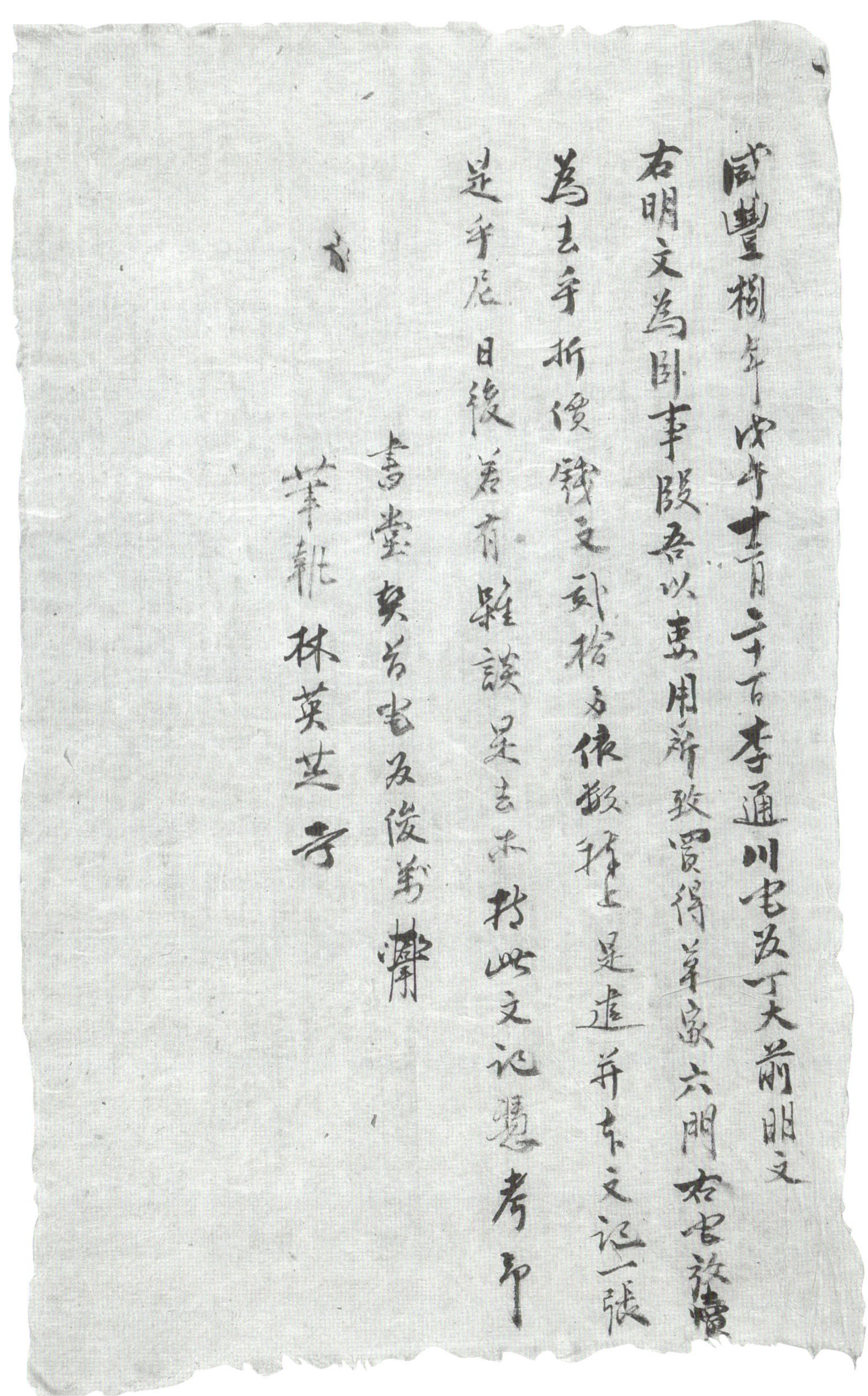

咸豐捌年戊午十二月二十一日 李通川宅奴丁大前明文

右明文爲臥乎事段 吾以要用所致 買得草家六間 右宅放賣爲去乎 折價錢文貳拾兩依數捧上是遣 并本文記一張是乎旀 日後若有雜談是去等 持此文記憑考事

書堂契首宅奴俊萬

筆執 林英芝

1858년 12월 21일에 書堂 契首 宅 奴 俊萬이 李通川 宅 의 奴 丁大에게 草家를 팔면서 발급한 明文

明文 375

1859년(철종 10), 34.8×41.3

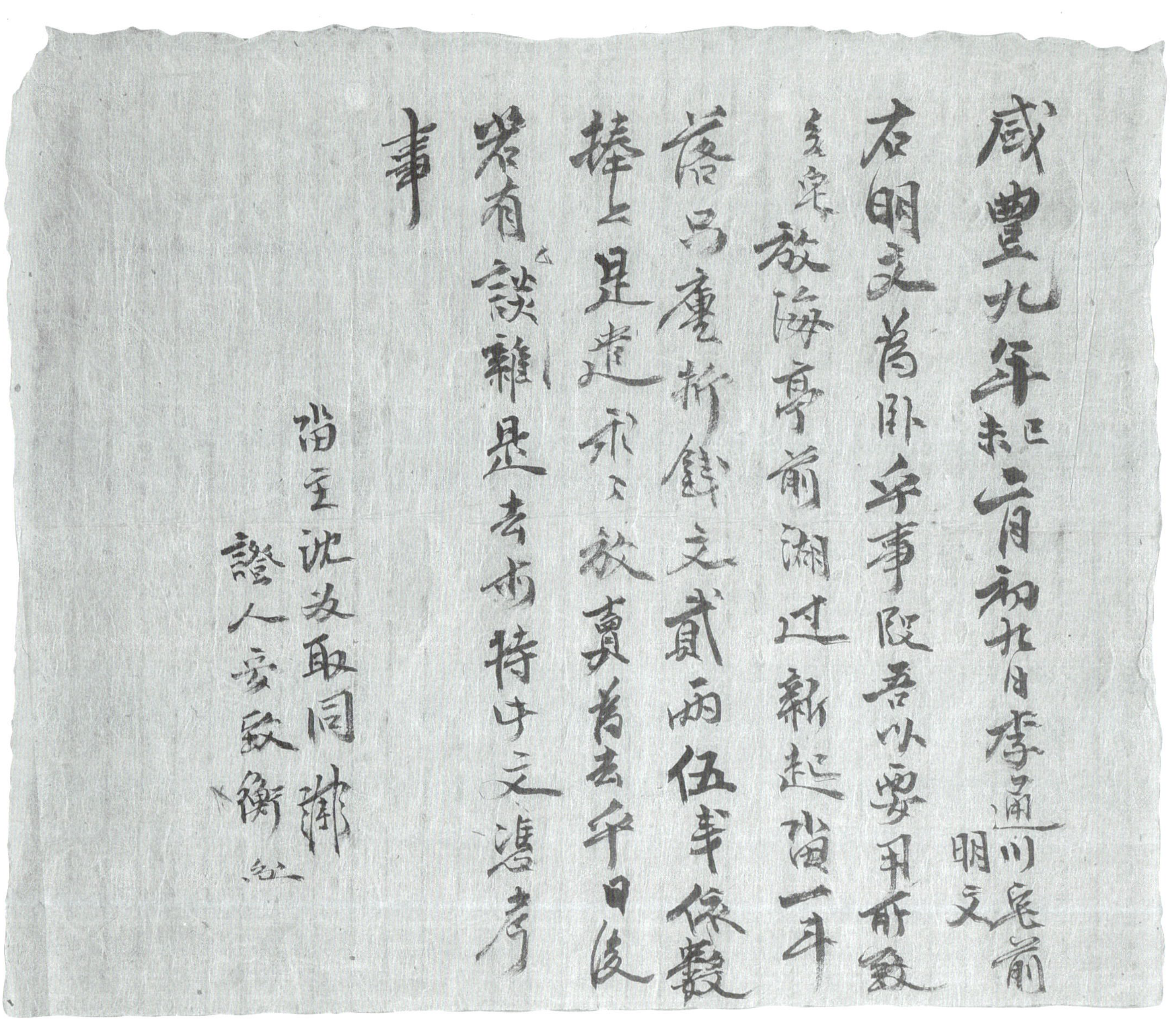

咸豐九年己未二月初九日李通川宅前
明文
右明文爲臥乎事段吾以要用所致
是良故海亭前湖邊新起畓一斗
落只庫折錢文貳兩伍戔依數
捧上是遣永永放賣爲去乎日後
若有雜談是去等持此文憑考
事

畓主 沈奴取同
證人 安致衡

1859년 2월 초9일에 沈哥의 奴 取同이 李通川 宅에게 논을 팔면서 발급한 明文

明文 376

1859년(철종 10), 54.8×36.2

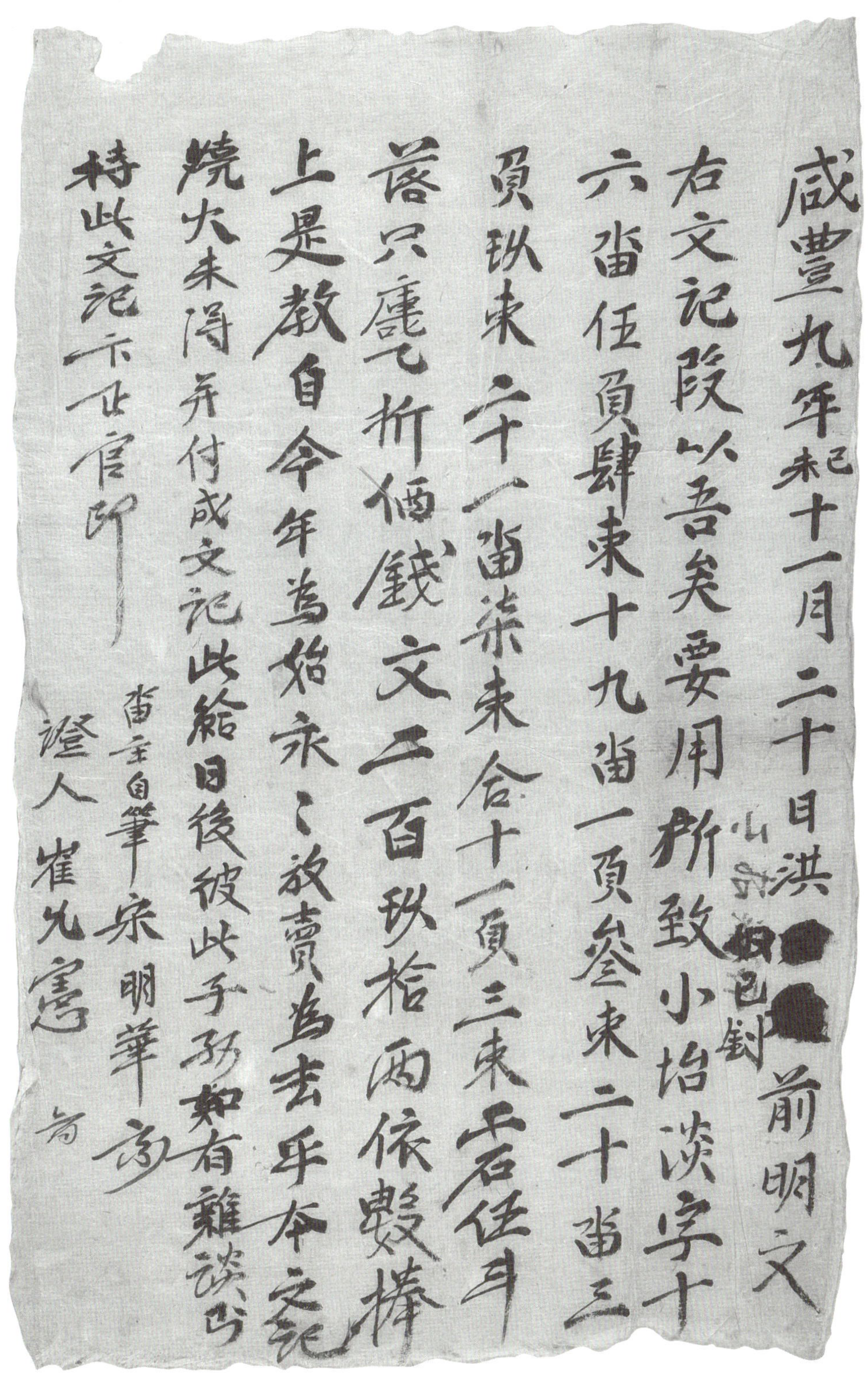

咸豊九年己未十一月二十日洪哥奴己釗前明文

右文記段以吾矣要用所致小坮淡字十

六沓任負肆束十九沓一負參束二十沓三

負玖束二十一沓柒束合十一負三束壹石任斗

落只庫乙折価錢文二百玖拾兩依數捧

上是敎自今年爲始永永放賣爲去乎本文記

燒火未得并付成文記此給日後彼此子孫如有雜談是

持此文記卞正官印

沓主自筆宋明華

證人崔九憲

1859년 11월 20일에 宋明華가 洪哥의 奴 己釗에게 논을 팔면서 발급한 明文

明文 377

1859년(철종 10), 53.1×36.5

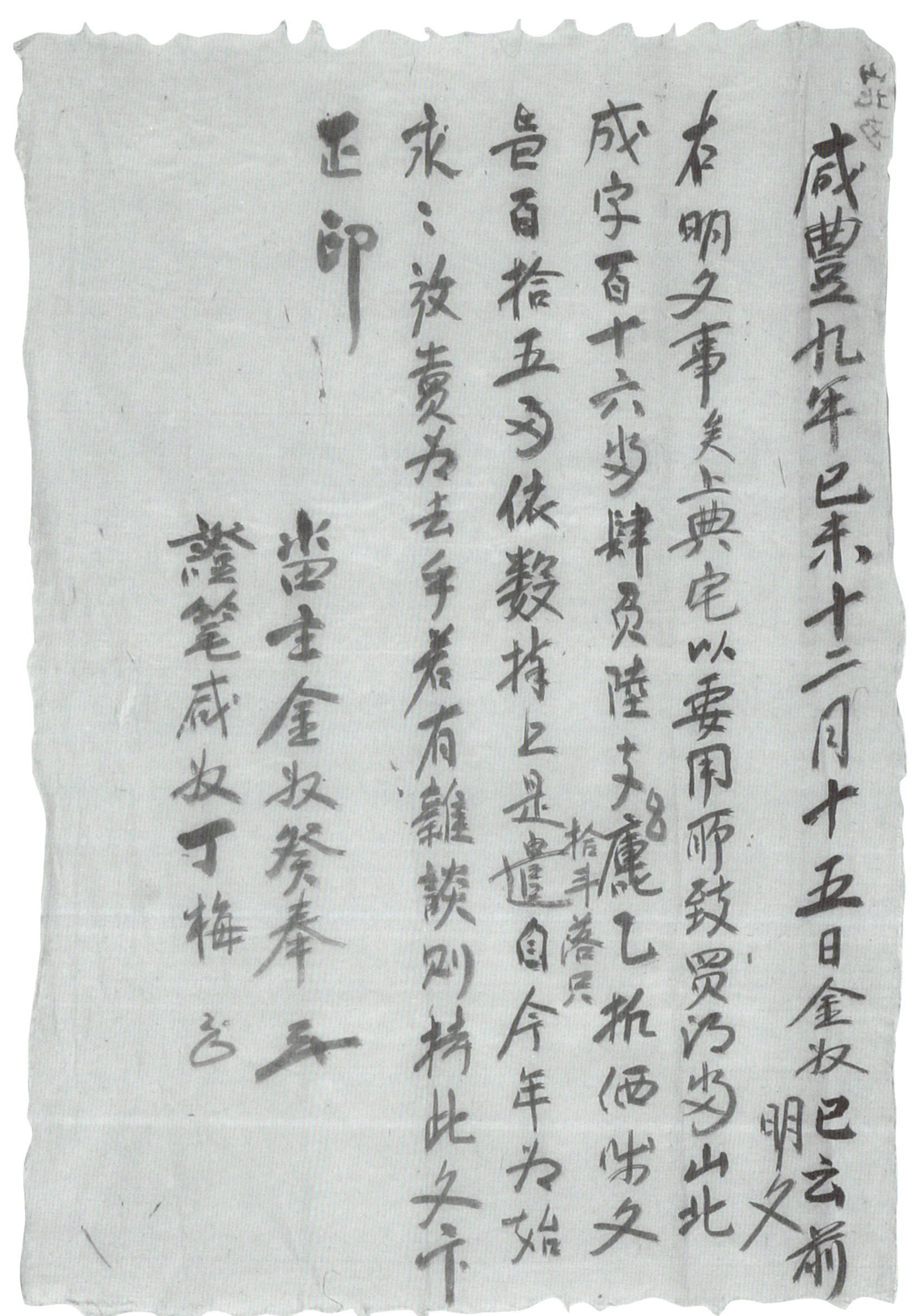

咸豐九年己未十二月十五日金奴己云前明文

右明文事矣上典宅以要用所致買得山北成字百十六畓肆負陸束庫乙執價錢文參百拾五兩依數捧上是遣(拾斗落只)自今年爲始永永放賣爲去乎若有雜談則持此文卞正印

畓主 金奴 癸奉

證筆 金奴 丁梅

1859년 12월 15일에 金哥의 奴 癸奉이 金哥의 奴 己云에게 논을 팔면서 발급한 明文

明文 378

1860년(철종 11), 32.5×27.9

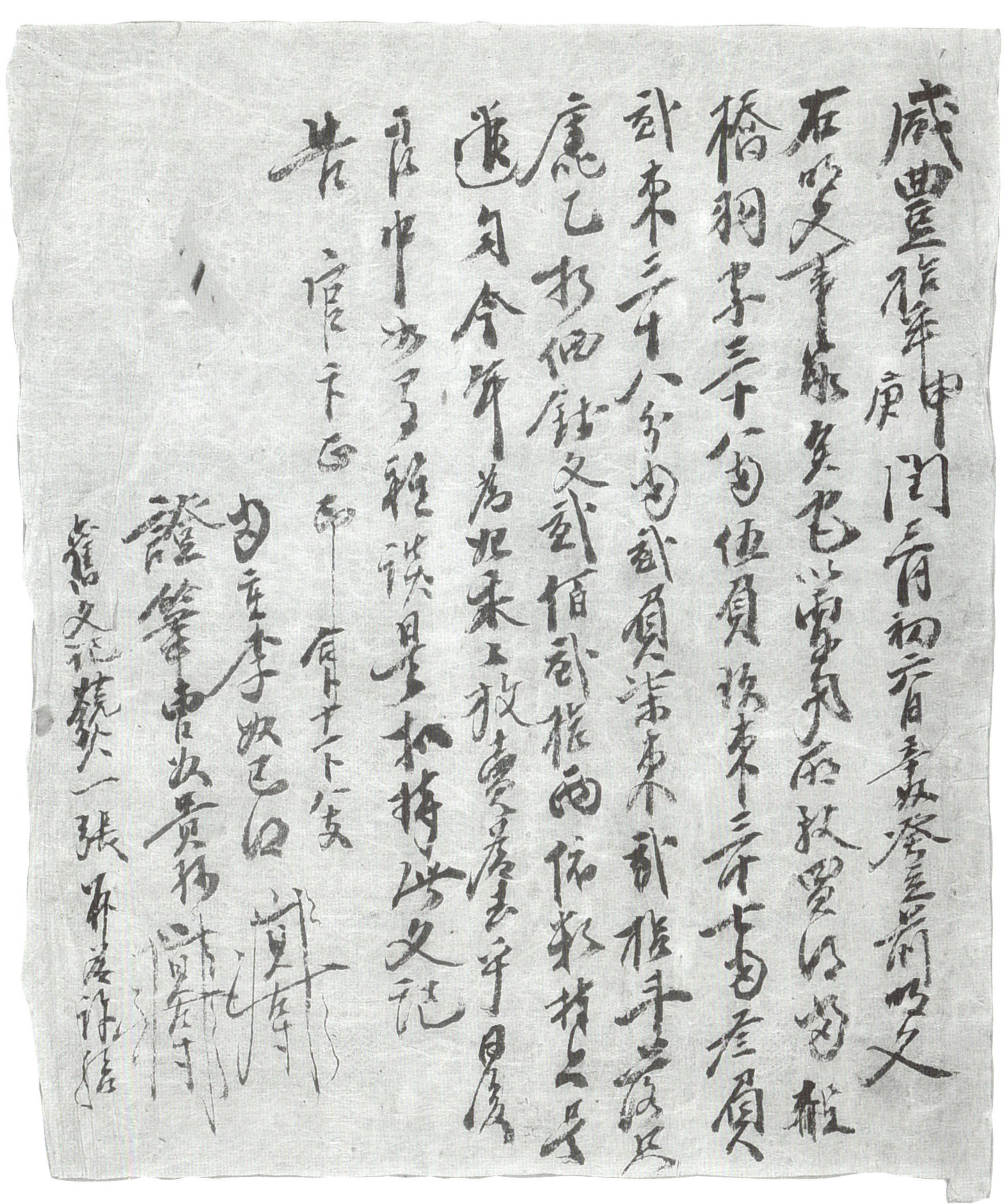

1860년 閏3월 초6일에 李哥의 奴 己得이 辛哥의 奴 癸立에게 논을 팔면서 발급한 明文

明文 379

1861년(철종 12), 65.2×37

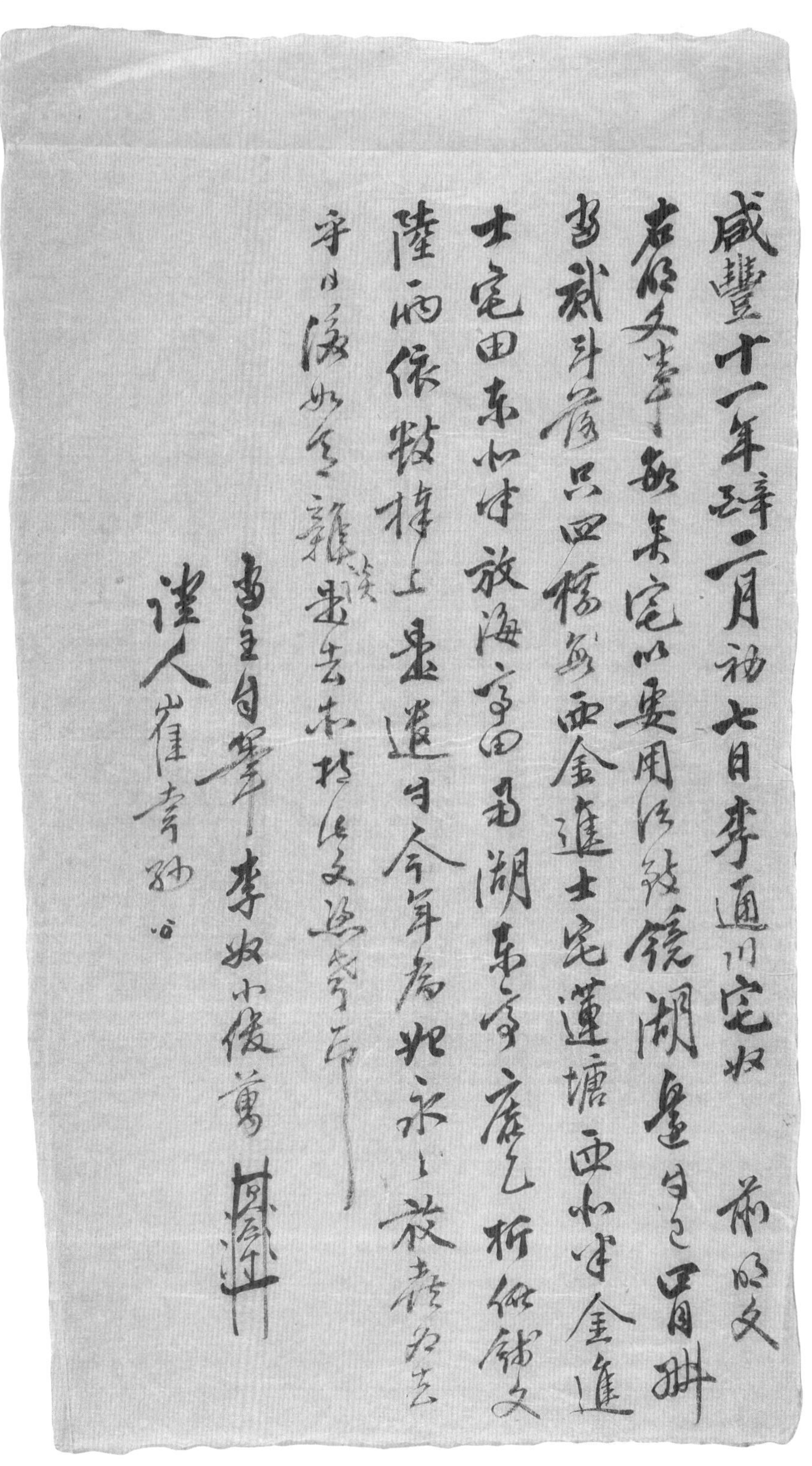

1861년 2월 초7일에 畓主 自筆 李哥의 奴 小俊萬이 李通川 宅 奴에게 논을 팔면서 발급한 明文

明文 380

1862년(철종 13), 53.5×34.3

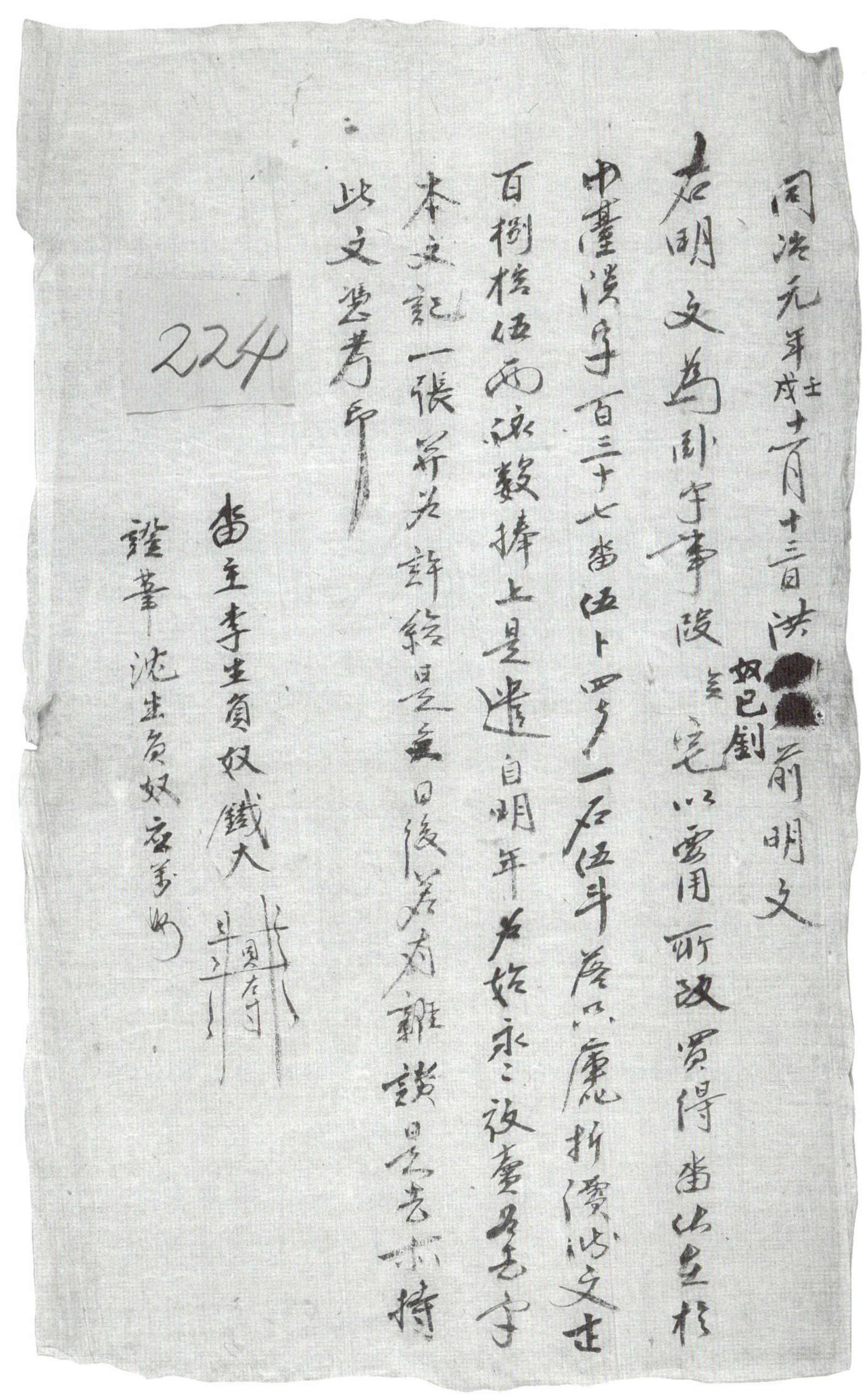

1862년 11월 13일에 李生員 宅 奴 鐵大가 洪哥의 奴 己釗에게 논을 팔면서 발급한 明文

1862년(철종 13), 72.6×42

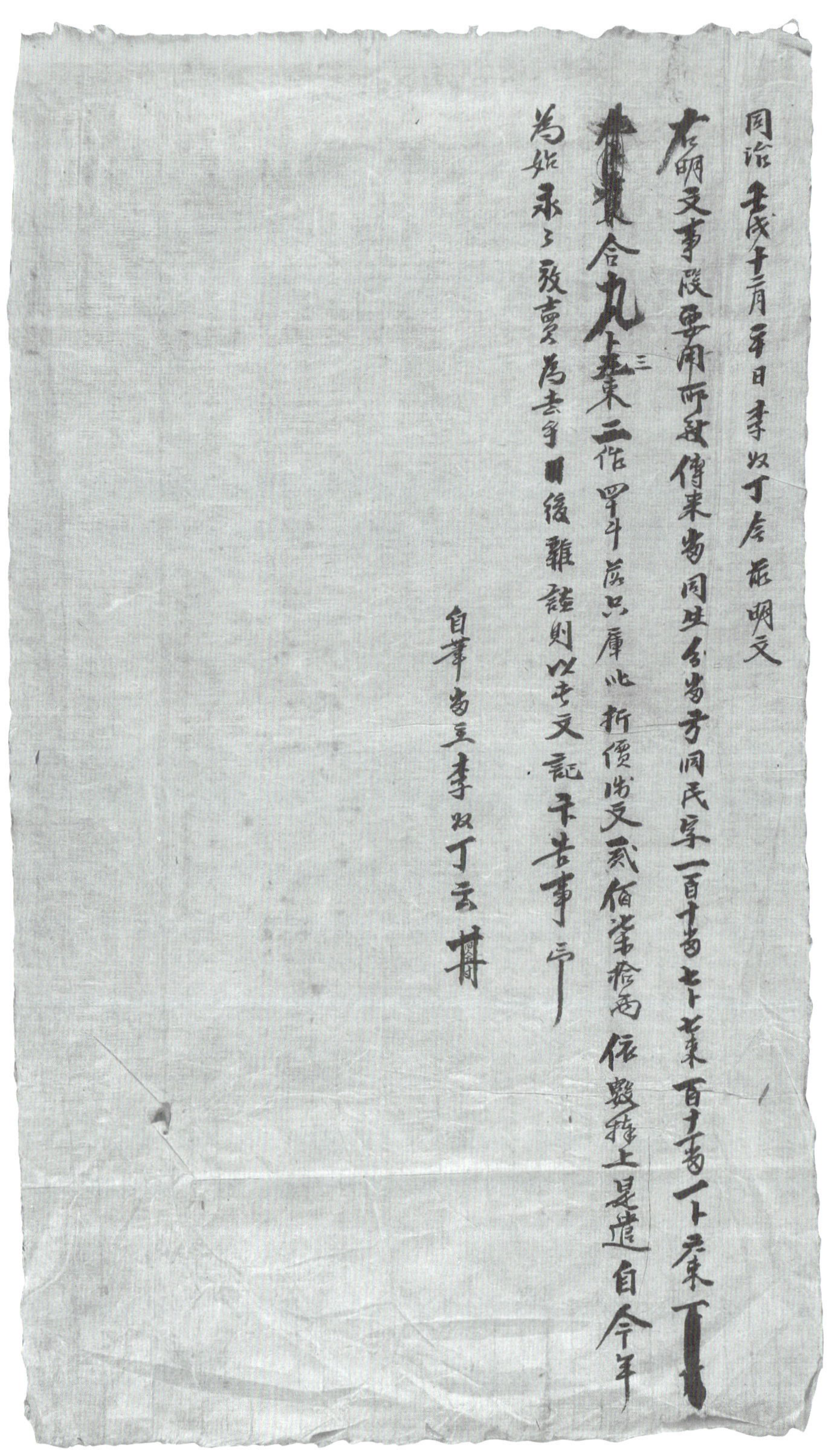

同治壬戌十二月廿日 李奴丁今 前明文

右明文事段 要用所致 傳來畓 同生谷畓 方同民字 一百十畓 七卜七束 百十畓 一卜五束 下

并卜合 九卜三束 二作 四斗落只 庫叱 折價錢文 貳佰柒拾兩 依數捧上是遣 自今年

爲始 永永放賣 爲去乎 日後 雜談 則 以此文記 告官卞正事

自筆 畓主 李奴 丁云

1862년 12월20일에 李哥의 奴 丁云이 李哥의 奴 丁今에게 논을 팔면서 발급한 明文

明文 382

1862년(철종 13), 55.3×34.4

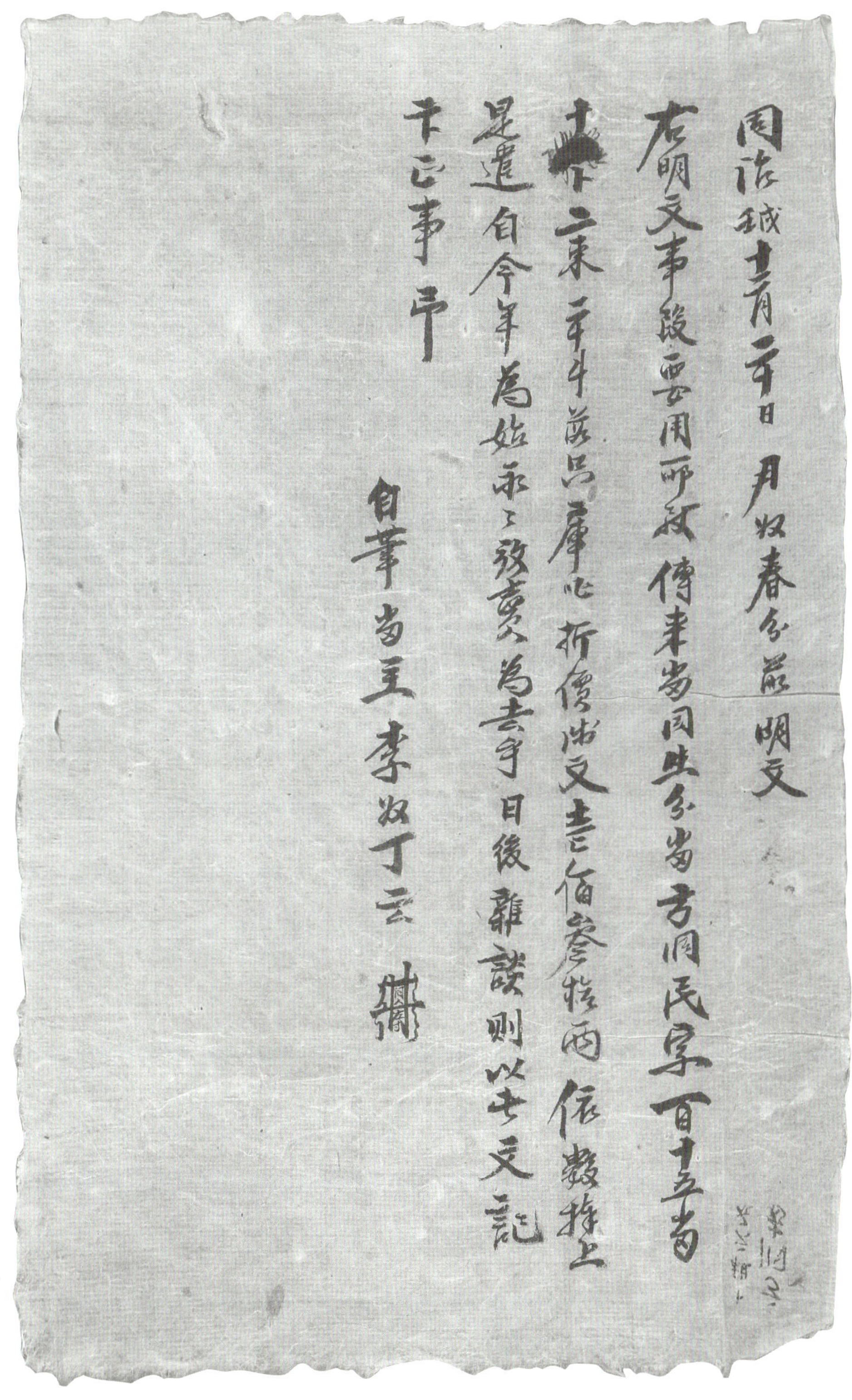

1862년 12월 20일에 李哥의 奴 丁云이 尹哥의 奴 春分에게 논을 팔면서 발급한 明文

1863년(철종 14), 56×35.2

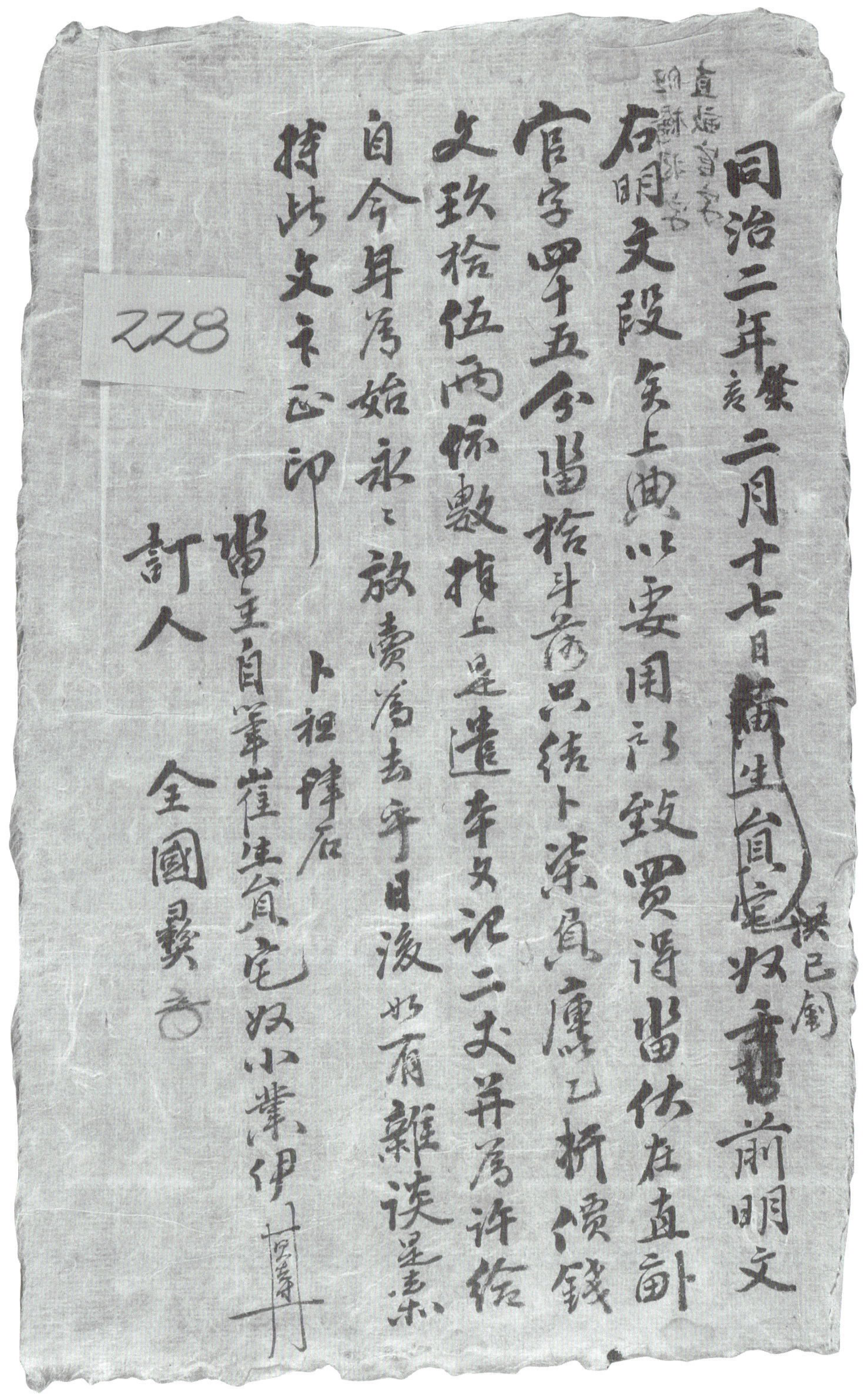

同治二年癸亥二月十七日 洪己釗前明文

右明文段 矣上典以要用所致 買得當位在直畒

官字四十五負 當拾斗落只結卜柒負庫己折價錢

文玖拾伍兩依數 捧上是遣 本文記二丈并爲許給

自今以後 始永永放賣爲去乎 日後如有雜談是去等

持此文卞正印

畓主自筆 崔生員宅奴小業伊

訂人 金國夔

1863년 2월 17일에 崔生員 宅 奴 小業伊가 洪 奴 己釗에게 논을 팔면서 발급한 明文

明文 384

1863년(철종 14), 33.2×36.6

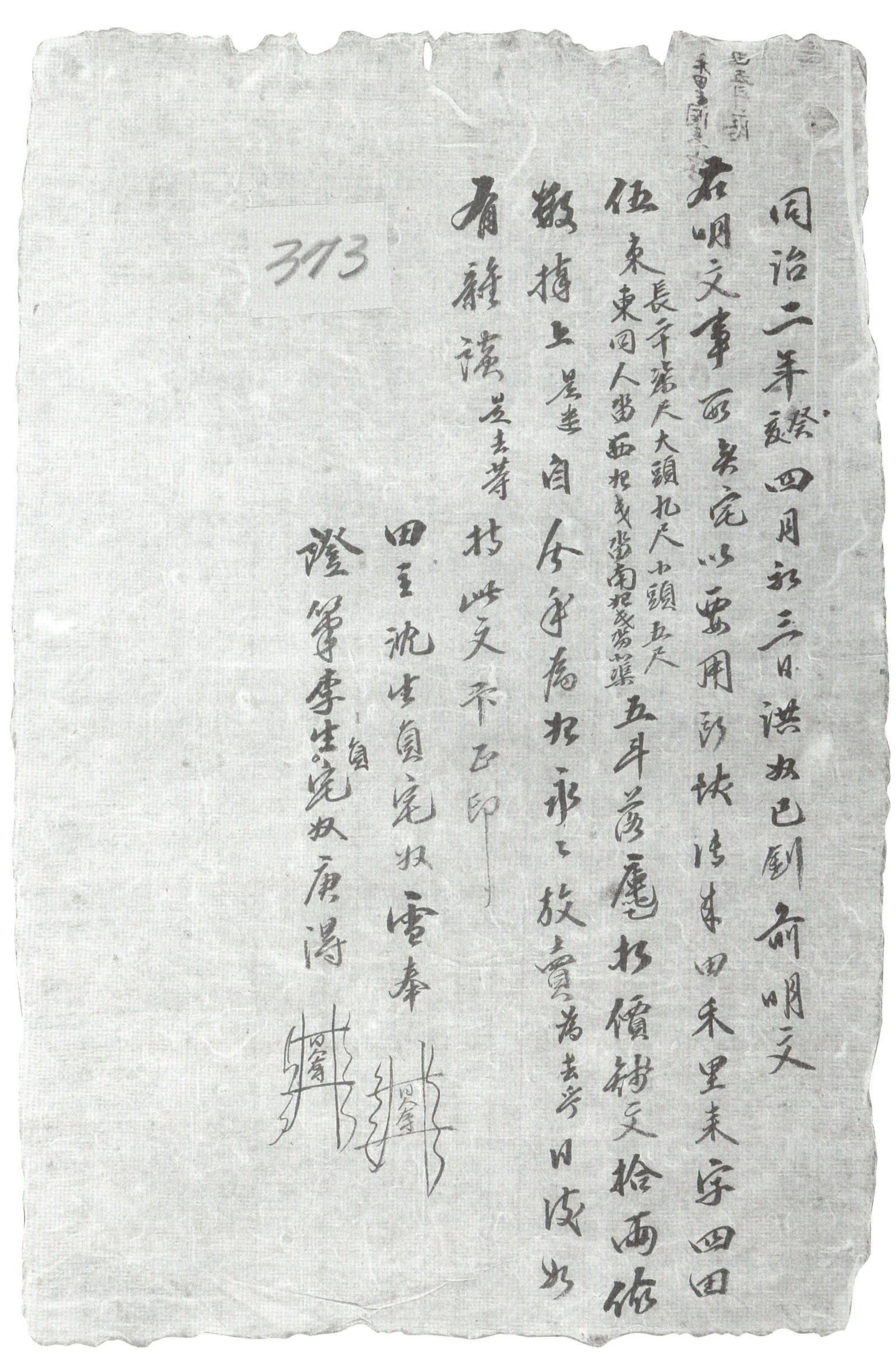

1863년 4월 초3일에 沈生員 宅 奴 雪奉이 洪哥의 奴 己釗에게 밭을 팔면서 발급한 明文

明文 385

1863년(철종 14), 56.2×36.2

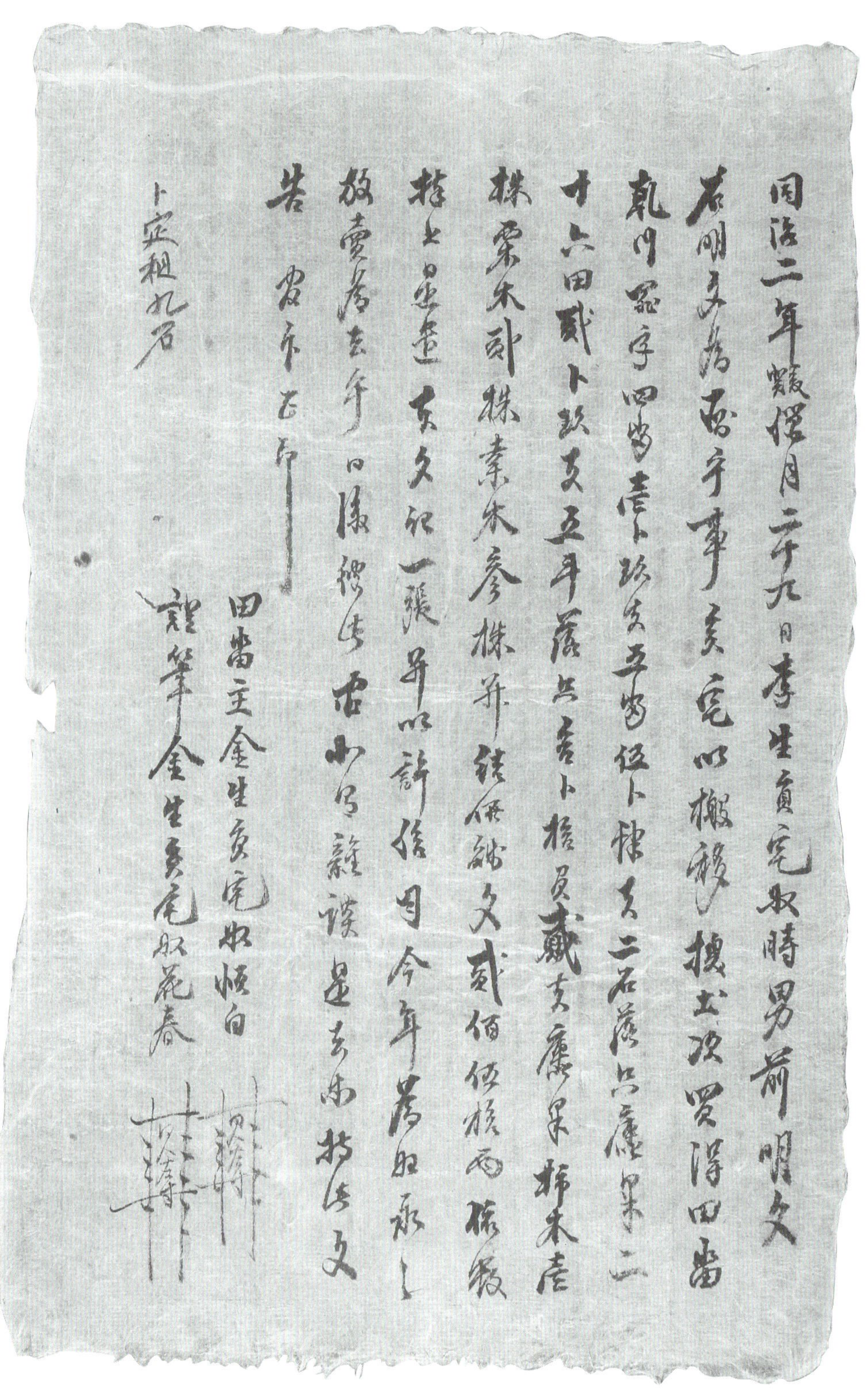

1863년 12월 29일에 金生員 宅 奴 順白이 李生員 宅 奴 時男에게 전답을 팔면서 발급한 明文

明文 386

1865년(고종 2), 63.1×40.9

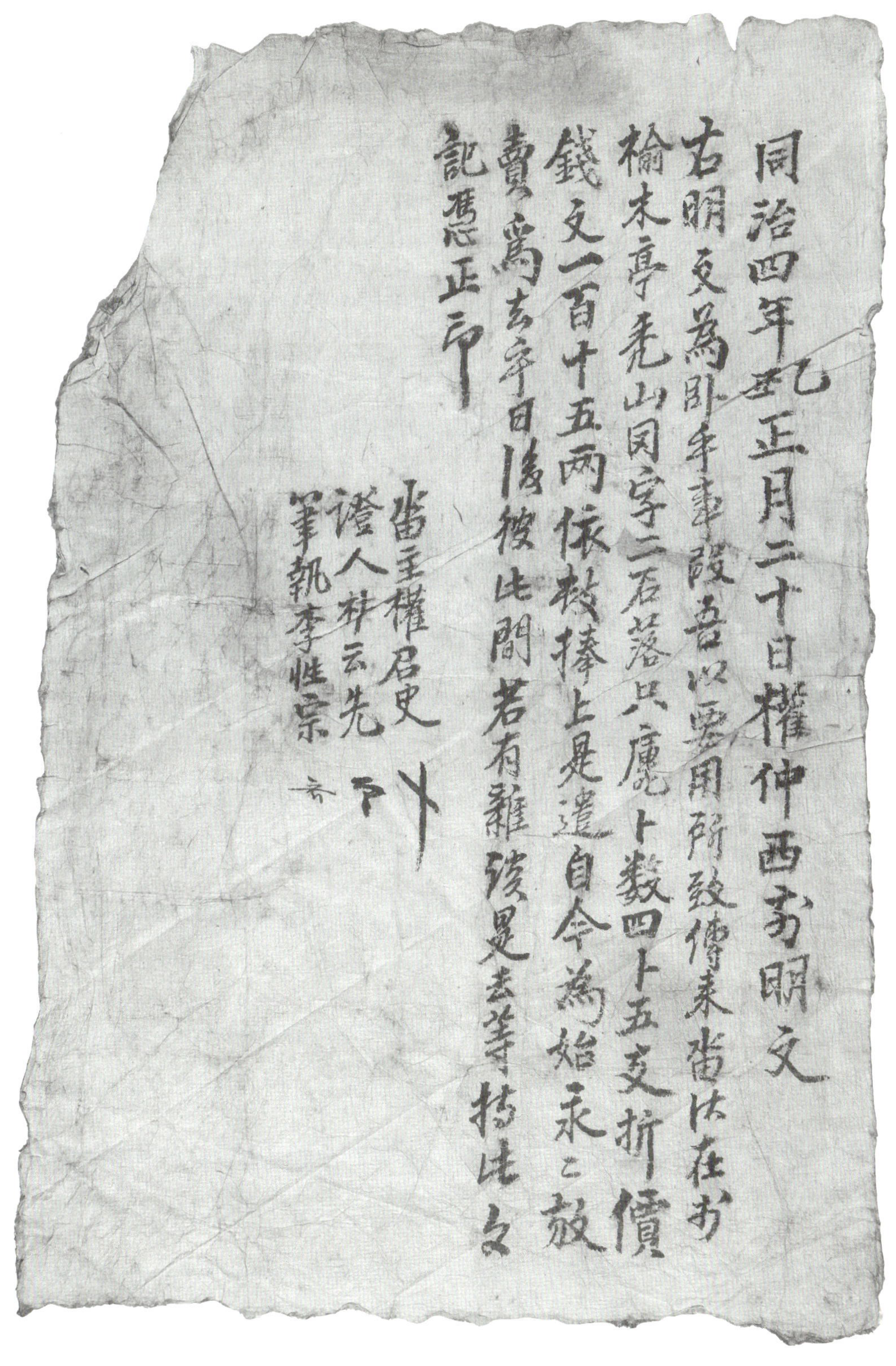

同治四年乙丑正月二十日權仲西前明文
右明文爲臥乎事段吾以要用所致傳來畓伏在於
楡木亭先山同字二石落只處卜數四卜五束折價
錢文一百十五兩依數捧上是遣自今爲始永永放
賣爲去乎日後彼此間若有雜談是去等持此文
記憑正事

畓主權召史
證人朴云先
筆執李性宗

1865년 1월 20일에 畓主 權召史가 權仲西에게 논을 팔면서 발급한 明文

1865년(고종 2), 70.8×46.1

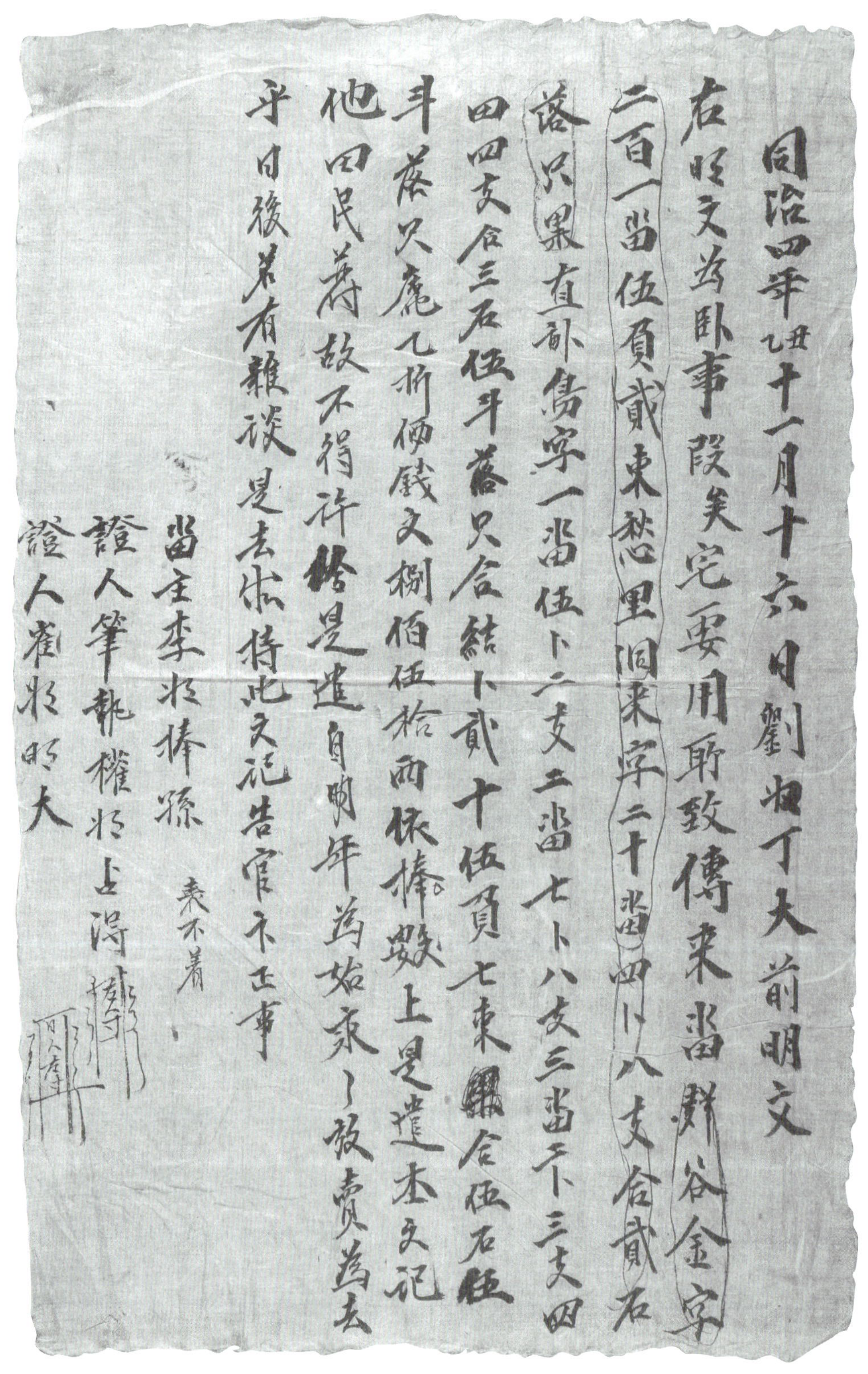

同治四年乙丑十一月十六日劉哥奴丁大前明文

右明文爲臥事段矣宅要用所致傳來畓軒谷金字二百一畓伍負貳束懋里洞來字二十畓四卜八束合貳石落只果直谷鳥字一畓伍卜二束二畓七卜八束三畓二卜三束四田四束合三石伍斗落只合結卜貳十伍負七束合伍石拾斗落只庇乙折價錢文捌佰伍拾兩依捧數上是遣本文記他田民幷付故不得許給是遣自明年爲始永ヽ放賣爲去乎日後若有雜談是去等持此文記告官卞正事

畓主李哥奴捧孫 表不着

證人筆執權哥奴上得

證人崔哥奴明大

1865년 11월 16일에 李哥의 奴 捧孫이 劉哥의 奴 丁大에게 논을 팔면서 발급한 明文

明文 388

1866년(고종 3), 51.9×37.2

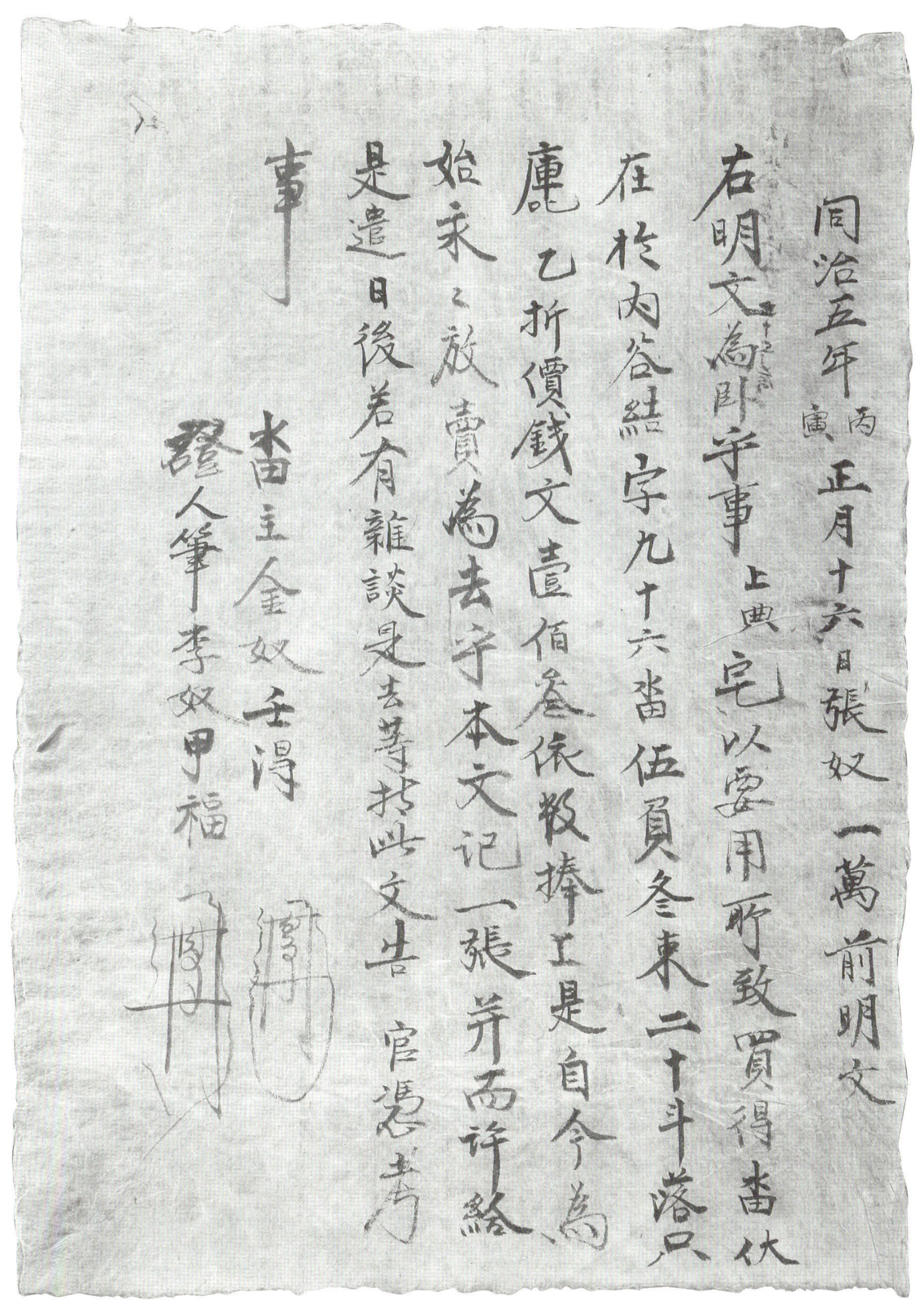

同治五年丙寅正月十六日張奴一萬前明文

右明文爲臥乎事 上典宅以要用所致買得畓伏在於內谷結字九十六畓伍負冬東二十斗落只庫乙折價錢文壹佰兩依數捧上是自今爲始永永放賣爲去乎本文記一張幷而許給是遣日後若有雜談是去等持此文告官憑考事

畓主 金奴 壬得

證人筆 李奴 甲福

1866년 1월 16일에 金哥의 奴 壬得이 張哥의 奴 一萬에게 논을 팔면서 발급한 明文

明文 389

1867년(고종 4), 53×34.7

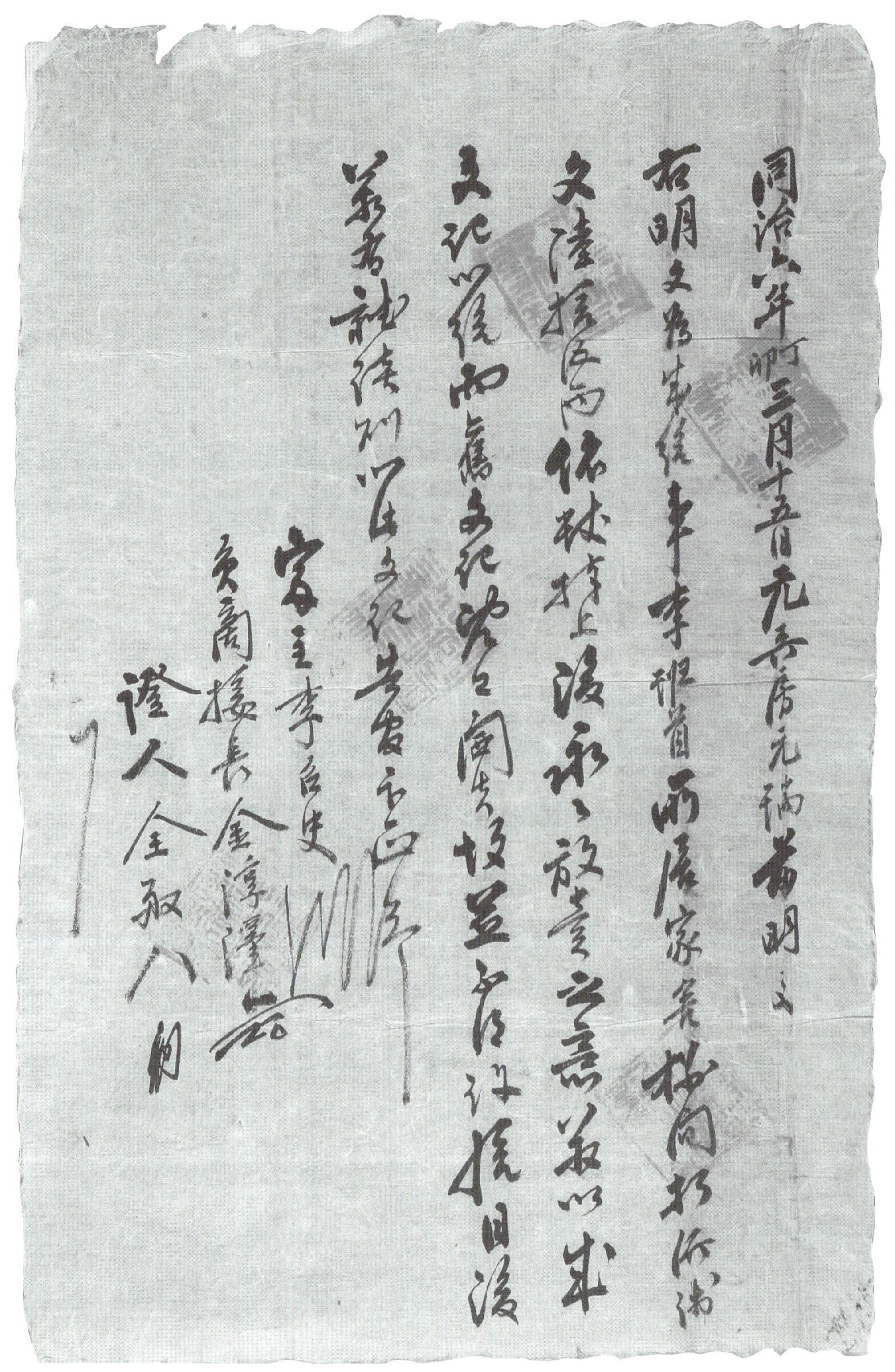

同治六年丁卯三月十五日 元兵房元瑞 前明文

[illegible]

家主 李召史

負商接長 金淳澤

證人 金取八

1867년 3월 15일에 李召史가 元兵房의 元瑞에게 家舍를 팔면서 발급한 明文

明文 390

1868년(고종 5), 50×33.2

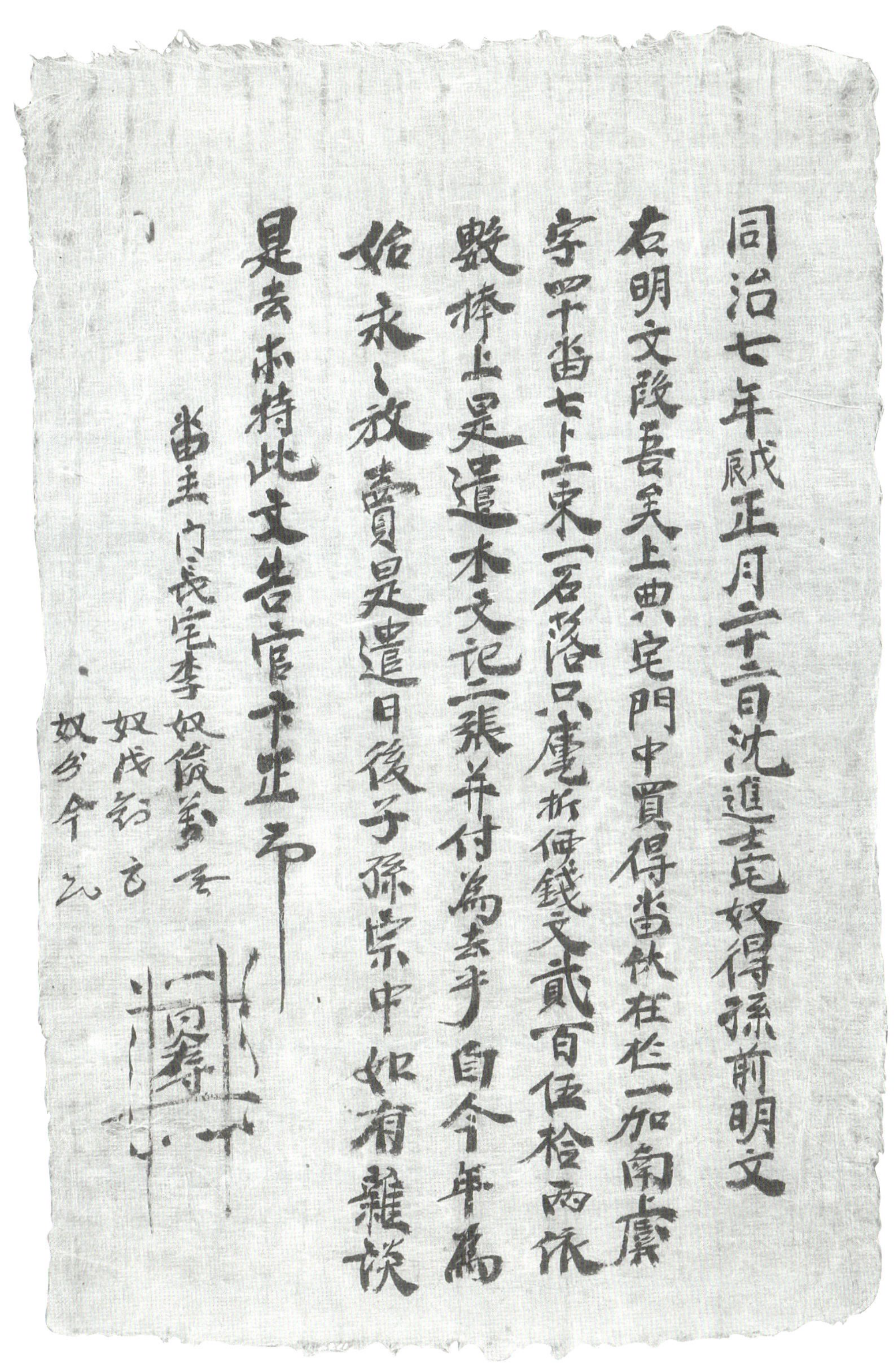

同治七年戊辰正月二十二日沈進士宅奴得孫前明文
右明文段吾矣上典宅門中買得畓伙在於一加南虞
字四十畓七卜二束一石落只庫乙折價錢文貳百伍拾兩依
數捧上是遣本文記二張并付爲去乎自今年爲
始永永放賣是遣日後子孫宗中如有雜談
是去尔持此文告官卞正事
畓主 門長宅李奴俊萬
奴戊釗
奴多今

1868년 1월 22일에 門長 宅 李哥의 奴 俊萬 등이 沈進士 宅 奴 得孫에게 논을 팔면서 발급한 明文

明文 391

1868년(고종 5), 56.2×37.3

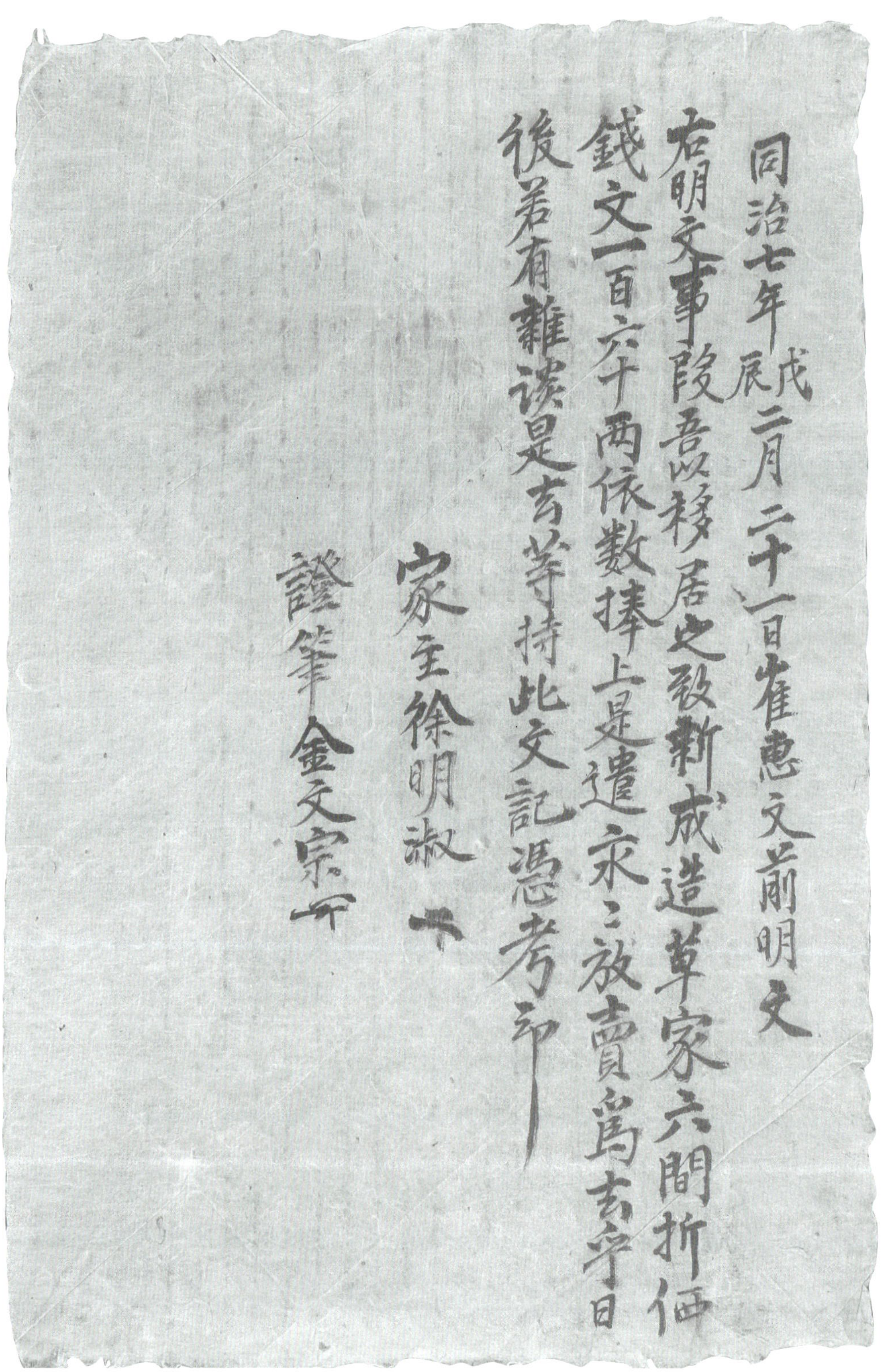

同治七年戊辰二月二十一日崔惠文前明文
右明文事段吾以移居之致新成造草家六間折価
錢文一百六十兩依數捧上是遣永永放賣爲去乎日
後若有雜談是去等持此文記憑考事
家主 徐明淑
證筆 金文宗

1868년 2월 21일에 徐明淑이 崔惠文에게 草家를 팔면서 발급한 明文

明文 392

1868년(고종 5), 52.4×35.3

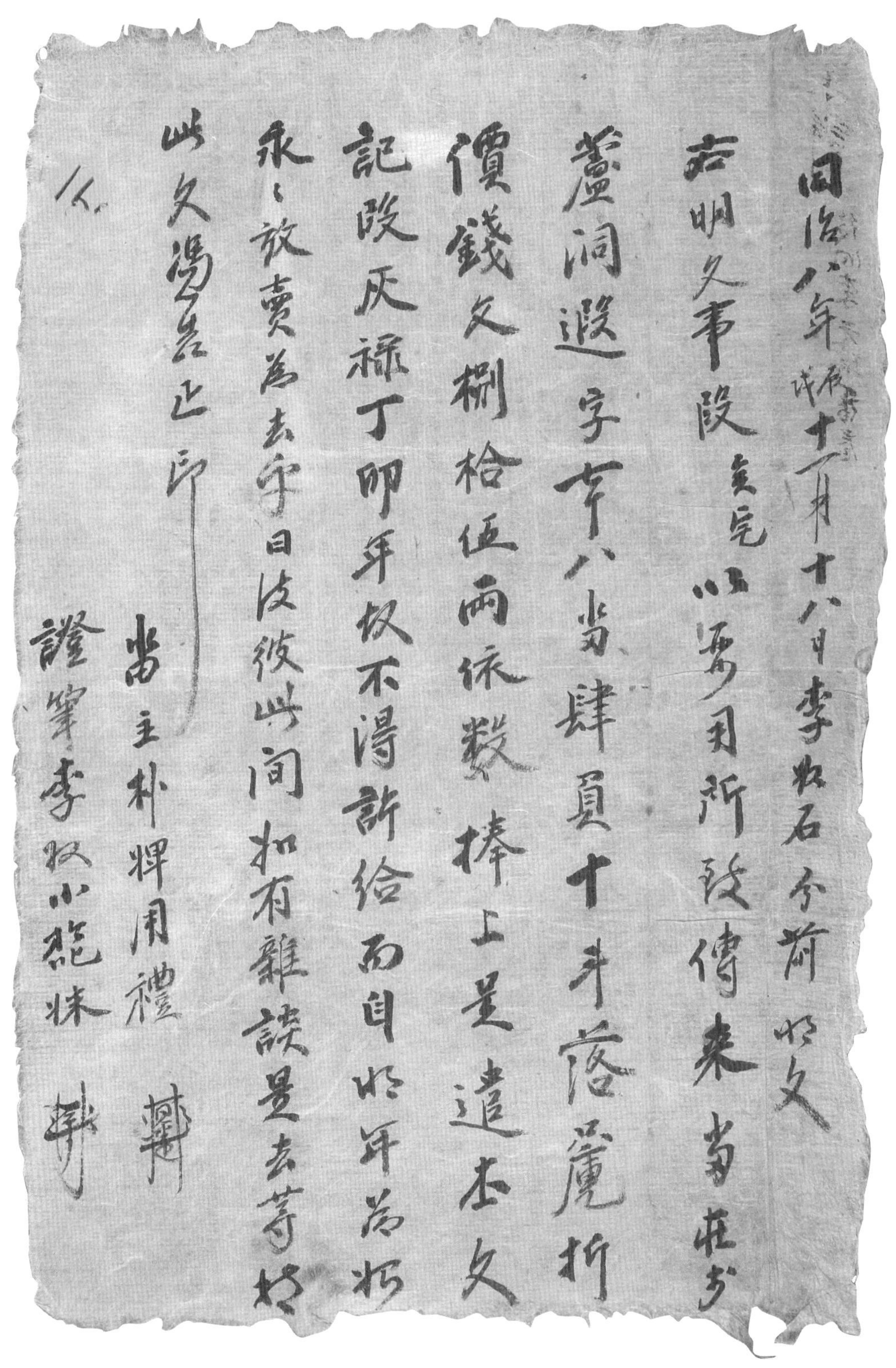

1868년 11월 18일에 朴哥의 婢 用禮가 李哥의 奴 石分에게 논을 팔면서 발급한 明文

1868년(고종 5), 53.1×35

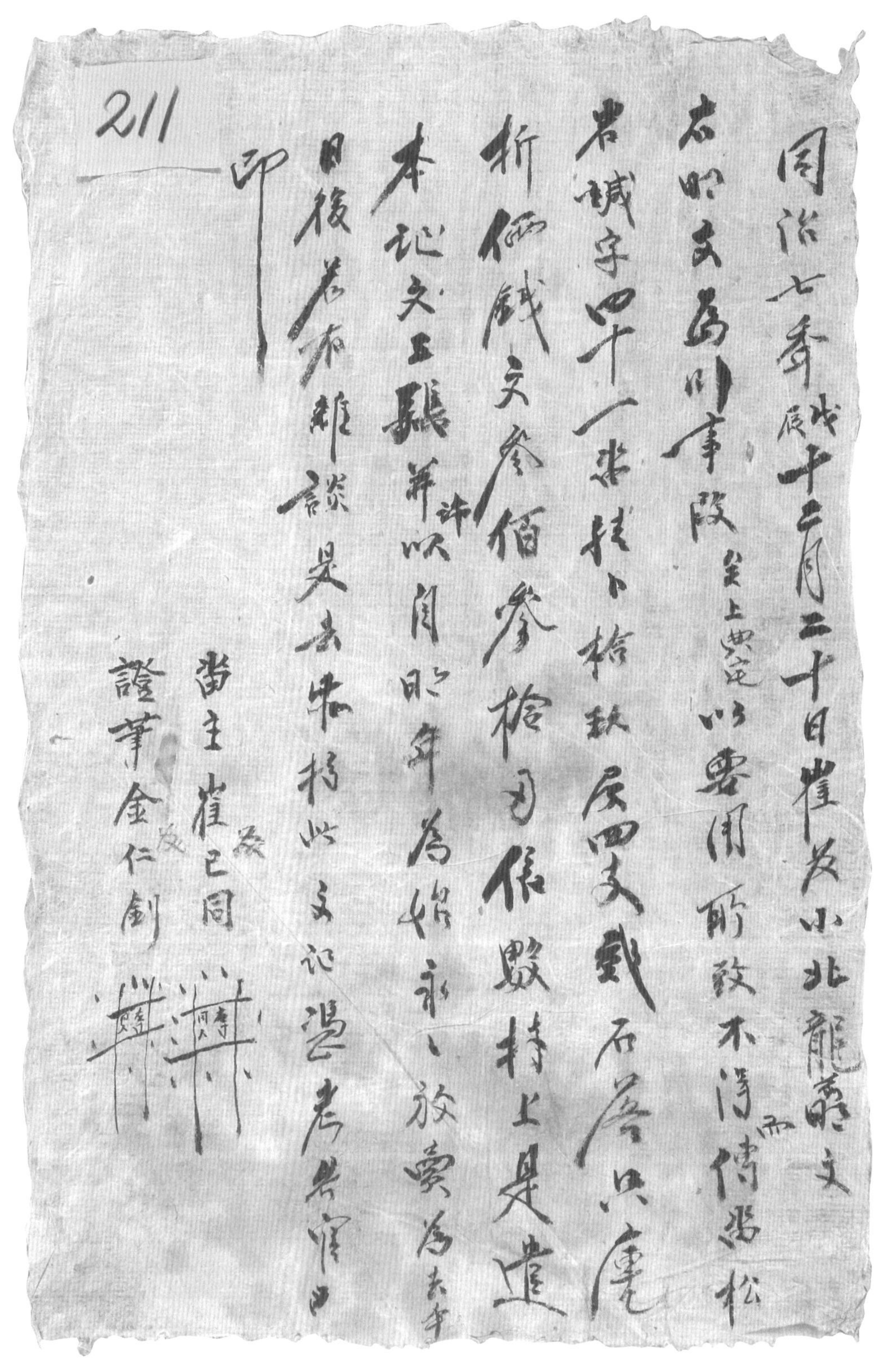

211

同治七年戊辰十二月二十日崔奴小北龍處明文

右明文爲川事段 足上典定 以要用所致不得而傳來松

君賊字四斗一半落拾卜拾束庚四支貳石落只處

折價錢文參佰參拾兩依數捧上是遣

本記文三張并許以自明年爲始永永放賣爲去乎

日後若有雜談是去等持此文記憑考者考宜事

印

當主 崔奴己同

證筆 金奴仁釗

1868년 12월 20일에 崔哥의 奴 己同이 崔哥의 奴 小北龍에게 논을 팔면서 발급한 明文

明文 394

1869년(고종 6), 90.8×58.7

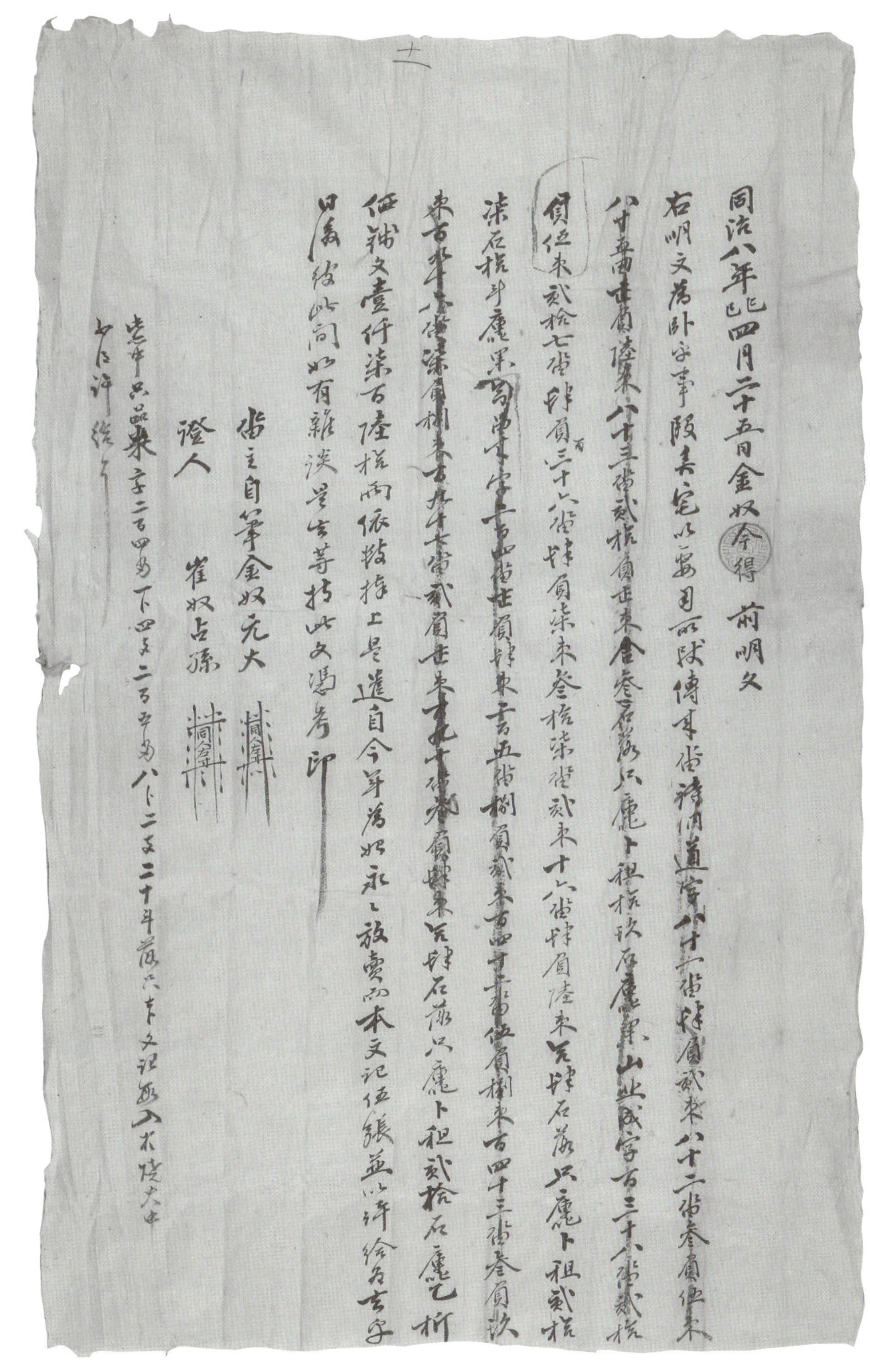

1869년 4월 25일에 金哥의 奴 元大가 金哥의 奴 今得에게 전답을 팔면서 발급한 明文

明文 395

1869년(고종 6), 99.7×58.2

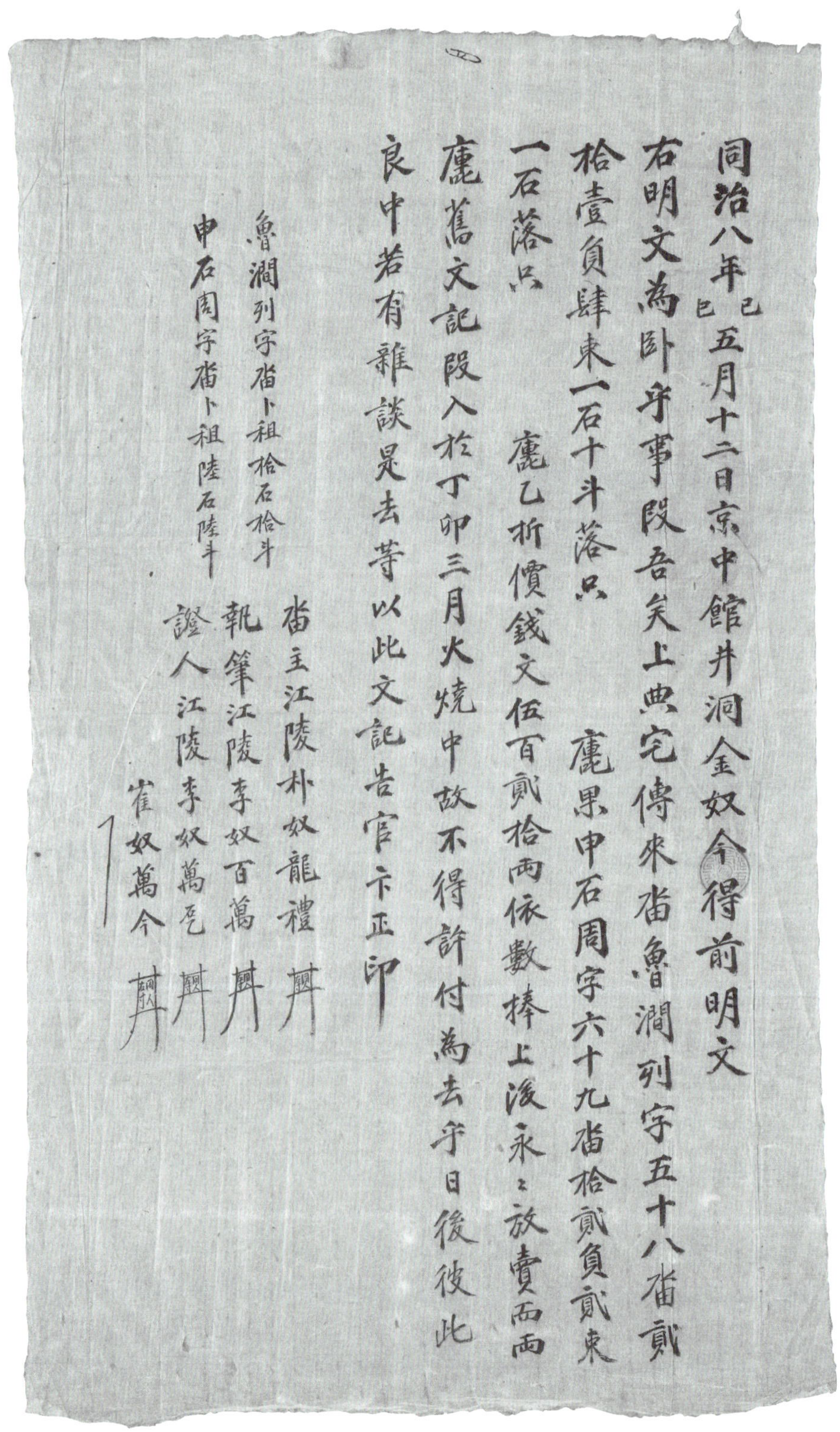

同治八年己巳五月十二日京中館井洞金奴今得前明文
右明文爲卧乎事段吾矣上典宅傳來畓魯潤列字五十八畓貳
拾壹負肆束一石十斗落只　麁果中石周字六十九畓拾貳負貳束
一石落只　麁乙折價錢文伍百貳拾兩依數捧上後永永放賣爲而
麁舊文記段入於丁卯三月火燒中故不得許付爲去乎日後彼此
良中若有雜談是去等以此文記告官卞正事

魯潤列字畓卜租拾石拾斗
中石周字畓卜租陸石陸斗

畓主江陵朴奴龍禮
執筆江陵李奴百萬
證人江陵李奴萬乭
崔奴萬今

1869년 5월 12일에 江陵에 사는 朴哥의 奴 龍禮가 館井洞에 거주하는 金哥의 奴 今得에게 논을 팔면서 발급한 明文

明文 396

1869년(고종 6), 63.9×36.4

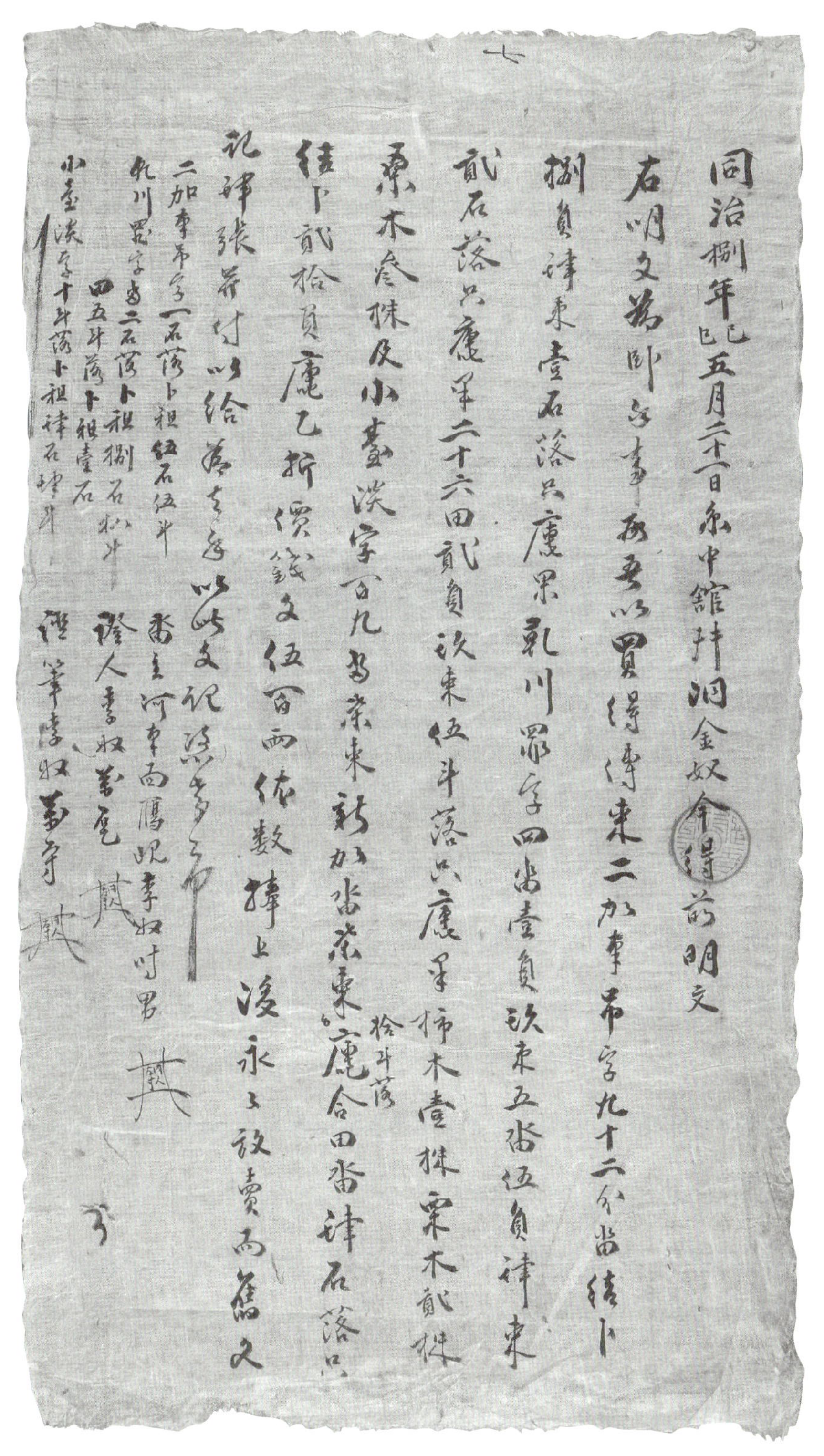

1869년 5월 21일에 河南面 雁峴에 거주하는 李哥의 奴 時男이 서울 館井洞에 거주하는 金哥의 奴 今得에게 논을 팔면서 발급한 明文

明文 397

1870년(고종 7), 51.3×35.1

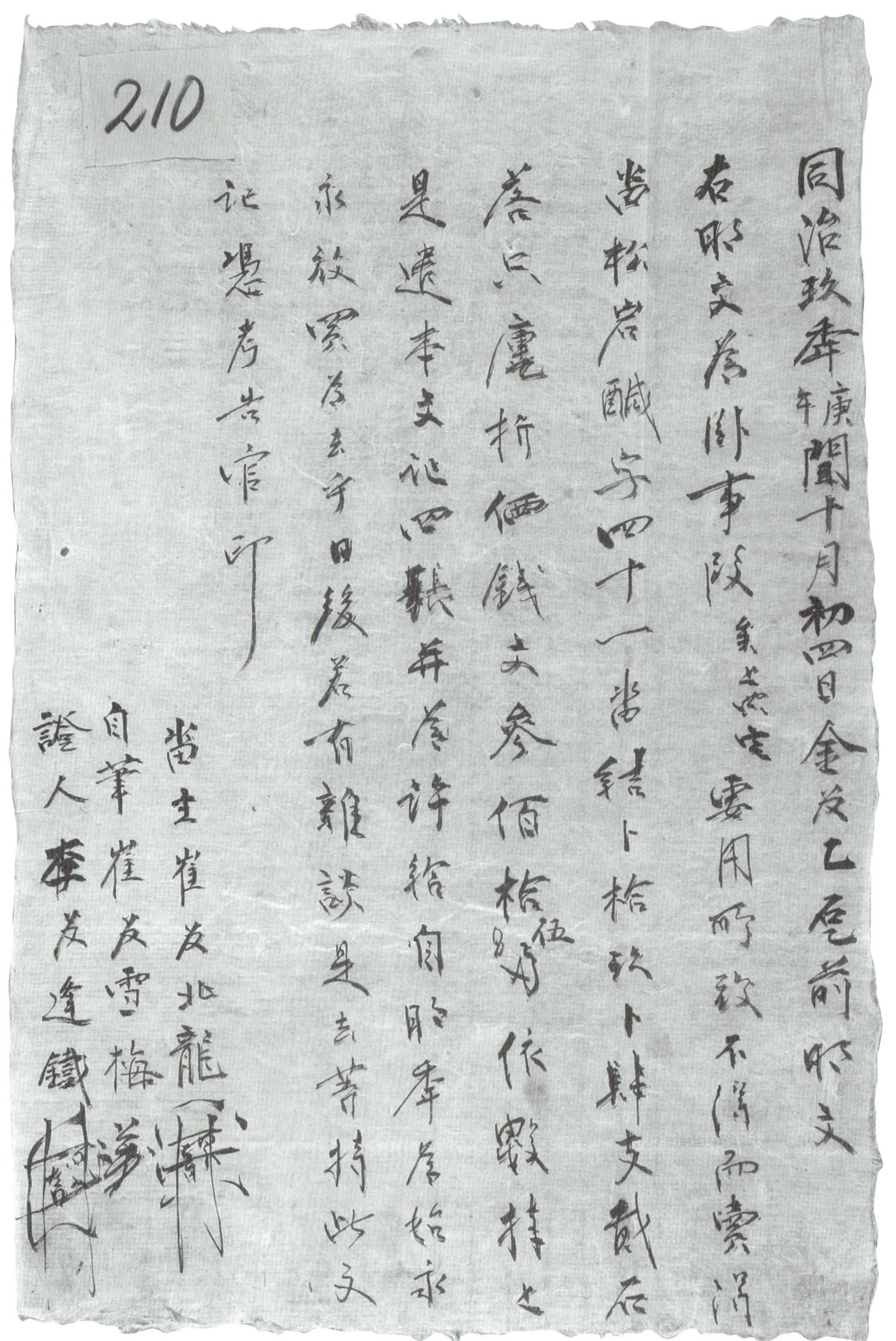

210

同治玖年庚午閏十月初四日金奴乙乭前明文
右明文爲臥事段 矣上典 要用所致不得而賣得
當松岩鹹字四十一畓結卜拾玖卜肆束載石
落只庫折價錢文參佰拾伍兩依數捧之
是遣本文記四張幷以許給自明年爲始永
永放賣爲去乎日後若有雜談是去等持此文
記憑考告官事

當主崔奴北龍
自筆崔奴雪梅
證人李奴達鐵

1870년 10월 초4일에 崔哥의 奴 北龍이 金哥의 奴 乙乭에게 논을 팔면서 발급한 明文

明文 398

1872년(고종 9), 47.4×57.7

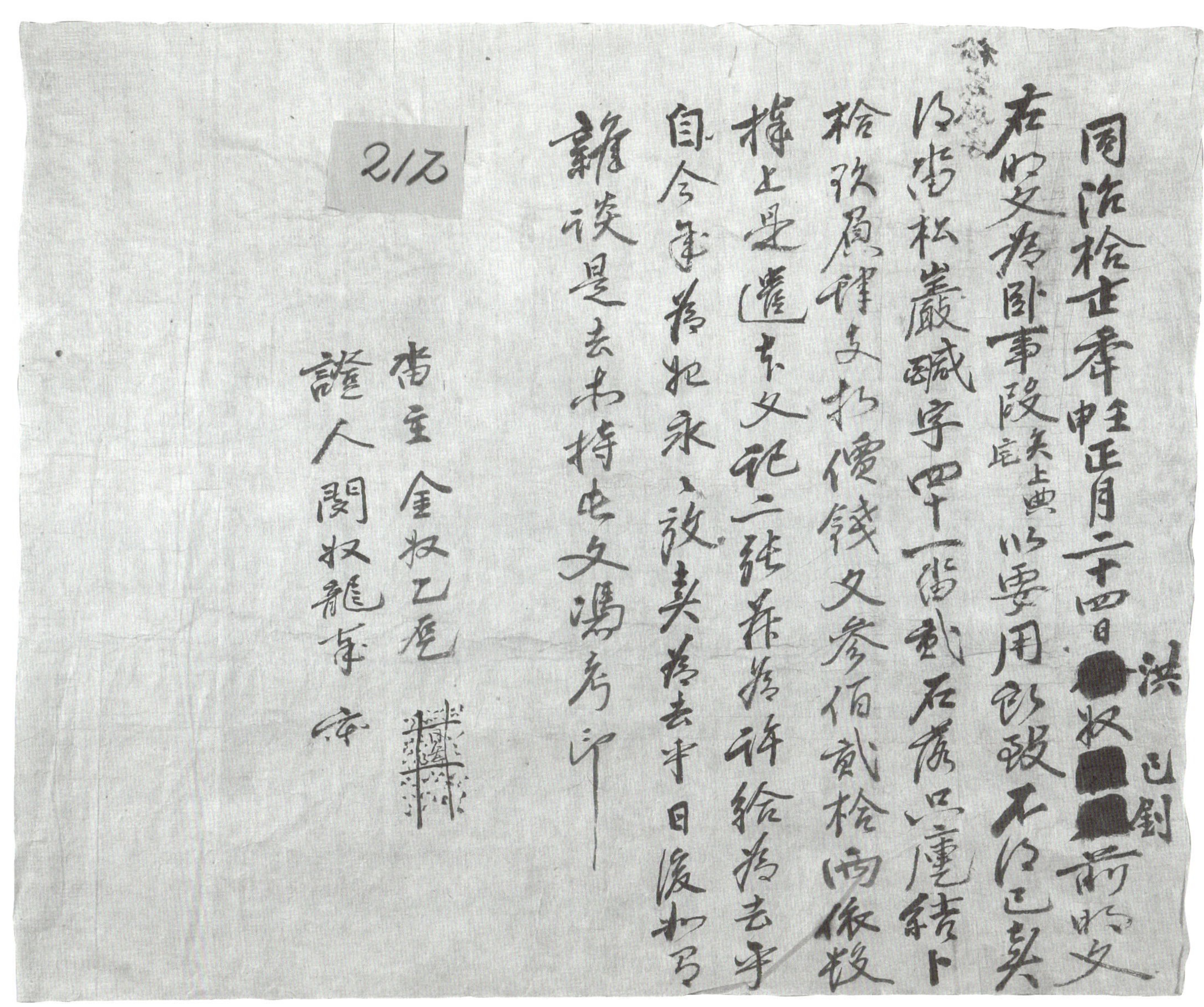

同治拾壹年壬申正月二十四日 洪奴己釗 前明文

右明文爲臥事段 矣上典宅以要用所致 不得已矣

身畓松巖祇字田一畓貳石落只庫結卜

拾玖負肆束 折價錢文參佰貳拾兩依數

捧上是遣 本文記二張并爲許給爲去乎

自今以後 永永放賣爲去乎 日後如有

雜談是去等 持此文憑考事

畓主 金奴乙乭

證人 閔奴龍業

1872년 1월 24일에 金哥의 奴 乙乭이 洪哥의 奴 己釗에게 논을 팔면서 발급한 明文

1872년(고종 9), 56.4×39.1

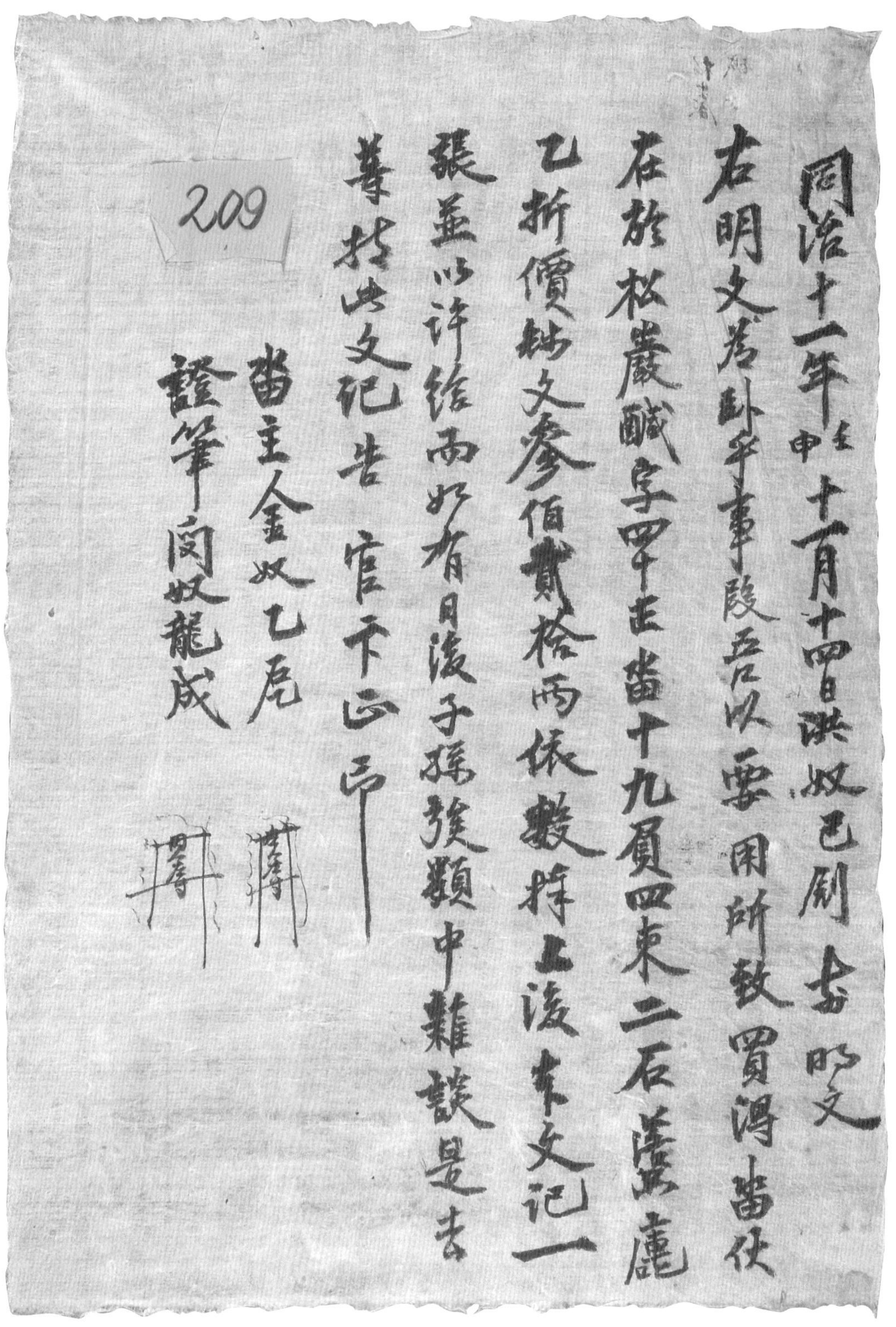

同治十一年壬申十一月十四日洪奴己釗處明文
右明文爲卧乎事段吾以要用所致買得畓伏
在於松巖醎字畓十九負四束二石落處
乙折價錢文參佰貳拾兩依數捧上後本文記一
張並以許給爲乎矣有日後子孫族類中雜談是去
等持此文記告官卞正事
畓主金奴乙乭
證筆閔奴龍成

1872년 11월 14일에 金哥의 奴 乙乭이 洪哥의 奴 己釗가 논을 팔면서 발급한 明文

明文 400

1872년(고종 9), 70×63.6

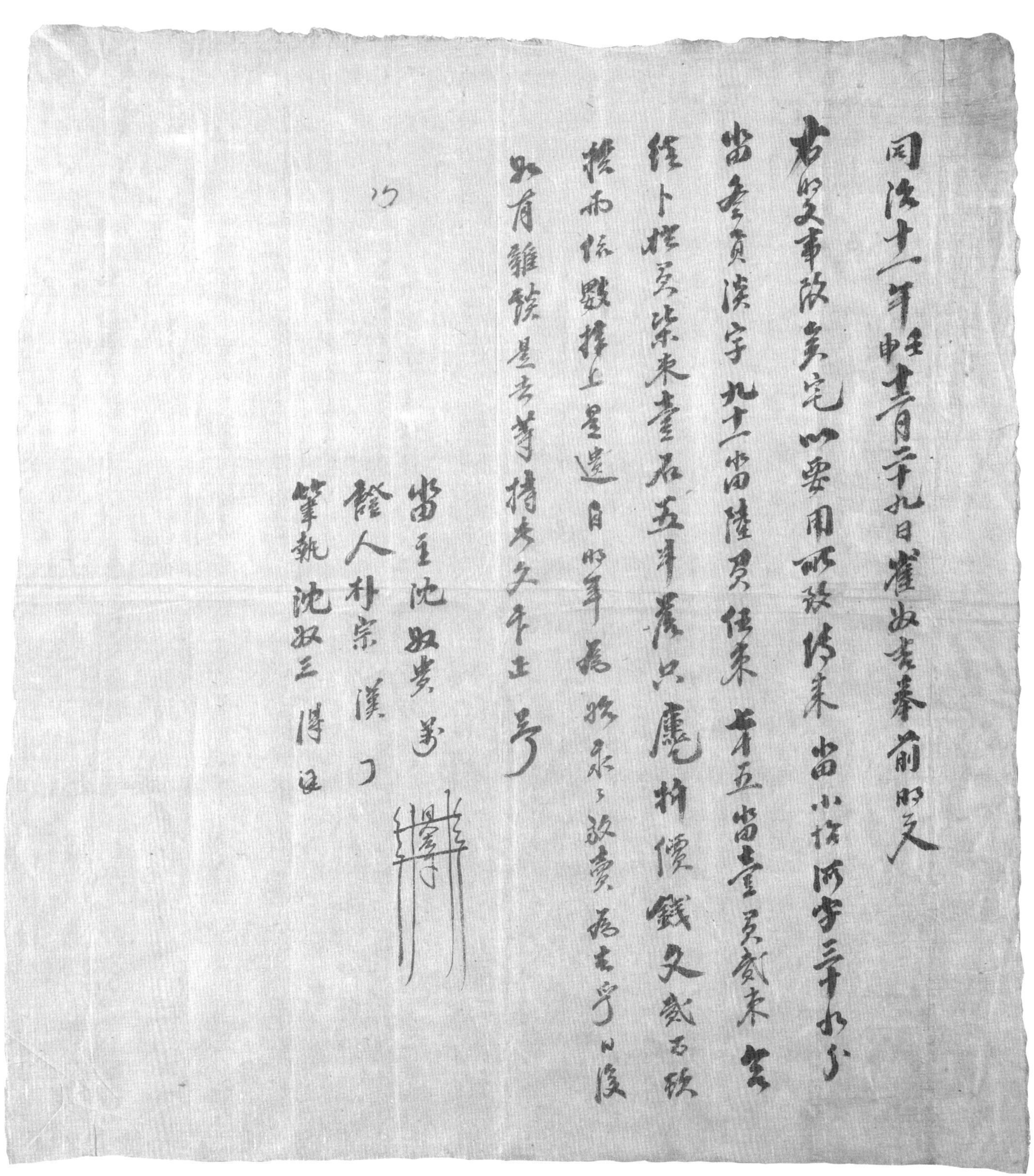

同治十一年壬申十二月二十九日崔奴吉奉前明文

右明文事段矣宅以要用所致傳來當小坪洞宇三十九之

畓參負漢字九十一畓陸負伍束 斗五畓壹負貳束 合

從卜拾負柒束壹石五斗落只庫折價錢文貳百兩

捧而依數捧上是遣自明年爲始永永放賣爲去乎日後

如有雜談是去等持此文卞正事

畓主 沈奴貴萬

證人 朴宗漢

筆執 沈奴三得

1872년 12월 29일에 沈哥의 奴 貴萬이 崔哥의 奴 吉奉에게 논을 팔면서 발급한 明文

明文 401

1873년(고종 10), 55×34.4

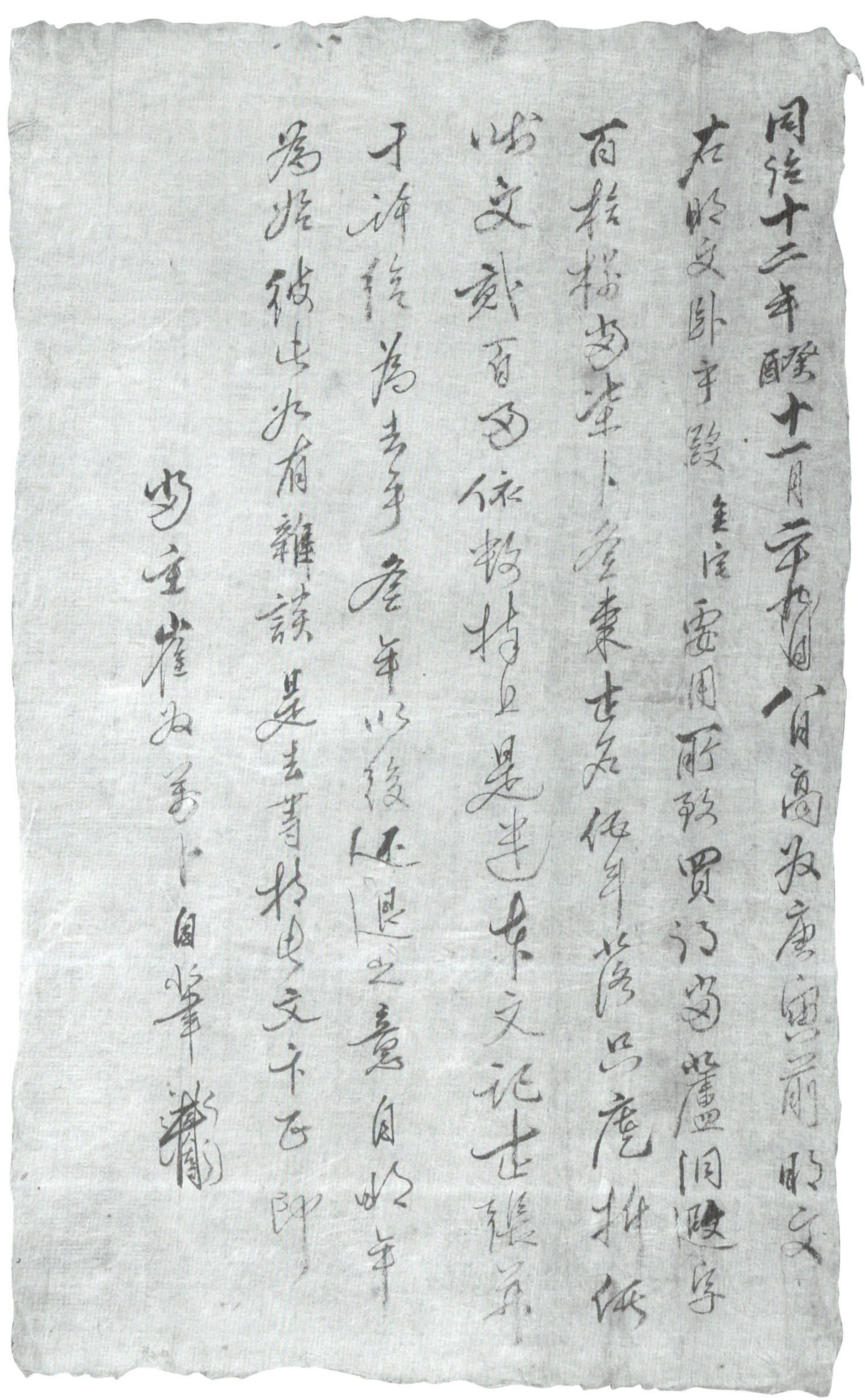

1873년 11월 28일에 崔哥의 奴 萬卜이 高哥의 奴 庚寅에게 논을 팔면서 발급한 明文

明文 402

1873년(고종 10), 56.1×61.6

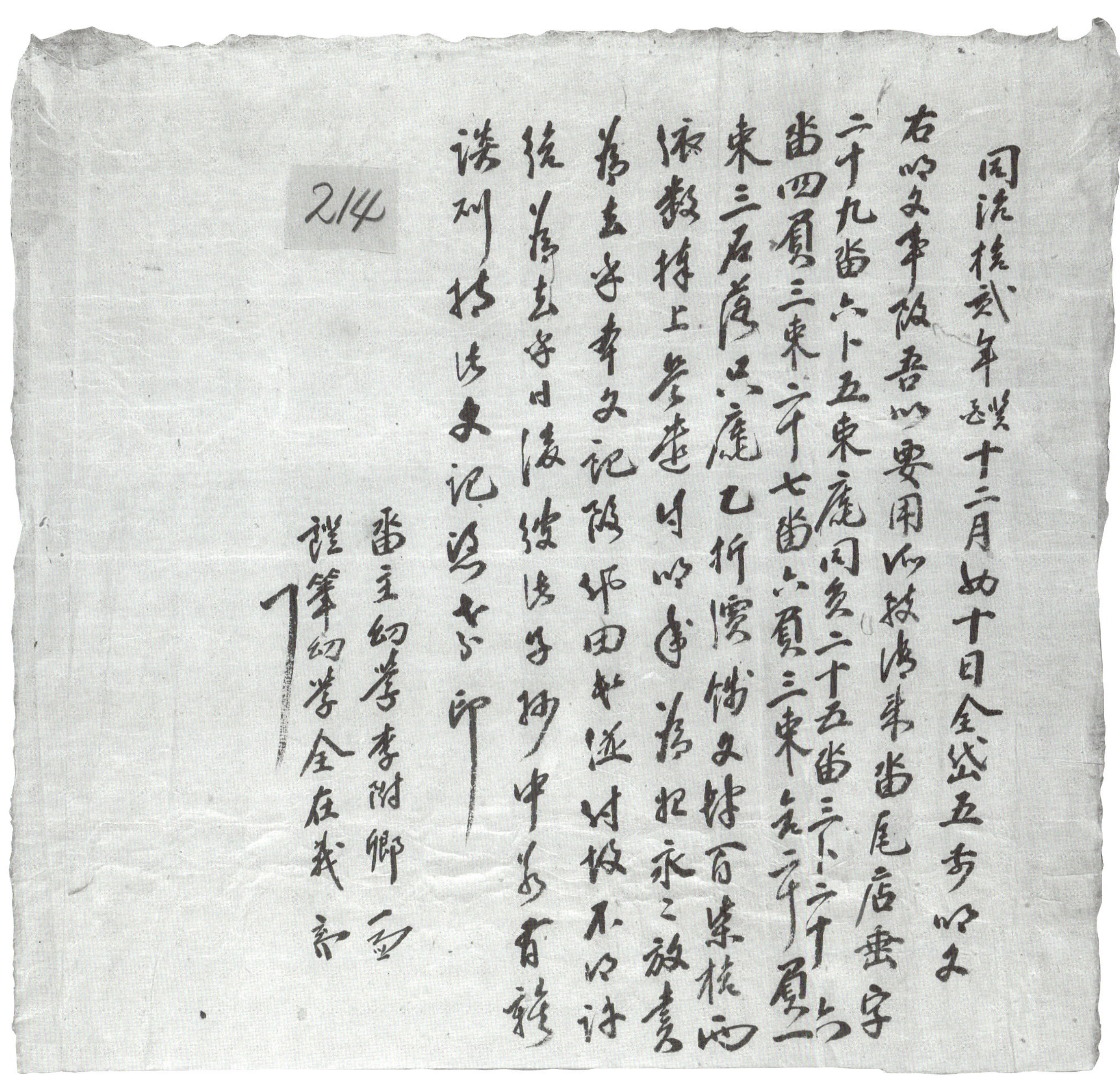

同治拾貳年癸酉十二月初十日全岱五前明文

右明文事段吾以要用所致傳來畓尾居垂字

二十九畓六卜五束庫同字二十五畓三卜二十負六

畓四負三束二十七畓六負三束合二十負一

束三石落只庫乙折價錢文肆百柒拾兩

依數捧上是遣右明畓永永放賣

爲去乎本文記段此田並燒失故不得許

給爲去乎日後彼此子孫中若有雜

談則持此文記憑考事

畓主 幼學 李附卿 [手決]

證筆 幼學 全在我 [手決]

1873년 12월 초10일에 유학 李附卿이 全岱五에게 논을 팔면서 발급한 明文

1874년(고종 11), 58.2×38.2

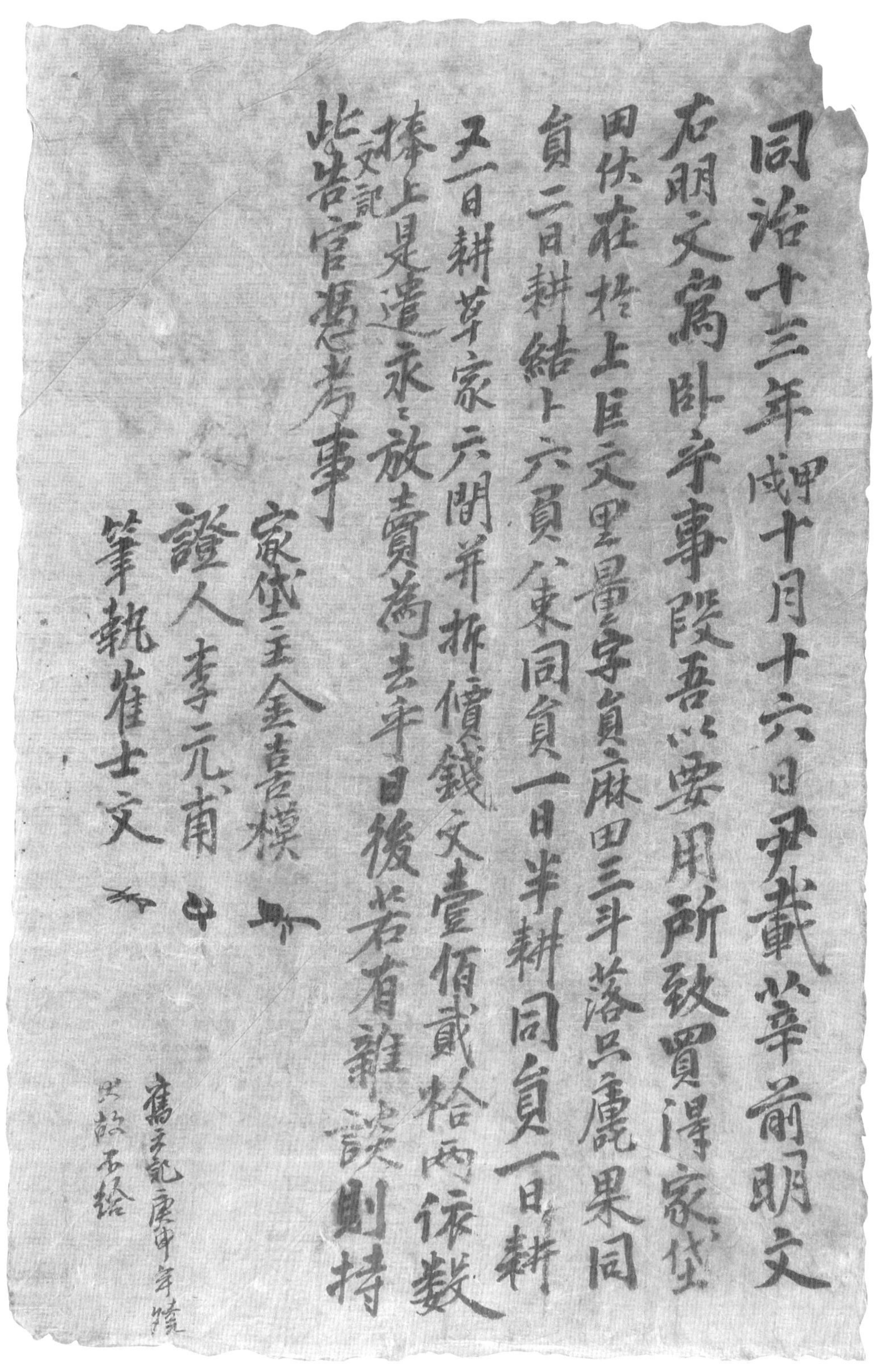

1874년 10월 16일에 金喜模가 尹載莘에게 家垈를 팔면서 발급한 明文

明文 404

1874년(고종 11), 53.5×33.8

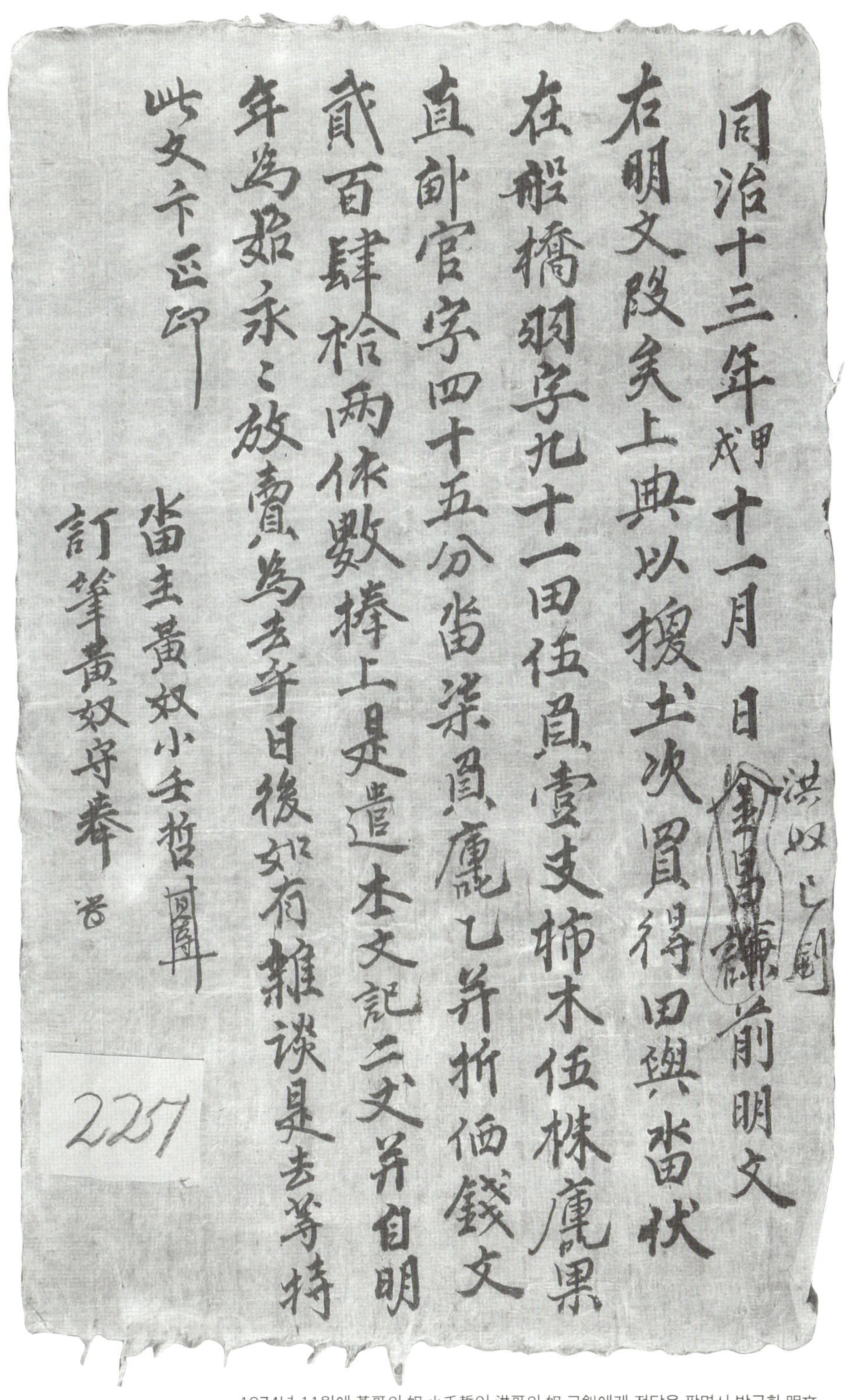

同治十三年甲戌十一月 日 洪奴己釗前明文

右明文段矣上典以擄土次買得田與畓狀
在船橋洞字九十一田伍負壹束柿木伍株麁果
直畓官字四十五分畓柒負麁乙并折價錢文
貳百肆拾兩依數捧上是遣本文記二丈并自明
年爲始永永放賣爲去乎日後如有雜談是去等持
此文卞正印

畓主黃奴小壬哲

訂筆黃奴守奉

1874년 11월에 黃哥의 奴 小壬哲이 洪哥의 奴 己釗에게 전답을 팔면서 발급한 明文

1876년(고종 13), 51.8×34.8

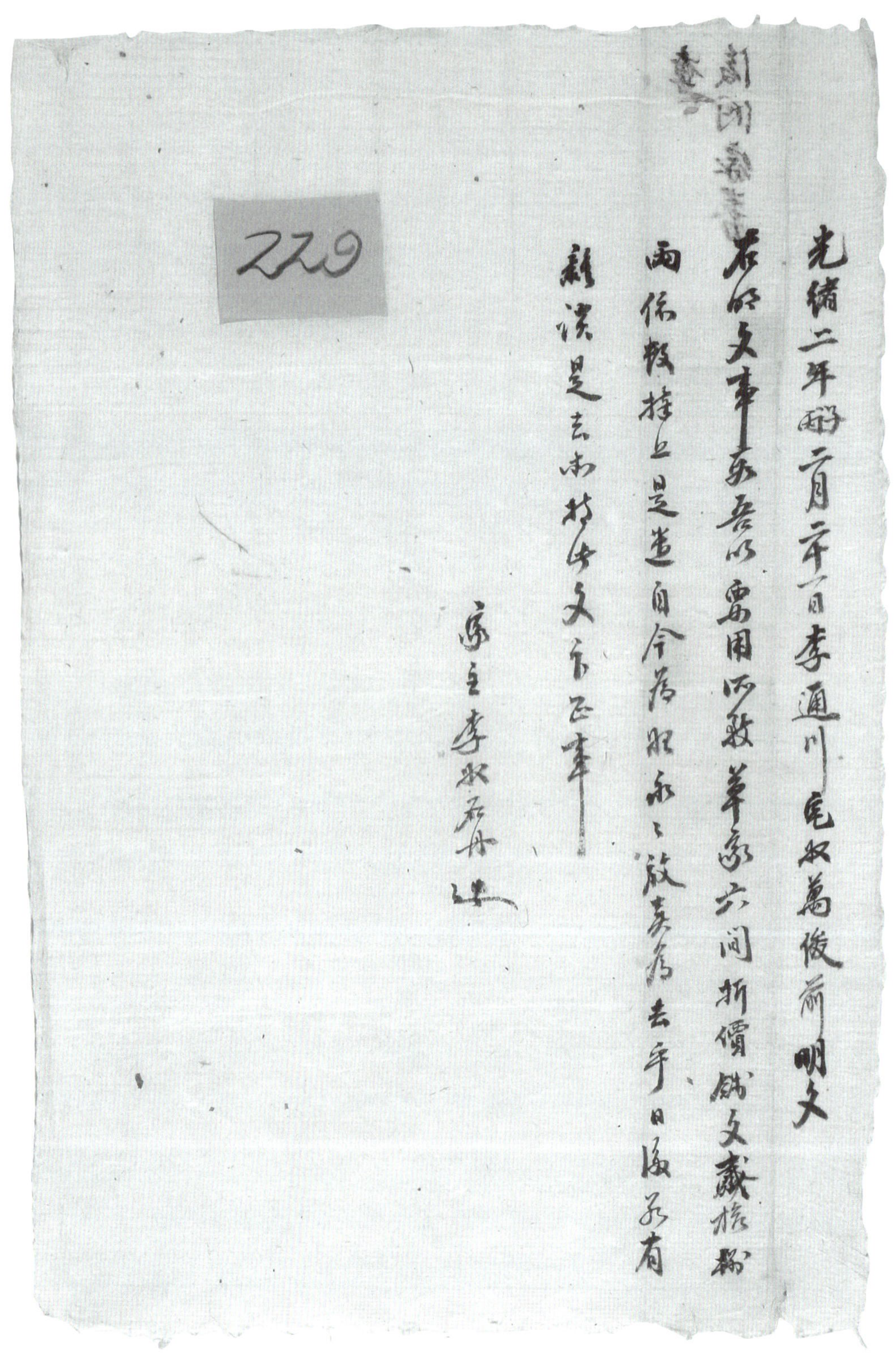

光緒二年丙子二月二十一日李通川宅奴萬俊前明文

右明文事段吾矣要用所致草家六間折價錢文貳拾

兩依數捧上是遣自今爲始永永放賣爲去乎日後若有

雜談是去等持此文告官卞正事

家主 李奴石丹

1876년 2월 21일에 李哥의 奴 石丹이 李通川 宅의 奴 萬俊에게 草家를 팔면서 발급한 明文

明文 406

1876년(고종 13), 70.4×46.7

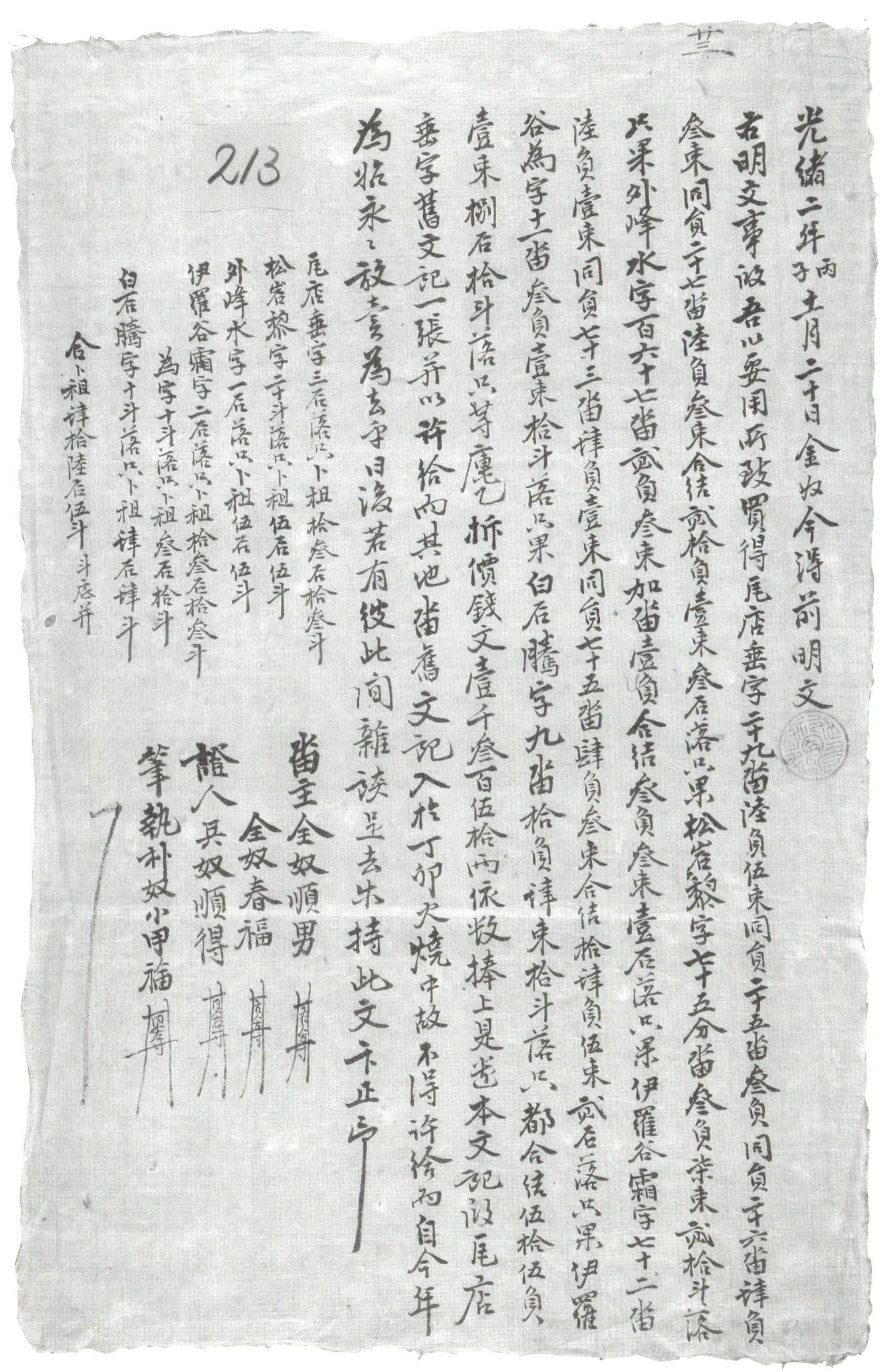

1876년 11월 20일에 金哥의 奴 順男과 春福이 金哥의 奴 今得에게 논을 팔면서 발급한 明文

明文 407

1876년(고종 13), 97.6×60.2

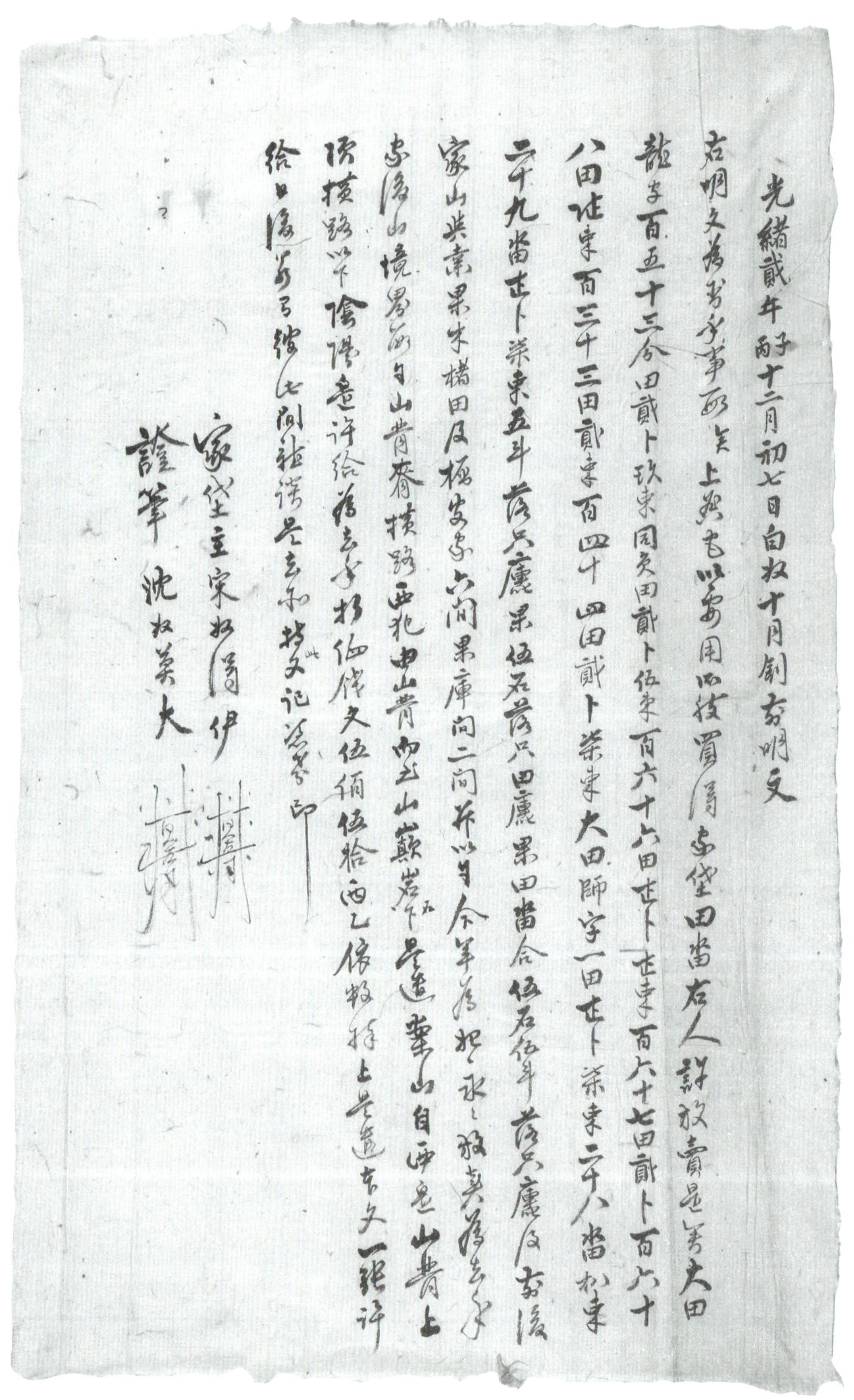

1876년 12월 초7일에 宋哥의 奴 得伊가 白哥의 奴 十月釗에게 家垈田畓을 팔면서 발급한 明文

明文 408

1877년(고종 14), 55.7×37.3

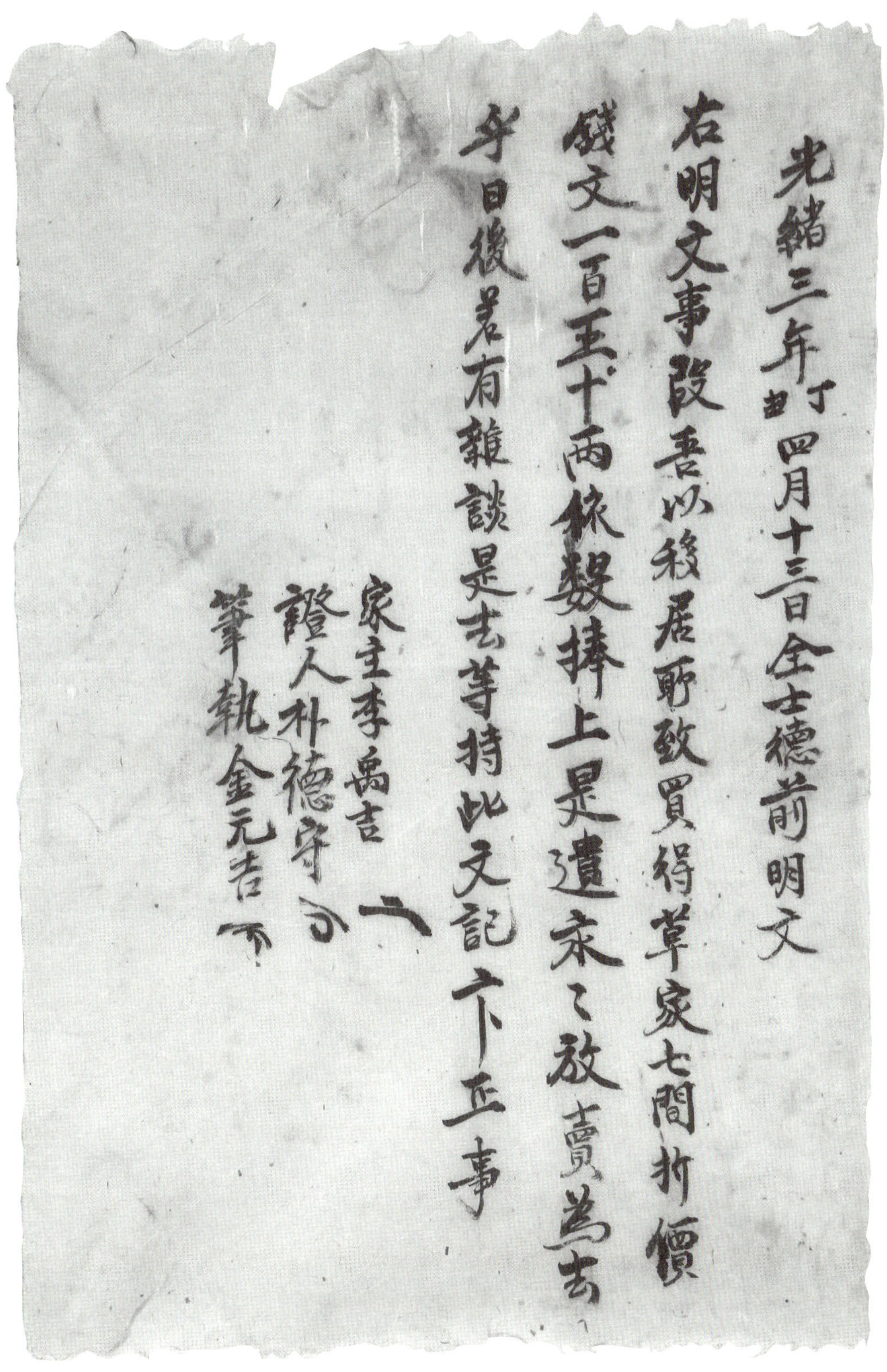

光緒三年丁丑四月十三日全士德前明文

右明文事段吾以移居所致買得草家七間折價錢文一百五十兩依數捧上是遣永永放賣爲去乎 日後若有雜談是去等持此文記卞正事

家主李禹吉

證人朴德守

筆執金元吉

1877년 4월 13일에 李禹吉이 全士德에게 草家를 팔면서 발급한 明文

明文 409

1877년(고종 14), 97.9×61.2

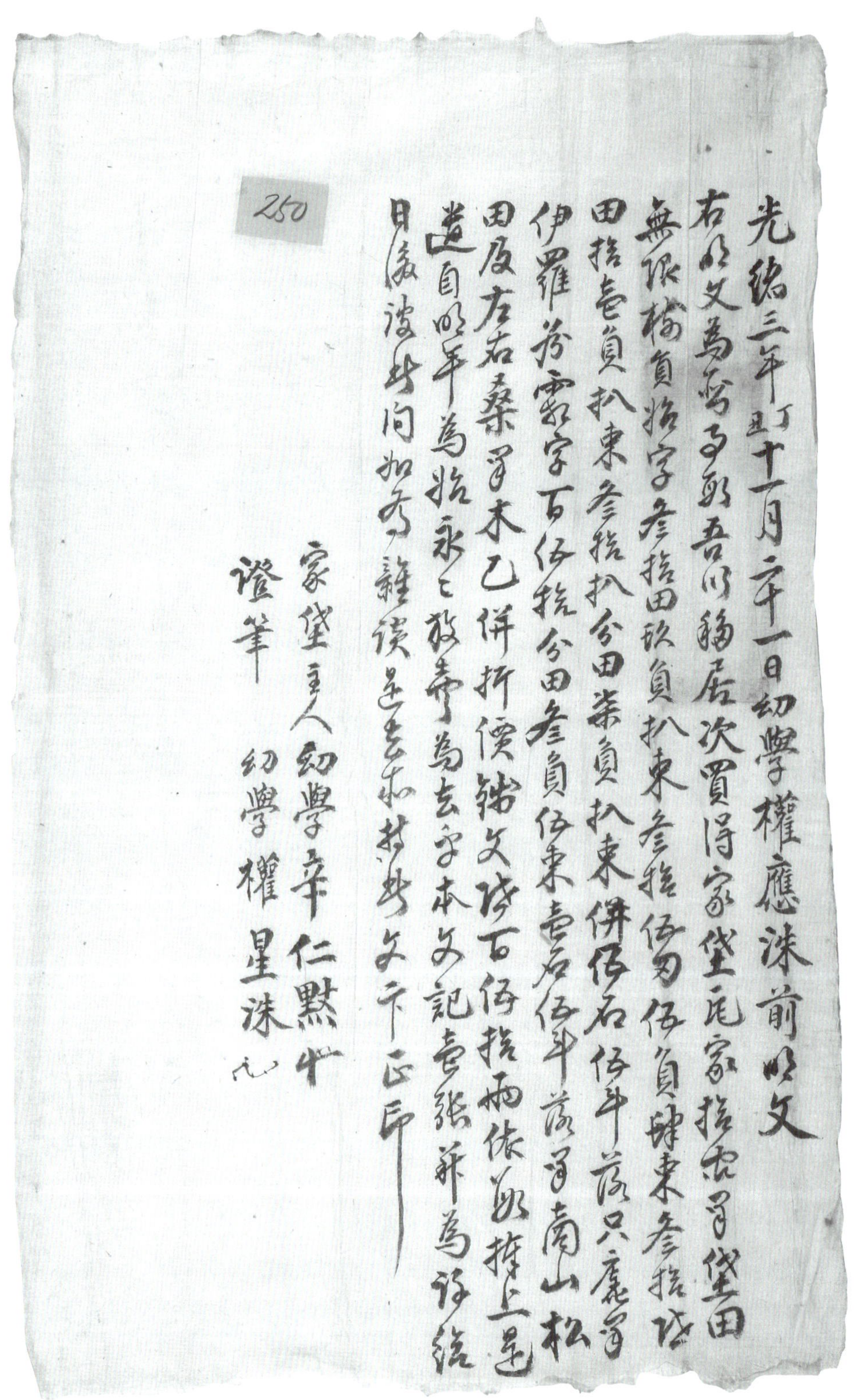

光緖三年丁丑十一月二十一日幼學權應洙前明文

右明文爲臥乎事段吾矣移居次買得家垈瓦家拾[illegible]垈田

無限移買推字參拾田玖負捌束參拾伍負肆束參拾垈

田拾壹負捌束參拾捌分田柒負捌束幷伍石伍斗落只處畓

伊羅於雲字百伍拾分田參負伍束壹石伍斗落等南山松

田及左右桑等木乙幷折價錢文陸百伍拾兩依數捧上是

遣自明年爲始永永放賣爲去乎本文記壹張幷爲許給

日後設有同族雜談是去等持此文卞正事

家垈主人 幼學 辛仁默

證筆 幼學 權星洙

1877년 11월 21일에 유학 辛仁默이 유학 權應洙에게 家垈 등을 팔면서 발급한 明文

明文 410

1877년(고종 14), 48.7×35.1

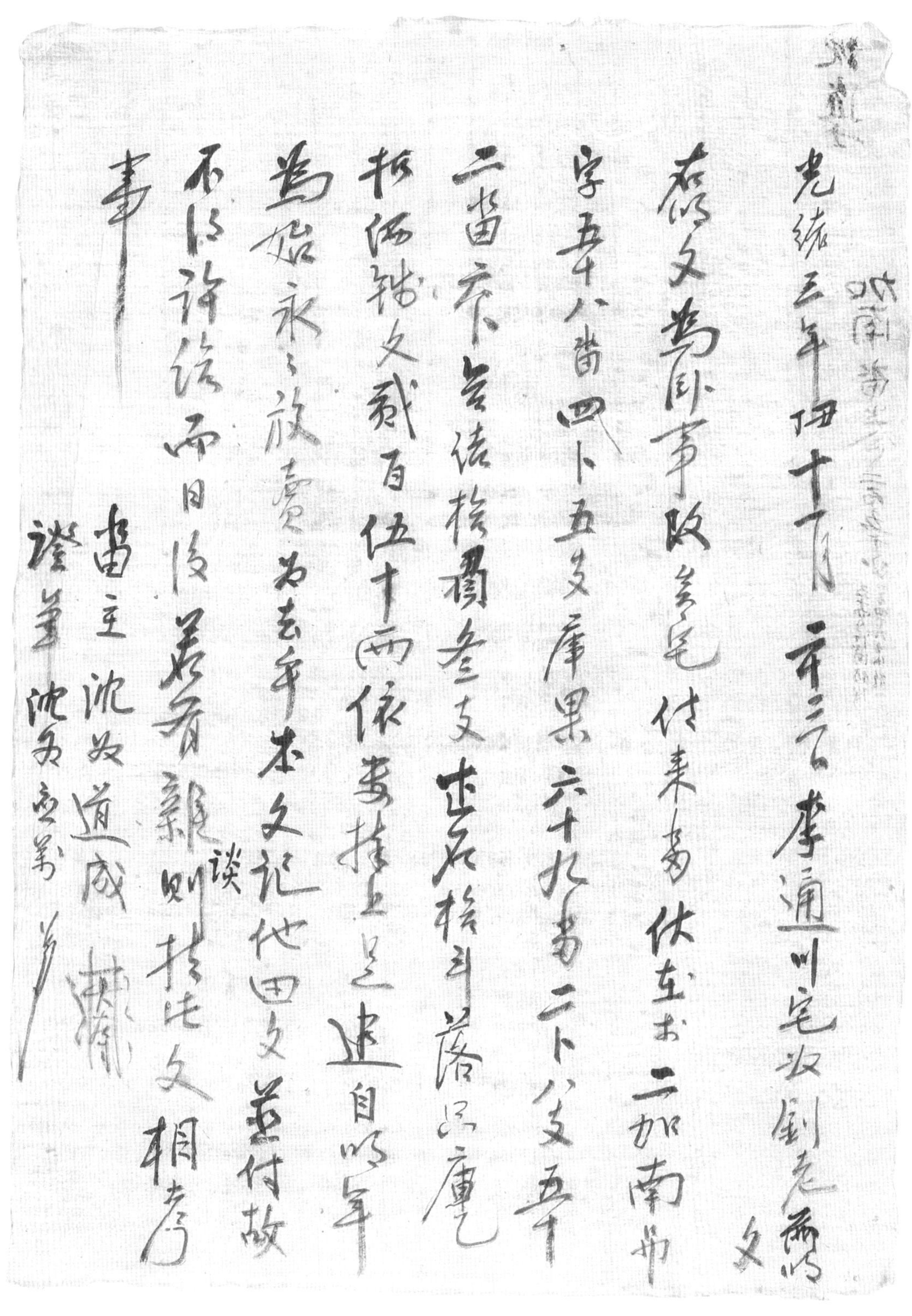

1877년 11월 23일에 沈哥의 奴 道成이 李通川 宅 奴 釗老에게 논을 팔면서 발급한 明文

1878년(고종 15), 54.5×33.9

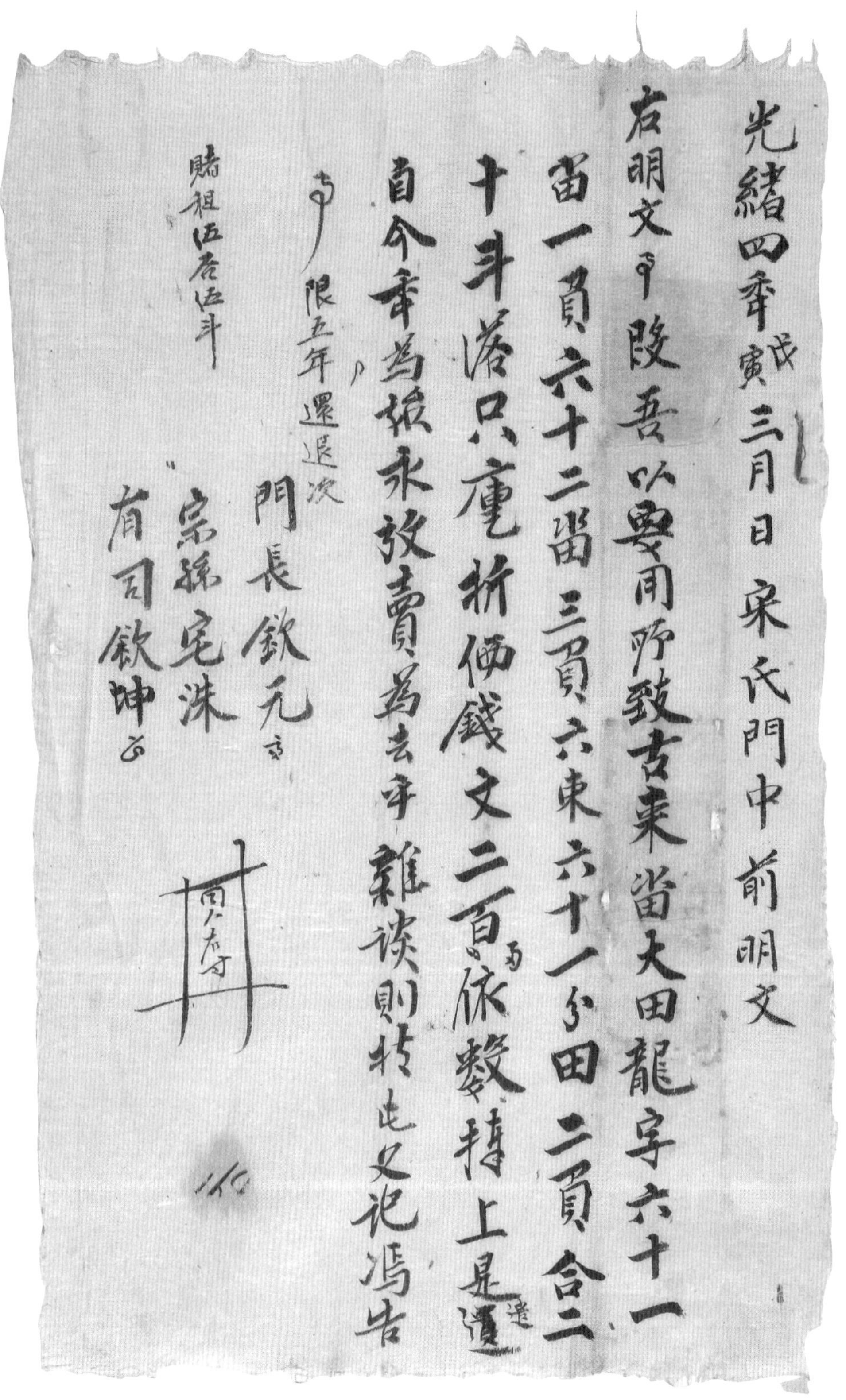

光緒四年戊寅三月日 宋氏門中前明文

右明文爲臥乎段 吾以要用所致 古來畓大田龍字六十一

畓一負 六十二畓 三負 六束 六十一分田 二負 合三

十斗落只庫 折價錢文 二百兩 依數 捧上是遣

自今年爲始 永放賣爲去乎 雜談則 持此文記憑告

事 限五年還退次

門長 欽元 手

宗孫 宅洙

有司 欽坤 手

賭租伍石伍斗

1878년 3월에 門長 欽元 등이 宋氏門中에게 전답을 팔면서 발급한 明文

明文 412

1878년(고종 15), 54.8×32.6

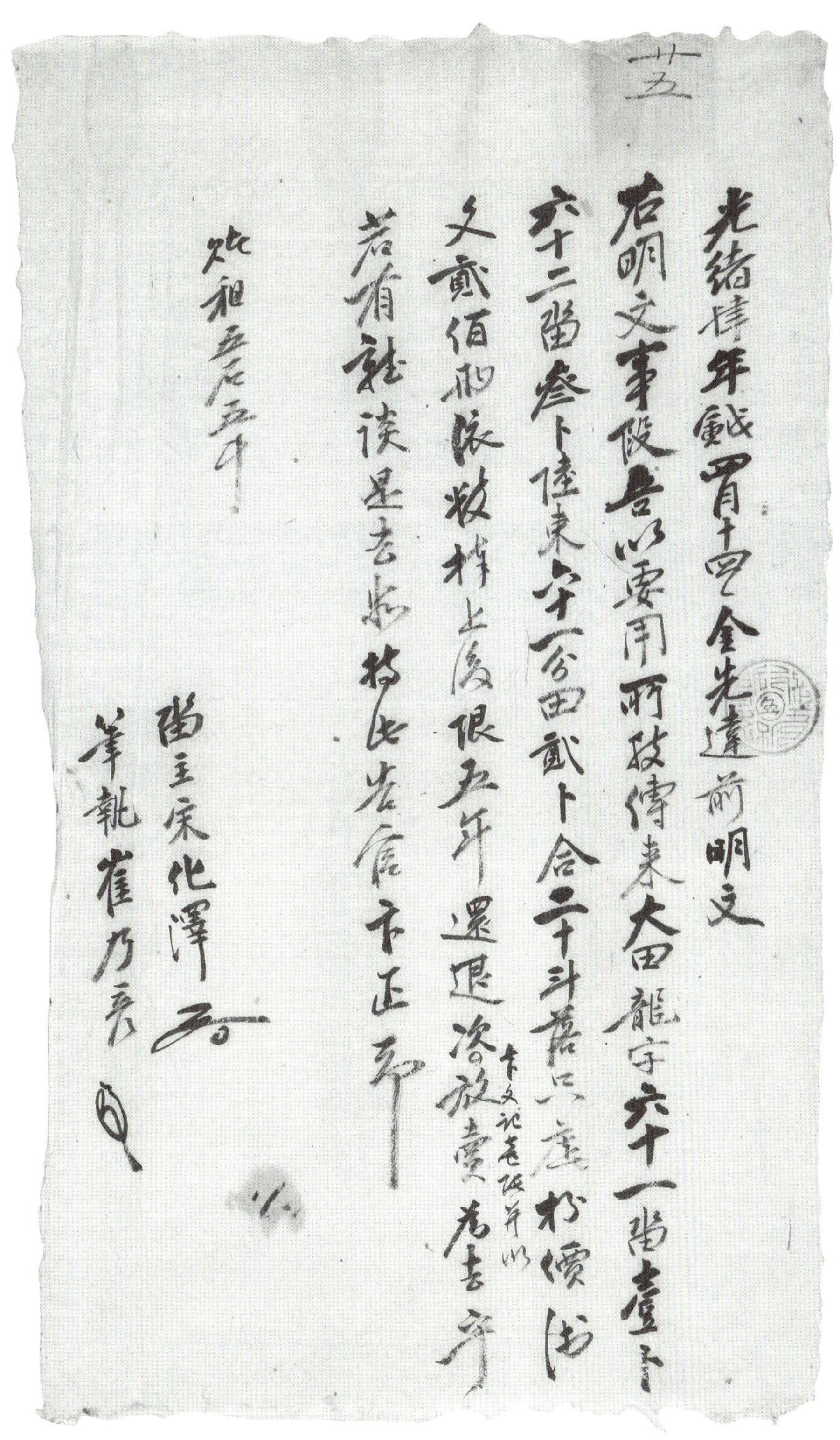

廿五

光緒肆年戊寅四月十四日金先達前明文

右明文事段吾以要用所致傳來大田龍字六十一畓壹卜六十二畓參卜陸束六十一分田貳卜合二十斗落只處價錢文貳佰兩依數捧上後限五年還退次本文記壹張并以放賣爲去乎若有雜談是去等持此告官卞正事

畓主宋化澤

筆執崔乃彥

此租五石五斗

1878년 4월 14일에 宋化澤이 金先達에게 전답을 팔면서 발급한 明文

明文 413

1878년(고종 15), 68×44

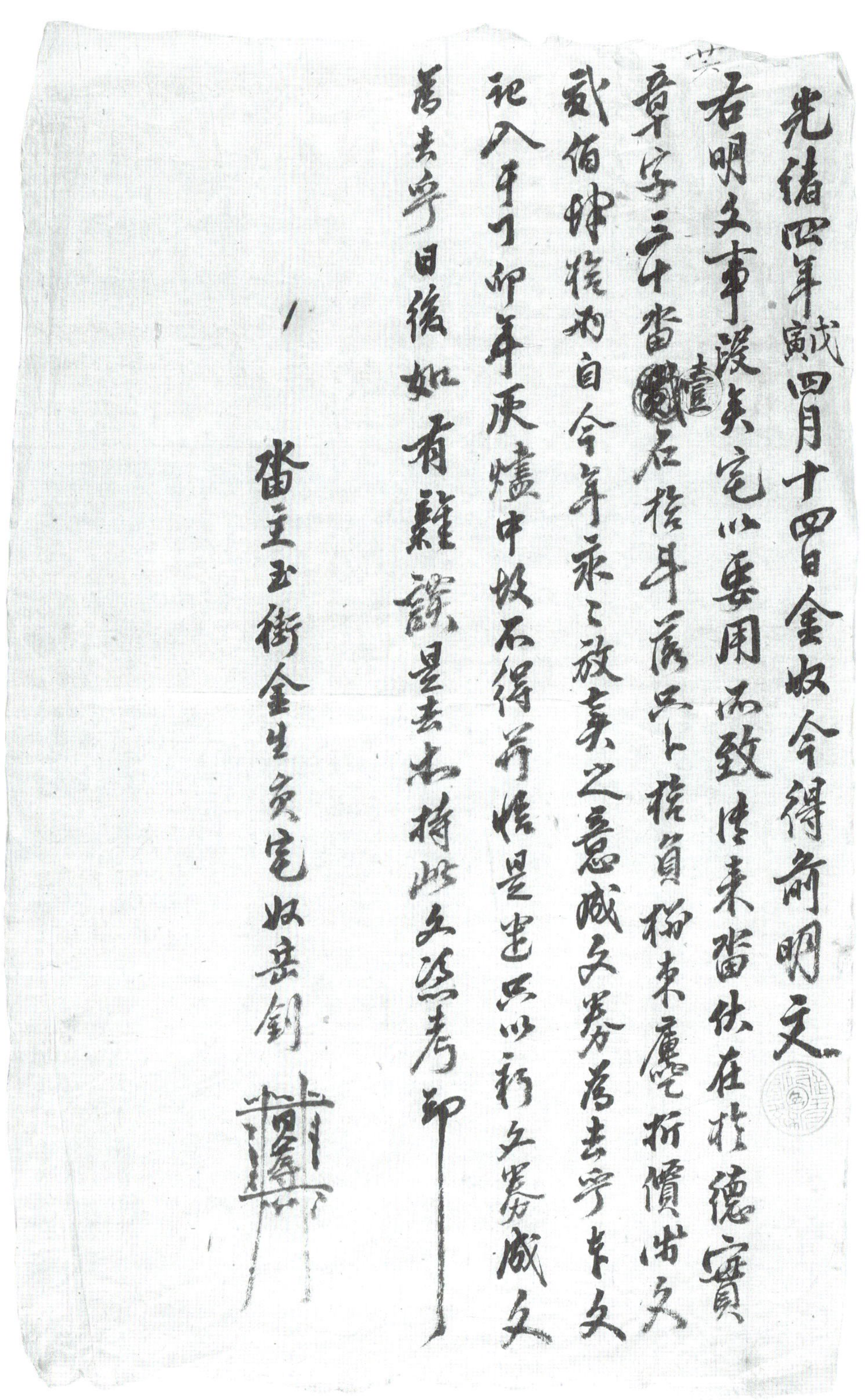

光緖四年戊寅四月十四日金奴今得前明文
右明文事段矣宅以要用所致傳來畓伏在於德寶
章字三十畓貳石落只卜拾負捌束處折價錢文
貳佰肆拾兩自今年永永放賣之意成文券爲去乎本文
記入於丁卯年庚燼中故不得并給是遣只以新文券成文
爲去乎日後如有雜談是去等持此文告考事

畓主 金生員宅奴岳釗

1878년 4월 14일에 金生員 宅 奴 岳釗가 金哥의 奴 今得에게 논을 팔면서 발급한 明文

明文 414

1878년(고종 15), 53.4×33.9

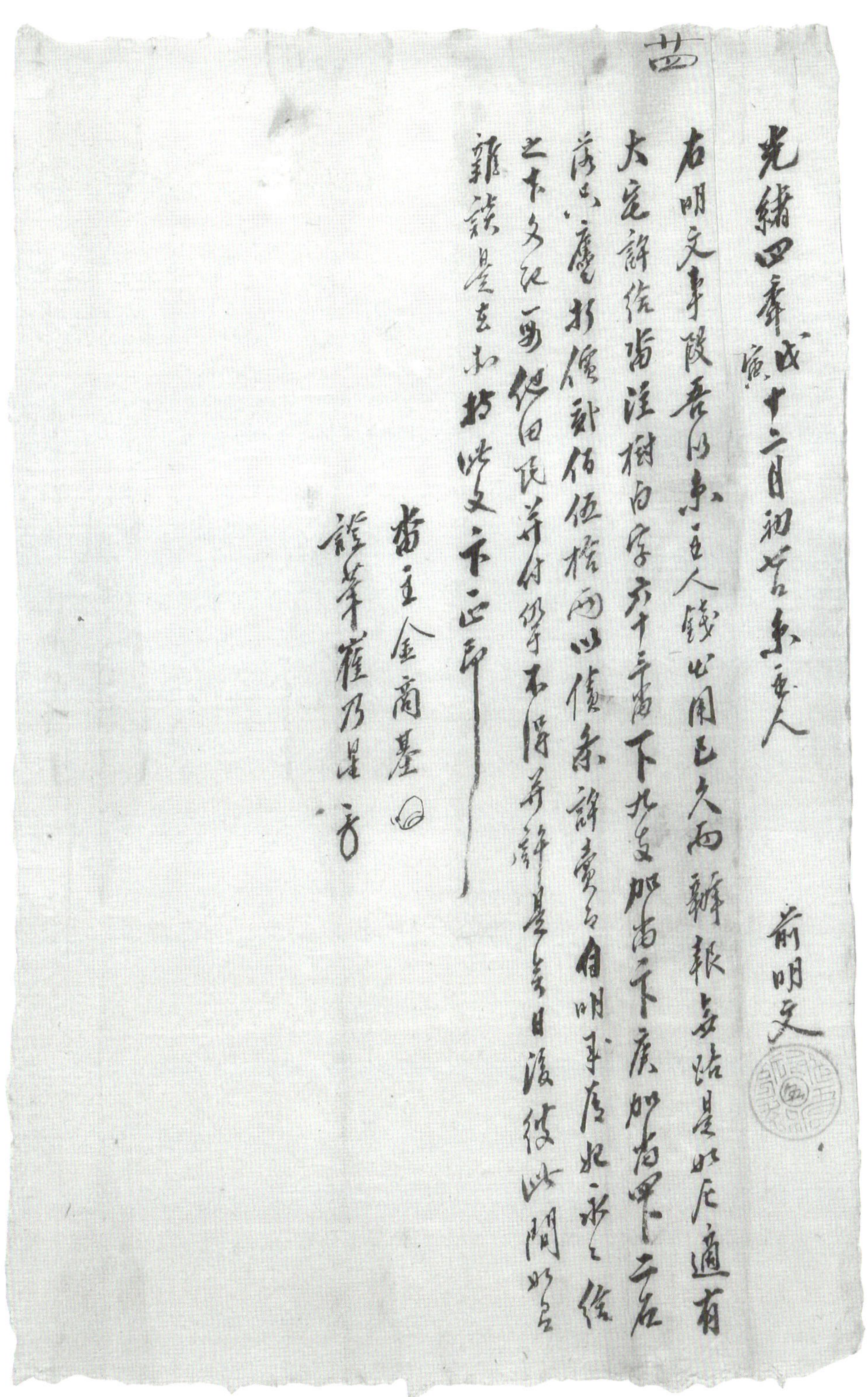

光緒四年戊寅十二月初七日 京主人 前明文

右明文事段 吾以 京主人錢 出用已久而 辨報無路是如乎 適有

畓主 金商基

證筆 崔乃星

1878년 12월 초7일에 金商基가 京主人에게 논을 팔면서 발급한 明文

明文 415

1879년(고종 16), 53×35.7(明文), 14.2×8.2(치부)

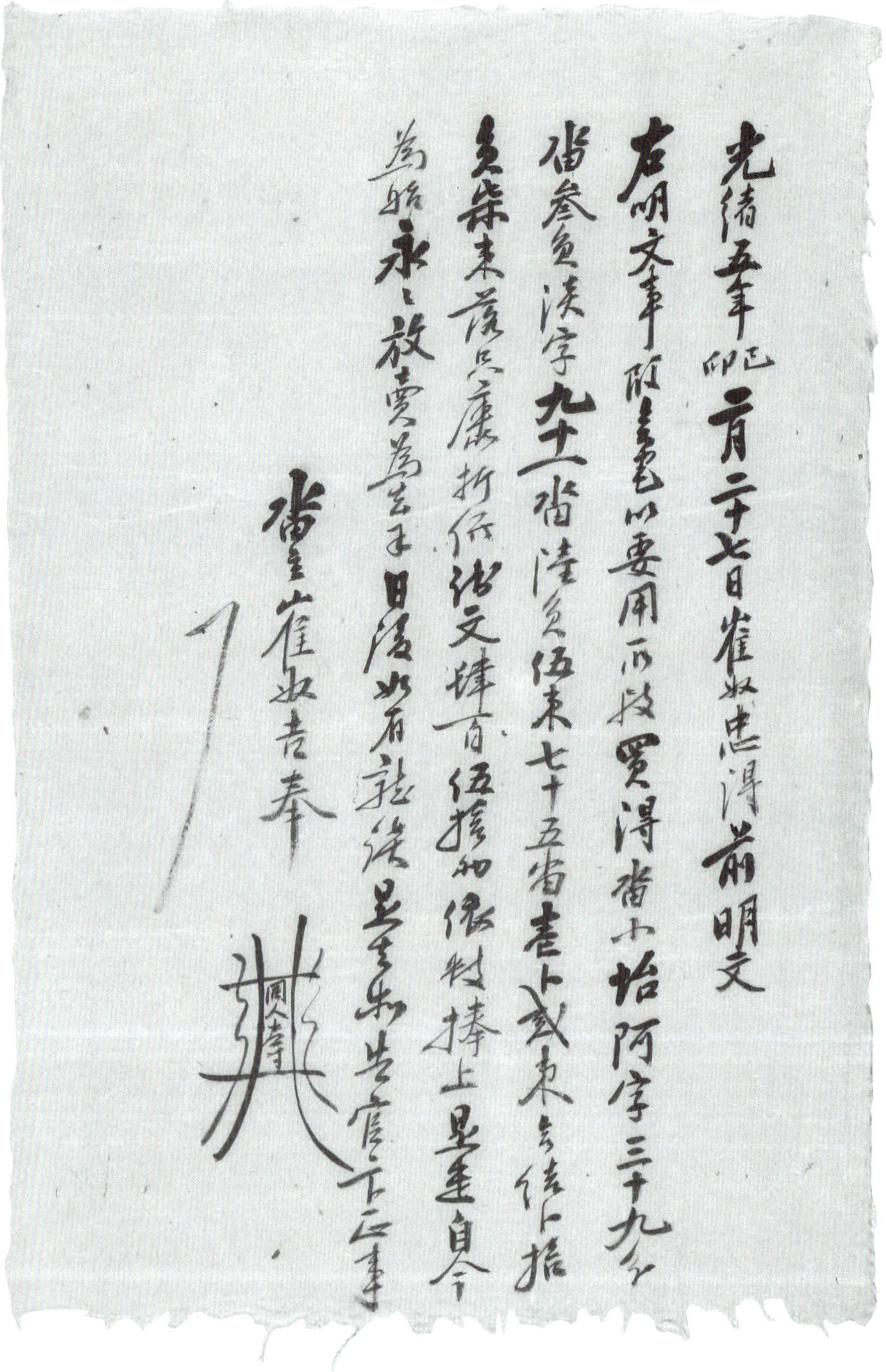

1879년 2월 27일에 崔哥의 奴 吉奉이 崔哥의 奴 忠得에게 논을 팔면서 발급한 明文과 치부 기록

明文 416

1879년(고종 16), 98.3×62.4

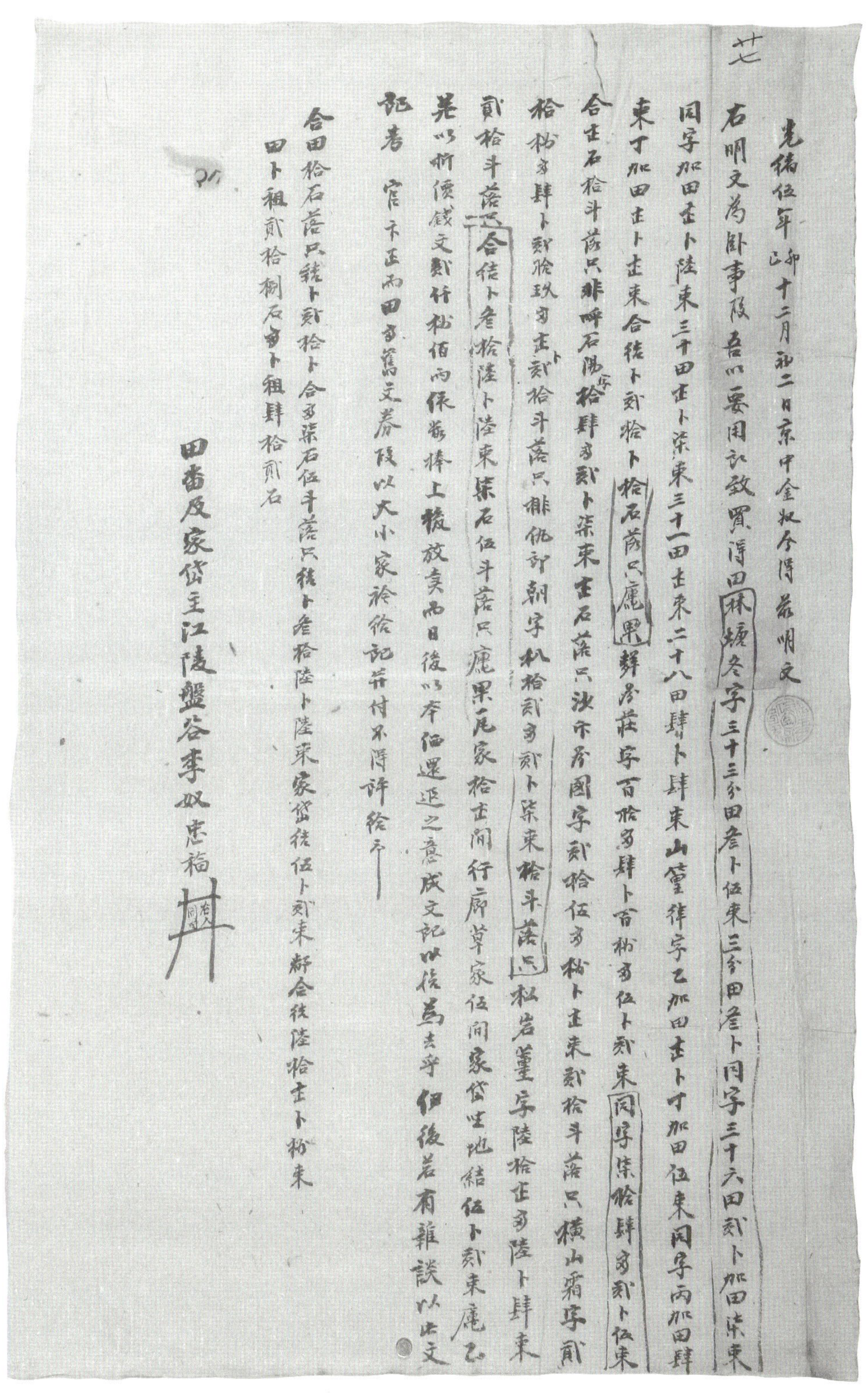

1879년 12월 초2일에 李哥의 奴 忠福이 金哥의 奴 今得에게 전답 및 가대를 팔면서 발급한 明文

明文 417

1879년(고종 16), 52×35.8

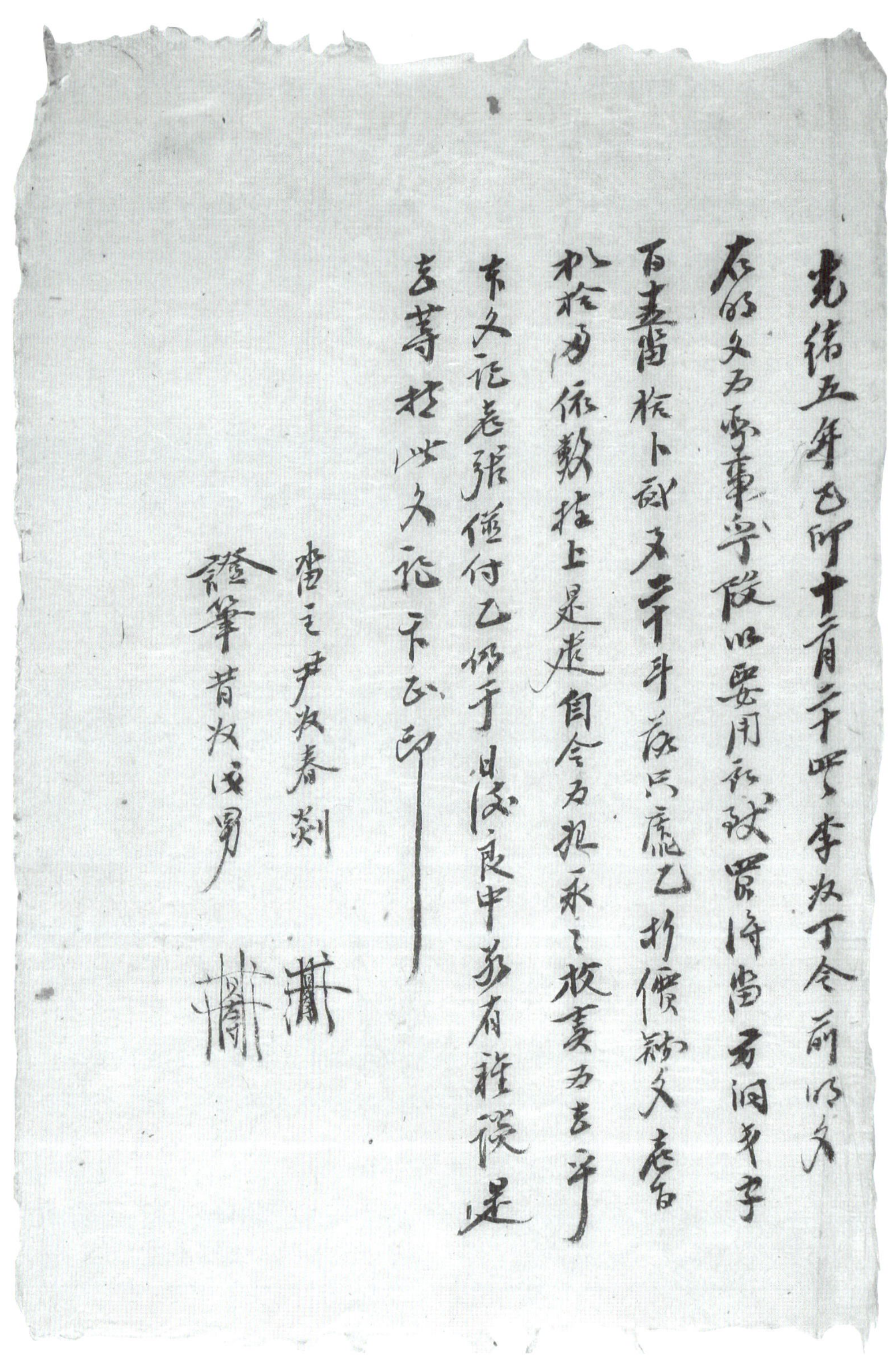

1879년 12월 24일에 尹哥의 奴 春剡이 李哥의 奴 丁今에게 논을 팔면서 발급한 明文

明文 418

1880년(고종 17), 97.8×60.7

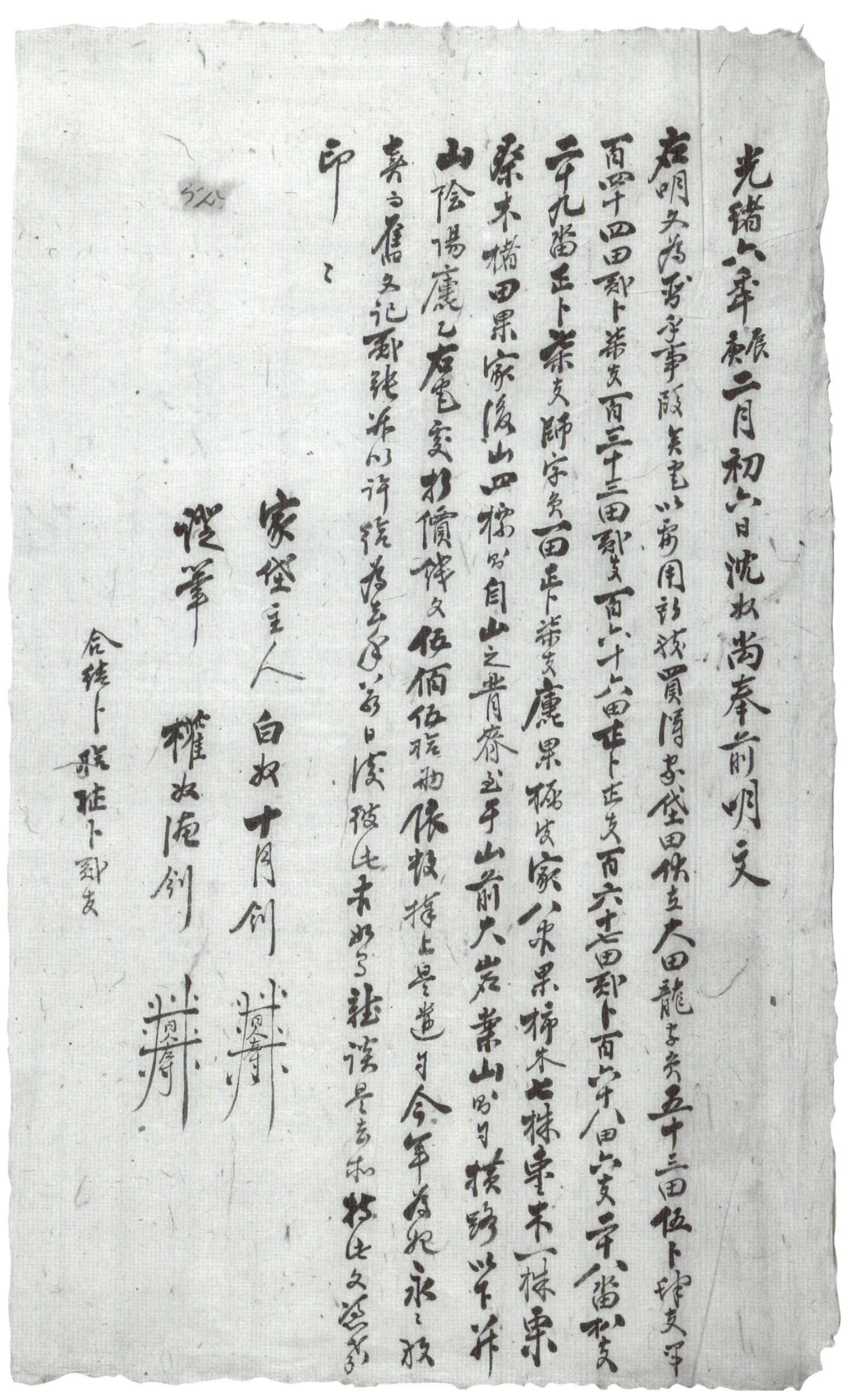

1880년 2월 초6일에 白哥의 奴 十月釗가 沈哥의 奴 尙奉에게 家垈田畓 등을 팔면서 발급한 明文

1880년(고종 17), 126.3×77.3

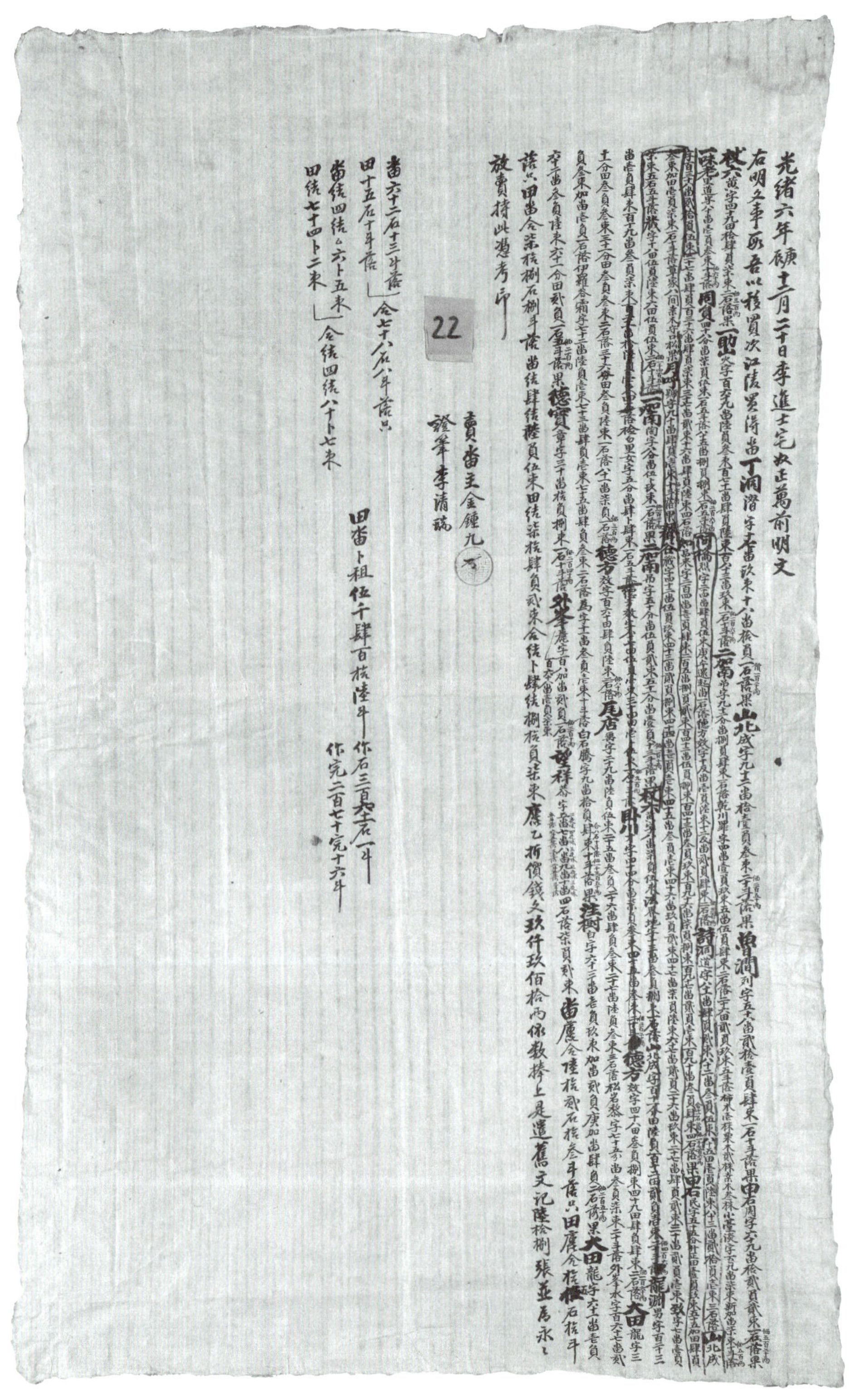
光緒六年庚辰十二月二十日李進士宅奴正萬前明文

賣畓主 金鍾九

證筆 李清

1880년 12월 20일에 賣畓主 金鍾九가 李進士 宅 奴 正萬에게 논을 팔면서 발급한 明文

明文 420

1881년(고종 18), 74×46.7

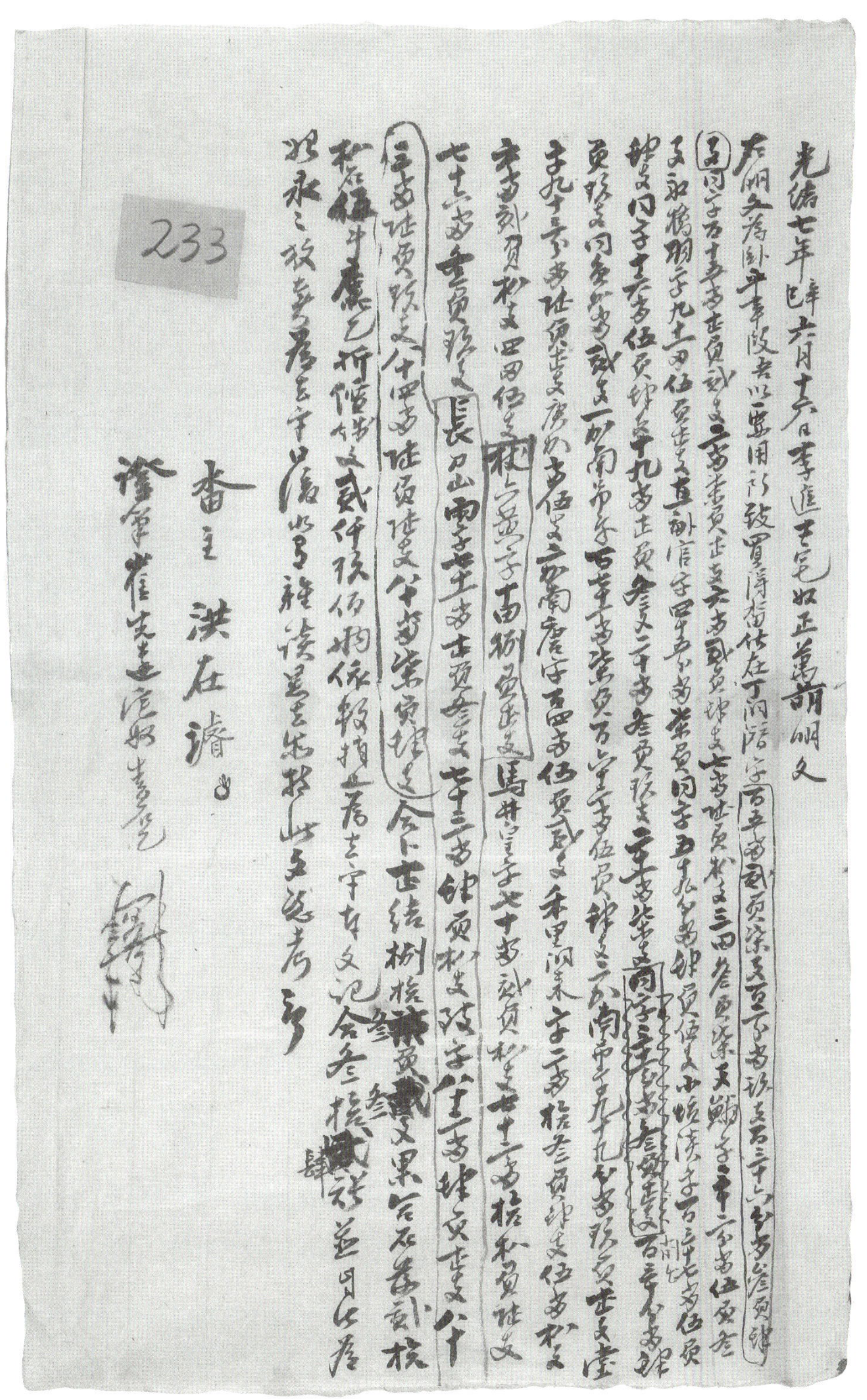

1881년 6월 16일에 洪在璿이 李進士 宅 奴 正萬에게 논을 팔면서 발급한 明文

明文 421

1881년(고종 18), 71.8×45.5

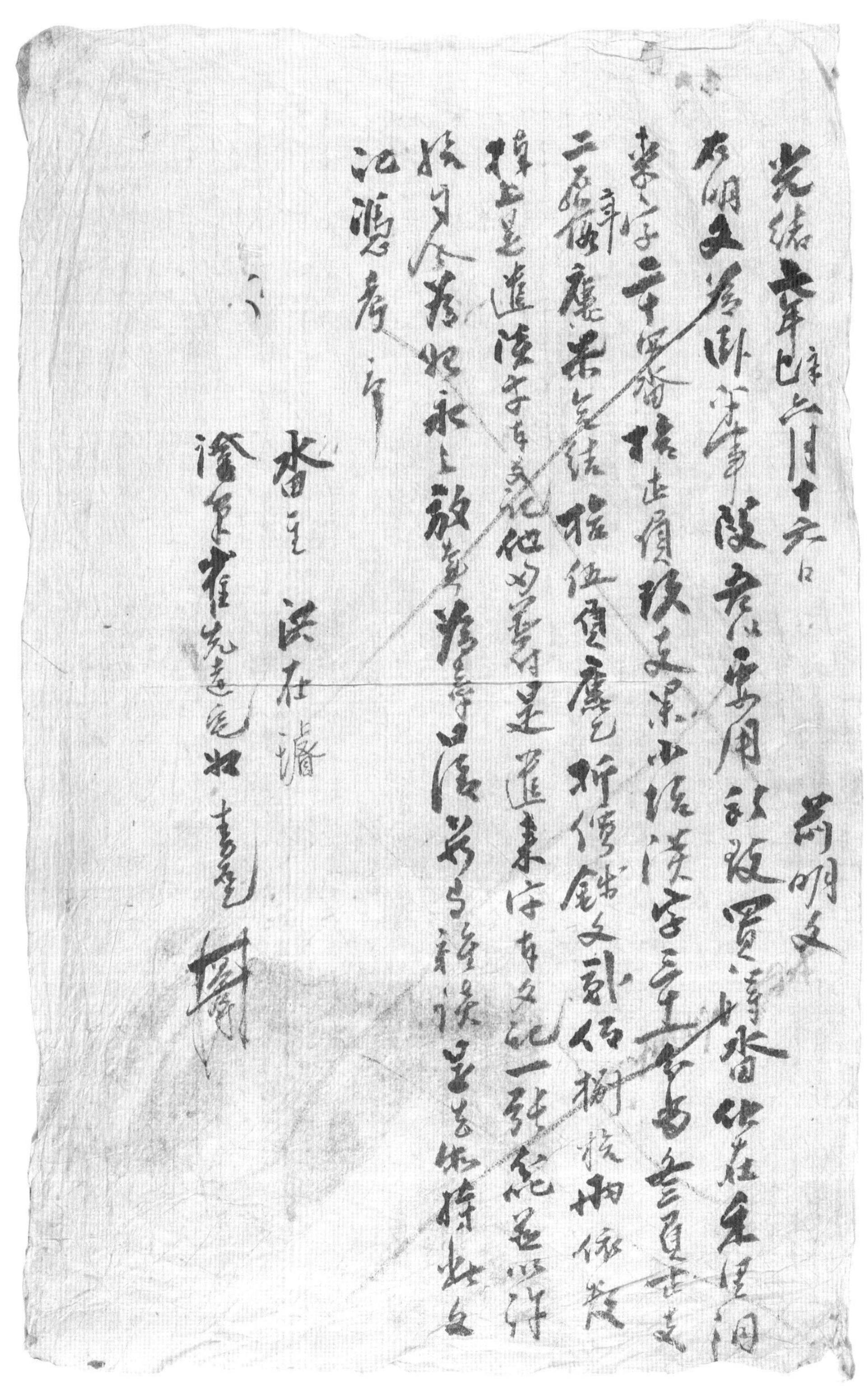

1881년 6월 16일에 洪在璿이 논을 팔면서 발급한 明文

明文 422

1881년(고종 18), 100.1×63.8

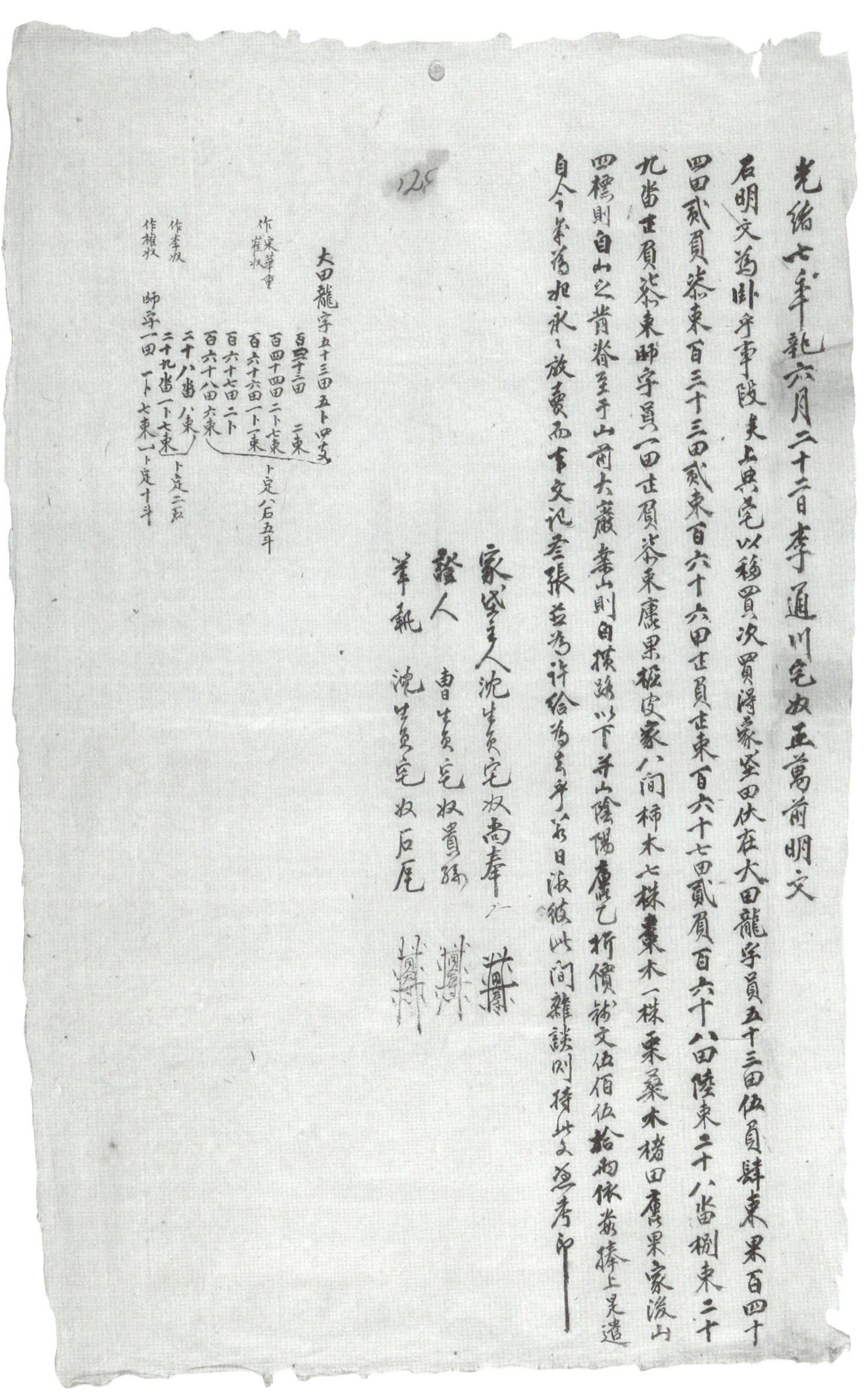

光緒七年辛巳六月二十二日 李通川宅奴正萬前明文

右明文爲臥乎事段 矣上典宅以移買次買得家垈田伏在大田龍字員五十三田伍負肆束 果百四十四田貳負柒束 百三十三田貳束 百六十六田壹負壹束 百六十七田貳負 百六十八田陸束 二十八畓捌束 二十九畓壹負柒束 師字員一田壹負柒束 廬果板皮家八間 柿木七株 棗木一株 栗桑木 楮田 廬果家後山四標則 自山之背脊至于山前大巖峯山則自横路以下并山陰陽廬乙 折價錢文伍佰伍拾兩依數捧上是遣 自今爲始永永放賣而本文記叁張並爲許給爲去乎 後日彼此間雜談則持此文憑考事

家垈主 沈生員宅奴 尙奉

證人 曺生員宅奴 貴孫

筆執 沈生員宅奴 石尾

大田龍字五十三田五卜四束 百三十三田二束 百四十四田二卜七束 百六十六田一卜一束 百六十七田二卜 百六十八田六束 卜定八石五斗 作宋華重 崔奴

二十八畓八束 二十九畓一卜七束 卜定二石 作李奴

師字一田一卜七束 卜定十斗 作權奴

1881년 6월 22일에 沈生員 宅 奴 尙奉이 李通川 宅 奴 正萬에게 家垈田畓 등을 팔면서 발급한 明文

明文 423

1882년(고종 19), 38.6×43.8

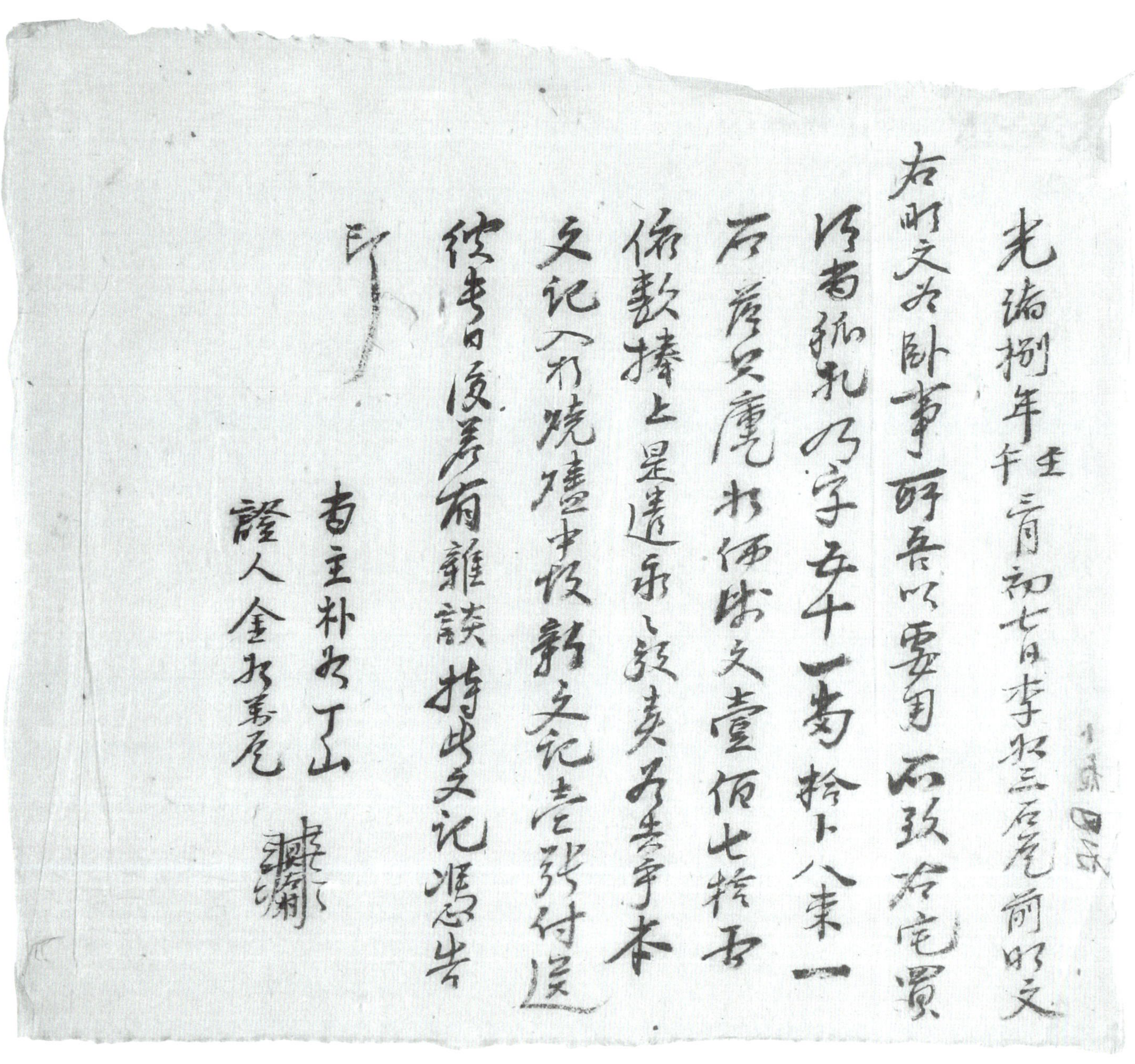

光緖捌年壬午三月初七日李奴三石乭前明文

右明文爲臥乎事段吾以要用所致右宅買

得畓北乃字五斗[illegible]拾卜八束一

石落只處以價錢文壹佰七拾兩

依數捧上是遣永永放賣爲去乎本

文記入於燒燼中故新文記壹張付授

後若有雜談持此文記憑告

畓主朴奴丁山

證人金奴萬乭

1882년 3월 초7일에 朴哥의 奴 丁山이 李哥의 奴 三石乭에게 논을 팔면서 발급한 明文

明文 424

1883년(고종 20), 56.5×36.1

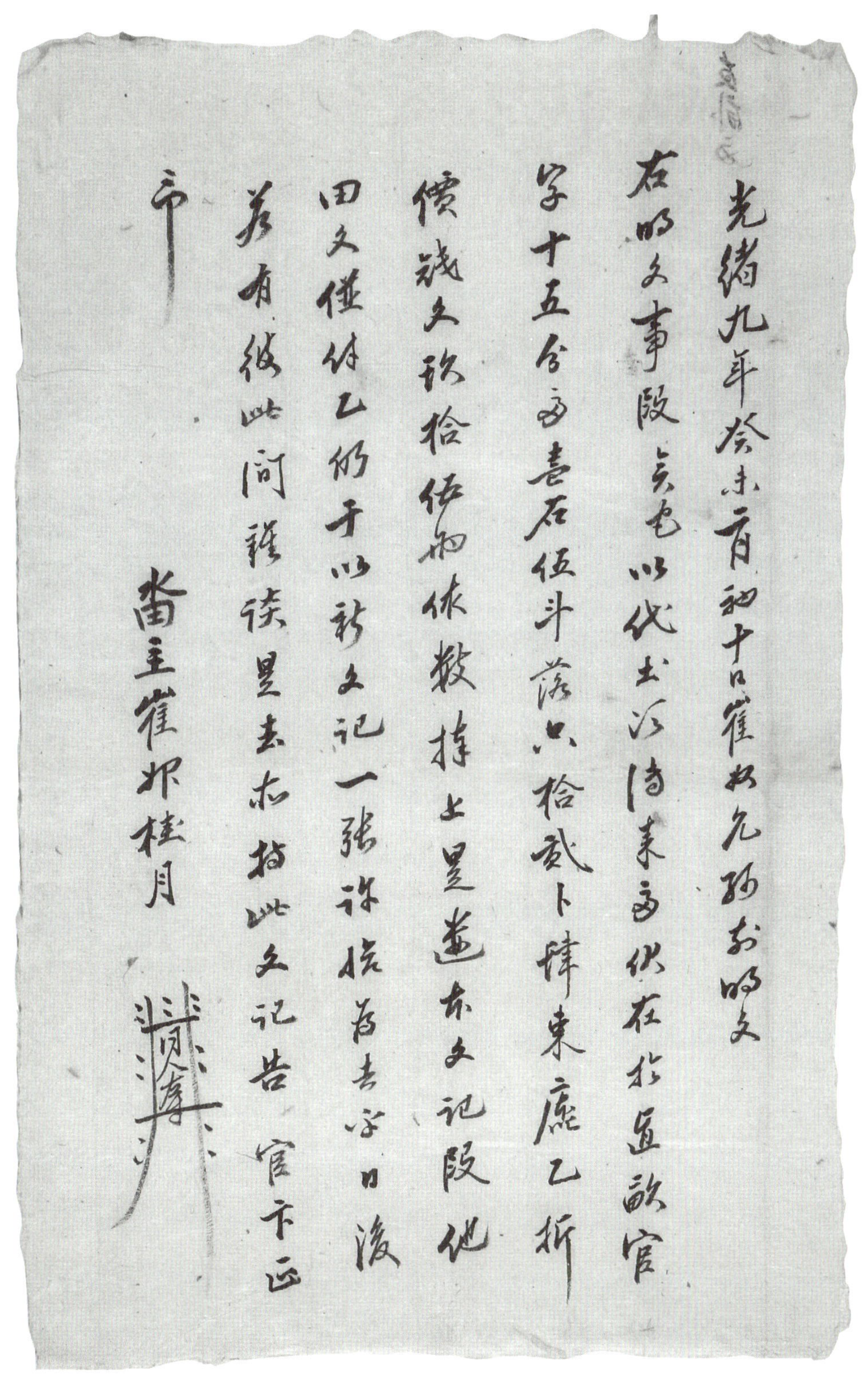

光緒九年癸未二月初十日崔奴允孫前明文

右明文事段 矣宅以代土[illegible][illegible]來畓伏在於道谷官

字十五負畓壹石伍斗落只拾貳卜肆束處乙折

價錢文玖拾伍兩依數捧上是遣右文記段他

田文僣付乙仍于以新文記一張許給爲去乎日後

若有彼此間雜談是去有等此文記告官卞正

事

畓主崔婢桂月

1883년 2월 초10일에 崔哥의 婢 桂月이 崔哥의 奴 允孫에게 논을 팔면서 발급한 明文

1883년(고종 20), 72.9×45.5

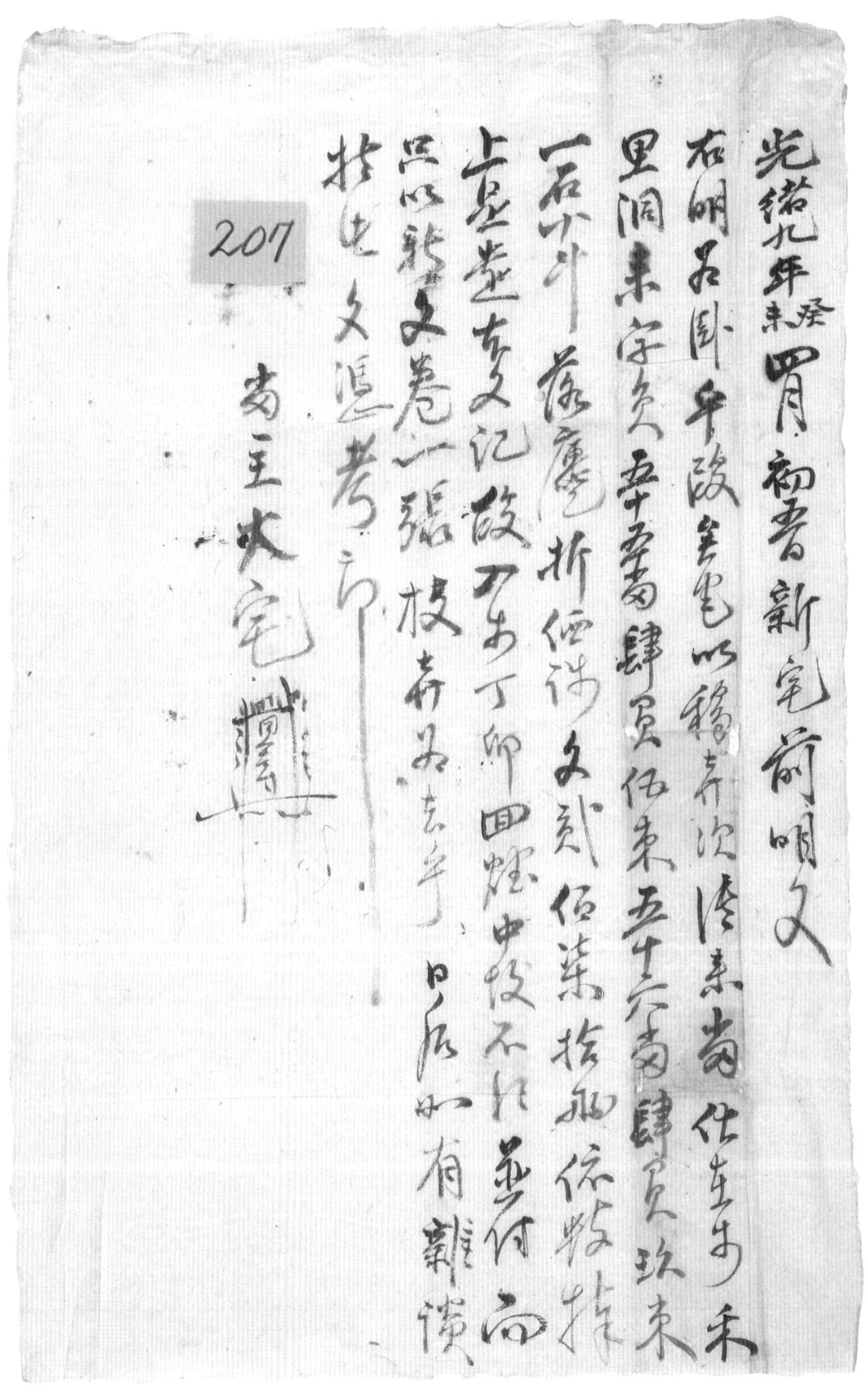

光緖九年癸未四月初五日新宅前明文

右明文事段 矣宅以移去次 [illegible]東畓 [illegible]禾

里洞東字畓 [illegible] 肆負伍束 [illegible]

一石六斗落處 折價錢文 [illegible] 依數捧

上是遣 本文記段 [illegible]丁卯回祿中 [illegible]不得並付 向

只以新文卷一張 放賣爲去乎 日後如有雜談

持此文憑考事

畓主 大宅

1883년 4월 초5일에 大宅이 新宅에게 논을 팔면서 발급한 明文

明文 426

1883년(고종 20), 54.4×36.3

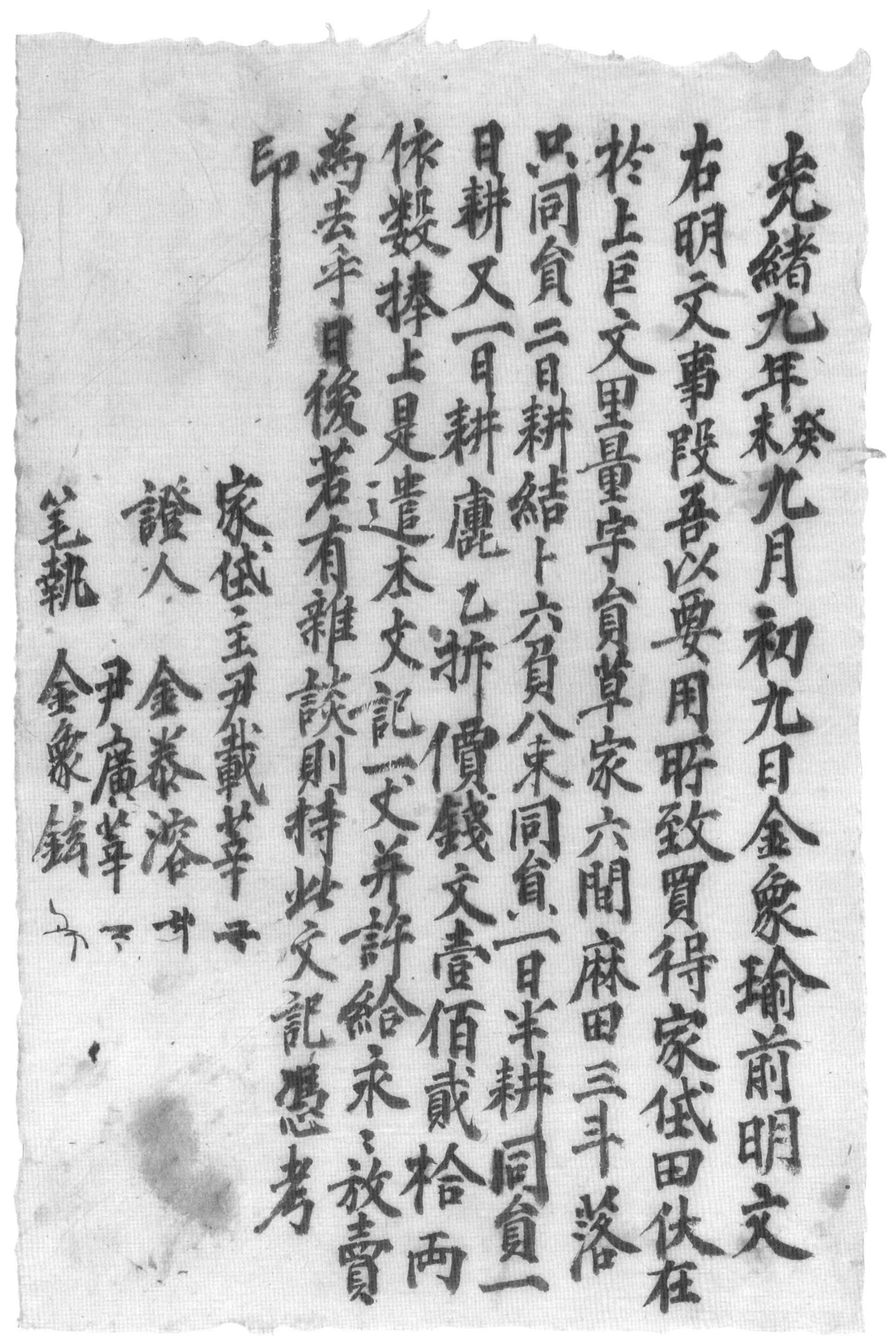

光緒九年癸未九月初九日金象瑜前明文
右明文事段吾以要用所致買得家垈田伏在
於上巨文里量字負草家六間麻田三斗落
只同負二日耕結卜六負八束同負一日半耕同負一
日耕又一日耕麁乙折價錢文壹佰貳拾兩
依數捧上是遣本文記一丈并許給永永放賣
爲去乎日後若有雜談則持此文記憑考
印

家垈主 尹載莘
證人 金泰溶
尹廣莘
筆執 金象鉉

1883년 9월 초9일에 尹載莘이 金象瑜에게 家垈를 팔면서 발급한 明文

1884년(고종 21), 64.6×42.9

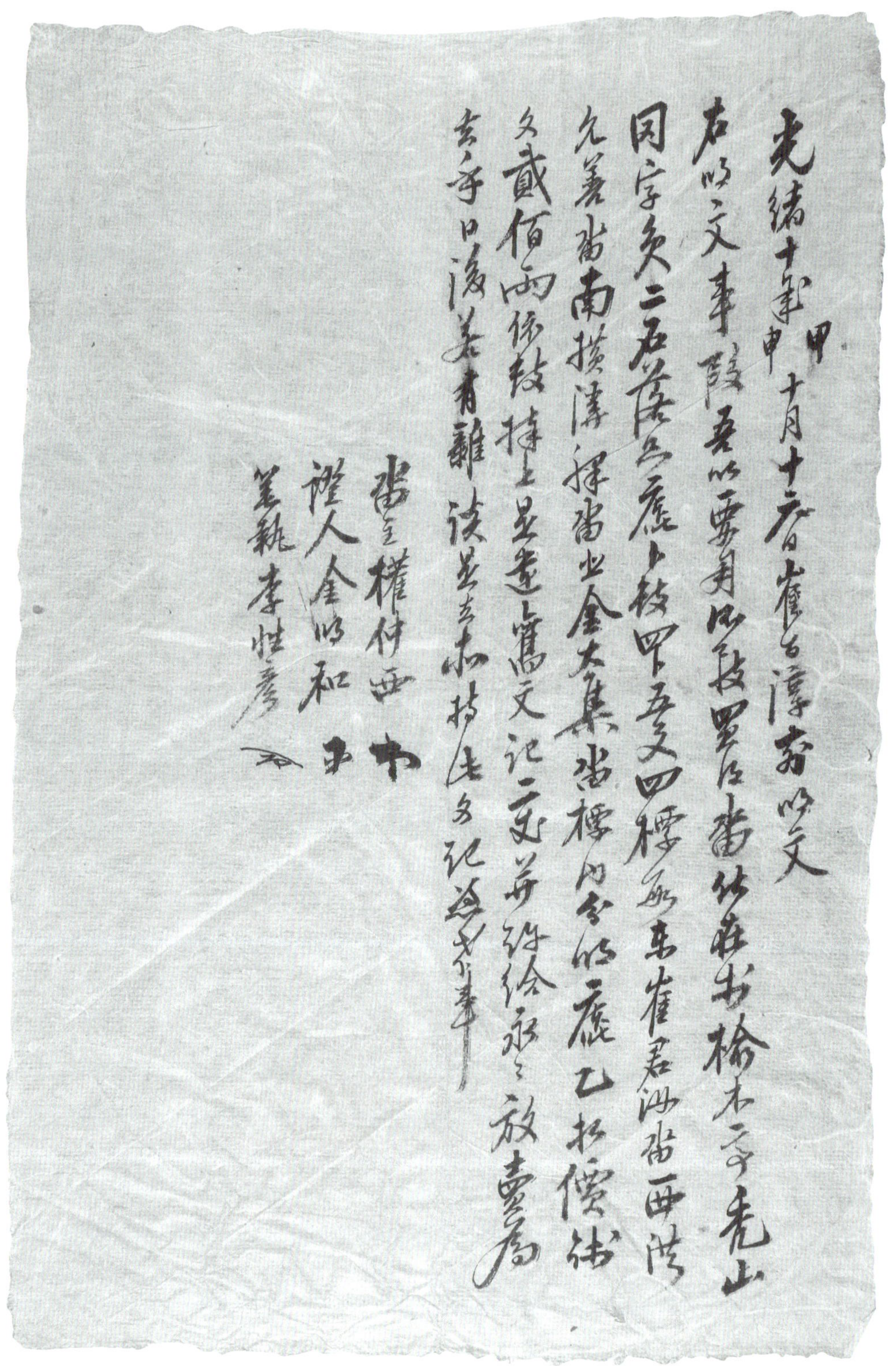

光緖十年甲申十月十六日 崔百淳處明文

畓主 權仲西

證人 金明和

筆執 李性彥

1884년 10월 16일에 畓主 權仲西가 崔百淳에게 논을 팔면서 발급한 明文

明文 428

1884년(고종 21), 48.3×31.5

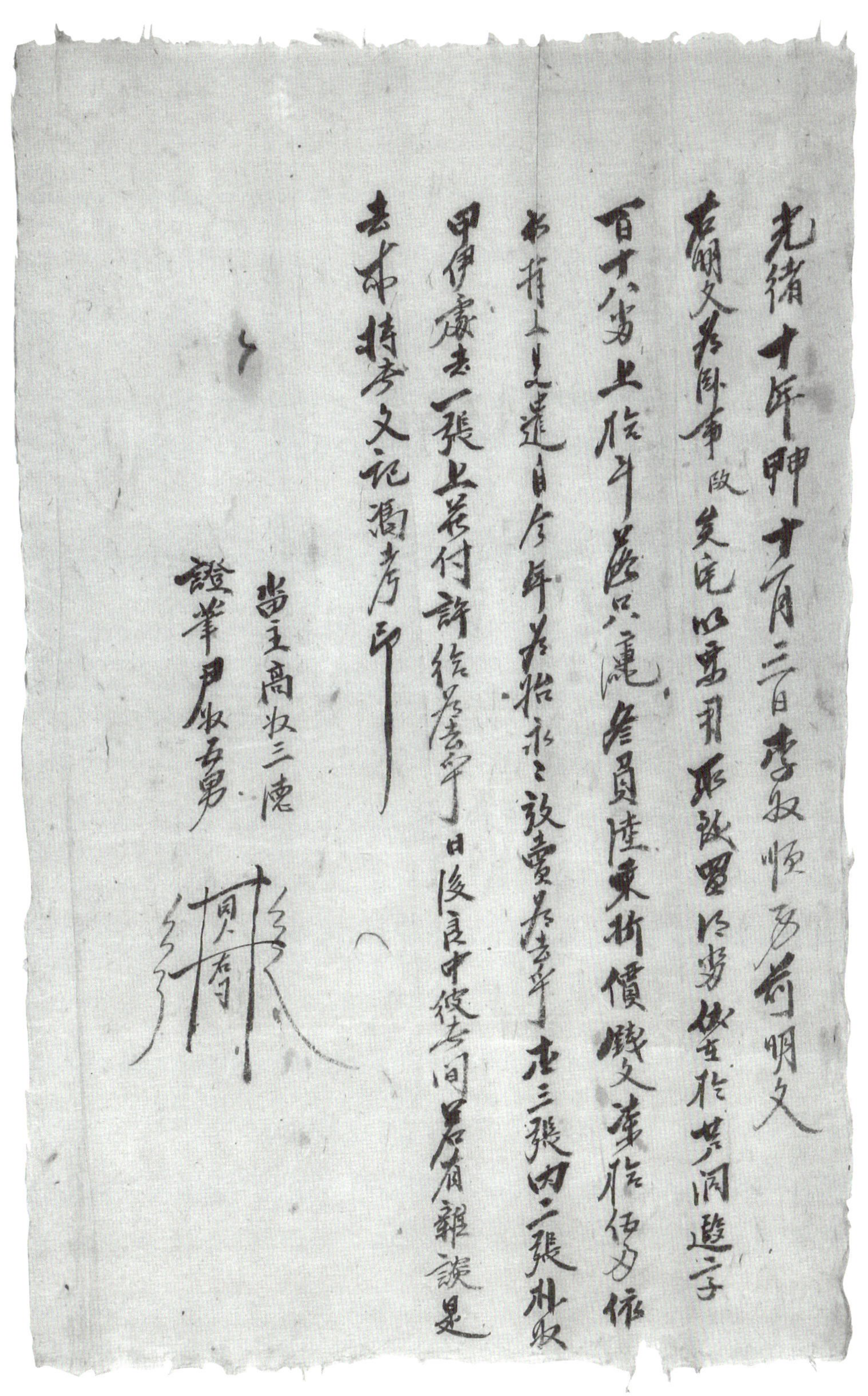

1884년 11월 3일에 高哥의 奴 三德이 李哥의 奴 順男에게 논을 팔면서 발급한 明文

1884년(고종 21), 34.6×35.9

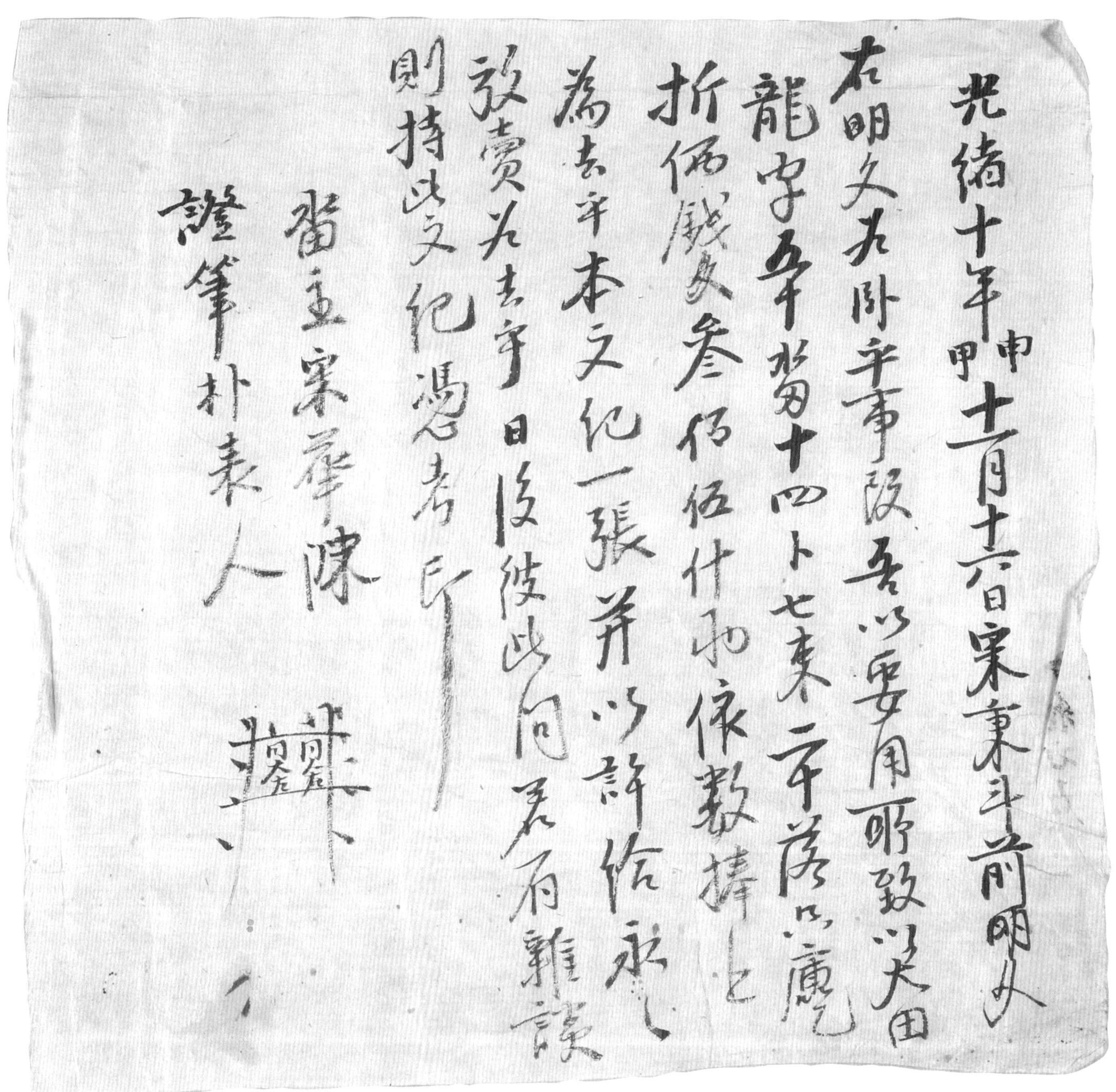

光緒十年甲申十一月十六日宋秉斗前明文
右明文爲臥乎事段 吾以要用所致 以大田
龍字畓十四卜七束二斗落只處
折價錢文參佰伍什兩依數捧上
爲去乎 本文記一張并以許給 永永
放賣爲去乎 日後彼此間若有雜談
則持此文記憑考事
畓主 宋華深
證筆 朴表人

1884년 11월 16일에 宋華深이 宋秉斗에게 논을 팔면서 발급한 明文

明文 430

1885년(고종 22), 69×44.9

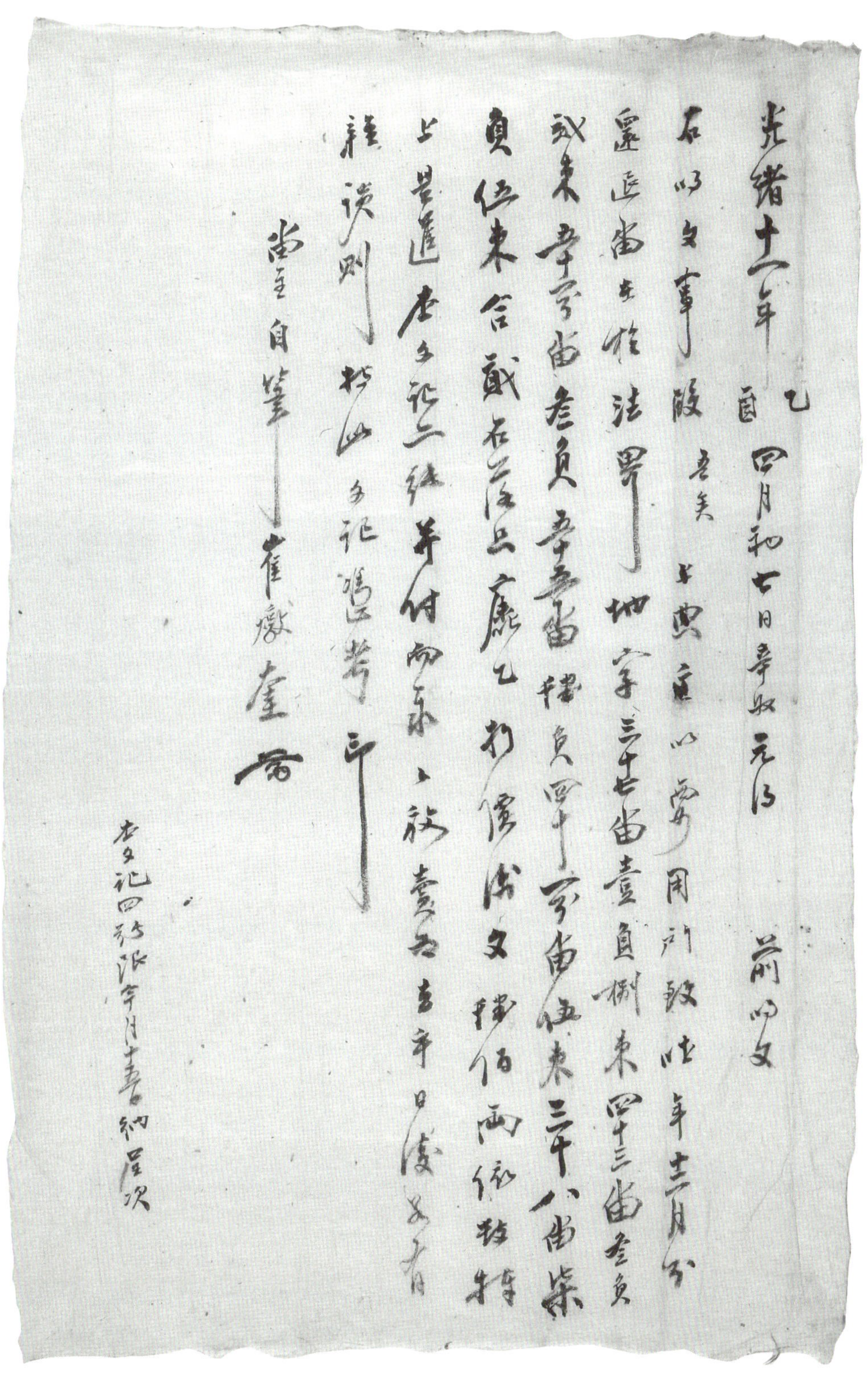

1885년 4월 초7일에 崔燉奎가 辛哥의 奴 元得에게 논을 팔면서 발급한 明文

明文 431

1885년(고종 22), 33.5×35.2

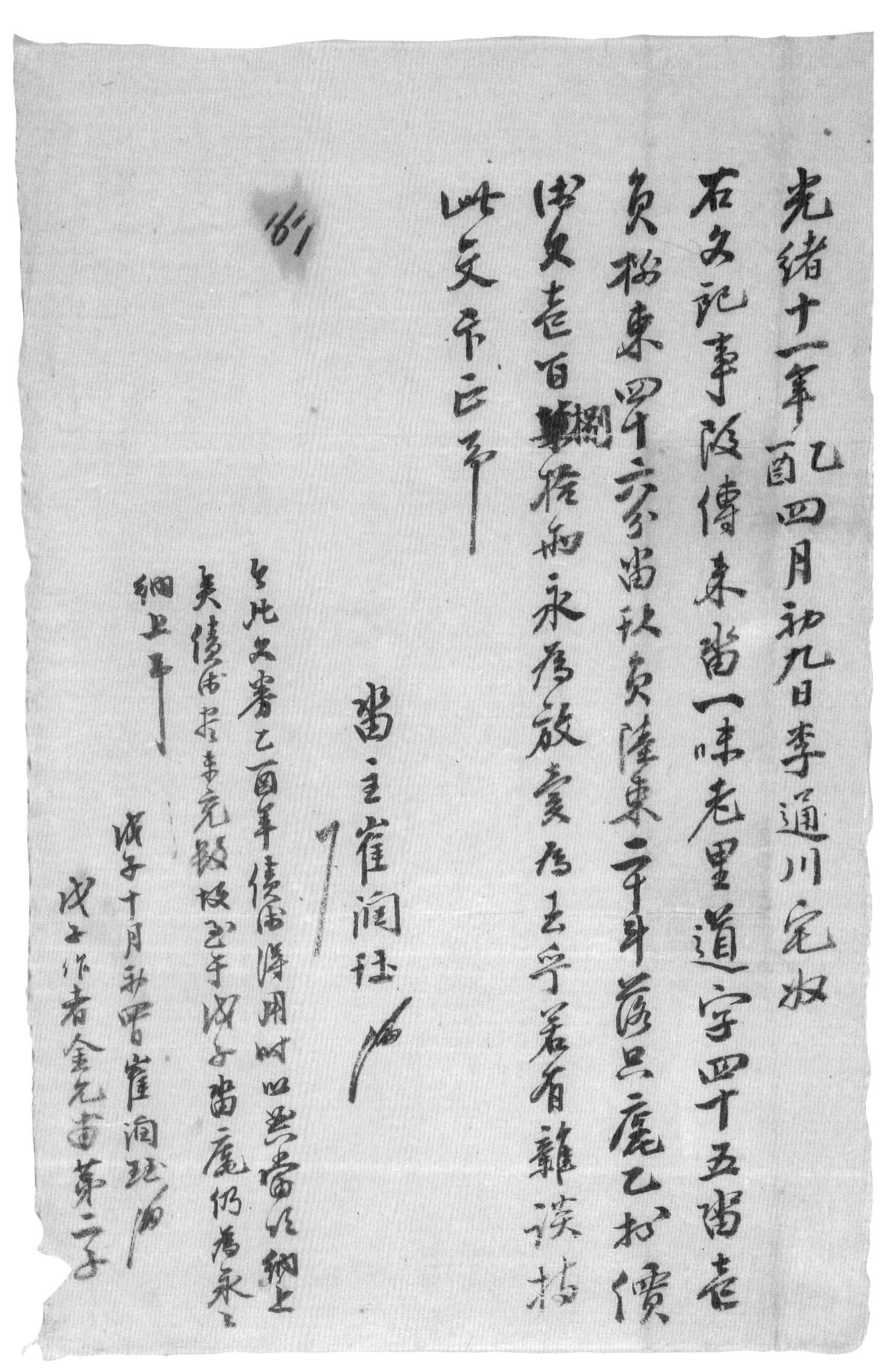

光緒十一年乙酉四月初九日李通川宅奴

右文記事段傳來沓一味老里道字四十五沓壹

負拾束四斗六升沓秋負陸束二斗落只庫乙以價

錢文壹百[illegible]拾兩永爲放賣爲去乎若有雜談持

此文告卞正事

沓主 崔潤珏

1885년 4월 초9일에 崔潤珏이 李通川 宅의 奴에게 논을 팔면서 발급한 明文

明文 432

1885년(고종 22), 50.7×37.5

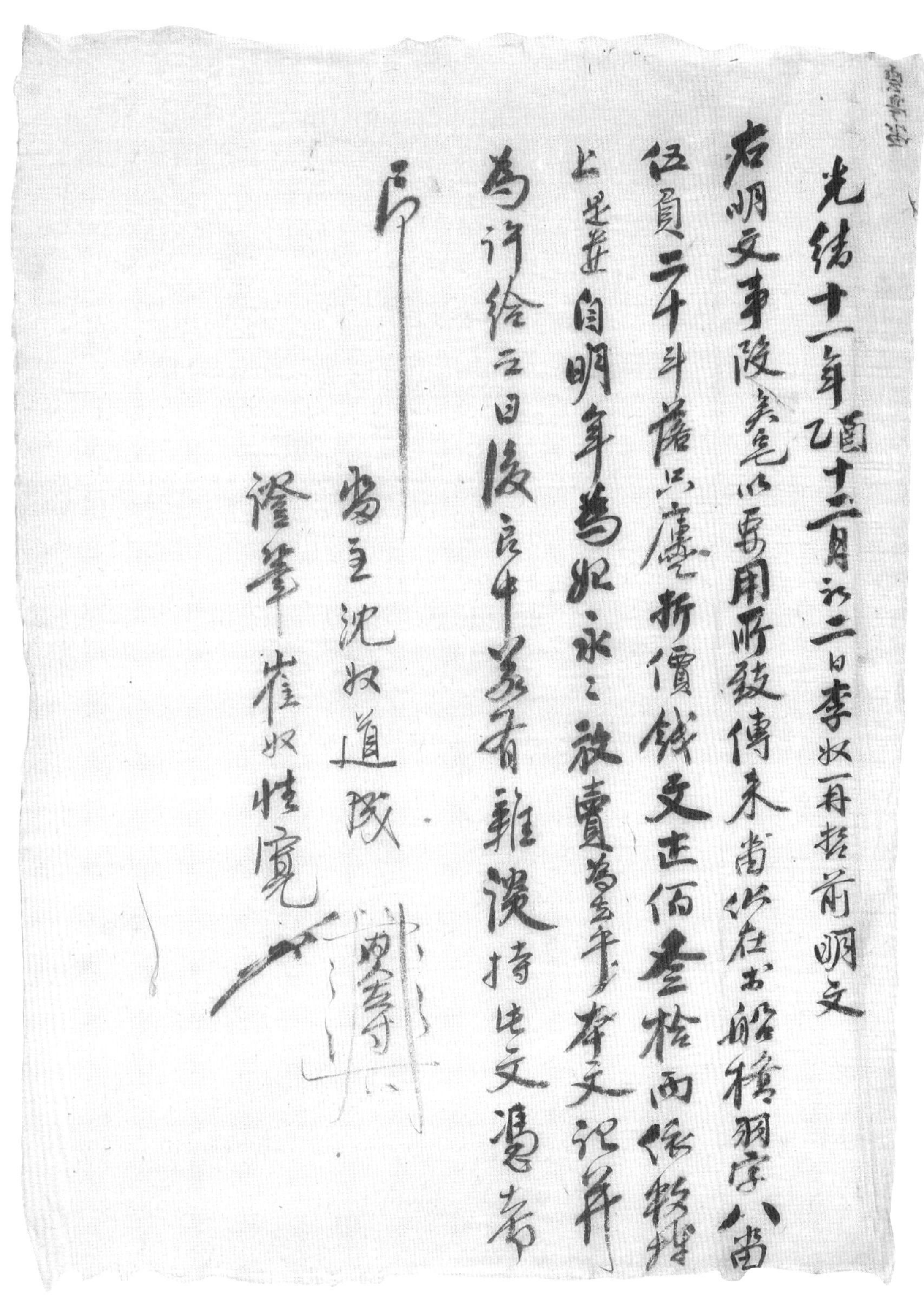

光緖十一年乙酉十二月初二日李奴再哲前明文

右明文事段矣宅以要用所致傳來畓伏在於船積羽字八畓

伍負二斗落只處折價錢文伍佰叁拾兩依數捧

上是遣自明年爲始永永放賣爲去乎本文記幷

爲許給之日後良中若有雜談持此文憑考

事

畓主 沈奴 道成

證筆 崔奴 性寬

1885년 12월 초2일에 沈哥의 奴 道成이 李哥의 奴 再哲에게 논을 팔면서 발급한 明文

1885년(고종 22), 51.1×37.1

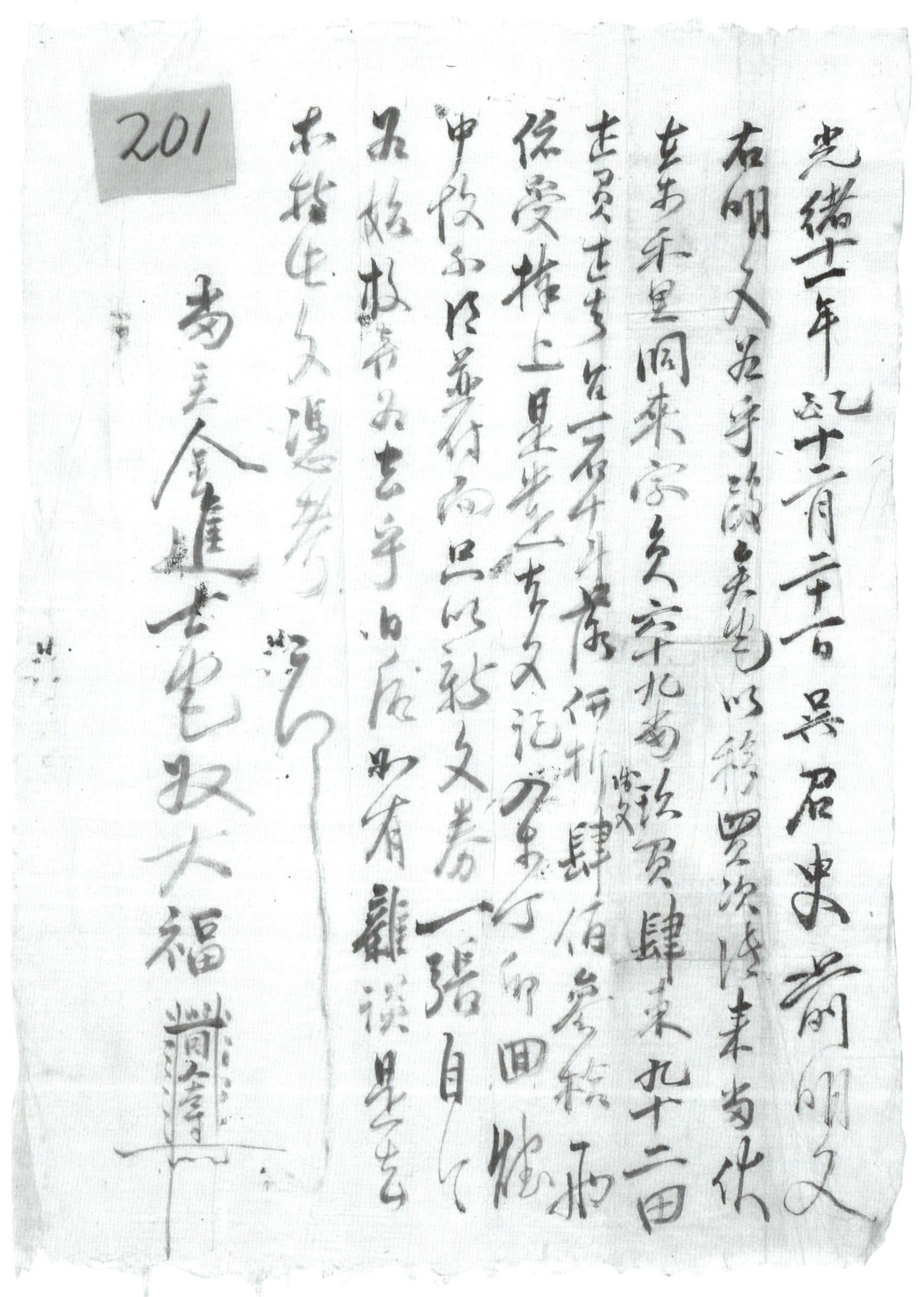

光緒十一年乙酉十二月二十一日 吳召史前明文

畓主 金進士宅奴 大福

1885년 12월 21일에 金進士 宅 奴 大福이 吳召史에게 전답을 팔면서 발급한 明文

明文 434

1886년(고종 23), 64×42

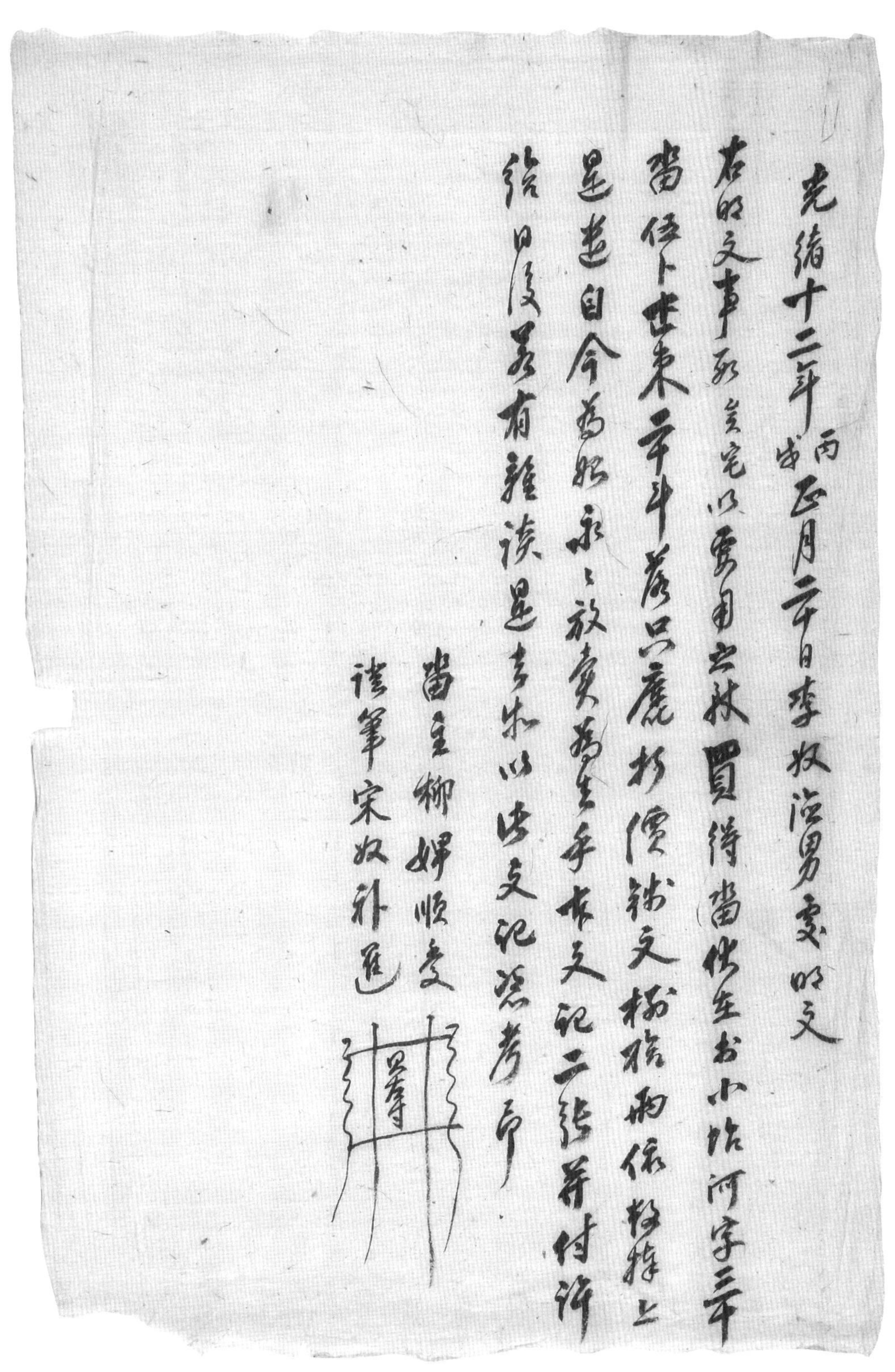

光緖十二年丙戌正月二十日李奴德男處明文

右明文事段矣宅以要用[illegible]買得畓伏在於小陪河字三十

當伍卜七束二十斗落只[illegible]價錢文[illegible]兩依數捧上

是遣自今爲始永永放賣爲去乎本文記二張幷付許

給日後若有雜談是去等以此文記告官辨正事

畓主 柳婢順愛

證筆 宋奴朴[illegible]

1886년 1월 20일에 柳哥의 婢 順愛가 李哥의 奴 德男에게 논을 팔면서 발급한 明文

1886년(고종 23), 65.3×42.6

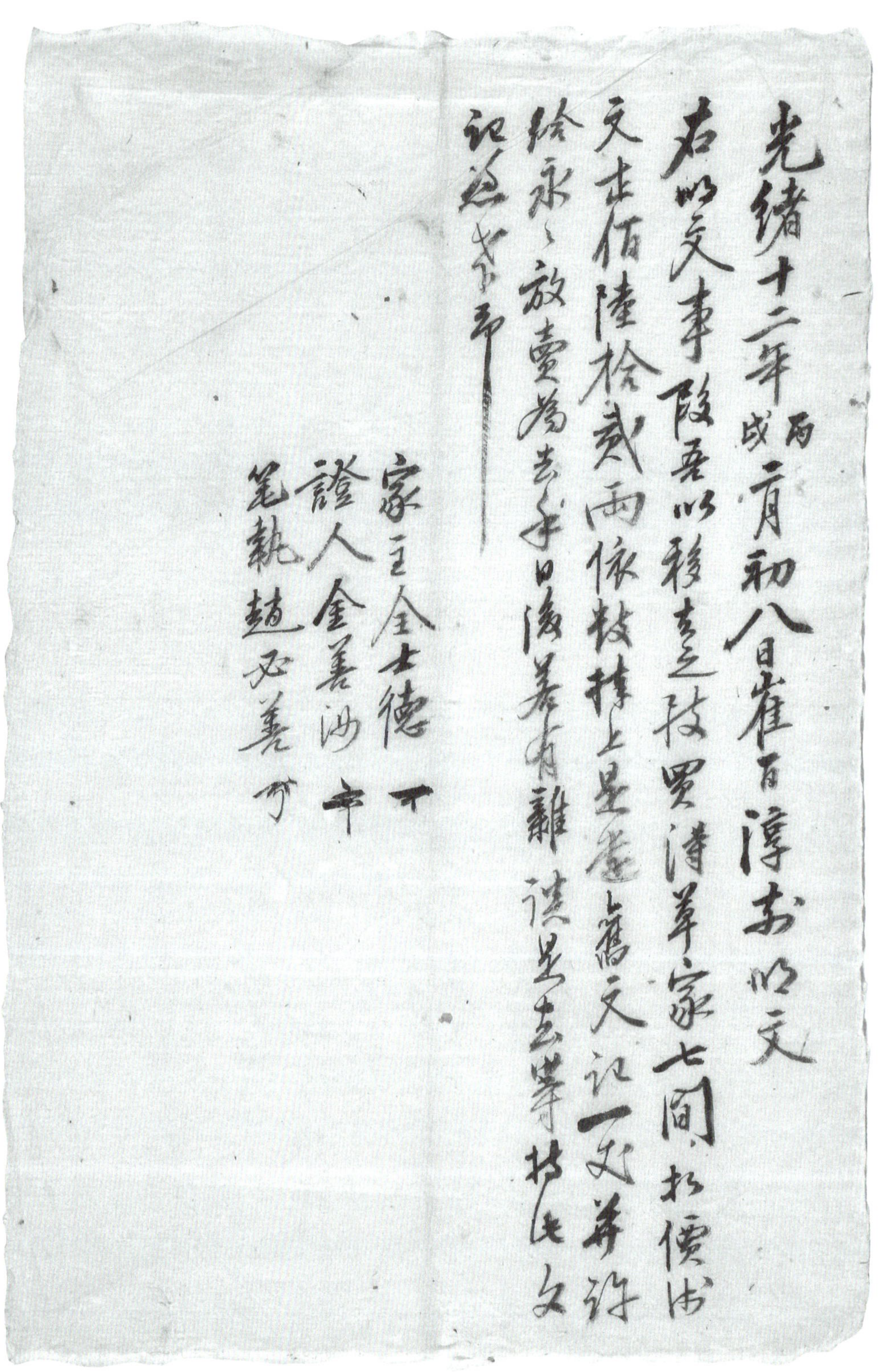

光緒十二年丙戌二月初八日崔百淳前明文

右明文事段吾以移去段買得草家七間折價錢文五佰陸拾貳兩依數捧上是遣舊文記一丈并許給永永放賣爲去乎日後若有雜談是去等持此文記憑考事

家主 全士德

證人 金善汝

筆執 趙必善

1886년 2월 초8일에 全士德이 崔百淳에게 草家를 팔면서 발급한 明文

明文 436

1887년(고종 24), 52.1×33.8

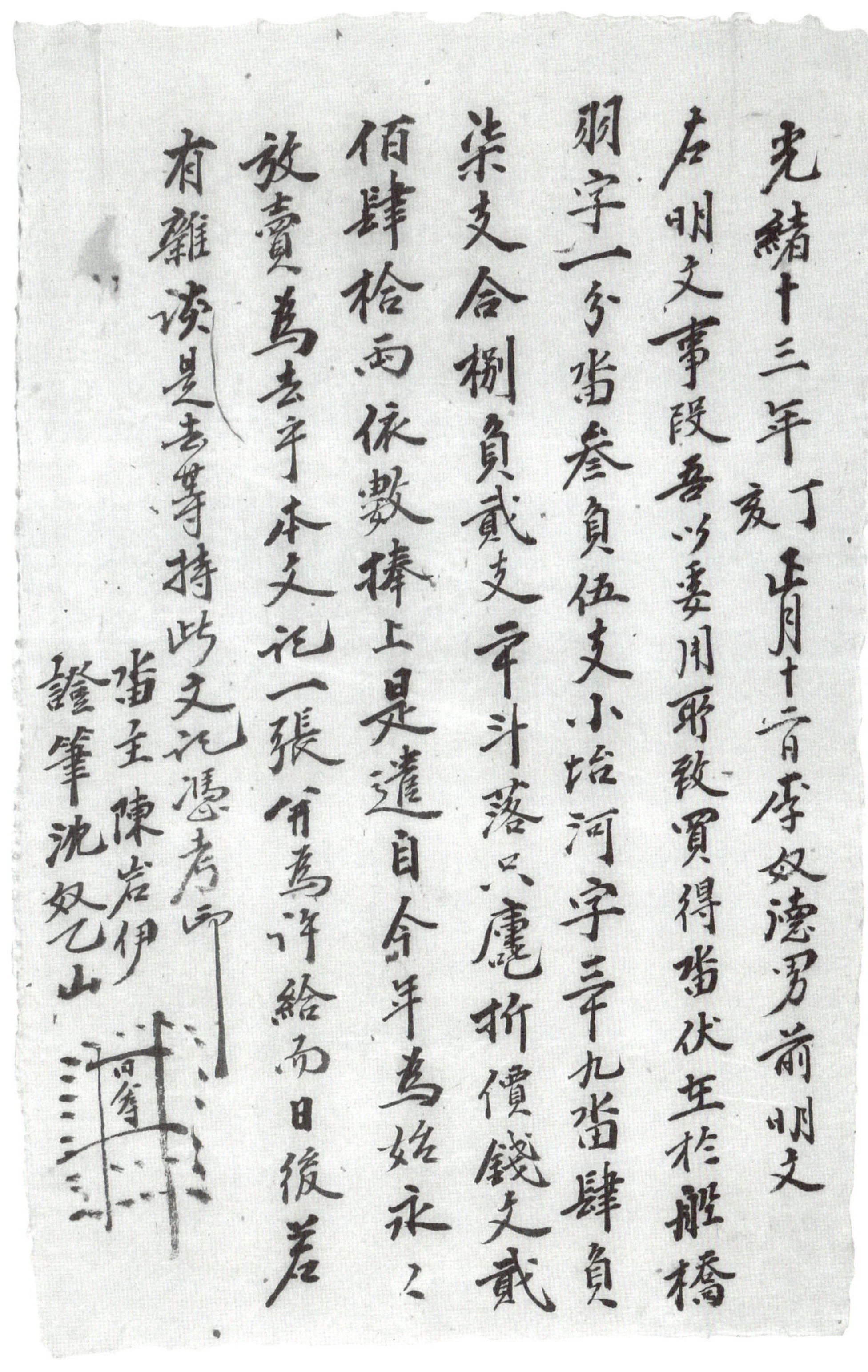

光緖十三年丁亥正月十二日李奴德男前明文

右明文事段吾以要用所致買得畓伏在於船橋

羽字一分畓參負伍束小坮河字二十九畓肆負

柒束合捌負貳束十斗落只處折價錢文貳

佰肆拾兩依數捧上是遣自今年爲始永永

放賣爲去乎本文記一張幷爲許給而日後若

有雜談是去等持此文記憑考事

畓主 陳岩伊

證筆 沈奴乙山

1887년 1월 12일에 陳岩伊가 李哥의 奴 德男에게 논을 팔면서 발급한 明文

明文 437

1887년(고종 24), 50.2×30.1

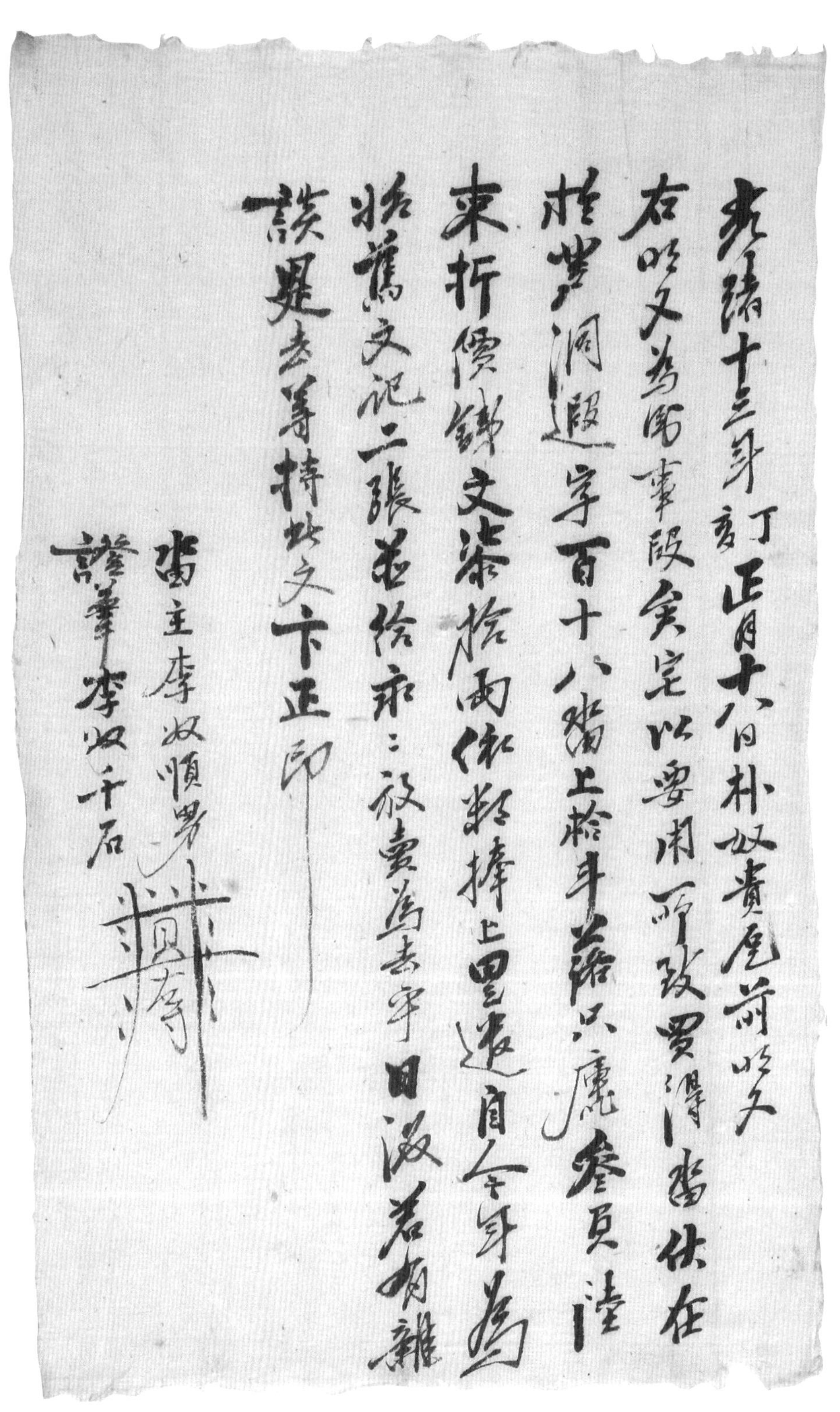
光緒十三年丁亥正月十八日朴奴貴乭前明文

右明文爲因事段矣宅以要用所致買得畓伏在

於甘洞坪字百十八畓上拾斗落只庫叁負陸

束折價錢文柒拾兩依數捧上遣自今年爲

始舊文記二張並給永永放賣爲去乎日後若有雜

談是去等持此文下正印

畓主李奴順男

證筆李奴千石

1887년 1월 18일에 李哥의 奴 順男이 朴哥의 奴 貴乭에게 논을 팔면서 발급한 明文

明文 438

1887년(고종 24), 60.9×62.3

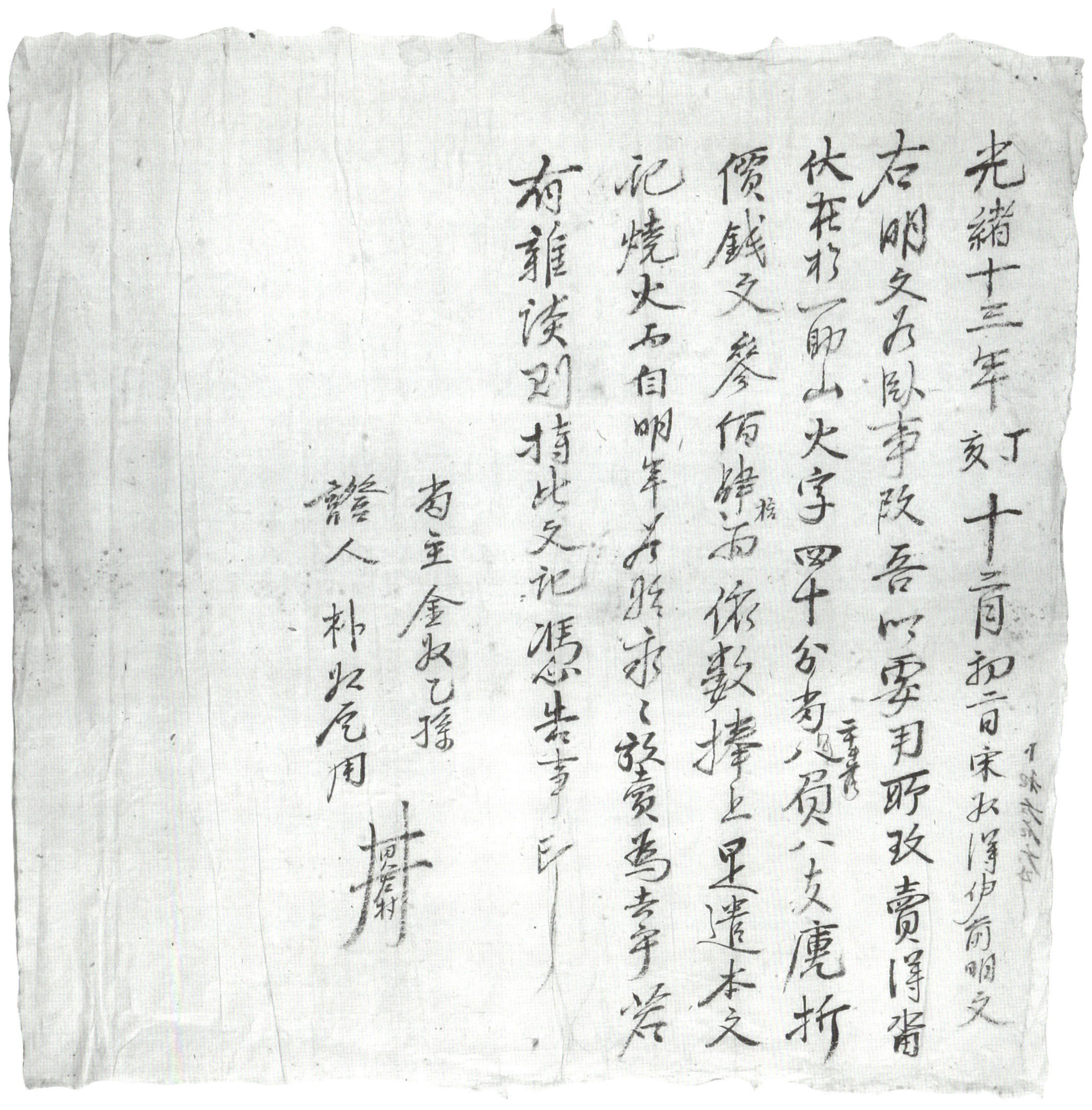

光緖十三年丁亥十二月初二日宋奴得伊前明文
右明文爲臥事段吾以要用所致賣得畓
伏在於一鳴山火字四斗分畓八負八束處折
價錢文參佰捌拾兩依數捧上是遣本文
記燒火而自明年爲始永永放賣爲去乎若
有雜談則持此文記憑告事

畓主 金奴乙孫
證人 朴奴尼用

1887년 12월 초2일에 金哥의 奴 乙孫이 宋哥의 奴 得伊에게 논을 팔면서 발급한 明文

明文 439

1887년(고종 24), 51×57.3

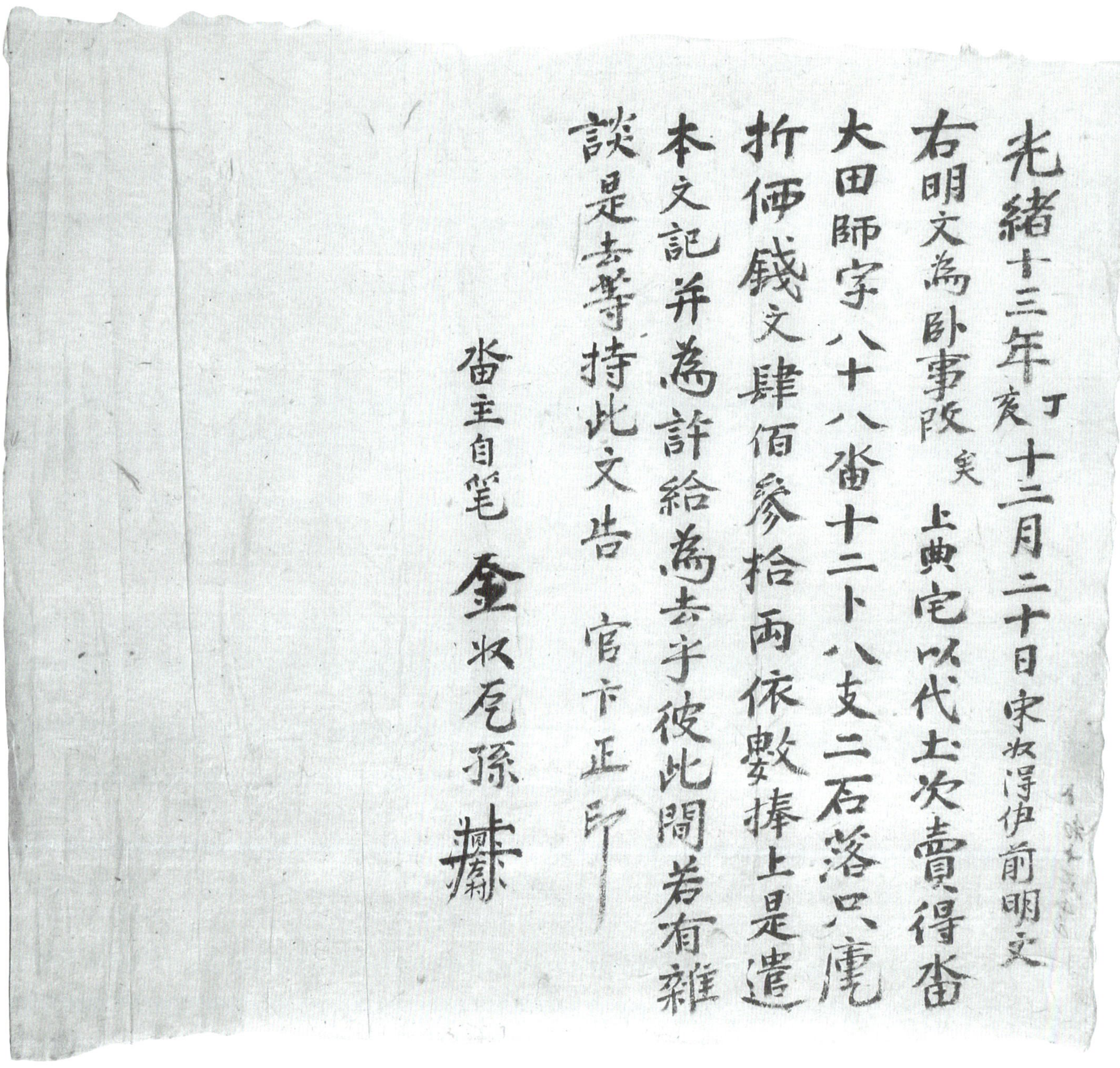

光緒十三年丁亥十二月二十日宋奴得伊前明文

右明文爲卧事段矣 上典宅以代土次買得畓

大田師字八十八畓十二卜八支二石落只庫

折価錢文肆佰參拾兩依數捧上是遣

本文記并爲許給爲去乎彼此間若有雜

談是去等持此文告 官卞正印

畓主自笔 金奴乭孫

1887년 12월 20일에 金哥의 奴 乭孫이 宋哥의 奴 得伊에게 논을 팔면서 발급한 明文

明文 440

1888년(고종 25), 46×35.9

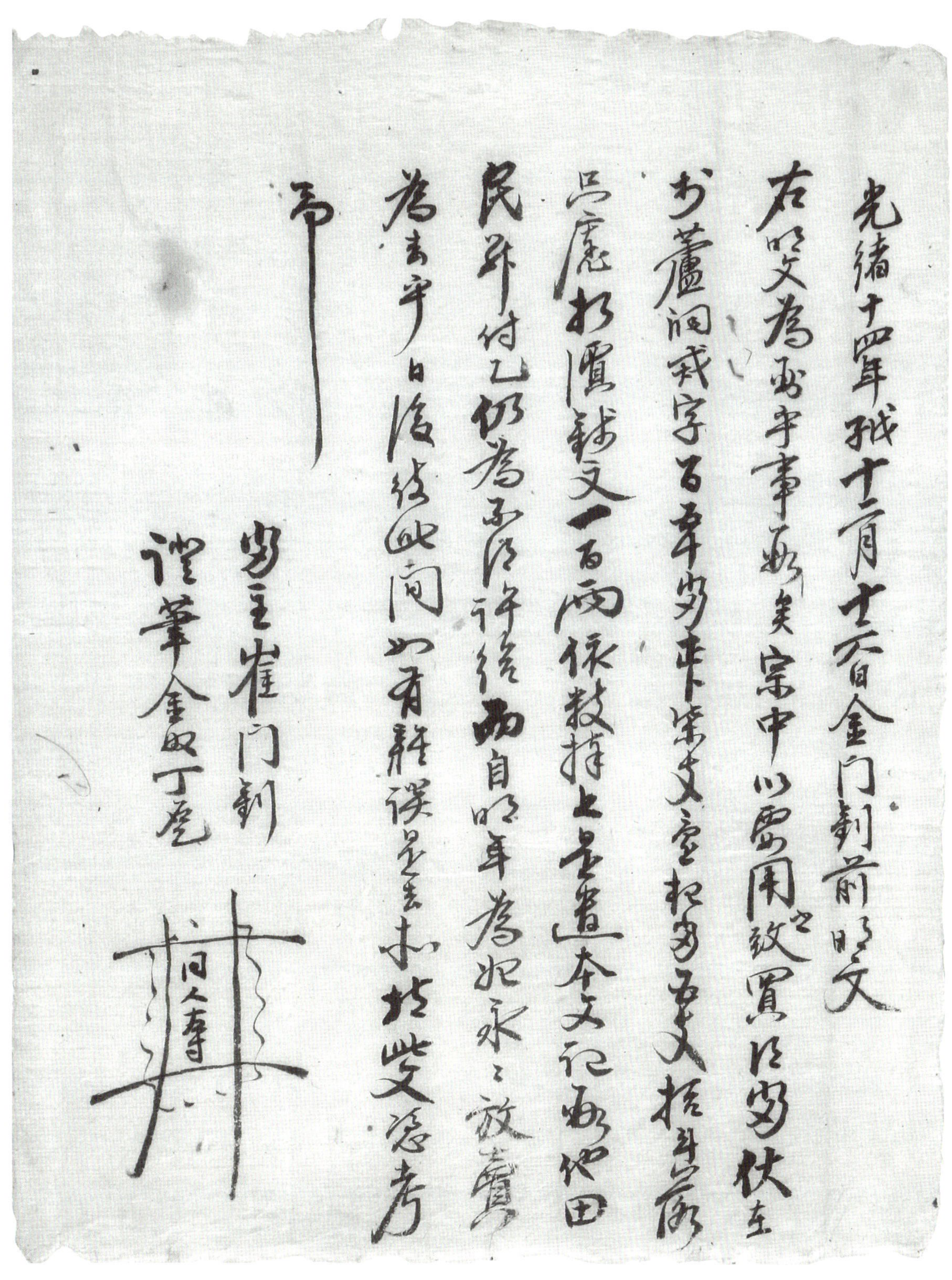

光緒十四年戊子十二月十六日金門釗前明文

右明文爲[illegible]事段矣宗中以要用致買之畓伏在

於蘆洞戎字[illegible]斗落

只處折價錢文一百兩依數捧上是遣本文記段[illegible]

[illegible]自明年爲始永永放賣

爲去乎日後[illegible]如有雜談是去等持此文憑考

事

畓主 崔門釗

證筆 金[illegible]

1888년 12월 16일에 崔門釗가 金門釗에게 논을 팔면서 발급한 明文

明文 441

1889년(고종 26), 56.2×37.4

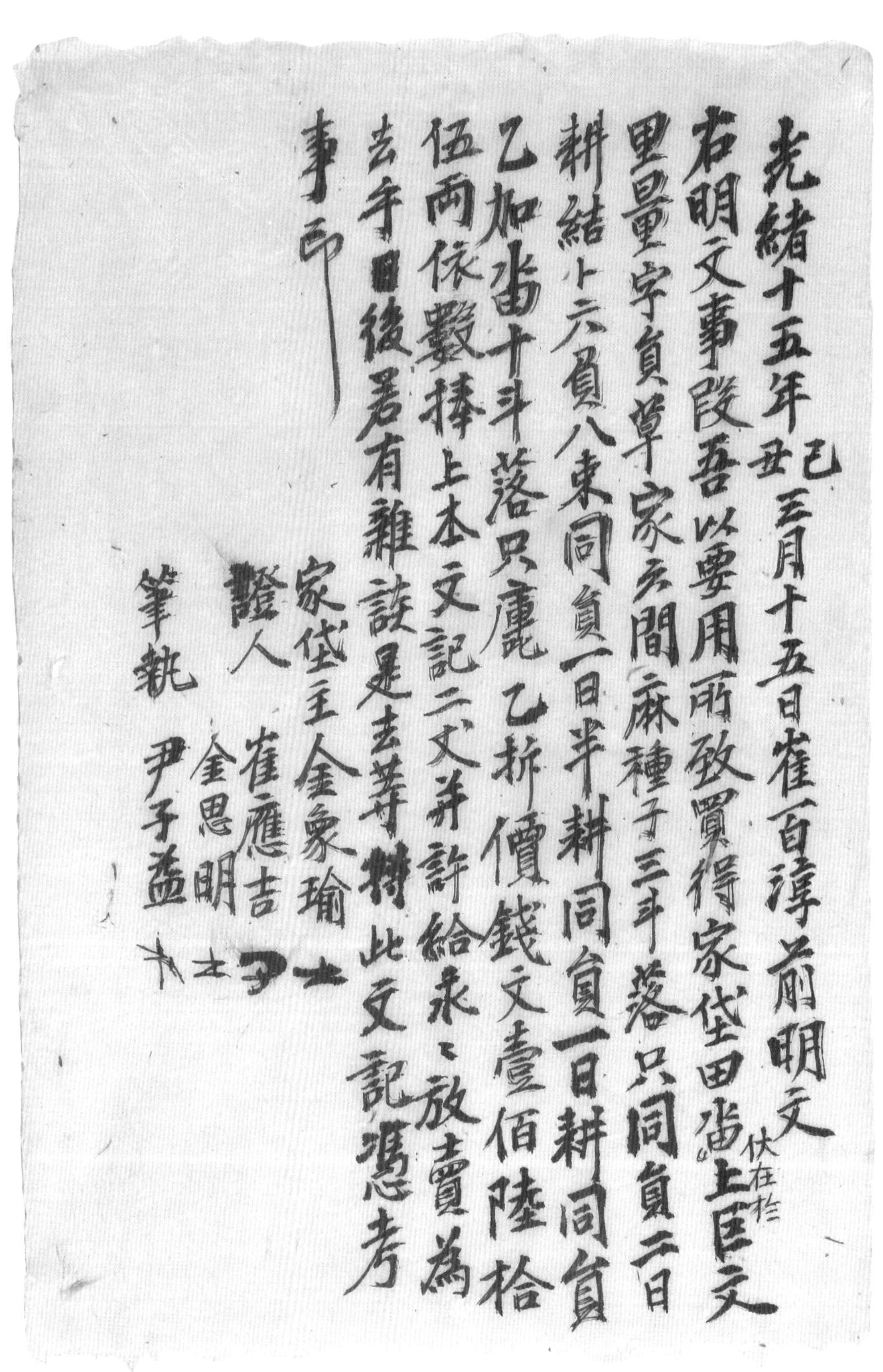

光緒十五年己丑三月十五日崔百淳前明文

右明文事段吾以要用所致買得家垈田畓伏在於上巨文里量字負草家六間麻種子三斗落只同負二日耕結卜六負八束同負一日半耕同負一日耕同負乙加畓十斗落只庫乙折價錢文壹佰陸拾伍兩依數捧上本文記二丈并許給永永放賣爲去乎日後若有雜談是去等持此文記憑考事

家垈主 金象瑜

證人 崔應吉

金思明

筆執 尹子益

1889년 3월 15일에 金象瑜가 崔百淳에게 家垈 등을 팔면서 발급한 明文

明文 442

1889년(고종 26), 58×37.1

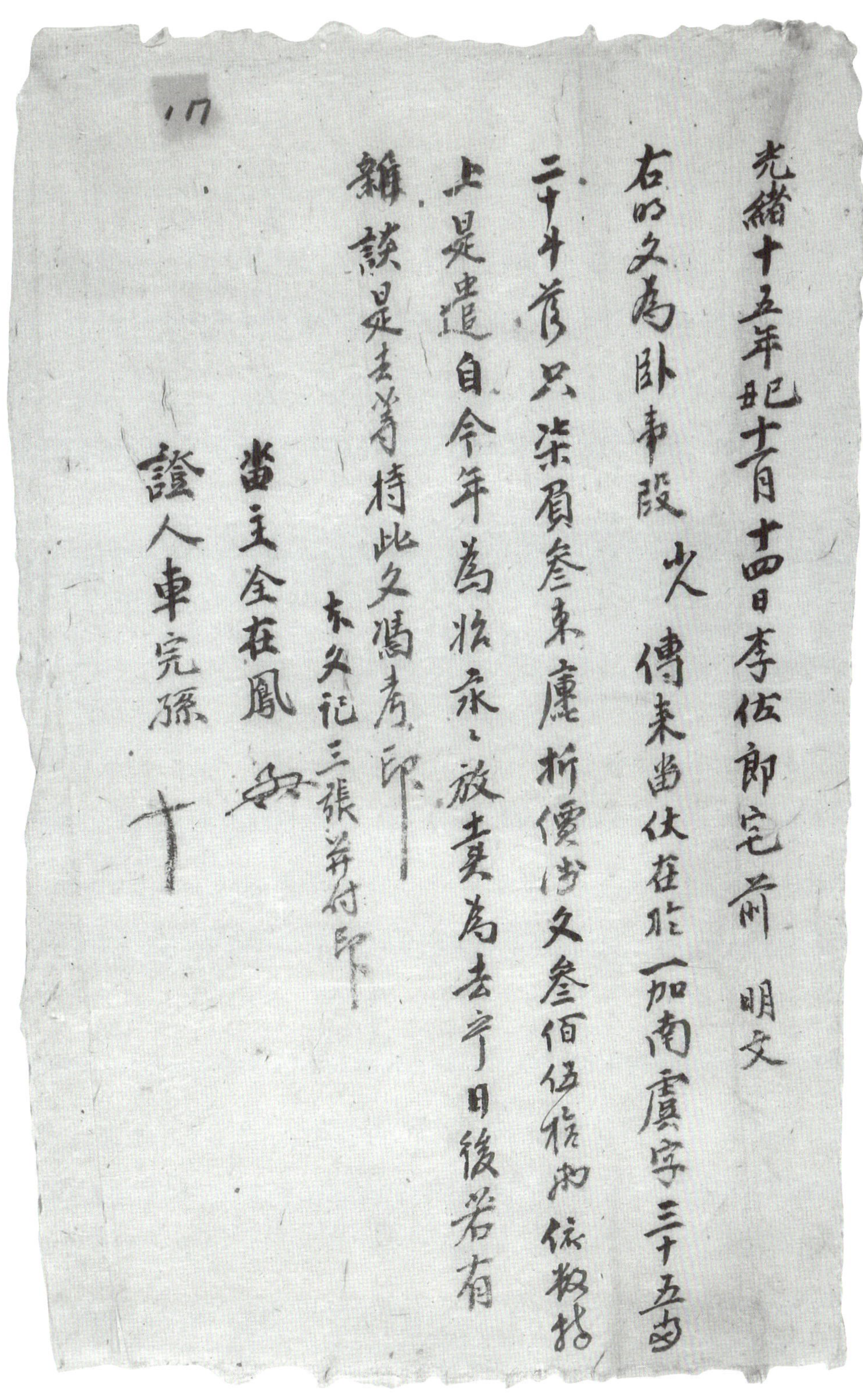
光緒十五年己丑十一月十四日李佐郎宅前 明文

右明文爲臥事段 以傳來畓伏在於加南廣字三十五畓

二十斗落只柒負參束庫折價錢文參佰伍拾兩依數捧

上是遣自今年爲始永永放賣爲去乎日後若有

雜談是去等持此文憑考事

本文記三張并付事

畓主 全在鳳

證人 車完孫

1889년 11월 14일에 全在鳳이 李佐郎 宅에게 논을 팔면서 발급한 明文

明文 443

1889년(고종 26), 53.3×37.5

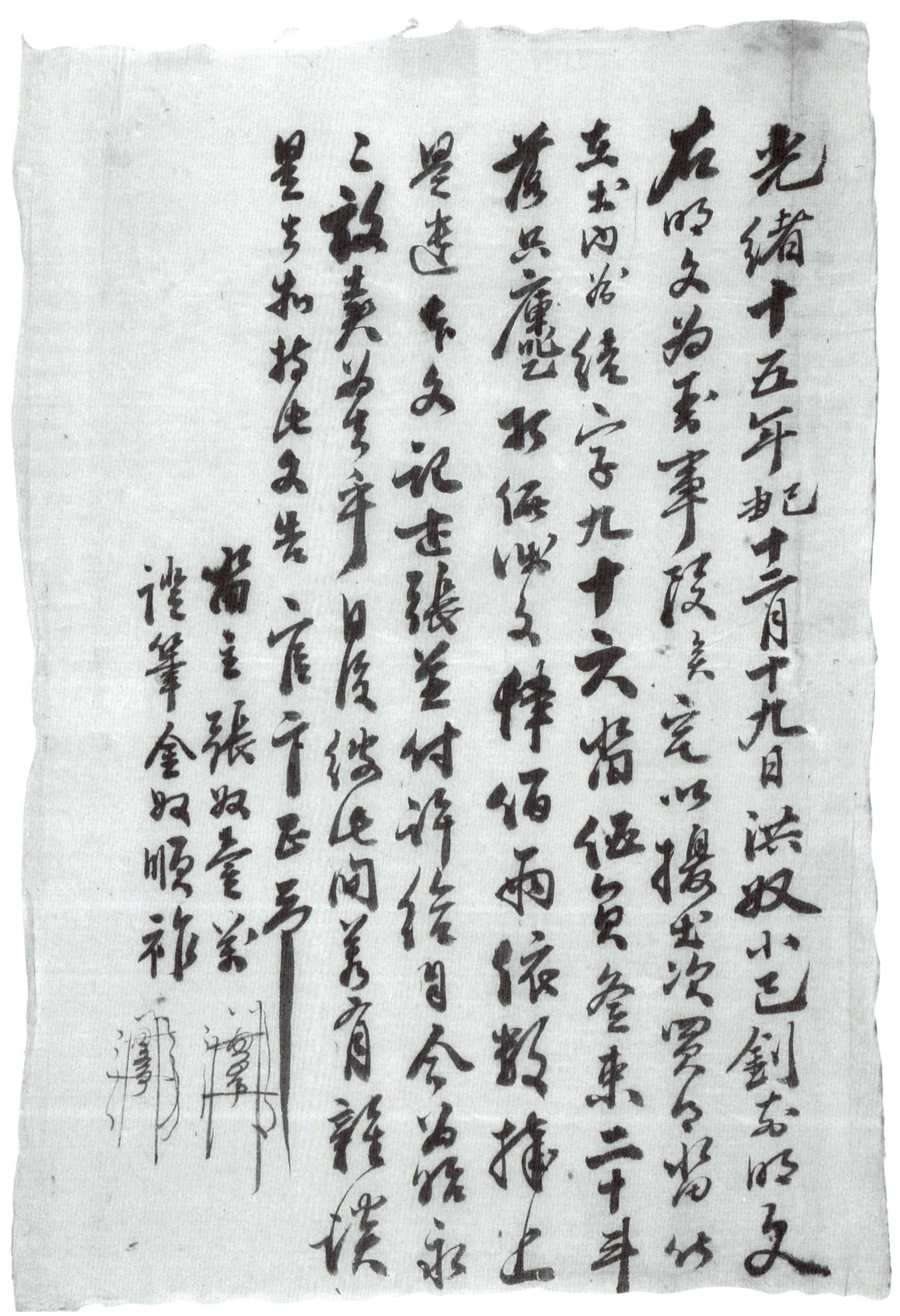

1889년 12월 19일에 張哥의 奴 壹萬이 洪哥의 奴 小己釗에게 논을 팔면서 발급한 明文

明文 444

1890년(고종 27), 42.9×19.9

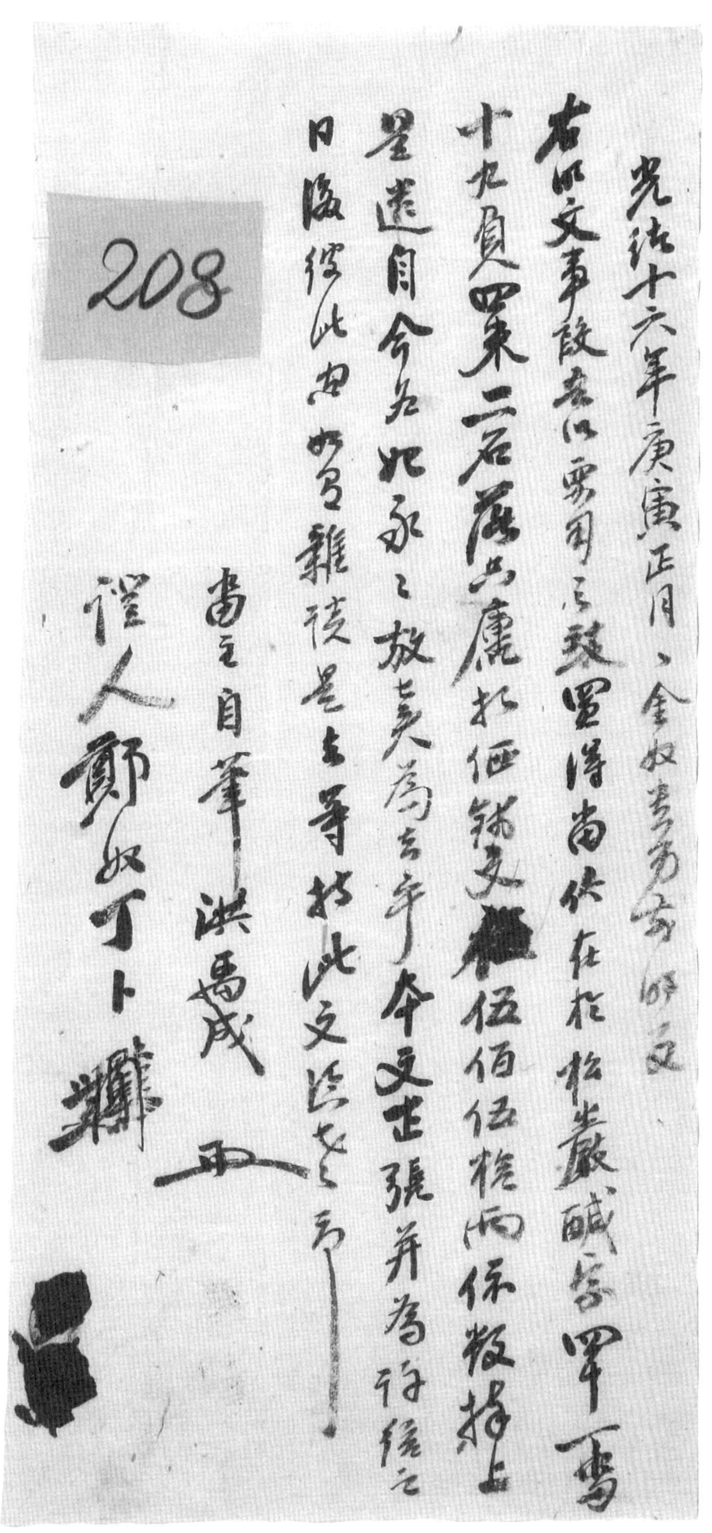

光緖十六年庚寅正月 日 金奴貴男處明文

右明文事段 矣身要用所致 買得當伏在於松巖酺谷坪

十九負四束二石落庫 相價錢文 伍佰伍拾兩 依數捧上

是遣 自今爲始 永永放賣爲去乎 本文記壹張并爲符給之

日後 得此由 如有雜談是去等 持此文記 告官卞正事

畓主 自筆 洪禹成

證人 鄭奴丁卜

1890년 1월에 洪禹成이 金哥의 奴 貴男에게 논을 팔면서 발급한 明文

1890년(고종 27), 55.7×36.7

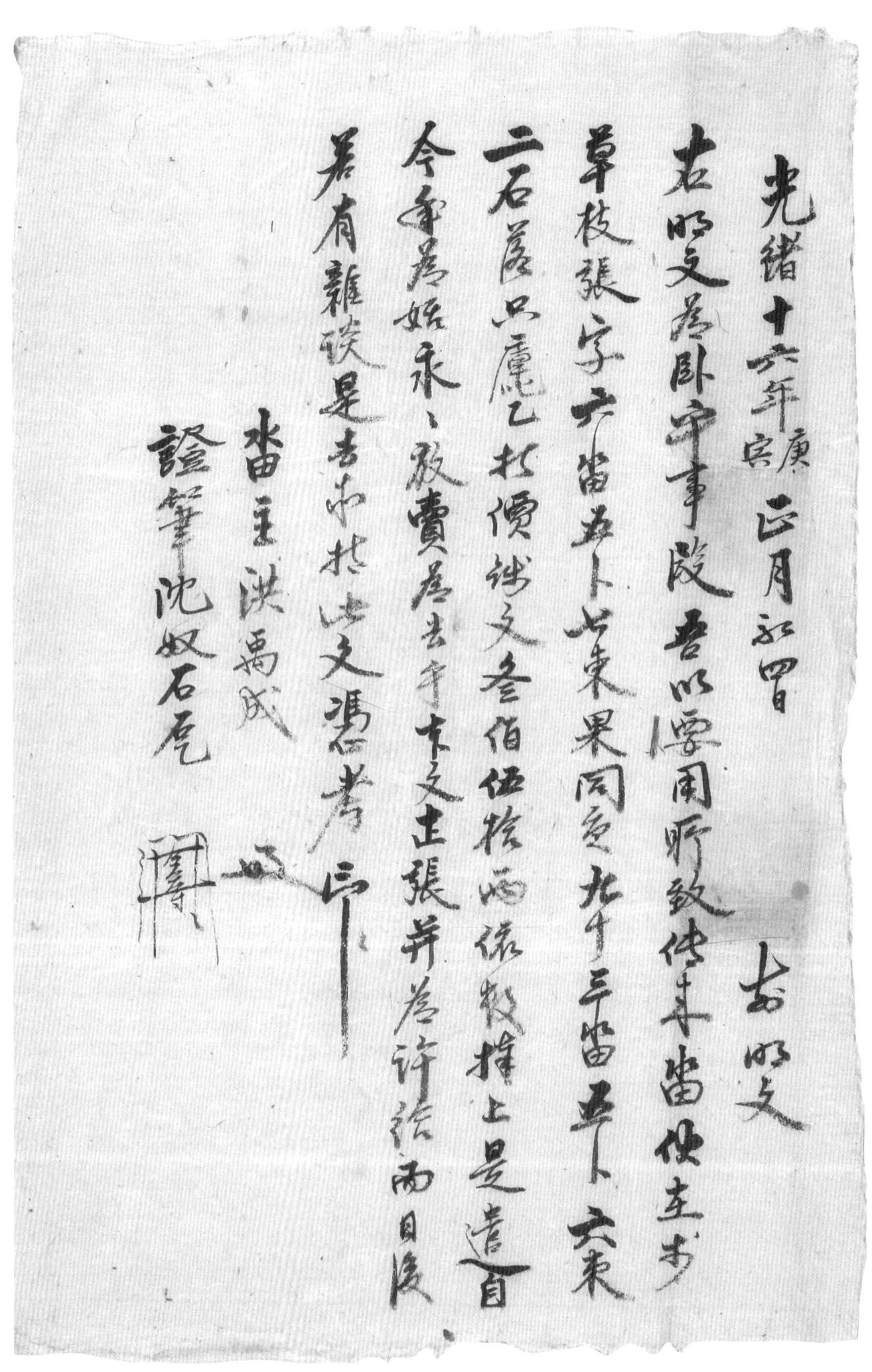

光緒十六年庚寅正月初四日 右明文

右明文爲卧乎事段 吾以要用所致 傳來畓伏在步

草枝張字六畓五卜七束果同庄九卜三畓五卜六束

二石落只處乙 折價錢文叁佰伍拾兩依數捧上是遣 自

今年爲始永永放賣爲去乎 本文記張幷爲許給而日後

若有雜談是去等 持此文憑考事

畓主 洪禹成

證筆 沈奴石乭

1890년 1월 초4일에 洪禹成이 논을 팔면서 발급한 明文

明文 446

1890년(고종 27), 98.9×61.7

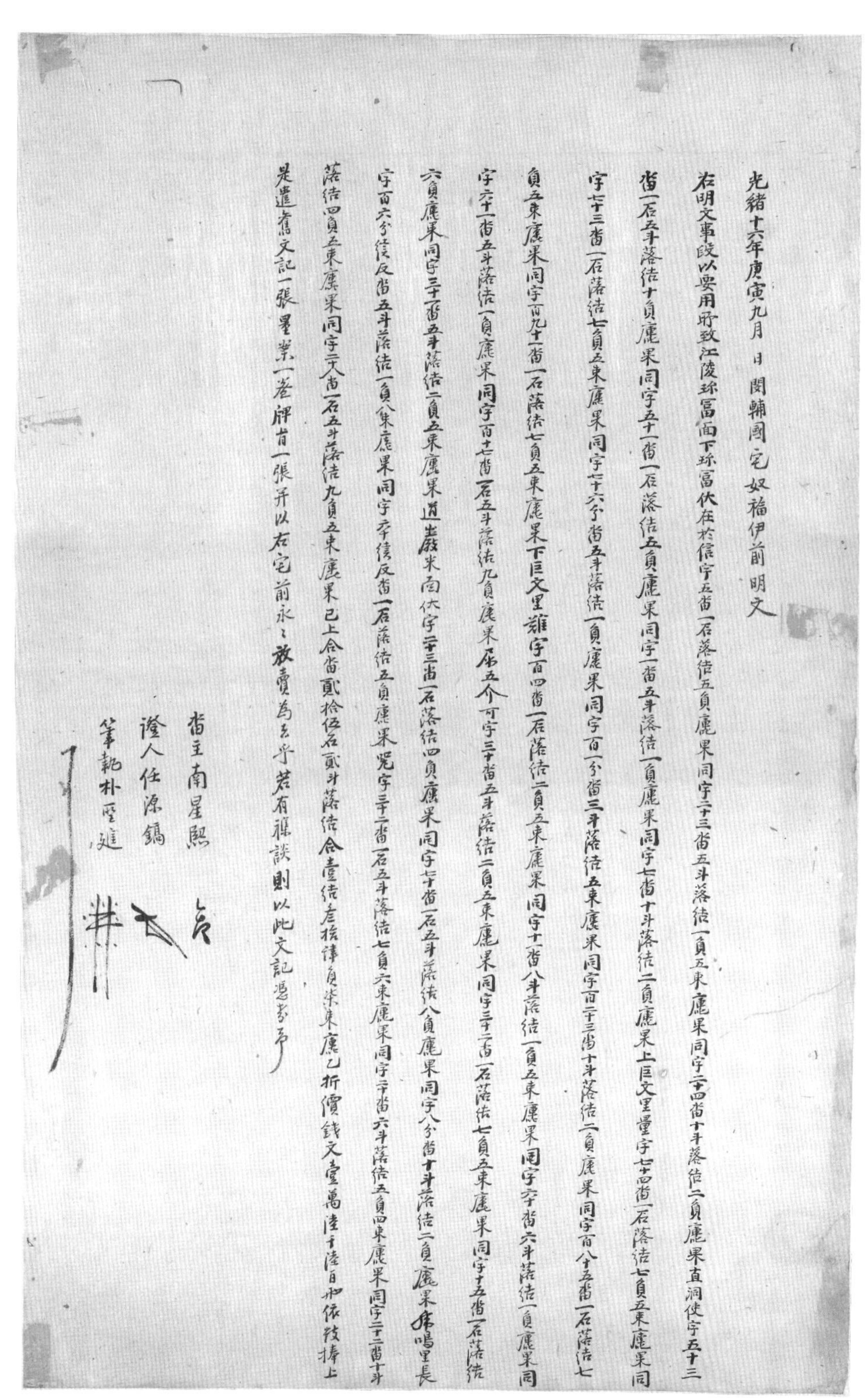
光緒十六年庚寅九月 日 閔輔國宅奴福伊前明文

右明文事段以要用所致江陵珍富面下珍富伏在於信字五沓一石落結五負鹿果同字二十三沓五斗落結一負五束鹿果同字二十四沓十斗落結二負鹿果直洞使字五十三沓一石五斗落結十負鹿果同字五十一沓一石落結五負鹿果同字一沓五斗落結一負鹿果同字七沓十斗落結二負鹿果上巨文里量字七十四沓一石落結七負五束鹿果同字七十三沓一石落結七負五束鹿果同字七十六分沓五斗落結一負鹿果同字百一分沓三斗落結五束鹿果同字百二十三沓十斗落結二負鹿果同字百八十五沓一石落結七負五束鹿果同字百九十一沓一石落結七負五束鹿果下巨文里雖字百四沓一石落結二負五束鹿果同字十一沓八斗落結一負五束鹿果同字卆沓六斗落結一負鹿果同字六十一沓五斗落結一負鹿果同字百十七沓一石五斗落結九負鹿果居五介可字三十沓五斗落結二負五束鹿果同字三十二沓一石落結七負五束鹿果同字十五沓一石落結六負鹿果同字三十一沓五斗落結二負五束鹿果道巖米面伏字二十三沓一石落結四負鹿果同字七十沓一石五斗落結八負鹿果同字八分沓十斗落結二負鹿果佛鳴里長字百六分續反沓五斗落結一負八束鹿果同字卆續反沓一石落結五負鹿果兇字三十二沓一石五斗落結七負六束鹿果同字二十沓六斗落結五負四束鹿果同字二十二沓十斗落結四負五束鹿果同字二十八沓一石五斗落結九負五束鹿果已上合沓貳拾伍石貳斗落結合壹結叁拾肆負柒束鹿乙折價錢文壹萬陸千陸百兩依數捧上是遣舊文記一張量案一卷牌旨一張并以右宅前永永放賣爲去乎若有雜談則以此文記憑考事

沓主 南星熙

證人 任源鎬

筆執 朴聖璉

1890년 9월에 畓主 南星熙가 閔輔國 宅 奴 福伊에게 논을 팔면서 발급한 明文

1890년(고종 27), 37.6×29.9

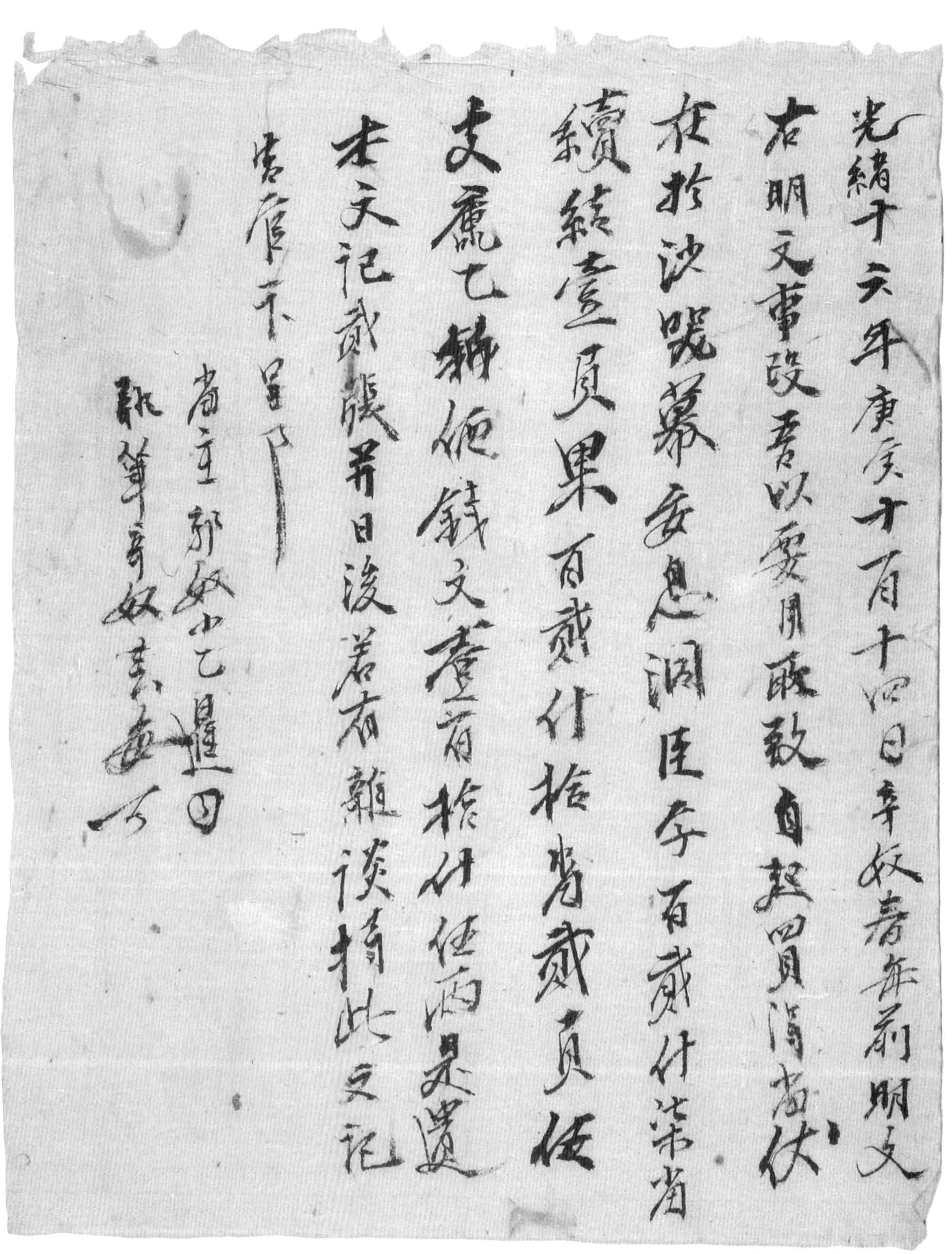

光緒十六年庚寅十一月十四日辛奴春每前明文

右明文事段者以要用所致自起買得畓伏

在於沙號幕安息洞匡字百貳什柒畓

續結壹負果百貳什拾卷貳負伍

丈處乙耕価錢文壹百拾什伍兩是遣

本文記貳張并日後若有雜談持此文記

告官卞呈事

畓主 郭奴小乙遲

執筆 辛奴 春每

1890년 11월 14일에 郭哥의 奴 小乙遲이 辛哥의 奴 春每에게 논을 팔면서 발급한 明文

明文 448

1890년(고종 27), 66.5×62.4

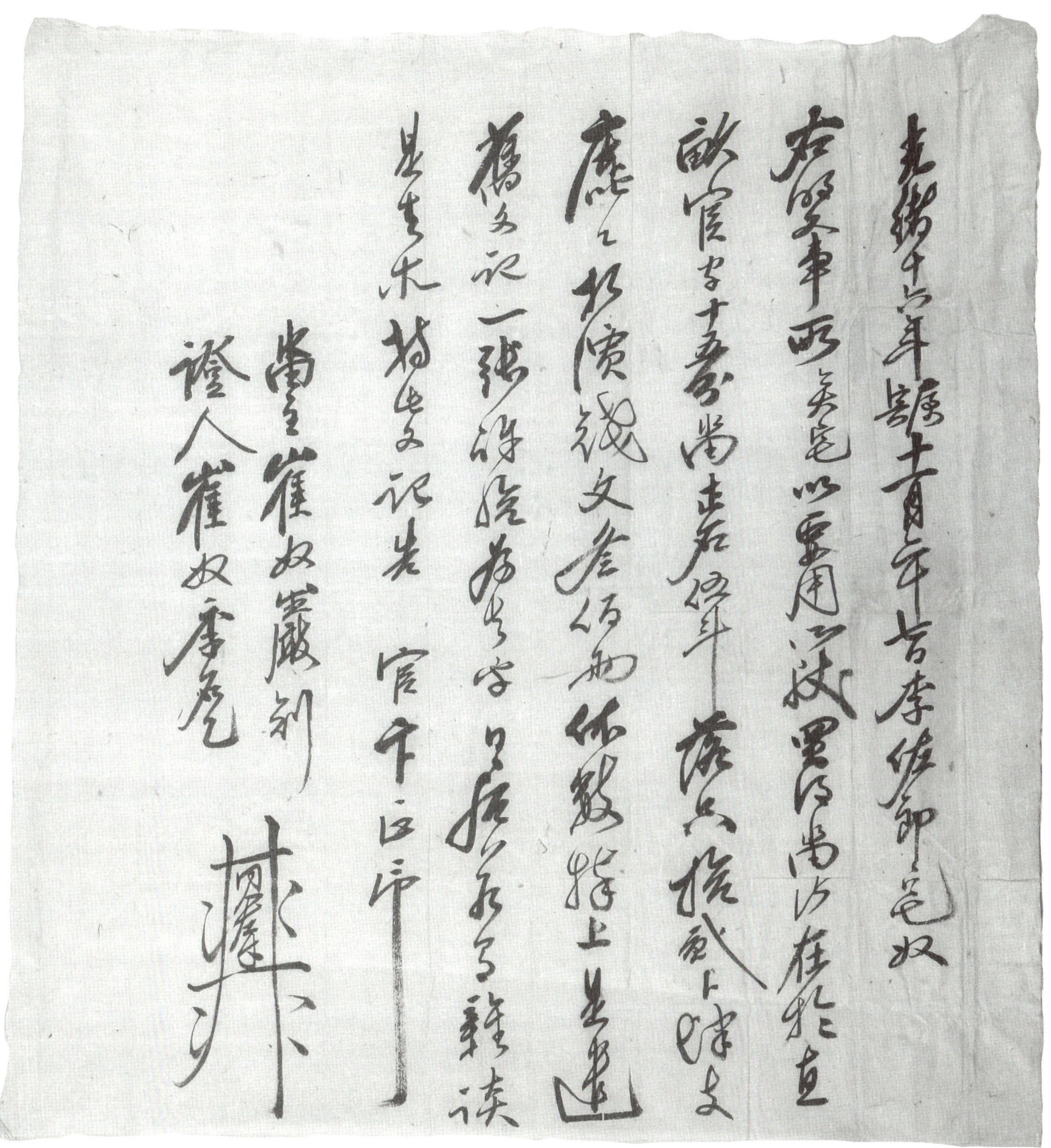

1890년 11월 27일에 崔哥의 奴 巖釗가 李佐郎 宅의 奴에게 논을 팔면서 발급한 明文

1890년(고종 27), 54.9×38.6

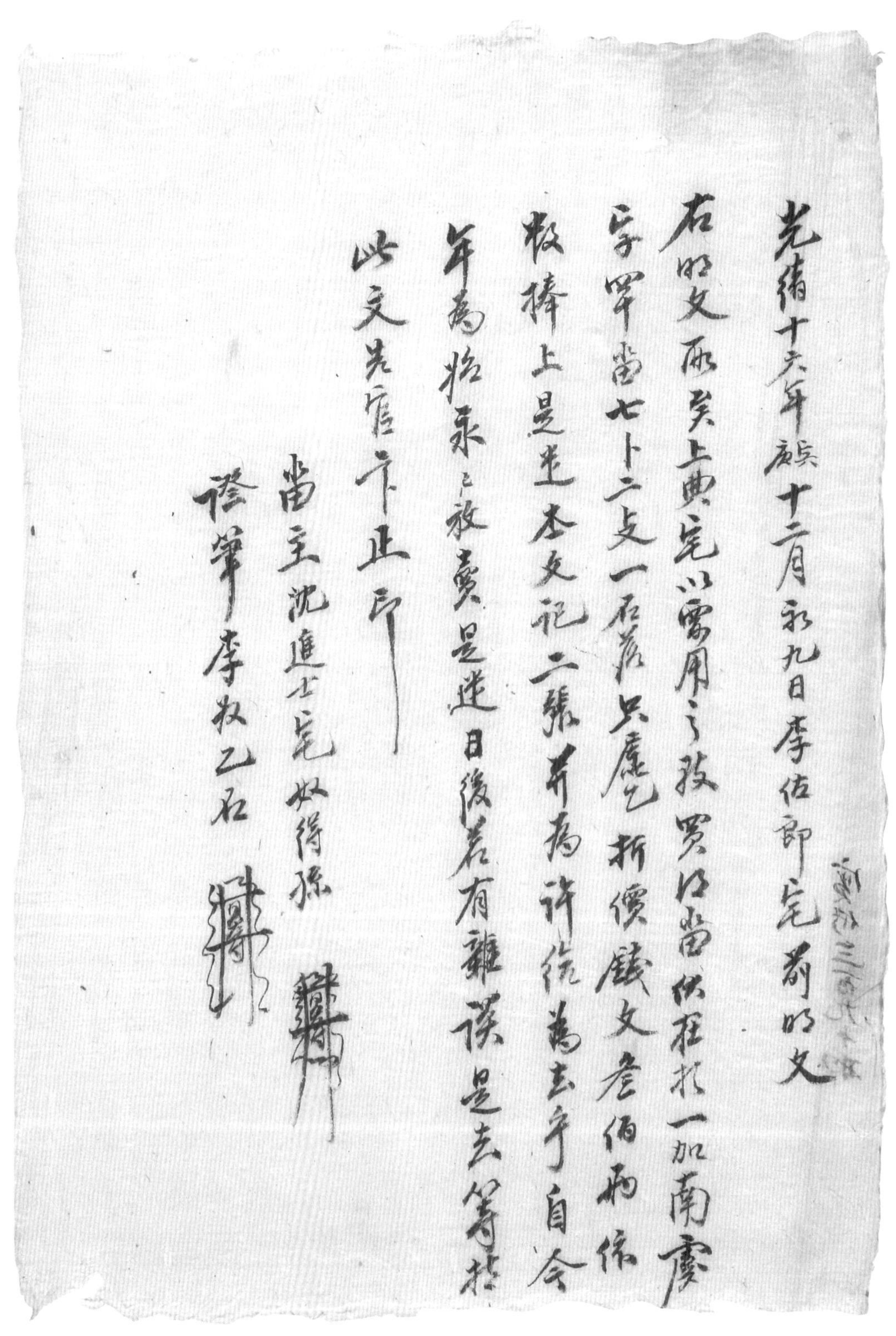

光緒十六年庚寅十二月初九日李佐郎宅前明文

右明文所矣上典宅以需用所致買得畓伏在於一加南處
字畓當七卜二束一石落只處乙折價錢文叁佰兩依
數捧上是遣本文記二張幷爲許給爲去乎自今
年爲始永永放賣是遣日後若有雜談是去等於
此文告官卞正事

畓主 沈進士宅奴得孫

證筆 李牧乙石

1890년 12월 초9일에 沈進士 宅 奴 得孫이 李佐郎 宅에게 논을 팔면서 발급한 明文

明文 450

1890년(고종 27), 61.8×62.3

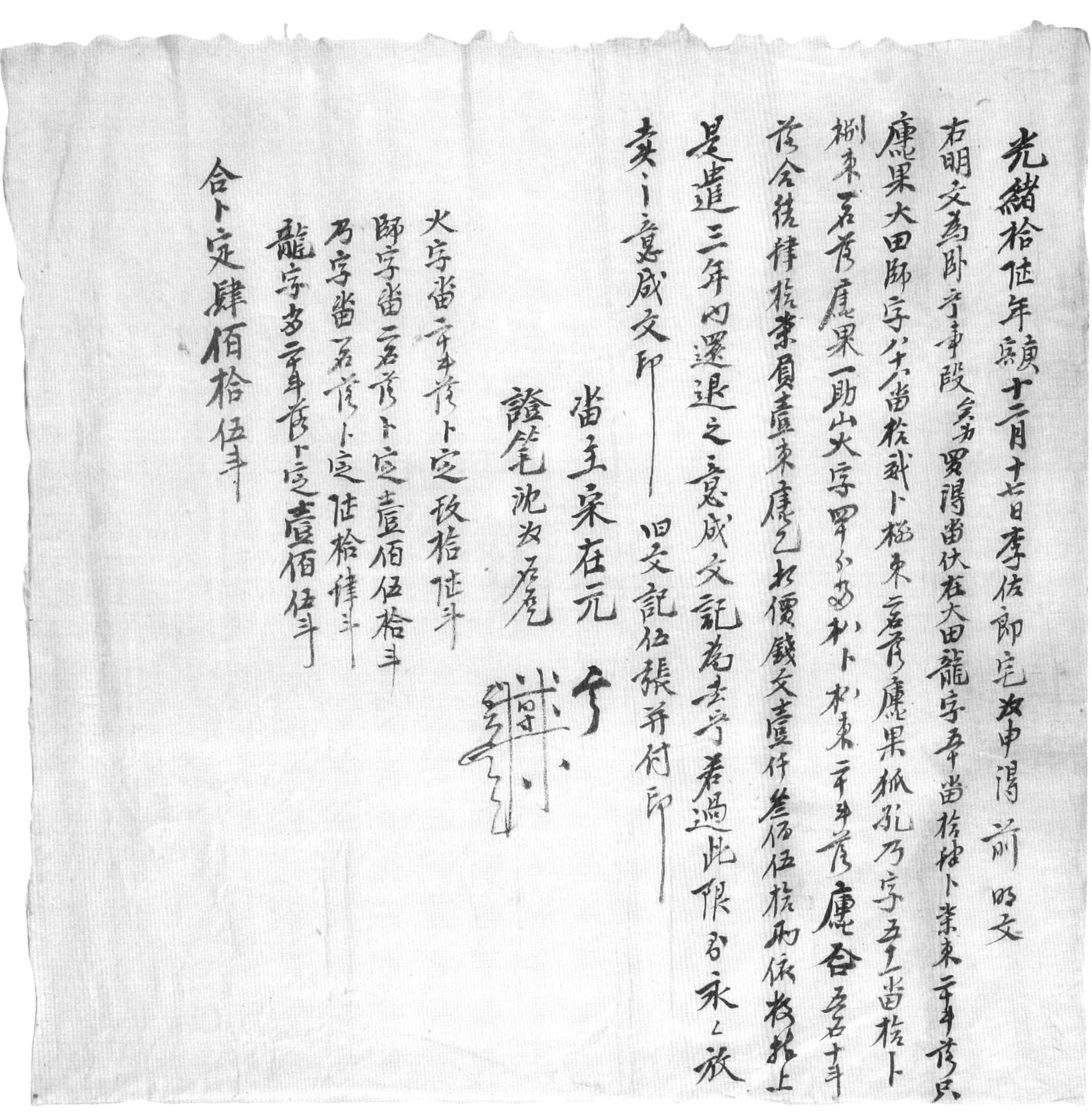

光緖拾陸年庚寅十二月十七日李佐郞宅奴申得 前 明文

右明文爲臥乎事段矣身買得畓伏在大田龍字五斗畓拾肆卜柒束二斗落只

處果大田䣛字八斗畓拾貳卜捌束三斗落處果秋洞乃字五斗畓拾卜

捌束五斗落處果一助山火字四斗畓五卜七束二斗落處合四石十斗

落合結肆拾柒負壹束庫乙折價錢文壹仟參佰伍拾兩依數捧上

是遣三年內還退之意成文記爲去乎若過此限是去等永永放

賣之意成文印 旧文記伍張幷付印

畓主 宋在元

證筆 沈汝孝

火字畓二斗落卜定玖拾陸斗

䣛字畓三石落卜定壹佰伍拾斗

乃字畓一石落卜定陸拾肆斗

龍字五斗落卜定壹佰伍斗

合卜定肆佰拾伍斗

1890년 12월 17일에 宋在元이 李佐郞 宅 奴 申得에게 논을 팔면서 발급한 明文

1891년(고종 28), 98.7×61.8

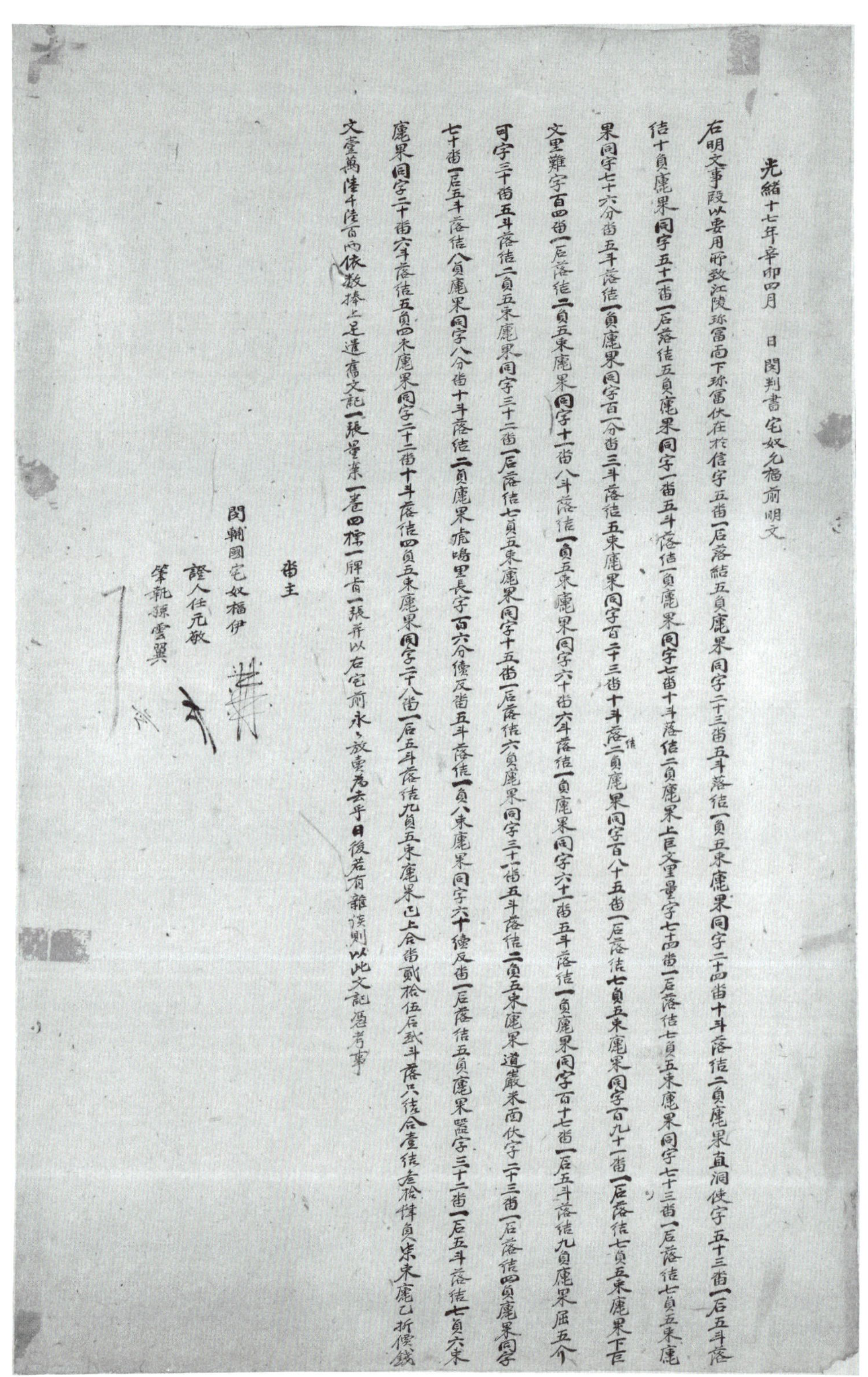
光緖十七年辛卯四月 日 閔判書宅奴允福前明文

右明文事段以要用所致江陵珎富面下珎富伏在於信字五畓一石落結五負庵果同字二十三畓五斗落結一負五束庵果同字二十四畓十斗落結二負庵果直洞伎字五十三畓一石五斗落結十負庵果同字五十一畓一石落結五負庵果同字一畓五斗落結一負庵果同字七畓十斗落結二負庵果上巨文里量字七十四畓一石落結七負五束庵果同字七十三畓一石落結七負五束庵果同字七十六分畓五斗落結一負庵果同字百一分畓三斗落結五束庵果同字百二十三畓十斗落結二負庵果同字百八十五畓一石落結七負五束庵果同字百九十一畓一石落結七負五束庵果下巨文里難字百四畓一石落結二負五束庵果同字十一畓八斗落結一負五束庵果同字六十畓六斗落結一負庵果同字六十一畓五斗落結一負庵果同字百十七畓一石五斗落結九負庵果屈五介可字三十畓五斗落結二負五束庵果同字三十二畓一石落結七負五束庵果同字十五畓一石落結六負庵果同字三十一畓五斗落結二負五束庵果道巖米面伏字二十三畓一石落結四負庵果同字七十畓一石五斗落結八負庵果同字八分畓十斗落結二負庵果虎鳴里長字百六分傍反畓五斗落結一負八束庵果同字六十傍反畓一石落結五負庵果器字三十二畓一石五斗落結七負六束庵果同字二十畓六斗落結五負四束庵果同字二十二畓十斗落結四負五束庵果同字二十八畓一石五斗落結九負五束庵果已上合畓貳拾伍石貳斗落只結合壹結叁拾肆負柒束庵乙折價錢文壹萬陸千陸百兩依數捧上是遣舊文記一張量案一卷四橾一牌旨一張幷以右宅前永永放賣爲去乎日後若有雜談則以此文記憑考事

畓主 閔輔國宅奴福伊

證人 任元敎

筆執 孫雲翼

1891년 4월에 畓主 閔輔國 宅 奴 福伊가 閔判書 宅 奴 允福에게 논을 팔면서 발급한 明文

明文 452

1891년(고종 28), 98.9×61.8

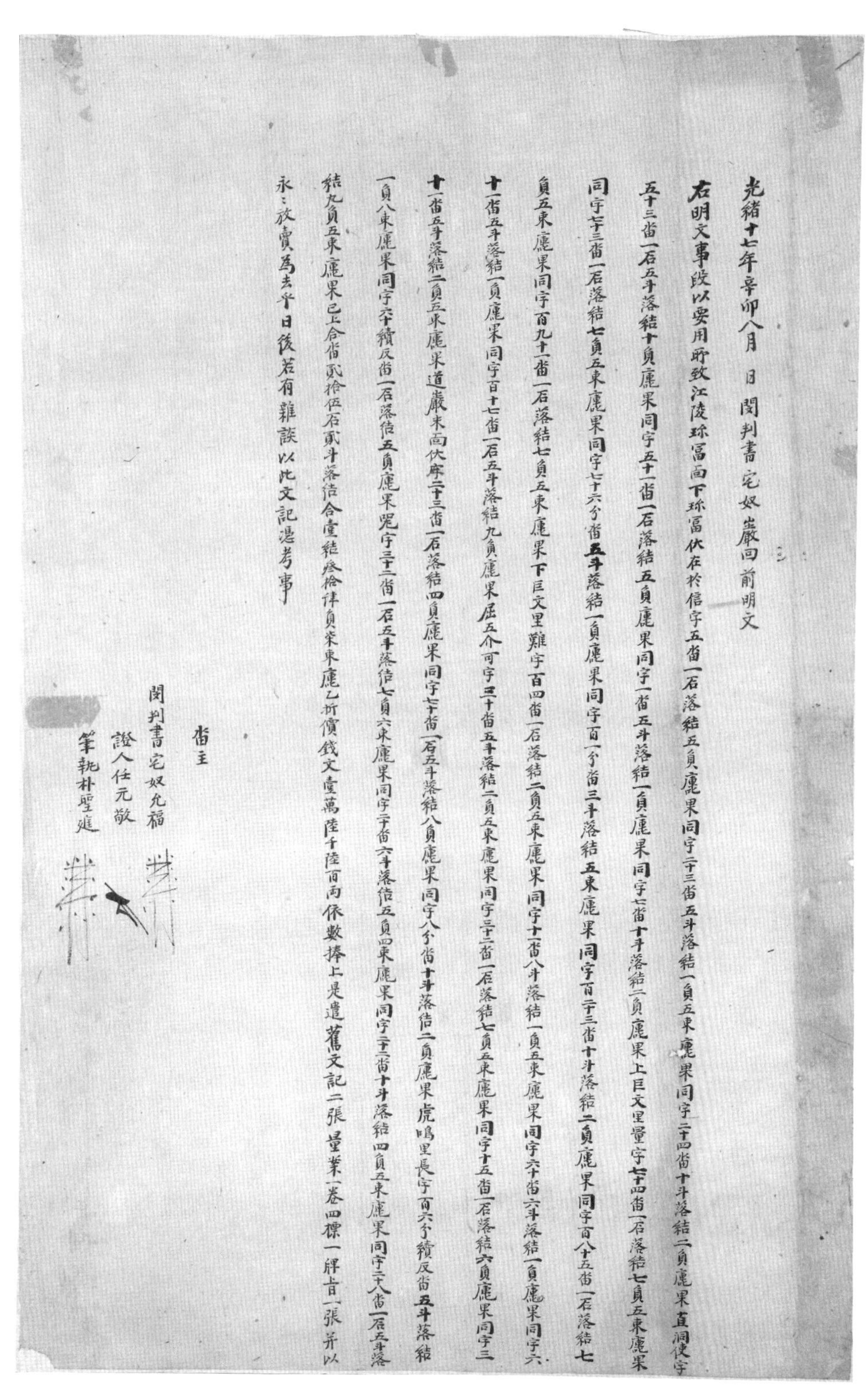

光緖十七年辛卯八月 日 閔判書宅奴巖回前明文

右明文事段以要用所致江陵珎富面下珎富伏在於信字五畓一石落結五負麁果同字二十三畓五斗落結一負五束麁果同字二十四畓十斗落結二負麁果直洞使字五十三畓一石五斗落結十負麁果同字五十一畓一石落結五負麁果同字一畓五斗落結一負麁果同字七畓十斗落結二負麁果上巨文里量字七十四畓一石落結七負五束麁果同字七十三畓一石落結七負五束麁果同字七十六夕畓五斗落結一負麁果同字百一夕畓三斗落結五束麁果同字百二十三畓十斗落結二負麁果同字百八十五畓一石落結七負五束麁果同字百九十一畓一石落結七負五束麁果下巨文里難字百四畓一石落結二負五束麁果同字十一畓八斗落結一負五束麁果同字六十畓六斗落結一負麁果同字六十一畓五斗落結一負麁果同字百十七畓一石五斗落結九負麁果屈五介可字三十畓五斗落結二負五束麁果同字三十二畓一石落結七負五束麁果同字十五畓一石落結六負麁果同字三十一畓五斗落結二負五束麁果道巖未面伏庫二十三畓一石落結四負麁果同字七十畓一石五斗落結八負麁果同字八夕畓十斗落結二負麁果虎鳴里長字百六夕續反畓五斗落結一負八束麁果同字六十續反畓一石落結五負麁果罷字三十二畓一石五斗落結七負六束麁果同字二十畓六斗落結五負四束麁果同字二十二畓十斗落結四負五束麁果同字二十八畓一石五斗落結九負五束麁果已上合畓貳拾伍石貳斗落結合壹結叁拾肆負柒束麁乙折價錢文壹萬陸千陸百兩依數捧上是遣舊文記二張量案一卷四標一牌旨一張并以永永放賣爲去乎日後若有雜談以此文記憑考事

畓主 閔判書宅奴允福

證人 任元敬

筆執 朴聖進

1891년 8월에 畓主 閔判書 宅 奴 允福이 閔判書 宅 奴 巖回에게 논을 팔면서 발급한 明文

1891년(고종 28), 47.4×32.4

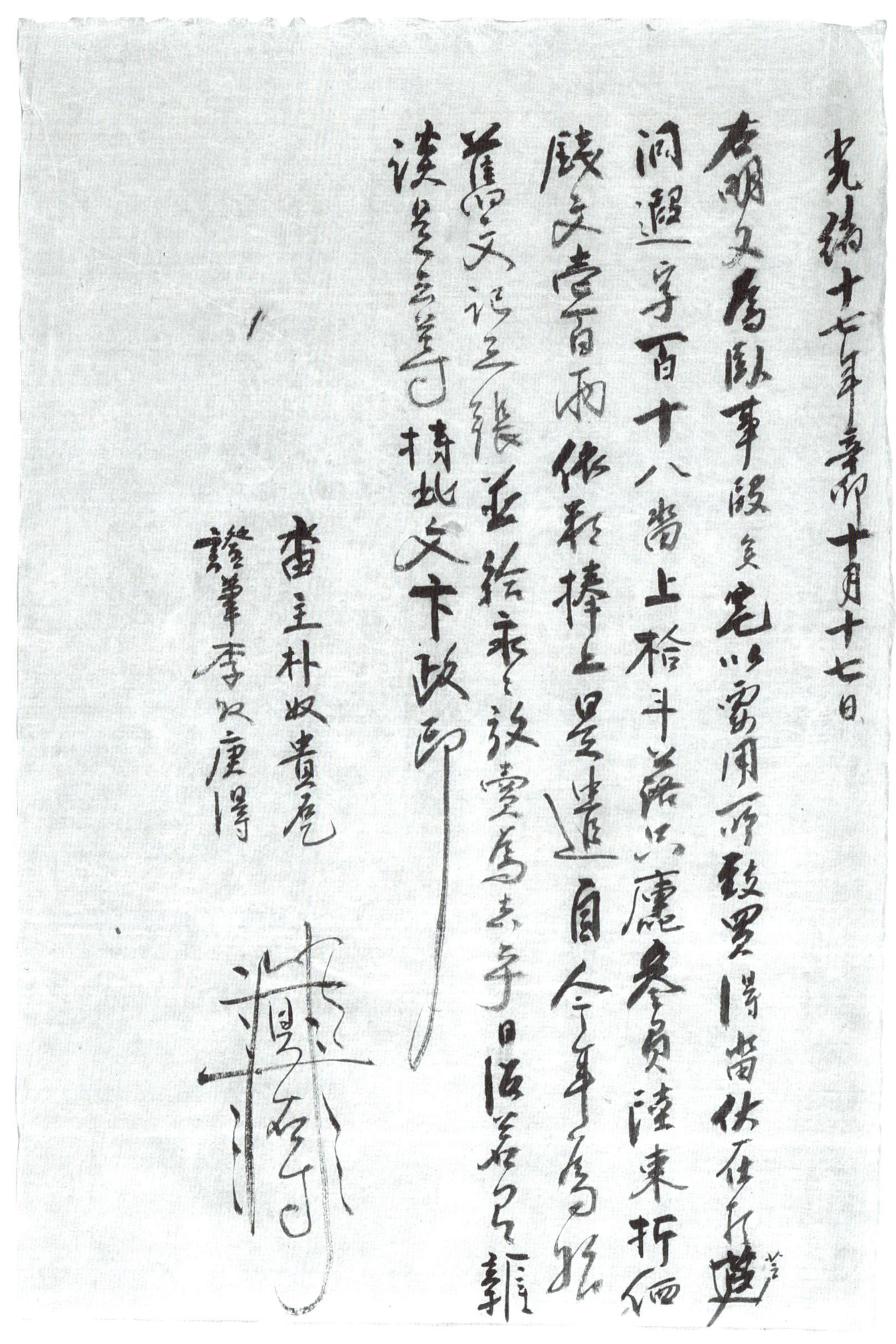

光緒十七年辛卯十月十七日

右明文爲臥乎事段 矣宅以要用所致 買得畓 伏在村前

洞遐字百十八畓上拾斗落只庫 參負陸束 折價

錢文壹百兩 依數捧上是遣 自今年爲始

舊文記二張 並給 永永放賣爲去乎 日後若有雜

談是去等 持此文 卞正事

畓主 朴奴 貴乭

證筆 李奴 庚得

1891년 10월 17일에 朴哥의 奴 貴乭이 논을 팔면서 발급한 明文

明文 454

1891년(고종 28), 53.7×35.4

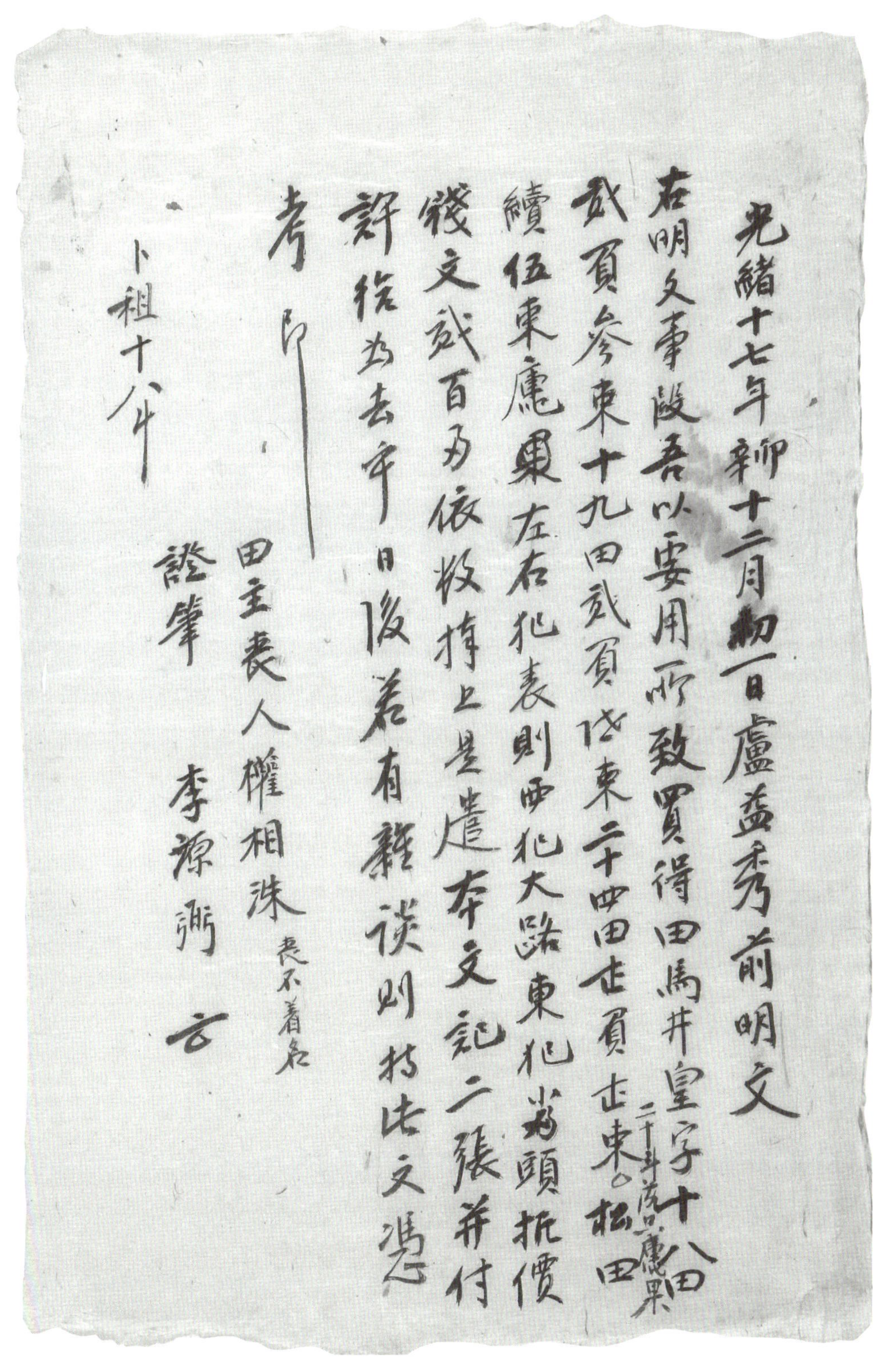

光緒十七年辛卯十二月初一日盧益秀前明文
右明文事段吾以要用所致買得田馬井皇字十八田 二十斗落只庫果
貳負參束十九田貳負伍束二十四田壹負壹束○松田
續伍束庫果左右犯表則西犯大路東犯崗頭折價
錢文貳百兩依數捧上是遣本文記二張并付
許給爲去乎日後若有雜談則持此文憑
考正

田主喪人權相洙 喪不着名

證筆 李源衡

卜租十八斗

1891년 12월 초1일에 喪人 權相洙가 盧益秀에게 밭을 팔면서 발급한 明文

1891년(고종 18), 52.1×36.6

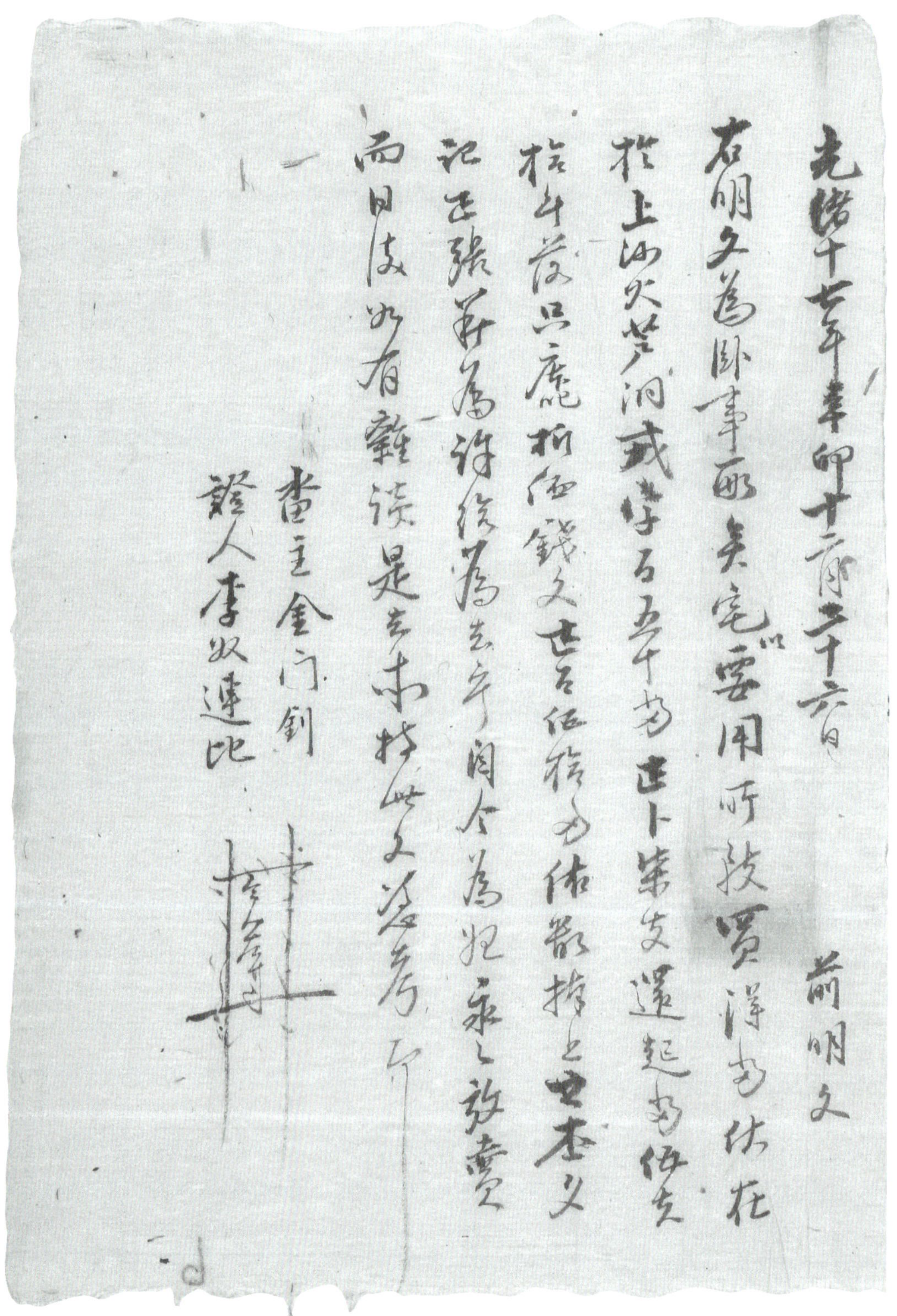

光緖十七年辛卯十二月二十六日 前明文

畓主 金門釗

證人 李奴連叱

1891년 12월 26일에 金門釗가 논을 팔면서 발급한 明文

明文 456

1892년(고종 29), 43.8×33.1

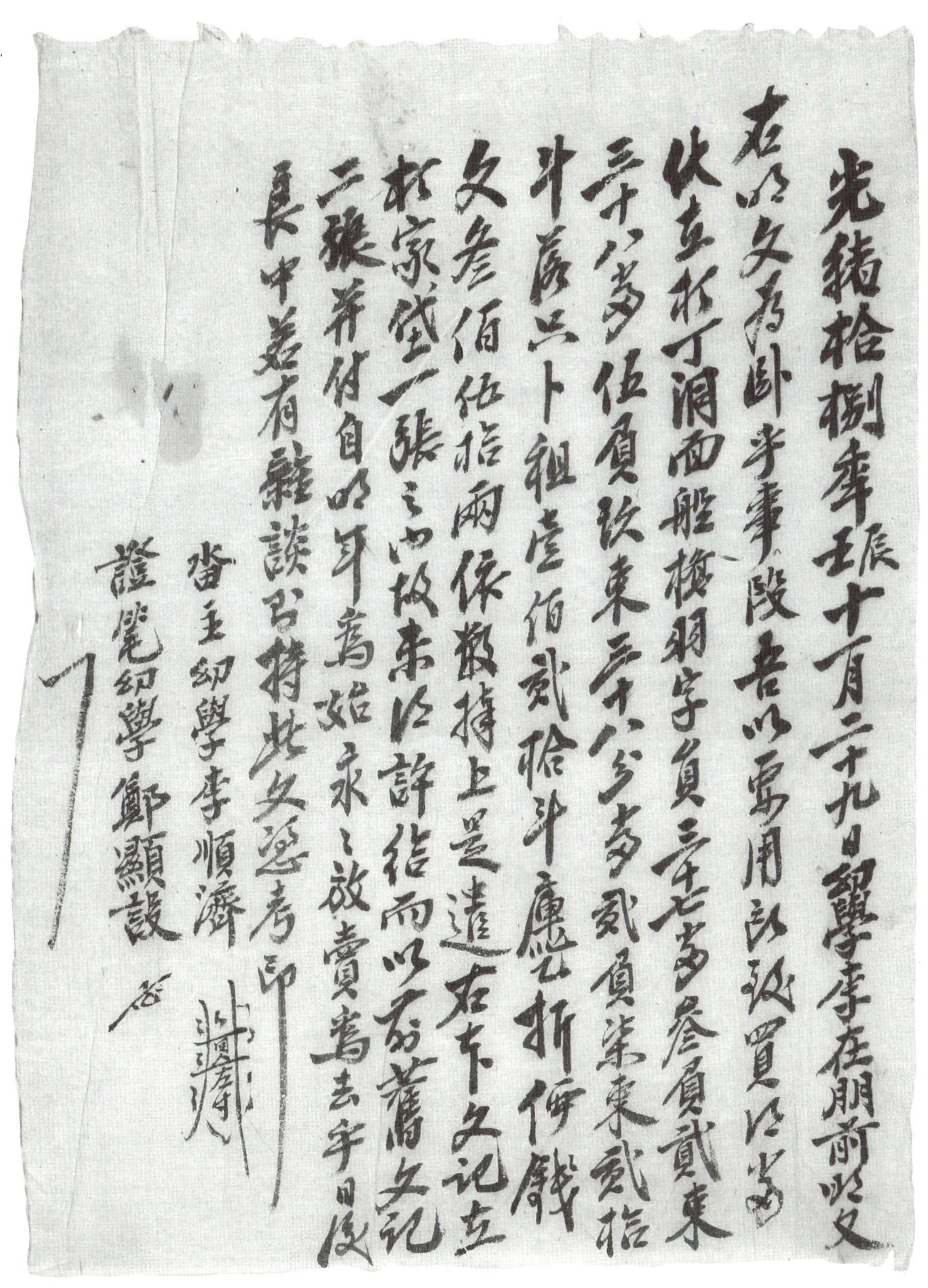

光緒拾捌年壬辰十月二十九日幼學李在朋前明文
右明文爲臥乎事段 吾以要用所致買得爲
伏在於丁洞面船橋羽字負三十七卜參負貳束
三十八番伍負玖束三十八番貳負柒束貳拾
斗落只卜租壹佰貳拾斗庫折價錢
文參佰伍拾兩依數捧上是遣右本文記並
於家[illegible]一張之內故未得許給而以新舊文記
二張并付自明年爲始永永放賣爲去乎日後
良中若有雜談是去等持此文憑考事
畓主幼學李順濟
證筆幼學鄭灝說

1892년 11월 29일에 유학 李順濟가 유학 李在朋에게 논을 팔면서 발급한 明文

明文 457

1892년(고종 29), 60.1×36.3

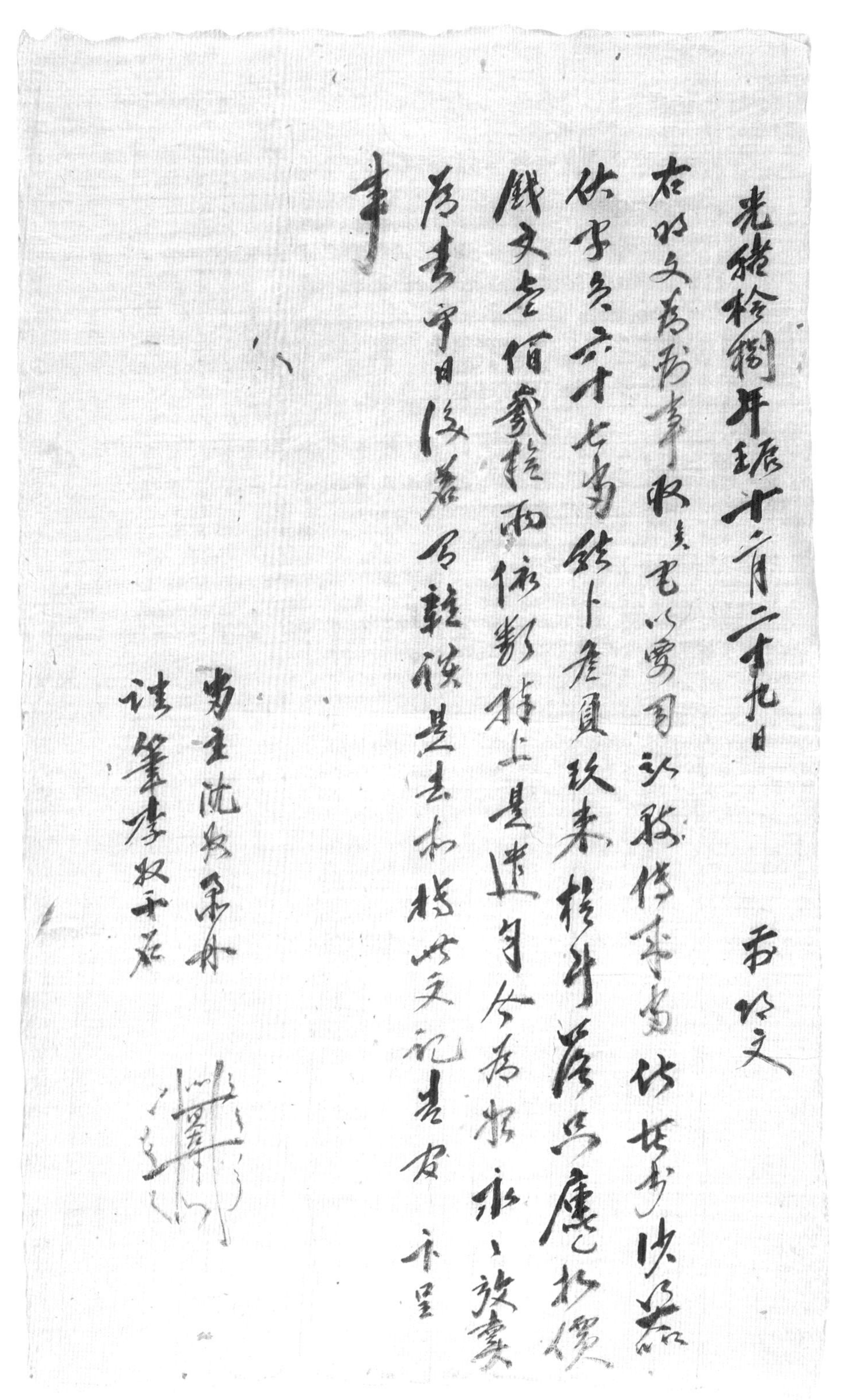

1892년 12월 29일에 沈哥의 奴 業丹이 논을 팔면서 발급한 明文

明文 458

1893년(고종 30), 60×36.4

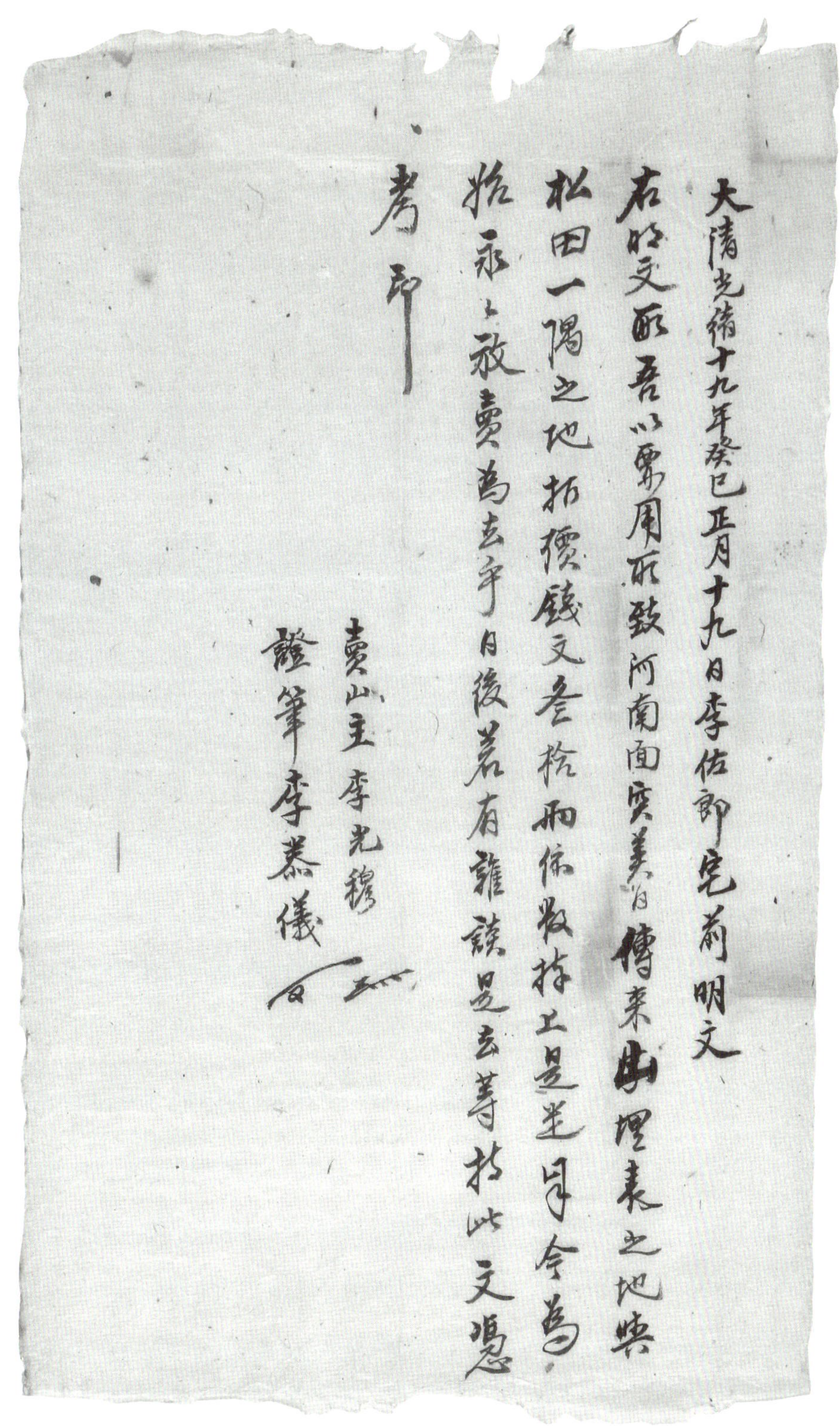

大淸光緖十九年癸巳正月十九日李佐郞宅前明文

右明文事段吾以要用所致河南面寅美旨傳來山埋表之地與

松田一隅之地折價錢文叁拾兩依數捧上是遣自今爲

始永永放賣爲去乎日後若有雜談是去等持此文憑

考事

賣山主 李光穆 (手決)

證筆 李恭儀

1893년 1월 19일에 李光穆이 李佐郞 宅에게 산을 팔면서 발급한 明文

1893년(고종 30), 71.5×49.1

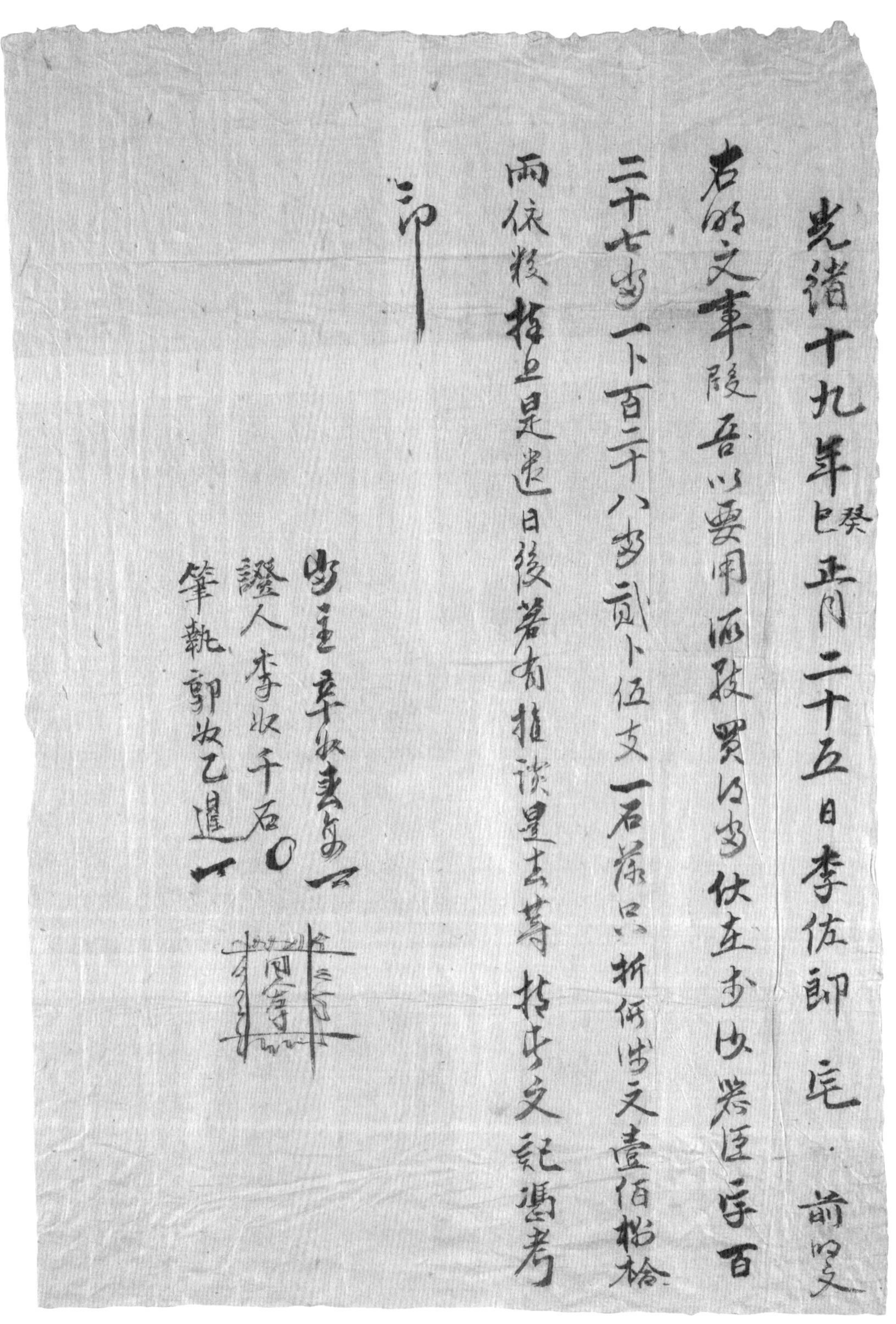
光緖十九年癸巳正月二十五日 李佐郞 宅 前明文

右明文事段 吾以要用所致 買得本畓伏在赤也岩匡字百

二十七畓 一卜 百二十八畓 貳卜伍束 一石落只 折價錢文壹佰捌拾

兩依數 捧上是遣 日後若有推談是去等 持此文記憑考

事

畓主 辛奴春每

證人 李化千石

筆執 郭化乙追

1893년 1월 25일에 辛哥의 奴 春每가 李佐郞 宅에게 논을 팔면서 발급한 明文

明文 460

1893년(고종 30), 63.7×37.5

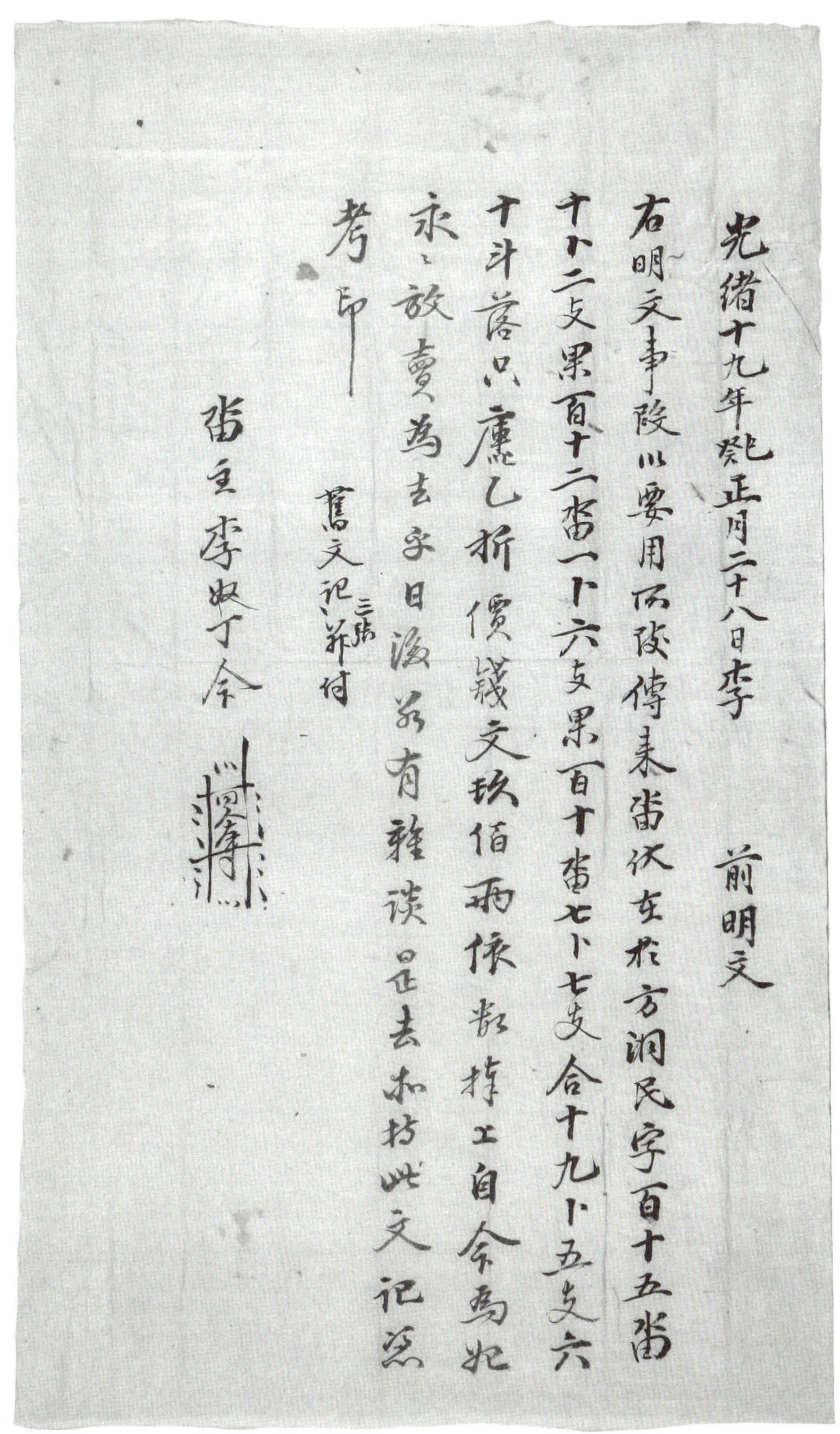

光緖十九年癸巳正月二十八日李 前明文

右明文事段以要用所致傳來畓伏在於方洞民字百十五畓十卜二束果百十二畓一卜六束果百十畓七卜七束合十九卜五束六十斗落只庫乙折價錢文玖佰兩依數捧上自今爲始永永放賣爲去乎日後若有雜談是去等持此文記憑考事

舊文記三張并付

畓主 李奴丁今

1893년 1월 28일에 李哥의 奴 丁今이 李에게 논을 팔면서 발급한 明文

明文 461

1893년(고종 30), 49.7×35

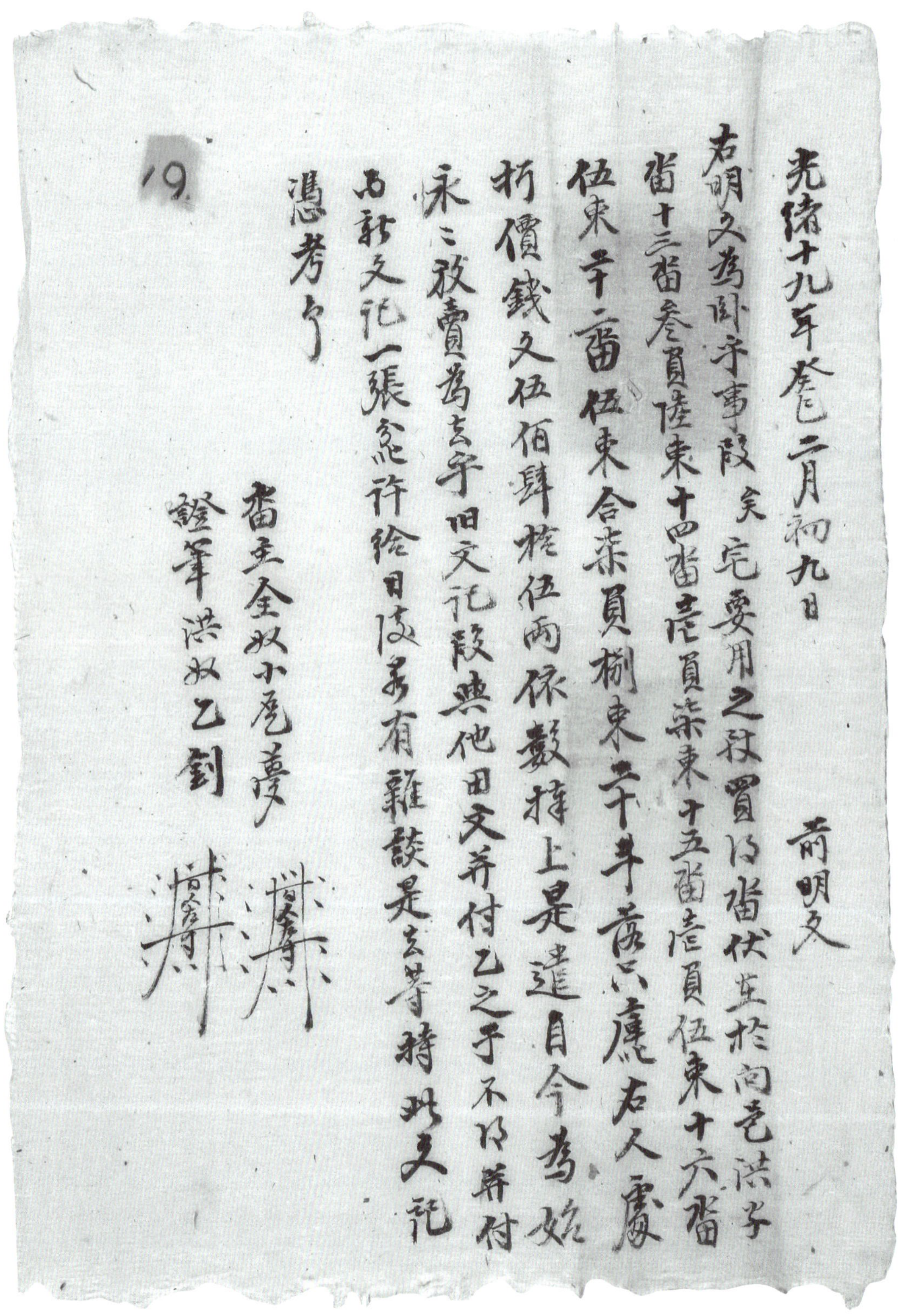

19.

前明文

光緒十九年癸巳二月初九日

右明文爲臥乎事段矣宅要用之故買得畓伏在於向巷洪字

畓十三畓叁負陸束十四畓壹負柒束十五畓壹負伍束十六畓

伍束廿二畓伍束合柒負捌束二十斗落只處右人處

折價錢文伍佰肆拾伍兩依數捧上是遣自今爲始

永永放賣爲去乎旧文記段與他田文并付乙之乎不得并付

而新文記一張念許給日後若有雜談是去等持此文記

憑考事

畓主全奴小乭夢

證筆洪奴乙釗

1893년 2월 초9일에 全哥의 奴 小乭夢이 논을 팔면서 발급한 明文

明文 462

1893년(고종 30), 94.2×64.4

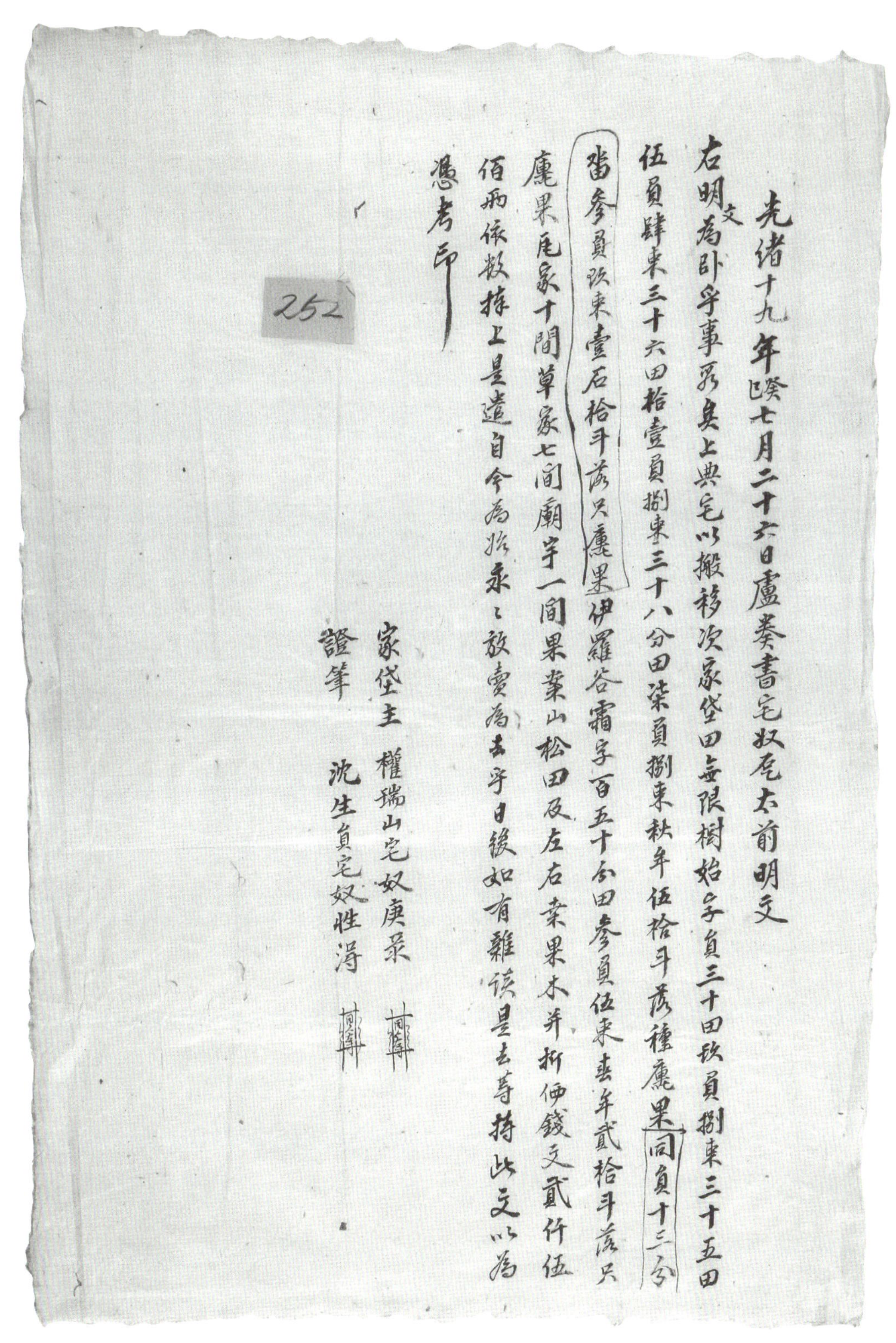

光緒十九年癸巳七月二十六日盧奏書宅奴乭太前明文

右明文爲卧乎事段矣上典宅以搬移次家垈田畓限樹始字負三十五田伍負肆束三十六田拾壹負捌束三十八分田柒負捌束秋牟伍拾斗落種麁果同負十三分畓參負玖束壹石拾斗落只麁果伊羅谷霜字百五十分田參負伍束春牟貳拾斗落只麁果垈家十間草家七間廟宇一間果桒山松田及左右桒果木并折價錢文貳仟伍佰兩依數捧上是遣自今爲始永〻放賣爲去乎日後如有雜談是去等持此文以爲憑考印

家垈主 權瑞山宅奴庚彔

證筆 沈生員宅奴性淂

252

1893년 7월 26일에 權瑞山 宅의 奴 庚彔이 盧奏書 宅의 奴 乭太에게 家垈 등을 팔면서 발급한 明文

明文 463

1893년(고종 30), 61.6×57

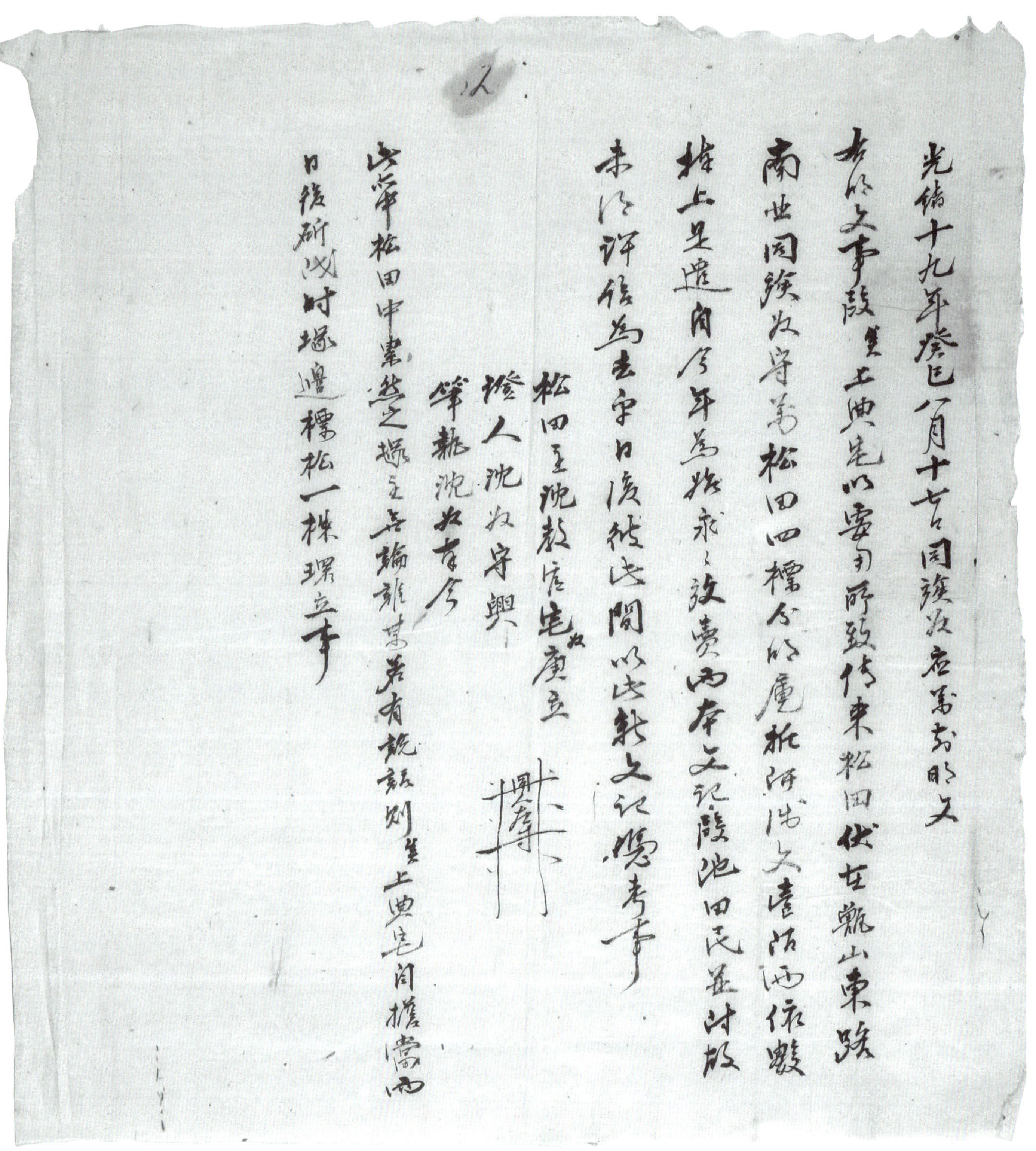

光緒十九年癸巳八月十七日同族奴應萬處明文

右明文事段矣上典宅以要用所致傳來松田伏在甑山東麓

南邊同族奴應萬松田四標分明處折許此文遣活而依數

捧上是遣自今年爲始永永放賣而本文記陵池田畓並付故

未得許給爲去乎日後彼此間以此新文記憑考事

松田主沈敎官宅奴庚立

證人沈奴守興

筆執沈奴七今

此年松田中累從之堀主呑論難某若有說話則矣上典宅同措當而

日後斫伐時堀邊標松一株環立事

1893년 8월 17일에 沈敎官 宅 奴 庚立이 同族 奴 應萬에게 松田을 팔면서 발급한 明文

明文 464

1893년(고종 30), 55×35.3

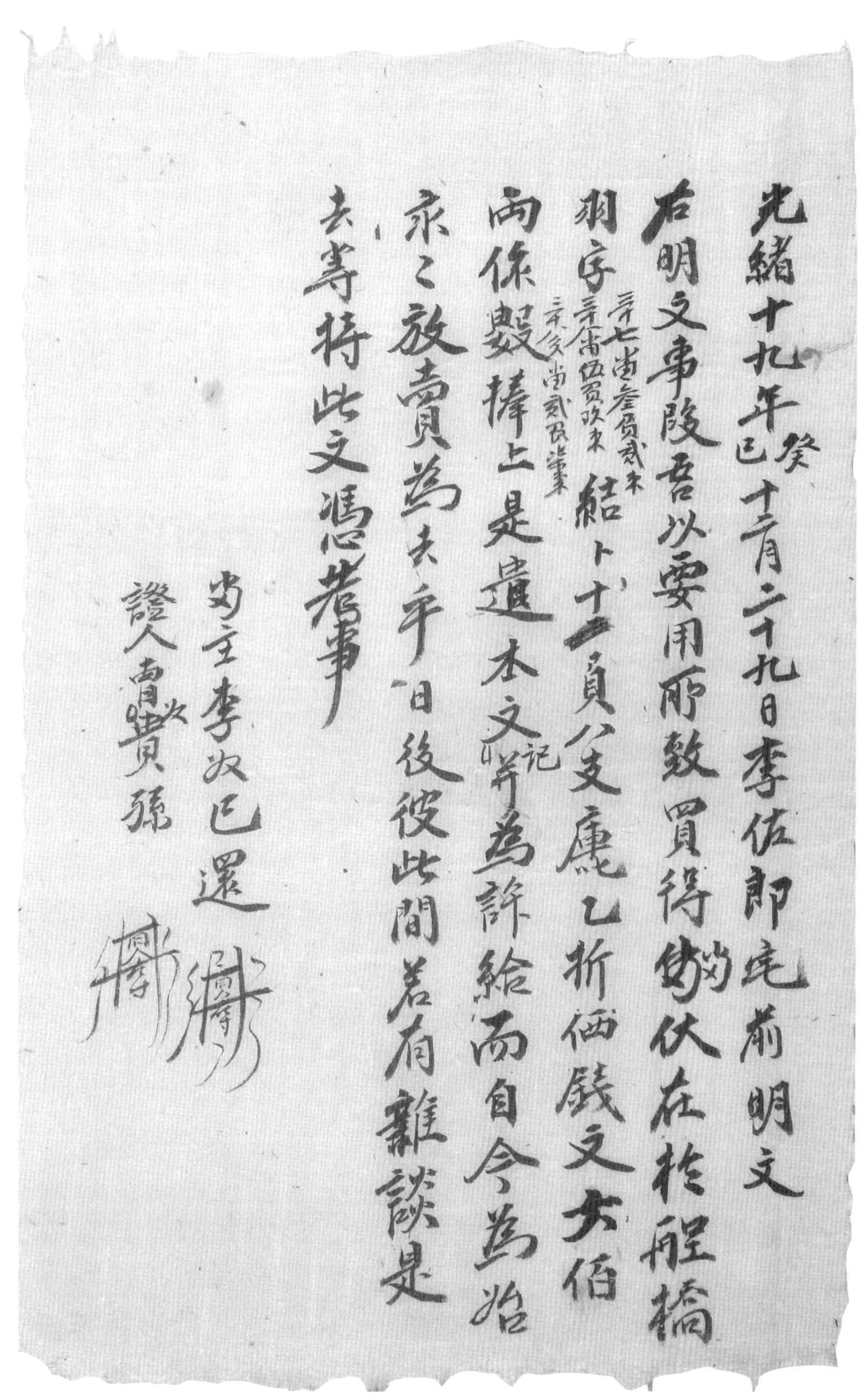

1893년 12월 29일에 李哥의 奴 巳還이 李佐郞 宅에게 논을 팔면서 발급한 明文

明文 465

1894년(고종 31), 57.5×31.9

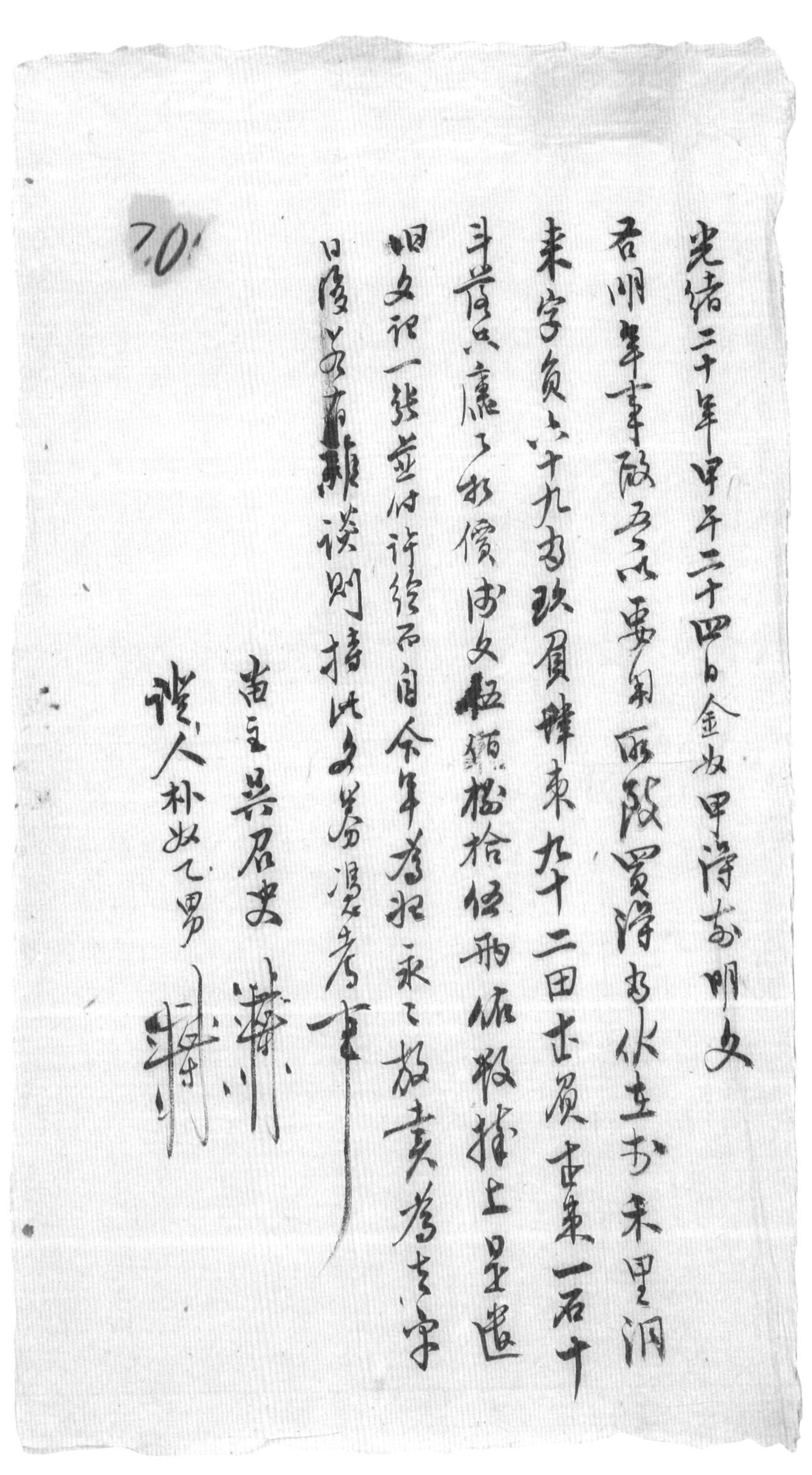

1894년 24일에 吳召史가 金哥의 奴 甲得에게 전답을 팔면서 발급한 明文

明文 466

1894년(고종 31), 57.2×32.6

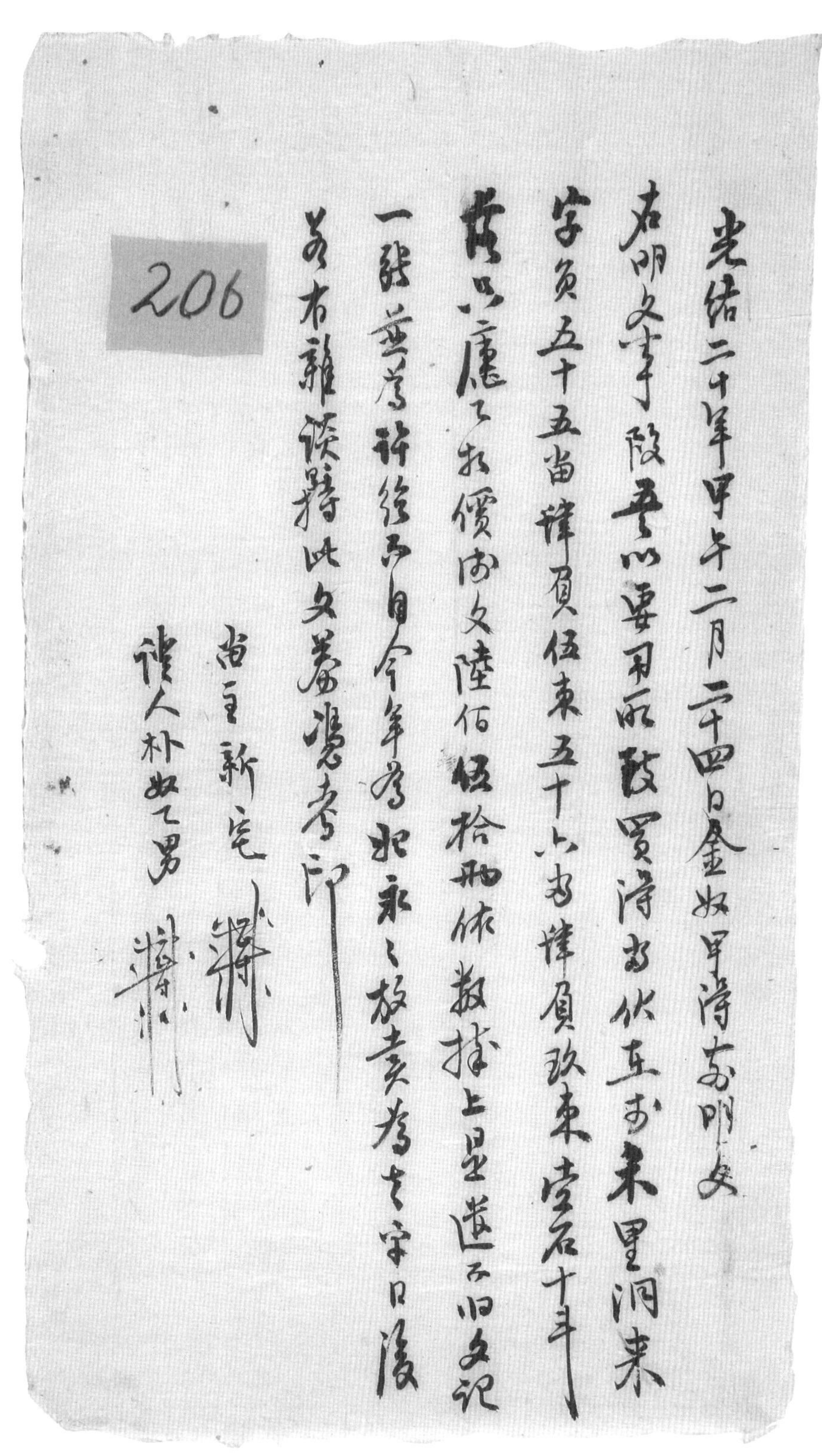

光緒二十年甲午二月二十四日金奴甲得處明文
右明文事段吾以要用所致買得爲伏在爲末里洞來
字畓五十五畓肆負伍束五十六畓肆負玖束合右十斗
落只處乙價錢文陸佰伍拾兩依數捧上是遣舊文記
一張並爲許給爲旀自今年爲始永永放賣爲去乎日後
若有雜談持此文告官憑考事

畓主 新宅
證人 朴奴乙男

1894년 2월 24일에 新宅에서 金哥의 奴 甲得에게 논을 팔면서 발급한 明文

1894년(고종 31), 53.6×35

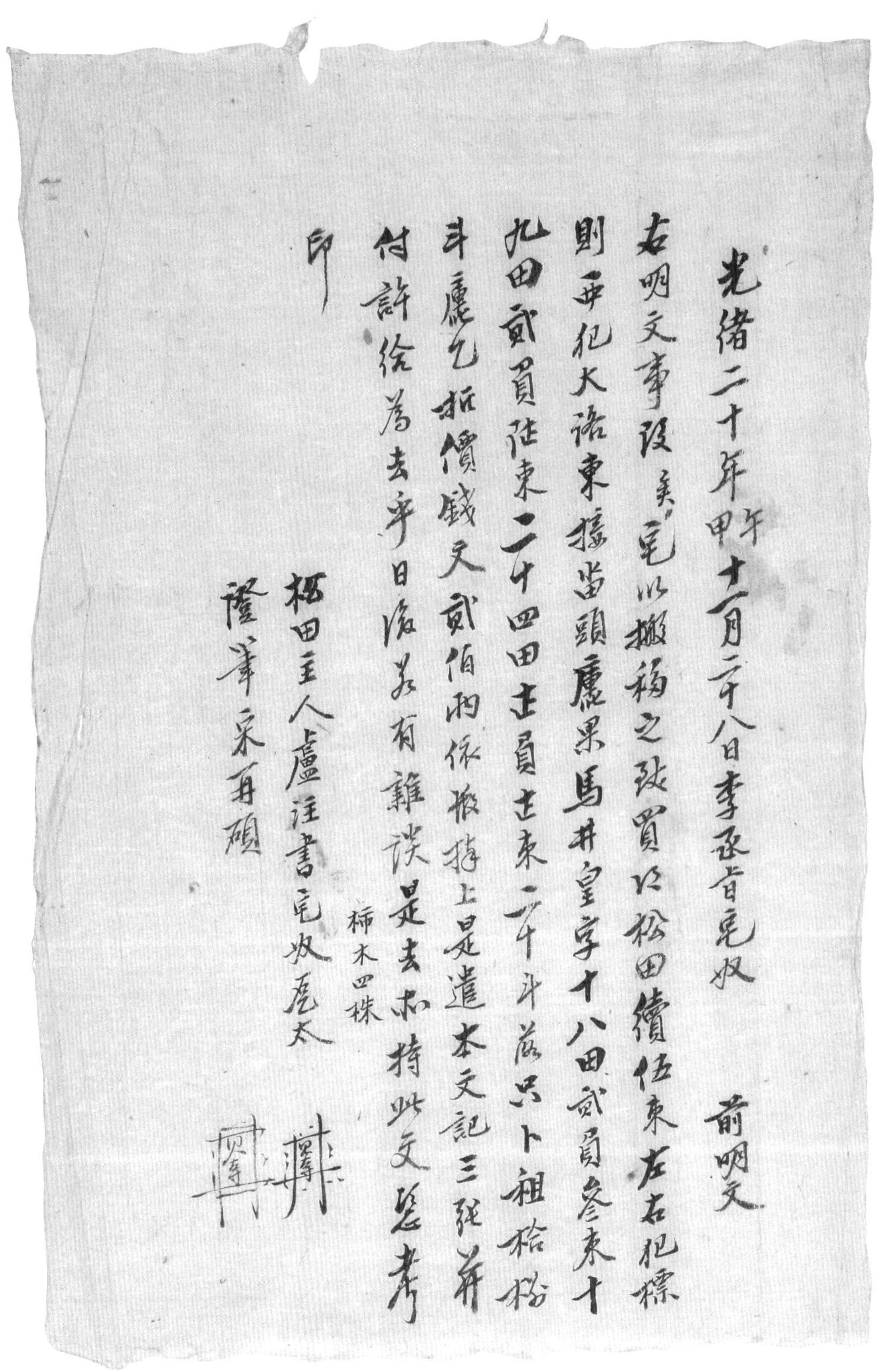

前明文

光緒二十年甲午十一月二十八日李丞旨宅奴

右明文事段矣宅以搬移之致買得松田續伍束左右把標

則毋犯大路東據當頭處果馬井皇字十八田貳負參束十

九田貳負陸束二十四田壹負壹束一斗落只卜租拾捌

斗處乙折價錢文貳佰兩依數捧上是遣本文記三張幷

付許給爲去乎日後若有雜談是去尔持此文憑考

印

柿木四株

松田主人盧注書宅奴乭太

證筆采有碩

1894년 11월 28일에 盧注書 宅 奴 乭太가 李承旨 宅 奴에게 松田을 팔면서 발급한 明文

明文 468

1894년(고종 31), 94.4×62.2

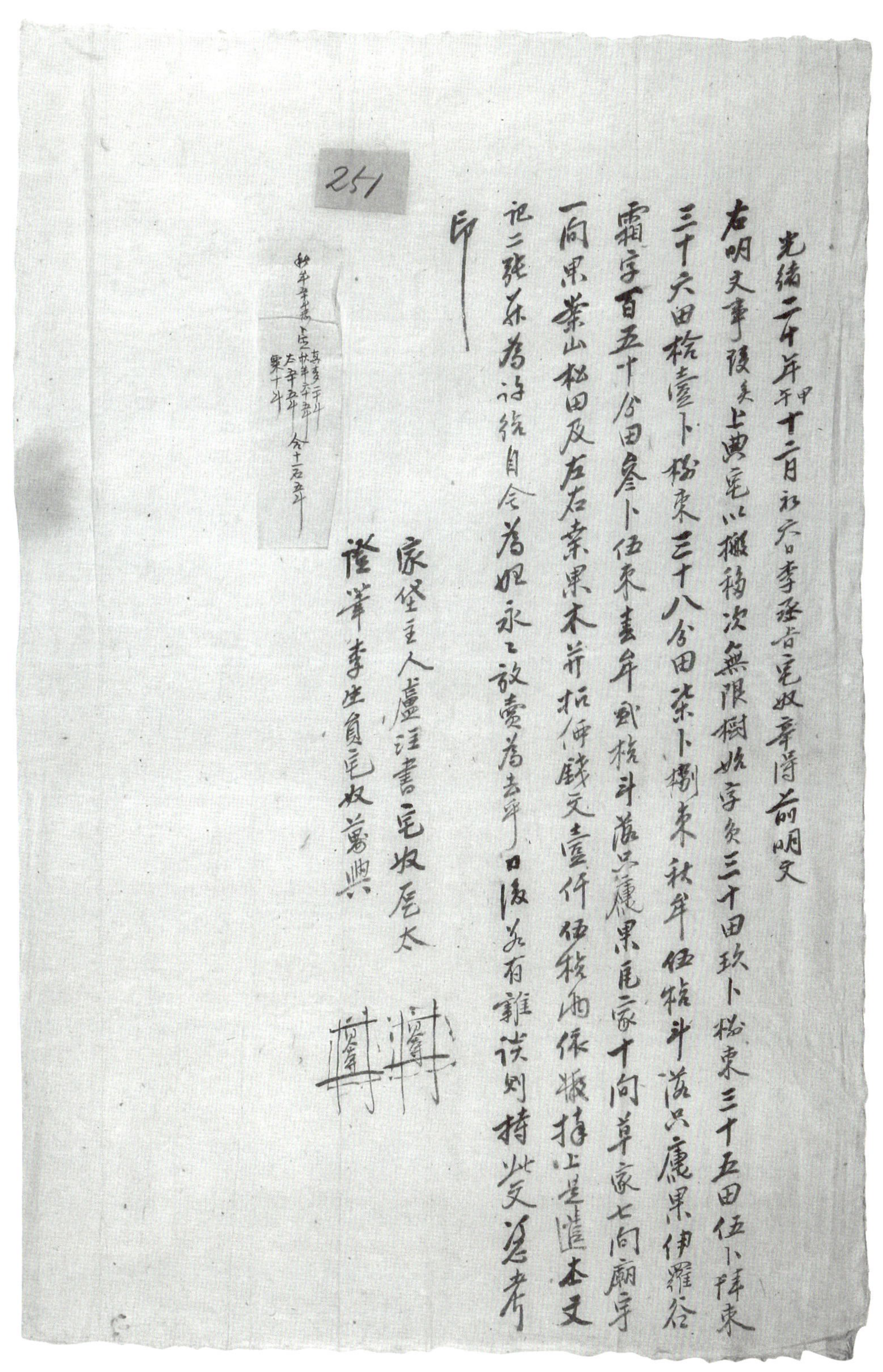

光緒二十年甲午十二月初六日李承旨宅奴辛得前明文

右明文事段矣上典宅以擬移次無限樹始字負三十田玖卜捌束三十五田伍卜拾束
三十六田拾壹卜捌束三十八分田柒卜捌束秋牟伍拾斗落只鹿果伊羅谷
霜字百五十分田叁卜伍束春牟貳拾斗落只鹿果尾家十向草家七向廟字
一向果業山松田及左右桑果木幷折價錢文壹仟伍拾兩依數捧上是遣本文
記二張並爲許給自今爲始永永放賣爲去乎日後若有雜談則持此文憑考
印

家垈主人盧注書宅奴乭太

證筆李生員宅奴萬興

1894년 12월 초6일에 盧注書 宅의 奴 乭太가 李承旨 宅의 奴 辛得에게 家垈를 팔면서 발급한 明文

明文 469

1894년(고종 31), 94.6×62.7

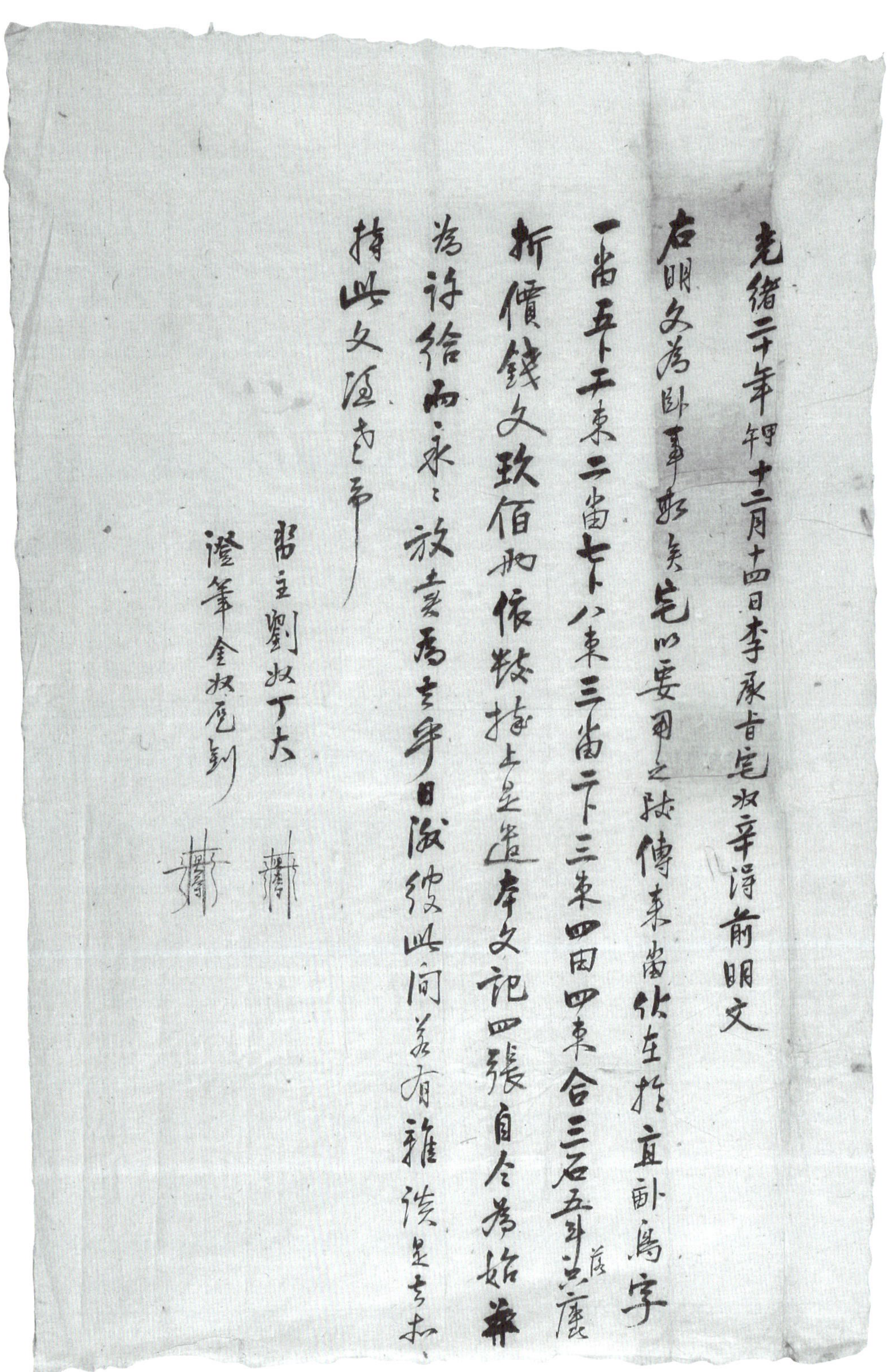

光緒二十年甲午十二月十四日李承旨宅奴辛得前明文

右明文爲卧事段矣宅以要用之除傳來畓伏在於直卧馬字

一畓五卜三束二畓七卜八束三畓二卜三束四田四束合三石五斗落只處

折價錢文玖佰兩依數捧上是遣本文記四張自今爲始幷

爲許給而永永放賣爲去乎日後如此間若有雜談是去等

持此文憑考事

畓主 劉奴丁大

證筆 金奴乭釗

1894년 12월 14일에 劉哥의 奴 丁大가 李承旨 宅 奴 辛得에게 전답을 팔면서 발급한 明文

明文 470

1894년(고종 31), 56×36.6

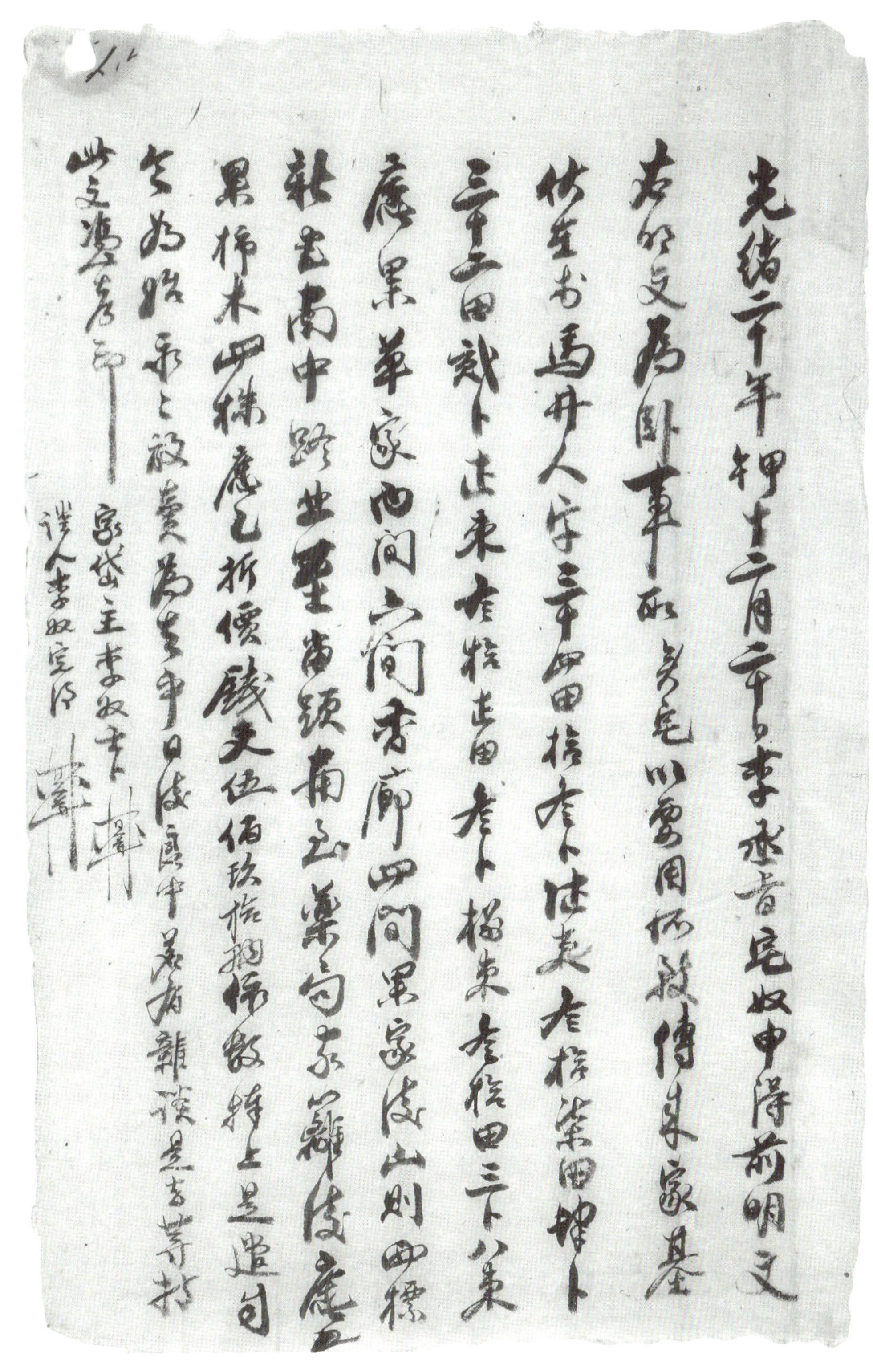

1894년 12월 20일에 李哥의 奴 壬卜이 李承旨 宅 奴 申得에게 家岱 및 田 등을 팔면서 발급한 明文

明文 471

1894년(고종 31), 67.3×43

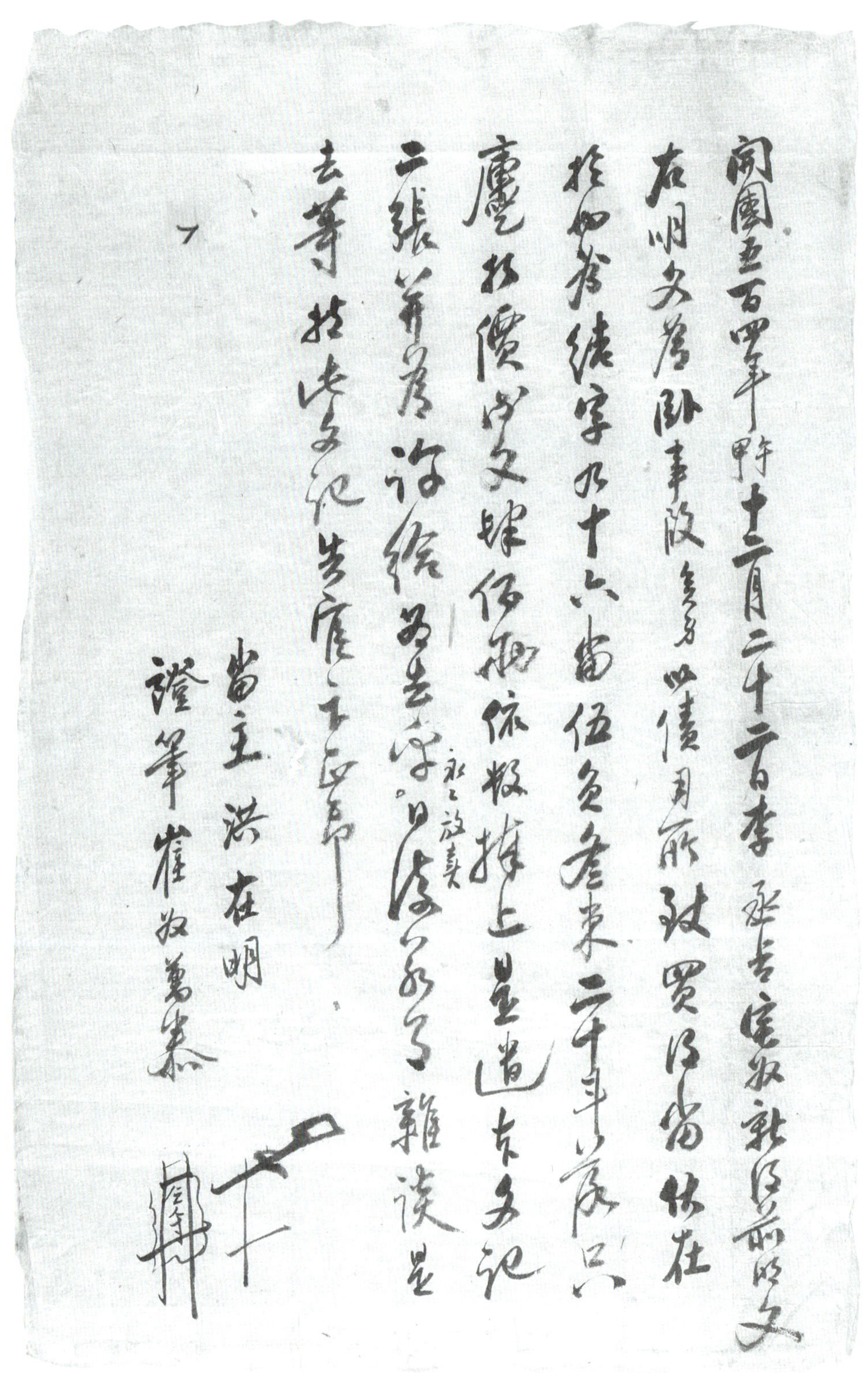

1894년 12월 22일에 洪在明이 李承旨 宅 奴 新得에게 논을 팔면서 발급한 明文

明文 472

1894년(고종 31), 67.5×43.5

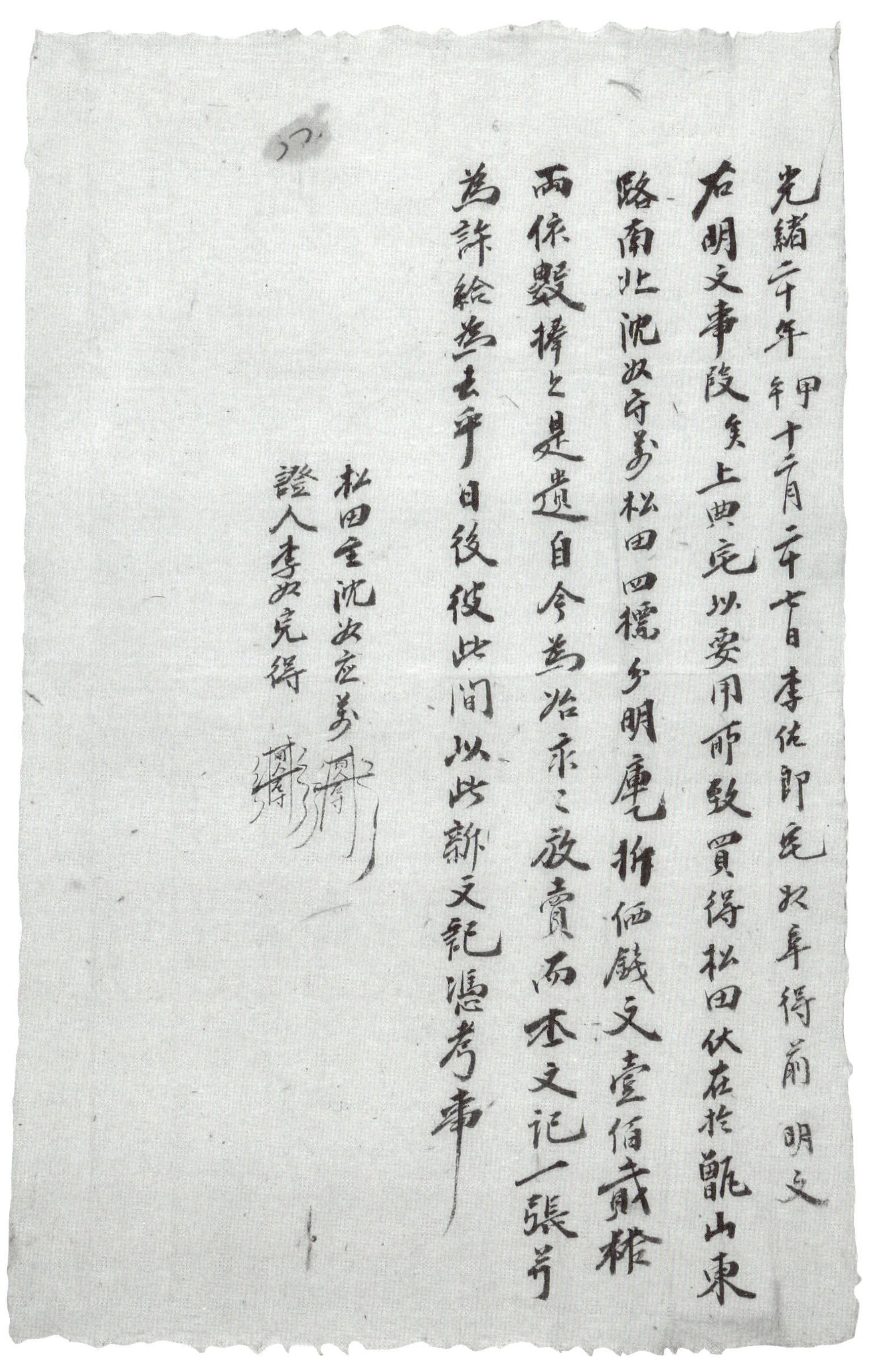

光緒二十年甲午十二月二十七日 李佐郎宅奴辛得前 明文

右明文事段矣上典宅以要用所致買得松田伏在於甑山東

路南北沈奴守萬松田四標乙明庫乙折価錢文壹佰貳拾

兩依數捧之是遣自今爲始永永放賣而本文記一張并

爲許給爲去乎日後役此間以此新文記憑考事

松田主沈奴應萬

證人李奴完得

1894년 12월 27일에 沈哥의 奴 應萬이 李佐郎 宅의 奴 辛得에게 松田을 팔면서 발급한 明文

1898년(고종 35), 52.7×35.3

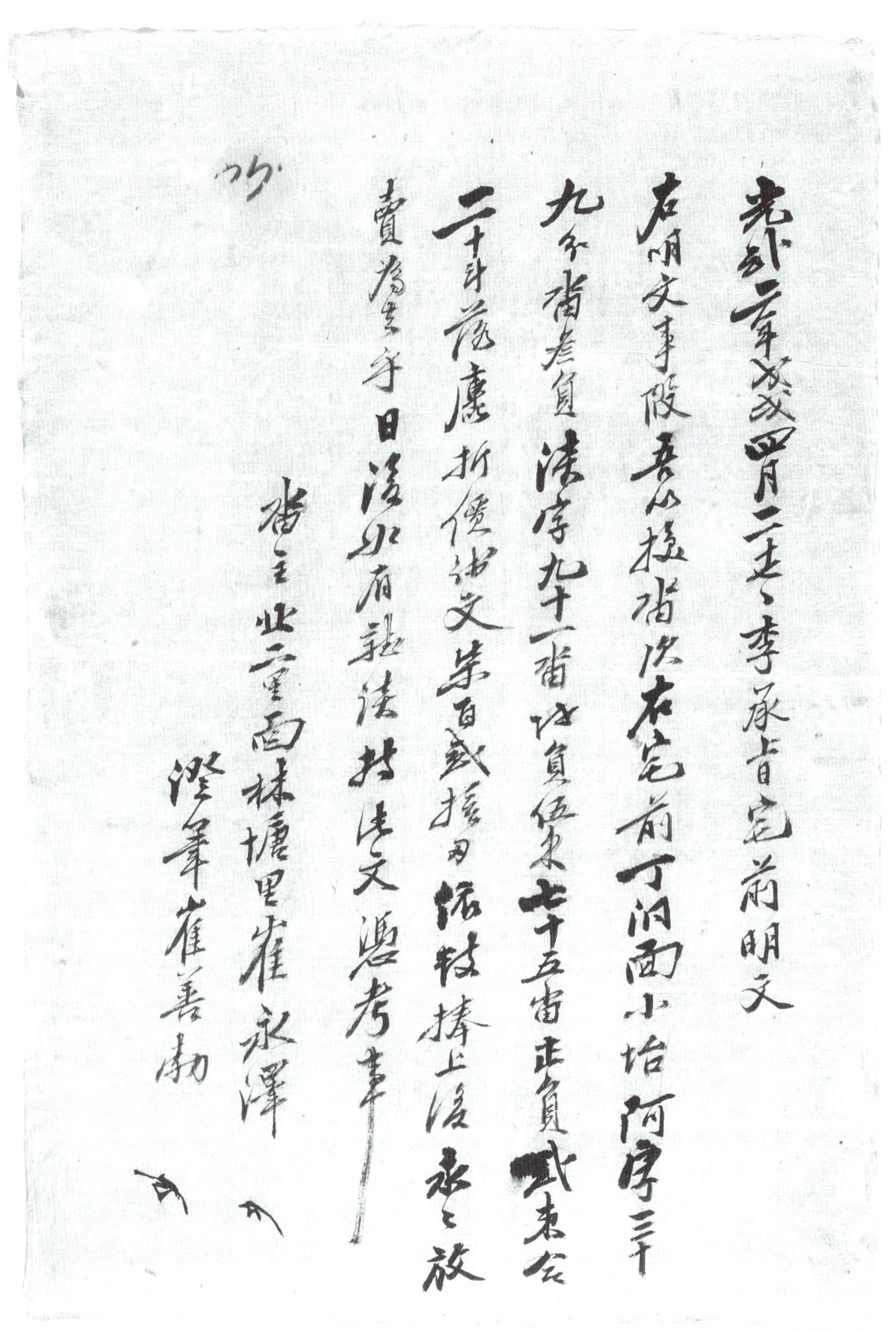

光武二年戊戌四月二十七日 李承旨宅前明文

右明文事段 吾以移畓次 右宅前 丁洞面小坮 阿字 三十九斗畓 叁負 法字 九十一畓 八負伍束 七十五畓 壹負 貳束 合 二十斗落處 折價錢文 柒百貳拾兩 依數捧上 後 永永放賣爲去乎 日後 如有雜談 持此文憑考事

畓主 北二里面 林塘里 崔永澤

證筆 崔善勅

1898년 4월 27일에 北二里面 林塘里에 거주하는 崔永澤이 李承旨 宅에게 논을 팔면서 발급한 明文

明文 474

1898년(고종 35), 91.8×62.7

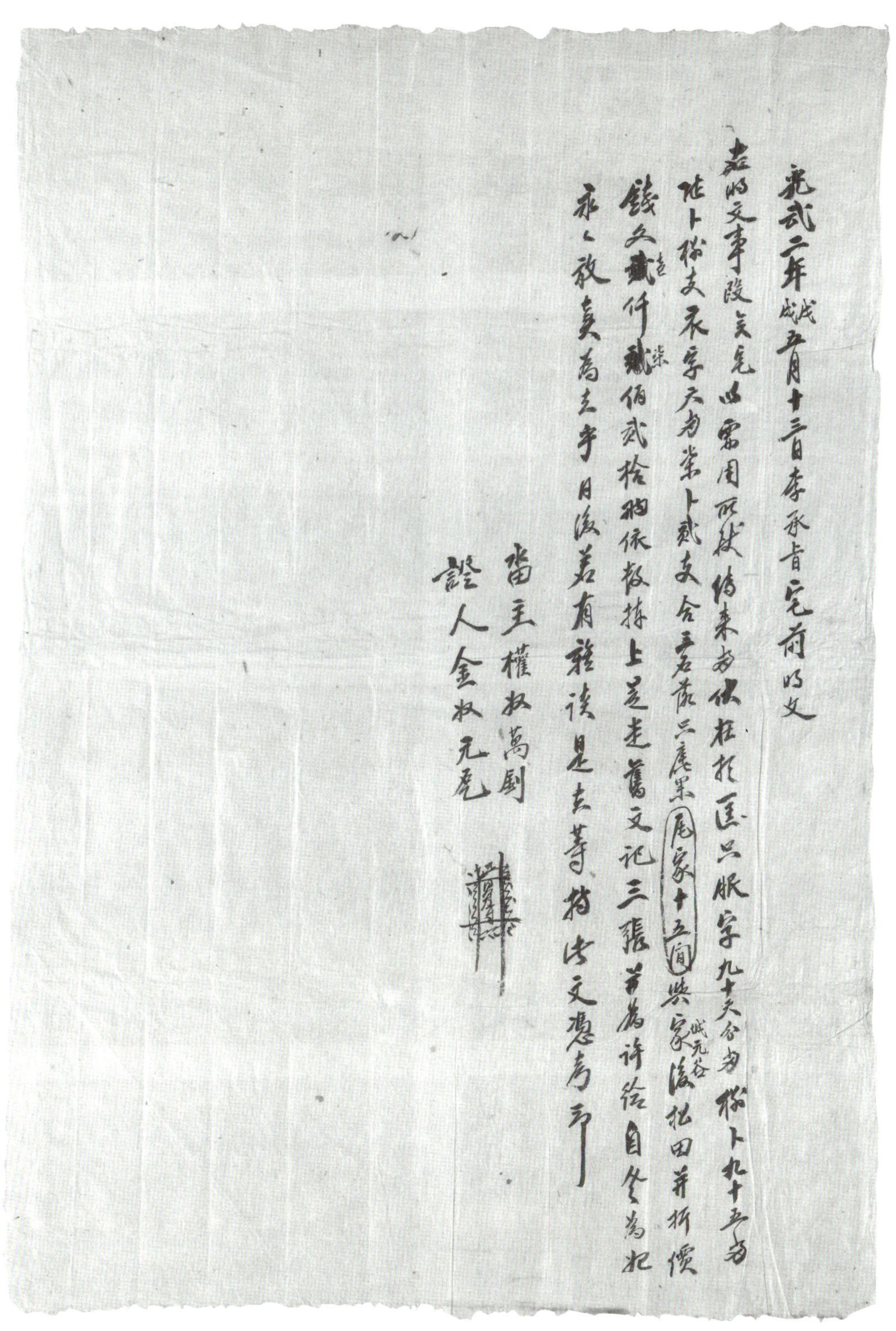

1898년 5월 13일에 權哥의 奴 萬釗가 李承旨 宅에게 전답과 가대 등을 팔면서 발급한 明文

1898년(고종 35), 51.1×35

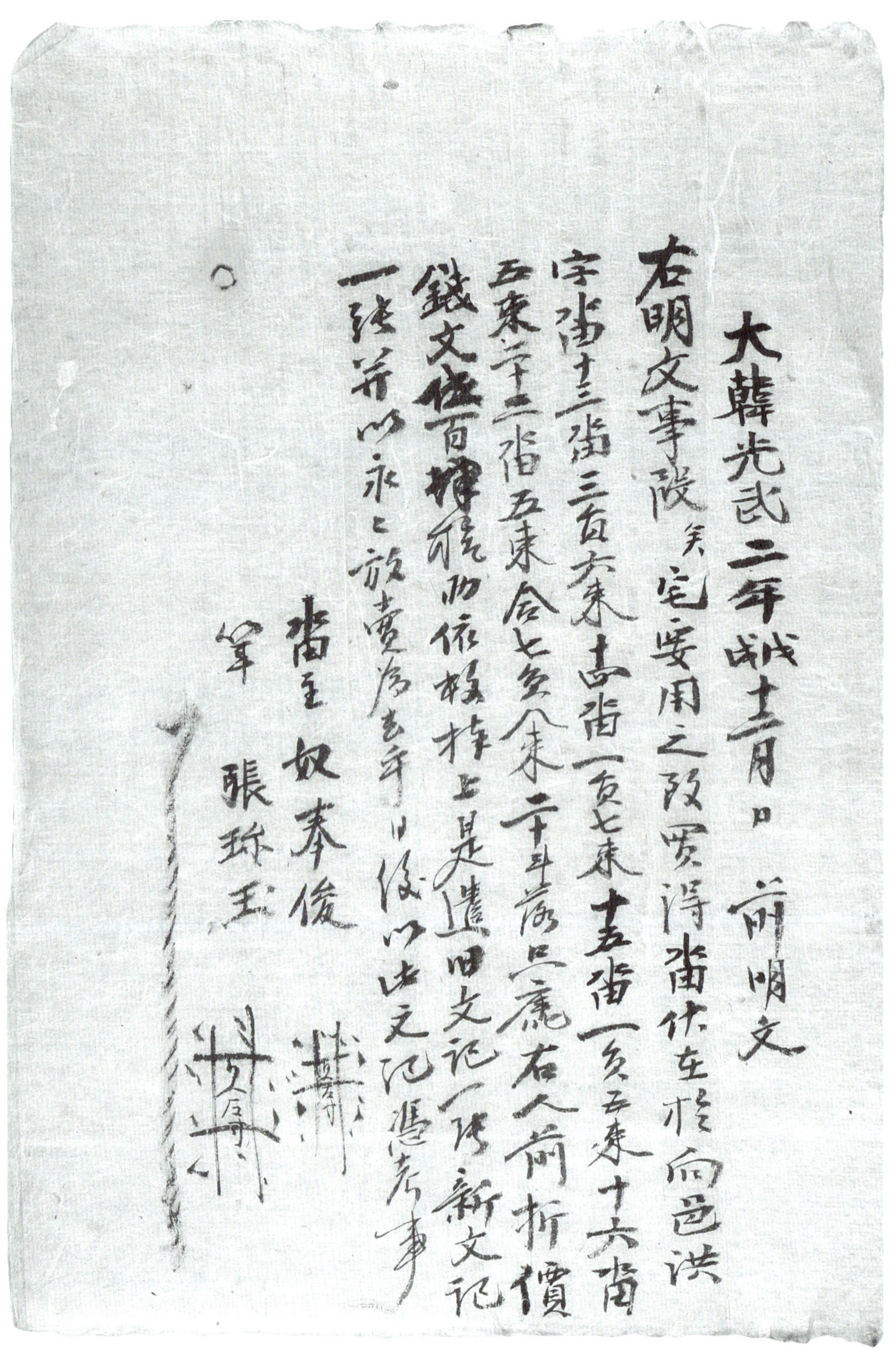

大韓光武二年戊戌十二月 日 前明文

右明文事段 矣宅要用之致買得畓伏在於向邑洪

字畓十三畓三百六束 十四畓一負七束 十五畓一負五束 十六畓

五束 二十二畓五束 合七負八束 二十斗落只庫 右人前 折價

錢文伍百兩 依數捧上是遣 舊文記一張 新文記

一張幷以 永永放賣爲去乎 日後 以此文記憑考事

畓主 奴 奉俊

筆 張琢玉

1898년 12월에 奴 奉俊이 논을 팔면서 발급한 明文

明文 476

1900년(고종 37), 65×44.7

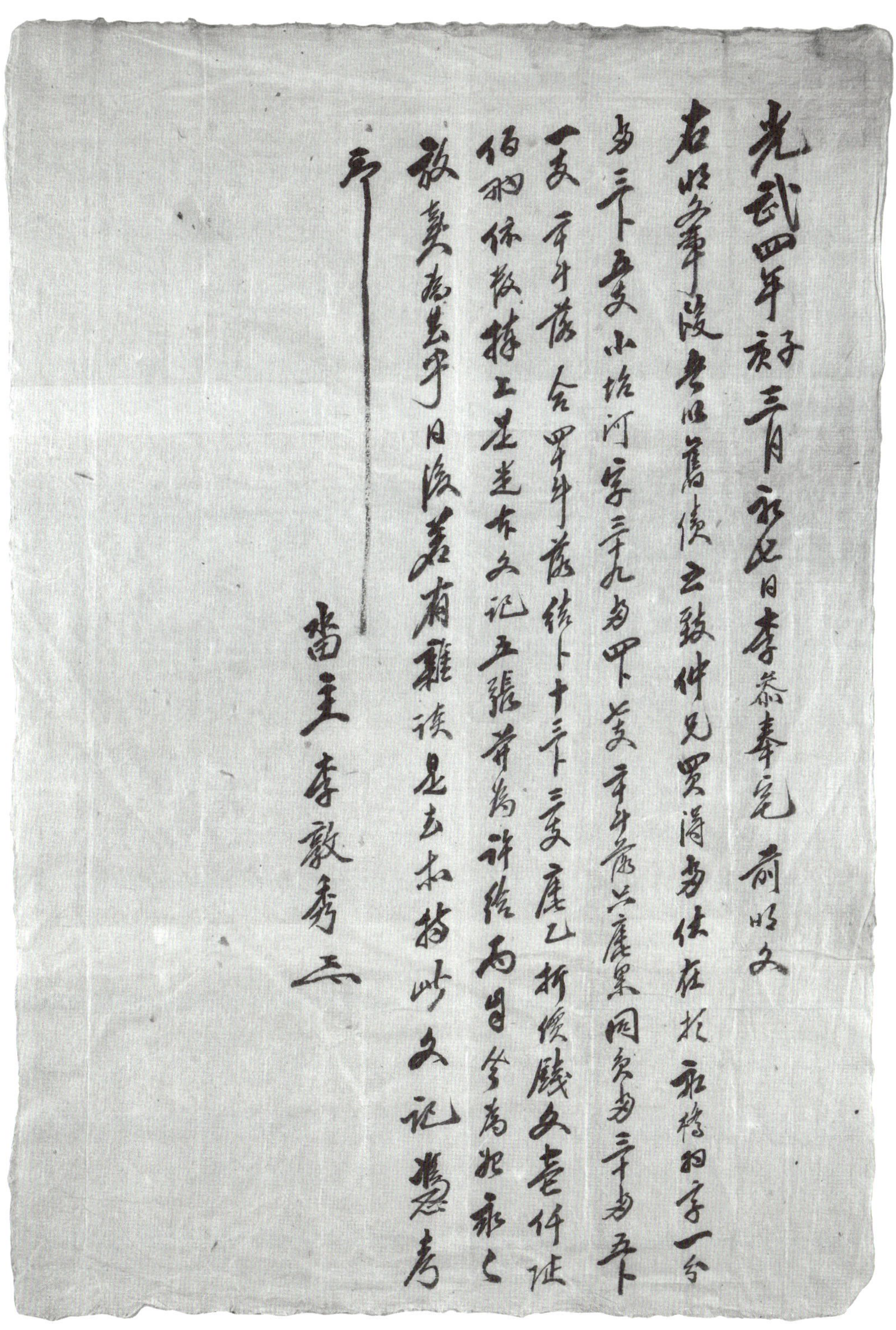

光武四年庚子三月初七日 李參奉宅 前明文

右明文事段 [illegible]以舊債之致 仲兄買得畓 伏在於 [illegible][illegible]字 一合

畓三斗五升落 小坮河字 三斗九畓四斗落 并斗落六[illegible][illegible]同負畓二斗畓五斗

一落 并斗落 合四斗落 結卜十二卜三束 庚乙 折價錢文壹仟[illegible]

[illegible][illegible]依數捧上是遣 本文記五張 并爲許給爲[illegible] [illegible]為[illegible]永[illegible]

放賣爲去乎 日後若有雜談是去等 持此文記憑考

事

當主 李敦秀 [手決]

1900년 3월 초7일에 李敦秀가 李參奉 宅에게 논을 팔면서 발급한 明文

明文 477

결락(道光), 50.2×39.5

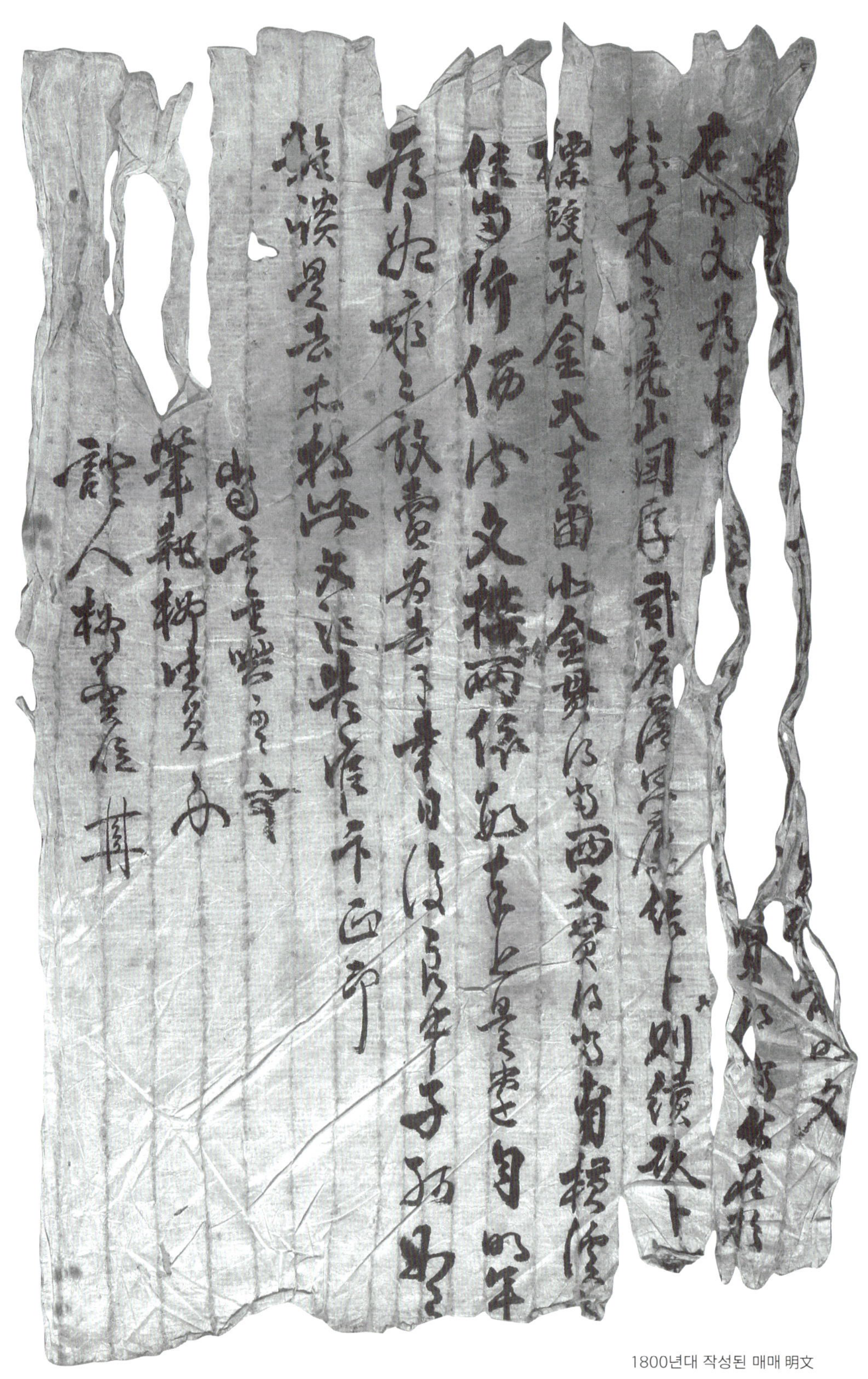

1800년대 작성된 매매 明文

明文 478

庚午, 52×33

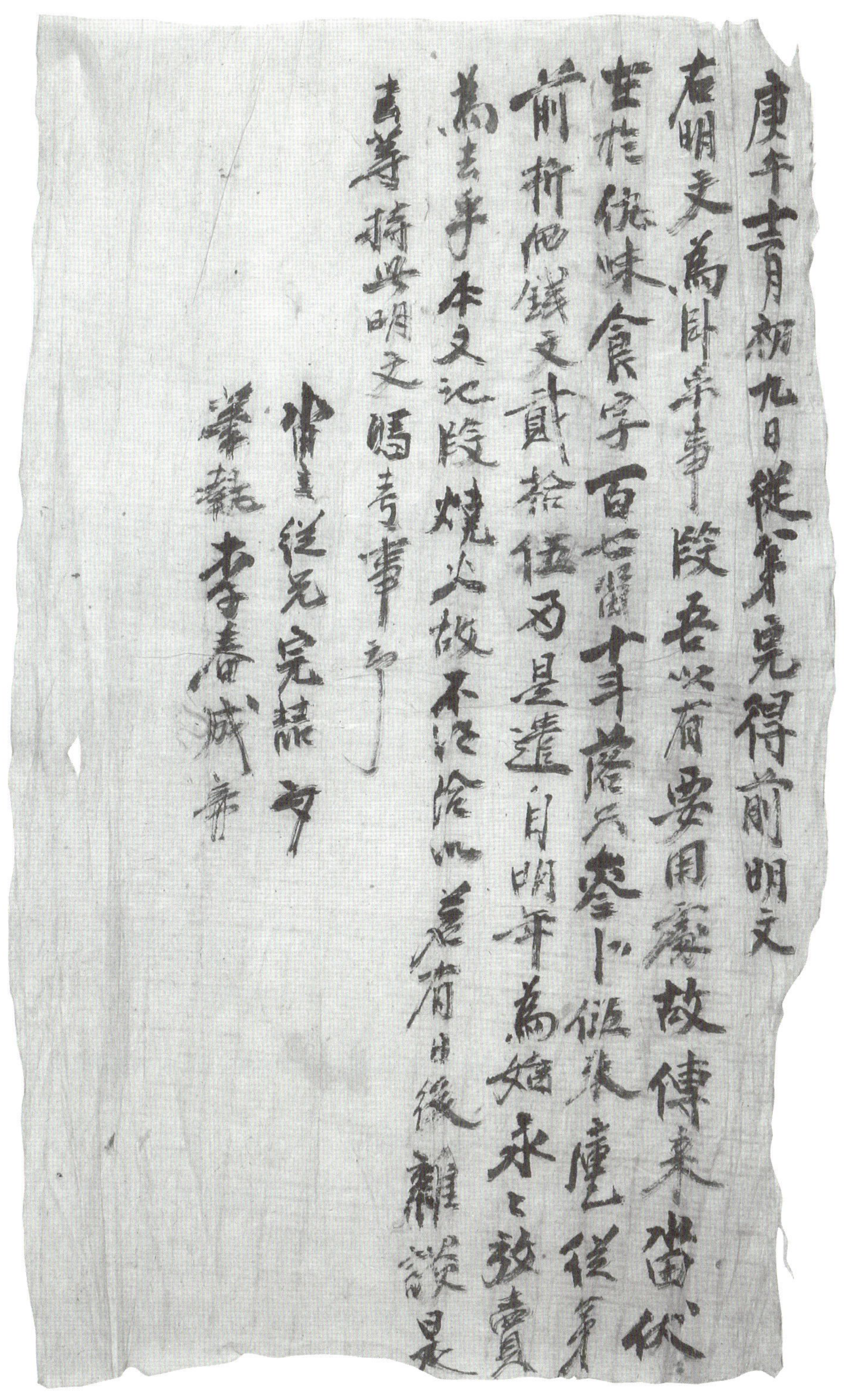

庚午十二月初九日從弟完得前明文

右明文為卧乎事段 吾以有要用處 故傳來畓伏

在於依味食字百七畓十斗落只叁卜伍束庫從弟

前折價錢文貳拾伍兩是遣 自明年為始永永放賣

為去乎本文記段燒火故不得付給以 惹有日後雜談是

去等持此明文憑考事

畓主 從兄 完喆 手

筆執 李春成 手

경오년 12월 초9일에 從兄 完喆이 從弟 完得에게 논을 팔면서 발급한 明文

결락, 50.5×41.9

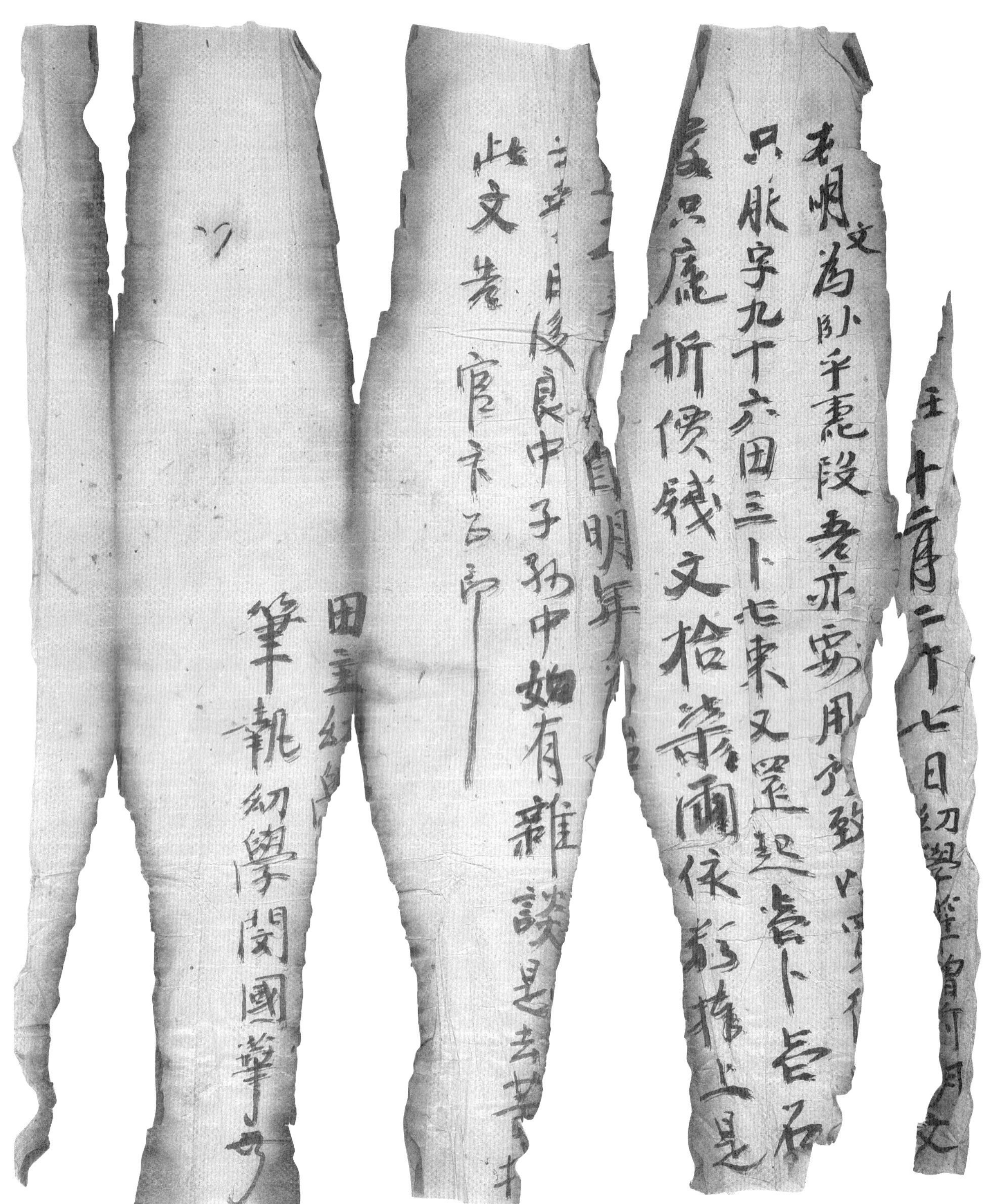

[illegible]十二月二十七日幼學權[illegible]前明文

右明文爲臥乎事段吾亦要用所致以[illegible]

只𦊆字九十六田三卜七束又罡起[illegible]卜[illegible]石

落只庶折價錢文拾兩依數捧上是[illegible]

[illegible]自明年[illegible]

[illegible]日後良中子孫中如有雜談是去等

此文卷告官卞正事

田主 幼學 [illegible]

筆執 幼學 閔國華

12월 27일에 田主 유학이 유학 權에게 밭을 팔면서 발급한 明文

明文 480

결락, 49.3×43

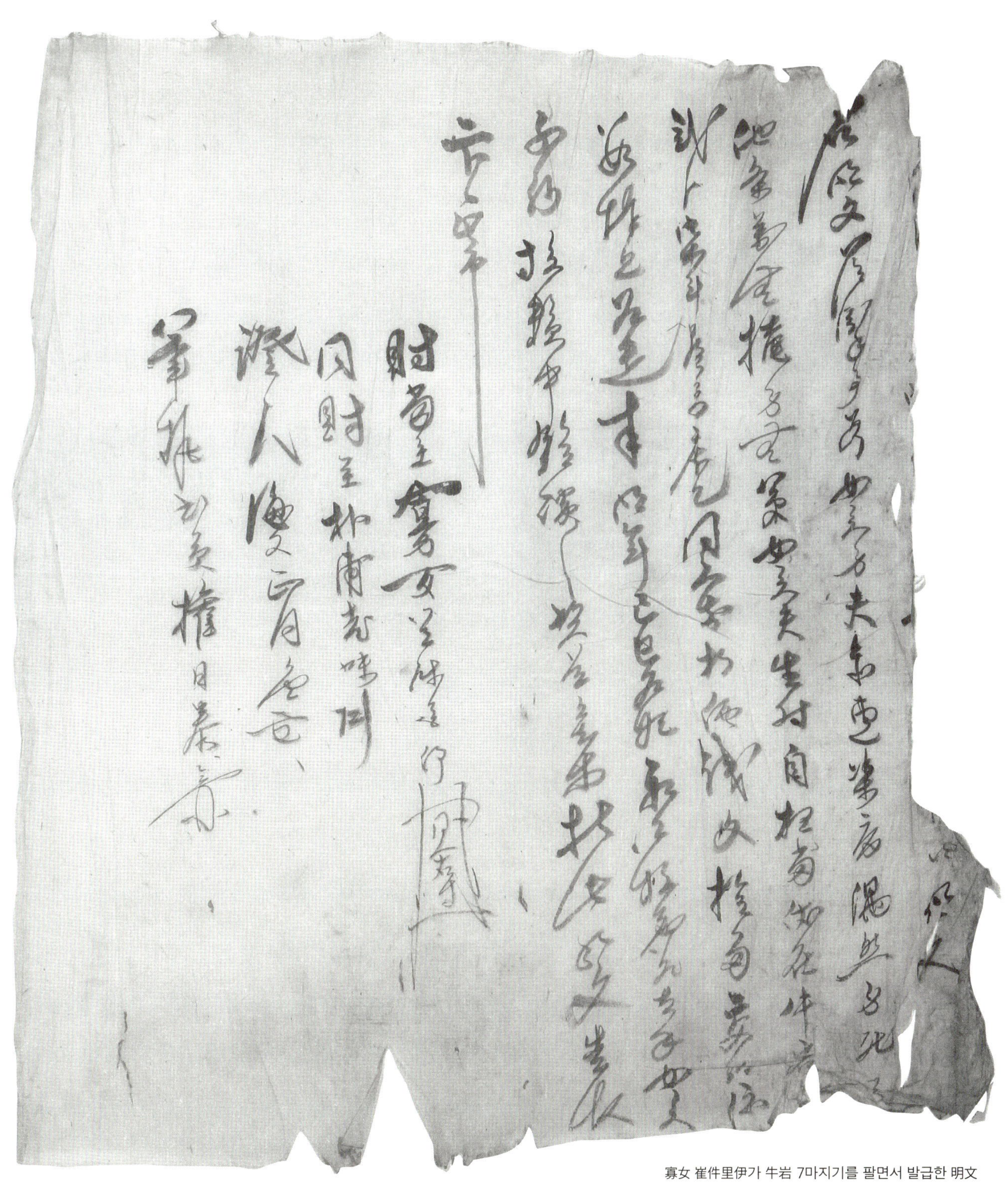

寡女 崔件里伊가 牛岩 7마지기를 팔면서 발급한 明文

牌旨 1

1714년(숙종 40), 25.1×24

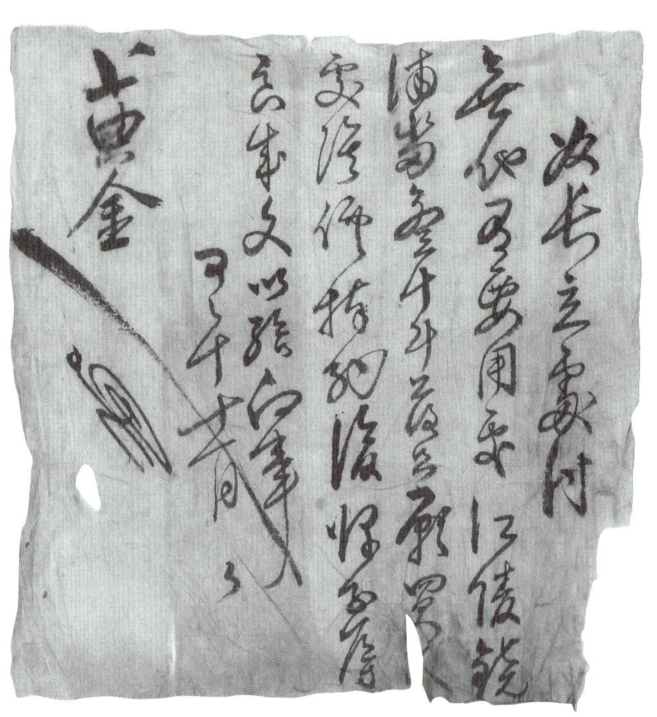

1714년 11월에 上典 金이 奴 長立에게 매매를 위임한 牌旨

牌旨 2

1741년(영조 17), 31.4×24.8

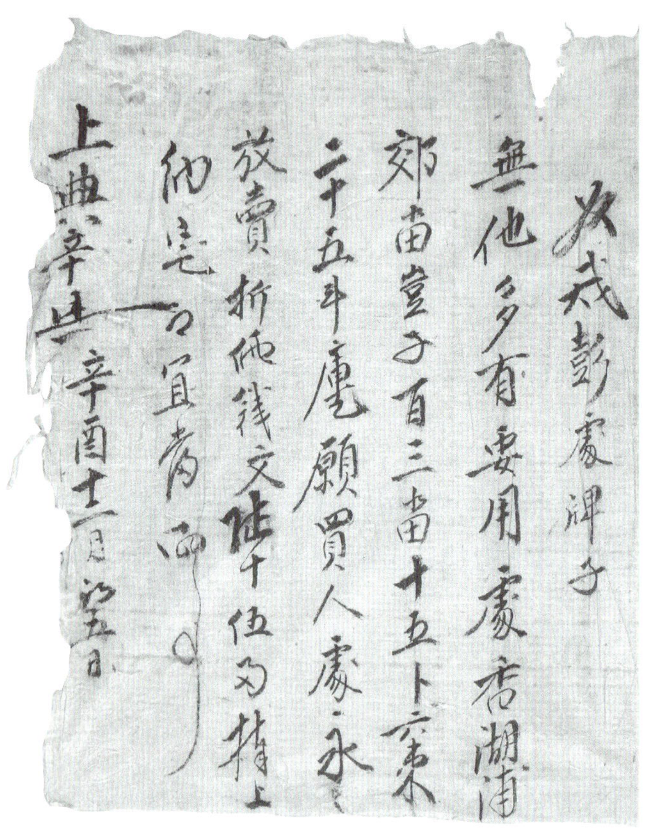

奴戒彭處牌子
無他多有要用處 香湖浦
郊畓壹斗 百三畓十五卜六束
二十五斗處願買人處 永
放賣 折價錢文陸拾伍兩 捧上
納是 宜當向事
上典辛 辛酉十二月初五日

1741년 12월 초5일에 上典 辛이 奴 戒彭에게 매매를 위임한 牌旨

牌旨 3

1753년(영조 29), 25.8×37.7

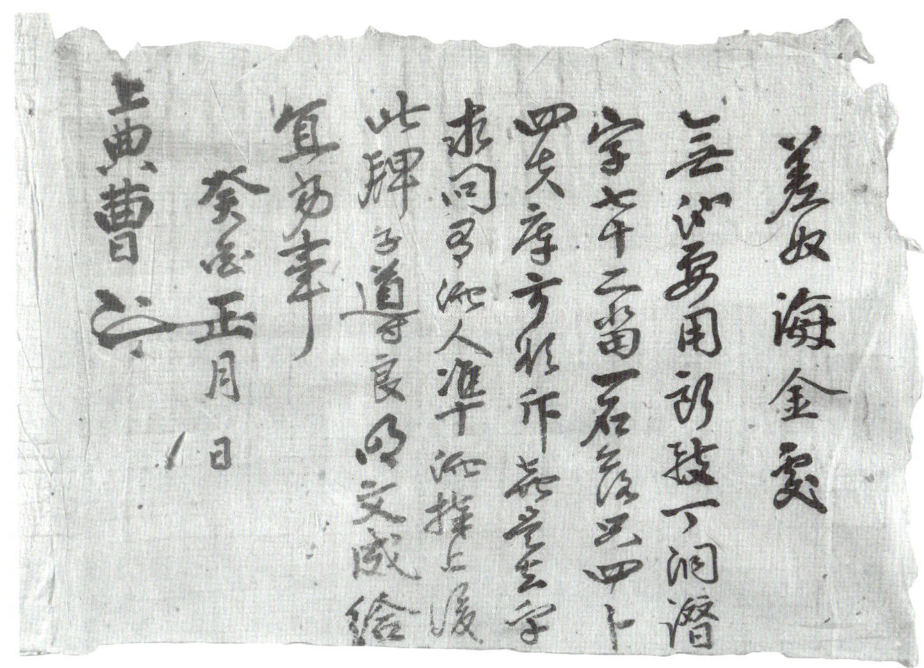

1753년 1월에 上典 曺哥가 差奴 海金에게 매매를 위임한 牌旨

牌旨 4

1753년(영조 29), 26.01×38.6

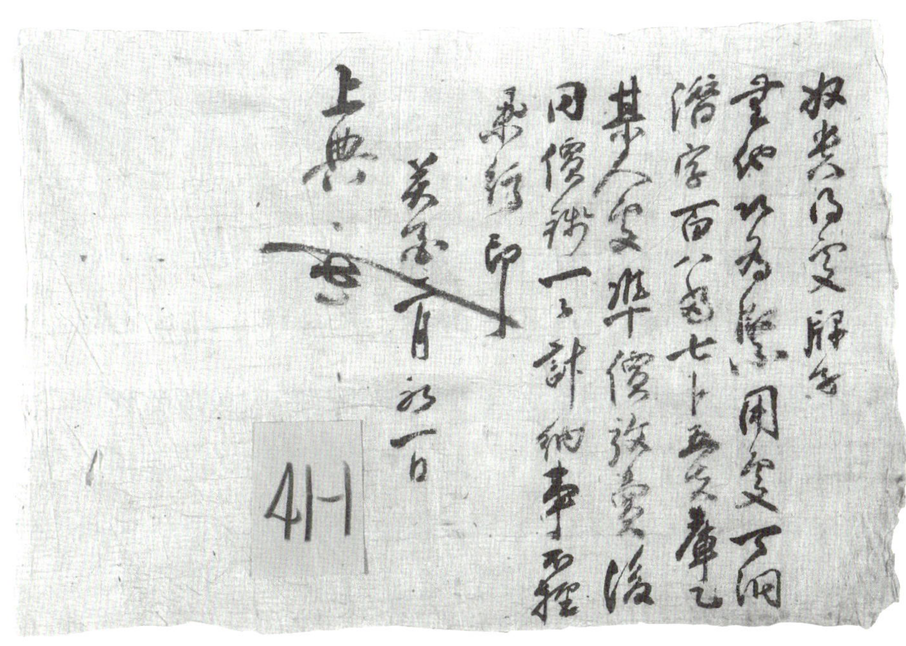

1753년 2월 초1일에 上典이 奴 貴得에게 매매를 위임한 牌旨

牌旨 5

1754년(영조 30), 30.6×45.1

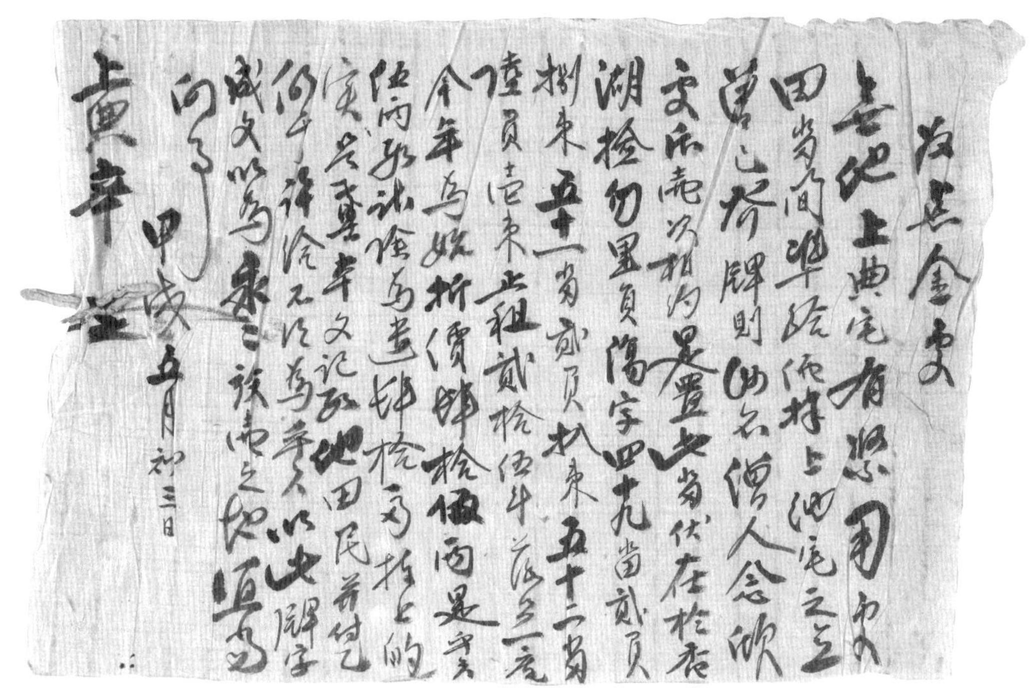

1754년 5월 초3일에 上典 辛이 奴 点金에게
매매를 위임한 牌旨

牌旨 6

1756년(영조 32), 16.7×21.5

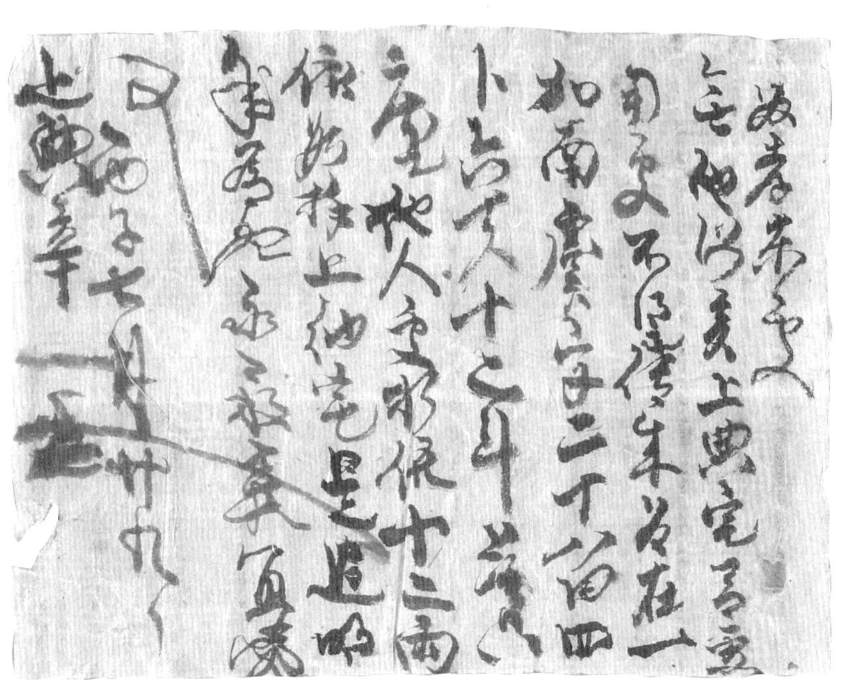

1756년 7월 29일에 上典 辛이 奴 孝東에게
매매를 위임한 牌旨

牌旨 7

1756년(영조 32), 26.2×35.6

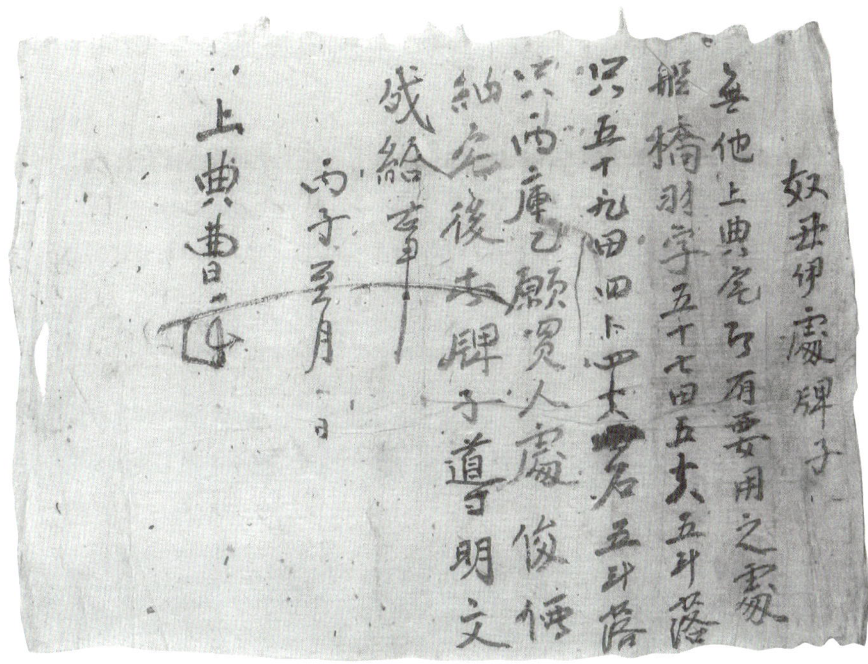

1756년 11월에 上典 曺가 奴 丑伊에게 매매를 위임한 牌旨

牌旨 8

1756년(영조 32), 21.3×33.3

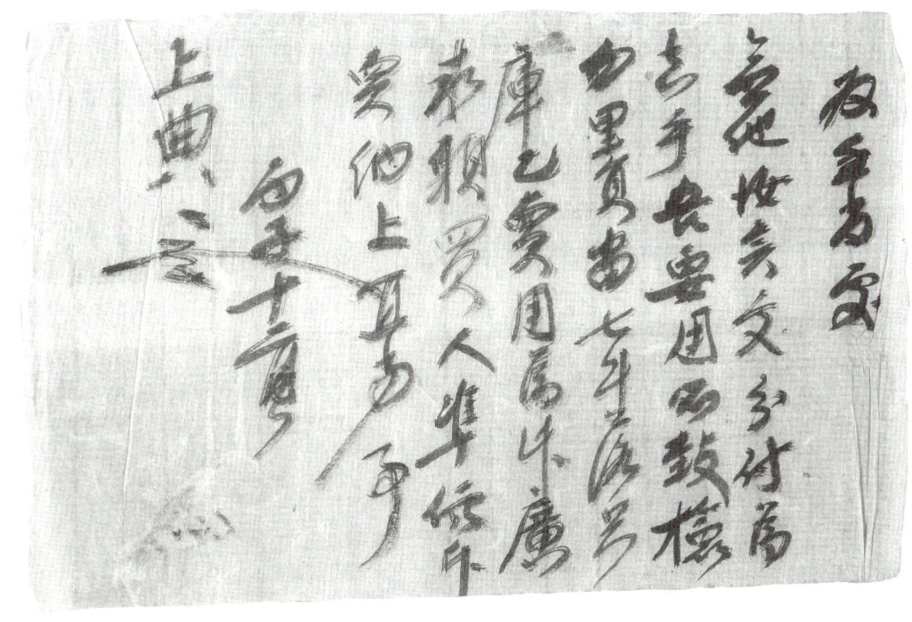

1756년 12월에 上典이 奴 壬尙에게 매매를 위임한 牌旨

牌旨 9

1757년(영조 33), 26.5×31.7

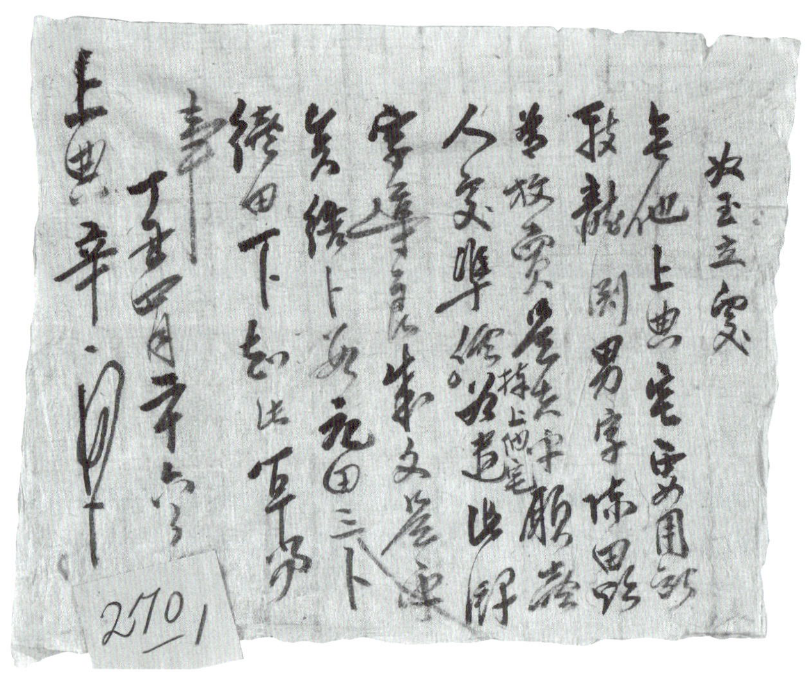

1757년 4월 26일에 上典 辛이 奴 玉立에게 매매를 위임한 牌旨

牌旨 10

1762년(영조 38), 32.4×36

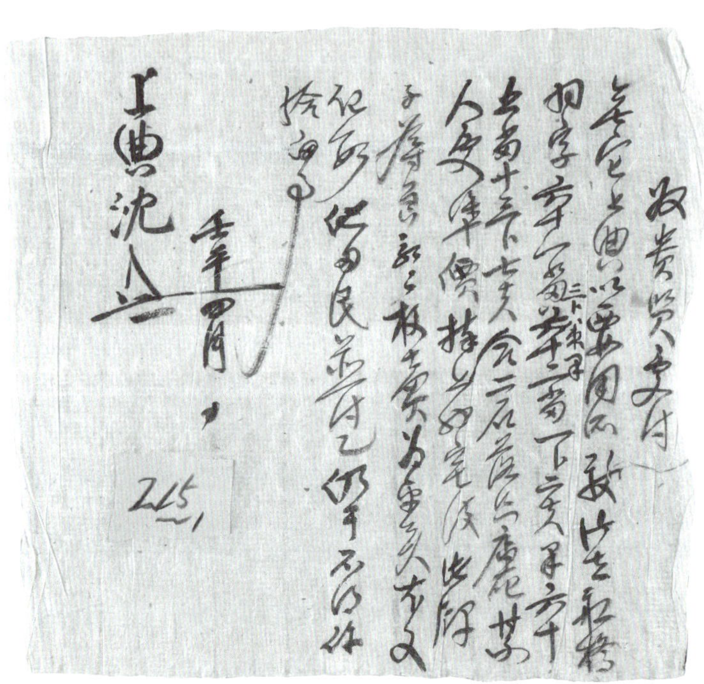

1762년 4월에 上典 沈이 奴 貴賢에게 매매를 위임한 牌旨

牌旨 11

1763년(영조 39), 25.6×33.8

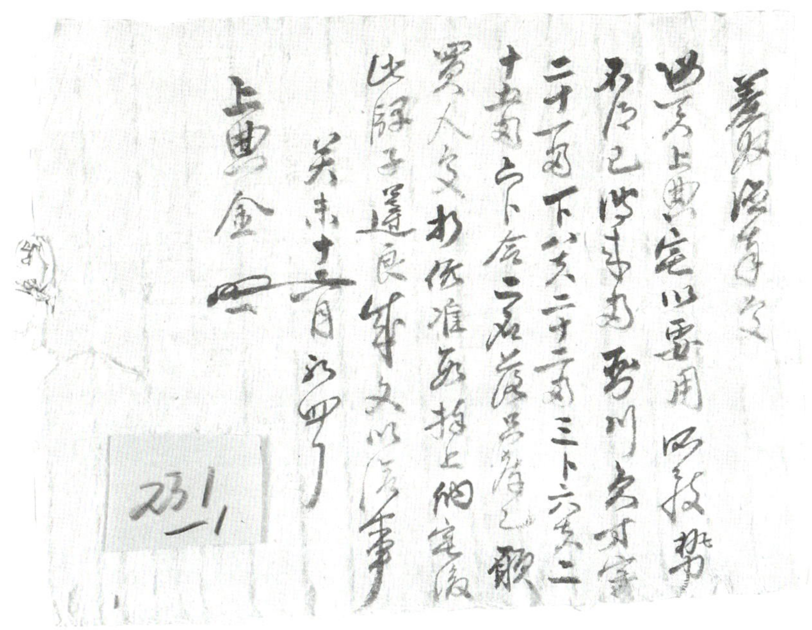

1763년 12월 초4일에 上典 金이 差奴 德奉에게 매매를 위임한 牌旨

牌旨 12

1766년(영조 42), 27.7×33.1

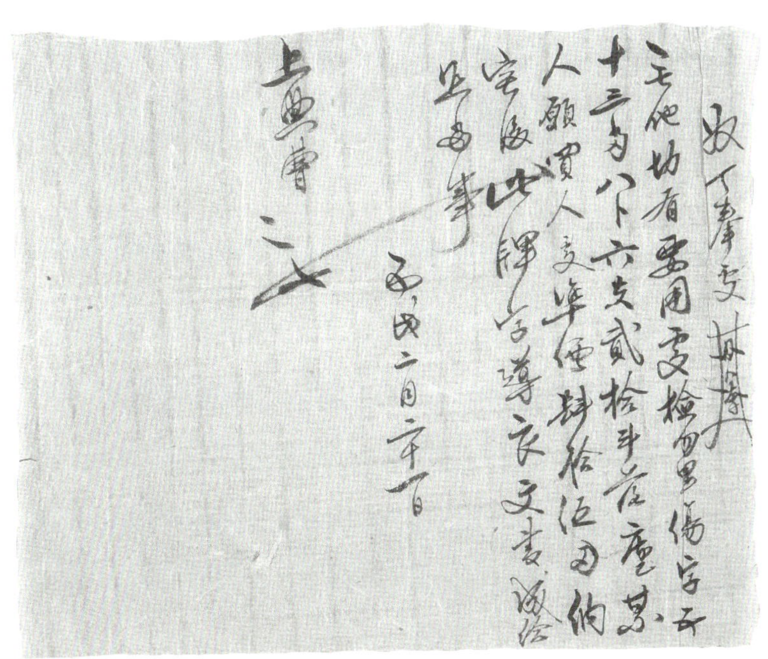

1766년 2월 21일에 上典 曺가 奴 丁奉에게 매매를 위임한 牌旨

牌旨 13

1766년(영조 42), 32.3×45.8

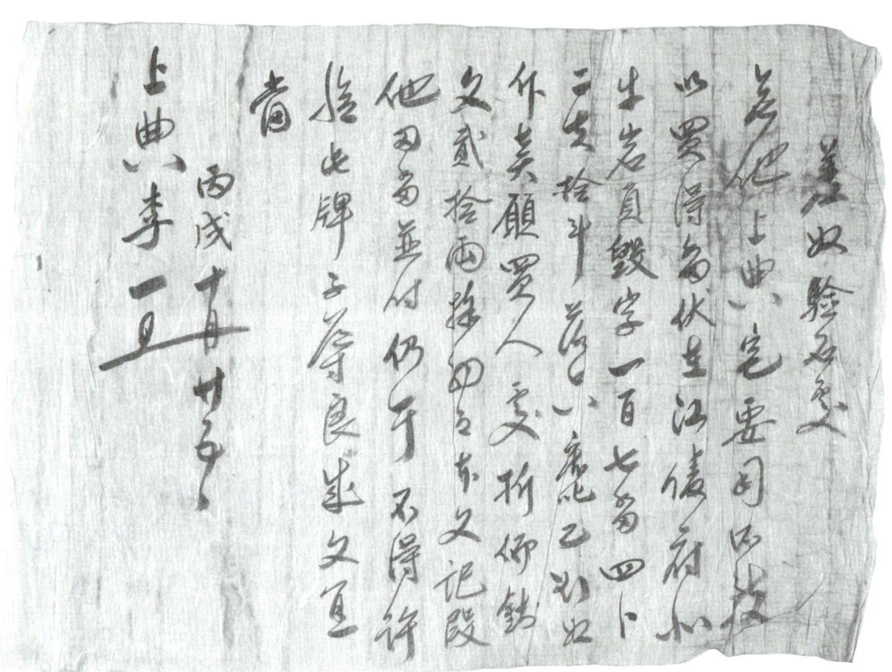

1766년 10월 25일에 上典 李가 差奴 驗石에게 매매를 위임한 牌旨

牌旨 14

1768년(영조 44), 22.4×30.7

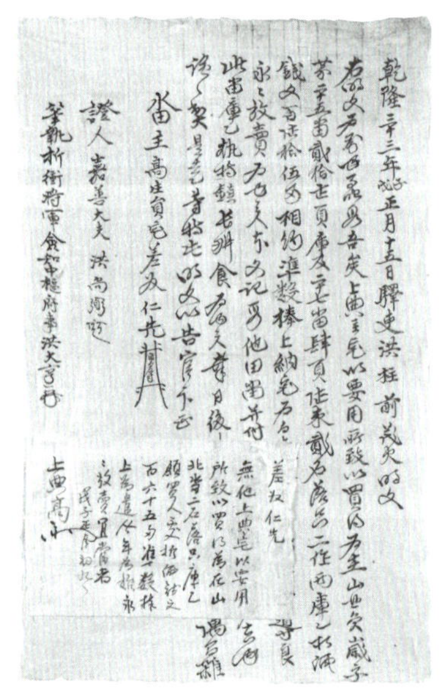

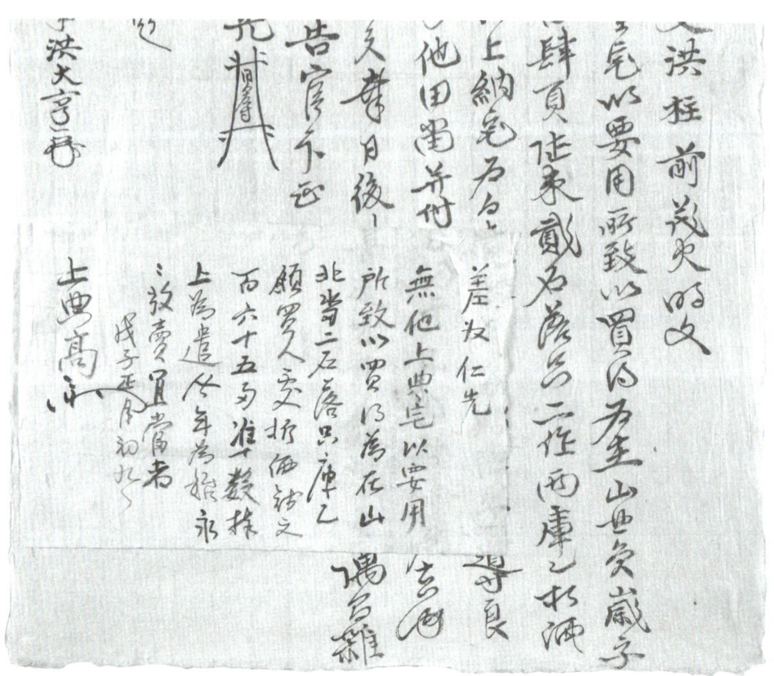

1768년 1월 초9일에 上典 高哥가 差奴 仁先에게 매매를 위임한 牌旨

牌旨 15

1772년(영조 48), 26.9×48.4

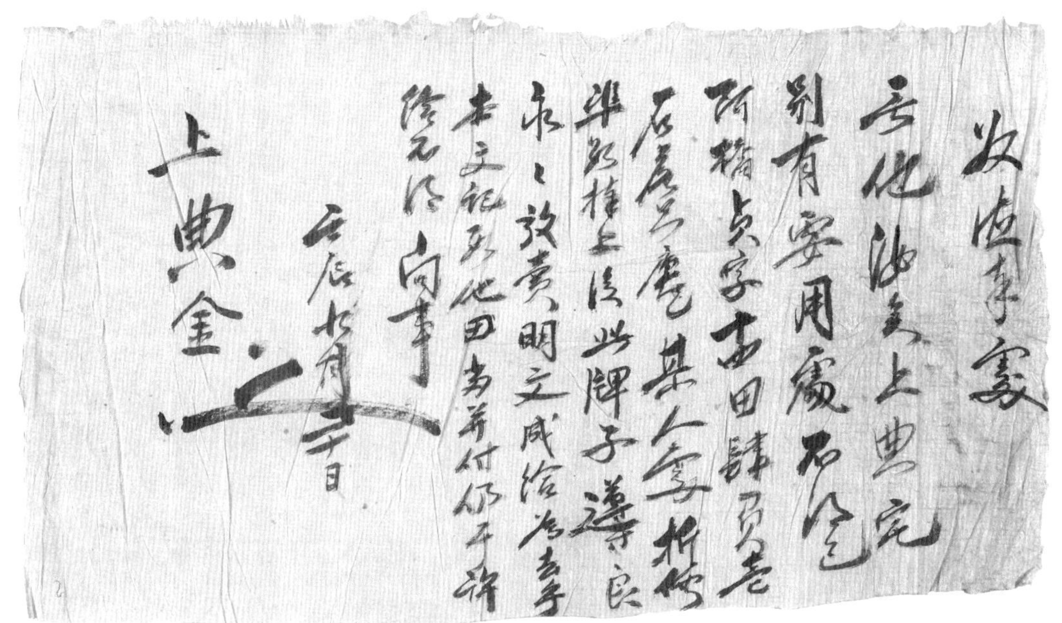

1772년 9월 20일에 上典 金이 奴 德奉에게 매매를 위임한 牌旨

牌旨 16

1772년(영조 48), 23.7×33.3

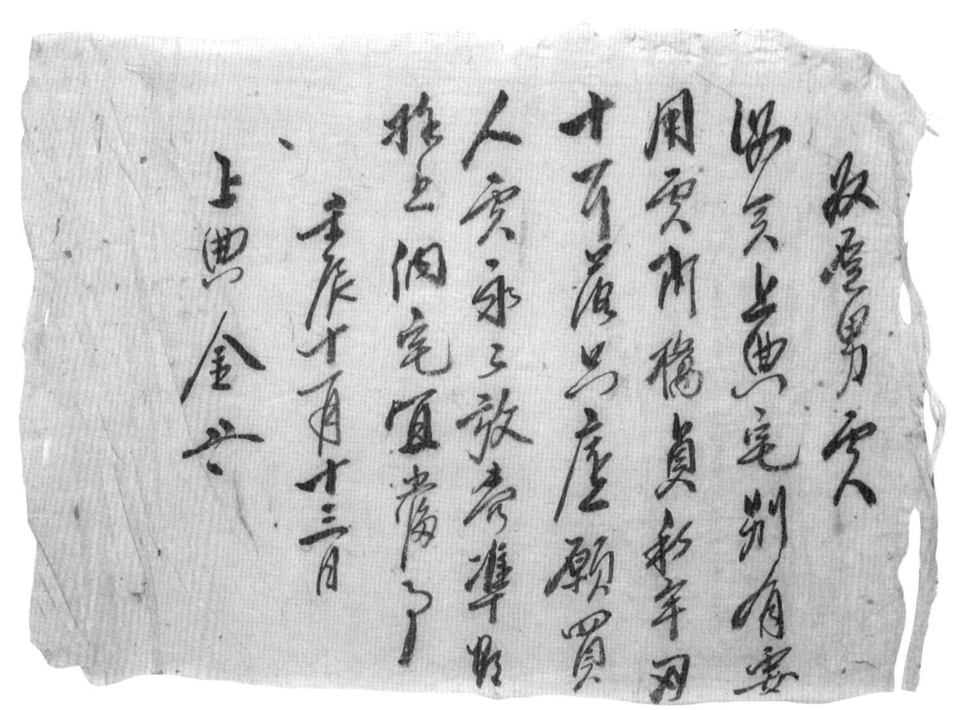

1772년 11월 13일에 上典 金이 奴 乭男에게 매매를 위임한 牌旨

牌旨 17

1774년(영조 50), 32×29.5

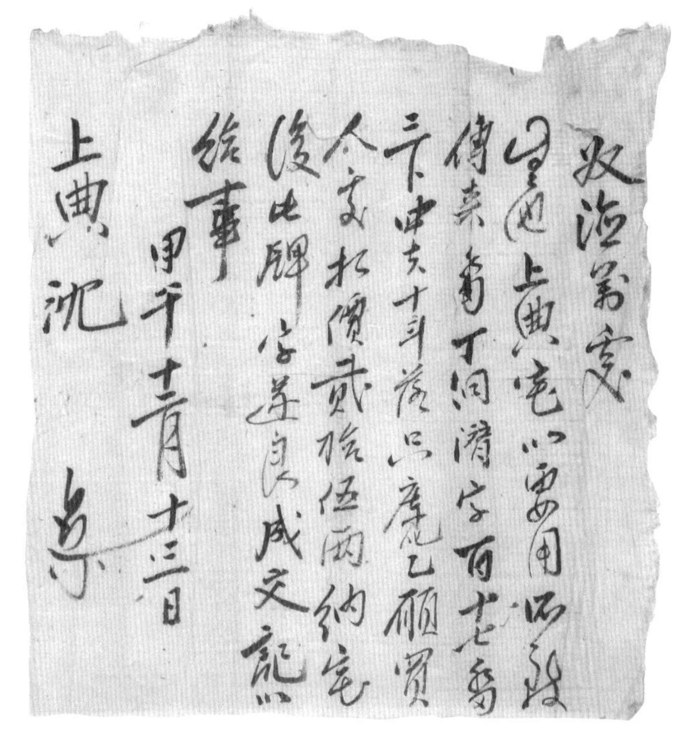

1774년 12월 13일에 上典 沈이 奴 德萬에게 매매를 위임한 牌旨

牌旨 18

1776년(영조 52년), 27.4×32.1

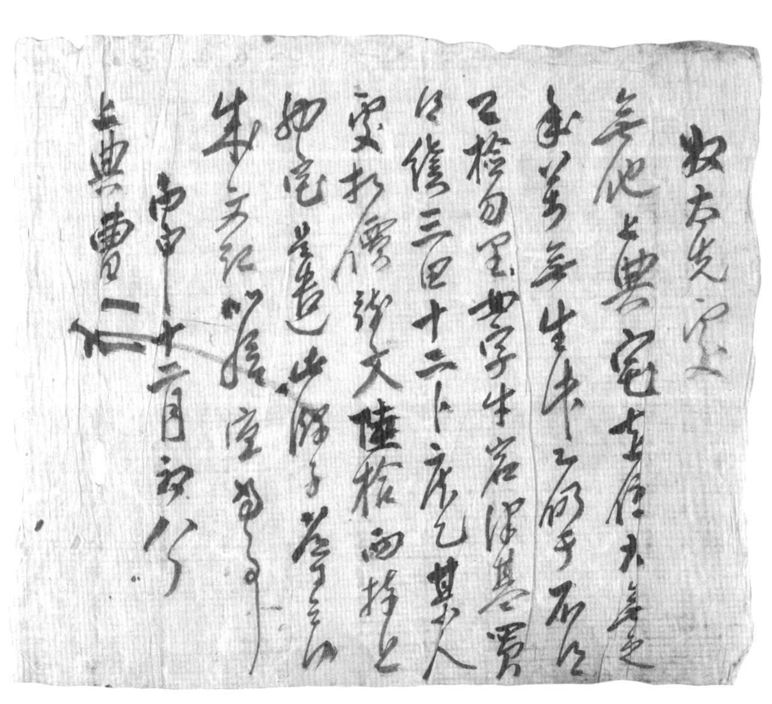

1776년 12월 초8일에 上典 曺가 奴 太先에게 매매를 위임한 牌旨

牌旨 19

1777년(정조 원년), 28×33.1

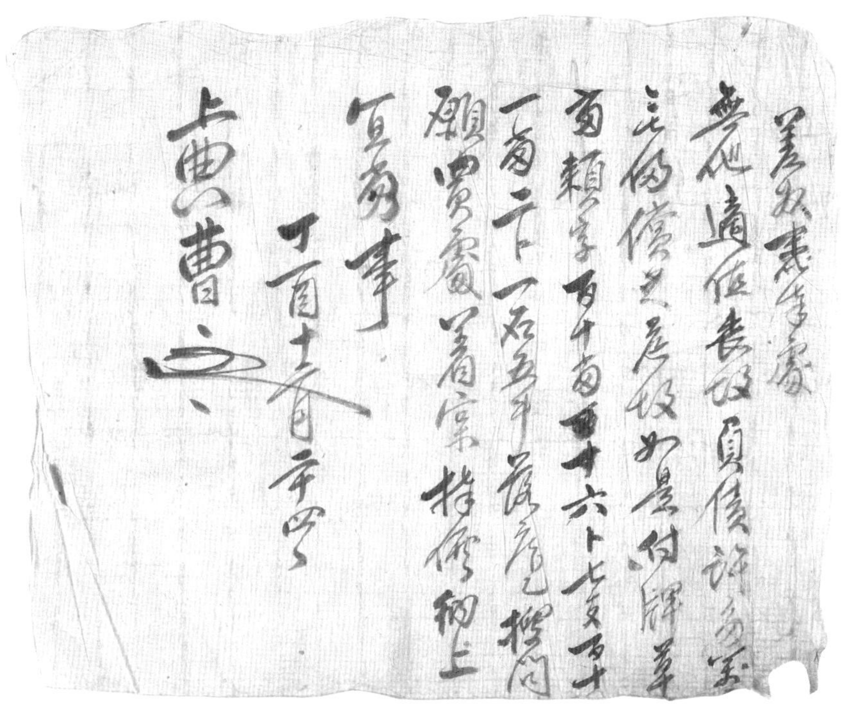

1777년 12월 24일에 上典 曺가 差奴 㐥奉에게 매매를 위임한 牌旨

牌旨 20

1779년(정조 3), 30×24

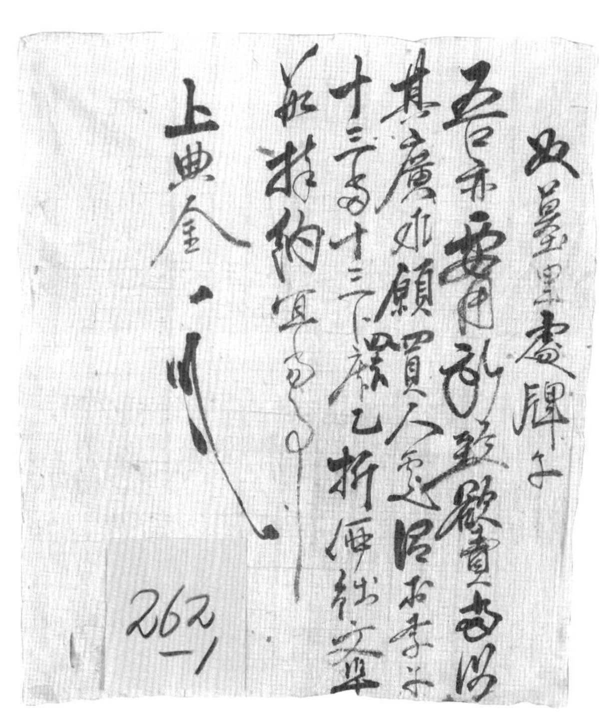

1779년에 上典 金이 奴 墓里에게 매매를 위임하는 牌旨

牌旨 21

1779년(정조 3), 18.3×44.7

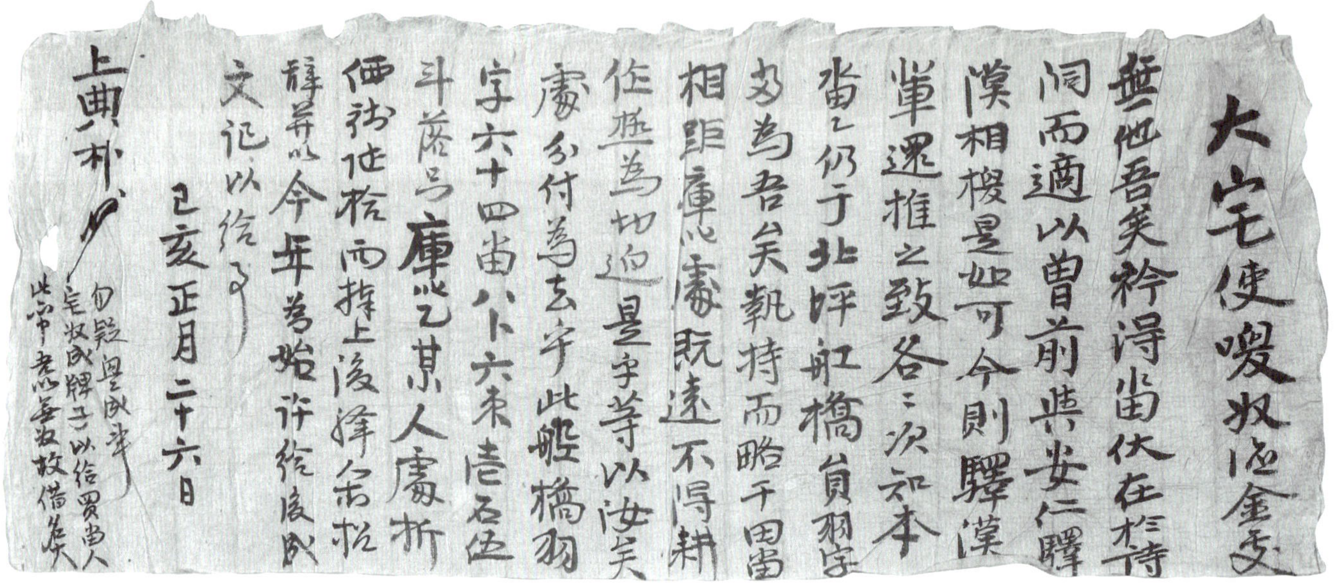

1779년 1월 26일에 上典 朴이 大宅의 使喚 奴 德金에게 매매를 위임한 牌旨

牌旨 22

1780년(정조 4), 33.1×23.3

1780년 2월 15일에 上典 金이 差奴 日夫에게 매매를 위임한 牌旨

牌旨 23

1780년(정조 4), 28.7×37.1

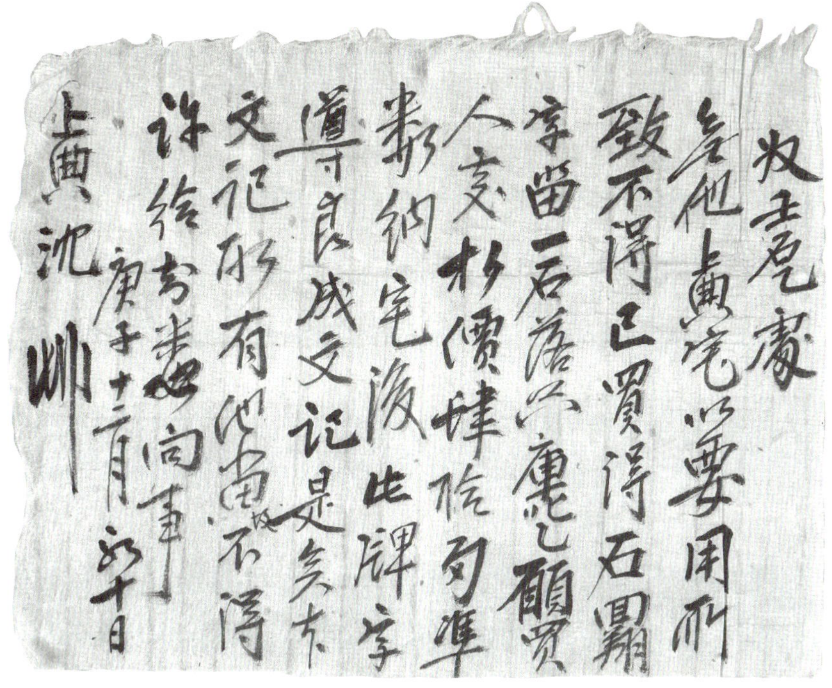

1780년 12월 초10일에 上典 沈이 奴 壬乭에게 매매를 위임한 牌旨

牌旨 24

1782년(정조 6), 28.1×33.5

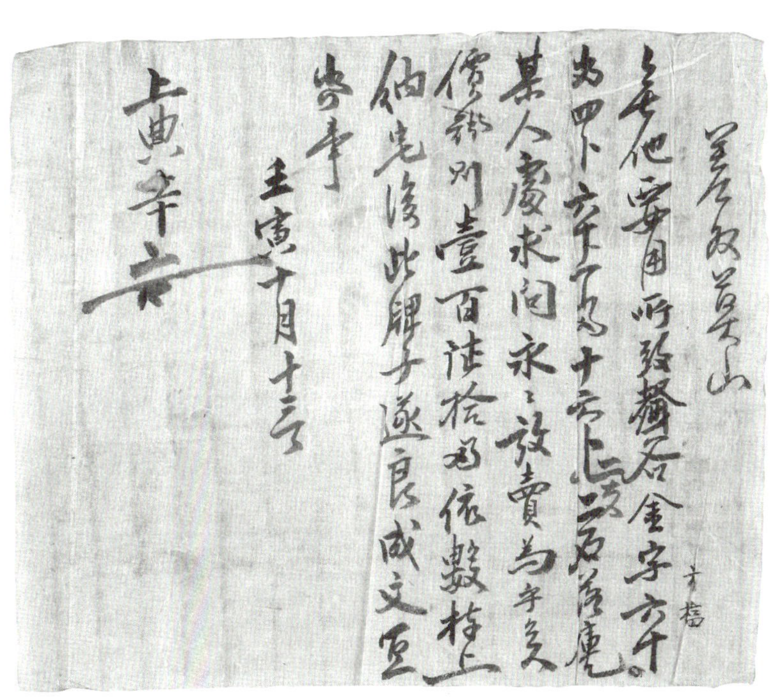

1782년 10월 13일에 上典 辛이 差奴 莫山에게 매매를 위임한 牌旨

牌旨 25

1784년(정조 8), 27.1×35.6

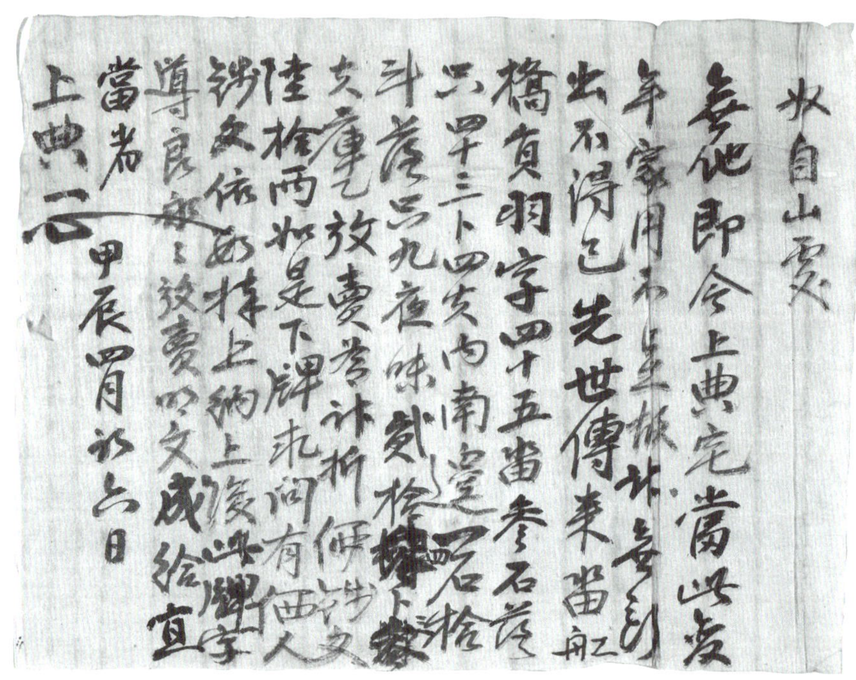

1784년 4월 초6일에 上典이 奴 自山에게 매매를 위임한 牌旨

牌旨 26

1784년(정조 8), 27.3×84.8

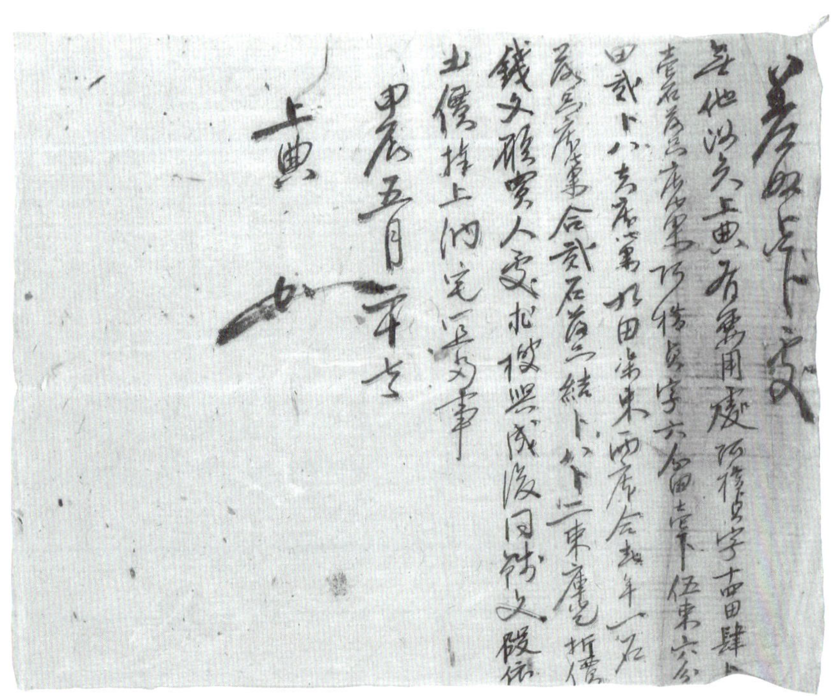

1784년 5월 27일에 上典이 差奴 占卜에게 매매를 위임한 牌旨

牌旨 27

1785년(정조 9), 24.4×41.5

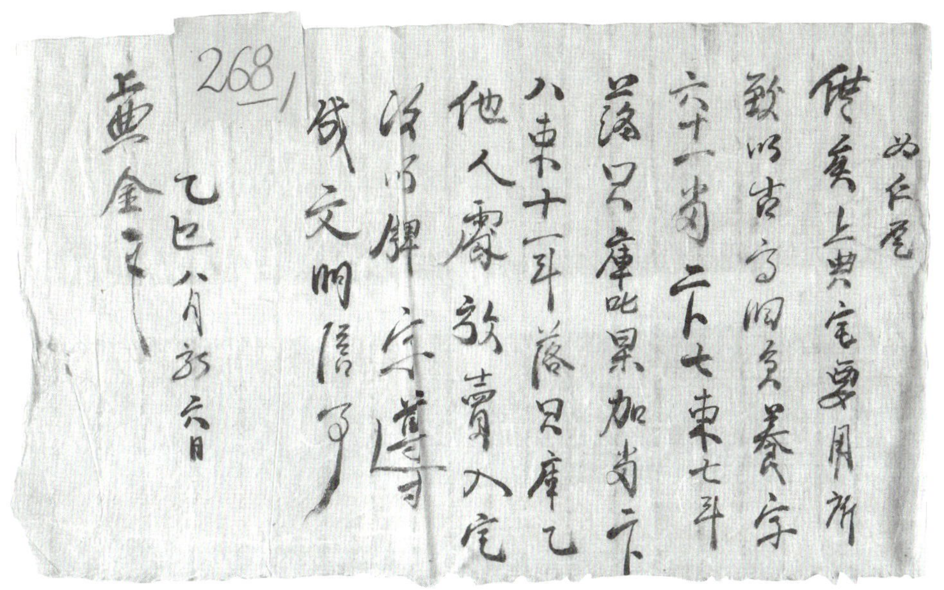

1785년 8월 초6일에 上典 金이 奴 仁乭에게 매매를 위임한 牌旨

牌旨 28

1788년(정조 12), 28.8×35

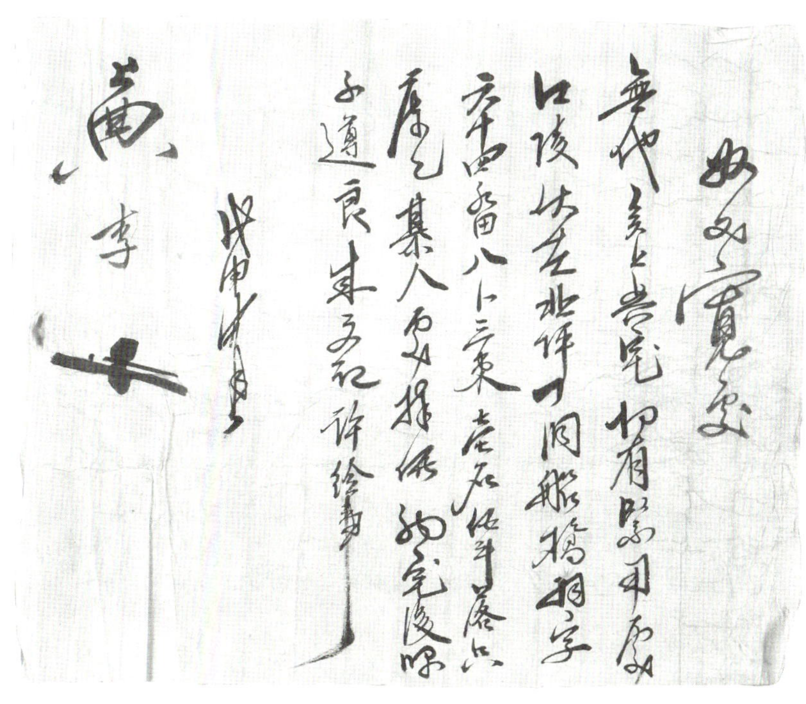

1788년 4월에 上典 李가 奴 必寬에게 매매를 위임한 牌旨

牌旨 29

1789년(정조 13), 28.5×30.5

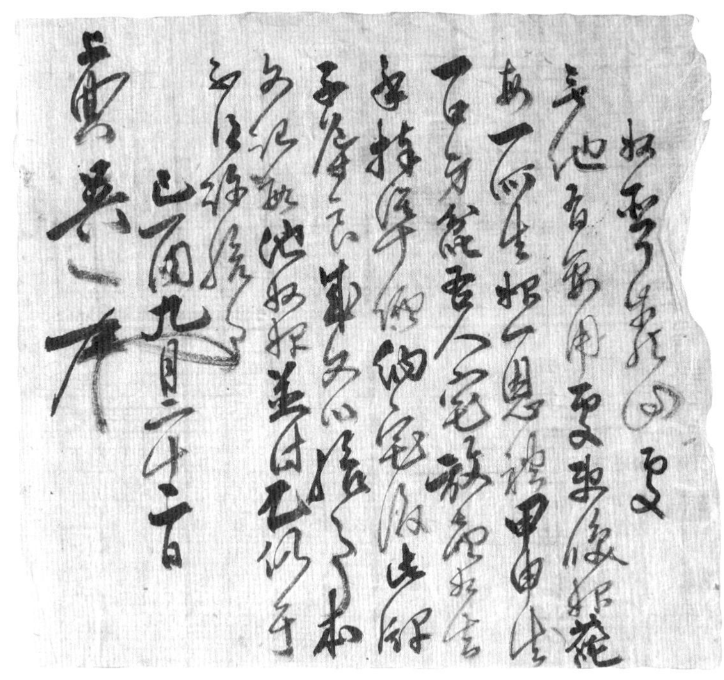

1789년 9월 22일에 上典 吳가 奴 臥 卩巖回에게 매매를 위임한 牌旨

牌旨 30

1796년(정조 20), 28.8×33.2

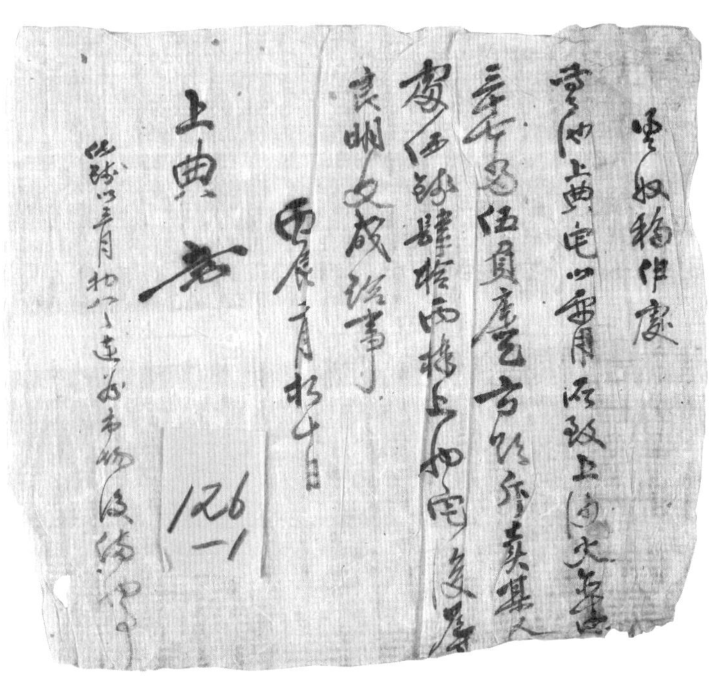

1796년 2월 초10일에 上典이 差奴 福伊에게 매매를 위임한 牌旨

牌旨 31

1796년(정조 20), 27.3×34.4

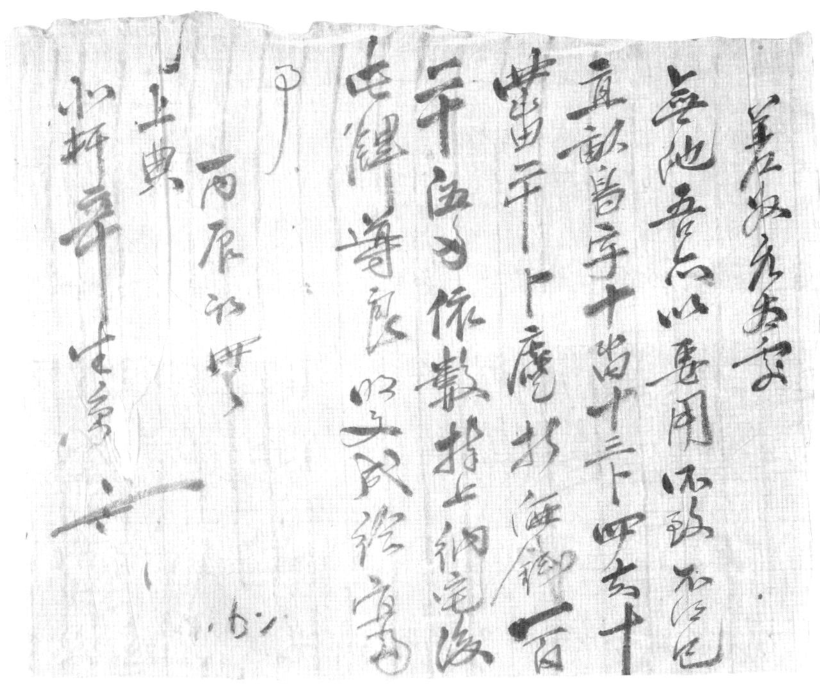

1796년 초4일에 上典 辛生員이 差奴 元太에게 매매를 위임하는 牌旨

牌旨 32

1800년(정조 24), 28.2×39

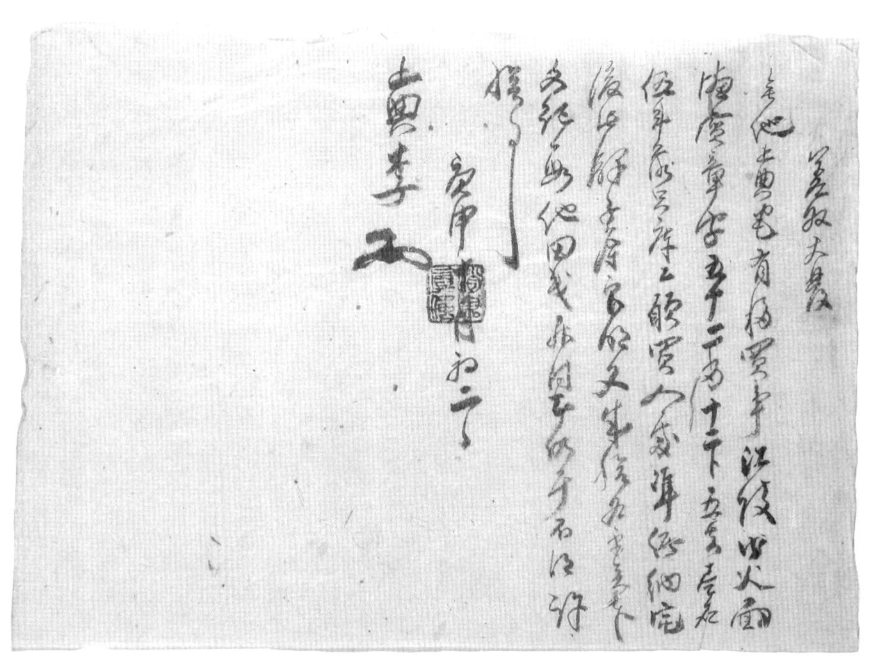

1800년 10월 초2일에 上典 李가 差奴 大發에게 매매를 위임하는 牌旨

牌旨 33

1801년(순조 원년), 25.7×16.6

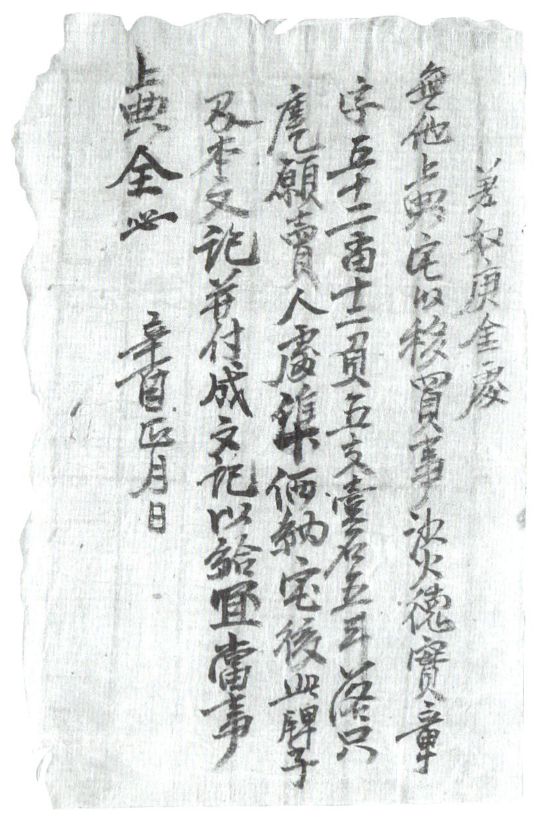

1801년 1월에 上典 全이 差奴 庚金에게 매매를 위임하는 牌旨

牌旨 34

1806년(순조 6), 16.9×29.7

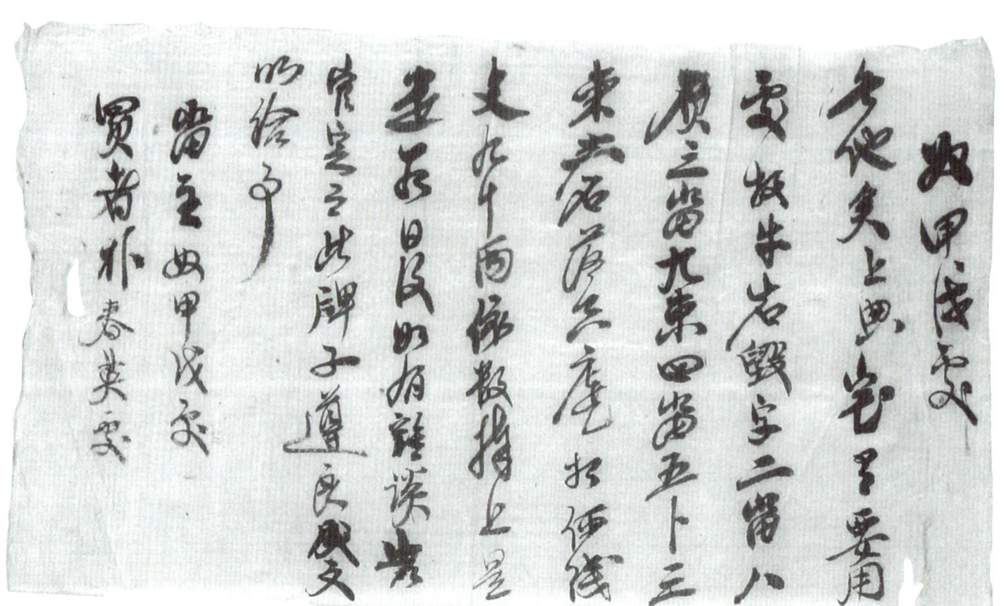

1806년에 上典 奴 甲戌가 奴 甲戌에게 매매를 위임하는 牌旨

牌旨 35

1813년(순조 13), 32.5×28.6

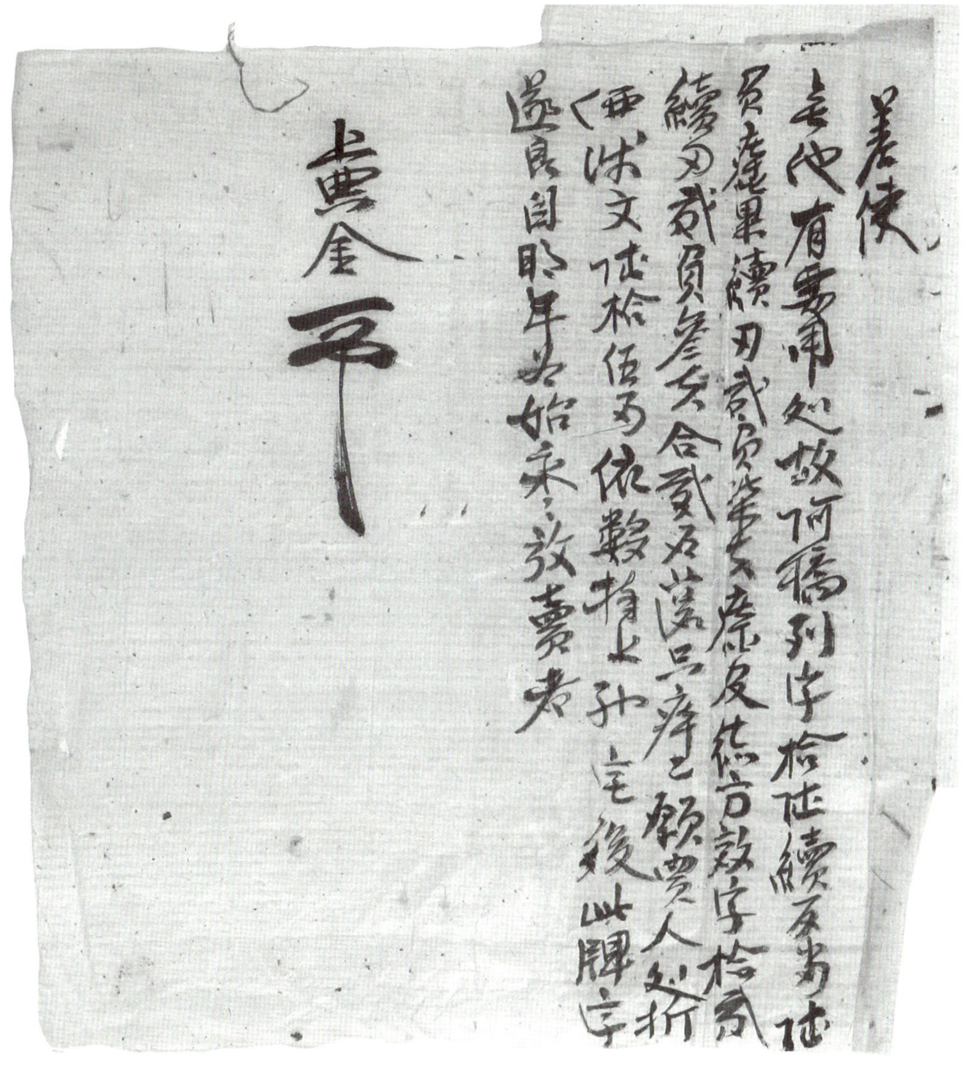

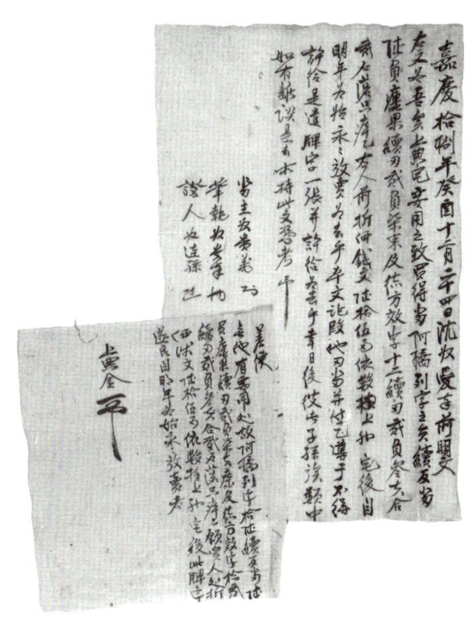

上典 金이 差使에게 매매를 위임하는 牌旨

牌旨 36

1813년(순조 13), 22.7×36.5

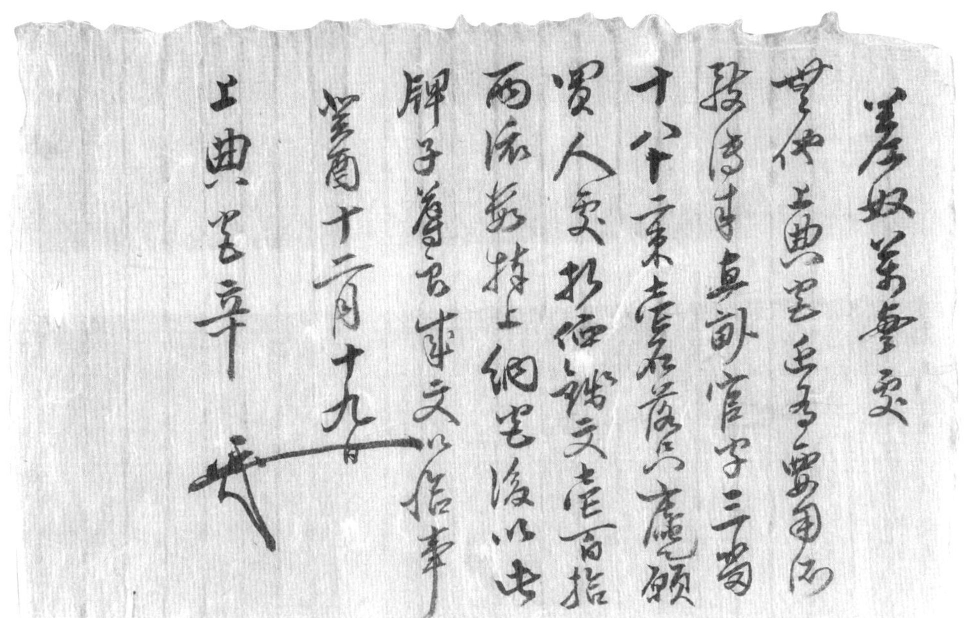

1813년 12월 19일에 上典 辛이 差奴 萬興에게 매매를 위임하는 牌旨

牌旨 37

1814년(순조 14), 30.1×22.2

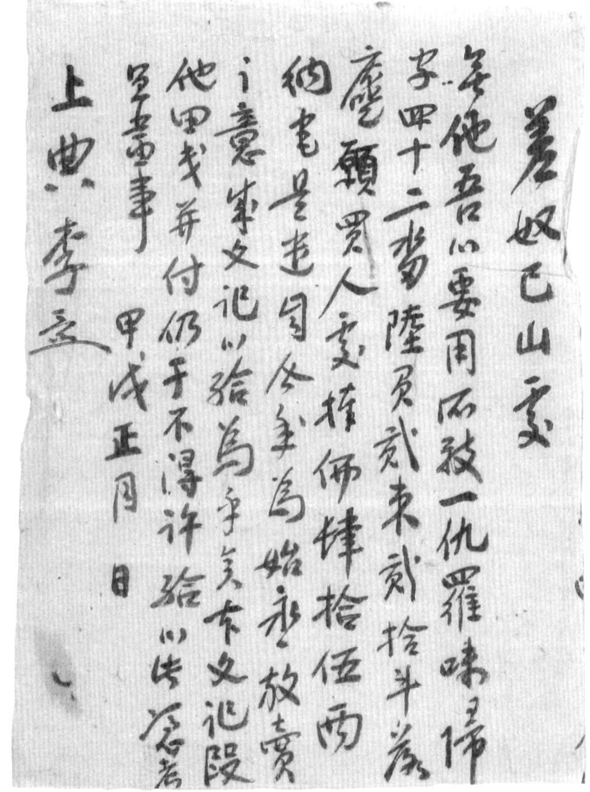

1814년 1월에 上典 李가 差奴 己山에게 매매를 위임하는 牌旨

牌旨 38

1815년(순조 15), 29.5×27.4

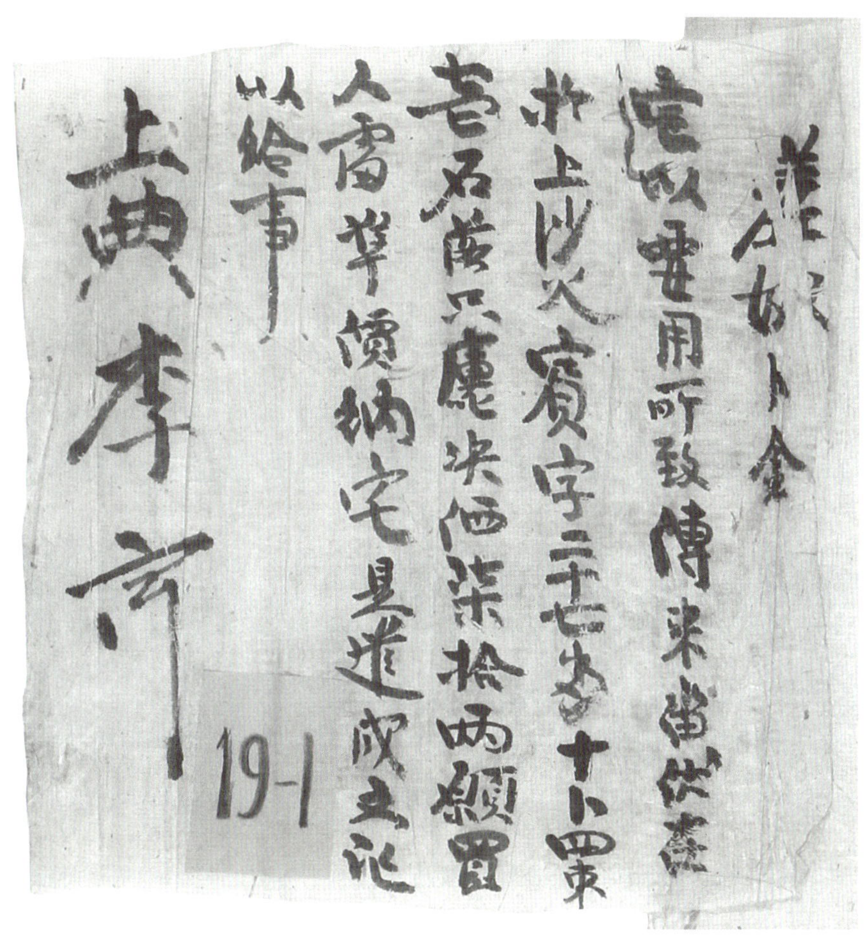

1815년에 上典 李가 差奴 卜金에게 매매를 위임하는 牌旨

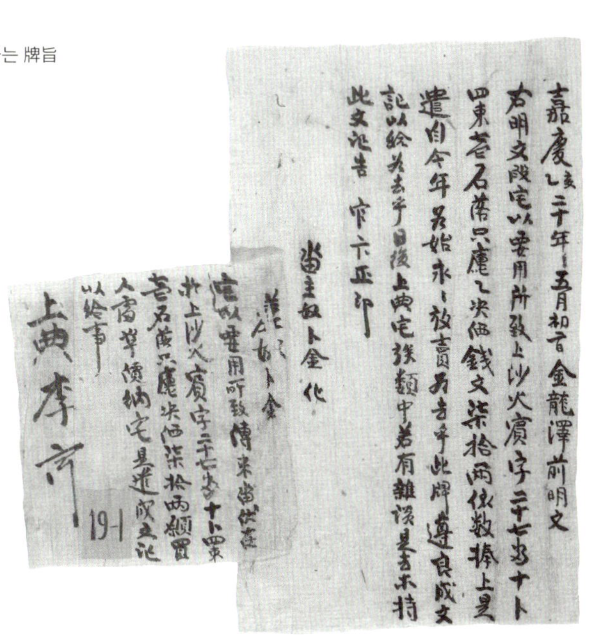

牌旨 39

1815년(순조 15), 28×24

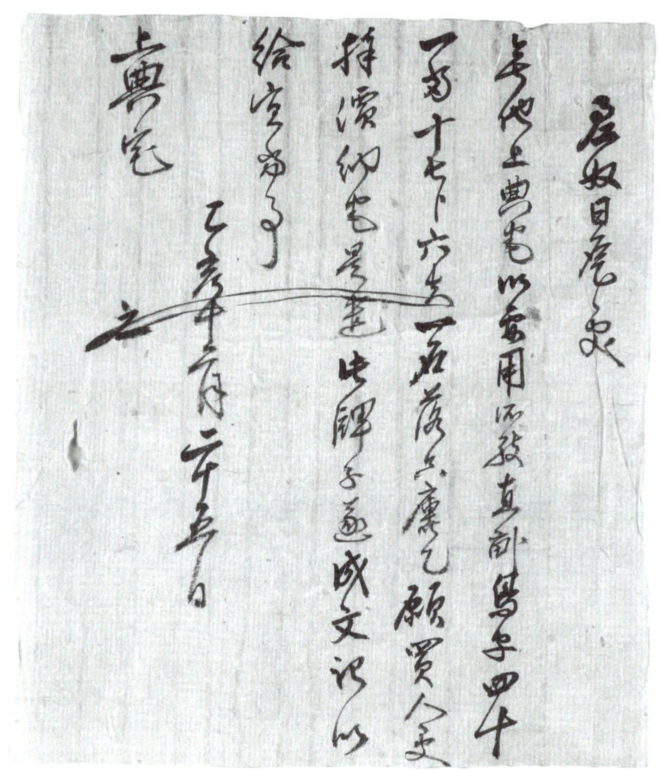

1815년 12월 25일에 上典 宅에서 差奴 日乭에게 매매를 위임하는 牌旨

牌旨 40

1818년(순조 18), 27.2×22.5

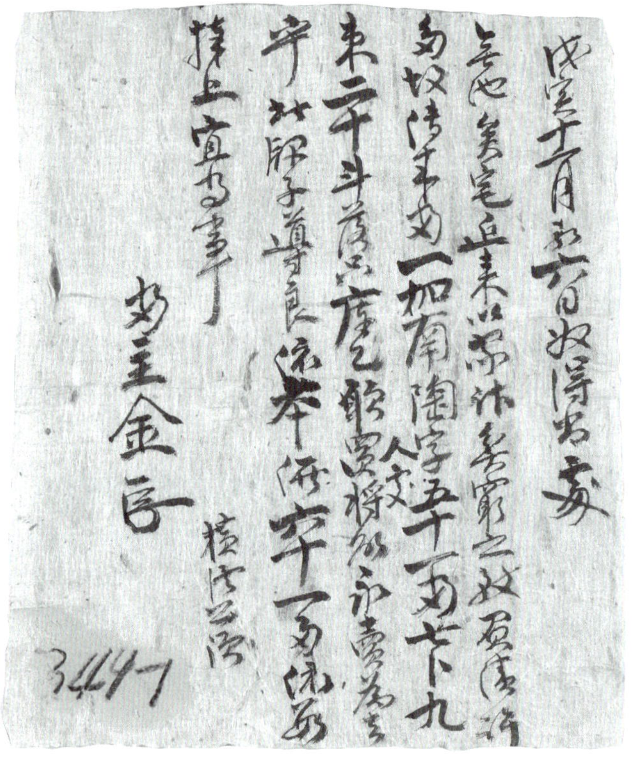

1818년 11월 초6일에 畓主 金이 奴 得尙에게 매매를 위임하는 牌旨

牌旨 41

1822년(순조 22), 27.5×37.3

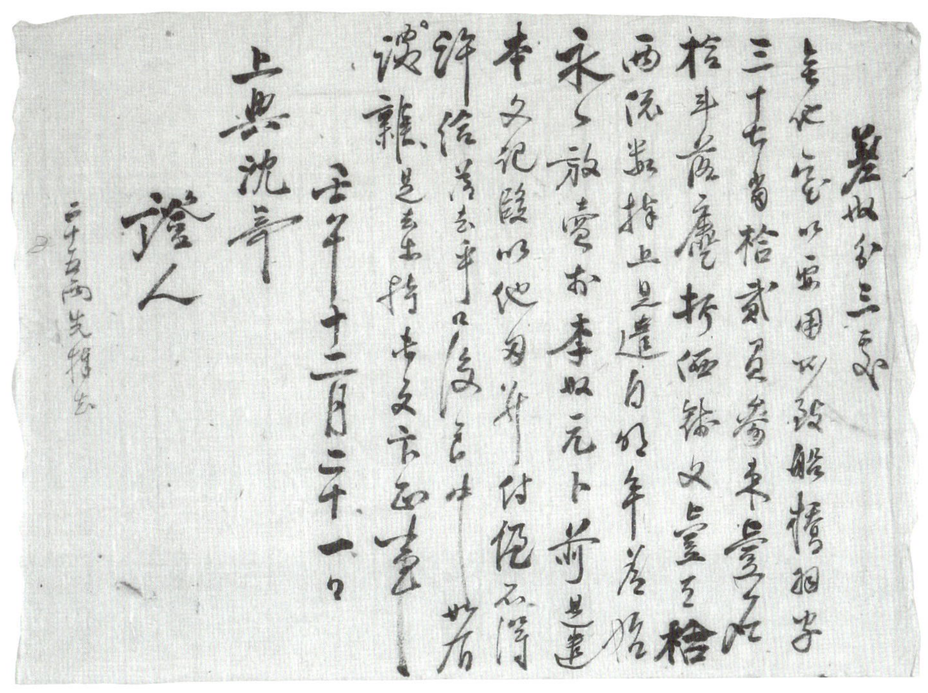

1822년 12월 21일에 上典 沈이 差奴 分三에게 매매를 위임하는 牌旨

牌旨 42

1823년(순조 23), 22.2×29.6

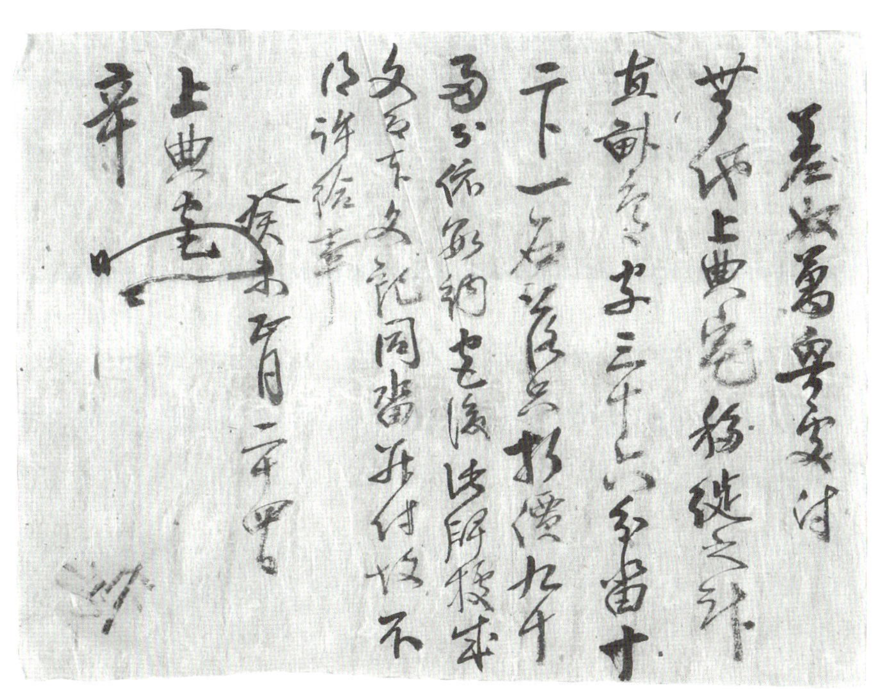

1823년 1월 24일에 上典 辛이 差奴 萬興에게 매매를 위임하는 牌旨

牌旨 43

1829년(순조 29), 23.8×33.5

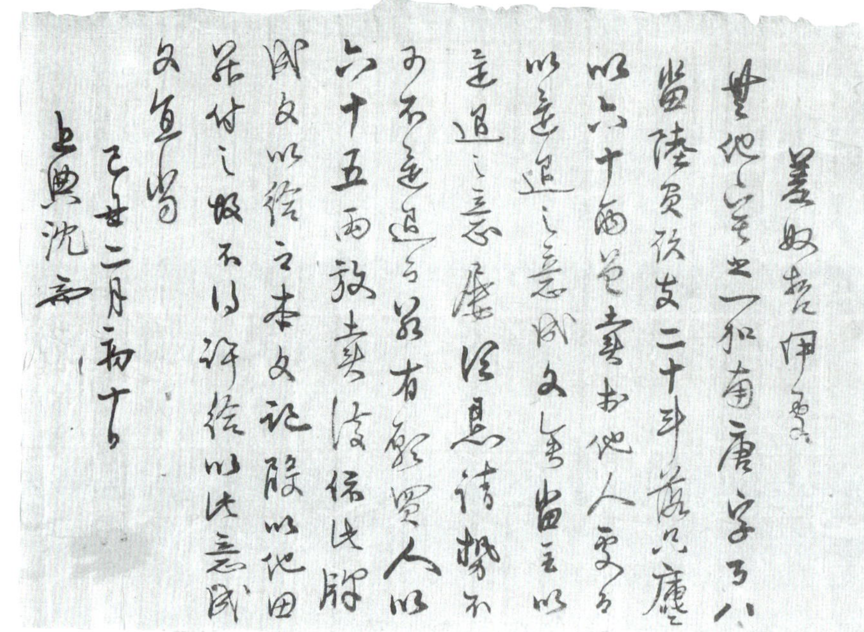

1829년 2월 초10일에 上典 沈이 差奴 哲伊에게 매매를 위임하는 牌旨

牌旨 44

1829년(순조 29), 34.2×42

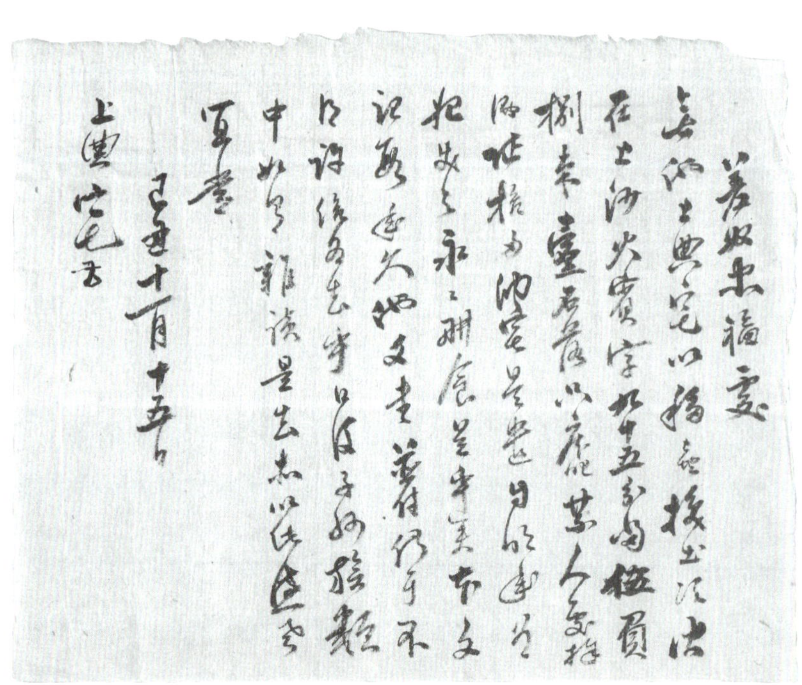

1829년 11월 15일에 上典 宅에서 差奴 忠福에게 매매를 위임하는 牌旨

牌旨 45

1831년(순조 31), 28.3×35.2

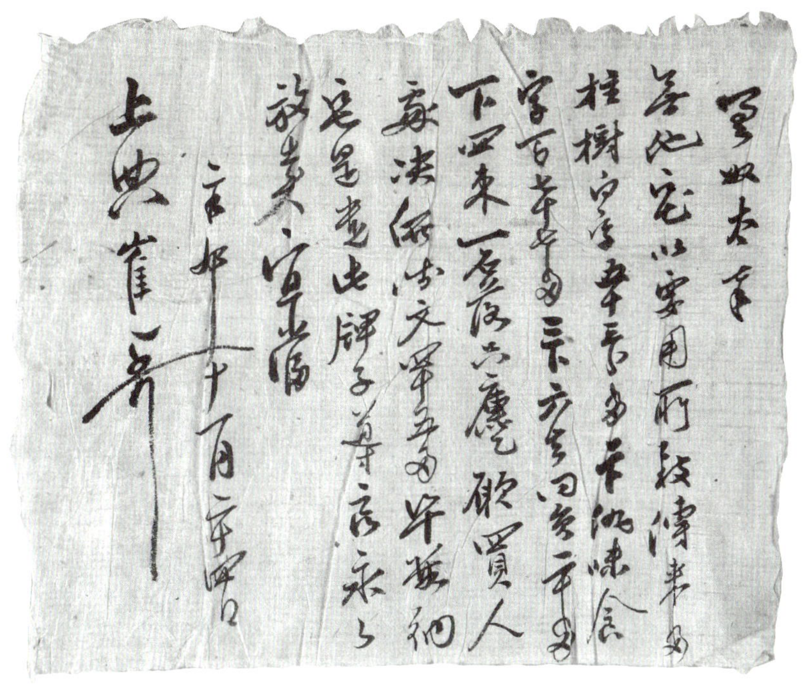

1831년 11월 24일에 上典 崔가 差奴 太奉에게 매매를 위임하는 牌旨

牌旨 46

1832년(순조 32), 22.4×45.5

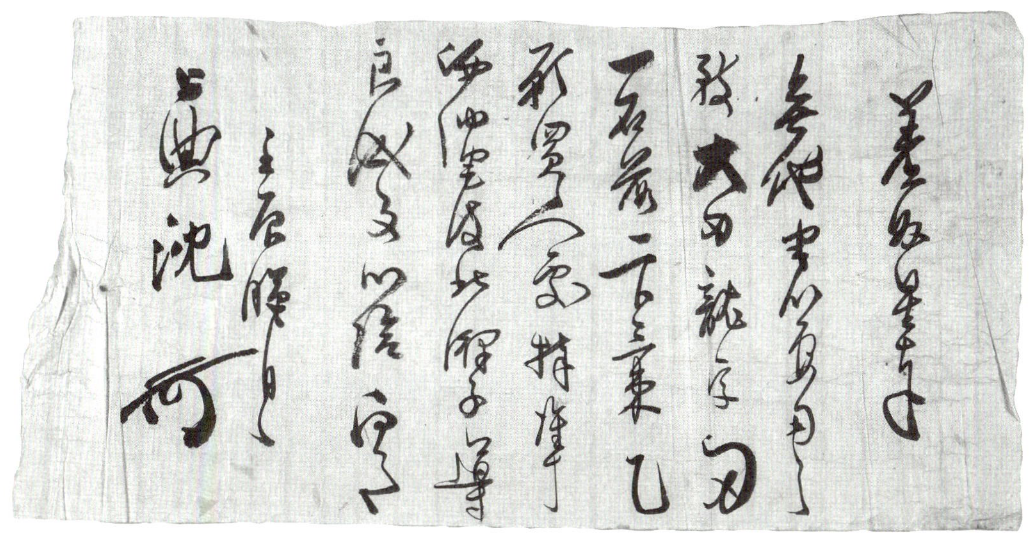

1832년 12월에 上典 沈이 差奴 星奉에게 매매를 위임하는 牌旨

牌旨 47

1833년(순조 33), 34×39.1

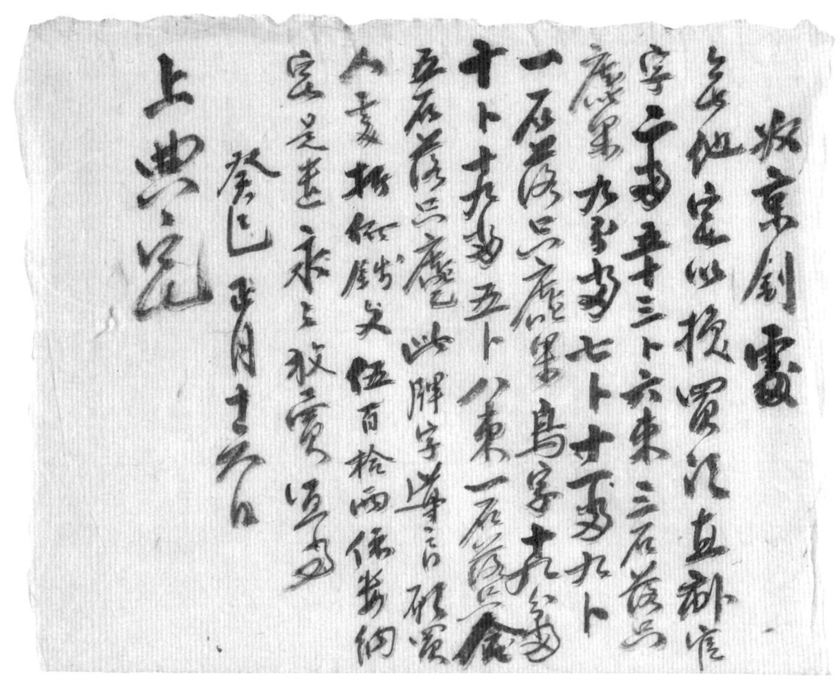

1833년 1월 16일에 上典 宅에서 奴 京釗에게
매매를 위임하는 牌旨

牌旨 48

1833년(순조 33), 29.1×32.1

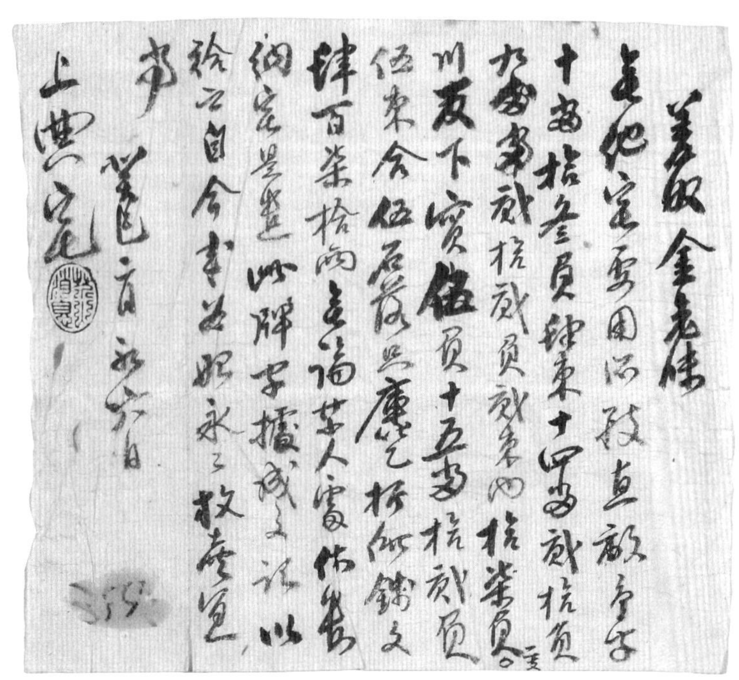

1833년 2월 초6일에 上典 宅에서 差奴 金老味에게
매매를 위임하는 牌旨

牌旨 49

1834년(순조 34), 22.6×36.2

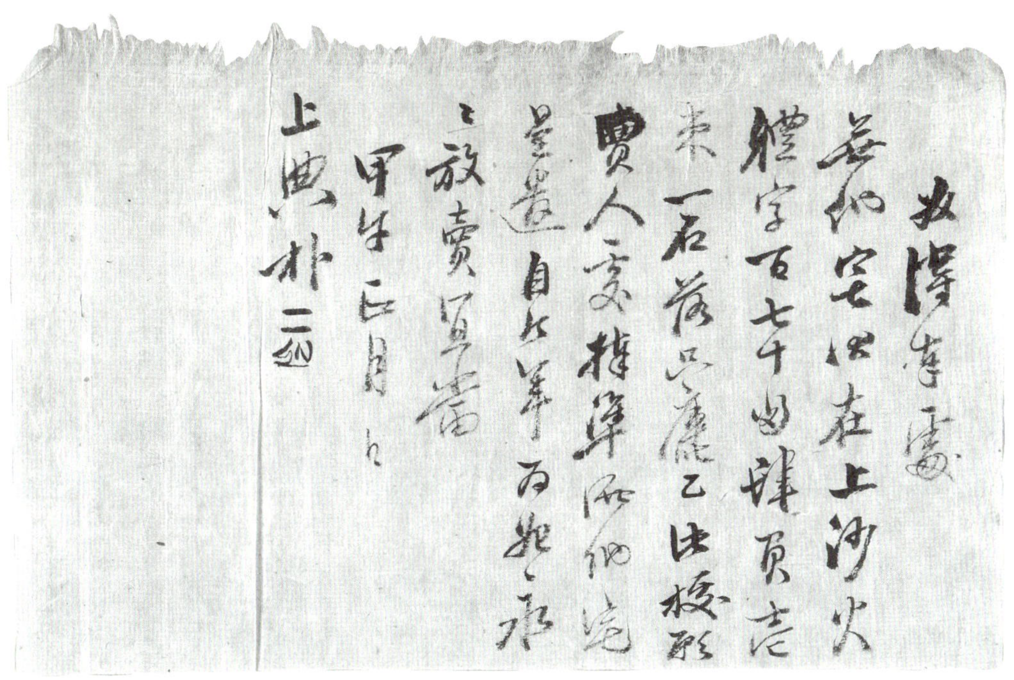

1834년 1월에 上典 朴이 奴 得奉에게 매매를 위임하는 牌旨

牌旨 50

1836년(헌종 2), 29.9×40.4

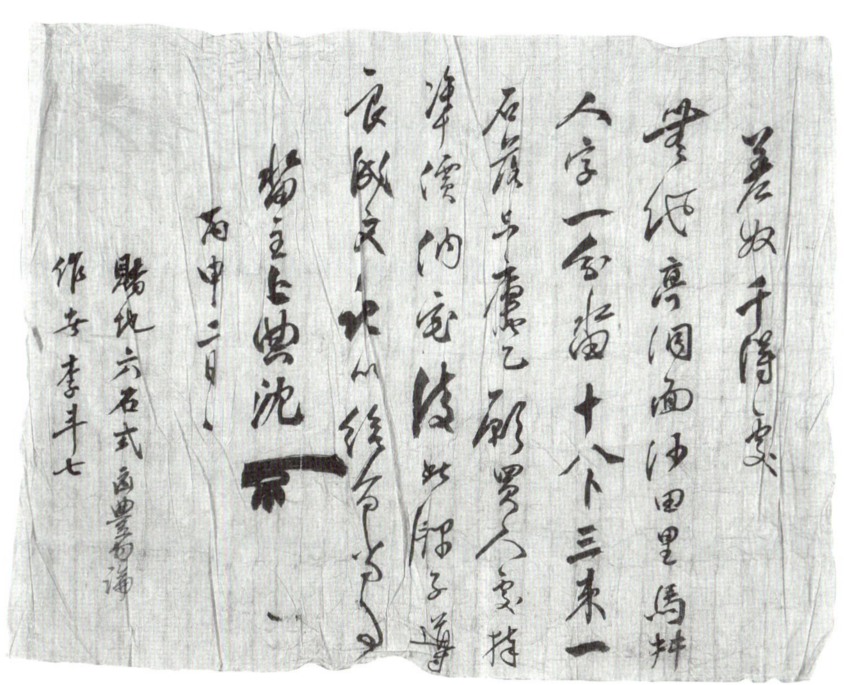

1836년 2월에 上典 沈이 자신의 差奴 千得에게 매매를 위임하는 牌旨

牌旨 51

1844년(헌종 10), 20.6×30.4

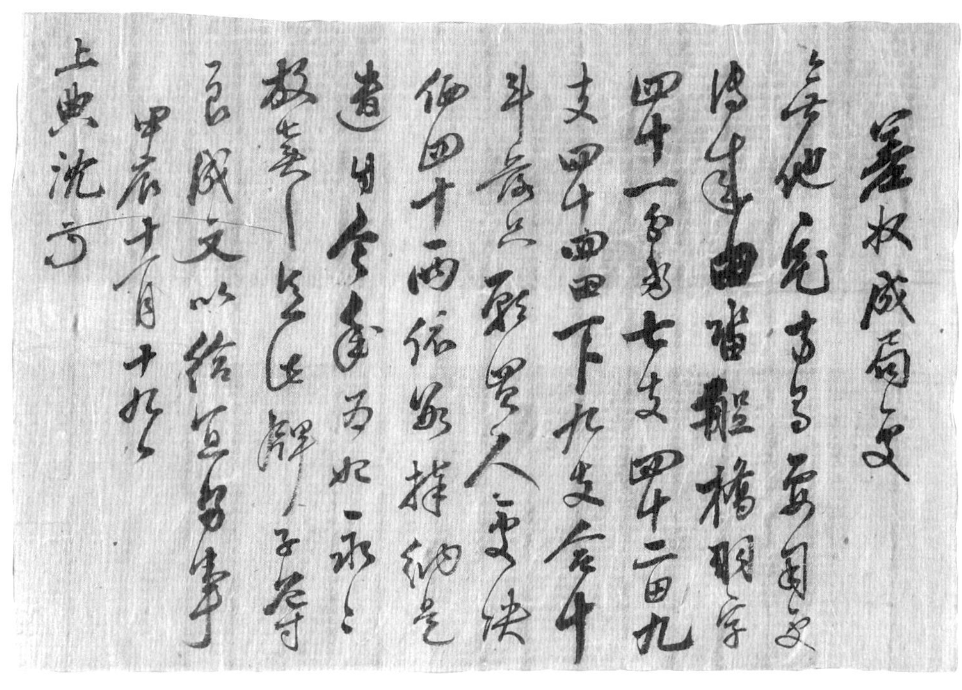

1844년 11월 19일에 上典 沈이 差奴 成局에게 매매를 위임하는 牌旨

牌旨 52

1846년(헌종 12), 19.3×33.4

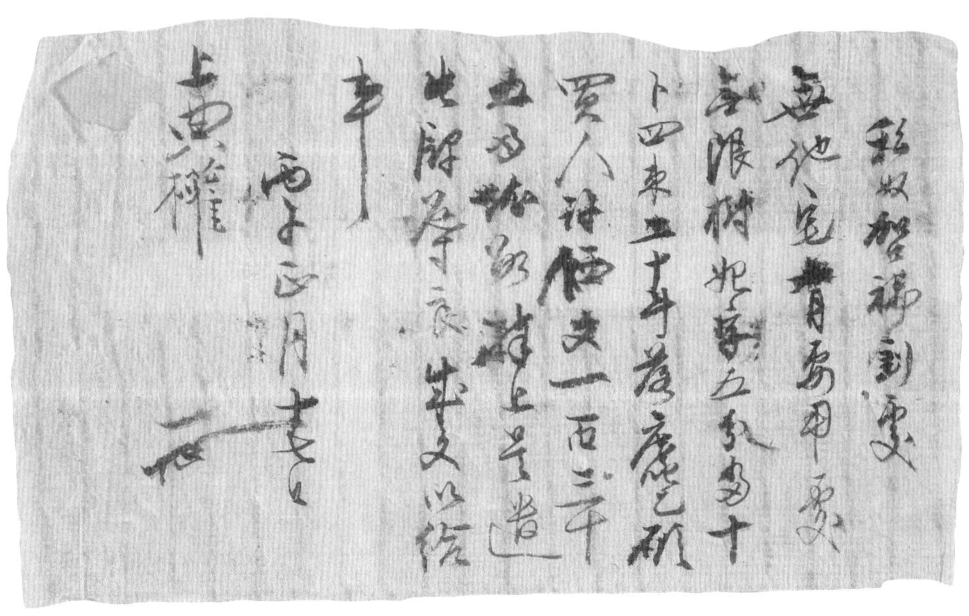

1846년 1월 17일에 上典 權이 私奴 {加/口}{衤+弗}釗에게 매매를 위임하는 牌旨

牌旨 53

1855년(철종 6), 26.5×30.1

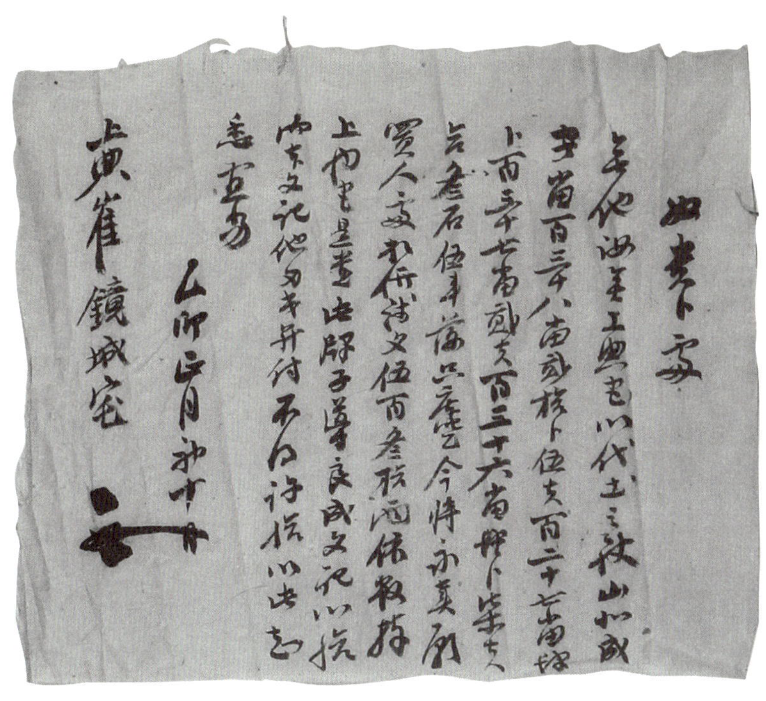

1855년 1월 초10일에 上典 崔가 奴 貴卜에게 매매를 위임하는 牌旨

牌旨 54

辛未, 35.6×51.5

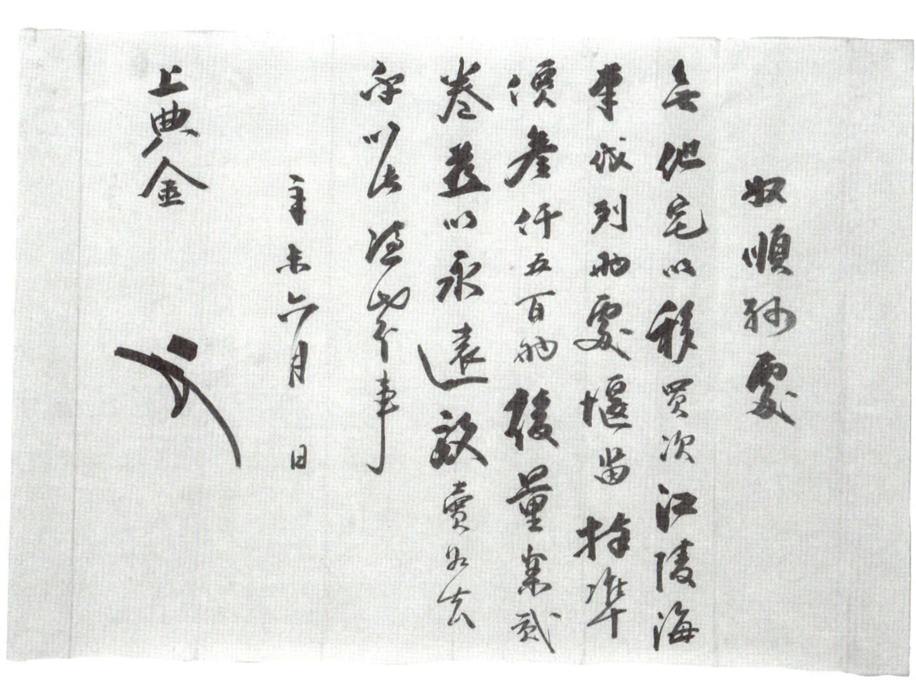

신미년 6월에 上典 金이 奴 順孫에게 매매를 위임하는 牌旨

牌旨 55

己丑, 24×15.2

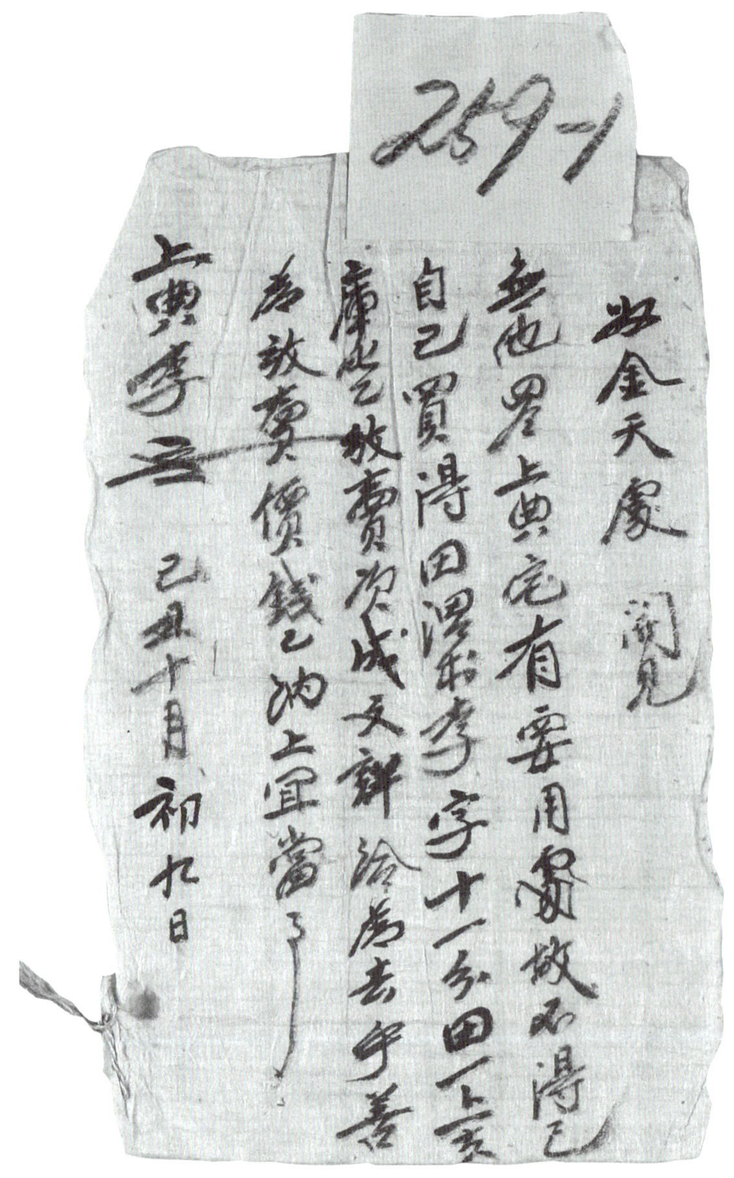

奴金天處 開見

無他矣上典宅有要用處故不得已

自己買得田畓利字十一番田一上

庫乙放賣次成文辭給爲去乎善

爲放賣價錢已納上宜當亍

己丑十月初九日

上典李 (署)

기축년 10월 초9일에 上典 李가 奴 金天에게 매매를 위임하는 牌旨

총괄 전용훈(장서각 관장)
주관 정수환(고문서연구실장)
해제 권이선
목록 허원영, 권이선

古文書集成 129
江陵 全州李氏 船橋莊 古文書 I

편찬 한국학중앙연구원 장서각

제1판 1쇄 발행일 2024년 11월 20일

발행인 김낙년
발행처 한국학중앙연구원 출판부

출판등록 1979-000002호(1979년 3월 31일)
주소 경기도 성남시 분당구 하오개로 323
전화 031-730-8773
팩스 031-730-8775
전자우편 akspress@aks.ac.kr
홈페이지 www.aks.ac.kr

ISBN 979-11-5866-773-3 94910
978-89-7105-016-3 (세트)

ISBN 979-11-5866-773-3
ISBN 978-89-7105-016-3 (세트)